Die Ökonomie des Gemeinwohls

Roland Menges · Michael Thiede

Die Ökonomie des Gemeinwohls

Vom Nutzen des Individuums zum Wohl der Gesellschaft

 Springer Gabler

Roland Menges
Institut für Wirtschaftswissenschaft
Technische Universität Clausthal
Clausthal-Zellerfeld, Deutschland

Michael Thiede
IU Internationale Hochschule
Berlin, Deutschland

ISBN 978-3-658-40104-7   ISBN 978-3-658-40105-4   (eBook)
https://doi.org/10.1007/978-3-658-40105-4

Die Deutsche Nationalbibliothek verzeichnet diese Publikation in der Deutschen Nationalbibliografie;
detaillierte bibliografische Daten sind im Internet über http://dnb.d-nb.de abrufbar.

Planung/Lektorat: Carina Reibold
Springer Gabler ist ein Imprint der eingetragenen Gesellschaft Springer Fachmedien Wiesbaden GmbH
und ist ein Teil von Springer Nature.
Die Anschrift der Gesellschaft ist: Abraham-Lincoln-Str. 46, 65189 Wiesbaden, Germany

Geleitwort

„Die Ökonomie des Gemeinwohls"

Darauf haben viele lange gewartet: ein Lehrbuch der Ökonomie, das um die normative Frage nach dem Gemeinwohl nicht wie um den heißen Brei einen Bogen macht, sondern sie in den Mittelpunkt stellt.

In einer Zeit, da die zerstörerischen Folgen einer Marktwirtschaft, die sich um die ethischen Fragen ihrer Wirkung nicht systematisch kümmert, im Süden wie im Norden unseres Planeten unübersehbar sind, gilt vielen immer noch die sog. Wertfreiheit als unverzichtbarer Ausweis von Wissenschaftlichkeit. Dabei kann man nicht oft genug ins Gedächtnis rufen, dass Max Weber, der als Autorität für dieses angeblich unumstößlich Postulat angeführt wird, nie für Wertfreiheit der Wissenschaft plädiert hat. Im Gegenteil, er hat scharfsinnig darauf hingewiesen, dass jede wissenschaftliche Untersuchung unvermeidbar in der Bestimmung von Themen und Methoden auf Wertentscheidungen angewiesen ist. Freilich gibt es keine Möglichkeit, deren „Richtigkeit" wissenschaftlich zu „beweisen". Was wir dagegen können und müssen – und wogegen in der Wissenschaft so oft verstoßen wird -, ist, sie offenzulegen (soweit sie uns selbst bewusst sind) und zu begründen. So werden die Wertentscheidungen ebenso wie die deren unvermeidbare Perspektivität, die die Forschungsergebnisse eben auch beeinflussen, erst transparent und diskutierbar.

Roland Menges und Michael Thiede haben dieses wissenschaftstheoretische Missverständnis weit hinter sich gelassen. Sie greifen beherzt das theoretische, aber auch praktische Desiderat auf, für die bedrängenden sozialen und politischen Missstände, die gerade auch viele junge Menschen umtreiben, konstruktive Antworten aus der Ökonomie zu gewinnen und das Feld nicht allein den (anderen) Sozialwissenschaften oder der Philosophie zu überlassen. Dazu verfolgen sie genau und kenntnisreich die komplexen historischen und systematischen Theorien zur Ökonomie, die wir sorgfältig durchprüfen müssen, um zu einem haltbaren Urteil über Wirtschaftsentscheidungen zu gelangen, die dem Gemeinwohl dienen können.

Dieser Begriff, der vielen lange als „mittelalterlich" und unbrauchbar erschienen ist, hat eine beachtliche neue Aufmerksamkeit erfahren. Das Gemeinwohl fällt nicht vom dogmatischen Himmel, es wird immer umstritten bleiben und man muss es in öffentlichen Diskussionen erstreiten. Der Nestor der Politikwissenschaft zu diesem Thema, Ernst Fraenkel, wurde nicht müde, seinen Studentinnen und

Studenten in den fünfziger Jahren nach den Exilerfahrungen in der angelsächsischen Welt einzuschärfen, dass das Gemeinwohl nie „a priori", sondern immer nur „a posteriori" bestimmt werden kann. Sonst bleiben die legitimen empirischen Interessen, die immer Partikularinteressen sind, auf der Strecke zugunsten einer diktatorischen Elite- oder Avantgarde.

Aber freiheitliche Systeme sind eben im Dickicht der Partikularinteressen zugleich auf die Erstreitung von Gemeinwohl und Gerechtigkeit angewiesen, sonst verliert die Demokratie ihre Glaubwürdigkeit und die legitimierende Unterstützung der Bürgerinnen und Bürger. Die Theorie der liberalen Demokratie hat hier ihre größte Verletzlichkeit, weil die Vermittlung von Gemeinwohl und Partikularinteresse, zumal unter der Bedingung großer gesellschaftlicher Machtunterschiede nicht theoretisch-systematisch hergeleitet werden kann. Sie muss durch die Bürgerinnen und Bürger und ihre gewählten Repräsentanten immer erneut ausgehandelt werden. Hier können durchdachte Partizipationsformen, die die Entscheidungen der repräsentativ legitimierten Institutionen vorbereiten und erleichtern, erheblich weiterhelfen.

Eine Ökonomik, die die Frage nach dem Gemeinwohl ausdrücklich thematisiert und „durchdekliniert", ist dafür von hohem Wert, ja unverzichtbar. Mit ihrem Lehrbuch, das allen zugänglich ist, machen sich Roland Menges und Michael Thiede wissenschaftlich und um die Bildung junger (und älterer!) Menschen hoch verdient. Und damit nicht zuletzt auch um die Demokratie.

März 2023   Professorin Gesine Schwan

Zur Motivation dieses Buches

Ist Gemeinwohl ein Wiesel-Wort? Bei einem solchen Wort, so der Ökonom FRIEDRICH AUGUST VON HAYEK, wird nicht nur einem Begriff der eigentliche Inhalt entzogen, vielmehr wird es häufig dazu genutzt, die ideologische Position des Nutzers zu tarnen. Es muss also hinterfragt werden, ob der Begriff des Gemeinwohls sich bereits aufgrund seiner normativen Elemente einer wissenschaftlichen Betrachtung entzieht.

Die Volkswirtschaftslehre legt Wert darauf, eine empirische, d. h. beschreibende und erklärende Wissenschaft zu sein, die Werturteile so weit wie möglich aus ihren Methoden und Modellen verbannen möchte, da es nicht Aufgabe der Wissenschaft sei, den Menschen zu lehren, was sie sollen. Das Gemeinwohl wird in der Sprache der Ökonomik als Wohlfahrt definiert und verstanden. Wohlfahrt stellt die zentrale normative Zielvariable der Volkswirtschaftslehre dar, der alle anderen Begriffe der verschiedenen Teildisziplinen direkt oder indirekt untergeordnet werden. Andererseits ist die Wohlfahrtsökonomik, die sich als Königsdisziplin zur Bestimmung und Anwendung dieses Begriffs entwickelt hat, merkwürdig unübersichtlich und unpräzise, wenn man sie zur konkreten Inhaltsbestimmung von Gemeinwohl oder gar zur Legitimation von operativen Politikvorschlägen etwa im Bereich der Nachhaltigkeit heranziehen will.

Gleichzeitig zeichnen sich im globalen Kontext krisenbedingt gravierende Änderungen der Wertesysteme ab. Ein zunehmendes Misstrauen gegen den Markt ist festzustellen, der in den Augen vieler Menschen zur Desintegration und Spaltung der Gesellschaft führt. Im globalen Wettbewerb erfolgreiche Internetunternehmen propagieren mit ihrer Finanzkraft eigene Wohltätigkeitskampagnen gegen Hunger und andere globale Übel, entziehen sich aber mit ihren digitalen Geschäftsmodellen herkömmlichen Besteuerungsprinzipien und tragen zur Verödung öffentlicher Räume bei. In den klassischen Industrienationen fordert eine wachsende Zahl von Menschen angesichts von Finanzkrisen, Umweltkrisen oder sozialer Polarisierung eine zukunftsfähige Wirtschaft und eine Ausrichtung des wirtschaftlichen Handelns auf das Gemeinwohl. Dass diese Entwicklung mehr oder weniger spurlos an der klassischen akademischen Lehre in den Wirtschaftswissenschaften vorbeigeht, stellt für viele Studierende eine Provokation dar. Gesellschaftlich engagierte Studierende, die sich etwa bei globalisierungskritischen Organisationen, Fridays for Future oder basisdemokratisch organisierten

Gemeinwohl-Bewegungen engagieren, sitzen in Veranstaltungen zur Mikroökonomik oder zur Wirtschaftspolitik und suchen nach einer Anschlussfähigkeit der
Inhalte ihres Studiums an drängende gesellschaftlichen Fragen, die über eine partielle Betrachtung in Wahlpflichtfächern wie „Wirtschaftsethik" oder „Corporate
Social Responsibility" hinausgeht.

Auch für die interdisziplinäre Zusammenarbeit der Wirtschaftswissenschaften
mit benachbarten Sozialwissenschaften oder Informations- und Ingenieurwissen-
schaften bei gesellschaftlichen Meta-Themen wie der Circular Economy oder
der Transformations- und Nachhaltigkeitsforschung ist es nicht gerade förderlich,
dass die Volkswirtschaftslehre einen großen Bogen um operationalisierte Vorstellungen des Gemeinwohls macht, mögen auch ihre ablehnenden Argumente
theoretisch fundiert sein. Während beispielsweise im Kontext der Ingenieur- oder
Technikwissenschaften teilweise eigenständige Ansätze zur Nachhaltigkeits- und
Transformationsforschung entwickelt werden, gerät die Tatsache zunehmend aus
dem Blick, dass die Volkswirtschaftslehre nach wie vor ein integraler Bestandteil
der Sozialwissenschaften ist. Dies wird am Begriff der Nachhaltigkeit deutlich:
Aus ökonomischer Sicht ist ein nachhaltiger Entwicklungspfad mit dem intertemporalen Wohlfahrtsoptimum identisch, denn der ökonomische Wohlfahrtsbegriff
schließt soziale und ökologische Aspekte ein. Angesichts der Sprachlosigkeit
der Wirtschaftswissenschaften in Bezug auf die Anwendbarkeit ihres Wohlfahrtsbegriffs ist es jedoch wenig erstaunlich, dass die in der Umwelt- und
Ressourcenökonomik zur Nachhaltigkeit entwickelte Position außerhalb der Volkswirtschaftslehre durchweg als irrelevant betrachtet wird. Vor diesem Hintergrund
ist verständlich, dass sich im gesellschaftlichen Diskurs die Vorstellung durchgesetzt hat, das „Wirtschaftliche" sei eine vom „Sozialen" und „Ökologischen"
separiert zu betrachtende Dimension und Nachhaltigkeit verlange die gleichberech-
tigte Berücksichtigung von wirtschaftlichen, sozialen und ökologischen Aspekten.
Nicht selten werden die Befunde der Wirtschaftswissenschaften bei der interdisziplinären Bearbeitung derartiger Probleme eher als Teil des Problems und weniger
als Teil der Lösung betrachtet.

Das Ziel dieses Lehrbuches besteht darin, aufzuzeigen, welche Möglichkeiten
die Ökonomik bei der Bestimmung, Operationalisierung und der gesellschaftlichen Diskussion des Gemeinwohlbegriffs bietet. Hierbei geht es auch darum,
Brücken zu bauen und die offensichtliche Lücke zwischen standardökonomischer
Wohlfahrtsökonomik und „anwendungsorientierter" Gemeinwohl- und Nachhaltig-
keitsökonomie zu schließen. Daraus lassen sich gewiss keine einfachen Handlungsanweisungen im Sinne einer Sozialphysik herleiten. Aber damit werden Leserinnen
und Leser für das Potenzial der ökonomischen Theorie für die Diskussion und
Analyse zukunftsfähigen, gemeinwohlorientierten Wirtschaftens sensibilisiert.

Inhaltsverzeichnis

Teil I
Vom Nutzen zur Wohlfahrt

Problemstellung: Zur Relevanz des Gemeinwohlbegriffs in den Wirtschaftswissenschaften

1.1 Wohlfahrtsökonomik und Gemeinwohl: Fragen und Probleme

Die Frage nach dem Ziel des gesamten Wirtschaftens ist nicht so leicht zu beantworten. Die Antwort hängt davon ab, an wen sich diese Frage richtet, ob man also beispielsweise ein einzelnes Individuum danach fragt, einen Haushalt, ein Unternehmen oder andere gesellschaftliche Institutionen. Sie hängt aber auch davon ab, ob diese Frage positiv formuliert wird (Welche Ziele werden tatsächlich verfolgt?) oder ob sie normativ verstanden wird (Welchem Ziel sollte das Wirtschaften dienen?). Im Ausgangspunkt der Ökonomik stehen immer Knappheitsprobleme. Angesichts der Knappheit von Gütern und Ressourcen haben sich Individuen, Haushalte, Unternehmen und ganze Volkswirtschaften mit der Frage zu beschäftigen, wie sie ihre Entscheidungen im Umgang mit diesen Ressourcen treffen sollen.

In der ökonomischen Theorie wird die normative Frage nach dem Ziel des Wirtschaftens mit dem Begriff der Wohlfahrt beantwortet. Die Wohlfahrt wird als Gemeinwohl verstanden und stellt die zentrale normative Zielvariable des Wirtschaftens dar, der alle anderen Begriffe der verschiedenen ökonomischen Teildisziplinen direkt oder indirekt nachgeordnet werden. Die Ökonomik versteht sich hierbei als Teil der Sozialwissenschaften. Sie analysiert die Interaktionen der verschiedenen Wirtschaftssubjekte, interpretiert und bewertet die Prozesse und Ergebnisse dieser Interaktionen aus sozialer bzw. gesellschaftlicher Sicht. Gleichzeitig ist die Wohlfahrtsökonomik, die sich im Laufe des letzten Jahrhunderts als Königsdisziplin zur Bestimmung und Anwendung des Wohlfahrtsbegriffs entwickelt hat, jedoch merkwürdig unübersichtlich und unpräzise, wenn man sie zur konkreten Inhaltsbestimmung von Gemeinwohl oder gar zur Legitimation von operativen Politikvorschlägen etwa im Bereich der Nachhaltigkeit heranziehen will.

R. Menges und M. Thiede, *Die Ökonomie des Gemeinwohls*, https://doi.org/10.1007/978-3-658-40105-4_1

1.1.1 Was ist ein Wohlfahrtsoptimum?

Eine gängige Definition von Aufgabe und Gegenstand der Wohlfahrtsökonomik stellt darauf ab, dass sich dieser Bereich der ökonomischen Theorie sich *„(1) mit den Bedingungen für ein Wohlfahrtsoptimum und (2) mit den Kriterien für eine Wohlfahrtserhöhung der Gesellschaft"* (Sohmen 1976, S. 1) beschäftigt. Konkretisiert wird dieser Untersuchungsgegenstand als *„Versuch zur Beantwortung der Frage, wie die knappen Produktionsmittel, über die eine Gesellschaft (oder auch die Menschheit insgesamt) verfügt, nach bestimmten Kriterien optimal genutzt werden"* (ebd.).

Aus dieser Definition können nun drei Aspekte kurz hervorgehoben werden, die für die Betrachtung von Gemeinwohl in der Ökonomik offenbar entscheidend sind.

- Erstens wird ein Wohlfahrtsoptimum als ein solcher gesellschaftlicher Zustand definiert, der von den Gesellschaftsmitgliedern als „bestmöglich" beurteilt wird. Dies bedeutet nicht nur, dass angenommen wird, dass ein derartiger optimaler Zustand der Gesellschaft existiert, sondern auch, dass die Realität vermutlich davon abweicht.
- Zweitens legt der Hinweis darauf, dass dieser Zustand von den Mitgliedern der Gesellschaft als optimal wahrgenommen werde, die Vorstellung nahe, dass es sich beim Gemeinwohl um keine exakt und objektiv definierbare Größe handelt, sondern um eine rein subjektive Wahrnehmung der Individuen. In der Ökonomik versteht man unter dieser subjektiven Wahrnehmung den individuellen Nutzen. Dies ist eine Konsequenz des methodologischen Individualismus, nach dem auch für gesellschaftliche Bewertungen und Entscheidungen immer nur individuelle Werte heranzuziehen sind.
- Und drittens bezieht sich die einzige objektiv bestimmte Formulierung der o. g. Definition auf die Knappheit der Mittel, mit denen zur Realisierung des Ziels der Wohlfahrtsmaximierung gewirtschaftet werden müssen. Zwar lässt sich das Ziel des Wirtschaftens nur subjektiv beschreiben, die Mittelknappheit und -verwendung lässt sich jedoch objektiv feststellen. Im Ausgang der Ökonomik – und damit auch der Wohlfahrtsökonomik – liegt also die Knappheit, aus der die Notwendigkeit resultiert, Entscheidungen über die Verwendung der knappen Güter und Ressourcen zu treffen.

Die Ökonomik nimmt zwar an, dass ein Gemeinwohloptimum existiert, sie tut sich aber schwer damit, dieses Gemeinwohloptimum objektiv inhaltlich oder gar materiell zu beschreiben. Beiträge zur Beantwortung von Fragen, ob in einem derartigen Optimalzustand beispielsweise alle Menschen eine bestimmte Ausstattung mit öffentlichen Leistungen aus dem Bildungs- oder Gesundheitswesen haben sollten, oder ob es sinnvoll ist, heute in bestimmte Zukunftstechnologien zu investieren, wird man in der Wohlfahrtsökonomik vergeblich suchen.

Klarer hingegen scheint die Antwort der Ökonomik auf das Knappheitsproblem zu sein: Dass man für die Koordination individueller Entscheidungen angesichts von knappen Ressourcen auf den Markt vertraut und das Ergebnis des Marktes in Form von Marktgleichgewichten analysiert wird, ist gewiss ein Wesensmerkmal der Ökonomik. Manchmal entsteht jedoch bei Studierenden der Eindruck, die Volkswirtschaftslehre sei die *Wissenschaft von Märkten,* auf denen die Marktteilnehmer ihre Gewinne bzw. ihre Nutzen maximieren, sodass sich im Marktgleichgewicht das Gemeinwohl irgendwie als nicht-intendiertes Nebenprodukt der freien individuellen Handlungen einstellt. Dem muss entgegengehalten werden, dass die Ökonomik dem individuellen Streben nach Gewinn- und Nutzenmaximierung lediglich eine dienende bzw. instrumentelle Funktion bei der Realisierung eines rein konsequentialistisch formulierten Ziels zumisst: Die individuellen Motive der Gewinn- und Nutzenmaximierung sind aber weder Ziel noch Norm, sondern lediglich ein *Mittel zur Erreichung des Optimums* (Seidl 1988b). Anders formuliert: Märkte sind kein Selbstzweck, sondern haben lediglich eine Funktion zu erfüllen. Märkte haben dem Gemeinwohl zu dienen. Der französische Ökonomie-Nobelpreisträger JEAN TIROLE (*1953) formuliert es so: *„Economics is not in the serve of private property and individual interest, nor does it serve those, who would like to use the state to impose their own values or to ensure that their own interests prevail. It does not justify economies based entirely on the market nor economies wholly under state control. Economies works towards the common good, its goal is to make the world a better place"* (Tirole 2017, S. 5).

Eine explizite Vorstellung vom „common good", von Wohlfahrt bzw. Gemeinwohl wird in der Ökonomik aus verschiedenen Gründen vermieden. Die Wohlfahrtsökonomik lässt sich heute in eine jüngere und eine ältere Wohlfahrtsökonomik einteilen (siehe hierzu Kap. 5). Beide scheinen bei näherer Betrachtung jeweils in eine Art Sackgasse bei der Konkretisierung des Gemeinwohls zu münden:

- Die ältere Wohlfahrtsökonomik basiert auf der Annahme, dass die Wohlfahrt als Aggregation individueller kardinaler Nutzenfunktionen anzusehen ist. Wenn beispielsweise eine Gesellschaft aus zwei gleich starken Gruppen A und B besteht, und eine mögliche, gesellschaftliche Reform den Nutzen der Gesellschaftsmitglieder A um 50 % steigern, den Nutzen der Gesellschaftsmitglieder B aber um 5 % reduzieren würde, so lässt ein Nutzenvergleich der beiden gesellschaftlichen Gruppen die Schlussfolgerung zu, dass in der gesamten Gesellschaft mit der gesellschaftlichen Reform ein Nutzenüberschuss und damit ein Zugewinn an Wohlfahrt generiert werden könnte. Auf derartigen Gedanken basieren soziale Wohlfahrtsfunktionen, denen eine Verrechnung von individuellen Nutzen und damit eine rein kalkulatorische Definition von Vernunft und eine utilitaristische „Sozialphysik" vorgeworfen wird, die angesichts der subjektiven Natur des Nutzens nicht zulässig sei.
- Aus dieser Sackgasse der interpersonellen Vergleichbarkeit und Verrechenbarkeit von Nutzen befreit sich die jüngere Wohlfahrtsökonomik im Wesentlichen dadurch, dass sie den individuellen Nutzen lediglich einen ordinalen Informationsgehalt beimisst. Dies bedeutet, dass aus gesellschaftlicher Sicht lediglich festgestellt werden kann, dass sich die Gesellschaftsmitglieder A mit der o. g. Reform verbessern, die Positionen der Gesellschaftsmitglieder B sich

aber verschlechtern würden. Es ist hier nicht mehr möglich, aus dem Vergleich der Verbesserung der Individuen vom Typ A und der Verschlechterung
der Individuen vom Typ B einen Wohlfahrtszuwachs abzuleiten. Die jüngere
Wohlfahrtsökonomik hat mit dem Unmöglichkeitstheorem von ARROW zudem
erkannt, dass eine wertfreie und interessenneutrale Ermittlung des Gemeinwohls
gar nicht möglich ist, da sich konfligierende Interessen der Individuen nicht in
konsistenter Weise aggregieren lassen.

1.1.2 Anhand welcher Kriterien lässt sich eine Wohlfahrtsverbesserung kennzeichnen?

Aus den oben genannten Sackgassen führt aus Sicht der Standardökonomik nur
das Konzept der PARETO- Effizienz als akzeptabler, ethischer Minimalkompromiss
heraus. Dieses Effizienzkriterium wird zur Grundlage eines ökonomischen Liberalismus, der die beiden Hauptsätze der Wohlfahrtsökonomik hervorgebracht hat,
die noch heute die wesentliche Struktur des Orientierungswissens in volkswirtschaftlichen und wirtschaftspolitischen Lehrbüchern darstellen. Hierbei werden
wirtschaftspolitische Maßnahmen und gesellschaftliche Reformprogramme ausschließlich durch die individuellen Nutzenfunktionen, d. h. durch die Augen der
Individuen betrachtet: Lediglich wenn die privaten Interessen eines Individuums
befördert werden, ohne dass ein anderes Individuum gleichzeitig eine Verschlechterung erfährt, liegt eine Wohlfahrtsverbesserung vor. Die Wohlfahrtsökonomik
ist geprägt von einer Skepsis gegenüber einer wissenschaftlichen Behandlung
von Wert- und Verteilungsfragen. Sie hat aus Sorge, sich einem Sozialismus-
oder Diktaturverdacht auszusetzen, letztlich den Versuch aufgegeben, „eine mehr
oder weniger ominöse Wohlfahrt zu maximieren" (Bonus und Ribhegge 1986,
S. 754). Sie beschränkt sich nunmehr auf die Feststellung von Marktversagenstat-
beständen und analysiert, welche Korrekturen am Marktmechanismus erforderlich
sind, um beispielsweise eine Internalisierung externer Effekte herbeizuführen.
Ebenfalls ist sie in der Lage, Aussagen zu machen, welche alternativen gesellschaftlichen Zustände für ein Optimum grundsätzlich infrage kämen und welche
Maßnahmen aufgrund von befürchteten Effizienzverlusten bei konkreten Fragen
der Wirtschaftspolitik unbedingt zu vermeiden sind.

Bei näherem Hinschauen lassen sich Werturteile innerhalb der Wohlfahrtsökonomik aber doch nicht ganz verbannen – insbesondere in Bezug auf die
Vergleichbarkeit und Verrechenbarkeit der individuellen Nutzen. Auch die in der
Wohlfahrtsökonomik entwickelten Wohlfahrtsmaße kommen um die Vergleichbarkeit der individuellen Nutzen nicht herum. Dies zeigt sich – wenn auch eher
versteckt – bereits bei den Wohlfahrtsmaßen in Form der Konsumentenrente, die
Studierende als Flächen bzw. Integrale kennen lernen, die unter Nachfragekurven
abgetragen werden. Sie werden als Maße für die gesellschaftliche Besser- oder
Schlechterstellung – etwa infolge eines Markteingriffs – interpretiert. Derartige
Maße lassen sich wie folgt operationalisieren: Wenn (wie im obigen Beispiel) aufgrund einer politischen Maßnahme damit zu rechnen ist, dass die Individuen B

einen Nachteil erfahren, die Individuen A jedoch einen vergleichsweise größeren Vorteil erhalten, dann könnte aus wohlfahrtsökonomischer Sicht die Maßnahme dann legitimiert werden, wenn die Individuen B von den Individuen A eine solche *Geldzahlung* zur Kompensation erhalten, die es ihnen erlauben würde auf dem ursprünglichen Nutzenniveau zu verbleiben. Sofern der Nutzenüberschuss der Maßnahme bei den Individuen A größer ist als der Nutzenrückgang bei B, könnten derartige Kompensationen geleistet werden. Damit wäre dem PARETO-Kriterium Rechnung getragen, denn eine solche Maßnahme würde im Ergebnis niemanden verschlechtern (Dieser Gedanke wird ausführlicher im fünften Kapitel als KALDOR- HICKS-Kriterium vorgestellt). Zwar wird in derartigen Kalkulationen, die etwa bei der Kosten-Nutzen-Analyse für konkrete Projekte zur Anwendung kommen, keine direkte Nutzenmessung und –verrechnung betrieben – allerdings wird angenommen, dass sich individueller, subjektiver Nutzen in Geldeinheiten ausdrücken lässt. Vereinfacht formuliert: Dem Problem, dass sich individuelle Nutzen nicht messen und miteinander vergleichen lassen, wird dadurch begegnet, dass man annimmt, dass die Recheneinheit „Geld", in der die Individuen die Stärke ihrer Präferenz ausdrücken, für alle Individuen identisch ist.

Darüber hinaus werden in vielen Lehrbuchdarstellungen auch soziale Wohlfahrtsfunktionen als Modelle für wirtschaftspolitische Entscheidungen vorgestellt. Eine Möglichkeit dafür bietet der zweite Hauptsatz der Wohlfahrtsökonomik. Entsprechend dem zweiten Hauptsatz der Wohlfahrtsökonomik lässt sich (unter bestimmten, allerdings unrealistischen Voraussetzungen) eine perfekte Arbeitsteilung zwischen einer der Effizienz dienenden Allokationspolitik und einer dem Gerechtigkeitsziel dienenden Distributionspolitik begründen. Häufig wird dann darauf verwiesen, dass die Ökonominnen und Ökonomen für die Effizienz zuständig seien, und dass man die Gerechtigkeitsziele als normative und außer-ökonomische Vorgaben demütig von der Gesellschaft bzw. der Politik entgegennehme. Diese Demut ist aber schnell aufgezehrt, wenn in den meisten Lehrbüchern gleich zu Beginn auf den Trade-off bzw. den Zielwiderspruch zwischen (Pareto-)Effizienz und Gerechtigkeit abgestellt wird. Es wird also die Frage gestellt, wieviel Effizienzverlust man bereit ist, hinzunehmen, wenn auch andere Ziele (z. B. Gerechtigkeitsziele) verfolgt werden. Oft wird im Rahmen der Politikberatung auch die Verantwortung von Ökonominnen und Ökonomen betont, auf die drohende Verschwendung von Ressourcen und die Effizienzverluste von möglicherweise gut gemeinten, politischen Maßnahmen hinzuweisen. *Effizienzverluste werden als Wohlfahrtsverluste interpretiert,* weil die verschwendeten Ressourcen eben nicht für andere, ebenfalls wünschenswerte Ziele eingesetzt werden können. Konkrete ökonomische Ratschläge zur Gestaltung von gemeinwohlorientierter Politik etwa im Bereich der Nachhaltigkeit, die über die Herstellung von technologieoffenen, fairen Wettbewerbsbedingungen hinausgehen, lassen sich aus der Standardökonomik kaum ableiten und werden häufig als paternalistische „Anmaßung des Wissens" verurteilt.

1.2   Wohlfahrt: Eine kurze Dogmengeschichte

Die Vorstellungen über ein allgemeines Wohl, eine Wohlfahrt oder das Gemeinwohl als „common good" haben bereits den Merkantilismus und die ökonomische
Klassik beschäftigt. Weit früher noch war die mittelalterliche scholastische Philosophie mit ihrer Suche nach einer Verwirklichung des „bonum commune" ebenso
wie die antike griechische Philosophie von bestimmten Gemeinwohlvorstellungen
geprägt. Glücks- und Wohlfahrtsvorstellungen der Hedonisten (happiness, pleasure) zielen ebenfalls auf das Gemeinwohl. Während ADAM SMITH 1776 mit den
„Wealth of Nations" (Smith 2020) noch eine eher materialistische, reichtumsori-
entierte Vorstellung von Gemeinwohl verfolgte, war es ARTHUR CECIL PIGOU, der
1912 vorschlug, das Zielbündel wirtschaftlicher Tätigkeit einer Volkswirtschaft als
„economic welfare" zu bezeichnen. Hierbei stellte er weniger auf eine physikalisch
oder in Gütereinheiten messbare Größe ab, sondern zielte auf einen subjektiven
Bewusstseinszustand der Individuen, der aber gleichwohl in Geldeinheiten von
ihnen ausgedrückt werden kann. Hieran anschließend wurden unterschiedliche,
teilweise divergierende Wohlfahrtsbegriffe entwickelt wie etwa „utilitarian welfare", oder „Paretian welfare". Im deutschsprachigen Raum sprach man im Rahmen
der Nationalökonomie früher einfach von der „volkswirtschaftlichen Produktivität"
oder einer „Volkswohlstandslehre", wobei aber immer Wert darauf gelegt wurde,
dass wohlfahrtsökonomische Überlegungen nicht von karitativen Elementen oder
gar von materiellen sozialstaatlichen Aspekten und Ansprüchen überlagert werden
(Weber und Jochimsen 1965).

Dogmengeschichtlich lassen sich vier große Stränge der Ausgestaltung und
Behandlung des Gemeinwohlbegriffs in der Ökonomik unterscheiden, unter denen
die o. g. Unterteilung in die Ansätze der der jüngeren und der älteren Wohlfahrtsökonomik jeweils einen Abschnitt der Theoriegeschichte des Wohlfahrtsbegriffs
darstellen (Weber und Jochimsen 1965):

1.2.1   Die Klassik und die physisch-materielle Wohlfahrt

Den Ausgangspunkt der Überlegungen lieferten die Physiokraten, zu denen
beispielsweise der Leibarzt des französischen Königs FRANÇOIS QUESNAY (1694–
1774) zählte, der die Vorstellung entwickelte, die Wirtschaft funktioniere mit ihren
Kreislaufzusammenhängen ähnlich wie der menschliche Blutkreislauf. Die Physiokraten verwendeten für das Verständnis des ökonomischen Prozesses häufig
auch das Bild eines Uhrwerkes, in dem viele Einzelteile ihre Funktionen für das
Gesamtwerk erfüllen. So verband beispielsweise ADAM SMITH diese Vorstellung
eines Uhrwerkes mit einem deistischen Weltbild und einem Vertrauen in einen
Schöpfergott, der die Welt wie ein Uhrmacher mit dem höchsten Ziel der menschlichen Glückseligkeit geschaffen hat. Die Präzision dieses Werkes ist jedoch
nicht darauf angewiesen, dass die einzelnen Räder dieses Uhrwerkes wissen, was

ihre eigentliche Aufgabe ist. Die Physiokraten befürworteten eine politische Ordnung, mit der Störungen dieses Gesamtwerkes weitgehend ausgeschlossen werden
können (Hirschman 1980).

Die ökonomischen Klassiker griffen diesen physisch-materiellen Wohlfahrtsbe-
griff der Physiokraten auf. Ihre Denker setzten sich im 18. und 19. Jahrhundert
während der Industriellen Revolution mit der zentralen Fragestellung auseinan-
der, unter welchen institutionellen Voraussetzungen mit einem Wachstum der
Lebensstandards gerechnet werden könne. Wohlfahrt stellt sich in Form des
Sozialprodukts (aus heutiger Sicht wäre dies das Bruttoinlandsprodukt, BIP) als
Summe der für den Endverbrauch produzierten Güter und Dienstleistungen einer
Gesellschaft dar. Dogmengeschichtlich stellt dies eine erste (aus Sicht der heu-
tigen Standardökonomik eher naive) Annäherung an den Wohlfahrtsbegriff dar.
Die Wohlfahrt setzt sich aus den produzierten Gütern und Dienstleistungen (als
kleinste Einheiten des Wohlstandes) summarisch zusammen. Die Steigerung des
Wohlstands über die Zeit äußert sich als Kapitalakkumulation: DAVID RICARDO
hat beispielsweise die Auffassung vertreten, dass der Überschuss des aggregierten
Sozialproduktes über die Abschreibungen am Kapitalstock und über die Auf-
wendungen zum Unterhalt der Arbeiter zum Wachstum bzw. zur Akkumulation
des Kapitals führt und damit einen gesteigerten Output in der Zukunft generiert.
Die Vertreter der Klassik waren der Auffassung, dass Wohlstandserhöhungen und
Kapitalakkumulation zwei Seiten derselben Medaille darstellen.

Box 1.1: Der klassische Wohlfahrtsbegriff und die Grenzen des Wachstums
Neben der insbesondere von ADAM SMITH betonten Bedeutung des Marktes und des Freihandels
für die Erreichung einer effizienten Ressourcenallokation spielte nach Ansicht der Klassiker auch
die Ausstattung einer Volkswirtschaft mit natürlichen Ressourcen (z. B. Bodenschätze, landwirtschaftliche Flächen), das Wachstum der Bevölkerung und das Wachstum des technischen Wissens
eine wichtige Rolle für die Wohlfahrt. DAVID RICARDO und JOHN STUART MILL gingen beispielsweise davon aus, dass eine wachsende Bevölkerung auch zu einer größeren wirtschaftlichen
Leistungsfähigkeit führen werde, dieser Wachstumsprozess bei einer gegebenen Ausstattung mit
landwirtschaftlichen Flächen und sinkenden Grenzerträgen der landwirtschaftlichen Produktion
jedoch in einen stationären Zustand münden werde, in dem allerdings ein ausreichender Wohlstand
für alle verfügbar sei.

THOMAS MALTHUS (1766–1834), ein weiterer klassischer Ökonom, wird in diesem Zusammenhang häufig als einer der ersten Wachstumskritiker zitiert. Er ging bei einem exponentiellen
Bevölkerungswachstum angesichts eines lediglich linear wachsenden landwirtschaftlichen Outputs
davon aus, dass sich das Angebot und die Nachfrage nach Nahrungsmitteln auseinander entwickeln werde, sodass hieraus ein dramatischer Anstieg der Lebensmittelpreise resultieren müsste.
Daher sei eine Katastrophe wahrscheinlich, in der die Löhne der Arbeiter nicht mehr ausreich-
ten, um deren Existenzminimum zu sichern. Das Bevölkerungswachstum führt hiernach trotz des
technischen Fortschritts in der Produktion der Güter dazu, dass die Subsistenzmittel zur Ernährung
der Menschen und zur Beibehaltung ihres bisherigen Lebensstandards nicht ausreichen. Malthus
schlug daher Maßnahmen zur Erhöhung der Bildung und Heiratskontrollen vor. Dieser malthu-
sianische Grundgedanke wurde in den 1970er Jahren etwa von den Analysen des Club of Rome
zu den „Grenzen des Wachstums" aufgegriffen. Wachstumskritiker werden aufgrund der Bezüge
zu MALTHUS daher häufig auch als Neo-Malthusianer bezeichnet. Die im Jahr 1972 erschienene
Studie von DENNIS MEADOWS prognostizierte, dass neben der Bevölkerungsentwicklung auch steigende Umweltbelastungen und die Erschöpfbarkeit der natürlichen Rohstoffe objektive Grenzen
eines zum Scheitern verurteilten Wachstumsprozesses darstellen (Meadows 2000).

Häufig übersehen wird dabei, dass dieser Grundgedanke ursprünglich vom französischen Mathematiker und Denker der Aufklarung Marquise de Condorcet (1743–1794) stammt, von dem MALTHUS sich inspirieren ließ. Allerdings unterschieden sich beide Denker in ihren Schlussfolgerungen deutlich (Sen 2011):

- CONDORCET war davon überzeugt war, dass steigender Wohlstand und Bildung (insbesondere für Frauen) dazu führen wurden, dass das Bevölkerungswachstum und der damit verbundene Ressourcenverbrauch zurückgehen werden.
- Demgegenüber hielt MALTHUS die Möglichkeit, die Probleme des Bevölkerungswachstums durch vernunftbestimmte Entscheidungen wie etwa durch eine spätere Heirat, durch sexuelle Enthaltsamkeit oder durch verstärkte Bildung zu lösen, für eher unwahrscheinlich. Da er das Bevölkerungswachstum über-, den technischen Fortschritt (insbesondere bei der Nahrungsmittelproduktion) jedoch unterschätzte, traten seine eher pessimistischen Prognosen nicht ein (Hauff und Jörg 2012). Für Malthus hatte die immer wiederkehrende Not und der damit verbundene Überlebenskampf aufgrund der Knappheit der Ressourcen den Status eines Naturgesetzes, das zu einem notwendigen Bestandteil einer Gesellschaft gehöre. Der Naturforscher CHARLES DARWIN (1809–1882) griff diese Ideen von MALTHUS bei der Entwicklung seiner Evolutionsgesetze auf, sodass teilweise die Auffassung vertreten wird, dass dem biologischen Modell in Wahrheit ein eher ökonomischer oder gesellschaftlicher Befund zugrunde lag (Weber 2010, S. 59).

Dieser Disput zwischen eher pessimistischen und eher optimistischen Einschätzungen ist gewiss auch heute noch charakteristisch für die Diskussion um ein zukunftsfähiges Wirtschaften (vgl. hierzu Kap. 9 und 10 dieses Buches).

1.2.2 Der Utilitarismus, die Neoklassik und der subjektive Wohlfahrtsbegriff

Mit dem Utilitarismus (vgl. Kap. 5 dieses Buches) ging man in einer zweiten Phase der Annäherung zu einem utilitaristisch-individuellen und subjektiven Wohlfahrtsbegriff über. Dies entspricht dem Ansatz der o. g. älteren Wohlfahrtsökonomik. Wohlfahrt wird als Summe der individuellen Nutzen betrachtet. Bei der angestrebten Steigerung der Wohlfahrt sind neben einer Steigerung des aggregierten Sozialproduktes vor allem nutzentheoretische Aspekte (wie etwa der abnehmende Grenznutzen von Gütern) zu berücksichtigen, die unter bestimmten Voraussetzungen eine egalitäre Verteilung der Güter nahelegen. Vereinfacht formuliert: Wohlfahrtssteigerungen können sowohl aus einer Vergrößerung des zur Verteilung stehenden Kuchens, aber auch – bei Konstanthaltung der Größe des Kuchens – durch eine bessere Verteilung der Güter realisiert werden.

1.2.3 Die jüngere Wohlfahrtsökonomik und der behavioristische Wohlfahrtsbegriff

Mit der jüngeren Wohlfahrtsökonomik ging man in einer dritten Phase zu einem *behavioristischen Wohlfahrtsbegriff* über. Da den Nutzeninformationen nur noch ordinaler Charakter beigemessen und wertende Vergleiche und Verrechnungen von individuellen Nutzen abgelehnt werden, werden nur noch die von den Individuen getroffenen Wahlhandlungen und Entscheidungen und damit das individuelle Verhalten als Wertquelle betrachtet. Zwar werden individuelle Entscheidungen nach wie vor als Ausdruck subjektiver Nutzeninformationen betrachtet – allerdings kann von der tatsächlichen Motivation der Menschen hierbei abstrahiert werden. Eine Verdichtung bzw. eine Aggregation der individuellen Wertaussagen zu einem gesamtgesellschaftlichen Entscheidungskriterium (etwa in Form einer Sozialen Wohlfahrtsfunktion) ist hierbei aufgrund der individuellen Interessenkonflikte ausgeschlossen. Überspitzt formuliert: Eine Veränderung der Verteilung des Kuchens einer gegebenen Größe führt nicht mehr zu einer Wohlfahrtserhöhung.

1.2.4 Alternative Ansätze eines konstruierten Wohlfahrtsbegriffs

Alternative Ansätze, die sich mit derartigen Leerformeln von Wohlfahrt nicht zufriedengeben wollen, benötigen zusätzliche normative oder hypothetische Begriffe, um eine Gesamtfassung des anzustrebenden Wohlfahrtsniveaus vorlegen zu können. Derartige Ansätze erlauben die Aggregation und Verdichtung zu einem politischen Bewertungs- und Entscheidungskriteriums und führen gleichzeitig eine hypothetische „Technologie des Wohlstands" ein. Zu diesen Ansätzen zählen etwa der Fähigkeitenansatz von AMARTYA SEN (*1933) oder die mehrdimensionale Konzeption des Human Development Index (HDI). Sie berücksichtigen auch institutionelle und gesellschaftliche Faktoren wie etwa die Beschaffenheit des Gesundheits- und Bildungssystems oder die Repräsentanz der Individuen in den politischen Entscheidungsprozessen. Diese Ansätze werden im zweiten Teil des Buches (insbesondere im sechsten und siebten Kapitel) behandelt. Da diese Ansätze zur Bestimmung und Verbesserung des Gemeinwohls auch solche Informationen berücksichtigen, die *nicht* sinnvoll mit dem Konstrukt des individuellen Nutzens erfasst und bewertet werden können, werden sie in der Standardökonomik bislang sehr skeptisch betrachtet.

1.3 Ist Gemeinwohl nützlich?

1.3.1 Das Gute und das Richtige

Die Bestimmung und Verbesserung des Gemeinwohls ist für die Ökonomik, die sich selbst als empirische Wissenschaft versteht, vor allem deswegen schwierig, weil ethische Fragen berührt werden, die sich empirisch nicht beantworten lassen. In der Philosophie werden die ethischen Fragen nach der Bestimmung und Verbesserung des Gemeinwohls dem Bereich der praktischen Vernunft zugeordnet. Für die praktische Vernunft sind seit der Antike zwei Fragen in das Zentrum des ethischen Diskurses gerückt (Nida-Rümelin 1992):

- Was ist erstrebenswert, wertvoll und *gut?* Was ist eine gute Lebensform?

• Und wenn wir wissen, was gut ist: Welche Handlung ist dann *richtig?*

Die gemeinsame Grundhaltung der philosophischen Tradition geht mit PLATON (428–348 v.Chr.) und ARISTOTELES (384–322 v. Chr.) davon aus, dass mit der Beantwortung der ersten Frage nach dem „Guten" die Antwort auf die zweite Frage nach dem „Richtigen" zumindest ansatzweise erfolgt ist. Aristoteles sieht im Guten z. B. die Verwirklichung der besten menschlichen Fähigkeiten, die es dann in den Handlungen zu verwirklichen gilt (Eudämonismus). Die ökonomische Theorie ist strukturell ähnlich angelegt:

• Wenn der individuelle Nutzen das jeweils subjektiv Gute und Wertvolle beschreibt, dann sind individuelle Handlungen, die den Nutzen maximieren, auch die richtigen.
• Und damit ist ein Gemeinwohl, das sich aus den individuellen Nutzen zusammensetzt, ebenso das Gute, wie eine Handlung, die zur Maximierung des Gemeinwohls führt, eine richtige ist.

1.3.2 Ist der Nutzen das Gute und damit der Weg zur Erschließung des Gemeinwohls?

Die klassischen Ökonomen wie ADAM SMITH, JEREMY BENTHAM oder JOHN STUART MILL waren britische Moralphilosophen, die im Zeitalter der Aufklärung vor allem die Einbettung individueller Handlungen in das Gefüge der gesellschaftlichen Institutionen untersucht haben. Allerdings haben sie daraus auch Schlussfolgerungen über die moralische Beschaffenheit individueller Handlungen abgeleitet. Die Vorstellung der Maximierung eines inhaltlich unbestimmten, subjektiven Nutzens oder ein rein behavioristisches Vorgehen waren ihnen fremd. Die Ökonomik hat sich jedoch spätestens seit der Neoklassik und der marginalistischen Revolution immer stärker mathematischen und damit quasi-naturwissenschaftlichen Erklärungsansätzen von individuellem Verhalten und Politik zugewandt. Von den moraltheoretischen Grundlagen, aber auch von den psychologischen Ansätzen der Erklärung und Beurteilung menschlichen Verhaltens hat sie sich in dieser Entwicklung methodisch abgekoppelt, um sich als wertfreie Wissenschaft positionieren zu können. Vorstellungen über den subjektiven, individuellen Nutzen scheinen damit das Ende der Fahnenstange darzustellen, wenn geklärt werden soll, was unter Gemeinwohl zu verstehen ist.

Anders ausgedrückt: Die Frage, was das Gute ist, wird in der Ökonomik als wissenschaftlich nicht zu klärende Wertfrage offengelassen. Aus Mangel an anderen Erkenntnissen wird das Gute faktisch durch das ersetzt, was das jeweils subjektiv Nützliche ist. Dieses ist zwar schwer zu einem einheitlichen Gemeinwohlkriterium zu bündeln, da jedes Individuum unterschiedlich Vorstellungen davon hat, aber immerhin kann man es im Verhalten der Individuen beobachten und messen. Die Frage, ob das Gute identisch mit dem Nützlichen sei, wird dann gar nicht mehr gestellt. Sie klingt aus Sicht der Standardökonomik irgendwie befremdlich, utopisch, vielleicht sogar ideologisch. Wenn man unter dem „Nutzen" und dem „Guten" mehr oder weniger dasselbe versteht, erscheint die Frage, ob der Nutzen und das Gemeinwohl nützlich sind, vielleicht ebenso sinnlos wie die Frage „An welchem Fluss liegt Köln am Rhein?" Gewiss kann, soll und wird Ökonomik keine umfassenden Antworten auf solche Fragen liefern, die in der Philosophie seit Jahrhunderten intensiv und kontrovers diskutiert werden. Andererseits ist aber genauso fraglich, ob man diese Fragen ausklammern kann, wenn das o. g. Zitat gelten soll: *„Economics works toward the common good, its goal is to make the world a better place"* (Tirole 2017, S. 5).

Lässt man zumindest die Möglichkeit zu, dass das Gute nicht identisch mit dem Nützlichen ist, drängt sich zuallererst Immanuel KANT (1724–1804), der große Philosoph der Aufklärung, auf. In seiner 1785 publizierten „Grundlegung zur Metaphysik der Sitten" lehnt er die Gleichsetzung des Guten mit dem Nützlichen radikal ab: *„Wäre nun an einem Wesen, das Vernunft und einen Willen hat, seine Erhaltung, sein Wohlergehen, mit einem Worte seine Glückseligkeit, der eigentliche Zweck der Natur, so hätte sie ihre Veranstaltung dazu sehr schlecht getroffen, sich die Vernunft des Geschöpfs zur Ausrichterin dieser ihrer Absicht zu ersehen"* (Kant 2019, S. 17). Stattdessen versteht Kant eine moralisch gute Handlung als eine solche, die sich gerade nicht auf *„bloß subjektive Zwecke, deren Existenz als Wirkung unserer Handlung für uns einen Wert hat"* (Kant 2019, S. 62) bezieht, sondern objektiven Zwecken diene, die nicht durch andere ersetzt werden können und Ausdruck einer verallgemeinerbaren Maxime und damit einer Verpflichtung sei. Das Gute kann daher bei ihm nicht vollständig in einem irgendwie handelbaren, mit einem Preis versehenen Konstrukt aufgehen: *„Im Reiche der Zwecke hat alles entweder einen Preis, oder eine Würde. Was einen Preis hat, an dessen Stelle kann auch etwas anderes als Äquivalent gesetzt werden; was dagegen über allen Preis erhaben ist, mithin kein Äquivalent verstattet, das hat eine Würde"* (Kant 2019, S. 71).

Völlig konträr sah das beispielsweise BERNARD DE MANDEVILLE (1670–1733). In seiner berühmten, in Gedichtform gehaltenen Bienenfabel untersucht er den Zusammenhang zwischen dem, was aus individueller Sicht nützlich erscheint, und der gesellschaftlichen Wohlfahrt (Söllner 2021). Er vertritt die Ansicht, dass es gerade die individuellen Untugenden der Maßlosigkeit und der Selbstsüchtigkeit sind, die für das gesellschaftliche Wohl förderlich sind: *„The worst of all the multitude did something for the common good."* (Mandeville 1970, S. 68). Zwar sieht auch er die Notwendigkeit eines gesetzlichen Rahmens, um die schlimmsten Exzesse egoistischer und krimineller Neigungen einzuhegen, aber sofern dies gegeben ist, führt seiner Ansicht nach jede Handlung, die aus Sicht des Individuums nützlich erscheint, automatisch zur Erhöhung der gesellschaftlichen Wohlfahrt. Das folgende Zitat liest sich wie das provozierende Versprechen und das Regierungsprogramm des ehemaligen Präsidenten einer bedeutenden westlichen Industrienation: *„Private vices by the dextrous management of a skillfull Politican may be turned into Publick Benefits"* (Mandeville 1970, S. 371).[1]

Man könnte sagen, dass Mandevilles berühmte Bienenfabel eine Karikatur oder gar eine Perversion davon war, was 1776, also einige Jahrzehnte später, mit der Idee der unsichtbaren Hand von ADAM SMITH zum Ausdruck gebracht wurde. Auch Smith war der Ansicht, die Institutionen des Marktes sorgten dafür, dass die Verfolgung dessen, was jedes Individuum für sich selbst anstrebt, gleichzeitig das Gesamtinteresse fördert:

> *„Nicht vom Wohlwollen des Fleischers, Brauers und Bäckers erwarten wir unsere Mahlzeit, sondern von ihrer Bedachtnahme auf ihr eigenes Interesse. Wir wenden uns nicht an ihre Humanität, sondern an ihren Egoismus, und sprechen ihnen nie von unseren Bedürfnissen, sondern von ihren Vorteilen"* (Smith 2020, S. 21).

Ferner merkt Smith an:

> *„Indem er den einheimischen Gewerbefleiß dem fremden vorzieht, … beabsichtigt er lediglich seinen Gewinn und wird von einer unsichtbaren Hand geleitet, dass er einen Zweck befördern muss, den er sich in keiner Weise vorgesetzt hatte. Auch ist es nicht eben ein Unglück für die Nation, dass er diesen Zweck nicht hatte. Verfolgt er sein eigenes Interesse, so befördert er das der Nation weit wirksamer, als wenn er dies wirklich zu befördern die Absicht hätte. Ich habe niemals gesehen, dass diejenigen viel Gutes bewirkt hätten, welche die Miene annahmen, für das allgemein Beste Handel zu betreiben"* (Smith 2020, S. 451).

Box 1.2: Marktökonomie versus Moralökonomie

Ungeduldige Leserinnen und Leser und Hochschulmanager, die an einem effizienten Bildungsoutput interessiert sind, werden möglicherweise bereits nach diesen ersten theoriehistorischen Zitaten die Frage stellen, welchen Sinn (oder vielmehr: welchen Nutzen) es habe, so tief in der verstaubten Ideengeschichte zu kramen, wenn man doch vielmehr auf der Suche nach ökonomischen Antworten auf aktuelle gesellschaftliche Fragen sei. Die Fragen, ob Eigennutz, Habgier und Egoismus aus gesellschaftlicher Sicht als Tugend oder als Laster anzusehen sind und ob diese für die Belange des Gemeinwohls einzuhegen sind, sind zwar theoriehistorisch sehr alt, berühren aber gleichzeitig die aktuellen Forderungen nach einer neuen Art des Wirtschaftens und einer Begrenzung des ökonomischen Wachstums (vgl. hierzu Kap. 10 dieses Buches).

Ideengeschichtlich befinden sich ADAM SMITH und andere Moralphilosophen, aus deren Konzeptionen sich die Ökonomik als eigenständige wissenschaftliche Disziplin entwickelt hat, in der Mitte des 18. Jahrhunderts. Die damals geführte Debatte ist jedoch aus heutiger Sicht sehr modern: Es ging um die Frage, ob dem Markt oder der Moral Vorrang bei der Gestaltung der gesellschaftlichen Verhältnisse eingeräumt werden soll. Während die moralökonomischen Positionen die Gesellschaft vor dem Hintergrund der Leitdifferenz von Tugenden und Lastern analysierten, hat sich mit ADAM SMITH die marktökonomische Position durchgesetzt (Münkler 2021, S. 359 ff.). Hiernach ist es die Verfolgung der auf dem Markt vermittelten egoistischen Interessen, die den Wohlstand *und* den Zusammenhalt der Gesellschaft begründet. Während die moralökonomische

---

[1] Übers.: Private Laster können durch die geschickte Führung eines geschickten Politikers in öffentliche Vorteile umgewandelt werden.

Position, die Fragen der politischen Gestaltung der Gesellschaft und des Wirtschaftens unter dem Dach der Philosophie untersuchte, konnten sich nach ADAM SMITH die Ökonomik, aber auch die politische Wissenschaft als eigenständige Disziplinen entwickeln. Aus heutiger Sicht wurde die Frage nach dem Vorrang von Moral oder Markt damit zumindest vordergründig zu Gunsten des Marktes entschieden. Moral wird damit zwar nicht für irrelevant erklärt, aber doch zumindest für eine außerökonomische Größe gehalten, die vielleicht auf die gesellschaftlichen Ordnungen anzuwenden sei, nicht jedoch auf das individuelle Verhalten.

Der in Deutschland geborene, US-amerikanische Ökonom ALBERT O. HIRSCHMAN (1912–2012) hat sich mit dieser gängigen ideengeschichtlichen Interpretation nicht zufrieden gegeben. Da er in den modernen Wirtschafts- und Sozialwissenschaften keine befriedigende Antwort auf die Frage nach dem Sinn des Wachstums fand, ging er mit seiner ideengeschichtlichen Analyse in das 18. Jahrhundert zurück (Hirschman 1980). Er zeichnet hier einen Diskussionsprozess nach, in dem die Verfolgung materieller Interessen, die lange Zeit als Habsucht und Todsünde betrachtet wurde, zu einem Antrieb wurde, der die destruktiven Leidenschaften der Individuen bändigen kann. Hierbei entwickelt er eine eigenständige Entstehungsgeschichte des Geistes des Kapitalismus. Diese nennt er 1980 etwas ironisch „*Politische Begründungen des Kapitalismus vor seinem Sieg*". Er sieht diese Entstehungsgeschichte gerade nicht von einer dichotomischen Trennung und dem Kontrast zwischen Moral und Markt geprägt, sondern eher von einem Kontinuum. Vor diesem Hintergrund diskutiert HIRSCHMAN auch die Frage, ob die Verwendung des Marktes zu einer Erosion moralischer Werte in der Gesellschaft führe (vgl. hierzu Box 10.7 zum Abschluss des zehnten Kapitels dieses Buches, das sich mit alternativen Wirtschaftssystemen beschäftigt). HIRSCHMAN war davon überzeugt, dass es gerade in den aktuellen Diskussionen um die Zukunftsfähigkeit unseres Wirtschaftsmodells notwendig ist, sich der Ideen- und Theoriegeschichte zu widmen: „*Das führt mich zu dem Schluss, dass sowohl die Kritiker wie die Verteidiger des Kapitalismus ihre jeweiligen Argumente dadurch schärfen können, dass sie jenen Abschnitt der Geschichte des politischen Denkens, den ich hier rekapituliert habe, zur Kenntnis nehmen. Das ist wohl das einzige, was man vom Studium der Geschichte, insbesondere der Theorie- und Geistesgeschichte erwarten darf: Nicht, dass die Streitfragen entschieden, sondern dass das Niveau der Auseinandersetzung über sie gehoben wird*" (Hirschman 1980, S. 144).

In den meisten ökonomischen Lehrbüchern wird die Vorstellung einer unsichtbaren Hand, die individuelle Nutzenvorstellungen mit dem Gemeinwohl harmonisieren kann, auch als grundsätzliches Argument dafür vorgetragen, dass wettbewerbliche Märkte im Rahmen eines vorgegebenen Regelwerkes dafür sorgen, dass alle Mitglieder der Gesellschaft von der Freiheit der Produzenten und Konsumenten profitieren. Interessanterweise impliziert das oben genannte Beispiel des Bäckers von ADAM SMITH ja nicht, dass sich seine Entlohnung auf seine Verdienste am Gemeinwohl bezieht, sondern auf seine Fähigkeit, die Bedürfnisse seiner Kunden zu befriedigen. Der Bäcker wird hier also nach seiner Leistung bezahlt, die seine Kunden honorieren. Wenn der Markt nach entsprechenden Regeln funktioniert, scheinen vor allem zwei Argumente für die moralische Angemessenheit einer Entlohnung des Bäckers nach seiner Leistung zu sprechen (Sandel 2020).

• Erstens spricht ein Effizienzargument dafür: Wenn die Kunden sich den Bäcker ihrer Wahl aussuchen können, werden sie sich gewiss nicht für einen schlechten Bäcker entscheiden wollen. Es wäre auch moralisch nicht gerechtfertigt, wenn sie sich ohne weiteren Grund mit einem schlechteren Brot zufriedengeben müssten.

- Und zweitens wirkt der Markt einer moralisch unerwünschten Diskriminierung entgegen: Wenn die Kunden auf der Suche nach einem guten Brot sind, werden sie vermutlich auch nicht bereit sein, sich aufgrund von irgendwelchen rassistischen oder anderen Vorurteilen für einen Bäcker zu entscheiden, der ein aus ihrer Sicht schlechteres Brot backt.

Diese beiden Argumente werden in der Ökonomik häufig als Begründung dafür verwendet, dass die Frage des moralisch richtigen Verhaltens keine Frage des individuellen Verhaltens ist, sondern eine Frage der Institutionen und der Regeln des Marktes. Moralische Fragen werden in der ökonomischen Theorie damit vorwiegend als Ordnungsfragen interpretiert. Im Unterschied zu MANDEVILLE war SMITH jedoch als Moralphilosoph der Ansicht, dass menschliches Verhalten nicht ausschließlich durch egoistische Nutzenmaximierung, sondern auch durch Tugenden erklärt werden kann. Nach seiner bereits 1759 veröffentlichten Schrift über die „Theorie der ethischen Gefühle" sind Menschen empathische Wesen, die sich in andere Menschen einfühlen können und sich aufgrund ihrer Empathie freiwillig an moralische Regeln halten. Sie tun das aber nicht deswegen, weil diese Regeln ihnen von Nutzen sind, sondern weil sie moralische Urteile (die z. B. von der Kunstfigur eines unparteiischen Beobachters getroffen werden) akzeptieren, wenn diese auf anständigen und rechtmäßigen Motiven beruhen (Smith 2010).

Der tschechische Ökonom Tomas Sedláček hat versucht, die oben erläuterten, unterschiedlichen Antworten auf die Frage, ob das Gute auch das Nützliche sei, etwas plakativ entlang des folgenden Kontinuums in Abb. 1.1 zu sortieren (Sedláček 2012).

In Abb. 1.1 wird der scharfe Gegensatz zwischen der reinen Tugend- und Pflichtenethik von KANT und dem recht pragmatischen Sittengemälde deutlich, das MANDEVILLE in seiner Bienenfabel entwirft. Beide nehmen in diesem Kontinuum eine polare Position ein. Das Christentum (mit seinem Gebot der Nächstenliebe), aber auch das Judentum des Alten Testamentes mit seinem Pflichtenkanon werden hier eher der Seite zugeordnet, die die Ansicht vertritt, dass sich das Gute in einem Widerspruch zum Egoismus und Nützlichkeitsdenken der Menschen befindet. Der sicherlich etwas verkürzt dargestellte Gegensatz zwischen den Stoikern und den Epikuräern bezieht sich hingegen auf einen wichtigen Streit innerhalb der antiken Philosophie: Während die Stoa die ständige Suche nach der individuellen Glückseligkeit ablehnt und vom Menschen eher ein nachdenkendes Einsehen, die Bändigung seiner persönlichen Bedürfnisse und die Annahme seines Schicksals fordert, um den ihm bestimmten Platz im Leben zu finden, sehen die Epikuräer den Schlüssel zu einem gelungenen, guten Leben in der individuellen Lust. Diese wird nach Ansicht der Epikuräer aber nur durch das Zusammenspiel von Bescheidenheit und Vernunft erreicht und führe dann zum Ziel eines autarken Lebens. Die ältere Wohlfahrtsökonomik nimmt in Abb. 1.1 ähnlich wie Adam Smith eine eher unentschiedene, mittlere Position ein, während der Strang der jüngeren Wohlfahrtsökonomik eher der Bejahung einer Übereinstimmung vom Guten und Nützlichen zugeordnet werden kann. Die Gründe für diese Einordnungen werden im fünften Kapitel des Buches näher erläutert.

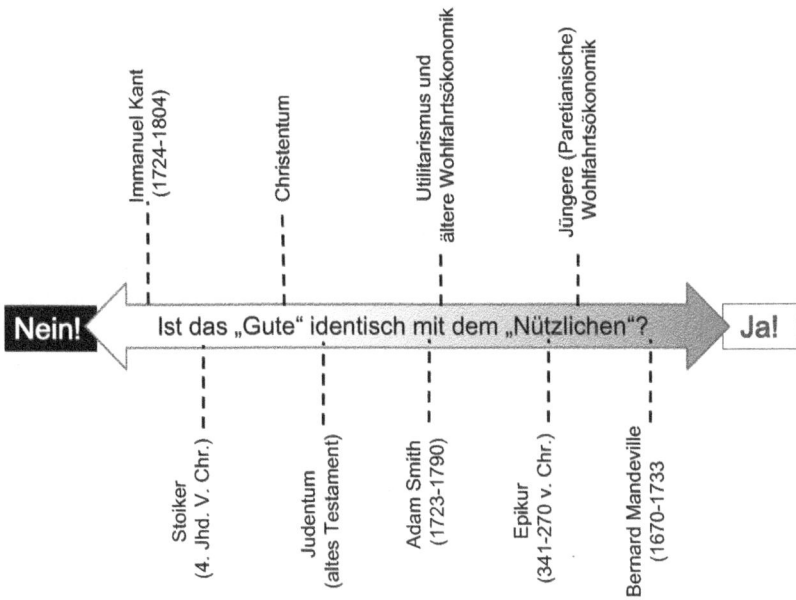

Abb. 1.1 Ist das Gute identisch mit dem Nützlichen? (Quelle: In Anlehnung an Sedláček (2012), S. 314)

1.4   Abwägungen zur Bestimmung eines zeitgemäßen Gemeinwohlbegriffs

Wenn in der derzeitigen Lehrbuchökonomik für derartige, deliberative Momente der Bestimmung von Gemeinwohl wenig Platz ist, liegt das daran, dass Gemeinwohlfragen fast ausschließlich mit den Methoden und den formalen Modelle der Nutzentheorie in einem sozialen Vakuum behandelt werden. Weitergehende Abwägungen werden aufgrund einer strikten Trennung zwischen normativen und positiven Fragestellungen als nicht-ökonomisch oder gar als ideologisch abgelehnt. Für viele Menschen scheint dies jedoch nicht mehr zeitgemäß. *„Soweit es die Ökonomik mit der in Anspruch genommenen Gemeinwohlorientierung ernst meint, wird sie auf die Dauer nicht darum herum kommen, ihre normative Fundierung nach dem Übergang vom utilitaristisch-kalkulatorischen Paradigma zum paretianisch-kontraktualistischen Paradigma ein zweites Mal weiterzuentwickeln – hin zum deliberativ-konsensuellen Paradigma“* (Ulrich 2019, S. 303). Einer der Ökonomen, der bereits länger diesen Weg beschreitet, ist AMARTYA SEN. Ausgehend von der auch in der Ökonomik anschlussfähigen Theorie der Gerechtigkeit von JOHN RAWLS und der Theorie kollektiver Entscheidungen entwickelte er wohlfahrtsökonomische Theorien, die beispielsweise anwendungsorientierte Indikatorensysteme zur Erfassung von Entwicklung und Wohlfahrt zulassen. Gemein ist diesen Ansätzen, dass sie weniger auf die formale Maximierung bestimmter

Nutzen- oder Wohlfahrtsfunktionen zielen. Stattdessen dienen sie der Kennzeichnung von erreichbaren Wohlfahrtsverbesserungen und deren Umsetzung in Politikvorschläge. Der Anspruch eines idealen und universalen, d. h. auf alle Situationen anwendbaren, Ideals eines Wohlfahrtsmaximums wird damit zu Gunsten der Suche nach Verbesserungsmöglichkeiten aufgegeben[2]. Die Verbesserung des Gemeinwohls soll erreicht werden, indem die Rechte, Freiheiten und Fähigkeiten der Individuen gefördert werden.

Um ökonomische Beiträge zur sozialwissenschaftlichen Nachhaltigkeits- und Transformationsforschung, zu den Ansätzen der Gemeinwohlbilanzierung, zum EU-Plan einer Klimaneutralität bis 2050 oder auch zu den globalen Aktivitäten rund um die Ziele für nachhaltige Entwicklung (SDGs) der Vereinten Nationen zu entwickeln, ist es notwendig, Vorstellungen über das Gemeinwohl zu diskutieren, die über ökonomische Effizienzbetrachtungen hinausgehen und vor einer anwendungsorientierten und abwägenden Begründung von Gemeinwohl nicht zurück schrecken. Dieses Buch begleitet die Studierenden auf diesem Weg. Und auf diesem Weg wird sich auch zeigen, dass die Volkswirtschaftslehre keine dogmatische, monolithische Wissenschaft ist.

1.5   Überblick über die Kapitelstruktur dieses Buches

Im *zweiten* Kapitel werden die Grundlagen der ökonomischen Entscheidungstheorie präsentiert. Im Mittelpunkt der Betrachtung steht das handelnde Individuum (Homo oecomicus) und dessen Rationalität. Mit seiner Nutzenfunktion nimmt er eine Bewertung der Konsequenzen seiner Entscheidungen vor. Die Grenzen dieser Rationalität werden ebenso thematisiert wie Konzepte von Rationalität, die über den individuellen Nutzen hinausgreifen. Das *dritte* Kapitel entfaltet einen Überblick über die Schwierigkeiten, die berücksichtigt werden müssen, wenn die Analyseebene vom Individuum auf die Gesellschaft verschoben wird, und präsentiert die für die Analyse notwendigen Unterscheidungen. Es zeigt sich bereits hier, dass Begriffe wie Gleichheit, Gerechtigkeit oder individuelle Rechte bei einer rein individualistischen Sichtweise nur schwer exakt zu definieren und zu begründen sind.

Das *vierte* Kapitel befasst sich mit der Verteilungstheorie, die eine Beschreibung der Gesellschaft anhand der Ausstattung der Individuen mit Gütern vornimmt. Die gesellschaftliche Situation wird beispielsweise in Bezug auf die Verteilung der Einkommen oder das Ausmaß der Armut beschrieben. Das Kapitel beschränkt sich auf die positive Messung von Ungleichheit und stellt eine Reihe von Ungleichheits- und Armutsmaßen vor. Methodische und praktische Implikationen der Ungleichheits- und Armutsmessung werden diskutiert.

---

[2] Interessanterweise beteiligte sich selbst KENNETH ARROW, der Begründer des Unmöglichkeitstheorems, später an der Operationalisierung alternativer und anwendungsorientierter Wohlfahrtsindikatoren, die z. B. die Bildungsausgaben eines Landes, die Nutzung erschöpfbarer Ressourcen oder die externen Kosten seiner CO_2-Emissionen für die Messung der Wohlfahrt verwenden.

Verschiedene Ausprägungen der individualistischen Wohlfahrtsökonomik werden im *fünften* Kapitel präsentiert. Vielfältige Aspekte des Utilitarismus und seiner historischen Entwicklung bilden den Kern des Kapitels. Soziale Wohlfahrtsfunktionen, die interpersonelle Nutzenvergleiche voraussetzen, doch auch Ansätze der Paretianischen Wohlfahrtsökonomik und der Sozialwahltheorie, die eine Nutzenvergleichbarkeit ablehnen, werden veranschaulicht. Die Darstellung berücksichtigt auch Ansätze eher prozessorientierter Theorien mit ihrer liberalen Betonung individueller Rechte.

Im *sechsten* Kapitel stehen mit den ressourcenbasierten Ansätzen zur Erfassung von Wohlfahrt und Gerechtigkeit Theorien im Vordergrund, die den normativen Individualismus aufweichen und sich von einem rein subjektiven Präferenzbegriff entfernen. Mit ihrer Betonung positiver Freiheitsrechte und der Berücksichtigung nicht-welfaristischer Informationen, beispielsweise hinsichtlich gesellschaftlicher Grundgüter oder Verwirklichungschancen, liefern diese Ansätze unter anderem eine konzeptionelle Grundlage für die Entwicklung alternativer, mehrdimensionaler Wohlfahrtsmaße. Das *siebte* Kapitel stellt mehrdimensionale Ansätze zur praktischen Messung des Gemeinwohls vor, die sich auf eine Vielzahl theoretisch begründbarer Zielgrößen stützen und gestatten, Aussagen zur gesellschaftlichen Entwicklung jenseits traditioneller Wirtschaftsindikatoren zu machen.

Das *achte* Kapitel greift auf die Diskussion in der Gesundheitsökonomie als ökonomische Teildisziplin zurück, da Gesundheit in der Betrachtung individuellen und gesellschaftlichen Wohls ein hoher Stellenwert zukommt. Anhand der Zielgröße Gesundheit werden einzelne wesentliche Fragen zu Allokation und Verteilung theoretisch und mithilfe praktischer Beispiele illustriert.

Im *neunten* Kapitel werden die Fragestellungen und Lösungsansätze der Umwelt- und Nachhaltigkeitsökonomik präsentiert. Hier stellt sich die Frage, in welchem Verhältnis die Ziele und Mittel der Umwelt- und Nachhaltigkeitspolitik zueinanderstehen und was dieses für die Rationalität der Politik bedeutet. Die bereits im zweiten Kapitel im Kontext individueller Rationalität und Nutzenmaximierung aufgeworfenen Probleme stellen sich nun auf gesellschaftlicher Ebene. Das *zehnte* Kapitel stellt die Systemfrage. Das Konzept der sozialen Marktwirtschaft wird ebenso erläutert wie unterschiedliche Vorstellungen von alternativen Wirtschaftssystemen, die von einer Kritik an marktwirtschaftlichen Systemen geprägt sind. Im Zug der Diskussion alternativer Wirtschaftssysteme wird die Frage gestellt, ob und inwiefern es sinnvoll und möglich ist, gesellschaftliche Gemeinwohlziele direkt anzusteuern. Im abschließenden *elften* Kapitel werden einige pointierte Schlussfolgerungen zum Wesen des Gemeinwohls aus Sicht der ökonomischen Theorie formuliert.

Das ökonomische Verhaltensmodell: Rationalität und Nutzen

2

Fragen und Themen in diesem Kapitel

- Was ist Rationalität im ökonomischen Sinne?
- Wie ist der Zusammenhang zwischen Rationalität und Nutzen?
- Was ist Nutzen und wie wird er gemessen?
- Wie verarbeitet die Theorie den empirischen Befund, dass sich Menschen häufig anders verhalten als der Homo oeconomicus?
- Welche Beiträge zum Rationalitätsverständnis kann die Verhaltensökonomik leisten?
- Kann sich der ökonomisch rationale Nutzenmaximierer moralisch und kooperativ verhalten?
- Gibt es eine kollektive Rationalität und spielt diese für den Homo oeconomicus eine Rolle?
- Wo liegen die Grenzen des ökonomischen Verhaltensmodells?
- Und warum sollte das alles für eine Betrachtung des Gemeinwohls überhaupt relevant sein?

2.1 Der Rationalitätsbegriff in den Wirtschaftswissenschaften

Der Begriff der Rationalität leitet sich sprachlich aus dem lateinischen Wort für „Verstand" oder „Vernunft" ab. Rationalität beschreibt also den Verstandesgebrauch. Zunächst kann Rationalität damit der Erkenntnistheorie zugeschrieben werden, die seit der Aufklärung mit DESCARTES, LEIBNIZ oder KANT betont, dass eine aus empirischen Erfahrungen gewonnen Erkenntnis rational ist, wenn sie mit Mitteln der Logik als allgemein gültig und notwendig ausgewiesen werden kann. Erkenntnisse und Entscheidungen sollten also auf *guten Gründen* beruhen und

© Der/die Autor(en), exklusiv lizenziert an Springer Fachmedien Wiesbaden GmbH, ein Teil von Springer Nature 2023
R. Menges und M. Thiede, *Die Ökonomie des Gemeinwohls*,
https://doi.org/10.1007/978-3-658-40105-4_2

weniger durch Gefühle oder den Zufall bestimmt sein. Bereits in der Antike stellte
der Übergang vom mythischen Denken, mit dem menschliche existenzielle Fragen
durch den Verweis auf Götter, Geister oder andere Phänomene mit hoher symbolischer Bedeutung erklärt wurden, zu einer praktischen Vernunft einen bedeutenden
Fortschritt dar (Nida-Rümelin 2020b).

Rationalität kommt in den Wissenschaften, aber auch in der Politik eine so
große Bedeutung zu, weil man sich von ihr Empfehlungen und Anleitungen für
individuelles oder auch kollektives Handeln erhofft. Gleichzeitig ist Rationalität
aber nur unter den Bedingungen einer Endlichkeit von Wissen und Vernunft ein
sinnvolles Konzept: *„Ein Wesen mit einem unendlichen Wissen, also Gott in der
Sprache der Tradition, braucht keine Rationalität, da es alles weiß"* (Homann 1988,
S. 65).

Die Wissenschaften sind sich der Endlichkeit ihres Wissens bewusst und
definieren Rationalität unterschiedlich. In der Volkswirtschaftslehre ist der Rationalitätsbegriff eng mit ihrem eigenen Verständnis als empirische Wissenschaft
verknüpft, die sich mit dem Verhalten von Menschen bei der Bewältigung von
Knappheitsproblemen in konkreten Entscheidungssituationen beschäftigt. Um das
Verhalten der Menschen verstehbar und vorhersagbar zu machen, bedienen sich
die Wirtschaftswissenschaften einer bestimmten Modellvorstellung vom ökonomischen Rationalverhalten. Aus ökonomischer Sicht wird Rationalität präzise als
das „Streben nach größtmöglichem Nutzen bei beschränkten Handlungsalternativen" verstanden und operationalisiert. Konkret bedeutet dies, dass jede Erklärung
menschlichen Verhaltens einem bestimmten Schema folgt (Homann 1988): Es wird
angenommen, dass Individuen

1. unter konkreten Rahmenbedingungen und Restriktionen
2. ihre jeweiligen Interessen und Ziele
3. in konsistenter Weise

verfolgen. In diesem Kapitel werden die Grundlagen des ökonomischen Rationalitätsbegriffes analysiert. Ziemlich schnell wird sich dabei zeigen, dass ökonomische
Rationalität nicht ohne den Begriff Nutzen auskommt. Zunächst werden hierzu
die wesentlichen mikroökonomischen Grundlagen des ökonomischen Rationalitätsverständnisses erarbeitet und dabei auch in einen theoriehistorischen Kontext
gestellt. Anschließend wird der *Homo oeconomicus* als Prototyp dieses Rationalitätsverständnisses in verschiedene anwendungsbezogene Fragen verwickelt, um
hieraus die Stärken des Modells abzuleiten, aber auch, um seine Provokationen
und Grenzen diskutieren zu können.

2.2   Das ökonomische Modell des rationalen Verhaltens

Das ökonomische Rationalitätsverständnis wird in den Einführungskapiteln vieler
ökonomischer Lehrbücher insbesondere zur Mikroökonomik erläutert (Endres und
Martiensen 2007; Varian 2016; Pindyck und Rubinfeld 2018; Erlei 2019b) und

basiert auf einem mehr oder weniger festen Kanon verschiedener Elemente, die im Folgenden kurz erläutert werden sollen.

2.2.1 Methodologischer Individualismus

Es klingt trivial, wenn festgestellt wird, dass die ökonomische Methode zur Erklärung des Verhaltens immer beim Individuum ansetzt. Handeln und Entscheiden wird damit immer nur individuellen Akteuren, nie aber Kollektiven oder Aggregaten zugeschrieben, da diese über keine eigenständigen, d. h. über keine von den sie tragenden Individuen unabhängigen Präferenzen verfügen. Hier setzt sich die Ökonomik deutlich von anderen Sozialwissenschaften ab, in denen teilweise Vorstellungen kollektiver Akteure vertreten werden, die beispielsweise als Klassen über ein gemeinsames Bewusstsein oder gemeinsame Präferenzen verfügen (Kirchgässner 2013).

Der in der Ökonomik vertretene methodologische Individualismus ist aber mehr als eine empirische Behauptung, die anzweifelt, dass kollektive bzw. überindividuelle Akteure aus sich selbst heraus existieren und im ökonomischen Sinne handlungsfähig sind. Er stellt vor allem eine normative Forderung dar, dass alle Werte immer auf die Individuen und ihre jeweiligen Wertvorstellungen zurückgeführt werden müssen. Diese Position wird vor allem die im fünften Kapitel dieses Buches diskutierte Vorstellung von Gesellschaft und Gemeinwohl bedeutsam sein, denn sie impliziert, dass jede Definition, die bei der Bestimmung des Gemeinwohls über eine bloße Aggregation der auf die Gesellschaft gerichteten Einzelinteressen der Individuen hinausgeht, unter Paternalismus- oder auch Sozialismusverdacht gestellt wird (Horn 1996, S. 69). Mit dem methodologischen Individualismus ist also auch ein bestimmtes Verständnis der Gesellschaft verbunden, die durch das Faktum des Pluralismus gekennzeichnet ist: Da es spätestens seit den Religionskriegen keine von allen Individuen gleichermaßen akzeptierte externe Instanz mehr gibt, die normative Vorgaben für das individuelle (und kollektive) Handeln machen kann, müsse das faktische Wollen der Individuen als alleinige Wertquelle berücksichtigt werden (Suchanek 2000). Eigenständige, überindividuelle Werte wie etwa ein „Volkswohl" oder religiöse, handlungsleitende Gewissheiten werden daher als zusätzliche Wertquellen für die ökonomische Analyse abgelehnt. Auch wenn anerkannt wird, dass das Individuum von äußeren Faktoren, sozialen Interaktionsstrukturen, gesellschaftlichen Einbettungen und ähnlichen Dingen beeinflusst wird und dass Individuen sich in Gruppen anders verhalten als in eher isolierten Situationen, so sind es letztlich immer nur individuelle Werte und die Autonomie des Individuums, die als relevant betrachtet werden.

Dies gilt nicht nur für die Betrachtung von Marktprozessen, in denen der methodologische Individualismus als Forderung nach Konsumentensouveränität zur Anwendung kommt, sondern auch für politische Prozesse, in denen politisches Handeln von Individuen immer auf ihre je individuellen Werte und Kalküle bezogen wird, oder für umweltökonomische Fragen der Nachhaltigkeit, wenn so etwas wie „Eigenwerte" von Umwelt und Ressourcen abgelehnt werden. Unabhängig von

der Komplexität oder der institutionellen Struktur des jeweiligen Entscheidungsprozesses, wird aus ökonomischer Sicht immer nur auf individuelle Bewertungen
und Entscheidungen abgestellt.

2.2.2 Eigennutzannahme

Die Eigennutzannahme des ökonomischen Rationalitätsmodells besagt zunächst
lediglich, dass Individuen sich bei ihren Entscheidungen ausschließlich am eigenen
Wohl orientieren. Konkret bedeutet dies, dass die Motivlage des Homo oeconomicus wie folgt beschrieben werden kann: *„Ich tue das, was mir nutzt, ich möchte den
anderen weder schaden noch nutzen. Ich bin an deren Nutzen nicht weiter interessiert,
also weder neidisch, noch altruistisch, sprich desinteressiert. Der Homo oeconomicus kennt keine Selbstkontrollprobleme, das heißt, er tut das, was auch langfristig in
seinem wohlverstandenen Eigeninteresse liegt"* (Enste und Hüther 2011, S. 10).
Bereits hier wird deutlich, dass die Annahme des Eigennutzes umstritten ist.
Zwar beruhen die wesentlichen Theoreme der Ökonomik (wie etwa die Hauptsätze
der Wohlfahrtsökonomik) auf der Annahme rein egoistischer Präferenzen – andererseits wird die Ökonomik jedoch nicht müde, zu betonen, dass die Annahme
des Eigennutzens eine rein formale Annahme sei, die Vorstellung des Nutzens
inhaltlich aber unbestimmt ist. So kann auf anonymen Märkten mit hohem Konkur-
renzdruck nicht unbedingt damit gerechnet werden, dass Individuen andere als rein
egoistische Nutzenvorstellungen haben, während es bei nicht-anonymen Interaktionsbeziehungen in kleinen Gruppen durchaus möglich erscheint, dass Individuen
sich uneigennützig verhalten. Die Frage, welcher *inhaltlichen* Art die Nutzenvorstellungen der Individuen sind, die ihrem Verhalten zugrunde liegen, sollte aus
Sicht der Ökonomik aber nicht a-priori entschieden werden (Endres und Martiensen 2007) – außerdem wird aus methodischen Gründen davon abgeraten, den
Präferenzbegriff allzu flexibel auszulegen, da ökonomische Modelle einen stabilen
Präferenzbegriff voraussetzen (Erlei 2019b).
Außerdem wird zur Verteidigung dieser Annahme darauf verwiesen, dass die
Eigennutzannahme nicht notwendigerweise impliziere, dass die Individuen sich
immer egoistisch verhalten und das Wohlergehen anderer bei ihren Entscheidungen nicht berücksichtigen, aber es sind immer nur ihre *eigenen Vorstellungen* vom
Wohlergehen anderer, die für die Individuen handlungsleitend sind. Selbst wenn
ein Individuum in ökonomischen Modellen als altruistisch charakterisiert wird,
weil es dem Wohlergehen anderer bei der Bewertung von Handlungsalternativen
ein Gewicht gibt, muss dies nicht als Widerspruch zur Annahme des Eigennutzes betrachtet werden (Kirchgässner 2013). Zwar stellen altruistische Präferenzen,
paternalistische Neigungen oder die Annahme des Neides etwa für Hauptsätze
der Wohlfahrtsökonomik oder die Effizienzbedingungen im Modell des allgemeinen Gleichgewichts ein Problem dar, weil die Berücksichtigung anderer Nutzen
in der eigenen Nutzenfunktion nichts anderes als ein externer Effekt ist, aber da

auch der Altruist immer nur seine eigene Vorstellung von Nutzen hat, ist altruistisches Verhalten immer nur ein Ausdruck der subjektiven Nutzenvorstellung des Individuums.

2.2.3 Rationalitätsaxiome für Entscheidungen unter Sicherheit

Während der methodologische Individualismus und die Eigennutzannahme das Untersuchungs- bzw. Anwendungsgebiet des ökonomischen Verhaltensmodells definieren, leitet sich die formale Struktur des ökonomischen Rationalverhaltens aus den Rationalitätsaxiomen ab, die in den folgenden Abschnitten kurz vorgestellt werden. Diese Axiome sind als Grundsätze rationalen Verhaltens anzusehen, sie sind aus theoretischer Sicht jedoch nicht beweisbar oder aus anderen Theorien abzuleiten. Rationalitätsaxiome stellen voneinander unabhängige, formale Aussagen über die Beschaffenheit individueller Bewertungsvorgänge dar. Erst aus der Kombination, d. h. aus der simultanen Anwendung dieser Rationalitätsaxiome wird logisch das deduziert, was die formale Basis der mikroökonomischen Theorie und der Wohlfahrtsökonomik darstellt: Aus den Rationalitätsaxiomen wird die formale Existenz einer individuellen Nutzenfunktion abgeleitet.

Die Existenz einer individuellen Nutzenfunktion als formale Repräsentation der individuellen Präferenzen lässt sich in der ökonomischen Theorie anhand der folgenden Schritte charakterisieren bzw. herleiten: In einem ersten Schritt wird angenommen, dass die Individuen ihre Präferenzen kennen, dass diese stabil sind und die zu analysierenden *Entscheidungen unter Sicherheit* stattfinden, dass die Eigenschaften der zu bewertenden Alternativen also bekannt sind. Zweitens formulieren bestimmte Rationalitätsaxiome Anforderungen an die *Konsistenz von individuellen Bewertungen*. Und drittens wird aus der Kombination dieser Axiome, die eine widerspruchsfreie individuelle Präferenzordnung über die gegebenen Alternativen erfüllt, die *Existenz einer individuellen Nutzenfunktion* abgeleitet.

Die Anforderungen an eine rationale Präferenzordnung schlagen sich in den Axiomen der Vollständigkeit, der Transitivität und der Reflexivität nieder (Endres und Martiensen 2007; Varian 2016; Erlei 2019b):

- Das *Axiom der Vollständigkeit* postuliert, dass ein rationales Individuum in der Lage ist, alle ihm zur Auswahl stehenden Alternativen paarweise zu vergleichen und im Hinblick auf ihre jeweilige Wünschbarkeit in eine Reihung zu bringen. Werden beispielsweise die beiden Alternativen A und B aus der Menge X der verfügbaren Alternativen miteinander verglichen – dies können Konsumgüter sein, aber auch alle anderen Arten von Gütern und Optionen, die Gegenstand einer rationalen Abwägung von Individuen sind – so wird angenommen, dass ein rationales Individuum in der Lage ist, anzugeben, welche der drei sich gegenseitig ausschließenden Präferenzrelationen zutrifft, ob also
  – A schwach bevorzugt wird gegenüber B, d. h., ob A mindestens genau so gut ist wie B ($A \succeq B$),

- B schwach bevorzugt wird gegenüber A, d. h., ob B mindestens genau so gut ist wie A (A $\preccurlyeq$ B),
- oder ob beides gleichzeitig gilt.

Dieses Axiom besagt nicht, dass das Individuum eine strikte Präferenz haben muss, also A eindeutig gegenüber B bevorzugt wird, (A $\succ$ B) oder B eindeutig gegenüber A bevorzugt wird (A $\prec$ B), es ist hier ausreichend wenn eine schwache Präferenz vorliegt. Zudem schließt die schwache Präferenzrelation ($\succcurlyeq$) die starke Präferenz ($\succ$) mit ein. Wenn beide o. g. Bedingungen zutreffen, bedeutet dies, dass das Individuum bei der Wahl zwischen A und B indifferent ist (A $\sim$ B).

Der Begriff der Vollständigkeit impliziert nun, dass angenommen wird, dass derartige Paarvergleiche in allen denkbaren Kombinationen für alle verfügbaren Alternativen aus der Menge X vorgenommen werden können, sodass die Präferenzordnung vollständig ist.

- Das *Axiom der Transitivität* stellt darauf ab, dass aus der Kombination unterschiedlicher Paarvergleiche Rückschlüsse über die Präferenzstruktur auch ohne einen direkten Paarvergleich vorgenommen werden können. Wenn ein Individuum beispielsweise A gegenüber B schwach vorzieht (A $\succcurlyeq$ B) und bei einem anderen Paarvergleich B gegenüber einer dritten Alternative C schwach vorzieht (B $\succcurlyeq$ C), kann hieraus gefolgert werden, dass A auch gegenüber C schwach bevorzugt wird (A $\succcurlyeq$ C). Diese Information über die Reihung von A und C muss also nicht über einen direkten Alternativenvergleich gewonnen werden, vielmehr ist sie Ausdruck einer widerspruchsfreien Präferenzordnung. Wenn A mehr Befriedigung als B verspricht, und B mehr Befriedigung als C, ist es plausibel, zu vermuten, dass A auch mehr Befriedigung als C verspricht. Würde hingegen in dieser Konstellation vom entsprechenden Individuum C gegenüber A vorgezogen werden, läge eine intransitive Präferenzordnung vor, die mit einem rationalen Verhalten kaum vereinbar erscheint.
- Das *Axiom der Reflexivität* besagt zunächst nur rein formal, dass eine Alternative so gut wie sie selbst ist. Inhaltlich bedeutet dies, dass ein Individuum seine Wertschätzung dieser Alternative nicht dadurch ändert, dass die Reihenfolge der Paarvergleiche variiert wird, oder die Art seiner Präsentation.

Präferenzrelationen, die diese Rationalitätsaxiome erfüllen, lassen sich nun unter bestimmten Annahmen hinsichtlich der Darstellung der zu bewertenden Alternativen aus der Menge X (z. B. deren beliebige Teilbarkeit) grafisch in Indifferenzkurven überführen. Hierbei werden einige zusätzliche Annahmen hinsichtlich der Beschaffenheit der individuellen Präferenzen verwendet. Diese Annahmen sind zwar wesentlich für die Formalisierung des Ansatzes, haben jedoch nicht dieselbe Bedeutung wie die o. g. Rationalitätsaxiome und stellen auch keine normativ verwendbaren Forderungen an das individuelle Entscheidungsverhalten.

- Die Annahme der *Nicht-Sättigung* der Präferenzen besagt, dass Individuen größere Mengen eines Gutes kleineren Mengen vorziehen. Diese Annahme wird auch als Monotonie der Präferenzen bezeichnet: das Befriedigungsniveau eines

Individuums nimmt mit zunehmendem Konsum eines Gutes zu („je mehr desto besser").

- Die Annahme der *Stetigkeit der Präferenzen* setzt die beliebige Teilbarkeit der betrachteten Gütermengen voraus und sorgt dafür, dass die Wertschätzung einer Alternative bzw. eines Gutes auch auf kleinste, infinitesimale Veränderungen seiner Menge reagiert.

- Die Annahme der *Konvexität der Indifferenzkurven* bezieht sich auf Fälle, in denen die zu bewertenden Alternativen aus Güterbündeln bestehen, die Wertschätzung einer Alternative sich auf zwei Dimensionen bezieht. Hierbei geht es um die Frage, wie die einzelnen Gütermengen geändert werden können, ohne dass sich die Wertschätzung des Gesamtbündels beider Güter ändert. Aufgrund der Nicht-Sättigungsannahme ist klar, dass das Niveau der Wertschätzung beim Rückgang der Menge des einen Gutes nur durch den Anstieg der Menge des anderen Gutes konstant halten lässt. Die Konvexität der Indifferenzkurven beschreibt nun, dass das Individuum Mischungen von zwei Gütern gegenüber eher einseitigen Zusammensetzungen der Bündel bevorzugt. Dies impliziert eine abnehmende Grenzrate der Substitution.

Diese Annahmen sorgen dafür, dass Indifferenzkurven in einer grafischen Darstellung im zweidimensionalen Güterraum eine negative Steigung haben, entlang der horizontalen Achse einen immer flacher werdenden Verlauf haben und sich nicht schneiden können. Es ist klar, dass sich diese zusätzlichen Annahmen – anders als die o. g. Rationalitätsaxiome – nicht auf alle Fälle von Gütern bzw. Bewertungsobjekten anwenden lassen. Die Nicht-Sättigung der Präferenzen ist vielleicht bei bestimmten Besitzgütern oder auch Geld noch plausibel (wenn auch vielleicht moralisch angreifbar), bei anderen Gütern wie Urlaubsreisen oder Alkoholkonsum ist jedoch nicht unbedingt damit zu rechnen, dass sich das Befriedigungsniveau eines Individuums unendlich steigern lässt. Auch die Frage, ob das individuelle Befriedigungsniveau irgendwie nach oben oder unten beschränkt ist, wird in der Literatur diskutiert, soll hier aber nicht näher betrachtet werden.[1]

Entscheidend ist nun, dass sich *jede* Präferenzordnung, die die o. g. Axiome erfüllt, aus einer reellwertigen Funktion erzeugen lässt. Diese mathematische Abbildung der individuellen Präferenzen verleiht jeder zu bewertenden Alternative einen Funktionswert, der zur konsistenten Reihung der vorhandenen Alternativen im Sinne ihres jeweiligen Befriedigungsniveaus genutzt werden kann. Eine derartige Funktion u_i stellt das Befriedigungsniveau des Individuums i als abhängige Variable dar und betrachtet das Niveau der Alternativen (z. B. A, B oder C) als

---

[1] In der Mikroökonomik werden übrigens auch ökonomisch relevante Fälle analysiert, in denen Sättigungspunkte beim Konsum (zu viel Konsum führt dann zu negativem Nutzen), nicht-stetige Präferenzen (bei nicht-teilbaren Gütern wie PKW oder Urlaubsreisen) oder nicht-konvexe Indifferenzkurven (z. B. bei nicht substituierbaren Gütern wie etwa lebensnotwendigen Medikamenten) betrachtet werden (Varian 2016).

unabhängige, bzw. erklärende Variable. Wenn der Vergleich der Nutzen beispielsweise zu dem Ergebnis führt, dass $u_i(A) > u_i(B) > u_i(C)$, impliziert dies die Präferenzordnung A $\succ$ B $\succ$ C. Hierbei sind jedoch zwei Dinge zu beachten:

- *Erstens* kann eine widerspruchsfreie Präferenzordnung existieren, für die keine numerisch bestimmbare Nutzenfunktion existiert. Die Existenz einer Präferenzordnung ist eine notwendige, aber keine hinreichende Voraussetzung für die Existenz einer reellwertigen Nutzenfunktion (Laux et al. 2018). So kann z. B. bei *lexikographischen Ordnungen* eine vollständige und transitive Präferenzordnung existieren, die nicht durch eine Nutzenfunktion repräsentierbar ist. Bei Vorliegen mehrerer Zieldimensionen, innerhalb derer die Alternativen A, B oder C bewertet werden, kann z. B. angenommen werden, dass das Entscheidungsproblem auf das jeweils wichtigste Ziel reduziert wird und keine Substitutionsbeziehungen möglich sind. Nur wenn mehrere Alternativen in dieser Zieldimension gleichwertig erscheinen, wird das jeweils zweitwichtigste Ziel bei der Betrachtung berücksichtigt. Ein Beispiel hierfür ist die Tabelle einer Fußball-Liga, bei der der Tabellenplatz eindeutig nach dem Punktestand der Mannschaft bestimmt wird und das Torverhältnis als zweite Dimension nur dann für die Bestimmung der Rangordnung berücksichtigt wird, wenn beim Punktestand Gleichheit zwischen zwei Mannschaften herrscht.
- Und *zweitens* ist diese Nutzenfunktion formal nur eindeutig bis auf positive monotone Transformationen ist. Dies bedeutet, dass die Funktionswerte der abhängigen Variablen lediglich einen *ordinalen* Informationsgehalt haben, etwa im Sinne von „besser" oder „schlechter", sie aber eindeutig dafür genutzt werden können, eine Rangfolge der zu bewertenden Alternativen zu erzeugen. Eine Nutzenfunktion, die beispielsweise den Alternativen A, B und C Nutzenwerte zuweist, die zur Reihung A $\succcurlyeq$ B $\succcurlyeq$ C führen, könnte durch Multiplizieren oder Logarithmieren eine positive Transformation erfahren und damit zu anderen Nutzenwerten der Alternativen A, B und C führen, ohne dass sich deren Reihung ändert. Die mathematische Abbildung von Präferenzordnungen trägt damit dem Faktum Rechnung, dass Nutzen nicht sinnvoll in kardinalen Größen ausgedrückt werden kann. Auch wenn dies vielen Studierenden der Mikroökonomik angesichts der mathematisch anspruchsvollen Darstellungen von Nutzenfunktion und Indifferenzkurven erstaunlich erscheint: Die quantifizierten Nutzeneinheiten werden hier lediglich als ordinales Kriterium verwandt (vgl. hierzu die Box 2.3 zu den Skalenniveaus der Nutzenmessung)

Die formale Darstellung von Indifferenzkurven erfordert die drei genannten zusätzlichen Annahmen und basiert auf dem Gedanken, dass das totale Differential dieser Funktion gebildet und gleich Null gesetzt wird. Indifferenzkurven stellen die formale Basis der in den Lehrbüchern präsentierten mikroökonomischen Haushaltstheorie dar, der für die Belange dieses Buches jedoch nicht weiter vertieft werden soll. Interessierte Leser seien beispielsweise auf den Beitrag zur Mikroökonomik von MATHIAS ERLEI verwiesen (Erlei 2019b).

2.2.4 Rationalitätsaxiome für Entscheidungen unter Unsicherheit

In einem weiteren Schritt wird die Fähigkeit der Individuen, derartige konsistente Präferenzordnungen zu bilden, auf *Entscheidungen unter Unsicherheit* ausgedehnt. Es wird also angenommen, dass die Individuen zum Zeitpunkt ihrer Wahlhandlung nicht genau wissen, welche Ergebnisse sich als Konsequenz ihrer Entscheidungen tatsächlich einstellen werden. Diese Unsicherheit bezieht sich lediglich auf die Wahrscheinlichkeit des Eintritts äußerer Ereignisse, nicht aber auf die Bewertung der tatsächlich realisierten Ergebnisse. Es wird also angenommen, dass der Nutzen bzw. die Bewertung eines Ereignisses wie „Abschluss eines Master-Studiums" oder „Auszahlung eines Geldbetrages" nicht davon beeinflusst wird, ob diese Realisation die sichere Konsequenz einer zuvor getroffenen Wahl ist, oder ob sich dieses Ergebnis als eines von mehreren möglichen Ergebnissen eingestellt hat.

Wenn eine riskante Alternative zu bewerten ist, könnte man eigentlich zunächst ihren Erwartungswert dazu heranziehen, eine Vorstellung davon zu entwickeln, mit welchen Konsequenzen man bei der Wahl dieser Alternative zu rechnen hat und wie diese zu bewerten sind. Dass für Entscheidungen unter Unsicherheit zusätzliche Rationalitätsannahmen notwendig sind, wird häufig am St. Petersburg-Paradoxon erläutert, dass der Schweizer Mathematiker und Physiker DANIEL BERNOULLI (1700–1782) bereits im 18. Jahrhundert formuliert hat (Eisenführ et al. 2010; Laux et al. 2018; Bardmann 2019). DANIEL BERNOULLI war Sohn einer Gelehrtenfamilie, sein Vater Johann und sein Onkel Jakob waren ebenfalls bedeutende Mathematiker, die wichtige Konzepte der Wahrscheinlichkeits- und Infinitesimalrechnung entwickelten. Sein wissenschaftliches Interesse richtet sich u. a. auf die Berechnung von Gewinnmöglichkeiten bei Glücksspielen. Man stelle sich hierzu die folgende mehrstufige Lotterie vor, die BERNOULLI 1713 in einem hypothetischen Kasino in St. Petersburg spielen lässt:

- Eine faire Münze wird so lange geworfen, bis die Seite „Kopf" nach oben zeigt. Damit endet die Lotterie. Für jeden Wurf bis zum Ende, bei dem die Münze „Zahl" zeigt, erhält der Spieler eine Auszahlung. Wird im ersten Versuch „Zahl" realisiert, erhält er eine Auszahlung von 2 €. Wird beim zweiten Münzwurf ebenfalls „Zahl" geworfen, erhält er $2^2 = 4$ €, beim dritten erfolgreichen Wurf erhält er $2^3 = 8$ €, beim n-ten Wurf 2^n €. Solange das Spiel läuft, bzw. bis zum ersten Wurf mit dem Ergebnis „Kopf", summieren sich die Auszahlungsbeträge.
- Da die Münze fair ist, besteht bei jedem Wurf eine Wahrscheinlichkeit von p = 0,5 für beide Ergebnisse. Der *Erwartungswert* dieser Lotterie kennzeichnet die Summe der mit den Wahrscheinlichkeiten gewichtete Auszahlungen bei jedem Münzwurf. Da das Spiel im Prinzip unendlich lange fortgesetzt werden kann, ist auch der Erwartungswert unendlich hoch: ½ · 2 € + ¼ · 4 € + 1/8 · 8 € + …. = $\sum_{i=1}^{\infty} (1/2)^i \cdot 2^i$ € = unendlich.
- Würde also das Erwartungswertprinzip zur Grundlage der Entscheidung erklärt werden, müsste ein rationaler Spieler bereit sein, einen unendlich hohen Geldbetrag für die Teilnahme an einer derartigen Lotterie zu investieren. Vermutlich

werden aber auch risikofreudige Spieler kaum bereit sein, mehr als einen einstelligen Betrag für die Teilnahme an einer derartigen Lotterie einzusetzen.

Eine Lösung dieser Inkonsistenz sah Bernoulli in einer Unterscheidung zwischen einem „objektiven" Wert des Geldes (z. B. als Tauschwert) und einem „subjektiven" Vorteil, den ein Spieler davon erwartet. Diese Erkenntnisse wurden später im Rahmen der Grenznutzentheorie aufgegriffen (Bardmann 2019, vgl. hierzu auch Abschn. 2.4 zur Thoriegeschichte des Nutzens). Unabhängig von Fragen des Geldwertes kann man diesen entscheidungstheoretischen Gedanken wie folgt formulieren: Wenn Individuen Entscheidungen unter Unsicherheit vornehmen (z. B. die Wahl einer akademischen Ausbildung oder die Teilnahme an einer Lotterie), stehen sie grundsätzlich vor dem Problem, dass die Entscheidung für eine Alternative mehrere, sich gegenseitig ausschließende Ergebnisse haben kann, die mit einer bestimmten Wahrscheinlichkeit eintreten. Die Wahl eines Studienplatzes wird hoffentlich zu einer schönen Studienzeit und einem erfolgreichen Abschluss führen, sie kann aber auch dazu führen, dass das Studium nach wiederholtem Nichtbestehen einer Prüfung und viel Stress ohne Abschluss beendet werden muss. Eine Alternative zur Wahl eines Studienplatzes könnte eine berufliche Ausbildung sein, die mit einer hohen Wahrscheinlichkeit zu einer vorzeigbaren beruflichen Qualifikation führt. Die Fähigkeit der Individuen, rationale Entscheidungen unter Unsicherheit zu treffen, setzt voraus, dass sie nicht nur die denkbaren Konsequenzen unvoreingenommen betrachten und widerspruchsfrei bewerten. Vielmehr sind auch die Wahrscheinlichkeiten des Eintritts dieser Ereignisse unvoreingenommen und widerspruchsfrei, d. h. im Sinne der Gesetze der Wahrscheinlichkeitsrechnung zu berücksichtigen.

Formal bedeutet dies, dass die Entscheidung eines Individuums sich nicht mehr – wie bei den Entscheidungen unter Sicherheit – auf die Auswahl einer Alternative (z. B. A, B oder C) aus der Menge X bezieht, sondern dass die Alternativenmenge X probabilistisch erweitert wird. Die Präferenzen beziehen sich also nicht mehr auf die reinen bzw. sicheren Alternativen A, B oder C, sondern auf Wahrscheinlichkeits-verteilungen über den Eintritt von Konsequenzen wie A, B oder C. Eine Alternative stellt sich wie im Münzwurf des St- Petersburg-Paradoxons als Lotterie dar. So könnte z. B. die Wahl einer Alternative a dazu führen, dass sich das Ergebnis A mit einer Wahrscheinlichkeit von q_1 einstellt und das Ergebnis B mit einer Wahrscheinlichkeit von $(1 - q_1)$ realisiert wird. Eine Alternative b würde hingegen mit der Wahrscheinlichkeit q_2 zum Ergebnis C und mit der Wahrscheinlichkeit $(1 - q_2)$ zum Ergebnis D führen.

Hieraus wird deutlich, dass die zusätzliche Herausforderung rationalen Entscheidens darin besteht, die Informationen über die äußeren Wahrscheinlichkeiten in vernünftiger Weise in die Bewertung der Alternativen einfließen zu lassen. Die axiomatischen Grundlagen dafür lassen sich wie folgt skizzieren (Endres und Martiensen 2007; Eisenführ et al. 2010; Erlei 2019b):

- *Axiom der Vollständigkeit:* Aus der Menge der verfügbaren Alternativen bzw. Lotterien können alle Alternativen paarweise verglichen werden. Die dabei gebildete Präferenzordnung über die Lotterien erfüllt die im letzten Abschnitt erläuterten Axiome der Vollständigkeit, der Transitivität und der Reflexivität.

- *Axiom der Stetigkeit:* Es gelte die folgende Präferenzordnung über drei Lotterien: a $\succcurlyeq$ b $\succcurlyeq$ c. Nun lassen sich durch die Wahl einer Wahrscheinlichkeit p Kombinationen von Lotterien bilden, die die folgende Indifferenzbeziehung herbeiführen: b $\sim$ [p $\cdot$ a + (1 − p) $\cdot$ c]. Das Stetigkeitsaxiom impliziert also, dass aus einer Präferenzordnung, die drei Alternativen in eine Reihung setzt, mit der Bestimmung einer Wahrscheinlichkeit p eine zusammengesetzte Lotterie aus dem ersten und dem dritten Element gebildet werden kann, die zur Indifferenz mit der mittleren Alternative führt. Das Axiom der Stetigkeit bezieht sich zwar auf den Umgang mit Wahrscheinlichkeiten, ist inhaltlich aber äquivalent zur Stetigkeitsannahme bei sicheren Entscheidungen.
- Das *Axiom der Unabhängigkeit* besagt, dass sich eine Präferenzordnung über zwei Alternativen a und b nicht ändern sollte, wenn beide Alternativen mit identischen Wahrscheinlichkeiten des Eintritts eines weiteren Ereignisses verknüpft werden: Wenn also gilt a $\succcurlyeq$ b, so muss auch bei Hinzufügung der Lotterie c (mit einer beliebigen Wahrscheinlichkeit) diese Präferenzordnung unverändert bleiben: p $\cdot$ a + (1 − p) $\cdot$ c $\succcurlyeq$ p $\cdot$ b + (1 − p) $\cdot$ c. Dieses Unabhängigkeitsaxiom setzt hohe Anforderungen an die kognitiven Fähigkeiten eines rationalen Entscheiders bei der Verarbeitung von Wahrscheinlichkeiten. Es wird in der Literatur auch als *Substitutionsaxiom* bezeichnet, da auf seiner Grundlage eine Lotterie oder auch die Konsequenz bzw. das Ergebnis einer Entscheidung durch eine andere Lotterie ersetzt werden kann, wenn der Entscheider zwischen der ursprünglichen Lotterie oder der ursprünglichen Konsequenz und der Ersatzlotterie gerade indifferent ist.

Es lässt sich nun formal auf Basis logischer Schlüsse zeigen, dass Präferenzrelationen über Lotterien, die diese Axiome erfüllen, durch eine formale Nutzenfunktion abgebildet werden. Oder anders formuliert: Eine Präferenzordnung über Lotterien erfüllt die genannten Axiome *nur dann,* wenn sie durch eine derartige Risikonutzenfunktion abbildbar ist.

Bezogen auf das obige Beispiel der Lotterien a und b bedeutet dies, dass eine Riskonutzenfunktion u_i existiert, die zur Bewertung der jeweils erwarteten Konsequenzen herangezogen wird: $u_i(a) = q_1 \cdot u_i(A) + (1 − q_1) \cdot u_i(B)$ sowie $u_i(b) = q_2 \cdot u_i(C) + (1 − q_2) \cdot u_i(D)$. Das lässt sich auch auf die Bewertung der Alternativen der Wahl einer Ausbildung oder eines Studienplatzes beziehen. Wenn a die Wahl des Ausbildungsplatzes darstellt und b die Entscheidung für ein Studium, müssten zunächst deren denkbare Konsequenzen ermittelt und bewertet werden: Diese könnte z. B. der Abbruch des Studiums (Konsequenz A) oder der erfolgreiche akademische Abschluss mit den sich anschließenden Berufsaussichten (B) als Konsequenzen der Wahl von a sein; während der Abbruch der Lehre (C) oder eine Berufslaufbahn nach erfolgreicher Lehre (D) als Konsequenzen von b zu erwarten sind. Anschließend wären diese Werte mit den erwarteten Wahrscheinlichkeiten ihres Eintritts zu gewichten. Im Ergebnis würde die Nutzenrelation $u_i(a) < u_i(b)$ die Präferenzordnung a $\prec$ b (also die Bevorzugung von b über a) implizieren, während $u_i(a) > u_i(b)$ die Präferenzordnung a $\succ$ b nach sich ziehen würde.

Während die Nutzenfunktion, die im vorherigen Abschnitt für Entscheidungen unter Sicherheit hergeleitet wurde, rein ordinale Informationen über das Bewertungsschema liefert, werden die Präferenzen eines Individuums im Falle der Erwartungsnutzenfunktion auf einer *Intervallskala* abgebildet. Dies bedeutet, dass die Funktion eindeutig bis auf positive lineare Transformationen ist. Beispielsweise kann eine Nutzenfunktion, die durch Zuweisung der entsprechenden Nutzenwerte die Präferenzordnung a $\succcurlyeq$ b $\succcurlyeq$ c abbildet, durch Multiplikation linear transformiert werden, sodass sich zwar die Nutzenwerte, nicht aber die durch diese Funktion abgebildete Präferenzordnung ändern. Ein Logarithmieren dieser Funktion wäre als nicht-lineare Transformation hingegen nicht zulässig, da sie möglicherweise zu einer veränderten Reihung der genannten Alternativen führen würde. Das Konzept des Erwartungsnutzens lässt also nur bestimmte Transformationen der Nutzenfunktion zu und ist mit der kardinalen Nutzenmessung vereinbar, die ansonsten in der Mikroökonomik eher skeptisch betrachtet wird (Erlei 2019b). Dieses Konzept einer Risikonutzenfunktion wurde vom Mathematiker JOHN VON NEUMANN (1903- 1957) und dem Ökonomen OSKAR MORGENSTERN (1902-1977) entwickelt. Sie unterstellten bei ihrer Nutzenmessung, dass Nutzen in Geld ausgedrückt werden kann, bzw. dass die Individuen an einem einheitlichen Geldgut interessiert seien (Holler 2008, vgl. hierzu auch Box 2.3 zu den Maßeinheiten der Nutzenmessung im folgenden Kapitel).

Da in den bisherigen Überlegungen dieses Kapitels großer Wert auf die Ordinalität des mikroökonomischen Nutzenkonzeptes gelegt wurde, mag es auf den ersten Blick erstaunen, dass beim Übergang zur Analyse von Entscheidungen unter Unsicherheit diese Nutzenmessung einen kardinalen Charakter erhalten soll. Woran liegt das? Intuitiv würde man ja zunächst nicht unbedingt erwarten, dass ein Messkonzept an Präzision gewinnt, wenn die Bedingungen sich verkomplizieren, unter denen die Messung durchgeführt wird. Den Grund dafür liefern das Konzept der Wahrscheinlichkeiten und die Annahmen darüber, wie Individuen Informationen über Wahrscheinlichkeiten verarbeiten. Das oben erläuterte Axiom der Stetigkeit besagt beispielsweise, dass Individuen in der Lage sind, eine sichere Alternative A (z. B. ein bestimmter Geldbetrag) und eine unsichere Alternative B (z. B. ebenfalls ein bestimmter Geldbetrag, der aber nur mit einer bestimmten Wahrscheinlichkeit ausbezahlt wird) miteinander zu vergleichen. Fragt man das Individuum nach der von ihm geforderten Wahrscheinlichkeit für die Auszahlung von B, die notwendig ist, damit sich gerade Indifferenz (also Nutzengleichheit) zwischen A und B einstellt, so erhält man mit dieser Wahrscheinlichkeit ein Maß für die *Intensität,* mit der das Individuum die Auszahlung B der Auszahlung A vorziehen würde, wenn beide Alternativen sicher oder gleich wahrscheinlich wären. Diese Kardinalität der Messung von Nutzenintensitäten kann anschließend auch auf die Bewertung sicherer Alternativen bzw. auf Entscheidungen unter Sicherheit bezogen werden.

Allerdings impliziert diese Kardinalisierung im Sinne von VON NEUMANN und MORGENSTERN nicht auch eine Objektivierung der Nutzenmessung, da die Kardinalität lediglich indirekt über den Ausdruck der individuellen Nutzen in

Geldeinheiten erreicht wird. Zur Diskussion der Frage, ob der individuelle Nutzen als objektive Information für wohlfahrtsorientierte Vergleiche verschiedener Individuen genutzt werden könne, äußerten VON NEUMANN und MORGENSTERN jedoch eine interessante Meinung: „*All dies erinnert an die Lage, die zu Beginn der Wärmetheorie in der Physik herrschte: zunächst basierte sie auf dem intuitiv klaren Konzept, dass sich ein Körper wärmer als ein anderer anfühlte, während es noch keine Möglichkeit gab, zum Ausdruck zu bringen, um wieviel er wärmer war. … Es zeigte sich schließlich, dass die Wärme quantitativ gemessen werden kann, und zwar nicht nur mit einer, sondern sogar mit zwei Messskalen: der Wärmemenge und der Temperatur. … Die geschichtliche Entwicklung der Wärmetheorie zeigt, dass man mit negativen Behauptungen über irgendein Meßkonzept überaus vorsichtig sein sollte. Auch wenn der Nutzen heute sehr wenig quantitativ messbar erscheint, so könnte sich die geschichtliche Erfahrung mit der Wärmetheorie wiederholen und niemand kann voraussehen, mit welchen Verästelungen und Variationen*" (von Neumann und Morgenstern 1953, S. 16–17; zitiert nach und übersetzt von Sohmen 1976, S. 28).

Selbstverständlich gab es bereits mit den von BERNOULLI formulierten Überlegungen Vorläufer des Erwartungsnutzentheorems. Auch der Logiker und Mathematiker FRANK RAMSEY (1903–1930) hat sich bereits vor VON NEUMANN und MORGENSTERN mit diesem Problem auseinandergesetzt und das Erwartungsnutzenprinzip als psychologisches Motiv rationalen Verhaltens in mathematische Formulierungen übertragen.

Box 2.1: Frank Ramsey und die Vorwegnahme des Erwartungsnutzenprinzips

FRANK RAMSEY leistete bahnbrechende Beiträge zur Philosophie, Mathematik und Ökonomie. Obwohl er von seinen Zeitgenossen als Genie anerkannt wurde, entfalteten einige seiner wichtigsten Ideen erst nach seinem frühen Tod ihre Wirkung. Mit seinen Werken wurde eine neue Phase der analytischen Philosophie eingeleitet. Er war nicht nur ein enger Freund vom Ökonom JOHN MAYNARD KEYNES (1883–1946), sondern auch vom Philosophen LUDWIG WITTGENSTEIN (1889–1951), dessen berühmten, auf Deutsch verfassen „Tractatus Logico-Philosophicus" er ins Englische übersetzte. WITTGENSTEIN war übrigens der Cousin des ebenfalls maßgeblichen österreichischen Ökonomen FRIEDRICH AUGUST VON HAYEK, der insbesondere im fünften Kapitel dieses Buches eine wichtige Rolle spielen wird. RAMSEYS Beiträge zur Ökonomik beeinflussten insbesondere die intergenerative Wohlfahrtsökonomik. Für die Belange einer intergenerativen Wohlfahrtsökonomik entwickelte er seinen Ansatz zur Bestimmung der optimalen Sparquote einer Volkswirtschaft, mit der bestimmt werden kann, wieviel vom gesamtwirtschaftlichen Output investiert (und damit nicht konsumiert) werden soll, damit diese Volkswirtschaft auch in Zukunft optimal wächst. Um dieses Problem lösen zu können, ist es notwendig dem Nutzen (bzw. der Wohlfahrt) zukünftiger Generationen im Entscheidungskalkül der heutigen Generation einen Wert zuzuweisen. Dieses geschieht anhand einer sozialen Diskontrate, mit der einem heutigen Konsumverzicht ein zukünftiger Nutzenwert zugewiesen wird. Die Probleme, die hierbei zu berücksichtigen sind, sind jedoch weitaus komplexer als die Probleme der betriebswirtschaftlichen Investitionsrechnung (vgl. hierzu Kap. 5). In seinem Buch „Truth and Probability" entwickelte RAMSEY wichtige Ansätze zur Theorie subjektiver Wahrscheinlichkeiten und nahm die spätere Erwartungsnutzentheorie vorweg (MacBride et al. 2020). Vor diesem Hintergrund wird Erwartungsnutzenaxiomatik manchmal auch als Ramsey-Kompatibilität bezeichnet (Nida-Rümelin 2020b).

„Let us call the things a person ultimately desires ‚goods', and let us at first assume that they are numerically measurable and additive. That is to say that if he prefers for its own sake an hour's swimming to an hour's reading, he will prefer two hours' swimming to one hour's swimming and one hour's reading. This is of course absurd in the given case but this may only be because swimming and reading are not ultimate goods, and because we cannot imagine a second hour's swimming precisely similar to the first, owing to fatigue, etc. Let us begin by supposing that our subject has no doubts about anything, but certain opinions about all propositions. Then we can say that he will always choose the course of action which will lead in his opinion to the greatest sum of good. It should be emphasized that in this essay good and bad are never to be understood in any ethical sense but simply as denoting that to which a given person feels desire and aversion. The question then arises how we are to modify this simple system to take account of varying degrees of certainty in his beliefs. I suggest that we introduce as a law of psychology that his behaviour is governed by what is called the mathematical expectation; that is to say that, if p is a proposition about which he is doubtful, any goods or bads for whose realization p is in his view a necessary and sufficient condition enter into his calculations multiplied by the same fraction, which is called the ,degree of his belief in p'. We thus define degree of belief in a way which presupposes the use of the mathematical expectation." (Ramsey 1926, S. 172)

Aber erst die auf VON NEUMANN und MORGENSTERN zurückgehende Erwartungs- bzw. Risikonutzenfunktion formalisiert das BERNOULLI- Prinzip. Mit ihrem 1944 erschienen Buch „Theory of Games and Economic Behavior" (von Neumann und Morgenstern 1953) begründeten sie nicht nur das Konzept des Erwartungs- nutzens, nach dem bei Auswahlentscheidungen anstatt der Alternative mit dem größten Erwartungswert diejenige mit dem höchsten Erwartungswert des Nutzens gewählt wird, sondern auch die gesamte Spieltheorie als Zweig der ökonomischen Entscheidungsforschung.

In der Spieltheorie geht es um die Analyse des Entscheidungsverhaltens eines Individuums (Spielers), wenn die Konsequenzen einer Entscheidung davon abhän- gen, wie andere Individuen sich verhalten. Grundsätzlich analysiert die Spieltheo- rie damit die Entscheidungen rationaler, sich gegenseitig beeinflussender Akteure, weshalb die Bezeichnung „interaktive Entscheidungstheorie" eigentlich treffender wäre (Söllner 2021). Die Unsicherheit der Entscheidungssituation bezieht sich also nicht mehr vorwiegend auf den Eintritt äußerer Ereignisse (wie beim Münzwurf), sondern auf das Verhalten der übrigen Individuen. Entscheidungen erfordern also Kenntnisse über die jeweilige Situation, die Handlungsmöglichkeiten und die Präferenzen der anderen Spieler. Individuelle, aber auch gesamtwirtschaft- liche Optimierungsprobleme, die Kooperation und Konflikte unterschiedlicher gesellschaftlicher Gruppen und deren Lösungen lassen sich hiermit mathema- tisch modellieren. Es ist daher kein Zufall, dass die von VON NEUMANN und MORGENSTERN entwickelte Spieltheorie insbesondere für die strategische poli- tische und militärische Planung der USA und der damaligen Sowjetunion im zeithistorischen Kontext des kalten Krieges eingesetzt wurde. Die Frage, warum es trotz der starken Aufrüstung in der Nachkriegszeit nicht zu einem Weltkrieg gekommen ist, beantworten Spieltheoretiker mit Vernunftsargumenten wie der abschreckenden Wirkung von Erst- und Zweitschlagwaffen und dem damit ver- bundenen „Gleichgewicht des Schreckens" (von Hirschhausen 2015). Vor diesem Hintergrund wird es verständlich, wenn in der Ökonomik häufig das Nutzen- theorem von VON NEUMANN und MORGENSTERN aufgrund seiner Anwendbarkeit auf strategische Entscheidungen in der Spieltheorie als Inbegriff ökonomischer Rationalität betrachtet wird, mit der strategische Überlegungen quasi von einem künstlichen Spielbrett in die Sozialwissenschaften übertragen wurden und ohne die später entwickelte spieltheoretische Gleichgewichtskonzepte wie etwa das NASH-Gleichgewicht nicht denkbar wären.

2.3 Nutzen

2.3.1 Die Existenz der Nutzenfunktion als logischer Schluss

Aus den bisherigen Überlegungen dieses Kapitels zur ökonomischen Konzeption von Rationalität können zwei wesentliche Erkenntnisse abgeleitet werden:

- Erstens sind die Begriffe Rationalität und Nutzen aus ökonomischer Sicht ineinander verschränkt. Das Erwartungsnutzentheorem kommt zu dem Schluss, dass sich Rationalität im Entscheidungsverhalten entweder als Nutzenmaximierung äußert, oder gar nicht, da die Präferenzordnungen dann widersprüchlich und zum Nachteil der Individuen wären.
- Und zweitens wurde der Begriff des Nutzens bislang eigentlich nur formal, inhaltlich aber neutral als Eigennutzen spezifiziert.

Diese beiden Aspekte lassen sich auch so zusammenfassen: Die im Eingangskapitel des Buches aufgegriffene *Frage nach dem Guten* wird in der ökonomischen Theorie durch die formale Struktur einer inhaltlich nicht näher spezifizierten individuellen Nutzenfunktion beantwortet. Während Philosophen wie ARISTOTELES, KANT, NIETZSCHE oder auch die Utilitaristen (wie in den weiteren Kapiteln dieses Buches noch zu diskutieren sein wird) sehr heterogene, gegensätzliche und kritische Vorstellungen des Guten und des Nutzens entwickelt haben, macht die ökonomische Theorie einen großen Bogen um diese Diskussion. Sie überführt den Begriff des Nutzens als Ausdruck des Guten in ein formales und empirisch überprüfbares Konzept und erwirbt damit den Anspruch einer positiven Wissenschaft. Erst diese Formalisierung des Nutzenbegriffs ermöglicht die Entwicklung von Konzepten wie Opportunitätskosten und normativen Kriterien wie Effizienz und Wohlfahrt. Ein gerne in Kauf genommener Nebeneffekt dieser Entwicklung besteht darin, dass sich die Ökonomik mit diesem Schritt als eigenständige empirische Wissenschaft neben den Naturwissenschaften etabliert und von der Moralphilosophie emanzipiert, wie sie beispielsweise noch von ADAM SMITH, dem Gründervater der Volkswirtschaftslehre, vertreten wurde.

Der Philosoph und Entscheidungstheoretiker JULIAN NIDA- RÜMELIN interpretiert diesen methodischen Schritt zur Verbindung von Rationalität mit Nutzen so: Der im Nutzentheorem von Neumann und Morgenstern gebündelte ökonomische Rationalitätsbegriff stellt ein zunächst harmlos erscheinendes Metrisierungs-Theorem dar, mit dem es möglich wird, den qualitativen Begriff der Präferenz in einen quantitativen Begriff des Nutzens zu überführen, *wenn die Präferenz bestimmte Kohärenzbedingungen erfüllt* (Nida-Rümelin 2020b). Dass mit dieser Verschränkung von Nutzen und Rationalität einerseits methodische Vorteile verbunden sind, andererseits jedoch andere Probleme ausgeblendet werden, ist für die weitere Diskussion von Wohlfahrt und Gemeinwohl von nicht geringer Bedeutung.

2.3.2 Ökonomische Rationalität als Nutzenmaximierung unter Restriktionen

Die zweite im Eingangskapitel aufgeworfene *Frage nach dem Richtigen* (Was ist zu tun?) wird mit diesem Rationalitätskonzept implizit ebenfalls sehr präzise beantwortet: Wenn die individuelle Nutzenfunktion zumindest formal als das Gute konzipiert ist, dann ist die Maximierung der individuellen Nutzenfunktion die sich daraus ergebende Handlungsanweisung, das Richtige zu tun.

Da der Untersuchungsgegenstand der Ökonomik sich aber auf die Lösung von Knappheitsproblemen bezieht, bedeutet dies, dass die Nutzenmaximierung nicht im luftleeren Raum stattfindet, sondern immer nur im Kontext gegebener Restriktionen ihren Sinn erfährt. In der ökonomischen Theorie und in den entsprechenden Lehrbüchern erfolgt die Nutzenmaximierung in drei sorgfältig voneinander getrennten Schritten:

- *Präferenzen:* Erstens wird auf Basis der oben genannten Rationalitätspostulate die Existenz von Indifferenzkurven und widerspruchsfreien, kohärenten Alternativenbewertungen und Präferenzordnungen hergeleitet.
- *Restriktionen:* Zweitens werden die Restriktionen des Individuums in Form einer Budgetbedingung interpretiert. Im Gegensatz zu den nicht direkt beobachtbaren Informationen über die Präferenzen bezieht sich die Budgetrestriktion vorwiegend auf objektiv vorliegende Informationen, wie das verfügbare Einkommen, die verfügbaren Alternativen und deren Preise. Entscheidend hierbei ist, dass die Informationen über die Präferenzen bzw. den Nutzen strikt getrennt von den Informationen über die Restriktionen aufbereitet werden.
- *Maximierung:* Erst in einem dritten Schritt kommt es dann zur Lösung des Entscheidungsproblems als Nutzenmaximierung unter Nebenbedingungen.

Im Fall von Entscheidungen unter Sicherheit kann dieser Lösungsschritt wie folgt charakterisiert werden (Endres und Martiensen 2007; Varian 2016; Erlei 2019b):

- *Formal* wird die nutzenmaximierende Wahl einer Alternative etwa durch die Bildung und Ableitung der Lagrange-Funktion (als Zusammenfassung von Nutzenfunktion und Budgetrestriktion) bestimmt, aus der die Bedingungen erster Ordnung für ein Nutzenmaximum ermittelt werden.
- *Grafisch* (d. h. im 2-Güter-Raum) lässt sich das Nutzenmaximum bestimmen, indem aus der auf der Budgetrestriktion abgebildeten Alternativenmenge diejenige ausgewählt wird, die gleichzeitig auf der maximal erreichbaren Indifferenzkurve liegt. Unter der o. g. Annahme konvexer Indifferenzkurven und

beliebig teilbarer Güter kommt es dann zur Tangentiallösung, d. h. der Übereinstimmung der Steigung von Budgetgerade und Indifferenzkurve in diesem Punkt (Übereinstimmung von relativen Preisen und Grenzrate der Substitution).

Box 2.2: Revealed-Preference-Theorie

Die auf PAUL SAMUELSON (1915–2009) zurückgehende Revealed-Preference-Theorie geht hier einen etwas anderen Weg, der jedoch Ausdruck desselben Modells rationaler Entscheidungen ist. Sie vermeidet die psychologischen, introspektiven Nutzenüberlegungen, die der Konstruktion von Indifferenzkurven zugrunde liegen, und stellt ihre Aussagen als rein empirisches Konstrukt vor (Woll 2011): Aus einer Sequenz beobachteter Wahlhandlungen von Alternativen, die sich auf unterschiedlichen, geschickt variierten Budgetgeraden befinden, lassen sich individuelle Nachfragefunktionen ableiten. Jetzt könnte man vermuten, dass der Präferenzbegriff damit banalisiert wird: Wenn das, was ein Individuum wünscht, sich immer in seinen Wahlhandlungen zeigt, wird der Präferenzbegriff rein behavioristisch und belanglos. Entscheidend ist, dass die beobachtbaren Wahlhandlungen bestimmten Konsistenzforderungen genügen müssen, erst dadurch wird die Revealed-Preference-Theorie trennscharf (Nida-Rümelin 2020b). Diese Konsistenzforderungen sind strukturell ähnlich aufgebaut wie die Axiome, die oben vorgestellt wurden, allerdings werden diese direkt auf das empirisch beobachtbare individuelle Verhalten angewandt, sodass weitere Annahmen über die Verläufe von Indifferenzkurven und Nutzenfunktionen nicht getroffen werden müssen. Das Verhalten der Individuen wird im Ergebnis so interpretiert, dass die getroffenen Entscheidungen zum Ausdruck offenbarter Präferenzen werden.

Dieses Verhaltensmodell wird in der Ökonomik durchgängig für Entscheidungsprobleme auf der Ebene des individuellen Verhaltens verwendet, aber auch auf Fragen der kollektiven Entscheidungsfindung angewandt. Vereinfacht und als *Wirtschaftlichkeitsprinzip* formuliert: Ökonomische Entscheidungsprobleme entstehen dadurch, dass prinzipiell unbegrenzte Wünsche auf knappe Ressourcen treffen. Durch die nutzenmaximierende Wahl wird sichergestellt, dass das Wirtschaftssubjekt seine begrenzten Ressourcen so einsetzt, dass diese den höchsten Wert, d. h. den höchsten erreichbaren Nutzen realisieren.

Da mit dieser Entscheidung notwendigerweise andere Alternativen bzw. andere Ressourcenverwendungen ausgeschlossen werden, liegt hierin gleichzeitig auch die Wurzel des ökonomischen Kostenbegriffs: Kosten entstehen immer nur als *Opportunitätskosten*, die mit einer Entscheidung verbunden sind. Die realen Kosten einer Entscheidung, bzw. die Opportunitätskosten einer gewählten Alternative bestehen in dem nicht-realisierten Nutzen der besten Alternative, die gerade nicht gewählt wurde.

2.3.3 Was ist Nutzen?

Mit dieser bislang eher formalen Betrachtung des Nutzenbegriffs lassen sich in der Ökonomik einige weitere Aussagen über das Wesen des Nutzens verknüpfen, die die o. g. Eigennutzannahme ergänzen. Diese Aussagen über das Wesen des Nutzens prägen die moderne Mikroökonomik und können wie folgt zusammengefasst werden:

- *Streben nach Befriedigung:* Das Streben nach Nutzen lässt sich inhaltlich als Streben nach Befriedigung interpretieren, die aus einer Handlung abgeleitet wird.
- *Nutzen hat keinen instrumentellen Charakter:* Er wird als einziges Ziel betrachtet, das nicht weiter hinterfragbar ist, da es selbst keinen instrumentellen Charakter hat. Güter haben nur einen instrumentellen Charakter und keine über die Nutzendimension hinausgehenden, ökonomisch relevanten Eigenwerte. Betrachten wir dazu das oben genannte Beispiel der Entscheidung eines Individuums über den Beginn eines Studiums oder einer Lehre, möglicherweise wäre eine weitere Alternative ein Gap-Jahr mit einer Weltreise. Wenn man davon ausgeht, dass das Individuum ein längerfristiges Interesse an einer guten Ausbildung und einem zumindest aus beruflicher Sicht gelungenen Leben hat, haben alle drei Alternativen (sicherlich gibt es bei näherer Betrachtung noch weitere) den Charakter eines Mittels zur Erreichung seiner persönlichen Ziele. Möglicherweise haben alle genannten Alternativen ihren eigenen Charme, aber sie sind als Mittel nur insofern wertbehaftet, als sich ihr Wert aus dem erwarteten Beitrag zur Erreichung des individuellen Zieles bestimmt bzw. daraus abgeleitet wird. Aus ökonomischer Sicht ergibt sich die subjektive Vorteilhaftigkeit der Alternativen faktisch aber nicht allein aus den Präferenzen, sondern auch aus den Restriktionen. Ein Abiturient, der beispielsweise bereits über ein hohes Vermögen aufgrund einer Erbschaft oder eine Finanzierung durch reiche Eltern verfügt, wird die Alternative des Gap-Jahres möglicherweise anders bewerten als eine Abiturientin, deren Eltern über kein großes Einkommen verfügen und deren Studienfinanzierung durch Kindergeld und BAföG organisiert werden wird.
- *Gegenstand bzw. Argument der Nutzenfunktion sind Güter* oder *beliebige Eigenschaften von Gütern.* Ein ökonomisches Gut ist damit nicht auf den Begriff physischer, materieller Güter begrenzt oder durch seine äußeren, objektiven Eigenschaften gekennzeichnet. Ein Gut wird erst durch seine Fähigkeit Nutzen zu spenden zu einem ökonomischen Gut.
- *Nutzen ist subjektiv:* Nutzen stellt aus ökonomischer Sicht eine ausschließlich subjektive Größe dar. Weitere Konkretisierungen oder Objektivierungen werden kritisch gesehen, weil sie der Unterschiedlichkeit und der Autonomie der Individuen in ihren Werten und Zielen nur unzureichend Rechnung tragen.
- Nutzen ist ein ausschließlich *konsequentialistisches Kriterium.* Der Wert einer Handlung bzw. einer Entscheidung äußert sich in ihren Konsequenzen, und nicht etwa in der durch sie zum Ausdruck gebrachten Gesinnung oder anderen deontologischen Kriterien.
- Nutzen kann *nicht sinnvoll direkt gemessen werden,* er äußert sich jedoch in den individuellen Handlungen, ist also aus Präferenzordnungen rekonstruierbar.
- Nutzen ist *interpersonell nicht vergleichbar:* Wenn der Nutzen eines Individuums nicht sinnvoll direkt gemessen werden kann, hat dies auch zur Folge, dass Aussagen über die Höhe von Nutzenniveaus nicht sinnvoll zwischen Individuen verglichen werden können.

Box 2.3: Die Skalenniveaus der Nutzenmessung

In Bezug auf die Messbarkeit des individuellen Nutzens werden in der ökonomischen Theorie unterschiedliche Skalenniveaus angewandt. Eng mit den bei der Nutzenmessung angewandten Skalenniveaus verknüpft, ist die Frage nach der *interpersonellen Vergleichbarkeit* des Nutzens (Breyer und Kolmar 2014). Diese Nutzenvergleichbarkeit ist insbesondere für die im fünften Kapitel vorgestellte Wohlfahrtsökonomik von großer Relevanz. Weitere Fragen bei der Nutzenmessung beziehen sich beispielsweise darauf, ob die Nutzenfunktion stetig und differenzierbar ist oder ob die Nutzenfunktion *nach oben oder nach unten beschränkt* ist, bzw. aus methodischen Gründen bei der Erhebung der Präferenzen begrenzt werden sollte (Eisenführ et al. 2010).

Ordinalskala: Nutzen wird – wie im o. g. Fall der Entscheidung unter Sicherheit – als lediglich ordinales Kriterium betrachtet. Ein Individuum ist hiernach in der Lage, Rangordnungen zu bilden, die von einer Nutzenfunktion abgebildet werden. Die Stärke der Präferenzen wird jedoch nur im qualitativen Sinne von „besser" oder „schlechter" ausgedrückt. Eine derartige Nutzenfunktion u_i eines Individuums i kann beliebig zu einer Funktion v_i transformiert werden, ohne dass die daraus abgeleitete Präferenzordnung sich ändert: $v_i = f(u_i)$. . Die interpersonelle Vergleichbarkeit der Nutzenniveaus ist damit nicht gegeben. Lediglich ordinale Nutzenaussagen im Sinne von „Alternative A ist besser (schlechter oder genauso gut) wie Alternative B" sind damit zwischen Individuen vergleichbar. Derartige Nutzenvergleiche führen in den nächsten Kapiteln zur Verwendung des PARETO-Kriteriums.

Intervallskala: Nutzen wird kardinal gemessen. Dies bedeutet, dass Nutzenabstände zwischen Alternativen bzw. Nutzenveränderungen erfasst und miteinander verglichen werden können. Die Informationen der Nutzenfunktion sind jedoch nur eindeutig bis auf positiv affine Transformationen. Eine Nutzenfunktion u_i kann also ohne Verlust von Informationen in eine Nutzenfunktion v_i überführt werden: $v_i = a + b \cdot u_i$ mit $b > 0$. Derartig skalierte Nutzenfunktionen verfügen über keinen definierten Nullpunkt der Messung. Dieses Skalenniveau kann verglichen werden mit der Temperaturmessung nach Celsius und Fahrenheit, die ohne Informationsverlust jeweils ineinander überführbar sind. Für die interpersonelle Vergleichbarkeit von Nutzen bedeutet dies, dass Vergleiche von absoluten Nutzenänderungen zwischen den Individuen zulässig werden. Allerdings sind für einen Vergleich zusätzliche Annahmen für die Metrik des Vergleichs notwendig, die auf Basis von Wohlfahrtsfunktionen formuliert werden: Wenn z. B. Individuum 1 den Nutzen von Alternative A höher bewertet als den Nutzen von B, Individuum 2 B aber höher bewertet als A, kann z. B. bei einem Übergang von B nach A verglichen werden, ob der Nutzenzuwachs bei Individuum 1 höher ist als der Nutzenrückgang bei Individuum 2.

Verhältnisskala: Die Nutzenfunktion ist auch hier kardinal messbar, verfügt aber zusätzlich über einen definierten Nullpunkt der Messung. Auch derartige Nutzenfunktion lassen Transformationen zu, allerdings sind diese auf positive bzw. multiplikative Transformationen beschränkt, damit der Nullpunkt erhalten bleibt: $v_i = b \cdot u_i$ mit $b > 0$. Wird Nutzen beispielsweise in Geldeinheiten gemessen (wie etwa in einigen Varianten der Wohlfahrtsmessung), macht es für die Messung des Nutzens keinen Unterschied ob er in der Maßeinheit Dollar oder Euro ausgedrückt wird. Vergleiche von relativen und absoluten Nutzenänderungen zwischen Individuen sind damit (in Abhängigkeit von der Metrik des Vergleichs) möglich.

2.4   Theoriegeschichte des Nutzens

Die Genese des heute in der Ökonomik verwendeten Nutzenbegriffs ist geprägt von zwei Elementen, die auf den ersten Blick gar nicht zueinander passen: Erstens liefert das Konzept des Nutzens ein mathematisch sehr präzises Modell menschlicher Motivation und zweitens sind die heutigen ökonomischen Vorstellungen von Nutzen von einem mühsamen Bogen geprägt, den die Wirtschaftswissenschaften um die nähere inhaltliche Spezifizierung des Nutzenbegriffs machen. An der theoriegeschichtlichen Entwicklung des Nutzenbegriffs kann man – zumindest in Teilen – die Entwicklung und Ausdifferenzierung der heutigen Wirtschaftswissenschaften bis hin zur Wohlfahrtsökonomik nachvollziehen. Die Vorstellung, dass es so etwas gibt, wie eine individuelle Nutzenfunktion, anhand derer sich – wie in den obigen Abschnitten dieses Kapitels – die Motivation der Individuen beschreiben lässt, ist jedoch nicht voraussetzungslos. Es gibt eine Vorgeschichte des Nutzens, in der sich das Konzept der individuellen Interessen gegen die Vorstellung durchsetzte, dass Individuen vor allem durch ihre häufig destruktiven Leidenschaften geprägt sind, die mühsam und viel zu oft ohne Erfolg von einer fast übermenschlichen Rationalität zu bändigen sind. In der Theoriegeschichte ökonomischer Nutzenvorstellungen lassen sich (ausgehend von dieser Vorgeschichte) verschiedene Entwicklungsphasen unterscheiden, die im Folgenden kurz vorgestellt werden. Allerdings gibt es auch in den modernen Wirtschaftswissenschaften Vorstellungen von Nutzen, die sich der hier angelegten Dogmatik ein wenig entziehen.

2.4.1   Die Vorgeschichte des Nutzens: Interesse zähmt und verdrängt Leidenschaften

Die Vorstellung, dass individuelles Verhalten durch das Streben nach Nutzen geprägt ist, erscheint heute so allgemeingültig, dass man sich kaum noch vorstellen kann, dass die Ideengeschichte lange Zeit von ganz anderen Konzepten zur Erklärung der menschlichen Motivation geprägt war. Der Ökonom ALBERT O. HIRSCHMAN stellt zu Beginn seiner Untersuchung der Genese des heutigen Bildes von individueller Motivation und Rationalität (Hirschman 1980) jedoch eine Frage auf, die bereits MAX WEBER (1864–1920) seiner Analyse der protestantischen Ethik und des „Geistes des Kapitalismus" vorangestellt hat: Wie kann man erklären, dass menschliches Streben nach Leistung, Erfolg, Geld und materiellem Reichtum heute als individuelle Tugenden und als Voraussetzung eines prosperierenden Wirtschaftssystems weitgehend anerkannt sind, *"nachdem sie jahrhundertelang als Geiz, Verschwendungssucht, Hab- und Machtgier kritisiert worden sind?"* (Hirschman 1980, S. 17). Dass diese Frage nichts von ihrer Relevanz eingebüßt hat, sieht man daran, dass sie in verschiedenen Variationen auch heute noch die Kritik an marktwirtschaftlichen Systemen bündelt und die Suche nach alternativen Wirtschaftsmodellen motiviert (vgl. hierzu Kap. 10 dieses Buches).

Seit der Antike war die Analyse der menschlichen Motivation von der Vorstellung geprägt, dass der Mensch einerseits durch teilweise destruktive Leidenschaften geprägt ist, die es mit den Mitteln der Vernunft und der Gerechtigkeit zu beherrschen gilt (vgl. hierzu Höffe 2015a).

- PLATON (427–347 v. Chr.) sah den Menschen durch drei Grundkräfte seiner Seele geprägt (Begehren, Tatkraft und Vernunft), denen er jeweils eine Tugend gegenüberstellte (Besonnenheit, Tapferkeit, Einsicht). Um dieses Motivations- und Leidenschaftsgetümmel ausgleichen zu können, benötigt der Mensch nach seiner Auffassung jedoch eine vierte Tugend, mit der eine Übereinstimmung hergestellt werden kann. Dies ist seiner Ansicht nach die Gerechtigkeit. Es ist also die Gerechtigkeit, mit der eine harmonische Ordnung nicht nur im Kollektiv, sondern auch beim Individuum hergestellt werde.
- ARISTOTELES (384–322 v. Chr.) griff diese Vorstellungen auf und entwickelte daraus eine noch heute gebräuchliche Ausdifferenzierung, in deren Mittelpunkt ebenfalls die Vorstellung einer die Leidenschaften ausgleichenden Gerechtigkeit stand. So formulierte er die allgemeine Gerechtigkeit (iustitia universalis) als individuelle Einstellung, alles, was Gesetz und Sitte fordern, freiwillig zu erfüllen. Dies zielt beispielsweise auf die Tapferkeit (z. B. des Soldaten, seinen Posten nicht zu verlassen) oder die Besonnenheit (z. B. nicht die Ehe zu brechen oder gewalttätig zu werden). Andere Formen besonderer Gerechtigkeit (iustitia particularis) beziehen sich bei Aristoteles auf Verteilungsfragen bei Ehre, Geld, Selbsterhaltung und Macht (iustitia distributiva) oder auf die Ordnung des Austauschs (iustitia commutativa).
- Frühe und mittelalterliche christliche Philosophen wie AUGUSTINUS (354–430) oder THOMAS VON AQUIN (1225–1274 n. Chr.) griffen diese antiken Vorstellungen der individuellen Motivation auf und verbanden sie mit der christlichen Morallehre. So brandmarkte AUGUSTINUS die menschlichen Begierden nach Geld und Besitz, nach Macht und die sexuelle Begierde des Menschen völlig unterschiedslos als die drei Hauptsünden der Menschen.

Spätestens in der Renaissannce des 17. Jahrhunderts kam jedoch das Gefühl auf, *„dass moralisierender Philosophie und religiösen Geboten nicht mehr zu trauen sei, wo es darum ging, die destruktiven Leidenschaften des Menschen zu bezähmen"* (Hirschman 1980, S. 23). Es entstand das Bedürfnis nach einer Theorie, den Menschen so zu betrachten, wie er nun mal ist. Denker wie THOMAS HOBBES (1588–1679), SPINOZA (1633–1677) und MACHIAVELLI (1469–1527) entwickelten Ansätze einer Theorie, in der den individuellen Interessen eine ausgleichende Funktion bei der Zähmung der übrigen Leidenschaften zugewiesen wurde. Die Interessen des Menschen wurden damit seinen Leidenschaften gegenübergestellt, ihre ökonomische Bedeutung wurde den Interessen erst später zugewiesen. Ursprünglich war der Begriff der individuellen Interessen nicht auf materielle Aspekte des Wohlergehens beschränkt und umfasste die Gesamtheit des menschlichen Strebens. Den Interessen wurde auch ein reflexives, kalkulierendes

Moment zugerechnet, auf welche Weise dem Streben entsprechend der Interessen nachzukommen sei. Die Aufgabe, anhand der Interessen, die nach wie vor destruktiven Leidenschaften der Menschen zu zügeln, wurde zunächst der Politik zugewiesen (vgl. hierzu etwa die vertragstheoretischen Überlegungen von THOMAS HOBBES in Box 3.2 im dritten Kapitel).

Mit der Idee der individuellen Interessen entwickelte sich ein neues Paradigma der Wissenschaften, mit dem fast alle menschlichen Verhaltensweisen als Ausdruck der Eigeninteressen interpretiert wurden. Die älteren Vorstellungen des Gegensatzes von Leidenschaften auf der einen Seite und der Vernunft auf der anderen Seite, die zu einem „heroischen" Lebensstil führen sollten, wurden durch die Interessen abgelöst. Als sich das Interesse *„wie ein Keil zwischen die beiden überkommenen Begriffe des menschlichen Verhaltens schob, war dies eine hoffnungsvolle Botschaft. Das Interesse schien an den besseren Eigenschaften beider Kategorien Anteil zu haben: Die Leidenschaft würde, so meinte man, als Eigenliebe durch die Vernunft zugleich erhöht und beschränkt, als Vernunft erhielte es durch eben diese Leidenschaft Richtung und Kraft. Die daraus entstehende Zwitterform menschlichen Handelns wäre, so glaubte man, frei von der Destruktivität der Leidenschaft wie von der Wirkungslosigkeit der Vernunft"* (Hirschman 1980, S. 52). Die sich hier vollziehende Zähmung der individuellen Leidenschaften wird auch an einem Vergleich der im ersten Kapitel zitierten Metaphern der unsichtbaren Hand von ADAM SMITH und der Bienenfabel von MANDEVILLE deutlich:

- Die Vorstellung, dass die Leidenschaften des Menschen für das Gemeinwohl nutzbar sein könnten, wird in drastischer Weise in MANDEVILLEs Bienenfabel formuliert. Die Leidenschaften und Laster, die Mandeville hier adressiert, beziehen sich vor allem auf die Leidenschaft für materielle Güter und Luxus.
- Auch ADAM SMITH bezieht sich in seinen Wealth of Nations vorwiegend auf solche Leidenschaften, die traditionell als Habsucht kritisiert wurden. Er versuchte jedoch, seine Ideen etwas eleganter zu verpacken und *„nahm Mandevilles schockierendem Paradoxon die Schärfe, indem er >>Leidenschaft<< und >>Laster<< durch so milde Termini wie >>Vorteil<< oder >>Interesse<< ersetzte"* (Hirschman 1980, S. 27).

Der ursprünglich normative Inhalt des Begriffs der Interessen, der forderte, die Interessen vor einer Handlung sorgfältig zu klären und von anderen Motivationen zu trennen, wurde mit der Zeit von einer rein positiven Beschreibung im Sinne von „Interessen regieren die Welt" abgelöst. Die Vorteile der Annahme einer von Interessen regierten Welt bestanden nicht nur darin, dass sie auf einem einheitlichen, realistischen Menschenbild basierten, sondern vor allem darin, dass sich bei der Annahme einer einheitlichen Natur des Menschen wichtige politische Erkenntnisse über die Voraussagbarkeit und Beständigkeit dieser Welt ableiten ließen.

Diese Position vertrat auch DAVID HUME (1711–1776), der damit einer der wichtigsten Vorbereiter des utilitaristischen Nutzenbegriffs und der aus ihm heraus entwickelten ökonomischen Theorie wurde. HUME war ein enger Freund und Wegbegleiter von ADAM SMITH. Als Philosoph und Ökonom war er ein Vertreter des Empirismus. Seine zentrale Position besagt, dass die praktische Rationalität eines Individuums in der effizienten Verfolgung der im Augenblick der Handlung wirksamen Leidenschaften liege (vgl. hierzu Nida-Rümelin 2020b, S. 58 ff.). Diese Humeanischen Leidenschaften sind zwar nicht direkt auf die Beförderung des eigenen Wohlbefindens gerichtet – es kann sogar sein, dass die Erfüllung dieser Leidenschaften die Individuen unglücklich machen kann. Allerdings kann die Verfolgung dieser individuellen Ziele als „Projekt" des Frühkapitalismus mit dem Ziel der Domestizierung der Leidenschaften durch den einsetzenden Liberalismus betrachtet werden: *„Der Kapitalismus wird hier von einem führenden Philosophen der Zeit begrüsst, weil er gewisse gutartige menschliche Neigungen zuungunsten anderer, bösartiger, aktiviert – mit der Erwartung, dass auf diese Weise die destruktiven, verhängnisvollen Elemente der menschlichen Natur unterdrückt und vielleicht ganz gewandelt werden könnten"* (Hirschman 1980, S. 76).

2.4.2 Utilitaristischer Nutzen: Kardinalität

Der ökonomische Nutzenbegriff entwickelte die Vorstellung der individuellen Interessen weiter und setzt am Individuum und seiner Fähigkeit an, Glück zu realisieren. Er geht zurück auf die Moralphilosophie des Utilitarismus, die von JEREMY BENTHAM (1748–1832) begründet wurde. Bereits an dem Titel seiner Schrift *„An Introduction to the Principles of Morals and Legislation"* wird jedoch deutlich, dass der Utilitarismus nicht so sehr eine Ethik des individuellen Handelns, sondern vielmehr eine kollektive Ethik darstellt, die sich nicht auf das isolierte Individuum bezieht, sondern das Individuum im Kontext der Gesellschaft betrachtet. (Die Relevanz des Utilitarismus für die Wohlfahrtsökonomik wird im fünften Kapitel dieses Buches erläutert). BENTHAM definiert das Nutzenprinzip aus individueller Sicht wie folgt:

> *„Mit dem Nutzenprinzip ist dasjenige Prinzip gemeint, das jede Art von Handlung billigt oder missbilligt entsprechend ihrer augenscheinlichen Tendenz, das Glück der Partei, deren Interesse infrage steht, zu erhöhen oder zu verringern…. Mit Nutzen ist die Eigenschaft an einem Gegenstand gemeint, durch die er dazu tendiert, Nutzen, Vorteil, Freude, Gutes oder Glück hervorzubringen (all dies läuft im vorliegenden Fall auf das Gleiche hinaus) oder (was wiederum auf das Gleiche hinausläuft) zu verhindern, dass der Partei, deren Interesse erwogen wird, Schaden, Leid, Übel oder Unglück zustößt"* (Bentham 2016, S. 33 f.).

Mit dieser von den Utilitaristen im Zeitalter der Aufklärung entwickelten *naturalistischen* Auffassung von Glück und Nutzen setzt sich die Moralphilosophie auch von komplexeren Vorstellungen von Glück ab, die seit der Antike entwickelt worden sind. So zielt beispielsweise der Eudaimonismus von ARISTOTELES (384–322 v. C.) auf Glück als ein transzendental zu verstehendes Ziel im Sinne eines Sich-Selbst-Genugseins ab (Höffe 2018). Die Erreichung dieses aristotelischen Zieles ist kompliziert und möglicherweise nicht jedem Menschen bestimmt, erfordert aber gewiss mehr als ein hedonistisches Leben mit dem Verzehr und Besitz lustbringender Dinge (wie bei EPIKUR 341–271 v. C.) oder dem Streben nach asketischen Idealen. Das Empfinden von Freude gehört zwar dazu, ist jedoch eher eine notwendige Begleiterscheinung auf dem Weg zu einer Art seelischem Zustand des Gleichgewichtes und der Harmonie und nicht wie im Hedonismus ein Ziel an sich.

Wie kam es nun aber zur Verselbständigung des Nutzenbegriffs in den Wirtschaftswissenschaften? Den ersten Schritt dazu ist BENTHAM selbst gegangen, indem er eine Vorstellung davon entwickelt hat, wie Nutzen kardinal zu messen sei:

> *„Für eine Person, für sich allein betrachtet, wird der Wert einer Freude oder eines Leids, jeweils für sich allein betrachtet, größer oder geringer sein, entsprechend den vier folgenden Umständen: (1) der Intensität, (2) der Dauer, (3) der Gewissheit oder Ungewissheit, (4) der Nähe oder der Ferne des Leids".* Eher intrinsische Aspekte einer Handlung wie die „Reinheit der Freude" sind nach Benthams Auffassung nicht als Bestandteil des Nutzens anzusehen und dürfen daher nicht *„in die Berechnung des Werts dieser Freude oder des Leids eingehen"* (Bentham 2016, S. 46).

2.4.3 Marginalistische Revolution: Grenznutzentheorie

Aus diesem Zitat wird deutlich, dass BENTHAM den individuellen Nutzen als kardinale, metrische Größe betrachtet. Interessanterweise weist seine Berücksichtigung von Ungewissheit bei der Bestimmung des Nutzenniveaus einen Bezug zur späteren Risikonutzenfunktion auf. Der Benthamsche Nutzen ist nicht nur in konkreten Einheiten berechenbar, sondern auch zwischen den Individuen vergleichbar. Diese Überlegungen, die von späteren Utilitaristen weiterentwickelt wurden, führten zur Entwicklung der Neoklassik und damit zur Emanzipation der Wirtschaftswissenschaften als eigenständige Disziplin. Mit der marginalistischen Revolution wandten sich die Wirtschaftswissenschaften von der Art und Weise ab, wie klassische Ökonomen die Existenz von Werten erklärten.

So waren beispielsweise klassische Ökonomen wie DAVID RICARDO (1772–1823) oder KARL MARX (1818–1883) noch davon überzeugt, dass der Wert bzw. der Preis eines Gutes objektiv anhand der in ihm gebundenen, bzw. zu seiner Herstellung notwendigen menschlichen Arbeit erklärt werden könne (vgl. hierzu die Box 10.2 zur Die Arbeitswertlehre von Karl Marx im 10. Kapitel dieses Buches). In einigen modernen ökonomischen Lehrbüchern wird sogar kritisch darauf verwiesen, dass ADAM SMITH (1723–1790) als Gründervater der Ökonomie mit dem von ihm vertretenen objektiven Wertansatz *„leider auch dafür verantwortlich ist, dass die Entwicklung der Werttheorie hundert Jahre lang aufgehalten wurde"* (Hens und Pamini 2008, S. 9).

Die Neoklassik setzte dieser objektiven Wertlehre der Klassik eine subjektive, nutzentheoretische Variante entgegen, nach der der Wert eines Gutes erst im Güteraustausch durch die subjektive Wertschätzung der letzten konsumierten Einheit der Nachfragerin bestimmt wird. Die Bestimmung dieses Genznutzens setzt als partielle Ableitung eine kardinal messbare Nutzenfunktion voraus, und ist in die auch heute noch in der Mikroökonomik gelehrte Nutzentheorie als erstes und zweites Gossensches Gesetz eingegangen (Endres und Martiensen 2007):

- Das *erste Gossensche Gesetz* beschreibt die Tendenz, dass mit zunehmendem Konsum eines Gutes der Nutzen der jeweils letzten konsumierten Einheit abnimmt (Gesetz vom abnehmenden Grenznutzen).
- Das *zweite Gossensche Gesetz* analysiert das Verhalten eines Konsumenten, der seine begrenzten Ressourcen (z. B. Einkommen in Geldeinheiten) auf mehrere Güter aufteilen möchte. Hiernach strebt er eine Aufteilung an, bei der der Grenznutzen der letzten Geldeinheit in allen Verwendungen sich gerade ausgleicht (Gesetz vom Ausgleich der Grenznutzen).

Ökonomen wie HERMANN HEINRICH GOSSEN (1810–1858), auf den diese beiden Grenznutzen-Gesetze zurückgehen, oder JOHANN HEINRICH VON THÜNEN (1784–1850) erfuhren in ihrer Zeit noch wenig Resonanz, obwohl sie wesentliche Erkenntnisse der späteren Grenznutzentheorie vorwegnahmen. Die marginalistische Revolution, mit der die Ökonomik methodisch in die Nähe der Naturwissenschaften rückte, wurde v. a. durch WILLIAM STANLEY JEVONS (1835–1882), CARL MENGER (1840–1921) und LEON WALRAS (1834–1910) vorangetrieben. WILLAM STANLEY JEVONS beschäftigte sich beispielsweise intensiv mit dem bereits von ADAM SMITH aufgeworfenen Wertparadoxon, welches fragt, warum der Tauschwert von Wasser am Markt viel niedriger sei als der von Diamanten, obwohl der Gebrauchswert eines lebensnotwendigen Gutes wie Wasser doch deutlich höher sei als der von Diamanten. JEVONS beantwortete dieses Paradoxon damit, dass der Nutzen eines Gutes nicht nur eine relative, sondern auch eine veränderliche Größe sei, die sich auch innerhalb einer Person je nach Situation ändere, und in einer Überflusssituation anders als in einer Knappheitssituation sei. Für den Mathematiker JEVONS war es naheliegend, das bereits von BENTHAM formulierte Nutzenprinzip, nach dem sich die Konsequenz einer Handlung in Leid oder Schmerz äußere, als positive oder negative Ausprägung desselben Phänomens zu betrachten, dessen Intensität mit der verfügbaren Menge des fraglichen Gutes abnehme (van Suntum 2008).

CARL MENGER, einer der Begründer der *Österreichischen Schule,* untersuchte in seinen „Grundsätzen der Volkswirtschaftslehre" von 1871 die Bedingungen wirtschaftlichen Handelns mit dem Ziel einer einheitlichen Preistheorie, die vor allem von der subjektiven Natur von Werten geprägt ist. Menger ging zwar ähnlich wie die Utilitaristen von dem Gedanken aus, dass die Bedürfnisse der Menschen Ausdruck ihrer natürlichen Triebe seien, allerdings abstrahierte er dabei von ihrer Einbettung in gesellschaftliche Zusammenhänge und stellte auf die Betrachtung eines isolierten Individuums ab, das seine Bedürfnisse auf dem Markt befriedigt. Er definierte beispielsweise die nutzentheoretische Grundlage des ökonomischen Güterbegriffs:

„Damit ein Ding ein Gut werde, oder mit andern Worten, damit es die Güterqualität erlange, ist demnach das Zusammentreffen folgender vier Voraussetzungen erforderlich:

1. *Ein menschliches Bedürfniss.*
2. *Solche Eigenschaften des Dinges, welche es tauglich machen, in ursächlichen Zusammenhang mit der Befriedigung dieses Bedürfnisses gesetzt zu werden.*
3. *Die Erkenntniss dieses Causal-Zusammenhanges Seitens der Menschen.*
4. *Die Verfügung über dies Ding, so zwar, dass es zur Befriedigung jenes Bedürfnisses thatsächlich herangezogen werden kann"* (Menger 1871, S. 3).

Die Ideen der Neoklassik griffen nun die Vorstellungen des Grenznutzens und der Messbarkeit einer kardinalen Nutzenfunktion auf. So entwickelte beispielsweise ALFRED MARSHALL (1842–1924) die Grundlagen der mikroökonomischen Partialanalyse indem er das Verhalten von Konsumenten, bzw. ihre Nachfrage nach Gütern grenznutzentheoretisch in Beziehung zum Güterpreises setzte, das Konzept der Preiselastizität entwickelte und damit die heute noch verwendeten Marktdiagramme schuf (Caspari 2008). Diese Partialmarktbetrachtung stellt einen Spezialfall des von LEON WALRAS entwickelten Modells des allgemeinen Gleichgewichtes dar. WALRAS leistete damit einen wichtigen Beitrag zur Theorie des Grenznutzens, weil er über die Veränderung des Grenznutzens die Zusammenhänge eines Systems interdependenter Märkte modellieren konnte (Schwalbe 2008).

FRANCIS EDGEWORTH (1845–1926) bestand bei der Analyse des individuellen Verhaltens auf der Verwendung rein egoistischer Nutzenfunktionen und grenzte sich damit von altruistischen Vorstellungen anderer Vertretern des damaligen Utilitarismus ab (Sen 1977a). In seinem 1881 erschienenen Buch „Mathematical Psychics" (Edgeworth 2019) vertrat er die These, dass das erste Prinzip der Ökonomie darin bestehe, dass jeder Akteur einzig durch Eigeninteresse bzw. dem Streben nach Nutzen angetrieben werde. Er entwickelte ein Modell, in dem die Individuen sich in freiwillige Tauschbeziehungen begeben, die in individuell vorteilhafte Tauschgleichgewichte münden. Die Fähigkeit wettbewerblicher Märkte, derartige Tauschgleichgewichte verhandlungstheoretisch fundiert herbeizuführen, gehört seitdem zum Kern der ökonomischen Theorie und wird noch heute in der modernen Mikroökonomik mittels der EDGEWORTH-Box gelehrt (auf diese Zusammenhänge wird im Abschn. 5.4 näher eingegangen). EDGEWORTH vertrat die Hypothese, dass der individuelle Nutzen bzw. das individuelle Glück mit physikalischer Energie vergleichbar sei. Nutzen definiere sich durch die beiden Dimensionen Zeit und Intensität. Er sei daher auch mess- und maximierbar, wodurch sich die sonst in den Sozialwissenschaften üblichen Komplexitäten vielleicht reduzieren ließen: *The application of mathematics to the world of soul is countenanced by the hypothesis (agreeable to the general hypothesis that every psychical phenomenon is the concomitant, and in some sense the other side of a phenomenon), the particular hypothesis adopted in these pages, that Pleasure is the concomitant of Energy. Energy may be regarded as the central idea of Mathematical Physics, Maximum of energy the object of the principal investigations in that science. By aid of this conception we reduce into scientific order physical phenomena, the complexity of which may be compared with the complexity which appears so formidable in Social Science* (Edgeworth 2019, S. 9).

Neben der Messbarkeit des individuellen Nutzens postulierte Edgeworth auch die interpersonelle Nutzenvergleichbarkeit. Dies formulierte er als Axiom für seine mathematische Theorie wie folgt: *„Pleasure is measurable, and all pleasures are commensurable; so much of one sort of pleasure felt by one sentient being equateable to so much of other sorts of pleasure felt by other sentients"* (Edgeworth 2019, S. 59 f.). EDGEWORTH vertrat vor diesem Hintergrund auch die Idee einer progressiven Einkommensteuer, die er utilitaristisch mit einem sinkenden Grenznutzen des Einkommens begründete. Er verfolgte die (letztlich erfolglose) Idee, eine Maschine zu bauen, die zur direkten Nutzen- bzw. Glücksmessung eingesetzt werden sollte (Hedonimeter). Interessant ist hieran, dass EDGEWORTH sich sehr wohl bewusst war, dass er mit diesem Ansatz der Nutzenmessung wegen der Problematik der interpersonellen Nutzenvergleiche die „Büchse der Pandora" öffnen würde, allerdings hielt er diesen Schritt für notwendig, um den Bezug der theoretischen Ökonomik zu konkreten gesellschaftspolitischen Fragen nicht zu verschließen (Colander 2007; Kurz 2017).

Diese vor mehr als einem Jahrhundert vertretene Vorstellung der Glücksmessung wurde in jüngerer Zeit interessanterweise von der Glücksforschung aufgegriffen *(happiness research)*. Hier wird durch direkte Befragungen der Individuen deren Glückszustand z. B. auf Skalen mit Werten von 1 bis 10 erfasst (Hens und Pamini 2008). Über die Frage, ob die durch derartige Befragungen gewonnen Informationen kardinaler oder lediglich ordinaler Natur sind, herrscht in der ökonomischen Literatur kein Konsens. Von einigen Autoren der modernen Wirtschaftswissenschaften wird – ähnlich wie bereits vor mehreren Jahrzehnten mit dem von VON NEUMANN und MORGENSTERN formulierten Vergleich zwischen Nutzen- und Wärmemessung – erwartet, dass der Nutzenbegriff aufgrund von Fortschritten bei Messtechnologien, Glücksmessungen und anderen wissenschaftlichen Fortschritten zu *„einem empirisch überprüfbaren Hypothesensystem weiterentwickelt werden kann"* (Woll 2011, S. 91).

2.4.4 Paretianische Wende: Ordinaler Nutzen und Wahlakte ersetzen die Nutzenmessung

Erst später, in den 1930er Jahren, entschied sich die theoretische Ökonomik dafür, die u. a. von EDGEWORTH geöffnete Büchse der Pandora der Nutzenmessung wieder zu schließen. Damit wurde ein dramatischer Bruch mit dem bis dahin üblichen wissenschaftlichen Verständnis des ökonomischen Nutzens vollzogen. Einer der prominentesten Skeptiker des Nutzenbegriffs (zumindest in Bezug auf die Möglichkeit, diesen sinnvoll zu messen und zwischen unterschiedlichen Individuen zu vergleichen) war LIONEL ROBBINS (1898–1984), mit dem das Pendel von der kardinalen zur ordinalen Nutzenmessung in der Ökonomik umschlug.

„The Law of Diminishing Marginal Utility, as we have seen, is derived from the conception of a scarcity of means in relation to the ends which they serve. It assumes that, for each individual, goods can be ranged in order of their significance for conduct; and that, in the

sense that it will be preferred, we can say that one use of a good is more important than another. Proceeding on this basis, we can compare the order in which one individual may be supposed to prefer certain alternatives with the order in which they are preferred by another individual. ....But it is one thing to assume that scales can be drawn up showing the order in which an individual will prefer a series of alternatives, and to compare the arrangement of one such individual scale with another. It is quite a different thing to assume that that behind such arrangements lie magnitudes which themselves can be compared. This is not an assumption which need anywhere be made in modern economic analysis, and it is an assumption which is entirely different kind from the assumption individual scales of relative valuation. ...It is a comparison which necessarily falls outside the scope of any positive science. To state that A's preference stands above B's I order of importance is entirely different from stating that A prefers n to m and B prefers n and m in different order. It involves an element of conventional valuation. Hence it is essentially normative. It has no place in pure science" (Robbins 2008, S. 90).

Nach diesem Verständnis beschäftigt sich Ökonomik mit der Lösung von Knappheitsproblemen, die aus dem Spannungsverhältnis gegebener individueller Ziele und der Wahl von Mitteln, die für unterschiedliche Verwendung zur Verfügung stehen. Der Gegenstand der Ökonomik wird damit sehr allgemein und nicht – wie noch in der Klassik oder der frühen Neoklassik – auf die Verwendung von Geld, Vermögen oder Produktionsfaktoren beschränkt. Er umfasst im Prinzip fast alle Arten menschlichen Verhaltens. Ökonomen könnten jedoch nicht die individuellen Ziele der Menschen hinterfragen oder die Veränderungen der individuellen Ziele analysieren. Vielmehr seien die individuellen und subjektiven Ziele unantastbar und als gegeben anzusehen. Jede Art von Vergleich dieser individuellen Ziele bzw. jede Art von kardinaler Nutzenmessung und interpersoneller Nutzenvergleiche ist nach Auffassung von ROBBINS unwissenschaftlich. Entscheidend für die Ökonomik ist allein, dass die Mittel zur Erreichung eines Ziels knapp sind und daher eine Wahl getroffen werden muss. *„Here, then, is he unity of subject of Economic Science, the forms assumed by human behaviour in disposing of scarce means"* (Robbins 2008, S. 75).

Box 2.4: Max Weber und die Objektivität der Wissenschaft

Auch der Ökonom und Soziologe MAX WEBER (1864–1920) betonte, dass bei der Erklärung des Handelns der Menschen ihre Werte zwar als mögliche Ursache des Handelns in die Analyse einbezogen werden müssen, dass eine Sozialwissenschaft also nie im eigentlichen Sinne „wertfrei" sein könne, sie aber objektiv in dem Sinne sein müsse, als dass die Ergebnisse dieser Theorien wertfrei sein müssen und sie lediglich faktische, positiv-beschreibende „Ist-Aussagen" treffen kann. Für WEBER war die Unterscheidung von Zweck und Mitteln zentral bei der Betrachtung des Verhaltens. Während der Zweck objektiv nicht überprüfbar ist und eine individuelle, nicht hinterfragbare Wertaussage enthält, bezieht sich die Wissenschaft auf die Analyse der eingesetzten Mittel. Die Ökonomik war für ihn als Wissenschaft daher nicht-ideologisch und Ausdruck einer „Entzauberung der Welt" (Söllner 2021).

„Jede denkende Besinnung auf die letzten Elemente sinnvollen menschlichen Handelns ist zunächst gebunden an die Kategorien: „Zweck" und „Mittel". Wir wollen etwas in concreto entweder „um seines eigenen Wertes willen" oder als Mittel im Dienste des in letzter Linie Gewollten. Der wissenschaftlichen Betrachtung zugänglich ist nun zunächst unbedingt die Frage der Geeignetheit der Mittel bei gegebenem Zwecke. Da wir (innerhalb der jeweiligen Grenzen unseres Wissens) gültig festzustellen vermögen, welche Mittel zu einem vorgestellten Zwecke zu führen geeignet oder ungeeignet sind, so können wir auf diesem Wege die Chancen, mit bestimmten zur Verfügung stehenden

Mitteln einen bestimmten Zweck überhaupt zu erreichen, abwägen und mithin indirekt die Zwecksetzung selbst, aufgrund der jeweiligen historischen Situation, als praktisch sinnvoll oder aber als nach Lage der gegebenen Verhältnisse sinnlos kritisieren. Wir können weiter, wenn die Möglichkeit der Erreichung eines vorgestellten Zweckes gegeben erscheint, (natürlich immer innerhalb der Grenzen unseres jeweiligen Wissens) die F o l g e n feststellen, welche die Anwendung der erforderlichen Mittel neben der eventuellen Erreichung des beabsichtigten Zweckes, infolge des Allzusammenhanges alles Geschehens, haben würde. Wir bieten alsdann dem Handelnden die Möglichkeit der Abwägung dieser ungewollten gegen die gewollten Folgen seines Handelns und damit die Antwort auf die Frage: was „kostet" die Erreichung des gewollten Zweckes in Gestalt der voraussichtlich eintretenden Verletzung anderer Werte? Da in der großen Überzahl aller Fälle jeder erstrebte Zweck in diesem Sinne etwas „kostet" oder doch kosten kann, so kann an der Abwägung von Zweck und Folgen des Handelns gegeneinander keine Selbstbesinnung verantwortlich handelnder Menschen vorbeigehen, und sie zu ermöglichen ist eine der wesentlichsten Funktionen der t e c h n i s c h e n Kritik, welche wir bisher betrachtet haben. Jene Abwägung selbst nun aber zur Entscheidung zu bringen ist freilich nicht mehr eine mögliche Aufgabe der Wissenschaft, sondern des wollenden Menschen: er wägt und wählt nach seinem eigenen Gewissen und seiner persönlichen Weltanschauung zwischen den Werten, um die es sich handelt. Die Wissenschaft kann ihm zu dem Bewußtsein verhelfen, daß alles Handeln, und natürlich auch, je nach den Umständen, das Nicht-Handeln, in seinen Konsequenzen eine Parteinahme zugunsten bestimmter Werthe bedeutet, und damit – was heute so besonders gern verkannt wird – regelmäßig gegen andere. Die Wahl zu treffen, ist seine Sache." (Weber 1904, S. 25 f., Hervorhebungen im Original. In englischer Übersetzung als Wiederabdruck in: Weber 2008, S. 59 f.).

Die von Max Weber verkündete „Entzauberung der Welt" stellt sich aus Sicht der Ökonomik als Paretianische Wende dar. Dieser Begriff bezieht sich auf den italienischen Ingenieur und Ökonom VILFREDO PARETO (1848–1923). PARETO war nicht prinzipiell gegen die Verwendung eines nicht-subjektiven Nutzenbegriffs, er unterschied bei der Vorstellung des individuellen Nutzens jedoch zwischen einer objektiven und einer subjektiven Variante und ordnete die objektive Dimension des Nutzens der Soziologie zu. Ähnlich wie ROBBINS vertrat er die Ansicht, dass die Ökonomik sich lediglich mit subjektivem Nutzen zu beschäftigen habe und Nutzen eher eine logische Position der Individuen bei der Erreichung ihrer subjektiven Ziele sei. Nutzen als reale Vorstellung einer messbaren und zwischen den Individuen vergleichbare Größe lehnte er ab. Vielmehr wollte er zeigen, dass die Ökonomik *auch ohne eine derartige Nutzenkonzeption auskommen* könnte. Anstatt auf den Nutzen zu schauen, forderte er, die empirisch beobachtbaren Wahlakte der Individuen zur Grundlage der ökonomischen Theorie zu erklären. Der spätere Nobelpreisträger AMARTYA SEN interpretiert diesen Ansatz von PARETO in seinem berühmten Aufsatz „Rational Fools" 1977 so: „*Der Grundgedanke dieses Ansatzes scheint auf der Idee zu basieren, dass der einzige Weg, um die wahren Präferenzen einer Person zu erfassen, darin besteht, ihre tatsächlichen Entscheidungen zu untersuchen, und dass kein entscheidungsunabhängiger Weg sich zeigt, um Einstellungen zu Alternativen zu begreifen"* (Sen 2020b, S. 16).

PARETO übernahm zur Operationalisierung seines Ansatzes das von EDGEWORTH entwickelte Konzept von Indifferenzkurven, deren Existenz ursprünglich aus der Existenz eines kardinal messbaren Nutzens und eines abnehmenden Grenznutzen hergeleitet wurde. Derartige Indifferenzkurven lassen sich nach

Vorstellung von PARETO jedoch auch ohne die grenznutzentheoretischen Voraussetzungen empirisch beobachten und können als Referenzpunkt für individuelle Präferenzäußerungen genutzt werden. Auf dieser Basis wurde für die Belange der Wohlfahrtsökonomik das Prinzip der PARETO- Effizienz entwickelt (vgl. hierzu Kap. 5 dieses Buches). Mit dieser von PARETO eingeleiteten Wende und der Konzentration auf die Betrachtung von reinen Wahlakten wurden eher introspektive Theorien der Psychologie oder des Hedonismus weitgehend aus der ökonomischen Analyse verbannt (Wagener 2008). Die Rückkehr der Psychologie in die anwendungsorientierten Nutzentheorie fand erst in jüngerer Zeit im Rahmen der deskriptiven Entscheidungstheorie und der Verhaltensökonomik statt (vgl. hierzu den nächsten Abschnitt dieses Buchs) – allerdings ohne den grundsätzlichen Konsens der Ökonomik infrage zu stellen, dass Nutzen ein rein ordinales und interpersonell nicht vergleichbares Konzept sei.

Box 2.5: Die Historische Schule, die Kathedersozialisten und der Methodenstreit in der VWL

Die in diesem Abschnitt skizzierte Hinwendung der ökonomischen Theorie zu einem rein ordinalen, interpersonell nicht vergleichbarem Nutzenkonzept und ihr Anspruch, mit diesem Nutzen- und Rationalitätsmodell eine nicht-wertende, sondern lediglich verstehende Analyseposition einzunehmen, ist auch geprägt von einem teilweise recht unübersichtlichen Methodenstreit, der in der VWL seit dem Ende des 19. Jahrhunderts geführt wurde. Dieser Methoden- und Werturteilsstreit hat auch auf die sich damals gerade als Einzeldisziplin emanzipierende Betriebswirtschaftslehre ausgestrahlt und zu ihrer Ausdifferenzierung beigetragen (Bardmann 2019). Konkret wurden zwei Fragen diskutiert, die einen älteren und einen jüngeren Methodenstreit kennzeichneten (Söllner 2021). In beiden Fällen stand die *Historische Schule* im Mittelpunkt des Streites – und in beiden Fällen stand sie aus heutiger Sicht auf verlorenem Posten.

Die Historische Schule betonte, dass die theoretischen Erkenntnisse der Ökonomik durch Einbeziehung konkreter geschichtlicher, politischer und moralischer Faktoren ergänzt bzw. relativiert werden müssten. Diese insbesondere in Deutschland anzutreffende Denktradition suchte nach Erklärungen und Gesetzmäßigkeiten für wirtschaftliche Entwicklung und geriet mit ihrem Ansatz in einen scharfen Gegensatz zu den Denkern der Neoklassik, deren wissenschaftliches Ideal sich den Naturwissenschaften annäherte (vgl. Abschn. 2.4.2). Während die Historische Schule die Kontextbezogenheit der Gesellschaftstheorie betonte, beharrten die Neoklassiker auf der Allgemeingültigkeit ihrer theoretischen Erkenntnisse. Bedeutende Ökonomen der Historischen Schule waren WILHELM ROSCHER (1817–1894), BRUNO HILDEBRAND (1812–1878) und vor allem GUSTAV VON SCHMOLLER (1838–1917), der die deutsche Nationalökonomie bis zum Anfang des ersten Weltkriegs wesentlich prägte. SCHMOLLER wollte auf den normativen und praktischen Charakter der Volkswirtschaftslehre nicht verzichten und forderte, die Entwicklung einer Volkswirtschaft anhand von sittlichen Idealen zu beurteilen, da es einen Zusammenhang zwischen wirtschaftlicher Entwicklung und Kulturwerten wie Moral, Sitte und Recht gebe, die von der exakten Theorie nicht berücksichtigt werden. Insbesondere die Verteilungsgerechtigkeit bzw. die „soziale Frage" sah er als zentrale ökonomische Herausforderung an. Der unter seinem Vorsitz im Jahr 1873 gegründete „*Verein für Sozialpolitik*" war zu Beginn von diesen soziapolitischen Diskussionen geprägt und gewann einen nicht geringen Einfluss auf die Wirtschaftspolitik Bismarcks. Heute gilt der „Verein" als maßgebliche, aber politisch eher neutrale Wissenschaftsorganisation von Volkswirtinnen und Volkswirten im deutschsprachigen Raum, während seine Mitglieder damals im Lichte des Methodenstreits als „Kathedersozialisten" kritisiert wurden (Söllner 2021). SCHMOLLER beharrte in seiner Gründungsrede des Vereins auf einem starken Fürsorgeauftrag des Staates und forderte angesichts sozialpolitischer Verwerfungen „*…eine starke Staatsgewalt, welche über den egoistischen Klasseninteressen stehend, die Gesetze gebe, mit gerechter Hand die Verwaltung leite, die*

Schwachen schütze, die unteren Klassen hebe" (Schmoller 1939, S. 8; zitiert nach: Horn 1996, S. 58).

Der *ältere Methodenstreit* kennzeichnet eine Kontroverse über die Bedeutung rein theoretischer Forschung, die insbesondere zwischen SCHMOLLER und CARL MENGER geführt wurde. Die wesentliche Differenz zwischen ihren Positionen bezog sich auf die Frage, ob die empirische Beschreibung der Wirklichkeit zur Herleitung von Gesetzmäßigkeiten induktiv genutzt werden könne, oder ob die Wissenschaftlichkeit erst durch eine deduktive Methode gegeben sei, bei der bei gegebenen Annahmen durch die gezielte Variation von bestimmten Parametern logische und rationale Schlüsse gezogen werden (Horn 1996, S. 60). Während SCHMOLLER die historische Methode zur *Induktion* wissenschaftlicher Erkenntnisse verteidigte und Gesetze und Theorien auf der Grundlage empirischer Erfahrung bzw. der Sammlung ökonomischer Daten gewinnen wollte, betonte MENGER die Notwendigkeit über theoretische Forschung und *Deduktion* wissenschaftliche Erkenntnisse zu gewinnen, da er Theorien (wie etwa die Grenznutzentheorie) schon für die Beobachtung der Daten für notwendig hielt. Zudem könnten mithilfe der historischen Methode allenfalls individuelle, einzelfallbezogene Aussagen gewonnen, das Generelle jedoch nicht erklärt werden. Diese auch von anderen Theoretikern der Neoklassik wie JEVONS geteilte Vorstellung, dass aus Theorien deduzierte Hypothesen durch empirische Beobachtungen überprüft werden, die Beobachtungen selbst – etwa bei der Wahl des Untersuchungsgegenstandes – die Anwendung einer konkreten Theorie voraussetzen, gingen später in die Erkenntnistheorie von KARL POPPER (1902–1994) ein.

Der *jüngere Methodenstreit* bezieht sich auf die Zulässigkeit von Werturteilen bei der wissenschaftlichen Analyse. SCHMOLLER vertrat die Ansicht, dass ein Verzicht auf Werturteile eine wissenschaftliche Wirtschafts- und Sozialpolitik unmöglich machen würde. Neben WERNER SOMBART (1863–1941), der die Verwendung ethischer Überlegungen für die wissenschaftliche Begründung von sozial- und wirtschaftspolitischen Zielen kritisierte, trat insbesondere der Soziologe und Ökonom MAX WEBER dieser Position der Historischen Schule mit dem Postulat der Werturteilsfreiheit und der Objektivität der Wissenschaft entgegen. Im Grunde war die von WEBER geforderte Trennung zwischen positiver und normativer Analyse jedoch bereits in der von MENGER und den anderen Grenznutzentheoretikern im Zuge des älteren Methodenstreits geforderten logisch-deduktiven Methodik angelegt (Horn 1996, S. 63).

2.4.5 Nutzen und Bedürfnis

Die dogmatische Vorstellung, dass Nutzen für die Belange der Ökonomik ausschließlich subjektiv und damit weitgehend inhaltsleer zu definieren ist, hat sich jedoch nicht in allen wirtschaftswissenschaftlichen Darstellungen durchgesetzt. So wird insbesondere in anwendungsorientierten Darstellungen weiterhin daran festgehalten, dass der Nutzenbegriff in den Wirtschaftswissenschaften *zwei* Bedeutungen habe: Bedürfnis *und* Präferenz (Spremann 2013). Nutzen wird hier also nicht nur – wie etwa von PARETO formuliert – als in Wahlhandlungen offenbarte Präferenz interpretiert, sondern auch als Fähigkeit von Gütern (oder von Gütereigenschaften), menschliche Bedürfnisse zu befriedigen. Bedürfnisse werden als Gefühl eines Mangels definiert, der vom Wunsch begleitet wird, diesen Mangel zu beseitigen. Der Übergang zur ökonomisch relevanten individuellen Nachfrage findet genau dann statt, wenn die Bedürfnisse mit Kaufkraft ausgestattet werden (Baßeler et al. 2010; Bardmann 2019).

Da der Begriff menschlicher Bedürfnisse vor allem in der Psychologie untersucht wird, ist es wenig erstaunlich, dass einige der dort entwickelten Kategorien auch in der ökonomischen Theorie verwendet werden (Spremann 2013; von

Nitzsch 2021). So hat der Psychologe ABRAHAM MASLOW (1908–1970) auf Basis empirischer Beobachtungen eine sozialpsychologische Theorie über die Struktur menschlicher Bedürfnisse entwickelt, die in vielen, insbesondere betriebswirtschaftlichen Ansätzen der Entscheidungsforschung zur Anwendung kommt. Hiernach gibt es eine Art objektive Hierarchie der menschlichen Bedürfnisbefriedigung:

1. Auf der untersten Stufe dieser Hierarchie stehen *physiologische Bedürfnisse* des Menschen wie Nahrung und Schutz. Erst wenn diese Basisbedürfnisse befriedigt sind, wendet sich der Mensch der nächsten Stufe von Bedürfnissen zu.
2. Auf der zweiten Stufe stehen *Sicherheitsbedürfnisse* wie Arbeit, Wohnung und Gesundheit.
3. Auf der dritten Ebene stehen Bedürfnisse *sozialen Bedürfnisse* des Menschen (Freundschaften, Partnerschaften, Familien) im Vordergrund des Verhaltens.
4. Erst anschließend treten auf einer vierten Ebene *Individualbedürfnisse* nach Anerkennung und Ansehen oder auch nach Unabhängigkeit und Freiheit in den Vordergrund.
5. Wenn alle anderen Bedürfnisse bereits erfüllt sind, tritt auf der höchsten Ebene der Bedürfnispyramide das Streben nach *Selbstverwirklichung* wie Talententfaltung, Kreativität und Individualität in den Fokus.

Dieses Modell geht davon aus, dass die auf den einzelnen Stufen beschriebenen Motivationen die entscheidenden Beweggründe des individuellen Handelns sind. Vor dem Hintergrund der bisherigen Diskussion des ökonomischen Nutzenkonzeptes in diesem Kapitel ist es wenig überraschend, dass gegen diese Konkretisierung bzw. Objektivierung des Nutzenkonzeptes einige vehemente Kritikpunkte vorgebracht werden können. So kann man die Universalität des Konzeptes und seine Relevanz für das empirisch beobachtbare Verhalten der Menschen anzweifeln. Tatsächlich scheint Maslow hier eher Empfehlungen für die Selbstverwirklichung von Menschen als analytische bzw. deskriptive Beschreibungen ihres tatsächlichen Verhaltens vorzulegen. In der Literatur gibt es eine Vielzahl von Weiterentwicklungen dieses Konzeptes, etwa in Richtung offener (d. h. bewusst wahrgenommener) und latenter (unbewusster) Bedürfnisse (Bardmann 2019). Dass die Verwendung dieser Konzepte zur Analyse von Wertewandelprozessen oder kulturellen Einflussfaktoren oder zur Entwicklung von Theorien der Leistungsmotivation insbesondere in der managementorientierten Literatur stattfindet, zeigt, dass die asketische Trennung zwischen normativer und deskriptiver Analyse zumindest in der betriebswirtschaftlichen Entscheidungstheorie nicht im selben Maße praktiziert wird wie in der Volkswirtschaftslehre. In der anwendungsorientierten Entscheidungstheorie ist man zwar weit entfernt davon, aristotelische normative Ziele eines gelungenen menschlichen Lebens zu identifizieren. Allerdings wird anerkannt, dass die notwendige Entscheidungsunterstützung der Individuen in bestimmten ökonomischen Situationen (z. B. beim befürchteten Verlust von Arbeitsplätzen, also auf

Stufe 2 der o. g. Pyramide) eher in der Diskussion von Werten und Weltbildern als in einem rationalen und systematischen Prozess zur Entwicklung klarer ökonomischer Zielfunktionen liege (von Nitzsch 2021).

2.5 Verschiedene Arten der Anwendung des Homo oeconomicus in den Wirtschaftswissenschaften

2.5.1 Normative versus deskriptive Entscheidungstheorie

Während sich die volkswirtschaftliche Mikroökonomik schwer damit tut, dem oben erläuterten Modell des Homo oeconomicus einen expliziten normativen Gehalt zuzuschreiben, ist man in der Betriebswirtschaftslehre nicht so zimperlich und unterscheidet in der ökonomischen Entscheidungstheorie grundsätzlich zwischen einer normativen und einer positiven Verwendungsweise des Nutzen- und Rationalitätsbegriffes (Eisenführ et al. 2010; Laux et al. 2018; Bamberg et al. 2019).

Der ökonomische Rationalitätsbegriff wird hier *normativ* verstanden, wenn er genutzt wird, „Anleitungen zu rationalen Entscheidungen" zu geben. Das Ziel der präskriptiven bzw. normativen Entscheidungstheorie liegt darin, Empfehlungen zu geben, wie Entscheidungen von Individuen oder Gruppen rational getroffen werden sollten. Ex-post bedeutet dies, dass die Qualität einer in der Vergangenheit getroffenen Entscheidung lediglich an ihrem Ergebnis und dem zum Zeitpunkt der Entscheidung verfügbaren Informationen gemessen werden soll. Bezogen auf ein gegebenes Zielsystem und Informationen über das Risiko oder die Unsicherheit der Entscheidungssituation werden in diesem Bereich der Entscheidungstheorie Grundprobleme der Alternativenauswahl untersucht, die – wie etwa die Abwägung von Ertrag und Risiko einer Finanzanlage – als repräsentativ für reale Entscheidungssituationen angesehen werden. Der hier verwendete Rationalitätsbegriff umfasst neben den oben genannten Elementen der Konsistenz auch prozedurale Elemente. *Prozedurale Rationalität* beschreibt die Anforderungen an die Gestaltung des Entscheidungsprozesses und die Nutzung der Informationen. Hierbei geht es beispielsweise um die Strukturierung des Zielsystems, die Informationsbeschaffung und die Erwartungsbildung. Die Konsistenz der Entscheidung beruht darauf, dass sie im Einklang mit den oben erläuterten axiomatischen Grundsätzen der Nutzentheorie und der Wahrscheinlichkeitsrechnung ist und die Präferenzen logisch und widerspruchsfrei strukturiert sein sollten.

Der Rationalitätsbegriff wird hingegen *deskriptiv* verstanden, wenn es lediglich um die Beschreibung des individuellen Entscheidungsverhaltens geht. Während die normative Entscheidungstheorie ihre Aussagen *deduktiv* aus dem gegebenen Zielsystem ableitet, geht die deskriptive Entscheidungstheorie *induktiv* vor und zieht ihre Erkenntnisse aus dem empirisch beobachtbaren Verhalten der Menschen. Das Ziel der *deskriptiven Entscheidungstheorie* besteht darin, reales und intuitives Entscheidungsverhalten zu beschreiben und zu erklären. Konkret geht es hier um

empirische Abweichungen vom aus nutzentheoretischer Sicht gebotenen Rationalverhalten. In der deskriptiven Entscheidungstheorie gibt es mit Heuristiken und
Verzerrungen zwei Erklärungsstränge für Abweichungen vom Rationalverhalten.

- *Heuristiken:* Es wird angezweifelt, dass die Individuen in den jeweiligen
  Entscheidungssituationen exakte Präferenzen besitzen, nach denen sie sich verhalten. Hier wird auch auf die psychologische Standardannahme verwiesen,
  dass die Präferenzen möglicherweise erst im Zuge des Entscheidungsprozesses konstruiert werden. Daher hängen die beobachtbaren Entscheidungen häufig
  mit der Art und Weise zusammen, *wie* (d. h. mit welcher Darstellungsform)
  und *wann* das Problem präsentiert wird, und *mit welcher Methode* die Entscheidungen erhoben werden. Vor diesem Hintergrund ist es nicht erstaunlich,
  wenn das Entscheidungsverhalten in der Realität durch bestimmte Heuristiken oder Daumenregeln geprägt ist. Diese Heuristiken können sich auf die
  Abgabe von Werturteilen oder die Schätzung von Wahrscheinlichkeiten beziehen. Ein wichtiger Vertreter dieser deskriptiven Entscheidungsforschung war
  der Psychologe HERBERT SIMON (1916- - 2001), der den Begriff der *begrenzten Rationalität* prägte und für seine Forschungen 1977 mit dem Nobelpreis
  ausgezeichnet wurde. Nach Ansicht von Simon besteht beim Individuum zwar
  die Absicht der Nutzenmaximierung, aufgrund begrenzter kognitiver Fähigkeiten greift es jedoch bei seiner Entscheidung häufig auf Heuristiken zurück
  und schränkt damit seinen Nutzenmaximierungsanspruch ein. Diese Begrenzung der Rationalität ist jedoch selbst rational, da ein Individuum z. B. die
  Kosten zusätzlicher Informationsbeschaffung den daraus entstehenden Nutzen
  gegenüberstellen muss. Dies kann beispielsweise zum Satisfizierungsverhalten
  führen, wenn das Individuum nur so lange nach Handlungsalternativen sucht,
  bis eine Alternative ein gewünschtes Nutzenniveau erreicht (selbst wenn es noch
  weitere und bessere Handlungsalternativen geben sollte).
- *Verzerrungen:* Es gibt eine ganze Reihe von Verzerrungen, die sich bei der
  Anwendung derartiger Daumenregeln zeigen. Beispiele hierfür sind etwa das
  Phänomen des Mental Accounting, die Überschätzung kleiner Wahrscheinlichkeiten oder der Status-Quo-Bias. Mental Accounting zielt darauf, dass
  Individuen die Bewertung von Alternativen nicht ganzheitlich und vollständig vornehmen, sondern die verfügbaren Alternativen nur innerhalb bestimmter
  Untergruppen (mentalen Konten) miteinander vergleichen und Wechselwirkungen mit Alternativen ignorieren, die auf anderen mentalen Konten abgelegt
  sind. Bei der Bewertung subjektiver Wahrscheinlichkeiten zeigt sich häufig,
  dass Individuen tendenziell dazu neigen, sehr geringe Wahrscheinlichkeiten
  zu überschätzen. Ein Status-Quo-Bias liegt vor, wenn verfügbare Alternativen
  nicht auf Basis der erwarteten Konsequenzen miteinander verglichen werden,
  sondern lediglich in Bezug auf die Frage, ob die Wahl einer Alternative zu
  einer Veränderung des gegenwärtigen Zustands führt. Für eine umfassende
  und systematische Übersicht über die verschiedenen Befunde der deskriptiven
  Entscheidungstheorie hinsichtlich von Verzerrungen bei der Verarbeitung von

Wahrscheinlichkeiten oder der Bewertung von Alternativen sei auf verschiedene Lehrbücher der Entscheidungstheorie verwiesen (Eisenführ et al. 2010; Laux et al. 2018; Bamberg et al. 2019; von Nitzsch 2021). Auch in der eher populärwissenschaftlichen Ratgeberliteratur werden diese Erkenntnisse aufbereitet (Kahneman et al. 2021). Unter den verschiedenen Ansätzen, zumindest einige dieser Heuristiken und Verzerrungen in einer möglichst einheitlichen Entscheidungstheorie zu bündeln, spielt die kumulative Prospect-Theorie der Psychologen DANIEL KAHNEMAN (*1934) und AMOS TVERSKY (1937–1996) eine bedeutende Rolle, da sie in der Lage ist, verschiedene Abweichungen von der Nutzentheorie wie etwa die referenzpunktabhängige Bewertung von Alternativen oder die Überschätzung geringer Wahrscheinlichkeiten bzw. die nicht-lineare Gewichtung von Wahrscheinlichkeiten abzubilden.

Box 2.6: Daniel Kahneman und die psychologische Entscheidungsforschung
Der Psychologe DANIEL KAHNEMAN hat mit seinem Forschungsprogramm in ganz entscheidender Weise die deskriptive Entscheidungstheorie geprägt. Im Kern beschäftigt sich dieses Programm mit dem empirischen Befund, dass sich Menschen in Entscheidungssituationen häufig ganz anders verhalten als von der ökonomischen Theorie prognostiziert. Im Jahr 2002 wurde er für die Einführung psychologischer Erkenntnisse in die Entscheidungsforschung, insbesondere im Bereich von Entscheidungen unter Unsicherheit ausgezeichnet. In vielen experimentellen Arbeiten, die er gemeinsam mit AMOS TVERSKY durchführte, wies er systematische Abweichungen von der Erwartungsnutzentheorie nach und fand heraus, dass Menschen in bestimmten Situationen mit der Informationsverarbeitung überfordert sind und stattdessen bestimmte Heuristiken benutzen. Referenzpunktabhängige Bewertungen und die Übergewichtung von niedrigen bei gleichzeitiger Untergewichtung von hohen Wahrscheinlichkeiten kennzeichnen die von ihm entwickelte Prospect Theorie. Diese Forschungen sind auf große Resonanz in den Wirtschaftswissenschaften gestoßen und haben beispielsweise zur Entwicklung des noch jungen Forschungsgebietes der „Behavioral Finance" geführt (Bofinger und Schmidt 2003).

Ein interessantes Merkmal der betriebswirtschaftlichen Entscheidungstheorie liegt darin, dass normative und deskriptive Entscheidungstheorie in einem pragmatischen Verhältnis zueinander stehen:

- Unter der Annahme, dass der Entscheider die in den Abschn. 2.2.3 und 2.2.4 vorgestellten Axiome als Grundlage des Verhaltens akzeptiert, liefert die Nutzentheorie das korrekte Entscheidungskriterium und die notwendigen Methoden zur Bestimmung der relevanten Bewertungsfunktionen. Die normative Entscheidungstheorie soll den Entscheidern helfen *„die optimale Alternative auszuwählen oder eine Reihung von Alternativen vorzunehmen"* (Eisenführ et al. 2010, S. 393).
- Deskriptive Theorien sind aus Sicht der normativen Theorie dann hilfreich, wenn es darum geht, weniger fehleranfällige Befragungs- und Entscheidungsunterstützungssysteme zu entwickeln. Entscheidungstheoretische Erkenntnisse werden konkret eingesetzt, um unnötige Verzerrungen von Bewertungen zu vermeiden, um so auf Dauer bessere Entscheidungen treffen zu können (Kahneman et al. 2021).

2.5.2 Der Homo oeconomicus als heuristisches Konzept

Die eher anwendungsorientierte betriebswirtschaftlich orientierte Entscheidungstheorie und die mikroökonomische Nutzentheorie beruhen auf denselben theoretischen und axiomatischen Grundlagen. Tatsächlich wird man in Lehrbüchern der Entscheidungstheorie und der Mikroökonomik keine systematischen Differenzen in Bezug auf die Herleitung und Darstellung der Theorie des rationalen Verhaltens feststellen. Vor diesem Hintergrund erscheint es einigermaßen erstaunlich, dass die Betriebswirtschaftslehre (BWL) keine Probleme darin sieht, die Nutzentheorie als normative Theorie anzuerkennen, während die Volkswirtschaftslehre (VWL) besonderen Wert darauf legt, dass sie hier keine normative, sondern eine wertfreie Theorie verwendet. Woran liegt diese eigenartige Diskrepanz?

Der Grund hierfür liegt darin, dass BWL und VWL die nutzentheoretischen Grundlagen für unterschiedliche Zwecke verwenden. In der BWL stehen die Analyse und Unterstützung bei der Lösung konkreter betriebswirtschaftlicher Probleme im Vordergrund. Die Wissenschaft nimmt hier die Position eines unabhängigen bzw. objektiven Beraters ein, der dem Entscheider helfen will, seine jeweiligen Ziele zu erreichen. Die oben erläuterten Zweifel von ROBBINS und PARETO an der Verwendung einer zwischen den Individuen vergleichbaren Nutzenmetrik sind für diesen Berater unerheblich[2]. Die interpersonelle Nutzenvergleichbarkeit und die damit verbundenen Schwierigkeiten werden erst bei der Einbettung individueller Entscheidungen in kollektive Kontexte relevant, die in der VWL insbesondere in der Wohlfahrtsökonomik behandelt werden (vgl. hierzu Kap. 3 dieses Buches). Vereinfacht formuliert: In der VWL geht es nicht so sehr um das Verhalten eines einzelnen Individuums, sondern eher um das *Verhalten größerer Aggregate* von Individuen auf Märkten, in der Gesellschaft oder in der Politik. Informationen über die Wohlfahrt einer Gesellschaft erhält man gemäß dem methodologischen Individualismus aber nur auf Basis von Informationen über die Individuen, bzw. konkret über deren individuellen Nutzen. Bei der Lösung wohlfahrtsökonomischer Fragen, kommt man an der Frage der Nutzenvergleichbarkeit dann nicht vorbei.

Das in der Figur des Homo oeconomicus verankerte ökonomische Verhaltens- und Nutzenkonzept enthält vor diesem Hintergrund einige wesentliche Vorteile in Bezug auf seine wissenschaftliche Verwendung (Enste und Hüther 2011). So erlaubt das Nutzenkonzept die Entwicklung formaler Modelle, mit denen das Verhalten von Individuen in bestimmten, ökonomisch relevanten Situationen vorausgesagt werden kann. Der Homo oeconomicus ist hier also nicht ein normatives Konzept zur Beurteilung des individuellen Verhaltens, sondern erfüllt eine eher methodologische Funktion zur Erklärung aggregierter Phänomene. Das dabei

---

[2] Allerdings sei darauf verwiesen, dass es auch in der betriebswirtschaftlichen Entscheidungsforschung einen umfangreichen Meinungsstreit um die Nutzenmessung gibt: Unter der Überschrift „Welche Präferenzen berücksichtigt das Bernoulli-Prinzip" stehen sich verschiedene Auffassungen darüber gegenüber, ob die VON NEUMANN- MORGENSTERN- Erwartungsnutzenfunktion kardinale oder lediglich ordinale Nutzenmessbarkeit impliziert (Bamberg et al. 2019).

angelegte Rationalitätsverständnis ist rein formal bzw. instrumentell, da die individuellen Ziele nicht hinterfragt werden und lediglich auf Konsistenz und innerer
Logik beruht. Das Konzept der Nutzenfunktion wird als *Heuristik* verwendet. Im
Selbstverständnis der Ökonomik handelt es sich um eine im jeweiligen Begründungszusammenhang wertneutrale, deskriptive Analyse. Die Nutzenfunktion ist
hiernach also gerade kein psychologisches Konstrukt, mit dem sinnvolle Aussagen über den Menschen und sein Verhalten als Ganzes getroffen werden sollen.
Sie dient in Verbindung mit den genannten Rationalitätspostulaten als Heuristik
zum Verständnis menschlichen Verhaltens angesichts von Knappheitsproblemen.
Das ökonomische Verhaltensmodell wird damit zum Grundkonzept einer zwar
wertfreien, aber „verstehenden Sozialwissenschaft" erklärt, die unter Verwendung
mathematischer Modelle empirische Untersuchungen über wirtschaftspolitisch
relevante Zusammenhänge erst möglich mache (Kirchgässner 2013).

Gerade die Abstraktion und die Ausblendung von komplexeren, nicht-
eigennutzorientierten Motiven auf Märkten befähigt die Theorie dazu, auch
nicht-intendierte Folgen von Handlungen im Sinne des Satzes *„Gut gemeint ist
manchmal das Gegenteil von gut gemacht"* zu analysieren. Ein Beispiel hierfür ist
der Kobra-Effekt (Siebert 2003): Um einer Kobra-Plage zu begegnen, setzte die
britische Kolonialverwaltung in Indien eine Pro-Kopf-Prämie für getötete Kobras
aus. Aus Sicht der Kolonialregierung schien die Maßnahme zunächst erfolgreich
im Sinne des Zieles einer Verminderung der Gefährdung der Bevölkerung zu
verlaufen, da sich viele Inder an der Tötung von Kobras beteiligten, um das
entsprechende Kopfgeld zu kassieren. Allerdings reagierte die indische Bevölkerung hierauf, indem die Menschen Kobras züchteten, um die Prämie zu erhalten.
Ganz offensichtlich führte die Unterschätzung der Eigennutzannahme hier zu einer
kontraproduktiven Fehleinschätzung der Wirksamkeit der politischen Maßnahmen.

Zur Verteidigung der Eigennutzannahme des Homo oeconomicus wird in der
ökonomischen Literatur zudem darauf verwiesen, dass die Ökonomik gar nicht
den eigennützigen Menschen fordere. Die Eigennutzannahme stelle gerade kein
normatives Postulat, sondern lediglich eine *positive Zustandsbeschreibung* dar, die
sich in ökonomischen Modellen als sehr robust erweise und die Analyse komplexer Probleme erleichtere. Nach dieser Vorstellung seien Theorien nicht nach der
Güte ihrer Annahmen, sondern lediglich nach der Güte und Qualität ihrer Vorhersagen zu beurteilen. Für die Entwicklung von angemessenen Vorhersagen bei
sozialen Interaktionsprozessen seien Abstraktionen als eine wesentliche Eigenschaft von Modellen anzusehen. Wenn die Eigennutzannahme als realitätsfremd
kritisiert werde, so müsste konsequenterweise auch gefordert werden, dass in der
Physik oder der Biologie keine Experimente im Labor gemacht werden, weil hier
komplexe Umweltbedingungen ausgeblendet und die Realität vereinfacht werde
(Beck 2014).

2.5.3 Ökonomik als Wissenschaft von der Veränderung der Verhältnisse: Die Anreizsteuerung des Homo oeconomicus

Gerade aufgrund dieser Wertfreiheit beansprucht die Ökonomik für sich, eine Wissenschaft zur Veränderung der Verhältnisse zu sein (Kirchgässner 2013). Fundamental ist dafür die oben erläuterte dichotomische *Unterscheidung zwischen Restriktionen und Präferenzen.* Die Nutzenfunktion selbst wird als lediglich formal, inhaltlich aber als unbestimmt betrachtet. Wenn in der ökonomischen Theorie Präferenzen und Restriktionen strikt voneinander getrennt werden, bedeutet dies, dass individuelles Verhalten angesichts von Knappheitsproblemen erst dadurch entsteht, dass Präferenzen und Restriktionen zum Zeitpunkt der individuellen Entscheidung aufeinandertreffen. Die wesentliche Aussage der Theorie der offenbarten Präferenzen liegt darin, dass das beobachtbare individuelle Verhalten nicht unabhängig von den ebenfalls beobachtbaren Restriktionen (wie etwa Einkommen oder Preise) erklärt werden kann. Eine eigenständige, d. h. vom jeweiligen Kontext der Entscheidungssituation unabhängige Präferenztheorie, die genau festlegt, was der Mensch ist, bzw. was er will, hat hier somit keinen Raum: *„Preferences are partly the product of peoples environment"* (von Weizsäcker 1971, S. 371).

Das ökonomische Rationalitätskonzept erhält damit einen ähnlichen Stellenwert wie das Kausalitätsprinzip in den Naturwissenschaften. Das empirisch beobachtbare Verhalten wird nicht nur (wie im naturwissenschaftlichen Ideal) erklär- und vorhersagbar, sondern auch steuerbar durch eine geeignete Variation der Restriktionen. Bedeutende Verteidiger des Homo oeconomicus wie Gebhard Kirchgässner sehen gerade hier seine Stärke als Analysekonzept, denn mithilfe des ökonomischen Verhaltensmodells sollen vor allem Veränderungen im Verhalten von Individuen erklärt werden. Wenn man aus sozialwissenschaftlicher Sicht die Welt bzw. das Verhalten der Individuen z. B. in Richtung der Nachhaltigkeit verändern will, besagt das Modell des Homo oeconomicus, dass man dies grundsätzlich auf zwei Wegen erreichen kann.

- Man kann versuchen, die Präferenzen der Individuen, ihre in den Nutzenfunktionen verankerten Wertvorstellungen, zu verändern.
- Oder man kann die Verhältnisse ändern, unter denen die Menschen interagieren. In der Terminologie des ökonomischen Modells entsprechen die Verhältnisse und Handlungsbedingungen den Restriktionen.

Will man beispielsweise erklären, wieso es in den letzten Jahren in Deutschland und vielen Industrienationen eine starke Entwicklung in Richtung nachhaltiger Konsummuster gegeben hat, so bietet das ökonomische Modell zwei alternative Erklärungsansätze dafür:

- Einerseits könnte diese Hinwendung zu umweltbewusstem Verhalten Ausdruck eines breiteren Wertewandels sein. Die oben erläuterte Bedürfnispyramide von Maslow liefert dafür einen Erklärungsansatz: Nachdem die Individuen im Zuge der wirtschaftlichen Entwicklung zunächst vorwiegend an der Befriedigung materieller Bedürfnisse auf einer niedrigen Stufe der Pyramide interessiert waren, wenden sie sich nun anderen, weniger materiellen Bedürfnissen zu. Wachsende Einkommen und ein wachsendes Umweltbewusstsein können damit als Ausdruck eines gesellschaftlichen Wertewandels interpretiert werden, der sich im individuellen Verhalten zeigt.

• Andererseits könnte das wachsende Umweltbewusstsein aber allgemein auch auf eine Änderung der Restriktionen der Individuen zurückgeführt werden, wenn man annimmt, dass die zunehmenden Umweltprobleme zu anderen Knappheitsrelationen und sich verändernden relativen Preisen führen.

Da die Ökonomik die Präferenzen die Individuen für grundsätzlich unantastbar hält, geht sie den Weg über die Veränderung der Restriktionen. Auch wenn dies – wie KIRCHGÄSSNER einräumt – nach Marxismus klingt, so ist es hier doch ganz anders: Während im Marxismus die Hauptdeterminante des menschlichen Verhaltens im Klassenbewusstsein und im Verhältnis dieser Klassen zueinander liegt, geht die Ökonomik von einem realistischeren Weltbild aus und versucht gar nicht erst, die Menschen irgendwie zu erziehen oder zu verbessern. Auch die Veränderung der Restriktionen wird wohl nicht dazu führen, dass aus egoistischen Menschen sozial und kooperativ gesinnte Individuen werden. Möglicherweise handelt das egoistische Individuum jedoch „besser" im Sinne eines exogenen Normen- oder Zielsystems – allerdings ergibt sich diese Verhaltensänderung als rationale Reaktion auf die veränderten Handlungsbedingungen, ohne dass das handelnde Individuum damit „besser" geworden sein muss. Das zentrale Argument zur Verwendung des Homo oeconomicus liegt hier also darin, dass der Fokus der ökonomischen Analyse gar nicht auf der Erklärung oder Kritik der individuellen Motivation liegt, sondern auf der Gestaltung der gesellschaftlichen Institutionen, der Funktionieren vom Wohlverhalten der verschiedenen Mitglieder der Gesellschaft unabhängig sein soll (Horn 1996).

Auch die Annahme gegebener und unveränderbarer Präferenzen, wie sie etwa in dem berühmten Aufsatz „De Gustibus Non Est Disputandum" 1977 von GEORGE STIGLER (1911–1991) und GARY BECKER (1930- - 2014) formuliert wird, ist nach diesem Verständnis kein Dogma. BECKER ist der für die von ihm vorgenommene Übertragung des ökonomischen Verhaltensmodells auf einen weiten Bereich menschlichen Verhaltens in nicht-marktlichen Situationen (wie etwa in der Familie) mit dem Nobelpreis ausgezeichnet worden. Er sieht in der Verwendung des Homo oeconomicus den Ausdruck einer Methode, die intertemporale Verhaltensänderungen als Ergebnis der Veränderung von Restriktionen und nicht als Resultat endogener Präferenzänderungen abbilden kann. Ist z. B. die empirische Beobachtung, dass junge Menschen deutlich weniger Freude am Hören komplexer klassischer Musik empfinden als ältere Menschen und Klassikkonzerte daher überwiegend von älteren Menschen besucht werden, darauf zurückzuführen, dass sich die Präferenzen eines Individuums (hier: sein Musikgeschmack) über die Zeit ändern? Da die Annahme nicht-stabiler bzw. endogener und veränderlicher Präferenzen für die Ökonomik eine große Herausforderung darstellen, bieten STIGLER und BECKER (1977) ein von stabilen Präferenzen ausgehendes Modell an, mit dem ein über die Zeit sich veränderndes Konsumentenverhalten erklärt werden kann. In diesem Modell wird die individuelle Entscheidung zum Besuch eines Klassikkonzertes als Investition in ein Konsumkapital abgebildet. Da die Freude an klassischer Musik nicht voraussetzungslos ist, wächst mit der Erfahrung eines Individuums über die Zeit seine Konsumfähigkeit. Ein über die Zeit zunehmender Konsum dieser Musik ist daher nicht ein Ausdruck veränderlicher Präferenzen, sondern Resultat sinkender Schattenpreise seiner Entscheidung, diese Musik zu hören.

Mit diesem Anreiz-Steuerungskonzept befinden wir uns an einer entscheidenden Schnittstelle zwischen der individuellen Rationalität des Homo oeconomicus und der sozialen Dimension seines Verhaltens. Auch wenn die sozialen Fragen für die Belange dieses Kapitels noch ausgeklammert sind und erst im dritten Kapitel explizit eingeführt werden, wird bereits hier deutlich, dass aus ökonomischer Sicht der Ort der Moral nicht in den Individuen selbst, sondern vielmehr in der geeigneten politischen und institutionellen Gestaltung ihrer Handlungsbedingungen liegt. Dies wird an den folgenden beiden Beispielen deutlich:

- *Die einzige Aufgabe von Unternehmen ist die Gewinnmaximierung:* Die Forderung, das individuelle Verhalten beispielsweise im Bereich unternehmerischer Entscheidungen nicht mit sozialen Normen zu überfrachten, hat MILTON FRIEDMAN (1912–2006) in seinem auch heute noch polarisierenden Statement im Jahr 1970 gebündelt, die einzige Aufgabe von Unternehmen liege darin, ihre Gewinne zu maximieren und sich dabei an die von der Politik vorgegebenen Spielregeln zu halten: *„But the doctrine of „social responsibility" taken seriously would extend the scope of the political mechanism to every human activity. It does not differ in philosophy from the most explicitly collectivist doctrine. It differs only by professing to believe that collectivist ends can be attained without collectivist means. That is why, in my book „Capitalism and Freedom," I have called it a „fundamentally subversive doctrine" in a free society, and have said that in such a society, „there is one and only one social responsibility of business – to use its resources and engage in activities designed to increase its profits so long as it stays within the rules of the game", which is to say, engages in open and free competition without deception fraud"* (Friedman 1970). Mit dieser Einschätzung wird ein Merkmal des Homo oeconomicus deutlich, dass für die Fragestellungen dieses Buches von großer Bedeutung ist. Der Theologe HANS KÜNG formuliert dieses Problem wie folgt: *„In Friedmans ökonomischer Theorie, die ja nur eine atomistisch verstandene Versammlung von rational wirtschaftenden Individuen kennt, die letztlich allein durch ihre Verpflichtung auf Freiheit wirklich vereint sind, hat die Idee eines ‚bonum commune', eines ‚Gemeinwohls' oder auch nur eines ‚öffentlichen Interesses' keinen Platz"* (Küng 2019, S. 289).
- *Verhaltensbeeinflussung ohne Bevormundung oder Manipulation:* Die Frage, wie man Menschen dazu bringt, das Richtige zu tun, ohne sie zu bevormunden, ist Gegenstand der verhaltensökonomischen Forschungen von RICHARD THALER (*1945), für die er 2017 mit dem Nobelpreis ausgezeichnet wurde.

Ausgangspunkt sind hierbei die bereits oben diskutierten Befunde, dass Menschen sich von Natur aus nicht immer rational verhalten und dass Verzerrungen sie in ihrem Entscheidungsverhalten davon abhalten, sich zu ihrem wohlverstandenen eigenen Vorteil zu entscheiden. Das von ihm entwickelte Konzept des Nudging („Anstupsen") versucht, über eine geeignete Veränderung der Entscheidungsarchitektur (z. B. Voreinstellungen bei Alternativenpräsentation, Produktinformationen) die Menschen z. B. zu einem umwelt- oder gesundheitsbewussten Handlungen zu bewegen, ohne in ihre Präferenzen einzugreifen oder an den Handlungskonsequenzen zu manipulieren (Thaler und Sunstein 2009). Man spricht in diesem Kontext auch von einem libertären Paternalismus: Individuen sollen durch verhaltensökonomisch begründete Maßnahmen motiviert werden, freiwillig genau die Entscheidungen zu treffen, die in ihrem „echten", wohlverstandenem Eigeninteresse liegen. Die Freiwilligkeit der Handlung kennzeichnet hier das libertäre Element, während die von außen vorgenommene Feststellung des wohlverstandenen Eigeninteresses das paternalistische Element charakterisiert (Söllner 2021).

2.5.4 Verhaltensökonomik: Eigennutzannahme oder soziale Präferenzen?

Die auch von THALER geprägte Verhaltensökonomik ist in der volkswirtschaftlichen Nutzentheorie das Gegenstück zur deskriptiven Entscheidungstheorie in der BWL. Sie behandelt dieselben Heuristiken und Verzerrungen. Auch die Verhaltensökonomik zieht ihre Relevanz aus der Frage, inwieweit angesichts der vielfältigen empirischen Befunde des systematischen Abweichens von den oben diskutierten Rationalitätspostulaten an der Referenz des Modells rationaler Wahlhandlungen – sei es als Heuristik oder als normative Referenz – festgehalten werden kann. Sie versteht sich als Versuch, *„das Menschenbild der Ökonomie mit dem Menschenbild der Psychologie wieder zu versöhnen"* (Beck 2014, S. 9), setzt dabei v. a. Entscheidungsexperimente ein und versucht zu zeigen, wo psychologische Motive in ökonomischen Kontexten relevant sind.

Box 2.7: Vernon Smith und die Experimentalökonomik

VERNON SMITH (*1927) erhielt 2002 gemeinsam mit DANIEL KAHNEMAN den Nobelpreis für Wirtschaftswissenschaft. Seine Forschungen wurden ausgezeichnet für den Einsatz von Laborexperimenten bei der empirischen Verhaltensforschung, insbesondere im Bereich von Marktmechanismen. In seinen Schriften hat er die methodischen Standards für die Gestaltung von Entscheidungsexperimenten entwickelt. Bei experimentellen Untersuchungen geht es darum, Beobachtungen des individuellen Verhaltens unter kontrollierten Bedingungen machen zu können. Der Grundgedanke der ökonomischen Theorie, dass rationale Entscheidungen immer auf das Ziel bezogen sind, welches das Individuum verfolgt, wurde von VERNON SMITH mit der Theorie der Präferenzinduktion (Induced-Value-Theorie) systematisch in das Entscheidungslabor übertragen: Unter der Annahme, dass jedes Gut Nutzen stiftet und es für diesen Nutzen ein monetäres Äquivalent gibt, der als Zahlungsbereitschaft für dieses Gut interpretiert werden kann, kann die nicht beobachtbare Nutzenfunktion im Experiment durch eine „Geldfunktion" ersetzt werden. Diese Funktion stellt im Experiment die Auszahlungsfunktion her, anhand der den Versuchspersonen die monetären

Konsequenzen ihrer Entscheidungen vermittelt wird. Mit diesem Schritt wird den Versuchspersonen durch das experimentelle Design eine Nutzenfunktion von außen induziert (Weimann und Brosig-Koch 2019). Ähnlich wie der Homo oeconomicus im Modell auf Anreize reagiert, werden auch die Versuchspersonen ökonomischen Anreizen ausgesetzt. Experimente werden beispielsweise eingesetzt, um die individuelle Wertschätzung von solchen Gütern zu erforschen, die nicht auf herkömmlichen Märkten gehandelt werden. Wenn Versuchspersonen in einem Experiment zur Bereitstellung öffentlicher Güter die Option gegeben wird, eigene Beträge in ein solches Gut zu investieren, das auch von allen übrigen Versuchspersonen genutzt wird, wird diese Anreizkonstellation von der Auszahlungsfunktion präzise vorgegeben. Im Experiment kann damit unter kontrollierten Bedingungen überprüft werden, ob das beobachtbare Verhalten der Versuchspersonen mit der ökonomischen Theorie übereinstimmt.

Stärker als die deskriptive Entscheidungstheorie beschäftigt sich die Verhaltensökonomik jedoch mit sozialen Interaktions- oder auch Verhandlungsproblemen, bei denen die Frage der Eigennutzannahme für die Erklärung des individuellen Verhaltens eine große Rolle spielt. Besonders deutlich wird dies am Beispiel der *Ultimatum-Spiele*. Derartige Spiele werden häufig in der Experimentalökonomik praktiziert. Die Grundstruktur ist sehr einfach: Spieler A und B verhandeln unter den folgenden Regeln über die Aufteilung eines gegebenen Geldbetrages, z. B. 10 €.

- Spieler A erhält das Vorschlagsrecht. Er entscheidet, wie diese 10 € zwischen ihm und Spieler B aufgeteilt werden sollen. Er bietet ihm einen Betrag X an ($0 \leq X \leq 10$) und behält den Betrag 10–X für sich.
- Spieler B wird über dieses Angebot der vorgeschlagenen Aufteilung informiert und erhält das Recht, diese Aufteilung anzunehmen oder zurückzuweisen. Nimmt er die Aufteilung an, bekommen beide Spieler die für sie vorgesehenen Beträge ausbezahlt, lehnt er die Aufteilung hingegen ab, bekommt kein Spieler eine Auszahlung.

Würden beide Spieler entsprechend der Rationalität des Homo oeconomicus handeln, müsste sich das folgende Ergebnis einstellen: Da Spieler B ausschließlich am Nutzen seiner eigenen Auszahlung interessiert ist, müsste er bereit sein, das Angebot anzunehmen, sobald ihm X > 0 angeboten wird. Ein Betrag von 10 Cent ist aus seiner Sicht besser als gar nichts. Hinzu kommt, dass er auf die Aufteilungsentscheidung von A sowieso keinen Einfluss hat, er aber auch am Nutzen von A gar kein Interesse hat, er also weder neidisch noch altruistisch ist. Da Spieler A dies weiß, müsste es für ihn vorteilhaft sein, den Betrag X zwar größer als Null, aber doch nicht allzu groß werden zu lassen, um den größtmöglichen Rest 10–X für sich zu beanspruchen. Die Hypothese zum Verhalten des Homo oeconomicus lautet also für Spieler A, dass er einen sehr geringen Betrag anbietet, und für Spieler B, dass er dieses Angebot annehmen wird.

In empirischen Untersuchungen wird nun aber regelmäßig ein völlig anderes Verhalten von Spieler A und Spieler B beobachtet. Sehr häufig lehnen Versuchspersonen in der Rolle des Spielers B Beträge ab, die eine aus ihrer Sicht zu einseitige Auszahlungsverteilung beinhalten. Gleichzeitig sind sich die Personen, die die Rolle von A einnehmen, hierüber offenbar bewusst und bieten deshalb Beträge zwischen 3,50 € und 5 € (35–50 % des aufzuteilenden Betrages) an.

Ähnliche Befunde ergeben sich in Experimenten zur Bereitstellung öffentlicher Güter. Öffentliche Güter sind in der ökonomischen Theorie ein Ausdruck für solche Konstellationen, in denen mehrere Individuen (oder eine gesamte Gesellschaft) gemeinsam ein Gut nutzen. Gemeinsame Nutzung zielt auf die Nicht-Ausschließbarkeit im Konsum ab. In den Modellen bedeutet dies, dass die unterschiedlichen Individuen in ihren Nutzenfunktionen neben dem Konsum ihrer jeweils privaten Güter auch von der Existenz des öffentlichen Gutes profitieren können, welches mit gleicher Qualität als Argument in die Nutzenfunktionen aller Individuen eingeht. Wenn ein einzelnes Individuum nun vor der Frage steht, ob es einen freiwilligen Beitrag für die Bereitstellung dieses Gutes leistet, vergleicht es den damit verbundenen Nutzenentgang bei seinem privaten Konsum mit dem Nutzen, den es selbst aus dieser Bereitstellung erfährt. Die Grundstruktur eines derartigen Experimentes lässt sich wie folgt zusammenfassen:

- *Erstens* kann das Individuum diesen Betrag für seinen eigenen Konsum verwenden.
- Eine Gruppe von N Versuchspersonen wird zu einer „Gesellschaft" zusammengefasst.
- Jedes Individuum i der Gesellschaft erhält ein Budget m_i Geldeinheiten zu seiner eigenen Verwendung. Für die Aufteilung des Budgets stehen zwei Optionen zur Verfügung:
- *Zweitens* kann es aber auch g_i ($0 \leq g_i \leq m_i$) Einheiten davon in ein öffentliches Gut investieren. Die Kosten für die Investition in das öffentliche Gut sind auf 1 Geldeinheit normiert.
- Der Nutzen, den ein einzelnes Individuum aus dem öffentlichen Gut zieht, wird wie folgt vorgegeben: Die *Summe* der Beiträge, die diese Gesellschaft in das öffentliche Gut investiert hat, wird mit dem Faktor a multipliziert und jedem Individuum ausbezahlt. Um die Anreizstruktur adäquat abzubilden, wird a so bestimmt, dass gilt: $0 < a < 1 < Na$.
- Der Nutzen u_i, den das Individuum aus seiner Aufteilungsentscheidung erhält kann damit in der folgenden Auszahlungsfunktion angegeben werden (die Gesellschaft aller Individuen wird hier über den Laufindex j im Summenzeichen (mit $j = 1, ..., N$) erfasst):

$$u_i = (m_i - g_i) + a \sum_{j=1}^{N} g_j \qquad (2.1)$$

Die Anreizstruktur in dieser Konstellation lässt sich nun wie folgt präzisieren: Der Homo oeconomicus wird bei seiner Entscheidung, ob er eine Einheit in das öffentliche Gut investieren soll, oder ob er diese Einheit lieber für sich selbst behalten soll, die damit verbundenen Nutzen und Kosten miteinander vergleichen: Für jede Einheit, die er investiert, erhält er einen Ertrag von a. Da die Kosten auf

1 normiert sind und $a < 1$ bedeutet dies, dass die Kosten der Investition den damit verbundenen individuellen Nutzen übersteigen. Die rationale, eigennutzorientierte Strategie des Homo oeconomicus wäre es also, gar nichts in das öffentliche Gut zu investieren ($g_i = 0$). Diese Anreizstruktur wird in der ökonomischen Theorie als *Gefangenendilemma* bezeichnet.

Nimmt man beispielsweise an, dass die Gesellschaft aus 6 Mitgliedern besteht ($N = 6$), jedes Individuum über einen Betrag von 10 Geldeinheiten verfügen kann ($m_i = 10$) und dass jedem Individuum ein Ertrag von 60 % der gesamten Investitionen in das öffentliche Gut ausgeschüttet wird (a = 0,6), so würde in einer Gesellschaft rationaler Individuen, jedes Individuum $g_i = 0$ wählen und damit sein gegebenes Anfangsbudget ungeschoren in einen Auszahlungsbetrag von 10 Geldeinheiten überführen. Dies mag auf den ersten Blick erstaunen, denn wenn jedes Individuum stattdessen sein gesamtes Budget in das öffentliche Gut investieren würde ($g_i = 10$), würde jedes Individuum $0 + 0,6 \cdot (6 \cdot 10) = 36$ Geldeinheiten zur Auszahlung erhalten.

Wieso verzichtet eine Gesellschaft rationaler Individuen auf die offensichtliche Besserstellung, die sich ergibt, wenn alle ihr gesamtes Budget investieren? Der Grund dafür liegt am rationalen Motiv des Homo oeconomicus, sich als Trittbrettfahrer zu verhalten. Jedes Individuum ist sich bewusst, dass es vom öffentlichen Gut auch dann profitiert, wenn es zu seiner Bereitstellung keinen eigenen Beitrag leistet. Wenn im Extremfall 5 der 6 Individuen dazu bereit sind, ihr gesamtes Budget in das öffentliche Gut zu investieren, ein einzelnes Individuum sich aber als Homo oeconomicus verhält, wird dieser Homo oeconomicus eine Auszahlung von $10 + 0,6 \cdot (5 \cdot 10) = 40$ erhalten. Allgemeiner formuliert: Egal, wie hoch die Investitionen der übrigen Individuen sind – für jeden rationalen Entscheider ist es immer vorteilhaft, sich nicht an der Investition zu beteiligen. Kooperation fordert in dieser Konstellation immer den Verzicht auf die Möglichkeit, eine eigene Besserstellung zu realisieren. Freiwilliges Beitragen ist nicht sinnvoll, solange nicht damit zu rechnen ist, dass mit der eigenen Entscheidung ein Einfluss auf das Verhalten der übrigen Mitglieder der Gesellschaft ausgeübt werden kann. Diese Erkenntnis wird in der spieltheoretischen Konzeption des NASH-Gleichgewichtes gebündelt. Diese Gleichgewichtskonzeption geht auf den Mathematiker und Ökonomen JOHN NASH (1928–2015) zurückgeht, der mit seinen Überlegungen die von VON NEUMANN und MORGENSTERN entwickelte Spieltheorie weiterentwickelt hat und dafür im Jahr 1994 mit dem Nobelpreis ausgezeichnet wurde.

Die in der umfangreichen experimentalökonomischen Literatur dokumentierten Ergebnisse können die eher pessimistische Verhaltensprognose des Homo oeconomicus allerdings nicht bestätigen. Vielmehr zeigt sich, dass Versuchspersonen häufig bereit sind, 40–60 % ihrer Budgets in derartige öffentliche Güter zu investieren. Allerdings hängt diese Kooperationsbereitschaft von vielen, unterschiedlichen Faktoren ab, die mit unterschiedlichen experimentellen Designs untersucht werden (für eine Übersicht vgl. Ledyard 1995). Hierzu gehören u. a. die Fragen,

- ob und wie oft das Experiment wiederholt wird,

- ob und ggf. wie die Individuen während des Experiments miteinander kommunizieren können,
- ob es Bestrafungsmöglichkeiten für unkooperatives Verhalten gibt,
- und wie groß die jeweiligen Gruppen (Gesellschaften) sind.

Diese hier nur kurz skizzierten Befunde der Verhaltensökonomik sind natürlich nicht allzu überraschend. In vielen Konstellationen des Zusammenlebens der Menschen dürfte ein Verhalten anzutreffen sein, das auf die vollständige Durchsetzung der eigenen Interessen verzichtet und die Interessen anderer berücksichtigt. Wenn eine Person Mitglied eines Vereins oder einer Wohngemeinschaft ist, wird sie zwar die von der Gemeinschaft bereitgestellten Leistungen nutzen können, aber häufig auch bereit sein, sich selbst dafür zu engagieren, selbst wenn das mühsam ist. Da auch die vielfältigen empirischen Resultate der Experimentalökonomik die strikte Eigennutzannahme des Homo oeconomicus in Zweifel ziehen, stellt sich die Frage, warum die ökonomische Theorie an der Figur des Homo oeconomicus festhält, der sich in nahezu asozialer Weise ausschließlich auf sein eigenes Wohl konzentriert.

Die Verteidiger des Homo oeconomicus verweisen hier zunächst auf ein eher defensives, methodologisches Argument: Wenn man über den Eigennutz hinausgehende Aspekte wie Gefühle, Nächstenliebe, Rache oder Altruismus pauschal als Verhaltenshypothesen zulassen würde, würde man damit jedes beliebige Verhalten erklären können. Diese Beliebigkeit wäre *„das Ende der Ökonomie als wissenschaftliche Theorie"* (Beck 2014, S. 257).

Gleichzeitig beschäftigt sich jedoch ein ganzer Zweig der Verhaltensökonomik nur mit empirischen Abweichungen von der Eigennutzannahme. Um der eben erwähnten Gefahr der Beliebigkeit zu entgehen, gleichzeitig aber präzise Hypothesen über die Beschaffenheit der individuellen Motive in derartigen Interaktionskontexten entwickeln und testen zu können, wurden hierfür unterschiedliche, teilweise konkurrierende Modelle sozialer Präferenzen entwickelt, die über das reine Eigennutzmotiv hinausgehen bzw. dieses ergänzen (für eine Übersicht vgl. etwa Fehr und Schmidt 2006). Die vor dem Hintergrund dieser Modelle entwickelten Experimente zeigen, dass sie den Aussagegehalt der Theorie erhöhen und eine Reihe von vermeintlichen spieltheoretischen Irrationalitäten und Anomalien im individuellen Verhalten erklären können. Hierzu zählen etwa

- Verhaltensmodelle, in denen die individuelle Nutzenfunktion das Wohlergehen anderer Individuen berücksichtigt. *Altruistische Präferenzen* liegen aus ökonomischer Sicht vor, wenn Individuen aus der Nutzensteigerung anderer Personen einen eigenen Nutzenvorteil realisieren.
- Andere Modelle binden die Berücksichtigung der Nutzen anderer an zusätzliche Bedingungen. In Modellen mit *Ungleichheitsaversion* wird angenommen, dass ein Individuum einen Anstieg seiner eigenen Auszahlung dann als unangenehm (und nutzenmindernd) bewertet, wenn diese zu stark von den Auszahlungen anderer Individuen abweicht und damit bestimmte Gleichheits- oder

Gerechtigkeitsnormen verletzt werden. Konkret sind Individuen mit einer derartigen Motivlage bereit, auf eigenen Nutzen zu verzichten, wenn dadurch die
Ungleichheit in der Gruppe gemindert wird.

- Weitere Nutzenmodelle verarbeiten ein *Effizienzmotiv:* Dies bedeutet, dass Individuen zwar nicht pauschal bereit sind, auf eigene Vorteile zu verzichten,
  dies aber dann tun, wenn mit ihrem Verzicht die aggregierte Nutzen- bzw.
  Auszahlungssumme in der gesamten Gesellschaft gesteigert werden kann.
- Modelle mit *Reziprozität* zielen darauf ab, dass Individuen nur dann in Kooperation investieren, wenn sie erwarten dürfen, dass die übrigen Individuen das
  ebenfalls tun. Reziprozität setzt so etwas wie gegenseitige Erwartungsbildung
  und Lerneffekte über die Zeit voraus, da Individuen kooperatives Verhalten ihrer
  Mitspieler mit eigener Kooperation belohnen, unkooperatives Verhalten jedoch
  bestrafen.

Eine individuelle Nutzenfunktion, die das Motiv der *Ungleichheitsaversion* abbildet, kann man sich folgendermaßen vorstellen: Ein Individuum i bewertet eine
Güterallokation X, nicht nur auf Basis des Nutzens der bei ihm selbst anfallenden
Gütermenge $U_i(x_i)$, sondern berücksichtigt die für alle N Individuen ($j = 1,\ldots, N$)
anfallenden Gütermengen (Fehr und Schmidt 2006, S. 640):

$$U_i^e\left(x_1, x_2,\ldots, x_N\right) = x_i - \frac{\alpha_i}{N-1} \sum_{i \neq j} max\{x_j - x_i, 0\}$$

$$- \frac{\beta_i}{N-1} \sum_{i \neq j} max\{x_i - x_j, 0\} \qquad (2.2)$$

Der Wert, den Individuum i seiner Gütermenge x_i beimisst, hängt hier nicht nur
von seiner absoluten Größe ab, sondern auch davon, in welcher Relation diese
Menge zu den Gütermengen der übrigen Individuen j steht. Die Parameter α_i
(andere Individuen verfügen über mehr Güter) und β_i (andere Individuen verfügen
über weniger) stellen Gewichte der Ungleichheitsaversion dar, die aus Sicht des
Individuums zwischen vorteilhafter und nachteilhafter Ungleichheit unterschiedet.

Anders als bei einer *altruistischen Nutzenfunktion,* in der die Auszahlungen der
übrigen Individuen j den eigenen Nutzen von i z. B. durch die Berücksichtigung
von Gewichtungsfaktoren σ_i ($\sigma_i \geq 0$) pauschal erhöhen würden,

$$U_i^{alt}\left(x_1, x_2,\ldots, x_N\right) = x_i + \sum_{i \neq j} \sigma_i x_j \qquad (2.3)$$

vergleicht das Individuum im Falle der Ungleichheitsaversion sein Ergebnis mit
den Auszahlungen, die die übrigen Individuen realisieren. Hierbei wird angenommen, dass $0 \leq \beta_i \leq \alpha_i$ und $\beta_i \leq 1$. Dies bedeutet, dass das Individuum
i die Beobachtung, dass andere Individuen eine höhere Gütermenge erhalten
($x_j - x_i > 0$), negativ bewertet. Es bedeutet aber auch, dass die Beobachtung,
dass die eigene Menge größer ist als die von Individuum j ($x_i - x_j > 0$) zu

einer Nutzeneinbuße führt. Da $\beta_i \leq 1$ ist aber zumindest gewährleistet, dass der Gesamtnutzen von x_i nicht negativ werden kann, wenn im Vergleich zu den übrigen Individuen ein überdurchschnittliches Ergebnis realisiert wird. Auch wiegt die Scham eines überdurchschnittlichen Ergebnisses nicht mehr als die eines unterdurchschnittlichen Ergebnisses: Realisiert das Individuum i also eine im Vergleich zu den Durchschnittsauszahlungen der übrigen j Individuen deutlich niedrigere Auszahlung, ist es möglich, dass der von ihm wahrgenommene Nutzen dieser (positiven) Gütermenge x_i negativ wird. Damit wäre es erklärbar, dass Versuchspersonen in der Rolle von Spieler B im o. g. Ultimatumspiel solche Aufteilungen zurückweisen, die als unangemessen oder ungerecht empfunden werden.

Obwohl diese Nutzenfunktion nicht ausschließlich egoistische Nutzenmotive verfolgt, genügt die individuelle Präferenzordnung über unterschiedliche Güterallokationen, die auf ihrer Basis konstruiert werden kann, denselben Rationalitätsaxiomen wie sie im Abschn. 2.2.3 erläutert wurden. In den entsprechenden Experimenten (z. B. zum Ultimatumspiel oder bei der Bereitstellung öffentlicher Güter) gelang es den Autoren, die Parameter β_i und α_i so zu bestimmen, dass eine Reihe von vermeintlich irrationalen Phänomenen erklärt werden konnten.

Fehr und Schmidt (2006) verweisen darauf, dass die Berücksichtigung sozialer Präferenzen wichtig für das Verständnis des individuellen Verhaltens

- bei bilateralen Verhandlungen,
- der Entstehung von Normen
- und der Evolution von Märkten und Anreizsystemen ist.

Ein wesentlicher Befund aller in diesem Bereich veröffentlichten Experimente verweist jedoch darauf, dass es kein auf alle Individuen und alle Entscheidungskonstellationen einheitlich anwendbares Modell sozialer Präferenzen gibt, dass die Individuen hier sehr unterschiedlich sind: Während es in fast allen Experimenten eine Gruppe von Individuen gibt, die sich kooperativ verhalten und offensichtlich durch soziale Präferenzen motiviert sind, gibt es auch immer eine Gruppe von Individuen, die sich rein egoistisch oder als Trittbrettfahrer verhalten (in diesen Fällen wären $\alpha_i = \beta_i = 0$). In der sozialen Realität ist also eine entscheidende Frage, was passiert, wenn rein egoistische Individuen mit anderen Individuen interagieren, deren Verhalten von sozialen Präferenzen geprägt ist. Die Koexistenz dieser unterschiedlichen Gruppen hat eine große Bedeutung für die Gestaltung der institutionellen Details der Interaktion. Wenn beispielsweise ein rein egoistisch motiviertes Individuum und ein anderes Individuum, welches durch soziale Präferenzen geprägt ist, simultan über ihre freiwilligen Beiträge zu einem öffentlichen Gut entscheiden müssen, ist es sehr wahrscheinlich, dass sich das egoistisch motivierte Individuum als Trittbrettfahrer betätigt und keine eigenen Beiträge leistet. Wenn beiden Individuen jedoch ihre moralischen Qualitäten bekannt sind, und die Entscheidung zur Einzahlung in das öffentliche Gut sequentiell und zunächst vom egoistischen Individuum vorgenommen wird, so lässt sich zeigen, dass dem

Egoisten ein starker Anreiz zur Kooperation erwächst, wenn er sich darauf verlassen kann, dass das andere Individuum entsprechend seiner sozialen Präferenzen
handeln wird.

Allerdings muss darauf hingewiesen werden, dass die empirische Existenz
sozialer Präferenzen aus ökonomischer Sicht durchweg eher als eine Art Zwischen-
produkt für das Ziel der Maximierung der eigenen Interessen verstanden wird. So
zeigen beispielsweise Yang et al. (2007) in Experimenten zum o. g. Ultimatumspiel, dass Abweichungen vom prognostizierten individuellen Rationalverhalten
nicht durch soziale Präferenzen erklärt werden müssen. Eine Abweichung von
der Hypothese, dass der Geber (Individuum A) im Ultimatumspiel nur einen
sehr geringen Aufteilungsbetrag anbietet, den der Empfänger (Individuum B)
dann annehmen wird, kann bei wiederholten Spielen durch strikt eigennütziges
Verhalten erklärt werden: Wenn beide Spieler sich mit ihren Entscheidungen
gegenseitig bestrafen und sich über Lerneffekte gegenseitig zu einem Verhalten
erziehen, versucht jeder Spieler lediglich seine eigenen Auszahlungen zu maximieren, sodass sein Verhalten nicht als Interesse am Wohlergehen des jeweils anderen
Spielers interpretiert werden muss. Reziprozität wird damit als soziale Norm verstanden, die aber nur dann bindend ist, wenn sie als Mittel zur Maximierung
des eigenen Nutzens dient. In ähnlicher Weise argumentiert das „folk theorem",
welches besagt, dass es in derartigen Konstellationen mehrere verschiedene NASH-
Gleichgewichte geben kann, sofern die Spieler nur hinreichend geduldig und nicht
an kurzfristigen Erfolgen interessiert sind, weil die Drohung und Bestrafung von
Nicht-Kooperation die Wahrscheinlichkeit kooperativer Lösungen erhöht (Söllner
2021).

Die Relevanz sozialer Präferenzen für konkrete wirtschafts- und gesellschaftspolitische Fragen wird daher auch von Verhaltensökonomen häufig als eher gering
eingeschätzt: Auch wenn eingeräumt wird, dass in vielen Interaktionssituationen
wie etwa dem Ultimatumspiel die Individuen entgegen der Annahme der Maximierung des eigenen Vorteils und des sozialen Desinteresses, keine grob ungleichen
Aufteilungsvorschläge akzeptieren, um Fairness und Reziprozität zu gewährleisten und auch wenn eingestanden wird, dass das beobachtbare Verhalten nicht
unbedingt als das Ergebnis einer kalkulatorischen Kosten-Nutzen-Analyse betrachtet werden kann, wird gleichzeitig darauf verwiesen, dass Fairnessnormen nicht
das eigeninteressierte Verhalten ausschließen. Hinzu kommt, dass die subjektive
Einschätzung von dem, was „fair" ist, bestimmten Verzerrungen oder logischen
Fehlschlüssen unterliegt. (Döring 2015, S. 31). Die von Motiven wie Altruismus
oder Fairness geprägten Beurteilungen gesellschaftlicher Zustände orientieren sich
nach Auffassung von Enste und Hüther bei ökonomischen Laien an wenig ver-
lässlichen Daumenregeln. „*Während der Ökonom nicht nach den Motiven einer
Handlung fragt, sondern auf die Leistung offener Märkte setzt, gilt für ökonomische
Laien genau das Gegenteil*" (Enste und Hüther 2011, S. 19).

Die Frage, unter welchen Bedingungen mit dem Vorliegen sozialer Präferenzen
oder Altruismus gerechnet werden kann, ist aus Sicht der ökonomischen Theorie
jedoch nicht vorwiegend eine Frage nach der moralischen Qualität der Individuen, die mit der Nutzenfunktion abschließend beantwortet ist. Die Verteidiger des

Homo oeconomicus verweisen (wie oben erläutert) darauf, dass individuelle Handlungen nicht exklusiv aus Motiven erklärt werden, sondern immer nur aus dem Zusammenhang von Präferenzen und Restriktionen. Manche Autoren vermuten, dass mit nicht-eigeninteressiertem Verhalten eigentlich nur in Kleinkostensituationen zu rechnen sei. Kleinkostensituationen stellen ein sozialpsychologisches Konstrukt dar. Sie sind dadurch gekennzeichnet, dass die Äußerung sozialer oder moralischer Motive für das Individuum nur geringe Kosten nach sich ziehen, dass also im Sinne der ökonomischen Theorie die Restriktionen des Verhaltens nur eine untergeordnete Rolle spielen. Kirchgässner (2013) zählt hierzu zwei unterschiedliche Typen von Situationen:

- Typ I: Die individuellen Kosten moralischen Verhaltens sind ebenso gering wie der Einfluss der individuellen Entscheidung auf das kollektive Ergebnis. Ein Beispiel dafür ist die Entscheidung eines Wählers, sein Stimmrecht bei der Wahl zum Parlament auszuüben. Die Kosten der Teilnahme an der Wahl sind gering, der Einfluss auf das Wahlergebnis ist ebenfalls nur marginal, allerdings ist die mit dem Wahlergebnis verbundene gesellschaftliche Entscheidung für jedes Individuum relevant.
- Typ II: Die Kosten moralischer Entscheidungen sind ebenfalls gering. In diesem Fall ist das Individuum selbst jedoch gar nicht direkt von den Konsequenzen seiner Entscheidung betroffen. Ein Beispiel hierfür ist die Entscheidung einer Richterin in einem Streitfall vor Gericht. Aus ihrer Entscheidung resultiere für sie selbst keine direkten Konsequenzen, allerdings sind andere Individuen von ihrer Entscheidung betroffen.

Die Vertreter des Homo oeconomicus betonen, dass in derartigen Kleinkostensituationen zwar die Präferenzen der Menschen an Bedeutung gewinnen. Diese können aber im ökonomischen Verhaltensmodell beliebig konstruiert sein – so lange das daraus resultierende Verhalten konsistent im Sinne der o. g. Rationalitätsaxiome ist. In Kleinkosten-Situationen wie etwa beim Konsumenten-boykott umweltschädigender Anbieter und der Verfügbarkeit ausreichender Alternativen oder bei unverbindlichen Meinungsumfragen zur Zukunft der Landwirtschaft und dem Tierwohl verhalten sich die Individuen „moralischer" und weniger egoistisch, als sie es normalerweise in ihrem Alltagsleben und in ihrer Rolle als Konsumenten an der Supermarkttheke tun. Bei Abwesenheit bindender Restriktionen, seien Theorien sozialer Präferenzen nichts anderes als plausible Ex-Post-Beschreibungen des beobachteten Verhaltens.

Für Fälle, in denen die Äußerung moralischer oder sozialer Präferenzen für das Individuum nicht vernachlässigbare Kosten erzeugt, unterscheidet KIRCHGÄSSNER vier Idealtypen des moralischen Verhaltens. Angesichts des o. g. Problems der freiwilligen Bereitstellung eines öffentlichen Gutes lässt sich das Kosten/Nutzen-Kalkül dieser Typen wie folgt zusammenfassen:

- Ein *moralischer Durchschnittsmensch* leistet freiwillige Beiträge allenfalls aufgrund von Reziprozitätsüberlegungen und in der Erwartung, dass seine Kosten

durch die moralische Befriedigung kompensiert werden, im Erfolgsfall an der
Bereitstellung des Gutes mitgewirkt zu haben.

- Ein *Held* wird seine Beiträge auch dann leisten, wenn sein Verhalten nur von
  wenigen Individuen geteilt wird. Sein persönlicher Nutzen wird angesichts der
  hohen Kosten eher gering sein.
- Ein *Idealist* ist sich bewusst, dass ihm vermutlich nicht viele andere Individuen
  folgen werden. Als Idealist zieht er jedoch einen Nutzen daraus, das Richtige
  zu tun, sodass sein Nutzen hoch und seine Kosten gering sind.
- Ein *Fanatiker* weiß um die Vergeblichkeit seiner Bemühungen, nimmt jedoch
  trotzdem die Kosten dafür in Kauf. Für Außenstehende ist sein Verhalten
  sinnlos.

Fanatiker, Helden und Idealisten unterscheiden sich hiernach vom moralischen
Durchschnittsmenschen dadurch, dass sie ihre sozialen Präferenzen auch dann
äußern, wenn keine Niedrigkostensituation vorliegt. Demgegenüber sei die Bereitschaft, zu Gunsten anderer auf eigene Vorteile zu verzichten, bei moralischen
Durchschnittsmenschen eher gering. Da für die Funktionsfähigkeit einer Gesellschaft, die Existenz von Helden, Idealisten und Fanatiker keine große Bedeutung
habe, dürfen die Anforderungen an die individuelle Moral nicht allzu hoch sein.
Eigentlich könne daher nur eine Art „Minimalmoral" (Kirchgässner 2013, S. 179)
gefordert und erwartet werden.

Zusammenfassend kann damit festgehalten werden, dass soziale Präferenzen
und moralisches Verhalten Motive des Egoismus ergänzen können, grundsätzlich
aber nicht im Widerspruch zur angenommenen Rationalität des ökonomischen
Modells stehen. Vor allem können sie nicht als Durchbrechung der individuellen
Vor- und Nachteilskalkulation betrachtet werden (Homann 1997). Das Ausmaß der
geäußerten Moral wird auf Basis einer individuellen Nutzen-Kostenabschätzung
im Kontext der Restriktionen modelliert. Wenn sich die Verhaltensökonomik mit
altruistischen oder moralischen Präferenzen der Individuen beschäftigt, setzt sie
sich also *nicht* von der Position ab, dass Menschen nur die Dinge tun, von denen
sie glauben, dass der Nutzen größer sei als die Kosten. Auch in der Verhaltensökonomik wird an der Verwendung des konsequentialistischen Nutzenbegriffs
festgehalten, nach dem lediglich die Folgen einer Handlung für ihre Beurteilung
relevant sind, und nicht gesinnungsethische oder deontologische Maximen.

2.6   Zwischenfazit zur Rationalität des Homo oeconomicus

2.6.1   Lässt sich der Homo oeconomicus falsifizieren?

Die Annahmen zum Rationalverhalten betreffen nicht nur einen Teilbereich der
Mikroökonomik, sondern kennzeichnen den Kern der ökonomischen Methodik:
„Ökonomik ist der Versuch, menschliches Verhalten dadurch zu erklären, dass man

unterstellt, dass sich die einzelnen Individuen rational verhalten. Individuen handeln dadurch, dass sie aus den zur Verfügung stehenden Möglichkeiten eine rationale Auswahl treffen, wobei sie sich in ihrer Entscheidung an den (erwarteten) Konsequenzen ihres Handelns orientieren" (Kirchgässner 2013, S. 2). Die Fragen, ob und in welchem Ausmaß die in der deskriptiven Entscheidungstheorie und der Verhaltensökonomik untersuchten empirischen Abweichungen vom Rational Choice Ansatz die ökonomische Modellbildung infrage stellen und inwiefern diese Abweichungen bei der ökonomischen Modellbildung berücksichtigt werden sollten, sind nach wie vor sehr umstritten.

Will man der Frage nachgehen, ob bzw. wie sich der Homo oeconomicus falsifizieren lässt, muss zunächst geklärt werden, ob er als normatives oder als lediglich beschreibendes Konzept konstruiert ist.

- Versteht man bereits das individuelle Rationalitätsmodell normativ, ist die Frage empirischer Abweichungen auf den ersten Blick eigentlich nicht sonderlich relevant, denn man würde hier mit empirischen Argumenten gegen eine normative Theorie argumentieren. Die Vorstellung, dass man allein aus Aussagen über das, was ist, nicht logisch ableiten kann, was sein soll, ein logischer Fehlschluss ist (sog. Sein-Sollen-Fehlschluss), geht auf den Philosophen und Ökonomen David Hume (1711–1776) zurück. Dies bedeutet für eine sich als empirische Wissenschaft verstehende Ökonomik nicht, dass normative Theorien beliebig werden , im luftleeren Raum stehen und keinen intersubjektiven Wahrheitsgehalt für sich beanspruchen dürfen. Der Satz „Die Menschenwürde ist unantastbar" ist zwar nicht durch direkte empirische Beobachtungen zu verifizieren oder durch Mehrheitsentscheidungen zu überprüfen. Gleichwohl stellt er kein subjektives Werturteil, sondern eine normative Erkenntnis dar[3]. Wohlgemerkt: Es geht hierbei nicht um die Frage, ob das Modell des rationalen Verhaltens und die reale ökonomische Welt einander entsprechen, sondern „ob solche Antworten auf wohldefinierte Fragen mit vorausgewählten Annahmen, die das Wesen der zur Analyse zugelassenen Modelle gravierend einschränken, richtig sind" (Sen 2020b, S. 14).
- Folgt man hingegen der Standardposition der Mikroökonomik und versteht das Modell des rationalen Verhaltens als rein beschreibende *Heuristik,* so setzt dieses voraus, dass das Modell in empirisch überprüfbare Hypothesen übersetzt werden kann. Falsifizierbarkeit bedeutet nach KARL POPPER, dass die

---

[3] Die in Kap. 3 vorgestellten wohlfahrtsökonomischen Theorien des Utilitarismus, des Gesellschaftsvertrages oder der Gerechtigkeitstheorie von JOHN RAWLS sind nach Ansicht von NIDA-RÜMELIN (Nida-Rümelin 2020b) normative Theorien, die nach einem bestimmten Muster bzw. in einem bestimmten Prozess überprüft werden. Im Ausgangspunkt stehen jeweils „Daten" als „well considered judgments", diese werden im Prozess systematisiert und modifiziert. (Bei RAWLS wäre dies beispielsweise die vertragstheoretische Rekonstruktion der Prinzipien einer gerechten Gesellschaft). Normative Theorien und Werturteile sind damit nicht als wissenschaftlich unzugänglich zu betrachten. Im Lichte einer systematisierenden normativen Theorie sind Menschen dann ggf. auch bereit, Moralurteile und normative Theorien zu revidieren.

Wahrheit von Theorien widerlegt werden kann. Allerdings stellt die Falsifizierbarkeit einer Hypothese eine rein logische Struktur dar und produziert immer nur vorläufiges Wissen. Aus der logischen, z. B. durch statistische Überprüfung gedeckten Aussage, dass eine Hypothese im empirischen Kontext eines konkreten Untersuchungsdesigns verworfen werden muss, lässt sich kein endgültiger experimenteller Nachweis der Falschheit der Theorie ableiten. Auch besteht die Möglichkeit, dass die Theorie z. B. durch ad-hoc-Hilfshypothesen vor einer Falsifikation bewahrt werden kann. Wenn sich bei Experimenten zum Ultimatumspiel beispielsweise zeigt, dass das beobachtete Verhalten der Individuen nicht allein mit der Annahme des reinen Eigennutzes, sondern erst durch die Hinzufügung von sozialen Präferenzen erklärt werden kann, impliziert dies keine pauschale Falsifikation der Eigennutzannahme.

Mit der Verwendung des Homo oeconomicus als rein heuristisches Analyseinstrument ist jedoch ein weiteres Problem verbunden, das AMARTYA SEN so formuliert hat: Er verweist darauf, *„dass der Ansatz des ‚rationalen Verhaltens' wie er gängig interpretiert wird, zu einer bemerkenswert nichtssagenden Theorie führt"* (Sen 2020b, S. 18), die vom Problem des Zirkelschlusses betroffen sei. Hier öffnet sich eine bisher nicht betrachtete Flanke des ökonomischen Rationalitätskonzeptes, die zwar weniger in der Ökonomik, stärker jedoch in den angrenzenden Sozialwissenschaften und der Philosophie diskutiert wird: Im Rationalitätsmodell werde das Verhalten der Individuen zwar berechenbar gemacht, gleichzeitig führe dies methodologisch aber zu einem paradoxen rationalen Determinismus (Ulrich 2016). Dieses Problem liegt daran, dass das, was im Zentrum des Interesses der gesamten wissenschaftlichen Disziplin der Wirtschaftswissenschaften steht, empirisch nicht beobachtbar ist: Der individuelle Nutzen (aber auch die gesellschaftliche Wohlfahrt oder das Gemeinwohl, sofern diese auf dem individuellen Nutzen aufbauen), sind letztlich theoretische Konstrukte und begründungsbedürftig. Diese Begründungen gehen in zwei gegensätzliche Richtungen:

- *Von der Annahme des Nutzens zur nutzenmaximierenden Wahl:* Das mikroökonomische Konzept rationalen Verhaltens geht von der Existenz einer individuellen Nutzenfunktion und der Annahme aus, dass die Individuen die vorhandenen Alternativen anhand dieser Nutzenfunktion einer Bewertung unterziehen. Im Kontext gegebene Restriktionen kommt man zu empirisch beobachtbaren Entscheidungen, die z. B. in Form von (inversen) Nachfragefunktionen zusammengefasst werden können. Dieser Ansatz wird beispielsweise auch in der Experimentalökonomik und der Verhaltensökonomik angewendet, wenn mit der Vorgabe von Nutzen- bzw. Auszahlungsfunktionen eine Präferenzinduktion betrieben wird, um anschließend auf Basis empirischer Beobachtungen unter kontrollierten Bedingungen Hypothesen über das individuelle Verhalten überprüfen zu können. Man leitet also aus dem Nutzen bei gegebenen Restriktionen die nutzenmaximierenden Entscheidungen ab.
- *Von der Annahme der nutzenmaximierenden Wahl zum Nutzen:* Die Theorie der bekundeten, bzw. offenbarten Präferenzen (vgl. Box 2.1) geht den umgekehrten

Weg und postuliert, dass die beobachtbare Entscheidung eines Individuums ein Indikator für seine nutzenmaximierende Wahl sei. Obwohl die Präferenzordnungen und Nutzenfunktionen nicht direkt beobachtbar sind, können sie demnach aus dem beobachtbaren Verhalten rekonstruiert werden (Varian 2016).

Man könnte es auch so formulieren: Im ökonomischen Ansatz werden die individuellen Präferenzen für ebenso unantastbar erklärt wie das Rationalverhalten der Individuen. Irrationales Verhalten ist damit eigentlich ausgeschlossen. Dieser Ansatz konzentriert sich auf die optimale Wahl von Mitteln zur Erreichung bestimmter Ziele. Eine irgendwie geartete Kritik der Ziele oder moralische Korrektur der Präferenzen wird in den Bereich des Nicht-Wirtschaftlichen, möglicherweise sogar des Nicht-Wissenschaftlichen verlegt. Die Begriffe Präferenzen, Nutzen und nutzenmaximierende Wahl sind offensichtlich in einem nicht leicht aufzulösenden Zirkelschluss verknüpft – der Homo oeconomicus wird mit dem wechselnden Begründungszusammenhang einigermaßen resistent gegen Kritik. Auch wenn berücksichtigt werden muss, dass die Ökonomik keine monolithische Wissenschaft mit einem dogmatischen Einheitsanspruch ist, so bleibt doch mit SEN (1977b) festzustellen, dass es Auffassungen zur empirischen Überprüfbarkeit der Theorie des rationalen Verhaltens gibt, die sich gegenseitig ausschließen. Es liegt ein *„Nebeneinander der Überzeugungen vor, (i) dass rationales Verhalten nicht falsifizierbar ist, (ii), dass es falsifizierbar ist, doch bislang nicht falsifiziert wurde, und (iii) dass es falsifizierbar ist und tatsächlich offenkundig falsch ist"* (Sen 2020b, S. 19).

Die Konfliktlinien dieser Diskussion der empirischen Qualität des Homo oeconomicus sind sehr heterogen und nicht überschneidungsfrei, lassen sich jedoch grob zu den folgenden vier Positionen zusammenfassen, die im Folgenden vorgestellt werden:

- Position I: Der Homo oeconomicus wird aus normativen und empirischen Gründen abgelehnt.
- Position II: Abweichungen von der Rationalität sind Sonderfälle
- Position III: Rationales Verhalten lässt sich nicht sinnvoll falsifizieren
- Position IV: Ökologische anstatt individueller Rationalität

2.6.2 Position I: Ablehnung des Homo oeconomicus

Außerhalb der Wirtschaftswissenschaft gilt der Homo oeconomicus in seiner Ausprägung als Analyseinstrument und als Grundlage normativer Theorie häufig als nicht mehr salonfähig. Das ökonomische Rationalitätskonzept wird oftmals schlicht als falsch betrachtet. Aufgrund seines Egoismus wird die Rationalität des Homo oeconomicus mitunter auf die Lebenswirklichkeit von alten, weißen Männern reduziert (Habermann 2008). Auch im Bereich der ökologischen Ökonomik wird der Homo oeconomicus recht drastisch kritisiert und abgelehnt (Bartelmus

2014). Viele Autoren stoßen sich insbesondere an der Anwendung des Homo oeconomicus auf nicht-marktliche Bereiche und betonen, dass sich das Verhalten von Menschen in der Politik oder der Gesellschaft nicht mit den strikten Rationalitätsannahmen der ökonomischen Theorie erklären lasse, und stattdessen andere Präferenzen anzunehmen seien, die eher mit dem Modell eines Homo politicus oder anderen Modellen zu erklären seien.

Aber auch aus normativer Sicht sei der Homo oeconomicus eher eine lächerliche Figur, da in seinem radikalen Eigennutzstreben für Motive wie Verantwortung und Pflicht kein Raum sei (Faber et al. 2002). Auch für den Bereich des Marktverhaltens lehnen die Autoren der ökologischen Ökonomik den Homo oeconomicus ab, da sie die individuelle Autonomie als Grundlage des Rationalitätskonzeptes infrage stellen. Aufgrund des faktischen Einflusses von Werbung, Bildung und anderen kulturellen Faktoren auf die kurzfristigen Präferenzen der Individuen sei weder der Homo oeconomicus, noch das darauf aufbauende Konzept der Konsumentensouveränität haltbar. Um beispielsweise „nachhaltige" Präferenzen in den politischen und wirtschaftlichen Prozess einzubringen sei es notwendig, die rein lokalen und kurzfristigen Präferenzen der Individuen gesellschaftlich zu kritisieren und zu korrigieren (Costanza 2015).

Auch wenn diese Konzeption aus ökonomischer Sicht etwas befremdlich anmutet, sollte nicht verschwiegen werden, dass auch in der Volkswirtschaftslehre Ansätze einer Kritik der Rationalität des Homo oeconomicus und seiner Konsumentensouveränität nicht ganz unüblich sind. Ein Beispiel hierfür ist das von RICHARD MUSGRAVE (1910–2007) eingeführte Konzept der meritorischen Güter (Menges 2019). Grundsätzlich besagt dieses Konzept, dass der Staat die am Markt erzielten Ergebnisse als „unerwünscht" betrachtet und korrigiert, wenn die Bürger entweder die Nützlichkeit eines (meritorischen) Gutes oder die Nachteile eines (de-meritorischen) Gutes unterschätzen. Beispiele hierfür sind etwa bestimmte Sozialversicherungspflichten, die Privilegierung des öffentlichen Rundfunks oder Regeln des Gesundheitsschutzes. Hierbei wird angenommen, dass Interessen und Bedürfnisse der Gesellschaft als solche existieren, und dass die Gesellschaft bei der Bereitstellung meritorischer Güter Korrekturen vornimmt, die aus Fehlern individueller Entscheidungsprozesse resultieren. In dieser Vorstellung spiegeln sich Reste einer organischen Staatsauffassung, die davon ausgeht, dass es eine überindividuelle Instanz gibt, die besser als die Individuen beurteilen kann, ob ein Zustand A oder ein alternativer Zustand B für die Gesellschaft vorteilhaft ist, und insofern in die Konsumentensouveränität eingreifen darf. Brümmerhoff (2018) weist darauf hin, dass sich wesentliche Teile der finanzwirtschaftlichen Aktivitäten moderner Staaten normativ nicht begründen ließen, wenn man meritorische Güter außer Betracht ließe.

2.6.3 Position II: Abweichungen vom Rationalverhalten sind Sonderfälle

Dass das Rationalverhalten grundsätzlich falsifizierbar ist, kann als Arbeitshypothese der Verhaltensökonomik betrachtet werden. Deren Erkenntnisziel liegt gerade in den Bereichen menschlichen Verhaltens, die prima facie nicht in Übereinstimmung mit dem Modell des rationalen Entscheidens sind. Ganz überwiegend betrachten Vertreter der Verhaltensökonomik ihre experimentellen Befunde aber nicht als Widerspruch zu den Aussagen der ökonomischen Standardmodelle, sondern als Ergänzung und betonen sogar eine *Rennaissance der Rationalität* (Beck 2014). Die Verwendung von Heuristiken, die Aufgabe von Maximierungsansprüchen (etwa beim Satisfizierungsverhalten) oder das Konzept der begrenzten Rationalität werden zwar als Sonderfälle verstanden – grundsätzlich gilt die Anwendung derartiger Heuristiken jedoch selbst als Ausdruck rationalen Verhaltens angesichts begrenzter kognitiver Fähigkeiten in konkreten Entscheidungssituationen.

Verhaltensökonomische Erkenntnisse – etwa in Bezug auf die Psychologie der Besteuerung oder die Wahrnehmung öffentlicher Ausgabentätigkeit durch die Individuen – werden teilweise genutzt, um Vorschläge für die Wirtschaftspolitik zu entwickeln, mit denen sie ihr Vorgehen (beispielsweise mit dem Instrumentarium des Nudging) besser gestalten und kommunizieren kann (Döring 2015). So gibt es Vorschläge, wie verhaltensökonomische Erkenntnisse zur Verbesserung der Marktregulierung, zur Stärkung des Verbraucherschutzes, zur Förderung der privaten Altersvorsorge oder auch zur Erhöhung der Steuerehrlichkeit genutzt werden können. Gleichzeitig wird die Relevanz irrationalen Verhaltens aber nicht nur für die Ebene des individuellen Verhaltens betont, sondern auch für das Verhalten von Politikern. Von der verhaltensökonomisch erklärbaren Existenz irrationaler und verzerrter Einschätzungen der Politik seitens der Bürger gehe wiederum ein Anreiz für die Politiker aus, diese verzerrten Präferenzen zu bedienen. Einem derartigen Political Business Cycle könne sich die Politik beispielsweise durch Selbstbindung entziehen (Enste und Hüther 2011).

2.6.4 Position III: Rationales Verhalten ist nicht sinnvoll falsifizierbar

Die Standardposition der Mikroökonomik betont hingegen, dass empirische Abweichungen von den Rationalitätspostulaten kein relevantes Problem darstellen. Die Nutzenfunktion sei inhaltlich unbestimmt und die ökonomische Analyse interessiere sich gar nicht für das Verhalten, die Motivation oder die Ziele im individuellen Einzelfall, sondern lediglich für die Konsequenzen der Entscheidungen in größeren Aggregaten. Kleinewefers (2008) zieht daraus den Schluss, dass die individuelle Nutzenfunktion *als genügend weites begriffliches Konzept erscheine, um alle aus Sicht der Ökonomik relevanten Probleme individueller Rationalität zu diskutieren.* Auf den Punkt gebracht: Rationalität wird im ökonomischen Ansatz als Maximierung unter Nebenbedingungen operationalisiert. Sie äußert sich dann als formale Effizienz, d. h. als Bewertungskriterium, mit dem untersucht wird, wie gut die eingesetzten Mittel das angestrebte Ziel erreichen, bzw. welche Verluste durch nicht-realisierte Optionen entstehen. Jede Abweichung vom Prinzip der Nutzenmaximierung wird als irrational betrachtet, weil damit ein unnötiger Effizienzverlust verbunden ist – präzisere oder abgeklärtere Definitionen von Irrationalität werden nach Ansicht von GARY BECKER für die Erklärung des menschlichen Verhaltens nicht benötigt und auch nicht angestrebt (Becker 1993).

Allerdings ist es aus Sicht der Verteidiger des ökonomischen Rationalitätskonzeptes wichtig, zwischen den Analyseebenen des Individuums und des Marktes zu unterscheiden. Hier ist es bei der Anwendung des ökonomischen Verhaltensmodells gar nicht entscheidend, dass Individuen sich in Einzelfällen irrational verhalten bzw. in irrationaler Weise auf exogene Veränderungen reagieren können. Viel entscheidender ist seiner Ansicht nach der Befund, dass Märkte rational auf Veränderungen reagieren, auch wenn sich einige Individuen irrational verhalten.

Allgemeiner kann man es so formulieren (Braun 2021): Den meisten Ökonomen ist zwar bewusst, dass der Homo oeconomicus keine realistische Beschreibung menschlichen Verhaltens darstellt, sondern nur eine nützliche Annahme. Trotzdem ist der Homo oeconomicus üblicherweise als Annahme des individuellen Verhaltens konzipiert. Es sind immer Individuen, von denen angenommen wird, dass sie perfekt mit den vorhandenen Informationen umgehen und sich rational verhalten. Da Individuen aber nicht im luftleeren Raum, sondern in einem konkreten institutionellen Rahmen ihre Entscheidungen treffen, ist diese Annahme eigentlich nur unter bestimmten institutionellen Voraussetzungen des Marktes anwendbar. Diese Voraussetzungen stellen keine Naturkonstanten dar und je nach ihrer Gestaltung können sie unterschiedliche Auswirkungen nicht nur auf die individuelle Rationalität, sondern auch auf den Marktprozess und seine Ergebnisse haben. Rationalität ist also nicht die individuelle Leistung eines einzelnen Akteurs. Rationalität wird vielmehr dem System zugesprochen: In einem marktwirtschaftlichen System werden durch arbeitsteilige Interaktionen der Individuen beispielsweise Risiken gestreut und neue Handlungsmöglichkeiten entdeckt. Das individuelle Handeln kann also nicht losgelöst vom sozialen System betrachtet werden, welches über die Restriktionen und Anreize das Handeln der Individuen beeinflusst (Homann 1992).

2.6.5 Position IV: Ökologische anstatt individueller Rationalität

Einen Schritt weiter geht VERNON SMITH. Für ihn ist die Frage, ob die Rationalitätsannahme auf der Ebene des individuellen Verhaltens falsifizierbar ist, keine sinnvolle Frage mehr. Aus seiner Sicht muss die Rationalitätsnorm allgemeiner betrachtet werden. Die empirischen Einzelbefunde der Verhaltensökonomik zur Rationalitätsannahme lenken nach seiner Meinung die Aufmerksamkeit in eine falsche Richtung. Vielmehr seien es die Märkte, die die Entscheider im Zuge eines auf Versuch und Irrtum basierenden evolutorischen Prozesses zu rationalem Verhalten erziehen würden (Smith 2009). Vermeintlich irrationale Heuristiken und Verzerrungen des Individuums, die einen Teil der verfügbaren Informationen ausblenden, sind nicht einfach als Fehler zu betrachten, sondern können möglicherweise zu besseren Entscheidungen führen als komplexere kognitive Strategien.

Anstatt auf die individuelle Rationalität konzentriert er sich auf die ökologische Rationalität als äußere, aber nicht individuell planbare Leistung des Systems. Während das ökonomische Rationalitätsmodell des Homo oeconomicus fordert, dieser müsse unabhängig vom Kontext seine Entscheidungen nach bestimmten Regeln im Sinne einer internen logischen Konsistenz treffen, geht das Konzept der kologischen Rationalität nicht nur davon aus, dass die Rationalität einer individuellen Entscheidung vom Kontext und damit von kognitiven Faktoren abhängt, in dem das Individuum seine eigenen Ziele verfolgt. Ökologische Rationalität stellt nach der Vorstellung von Smith vielmehr auf das Konzept einer „rationalen Ordnung" ab, mit der ein anfänglich ungestaltetes Ökosystem im Zuge von kulturellen und biologischen evolutionären Prozessen verändert werde. Nach Ansicht von SMITH sind über die Zeit gewachsene Handlungsprinzipien, Normen, Traditionen und auch Moral als Ergebnis der ökologischen Rationalität anzusehen. Die Entwicklung derartiger Normen und Verhaltensweisen sei hingegen nicht individuell oder konstruktivistisch planbar. Sie seien durch menschliche Interaktion und durch Lernprozesse geschaffen, nicht aber durch ein bewusstes, individuell rationales Design. Menschen befolgen Regeln, ohne diese artikulieren zu können.

VERNON SMITH (2009) bezieht sich mit seiner beinahe metaphysischen Idee einer rationalen Ordnung nach eigenem Bekunden auf das Rationalitätskonzept von DAVID HUME, den er als einen Vorläufer von HERBERT SIMON bezeichnet und für den Rationalität ein Phänomen war, das die Vernunft entdeckt, aber nicht aus logischen Schlussfolgerungen ableitet. Ebenfalls bezieht er sich auf ADAM SMITH, der ein Gegner der Überzeugung war, dass ein funktionierender sozialer Mechanismus das Ergebnis einer rational auf einen bestimmten Zweck hin geschaffenen Institution sei.

2.7 Die Grenzen des ökonomischen Modells rationalen Verhaltens

2.7.1 Das Kooperationsproblem

Ist im ökonomischen Nutzenbegriff und dem damit verbundenen Rationalitätskonzept tatsächlich *alles* enthalten, was aus ökonomischer Sicht für die Analyse gesellschaftlicher Interaktionsprozesse notwendig ist? Die bisherige Analyse hat zumindest gezeigt, dass der Homo oeconomicus zum Gemeinwohl mehr zu sagen hat, als lediglich: „Wenn jeder an sich selbst denkt, ist an jeden gedacht". So ist es nicht ausgeschlossen, dass ein rationales Individuum, den Nutzen berücksichtigt, der anderen Individuen bei seiner Entscheidung entsteht. Dieses Motiv kann beispielsweise genutzt werden, um kooperatives Verhalten zu erklären, mit dem das Gefangenendilemma aufgelöst werden kann. Das oben (im Abschn. 2.5.4) erläuterte Gefangenendilemma stellt eine Situation dar, in der der Homo oeconomicus seine Ziele offensichtlich nicht erreicht, obwohl dies möglich wäre. Die von der ökonomischen Rationalität empfohlene bestmögliche Verfolgung der individuellen Interessen führt die beteiligten Individuen in einen Zustand, der alle Individuen schlechter stellt gegenüber einer solchen Lösung, in der die Individuen zugunsten einer kooperativen Lösung auf die Durchsetzung des eigenen Vorteils verzichten würden. Rationales Verhalten ist hier geprägt durch die Motivation des Trittbrettfahrens, Kooperation wäre irrational und nicht vereinbar mit dem Nutzenmaximierungsverhalten des Homo oeconomicus.

2.7.2 Das Gefangenendilemma

Konkret kann dies an der Situation von zwei einer Straftat bezichtigten Gefangenen erläutert werden, die nicht miteinander kommunizieren dürfen und unabhängig voneinander verhört werden. Die Perspektive dieser Geschichte richtet sich auf das „Wohlergehen" der beiden Gefangenen, deren Handeln natürlich davon geprägt ist, eine lange Gefängnisstrafe zu vermeiden. Ihnen stellen sich die folgenden Optionen (Tab. 2.1):

- *Nicht-Gestehen:* Sie wissen, dass sie beide für den Fall, dass beide schweigen bzw. nicht gestehen lediglich aufgrund von Indizienbeweisen zu einer Haftstrafe von einem Jahr verurteilt werden können.
- *Gestehen:* Der Staatsanwalt bietet nun jedem der beiden Gefangenen die Kronzeugenregelung an: Falls der Gefangene gesteht, kann der Mitgefangene überführt werden und kommt dann für elf Jahre ins Gefängnis. Der Geständige macht hingegen Gebrauch von der Kronzeugenregelung und erhält gar keine Gefängnisstrafe. Sollten hingegen beide Gefangenen gestehen, werden beide Gefangenen zu zehn Jahren Haft verurteilt.

Das Entscheidungsdilemma entsteht nun dadurch, dass beiden Gefangenen ein Geständnis vorteilhaft erscheint. Spieltheoretisch ist „Gestehen" die dominante Strategie. Zwar weiß zum Zeitpunkt der Entscheidung faktisch kein Gefangener, was der jeweils andere tun wird, aber egal wie der jeweils andere sich verhält: Die Haftstrafe ist immer geringer im Fall des Geständnisses. Beide werden gestehen, obwohl sich beide besser durch „Nicht-Gestehen" besserstellen könnten. Anders formuliert: *Kooperation ist aus ökonomischer Sicht irrational.* Wenn einer der

Tab. 2.1
Gefangenendilemma 1

		Gefangener 2	
		Nicht-Gestehen	Gestehen
Gefangener 1	Nicht-Gestehen	(1, 1)	(11, 0)
	Gestehen	(0, 11)	(10, 10)

beiden Gefangenen kooperieren und damit bei seinem Leugnen bleiben würde, würde er den anderen faktisch einladen, zu *defektieren*, d. h., von der für beide Seiten vorteilhaften Lösung abzuweichen und die Kronzeugenregelung wahrzunehmen, sodass ihm die gesamte Schuld und eine Gefängnisstrafe von elf Jahren zugeschoben wird.

Diese Situation lässt sich in der folgenden Auszahlungsmatrix zusammenfassen. In den Zellen der Matrix stellt jeweils der erste (zweite) der eingeklammerten Werte das Ergebnis, d. h. die Anzahl der Gefängnisjahre des ersten (zweiten) Gefangenen, dar:

Nimmt man eine über-individuelle, soziale Perspektive ein, die sich an der Gesamtzahl der für beide Gefangenen anfallenden Gefängnisjahre orientiert, so zeigt sich, dass von allen vier denkbaren Konsequenzen bei Annahme von Rationalverhalten gerade diejenige realisiert wird, die mit insgesamt 20 Gefängnisjahren das aus sozialer Sicht schlechteste aller Ergebnisse darstellt. Unter der Annahme, dass die Präferenzen der beiden Gefangenen rein egoistisch sind und dass ihr Nutzen *u* mit jedem Jahr eigener Gefängnisstrafe abnimmt, lässt sich die individuelle Bewertung der vier denkbaren Ergebnisse ihres Verhaltens wie folgt im Nutzenraum darstellen (Abb. 2.1).

Die horizontal gestrichelten Linien stellen die Präferenzen des ersten Gefangenen dar: Alle Punkte auf einer derartigen Linie sind für diesen Gefangenen von gleichem Nutzen (Indifferenzkurve). Tatsächlich ist diese Indifferenzkurve eine Gerade: Da sich seine Bewertung lediglich auf seine eigenen Gefängnisjahre bezieht, ist es ihm egal wie viele Jahre der andere Gefangene ins Gefängnis muss.

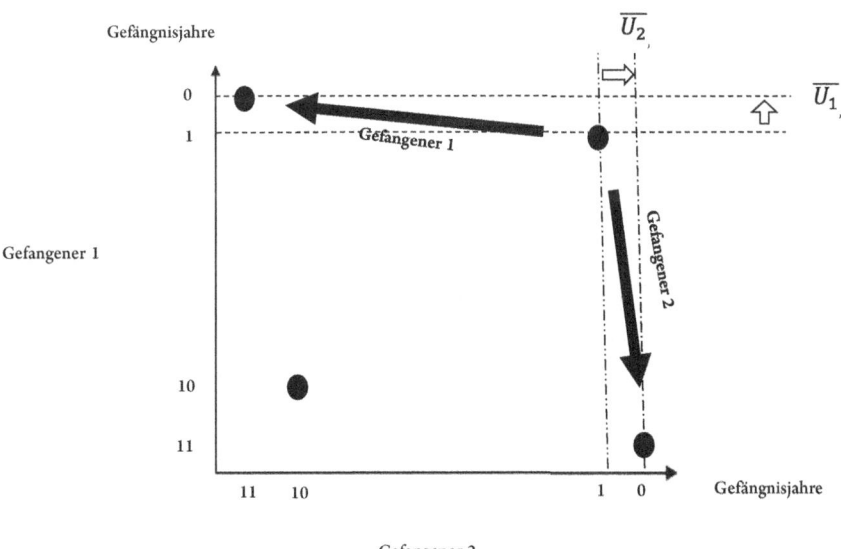

Abb. 2.1 Gefangenendilemma 1 im Nutzenraum

Je weiter nördlich diese Gerade liegt, desto höher ist sein Nutzen. Ähnliches gilt für die vertikale Gerade als Ausdruck der Bewertung des zweiten Gefangenen, die eine Verschiebung nach rechts als Nutzensteigerung kennzeichnet. Da beide Gefangenen lediglich an der Minimierung ihrer eigenen Gefängnisjahre interessiert sind, wird deutlich, dass das Ergebnis (1, 1) bei beiderseitigem Leugnen kein Gleichgewicht sein kann, da beide Gefangenen die Möglichkeit sehen, durch das Geständnis ein besseres Ergebnis zu erzielen. Im Ergebnis landen die Gefangenen dann jedoch in der für beide suboptimalen Konstellation (10, 10), die auch aus sozialer Sicht das schlechteste aller denkbaren Ergebnisse darstellt. Das Ergebnis (1, 1) wäre als kooperative Lösung zwar denkbar, es würde jedoch so etwas wie eine bindende Vereinbarung voraussetzen. Da beide Gefangenen einen Anreiz haben, von einer derartigen Kooperation abzuweichen, spricht die Spieltheorie hier vom Anreiz zu defektieren, der einer kooperativen Lösung systematisch im Wege steht. Eine Lösung dieses Problems wäre offenbar nur durch eine drastische exogene Änderung der Anreizstrukturen möglich. So könnte man sich beispielsweise vorstellen, dass Gefangenen, die der Versuchung unterliegen, durch ein Geständnis die eigene Gefängnisstrafe zu reduzieren, mit dem Tod bedroht werden (sog. Mafia-Lösung). In diesem Fall würde man sie dazu zwingen, die Option „Nicht-Gestehen" zu wählen.

Aus gesellschaftlicher Sicht lassen sich derartige Dilemmasituationen danach unterscheiden, ob Kooperation zu wünschenswerten Ergebnissen führt, oder nicht (Endres und Martiensen 2007). Vor einem Gefangenendilemma stehen beispielsweise Anbieter mit Marktmacht, die mit wenigen anderen Anbietern einen Markt beherrschen. Für alle Anbieter gemeinsam wäre die Ausbeutung dieser Marktmacht durch die Nutzung einer Hochpreisstrategie wünschenswert. Auch hier ist die kooperative Strategie einer Preisabsprache zwischen den Anbietern instabil, da einzelne Anbieter dann einen Anreiz haben, diese Preisabsprachen zu unterlaufen. Da eine derartige Kooperation aus gesellschaftlicher Sicht zu Lasten der Konsumenten geht und nicht wünschenswert ist, wird sie zudem vom Kartellgesetz untersagt. Die Struktur eines sozialen Dilemmas, in dem Kooperation zu wünschenswerten Ergebnissen führen würde, ist hingegen konstituierend für eine ganze Reihe gesellschaftlicher Probleme. Diese sind insbesondere für die Umweltpolitik bedeutsam und werfen die Frage auf, unter welchen Bedingungen Individuen bereit sind für eine von allen Individuen begrüßte Verminderung von Umweltschäden auf eigene Vorteile zu verzichten (Suchanek 2000; Menges 2019). Auch für die globale Klimapolitik kennzeichnet dieses Modell die Anreizsituation für die verschiedenen Länder: Einzelne Vorreiter in der Klimapolitik müssen hier darauf hoffen, dass andere Länder und Regionen folgen und nicht etwa der (kurzfristigen) Verlockung nachgeben, zu defektieren. Die Standardökonomik empfiehlt hier insbesondere kollektiv verbindliche Regelungen, etwa im Bereich der Internalisierung externer Effekte oder auch im Bereich global verbindlicher Abkommen, die den Anreiz zu defektieren, faktisch reduzieren (vgl. hierzu Kap. 9 dieses Buches).

Von besonderer Bedeutung in diesem Bereich sind die Arbeiten von ELINOR OSTROM (1933–2012). Sie wurde 2009 (übrigens als erste Frau in der Geschichte) für ihre empirische Erforschung der gesellschaftlichen Lösungsmöglichkeiten derartiger Dilemmasituationen im Fall von (gemeinschaftlich genutzten) Allmenderessourcen mit dem Nobelpreis ausgezeichnet.

Box 2.8: Elinor Ostrom und die Möglichkeiten zur Überwindung des Gefangenendilemmas

ELINOR OSTROM hat sich bereits während ihrer Studienzeit in Kalifornien mit dem Problem der Trinkwasserknappheit beschäftigt. An der kalifornischen Küste in der Nähe von Los Angeles herrschte angesichts des reichlich vorhandenen Meerwassers zwar eine Trinkwasserknappheit, die aber trotzdem nicht zu einer chronischen Unterversorgung mit Grund- und Trinkwasser der Haushalte und Unternehmen führte. Ostrom beschäftigte die schlichte Frage, warum trotz entsprechender Anreize die Unternehmen und Haushalte nicht durch vorwiegend egoistische Verhaltensweisen auffielen und sich zu Lasten der Gemeinschaft in einen Ausbeutungswettlauf begaben und zu viel Grundwasser entnahmen. Diese Forschungsfragen dehnte sie später aus auf weltweite regionale Studien, in denen untersucht wird, auf welche Weise regionale Gemeinschaften derartige Allmendeprobleme lösen. Sie entdeckte dabei einige allgemeine Regeln, mit denen vor Ort durch gemeinschaftliche Überlegungen die Nutzung der Ressourcen geregelt werden können. Hierbei ist etwa zu klären, wer Zugang zur Ressource haben darf (die Ressourcenbewirtschaftung und -nutzung muss also auch gegen Zugriffe von außen abgesichert sein) und welche Mechanismen im Falle eines Konfliktes greifen sollen. Hierbei stellte sie auch fest, dass dies insbesondere dann gelingt, wenn die die betroffene Region und Gemeinschaft nicht zu groß ist. Grundsätzlich bestätigen ihre Erkenntnisse die ökonomische Theorie, die die Möglichkeiten zur Verhinderung eines Ausbeutungswettlaufes in der Schaffung privater Verfügungsrechte sieht (Söllner 2021). Ihr Vertrauen in dezentrale, regionale Prozesse zur Entwicklung und zum Management derartiger Regelungen steht jedoch im Gegensatz zur ökonomischen Lehrbuchliteratur, die dies in der Praxis nur durch zentralstaatliche, hoheitliche Interventionen erreichen möchte und freiwilligen Übereinkünften aufgrund der genannten Anreizprobleme eher misstraut.

OSTROM hat bei der Erklärung sozialer bzw. kooperativer Motive der Individuen aber auch auf die in der Verhaltensökonomik verwendeten Modelle und Methoden zurückgegriffen und ist weit über die bis dahin konventionelle Theorie hinausgegangen, da die von ihr untersuchten Lösungsmöglichkeiten sich dem Dualismus „Staat versus Markt" entziehen (Ostrom 2013).

2.7.3 Soziale Präferenzen im Gefangenendilemma

Ein wesentlicher, oben bereits erläuterter Befund der Verhaltensökonomik lautet: Die empirische Tatsache, dass sich Individuen in Entscheidungsexperimenten häufig für das kooperative Verhalten entscheiden, lässt sich mit sozialen Präferenzen erklären. Das gilt auch für nicht-wiederholte, einmalige Spiele, bei denen im Gegensatz zu wiederholten Spielen keine Möglichkeit besteht, im Zuge der Interaktion Reputation und Vertrauen aufzubauen. In der konkreten Situation dieses Gefangenendilemmas kann die oben vorgestellte altruistische Nutzenfunktion

$$U_i^{alt}(x_1, x_{2,...}, x_N) = x_i + \sum_{i \neq j} \sigma_i x_j \qquad (2.4)$$

wie folgt vereinfacht werden: Die beiden Gefangenen ($i = 1,2$) ziehen einen Schaden aus ihren Gefängnisjahren x_1 und x_2. Sie bewerten die vier denkbaren Ergebnisse, indem sie nicht nur ihre eigenen Gefängnisjahre berücksichtigen, sondern auch die Gefängnisjahre des jeweils anderen:

$$U_1^{alt}(x_1, x_2) = \sigma_{1,1}x_1 + \sigma_{1,2}x_2 \qquad (2.5)$$

$$U_2^{alt}(x_1, x_2) = \sigma_{2,2}x_2 + \sigma_{2,1}x_1 \qquad (2.6)$$

Hierbei wird angenommen, dass sich die Gewichtungsfaktoren in der Nutzenfunktion zu Eins addieren ($\sigma_{1,1}+\sigma_{1,2} = \sigma_{2,2}+\sigma_{2,1} = 1$). Wird angenommen, dass jeder der beiden Gefangenen das Leid bzw. den Schaden eines eigenen Gefängnisjahres so bewertet wie zehn Gefängnisjahre des jeweils anderen (z. B. aus Mitleid), so werden sie gerade indifferent zwischen den Optionen „Gestehen" und „Nicht-Gestehen". Die Auszahlungsmatrix des Gefangenendilemmas zeigt, wie sich der von den Gefangenen bei altruistischen Präferenzen wahrgenommene Schaden je nach Altruismus-Faktor verändert. Eindeutige Nash-Gleichgewichte sind in den Zellen jeweils hervorgehoben (Tab. 2.2).

Es wird deutlich, dass bei einem Altruismus-Faktor von $\sigma_{1,2} = \sigma_{2,1} > 1/11$ das Nash-Gleichgewicht nun eindeutig im beiderseitigen Nicht-Gestehen liegt, während bei $\sigma_{1,2} = \sigma_{2,1} < 1/11$ „Gestehen" die vorteilhafte Strategie bleibt. Wie werden sich die Gefangenen aber bei der Motivationsstruktur von $\sigma_{1,2} = \sigma_{2,1} = 1/11$ verhalten? Eine reine Strategie, die zu einem eindeutigen Gleichgewicht führt, gibt es offenbar nicht mehr. Die spieltheoretische Lösung dieses Problems besteht in gemischten Strategien. Konkret bedeutet dies, dass die Individuen das Verhalten des Interaktionspartners probabilistisch betrachten: Sie fragen sich, mit welcher Wahrscheinlichkeit der Interaktionspartner eine bestimmte Strategie wählen wird. Dabei muss natürlich angenommen werden, dass die Gefangenen wechselseitig über die altruistischen Präferenzen des jeweils anderen informiert sind. Jeder Gefangene prüft nun für sich, welcher Nutzen ihm (in Bezug auf seine altruistischen Präferenzen) entstehen würde, wenn der andere Gefangene, sich für „Nicht-Gestehen" entscheidet, und welcher Schaden ihm entstehen würde, wenn dieser sich für „Gestehen" entscheiden sollte. Da sie bei dieser Kalkulation feststellen, dass die von ihnen empfundene Schadenshöhe gar nicht mehr von ihrem eigenen Verhalten, sondern nur noch vom Verhalten des jeweils anderen abhängt, sind alle vier Ergebnisse denkbare NASH-Gleichgewichte.

Übersteigt das jeweilige Mitleid der Gefangenen für das Schicksal des anderen, den Gewichtungsfaktor 1/11, so ist in jedem Fall die Option „Nicht-Gestehen" die bessere Entscheidung und wird zur dominanten Strategie, mit der sich die Schadenshöhe minimieren lässt. Die individuelle Kooperation wird damit ein sicheres Ereignis. Im folgenden Diagramm kann die Rolle der Gewichtungsfaktoren bei der (gegenüber dem Ausgangsmodell) vorgenommen *Uminterpretation der Handlungsergebnisse* in der Nutzenfunktion verdeutlicht werden (Nida-Rümelin 2020b): Durch die Erhöhung der Gewichtungsfaktoren in der Nutzenfunktion wird erreicht, dass die kooperative Lösung, die je ein Gefängnisjahr für die beiden Gefangenen

Tab. 2.2 Altruistische Präferenzen im Gefangenendilemma

$$U_1^{alt}(x_1, x_2) = \sigma_{1,1}x_1 + \sigma_{1,2}x_2$$
$$U_2^{alt}(x_1, x_2) = \sigma_{2,2}x_2 + \sigma_{2,1}x_1$$

Gefangener 1		Gefangener 2	
		Nicht-Gestehen	Gestehen
Nicht-Gestehen	Gefängnisjahre	(1,1)	(11,0)
	Altruistische Präferenzen	Schaden	Schaden
	$\sigma_{1,1} = \sigma_{2,2} = \frac{19}{20}$; $\sigma_{1,2} = \sigma_{2,1} = \frac{1}{20}$	(1 ; 1)	(10,45 ; 0,55)
	$\sigma_{1,1} = \sigma_{2,2} = \frac{10}{11}$; $\sigma_{1,2} = \sigma_{2,1} = \frac{1}{11}$	(1 ; 1)	(10 ; 1)
	$\sigma_{1,1} = \sigma_{2,2} = \frac{9}{10}$; $\sigma_{1,2} = \sigma_{2,1} = \frac{1}{10}$	(1 ; 1)	(9,9 ; 1)
	$\sigma_{1,1} = \sigma_{2,2} = \frac{1}{2}$; $\sigma_{1,2} = \sigma_{2,1} = \frac{1}{2}$	(1 ; 1)	(5,5 ; 5,5)
	$\sigma_{1,1} = \sigma_{2,2} = \frac{1}{20}$; $\sigma_{1,2} = \sigma_{2,1} = \frac{19}{20}$	(1 ; 1)	(0,55 ; 10,45)
	$\sigma_{1,1} = \sigma_{2,2} = 0$; $\sigma_{1,2} = \sigma_{2,1} = 1$	(1 ; 1)	(0 ; 11)
Gestehen	Gefängnisjahre	(0,11)	(10,10)
	Altruistische Präferenzen	Schaden	Schaden
	$\sigma_{1,1} = \sigma_{2,2} = \frac{19}{20}$; $\sigma_{1,2} = \sigma_{2,1} = \frac{1}{20}$	(0,55 ; 10,45)	**(10 ; 10)**
	$\sigma_{1,1} = \sigma_{2,2} = \frac{10}{11}$; $\sigma_{1,2} = \sigma_{2,1} = \frac{1}{11}$	(1 ; 10)	(10 ; 10)
	$\sigma_{1,1} = \sigma_{2,2} = \frac{9}{10}$; $\sigma_{1,2} = \sigma_{2,1} = \frac{1}{10}$	(1,1 ; 9,9)	(10 ; 10)
	$\sigma_{1,1} = \sigma_{2,2} = \frac{1}{2}$; $\sigma_{1,2} = \sigma_{2,1} = \frac{1}{2}$	(5,5 ; 5,5)	(10 ; 10)
	$\sigma_{1,1} = \sigma_{2,2} = \frac{1}{20}$; $\sigma_{1,2} = \sigma_{2,1} = \frac{19}{20}$	(10,45 ; 0,55)	(10 ; 10)
	$\sigma_{1,1} = \sigma_{2,2} = 0$; $\sigma_{1,2} = \sigma_{2,1} = 1$	(11 ; 0)	(10 ; 10)

nach sich zieht (1,1), zur besten erreichbaren Lösung wird. Der Anreiz, sich durch einen Übergang zum Geständnis aus dieser Situation heraus einen Vorteil zu verschaffen, verschwindet. Gestehen wird irrational: Zwar würde die eigene Strafe um ein Jahr vermindert werden, der in der Nutzenfunktion abgebildete Schaden würde sich jedoch aufgrund des Mitleids mit der 10-jährigen Gefängnisstrafe des anderen so erhöhen, dass der Nutzen der um ein Jahr verkürzten eigenen Gefängnisstrafe negativ wird. Beide Gefangenen würden sich bei dieser altruistischen Motivationslage rational für die Option „Nicht-Gestehen" entscheiden, da sie damit ihren je eigenen Nutzen maximieren bzw. ihren eigenen Schaden minimieren (Abb. 2.2).

Damit wird deutlich, dass die Annahme sozialer, bzw. altruistischer Präferenzen helfen kann, das grundsätzliche Kooperationsproblem des Gefangenendilemmas in diesem Beispiel aufzulösen. Aber was bedeutet das konkret? Die mit sozialen Präferenzen arbeitende Verhaltensökonomik erhebt ja keinen normativen Anspruch, es geht hier also *nicht* um die vielleicht aus normativer Sicht wünschenswerte Auflösung eines sozialen Dilemmas durch die Maxime, die Individuen sollten sich kooperativ anstatt egoistisch verhalten, um damit aus Sicht der Gesellschaft bessere Ergebnisse zu generieren. Es wird bei dieser Motivationsstruktur auch nicht angenommen, dass die Individuen von einer möglicherweise vernünftigen Einsicht geleitet werden, dass sie sich zur Verfolgung ihrer eigenen Ziele in eine beiderseits vorteilhafte Kooperation mit den Interaktionspartnern begeben. Vielmehr geht es mit dem Konstrukt der sozialen Präferenzen lediglich darum, den

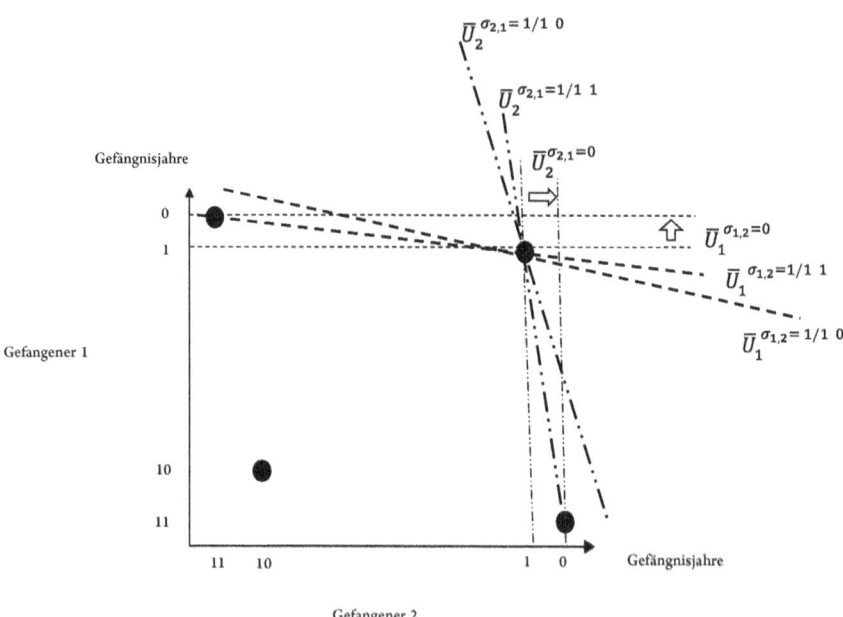

Abb. 2.2 Gefangenendilemma 1 mit altruistischen Präferenzen im Nutzenraum

empirischen Befund *zu erklären*, warum Individuen in derartigen Konstellationen häufig andere Entscheidungen treffen, als sie der egoistisch orientierte Homo oeconomicus treffen würde, ohne dass die Annahmen von Rationalität und Nutzenmaximierung aufgegeben werden müssen. Die in der Anreizsituation eines konkreten Gefangenendilemmas gewonnenen Erkenntnisse lassen sich damit wie folgt zusammenfassen:

- Das ursprüngliche Gefangenendilemma führte zu dem Resultat, dass rationales Verhalten beide Gefangenen gerade davon abhält, ihre eigennützigen Ziele (nämlich die Minimierung der eigenen, erwarteten Gefängnisstrafe) zu erreichen. Die Feststellung, dass Kooperation unter diesen Handlungsbedingungen irrational ist, stellt eine wesentliche Aussage der ökonomischen Nutzentheorie dar. Dieses Resultat ist paradox, denn gerade der von beiden empfundene Wunsch, die eigene Gefängniszeit zu minimieren, führt in dieser Interaktionsstruktur dazu, dass dieses Handlungsziel systematisch verfehlt wird – obwohl dies beiden Gefangenen bei Wahl einer anderen Strategie möglich gewesen wäre.
- Die Hinzufügung altruistischer Präferenzen impliziert nun eine Neuformulierung ihrer Entscheidungsziele und damit eine *Uminterpretation der erwarteten Handlungskonsequenzen*. Wenn jeder der Gefangenen z. B. 9,9 Gefängnisjahre des anderen genauso bewertet wie ein eigenes Gefängnisjahr, werden beide Gefangenen ihren Nutzen genau dann maximieren, wenn sie sich für Nicht-Gestehen entscheiden.
- Die Bedeutung der sozialen Präferenzen liegt also darin, dass mit dieser Verhaltensannahme erklärt werden kann, warum die Gefangenen aus einer Abweichung von „Nicht-Gestehen" keine Vorteile ziehen. Wenn beide Gefangenen ein hinreichendes Mitgefühl für den jeweils anderen haben, maximieren sie ihren eigenen Nutzen nur durch die Wahl von „Nicht-Gestehen". Es zeigt sich aber auch, dass dies nur funktioniert, wenn *beide* Gefangenen hinreichend altruistisch sind. Ist das nicht der Fall, wird der weniger altruistisch motivierte Gefangene die für ihn vorteilhafte Kronzeugenregelung in Anspruch nehmen, sodass der stärkere Altruist für elf Jahre ins Gefängnis muss.
- Interessanterweise führt die Annahme eines hinreichend starken Altruismus bei beiden Gefangenen aber nicht nur dazu, dass sie ihren eigenen, nun aber partiell altruistischen Nutzen maximieren. Dasselbe Ergebnis *würde* sie auch als reine Egoisten ohne jede altruistische Neigung besserstellen. Aus sozialer Sicht stellt der Übergang von rein egoistischen zu altruistischen Präferenzen eine *objektive Verbesserung* dar, da es beiden Gefangenen damit besser geht als im ursprünglichen Gefangenendilemma – unabhängig davon, ob sie nun tatsächlich Mitgefühl für den jeweils anderen haben oder nicht.
- Interessant ist die Rolle altruistischer Präferenzen im Fall des extremen Altruismus. Extremer Altruismus bedeutet, dass der Gefangene seine eigene Gefängnisstrafe klaglos hinnimmt und lediglich am Nutzen des jeweils anderen interessiert ist ($\sigma_{1,2} = \sigma_{2,1} = 1$). Nida-Rümelin (2020b) weist in diesem Zusammenhang darauf hin, dass sich erneut eine Dilemmasituation einstellen

würde: Da beide Gefangenen nun versuchen würde, ihren Nutzen zu maximieren, würden sie das Gefangenendilemma nur mit vertauschten Rollen, aber
identischem Ergebnis spielen. Das stimmt jedoch nicht. Der extreme Altruist
(z. B. Gefangener 1) bevorzugt natürlich das Ergebnis (11, 0) – also die maximale Besserstellung des anderen – gegenüber (1,1). Aber er kann hierüber gar
nicht entscheiden, da er ja allenfalls über die Ergebnisse (1,1) versus (0,11) entscheiden kann. Der rational handelnde extreme Altruist wird somit die Strategie
„Nicht-Gestehen" wählen, da diese für ihn vorteilhaft ist, unabhängig davon,
wie sich der andere verhält. Beide realisieren damit das Ergebnis (1,1).

- Das individuelle Ziel der maximalen Besserstellung des anderen wird zwar vom
extremen Altruisten nicht vollständig erreicht – obwohl er bereit wäre ohne
Rücksicht auf seine eigene Gefängnisstrafe zu agieren. Da aber der andere
Gefangene dieselbe Motivationsstruktur hat, und seinerseits alles dafür tun
würde, ihm eine hohe Gefängnisstrafe zu ersparen, stellt (1,1) in Abbildung
2.3 dasselbe soziale Optimum dar, wie das der reinen Egoisten.

Box 2.9: Jüdisches Märchen vom Himmel und der Hölle
Das etwas eigenartige soziale Optimum der extremen Altruisten ist ähnlich wie die Situation der
Menschen im Himmel des folgenden jüdischen Märchens. Interessant ist, dass in dieser Geschichte
ebenfalls unklar bleibt, ob der Himmel von echtem Altruismus, also der aufopfernden Sorge für
andere, oder durch einen rein instrumentellen Altruismus geprägt ist, der aufgrund der Reziprozität
letztlich nur dem eigenen Interesse dient:
    Ein Rabbi kommt zu Gott und bittet ihn, die Hölle und den Himmel sehen zu dürfen. Gott
gibt ihm Elia als Führer, der ihm beides zeigen soll. Elia führt den Rabbi in einen großen Raum,
in dem Menschen mit langen Löffeln sitzen. In der Mitte des Raumes steht ein Topf mit einem
köstlichen Gericht auf dem Herd. Die Menschen schöpfen mit ihren langen Löffeln aus dem Topf,

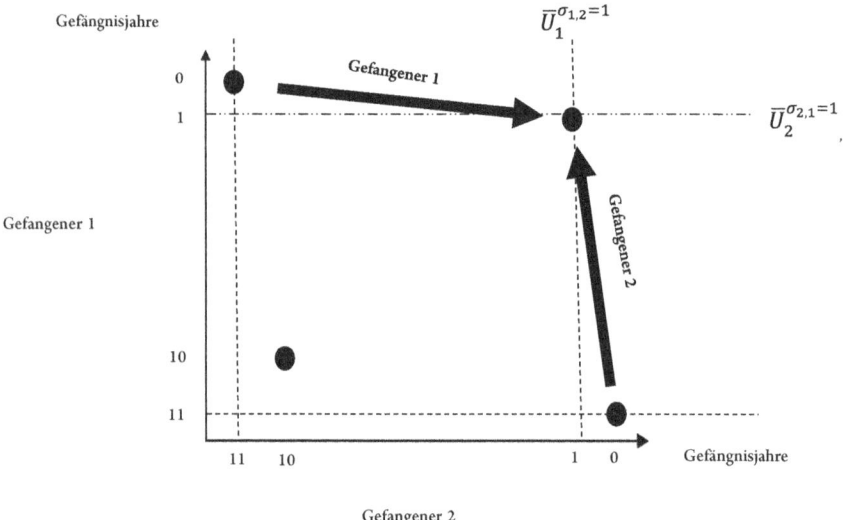

Abb. 2.3 Gefangenendilemma 1 mit extremen Altruismus im Nutzenraum

doch sie sehen blass und elend aus, da sie ihre langen Löffel nicht zum Mund führen können. Elia und der Rabbi verlassen den Raum und Elia erklärt, das sei die Hölle. Anschließend betreten sie einen zweiten Raum, der genauso aussieht, wie der erste. Abermals sitzen Menschen mit langen Löffeln um einen Topf herum, doch die Menschen sehen gesund und glücklich aus. Der Rabbi wundert sich, sieht dann aber den Grund dafür: Die Menschen füttern sich mit ihren langen Löffeln gegenseitig. Nun weiß der Rabbi, dass er im Himmel angekommen ist.

2.7.4 Der Altruismus des Homo oeconomicus

Lässt sich der Befund verallgemeinern, dass altruistische Präferenzen aus dem Gefangenendilemma herausführen? Hierbei ist es wichtig, sich noch einmal vor Augen zu führen, dass auch der Altruist immer nur seine eigenen Vorstellungen von Nutzen hat, die er aus den Konsequenzen seiner Handlung zieht, selbst wenn ein altruistisches Individuum das Wohlergehen bei der Bewertung seiner Handlungskonsequenzen im Nutzen berücksichtigt. Im obigen Beispiel war es ausreichend, dass beide Gefangenen den Schaden eines eigenen Gefängnisjahres so hoch bewerten, wie zehn Jahre des anderen. In der folgenden Auszahlungsmatrix wird das bisherige Beispiel in Bezug auf die zu erwartenden Gefängnisstrafen variiert (Tab. 2.3).

Das Beispiel ist zwar durch eine qualitativ ähnliche Anreizstruktur geprägt – auch hier müssen beide Gefangenen aufgrund von Indizienbeweisen für jeweils ein Jahr ins Gefängnis, wenn sie die Option „Nicht-Gestehen" wählen, wenn beide gestehen oder nur einer der beiden gesteht, sind die Gefängnisstrafen jedoch deutlich geringer als im Ausgangsbeispiel. Auch hier führt egoistisches Rationalverhalten der beiden Gefangenen zu unnötig hohen Gefängnisstrafen, weil beide der Versuchung der Kronzeugenregelung unterliegen werden. Allerdings reicht es in diesem Beispiel zur Überwindung des Gefangenendilemmas nicht aus, wenn beide als Altruisten das Wohl des jeweils anderen mit dem Gewichtungsfaktor von 1/11 berücksichtigen. Dieser Altruismus wäre zu schwach – beide würden dem Anreiz der Kronzeugenregelung nachgeben und dann in (2, 2) landen. Die folgende Grafik zeigt, dass das Dilemma zum Vorteil der beiden Gefangenen nur aufgelöst werden kann, wenn ein halbes Gefängnisjahr des anderen mindestens so hoch bewertet wird wie ein Jahr eigener Gefängnisstrafe ($\sigma_{1,2} = \sigma_{2,1} = 1/3$). Um dem Mitangeklagten zwei Jahre und einen Tag Gefängnisaufenthalt zu ersparen, würde dieser Entscheider freiwillig für ein Jahr ins Gefängnis gehen. In diesem Fall wird es damit rational, sich für „Nicht-Gestehen" zu entscheiden (Abb. 2.4).

Die pauschale Übertragung der Altruismusannahme, die im ersten Gefangenendilemma erfolgreich war, reicht in diesem Modell offensichtlich nicht aus, um

Tab. 2.3
Gefangenendilemma 2

		Gefangener 2	
		Nicht-Gestehen	Gestehen
Gefangener 1	Nicht-Gestehen	(1, 1)	(3, 0)
	Gestehen	(0, 3)	(2, 2)

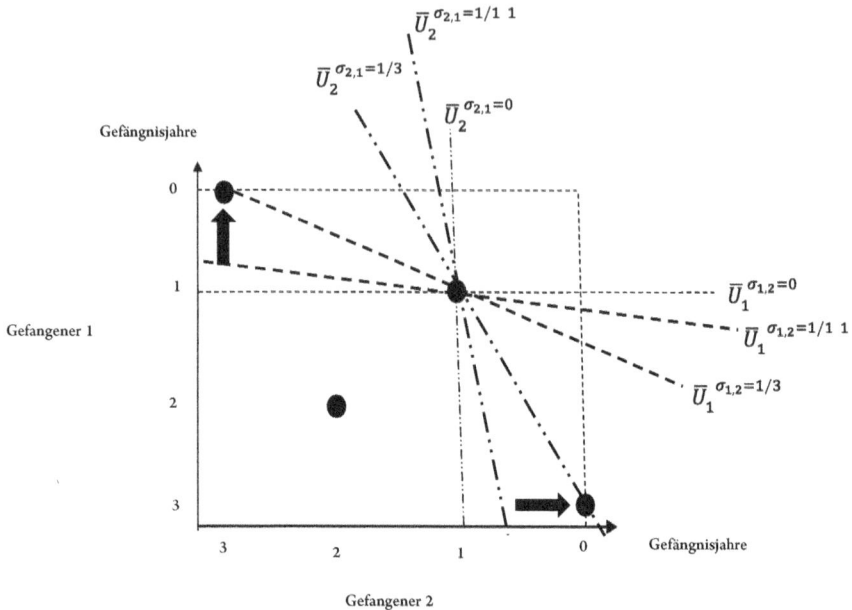

Abb. 2.4 Gefangenendilemma 2 mit altruistischen Präferenzen im Nutzenraum

sicherzustellen, dass die Gefangenen die für beide Seiten vorteilhafte Lösung wählen – *der Gewichtungsfaktor muss auch die richtige Höhe haben* (Nida-Rümelin 2020b). Die Höhe der Gewichtung der Interessen des jeweils anderen kann als ein Maß für die *Stärke des Altruismus* interpretiert werden. Grundsätzlich gilt hierbei,

- dass *schwacher Altruismus* zu einem Gewichtungsfaktor $\sigma_{1,2} = \sigma_{2,1} < 1/2$ führt, also zu einem Kalkül, in dem das eigene Wohlergehen höher bewertet wird als das des jeweils anderen,
- *starker Altruismus* hingegen einen Gewichtungsfaktor $\sigma_{1,2} = \sigma_{2,1} > 1/2$ vorsieht, bei dem das Wohl des anderen höher gewichtet wird als das eigene.

Der Befund, dass der Altruismus-Gewichtungsfaktor nicht individuell und situationsunabhängig fixiert ist, sondern dass die Bereitschaft, dem Mitgefangenen ein Jahr Gefängnis zu ersparen, steigen dürfte, je geringer die Anzahl der Tage ist, die der Gefangene selbst dafür opfern muss, ist eine wesentliche Aussage der oben erläuterten Theorie der Kleinkostenentscheidungen auf. Diese betont ja, dass das Ausmaß des in der Entscheidung geäußerten Altruismus von den Entscheidungskosten der konkreten Situation abhängt. Man könnte sagen: Wenn wenig auf dem Spiel steht, reicht geringer Altruismus, der den Individuen nicht allzu viel abverlangt. Wenn hingegen mehr auf dem Spiel steht, bräuchte man ein größeres Maß an Altruismus, mit dem jedoch nicht unbedingt zu rechnen ist.

Jetzt könnte man fragen, warum rationale Individuen aus dem sozialen Dilemma nur über die Identifikation der jeweils passenden Altruismusfaktoren herausfinden sollten. *Wenn* es vernünftig für beide Gefangenen sein sollte, im ursprünglichen Gefangenendilemma auf eine für sie letztlich kontraproduktive Abweichung vom sozialen Optimum zu verzichten, *warum* sollten dieselben Gefangenen im variierten Gefangenendilemma der Versuchung der Kronzeugenregelung unterliegen, wenn doch auch hier für beide Beteiligten klar ist, dass dies ihren Interessen letztlich zuwiderläuft. Oder konkret: Warum ist Kooperation im ersten Gefangenendilemma bei Annahme eines hinreichenden Altruismus rational, während Kooperation beim selben Maß an Altruismus im zweiten Gefangenendilemma irrational ist?

Das Problem, das hier deutlich wird, liegt darin begründet, dass ökonomische Rationalität annimmt, dass jedes Individuum bei der Verfolgung seiner Interessen und Handlungsziele das Verhalten der Interaktionspartner als Teil der äußeren Umwelt und damit als *Restriktion seiner eigenen Nutzenmaximierung* betrachtet. Die Berücksichtigung des Verhaltens anderer Individuen als Teil der Restriktionen bei der individuellen Nutzenmaximierung ist ein wesentliches Element der Spieltheorie und der Erwartungsnutzenfunktion von VON NEUMANN und MORGENSTERN. Rationale Individuen (ob mit oder ohne soziale Präferenzen) kalkulieren in Interaktionssituationen mit dem Verhalten anderer Individuen auf dieselbe Weise, wie sie mit anderen exogenen Unsicherheiten kalkulieren. Dies wird am Vergleich der beiden folgenden Entscheidungssituationen deutlich (Nida-Rümelin 2020b):

Ein Individuum steht vor der Auswahlentscheidung zwischen zwei alternativen Anlageprodukten, deren Rendite lediglich vom (derzeit unbekannten) Verlauf der Weltkonjunktur abhängig ist. Es soll ein Betrag von 10.000 € mit einer Laufzeit von zehn Jahren investiert werden. Der Finanzberater bietet die beiden folgenden Produkte an:

- Anlagemöglichkeit A erbringt im Falle einer Normalkonjunktur einen Zinsertrag von 4000 € (durchschnittliche Verzinsung von 4 %), im Falle einer Krise würde sich der Ertrag jedoch auf 2000 € (2 %) halbieren.
- Anlagemöglichkeit B führt im Falle einer Normalkonjunktur zu einer Ausschüttung von 3000 € (3 %), im Krisenfall allerdings nur 1000 € (1 %)

Man muss entscheidungstheoretisch nicht sonderlich stark geschult sein, um zu erkennen, dass bei Abwesenheit anderer Entscheidungskriterien Anlage A als dominante Alternative gewählt werden sollte, da die Erträge bei A in jeden Fall höher sind als bei Anlage B (Tab. 2.4).

Als Gedankenexperiment wird dieses Beispiel von NIDA- RÜMELIN nun wie folgt variiert: Erneut sollen 10.000 € mit einer Laufzeit von zehn Jahren investiert werden. Der Finanzberater bietet seine Anlagemöglichkeiten zwei Individuen an, die sich aber nicht kennen oder irgendwie miteinander kommunizieren können. Beide Individuen wissen nur, dass der jeweils andere eine der beiden angebotenen Alternativen wählen wird

Tab. 2.4
Anlageentscheidung 1

		Äußeres Ereignis	
		Finanzkrise	Normalkonjunktur
Individuum 1	Anlage A	(2000)	(4000)
	Anlage B	(1000)	(3000)

- Anlagemöglichkeit A′ bietet einen Zinsertrag von 4000 € (4 %), wenn sie nur von einem Individuum gewählt wird. Wenn sich beide Anleger für A′ entscheiden, erhalten beide eine Ausschüttung von 2000 € (2 %).
- Anlagemöglichkeit B′ erbringt Zinsen in Höhe von 1000 € (1 %), wenn nur einer der beide Anleger sich dafür entscheidet, und einen Ertrag von 3000 € (3 %), wenn B′ von beiden Anlegern gewählt wird.

In der folgenden Auszahlungsmatrix wird deutlich, dass diese Anlagekonstellation identisch mit dem oben betrachteten zweiten Gefangenendilemma ist (Tab. 2.5).

Jedes Individuum fragt sich, welche Alternative aus seiner Sicht vorteilhaft ist, gegeben die Entscheidung des anderen. Beide Anleger stellen fest, dass Anlage A′ in jedem Fall die beste Entscheidung ist. Sie erhalten also jeweils eine Auszahlung von 2000 €, obwohl die Anlage B′ beide gemeinsam mit der Auszahlung von 3000 € besserstellen würde.

Es macht für den rationalen Entscheider beim Vergleich dieser beiden Entscheidungskonstellationen bei der Maximierung seines Nutzens keinen Unterschied, ob das Risiko einer Entscheidung aus äußeren Umweltbedingungen oder aus dem Entscheidungsverhalten anderer Individuen resultiert.

- Die Wahl von A (bzw. der Ausschluss von B) folgt dem entscheidungstheoretischen *Dominanzprinzip,* das fordert, diejenigen Alternativen von der Wahl auszuschließen, die *in jedem Fall* zu einem schlechteren Ergebnis führen als andere Handlungsalternativen.
- Die Wahl von A′ (bzw. der Ausschluss von B′) ist Ausdruck einer *dominanten Strategie* als eine Kalkulation von Handlungsabfolgen, welche die bessere Entscheidung gegenüber allen anderen möglichen Optionen bestimmt – *unabhängig davon, was die anderen Interaktionsbeteiligten tun.* Ein rationaler Entscheider wird immer die dominante Strategie wählen, da nur diese seinen Nutzen maximiert.

Tab. 2.5
Anlageentscheidung 2

		Individuum 2	
		Anlage A′	Anlage B′
Individuum 1	Anlage A′	(2000, 2000)	(4000, 1000)
	Anlage B′	(1000, 4000)	(3000, 3000)

Im Zuge eines kleinen Hörsaalexperimentes, wurden im Mai 2020 insgesamt 112 Studierenden einer wirtschaftswissenschaftlichen Bachelor-Lehrveranstaltung an der TU Clausthal beide Anlageentscheidungen (nacheinander, aber in zufälliger Reihenfolge) zur Wahl angeboten. Hierbei haben sich 8 % der Teilnehmer bei Anlageentscheidung 1 für Alternative B entschieden – offensichtlich hatten diese Teilnehmer das Dominanzprinzip nicht erkannt und damit eine fehlerhafte Entscheidung getroffen. Bei der zweiten Anlageentscheidung wählten hingegen 27 % der Teilnehmenden die Alternative B'. Entscheidungstheoretisch ist die Wahl von Anlage B' aber genauso irrational wie die Wahl von B in der ersten Konstellation. Haben sich diese Teilnehmer nun irrational verhalten? Die Wahl von B' wäre entscheidungstheoretisch möglicherweise unter Annahme altruistischer Präferenzen mit einem Gewichtungsfaktor von mindestens 1/3 zu erklären. (Die Anreizstruktur ist identisch mit dem obigen Gefangenendilemma 2). Auch könnte man versuchen, die Wahl von B' mit einer Art Effizienzliebe rational zu erklären: Indem z. B. Individuum 2 sich auf die Alternative B' festlegt, engt es für Individuum 1 den Entscheidungsraum faktisch auf den Ergebnisraum mit den jeweils höheren gemeinsamen Auszahlungen ein. Dieses Argument wäre ökonomisch aber unzulässig, da dies den Interaktionscharakter der Entscheidung ausblendet, sodass hier allenfalls von einer naiven Effizienzpräferenz gesprochen werden könnte. Individuum 2 müsste klar sein, dass es für den Gewinn an Effizienz die Vorteile nahezu vollständig dem anderen überlässt und selbst das schlechteste aller denkbaren Ergebnisse realisiert.

In der anschließenden Diskussion äußerten jedoch viele Teilnehmer den Gedanken, dass sie es für plausibel hielten, dass der (unbekannte) zweite Entscheider die Struktur des Gefangenendilemmas ebenfalls erkennen würde und sie mit ihrer Entscheidung einen *Beitrag für die Möglichkeit zur Realisierung des beiderseitig vorteilhaften Ergebnisses* leisten wollten. Aus Sicht des ökonomischen Modells wäre eine derartig motivierte Verhaltensweise allenfalls als Beitrag zum Aufbau von Reputation mit dem Ziel verständlich, das jeweils andere Individuum zu reziprokem Altruismus zu motivieren. Bei einer einmaligen Entscheidung erscheint dies jedoch ökonomisch irrational.

Das NASH-Gleichgewicht im spieltheoretischen Gefangenendilemma bei egoistischen (oder zumindest nicht hinreichend altruistischen) Präferenzen entspricht dem, was der Philosoph JEAN- JACQUES ROUSSEAU (1712–1778) als den „*Willen aller*" gekennzeichnet hat, den er jedoch strikt vom „*Gemeinwillen*" unterschieden hat (Becker et al. 2021). Die Verfolgung gemeinsamer Ziele oder irgendwie gearteter gemeinsamer Interessen liegt aus ökonomischer Sicht jedoch außerhalb der individuellen Rationalität und setzt Bindungen und Beschränkungen voraus, die ein rationales eigennutzorientiertes Individuum nicht eingeht, wenn es sich damit die Möglichkeit zur Besserstellung verbaut. Die Ökonomik betrachtet dies als eine Implikation des methodologischen Individualismus: Gäbe es so etwas wie eine *kollektive Rationalität,* würde diese den beiden Gefangenen in der Dilemmasituation vermutlich empfehlen, zu ihrem eigenen Vorteil kooperativ vorzugehen und die Option „Nicht-Gestehen" zu wählen. Eine derartige kollektive gesellschaftliche Rationalität ist den Individuen aber aus ökonomischer Sicht nicht zugänglich. Als

Gründe könnte man einen Mangel an Wissen oder auch die prinzipielle Nicht-Vergleichbarkeit der Nutzen nennen. Aber selbst, wenn es so etwas wie eine kollektive Rationalität geben sollte, so ist ihr im ökonomischen Rationalitätsmodell niemand verpflichtet – es gibt im ökonomischen Modell des Rationalverhaltens nur individuelle Interessen (Kleinewefers 2008). Dies gilt für das Verhalten der beiden Gefangenen im Beispiel, für das Verhalten von Individuen auf Märkten, aber auch für das politische Handeln der Individuen.

Das Beispiel der sozialen Präferenzen zeigt zwar, dass Individuen auch durch nicht-egoistische Motive wie Altruismus oder Fairness-Vorstellungen oder andere Normen geprägt sein können. Soziale Normen, die von Individuen „internalisiert" wurden, implizieren im ökonomischen Modell eine Art soziale Entlohnung (wie Mitgefühl, Selbstwertgefühl oder Schuld) für eine Entscheidung – eine Uminterpretation der Handlungskonsequenzen in der individuellen Nutzenfunktion die neben den egoistischen, „ökonomischen", d. h. materiellen Anreizen das individuelle Verhalten beeinflussen. Allerdings wird in ökonomischen Modellen Wert darauf gelegt, dass diese sozialen Normen nicht als gesellschaftliche Präferenzen oder Ausdruck eines „Gemeinwillens" verstanden werden (Lindbeck 1997).

2.7.5   Altruismus und öffentliche Güter

Besonders deutlich wird diese Funktionsweise von nicht-egoistischen, z. B. altruistischen Motiven in der Theorie zur Bereitstellung öffentlicher Güter. Nimmt man zur Verallgemeinerung der Nutzenfunktion Gl. (2.1) an, ein Individuum i verfüge über das Einkommen m_i, welches für den eigenen Güterkonsum x_i und einen freiwilligen Beitrag zur Bereitstellung eines öffentlichen Gutes verwendet werden kann ($x_i = m_i - g_i$) und nimmt man an, dass sich das Niveau des öffentlichen Gutes G aus der Summe der Beiträge aller N Individuen der Gesellschaft ergibt $\left(G = \sum_{j=1}^{N} g_j \right)$, so lässt sich ein Individuum, dass aus seinem eigenen Konsum und dem öffentlichen Gut Nutzen realisiert, anhand der Nutzenfunktion $u_i = (x_i, G)$ charakterisieren. Im Abschn. 2.5.4 wurde erläutert, dass die nutzenmaximale Wahl von g_i dadurch geprägt ist, dass das Individuum den Zugewinn an seinem eigenen Nutzen, den es aus dem Anstieg von G zieht, mit dem Nutzenverlust aufgrund der Verringerung seines privaten Konsums vergleicht. Im Nutzenmaximum wird g_i so bestimmt, dass sich das Grenzleid des eigenen Konsumverzichts und der Grenznutzen aus der damit erzielten Erhöhung von G gerade ausgleicht. Im Falle großer Gesellschaften zeigt sich nun natürlich das Problem, dass der individuelle Beitrag, den ein einzelnes Individuum leisten kann, sehr gering und der aus seiner Entscheidung für ihn oder sie selbst entstehende Nutzen vermutlich kaum messbar ist. Die ökonomisch rationale Entscheidung wäre daher, sich gar nicht an der Bereitstellung von G zu beteiligen. Die vielfältige empirische Beobachtung, dass Individuen trotzdem positive Beiträge leisten, wird in der ökonomischen Literatur nun mit Altruismus erklärt. Ein Beispiel für eine derartige Konstellation ist etwa das globale öffentliche Gut Klimaschutz. Private Haushalte haben durch den

Bezug von Ökostrom die Möglichkeit, einen Beitrag zur Reduzierung der Verbrennung fossiler Ressourcen zu leisten. Dieser einzelne, individuelle Beitrag ist objektiv für das Problem des Klimawandels vernachlässigbar – nicht vernachlässigbar für das Individuum sind hingegen die Kosten aufgrund des Preisanstiegs gegenüber einem konventionellen Stromprodukt. In ökonomischen Experimenten, aber auch auf realen Märkten zeigt sich, dass die Haushalte jedoch häufig trotzdem Ökostrom beziehen. Verhaltensökonomisch wird dies allgemein durch altruistische Präferenzen erklärt. Unterschiedliche Grade bzw. Stärken von Altruismus (wie im Gefangenendilemma) reichen aber nicht aus, um erklären zu können, dass Ökostromangebote in unterschiedlichen Marktkonstellationen unterschiedlich stark nachgefragt werden.

Eine Möglichkeit, die sich in der theoretischen und empirischen Literatur zum Verhalten von Individuen bei derartigen öffentlichen Gütern durchgesetzt hat, besteht darin, zwischen unterschiedlichen Formen bzw. „Reinheiten" des Altruismus zu unterscheiden (Menges et al. 2005).

- Bei *„reinem"* *Altruismus* ist aus ökonomischer Sicht damit zu rechnen, dass das Individuum seine eigenen Beiträge zum öffentlichen Gut reduziert, wenn es damit rechnet, dass andere Individuen ihre Beiträge erhöhen. Da auch das altruistische Individuum i die Beiträge aller anderen Individuen G_{-i} als gegeben hinnimmt, lässt sich der Ausdruck für G wie folgt umformulieren: $G = \sum_{j=1}^{N} g_j = G_{-i} + g_i$. Wenn also – unter sonst gleichen Bedingungen – G_{-i} zunimmt, wird ein rational handelndes Individuum einen Anreiz haben, sein eigenes g_i zu reduzieren, da es ja letztlich nur am Niveau von G interessiert ist. In ähnlicher Weise reagiert ein rationales, altruistisches Individuum auch auf die Einführung einer staatlichen Förderung von G, z. B. durch Subventionszahlungen für Ökostrom. Da das Individuum davon ausgeht, dass die dafür notwendigen Steuern und Abgaben von seinem Einkommen abgezogen werden, wird es auf die staatliche Förderung mit einer Reduktion seiner freiwilligen Beiträge reagieren, sodass es im Zuge der Steuerfinanzierung zu einer Verdrängung aller freiwilligen Beiträge kommen kann (Crowding-Out und Neutralitätshypothese vgl. etwa Bergstrom et al. 1986). Die Rationalität des reinen Altruisten äußert sich dadurch, dass er eigene Beiträge und fremde Beiträge zum öffentlichen Gut als austauschbar, als perfekte Substitute im Hinblick auf sein Ziel ansieht.
- Man spricht hingegen von sogenanntem *„unreinen Altruismus"*, wenn die Präferenzen der Individuen nicht allein durch den Wunsch nach einer Verbesserung des öffentlichen Gutes gekennzeichnet sind, sondern wenn beispielsweise der Bezug von Ökostrom auch durch ein rein privates Motiv beschrieben werden kann, das dem Akt des „Beitragens" nicht nur in Bezug auf die Erhöhung von G einen instrumentellen Wert (als Beitrag zu einem öffentlichen Gut) zuweist, sondern der Akt des Beitragen selbst mit einem Nutzengewinn verbunden wird: $u_i = (x_i, g_i, G)$. Dieses Motiv wird in der Literatur etwa als *„warm glow of giving"* (Andreoni 1990) oder auch als *„purchase of moral satisfaction"*

(Kahneman und Knetsch 1992) bezeichnet. Im Gegensatz zum reinen Altruisten, wird ein unreiner Altruist seine eigenen Beiträge zum öffentlichen Gut nicht im gleichen Maße strategisch reduzieren, wenn er damit rechnet, dass andere ihre Beiträge erhöhen oder dass der Staat in die Förderung des Gutes einsteigt. Aufgrund des direkten Nutzens, den er aus seiner Beitragsaktivität zieht, sind eigene Beiträge und fremde Beiträge zum öffentlichen Gut nur noch unvollständige Substitute.

Fasst man diese Überlegungen zusammen, so kommt man zu der vielleicht etwas überraschend anmutenden Schlussfolgerung, dass der reine Altruist sich von einem unreinen Altruisten gerade dadurch unterscheidet, dass er sich strategisch verhält. Er macht sein Verhalten vom Verhalten anderer abhängig – aber nicht indem er den anderen folgt. Vielmehr betrachtet er ihr Verhalten als Teil seiner Restriktion: Wenn die aus anderen Quellen stammenden Beiträge zum öffentlichen Gut steigen, „lockert" sich seine Budgetbeschränkung und er betrachtet dies als sinnvolle Möglichkeit, seine eigenen Beiträge zu reduzieren. Ein unreiner Altruist ist hingegen weniger stark anfällig für strategische Verhaltensweisen. Im Extremfall einer ausschließlichen „warm glow"-Motivation reagiert das Individuum bei seiner Entscheidung über g überhaupt nicht mehr auf extrinsische Aspekte und trifft seine Entscheidung ausschließlich auf Basis intrinsischer Überlegungen. In derartigen, rein privaten Nutzenargumenten, die auf den Erwerb positiver Emotionen durch das „richtige" Verhalten, oder auch durch den Wunsch erklärt werden, in den Augen anderer durch eine gute Tat eine bestimmte Norm zu erfüllen oder diese zur Reziprozität zu bewegen, sieht die ökonomische Theorie grundsätzlich einen Anreiz, sich selbst dann an der Bereitstellung öffentlicher Güter und der Überwindung von Dilemmastrukturen zu beteiligen, wenn andere ökonomische Gründe eigentlich dagegen sprechen (Endres und Martiensen 2007).

Eine weitere, in jüngerer Zeit diskutierte Version des Altruismus liegt im *effektiven Altruismus*. Auch dieser Form des Altruismus liegt eine bestimmte Art der individuellen Optimierung zu Grunde: Es wird unterstellt, dass Individuen sich in ihrem Verhalten bei der Förderung von öffentlichen Gütern wie etwa von Kultur- und Gesundheits- oder Bildungseinrichtungen nur auf eigene Wertvorstellungen verlassen und sich damit aus dem aus ihrer Sicht unmündigen Zusammenhang und der Ineffizienz größerer kollektiver Wohlfahrtsförderung lösen. Vielmehr wollen sie eigene, selbstbestimmte Entscheidungen über die bestmögliche Verwendung ihrer Spendengelder treffen. Ihr Interesse besteht in einer größtmöglichen Wirkung und Reichweite ihrer Beiträge zum jeweiligen öffentlichen Gut. Hierbei werden auch mithilfe von Plattformmärkten moralische Kosten-Nutzen-Bilanzen erstellt und Hilfsprojekte danach beurteilt, wie viel Leid und wie viel Nutzen damit gestiftet werden kann, ob das Problem mit begrenzten Ressourcen überhaupt lösbar ist und ob es bisher von anderen Hilfsprojekten ausgespart wurde. In etwas fragwürdiger Weise nimmt man in der theoretischen Literatur im Bereich des effektiven Altruismus an, dass die Spender ausdrücklich *nicht* an ihrem eigenen Wohlergehen interessiert seien, sondern lediglich an der Effektivität ihres Altruismus (Selle

2020). Gerade aber die bewusste Herauslösung ihrer Entscheidung aus vorhandenen kollektiven Zusammenhängen von Solidarität (etwa im Zuge kirchlicher oder gesellschaftlicher Spendenaktionen) zu Gunsten selbst gewählter Ziele und Kriterien scheint etwas zu sein, dass vorwiegend mit dem o. g. Motiv einer Optimierung des individuellen Sinnkonsums zu erklären ist, der auf dem Markt für Spenden und Charity-Aktivitäten angeboten und erworben wird.

2.7.6 Das Altruismus-Paradoxon

Die Vorstellung mag überraschen, dass Altruisten sich als strategische Optimierer verhalten. Der reine Altruist erweist sich im ökonomischen Verhaltensmodell als strategischer Akteur, der nur darauf wartet, dass andere Individuen ihm eine Möglichkeit geben, seine eigenen Aktivitäten zu reduzieren. Hinzu kommt, dass ausgerechnet die Verhaltensweise eines am reinen Sinnkonsum interessierten unreinen Altruisten dem nahe kommt, was außerhalb ökonomischer Modelle oder im Alltagssprachgebrauch eher als selbstloses oder pflichtbewusstes Verhalten interpretiert wird. Die Verknüpfung des Altruismus-Begriffs mit ökonomischer Rationalität scheint mit dem allgemeinen Verständnis von Altruismus zu konfligieren.

- Im Alltagssprachgebrauch interpretiert man altruistisches Verhalten als *selbstloses* Verhalten, ohne dass dafür eine Gegenleistung gefordert wird. Der französische Mathematiker und Philosoph AUGUSTE COMTE (1798–1857), der auch als Mitbegründer der Soziologie gilt, verstand unter Altruismus das selbstlose Verhalten eines Individuums zugunsten eines anderen Individuums, das ihm mehr Kosten als Nutzen einbringe (Lenzen 2003). Dass ein Individuum bewusst eine Handlung wählen soll, die für es selbst (bezogen auf seinen Nutzen) nachteilig ist, wird als *Altruismus-Paradoxon* bezeichnet und ist in der Philosophie und den Sozialwissenschaften intensiv untersucht und unterschiedlich interpretiert worden. Es ist auch in evolutionärer Hinsicht nicht leicht zu erklären (Harbach 1992). JOHN- STUART MILL war etwa der Ansicht, dass moralisches Empfinden und Altruismus nicht angeboren sind, sondern erworben werden. Die Prozesse der „Erwerbung" altruistischen und kooperativen Verhaltens werden beispielsweise in der experimentellen evolutionären Anthropologie untersucht (Tomasello 2017).
- Aus ökonomischer Sicht schließen sich Selbstlosigkeit und Rationalität jedoch aus. Echte Uneigennützigkeit und Selbstlosigkeit sind aus ökonomischer Sicht kaum denkbar, denn das würde bedeuten, dass das Individuum seine Nutzenfunktion über Bord wirft und nach irgendwelchen anderen, auf jeden Fall aber irrationalen Kriterien handelt. Ein Individuum, dass eine Alternative wählt, die einen geringeren Nutzen entfaltet als andere verfügbare Alternativen, verhält sich irrational und hat eine inkonsistente bzw. intransitive Präferenzordnung. Vor diesem Hintergrund ist verständlich, dass FRIEDRICH AUGUST VON HAYEK

dem o. g. AUGUSTE COMTE und seiner Charakterisierung altruistischen Verhaltens als selbstloses Verhalten eine *„Zerstörung unersetzlicher Werte durch
wissenschaftlichen Irrtum"* (Hayek 2013, S. 480) vorwirft. Altruismus als Sorge
für andere Menschen kann aus Sicht der Standardökonomik nur dann ökonomisch rational sein, wenn er in irgendeiner Form als Argument in der
Nutzenfunktion erscheint und damit zum Gegenstand rationaler Abwägungen
mit Blick auf das Ziel der individuellen Nutzenmaximierung wird. Dieses Argument in der Nutzenfunktion stellt dann die Form der Entlohnung dar, mit
der das o. g. Altruismus-Paradoxon aufgelöst wird. GARY BECKER betrachtet Altruismus auf genau diese Weise, um damit soziale Wechselwirkungen
zwischen altruistischen, fürsorgenden Individuen untersuchen zu können: *„Für
das, was jemandem geschieht, ist das Niveau des Güterkonsums ein umfassendes
Maß, und Fürsorge misst man als Ökonom naheliegenderweise über die Nutzenfunktion"* (Becker 1993, S. 261). Sogar rationale Selbstlosigkeit wäre hier
als Extremfall denkbar, wenn sich das Individuum (wie im obigen Beispiel
des Gefangenendilemmas) konsequent als extremer Altruist verhält und bei der
Bewertung der Konsequenzen seiner Handlung lediglich auf den Nutzen, bzw.
den Güterkonsum oder die Gefängnisstrafe des jeweils anderen achtet.

**Box 2.10: Das Altruismus- und Kooperationsproblem aus Sicht der Verhaltensbiolo-
gie**

Die Frage, wie offensichtlich nicht eigennütziges altruistisches und kooperatives Verhalten erklärt
werden kann, beschäftigt nicht nur die heutige Verhaltensökonomik und andere Bereiche der Sozialwissenschaften, sondern auch Teile der Naturwissenschaften. Offensichtlich stellt sich auch hier
ein Altruismus-Paradoxon: Wie lässt es sich erklären, dass Tiere, deren Zusammenleben durch
tödliche Rivalitäten um Nahrung, Lebensräume oder Fortpflanzungspartner geprägt ist, in vielen
Situationen kooperative Verhaltensweisen praktizieren? Die Aufzucht nicht-eigener Nachkommen,
das Teilen von Beute mit anderen Tieren oder geschwisterliche Hilfe bei der Balz sind schwer zu
erklären, da sie dem jeweiligen „Geber" unmittelbare Kosten, aber keinen direkten Nutzen spenden. Die Evolutionsbiologie von CHARLES DARWIN legt nahe, dass soziale Verhaltensweisen im
natürlichen Selektionsprozess nur dann Bestand haben, wenn sie dem jeweiligen individuellen
Organismus von Nutzen sind. Verhaltensweisen, die nur für andere Lebensweisen vorteilhaft sind,
werden von der Evolution hingegen als unnütz ausselektiert.

Im Jahr 1977 entstand um den amerikanischen Zoologen und Ameisenforscher EDWARD
O. WILSON (1929–2021) eine heftige wissenschaftliche und gesellschaftspolitische Kontroverse.
Nach seiner Auffassung sollte der Fokus der Erforschung der evolutionären Ursachen des Sozial-
verhaltens von den Individuen auf die Gene gelegt werden. So etwas wie eine natürliche Selektion
von Sozialverhalten spiele sich nicht auf der Ebene einzelner Individuen ab, sondern auf der Ebene
der Gene. Es sind also die Gene und nicht etwa Gruppen oder Arten von Lebewesen, bei denen
die Selektion ansetzt. Dies bedeutet auch, dass nicht solche Verhaltensweisen von der Selektion
bevorzugt werden, die für eine ganze Spezies vorteilhaft sind, sondern dass die Selektion von Verhalten auf der Ebene der Individuen stattfindet. Zum Kernbegriff der Selektion wird damit der
Begriff der genetischen Fitness. Diese beschreibt den reproduktiven Erfolg aus genetischer Sicht,
der sich an der Anzahl der eigenen Gene bemisst, die an die nachfolgende Generation übergeben
werden. Diese Fitness kann nun aber durch den Träger der Gene mittels bestimmter Verhaltensweisen beeinflusst, bzw. sogar maximiert werden. So kann beispielsweise die durch einen vermeintlich
altruistischen Akt realisierte Erhöhung der Fortpflanzungschancen eines Verwandten, der über
ähnliche Gene verfügt, mit einer Erhöhung der eigenen Fitness einhergehen (Davies et al. 2012).

Da WILSON diese Gedanken nicht nur zu der von ihm begründeten Soziobiologie verdichtete, sondern seine Erklärungsansätze für soziales Verhalten von der Natur- auf die Sozialwissenschaften übertrug, setzte eine intensive, immer noch anhaltende Diskussion um den „Egoismus von Genen", die Eugenik oder den biologischen Determinismus ein, der hier nicht weiter nachgegangen werden soll (vgl. dazu Sarasin 2021). Bemerkenswert sind jedoch die inhaltlichen und methodischen Parallelitäten zwischen der Soziobiologie und der Verhaltensökonomik in Bezug auf die Erklärung altruistischer und sozialer Präferenzen. So zeigen z. B. Experimente zum Sozialverhalten von Vampirfledermäusen, das kooperative Handlungen (wie gegenseitige Fellpflege oder gemeinsame Futterjagd) nicht nur durch Verwandtschaft zwischen den Tieren, sondern durch soziale Nähe erklärt werden können. Es konnte beobachtet werden, dass Tiere, die in zufällig bestimmten Käfiggefangenschaften gehalten wurden, auch nach Aufhebung ihrer Käfiggefangenschaften häufig in gemeinsame kooperative Aktivitäten eintraten (Ripperger und Carter 2021).

Aus Sicht der o. g. Fitness kann altruistisches Verhalten mit einer konkreten Kosten-Nutzen-Kalkulation vorhergesagt werden (sog. Hamilton-Regel): Altruistisches Verhalten wird von der Selektion bevorzugt und vom Lebewesen durchgeführt, wenn gilt:

$$\frac{B}{C} > \frac{1}{r}$$

Hierbei ist B ein Maß für den Nutzen einer Handlung, C entspricht den Kosten und r entspricht dem Verwandtschaftsgrad zwischen dem Altruismus-Geber und dem Altruismus-Nehmer. Auch können in diesem Ausdruck unterschiedliche Grade der Verwandtschaft der Gene berücksichtigt werden, wie etwa die Verwandtschaft des Gebers zu den Nachkommen des Empfängers und die Verwandtschaft des Gebers zu den eigenen Nachkommen. Der Nutzen und die Kosten einer Handlung werden als Anzahl zusätzlicher erwarteter Nachkommen bzw. als Anzahl geopferter oder nicht realisierter eigener Nachkommenschaft erfasst und parametrisiert. Mit derartigen Kalkulationen kann beispielsweise erklärt werden, warum Truthahngeschwister ihren Brüdern bei der Balz helfen und sich damit altruistisch zeigen, da sie auf die egoistische Option des eigenen Paarungserfolges verzichten. Mittels derartiger Ansätze lassen sich auch verschiedene Hypothesen zur Erklärung von stabilen Verhaltensweisen der Kooperation und Altruismus entwickeln. So wird beispielsweise untersucht, wie sich bestimmte Verhaltensweisen wie etwa Verwandtschaftsbevorzugung oder die Reziprozität altruistischen Verhaltens mit den o. g. soziobiologischen Kosten/Nutzen-Relationen erklären lassen (Davies et al. 2012). Derartige Ansätze werden in der Verhaltensbiologie auch zur Erforschung von menschlichem Verhalten genutzt. So wird Verhalten als biologisch adaptives, durch Lernprozesse getriebenes Phänomen interpretiert (Borgstede und Eggert 2021). Und ähnlich wie in der Verhaltensökonomik werden Feldexperimente zur soziobiologischen Erklärung von Verhalten eingesetzt (z. B. unter Beobachtung des Verhaltens von Supermarktkunden, vgl. Lange und Eggert 2015).

Zwar enthält die Hamilton-Regel keine direkte Interaktionsstruktur wie die oben dargestellte ökonomische Nutzenfunktion Gl. (2.1) im Kontext der Bereitstellung öffentlicher Güter $u_i = (m_i - g_i) + a \sum_{j=1}^{N} g_j$, allerdings führen beide Konstrukte zu einer qualitativ identischen Hypothese.

- Die Hamilton-Regel prognostiziert einen kooperativen Akt, wenn gilt, dass $B > \left(\frac{1}{r}\right) C$, wenn also der Nutzen der Handlung größer ist als ihre Kosten, wobei die Entscheidungsrelevanz der Kosten (also z. B. ggf. der Verzicht auf eigene Nachkommenschaft) mit zunehmendem Verwandtschaftsgrad zwischen Gebern und Nehmern abnehmen.
- Die ökonomische Nutzenfunktion Gl. (2.1) prognostiziert ein kooperatives Verhalten als Ausdruck rationalen Verhaltens genau dann, wenn gilt a > 1. Da die Kosten je Einheit in Gl. (2.1) auf den Wert „Eins" normiert sind, stellt der Parameter a den MPCR (marginal per capita ratio) dar. Der MPCR fragt wie die Hamilton-Regel nach dem Nutzen-Kosten-Verhältnis aus individueller Sicht und unterscheidet diesen Nutzen vom sozialen Nutzen je Einheit $(N \cdot a)$. Auch in der Verhaltensökonomik gibt es zudem Ansätze, so etwas wie einen „Verwandtschaftsgrad r" zwischen Gebern und Empfängern in der Anreizstruktur zu berücksichtigen. Während den

kooperativen Aktivitäten in Gl. (2.1) häufig die anonyme Gruppenzusammensetzung mit *N* Individuen entgegensteht, gibt es verschiedene Ansätze, die Anreizkonstellationen zu untersuchen, die von kleineren Einheiten mit einer stärkeren sozialen Nähe der Individuen ausgehen. So zeigen Experimente, in denen neben den öffentlichen Gütern (für *N* Individuen) zusätzliche Klubgüter für N/2 Individuen mit gemeinsamen Merkmalen und sozialen Identitäten vorgehalten werden, dass die Zusammenstellung und Einführung derartiger Klubs zu einer Erhöhung der individuellen kooperativen Aktivitäten führen kann (Menges et al. 2021).

2.7.7 Ein Ausflug in die jüngere Theoriegeschichte der Ökonomik: Die Diskussion um scheinbar uneigennütziges Verhalten

Die oben skizzierte Position des ökonomischen Verhaltensmodells, nicht-egoistischen Altruismus als eine Variante von rationalem Eigeninteresse (selfish) und beispielsweise als Nutzeninterdependenz, aber keinesfalls als selbstloses Verhalten (unselfish) zu behandeln, stellt eine Standardposition der modernen Verhaltensökonomik dar. Allerdings zeigt die jüngere theoriehistorische Entwicklung des Altruismus-Begriffs in der Ökonomik, dass diese Diskussion von einigen Kontroversen und widersprüchlichen Konzeptionen geprägt ist.

Diese Entwicklung wird beispielsweise in einem Wörterbucheintrag nachgezeichnet (Fontaine 2008). Nachdem EDGEWORTH bei seiner mathematischen Betrachtung 1881 aufgrund der Annahmen zur Nutzenmessung und Nutzenvergleichbarkeit zwar die Möglichkeit uneigennützigen Verhaltens (etwa im Sinne eines utilitaristischen Kalküls) aufzeigte (Edgeworth 2019, S. 53 f.), diese für die weitere Betrachtung aber ausschloss und auf der Annahme eigennützigen Verhaltens bestand, zeigt Fontaine, dass sich die Ökonomik erst in den 1950er Jahren der Analyse uneigennützigen Verhaltens zuwandte. Der Gegenstand des Interesses lag zunächst im Verständnis individueller und gesellschaftlicher Formen von Philanthropie (Menschenliebe). Wie sollten private Spendenaktivitäten (wie beispielsweise Blutspenden) oder Wohltätigkeitsorganisation aus ökonomischer Sicht eingeordnet und aus Sicht des Staates gefördert und reguliert (z. B. subventioniert oder besteuert) werden? Bereits in diesen Diskussionen standen sich Einschätzungen gegenüber, die philanthropisches Verhalten als Anwendungsfall der Nutzentheorie interpretierten und daher lediglich *scheinbar selbstloses Verhalten* (seemingly unselfish behaviour, Fontaine 2008, S. 124) konstatierten, und solche Ansätze, die betonten, dass die Nutzentheorie nicht in der Lage sei, ein vollständiges Muster individueller Motivationen abzubilden. Die ökonomische Diskussion um Philantropie war in dieser Phase von der Unterscheidung zweier Arten gemeinsamer Werte geprägt, die das menschliche Verhalten motivieren:

- Ökonomisch-ethische Werte, die insbesondere durch das Kosten/Nutzen-Kalkül operationalisiert werden, wurden
- idealistischen bzw. heldisch-ethischen Werten (heroic ethic) gegenübergestellt, die eher durch Bezüge zur menschlichen Identität gekennzeichnet sind.

Parallel zu den Anzeichen der Vertiefung einer sozialen Krise in den USA wandte sich der Fokus der Ökonomik Anfang der 1970er Jahre stärker der Untersuchung von Spaltungen und Konflikten in der Gesellschaft zu. Eine Gruppe von Ökonomen (z. B. Kenneth Arrow, Paul Samuelson, Gary Becker, Peter Hammond, Amartya Sen) bemühte sich darum, moralphilosophische Überlegungen in die Ökonomik zu integrieren (Fontaine 2008, S. 124 ff.). Hierbei ging es ihnen vor allem um das Verhältnis zwischen Eigennutz (self interest) und Ethik bei der Erklärung menschlichen Verhaltens. Insbesondere SEN äußerte dabei erstmals Zweifel, dass der von der Ökonomik angenommene Zusammenhang zwischen der empirisch in den Wahlhandlungen beobachtbaren Präferenz der Individuen und ihrem Nutzen die ethischen Maßstäbe, nach denen Individuen handeln, vollständig abbildet: *„Preference can be defined in such a way as to preserve its correspondence with choice, or defined so as to keep it in line with welfare as seen by the person in question, but it is not in general possible to guarantee both simultaneously. Something has to give at one place or the other"* (Sen 1973, S. 259).

Zur Verdeutlichung seiner Überlegungen geht er vom folgenden Gefangenendilemma im Fall der Nutzung wiederverwertbaren Pfandflaschen anstatt von Einweggebinden aus (Sen 1973, S. 254 ff.). Hier stellt sich die übliche Tragik des Trittbrettfahrens bei der freiwilligen Bereitstellung öffentlicher Güter: Eine durch das Recycling bewirkte Schonung der Umweltressourcen wirkt sich zwar positiv auf das Leben aller aus, aber aus der Sicht eines einzelnen Individuums wird der Schaden eher gering sein, den es der Umwelt und seinen Mitmenschen zufügt, wenn es seine Flaschen – wie alle anderen Individuen vielleicht auch – einfach in den Müll wirft. Eine an der Umwelt interessierte, gleichzeitig aber nicht unbedingt heroische Person würde sich vermutlich am besten stellen, wenn alle anderen ihre Pfandflaschen zurückgeben, sie selbst das jedoch aus Bequemlichkeit nicht tut. Am zweitbesten wäre es, wenn alle Individuen (also auch die besagte Person selbst) ihre Flaschen zurückbringen, am drittbesten wäre es, wenn niemand seine Flaschen zurückbringt, und am schlechtesten wäre es, wenn nur die besagte Person ihre Flaschen recyclen lässt, alle anderen jedoch nicht. SEN betrachtet nun das Verhalten einer beliebigen Person, die sich für die Rückgabe seiner Flaschen entscheidet. Er bietet allerdings vier alternative Interpretationen dieses Verhaltens an, von denen sich drei mit eigennutzorientiertem Verhalten nutzentheoretisch erklären lassen, die vierte jedoch nicht.

1. *Eigennutz:* Eine selbstbezogene Entscheidung liegt vor, wenn die Person einfach lieber Pfandflaschen zurückgibt und sich gegen Einwegflaschen entscheidet. Vielleicht ist sie von wiederverwertbaren Pfandflaschen überzeugt oder sie glaubt mit der Umweltschonung auch sich selbst etwas Gutes zu tun.
2. *Nutzeninterdependenz:* Die Person entscheidet sich für Pfandflaschen, weil sie auch auch um das Wohlergehen anderer besorgt ist. Eine Einschränkung des Wohlergehens anderer wird wie die Einschränkung des eigenen Wohlergehens erlebt.
3. *Sorge um das eigene Ansehen:* Möglicherweise reicht die Motivation, auch anderen mit dem Wahl der Pfandflaschen etwas Gutes zu tun nicht aus. Wenn dieses

Individuum aber Sorge davor hat, mit seiner Entscheidung anzuecken, weil dies von anderen Individuen als die falsche Wahl angesehen wird, könnte es sich trotzdem für die Verwendung von Pfandflaschen entscheiden. Es würde sein Ansehen und damit seinen Nutzen reduzieren, von den anderen Individuen als Umweltsünder wahrgenommen zu werden.

4. *Ein gänzlich anderes Motiv* liegt hingegen vor, wenn das Individuum heimlich und unbemerkt von den anderen Individuen das „Falsche" tun könnte, wenn es persönlich gar keinen eigenen Vorteil damit verbinden kann und der Verbesserung des Wohlergehens anderer ebenfalls kein Gewicht beimisst. Möglicherweise hat es jedoch das Gefühl, unverantwortlich zu handeln, wenn es sich für eine Einwegflasche entscheidet.

Dieses Verhalten, das SEN später „commitment" nannte und als prinzipiengeleitetes Handeln interpretierte (vgl. hierzu den folgenden Abschn. 2.7.8), lässt sich kaum als nutzenmaximierendes Verhalten begreifen.

Zu Beginn der 1970er Jahre war diese Diskussion um altruistisches Verhalten noch von heterogenen Ansätzen geprägt. Sie konzentrierte sich zunächst beispielsweise auf die Betrachtung individueller Interaktionen in kleinen Gruppen. Allerdings stellte sich insbesondere mit den Publikationen von GARY BECKER immer stärker eine Grenze zwischen den Vertretern eines Homo oeconomicus und den Vertretern eines homo ethicus ein (Fontaine 2008, S. 125). Vor allem die in der Familienökonomik entwickelten Erkenntnisse zum nutzenmaximierenden Verhalten in kleinen Gruppen beeinflussten die Vorstellungen von Altruismus. Sie wurden überwiegend so interpretiert, dass vermeintlich nicht-ökonomische oder altruistische Motive als Ausdruck der Nutzenmaximierung (as if altruism) angesehen werden konnten. So wurden beispielsweise innerfamiliäre Transfers oder Unterstützungsleistungen als eigennutzorientierte Steigerung des Nutzens der Geber interpretiert, da sie im Kontext einer zuvor auf einem Heiratsmarkt getroffenen rationalen Entscheidung des Individuums zur Ehe und zur Gründung einer Familie stattgefunden haben: *„the marriage is more likely to pair a person with someone he cares about than with an otherwise similar person that he does not care about"* (Becker 1974, S. 1074 f.; zitiert nach Fontaine 2008, S. 126).

Die Möglichkeit, dass Individuen grundsätzlich selbstlos oder pflichtorientiert handeln könnten, wurde zwar nicht ausgeschlossen, aus ökonomischer Sicht jedoch als wenig zielführend angesehen. Mit Blick auf die Frage, warum Individuen sich freiwillig zu Blutspenden bereit erklären, schlug ARROW beispielsweise die folgenden Varianten von Altruismus vor: Eine Spenderin könnte am Wohlergehen anderer interessiert sein (1), sie könnte den Aufwand, den sie selbst zur Steigerung des Wohlergehens anderer leistet, als eigene Nutzensteigerung empfinden (2), sie könnte aber auch an der Blutspende aus Pflichtgefühl teilnehmen (3). Allerdings sah er dieses Argument im Sinne einer kantianischen Pflichterfüllung wegen seiner unwägbaren Konsequenzen sehr skeptisch: *„I should add that, like many economists, I do not want to rely too heavily on substituting ethics for self-interest. …Wholesale usage of ethical standards is apt to have undesirable consequences. We do not wish to use up recklessly the scarce resources of altruistic motivation, and in* *any case ethically motivated behavior may even have a negative value to others if the agent acts without sufficient knowledge of the situation"* (Arrow 1972, S. 354 f.; ähnliches Zitat in Fontaine 2008, S. 126).

Diese unwägbaren Konsequenzen altruistischen Verhaltens wurden weniger in kleinen Gruppen und Familien befürchtet, sondern eher in größeren Zusammenhängen. Die Konsequenzen, die sich einstellen, wenn sich ein Individuum gegenüber anderen, weit entfernten, möglicherweise völlig unbekannten Individuen altruistisch verhält, wurden von verschiedenen Seiten aus betrachtet und im Kontext der damaligen Kritik an wohlfahrtsstaatlichen Regelungen im Hinblick auf ihre Effizienz diskutiert (Fontaine 2008, S. 126 ff.).

- So formulierte beispielsweise BUCHANAN ein sehr plakatives spieltheoretisches *Samariter-Dilemma*, in dem ein potenzieller Wohltäter darüber entscheiden kann, einer hilfsbedürftigen Person Unterstützung zukommen zu lassen, während die hilfsbedürftige Person darüber entscheiden kann, ob sie eigene Anstrengungen unternimmt, ihre Situation zu verbessern. Das Dilemma des potenziellen Wohltäters stellt sich dadurch ein, dass der Nutzen des Hilfsbedürftigen durch seine Hilfe gar nicht steigt, da dies für ihn einen Anreiz darstellt auf die Gewährung von Hilfe mit der Einstellung seiner eigenen Anstrengungen zu reagieren. Der Nutzen des Hilfsbedürftigen lässt sich auf diese Weise also gar nicht steigern. Hilfe führt lediglich zur Abhängigkeit des Empfängers vom Geber, sodass die Frage diskutiert wurde, wie ein rationaler Geber diesem Dilemma entkommen kann, ohne seinen Wunsch aufzugeben, die Situation des Hilfsbedürftigen zu verbessern.
- Ein anderes Beispiel sind die vielfältigen, in der Literatur diskutierten *Neutralitätstheoreme*. Diese stellen darauf ab, dass bei Existenz altruistischer Motive der Individuen – etwa bei der Bereitstellung öffentlicher Güter – zusätzliche staatliche Maßnahmen zur Verbesserung der Situation in ineffizienter Weise verpuffen können. Da rationale Altruisten erkennen, dass der Staat seine Maßnahmen zur Verbesserung durch von allen Individuen zu tragende Abgaben finanziert, werden sie ihre eigenen, zuvor freiwillig erbrachten Leistungen reduzieren, sodass staatliche Bemühungen zur Veränderung der Ressourcenverteilungen tendenziell ineffizient werden.

Spätestens zu Beginn der 1980er Jahre hatte sich in der Ökonomik insbesondere durch den Einfluss von BECKER damit die Ansicht weitgehend durchgesetzt, dass vermeintlich selbstloses Verhalten eigennützig motiviert ist, und dass Altruismus immer dadurch geprägt sei, dass das Wohlergehen anderer in die Nutzenfunktion des Altruisten eingehe. Zudem stellte sich Konsens ein, dass rationaler Altruismus vor allem in kleinen Gruppen und Familien anzutreffen sei, das Verhalten der Individuen auf Märkten jedoch durch reines Eigeninteresse motiviert sei. Die Begründung dieser Unterscheidung (Altruismus in der Familie, reines Eigeninteresse auf Märkten) wurde von BECKER selbst weniger in einer philosophischen Diskussion gesucht, sondern in einem Effizienzargument: Die Verfolgung altruistischer Motive führe vielleicht in kleinen Gruppen und Familien zu effizienten

Resultaten, nicht aber auf dem Markt und in größeren Gruppenzusammenhängen (Fontaine 2008, S. 128).

Alternative Einschätzungen von selbstlosem und uneigennützigen Verhalten wurden seitdem in der Ökonomik nur am Rande diskutiert. Neben den Vorschlägen von Sen, die im weiteren Verlauf dieses Buches näher erläutert werden, diskutiert Fontaine u. a. die folgenden Ansätze (S. 130 ff.):

- Die über reine Nutzeninterdependenz im Sinne von BECKER hinausgehende Komplexität des Altruismus-Begriffs wurde beispielsweise in verschiedenen Varianten von Serge-Christophe Kolm im Zusammenhang mit dem Adam-Smith- Problem analysiert. Das Adam-Smith-Problem prägte die Literatur zur Interpretation der beiden Hauptwerke von SMITH: Während er in seiner 1759 publizierten *Theory of Moral Sentiments* (Smith 2010) die Fähigkeit zu Empathie und Sympathie als zentrale menschliche Eigenschaft betonte, verlagerte er dieses Handlungsmotiv in der *Inquiry into the Nature and Causes of the Wealth of Nations* (Smith 2020) in den Bereich des reinen Eigeninteresses. In der Literatur wurde daher immer wieder die Frage diskutiert, ob SMITH widersprüchlich argumentiert, ob er seine Ansichten zwischen den beiden Publikationen geändert, oder ob er zwischen faktischen Handlungsmotiven und deren moralischer Beurteilung unterscheiden wollte. Die hier angelegten Widersprüchlichkeiten und vermeintlichen Schizophrenien verband Kolm mit einer Systematisierung verschiedener Ansätze der Altruismus-Forschung, in der auch die Postionen der Verhaltensökonomik berücksichtigt wurden (Kolm und Mercier Ythier 2006).
- Margolis schlug vor, dasselbe Problem in der Koexistenz von zwei Verhaltensmodi innerhalb eines Individuums aufzulösen. Er nahm an, dass das Individuum durch zwei unterschiedliche Nutzenfunktionen zu beschreiben sei, von denen die eine die eigennutzorientierten Präferenzen und die andere seine gruppennutzenorientierten Präferenzen beschreibe (Margolis 1982). Obwohl ihm bewusst war, dass die Unterscheidung zwischen einer moralischen und einer eigeninteressierten Identität des Individuums aus Sicht der ökonomischen Theorie kaum akzeptabel ist, verteidigte er seine Einschätzung mit dem Argument, dass sein Ansatz eine größere Konsistenz mit dem habe, wie Menschen tatsächlich fühlen und sich verhalten.
- Auch Robert Sugden grenzte sich von Beckers Altruismus-Theorien ab. Er schlug beispielsweise eine auf Reziprozität (Wechselseitigkeit) basierende Theorie vor, die allerdings nicht direkt durch die individuelle Nutzenerwartung geprägt ist, sondern durch ein Gefühl der Individuen, einander verpflichtet zu sein. Er schlug vor, die grundsätzliche Annahme der Nutzenmaximierung zu Gunsten einer größeren Diversität von Motiviationsstrukturen aufzugeben: *„If one interprets ‚utility' in the classical Benthamite way, as a psychological experience of pleasure, it is not a matter of logical necessity that an individual should seek to maximise his own utility. For example, a public-spirited act utilitarian might instead seek to maximise the sum of utilities for all people in society. Another person might be a rule utilitarian, following those rules that, if generally followed, would maximise the sum of utilities. A third person might act on the*

Kantian principle of following those rules that he could will to be general laws.
A theory of philanthropy might be constructed on the assumption that some indi-
viduals act on moral principles rather than on pure self-interest" (Sugden 1982,
S. 349). Sugden nahm hierbei an, dass die meisten Individuen der Ansicht sind,
dass die Verhaltensweise eines Trittbrettfahrers moralisch falsch ist.

2.7.8 Mitgefühl oder Verpflichtung?

AMARTYA SEN gab sich mit dieser Auflösung des Altruismus-Paradoxons im
Konstrukt der individuellen Nutzenfunktion nicht zufrieden. Im Zuge seiner Unterscheidung unterschiedlicher Motive menschlichen Verhaltens und seinem Beharren
darauf, dass prinzipienorientiertes Handeln (commitment) nutzentheoretisch nicht
zu erklären sei, legt SEN Wert darauf, dass die Wirtschaft zwar zur sozialen Harmonie und zum Ausgleich der Interessen beitrage, sie hierfür aber gleichzeitig ein
gewisses Maß an sozialem Zusammenhalt voraussetze, der das individuelle Gespür
für seine Verpflichtungen gegenüber der Gemeinschaft voraussetze (Fontaine 2008,
S. 130).

Sein 1973 formuliertes Beispiel zur Mehrdeutigkeit individueller Motivationen
im Falle der Rückgabe von Pfandflaschen (Sen 1973) verallgemeinerte er 1977 in
einem Artikel, dem er den provozierenden Titel „Rationale Dummköpfe – Eine
Kritik der Verhaltensgrundlagen der Ökonomischen Theorie" gab (Sen 2020b). In
diesem Artikel führte er die folgende Unterscheidung ein.

- *Mitgefühl (sympathy)* bezieht sich auf die Fälle, in denen die Sorge um das
  Wohlergehen anderer direkt das eigene Wohlergehen, die eigene Nutzenfunktion des handelnden Individuums beeinflusst.
- Wenn ein Individuum hingegen eine Entscheidung zur Unterstützung oder zum
  Wohle eines anderen trifft, ohne dass das handelnde Individuum aus der Position des anderen, seinem Leid oder seiner Freude selbst eine Besserstellung,
  ein besseres Gefühl, einen Nutzen zieht, sondern diese Entscheidung trifft, weil
  es diese Handlung als „richtig" empfindet, ist einfaches Mitgefühl offensichtlich nicht die richtige Beschreibung seiner Motivation, denn dieses Individuum
  handelt aus *Verpflichtung*.

Nach Auffassung von SEN kann man die Altruismusfaktoren in den sozialen Präferenzen der Gefangenen in ihrer Dilemmasituation oder den reinen bzw. unreinen
Altruismus im Kontext der Bereitstellung öffentlicher Güter als Mitgefühl bezeichnen und die davon motivierten Entscheidungen durchaus als egoistisch: *„Man*
könnte argumentieren, dass auf Mitgefühl basierendes Verhalten in einem wichti-
gen Sinn egoistisch ist, denn die Freude der anderen erfreut einen selbst und am
Leid der anderen leidet man. Die Verfolgung des eigenen Nutzens kann daher durch
mitfühlende Handlungen gefördert werden. Die Handlung hingegen, die vielmehr

auf Verpflichtung als auf Mitgefühl basiert, ist in diesem Sinn nicht egoistisch" (Sen 2020b, S. 20).

Wenn ein Individuum also nicht aus Mitgefühl, sondern aus Verpflichtung handelt, kann das mit der ökonomischen Vorstellung von Nutzen konfligieren: Es kann sein, dass die Entscheidung, einer derartigen Verpflichtung nachzukommen, den eigenen Nutzen schmälert. Diese Verpflichtung ist in Sens Vorstellung so etwas wie ein Teil der eigenen Werthaltung (Neuhäuser 2014). Sie entzieht sich der extrinsischen und kalkulatorischen Verrechnung unterschiedlicher Nutzenargumente. Verpflichtung ist nicht Gegenstand einer konsequentialistischen Bewertung der Handlungsergebnisse, die sich im Nutzen niederschlagen: Wenn etwa ein Individuum bei Anlageentscheidung 1 im obigen Beispiel (vgl. Tab. 2.4 und 2.5) die Alternative A wählt, weil es 2000 € besser als 1000 € findet und weil es auch 4000 € besser als 3000 € findet, ist es hiernach trotzdem vorstellbar, dass sich dasselbe Individuum bei Anlageentscheidung 2 für die Alternative B′ entscheidet, *obwohl* es nach wie vor 2000 € besser als 1000 € findet und 4000 € dem Betrag 3000 € vorziehen würde. Möglicherweise nutzt es noch andere Entscheidungskriterien, die sich nicht in den erwarteten Auszahlungsbeträgen niederschlagen. Ein derartiges Kriterium könnte etwa eine moralische Maxime oder eine Verpflichtung sein, dass der Weg der Defektion, mit der man ggf. den Betrag von 4000 € realisieren könnte, inakzeptabel ist.

Die empirische Beobachtung, dass ein Individuum B′ gegenüber A′ (oder ein Individuum im Gefangenendilemma die Option „Nicht -Gestehen" wählt), kann also auf verschiedene Arten interpretiert werden:

1. Das Individuum bewertet eine Auszahlung von 3000 € geringer als eine Auszahlung von 4000 €, ebenso bewertet es eine Auszahlung von 1000 € niedriger als eine Auszahlung von 2000 € und handelt damit *irrational:* B′ ≻ A′ obwohl u (B) < u (A).

2. Die Wahl von B′ wird nutzentheoretisch *rational*, wenn das Individuum das Wohlergehen des anderen in seiner Nutzenfunktion mit einem Faktor von mindestens 1/3 berücksichtigt. In diesem Fall dürfte sich das Individuum aber nicht beklagen, wenn der Interaktionspartner defektiert. Es wäre vollauf zufrieden damit, wenn es am Ende nur 1000 € erhält, das andere Individuum aufgrund seiner Defektion aber 4000 € realisiert: B′ ≻ A′, da u (B) > u (A).

3. Wenn das Individuum jedoch aufgrund einer moralischen Verpflichtung die Wahl von A′ zurückweist und sich für B′ entscheidet (oder ein Entscheider im o. g. Gefangenendilemma die Option „Nicht -Gestehen" wählt), muss das nicht identisch mit sozialen, bzw. altruistischen Präferenzen sein. Es kann auch Ausdruck einer Verpflichtung sein. Möglicherweise kommt das Individuum gar nicht auf die Idee, die Auszahlungsbeträge des anderen mit seinem eigenen altruistisch zu verrechnen. Diese Art von Pflichtbewusstsein lässt sich nach Ansicht von Sen nicht mit dem Anreiz vergleichen, dass das Individuum hier irgendeine Norm berücksichtigt, bei deren Verletzung es Reue empfinden würde, die wiederum als Argument in der Nutzenfunktion (ähnlich wie im Fall des warm-glow) irgendeine Form von Entlohnung bringen würde. Auch wenn

Motive wie Mitgefühl oder Reue nicht seine Entscheidung motivieren, würde das Individuum nicht anders handeln, sondern bewusst die Alternative wählen, die ihm einen geringeren Nutzen bringt. Allerdings wäre es – zumindest bei Abwesenheit von masochistischen Präferenzen – nicht sein Ziel, gerade die Alternative mit dem geringeren Nutzen zu wählen. Die Alternative wird gewählt, *obwohl* sie einen geringeren Nutzen hat.

Box 2.11: Sens Apfelbeispiel zur Unterscheidung von Mitgefühl und Verpflichtung

SEN verdeutlicht den Kontrast zwischen Mitgefühl und Verpflichtung anhand der Geschichte zweier Jungen (Sen 2020b, S. 23 f.): Thomas und Tomas spielen in einem Park und finden gemeinsam zwei Äpfel, von denen der eine größer ist als der andere. Tomas bietet Thomas an, dass er wählen kann, welchen der beiden Äpfel er für sich haben möchte. Thomas nimmt dieses Angebot gerne an und greift sich – ohne zu zögern – den größeren Apfel. Tomas ist damit nun unzufrieden und wirft Thomas vor, dass das aber unfair sei. Daraufhin fragt ihn Thomas, welchen Apfel er denn selbst genommen hätte. Tomas antwortet darauf, dass er selbstverständlich den Kleineren genommen hätte. Das hört Thomas gerne und betont folgerichtig: „Damit hast du ja das, was du wolltest!"

Sofern die hypothetische Entscheidung von Tomas für den kleineren Apfel auf Mitgefühl beruhen würde, hat Thomas natürlich Recht. Offenbar spielt Mitgefühl hier aber keine große Rolle, denn sonst hätte Tomas keinen Grund, mit der Aufteilung unzufrieden zu sein.

2.7.9 Rationalität, nicht-konsequentialistische Motive und nicht-instrumentelles Handeln

Der Grund, warum SEN auf der Unterscheidung zwischen Mitgefühl und Verpflichtung beharrt und die Bedeutung von Verpflichtung betont, „*ist der Keil, den sie zwischen persönliche Entscheidung und persönliches Wohlbefinden treibt, während vieles der traditionellen ökonomischen Theorie auf deren Gleichsetzung aufbaut. Diese Identifikation ist manchmal durch die Mehrdeutigkeit des Begriffs ‚Präferenz' verdeckt, da die gebräuchliche Verwendung des Wortes eine Gleichsetzung von Präferenz mit dem Konzept ist, bessergestellt zu sein. Gleichzeitig ist es nicht ungewöhnlich, ‚präferiert' als ‚gewählt' zu definieren. .... Der grundlegende Zusammenhang zwischen Wahlverhalten und Wohlfahrtsleistungen wird in traditionellen Modellen in dem Moment durchtrennt, sobald Verpflichtung als Bestandteil der Wahl zugelassen wird*" (Sen 2020b, S. 24 f.).

Dieser von SEN identifizierte „Keil", den das Motiv der Verpflichtung zwischen die ökonomischen Konzepte von Entscheidung und Nutzen treibt, stellt die in diesem Kapitel vorgestellten verhaltensökonomischen Grundlagen an mehreren Stellen infrage:

- Erstens nimmt das Modell rationalen Verhaltens an, dass alle für die Analyse relevanten *Informationen* über die Bewertungen der Individuen hinsichtlich der fraglichen Güter oder Zustände exklusiv in ihren beobachtbaren Entscheidungen und Wahlhandlungen liegen, bzw. dort geäußert werden. Sen verweist auf die Bedeutung anderer Informationsquellen über individuelle Bewertungen wie Introspektion, Befragungen und Kommunikation, die *nicht* im Zusammenhang

mit Wahlhandlungen stehen. Diese werden zwar in anderen Sozialwissenschaften (wie etwa der Psychologie) genutzt, um individuelle Werte zu ökonomisch
relevanten Fragen zu erforschen und das Entscheidungsverhalten zu erklären
(vgl. etwa die sozialpsychologische Einstellungsforschung bei Stahlberg und
Frey, 1990, oder bei Bohner, 2002). Aus ökonomischer Sicht werden Ansätze
wie die Einstellungsforschung eher skeptisch beurteilt, insbesondere da bezweifelt wird, dass Individuen in derartigen Erhebungssituationen ihre „wahren"
Präferenzen offenbaren.[4]

- Zweitens nimmt die ökonomische Entscheidungstheorie an, dass alle *Entscheidungen* exklusiv auf das Motiv des individuellen Nutzens und das Prinzip seiner
  Maximierung zurückzuführen sind. Die Nutzentheorie setzt nach Auffassung
  von SEN damit zu viel voraus, *„weil eine Entscheidung womöglich ein Kompromiss aus einer Vielfalt an Überlegungen widerspiegelt, von denen persönliches
  Wohl nur eine sein könnte"* (S. 17). Sofern sich Individuen nun aber konsistent
  (insbesondere im Sinne einer transitiven Präferenzordnung) verhalten, *„dann
  wird es in dieser Welt der verwunschenen Definitionen so scheinen, als würden Sie
  den eigenen Nutzen maximieren, unabhängig davon ob Sie ein aufrechter Egoist,
  ein rasender Altruist oder ein Kämpfer für Klassenbewusstsein sind"* (Sen 2020b,
  S. 16). Wenn Sie sich inkonsistent verhalten, weil sie möglicherweise neben der
  Maximierung des eigenen Nutzens noch andere Kriterien verwenden, die sich
  einer Verrechnung innerhalb der Nutzenfunktion entziehen, gilt dies hingegen
  als irrational.

SEN kritisiert das ökonomische Rationalitätsverständnis in Bezug auf drei Annahmen (Neuhäuser 2014): *Erstens* kritisiert er die Standardannahme der strikten
Eigennutzmaximierung (self-centered welfare). Diese Kritik hat insbesondere –
wie oben erläutert – die Verhaltensökonomik mit ihrem Konzept der sozialen
Präferenzen aufgenommen. SEN bestreitet zwar nicht, dass Individuen in bestimmten Situationen ihren eigenen Nutzen maximieren, interpretiert dies aber nicht
als Grundbedingung der Rationalität. *Zweitens* kritisiert er aber auch die Vorstellung, dass eine breiter gefasste Vorstellung des individuellen Nutzens, in der das
Wohlergehen anderer Individuen berücksichtigt wird, zum Gegenstand der Nutzenmaximierung erklärt wird (self-welfare goal). Er hält es nicht für irrational,
wenn ein Individuum bereit ist, aus einer Verpflichtung heraus, auf eigene Vorteile
zu verzichten, ohne dass die Präferenzen des anderen Individuums aus Sympathie zum eigenen Ziel erklärt werden. Und *drittens* richtet er seine Kritik auf die

---

[4] Einstellungen stellen aus nutzentheoretischer Sicht so etwas wie Prädispositionen des Indiv-
duums dar – die Rolle eines Argumentes in der Nutzenfunktion können sie damit jedoch nicht
einnehmen. Aus methodischen und theoretischen Gründen werden „echte", d. h. aus Gütertauschen
gewonnene Präferenzdaten vorgezogen (Menges et al. 2004). Diese werden etwa in der Experimentalökonomik mit einem Anreizmechanismus erhoben. In der Experimentalökonomik werden Daten
zur Messung von Einstellungen der Versuchspersonen zwar akzeptiert, allerdings gelten diese als
nicht, oder nur schwer kontrollierbar und dadurch als störanfällig in Bezug auf die Erklärung des
individuellen Verhaltens (Weimann und Brosig-Koch 2019).

Annahme, dass die Individuen ausschließlich nach ihren eigenen Zielen handeln und diese in ihren Entscheidungen zum Ausdruck bringen (self-goal choice). Wenn ein Individuum die Interessen anderer berücksichtigt, kann dies zwar den eigenen Werten entsprechen, aber es kann auch sein, dass die Einhaltung einer derartigen Verpflichtung gar nicht auf einen Ausdruck eigener Werte oder gemeinsamer Identitäten zurückgeht. Vielmehr sieht SEN hier die Möglichkeit, dass Individuen diese Aspekte, Ansprüche und Normen nicht in Nutzeneinheiten verrechnet, sondern auf einer Meta-Ebene reflektiert und gegeneinander abgewogen werden können, ohne dass dies zu einem Rationalitätsverlust führt.

Der Frage, welche Bedeutung die Annahme haben kann, Individuen seien in der Lage, ihre eigene Nutzenfunktion zu hinterfragen und entsprechend zu handeln, geht beispielsweise Hirschman in seinen „abweichenden Betrachtungen" nach (Hirschman 1988). Zwar würdigt er die methodischen Gründe des traditionellen Ansatzes, die individuellen Präferenzen ausschließlich aus dem beobachtbaren Marktverhalten abzuleiten, andererseits verweist er auf gute Gründe, die hinter der Präferenzbildung liegenden Prozesse ebenso zu betrachten wie die Fähigkeit der Individuen, sich selbst zu hinterfragen, wenn man wirtschaftlichen Wandel verstehen will. Hierfür nutzt er das von SEN, aber auch von anderen Ökonomen wie etwa HARSANYI (vgl. hierzu Abschn. 5.2.10) vorgeschlagene Konzept der Meta-Präferenzen. Ein Individuum ist hiernach auf einer Meta-Ebene in der Lage, verschiedene Arten von Abwägungen zu leisten. Es kann ein bestimmtes Entscheidungsproblem aus unterschiedlichen Positionen, Rollen oder Interessenkonstellationen heraus betrachten (Wie möchte ich sein? Wie könnte ich sein?). Seine verhaltensleitenden, momentanen Präferenzen werden dabei hierarchisch aus dieser Konstellation abgeleitet (Wie verhalte ich mich tatsächlich?)[5]. Hirschman argumentiert, dass dieses Konzept dann relevant wird, wenn beide Präferenzarten dauerhaft auseinanderfallen, wenn also das Individuum dauerhaft gegen seine Meta-Präferenzen handelt, beispielsweise seinem Suchtverhalten nachgibt oder mit Schuld- und Reuegefühlen zu kämpfen hat. HIRSCHMAN weist darauf hin, dass diese Konzeption von Meta-Präferenzen wenig präzise ist in Bezug auf die Vorhersage oder gar die Änderung der momentanen Präferenzen: *„Der Kampf um die Dominanz der Meta-Präferenzen wird im Innern eines jeden Ichs ausgefochten und weist alle möglichen Fortschritte, Rückschritte, Tricks und strategischen Schachzüge auf"* (Hirschman 1993, S. 228). Allerdings meint er, dass das Konzept der Meta-Präferenzen geeignet ist, zwischen zwei Arten von Präferenzänderungen zu unterscheiden:

- Er bezeichnet Präferenz- und Verhaltensänderungen, die sich ohne eine vorherige Reflexion, d. h. ohne die Entwicklung von Meta-Präferenzen, einstellen, als *launische Präferenzänderungen.*

---

[5] Eine formale Darstellung des Konzeptes der Meta-Präferenzen findet sich z. B. bei Nida-Rümelin (2020b, S. 413).

- Präferenzänderungen, die auf individuellen Reflexionen basieren, die auf veränderten, möglicherweise gesellschaftlich diskutierten Werten beruhen, bezeichnet
er als *nicht-willkürliche Präferenzänderungen*. Diese lassen sich seiner Ansicht
nach auf eine Auseinandersetzung mit Meta-Präferenzen zurückführen. Sie zeu-
gen von einem Wandel der Wertorientierung und sind damit mehr als ein bloßes,
wissenschaftlich nicht-hinterfragbares Geschmacksurteil.

Damit stellt er sich der von Stigler und Becker (1977, vgl. auch Abschn. 2.5.3)
formulierten Fundamentalposition eines „de gustibus non est disputandum" entgegen. Nach deren Auffassung sind Änderungen von Präferenzen nur von geringem
analytischem Interesse oder gar irrelevant. Vielmehr ließen alle Präferenz- bzw.
Verhaltensänderungen sind auf exogene Änderungen von Preisen und Einkommen zurückzuführen. Da er nicht nur die Fähigkeit der Menschen annimmt, ihre
Werte und ihr Verhalten kritisch zu hinterfragen, sondern auch die Bedeutung
eines derartigen nicht-willkürlichen Wandels von Präferenzen für den wirtschaftlichen Wandel betont, formuliert Hirschman dazu die folgende Gegenposition:
„*Ich möchte hingegen festhalten, dass sich Wertorientierungen von Individuen von
Zeit zu Zeit und von einer Generation zur nächsten verändern und dass diese Ver-
änderungen und ihre Auswirkungen auf das Verhalten der Menschen durchaus einer
Untersuchung wert sind – kurz: de valoribus est disputandum!*" (Hirschman 1993,
S. 231).

Hirschman geht sogar noch einen Schritt weiter und betrachtet individuelle
Handlungen, die sich über ihre rein konsumtive Natur hinaus auf im weitesten
Sinne produktive Aktivitäten beziehen (Hirschman 1988, 1993). So können im
ökonomischen Modell beispielsweise die Individuellen Beiträge g_i in Gl. (2.1)
als Produktionsbeitrag zum freiwillig bereitgestellten öffentlichen Gut interpretiert werden. Die übliche ökonomische Dichotomie zwischen Kosten und Nutzen
und zwischen Zielen und Mitteln zeigt sich daran, dass dieser Produktionsbeitrag
kostenseitig nutzenmindernd und im Produktionsergebnis des öffentlichen Gutes
nutzensteigernd auswirkt. Die Entscheidung über g_i hat damit einen rein instrumentellen Charakter in Bezug auf den erwarteten Nutzen, der dem öffentlichen
Gut beigemessen wird. Hirschman verweist darauf, dass diese Dichotomie von
Nutzen und Kosten grundsätzlich richtig ist, dass sie jedoch der Komplexität
menschlicher Motivation dann nicht gerecht wird, wenn man annimmt, dass es
auch Aktivitäten mit nicht-instrumentellem Charakter gibt, die um ihrer selbst
willen durchgeführt werden. Dies gelte insbesondere für nicht-routinemäßige
individuelle Entscheidungen, bei denen die Erfolgsgewissheit mit Blick auf das
konsequentialistische Nutzenkriterium völlig fehlt. Bei individuellen Aktivitäten
wie dem Streben nach Gerechtigkeit, Freiheit oder Gemeinschaft trifft seiner
Ansicht nach die rein kostenseitige Verbuchung der individuellen Anstrengung
im Kosten-Nutzen-Kalkül nicht durchgängig zu, sodass die Beziehung zwischen
individueller Anstrengung und Ergebnis, Zweck und Mittel, Kosten und Nutzen
mehrdeutig wird. Er hält es für eine „Erfahrungstatsache", dass es bei derartigen nicht-instrumentellen Aktivitäten zu einer Verschmelzung von Weg und Ziel

komme, der Nutzen also nicht ausschließlich im Ergebnis liege. *„Als ob die Unsicherheit des Erfolges und die Mühen und Gefahren dieser Aktivität kompensiert werden sollen, färbt das Ziel auf das strebende Bemühen ab und fördert die Erfahrung, die nicht bloß angenehm, ergötzlich oder anspornend ist: Trotz ihres oft schmerzhaften Charakters ist sie bisweilen berauschend"* (Hirschman 1993, S. 235). Ökonomische Etikettierungen dieser Motivation als „affektiver" oder „expressiver" Ausdruck intrinsischer Werte (wie etwa im Modell des warm-glow) verschleiern diesen Aspekt seiner Ansicht nach eher und sind Ausdruck des Versuchs, einer nicht-instrumentellen Handlung einen instrumentellen Sinn zu verleihen. Wenn bei Annahme eines rein instrumentellen Handlungsmodus Ergebnis und Ziel der Handlungen ein öffentliches Gut, das definitionsgemäß jedem zugutekommt, besteht die einzige Möglichkeit eines rationalen Akteurs zur Nutzensteigerung im Trittbrettfahren. Wenn jedoch ein nicht-instrumenteller Handlungsmodus verfolgt wird, schädigt der Trittbrettfahrer sich selbst. Nach Auffassung von HIRSCHMAN ist gerade gemeinwohlorientiertes Handeln durch ein Ineinanderfließen, bzw. die Verwechselbarkeit von Weg und Ziel geprägt, sodass die Qualität der Teilnahme am kollektiven Handeln einen Lohn in sich selbst trägt. *„Für unsere hartgesottene Buchhalter-Mentalität ist das eine schwer verdauliche Feststellung"* (Hirschman 1988, S. 94). Allerdings propagiert HIRSCHMAN mit diesen Überlegungen zu Meta-Präferenzen, Präferenzveränderungen und nicht-instrumentellen Entscheidungsmodi nicht ein universelles Entscheidungsmodell, das die rein instrumentelle Rationalität der Nutzenmaximierung ablösen oder ersetzen soll. Vielmehr hält er es für wahrscheinlich, dass Individuen bei der Verwendung ihrer Ressourcen für private und gemeinwohlorientierte Zwecke abwägen und schwanken („oszillieren") zwischen instrumentellen und nicht-instrumentellen Aktivitäten.

Jetzt könnte man versucht sein, die Relevanz dieser Überlegungen von SEN oder HIRSCHMAN lächerlich zu machen: Aus ökonomischer Sicht ist es im o. g. Beispiel aus Box 2.11 vielleicht unerheblich, ob der erste Junge (Thomas) dem zweiten Jungen (Tomas) den kleineren Apfel gibt oder ihm den größeren Apfel aus Pflichtgefühl oder aus Altruismus überlässt und welche Gefühle da im Spiel sind, solange die Restriktion vorliegt, dass nur ein großer Apfel da ist. Möglicherweise ist es auch unerheblich, ob Ökostromkunden im Modell der öffentlichen Güter (vgl. Abschn. 2.7.5) ihre Entscheidungen aufgrund einer gefühlten Verpflichtung oder aus egoistischen Gründen des Sinnkonsums treffen, da vielmehr kollektive Regelungen und Verbindlichkeiten zur Lösung des Klimaproblems notwendig sind. Bedeutsam sind die Überlegungen von SEN jedoch für die Art und Weise, wie die Informationen zur Bewertung von Alternativen in der ökonomischen Theorie vorgenommen werden: Das ökonomische Verhaltensmodell geht davon aus, dass diese subjektiven Werte nur im Zuge des (freiwilligen) Tausches von Gütern auf Märkten oder in marktähnlichen Situationen identifiziert und als Nutzeninformationen formuliert werden können. Nur in derartigen Tauschsituationen haben Individuen einen Anreiz, ihre wahren Präferenzen zu zeigen. Dieser Ansatz mag hinreichend sein für die Analyse des individuellen Verhaltens im Falle von Marktgütern. Betrachtet man jedoch gesellschaftliche Probleme wie den Klimaschutz, die Corona-Pandemiebekämpfung oder den Datenschutz und versucht, wertende

Aussagen zum Gemeinwohl auf individuelle Werte zurückzuführen, muss mit SEN bezweifelt werden, dass die Rationalität des nutzenmaximierenden Homo oeconomicus seinen Präferenzaussagen einen unverzerrten und wahren Ausdruck verleihen kann.

Box 2.12: Die Ökonomie des Datenschutzes – Der ökonomische Wert des Gutes Privatsphäre

Privatsphäre und Datenschutz stellen so etwas wie ein individuelles Recht dar. Die Frage, welchen Wert ein einzelnes Individuum diesem Recht einräumt, äußert sich aus ökonomischer Sicht in der realen Welt, d. h. insbesondere in den privaten Aktivitäten wie etwa der Internetnutzung. Die Nutzung von digitalen Plattformen und Dienstleistungen ist aus Sicht eines Individuums zwar häufig kostenlos, allerdings überlässt das Individuum den Anbietern dieser Dienstleistungen dafür im Gegenzug bewusst oder auch unbewusst seine Daten – auch dann, wenn es selbst der Meinung zustimmen würde, dass ihm Privatsphäre und Datenschutz prinzipiell sehr wichtig sind. Sehr viele empirische Untersuchungen zum Datenschutzverhalten haben sich in den letzten Jahren hiermit beschäftigt. Die Ökonomik spricht von einem Privacy-Paradoxon. Dieses liegt in der Differenz zwischen Einstellungen, die dem Datenschutz einen hohen Wert einräumen, und einem Verhalten, das hinsichtlich des Datenschutzes häufig faktisch eher sorglos ausfällt (für eine Übersicht vgl. Acquisti et al. 2015). Zwar wird eingeräumt, dass es schwierig ist, eine einheitliche Privacy-Theorie zu entwickeln, da Privatsphäre in sehr unterschiedlichen Kontexten eine Rolle spielt, oder den Individuen die Konsequenzen einer Preisgabe ihrer Daten nicht vollständig bekannt sind und ihre Unwissenheit von Anbietern möglicherweise ausgenutzt werden könne.

In der Abwesenheit eines standardisierten Ansatzes, mit dem eine exakte monetäre Bewertung des Gutes Privatsphäre vorgenommen werden kann, wurden in der Experimentalökonomik viele Untersuchungen zur individuellen Bewertung des Gutes Privatsphäre entwickelt, weil deren Vorteil darin gesehen wird, Präferenzerhebungen theoretisch und methodisch kontrolliert durchführen zu können. In einer Reihe von Experimenten boten die Experimentatoren ihren Versuchspersonen Geld für die Veröffentlichung ihrer Facebook-Daten, Kontakt- oder Privatadressen (vgl. etwa Benndorf und Normann 2018). In einem Experiment von Cloos et al. (2019) wurden die Versuchsteilnehmer zunächst allgemein nach ihren Einstellungen zur Privatsphäre gefragt. Anschließend erhob man Selbstauskünfte zu einigen sensiblen Fragen, wie etwa der, ob die Versuchsteilnehmer übergewichtig oder Raucher sind und ob sie bereit wären, für bestimmte Wohfahrtsorganisationen zu spenden (z. B. einen LGBT [lesbian, gay, bisexual, transgender]-Verband). Der aus experimentalökonomischer Sicht korrekte monetäre Wert des Gutes Privatsphäre wurde anschließend dadurch erhoben, dass die Versuchsteilnehmer einen Mindest-Verkaufspreis nennen sollten, zu dem Sie bereit wären, ihre Angaben zum Gesundheitszustand oder zur Spendentätigkeit vor allen Teilnehmern des Experiments veröffentlichen zu lassen (Willingness-to-Accept, WTA). Für ein derartiges Tauschgeschäft, benötigt man im Rahmen einer Auktion natürlich auch eine Nachfrageseite, die hier durch einen Zufallsmechanismus simuliert wurde: Sofern ein zufällig ausgewählter Nachfragepreis (Willingness-to-Pay, WTP) geringer war als der von den Versuchsteilnehmern angegebene Verkaufspreis wurde Datenschutz gewährt und es kam zu keiner Zahlung. Sofern dieser (zufällige) Nachfragepreis aber höher war als die von den Versuchsteilnehmern angegebene minimale Kompensationsforderung, wurde ihnen dieser höhere Nachfragepreis ausgezahlt und ihre zuvor geäußerten Selbstauskünfte wurden veröffentlicht. Ein derartiger Anreizmechanismus motiviert in ökonomischen Experimenten Versuchsteilnehmer als Nutzenmaximierer dazu, ihre „wahren" Präferenzen anzugeben. Derartig erzeugte Anreizkompatibilität bedeutet, dass die Versuchsteilnehmer die Konsequenzen der im Experiment geäußerten Präferenzen tragen müssen und keinen Anreiz haben, zu hohe oder zu niedrige Angebote abzugeben. Die dem fraglichen Objekt (hier: Datenschutz und Privatsphäre) zugewiesenen Werte werden damit theoretisch kontrolliert vergleichbar.

Bei Anwendung dieser Erhebungsmethode stellen die Experimentatoren fest, dass das Privacy-Paradox verschwindet, dass also die zuvor im Rahmen von Selbstauskünften erhobenen Einstellungen zum Datenschutz mit dem Verhalten in der Auktion korrespondieren. Aber was bedeutet es konkret, wenn im Experiment von Cloos et al. etwa 11 % der Versuchsteilnehmer kein Interesse an einem derartigen Tauschgeschäft zeigten, also durch Angabe eines Prohibitivpreises nicht bereit waren, private Daten der Veröffentlichung preiszugeben, und dass viele Teilnehmer durch die Angabe relativ hoher Preisforderungen offensichtlich bereit waren, auf beträchtliche potenzielle Vergütungen zu verzichten, um ihre Privatsphäre zu schützen? Und was bedeutet es, wenn die Präferenzdaten zeigen, dass die drohende Preisgabe von sensiblen Daten (die Autoren der Studie sprechen von „delicate information") zur Übergewichtigkeit oder der Spendentätigkeit für LGBT die von den Teilnehmern angegebene minimale Kompensationsforderung signifikant erhöhen? Wenn der Wert der Privatsphäre in einem derartigen Abwägungskontext erhoben wird, haben Individuen offensichtlich insbesondere dann ein Interesse am Schutz ihrer Privatsphäre, wenn die zur Veröffentlichung stehenden Daten von der Norm abweichen. Individuen, die eher in Übereinstimmung mit diesen Konventionen sind, haben hingegen ein geringeres Interesse an Privatsphäre. Man könnte auch sagen: Sie haben einen weniger gewichtigen Grund, auf Privatsphäre zu beharren. Möglicherweise könnte man bei der Konstruktion einer entsprechenden Nutzenfunktion sogar zu dem Ergebnis kommen, dass es bei nicht-delikaten Daten irrational sei, dem Datenschutz einen hohen Wert einzuräumen und eine hohe Kompensationsforderung zu erheben. Bei einer wiederholten Abfrage der minimalen Kompensationsforderung würde einem nutzenmaximierenden Individuum möglicherweise ein Anreiz erwachsen, die fraglichen Normen zu erfüllen oder zumindest weniger abweichende Angaben zu machen, um in den Genuss des Wertes seiner Privatsphäre zu kommen, der dann mit der Preisgabe der privaten Daten in der Kompensationszahlung materialisiert wird.

Stellt also der Schutz der Privatsphäre einen mit anderen Gütern verrechenbaren Wert dar, der sich nur an den Konsequenzen bemisst, die erfahrbar werden, wenn dieses Gut auf einem Markt zum Verkauf angeboten wird? Das ökonomische Standardargument hierzu lautet, dass dies ja genau das ist, was in der digitalen Realität und auf den Plattformmärkten passiert. Und was würde es bedeuten, wenn die auf diese Weise erhobenen Verkaufspreise nicht zufällig ausgewählten Nachfragepreisen gegenübergestellt werden würden, sondern auf ein mit einer starken Zahlungsbereitschaft unterlegtes Nachfrageinteresse treffen würden, das bereit wäre, auch Prohibitivpreise zu zahlen, um in den Besitz der Daten zu gelangen? Aus ökonomischer Sicht wäre es Ausdruck einer Effizienzsteigerung und einer Besserstellung aller Beteiligten, wenn die Besitzer der Daten dann die von ihnen geforderte Kompensation erhalten, der mit der entsprechenden Zahlungsbereitschaft ausgestattete Nachfrager im Gegenzug aber in den Besitz dieser Daten kommt. Auch hier könnte man sagen, dass dies ja der Realität der Märkte entspricht, und dass die hier zur Anwendung kommende Präferenzerhebungsmethode die Realität nur abbildet und die Versuchspersonen damit nicht in ein unrealistisches Abwägungsszenario schickt.

Die in den Experimenten zum Privacy-Paradoxon mit diesem Mechanismus erhobene Bewertung des Gutes Privatsphäre ist aber offensichtlich kaum in der Lage, einen Unterschied

- zwischen einer in Geldeinheiten gemessenen Stärke der Präferenz
- und einer schlichten Ablehnung eines derartigen, auf Abwägungen basierenden Tauschgeschäftes zu machen.

Die Motivstruktur eines Individuums, das Datenschutz und Privatsphäre als Recht für sich beansprucht und prinzipiell nicht bereit ist, dieses Recht gegen eine monetäre Zahlung oder andere Nutzenvorteile einzutauschen, lässt sich mit dem hier zur Anwendung kommenden Erhebungskalkül gar nicht erfassen. Möglicherweise geht es einem Individuum mit dieser Präferenzstruktur gar nicht um die konkreten Konsequenzen in einem konkreten Abwägungsszenario oder um die Frage, ob seine Daten heikle oder weniger schützenswerte Informationen enthalten. Seine Ablehnung wird im Experiment aus nutzentheoretischer Sicht auf die Frage der von ihm geforderten Kompensationshöhe reduziert, die damit aber Tauschbereitschaft impliziert. Die ökonomische Theorie wird der Motivationsstruktur dieses Individuums nicht gerecht, wenn sie sein Verhalten so interpretiert, als ob die angebotenen Nutzen für die Preisgabe der Daten zu niedrig gewesen wäre. Der Grund, warum die Experimentatoren in diesem Bereich auf diesem methodischen Vorgehen bei der Präferenzerhebung beharren, liegt offensichtlich darin, dass die Abwesenheit von Tauschbereitschaft das fragliche Gut einer ökonomisch rationalen Bewertung entziehen. Aus ökonomischer Sicht ist ein derartiges irrationales Verhalten dem Ideologieverdacht ausgesetzt.

Mit seinen Kritikpunkten verwirft SEN zwar nicht das ökonomische Nutzenkonzept, fordert jedoch eine Erweiterung des ökonomischen Rationalitätsbegriffs. Die insbesondere von der Verhaltensökonomik vorgeschlagene Erweiterung der ökonomischen Rationalität durch eine Art Inklusionsprinzip in Bezug auf die Motive der individuellen Nutzenfunktion ist hier wenig überzeugend. Zwar können damit – wie oben gezeigt – auch Motive wie soziale Präferenzen, die Einhaltung sozialer Normen oder moralischer Sinnkonsum zu Argumenten der Nutzenfunktion erklärt werden, sodass ihnen ein konsequentialistischer Nutzenwert bei der Erklärung des in Bezug auf dieses Ziel rein instrumentellen Verhaltens zukommt. Dies erscheint jedoch in Bezug auf die Erklärung des individuellen Verhaltens gerade in nicht-marktlichen Situationen oder mit Bezug auf das Gemeinwohl fragwürdig. So hält beispielsweise der Entscheidungstheoretiker und Philosoph NIDA- RÜMELIN (2020b) ebenso wie SEN den von der Verhaltensökonomik eingeschlagenen *„Umweg über altruistische Motive oder die Rolle eines Gruppen-Ethos als generelle Explikation kooperativer Praxis für inadäquat"* (S. 6). NIDA- RÜMELIN fordert in seinem eigenen Rationalitätskonzept *nicht,* individuelle Nutzen- oder Gewinnmaximierung für irrational zu erklären und stattdessen beispielsweise Kooperation zum allgemeinen Vorteil oder eine Gemeinwohlorientierung zum Inbegriff individueller Rationalität zu machen. Auch aus seiner Sicht beschreibt die Nutzenmaximierung des Homo oeconomicus ein vielseitig anwendbares Rationalitätskonzept, das insbesondere eine hohe empirische Prognosequalität aufweist. Allerdings äußert NIDA- RÜMELIN Zweifel an einem ökonomischen Rationalitätskonzept, das nicht-konsequentialistische, z. B. pflichtorientierte Entscheidungsmotiv wie „seinen Beitrag leisten" oder „sich kooperativ verhalten" per se als irrational charakterisiert, da diese nicht zu rationalen, kompensatorischen Abwägungen innerhalb der Nutzenfunktion zu gebrauchen sind. Wieso sollte ein Entscheider, der sich aus bestimmten moralischen Gründen gegen eine ihn im Prinzip besserstellende Alternative entscheidet, ohne dass die Restriktionen seiner Nutzenmaximierung dies fordern, als irrational bezeichnet werden?

Innerhalb der Wirtschaftswissenschaften ist SEN mit seiner Betonung nicht-konsequentialistischer, und damit nicht in Nutzeneinheiten messbaren Motiven bislang eher ein Außenseiter – vermutlich auch deshalb, weil dies zu einer Aufweichung eines am naturwissenschaftlichen Ideal orientierten Methodenkanons beitragen könnte. Fontaine (2008) sieht den Grund für diese Außenseiterposition darin, dass sich ökonomische Modelle *nicht* vorstellen können, dass Individuen in Interaktionsbeziehungen stehen, in denen sie nicht von der Sorge um eigene Zwecke oder um die Zwecke anderer Individuen getrieben sind. Ein nicht-instrumentelles Handeln außerhalb des nutzentheoretischen Motivs der eigenen Besserstellung oder der Besserstellung anderer Individuen ist kaum vereinbar mit ökonomischen Modellen. Für die Belange der folgenden Kapitel zur Wohlfahrtsökonomik sind die Zweifel an der Universalität des ökonomischen Nutzenkonzeptes jedoch bedeutsam. Mit ihnen kann begründet werden, warum es sinnvoll sein kann, zur

Bestimmung des Gemeinwohls, neben individuellen Nutzeninformationen auch andere Informationen zu verwenden, die nicht Gegenstand von individuellen Nutzenfunktionen und damit dem Maximierungskalkül unterworfen sind.

Vom Individuum zur Gesellschaft: Überblick

3

Fragen und Themen in diesem Kapitel

- Was kennzeichnet aus ökonomischer Sicht eine Gesellschaft?
- Worin liegt der Untersuchungsgegenstand der ökonomischen Verteilungstheorie?
- Worin liegt der Untersuchungsgegenstand der Wohlfahrtsökonomik?
- Warum ist die Verteilungstheorie eine deskriptive Theorie und die Wohlfahrtsökonomik eine normative Theorie?
- Welche Gleichheitsideale lassen sich unterscheiden und wie prägen diese Gleichheitsideale die unterschiedlichen Stränge der Wohlfahrtsökonomik?
- Was bedeutet Konsequentialismus?
- Worin besteht der Gegensatz von Welfarismus und Liberalismus auf der Suche nach einem Kriterium für kollektive Entscheidungen?
- Wie lassen sich die verschiedenen Strömungen der Wohlfahrtsökonomik voneinander abgrenzen?

3.1 Einordnung und Fragestellungen

Nachdem im zweiten Kapitel das Individuum und sein Entscheidungsverhalten im Vordergrund stand, rückt mit den folgenden Kapiteln des Buches die Frage in den Vordergrund, wie aus ökonomischer Sicht gesellschaftliche Entscheidungen getroffen werden sollten. Diese Frage wird vor allem in der Wohlfahrtsökonomik behandelt. Während die Mikroökonomik mit ihren verhaltensökonomischen Grundlagen und dem hierbei unterstellten Rationalitätskonzept ihrem eigenen Anspruch nach eine deskriptive, bzw. erklärende oder verstehende Theorie ist, beschäftigt sich die Wohlfahrtsökonomik mit gesellschaftlichen Zielen und Entscheidungen. In der Wohlfahrtsökonomik werden Kriterien definiert, anhand derer

© Der/die Autor(en), exklusiv lizenziert an Springer Fachmedien Wiesbaden GmbH, ein Teil von Springer Nature 2023
R. Menges und M. Thiede, *Die Ökonomie des Gemeinwohls*,
https://doi.org/10.1007/978-3-658-40105-4_3

gesellschaftliche Wohlfahrtssteigerungen bestimmt werden. Es handelt sich damit um eine normative Theorie. Gleichzeitig verlässt die Wohlfahrtsökonomik das analytische Fundament der Mikroökonomik jedoch nicht und geht ebenfalls vom methodologischen Individualismus aus. Sie verneint also die Vorstellung, dass die Gesellschaft als solche, eigene Ziele verfolgt und eigene Handlungen wählen kann. Wenn aber letztlich immer nur die in einer Gesellschaft versammelten Individuen Träger von Zielen und Werten sind und nur sie (etwa durch Nutzen- oder Gewinnmaximierungsmotive geprägte) Handlungen tätigen, stellt sich die Frage, wie die Wohlfahrtsökonomik von der Ebene des Individuums zur Gesellschaft kommt, in der kollektive Entscheidungen getroffen werden.

Allgemein formuliert, geht es in der Wohlfahrtsökonomik um den Vergleich und die Bewertung unterschiedlicher gesellschaftlicher Situationen, um auf dieser Basis kollektive Entscheidungen zu treffen. Man geht also *erstens* davon aus, dass die tatsächliche Situation präzise beschrieben werden kann. Und *zweitens* nimmt man an, dass gesellschaftlich und wirtschaftspolitisch handelnde Akteure eine Vorstellung davon haben, was eine „wünschenswerte" Situation ist und inwiefern diese von der tatsächlichen Situation abweicht (Kleinewefers 2008). Ein wichtiger Referenzpunkt bei der Bestimmung einer „wünschenswerten" Situation ist das normative Kriterium der Gerechtigkeit. Was aber unter Gerechtigkeit zu verstehen ist, ist vermutlich eine der am meisten diskutierten Fragen der Philosophie. Sollen sich Gerechtigkeitsvorstellungen auf Urteile über die Verteilung von Gütern beziehen? Oder sollte vielmehr die individuelle Freiheit im Vordergrund stehen? Da die Philosophie und die Sozialwissenschaften von sehr unterschiedlichen Gerechtigkeitsvorstellungen geprägt sind, ist es nicht erstaunlich, dass auch die unterschiedlichen Stränge der Wohlfahrtsökonomik von unterschiedlichen Vorstellungen von Gerechtigkeit geprägt sind. Über die Frage, ob eine bestimmte Verteilung von Gütern, Ressourcen, Einkommen, Vermögen oder auch von Chancen und Rechten gerecht ist, wird man kaum eine auf jede Situation zu jeder Zeit von allen Beteiligten akzeptierte Antwort finden können.

Eine Möglichkeit, zumindest die „tatsächliche" Situation der Gesellschaft weitgehend frei von normativen Urteilen empirisch beschreiben zu können, bietet die ökonomische Verteilungstheorie (vgl. hierzu die Ausführungen im vierten Kapitel). Die Aufgabenstellung der ökonomischen Verteilungstheorie liegt hierbei zunächst in einer rein deskriptiven Analyse der tatsächlichen Situation der Gesellschaft: Sie betrachtet mit den Mitteln der Statistik die Verteilung von Gütern, Einkommen und Vermögen unter den Individuen bzw. den Haushalten der Gesellschaft und verdichtet ihre Einschätzung zur Beschaffenheit einer Verteilung anhand von Maßzahlen und Indikatoren. Es geht hier vor allem um die Darstellung und Messung von Gleichheit und Ungleichheit. Gleichzeitig vermeidet sie aber weitgehend Werturteile, die man benötigt, um von der Gleichheit einer Verteilung (z. B. von Gütern oder Einkommen) auch auf ihre Gerechtigkeit zu schließen und weist diese Werturteilsproblematik der Wohlfahrtsökonomik zu. Wenn also in der Verteilungstheorie eine Gesellschaft betrachtet wird, so bedeutet dies, dass die Individuen mit ihren Ausstattungen an Gütern und Ressourcen oder mit anderen Eigenschaften und Merkmalen als reine Datenpunkte in eine Verteilung eingehen, die mit den Mitteln der deskriptiven Statistik analysiert und auf bestimmte Eigenschaften hin überprüft wird. Ein Aggregationsproblem, wie man etwa individuelle Präferenzen zu einer kollektiven Präferenz verbinden kann, stellt sich hier nicht. Die individuellen Datenpunkte stellen keine Ansprüche gegeneinander oder an die Gesellschaft. Allenfalls kann beispielsweise festgestellt werden, ob ein Individuum eine im Vergleich zur gesamten Gesellschaft über- oder unterdurchschnittliche Einkommensposition hat. Sofern eine bestimmte exogene Norm akzeptiert wird, kann möglicherweise auch festgestellt werden, ob dieses Individuum als arm gilt. Auch erlaubt die Verteilungstheorie ohne weitere Werturteile, dass die Gleich- oder Ungleichmäßigkeit einer Verteilung mit einer anderen Verteilung verglichen werden kann, sodass gemessen werden kann, welche der beiden Verteilungen gleichmäßiger ist. Dieser deskriptive Strang der ökonomischen Verteilungstheorie wird im vierten Kapitel des Buches erläutert.

Box 3.1: Ökonomische Verteilungstheorie

Dass die ökonomische Verteilungstheorie auf die hier vorgeschlagene Weise gegen die Wohlfahrtsökonomik abgegrenzt wird, soll insbesondere dem Verständnis der im Kontext dieses Buches aufgeworfenen Fragen dienen. Selbstverständlich kann die Rolle der ökonomischen Verteilungstheorie nicht auf die einer Hilfswissenschaft reduziert werden. Auch die ökonomische Verteilungstheorie hat den Charakter einer eigenständigen Teildisziplin, die neben erklärenden auch normative Elemente enthält. Allerdings hat die Verteilungstheorie in den letzten Jahrzehnten innerhalb der universitären Lehre ähnlich wie die Wohlfahrtsökonomik deutlich an Bedeutung eingebüßt.

Das Ziel der Verteilungstheorie besteht vor allem in einer systematischen Analyse der Verteilung des gesamtwirtschaftlichen Einkommens und der damit zusammenhängenden Vermögen. Wichtig ist hierbei die Unterscheidung zwischen der personellen Einkommensverteilung (d. h. der Verteilung auf die verschiedenen Haushalte einer Gesellschaft) und der funktionalen Einkommensverteilung (d. h. in Bezug auf die unterschiedlichen Arten von Produktionsfaktoren). Eine wichtige Rolle für die Erklärung der Einkommensverteilung spielt die mikroökonomische Grenzproduktivitätstheorie, nach der die unterschiedlichen Produktionsfaktoren entsprechend ihrer „Leistung" (gemessen als Grenzprodukt) bei der Produktion entlohnt werden. Die Ursprünge der Verteilungstheorie gehen auf die klassischen Ökonomen ADAM SMITHund DAVID RICARDO zurück. Auch die Mehrwerttheorie von KARL MARX ist der ökonomischen Verteilungstheorie zuzurechnen (Blümle 1975). Ein Beispiel für die normativen Elemente der Verteilungstheorie ist die Kontroverse um das Buch „Das Kapital im 21. Jahrhundert" des französischen Ökonomen THOMAS PIKETTY, der sich mit der historischen Entwicklung von Einkommens- und Vermögensverteilungen und sozialer Ungleichheit beschäftigt (Piketty 2020). Aus seinen zeithistorischen Daten und den Verteilungsmessungen leitet er einige wirtschaftspolitische Thesen ab. Eine seiner wesentlichen Thesen lautet dabei, dass in den westlichen Industrienationen zwischen den Jahren 1940 und 1970 die Ungleichheit der Einkommen aufgrund steuer- und sozialpolitischer Aktivitäten der Staaten abgenommen habe, diese aber seit den 1970er Jahren wieder deutlich zugenommen habe. Insbesondere das starke Wachstum der Finanzindustrie fördere das Einkommensgefälle, da die damit einhergehenden Vermögenszuwächse insbesondere den Haushalten zukommen, die sich in den obersten Segmenten der Einkommensverteilung befinden.

Allerdings lässt sich die Verteilungstheorie auch mit zusätzlichen normativen Urteilen verbinden, sodass z. B. Ungleichheitsmaße auch auf Basis von sozialen Wohlfahrtsfunktionen konstruieren lassen (Blümle 1975; Ramser 1987; Breyer und Buchholz 2009). Sie verweist dann jedoch auf die Wohlfahrtsökonomik, deren Aufgabe darin besteht dann, Kriterien und Argumente bereit zu stellen, mit

denen eine grundsätzlich wünschenswerte Situation der Gesellschaft charakterisiert und anhand derer die tatsächliche Situation mittels konkreter Maßnahmen
verbessert werden könnte (Kleinewefers 2008; Söllner 2021). Beispielsweise kann
die tatsächliche, empirisch beschreibbare Situation der Gesellschaft mit einer
gewünschten Situation verglichen werden und zu folgenden Fragen führen:

Soll mit Blick auf eine ungleiche Verteilung von Einkommen und Vermögen die
Steuergesetzgebung verändert werden, um eine gerechtere Verteilung zu erreichen?
Legt die gesellschaftliche Wahrnehmung des Klimaproblems die Schlussfolgerung
nahe, dass die Steuern und Abgaben für fossile Brennstoffe erhöht werden oder
andere ordnungsrechtlichen Maßnahmen durchgeführt werden sollen? Schon bei
diesen sehr allgemein gehaltenen Fragen wird deutlich, dass kollektive Maßnahmen der Politik nicht allein mit positiven, beschreibenden Mitteln der Wissenschaft
begründet werden können, wie sie etwa in der Verteilungstheorie angewandt
werden, sondern auf weitergehenden Werturteilen basieren. Derartige normative
Fragen könnten etwa lauten: Wie geht man damit um, dass gesellschaftliche
Reformen selten nur Gewinner produzieren? Wie sind die Ansprüche potenzieller
Gewinner und Verlierer solcher Reformen gegeneinander abzuwägen? Wie sind
die Bedürfnisse zukünftiger Generationen zu berücksichtigen?

Kollektive Entscheidungen sind faktisch geprägt von Antworten auf diese Wert-
urteilsfragen. Die zentrale Herausforderung der Wohlfahrtsökonomik liegt in der
Beantwortung der Frage, *wie* diese Werturteile theoretisch bestimmt und hergeleitet werden können. Anders als die eher am naturwissenschaftlich-mathematischen
Ideal orientierte Mikroökonomik wird die Wohlfahrtsökonomik an manchen Stellen damit etwas unübersichtlich und heterogen. Wie oben erläutert, ist es ist für
eine Sozialwissenschaft jedoch wenig erstaunlich, dass die unter ihrem Dach eingeschlagenen Wege vom Individuum zur Gesellschaft nicht nur unterschiedlich
sind, sondern zum Teil auch zu widersprüchlichen und konfliktären Einschätzungen kommen. Eine wesentliche Konfliktlinie der Wohlfahrtsökonomik schließt
beispielsweise an die im zweiten Kapitel erläuterte Kontroverse an, ob der
individuelle Nutzen messbar und interpersonell vergleichbar ist.

Folgt man beispielsweise Konzeptionen, in denen individuelle Nutzenpositio-
nen und Nutzenveränderungen messbar und vergleichbar sind, so kann man die
gesellschaftliche Wohlfahrt auf Basis der individuellen Nutzen konkret bestimmen, möglicherweise sogar optimieren, weil individuelle Gewinne und Verluste
gesellschaftlicher Reformen pragmatisch miteinander verrechnet werden können.
Vertreter anderer Richtungen lehnen diesen Weg vom Nutzen zur Wohlfahrt hingegen grundsätzlich ab. Sie bezweifeln, dass gesellschaftliche Zustände bzw.
„Konsequenzen" zum Ausgangspunkt einer ethischen Bewertung gemacht werden
dürfen. Die Bewertung von Konsequenzen ist hiernach immer subjektiv. Individuen nehmen derartige Bewertungen nur für sich selbst vor. Sie drücken diese
Werte in ihren Entscheidungen über die Verwendung ihrer Mittel zwar aus –
diese Werte sind aber nicht quantitativ vergleichbar. Der Gesellschaft stehe es gar
nicht zu, angesichts der individuellen Freiheit in die individuellen Entscheidungen und Werte einzugreifen oder diese in irgendeiner Form mit Werten anderer
Individuen zu verrechnen. Eine ähnliche Begründung, mit der der Weg abgelehnt

wird, vom individuellen Nutzen auf die kollektive Wohlfahrt zu schließen, könnte
darin liegen, dass auch nicht-nutzenbezogene Aspekte, wie etwa die „objektive"
Ressourcenausstattung der Individuen, in die Betrachtung von Wohlfahrt eingehen
sollten.

Im Folgenden wird dargestellt, welche unterschiedlichen Wege die Wohlfahrtsökonomik bei der Beantwortung dieser Fragen einschlägt. Es wird deutlich werden,
dass die Theorie weder einfache Kochrezepte noch eine anwendungsorientierte
Sozialphysik zur Lösung konkreter gesellschaftlicher Probleme liefern kann.

3.2   Unterscheidungen

In den folgenden Kapiteln des Buches wird erläutert werden, wie die Wohlfahrtsökonomik als normative Theorie versucht, ein Entscheidungskriterium für
gesellschaftliche, bzw. kollektive Entscheidungen zu entwickeln und zur Anwendung zu bringen. Da die hier vorgestellten Ansätze und Richtungen recht heterogen
sind, erscheint es sinnvoll, zuvor eine Übersicht und Orientierung über die verschiedenen Richtungen und Anwendungen der Wohlfahrtsökonomik als ethische
Theorie zu gewinnen. Und dafür ist es notwendig, einige wesentliche Unterscheidungen vorzunehmen. Auch wenn derartige Abgrenzungen kaum vollständig und
überschneidungsfrei sein können, so drängen sich für die verschiedenen Stränge
der Wohlfahrtsökonomik die folgenden Unterscheidungsmerkmale auf, die in den
folgenden Abschnitten dieses Übersichtskapitels kurz erläutert werden:

- *Erstens* kann zwischen konsequentialistischen und nicht-konsequentialistischen
  bzw. deontologischen Ansätzen unterschieden werden. Diese Ansätze unterscheiden sich insbesondere in der Struktur, mit der ein wohlfahrtsökonomisches
  Entscheidungskriterium hergeleitet und begründet wird, ob also ausschließlich
  die Konsequenzen bzw. Ergebnisse einer Entscheidung oder andere Merkmale
  entscheidend sind.
- *Zweitens* müssen welfaristische Theorien von den Ansätzen des Liberalismus unterschieden werden. Diese Unterscheidung zielt auf die Informationen,
  die in das Entscheidungskriterium einfließen und von diesem verarbeitet bzw.
  aggregiert werden.
- *Drittens* erscheint die Frage der interpersonellen Nutzenvergleichbarkeit als das
  zentrale Unterscheidungskriterium innerhalb der welfaristischen Ansätze.
- Und *viertens* lassen sich innerhalb des Liberalismus die Ansätze danach unterscheiden, ob sie eher den Begriff der positiven Freiheit (Freiheit zu) oder den
  der negativen Freiheit (Freiheit von) betonen.

Das folgende Schaubild gibt eine erste Orientierung über die verschiedenen Ansätze. Das Schaubild enthält damit auch eine Art „Fahrplan" durch die nächsten Kapitel des Buches, der anhand eines fiktiven Beispiels veranschaulicht werden soll.

3.3   Die Leitthemen Freiheit und Gerechtigkeit

Die in Abb. 3.1 dargestellten Stränge und Schulen der ökonomischen Theorie zu Wohlfahrt und Gemeinwohl sind geprägt von der Frage, welche Normen und Werte die Politik und die dort getroffenen Kollektiventscheidungen bestimmen. Es geht vor allem darum, wie Freiheit und Gerechtigkeit als Leitthemen einer kollektiven Ordnung miteinander verbunden und austariert werden können. Wie kann Gerechtigkeit hergestellt werden, ohne dass dabei die Freiheit der Individuen eingeschränkt wird? Gibt es überhaupt Vorstellungen von Gerechtigkeit, die etwas anderes darstellen als Ansprüche und partikulare Interessen einzelner Individuen oder Lobbygruppen? Wie weit darf die Gesellschaft bzw. der Staat in die individuelle Freiheit eingreifen, um Gerechtigkeit herzustellen? Oder anders gewendet: Welche Regelungen und Institutionen sind notwendig, um zu verhindern, dass die individuellen Freiheitsrechte nicht durch andere Individuen oder staatliche Eingriffe in unzulässiger Weise eingeschränkt werden?

Die theoretischen und politischen Diskussionen um diese Fragen werden in der Philosophie und den Sozialwissenschaften geführt (insbesondere in den Politikwissenschaften, vgl. hierzu etwa Münkler und Straßenberger 2016; Becker et al. 2021), aber auch die in diesem Buch diskutierten ökonomischen Vorstellungen über das Gemeinwohl sind hier einzuordnen. Die Probleme und Konfliktlinien zwischen den Leitthemen Freiheit und Gerechtigkeit lassen sich bei erster Betrachtung so formulieren:

- Nicht zuletzt aufgrund vielfältiger historischer Erfahrungen mit der Verletzung individueller Freiheitsrechte, die mit kollektiven Ansprüchen legitimiert werden, wird die Freiheit häufig als *Abwehrrecht* in Sinne der o. g. negativen Freiheit verstanden. Diese Abwehrrechte können im Zweifel recht klar und allgemein verständlich artikuliert werden.
- Demgegenüber stellt Gerechtigkeit eher so etwas wie einen *Anspruchswert* dar (Münkler und Straßenberger 2016). Es ist viel schwieriger zu formulieren, was genau darunter zu verstehen ist und es ist ebenfalls schwierig, hierüber einen gesellschaftlichen Konsens herzustellen. Die Verwirklichung von Gerechtigkeit hat häufig weniger mit dem Schutz individueller Rechte zu tun als mit einer Umverteilung von Gütern aus einem bestimmten Status quo heraus. So können zwar bei einer Umverteilung zur Besserstellung von Benachteiligten auch Kompensationen an diejenigen geleistet werden, die durch eine solche Umverteilungsmaßnahme eine Verschlechterung erfahren (dies ist ein

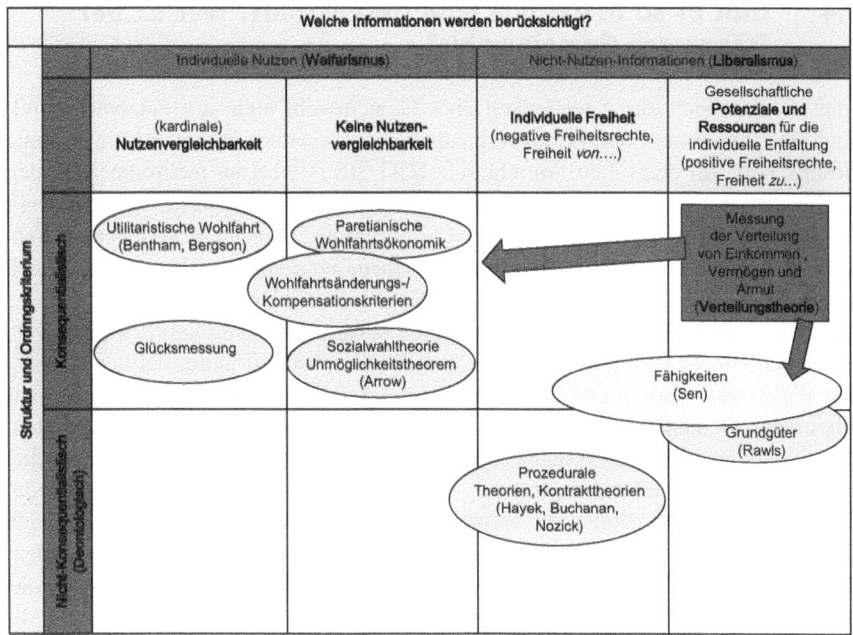

Abb. 3.1 Überblick über unterschiedliche Ansätze der Wohlfahrtsökonomik

Weg der insbesondere in der ökonomischen Theorie eingeschlagen wird) – der Grundkonflikt, dass das Ziel der Herstellung von Gerechtigkeit für Benachteiligte möglicherweise mit Ungerechtigkeiten für andere verbunden ist, lässt sich jedoch in der gesellschaftlichen Realität kaum umgehen.

Bei der Ausbalancierung von Freiheit und Gerechtigkeit kommt jedoch einem weiteren Grundwert eine wichtige Bedeutung zu, an dem die Verbindung und die dramatische Spannung zwischen Freiheit und Gerechtigkeit deutlich wird: Die *Gleichheit* der Individuen. Gleichheit kann in modernen Gesellschaften als demokratische Grundnorm bezeichnet werden. Der französische Philosoph ALEXIS DE TOCQUEVILLE (1805–1859) hat das Verhältnis zwischen Freiheit und Gleichheit als Dilemma bezeichnet. Dieses könne letztlich nur politisch gestaltet werden (Münkler und Straßenberger 2016). Ein Beispiel für das schwierige Verhältnis zwischen Freiheit und Gleichheit sieht er im Wohlfahrtsdespotismus. Sein Befund, dass in Demokratien eine Tendenz bestehe, die politische und individuelle Freiheit der Bürger zur Gestaltung des Gemeinwesens und ihrer persönlichen Angelegenheiten zugunsten einer egalitären Gerechtigkeit und einer sozioökonomischen Gleichheit der Individuen einzuschränken, wurde in der ökonomischen Theorie insbesondere in den unterschiedlichen, vom Liberalismus geprägten Ansätzen aufgegriffen.

3.4   Gibt es so etwas wie eine Gesellschaft? Wer ist der Träger des Gemeinwohls?

Klar ist, dass sich das Nachdenken über Gemeinwohl nicht auf einzelne Individuen oder Interessen- und Lobbyverbände bezieht, sondern immer auf die gesamte Gesellschaft. Im deutschen Grundgesetz (GG 2017) wird an mehreren zentralen Stellen auf die Bedeutung des Gemeinwohls verwiesen, so etwa in Artikel 14 (2) zur Frage des Eigentums mit der Formulierung *„Eigentum verpflichtet. Sein Gebrauch soll zugleich dem Wohle der Allgemeinheit dienen."* Aber wie lässt sich dieser Begriff der Allgemeinheit und der Gesellschaft klarer fassen?

Im zweiten Kapitel dieses Buches wurde beispielsweise erläutert, welche Vorstellungen JEAN-JACQUES ROUSSEAU von der Gesellschaft hatte, bei der er strikt den *Willen aller* Individuen von einem *„Gemeinwillen"* unterschieden und sogar mit einem Gemeinsinn argumentiert hat. Aus ökonomischer Sicht wurde dem jedoch entgegengehalten, dass es so etwas wie einen kollektiven Willen oder eine kollektive Rationalität gar nicht gebe – und selbst wenn es so etwas geben würde, sei niemand diesem Konstrukt verpflichtet. Aus ökonomischer Sicht kann eine Gesellschaft gar nichts anderes sein als die Gruppe der in ihr lebenden Individuen, die diese Gesellschaft tragen. Es gibt also keine organische, aus sich selbst heraus verfasste Gesellschaft, sondern diese Gesellschaft besteht immer aus ihren Individuen. Will man normative Aussagen über die Beschaffenheit des Gemeinwohls entwickeln, so ist der im Abschn. 2.2.1 eingeführte methodologische Individualismus zu Grunde zu legen: Wertaussagen zum kollektiven Wohl setzen immer bei den Individuen an und sind auf individuelle Werte zurückzuführen. Fühlen, Denken und Handeln können bei all ihren Begrenzungen immer nur die Individuen, nicht aber die Gesellschaft als solche. Das allgemeine Wohl und Wollen ist aus ökonomischer Sicht eine Funktion des individuellen Wohls und Wollens. Eine organisch selbständige Gemeinschaft unabhängig von ihren Individuen, der so etwas wie Wohl zugerechnet werden kann, die eigene Handlungen mit dem Ziel des allgemeinen Wohls tätigen kann und damit zum Träger des Gemeinwohls wird, wird also ausgeschlossen.

Man könnte erwidern, dass eine Gesellschaft doch mehr sein müsse als lediglich die Summe ihrer Mitglieder. Das gesellschaftliche Zusammenleben ist ja als System – technisch formuliert – gerade dadurch geprägt, dass das System mehr ist als die Summe seiner Einzelteile. Man könnte sogar sagen, dass ein vereinzeltes Individuum ohne seine Einbettung in konkrete kollektive Zusammenhänge gar nicht denkbar oder lebensfähig ist. Vom methodologischen Individualismus wird dies auch gar nicht bestritten. Wenn Individuen in einer Gruppe oder einer Gesellschaft zusammenleben oder arbeiten, entstehen beispielsweise Vorteile, die vereinzelten Individuen verschlossen sind. Trotzdem entstehen diese Vorteile (z. B. aus der sozialen Interaktion in lokalen Gemeinschaften, aus der ökonomischen Arbeitsteilung und dem Handel oder aus positiven Netzwerkeffekten auf sozialen Plattformen, deren Attraktivität für jedes Individuum steigt, je mehr Individuen sich beteiligen) auf Basis individueller Aktivitäten und sie fallen im Ergebnis auch immer einzelnen Individuen und nicht einem organischen Gemeinwohl zu.

Die beim Verweis auf den methodologischen Individualismus mitklingende Skepsis hinsichtlich einer organischen Trägerschaft des Gemeinwohls hat ihren Grund auch darin, dass ein unabhängig von den Individuen objektiv und organisch verfasstes Gemeinwohl (beispielsweise als Volkswohl) dem Totalitarismus Vorschub leistet. Die Bestimmung eines Gemeinwohls

- aus einer Position der religiösen Erwähltheit des Volkes oder seiner Geistlichen,
- einer natürlichen Überlegenheit seiner Rasse,
- einer historischen Vorherbestimmtheit
- oder aus anderen Einsichten, die als Wahrheitsaussagen nicht auf die Zustimmung der Mitglieder der Gesellschaft angewiesen sind,

benötigt keine weitere wissenschaftliche und rationale Begründung von Gemeinwohl. Derartige Konzeptionen fordern lediglich die Unterwerfung der Individuen, bestenfalls natürlich in freiwilliger und gläubiger Weise. In Deutschland hat die Schwierigkeit der Verwendung des Gemeinwohlbegriffs trotz seiner prominenten Stellung im Grundgesetz gewiss auch mit dem von den Nationalsozialisten im Parteiprogramm der NSDAP bereits 1920 benutzten Ausspruch *„Gemeinnutz geht vor Eigennutz"* zu tun (Dujmovits und Sturn 2021). Es ist vor allem der rechtsstaatliche Freiheitsbegriff, der einer kollektivistischen Verwendung des Gemeinwohlbegriffs entgegengehalten wird.

Gleichzeitig kann die Verwendung des Freiheitsbegriffs zur Abwehr einer übergriffigen Gemeinwohlkonzeption dazu führen, dass von der Gesellschaft selbst nicht viel übrig bleibt. So hat beispielsweise die ehemalige britische Premierministerin MAGRET THATCHER, inspiriert von den liberalen Ökonomen MILTON FRIEDMAN und FRIEDRICH AUGUST VON HAYEK, in einem Interview 1987 den pointierten Satz geprägt, dass es so etwas wie eine Gesellschaft gar nicht geben würde (*„There is no such thing as society"*). Das Einzige, was es gebe, seien bestenfalls hart arbeitende Individuen, d. h. Männer und Frauen und deren Familien. Aus ihrer Sicht wäre also eine ideale Gesellschaft dadurch gekennzeichnet, dass es sie gar nicht gebe, um die Individuen nicht davon abzuhalten, in eigenverantwortlicher Weise für sich selbst zu sorgen. Eine Gesellschaft wird damit so etwas wie eine Ansammlung zunächst unverbundener sozialer Atome, die gegenseitige Abhängigkeiten und Bindungen – wenn überhaupt – jedenfalls nur aus Freiwilligkeit und Eigeninteresse eingingen. Allerdings wird der Gesellschaftsbegriff auch für ökonomische Theorien erst dadurch interessant, dass sich aus der freiwilligen punktuellen Interaktion einzelner Individuen soziale Beziehungen und Institutionen herauslösen, die ebenfalls Teil und Wesensmerkmal einer Gesellschaft sind. Individuen stehen in komplexen Interaktionen und Beziehungen und sind damit auch bei Abwesenheit eines organischen Gesellschaftsbegriffs miteinander verbunden (Blackburn 2011).

Die Gesellschaft als schlichte Ansammlung von getrennten Einzelpersonen mit Einzelinteressen unabhängig von den sie verbindenden Strukturen zu betrachten und zu beschreiben, mag in manchen politischen Kämpfen eine nützliche oder befreiende Sache sein, wird aber der Ökonomik und den von ihr verfolgten Ansätzen zur Beschreibung des Gemeinwohls nicht gerecht. Ein Beispiel dafür liefert die ökonomische Theorie der öffentlichen Güter. Wichtig ist hierbei, dass die Natur der „Öffentlichkeit" von Gütern nicht daran anknüpft, dass der Staat diese Güter bereitstellt. Öffentliche Güter werden in der Realität auch von privaten Akteuren bereitgestellt. Aus verschiedenen Gründen ist es jedoch häufig ein Teil der Lösung, dem Staat die Aufgabe einer Bereitstellung dieser Güter zuzuweisen. Klassische Lehrbuchbeispiele sind Güter wie die öffentliche Infrastruktur (etwa in Form eines Straßennetzes). Interessanterweise lassen sich aber auch viele Nachhaltigkeitsprojekte wie etwa „Klimaschutz" mit der Theorie der öffentlichen Güter bearbeiten (vgl. hierzu Kap. 9 dieses Buches). Allgemein formuliert sind zwei eher „technische" Merkmale des Konsums konstituierend für die Öffentlichkeit dieser Güter:

- Erstens unterliegen sie der *Nicht-Ausschließbarkeit im Konsum*, d. h. es ist nicht möglich, solche Individuen vom Genuss dieser Güter auszuschließen, die sich nicht an seiner Finanzierung beteiligt haben. Wenn ein vorhandenes Straßennetz verfügbar ist, bedarf es eines großen Aufwandes, etwa in Form eines Maut-Systems, um dafür zu sorgen, dass nur solche Auto- oder Fahrradfahrer die Straßen benutzen, die zuvor einen Finanzierungsbeitrag erbracht haben. Beim Klimaschutz ist es noch dramatischer: Angenommen, Deutschland oder Europa befinden sich mit dem klimaneutralen Umbau der Industriegesellschaft in einer Vorreiterrolle, so ist es nicht möglich, Akteure oder Länder, die sich nicht an einer aktiven Klimapolitik beteiligen wollen, von dem Nutzen in Form der Klimaentlastung durch die angestrebten CO_2-Einsparungen auszuschließen.
- Und zweitens unterliegen sie der *Nicht-Rivalität* im Konsum. Dies bedeutet, dass die Nutzungsmöglichkeiten eines einzelnen Individuums an diesem Gut nicht dadurch reduziert wird, dass andere Individuen ebenfalls von diesem Gut profitieren. Beim Straßensystem ist dieser Aspekt natürlich nur dann überzeugend, solange es nicht zu Staus und langen Wartezeiten durch eine intensivere Nutzung kommt. Beim Klimaschutz hingegen ist es klar: Der Nutzen, den Deutschland oder die EU aufgrund der durch ihre Aktivitäten ermöglichten Entlastung des Klimas entsteht, sinkt nicht durch ein starkes Bevölkerungswachstum in anderen Regionen der Welt. Die Tatsache, dass Menschen in anderen Regionen der Welt davon profitieren, reduziert bei einem globalen öffentlichen Gut die eigenen Vorteile dieses Gutes nicht.

Das Kriterium der Nicht-Ausschließbarkeit führt dazu, dass marktliche Systeme zur Bereitstellung dieser Güter ungeeignet sind. Wenn man vom Konsum nicht ausgeschlossen werden kann, werden sich in der realen Welt – wie im zweiten Kapitel anhand von Gl. 2.1 gezeigt wurde – zumindest einige Individuen als Trittbrettfahrer verhalten. Dieser Befund stellt einen klassischen Fall von Marktversagen dar. Dies ist auch der Grund, warum man nicht darauf hoffen sollte, dass, es ohne weitere institutionelle Voraussetzungen zu einem Markt für öffentliche Infrastruktur oder den Klimaschutz kommt.

Aus gesellschaftlicher Sicht noch bedeutender ist hingegen die Bedeutung der Nicht-Rivalität. Diese impliziert, dass dieses Gut *gemeinsam von allen Individuen konsumiert* wird. Kein einzelnes Individuum hat die Möglichkeit über sein eigenes öffentliches Gut zu entscheiden, das Gut ist unteilbar. Es ist ausgeschlossen, dass jedes Individuum nach seinen eigenen Vorstellungen ein Straßennetz oder den globalen Klimaschutz gestaltet. Dieses Prinzip des gemeinsamen Konsums entfaltet nun eine ganz wesentliche Konsequenz für die Frage, wie viel von diesem Gut bereitgestellt werden soll, wie viele Ressourcen die Gesellschaft also in dieses Gut investieren sollte. Wie bei anderen Gütern stellt die ökonomische Theorie hier einen Kosten-Nutzen-Vergleich an. Dieser enthält jedoch eine gesellschaftliche Dimension. Die Theorie der öffentlichen Güter kommt mit der SAMUELSON-Bedingung zu dem Ergebnis, dass bei der Bestimmung des kollektiven, bzw. gesellschaftlichen Nutzens des öffentlichen Gutes sämtliche, potenziell davon betroffene Nutznießer zu berücksichtigen sind. Aus der Nicht-Rivalität und dem Prinzip des gemeinsamen Konsums resultiert also, dass die Nutzungswünsche sämtlicher Individuen zu berücksichtigen sind – unabhängig von ihren Verdiensten oder anderen soziodemografischen oder moralischen Eigenschaften. Aus normativer Sicht könnte man damit sagen, dass allein die Existenz dieser Individuen ihren Nutzungsanspruch beim öffentlichen Gut determiniert.

In ähnlicher Weise trifft dies auch auf die Theorie der externen Effekte zu. Externe Effekte stellen solche Folgen individueller Entscheidungen dar, die zu Beeinflussungen des Nutzens, des Wohlergehens oder der Produktionsmöglichkeiten anderer Individuen führen, die vom jeweils entscheidenden Individuum aber nicht berücksichtigt werden, weil diese sich nicht in den Marktpreisen oder anderen Restriktionen seiner Entscheidung abbilden. In der Umweltökonomik werden viele unterschiedliche Typen von Externalitäten diskutiert. Die von der ökonomischen Theorie entwickelten Lösungen (z. B. die PIGOU-Steuer) dienen grundsätzlich der Internalisierung dieser zuvor externen Effekte. Allgemeiner formuliert: Die gesellschaftliche Welt des Zusammenlebens der Individuen ist voll von derartigen positiven und negativen Externalitäten. Der Ansatz der Internalisierung läuft jedoch in der Regel nicht auf ein Verbot, eine Minimierung oder einen Ausschluss dieser Externalitäten hinaus, sondern vielmehr auf deren Gestaltung im Sinne der Interessen aller Betroffenen.

Unbestritten ist, dass die Umsetzung dieser theoretischen Lösung in der Realität vor vielen Problemen steht. Es sind Abgrenzungen und Operationalisierungen vorzunehmen. Wer ist beispielsweise wie von dem entsprechenden Gut oder dem externen Effekt betroffen? Sind dies nur die derzeit lebenden Menschen in einer Gesellschaft, oder sind auch die Bedürfnisse zukünftiger Menschen zu berücksichtigen? Wer darf entscheiden? Wie wird entschieden?[1] Deutlich wird damit jedoch,

---

[1] Ein in der Finanzwissenschaft angesichts dieser Fragen angewandtes Kriterium für derartige öffentliche Entscheidungen fordert beispielsweise institutionelle Kongruenz. Dies bedeutet, dass die Gruppe der Betroffenen und Nutznießer des Gutes mit der Gruppe der Entscheidungsträger und der Gruppe der Kostenträger (z. B. der Steuerzahler) übereinstimmen sollte (Blankart 2017).

dass die Ökonomik mit einem Gesellschaftsbild arbeitet, dass die einzelnen Individuen nicht als unverbundene Atome behandelt, sondern auch deren komplexe Interaktionsstrukturen und Dinge wie von allen geteilte Güter berücksichtigt.

3.5   Ein fiktives Beispiel

Nehmen wir an, dass die gewählte Regierung einer Gesellschaft im Zuge ihrer Klimaschutzpolitik darüber nachdenkt, ein Gesetz über eine solare Baupflicht beschließen zu erlassen. Hiernach würden alle Eigentümer von Bestandsbauten ebenso wie alle zukünftigen Bauvorhaben dazu verpflichtet werden, die Dächer ihrer Häuser mit Photovoltaikanlagen (für die Stromerzeugung) auszustatten. Man erwartet von dieser Maßnahme einen signifikanten Beitrag zur Einsparung von fossilen Ressourcen und Treibhausgasen gegenüber dem Status quo. Soll also allen Hausbesitzern eine Verpflichtung zur Installation einer Solaranlage auf ihren Hausdächern erlassen werden?

• Zur Entscheidung stehen damit in diesem stilisierten Beispiel die beiden folgenden Alternativen: **SP** (Solarpflicht) versus **KSP** (keine Solarpflicht, d. h. Verbleib im Status quo).

Mit einer derartigen Maßnahme zwingt man die Hauseigentümer per Gesetz dazu, Teile der in ihren Gebäuden benötigten Energie selbst zu erzeugen. Die Kosten des Einbaus einer derartigen Dachanlage hängen natürlich insbesondere von der Größe des Hauses ab. Allerdings erhalten sie auch die Möglichkeit, nicht selbst genutzte Energie in das Stromnetz einzuspeisen und hierfür eine gesetzlich fixierte Vergütung in Anspruch zu nehmen. Die Energieerzeugung der eigenen Anlage auf dem Hausdach, die Höhe der eigenen Energienachfrage und die Höhe der gesetzlich garantierten Vergütung für die in das Netz eingespeiste Energie wirken sich dann auf die Profitabilität dieser Investition aus.

Solange die Investition in eine Solaranlage auf dem Hausdach eine rein private und freiwillige Entscheidung darstellt, würde die mikroökonomische Entscheidungstheorie das Kalkül und das Entscheidungsverhalten privater Hausbesitzer etwa wie folgt beschreiben: Eine Hausbesitzerin vergleicht Kosten und Nutzen der Investition über einen bestimmten Planungshorizont, möglicherweise berücksichtigt sie dabei auch die Interessen der Nachbarn oder die ihrer Kinder (als potenzielle Erben des Hauses) oder auch die Sorge um das Wohlergehen zukünftiger Generationen. Im Ergebnis wird sie eine eigenverantwortliche Entscheidung für oder gegen den Bau einer Anlage treffen. Investiert sie nicht, drückt sie damit vielleicht aus, dass sie sich diese Investition nicht leisten kann, sie die Kosten als zu hoch empfindet oder von ihrem Nutzen nicht überzeugt ist, oder sie vielleicht gerade ganz andere Probleme hat, um die sie sich kümmern muss. Investiert sie hingegen, so würde dies darauf hindeuten, dass sie davon überzeugt ist, dass diese Anlage eine lohnende Investition in die Zukunft ist, von deren Erträgen sie selbst, aber auch die gesamte Gesellschaft profitiert. Möglicherweise hat sie aber auch nur einen sehr überzeugenden Berater gehabt, der ihr Zugang zu öffentlichen Fördermitteln verschafft hat, ohne dass sie eine konkrete Vorstellung von dieser Investition hat.

Ähnlich wie eine private Entscheidung von bestimmten Werten, Präferenzen und Rahmenbedingungen geprägt ist, ist natürlich auch eine kollektive Entscheidung von derartigen Vorstellungen geprägt. Für die Durchführung einer derartigen Maßnahme zur solaren Baupflicht könnten in einer politischen Diskussion viele Argumente vorgebracht werden. Allerdings gibt es sicherlich auch viele Argumente, die dagegen vorgebracht werden können. Im Folgenden soll es *nicht* um die Klärung gehen, welche Argumente richtig oder falsch sind oder wie diese kollektive Entscheidung tatsächlich ausfallen sollte. Vielmehr soll ausgehend von diesem fiktiven Beispiel skizziert werden, welche Zugänge und Kriterien aus ökonomischer Sicht relevant sind, mit denen eine rationale Entscheidung (für oder gegen die Solarpflicht) begründen könnte.[2]

3.5.1 Deskriptive Analyse: Wer ist betroffen und wie wirkt sich die Maßnahme auf die Verteilung aus?

Die ökonomische Verteilungstheorie könnte zur Entscheidungsunterstützung herangezogen werden. Ökonomische Daten zur Einkommensverteilung und zur sozioökonomischen Situation der Haushalte geben Aufschluss darüber, welche Haushalte derzeit bereits über eine Photovoltaikanlage verfügen, über welches Einkommen diese Haushalte verfügen und wie die mit dem Betrieb der Anlage verbundenen finanziellen Ströme (z. B. Vergütungszahlungen für ins Netz eingespeisten Strom) sich auf deren Einkommensposition in der Verteilung auswirken. Eine Entscheidung zur Einführung einer Solarpflicht würde ja nicht alle Bürger, Haushalte oder Steuerzahler gleichermaßen betreffen, sondern nur die Immobilieneigentümer. Ob die Tatsache, dass ein Haushalt Eigentümer einer Solaranlage ist (oder zukünftig werden soll) in irgendeiner Form einen Einfluss auf die messbare Verteilung von Einkommen und Vermögen hat, kann mit den Daten der Verteilungsmessung untersucht werden. Auch wenn die Maßnahme „Solarpflicht" (im Folgenden: SP) ganz offensichtlich nicht durch ein bestimmtes einkommensbezogenes Gerechtigkeits- oder Verteilungsziel motiviert wäre, so wäre es sicherlich gut zu wissen, wie sich die Belastungen aber auch die Vorteile einer solaren Baupflicht auf die Haushalte der Gesellschaft verteilen.

- In Bezug auf die *personelle Einkommensverteilung* zeigen empirische Studien (wenig überraschend), dass bislang in den unteren Einkommensbereichen nur

---

[2] Dieses Entscheidungsproblem zur Einführung einer Solarpflicht ist natürlich viel zu komplex, um hier eine *konkrete* Empfehlung zu entwickeln oder zu diskutieren. Im Folgenden unberücksichtigt bleibt beispielsweise die energiewirtschaftliche Dimension einer derartigen Entscheidung, die etwa Fragen der Speicherbarkeit der dezentral erzeugten Energie, der Netzanbindung, der Vergütung oder auch der Versorgungssicherheit berührt.

sehr wenige Solarhaushalte verortet sind und dass deren Anzahl kontinuierlich mit zunehmendem Einkommen zunimmt. Beispielsweise kann festgestellt werden, dass jeder fünfte Solarhaushalt der Gruppe der 10 % reichsten Haushalte der Bevölkerung angehört und vom derzeitigen System der Ökostromvergütung profitiert (Techert et al. 2012). Ob und inwiefern die bestehende Verteilung von Einkommen und Vermögen durch eine derartige Maßnahme weiter verändert wird, würde dann natürlich von vielen weiteren Faktoren abhängen – wie etwa der Frage, wie hoch zukünftig die ins Netz eingespeiste Stromerzeugung vergütet wird, und wie hoch der Anteil der einkommensschwächeren Haushalte an der Gruppe der von der Maßnahme betroffenen Immobilienbesitzer ist.

- SP wirft auch Fragen *der regionalen Verteilungswirkung* auf. So ist beispielsweise das umlagefinanzierte System der Ökostromförderung, mit dem auch die Vergütungszahlung von ins Netz eingespeisten Photovoltaikstrom vergütet wird, in Deutschland mit nicht unbeträchtlichen regionalen Disparitäten verbunden: So sind die südlichen Regionen Deutschlands von einer deutlich höheren Zahl an Sonnenstunden geprägt als die nördlichen. Dies geht mit deutlich unterschiedlichen Erträgen aus dem Betrieb von Solaranlagen einher, sodass Haushalte in sonnenreicheren Regionen also eine günstigere Rentabilität ihrer Anlagen erwarten dürfen als Haushalte in weniger sonnenreichen Regionen. Empirische Studien der regionalen Verteilungswirkungen der Ökostromförderung zeigen, dass eher ländliche Räume und bestimmte Bundesländer netto von der Ökostromförderung profitieren, während andere, eher industriell geprägte Regionen eher zu den Netto-Zahlern eines derartigen Systems gehören. Das damit verbundene Umverteilungsvolumen übersteigt beispielsweise deutlich die Volumen des Finanzausgleichs auf Ebene der Bundesländer (Menges und Untiedt 2016).

3.5.2 Deontologische versus konsequentialistische Theorien

In der Moralphilosophie, aber auch in der Wirtschaftsethik stehen sich konsequentialistische und nicht-konsequentialistische bzw. deontologische Handlungsprinzipien recht unversöhnlich und dichotomisch gegenüber. Vereinfachend können diese Positionen wie folgt zusammengefasst werden (vgl. etwa Lütge und Uhl 2018).[3]

---

[3] Häufig wird in diesem Kontext mit der *Tugendethik* ein weiterer Ansatz gekennzeichnet, der ebenfalls nicht dem Konsequentialismus zuzurechnen ist (Reiss 2013; Hübner 2018). Hierbei geht es vor allem um die Motivation, den Charakter und die Tugenden der handelnden Person und nicht so sehr um die deontologische Beschaffenheit konkreter Entscheidungen oder derer Konsequenzen. Bedeutende Vertreter der Tugendethik sind etwa PLATON (428–348 v. C.) und THOMAS VON AQUIN (1225–1275). In der Moderne werden insbesondere die Arbeiten der amerikanischen Philosophin MARTHA NUSSBAUM (*1947) dem Bereich der Tugendethik zugerechnet. Da in diesem Bereich der Ethik nicht so sehr die (aus ökonomischer Sicht relevante) Entscheidung über Alternativen im Vordergrund steht, werden diese Ansätze der Tugendethik für die weiteren Überlegungen dieses Buches nur am Rande betrachtet. Allerdings sind diese Abgrenzungen eher fließend.

Konsequentialistische Ethiken beziehen ihre Informationen über die Richtigkeit einer Handlung ausschließlich aus den entstehenden Konsequenzen eben jener Handlung. Nimmt man an, dass die entscheidende Frage für SP oder KSP, darin liegt, wie sich diese Entscheidung auf den von der Gesellschaft erwünschten Klimaschutz auswirkt, und nimmt man an, dass sich Klimaschutzbeiträge in Form von CO_2-Äquivalenten berechnen und ausdrücken lassen, so wird implizit eine funktionale Beziehung f der folgenden Art zwischen der Handlung und dem Zielkriterium Klimaschutz als Konsequenz der Handlung unterstellt: $CO_2 = f$ (SP), bzw. $CO_2 = f$ (KSP).

- Aus konsequentialistischer Sicht spricht die in CO_2-Einheiten gemessene Konsequenz für SP oder dagegen (und damit für KSP). Wenn die Konsequenzen diese Maßnahme lediglich durch einen Vergleich der Emissionen gegenüber dem Status quo (KSP) bestimmt werden, wird man vermutlich zu dem Ergebnis kommen: SP ≻ KSP.
- Werden hingegen die gesamtwirtschaftlichen Kosten der Maßnahme oder andere Effizienzeigenschaften ebenfalls als Entscheidungskonsequenzen berücksichtigt und zur Begründung herangezogen, fällt die Präferenz möglicherweise weniger eindeutig aus. Um die Konsequenzen der Entscheidung zu quantifizieren und deren Effizienz zu bestimmen, müssten auch die gesellschaftlichen Kosten der CO_2-Emissionen und die Kosten der Vermeidung dieser Emissionen bestimmt werden (vgl. hierzu Kap. 9 des Buches).
- Eine konsequentialistische Abwägung der Entscheidung könnte aber auch nachgelagert bzw. indirekt erfolgen: Wenn beispielsweise die grundsätzliche Entscheidung über den Ausbau der erneuerbaren Energien bereits gefallen ist (z. B. aufgrund der Zustimmung zu internationalen Klimaschutzzielen) und es „nur" noch um die Frage geht, auf welche Weise dieser Ausbau erfolgen soll, könnte ein konsequentialistisches Argument für SP darin liegen, dass mit der Verwendung bereits bebauter und privater Dachflächen keine zusätzlichen Freiflächen bebaut werden müssen, die ansonsten notwendigerweise für derartige Anlagen benötigt werden.

Deontologische Ethiken beziehen ihre Urteile über die Richtigkeit von Handlungen hingegen nicht, bzw. nicht ausschließlich auf deren Konsequenzen (wie Kosten oder Nutzen), sondern auf Merkmale, die die Handlungen bzw. die Entscheidungen selbst betreffen, ihr einen intrinsischen Wert zuweisen. Der griechische Begriff *deon* impliziert Pflichten oder das Gesollte. Diese Position kann auch als formales Prinzip ausgelegt werden, dass – wie etwa vom Philosophen IMMANUEL KANT

Häufig werden Ansätze der Tugendethik auch mit Ansätzen der Pflichtethik gemeinsam betrachtet. So werden beispielsweise die Ansätze von MARTHA NUSSBAUM zur Operationalisierung des von AMARTYA SEN entwickelten Fähigkeiten-Ansatzes (Capabilities) im sechsten Kapitel dieses Buches häufig dem Bereich der Tugendethik zugeordnet.

(1724–1804) gefordert – als Maxime die Vereinbarkeit der Handlung mit einer verallgemeinerbaren, verpflichtenden Regel fordert und die Individuen daran bindet[4]. Die Vertreter dieser Richtung lehnen es prinzipiell ab, gesellschaftliche Zustände bzw. „Konsequenzen" zum Ausgangspunkt einer ethischen Bewertung zu machen und betonen, dass es bestimmte Handlungen gibt, die – völlig unabhängig von ihren Konsequenzen – ge- oder auch verboten sind. Die Vertreter dieser Richtung verweisen darauf, dass es allgemeine Pflichten, Normen und Rechte gebe, die sich die Menschen als Vernunftwesen gegenseitig schulden.

- Aus deontologischer Sicht wäre der Alternative KSP möglicherweise dann der Vorzug gegenüber SP zu geben, wenn man zu der Meinung gelangt, dass SP einen unakzeptablen und nicht mit verallgemeinerbaren Normen kompatiblen Eingriff in die Freiheits- und Eigentumsrechte der Immobilienbesitzer darstellt, der nicht durch den Verweis auf den kollektiven Nutzen des Klimaschutzes gerechtfertigt sei.
- Betrachtet man hingegen die Verletzung grundlegender Rechte zukünftiger Generationen, die sich aus heutigen CO_2-Emissionen ergibt, als unakzeptabel, so könnte die Entscheidung für SP deontologisch als moralische Verpflichtung der heutigen Generation begründet werden.

Als wesentliche Schwäche der deontologischen Handlungsprinzipien wird angesehen, dass diese dazu neigen, einen moralischen Absolutismus zu entfalten, und damit zu einer Tugendüberforderung und wenig praktikablen Entscheidungsregeln führen können: So ist eine Handlung entweder mit einer bestimmten Regel vereinbar oder nicht. Deontologische Theorien haben daher ein Abwägungsproblem, weil sie die Abwägung unterschiedlicher Aspekte der Handlung nicht zulassen, bzw. weil sie keine Kriterien für die Abwägung im Konfliktfalle kennen. Der große Vorteil des Konsequentialismus besteht gerade darin, dass er derartige Abwägungen zulässt und dafür ein Konzept bereitstellt. Dieses gilt insbesondere für das ökonomische Nutzenkonzept, weil es darauf angelegt ist, unterschiedliche Ziele und Zielkonflikte angesichts von Knappheitsproblemen in Form von Trade-Offs abzubilden, um eine rationale Entscheidung zu treffen. Wenn es eine reellwertige Nutzenfunktion gibt – sei sie ordinaler oder kardinaler Natur – repräsentiert diese eine Evaluierung von Handlungskonsequenzen und damit eine Evaluation unterschiedlicher Zustände der Welt. Sie stellt damit eine binäre Relation dar: Wenn der Wert des Zustands A größer ist als der von Zustand B, kann beim Übergang von B nach A eine klare Besserstellung erreicht werden (Nida-Rümelin 2020b).

---

[4] Für die Leserinnen und Leser, die sich im zweiten Kapitel dieses Buches mit dem ökonomischen Rationalitätskonzept beschäftigt haben, ist es vermutlich wenig erstaunlich, dass Verteidiger des Homo oeconomicus diese deontologischen Ideen für beinahe lächerlich unrealistisch halten, weil damit gefordert werde, *„dass sich die Individuen im Zweifelsfall nicht nach ihren eigenen, sondern nach den allgemeinen Interessen richten"* (Kirchgässner 2013, S. 249) und sich in einem derartigen System die geforderte Vernunft nur dann einstellen könne, wenn sich auch alle daran halten.

Diese Unterscheidungen zwischen konsequentialistischen und deontologischen Ansätzen lassen sich im folgenden Schaubild zusammenfassen. Hieraus wird deutlich, dass der Konsequentialismus formal seine Gestalt dadurch erhält, dass

- die Menge der denkbaren Konsequenzen **K** entsprechend ihrer Wünschbarkeit geordnet wird, und die Elemente dieser Menge als alternative gesellschaftliche Zustände interpretiert werden,
- dass diese Menge sich als Abstraktion eines empirischen Kausalzusammenhanges *f* aus den denkbaren gesellschaftlichen Handlungen **X** ergibt,
- sodass die Ordnung der gesellschaftlichen Handlungen an die Ordnung der Konsequenzen K gebunden wird, bzw. von ihr determiniert wird (Abb. 3.2).

Ein Grund dafür, dass ökonomische Theorien fast ausschließlich eine konsequentialistische Ausrichtung haben, liegt an der Fokussierung der Ökonomik auf Entscheidungsprobleme bei der Verwendung knapper Ressourcen. Diese werden – wie im zweiten Kapitel erläutert – als Mittel-Zweck-Relationen dargestellt, die einer deontologischen Betrachtung kaum zugänglich sind. Eine rein konsequentialistische Betrachtung von Entscheidungsproblemen führt zu einer rein instrumentellen Rationalität im Sinne von „der Zweck heiligt die Mittel". Wenn eine Bewertung von **K** vorgenommen werden kann und damit eine Ordnung über **K** vorliegt, und wenn über *f* bekannt ist, mit welcher Handlung aus **X** das beste Ergebnis aus **K** realisiert werden kann, so besteht über **X** streng genommen gar

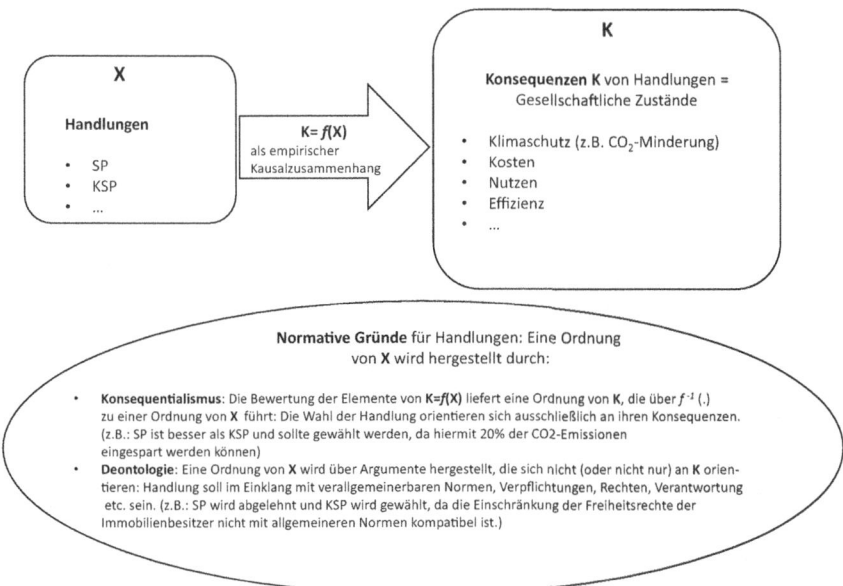

Abb. 3.2 Konsequentialismus versus Deontologie

keine Wahlfreiheit mehr, da genau die Handlung gewählt werden soll, die das beste Ergebnis bringt. Da die Fokussierung auf die Konsequenzen von Entscheidungen so selbstverständlich ist, werden die damit verbundenen Probleme und Widersprüchlichkeiten in der ökonomischen Theorie häufig gar nicht wahrgenommen. Gerade aber Kollektiventscheidungsprobleme werden von Problemen und Widersprüchlichkeiten des Konsequentialismus überlagert (Seidl 1988b). Dies lässt sich auch am o. g. fiktiven Beispiel verdeutlichen:

- Werden die positiven Konsequenzen einer Entscheidung für SP aufgrund der damit vermiedenen CO_2-Emissionen im Bereich des Gebäudebestandes empirisch im Vergleich zu KSP (z. B. auf Basis wissenschaftlicher Studien) nachgewiesen, und ist die Regierung etwa auch von der Kosteneffizienz dieser Maßnahme überzeugt, lehnt aber gleichzeitig die damit verbundenen Eingriffe in die individuellen Rechte der Immobilienbesitzer ab (auch wenn SP z. B. verfassungsrechtlich möglich wäre), so muss diese Präferenzstruktur aus konsequentialistischer Sicht logisch widersprüchlich aussehen. Konsequentialisten würden beispielsweise konstatieren, dass eine derartige Politik unter ihren Möglichkeiten bleibe, oder dass in der Politik ein reines Umsetzungsproblem (z. B. von naturwissenschaftlichen Erkenntnissen auf Basis von f) bestehe. Diese Widersprüchlichkeit wäre ähnlich wie diejenige, auf die SEN mit seiner Unterscheidung zwischen Sympathie und Verpflichtung bei individuellen Entscheidungsproblemen hinweist.
- Aus konsequentialistischer Sicht ebenfalls kaum verständlich wäre es aber auch, wenn aus den durch den Klimawandel bedrohten Freiheitsrechten zukünftiger Generationen oder anderen moralischen Überlegungen eine Verpflichtung für konkrete Klimaschutzmaßnahmen wie etwa SP abgeleitet wird, während möglicherweise die ökonomische Effizienz als Konsequenz von SP dagegenspricht und diese eher KSP den Vorzug geben würde.

Diese Widersprüchlichkeiten können nicht dadurch umgangen, rationalisiert oder internalisiert werden, dass deontologischen Aspekten wie verallgemeinerbaren moralischen Prinzipien oder individuellen Rechten formal ein ähnlich verrechenbarer, in konsequentialistischen Nutzen-, Wohlfahrts- oder auch Klimaschutzeinheiten ausgedrückter Wert eingeräumt wird. Hier wäre offenbar eine andere Form von Abwägungen gefragt, die aber nicht rein konsequentialistisch sein kann. Die Mehrdeutigkeit eines einheitlichen ethischen Maßstabs zur Beurteilung individueller und kollektiver Handlungen, der sich nicht eindimensional auf Konsequenzen, Pflichten oder Tugenden reduzieren lässt, hat bereits Adam Smith in seiner „Theory of Moral Sentiments" formuliert: *„ Welches Lob oder welcher Tadel auch immer einer Handlung gebühren mag, beides muss sich entweder erstens auf die Absicht und die innerste Gesinnung richten, aus der sie hervorgeht, oder zweitens auf die äußere Tat oder die Körperbewegung, welche durch diese Gesinnung veranlasst wurde, oder schließlich auf die guten oder bösen Folgen, die wirklich und tatsächlich aus ihr hervorgehen. Diese drei verschiedenen Momente enthalten das ganze Wesen und alle bedeutungsvollen Umstände der Handlung, und in ihnen muss* *darum die Grundlage für jede gute oder schlechte Beschaffenheit liegen, die man der Handlung zuerkennen kann"* (Smith 2010, S. 147 f.).

3.5.3 Welfarismus versus Liberalismus

Unabhängig von den Fragen des Konsequentialismus besteht aus ökonomischer Sicht die wesentliche globale Unterscheidung von Kollektiventscheidungsregeln in der Gegenüberstellung von Welfarismus und Liberalismus (Seidl 1988b). Beide Denkschulen vereint zunächst, dass sie beim Individuum ansetzen, Werte also gemäß dem methodologischen Individualismus immer auf individuelle Einheiten zurückgeführt und keine extra-individuellen Wertquellen akzeptiert werden. Ihre Differenz besteht darin, dass die Ansätze des Welfarismus bei einer kollektiven Entscheidung ausschließlich Informationen über die individuellen *Nutzen* der Gesellschaftsmitglieder berücksichtigen, während der Liberalismus die *Rechte* der Individuen betont. Welfarismus bedeutet also, dass eine Steigerung der Wohlfahrt immer nur durch eine Steigerung individueller Nutzenargumente realisiert werden kann. Innerhalb der Gruppe der welfaristischen Ansätze ist zusätzlich zu unterscheiden, ob die Vergleichbarkeit der individuellen Nutzen angenommen oder abgelehnt wird (vgl. hierzu den folgenden Abschnitt).

In der Gruppe der nicht-welfaristischen Ansätze nimmt der Liberalismus die prominenteste Rolle ein[5]. Der Liberalismus geht von einer politischen Ordnung souveräner, autonomer Individuen aus und betont im scharfen Gegensatz zum Welfarismus, dass Nutzenargumente keine individuellen Rechte außer Kraft setzen können. Er besteht auf der Unverletzlichkeit individueller Rechte, die seine Vertreter insbesondere gegen konservative und totalitäre Gegner wie den Sozialismus verteidigen (Kersting 2006). Der Liberalismus weist Individuen Grundrechte, Freiheitsrechte und v. a. eine Entscheidungsautonomie über Bereiche zu, die rein persönliche Angelegenheiten sind und einer kollektiven Verfügung entzogen sein sollten. Es ist insbesondere die Position des Philosophen ROBERT NOZICK (1938–2002), dass das gesellschaftliche Streben nach guten Konsequenzen kein Argument für die Einschränkung individueller Rechte darstellen dürfe.

Ein wichtiger Strang des Liberalismus liegt im Kontraktualismus (Vertragstheorie). Die Vorstellung, dass Menschen sich wechselseitig ein Recht auf Leben, Freiheit oder auch auf Eigentum zugestehen, dass diese Rechte vorrangig sind und Einschränkungen dieser Rechte nur dann akzeptabel sind, wenn alle Individuen

---

[5] Ein weiterer, nicht-welfaristischer Ansatz, der sich selbst jedoch wiederum scharf vom Liberalismus abgrenzt, ist der Kommunitarismus. Dieser geht von einer sozialen Einbettung des Individuums in eine Gemeinschaft aus, die sprachliche und moralische Traditionen teilt. Die Abgrenzung zum Liberalismus liegt darin, dass der Liberalismus die Autonomie des Individuums betont, der Kommunitarismus hingegen die Einbettung des Individuums in soziale Beziehungen und seine Abhängigkeit von der Gemeinschaft, die auch eine gemeinschaftliche Konzeption des Guten liefert (Becker et al. 2021). Ein wichtiger Vertreter des Kommunitarismus ist beispielsweise der Philosoph MICHAEL SANDEL (*1953).

diesen Einschränkungen freiwillig zustimmen, geht auf Vertragstheoretiker der Aufklärung wie JOHN LOCKE (1632–1704) oder THOMAS HOBBES (1588–1679) zurück.

Box 3.2: Der Leviathan als vertragstheoretische Konstruktion von Thomas Hobbes – Ist der Mensch von Natur aus gut oder schlecht?

Eine wesentliche Erfahrung der Menschen im ausgehenden Mittelalter bestand darin, dass Individuen aus bislang einheitlichen Welt- und Machtordnungen herausbrechen konnten. Insbesondere die kirchlichen Strukturen und Autoritäten und ein auf Herkunft und Abstammung oder das Gottesgnadentum begründetes Herrschaftssystem verloren in dieser Zeit ihre absolute Gestaltungsmacht zu Gunsten anderer politischer Formen des Gemeinwesens wie konstitutionellen, demokratischen und auf Wahlen beruhenden Prinzipien. THOMAS HOBBES machte sich vor diesem Hintergrund 1651 in seinem Werk „Leviathan" auf die Suche nach einer neuen, rationalen Begründung des Staates und bediente sich dabei vertragstheoretischer Gedanken (Kurz 2017). Er argumentiert, dass ein sich selbst überlassenes System notwendigerweise in Chaos, Anarchie und Bürgerkrieg münden werde. In einem derartigen Naturzustand habe das Individuum ein quasi unbegrenztes natürliches Recht und setzt seine Interessen ohne Rücksicht auf andere durch *(homo homini lupus est)*. Obwohl alle ihre Interessen durchsetzen wollen, ist dieser Zustand als Gleichgewicht des Schreckens wenig vorteilhaft für jeden Einzelnen, denn niemand kommt dazu, die Früchte seiner Arbeit zu ernten. Erst die freiwillige Übertragung vieler Rechte und die Unterwerfung unter einen mit absoluter Macht regierenden Staat beendet diesen Zustand und stiftet Frieden. Nicht zufällig bezeichnet HOBBES diesen Staat als Leviathan – ein Seeungeheuer aus der jüdischen Mythologie.

„Um aber eine allgemeine Macht zu gründen, unter deren Schutz gegen auswärtige und innere Feinde die Menschen bei dem ruhigen Genuss der Früchte ihres Fleißes und der Erde ihren Unterhalt finden können, ist der einzig mögliche Weg folgender: jeder muß alle seine Macht oder Kraft einem oder mehreren Menschen übertragen, wodurch der Wille aller gleichsam auf einen Punkt vereinigt wird, sodass dieser eine Mensch oder diese eine Gesellschaft eines jeden einzelnen Stellvertreter werde und ein jeder die Handlungen jener so betrachte, als habe er sie selbst getan, weil sie sich dem Willen und Urteil jener freiwillig unterworfen haben. Dies faßt aber noch etwas mehr in sich als Übereinstimmung und Eintracht; denn es ist eine wahre Vereinigung in einer Person und beruht auf dem Vertrage eines jeden mit einem jeden, wie wenn ein jeder zu einem jeden sagt: >> ***Ich übergeb mein Recht, mich selbst zu beherrschen, diesem Menschen oder dieser Gesellschaft unter der Bedingung, daß du ebenfalls dein Recht über dich ihm oder ihr abtrittst.*** << *(Hervorhebung i. O.) Auf diese Weise werden alle einzelnen eine Person und heißen* **Staat** *oder* **Gemeinwesen**. *So entsteht der große Leviathan, oder, wenn man lieber will, der* **sterbliche Gott**, *dem wir unter dem ewigen Gott allein Frieden und Schutz zu verdanken haben"* (Hobbes 2018, S. 155).

Aus ökonomischer Sicht beschreibt HOBBES hier als aufgeklärter Absolutist die Präferenzstruktur rationaler, eigennutzorientierter Individuen, die eine Strafandrohung benötigen um sich zu Frieden und Kooperation durchzuringen, die sich aber auch im Falle der freiwilligen Kooperation immer nur an ihren eigenen Interessen orientieren (Nida-Rümelin 2020b). Auch spätere Philosophen der Aufklärung wie IMMANUEL KANT, JOHN LOCKE o der JEAN JACQUES ROUSSEAU nutzten vertragstheoretische Elemente zur Begründung ihrer Theorien. Während aber der Naturzustand bei HOBBES eine kalte, gefährliche Situation darstellt, in der die schlechten menschlichen Eigenschaften nur durch die durch den Vertrag begründete Gesellschaft domestiziert werden können, ist es bei ROUSSEAU eher umgekehrt. ROUSSEAU betrachtet diesen Naturzustand eher als verlorenes Paradies, in dem friedfertige Menschen leben, deren Charakter erst von der bürgerlichen Gesellschaft verdorben wird.

Später entwickelte sich die Kontrakttheorie als eine Art hypothetisches Kollektiventscheidungsmodell, welches sich mit Problemen der Begründung staatlicher Aktivitäten in der Moderne angesichts des Verlustes anderer, objektiver verbindlicher Normen auseinandersetzt. Ein prominentes Beispiel für eine derartige vertragstheoretische Konstruktion ist etwa die Gerechtigkeitstheorie von JOHN RAWLS. Prägend für vertragstheoretische Modelle sind insbesondere drei Elemente (Becker et al. 2021):

- *Erstens* geht die Vertragstheorie von selbstbestimmt, rational und autonom handelnden Individuen aus. Diese befinden sich in der Ausgangssituation in einem fiktiven Natur- oder Urzustand.
- Die Individuen begeben sich *zweitens* in freiwilliger Entscheidung in einen Gesellschaftsvertrag zu Gunsten eines Kollektivs. Der Vertragsabschluss und die damit eingegangenen Verpflichtungen werden kausal als Ergebnis rationaler Überlegungen der Individuen unter den Bedingungen im (hypothetischen) Urzustand interpretiert.
- Und *drittens* müssen sich auch dieser vertraglichen Übereinkunft die Institutionen und Aufgaben des Staates definieren und sicherstellen lassen.

Moderne Vertragstheoretiker wie DAVID GAUTHIER (*1932) (vgl. auch Box 6.2) betonen, dass beispielsweise eine Norm, an der sich Individuen orientieren, nur dann akzeptabel ist, wenn diese im Interesse aller ist, was bedeutet, dass diese auch allen nützen muss. Bedeutsam ist hierbei, dass bei dieser Betonung individueller Rechte einzelnen Individuen der Status eines Diktators zukommen kann, da sie verlangen können, dass kollektive Präferenzen sich ausschließlich an ihrer eigenen Position orientieren. Dies kann als Ausdruck eines deontologischen Prinzips interpretiert werden: Auch wenn durch eine kollektive Entscheidung ein besserer (oder bestmöglicher) Weltzustand oder die Bewahrung vor einer Katastrophe erreicht werden könnte, sieht die deontologische Logik für individuelle Rechte eine Art „Trumpf" in Form eines höheren Rechtsgutes vor, diese Entscheidung zu unterlassen, wenn sie gegen ein individuelles Recht verstößt (Seidl 1988b).

Der scharfe Gegensatz zwischen Welfarismus und Liberalismus wird auch daran deutlich, dass die liberalistische Betonung individueller Rechte aus Sicht des Welfarismus nicht verständlich ist, da sie seiner konsequentialistischen Logik entgegensteht: Wenn Überlegungen zur gesellschaftlichen Wohlfahrt auf individuellen Nutzen und Präferenzen basieren, können individuelle Rechte nur in dem Maße berücksichtigt werden, in dem sie sich als nützlich für die Individuen erweisen. JEREMY BENTHAM, der Begründer des Utilitarismus (als einer der wesentlichen Strömungen des Welfarismus vgl. hierzu Kap. 5), bezeichnete die Vorstellung individueller Grundrechte als „Unsinn auf Stelzen" (nonsense upon stilts) und sah anders als etwa JOHN LOCKE keine Grundlage für die direkte Wohlfahrtsrelevanz von Grundrechten, da derartige Rechte nur die persönlichen Wünsche derjenigen reflektieren würden, die diese propagieren (Guidi 2008).

3.5.4 Welfarismus: Die Frage der Nutzenvergleichbarkeit und das Aggregationsproblem

Die zentrale Herausforderung der welfaristischen Ansätze liegt darin, die individuellen Nutzeninformationen der Gesellschaftsmitglieder zu einem operationalisierbaren Entscheidungskriterium zu aggregieren (Aggregationsproblem). Welfaristische Ansätze sind durch Methoden geprägt, mit denen individuelle Nutzeninformationen und Präferenzordnungen zu einer kollektiven Präferenzordnung gebündelt werden können. Dies muss allerdings auf eine Weise geschehen, dass auch die kollektive Präferenzordnung bestimmten Rationalitätsanforderungen wie etwa der Forderung nach Transitivität Stand hält.

- Nimmt man an, dass die Gesellschaft, die über SP versus KSP zu entscheiden hat, aus 100 Personen besteht, von denen 80 Personen SP – aus welchen Gründen auch immer – als Nutzensteigerung wahrnehmen würden, 20 Personen damit hingegen eine Nutzenverschlechterung verbinden würden, stellt sich die Frage, wie diese individuellen Präferenzen zu einer kollektiven Präferenz und damit zu einer kollektiven Entscheidung verbunden werden sollen.

Wie kommt man also vom individuellen Nutzen zur gesellschaftlichen Wohlfahrt? Die wichtigste Unterscheidung innerhalb der welfaristischen Ansätze liegt in der bereits im zweiten Kapitel diskutierten Frage, ob die individuellen Nutzen direkt miteinander verglichen werden können. Die *ältere Wohlfahrtsökonomik* geht vom Nutzenbegriff des klassischen Utilitarismus aus und betont die kardinale Messbarkeit und Vergleichbarkeit des individuellen Nutzens. Unter dieser Voraussetzung erscheint das Aggregationsproblem recht einfach lösbar, sodass sich ein eindeutiges Entscheidungskriterium für kollektive Entscheidungen herleiten lässt.

- Existiert eine Methode, mit der sich die von SP ausgelösten individuellen Nutzenänderungen (gegenüber KSP) miteinander verbinden bzw. aggregieren lassen – im fünften Kapitel wird hierfür der Begriff der Sozialen Wohlfahrtsfunktion eingeführt werden – so werden in irgendeiner Form 80 individuelle Nutzensteigerungen mit 20 individuellen Nutzenverlusten gegeneinander verrechnet. Sofern die Höhe eines durchschnittlichen Nutzenverlustes nicht deutlich die Höhe eines durchschnittlichen Nutzenzugewinns übersteigt, wäre vermutlich damit zu rechnen, dass die gesamtgesellschaftlichen Nutzengewinne aufgrund von SP positiv sind, sodass dieses Entscheidungskriterium zum Ergebnis kommen würde, dass SP $\succ$ KSP.
- Eine Methode zum Vergleich bzw. zur Verrechnung von heutigen und zukünftigen Nutzeninformationen stellt die Diskontierung dar. In der Klimaökonomik werden Aussagen über die Vorteilhaftigkeit heutiger klimapolitischer Maßnahmen wie SP anhand des Vergleiches zukünftiger Kosten und Nutzen mit heutigen Kosten und Nutzen hergeleitet. Im Entscheidungskriterium einer intertemporalen Wohlfahrtsfunktion wird angenommen, dass der Nutzen, der einer zukünftigen Generationen aufgrund einer heutigen klimapolitischen Maßnahme (z. B. durch die Vermeidung von Ernteausfällen infolge einer klimabedingten Dürre) entsteht, anhand eines geeigneten Diskontfaktors mit den Kosten verglichen werden kann, die die heutige Generation für eine konkrete klimapolitische Maßnahme aufzubringen hat. Dieser Ansatz der intertemporalen Diskontierung stellt ein wichtiges welfaristisches Entscheidungskriterium dar, mit dem die Konsequenzen heutiger Entscheidungen für die Wohlfahrt zukünftiger Generationen in die Kosten-Nutzen-Abwägungen der heutigen Generation mit einfließen. Wenn beispielsweise der britische Ökonom NICHOLAS STERN in seinem Klima-Report zu dem Ergebnis kommt, dass kurzfristig wirksame klimapolitische Maßnahmen realisiert werden sollten, da die wirtschaftlichen Kosten des Klimawandels in der Zukunft viel höher sind, als die wirtschaftlichen Einbußen, die der heutigen Gesellschaft durch ein rasches Eingreifen

entstehen (Stern 2007), so ist dieses Resultat auch Ausdruck der Annahme, dass Stern eine relativ niedrige Diskontrate ansetzt (vgl. hierzu Abschn. 5.3.8). Vereinfacht gesprochen: Der klimapolitische Nutzen einer heutigen Maßnahme, der aber erst in der Zukunft entsteht, verbessert die Kosten-Nutzen-Bilanz der Maßnahme bereits heute.

Der einzige Unterschied zwischen dem herkömmlichen Aggregationsproblem (Wie lassen sich individuelle Nutzen zu einem welfaristischen Gesamtindex der Gesellschaft verrechnen?) und dem Ansatz der intertemporalen Diskontierung (Wie lässt sich die Wohlfahrt der heutigen Generation mit der Wohlfahrt der zukünftigen Generation vergleichen?) besteht darin, dass im ersten Fall unterschiedliche Individuen betrachtet werden und im zweiten Fall Individuen durch Gesellschaften (zu unterschiedlichen Zeitpunkten) im Entscheidungskriterium ersetzt werden.

Die Lösung dieses Aggregationsproblems wird jedoch ungleich schwieriger, wenn man – wie im Zuge der Paretianischen Wende im zweiten Kapitel erläutert – davon ausgeht, dass individuelle Nutzeninformationen rein ordinal und nicht auf kardinalem Niveau vergleichbar sind. Dies kennzeichnet die Position der *jüngeren Wohlfahrtsökonomik*. Nutzeninformationen können in diesem Fall nur noch als Ausdruck einer Besserstellung oder einer Schlechterstellung einzelner Individuen verwendet werden, oder als deren Indifferenz. Es bestehen hier also keine sinnvollen Möglichkeiten, die Intensität der Nutzenänderungen zwischen den Individuen zu vergleichen. Man kann Besserstellungen einzelner Individuen (z. B. aufgrund einer politischen Maßnahme des Klimaschutzes) nicht mit Schlechterstellungen anderer Individuen beim Wohlfahrts- bzw. Entscheidungskriterium verrechnen. Der einzige Weg zur Lösung des kollektiven Entscheidungsproblems besteht nun darin, herauszufinden, ob tatsächlich alle Individuen davon profitieren.

- Da es kein Kriterium gibt, anhand dessen man urteilen könnte, dass die 80 individuellen Nutzensteigerungen die 20 individuellen Nutzenverluste bei einer Gesamtbetrachtung übersteigen, müsste SP abgelehnt werden: KSP >SP. Diese Überlegung wird im fünften Kapitel als Prinzip der Pareto-Optimalität bzw. Pareto-Effizienz eingeführt werden. Sofern es auch nur ein Individuum gibt, dass durch die Einführung von SP eine Schlechterstellung erfährt, verbleibt die Gesellschaft im Status quo. Eine Entscheidung für SP wäre also nur denkbar, wenn *alle* Individuen damit eine Nutzensteigerung verknüpfen.

Rückt man hingegen von dem hier angelegten Einstimmigkeitsprinzip ab, so kann man unter dem Dach des Welfarismus die Lösung des Aggregationsproblems auch in anderen demokratischen Entscheidungsregeln finden, z. B. im Mehrheitsentscheid. Hier wird also das Aggregationsproblem dadurch gelöst, dass nicht von den individuellen Nutzeninformationen, wohl aber von individuellen Präferenzinformationen ausgegangen wird, die zu einer kollektiven Präferenz aggregiert werden.

- Wird beispielsweise eine Mehrheitswahl durchgeführt, bei der sich mehr als 50 der beteiligten Personen für SP aussprechen, so wird diese Option gewählt: SP >KSP.

Hier setzt die Sozialwahltheorie (Social Choice) als Strang der welfaristischen Kollektiventscheidungstheorie an, die sich aufgrund der Ablehnung individueller Nutzenvergleiche mit anderen Kollektiventscheidungsregeln und demokratischen Entscheidungsregeln auseinandersetzt. Im fünften Kapitel (Abschnit 5.5) wird eine Reihe von Eigenschaften und Problemen derartiger Entscheidungsregeln diskutiert.

3.5.5 Liberalismus: Positive und negative Freiheitsrechte

Der Liberalismus betont die Unverletzlichkeit individueller Rechte und entzieht diese Rechte einer rein konsequentialistischen Abwägung oder auch einer Mehrheitsentscheidung im Zuge demokratischen Abstimmungen. Der Freiheitsbegriff impliziert aus Sicht des Liberalismus ausdrücklich eine Ordnungsfrage: Die Frage, wie die Menschen zusammenleben, was sie sich gegenseitig schulden, hängt immer auch damit zusammen, welche Freiheiten sie haben oder haben sollten. Im Gegensatz zum Gerechtigkeitsbegriff stellt sich Freiheit jedoch als Wert dar, der sich nicht erst aus der dem sozialen Wesen des Menschen ergibt, sondern vielmehr seiner Individualität geschuldet ist. Freiheit zielt damit vor allem auf die Selbstbestimmung des Menschen (Horn 1996).

Allerdings gibt es im Liberalismus verschiedene Strömungen und auch einen heftigen „Familienstreit" (Kersting 2006) über das richtige und angemessene Verständnis der individuellen Grundrechte als Ausdruck dieser Freiheit. Insbesondere die Frage, wie diese Rechte bei der Gestaltung von Staat, Markt und Gesellschaft berücksichtigt werden sollen, war und ist Gegenstand gesellschaftlicher Diskussionen. Eine Linie, entlang der die Kontroversen innerhalb des Liberalismus verlaufen, bezieht sich auf die Unterscheidung positiver und negativer Freiheitsrechte. Negative Freiheitsrechte fordern die Unabhängigkeit und die Freiheit des Individuums vor Fremdbestimmung, äußeren Zwängen und Gewalt (Freiheit von…), während positive Freiheitsrechte die Möglichkeiten zur Selbstverwirklichung des Individuums fordern, die z. B. den Individuen die Möglichkeit bieten, sich selbst Ziele zu setzen, ihre Talente und Möglichkeiten nach ihren eigenen Vorstellungen frei zu entfalten (Freiheit zu…). Mit Bezug zum o. g. Beispiel ließen sich positive und negative Freiheitsrechte wie folgt anwenden:

- Betont man negative Freiheitsrechte, so könnte man aus liberaler Sicht darauf bestehen, dass die klimaschutzmotivierte Entscheidung eines Hausbesitzers für die Installation einer Solaranlage eine gute Sache ist, wenn diese Entscheidung auf freiwilliger Basis erfolgt. Eine Solarpflicht stellt jedoch einen unzulässigen Eingriff in individuelle Eigentumsrechte dar, sodass SP abzulehnen sei.
- Ein Beispiel für die Betonung positiver Freiheitsrechte, das man im Zusammenhang mit SP vorbringen könnte, wird seit einiger Zeit in der Rechtsprechung

formuliert. Betont man beispielsweise – wie das Bundesverfassungsgericht – die positiven Freiheitsrechte zukünftiger Generationen, die von den Emissionen der derzeitigen Generation gravierend eingeschränkt werden, so ergibt sich hieraus möglicherweise eine Verpflichtung des Gesetzgebers für konkrete heutige Maßnahmen des Klimaschutzes, weil nur damit den Freiheitsrechten zukünftiger Generationen Rechnung getragen werden kann (BVerfG 2021a).[6]

Eine ähnliche Unterscheidung von Liberalismustheorien nimmt beispielsweise der Philosoph Michael Sandel in seinem Buch „Vom Ende des Gemeinwohls" (Sandel 2020) vor, wenn er zwischen einem insbesondere von Hayek geprägten Liberalismus des freien Marktes mit seiner Betonung negativer Freiheitsrechte und einem von RAWLS geprägten Liberalismus des Wohlfahrtsstaates mit seiner Betonung positiver Freiheitsrechte spricht.

Diese Unterscheidung kennzeichnet aus Sicht von Liberalismustheoretikern vielleicht nicht die zentrale Kontroverse innerhalb des Liberalismus. So kann man – wie Kersting (2006) – die positive Freiheit („Wir wollen unser eigener Herr sein und nicht fremdbestimmt leben") als Innenseite der negativen Freiheit („Wir wollen frei von Zwang sein") beschreiben. Oder man kann positive und negative Freiheit gemeinsam als „zweipoligen Kern" des Freiheitsbegriffs ansehen (Höffe 2015b). Die Betonung negativer Freiheitsrechte, die Abwesenheit von Zwang und die Betonung des Kriteriums der Freiwilligkeit werden in ökonomischen Ansätzen, wie etwa bei HAYEK oder BUCHANAN, besonders prominent vertreten. Sie sind insbesondere mit der Vorstellung einer Leistungsgerechtigkeit kompatibel, nach der die von Individuen selbst erworbenen Ansprüche anzuerkennen und zu schützen sind. Positive Freiheitsrechte spielen in ökonomischen Theorien häufig jedoch nur eine untergeordnete Rolle.

Eine Ausnahme liefert die Armutsmessung und -politik im Rahmen der ökonomischen Verteilungstheorie. Die Verteilungstheorie ist zwar davon geprägt, dass eine am Gerechtigkeitsziel orientierte Verteilungspolitik vor nicht unbeträchtlichen konzeptionellen Problemen und Begründungsschwierigkeiten steht, räumt

---

[6] In der entsprechenden Pressemitteilung argumentiert das Gericht bei der Begründung seines Beschlusses wie folgt: *„Danach darf nicht einer Generation zugestanden werden, unter vergleichsweise milder Reduktionslast große Teile des CO_2-Budgets zu verbrauchen, wenn damit zugleich den nachfolgenden Generationen eine radikale Reduktionslast überlassen und deren Leben umfassenden Freiheitseinbußen ausgesetzt würde. Künftig können selbst gravierende Freiheitseinbußen zum Schutz des Klimas verhältnismäßig und verfassungsrechtlich gerechtfertigt sein; gerade deshalb droht dann die Gefahr, erhebliche Freiheitseinbußen hinnehmen zu müssen. Weil die Weichen für künftige*
Freiheitsbelastungen bereits durch die aktuelle Regelung zulässiger Emissionsmengen gestellt werden, müssen die Auswirkungen auf künftige Freiheit aber aus heutiger Sicht verhältnismäßig sein." (BVerfG 2021b, S. 4). Die Anerkennung von Pflichten gegenüber zukünftigen Generationen wird auch in der Literatur der ökologischen Ökonomik betont. Die hier formulierte ethische Position basiert auf zwei Prämissen: Erstens werden natürliche Ressourcen als gemeinsames Eigentum aller Mitglieder der Gesellschaft betrachtet. Und zweitens haben zukünftige und gegenwärtig Generationen hier vergleichbare (kommensurable) Nutzungsrechte (Howarth 2018).

aber dem Ziel einer Verbesserung der Lage der wirklich bedürftigen Individuen einen hohen Rang ein – sofern unter Bedürftigen, insbesondere Arme subsummiert werden, die *„über keine ausreichenden Mittel verfügen, um aus eigener Kraft ein menschenwürdiges Leben führen zu können"* (Breyer und Buchholz 2009, S. 44). Das individuelle Recht auf gesellschaftliche Teilhabe als Ausdruck einer positiven Freiheit wird im Falle der Armutsbekämpfung also auch in der Standardökonomik weitgehend geteilt. Eine Politik der Armutsbekämpfung sichert aus ökonomischer Sicht zumindest einen Mindestumfang der materiellen Verwirklichung der Individuen bei der Wahrnehmung ihrer individuellen Grundrechte auf persönliche Freiheit und die freie Entfaltung der Persönlichkeit, ohne den andere Freiheiten wie etwa die Freiheit der Berufswahl nicht denkbar wären (Lampert und Althammer 2007). Die gesellschaftliche Norm der Bedarfsgerechtigkeit wird im Bereich der grundlegenden individuellen Existenzsicherung in der Ökonomik zwar weitgehend akzeptiert, nicht aber darüber hinaus (Horn 1996).

Einen deutlichen Schritt weiter bei der Betonung positiver Freiheitsrechte gehen die ressourcenorientierten Wohlfahrts- und Gerechtigkeitstheorien von JOHN RAWLS und AMARTYA SEN, die im sechsten Kapitel des Buches erläutert werden. Beide Ansätze sind dem Liberalismus zuzurechnen, gehen aber davon aus, dass die negative Freiheit als Abwesenheit von Fremdbestimmung nicht ausreichend ist für die Selbstbestimmung und Selbstverwirklichung der Individuen. In ihren Arbeiten distanzieren sie sich (aus unterschiedlichen Gründen) vom welfaristischen Nutzenbegriff als Grundlage der Bestimmung von Wohlfahrt und Gerechtigkeit und stellen stattdessen soziale Grundgüter wie Freiheiten, Rechte, bestimmte Fähigkeiten der Individuen oder auch die individuelle Selbstachtung ins Zentrum ihrer Überlegungen (Kern 2001). Von besonderer Bedeutung ist etwa die von SEN vorgeschlagene Differenzierung in unterschiedliche Freiheiten, deren unterschiedliche Facetten er in seinem vielfältigen Werk mit zahlreichen Beispielen illustriert. Beispielsweise trennt er Handlungsfreiheit und Wahlfreiheit. Während die Handlungsfreiheit als Handlungsautonomie verstanden werden kann und mit dem negativen Freiheitsbegriff kompatibel ist, bezieht die Wahlfreiheit ausdrücklich das ein, was überhaupt wählbar ist. SEN geht es um Freiheit, das zu erreichen, was man vernünftigerweise erreichen will; diese ist eng verbunden mit den Verwirklichungschancen, die wiederum ein zentrales Element von SENs Idee der Gerechtigkeit darstellen (vgl. Kap. 6).

SEN und RAWLS leiten damit Ansprüche der Individuen auf diese Güter her, die nicht von einer rein konsequentialischen Betrachtung in Form von Nutzen als Ziel alles Wirtschaftens gedeckt sind. Es ist daher wenig erstaunlich, dass die ökonomische Standardliteratur dieser Betonung von Grundgütern oder Fähigkeiten bislang eher skeptisch gegenübersteht. Vor allem aber werden mitunter Tendenzen eines objektivistischen, überindividuellen Ansatzes kritisiert, der nicht mehr direkt bei den Individuen ansetze, sondern stattdessen gesellschaftliche Potenziale betone, die allen Individuen zur Verfügung stehen *sollten*. Kritisiert wird, dass Individuen hier zu Objekten degradiert werden. Ein derartiger Ansatz gilt nicht mehr als individualistisch, da damit implizit bezweifelt wird, dass die Individuen wissen, was ihr Nutzen ist, bzw. was zu ihrem Nutzen ist. Vielmehr werden andere, tendenziell paternalistische Begründungen für kollektive Maßnahmen und Eingriffe in die individuelle Autonomie vorgetragen: Die Präferenzen des Individuums werden *„nicht so wie sie sind, akzeptiert, sondern mit objektivistischen Argumenten paternalistisch korrigiert…, und das bedeutet, dass manche Präferenzen, die das Individuum hat, nicht akzeptiert, und ihm andere, die es nicht hat, mehr oder weniger subtil aufoktroyiert werden"* (Kleinewefers 2008, S. 279).

Der dieser Kritik zugrunde liegende ökonomische Freiheitsbegriff ist vor allem individualistisch. Er knüpft an vertragstheoretische Ideen von Menschen an, die in einem Ausgangs- oder Naturzustand frei geboren sind und daher bestimmte Rechte haben, die v. a. als negative Freiheitsrechte definiert werden. Begründet man jedoch etwa in der Klimapolitik die Ansprüche zukünftiger Generationen oder in der Entwicklungspolitik die Ansprüche benachteiligter gesellschaftlicher Gruppen mit deren positiven Freiheitsrechten, so setzt dies einen aufgeklärten Freiheitsbegriff voraus, der die Menschen nicht nur als freie, isolierte Individuen, als Opfer oder als Betroffene betrachtet, sondern als Menschen, die füreinander Verantwortung tragen und sich etwas schulden, das über eine altruistische Wohltäterschaft hinausgeht.

3.6 Ausblick auf die weitere Kapitelstruktur

Für das Verständnis der weiteren Kapitelstruktur ist es sinnvoll, sich noch einmal die Position des methodologischen Individualismus vor Augen zu führen: Dieser impliziert eine Vorstellung von der Gesellschaft, die keine eigenständigen Ziele verfolgt, sodass alle gesellschaftlichen Ziele immer auf das Individuum bzw. individuelle Positionen zurückgeführt werden müssen. Mit anderen Worten: Der methodologische Individualismus wird hier normativ, da er die Individuen mit einer moralischen Autonomie ausgestattet sieht und die Individuen zum alleinigen Bezugspunkt normativer Erörterungen erklärt – sei es auf Basis von Nutzen- oder Präferenzinformationen wie im Welfarismus, oder auf Basis von Rechten wie im Liberalismus. Die Gesellschaft stellt sich dem Individuum damit lediglich als Instrument zur Verfolgung der eigenen Interessen dar, oder auch als Restriktion bei der Realisierung der eigenen Interessen (Rothgang und Staber 2009). Dieser Gedanke wird in den folgenden Kapiteln folgendermaßen berücksichtigt:

- Im *vierten* Kapitel steht die am Individuum und seinen Güterausstattungen und anderen soziodemografischen Merkmalen ansetzende *Verteilungstheorie* im Vordergrund. Die Verteilungstheorie liefert die Methodik zur Beschreibung der Gesellschaft. Die gesellschaftliche Situation wird beispielsweise in Bezug auf die Verteilung der Einkommen oder die Feststellung von Armut beschrieben.
- Das *fünfte* Kapitel analysiert die verschiedenen Stränge einer im Sinne der o. g. Gesellschaftsvorstellung konzipierten individualistischen *Wohlfahrtsökonomik*. Gegenstand dieses Kapitels sind der Utilitarismus und die aus ihm unter der Annahme der Nutzenvergleichbarkeit abgeleiteten Sozialen Wohlfahrtsfunktionen, aber auch die Ansätze der Paretianischen Wohlfahrtsökonomik

und der Sozialwahltheorie, die eine Nutzenvergleichbarkeit ablehnen, und die Ansätze eher prozessorientierter Theorien mit ihrer liberalistischen Betonung der individuellen Rechte.

- Im *sechsten* Kapitel stehen mit den *ressourcenbasierten Ansätzen* zur Erfassung von Wohlfahrt und Gerechtigkeit die Theorien im Vordergrund, die den normativen Individualismus aufweichen und sich von einem rein subjektiven Präferenzbegriff entfernen. Mit ihrer Betonung positiver Freiheitsrechte und der Berücksichtigung nicht-welfaristischer Informationen über soziale Grundgüter und Fähigkeiten liefern diese Ansätze später eine konzeptionelle Grundlage für die Entwicklung alternativer, mehrdimensionaler Wohlfahrtsmaße („Beyond GDP").

Verteilungstheorie

4

Fragen und Themen in diesem Kapitel

- Welche Maße zur Einschätzung der Gleichheit bzw. Ungleichheit werden in der Verteilungstheorie verwendet?
- Lässt sich die Einkommensverteilung objektiv messen?
- Welche Minimalanforderungen sollten an Ungleichheitsmaße gestellt werden?
- Was sagt der Gini-Koeffizient aus und wie wird er verwendet?
- Welche Aussagen treffen Entropiemaße?
- Wie lässt sich Armut messen?
- Was bedeutet relative Armut?

4.1 Verteilung und Ungleichheit

Ungleichheit bewegt von jeher die Gemüter, also die ungleiche Verteilung einer Ressource oder eines Zustands über die Bevölkerung. Dabei scheint die dem Phänomen der ökonomischen Ungleichheit gewidmete Aufmerksamkeit gewissen Zyklen zu unterliegen. Seit der Jahrtausendwende wächst das Bewusstsein von Ungleichheit in der Bevölkerung, wenn man dies an der Präsenz des Themas in Medien, Politik und Kultur festmachen kann. Wachsende ökonomische Ungleichheit lässt sich auf der nationalen Ebene, wo beispielsweise in Deutschland zunehmende Kinder- und Altersarmut thematisiert wird, und auch auf der globalen Ebene beobachten, auf welcher eine sich weiter vergrößernde Schere zwischen den breiten armen Bevölkerungsgruppen in Niedrigeinkommensländern und der Bevölkerung in Ländern mit höherem Einkommen bzw. einer international verteilten kleinen Gruppe sehr reicher Individuen auftut. Es wird diskutiert, welche Entwicklungen zur ökonomischen Ungleichheit beitragen und welche Auswirkungen sich auf diese zurückführen lassen. Daraus folgt jedoch nicht, dass Ungleichheit generell als ökonomisch unerwünscht erachtet wird.

Sollte also Gleichheit ein Ziel ökonomischen Handelns sein? Die Verteilungstheorie stellt das Instrumentarium bereit, um Ungleichheit zu messen. Damit bildet sie den Rahmen für die Analyse der Verteilungswirkungen wirtschaftspolitischer Maßnahmen. Der Wunsch nach mehr Gleichheit im Zugang zu Gütern ist in der Geschichte der Menschheit wiederholt Ursache von Aufbegehren und Revolutionen gewesen. Dabei geht es stets um mehr als um die bloße Verteilung von Einkommen und Vermögen, es geht um Chancen und Rechte. Die letztgenannten Größen werden im sechsten Kapitel im Fokus der Betrachtung stehen.

Die Verteilungsfrage bleibt stark umstritten. Dabei ist nicht nur fraglich, an welchen Merkmalen sich eine faire Verteilung festmachen ließe, welche Leistung also eine bestimmte (relative) Einkommenshöhe rechtfertigen möge, sondern auch, welche ökonomischen und sozialen Konsequenzen von einer bestimmten Einkommensverteilung ausgehen. Eine als unfair empfundene Einkommensverteilung trägt auf der nationalen, aber auch auf der globalen Ebene zu politischen Verwerfungen bei.

Nicht nur Laissez-faire-Ökonomen haben häufig die Ansicht vertreten, dass jedem Marktteilnehmer im Wettbewerb das Grenzprodukt seiner Arbeit moralisch zustehe. FRIEDRICH VON HAYEK vertritt in seinem 1960 erschienenen Werk „Die Verfassung der Freiheit" (Hayek 1991) die Idee, jeder erhielte an Einkommen, was er zum kollektiven Produktionsergebnis beitrage. Ausdrücklich vertritt diese Position im 21. Jahrhundert der in Harvard lehrende Ökonom N. GREGORY MANKIW (siehe auch Abschn. 5.2.7), wenn er feststellt, dass das Einkommen jeder Person den Wert reflektiere, den sie zur Produktion von Gütern und Dienstleistungen beisteuere, und sich als Unterstützer der *Just Deserts Theory* geriert (Mankiw 2010). Einer derartigen Sichtweise trat der amerikanische Ökonom Frank Knight bereits in den frühen 20er Jahren des letzten Jahrhunderts entgegen und bemerkte, es handele sich hier um „die üblichen ethischen Schlussfolgerungen apologetischer Ökonomie" („the familiar ethical conclusions of apologetic economics") (Knight 1923, S. 589).

Ein Blick in die Welt in der dritten Dekade des 21. Jahrhunderts zeigt in vielen Volkswirtschaften ein ähnliches Bild auf: Ein kleiner Anteil der jeweiligen Gesellschaft kann sich eines sehr hohen Einkommens freuen, während größere Anteile der Gesellschaft unterhalb des Existenzminimums liegen oder nicht weit darüber hinauskommen. Wie ist dies zu bewerten? Es lässt sich unschwer begründen, dass niemand mehr als genug haben sollte, solange ein Anteil der Bevölkerung weniger als genug hat. Gleichzeitig lässt sich der Gleichheit an sich kein besonderer moralischer Gehalt attestieren (Frankfurt 1987). Auch scheint Einkommensgleichheit allein kein plausibles Ziel sein, ließe sich doch ein Zustand vorstellen, in welchem alle Einkommen gleichermaßen unter einer Suffizienzgrenze liegen, sodass kein Mitglied der Gesellschaft ausreichend konsumieren kann, um überleben zu können. Wirtschaftspolitisch wird es stets darum gehen, exzessiven Reichtum wie auch Armut abzubauen. Über Begründungen einer solchen Orientierung wird in den weiteren Kapiteln noch zu diskutieren sein.

Es gibt zahlreiche Beweggründe, welche die individuelle und gesellschaftliche Wahrnehmung von Einkommensungleichheit beeinflussen. In gewissem Umfang erscheint Ungleichheit aus manchen Motiven heraus als akzeptabel. Zu diesen gehören Eigeninteresse oder beispielsweise die Wahrnehmung von Risiken bezüglich zukünftiger Einkommen. Es mag durchaus sein, dass einzelne Personen, die sich weiter oben auf der Einkommensskala befinden, eine gewisse Zahlungsbereitschaft für eine gleichere Gesellschaft mitbringen. Das wird der Fall sein, wenn der Nutzen dieser Personen von der Wohlfahrt anderer beeinflusst wird.[1] In der realen Welt existieren zahlreiche Motive, die eine Ungleichheitsaversion in der Bevölkerung begründen können. Dazu gehört beispielsweise auch, dass mit hohen Einkommen häufig ein gesellschaftlicher Einfluss verbunden ist, beispielsweise im politischen Umfeld, der aus kollektiver Sicht schädlich ist. Dies ist sicherlich bei Korruption der Fall, wenn aufgrund individuellen Wohlstands Wahl- oder Regulierungsprozesse beeinflusst werden können.

Es soll an späterer Stelle diskutiert werden, ob Gleichheit dazu führt, dass durch die Ähnlichkeit der Erfahrungswelten Vertrauen gebildet wird, das schließlich die Bildung sozialen Kapitals begünstigt. Wenn derartige Argumentationsansätze auch nicht dem ökonomischen Gedankengebäude entstammen, erscheint es doch sehr wichtig, sie in die Darstellung einzubeziehen. Insbesondere wird es dabei darum gehen, mögliche Implikationen der Ungleichheit von Einkommen und Vermögen auf das Gemeinwohl zu analysieren. Dieses Kapitel beginnt ganz vorne, indem es zunächst betrachtet, wie sich ökonomische Ungleichheit erfassen lässt.

Aus der Perspektive der Ökonomie ergibt sich eine unmittelbare Assoziation mit dem Ungleichheitsbegriff zunächst als die ungleiche Verteilung von Einkommen in einer Volkswirtschaft. Die Frage nach der Verteilung des Wohlstands auf die Bevölkerung beschäftigt die Menschen – auch jenseits der Wirtschaftswissenschaften – von jeher. Vor diesem Hintergrund betrachten Ökonomen vorderhand das Einkommen, das unmittelbar die Konsummöglichkeiten bestimmt. Gleichheit ist eines der Leitmotive, die sich durch Darstellungen gesellschaftlicher Entwicklung und – selbstverständlich – durch die Diskussionen zur sozialen Gerechtigkeit ziehen. Als Verteilungsfrage ist die Gleichheitsfrage an die Bedingung der Knappheit gebunden. Gäbe es stets genug, würde sie sich erübrigen. Dieses Lehrbuch will der vielschichtigen Diskussion um Gleichheit aus Perspektive der Ökonomie gerecht werden. Dazu muss zunächst erörtert werden, wie sich die Verteilung von etwas überhaupt fassen lässt. Dieses Kapitel soll von den jeweiligen Objekten der Gerechtigkeitsdiskussion abstrahieren. Der Frage hiernach wird in den Betrachtungen im Anschluss an dieses Kapitel in aller Ausführlichkeit nachgegangen. Hier geht es also zunächst um die Operationalisierung von Gleichheit und Ungleichheit.

---

[1] Motive für eine solche Zahlungsbereitschaft können von Mitleid bis zu dem Wunsch nach Aufbesserung der Reputation reichen.

Fraglich ist, woher die Vorliebe einiger Ökonomen und zahlreicher politischer Denker für die Vermeidung starker Einkommensungleichheit stammt. Ein Argument findet sich in verschiedenen ökonomischen Texten und Lehrbüchern und wird häufig mit dem Werk von ABBA P. LERNER in Verbindung gebracht: distributive Effizienz (siehe Box 4.1).

Box 4.1: Abba Lerner und die Idee der distributiven Effizienz

Der US-amerikanische Ökonom ABRAHAM „ABBA" P. LERNER(1903–1982) studierte in den frühen 1930er Jahren unter Friedrich HAYEK an der London School of Economics und verbrachte seine produktive Karriere an unterschiedlichen akademischen Institutionen, die letzten Berufsjahre an der University of California in Berkley. Er gilt als einer der wichtigsten Ökonomen seiner Zeit.

Im Zusammenhang der Diskussion um Verteilung und Wohlfahrt ist sein Konzept der distributiven Effizienz hervorzuheben, das besagt, dass wirtschaftliche Gleichheit bei gegebenem Volkseinkommen den größten Gesamtnutzen erzeugt. Etwas vereinfacht, leitet er sein Postulat der Gleichheit von Einkommen aus einem altbekannten mikroökonomischen Zusammenhang abgeleitet, nämlich von dem Gesetz des abnehmenden Grenznutzens: Mit zunehmendem Konsum einer Person nehme der Grenznutzen ab, einer weniger wohlhabenden Person könne mit einer zusätzlichen Geldeinheit ein höherer Nutzen entstehen. Der Empfänger eines progressiven Transfers, eines Transfers von „reich" zu „arm", gewinne mehr Nutzen als der Geber verliere. Dieses Argument manifestiert sich in unterschiedlichen Formen in der Verteilungsdiskussion; es ist aus unterschiedlichen Perspektiven kritisiert worden (z. B. Frankfurt 1987).

Auch darüber hinaus können verschiedene LERNERsche Ideen für die Diskussion einer Ökonomie des Gemeinwohls von Interesse sein: Das im Austausch mit dem polnischen Ökonomen Oscar R. LANGE entstandene LANGE-LERNER-Modell, das als eine Grundlage des Konkurrenzsozialismus *(market socialism)* gilt, zeigt unter Bezugnahme auf die Neoklassik, dass ein rationales Preissystem in einer sozialistischen Wirtschaft möglich sein könnte, die auf öffentlichem Eigentum basiert (für eine ausführliche Diskussion siehe auch Abschn. 10.2.4). Der LERNER-Index, ein weiterer vielzitierter Beitrag von Abba LERNER, misst die potenzielle Monopolmacht als Aufschlag des Preises auf die Grenzkosten, geteilt durch den Preis, was dem negativen Kehrwert der Nachfrageelastizität entspricht.

4.2   Messung ökonomischer Ungleichheit

Ungleichheit kann ohne weiteres schlichtweg als statistisches Phänomen aufgefasst werden. Mit der objektiven Messung von Ungleichheit lassen sich bereits wichtige ökonomische Zusammenhänge beschreiben, beispielsweise historische Veränderungen in der Einkommensverteilung oder Auswirkungen einer Steuer durch den Vergleich der Verteilung der Einkommen vor und nach Besteuerung.

Ungleichheit lässt sich mit einfachen Maßen aus der deskriptiven Statistik, den sogenannten Dispersionsmaßen, erfassen. Allerdings erscheint es zudem hilfreich, Ungleichheit derart zu messen, dass bei Veränderungen unmittelbar aufgezeigt wird, ob sich die Ungleichheit in eine Richtung gewandelt hat, die sich als wünschenswerter oder als weniger wünschenswert als die Ausgangsposition darstellt. Dazu muss das Maß bestimmten normativen Anforderungen entsprechen. Hier wird also berücksichtigt, dass nicht nur ein Interesse an der Einkommensverteilung an sich besteht, sondern an den Implikationen für die Wohlfahrt. Dabei gilt es die Beziehung von Verteilung von Einkommen und Wohlfahrt zu verstehen.

Ungleichheit beschreibt Abweichungen einer Größe zwischen Individuen. In einer beliebigen Verteilung von Einkommen trägt grundsätzlich jede Abweichung vom mittleren Einkommen zur Ungleichheit bei. Wenn Einkommen betrachtet werden, sollte berücksichtigt werden, welcher Anteil des Einkommens tatsächlich für den Konsum einer einzelnen Person zur Verfügung steht. Entsprechend muss die Verteilungsmessung das Ausmaß der Umverteilung beachten. So werden Einkommen vor und nach Steuern und Abgaben unterschieden. Die Verteilungswirkung finanzwirtschaftlicher Staatsaktivitäten ist ein wichtiges Thema in der Finanzwissenschaft, soll hier aber nicht explizit behandelt werden. Neben der Frage, ob die Ungleichheit der Einkommen vor oder nach Steuern und Abgaben Gegenstand der Messung ist, gilt es ebenso zu berücksichtigen, in welchem sozio-ökonomischen Kontext das Einkommen gemessen wird, also welcher Ansatz gewählt wird, um ggf. auf individuell verfügbare Einkommen abzustellen. Zu diesem Zweck müssten beispielsweise Haushaltseinkommen auf die Köpfe der Haushaltsmitglieder verteilt werden. Unter verschiedenen Ansätzen der Bestimmung sogenannter Äquivalenzeinkommen, die in der Messung von Einkommensungleichheit, -verteilung und Armut verwendet werden, kommt die OECD-Skala besonders häufig zum Einsatz. Bei dieser *(OECD modified scale)* wird das Nettoäquivalenzeinkommen innerhalb eines Haushalts durch eine Gewichtung bestimmt, in welche der Hauptbezieher des Einkommens mit einem Faktor 1,0 eingeht, alle weiteren mit einem Alter von über 13 Jahren mit 0,5 und weitere Kinder mit 0,3 (Statistisches Bundesamt (Destatis) 2021; s. Box 4.2).

Box 4.2: Äquivalenzskalen

Äquivalenzskalen dienen, beispielsweise in Untersuchungen zu Lebensstandard, Wohlstand und Armut, der Erfassung der Effekte gemeinsamen Wirtschaftens innerhalb von Haushalten. Es gilt dabei zweierlei in Betracht zu ziehen: Zum einen existieren individuelle Bedarfsunterschiede, die sich beispielsweise am Alter der Haushaltsmitglieder festmachen lassen; zum anderen sind die Existenz von Kollektivgütern und Skaleneffekte gemeinsamer Haushaltsführung zu berücksichtigen.

Die Ersparnisse gemeinsamer Haushaltsführung lassen sich bereits am einfachsten vorstellbaren Fall verdeutlichen: Zwei Personen, die einen gemeinsamen Haushalt führen, benötigen zur Erlangung eines bestimmten Lebensstandards voraussichtlich gemeinsam weniger Einkommen als zwei getrennte Einpersonenhaushalte. Der Einkommensbedarf eines Haushalts zur Befriedigung eines bestimmten Maßes an Bedürfnissen wächst mit jedem weiteren Haushaltsmitglied, doch nicht proportional. Weder der Platzbedarf noch der Bedarf an Wasser oder Strom des Dreipersonenhaushaltes muss das Dreifache eines Einpersonenhaushalts betragen (Eine Lampe beleuchtet das Zimmer auch für mehrere Personen).

Äquivalenzskalen legen fest, mit welcher Zahl das Haushaltseinkommen bei einer bestimmten Haushaltsgröße deflationiert werden muss, um den Lebensstandard von Haushalten unterschiedlicher Größe vergleichbar zu machen. Es gibt zahlreiche Ideen, wie sich Äquivalenzskalen gestalten lassen.

Für die Ableitung von Äquivalenzskalen werden vier methodische Ansätze unterschieden (Buhmann et al. 1988). Darunter lassen sich zwei Arten von Skalen unterscheiden, die auf der Grundlage des allgemeinen Wissens von Experten entwickelt werden, und zwei Arten, die empirisch aus der Analyse von Erhebungsdaten entwickelt werden.

Expertenskalen werden von sozialwissenschaftlichen Analytikern unter Verwendung einer Vielzahl von Materialien entwickelt. Diese Skalen können explizit angeben, wie der Bedarf je nach Familiengröße variiert, wie beim Konzept des Grundbedarfs für den Lebensunterhalt und der

Äquivalenzskala der Schweizerischen Konferenz für Sozialhilfe (SKOS). Diese Art von Expertenskala ist auf die Festlegung von Leistungen für Sozialprogramme ausgerichtet. Im Fall statistischer Expertenskalen, der zweiten Art von Expertenskalen, werden die Skalen nur für statistische Zwecke entwickelt, d. h. um Personen zu zählen, die unter oder über einem bestimmten Lebensstandard liegen, beispielsweise die von der OECD oder der EU verwendeten Skalen zur Zählung der einkommensschwachen Bevölkerung.

Erhebungsbasierte Skalen stellen einen zweiten allgemeinen Ansatz dar. Im Rahmen dieser ausgabenanalytischen Ansätze werden entweder die Konsumausgaben oder die Einschätzung der Befragten hinsichtlich der Angemessenheit des Einkommens im Hinblick auf ein bestimmtes Ziel (über die Runden kommen, nicht arm sein, ein sehr gutes Einkommen haben usw.) analysiert. Man unterscheidet hier also zwischen Ansätzen, die im Sinne der offengelegten Präferenzen versuchen, den Einkommensnutzen indirekt zu messen, und subjektiv ausgerichteten Ansätzen, die den mit bestimmten Einkommensniveaus verbundenen Nutzen für Familien direkt messen.

Die im Haupttext erwähnte modifizierte OECD-Skala, eine pragmatische Skala, die dem Haushaltsvorstand ein Gewicht von 1,0 zukommen lässt, jeder weiteren erwachsenen Person ein Gewicht von 0,5 und jedem Kind ein Gewicht von 0,3, wurde als „Korrekturverfahren" erstmals von HAGENAARS und Kollegen (1995) in einer quantitativen Studie zur Armut in Europa begründet.

Im ersten der drei Diagramme (I) in Abb. 4.1 werden auf einem Einkommensstrahl die unterschiedlich hohen Einkommen dreier Individuen abgebildet, y_1, y_2 und y_3, eine „ungleiche" Einkommensverteilung.[2] Das zweite Diagramm (II) stellt einen Einkommenstransfer in Höhe von α von einem höheren Einkommen y_3 zu einem niedrigeren Einkommen y_1 dar, z. B. als Resultat einer Umverteilungspolitik. Die im dritten Diagramm (III) abgebildete aus dem Transfer resultierende Verteilung würde gemeinhin als „gleicher" betrachtet werden.

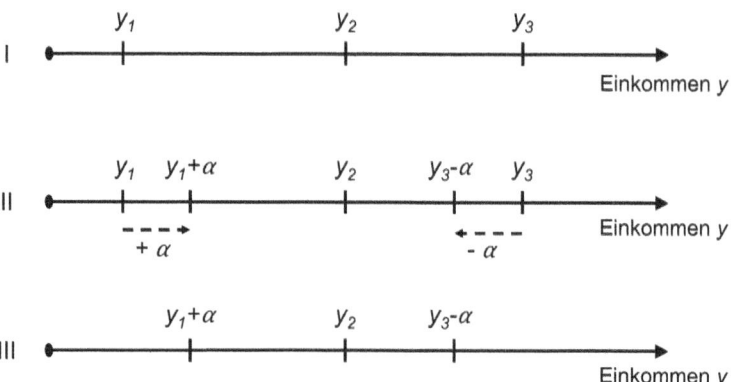

Abb. 4.1 Einkommensungleichheit

[2] Dieses vereinfachte Diagramm gibt ein Einkommensprofil wieder, in welchem die Einkommen dreier Individuen jeweils als Distanz zum Ursprung abgetragen sind. Eine detailliertere Darstellung der Transferfrage anhand von Einkommensprofilen findet sich bei Breyer und Buchholz (2009, S. 14f.).

Sinnvollerweise lassen sich absolute und relative Ungleichheit unterscheiden: Absolute Ungleichheit bezieht sich auf absolute Unterschiede in der Verteilung der jeweils betrachteten Größe, relative Ungleichheit betrachtet die Größe in Bezug auf den Mittelwert der Verteilung. Ein gleich hoher Aufschlag auf die Elemente einer Verteilung, z. B. ein allgemeiner fixer Aufschlag auf die Einkommen, ändert die absolute Ungleichheit nicht, wirkt sich aber auf die relative Ungleichheit aus. Eine proportionale Änderung aller Elemente einer Verteilung, z. B. eine Anhebung aller Einkommen um 10 %, ändert die relative Ungleichheit nicht.

Das wirft die Frage auf, welche Eigenschaften Ungleichheitsmaße aufweisen sollen, welche Minimalanforderungen an sie gestellt werden können. Wie sollen die Maße reagieren, wenn sich etwas an der Konstellation ändert? Anders: Welche Axiome sollten für ein Ungleichheitsmaß gelten? In der Auseinandersetzung mit der Messung von Einkommensungleichheit werden vier wichtige Axiome formuliert. Diese bilden ab, unter welchen Bedingungen die Werte von Ungleichheitsmaßen steigen oder sinken sollten:

Transferaxiom:
An vorderster Stelle wird häufig eine Bedingung genannt, die als Transferaxiom, Transferprinzip oder PIGOU-DALTON-Bedingung bekannt geworden ist: Ein (hypothetischer) Einkommenstransfer von einem reicheren Individuum zu einem ärmeren Individuum, der die Rangordnung aller Einkommen nicht ändert, erhöht stets die Gleichheit. Diese Mindestbedingung beschrieb Hugh DALTON (Dalton 1920) in einem Aufsatz zur Messung der Einkommensungleichheit unter Berufung auf eine entsprechende Passage in ARTHUR C. PIGOUs Werk *Wealth and Welfare* (Pigou 1912).

Symmetrieaxiom:
An zweiter Stelle folgt das Symmetrieaxiom oder Prinzip der Anonymität, das schlicht besagt, dass Ungleichheit unabhängig von individuellen Identitäten gemessen werden soll. Es darf also keine Rolle spielen, welche Person mit welchen Eigenschaften an welcher Position steht.

Populationsinvarianz:
Drittens wird das Prinzip der Populationsinvarianz berücksichtigt, das fordert, dass die Ungleichheit sich nicht ändert, wenn die gesamte Einkommensverteilung repliziert, also das exakt gleiche Muster der Einkommensverteilung samt der Einkommensbezieher vervielfacht, wird. Die Bedeutung dieses Prinzips wird ebenfalls von DALTON (1920) hervorgehoben.

Skaleninvarianz:
Zu guter Letzt soll das Prinzip der Skaleninvarianz gelten, nach welchem ein Ungleichheitsmaß sich nicht mit einer proportionalen Variation aller Einkommen einer bestimmten Verteilung ändert. Die Multiplikation aller Einkommen mit einer Konstanten ändert folglich die gemessene Ungleichheit nicht.

Häufig wird in der Verteilungsmessung noch die Anforderung gestellt, ein Index solle zerlegbar sein. Der Index solle der Summe der anteilig gewichteten Teilindizes für bestimmte Bevölkerungsgruppen oder Subpopulationen entsprechen. Ziel ist hierbei, Gruppen mit bestimmten Charakteristika untersuchen zu können, um den Ursachen von Ungleichheit auf die Spur zu kommen, und bestimmen zu können, welchen Beitrag zur Ungleichheit die einzelnen Gruppen leisten bzw. welche Rolle wiederum die Ungleichheit zwischen den Gruppen spielt.

4.3   Objektive *ad hoc*-Maße der Verteilung

4.3.1   Statistische Dispersionsmaße

Bei statistischen Dispersionsmaßen handelt es sich um einfache Maße zur Erfassung der Streuung einer Zufallsvariable. Diese Maße kommen auch in der Messung ökonomischer Ungleichheit zum Einsatz. Das wohl einfachste Maß, das für die Messung der Einkommensverteilung über n Personen herangezogen wird, ist die Spannweite R (englisch: *range*), ein statistisches Streuungsmaß. Das durchschnittliche Einkommen werde mit μ bezeichnet. Es gilt folglich:

$$\sum_{i=1}^{n} y_i = n\mu \tag{4.1}$$

Der relative Anteil des Einkommens einer Person i am gesamt verfügbaren Einkommen lässt sich sich als x_i darstellen, sodass

$$y_i = n\mu x_i \tag{4.2}$$

Die Spannweite, die häufig schlicht als Differenz zwischen dem größten und dem kleinsten Wert angegeben wird, lässt sich als Spannweite R der Einkommensverteilung Y darstellen:

$$R(Y) = \frac{\max y_i - \min y_i}{\mu} \tag{4.3}$$

Bei völliger Gleichverteilung der Einkommen gilt $R = 0$. Sollte das gesamt verfügbare Einkommen einer einzigen Person zufallen, gilt $R = n$. Die Spannweite R bewegt sich also zwischen 0 und n.

Die Spannweite ist in Verbindung mit weiteren Informationen zur Verteilung der Einkommen im betrachteten Kontext interessant. Grundsätzlich handelt es sich um ein Maß, dass über den Abstand der Einkommen des jeweils ärmsten und reichsten Individuums keine wesentlichen Aussagen gestattet. Beispielsweise ist die Spannweite nicht in der Lage, zwischen den folgenden zwei Verteilungen zu unterscheiden. In der ersten sollen die Hälfte der Betrachteten Personen das niedrigste Einkommen und die andere Hälfte das höchste Einkommen beziehen; in der zweiten Verteilung kommt einer Person das niedrigste Einkommen zu und einer das höchste, wobei alle übrigen Individuen das Durchschnittseinkommen beziehen. Für beide Szenarien ergibt sich dieselbe Spannweite.

Die Schwächen der Spannweite als Ungleichheitsmaß sind offensichtlich. Will man jenseits der Extremwerte die gesamte Verteilung abbilden, lässt sich auf ein Maß zurückgreifen, das die Höhe jedes einzelnen Einkommens mit dem mittleren Einkommen vergleicht. Die relative mittlere Abweichung M (Koeffizient der mittleren Abweichung) betrachtet die Summe der Abstände der individuellen Einkommen vom Mittelwert als Anteil des gesamten verfügbaren Einkommens:

$$M(Y) = \frac{\sum_{i=1}^{n} |\mu - y_i|}{n\mu} \tag{4.4}$$

Die Varianz V, das gängige Maß aus der deskriptiven Statistik, ist mit einer gegebenenfalls recht attraktiven Eigenschaft ausgestattet: Durch die Quadrierung der Abweichung vom durchschnittlichen Einkommen erreichen wir, dass jeder Transfer von einer Person mit niedrigerem Einkommen an eine mit höherem Einkommen das Ungleichheitsmaß V erhöht:

$$V(Y) = \frac{\sum_{i=1}^{n} (\mu - y_i)^2}{n} \tag{4.5}$$

Diese Minimalanforderung entspricht dem Transferprinzip von DALTON.

Insgesamt ist die Varianz V als Maß der Einkommensverteilung allerdings eingeschränkt, da sie vom Niveau des Durchschnittseinkommens abhängt. Eine Verteilung kann eine viel größere relative Variation als eine andere aufweisen und trotzdem eine geringere Varianz V haben, wenn nämlich das mittlere Einkommensniveau niedriger ist als bei der anderen Verteilung. Ein Maß, das dieses Problem nicht aufweist, ist der Variationskoeffizient C, also die Quadratwurzel von V dividiert durch das Durchschnittseinkommen:

$$C(Y) = \frac{\sqrt{\frac{1}{n} \sum_{i=1}^{n} (\mu - y_i)^2}}{\mu} = \frac{\sqrt{V}}{\mu} \tag{4.6}$$

SEN (Sen und Foster 1997) verweist bei der Betrachtung des Variationskoeffizienten C auf Anthony ATKINSON (1970) und problematisiert, dass sich der Variationskoeffizient C bei Transfers gleich hoher Beträge zwischen einem besser gestellten und einem schlechter gestellten Einkommensbezieher bei unterschiedlicher Höhe des Einkommensniveaus, jedoch gleichem Abstand der Einkommen von Geber und Empfänger, im gleichen Ausmaß verändert. Das relative Niveau der jeweiligen Einkommen, also die Position auf der Einkommensskala, fällt nicht ins Gewicht. Das lässt sich mittels eines sehr einfachen Beispiels illustrieren: Es sei in einer 3-Personen-Ökonomie das Einkommen in der Ausgangssituation wie folgt verteilt: $Y_0 = (300, 400, 500)$. Der Variationskoeffizient beträgt

$$v(Y_0) = \frac{\sqrt{\frac{1}{3} \cdot (10.000 + 0 + 10.000)}}{400} = 0{,}204.$$

Erfolgt nun ein Transfer in Höhe von 50 Geldeinheiten vom höchsten zum mittleren Einkommen, also $Y_1 = (300, 450, 450)$, sinkt der Variationskoeffizient: $v(Y_1) = 0{,}177$. Wenn in der Ausgangsverteilung ein Transfer in gleicher Höhe vom mittleren Einkommen zum niedrigsten erfolgt, also $Y_2 = (350, 350, 500)$ ergibt sich ein Variationskoeffizient in gleicher Höhe, $v(Y_2) = 0{,}177$.

4.3.2 Standardabweichung der logarithmierten Einkommen

Mittels einer Transformation der Einkommen, die nach Einkommenshöhe gewichtet, lässt sich erreichen, dass Einkommenstransfers am unteren Ende der Einkommensskala höheres Gewicht zukommt als in den Bereichen der Besserverdienenden. Dazu bietet sich an, die Einkommen zu logarithmieren (Atkinson 1970). Die Standardabweichung der Logarithmen „reduziert" die Abweichungen vom Mittel, betont jedoch die Differenzen am unteren Ende der Skala:

$$A(Y) = [\sum\nolimits_{i=1}^{n} (\log \mu - \log y_i)^2/n]^{\frac{1}{2}} \tag{4.7}$$

Bei diesem Maß erweist sich trotz des genannten Vorteils die Tatsache als problematisch, dass die Einkommen immer weiter „zusammengestaucht" werden, je höher sie werden. Sen (1973) merkt zudem an, dass das Maß, wie auch schon die Varianz V und der Variationskoeffizient C, von einer willkürlichen Quadrierung abhängt und allein auf Abweichungen vom Durchschnittseinkommen abgestellt wird.

4.4 Gini-Koeffizient

Ganz anders als die zuvor dargestellten Maße präsentiert sich der Gini-Koeffizient. Dieser kommt über die ökonomischen Disziplinen hinweg zum Einsatz und stellt dabei wahrscheinlich nicht nur das meistverwendete, sondern auch das missverständlichste Ungleichheitsmaß dar. Am einfachsten lässt sich der Gini-Koeffizient in seiner grafischen Interpretation verstehen.

Box 4.3: Corrado Gini

Der Statistiker, Soziologe und Demograph Corrado GINI (1884–1965) studierte in seiner Jugend Jura, Mathematik, Wirtschaftswissenschaften und Biologie in Bologna. 1909 nahm er eine Professur für Statistik in Cagliari an, 1913 wechselte er nach Padua. 1925 wurde er Professor an der Universität La Sapienza in Rom. Seine innovative Forschung befasste sich mit den Möglichkeiten quantitativer Analyse in der Soziologie. Damit hat er wichtige Beiträge zur demographischen Wissenschaft geleistet. Unter anderem hat er eine zyklische Bevölkerungstheorie entwickelt.

Ab 1926 war GINI Präsident des Zentralinstituts für Statistik (*Istituto Centrale di Statistica;* heute: *Istituto Nazionale di Statistica,* ISTAT). Gleichzeitig ist GINI als Wissenschaftler, der rassentheoretische Forschung betrieben und (als Eugeniker) der faschistischen Ideologie in Italien Vorschub geleistet hat, stets umstritten geblieben. Während GINI in den 1920er Jahren ein enges Verhältnis zu Mussolini nachgesagt wird, entwickelte sich dieses von Beginn der 30er Jahre an

problematisch. GINI beklagte die zunehmende Einmischung des Faschismus in intellektuelle Angelegenheiten, die ihn nach seinem Rücktritt von der Position im Zentralinstitut von einer weiteren
engen Zusammenarbeit mit der Regierung abhielt.

In seinem Werk *Variabilità e Mutabilità* (1912) hat er sich mit der Theorie der statistischen
Dispersion auseinandergesetzt. Mit dem daraus abgeleiteten Ungleichheitsmaß ist sein Name uns-
terblich geworden. Ein spannender Beitrag GINIs im Economic Journal aus dem Jahr 1921, der nur
gute zwei Seiten umfasst, verdeutlicht die Position GINIs gegenüber DALTON, dessen Beitrag zur
Messung von Einkommensungleichheit im Vorjahr erschienen war (Gini 1921).

In dem in Abb. 4.1 dargestellten Diagramm sei auf der horizontalen Achse
die zu betrachtende Bevölkerung in ihrer Gesamtheit abgetragen – und zwar
entsprechend der Einkommenshöhe von links nach rechts. So kennzeichnet die
20 %-Markierung das ärmste Bevölkerungsquintil, die 50 %-Markierung die
ärmere Hälfte der Bevölkerung und so fort. Die vertikale Achse gibt von 0 % bis
100 % das gesamte auf die betrachtete Population entfallende Einkommen wieder.
Die 45°-Linie stellt in diesem Diagramm die Linie der hypothetischen Gleichverteilung dar und lässt sich wie folgt interpretieren: Bei Gleichverteilung der
Einkommen auf 10 % der Bevölkerung 10 % des gesamten Einkommens, auf 40 %
entfallen 40 %, usw. Die Kurve, welche die tatsächliche Einkommensverteilung
abbildet, ist die sogenannte Lorenz-Kurve, benannt nach dem US-amerikanischen
Statistiker und Ökonomen Max Otto LORENZ (1876–1959). Allgemein stellt eine
Lorenzkurve statistische Verteilungen dar und gibt das Ausmaß an Disparität wieder. Im Kontext der Einkommensverteilung beschreibt sie, welcher Anteil des
gesamten Einkommens welchem Anteil der Bevölkerung zukommt. Da die Bevölkerung auf der horizontalen Achse nach Einkommenshöhe angeordnet ist, liegt
die Lorenzkurve stets unterhalb der 45°-Linie. Je näher die Lorenzkurve an der
45°-Linie liegt, desto gleichverteilter sind die Einkommen in der betrachteten
Population, mit wachsender Fläche zwischen Lorenzkurve und 45°-Linie steigt
die Ungleichverteilung.[3]

Wenn wir, wie in Abb. 4.2, die Fläche zwischen Lorenzkurve und der 45°-Linie
mit A bezeichnen und die Fläche unterhalb der Lorenzkurve mit B, lässt sich der
Gini-Koeffizient für das abgebildete Einkommensprofil wie folgt darstellen:

$$G(Y) = \frac{A}{A+B} = \frac{A}{1/2} = 2A = 2\left(\frac{1}{2} - B\right) = 1 - 2B \qquad (4.8)$$

---

[3] Es soll an dieser Stelle ohne weitere Ausführung darauf hingewiesen werden, dass das Konzept
der Lorenzkurve nicht geeignet ist, Verteilungen eine Rangordnung hinsichtlich der verbundenen Wohlfahrt (Kap. 5) zuzuweisen. Eine Beurteilung lässt sich nur dann vornehmen, wenn sich
die Lorenzkurven der Verteilungen nicht schneiden. Shorrocks (1983) stellt die verallgemeinerte
Lorenzkurve vor, um Rangordnungen von Verteilungen zu operationalisieren. Die verallgemeinerte
Lorenzkurve ist die Lorenzkurve, die an jedem Punkt mit dem mittleren Bevölkerungseinkom-
men multipliziert wird. Man erhält die verallgemeinerte Lorenzkurve durch Multiplikation der
Lorenzkurvenwerte mit dem Mittelwert der Verteilung.

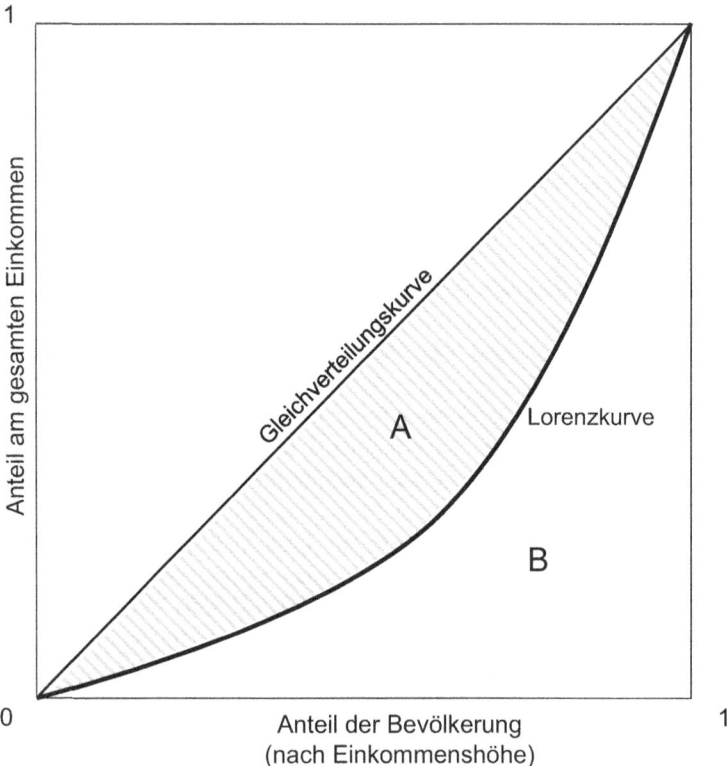

Abb. 4.2 Lorenzkurve

Unter Berücksichtigung der konkreten Größen gilt die folgende Formel für eine beliebige Zahl von Individuen n:

$$G(Y) = 1 + \frac{1}{n} - \frac{2}{n^2\mu}[y_1 + 2y_2 + \nu + ny_n]$$
$$\text{für } y_1 \geq y_2 \geq \nu \geq y_n. \tag{4.9}$$

Im Gegensatz zu den vorangegangenen Maßen – der Varianz V, dem Variationskoeffizienten C und der Standardabweichung der Logarithmen A, vermeidet der Gini-Koeffizient die Bezugnahme auf das Durchschnittseinkommen und vergleicht letztlich alle Einkommenspaare.[4] Die arithmetische Darstellung des Gini-Koeffizienten verdeutlicht, dass die Einkommen umso höher gewichtet werden, je niedriger sie ausfallen. Es zählt dabei die Position, nicht die absolute Einkommenshöhe. Der Gini-Koeffizient G erfüllt wie bereits der Variationskoeffizient C die

---

[4] Man mag sich dies an einer weiteren Formulierung des Gini-Koeffizienten verdeutlichen: $G(Y) = \frac{1}{2n^2\mu} \sum_{i=1}^{n} \sum_{j=1}^{n} |y_i - y_j|$.

PIGOU-DALTON-Bedingung: Ein Transfer von einem höheren zu einem niedrigeren Einkommen reduziert den Wert beider Maße. Dabei hängt jedoch die Empfindlichkeit des Maßes nicht von der Höhe der jeweiligen Einkommensniveaus ab, sondern allein von den Positionen der Einkommen des Gebers und des Nehmers, wie Gl. 4.9 zeigt. Gleichzeitig wird deutlich, dass dem Gini-Koeffizienten gleichsam eine auf einer Rangordnung basierende Wohlfahrtsfunktion (vgl. Abschn. 5.3) zugrunde liegt. Diese Betrachtung stellt die Zuordnung des Gini-Koeffizienten zu den „objektiven" Verteilungsmaßen infrage.

Box 4.4: Vergleich zweier Einkommensverteilungen
Wir wollen uns die Berechnung des Gini-Koeffizienten anhand des einfachen Beispiels der Einkommensverteilungen in A-Dorf und B-Dorf verdeutlichen. Die Einkommen seien wie folgt über die jeweils sechs Haushalte im Dorf verteilt:

	A-Dorf	B-Dorf
Haushalt 1	4000	3000
Haushalt 2	400	1000
Haushalt 3	400	500
Haushalt 4	400	500
Haushalt 5	400	500
Haushalt 6	400	500

In A-Dorf gibt es also einen Haushalt, der mit einem Einkommen von 4000 Talern das Zehnfache des nächsthohen Einkommens verdient. Dieses niedrigere Einkommen bezieht jedoch der Rest der Dorfgemeinschaft. In B-Dorf bezieht der bestverdienende Haushalt 3000 Taler, der nächste 1000 Taler, während der Rest der Dorfgemeinschaft jeweils ein Einkommen in Höhe von 500 Talern erhält. Das Durchschnittseinkommen der beiden Dorfgemeinschaften ist gleich hoch und liegt bei 1000 Talern. Setzen wir nun die bekannten Werte in Gl. 4.9 ein, ergibt sich für A-Dorf ein Gini-Koeffizient G_A von 50,0 %, für B-Dorf ein Gini-Koeffizient G_B von 38,9 %.

Auf der gesamtwirtschaftlichen Ebene wird der Gini-Koeffizient häufig herangezogen, um Vergleiche in der Einkommensverteilung zwischen unterschiedlichen Volkswirtschaften hervorzuheben. Es wird so verdeutlicht, dass es bei der Beurteilung des Wohlstands in einer Volkswirtschaft nicht allein darauf ankommt, wie hoch das Gesamteinkommen einer Volkswirtschaft ist bzw. welches durchschnittliche Pro-Kopf-Einkommen sich ergibt, sondern wie dieses Einkommen tatsächlich über die Bevölkerung eines Landes hinweg verteilt ist.

Tab. 4.1 gibt einen Überblick über die Einkommensungleichheit gemessen mit Hilfe des Gini-Koeffizienten in den G20-Staaten, also den zwanzig wichtigsten Industrie- und Schwellenländern (darunter 19 Einzelstaaten und die Europäische Union) über ein ungefähres Vierteljahrhundert. Unter den Einzelstaaten der G20 ist Südkorea mit einem Gini-Koeffizienten von 31,4 % das Land mit der geringsten

Einkommensungleichheit.[5] Südafrika sticht mit einem doppelt so hohen Gini-Koeffizienten, nämlich 63,0 %, deutlich aus der Gruppe der Zwanzig heraus. Es ist auch interessant, die Entwicklung der Einkommensungleichheit in einzelnen Ländern im Zeitverlauf zu betrachten. In vielen Ländern bleibt die Verteilung relativ konstant. In Argentinien und Mexiko beispielsweise ist die Ungleichheit über die betrachteten 25 Jahre gesunken. Südafrika hat es nach Ende der Apartheid nicht geschafft, die Ungleichheit der Einkommen zu reduzieren. Vielmehr ist sie eher noch angestiegen (Tab. 4.1).

4.5   Verallgemeinerte Entropie und Theil-Indizes

Eine Kategorie von Ungleichheitsmaßen, die sich einer ganz anderen Idee bedienen, sind die Entropiemaße. Diese Indizes bedienen sich des Konzepts der Shannon-Entropie, wie es in den Sozialwissenschaften verstanden wird: Demnach lässt sich Entropie an einem Mangel an Information festmachen, wobei Information mit beseitigter Unsicherheit gleichgesetzt wird. Es handelt sich um den Aufwand, der zur Behebung des Informationsmangels erforderlich wäre. Im Sinne der Shannon-Entropie messen die Entropieindizes Redundanz, entsprechend dem Konzept in den Naturwissenschaften, wo Entropie die Unordnung eines Systems misst.

Wenn also ein Ereignis i mit einer Wahrscheinlichkeit p_i eintritt, muss gelten, dass der Informationsgehalt $h(p)$, der sich am tatsächlichen Eintritt des Ereignisses misst, eine abnehmende Funktion von p ist, also umso größer ist, je kleiner die Eintrittswahrscheinlichkeit. Ein möglicher Ausdruck, der diese Eigenschaft besitzt, ist der natürliche Logarithmus des Kehrwerts von p (siehe die zweite und die dritte Form der Gl. 4.10).

Diese Idee lässt sich, so in den vom niederländischen Ökonometriker HENRI THEIL (1924–2000) vorgestellten Maßen, vor dem Hintergrund der Ungleichheit interpretieren. So ungewöhnlich der Ansatz auch daherkommt: Die Maße besitzen gleichzeitig eine Reihe von Eigenschaften, die in der Ungleichheitsmessung als wünschenswert gelten. Beispielsweise können sie zerlegt werden. Sie erfüllen auch das Pigou-Dalton-Kriterium.

---

[5] Der Wert für die EU-27 wurde der EU-Statistik entnommen und der Vollständigkeit halber eingefügt. Aufgrund des abweichenden methodischen Ansatzes ist dieser Gini-Koeffizient nur bedingt mit den von der Weltbank ermittelten Werten für die einzelnen Staaten vergleichbar.

Tab. 4.1 Gini-Koeffizienten der verfügbaren Einkommen in den G20-Staaten

Land	Jahr (letztes verfügbares Jahr)			
	1995	2000	2010	2019
Argentinien	48,9	51,1	43,6	42,9
Australien	32,6		34,7	34,4 (2014)
Brasilien	59,6	59,0 (1999)	53,7 (2009)	53,4
China		38,7 (1999)	43,7	38,5 (2016)
Deutschland	28,9	28,8	30,2	31,9 (2016)
EU-27*				30,2
Frankreich	32,3 (1994)	31,1	33,7	32,4 (2018)
Indien	31,7 (1993)		35,4 (2009)	
Indonesien	32,0 (1993)	28,6	36,4	38,2
Italien	35,2	35,3	34,7	35,9 (2017)
Japan			32,1	32,9 (2013)
Kanada	31,3 (1994)	33,3	33,6	33,3 (2017)
Mexiko	52,8 (1994)	52,6	47,2	46,3 (2016)
Russland	48,4 (1993)	37,1	39,5	37,5 (2018)
Saudi-Arabien				
Südafrika	59,3 (1993)	57,8	63,4	63,0 (2014)
Südkorea			32,0	31,4 (2016)
Türkei	41,3 (1994)		38,8	41,9
Vereinigte Staaten	39,9	40,1	40,0	41,4 (2018)
Vereinigtes Königreich	36,3	38,4	34,4	35,1 (2017)

*Schätzung eurostat (EU-SILC-Erhebung)
Quelle: Weltbank (https://data.worldbank.org)

Die verallgemeinerten Entropiemaße der Ungleichheit lassen sich für eine Verteilung von n Einkommen wie folgt beschreiben:

$$
E_\theta(Y) = \begin{cases} \frac{1}{\theta(\theta-1)n} \sum_{i=1}^{n} \left[(\frac{y_i}{\mu})^\theta - 1 \right] & \text{für reelle Werte } \theta \neq 0, 1 \\ \frac{1}{n} \sum_{i=1}^{n} \left[\ln\left(\frac{\mu}{y_i}\right) \right] & \text{für } \theta = 0 \\ \frac{1}{n} \sum_{i=1}^{n} \left[\frac{y_i}{\mu} \ln\left(\frac{y_i}{\mu}\right) \right] & \text{für } \theta = 1 \end{cases} \tag{4.10}
$$

θ gibt dabei die Gewichtung der Abstände zwischen Einkommen in unterschiedlichen Bereichen der Einkommensverteilung an. Die in der Ungleichheitsmessung häufiger verwendeten und nach HENRI THEIL benannten Theil-Indizes ergeben sich für die Fälle $\theta = 0$ (Theil-L-Index T_L) und $\theta = 1$ (Theil-T-Index T_T). Sie stellen spezielle Fälle in der Klasse der verallgemeinerten Entropiemaße dar.[6]

SEN kritisiert, dass es sich beim Theil-Index immer noch um eine willkürliche Formulierung handele und dass es sich beim Durchschnitt der Logarithmen der Kehrwerte der Einkommensanteile, wiederum gewichtet mit den Einkommensanteilen, nicht gerade um einen intuitiven Ansatz handele. Dennoch sei es interessant, dass ein aus den Naturwissenschaften entlehntes Konzept wie die Entropie (vgl. auch Abschnitt 9.5.4) ein Ungleichheitsmaß hervorgebracht habe (Sen und Foster 1997, S. 36). Das Maß besitzt wünschenswerte Eigenschaften, die kurz erläutert werden sollen.

Ein Transfer von einer reicheren an eine ärmere Person senkt I. Damit ist die Pigou-Dalton-Bedingung erfüllt. Mit zunehmender Gleichverteilung tendiert I gegen 0.

Nun lässt sich das Theil-Maß zudem sinnvoll zerlegen:

Wenn sich eine Gesamtbevölkerung in m Bevölkerungsgruppen oder Subpopulationen unterteilen lässt, für welche das Durchschnittseinkommen jeweils mit μ_j für $j = 1, \ldots, m$ gegeben ist, ergibt sich der Theil-T-Index T_T für die gesamte Einkommensverteilung wie folgt aus den Theil-Indizes $T(Y_j)$ für die Bevölkerungsgruppen j:

$$
T_T(Y) = \sum_{j=1}^{m} \frac{n_j \mu_j}{n\mu} T(Y_j) + \sum_{j=1}^{m} \frac{n_j \mu_j}{n\mu} \ln\left(\frac{\mu_j}{\mu}\right) = T_W + T_B \tag{4.11}
$$

So wird ersichtlich, dass sich der Theil-Index in zwei Bestandteile zerlegen lässt, T_W und T_B (Shorrocks 1980).

Der erste Term, T_W, misst die Ungleichheit der Einkommensverteilung, die sich aus den Unterschieden hinsichtlich der Einkommensverteilung innerhalb der

---

[6] Man verdeutlicht sich die Bedeutung von durch einen Blick auf Werte in der Nähe von 0 und 1: Für Werte von nahe 0 ist das Entropiemaß sensibel bei niedrigen Einkommen; umgekehrt verhält es sich, wenn gegen 1 geht.

m Gruppen ergibt: Innerhalb jeder der m Gruppen wird die Einkommensungleichheit mittels des Theil-Index berechnet, auf dieser Ebene mit der Relation aus den gewichteten arithmetischen Durchschnittseinkommen der Subpopulation und der Gesamtbevölkerung multipliziert und sodann aufsummiert.

Der zweite Term, T_B, wiederum beschreibt den Anteil der Einkommensungleichheit, der sich aus den Einkommensunterschieden zwischen den Untergruppen ergibt. An die Stelle des individuellen Einkommens y_i des Theil-T-Index (dritter Fall der Maße in (4.10)) tritt hier das Durchschnittseinkommen der jeweiligen Subpopulation, μ_j. T_B ist also ein Theil-Index, der auf Grundlage der Durchschnittseinkommen der Untergruppen gebildet wird, wobei die Zahl der individuellen Einkommen der jeweiligen Gruppe, n_j, für die Gewichtung mit herangezogen wird.

Trotz des mit Blick auf die Zielsetzung der Messung der Einkommensverteilung eher willkürlich anmutenden Grundkonstruktion des Theil-Index nimmt er in der Verteilungsforschung eine wichtige Stellung ein. Insbesondere auch seine Zerlegbarkeit macht ihn für die empirische Wirtschaftsforschung interessant.[7]

4.6   Ad hoc-Indizes in der Armutsmessung

4.6.1   Warum Armutsmessung?

Fast jeder zehnte Mensch weltweit muss von weniger als 1,90 US$ (in Kaufkraftparitäten basiert auf Preisen des Jahres 2011) am Tag leben[8]. Als internationale Armutsgrenze stellt dieser Betrag die niedrigste von internationalen Organisationen wie der Weltbank berücksichtigte Schwelle dar. Mit weniger lässt sich kaum auskommen. Die Schwelle kennzeichnet extreme Armut. Da in der globalen Betrachtung viele Haushalte kein monetäres Einkommen erzielen, beispielsweise auch in der Subsistenzlandwirtschaft tätig sind, berücksichtigen die entsprechenden Berechnungen den Pro-Kopf-Konsum. Dass es sich bei der Definition und Messung von Armut nicht nur um eine wissenschaftlich komplexe Aufgabe handelt, sondern natürlich auch um ein politisch umkämpftes Feld, wird schnell offensichtlich.

---

[7] Eine Studie der Europäischen Stiftung zur Verbesserung der Lebens- und Arbeitsbedingungen EUROFOUND aus dem Jahr 2017 nutzt beispielsweise die Zerlegbarkeit des Theil-Index, um die Entwicklung der Einkommensungleichheit innerhalb und zwischen EU-Mitgliedstaaten zu analysieren, um den Einfluss der „Großen Rezession" 2007–2009 zu porträtieren (Eurofound 2017). Bei Kranzinger (2020) kommt die Zerlegung des Theil-Index im Zusammenhang mit einer ähnlichen Fragestellung zum Einsatz, wobei die Analyse zudem nach Einkommensdefinitionen und demographischen Gruppen unterscheidet. Steuern und Abgaben senken den EU-weiten Theil-Index von 0,533 (vor Steuern) auf 0,215, wobei der Beitrag der Einkommensungleichheit zwischen den Mitgliedstaaten 21,7 %, der innerhalb der einzelnen Mitgliedstaaten 78,3 % beträgt.

[8] Die Weltbank gibt an, dass im März 2021 die verfügbaren Einkommensäquivalente von etwa 9,3 % der Weltbevölkerung unterhalb dieser Grenze liegen (PovcalNet).

Armut ist global sehr ungleich verteilt. Für die wirtschaftliche Entwicklung vieler Volkswirtschaften stellt Armut ein großes Problem dar. Armut wird, wie Ungleichheit, die Eigenschaft zugesprochen, dass sie sich im Zeitablauf verschärft und als multigenerationales Phänomen langfristig die gesellschaftliche Wohlfahrt schädigt (Charles et al. 2014). Zudem bedingen Armut und gesellschaftliche Spannungen bzw. politische Instabilität einander (Ezrow und Frantz 2013). Innerhalb der Ziele für nachhaltige Entwicklung *(Sustainable Development Goals)* der Vereinten Nationen steht die Bekämpfung der Armut an vorderster Stelle. Die unterschiedlichen sozioökonomischen und soziokulturellen Implikationen von Armut sollen an späterer Stelle noch ausführlicher diskutiert werden.

Trotz der globalen wirtschaftlichen Relevanz von Armut führt das Konzept in der theoretischen Ökonomie ein Nischendasein. Vor über dreißig Jahren schrieb Christian SEIDL in einem Übersichtskapitel zur Armutsmessung, dass sich bis dahin erst eine Nobelpreis-Rede sich auf Armut bezogen habe, dies jedoch in einem agrarökonomischen Zusammenhang (Seidl 1988a). Heute findet man eine leicht veränderte Situation vor. Nicht zuletzt wurde die Verleihung des Wirtschaftsnobelpreises im Jahr 1998 an Amartya SEN insbesondere auch mit dem Bezug seiner vielfältigen Forschung zum Thema Armut begründet. Noch ausschließlicher befassen sich die Ökonomin Esther DUFLO und ihre Kollegen Abhijit BANERJEE und Michael KREMER mit globaler Armut. Sie erhielten 2019 den Nobelpreis. Damit haben sowohl das Thema Armut als auch unorthodoxe Ansätze in der Ökonomie eine Aufwertung erfahren.

An dieser Stelle soll nicht vom Pfad der konventionellen Ökonomie abgewichen werden, sondern erst einmal eine Annäherung an das Konzept Armut über Ansätze zur objektiven Messung erfolgen. Damit erfolgt zunächst eine Beschränkung auf einen Teilbereich der Theorie zur Armutsmessung. Ähnlich wie in der Messung der Einkommensverteilung soll Armut später in einen explizit wohlfahrtsökonomischen Zusammenhang gerückt werden.

Wenn in diesem Abschnitt eingangs von einer Armutsgrenze gesprochen wird, liegt hier die Annahme zugrunde, Armut sei ein absolutes Konzept, es gäbe also eine klare Grenze zwischen arm und nicht arm. Nun lässt sich ohne weiteres argumentieren, Armut sei nicht absolut, sondern müsse stets vor dem Hintergrund des jeweiligen Kontexts, also im Rahmen der jeweiligen Lebenswelten, bestimmt werden.

4.6.2 Armut als absolutes und als relatives Konzept

In der Betrachtung von Armut als absolutes Konzept wird, wie oben bereits angedeutet, in der Regel auf Subsistenzkriterien Bezug genommen. Es wird also nach der Höhe der zum Überleben benötigten Mittel gefragt. Dabei kann auf die Kosten für Wohnung und Lebensmittel abgestellt werden. Gelegentlich werden zur Bestimmung naturwissenschaftliche Kriterien herangezogen, wie beispielsweise die zum Überleben mindestens benötigte Kalorienzahl (Lipton 1986). Es lassen sich auch begriffliche Abstufungen einführen, wie die Unterscheidung zwischen

Armen und Ultra-Armen *(ultra poor).*[9] Abermals wird deutlich, dass sich eine willkürliche Grenze, nach welchem biologischen oder ökonomischen Kriterium sie auch abgeleitet sein mag, schwer objektivieren lässt. Es kann kein global konsensfähiges Konzept geben, das Armut im Sinne der Suffizienz an einem bewerteten einheitlichen Güterbündel festmacht. Dazu variieren die in der Welt beobachtbaren Lebenswelten zu stark. Der Kalorienbedarf eines sibirischen Bauern unterscheidet sich von dem einer pakistanischen Näherin.

Was, wenn Armut in Bezug zu dem Lebensumfeld der betrachteten Personen gesetzt wird? Soll Armut sich als relatives Konzept an den Einkommensverhältnissen innerhalb einer Gesellschaft orientieren, erfolgt wiederum eine Annäherung an die obige Diskussion zur Einkommensverteilung. Solange sich ein relatives Armutskonzept auf die gesamte Verteilung der Einkommen bezieht, erscheint eine Gleichverteilung der Einkommen als einziger Ausweg aus dem Dilemma. Ansonsten würde bei abweichenden Einkommensverteilungen trotz absoluten gesellschaftlichen Wohlstands stets irgendjemand als arm gelten. Wenn bei einer gegebenen Verteilung alle Einkommen um 10 % steigen, ändert sich die mittels eines relativen Armutskonzepts gemessene Armut nicht. Gleichzeitig wird es in der Armutsmessung jedoch nicht darum gehen können, welche Einkommensverschiebungen gegebenenfalls oberhalb der wie auch immer gestalteten Armutsgrenze stattfinden. Armutsmessung und Verteilungsmessung sind unterschiedliche Gebiete, wenn sie auch nicht völlig unabhängig voneinander sind.

In einem vieldiskutierten Werk aus den 60er Jahren des letzten Jahrhunderts hat der Soziologe Walter RUNCIMAN Armut als „relative Deprivation" beschrieben und das Vorliegen von Armut an der Intensität eines Gefühls der Entbehrung gegenüber Bessergestellten festgemacht (Runciman 1966). Abermals nähert sich hier ein Armutskonzept dem Wesen der Einkommensverteilung. Interessanterweise wird es bei einer solchen Vorstellung von Armut kaum möglich sein, eine Armutsschwelle oder -grenze festzulegen. SEIDL (1988a) hinterfragt die Idee von Armut als „relative Deprivation" kritisch, indem er folgendes Szenario beschreibt: Ein Nomadenstamm in der Sahara leide mangels Ressourcen ständig unter Hunger. Kein Stammesmitglied fühlt sich benachteiligt. Bedeutet dies, in diesem Beispiel existiere keine Armut? Überhaupt scheint es nicht leicht zu sein, Armut am Gefühlszustand festzumachen. So mag es durchaus objektiv arme Menschen geben, die sich weder benachteiligt, geschweige denn unwohl fühlen.

Es lassen sich jenseits der auf subjektiven Gefühlen basierenden Idee der relativen Deprivation zweifellos Ansätze entwickeln, denen es gelingt, Deprivation objektiv zu erfassen. Peter TOWNSEND, ein britischer Soziologe und Armutsforscher, hat einen Index der materiellen Deprivation in mehreren Dimensionen entwickelt, die er für das Vereinigte Königreich für besonders relevant hielt (Townsend et al. 1988): Arbeitslosigkeit, Nichtbesitz eines Kraftfahrzeugs, Nichtbesitz

---

[9] Michael Lipton definiert diejenigen als „ultra arm", deren Ernährung weniger als 80 % ihres Energiebedarfs abdeckt, während sie mehr als 80 % ihres Einkommens für Essen ausgeben (Lipton 1986, S. 4). Das sind in der Regel ländliche Frauen ohne Landbesitz.

einer Immobilie und Überbelegung der Wohnung. Multidimensionale Depriva-
tionsindizes werden heutzutage regelmäßig von unterschiedlichen Einrichtungen
eingesetzt, insbesondere im Vereinigten Königreich, wo „multiple" Deprivation
regelmäßig vom Ministry of Housing, Communities and Local Government
analysiert wird.

Am häufigsten begegnet uns Armut als politische Größe oder als Werturteil. Im
politischen Raum wird ein Begriff wie Armut, der zudem mit Assoziationen und
Emotionen befrachtet ist, strategisch eingesetzt und entsprechend den jeweiligen
Intentionen modifiziert. Im deutschsprachigen Raum begegnet man beispielsweise
vielfältigen Diskussionen um Kinderarmut und die Risiken der Altersarmut, ohne
dass diesen Begriffen stets eindeutige Definitionen zugrunde liegen würden.[10]
Umso mehr gilt es, in der Betrachtung von Konzepten der Armutsmessung zu verstehen, welche Annahmen diesen Maßen zugrunde liegen und wie die Maße auf
Veränderungen in der Verteilung relevanter Zielgrößen reagieren. In der Erwähnung der potenziellen Multidimensionalität von Armut ist deutlich geworden, dass
es beileibe nicht selbstverständlich ist, die Betrachtung auf die Einkommensarmut
zu reduzieren. An dieser Stelle der Darstellung gilt die Aufmerksamkeit im Interesse der argumentativen Stringenz der Einkommensarmut. Der Fokus auf dieser
nunmehr vertrauten Größe suggeriert, dass die Struktur der Darstellung schlüssiger
Konzepte der Armutsmessung ganz ähnlich der Darstellung der Verteilungsmaße
erfolgen kann.

4.6.3 Ad hoc-Indizes und ihre Einsatzbereiche

Einfache beschreibende Indizes zur Quantifizierung von Armut nehmen stets
Bezug auf die Armutsgrenze π. Diese mag sich, wie oben beschrieben, an
einem Referenzwarenkorb orientieren oder an einer anderweitig festgesetzten Einkommenshöhe. Diesen einfachen Maßzahlen liegt kein axiomatischer Rahmen
zugrunde. Sie kommen als volkswirtschaftliche Kennzahlen routinemäßig in der
Armutsberichterstattung zum Einsatz.[11]

Bei der Armutsquote *(head count ratio)* handelt es sich schlicht um das
Verhältnis von einkommensarmen Individuen und Gesamtbevölkerung:

$$H = \frac{p}{n} \qquad\qquad (4.12)$$

---

[10] In Deutschland kann grundsätzlich auf eine transparente Dokumentation von Armutskennzif-
fern über die unterschiedlichen sozioökonomischen und soziodemografischen Strata zugreifen.
Die Sozialberichterstattung berücksichtigt eine (offen diskutierte) Armutsrisikoschwelle und dokumentiert darauf Bezug nehmend Armutsrisikoquoten und (relative) Armutsrisikolücken.

[11] Die deutsche Bundesregierung erstellt seit 2001 regelmäßig Armuts- und Reichtumsberichte.
Seitdem wird auch kontinuierlich auf wissenschaftlicher Basis über Fragen der sozialen Integration
und der Wohlstandsverteilung in Deutschland berichtet.

wobei *p* die Anzahl der Personen unterhalb der Armutsgrenze π darstellt und *n* die Gesamtbevölkerung beschreibt. Dieses Maß ignoriert die Armutstiefe, also die Frage, wie arm einzelne Personen sind, und die Verteilung der Armut. *H* erfasst also nicht den Abstand zwischen den jeweiligen Einkommen der Armen und der Armutsgrenze. Ferner bildet *H* nicht ab, wie die Armutseinkommen angeordnet sind. Ohne, dass *H* einen Unterschied anzeigen würde, können Einkommen beispielsweise relativ gleichmäßig in der Nähe der Armutsgrenze oder aber sehr ungleich zwischen π und der absoluten Mittellosigkeit verteilt sein. Damit bietet *H* zwar bereits eine wesentliche Information, doch taugt die Armutsquote nicht als umfassendes Armutsmaß. Armutsquoten kommen in der Darstellung von Armut regelmäßig zum Einsatz, so auch in der Statistik der Weltbank, in welcher auf unterschiedliche Armutsgrenzen Bezug genommen wird, z. B. auf von der Bank selbst festgelegte absolute Schwellenwerte oder auf nationale Armutsgrenzen.[12]

Box 4.5: Armutsmessung bei der Weltbank

Die Weltbank hat sich dem Ziel der globalen Armutsbekämpfung verschrieben. Expertinnen und Experten der Weltbank haben die Diskussion in der Armutsmessung stets mit vorangetrieben. Armutsmessung und -analyse liefern wichtige Grundlagen für die Gestaltung von Strategien zur Armutsbekämpfung. Die Weltbank evaluiert dabei stets, welche Maßnahmen und Programme wirken, in welchem Umfang, welche nicht wirken und – idealerweise – warum dies der Fall ist.

Die gegenwärtig in der Statistik der Weltbank geltende untere Armutsgrenze, die bei einem verfügbaren Äquivalent von täglich \$1,90 in Kaufkraftparitäten (KKP) liegt, ist auf die ärmsten Volkswirtschaften der Welt ausgerichtet. Der Ursprung dieser plakativen Armutsgrenze führt ins Jahr 1990 zurück, als mit dem von der Weltbank herausgegebenen World Development Report 1990 die internationale Armutsgrenze von einem US-Dollar pro Tag eingeführt wurde. Die Idee war, Einkommensarmut zunächst mittels eines einfachen Ansatzes darzustellen. Die Armutsgrenze sollte absolute Armut in den ärmsten Ländern der Welt angemessen widerspiegeln und zulassen, dass die Grenze in allen Ländern dem gleichen realen Wohlstandsniveau entspricht. Um dieser Anforderung gerecht zu werden, werden Kaufkraftparitäten und nicht nominale Wechselkurse zur Umrechnung von Währungen einzelner Entwicklungsländer verwendet.

Der Einsatz von KKP ist nicht trivial. Die KKP-Wechselkurse werden derzeit von einem unabhängigen Konsortium, dem International Comparison Program (ICP), erstellt, das seine Schätzungen in regelmäßigen Abständen überarbeitet, um sowohl Veränderungen der relativen Preisniveaus in den einzelnen Ländern als auch methodische Änderungen zu berücksichtigen. Dabei gilt es auch zu berücksichtigen, dass Kaufkraftparitäten für arme Haushalte gegebenenfalls anders zu kalkulieren sind als für Volkswirtschaften als Ganzes. Bei derartigen Betrachtungen kommen auch empirische Konzepte, wie beispielsweise die Engel-Kurve zum Einsatz, welche die Beziehung zwischen dem Einkommen und der Nachfrage nach bestimmten Gütern, z. B. Nahrungsmitteln, charakterisiert (Ravallion 2016).

Die Entwicklung von Armutsbekämpfungsstrategien bedarf eines Verständnisses der kontextualen sozio-ökonomischen und sozio-kulturellen Determinanten von Armut und ökonomischem Wohlergehen.

---

[12] Aktuelle volkswirtschaftliche Daten, inklusive der Armutsindizes für sämtliche Volkswirtschaften, sind auf den Webseiten der Weltbank unter https://data.worldbank.org abrufbar. Die Bank stellt zudem mit PovcalNet ein Rechentool zur Verfügung, mit welchem Berechnungen zur Schätzung des Ausmaßes absoluter Armut nachvollzogen werden können. Mit PovcalNet lassen sich Armutsmaße unter verschiedenen Annahmen berechnen und Schätzungen für beliebige Länder oder Gruppen von Volkswirtschaften zusammenstellen.

Die Armutsquote H lässt sowohl die „Tiefe" als auch die „Verteilung" der Armut außer Acht. Bei diesem einfachsten aller Ansätze erhalten die geringfügig Armen genau das gleiche Gewicht wie diejenigen, die tatsächlich ohne alles dastehen.

Die Implikationen lassen sich leicht verdeutlichen, wenn man sich ein politisches Programm vorstellt, das mit einem fixen Budget versehen ist und das Ziel einer maximalen Armutsreduktion verfolgt. Unabhängig von der Ausgangsverteilung läge die Lösung darin, zunächst die wohlhabendste arme Person über die Armutsgrenze zu heben, dann die zweitwohlhabendste und so weiter, bis das Budget erschöpft ist. Selbst wenn es möglich wäre, den bedürftigsten Personen unterhalb der Armutsgrenze noch Einkommen zu entziehen, um es an Personen knapp unter Armutsgrenze umzuverteilen, damit diese über die Grenze rutschen, würde das Vorgehen zu einer Reduktion der Armutsquote führen. Damit wird sehr deutlich, dass die Armutsquote allein keinen hinreichenden Ansatz der Armutsmessung darstellt. Dennoch stellt H einen wichtigen partiellen Ansatz dar, der, wenn auch für sich genommen kein überzeugendes Gesamtmaß, zusammen mit anderen Maßen viel über Armut aussagen kann.

Wünschenswert ist aus politischer Sicht Information zum Aufwand (im Sinne eines redistributiven Budgets), der nötig wäre, um Armut zu beseitigen. Dazu müsste die Armutslücke gemessen werden, also der Abstand des Einkommens eines armen Individuums von der Armutsgrenze. Eine aggregierte Armutslücke ergibt sich als der gesamte „Fehlbetrag" zwischen den Einkommen der Armen, der geeignet wäre, alle Armen auf das Niveau der Armutsgrenze zu heben. Wenn μ_p das Durchschnittseinkommen der armen Bevölkerung darstellt, ergibt sich der Armutslücken-Index *(income gap ratio)*:

$$I_p = \sum_{i=1}^{p} \frac{\pi - y_i}{p\pi} = 1 - \frac{\mu_p}{\pi} \qquad (4.13)$$

Der Armutslücken-Index gibt die prozentuale Abweichung des Durchschnittseinkommens der Armen von der Armutsgrenze wieder. Wie bereits die Armutsquote weist der Index Personen unterhalb der Armutsgrenze positive reale Zahlen zu. Während die Armutsquote jeder armen Person ein Gewicht von $1/n$ zuweist, unabhängig davon, wie weit ihr Einkommen unter der Armutsgrenze liegt, beträgt das Gewicht für arme Personen beim Armutslücken-Index $\frac{\pi - y_i}{p\pi}$. Dieser Index gewichtet damit Personen umso stärker, je ärmer sie sind. Der Armutslücken-Index verändert sich nur, wenn sich das Durchschnittseinkommen der Armen ändert.

Wie die Armutsquote H sind jedoch auch solche Lückenmaße am besten als Teilindikatoren für Armut zu betrachten. Der Armutslücken-Index sagt nichts darüber aus, wie viele Menschen arm sind – eine Aussage, die wiederum die Armutsquote H liefert. Ebenso wie H ignoriert I_p die Einkommensverteilung unter den Armen, also die Frage, wie sich die gesamte Einkommenslücke auf die Armen verteilt. Wenn es beispielsweise einen regressiven Einkommenstransfer von der bedürftigsten Person zu einer Person gibt, die zwar deutlich reicher ist, aber auch nach dem Transfer noch unter der Armutsgrenze liegt, dann würden weder die

Armutsquote H noch der Armutslücken-Index I_p irgendeine Veränderung in der Lage der Armen widerspiegeln, und dennoch wäre die am meisten benachteiligte Person zugunsten einer relativ reicheren Person noch ärmer geworden.

Es ist wiederum SEN (1976) gewesen, der eine Axiomatik in die Armutsmessung eingeführt hat. Wie bei den Verteilungsmaßen lassen sich Anforderungen an die Armutsmaße in Form von Axiomen formulieren.[13]

Monotonieaxiom:
Das Monotonieaxiom besagt, dass sich Einkommensänderungen innerhalb der armen Bevölkerung auf das Armutsmaß auswirken sollen. Es wird gelegentlich in zwei Ausprägungen formuliert (Seidl 1988a): Das „schwache" Monotonieaxiom verlangt, dass der Anstieg des Einkommens eines armen Individuums ein Absinken des Armutsindex bewirkt, solange das Individuum weiterhin zur armen Bevölkerung zählt. Nach dem „starken" Monotonieaxiom soll das Armutsmaß bei jedem Anstieg des Einkommens eines armen Individuums sinken. Das Sinken des Armutsmaßes hängt also ausdrücklich nicht davon ab, dass das durch den Einkommensanstieg besser gestellte Individuum weiterhin in Armut lebt. So bedingt das starke Monotonieaxiom das schwache, aber nicht umgekehrt. In der Literatur zur Armutsmessung wird überwiegend auf das schwache Monotonieaxiom Bezug genommen, zumal eine Ambivalenz entstehen kann, wenn beispielsweise ein Individuum durch einen Einkommensanstieg der Armut entkommt. Es kann nun zu einem Anstieg des Armutsindex kommen, obwohl die Anzahl Armer gesunken ist.

Fokusaxiom:
Das Fokusaxiom postuliert, dass ein Armutsindex vollkommen unabhängig von der Einkommenshöhe und der Einkommensverteilung oberhalb der Armutsgrenze sein möge (Chakravarty 1990). Ein sinkendes Einkommen innerhalb der Gruppe der Armen soll also nicht durch einen Einkommensanstieg bei den Nicht-Armen kompensiert werden können.

Transferaxiom:
Allgemein besagt das Transferaxiom, dass ein Armutsindex infolge eines progressiven Transfers, also eines Transfers von einer besser zu einer schlechter gestellten Person, sinken soll. Entsprechend soll der Index infolge eines regressiven Transfers, also eines Transfers von einer schlechter zu einer besser gestellten Person, steigen. Das Transferaxiom lässt sich bei Betrachtung unterschiedlicher Szenarien unterschiedlich streng formulieren. Während in der Regel zwischen der schwachen und der starken Version des Axioms unterschieden wird, stellen DONALDSON und WEYMARK vier Ausprägungen des Transferaxioms vor (Donaldson und Weymark 1986).[14] Die Axiome unterscheiden sich in Bezug auf die an Transfers beteiligten

---

[13] SENs Interesse galt zunächst dem Monotonieaxiom, dem Fokusaxiom und dem Transferaxiom.
[14] Mit diesem Hinweis soll verdeutlicht werden, dass es sich bei der axiomatischen Herangehensweise nicht um ein „naturgesetzliches" Vorgehen handelt. Vielmehr bestimmen das Grundverständnis eines Phänomens und die klare Vorstellung des Zwecks des zu entwickelnden oder zu evaluierenden Instrumentariums die Gestaltung des axiomatischen Rahmens.

Personen. In der Minimalversion verlangt ein Transferaxiom eine Verringerung des Index bei progressivem Transfer oder eine Erhöhung bei regressivem Transfer nur dann, wenn beide an dem Transfer beteiligten Personen arm sind und bleiben. Das schwache Transferaxiom verlangt eine Verringerung (bei progressivem Transfer) des Index oder eine Erhöhung (bei regressivem Transfer) nur in dem Fall, dass die ärmere Partei dieses Transfers arm ist und bleibt und dass sich die Menge der Armen nicht ändert. Wenn also der Geber eines Transfers zufällig nicht arm ist, muss der Transfer noch dazu führen, dass er unter die Armutsgrenze rutscht, und wenn der Empfänger arm ist, darf die Zuwendung ihn nicht über die Armutsgrenze heben. Weitere Konstellationen ergeben sich für starke Transferaxiome mit Blick auf die Über- bzw. Unterschreitung der Armutsgrenze. Viele Armutsindizes erfüllen die starken Versionen der Transferaxiome nicht.

Weitere Axiome:
Während die weitere Darstellung keinen Bezug auf Axiome jenseits der drei erstgenannten nimmt, soll nicht unterschlagen werden, dass die ökonomische Armutsforschung weiteren Axiomen Aufmerksamkeit schenkt. Sensitivitätsaxiome fordern, dass Armutsindizes die Einkommensungleichheit unterhalb der Armutsgrenze reflektieren. Der Armutsindex soll umso stärker beeinflusst werden, je ärmer eine Person ist. Es war vor allem Nanak KAKWANI (1980), der die Aufmerksamkeit auf die Sensitivitätsaxiome im Zusammenhang mit der Armutsmessung lenkte. Die Namen der Axiome nehmen gleichsam ihren Inhalt vorweg: Das Monotonie-Sensitivitätsaxiom fordert, dass ein Armutsindex bei sinkendem Einkommen umso stärker reagiert, je ärmer die betroffene Person ist. Nach dem Rang-Transfer-Sensitivitätsaxiom soll die Empfindlichkeit des Armutsindexes hinsichtlich Transfers von der relativen Position des Gebers in der Rangfolge der Armen abhängen, sofern die relativen Positionen des Transfergebers und des Transferempfängers unverändert bleiben. Je niedriger die relative Position des Übertragenden in der Einkommensordnung der Armen ist, desto stärker sollte der Index bei einem Transfer ansteigen. Letztlich sieht das Distanz-Transfer-Sensitivitätsaxiom vor, dass ein Armutsindex bei gegebenem regressivem Transfer stärker ansteigt, je ärmer der Geber ist.

Auch zur Zerlegbarkeit der Armutsindizes sind Axiome formuliert worden, die darauf abstellen, dass bei Zerlegung eines Index nach Untergruppen (ähnlich der in Abschn. 4.5 dargestellten Zerlegung eines Ungleichheitsmaßes) bestimmte Veränderungen innerhalb der Untergruppen Auswirkungen auf den Gesamtindex haben sollen. Beispielsweise soll nach dem Untergruppen-Monotonieaxiom (Foster et al. 1984) der Armutsindex einen Anstieg der Gesamtarmut anzeigen, wenn die Armut in einer Untergruppe steigt. Seidl (1988a) beschreibt, dass es keinen Armutsindex gibt, der sämtliche wünschenswerten Axiome erfüllt. Man sei hier mit einem Unmöglichkeitstheorem konfrontiert. Man könne dieser Beschränkung im Sinne von Möglichkeitstheoremen begegnen, wenn man im Falle bestimmter Armutsindizes Axiome mit weicheren Anforderungen ersetze.

4.7 Armutsverteilungsindizes

Die vorangegangenen Ausführungen verdeutlichen die Einschränkungen, denen die Armutsmessung mit Hilfe der Ad -hoc-Maße unterliegt. Die Grenzen der Armutsquote H und des Armutslückenindex I_p haben – sowohl einzeln als auch gemeinsam betrachtet – dazu geführt, dass über Armutsmaße nachgedacht wurde, welche die Einkommensverteilung innerhalb der Armen berücksichtigen. Die jeweilige Betonung der Prävalenz der Armut einerseits und der Verteilungscharakteristika innerhalb der Armen andererseits korrespondiert mit der Bedeutung der einzelnen Axiome. Die wegweisenden Arbeiten SENs zur Armutsmessung wurzeln in seiner anfänglichen Kritik an den Ad-hoc-Armutsindizes (Sen 1976). Explizit hebt er hervor, dass die Armutsquote sowohl gegen die Monotonie- als auch gegen die Transferaxiome verstoße, der Armutslücken-Index gegen die Transferaxiome. SEN betont die absolute Betrachtungsweise der Armut und legt daher seinem Index ein schwaches Transferprinzip zugrunde. Somit muss ein regressiver Transfer nicht zu einem Anstieg der Armut führen, falls der Empfänger in Folge die Armutsgrenze überschreitet. Sinkt die absolute Zahl der Armen durch einen solchen Transfer, sinkt die Armut. Der Nettoeffekt kann also ein Sinken des Armutsindex bewirken.

Während die Armutsquote H den prozentualen Anteil der Menschen unterhalb der Armutsgrenze angibt, gibt der Armutslückenindex I_p Aufschluss über den prozentualen Anteil der durchschnittlichen Unterschreitung der Armutsgrenze. Die Armutsquote H ignoriert das Ausmaß der Armutsunterschreitung pro Person, der Armutslückenindex I_p die Zahl der Betroffenen. Beide Maße sollten, so Sen (1976), im Armutsindex eine Rolle spielen. Aber auch H und I zusammen sind nicht hinreichend aussagekräftig, da beide keine ausreichenden Informationen über die genaue Einkommensverteilung unter den Armen liefern. Außerdem erfüllt keines der beiden Maße das Transferaxiom oder die Forderung, der Einkommenslücke der ärmeren Person ein größeres Gewicht zu verleihen.

SEN formuliert zunächst einen Index in der allgemeinen Form

$$P(y, \pi) = N(n, p, \pi) \sum_{i=1}^{p} (\pi - y_i) v_i(y, \pi) \qquad (4.14)$$

wobei $N(.)$ einen Normierungsparameter darstellt und mit $v_i(y, \pi), i \in \{1, 2, \ldots, p\}$ für jedes Einkommen unterhalb der Armutsgrenze einen Gewichtungsfaktor der Armutslücken. Gewichtung und Normierung kennzeichnen also den Armutsindex SENscher Prägung.

Die Gewichtung des SENschen Armutsindex orientiert sich an der BORDA-Regel der Social Choice-Theorie, nach welcher sich eine Gewichtung an der Rangziffer orientiert. Zum Zwecke der Armutsmessung indiziert SEN die Einkommen derart, dass die Einkommen in nicht sinkender Reihenfolge angeordnet sind, also dass für $i < j$ gilt: $y_i < y_j$. Der Gewichtungsfaktor soll die Rangfolge hinsichtlich der relativen Deprivation der armen Personen entsprechend berücksichtigen und ist so gestaltet, dass

$$v_i(y, \pi) = p + 1 - i \tag{4.15}$$

Das Gewicht steigt also mit zunehmender Armut an.[15] SEN (1976) selbst lässt noch eine zweite Begründung des Ansatzes zu: Man könne sich auch auf das Konzept der relativen Deprivation im Sinne von Walter RUNCIMAN (1966) beziehen. Nach der relativistischen Interpretation ist das Armutsempfinden einer Person umso größer, je niedriger sie auf der Wohlfahrtsskala steht. Der Rang, den sie in der Wohlfahrtsskala unter anderen einnimmt, kann folglich als Indikator für die Gewichtung ihrer Einkommenslücke angesehen werden.

Für die Normierung soll gelten, dass sich das Armutsmaß bei vollkommener Gleichverteilung der Einkommen der Armen als das Produkt aus Armutsquote H und Armutslücken-Index I ergibt. Diese beiden Größen lieferten in diesem Fall, aber auch nur in diesem, genau die gewünschte Information zum Ausmaß der Armut. Die multiplikative Verknüpfung der beiden Größen erfolgt willkürlich.

Die vorgenannten Anforderungen an einen Armutsindex lassen genau eine Formulierung eines Armutsindex zu:

$$P(y, \pi) = \frac{2}{(p+1)n\pi} \sum_{i=1}^{p} (\pi - y_i)(p + 1 - i) \tag{4.16}$$

Für eine große Zahl armer Individuen p konvergiert dieser Ausdruck gegen

$$P(y, \pi) = H[I + (1 - I)G] \tag{4.17}$$

G ist dabei der Gini-Koeffizient der Einkommensverteilung der Armen. In dieser Darstellung lässt sich der SENsche Armutsindex recht einfach interpretieren. Er setzt sich zusammen aus der Armutsquote H multipliziert mit der Armutslücke I, ergänzt um den Gini-Koeffizienten G der Einkommensverteilung unter den Armen, gewichtet mit dem Verhältnis zwischen dem mittleren Einkommen der Armen und dem Einkommensniveau der Armutsgrenze, nämlich $(1 - I)$. SEN (1976) selbst erklärt: I steht für die Armut, gemessen an der anteiligen Lücke zwischen dem mittleren Einkommen der Armen und dem Einkommen an der Armutsgrenze. Die Verteilung unter den Armen wird dabei noch nicht berücksichtigt, doch G liefert diese Information. Zusätzlich zur Armutslücke des mittleren Einkommens der Armen, die sich in I widerspiegelt, gibt es die „Lücke", die sich aus der ungleichen Verteilung des mittleren Einkommens ergibt. Diese wird durch das Produkt aus dem Gini-Koeffizienten G dieser Verteilung und dem oben erläuterten Faktor $(1-)$ wiedergegeben. Das so erweiterte Maß der Einkommenslücke berücksichtigt

---

[15] In dieser Annahme spiegelt sich SENs Annahme lediglich ordinal messbarer und vergleichbarer individueller Wohlfahrt wider, worauf er selbst ausdrücklich hinweist (Sen 1976).

die Ungleichheit unter den Armen: In der Darstellung des SENschen Armutsindex in (4.17) ist der Ausdruck in eckigen Klammern als Pro-Kopf-Maß bezogen auf eine arme Person zu verstehen, der nicht die Anzahl der Personen unterhalb der Armutsgrenze berücksichtigt. Der Ausdruck in eckigen Klammern bedarf also noch der Multiplikation mit der Armutsquote H.

Das in (4.17) dargestellte Armutsmaß P entspricht dem Gini-Ungleichheitmaß G. in dem Sinne, dass ein Ersetzen der Armen durch die Gesamtbevölkerung und der Armutsgrenze durch das mittlere Einkommen P in G umwandeln würde.

Dem Verständnis der Implikationen dieses Armutsindex dient auch die Formulierung als

$$P(y, \pi) = HI(1 + G^*) \quad mit \quad G^* = \frac{(1 - I)G}{I} \qquad (4.18)$$

G^* lässt sich dabei als Gini-Koeffizient der Armutslücken interpretieren (Clark et al. 1981).

Die Tatsache, dass es sich bei den einzelnen Elementen des SENschen Armutsindex – Normierung, Gewichtung, Verteilungsmaß – um relativ willkürliche, wenn auch schlüssig zusammengeführte, Bausteine handelt, hat verschiedene Modifikationen angeregt, die insbesondere auch versuchen, Verletzungen strengerer Axiome zu kompensieren. In diesem Sinne haben beispielsweise Sudhir ANAND (1977) und Nanak KAKWANI (1980) weitere Armutsindizes entwickelt. Die von James FOSTER , Joel GREER und Erik THORBECKE (1984, 2010) vorgestellte Klasse zerlegbarer Indizes genügt den von SEN gestellten Anforderungen, doch bemüht die Armutslücken selbst als Gewichte (und nicht die Anzahl der Personen gemäß der Rangfolge unterhalb der Armutsgrenze):

$$P(y, \pi) = \frac{1}{n} \sum_{i=1}^{p} \left(\frac{\pi - y_i}{\pi} \right)^{\alpha}, \quad \alpha \geq 0 \qquad (4.19)$$

FOSTER und Kollegen begründen den Ansatz mit dem Konzept der relativen Deprivation. Diese ergebe sich nach dem Ausmaß der Armutslücke, nicht von der Anzahl der jeweils bessergestellten Armen. α lässt sich als Parameter der Armutsaversion interpretieren. Für $\alpha = 0$ ergibt sich die Armutsquote, für $\alpha = 1$ das Produkt aus Armutsquote und Armutslückenindex, HI. Der relative Einfluss der ärmeren Personen unter den Armen auf den Wert des Indexes nimmt mit steigendem α zu.

Besonders das von FOSTER, GREER und THORBECKE vorgestellte Konzept leistet einen wichtigen Beitrag zur Armutsmessung im internationalen Kontext, indem es eine parametrische Klasse von Messgrößen mit wünschenswerten Merkmalen und einer einfachen Struktur einführt, die von politischen Entscheidungsträgern verstanden werden kann. Viele Autoren haben diese Forschungslinie fortgesetzt und andere Bewertungsinstrumente vorgeschlagen, darunter statistische Tests zur Interpretation von Schätzungen.

Mit der Diskussion von SENs Ansatz der Verwirklichungschancen, der darauf abstellt, dass es in einem schlüssigen Gerechtigkeitskonzept vorrangig nicht um die Verteilung von Gütern gehen kann, wurden in der Literatur verstärkt Maße für mehrdimensionale Armut konstruiert, die insbesondere auch auf das Konzept von Foster und Kollegen zurückgreifen. Die axiomatischen Eigenschaften der Maße, insbesondere die additive Zerlegbarkeit, begünstigen eine Erweiterung über die traditionellen Grenzen der Armutsmessung hinaus, beispielsweise durch Einbeziehung von Dimensionen wie Ernährung, Gesundheit oder Bildung. In diesem Zusammenhang lassen sich, beispielsweise auch durch intertemporale Betrachtung, Vulnerabilität und Armutsgefährdung erfassen.

4.8   Verteilungstheorie – und dann?

Die ungleiche Verteilung materieller und immaterieller Ressourcen wirkt über vielfältige Kanäle auf ökonomische Zielgrößen. Die Arbeiten bedeutender Ökonomen in der letzten Dekade haben die negativen Wirkungen aufgezeigt, die unter anderem von Ungleichheit in Einkommen und Vermögen ausgehen, darunter ansteigende Armut, zunehmende Abhängigkeit von staatlichen Leistungen und ein schwächeres Wirtschaftswachstum (so auch Atkinson 2015). Ausgeprägte Ungleichheit in der Einkommens- und Vermögensverteilung kann dazu führen, dass die benachteiligten Gruppen die für ein freiheitliches Gemeinwesen notwendigen Institutionen nicht weiter unterstützen. Zahlreiche Studien befassen sich beispielsweise auch mit Ungleichheiten in Bildung und Gesundheit und deren gesellschaftliche und wirtschaftliche Konsequenzen. Die Verteilungsmessung stellt wichtige Ansätze für die Analyse dieser Zusammenhänge bereit (siehe auch Kap. 8).

Bevor die Verteilungsfrage im Zusammenhang der Gemeinwohldiskussion aus der wirtschafts- und sozialpolitischen Perspektive angegangen wird, soll zunächst das wohlfahrtsökonomische Paradigma von seinen Wurzeln her beleuchtet werden. Dieser Blick wird dann um Einsichten in die politische Philosophie ergänzt. Dieses Themenspektrum bildet sodann die Grundlage für die Diskussion des Status quo der Gemeinwohldiskussion. Dabei wird dann noch einmal deutlich werden, dass Ungleichheit kein Epiphänomen darstellt, das in der Ökonomie höchstens am Rande mitbehandelt werden sollte. Vielmehr wird es darum gehen, besser zu verstehen, wie unterschiedliche Dimensionen der Ungleichheit zusammenhängen. Stets wird zu fragen sein, die Verteilung welcher Zielgröße denn im Interesse des Gemeinwohls zu betrachten ist (Gleichheit wovon?), welche Untersuchungseinheit Gegenstand der Betrachtung ist (wessen Gleichheit?) und welche Dimension des Gemeinwohls als „verteilungssensibel" erachtet wird (Gleichheit wozu?).

Wohlfahrtsökonomik

5

Fragen und Themen in diesem Kapitel

- Wie lautet die wesentliche Aussage des Utilitarismus?
- Ist der Utilitarismus eine egalitaristische Theorie?
- Worin liegen die Unterschiede zwischen dem Handlungsutilitarismus und dem Regelutilitarismus?
- Wie lässt sich unter der Annahme der Messbarkeit und der interpersonellen Vergleichbarkeit des Nutzens die gesellschaftliche Wohlfahrt operationalisieren?
- Welche Gerechtigkeitsvorstellungen werden in einer sozialen Wohlfahrtsfunktion ausgedrückt?
- Impliziert eine Maximierung der gesellschaftlichen Wohlfahrt das Ziel des Egalitarismus?
- Mit welchen Maßnahmen kann ein Wohlfahrtsoptimum erreicht werden?
- Wie kommt die ökonomische Theorie zu Aussagen über die gesellschaftliche Wohlfahrt, wenn individuelle Nutzeninformationen rein ordinal sind?
- Welches sind die Aussagen der Hauptsätze der Wohlfahrtsökonomik und worin liegt deren Relevanz?
- Gibt es gesellschaftliche Entscheidungsverfahren, anhand derer eine widerspruchsfreie kollektive Präferenzordnung aufgestellt werden kann und die gleichzeitig ethische Minimalanforderungen erfüllen?
- In welchem Verhältnis stehen die normativen Kriterien der Effizienz und der Gerechtigkeit?
- Worin bestehen die Unterschiede zwischen Utilitarismus und Liberalismus?

© Der/die Autor(en), exklusiv lizenziert an Springer Fachmedien Wiesbaden GmbH, ein Teil von Springer Nature 2023
R. Menges und M. Thiede, *Die Ökonomie des Gemeinwohls*,
https://doi.org/10.1007/978-3-658-40105-4_5

- Ist Demokratie ein Verfahren zur Aufdeckung und Realisierung des Gemeinwohls? Oder könnten andere Verfahren wie etwa Expertendiktaturen das besser?
- Was ist Politik?

5.1   Ältere versus jüngere Wohlfahrtsökonomik

Im folgenden Kapitel werden die wesentlichen Ansätze der Wohlfahrtsökonomik vorgestellt, die mit einer dem normativen Individualismus verpflichteten Gesellschaftsauffassung kompatibel sind. Der wesentliche Gegensatz innerhalb dieser Wohlfahrtsökonomik wurde bereits anhand der im dritten Kapitel vorgestellten Unterscheidungen diskutiert. Er lässt sich theoriehistorisch als Kontroverse zwischen der älteren und der jüngeren Wohlfahrtsökonomik um die Identifikation eines Kriteriums für kollektive Entscheidungen nachvollziehen: Will man Rangordnungen sozialer Zustände den Individuen einer Gesellschaft nicht autoritär vorsetzen, sondern diese Rangordnungen aus den Bewertungen oder Präferenzäußerungen aller Individuen der Gesellschaft herleiten, so lautet eine (vielleicht sogar: die) entscheidende Frage: *Wie lässt sich das Wohlbefinden verschiedener Individuen miteinander vergleichen?*

- Die Wurzel der *älteren Wohlfahrtsökonomik* liegt im Utilitarismus, der die Vergleichbarkeit des Wohlbefindens bzw. des Nutzens postuliert. Hieraus lassen sich bis hin zu den sozialen Wohlfahrtsfunktionen verschiedene Operationalisierungen des ökonomischen Nutzenprinzips ableiten, die eine normative Grundlage für kollektive Entscheidungen liefern (Abschn. 5.2 und 5.3).
- In den Kontext der Paretianischen Wende und der Ablehnung kardinaler Nutzenvergleiche sind die Ansätze der *jüngeren Wohlfahrtsökonomik* einzuordnen. Wenn die Nutzen bzw. die Nutzenintensitäten der Individuen nicht miteinander verglichen werden können, stellt sich insbesondere das Problem, wie die individuellen Präferenzäußerungen zu einer kollektiven Präferenz, bzw. zu einer kollektiven Entscheidung aggregiert werden können. In diesem Kontext werden das Kriterium der PARETO-Effizienz, die Hauptsätze der Wohlfahrtsökonomik, die Sozialwahltheorie und die Kompensationskriterien (zur Operationalisierung des PARETO-Prinzips) vorgestellt. (Abschn. 5.4 und 5.5).
- Eine Sonderrolle spielen die Ansätze der *Glücksmessung* („Happiness Research"), die in jüngerer Zeit verstärkt in Forschung und Politikberatung Einzug gehalten haben, da diese den alten utilitaristischen Gedanken einer direkten Vergleichbarkeit der individuellen Nutzen aufgreifen, ihn aber theoretisch und methodisch neu interpretieren.
- Zum Abschluss dieses Kapitels werden die stark dem Liberalismus und der Unverletzlichkeit individueller Rechte verpflichteten *prozessorientierten und*

vertragstheoretischen Ansätze vorgestellt. Zwar teilen diese Ansätze die Skepsis der jüngeren Wohlfahrtsökonomik hinsichtlich einer Vergleichbarkeit der individuellen Nutzen, allerdings gehen sie noch einen Schritt weiter und lehnen den konsequentialistischen Grundgedanken einer Bewertung gesellschaftlicher Zustände als Ergebnisse individueller und kollektiver Entscheidungen ab. Stattdessen konzentrieren sie sich eher auf die Frage, wie die gesellschaftlichen Prozesse gestaltet sein sollten, ohne dass dabei individuelle Rechte verletzt werden. Ihre Gerechtigkeitsurteile richten sie also weniger auf die Ergebnisse und mehr auf die Prozesse, die zu diesen Ergebnissen geführt haben (Abschn. 5.6).

5.2 Der Utilitarismus: Vom Nutzen zur Wohlfahrt

5.2.1 Einordnung und Bedeutung des Utilitarismus

Der Utilitarismus ist eine normative ethische Theorie und zielt auf eine bestimmte Vorstellung von Gerechtigkeit in der Gesellschaft, die insbesondere die normative ökonomische Theorie maßgeblich beeinflusst hat (Breyer und Kolmar 2014). Zwar gibt es recht unterschiedliche Varianten und teilweise divergierende Auslegungen des Utilitarismus – die zeitgenössische Philosophie sieht jedoch drei Elemente als konstituierend für den Utilitarismus an (Lumer 2008):

- *Erstens* postuliert der Utilitarismus, dass das einzige moralisch um seiner selbst willen (d. h. intrinsisch) wünschbare Gut die allgemeine Wohlfahrt ist.
- *Zweitens* definiert er die gesellschaftliche Wohlfahrt selbst als eine aus den Nutzen aller Individuen der Gesellschaft additiv zusammengesetzte Größe[1].
- Und *drittens* fordern alle Varianten des Utilitarismus, dass diese Größe zu maximieren ist.

Das um seiner selbst willen „Gute" ist hiernach also die Summe der individuellen Nutzen. Handlungstheoretisch (in Bezug auf die Frage, was getan werden soll) wird das „Richtige" als die Wahl einer Handlung angesehen, die der Maximierung dieser Wohlfahrt dient. Der individuelle Nutzen und seine Maximierung wurden im ökonomischen Verhaltensmodell des zweiten Kapitels noch als deskriptives Konzept vorgestellt, dass der Beschreibung und Analyse des individuellen Verhaltens dient. Im Utilitarismus wird das Nutzenkonzept aber normativ, da aus gesellschaftlicher Sicht nicht mehr die individuelle Nutzenmaximierung im Vordergrund steht, sondern die Maximierung der Nutzen aller Individuen. Dies bedeutet, dass der Utilitarismus nicht auf ein reines Nützlichkeitsdenken in einem egoistischen und materialistischen Sinn reduziert werden kann. Utilitaristen betonen den

---

[1] Bei allgemeinerer Betrachtung geht die zeitgenössische Philosophie sogar noch einen Schritt weiter und bezieht den individuellen Nutzen nicht nur auf die menschlichen Individuen, sondern auf *„den Nutzen aller empfindungsfähigen Wesen"* (Lumer 2008, S. 1380).

moralischen Wert von geistigen Freuden oder der Nächstenliebe und stellen nicht die individuelle Nutzenmaximierung in den Vordergrund ihrer Betrachtungen. Sie sehen ein moralisches Verhältnis des Handelnden gegenüber der Gesellschaft: Sie fordern, dass das Ziel des Handelns nicht allein auf die Steigerung des Nutzens des jeweils Handelnden gerichtet sei, sondern der *Steigerung des Nutzens aller* dienen müsse. Dies impliziert, dass bei der Bestimmung des Nutzens aller, Vergleiche und Bewertungen der individuellen Nutzen vorgenommen werden müssen. Damit stellt sich das Aggregationsproblem.

Als ethische Theorie ist der Utilitarismus damit – anders als manchmal in ökonomischen Lehrbuchtexten formuliert – sehr anspruchsvoll. Im Sinne der Unterscheidungen des dritten Kapitels ist der Utilitarismus eine welfaristische Theorie, da nach ihm das einzig moralisch und intrinsisch Wünschbare in den aggregierten Nutzen aller Individuen liegt. Der Utilitarismus bezieht seine Rationalität aus den folgenden Elementen (Höffe 2013). Auf den ersten Blick scheint diese Rationalität der im zweiten Kapitel betrachteten Rationalität des nutzenmaximierenden Homo oeconomicus ziemlich ähnlich zu sein, allerdings gibt es auch einige gravierende Unterschiede:

1. Im Unterschied zur deontologischen Ethik sollen Handlungen und Handlungsnormen nicht aufgrund ihrer inhärenten Eigenschaften beurteilt werden. Die Richtigkeit einer Handlung ergibt sich im Utilitarismus aus dem Konsequenzenprinzip. Ob dies nun die erwarteten, die intendierten oder die tatsächlichen Konsequenzen einer Handlung sind, wird in den verschiedenen Varianten des Utilitarismus unterschiedlich beantwortet.
2. Gemessen werden die Folgen einer Handlung ausschließlich an den individuellen Nutzen (Nutzenprinzip), sodass weitere Normen oder Informationen wie vielleicht Expertenwissen, Kenntnisse der Wissenschaft oder religiöse Normen bei der Bestimmung des Nutzens nicht akzeptiert werden.
3. Anders als das ökonomische Rationalitätskonzept nimmt der Utilitarismus aber bei der Beschreibung der individuellen Nutzen keine „beliebigen" Ziele an, er impliziert keinen Wertnihilismus. So verfolgen beispielsweise die beiden klassischen Utilitaristen JEREMY BENTHAM und JOHN STUART MILL (vgl. hierzu die folgenden Abschnitte) explizit auch eine werttheoretische Position, d. h. sie hinterfragen und kritisieren die Gegenstände, aus denen die Individuen Nutzen ziehen bzw. ziehen wollen.
4. Der Utilitarismus bezieht sich nicht auf einen reinen hedonistischen Gratifikationswert für den jeweils Handelnden. Er begründet also keinen rationalen Egoismus. Ausschlaggebend ist das Wohlergehen der Gruppe. Er verpflichtet das individuelle Handeln auf das Wohlergehen aller Mitglieder der Gesellschaft (Sozialprinzip).
5. In ökonomischen Lehrbüchern wird der Utilitarismus oftmals als rein *hedonistisches Kalkül* gekennzeichnet, also als eine auf die Kalkulation des Lustempfindens der Individuen gerichteter Ansatz zur Beurteilung der Gerechtigkeit in der Gesellschaft (Breyer und Kolmar 2014). Allerdings muss dem entgegengehalten werden, dass zeitgenössische Utilitaristen wie PETER SINGER (*1946)

oder RICHARD M. HARE (1919–2002) dieses hedonistische Kalkül zugunsten
anderer Formen von individueller Wunsch- und Präferenztheorien des Guten
aufgegeben haben (Höffe 2013; Schroth 2016).

Interessant ist, dass der Utilitarismus im angelsächsischen Raum insbesondere seit
der zweiten Hälfte des 20. Jahrhunderts sehr prominent vertreten ist, er aber im
deutschsprachigen Raum traditionell nicht unbedingt einen guten Ruf genießt und
als ethische Theorie viel Kritik und auch ein paar Polemiken auf sich gezogen hat.
Die Kennzeichnung einer Theorie als „utilitaristisch" hat in deutschen Publikationen auch aufgrund eigener Traditionen manchmal einen beinahe denunziatorischen
Charakter (Höffe 2013).

- So hat beispielsweise IMMANUEL KANT mehrfach in seinen Schriften festgestellt, dass die utilitaristische Grundposition, die ausschließlich subjektive
  Zwecke zum Bestimmungsgrund des Handelns erklärt, die Sittlichkeit dieses
  Handelns vollständig untergraben würde (Höffe 1977).
- Ein weiterer prominenter Gegner des Utilitarismus war (vielleicht wenig überraschend) KARL MARX, der im Utilitarismus lediglich einen Deckmantel des
  nackten Egoismus vermutete, der auf der individuellen Ebene die Vorteilsnahme
  des einen mit der Nachteilsnahme und der Ausbeutung eines anderen gleich
  setzte *(exploitation de l'homme par l'hornme)* und deren Verrechnung zur Steigerung eines aggregierten, gemeinsamen Nutzens nicht akzeptierte (Kley 2004).
  Marx wollte jedoch mit moralphilosophischen Überlegungen, die am Individuum ansetzen grundsätzlich wenig zu tun haben und kritisierte beispielsweise
  die Frühsozialisten für ihre egalitären und asketischen Ideale. Er war der materialistischen Auffassung, dass die moralischen Qualitäten der Individuen vom
  gesellschaftlichen System bestimmt sind. Wollte man Habgier, Machtstreben
  und andere unmoralische Verhaltensweisen ändern, müsste hierfür das System
  geändert werden (Münkler 2021; vgl. hierzu Abschn. 5.2.4).
- Auf die Spitze wurde die vehemente Ablehnung des Utilitarismus jedoch
  vom deutschen Philosophen FRIEDRICH NIETZSCHE (1844–1900) getrieben.
  NIETZSCHE äußerte sich in seinen Schriften mit beißendem Spott über den zeitgenössischen angelsächsischem Utilitarismus: *„All diese Denkweisen, welche
  nach Lust und Leid, das heisst nach Begleitumständen und Nebensachen den
  Wert der Dinge messen, sind Vordergrundsdenken und Naivitäten…"* (Nietzsche
  2020b, S. 146). Ein hierauf basierender Wohlfahrtsbegriff sei nicht fassbar und
  (!) *„ein Brechmittel. …Es ist eine bescheidene und gründlich mittelmäßige Art
  Mensch, diese utilitaristischen Engländer … und, wie gesagt: Insofern sie lang-
  weilig sind, kann man nicht hoch genug von ihrer Utilität denken"* (S. 150). Die
  Vorstellung eines Utilitarismus, der darauf zielt, das Glück zu maximieren und
  das Leid zu minimieren, war ihm zuwider. Er empfand das Aushalten und die
  Ertragung des Leidens als Voraussetzung für ein Erkunden der Moderne (Münkler 2021). Um es noch weiter zuzuspitzen, verband Nietzsche seine Ablehnung
  des Glücksmotivs mit der folgenden dionysischen Charakterisierung menschlicher Gestaltungs- und Schaffenskraft, die zwar seine Philosophie prägte, nicht

jedoch seinen eigenen, sehr disziplinierten und wenig ausschweifenden persönlichen Lebenswandel: *„Hat man sein warum? des Lebens, so verträgt man sich
fast mit jedem wie? – Der Mensch strebt nicht nach Nutzen, nur der Engländer tut
das"* (Nietzsche 2020a, S. 12). Den Versuch, individuelle oder gesellschaftliche
Vorhaben mithilfe der Moral durchzusetzen, bezeichnete er als „Sklavenauf-
stand der Moral" (Münkler 2021, S. 370). Stattdessen solle die Gesellschaft die
Voraussetzungen für Individualität schaffen. NIETZSCHE hielt eine möglichst
ungebändigte Kraftentfaltung des einzelnen Individuums für erstrebenswert,
mit der es die Fesseln der Moral sprengen und seinen Willen zum Leben
verwirklichen solle.

Trotz vieler Einwände und Widerlegungsversuchen von Gegnern des Utilitarismus
ist dieser jedoch aus der Ethik nicht wegzudenken. Manchmal wird er sogar als
„default theory" (Schroth 2016) in dem Sinne interpretiert, dass jede Abweichung
von ihm einer besonderen Rechtfertigung bedarf. Dies wird auch in der weiteren
Kapitelstruktur dieses Buches deutlich, denn sowohl die Ansätze der Paretianischen Wohlfahrtsökonomik als auch die prozessorientierten Theorien (z. B.
NOZICK), und auch die Gerechtigkeitstheorien von RAWLS und SEN (im sechsten Kapitel) ziehen ihre Legitimation zu einem großen Teil aus einer Abgrenzung
vom Utilitarismus. Vor diesem Hintergrund ist es nicht erstaunlich, dass der Utilitarismus in der Ökonomik eine recht ambivalente Rolle einnimmt. Ähnlich wie
SEN (1980), der sich bei der Entwicklung seines eigenen Ansatzes fragt, ob er es
hinnehmen müsse, dass er als Ökonom gezwungen sei, Utilitarist zu sein, weist
auch Vaubel (2007) bei seiner Diskussion der ökonomischen Ethik auf die ambivalente Rolle des Utilitarismus hin: *„Ökonomen sind verhinderte Utilitaristen. Ihr
Ausgangspunkt sind individuelle Nutzenfunktionen, die für alle Menschen maximiert
werden"* (Vaubel 2007, S. 109). Genau um diese Frage, in welchem Verhältnis die
individuelle Nutzenmaximierung zur Maximierung des Gemeinwohls steht, geht
es in den folgenden Kapiteln dieses Buches.

Die klassischen Hauptwerke des Utilitarismus gehen auf JEREMY BENTHAM,
JOHN STUART MILL und HENRY SIDGWICK zurück. Der von ihnen geprägte Utilitarismus ist ein Kind der Aufklärung und begründet ein Vernunftprinzip zur
Bestimmung des Gemeinwohls, dass sich – ähnlich wie die Arbeiten von KANT,
HEGEL oder SCHOPENHAUER – gegen tradierte religiöse oder feudale Begründungen von Moral, Gerechtigkeit und Gemeinwohl abgrenzen musste.[2] In der
folgenden Abb. 5.1 wird eine Zeittafel dieser utilitaristischen Hauptwerke dargestellt, die im zwanzigsten Jahrhundert durch wichtige Autoren wie RICHARD
HARE oder PETER SINGER weiterentwickelt wurden. Die Abbildung zeigt ebenfalls

---

[2] Den Grund dafür, dass religiöse oder theologische Argumente für die Begründung von Nutzen
und Wohlfahrt nicht genutzt werden können, liegt nach BENTHAMS Auffassung schlicht in einem
objektiven Nicht-Wissen, selbst wenn er der Theologie ein utilitaristisches Prinzip zuweist: *„Das
Prinzip der Theologie bezieht alles auf Gottes Freude. Doch was ist Gottes Freude? Gott spricht
zugestandenermaßen nicht mit uns, noch schreibt er uns. Wie können wir also wissen, was ihm
Freude macht?"* (Bentham 2013, Fußnote 7, S. 72).

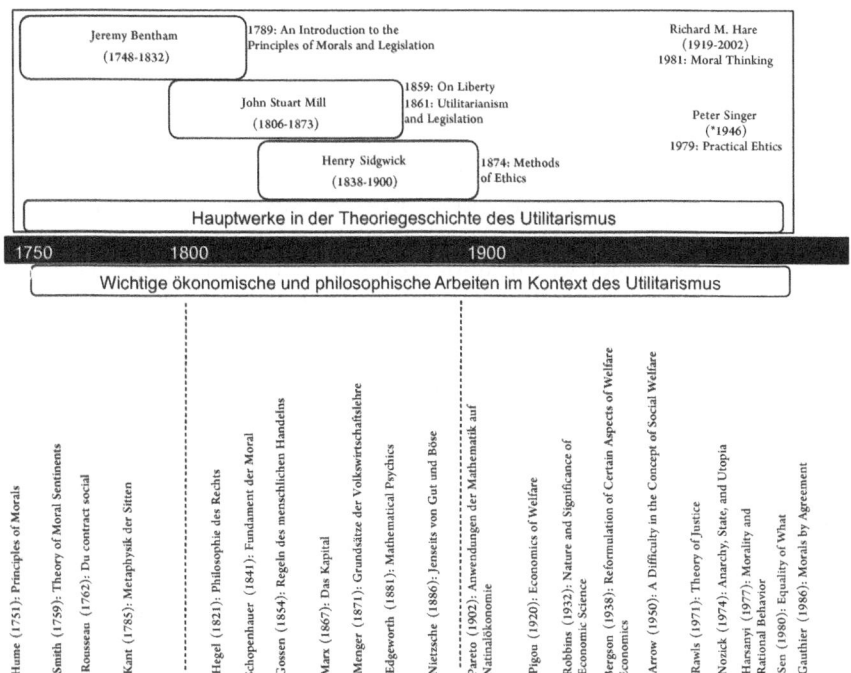

Abb. 5.1 Zeittafel der Hauptwerke des Utilitarismus im Kontext anderer ökonomischer und philosophischer Arbeiten. (Quelle: Eigene Erstellung in Anlehnung an Schroth, 2016, S. 29)

den zeithistorischen Kontext anderer bzw. konkurrierender ethischer Theorien und ökonomischer Anwendungen oder auch Absetzbewegungen vom Utilitarismus.

5.2.2 Jeremy Benthams Wohlfahrtskalkulation und die Frage der Harmonie zwischen Eigennutzen und Gemeinwohl

Die Geburtsstunde des Utilitarismus wird mit der Veröffentlichung der *„Introduction to the Principles of Morals and Legislation"* von JEREMY BENTHAM 1789 verbunden. Benthams gesamtes Wirken und Hauptinteresse galt der Reform des englischen Rechtssystems. Seine in der Einleitung der *Principles* geprägter Satz vom größtmöglichen Glück der größtmöglichen Zahl von Menschen (*„It is the greatest happiness of the greatest number that is the measure of right and wrong"*) verdichtet alle späteren Konkretisierungen und Auslegungen des Utilitarismus. BENTHAM versuchte zu zeigen, dass alle modernen moralischen Gesetze sich an diesem einheitlichen Nutzenprinzip ausrichten sollten.[3] Ähnlich wie später GARY BECKER, der manchmal als Nachfolger von BENTHAM bezeichnet wird, war er der Ansicht, dass alle menschlichen Aktivitäten wie gesetzestreues Verhalten, Altruismus, Liebe oder der Wunsch nach Freiheit ausschließlich aus individuellen Kosten-Nutzen-Überlegungen resultieren, da Individuen grundsätzlich versuchen, den Nutzen als Überschuss des Vergnügens über das Leid zu maximieren (Putnoki und Hilgers 2013). Aber diese Gleichsetzung mit der mikroökonomischen Nutzentheorie wie sie von BECKER vertreten wird (und im zweiten Kapitel dieses Buches vorgestellt wurde), wird dem Ansatz von BENTHAM allenfalls halb gerecht, denn methodisch wird der Utilitarismus von ihm in doppelter Funktion eingeführt (Höffe 2013):

* als *deskriptives* Element zur Beschreibung der Grundstruktur des menschlichen Handelns,
* aber gleichzeitig auch als *normatives* Element des moralisch Richtigen aus gesellschaftlicher Sicht: Als „Interesse der Gemeinschaft", bei dem Bentham davon überzeugt war, eine über jeden Zweifel erhabene anthropologische Grundkonstante zu einem moralischen Prinzip erklären zu können:

„>>Das Interesse der Gemeinschaft<< ist einer der allgemeinsten Ausdrücke, die in den Redeweisen der Moral vorkommen können; kein Wunder, daß sein Sinn oft verloren geht. Wenn er einen Sinn hat, dann diesen: Die Gemeinschaft ist ein fiktiver Körper, der sich aus den Einzelpersonen zusammensetzt, von denen man annimmt, daß sie sozusagen seine Glieder bilden. Was also ist das Interesse der Gemeinschaft? – Die Summe der Interessen der verschiedenen Glieder, aus denen sie sich zusammensetzt. Es hat keinen Sinn, vom Interesse der Gemeinschaft zu sprechen, ohne zu wissen, was das Interesse des Individuums ist. Man sagt von einer Sache, sie sei dem Interesse förderlich oder zugunsten des Interesses eines Individuums, wenn sie dazu neigt, zur Gesamtsumme seiner Freuden beizutragen: oder, was auf das gleiche hinausläuft, die Gesamtsumme seiner Leiden zu vermindern.

Man kann also von einer Handlung sagen, sie entspreche dem Prinzip der Nützlichkeit .... wenn die ihr innewohnende Tendenz, das Glück der Gemeinschaft zu vermehren, größer ist, als irgendeine andere ihre innewohnende Tendenz, es zu vermindern. Von einer Maßnahme der Regierung (die nichts anderes ist als eine von einer einzelnen oder mehreren Personen ausgeführte einzelne Handlungsweise) kann man sagen, sie entspreche dem Prinzip der Nützlichkeit oder sei von diesem geboten, wenn in analoger Weise die ihr innewohnende Tendenz, das Glück der Gemeinschaft zu vermehren, größer ist als irgendeine andere, ihr innewohnende Tendenz, es zu vermindern" (Bentham 2016, S. 34 f.).

Für die Bestimmung dieses „größtmöglichen Glücks der größtmöglichen Zahl" stellt sich Bentham eine konkrete Kalkulationsmethode vor *(„Wie der Wert einer Menge an Freude oder Leid gemessen werden kann")*. Diese setzt zunächst an

---

[3] Entsprechend seinem letzten Willen wurde Jeremy Bentham nach seinem Tode auto-inkonisiert, sodass seine Mumie seitdem in einer Vitrine in der Eingangshalle des von ihm gegründeten University College London ausgestellt wird und manchmal sogar zu Vorstandssitzungen in den Saal gezogen wird

den Prinzipien der bereits im zweiten Kapitel dieses Buches vorgestellten individuellen Nutzenmessung an. Von dort aus werden in einem weiteren Schritt aber die Interessen der von der entsprechenden Handlung ebenfalls betroffenen Individuen berücksichtigt, sodass eine Art gesellschaftliche Handlungsfolgenabschätzung intendiert wird. *„Man addiere die Zahlen, die die Grade der guten Tendenz der Handlung ausdrücken in Bezug auf jedes Individuum, für das ihre Tendenz insgesamt gut ist: Man wiederhole dies in Bezug auf die Gesamtzahl oder die Gemeinschaft, für die ihre Tendenz schlecht ist. Man ziehe Bilanz"* (Bentham 2016, S. 47). Studierende der Wirtschaftswissenschaften erkennen in dieser utilitaristischen Operationalisierung des gesamtwirtschaftlichen Nutzenprinzips möglicherweise bereits eine Rechenanleitung zur Kalkulation externer Effekte mit dem Ziel ihrer Internalisierung (vgl. hierzu Kap. 9).

Hinter dieser insbesondere in der Wohlfahrtsökonomik bereitwillig aufgegriffenen Vorstellung, dass individueller Nutzen anhand bestimmter einheitlicher Maße messbar und über Addition und Subtraktion zu einer gesellschaftlichen Wohlfahrtsgröße zusammengefasst werden kann, bleibt häufig ein wichtiges Problem verborgen: Der Utilitarismus von Bentham geht gerade *nicht* von einer notwendigerweise gegebenen Harmonie der individuellen Interessen und des Gemeinwohls aus. Dieses Problem wurde bereits von ADAM SMITH, dem Gründervater der Nationalökonomie (Volkswirtschaftslehre) mit seinem Bild von der unsichtbaren Hand („invisible hand") thematisiert. Auf den ersten Blick spricht seine berühmte Metapher für eine Interessenharmonie, weil hiernach jeder Einzelne bei der Verfolgung seines Eigeninteresses meistens auch das allgemeine Wohl fördere – und zwar mehr, als wenn er (oder sie) dieses geplant oder intendiert hätte. Einen Beweis für die Übereinstimmung von Eigennutzorientierung und gesellschaftlicher Wohlfahrt, oder überhaupt eine Konkretisierung des Wohlfahrtsbegriffs bleibt er zwar schuldig (Söllner 2021). Allerdings geht auch SMITH nicht davon aus, dass Interessenharmonie immer gegeben ist, sondern nur „meistens". Vielmehr müssen nach seiner Ansicht dafür bestimmte institutionelle Voraussetzungen wie eine Wettbewerbsordnung und andere menschliche Institutionen gegeben sein, die das Eigeninteresse der Individuen einhegen, um wohlfahrtssteigernden Wirkungen zu entfalten (Kurz 2017).

Auch BENTHAMS Utilitarismus geht nicht von einer natürlichen Interessenharmonie zwischen der Einzelnen und der Gesellschaft aus, auch er beschäftigt sich mit sozialen Dilemmasituationen, die ja gerade von dem Widerspruch egoistischer Nutzen und der gesellschaftlichen Wohlfahrt geprägt sind (vgl. Abschn. 2.7.1). Nach BENTHAMS Ansicht bedarf es zur Herstellung von Interessenharmonie (d. h. in solchen Fällen, in denen diese nicht bereits vorliegt) eines effektiven Systems von Regeln und Sanktionen, um Konflikte zwischen kurz- und langfristigen Interessen, zwischen egoistischen Präferenzen und dem Gemeinwohl aufzulösen. Hierfür sei neben religiösen Moralvorstellungen vor allem der Gesetzgeber zuständig. Genau für diese Zwecke will er sein Instrumentarium der Nutzen- und Wohlfahrtskalkulation bereitstellen: Es geht ihm *nicht* um die Akzeptanz des Prinzips der individuellen Nutzenmaximierung, sondern um die rationale Bestimmung von Politik, für deren Planung eine Berechnung der Folgen notwendig ist (Höffe 2013).

5.2.3 Der qualitative Hedonismus von John Stuart Mill

JOHN STUART MILL wurde 1806 geboren und war das älteste von neun Geschwisterkindern. Sein Vater JAMES MILL (1773–1836) war ebenfalls ein überzeugter Utilitarist. Dieser war eng mit JEREMY BENTHAM befreundet, der damit einen wesentlichen Einfluss auf die Erziehung seines Sohnes nahm. Er hatte sehr ehrgeizige Pläne zur Erziehung seines hochbegabten Sohnes und war davon überzeugt, dass man mit der richtigen Erziehung und Bildung alles im Leben erreichen kann. JOHN STUART MILL lernte daher bereits mit drei Jahren Griechisch, später Latein, Französisch und Deutsch (u. a. um KANT zu lesen). In seiner Kindheit hatte er zwar kaum Kontakte zu gleichaltrigen Kindern, mit 13 Jahren studierte er aber bereits Ökonomie und Philosophie, v. a. die Schriften von ADAM SMITH und DAVID RICARDO. Seine berufliche Tätigkeit übte er zunächst bei der Ostindischen Gesellschaft aus, die als Kaufmannsgesellschaft insbesondere den Handel mit Indien betrieb, gleichzeitig aber auch wesentlicher Teil der britischen Kolonialherrschaft in Indien war. Nach dem Tod seiner Frau HARRIET TAYLOR, die aus heutiger Sicht als Linksintellektuelle und Frauenrechtlerin bezeichnet werden kann, wurde er Abgeordneter der liberalen Partei und Mitglied des englischen Parlamentes. Seine politische Karriere beendete er nicht nur, weil er sich weigerte, seinen eigenen Wahlkampf zu finanzieren, sondern vermutlich auch, weil er mit seinen Ideen zu weitreichenden Sozialreformen seiner Zeit voraus war (Lüthy 2016). MILL wird zu den bedeutendsten Philosophen und Ökonomen des 19. Jahrhunderts gezählt. Allerdings bleibt die Einschätzung seiner Bedeutung in Deutschland hinter der Wertschätzung zurück, die er im angelsächsischem Raum erfährt. Dies liegt vermutlich auch daran, dass er in Deutschland häufig als Philosoph wahrgenommen wurde, der KANT nicht richtig verstanden habe (Waas 2007).

Er erkannte, dass BENTHAMS Utilitarismus einige Schwächen aufweist, da dieser die bereits damals vorgetragenen Gegenpositionen zum Utilitarismus nicht richtig ernst genommen hat. MILL versuchte daher, das utilitaristische Prinzip „endlich auf den Pfad der Wissenschaft zu führen" (Höffe 2013, S. 21). Dies wird beispielsweise an seiner Verteidigung des Folgenprinzips (Konsequentialismus, vgl. Kap. 3) gegenüber der Erkenntnistheorie von KANT deutlich. Während KANT es ablehnte, die Gesetze der Logik und des „Wahrseins", aus denen er seine Vorstellungen von Moral ableitet, einfach an psychologische Faktoren oder menschliche Erfahrungen zu binden, schlägt MILL genau das Gegenteil vor (Höffe 2011): Er baut die Axiomatik des Utilitarismus gerade nicht auf den Gesetzen der Logik, sondern auf menschlichen, und damit empirischen Erfahrungen auf. Er lehnt es zwar ab, die naturwissenschaftliche Vorgehensweise auf die Gesellschaftswissenschaften zu übertragen, plädiert aber dafür, die verschiedenen sozialen Phänomene anhand der Handlungsmotive der Menschen (z. B. als Streben

nach Vermögen, Gewinn oder Glück) in separaten Wissens- und Erfahrungsge-
bieten zu untersuchen (Aßländer und Nutzinger 2008). In seiner Einleitung zum
„Utilitarismus" grenzt er sich wie folgt von KANT ab:

> *„Ja, ich würde noch weiter gehen und behaupten, dass zumindest jene A-Priori-Moralisten,
> die das Argumentieren überhaupt nicht für notwendig halten, auf utilitaristische Argumenten
> nicht verzichten können. Es ist hier nicht meine Absicht, diese Philosophien einer Kritik
> zu unterziehen. Aber ich kann nicht umhin, zur Veranschaulichung meiner These auf eine
> systematische Abhandlung eines der größten unter ihnen zu verweisen, auf Kants Metaphysik
> der Sitten. Dieser außerordentliche Mann, dessen Gedankengebäude noch lange Zeit als
> einer der Höhepunkte in der Geschichte des philosophischen Denkens gelten wird, stellt in
> der genannten Abhandlung einen allgemeinen Grundsatz als Ursprung und Prinzip aller
> sittlichen Verpflichtung auf, nämlich: >>Handle so, dass die Regel deines Handelns von
> allen vernünftigen Wesen als Gesetz angenommen werden kann<<. Sobald er es jedoch
> unternimmt, aus dieser Regel einige konkrete moralische Pflichten herzuleiten, misslingt
> ihm in geradezu grotesker Weise der Nachweis, dass darin, dass alle vernünftigen Wesen
> nach den denkbar unmoralischsten Verhaltensnormen handeln, irgendeine logische (oder
> auch nur physische) Unmöglichkeit liegt. Was er zeigt, ist lediglich, dass die Folgen einer
> allgemeinen Befolgung dieser Normen derart wären, dass jedermann von ihnen verschont
> bleiben wollte"* (Mill 2014, S. 15).

An anderer Stelle weist MILL darauf hin, dass er den Utilitarismus als ethische
Theorie nicht im Konflikt, sondern vielmehr in Übereinstimmung mit KANTs kate-
gorischem Imperativ sieht: *„Wenn Kant (wie schon bemerkt) das Prinzip >>Handle
so, dass die Regel deines Handelns von allen vernünftigen Wesen als Gesetz angenommen werden kann<< zum Grundprinzip der Moral erklärt, gesteht er damit
unausdrücklich zu, dass derjenige, der gewissenhaft entscheiden will, ob sein Handeln moralisch richtig ist, die Gesamtinteressen der Menschheit oder zumindest
die Interessen jedes einzelnen Menschen im gleichen Maß berücksichtigen muss.
Anderenfalls wären die Worte, die er gebraucht, ohne Sinn"* (Mill 2014, S. 157).

Die Weiterentwicklung des Utilitarismus ist bei MILL von vier Grundgedanken
geprägt (Aßländer und Nutzinger 2008):

1. MILL postuliert *nicht* die Gegebenheit der menschlichen Bedürfnisse und des
   menschlichen Glücksempfindens, sondern sieht es als Aufgabe von Erziehung
   und Bildung an, die Menschen zu fördern und zu verbessern, da sich dieses auch auf die gesellschaftliche Wohlfahrt auswirke. In seiner Schrift „On
   Liberty" 1859 setzte er diesen Gedanken auch in eine Verbindung mit der individuellen Freiheit: Er sieht die individuelle Freiheit durch den Druck eines
   gesellschaftlichen Konformismus gefährdet und fordert Gesetze und gesellschaftliche Institutionen, die der Stärkung der individuellen Freiheit dienen.
   Nur dadurch sei der Mensch in der Lage, gut überlegte Entscheidungen unabhängig von gesellschaftlichen Trends zu treffen (Mill 2020). Man könnte die
   in den 1970er Jahren neu entwickelten Vorwürfe an ein unkritisches, angepass-
   tes und an einem rein materiellen Wachstum orientierten Konsumverhalten als
   *„Fortsetzung von Mills besorgter Beobachtung eines wachsenden Konformismus
   in der Gesellschaft"* (Münkler und Straßenberger 2016, S. 231) betrachten.

2. Während BENTHAM die etwa von ROUSSEAU und der Menschenrechtsde-
klaration der französischen Revolution 1789 behauptete Existenz natürlicher
individueller Rechte noch als „Unsinn auf Stelzen" bezeichnete (Schofield
2003), sieht sich MILL den Idealen eines Liberalismus verpflichtet, der die
Freiheitsrechte des Menschen vor ihren Mitmenschen fordert. MILL betont
bestimmte Rechte der Menschen, die vom Staat geschützt werden müssen.
Allerdings begründet er diese Rechte – anders als JOHN LOCKE und andere
Theoretiker des Liberalismus – rein utilitaristisch: *„Ein Recht zu haben bedeutet
demnach, etwas zu haben, das mir die Gemeinschaft schützen sollte, während ich
es besitze. Wenn nun jemand fragt, warum sie das tun sollte, kann ich ihm keinen
anderen Grund nennen als die allgemeine Nützlichkeit"* (Mill 2014, S. 161).
3. Zwar weist Mill sich als strenger Utilitarist im Sinne von Bentham aus und sieht
im Streben nach Glück das zentrale Handlungsmotiv aller Menschen. Gleichzeitig führt er im Gegensatz zum rein quantitativen Hedonismus Benthamscher
Prägung jedoch einen qualitativen Hedonismus ein. Er wendet sich bei der
Beantwortung der Frage *„Was heißt Utilitarismus?"* von einer rein lustbeton-
ten Vulgär-Interpretation des Nutzenprinzips ab: *„Eine solche Lebensauffassung
stößt bei vielen Menschen … auf eingewurzelte Abneigung. Der Gedanke, dass
das Leben (wie sie sagen) keinen höheren Zweck habe als die Lust, kein besseres und edleres Ziel des Wollens und Strebens, erscheint ihnen im äußersten
Maße niedrig und gemein, als eine Ansicht, die nur der Schweine würdig wäre,
mit denen die Anhänger Epikurs ja schon sehr früh verächtlich gleichgesetzt
wurden… Aber wir kennen keine epirkureische Lebensauffassung, die nicht den
Freuden des Verstandes, der Empfindung und Vorstellungskraft sowie des sittlichen Gefühls einen höheren Wert zuschreibt als denen der bloßen Sinnlichkeit. …
Die Tatsache, dass einige Arten der Freude wünschenswerter und wertvoller sind
als andere, ist mit dem Nützlichkeitsprinzip durchaus vereinbar"* (Mill 2014,
S. 25 f.). MILL zieht hieraus die drastische Schlussfolgerung, es sei besser, ein
unzufriedener Mensch (oder ein unglücklicher Sokrates) zu sein, als ein zufrie-
denes Schwein und spricht sich damit für einen Hedonismus wohlinformierter
Präferenzen anstatt einer Maximierung der momentanen Wunschbefriedigung
aus. Er geht also davon aus, dass den „höheren" Freuden der Vorzug über die
niederen Freuden zu geben sei, weil diese intrinsisch wünschenswerter sind,
auch wenn sie kurzfristig vielleicht gar nicht mehr individuelles Glück bereiten
(Höffe 2013; Schmidt-Petri 2018; vgl. hierzu auch Abschn. 5.2.6).
4. Erst damit wird für ihn der Nutzen zum zentralen Indikator für die moralische Qualität einer Handlung. Mit diesen Überlegungen weist Mill in seinen
Schriften die Gemeinwohlrelevanz von sozialen Institutionen wie dem Privateigentum, dem Erbrecht oder auch der Religionsfreiheit nach. *„Ich betrachte
Nützlichkeit als letzte Berufungsinstanz in allen ethischen Fragen, aber es muss
Nützlichkeit im weitesten Sinne sein, begründet in den ewigen Interessen der Menschen als eines sich entwickelnden Wesens"* (Mill 2020, S. 20). Nutzen ist für
ihn damit nicht mehr wie bei BENTHAM einfach das Ergebnis einer kalkulatorischen Bilanzierung von individueller Lust und Freude, sondern ein Zustand,
der sich – modern formuliert – nur mehrdimensional beschreiben lässt. Dieser

Zustand setzt sich zusammen aus mehreren Elementen und Gütern, zu denen neben materiellen Konsumgütern auch Wahrheit, Tugend, Sittlichkeit gehören. Er fordert damit nichts anderes als die individuelle Freiheit und Unabhängigkeit, die nur dort eingeschränkt werden solle, wo sie anderen schade (Waas 2007, S. 165). MILL entzieht sich damit der etwas groben Unterscheidung zwischen dem Liberalismus und dem Utilitarismus. Er war ein liberaler Utilitarist, für den die Freiheit kein vom Nutzen trennbarer Begriff war, sondern zu den grundlegenden Interessen des Menschen gehörte (Horn 1996, S. 42).

5.2.4 Der Utilitarismus als Sozialreformprogramm radikaler Philosophen

Aus heutiger Sicht mag es erstaunlich klingen, dass das bereits in der Antike entwickelte und von Bentham formalisierte Nutzen- bzw. Nützlichkeitsprinzip nicht etwa auf eine Begründung des Individualismus und des Egoismus zielte, sondern einem Ausgleich zwischen den Interessen des Einzelnen und dem Allgemeinwohl dienen sollte. Die Vordenker des klassischen Utilitarismus wie BENTHAM und MILL, (aber auch deren heutige Nachfolger in der Philosophie wie RICHARD HARE oder PETER SINGER) verstanden sich weit mehr als Moralisten als deren Nachfolger in der neoklassischen Ökonomik (Birnbacher 2018). Hierbei muss man sich auch vor Augen führen, dass der klassische Utilitarismus ähnlich wie die Philosophien von KIERKEGAARD und SCHOPENHAUER, für die Glück (als Abwesenheit von Unglück) eine eher künstliche Idee war, oder der von KARL MARX begründete Kommunismus die Erfahrungen der Menschen im Zeitalter des ausgehenden Feudalismus und des beginnenden Frühkapitalismus mit seinen sozialen Verwerfungen reflektierte.

BENTHAMs primäres politisches Ziel bestand in einer Reform des englischen Rechtes. Gemeinsam mit JAMES MILL, dem Vater von JOHN- STUART MILL gründete er die Gruppe der „philosophic radicals", der auch eine Reihe von Parlamentsabgeordneten angehörten. JAMES MILL leitete in seinen eigenen Schriften beispielsweise eine utilitaristische Begründung demokratischer Prinzipien her, die auf dem folgenden Gedankengang basiert (Brink 2018):

1. Jede Person handelt ausschließlich (oder überwiegend) zur Förderung ihrer eigenen Interessen.
2. Das eigentliche Ziel der Regierung ist das Interesse der Regierten.
3. Daher werden Herrscher genau dann den richtigen Regierungszweck verfolgen, wenn ihre Interessen mit denen der Regierten übereinstimmen.
4. Die Interessen eines Herrschers werden genau dann mit denen der Regierten übereinstimmen, wenn er den Regierten gegenüber politisch rechenschaftspflichtig ist.
5. Daher müssen Herrscher demokratisch rechenschaftspflichtig sein.

Als Sprachrohr nutzte diese Gruppe die von 1824–1914 vierteljährlich erschienene Zeitschrift „Westminster Review". Vertreter dieser Gruppe forderten weitreichende parlamentarische, kommunale, schulische, kirchliche und wirtschaftliche Reformen. Diese Reformen wurden durchgehend mit dem utilitaristischen Prinzip des größtmöglichen Glücks der größtmöglichen Zahl von Menschen begründet, welches zu einer radikalen Gesellschaftskritik und demokratischer Macht- und Reichtumskontrolle herangezogen wurde (Jones 2004). JOHN STUART MILL, der ebenfalls Mitglied dieser Gruppe, Herausgeber des „Westminster Review" und einige Jahre Abgeordneter des britischen Unterhauses war, setzte sich als Philosoph und Politiker in seinen Parlamentsreden etwa für das Frauenwahlrecht oder die Abschaffung der Sklaverei ein. Als persönlich wichtigsten Erfolg seiner Abgeordnetentätigkeit bezeichnete MILL den von ihm eingebrachten Gesetzesentwurf zur Einführung des Frauenwahlrechts, der 1867 immerhin von einem Drittel der Abgeordneten befürwortet, von der Mehrheit jedoch abgelehnt und erst 1928 umgesetzt wurde. Er schlug vor, im Gesetzesentwurf zur Wahlrechtsreform das Wort „Mann" durch das Wort „Person" zu ersetzen. Der relative Erfolg seiner Initiative war aus damaliger Sicht recht erstaunlich und vermutlich der Überzeugungskraft seiner Rede im Parlament zu verdanken (Birnbacher 2018).

Alle diese Initiativen begründete er utilitaristisch. Er hielt es beispielsweise aus Gerechtigkeitsgründen für nicht vertretbar, Frauen die Chancen und Rechte vorzuenthalten, die Männer in der Gesellschaft für sich beanspruchen. Aus heutiger Sicht beinahe visionär ist jedoch seine Begründung: Die Annahme von relevanten, natürlichen Unterschieden zwischen Männern und Frauen hielt er für nicht beweisbar. Eine Überwindung patriarchalischer Strukturen und die Befreiung der weiblichen Hälfte der Gesellschaft sei nicht nur für die Gesellschaft als Ganzes (aus Effizienzgründen) vorteilhaft, sondern würde sogar den Männern selbst die Möglichkeit einer moralischen Regeneration einräumen (für eine differenzierte Betrachtung vgl. die Zitate bei Waas 2007, S. 160). Entsprechend seines Verständnisses vom Utilitarismus sprach er sich jedoch nicht für ein sofortiges Wahlrecht für alle aus, sondern wollte das Wahlrecht zunächst noch an einige minimale Bildungsvoraussetzungen gebunden sehen. So schlug er beispielsweise vor, bestimmten, besonders gebildeten Berufsgruppen ein doppeltes Stimmrecht zu verleihen.

Da MILL für die sozialen Nöte seiner Zeit sehr aufgeschlossen war, handelte er sich mit seiner Beschäftigung mit sozialen Frage interessanterweise den Vorwurf einer zunehmenden Nähe zum Sozialismus ein. Tatsächlich beschäftigte er sich im II. Buch seiner 1848 herausgegebenen „Grundsätze der Politischen Ökonomie" im ersten Kapitel zum Eigentumsbegriff explizit mit einer *Analyse des Kommunismus"* bzw. mit den sich damals abzeichnenden Entwürfen eines sozialistischen Wirtschaftsmodells (Mill 2016a, S. 229 ff.). Hierbei ist zu berücksichtigen, dass MILL 1848 noch keine Kenntnis von der Theorie von KARL MARX hatte, er sich es sich aber teilweise mit offener Sympathie mit den Entwürfen der Frühsozialisten auseinandersetzte (Aßländer und Nutzinger 2008; Braun 2020) Hierzu gehören etwa

- ROBERT OWEN (1751–1858), auf den die Idee des Genossenschaftswesens zurückgeht,
- CHARLES FOURIER (1772–1837), der sich einen Ruf als radikaler Kritiker des Frühkapitalismus erwarb
- oder PIERRE-JOSEPH PROUDHON (1809–1865), der ökonomische Ideen mit Ansätzen eines solidarischen Anarachismus verband und dem das Zitat „Eigentum ist Diebstahl" zugerechnet wird.

Ein gemeinsames Merkmal der frühsozialistischen Ideen bestand in der egalitären Vorstellung einer von gleichen Rechten und Pflichten geprägten menschlichen Natur, aber auch in der Forderung, das Privateigentum an Produktionsmitteln durch ein gemeinschaftliches Eigentum zu ersetzen. Der Frühsozialismus war von einer Gesellschaftskritik geprägt, der die Dynamik des kapitalistischen Wirtschaftssystems insbesondere durch moralische Imperative, asketische Ideale und ein berufsständiges Ethos der Unternehmen bändigen wollte. Politische Eingriffe, öffentliche Beschäftigungsprogramme, soziale Absicherungen in Notlagen, aber auch die Beschränkung von Freiheit und Privateigentum sollten eine gesellschaftliche Ordnung herbeiführen, in der Maß und Mitte herrschen und extremer Reichtum und extreme Armut vermieden werden (Münkler 2021, S. 360).[4]

MILL äußerte in seiner Auseinandersetzung mit den Frühsozialisten große Zweifel, dass die Aufweichung von Privateigentum und des Konkurrenzprinzip zu positiven wirtschaftlichen Folgen für die Ärmsten der Gesellschaft führen würden. Er verteidigte das Privateigentum, weil es dem einzelnen Individuum erlaube, die Früchte seiner eigenen Anstrengungen zu ernten. Einen grundsätzlichen Erhalt von Leistungen ohne eigene Anstrengungen hielt er für nicht realistisch (Braun 2020). Als wesentliches Problem eines sozialistischen Wirtschaftsmodells mit gemeinschaftlichem Eigentum an den Produktionsmitteln identifizierte er ein Anreizproblem bei der Arbeitsmotivation und vermutet, *„dass nämlich jede Person beständig versuchen wird, sich dem ihr zufallenden Arbeitsanteil zu entziehen"* (Mill 2016a, S. 230). Andererseits war er in Bezug auf dieses Anreizproblem und die Forderung einer Gemeinwohlorientierung bei aller Kritik erstaunlich optimistisch: Die *„Menschheit ist eines weit größeren Gemeinsinns fähig, als die gegenwärtige Zeit es für gewöhnlich möglich hält"* (S. 231). Und er ging sogar so weit, dass er einem entideologisierten Systemwettbewerb einiges abgewinnen konnte: *„Ein*

---

[4] Innerhalb der sozialistischen Theorien bestand in der Mitte des 19. Jahrhunderts noch ein bedeutsamer Gegensatz zwischen den moralökonomischen, auf der Unterscheidung von Tugenden und Lastern beruhenden frühsozialistischen Ansätzen und den später insbesondere von Marx vertretenen marktökonomischen Ansätzen. Während die Frühsozialisten moralische Besserung durch moralische Appelle und eine Beschränkung von Habgier, Macht- oder Luxusstreben anstrebten, verwarf Marx diesen Ansatz als utopisch und verzichtete fast vollständig auf moralische Betrachtungen oder Beurteilungen der Unternehmer. Gewinnmaximierendes Verhalten ist für Marx keine Frage der individuellen Moral, sondern eine Konsequenz der Regeln des kapitalistischen Wettbewerbs. Ihm ging es in seinem marktökonomischen Ansatz darum, die historische Notwendigkeit eines Systemwechsels zu zeigen (Münkler 2021; vgl. hierzu auch Abschn. 10.2 dieses Buches).

Wettstreit, der für das Gemeinwohl am meisten beisteuern kann, ist nicht die Art Wettbewerb, den Sozialisten ablehnen" (S. 232).

Gleichzeitig kritisierte MILL das kapitalistische System für die Behandlung der Lohnarbeiter, deren Situation kaum mehr Wahlfreiheit enthalte als frühere Systeme der Sklaverei. Wenn das Privateigentum dadurch gerechtfertigt sei, dass Individuen in freier Wahl die Früchte ihrer Arbeit ernten können sollen, diese Freiheit aber nicht ausreichend auch für die Lohnarbeiter gelte, so stellt sich für ihn die Frage, ob das Problem der Arbeitsmotivation nicht auch für das kapitalistische System gelte. MILL sah vor allem gravierende soziale Probleme des frühkapitalistischen Systems, vor denen die möglichen Probleme sozialistischer Systeme vielleicht eher gering wären: *„Wenn deshalb die Wahl zu treffen wäre zwischen dem Kommunismus mit all seinen Möglichkeiten und dem gegenwärtigen Gesellschaftszustand mit allen seinen Leiden und Ungerechtigkeiten… so würden alle Schwierigkeiten des Kommunismus, ob groß oder klein, nur wie Staub auf der Waage wiegen"* (Mill 2016a, S. 234).[5]

Einer endgültigen Bewertung der beiden Wirtschaftssysteme entzog er sich jedoch: *„Wir kennen noch zu wenig die Macht individuellen Handelns in seiner besten Entwicklung und ebenso wenig noch den Sozialismus in seiner besten Form, um darüber entscheiden zu können, welche von beiden die abschließende Entwicklungsstufe der menschlichen Gesellschaft sein wird"* (S. 235). Trotz dieser teilweise recht offenen Sympathie für kommunistische, bzw. alternative Wirtschaftsmodelle, äußerte MILL jedoch massive Zweifel am Kommunismus und seiner Abschaffung des Privateigentums. Diese beruhen weniger auf möglichen Anreiz- oder Effizienzproblemen kommunistischer Systeme sondern eher auf seinem Verständnis der individuellen Freiheit und der Individualität der Menschen (ähnlich argumentiert Braun 2020). Um dies nachzuvollziehen, muss seine Argumentation in zwei Teile zerlegt werden:

---

[5] Dieses Zitat, das beispielsweise auch in (Braun 2020, S. 102) verwendet wird, verdient eine etwas genauere Betrachtung. Während in dieser Formulierung von MILL die Probleme des Kommunismus „zu Staub" werden, entsteht bei einer Verwendung dieses Zitats bei Assländer und Nutzinger (2008) der Eindruck, dass die Probleme des frühkapitalistischen Systems angesichts des Kommunismus „zu Staub" werden: *„Wenn demnach zu wählen wäre zwischen einem Kommunismus mit allen seinen Aussichten und dem gegenwärtigen Gesellschaftszustand mit allen seinen Leiden und Ungerechtigkeiten… so würden alle bedeutenden und unbedeutenden Schwierigkeiten des letzteren* (Hervorhebung nicht im Original) *nur wie Staub auf der Waage wiegen"*. (2008, S. 192). Aßländer und Nutzinger nutzen dieses Zitat in einer etwas verunglückten Form, um ihre Schlussfolgerung zu belegen, dass Mill weit davon entfernt sei, *„das Ideal einer liberalen Wirtschaftsverfassung den Ideen des Sozialismus opfern zu wollen"* (S. 192). Das Problem liegt hier in der Auslassung (d. h. den nicht wiedergegebenen und durch „…" abgebildeten Formulierungen) einer Ausgabe von Mills Principles aus 1924. Im englischen Originaltext von Mill heisst es: *„If, therefore, the choice were to be made between Communism with all its chances and the present state of society with all its sufferings and injustices, all the difficulties, great or small, of Communism, would be but as dust in the balance."* (https://eet.pixel-online.org/files/etranslation/original/Mill,%20Principles%20of%20Political%20Economy.pdf, abgerufen am 07.04.2022).

- *Erstens* betont er, dass Individualität und Freiheitsrechte nach seiner Auffassung auch im frühkapitalistischen System nicht ausreichend gewährleistet waren:

> *„Die Beschränkungen des Kommunismus würden noch Freiheit sein im Vergleich zu der gegenwärtigen Lage der Mehrzahl der Menschheit. Die Masse der Arbeiter in Großbritannien und den meisten anderen Ländern hat nur in geringem Maße eine freie Berufswahl oder die Wahl des Wohnsitzes. Sie hängt praktisch von festen Regeln und der Willkür anderer ab, in dem Maße, das nicht weit von einem System wirklicher Sklaverei entfernt ist; gar nicht erst zu sprechen von der gesamten häuslichen Unterdrückung der einen Hälfte der Menschheit, für die der Owenismus*[6] *und die meisten anderen Formen des Sozialismus in jeder Hinsicht die gleichen Rechte wie für das heute herrschende Geschlecht verlangt haben, was ihnen immer zur Ehre gereichen wird"* (Mill 2016a, S. 236).

- *Zweitens* sieht er jedoch in der direkt anschließenden Formulierung offenbar noch größere Gefahren für die individuelle Freiheit in den frühsozialistischen Systemen:

> *„Jedoch nicht im Vergleich mit der heutigen schlechten Gesellschaftsverfassung sind die Forderungen des Kommunismus zu würdigen. Auch genügt es nicht, dass er eine größere persönliche und geistige Freiheit verspricht, als heute von denen genossen wird, die von beidem nicht einmal so viel haben, dass dies den Namen verdient. Die Frage ist, ob im Kommunismus noch ein Raum für die Individualität des persönlichen Charakters übrig bleiben wird; ob die öffentliche Meinung nicht ein tyrannsisches Joch wird; ob die absolute Abhängigkeit eines jeden von allen und die Überwachung eines jeden durch alle nicht alle individuellen Unterschiede abschleifen und so eine farblose Gleichförmigkeit der Gedanken, Gefühle und Handlungen schaffen"* (Mill 2016a, S. 236).

Das in diesem Kapitel nur angedeutete sozialkritische oder auch idealistische Potenzial des Utilitarismus wird in heutigen ökonomischen Darstellungen und der Fokussierung auf den individuellen Nutzen in der Regel ausgeblendet. Aus heutiger Sicht kann man diejenigen Elemente von MILLs utilitaristischer Argumentation gewiss anzweifeln, mit denen er das Privateigentum, aber auch gesellschafts- und sozialpolitische Errungenschaften wie die Sicherstellung eines Existenzminimums, die Abschaffung der Sklaverei, das Frauenwahlrecht und die individuelle Freiheit mit der gesellschaftlichen Nützlichkeit begründet. Ist individuelle Freiheit tatsächlich deswegen ein hohes Gut, da diese sich als nützlich für die Gesellschaft erweist? Ist sie nur deswegen erstrebenswert, weil nur die individuelle Freiheit des Einzelnen Innovationen und Produktivität befördert? Überträgt man MILLs damalige Überlegungen zum Privateigentum und anderen wirtschaftlichen und gesellschaftlichen Institutionen auf heutige Probleme, so könnte man etwa die folgende Frage stellen: Wenn es autoritären, gleichwohl aber auf wirtschaftlicher Freiheit basierenden, marktwirtschaftlich verfassten Regimen gelingt, zu

---

[6] Hier bezieht MILL sich auf den oben erwähnten Begründer des Genossenschaftswesens und Frühsozialisten ROBERT OWEN.

zeigen, dass ihre auf Unfreiheit beruhende Gesellschaftsordnung gesellschaftlich nützliche Wohlfahrtssteigerungen möglicherweise besser erzielen kann als demokratische Systeme, so werden Menschenrechtsaktivisten in diesen Ländern sicherlich Schwierigkeiten haben, ihre Forderungen mit den utilitaristischen Begründungen von MILL zu legitimieren (Sautter 2015).

Andererseits geht aus den o.g. Zitaten hervor, dass man MILLS liberalen Argumente nicht auf ein eng ausgelegtes utilitaristisches Nützlichkeitsprinzip reduzieren kann. MILLS Auffassung vom Utilitarismus entzieht sich der schlichten (auch in Abb. 3.1 dieses Buches angedeuteten) Gegenüberstellung von Utilitarismus und Liberalismus. Heutige Interpreten von Mills Ideen weisen darauf hin, dass MILLS Version eines die individuellen Rechte und Unabhängigkeit betonenden Utilitarismus vor besonderen Schwierigkeiten steht. Er vertritt nämlich eine Denktradition, die *„unter dem Einfluss Kants vor allem im deutschen Geistesleben nicht nur niemals richtig Fuß zu fassen vermochte, sondern mit der sich Mill trotz seiner Modifikationen am Bentham'schen Utilitarismus auch leicht dem Verdacht aussetzt, fälschlicherweise von einem Vorrang des Guten (Nützlichen) vor dem Rechten (Gerechten) auszugehen"* (Waas 2007, S. 166).

5.2.5　Henry Sidgwicks analytischer Utilitarismus

Als dritter der großen, klassischen Theoretiker des Utilitarismus leistet HENRY SIDGWICK (1838- - 1900) in der zweiten Hälfte des 19. Jahrhunderts eine kritische Weiterentwicklung der Ansätze von BENTHAM und MILL. Gemeinsam mit seiner Ehefrau ELEANOR MILDRED SIDGWICK, der Schwester eines späteren britischen Premierministers, setzte SIDGWICK sich dafür ein, dass Frauen ein akademisches Studium absolvieren konnten. In seine Forschungen zum Utilitarismus ließ er erstmals zeitgenössische empirische Erkenntnisse der Psychologie einfließen. Hiernach stellt das Streben nach Lust und Freude nicht mehr die einzige Antriebskraft des menschlichen Handelns dar. Er war Mitbegründer der Society for Psychical Research, der später auch die Psychoanalytiker SIEGMUND FREUD und CARL GUSTAV JUNG angehörten.

In kritischer Auseinandersetzung mit den Schriften von BENTHAM und MILL zog er die Fähigkeit der utilitaristischen Methode in Zweifel, anhand der Erstellung von empirischen Freud-Leid-Bilanzen zu präzisen und eindeutigen Aussagen über das menschliche Verhalten zu kommen. Sein Interesse gilt eher der Entwicklung eines moralischen Alltagsbewusstseins auf intellektueller Basis. Er unterscheidet sich aber nicht von seinen Vorgängern, wenn er bezüglich moralischer Verpflichtungen wie dem Gebot, die Wahrheit zu sagen, oder bezüglich Tugenden wie Mäßigung und Selbstbeherrschung eine Übereinstimmung von gesundem Menschenverstand (common sense) und dem utilitaristischen Prinzip konstatiert, nach dem sich die Wünschbarkeit eines Objektes aus seiner Nützlichkeit ergibt. Die Bedeutung seines wissenschaftlichen Wirkens liegt auch darin, dass er der Lehrer von ARTHUR CECIL PIGOU war, der sich in seinem Denken als Wohlfahrtsökonom ebenfalls dem Utilitarismus verpflichtet sah. Unter dem Einfluss von SIDGWICK konnte sich der Utilitarismus zwar in der akademischen Philosophie fest verankern, dafür trug er jedoch dazu bei, den zuvor noch vom Utilitarismus vertretenen politischen und sozialen gesellschaftskritischen Gestaltungsanspruch in den Hintergrund zu drängen (Höffe 2013).

5.2.6 Eine kleine Inquisition: Fordert der Utilitarismus eine Gleichverteilung der Ressourcen?

Ein wesentliches Prinzip des Utilitarismus besteht in der Unparteilichkeit (Schroth 2016). Hiernach müssen bei der Bestimmung des „Guten" in der Nutzensumme die Präferenzen aller Individuen gleichermaßen berücksichtigt werden, es darf also niemand unberücksichtigt bleiben. Gleichzeitig dürfen aber die eigenen Präferenzen oder die Interessen nahestehender Personen nicht höher gewichtet werden als die Präferenzen anderer, vielleicht weniger nahestehender Personen. Unparteilichkeit impliziert auch Anonymität, d. h. eine Gleichbehandlung ohne Ansehen der Personen. Diese Vorstellung geht auf Bentham zurück, der den vielzitierten Satz geprägt hat „Jeder zählt für einen, keiner für mehr als einen". Seine Idee wurde von MILL weiterentwickelt und in den Kontext der *„sozialen oder austeilenden Gerechtigkeit"* gesetzt. Das utilitaristische *„Prinzip wäre nur eine Folge bedeutungsloser Worte, wenn nicht das Glück der einen Person bei gleichem Grad (und angemessener Berücksichtigung der Art) für genauso viel gelten würde wie das Glück jedes anderen. Sind diese Bedingungen erfüllt, ließe sich Benthams Diktum >>Jeder zählt für einen, keiner für mehr als einen<< als erläuternder Kommentar unter das Nützlichkeitsprinzip setzen"* (Mill 2014, S. 185 f.).

Das Prinzip des größten Glücks hat in Verbindung mit der Unparteilichkeit und der gleichen Gewichtung der Interessen aller Betroffenen also eine wichtige Implikation. Für die klassischen Ansätze des Utilitarismus, die von einem rein hedonistischen Kalkül und der Vorstellung kardinal messbarer und interpersonell vergleichbarer Nutzen geprägt waren, stellt sich die folgende Frage: Strebt der Utilitarismus im Zweifel eine Gleichverteilung aller Güter und Ressourcen unter den Mitgliedern der Gesellschaft an? Neigt der Utilitarismus also zu einem Egalitarismus, d. h. zu einer vollständigen Gleichheit der Menschen, die sich auch auf deren gleiche Ausstattung mit Gütern und Ressourcen bezieht?

Aus Sicht der modernen Ökonomik wäre dies eine kaum hinnehmbare Vorstellung. Der Utilitarismus wird daher in den Lehrbüchern häufig mit einem faden Beigeschmack vermittelt und teilweise der Lächerlichkeit preisgegeben. So wird manchmal zur Überprüfung des Verständnisses der Wohlfahrtsökonomik in entsprechenden Lehrbuchkapiteln den Lesern eine Kontrollfrage der folgenden Art gestellt: *Nehmen Sie an, dass eine Gesellschaft aus vier Individuen bestehe, die über identische Nutzenfunktionen verfügen. Wie sollte die Aufteilung eines Geldbetrages von 100 € auf Basis eines utilitaristischen Kalküls vorgenommen werden?* Die richtige Antwort einer anzustrebenden Gleichverteilung dieses Betrages (jedes Individuum soll aus utilitaristischer Sicht 25 € erhalten) wird anschließend als

wesentliche wohlfahrtstheoretische Grundlagenerkenntnis des Utilitarismus vermittelt. Gleichzeitig wird aber selbstverständlich darauf verwiesen, dass eine
derartige Gleichverteilung aufgrund sinkender Leistungsanreize starke Effizienzverluste nach sich zieht, wodurch die Größe des zur Verteilung stehenden Kuchens
zurückgehe und das Verteilungsziel des Utilitarismus vermutlich zu teuer bezahlt
werden müsse. Da die Verteilungsfrage vor allem eine Wertfrage sei, die wissenschaftlich nicht zu klären sei, müsse die Effizienzfrage eindeutig im Vordergrund
der wohlfahrtsökonomischen Überlegungen stehen (Weimann 2009). Mit einer
derartigen Einschätzung gerät die Tatsache, dass die Ökonomik sehr stark vom
Utilitarismus geprägt ist, natürlich in den Hintergrund. Zumindest aber wird darauf
hingewiesen, dass Verteilungsfragen in der Ökonomik seit MILL stets an Beurtei-
lungskriterien der Moral und Gerechtigkeit gebunden sind und als eigenständiger
Bereich neben der Produktion zu betrachten sind (Aßländer und Nutzinger 2008).
MILL sah – anders als vor ihm DAVID RICARDO oder ADAM SMITH – zwar
den volkswirtschaftlichen Bereich der Produktion von ökonomischen Gesetzmä-
ßigkeiten geprägt, allerdings ist der Bereich der Verteilung von Einkommen und
Vermögen seiner Ansicht nach „Menschenwerk" und werde von den „Statuten und
Gewohnheiten" der Gesellschaft bestimmt (Krämer 2020, S. 129).

Aber ist es tatsächlich so, dass die Schriften des Utilitarismus aus der Unparteilichkeit und der Anonymität im Kontext von Benthams Diktum *„Jeder zähle für
einen, keiner für mehr als einen"* notwendigerweise eine egalitäre Verteilung der
Güter fordern? Die konkreten Aussagen der Utilitaristen von BENTHAM über MILL
zu SIDGWICK bis hin zu den utilitaristisch geprägten Wohlfahrtsökonomen wie
EDGEWORTH, MARSHALL und PIGOU zeigen, dass alle diese Vertreter der älteren
Wohlfahrtsökonomik zwar ohne Bedenken die ethische Bewertung von gesellschaftlichen Zuständen bzw. Alternativen auf die Maximierung der Summe der
individuellen (und kardinal messbaren) Nutzensumme ausrichteten und damit eine
Position einnehmen, die von der jüngeren Wohlfahrtsökonomik strikt abgelehnt
wird (vgl. hierzu Abschn. 5.4). Aber ob sie damit auch auf eine Gleichverteilung
zielten, lässt sich bezweifeln. Die Positionen dieser Ökonomen zur Frage einer
anzustrebenden Gleichverteilung von Gütern und Ressourcen sollen im Folgenden
kurz zusammengefasst werden (vgl. hierzu Guidi 2008).

Bereits BENTHAM ist hier wenig eindeutig. Er betont, dass jedes Individuum
seine eigene Vorstellung von seinem Glück bzw. Nutzen habe, eine Bewertung
also nur von ihm selbst vorgenommen werden könne. Dies bedeutet aber ausdrücklich nicht, dass jedes Individuum die gleiche Nutzenfunktion oder die gleiche
Kapazität für das Fühlen von Glück und Unglück habe und daher die Mittel zur
Erreichung von Glück auch nicht vollkommen gleichverteilt sein sollten. Für eine
Umverteilung von den Reichen zu den Armen sieht er Grenzen, da die positiven Auswirkungen der Umverteilung auf den Gesamtnutzen möglicherweise den
individuellen Schmerz der Enttäuschung bei denjenigen, denen genommen wird,
größer sein kann. Er mahnt daher ausdrücklich an, dass hieraus ein negativer
Leistungsanreiz und eine Angst vor Umverteilung entstehen kann, was sich auch
negativ auf das Unternehmertum und damit die gesamte Nutzensumme auswirken könne. Zwar sei die Annäherung an möglichst gleiche Anteile ein wichtiges

Ziel, wenn dadurch die utilitaristische Nutzensumme gesteigert werden kann. Ein Zustand vollkommener Gleichheit könne in der Realität jedoch nicht erreicht werden. Realistisch sei eher eine Gesellschaft mit einer möglichst regulären und „gefühlsarmen" Ungleichheit, in der hohe Einkommen als Reserve genutzt werden sollten, die Not armer Haushalte zu mindern.

Auch MILL kann nicht unbedingt als Kronzeuge eines konsequenten Verteilungsegalitarismus benannt werden. Er betont zwar – anders als BENTHAM – ein natürliches Recht der Individuen auf Gleichbehandlung und leitet daraus eine moralische Verpflichtung des Staates im Bereich der Gestaltung der Verteilung ab. Allerdings bezieht er das Recht auf die utilitaristische Gleichbehandlung der Individuen auf eine Gleichbehandlung gleicher Freuden. Dies ist der Grundgedanke seines o.g. qualitativen Hedonismus: Gleiche Freuden sollen gleich behandelt, ungleiche Freuden sollen hingegen ungleich behandelt werden. Seine oben erwähnte Abwägung zwischen den Bedürfnissen und den Ansprüchen eines unglücklichen Sokrates und denen eines zufriedenen Schweines lassen sich zur Veranschaulichung dieses Gedankens nutzentheoretisch in das folgende Schaubild übersetzen (Guidi 2008) (Abb. 5.2).

- Ein materielles Konsumgut X (z. B. Nahrungsmittel) stehe zwei Individuen zur Verfügung.
- Einer der beiden sei Sokrates, der einen superioren (d. h. überlegenen, höhergestellten) Nutzen U_{Sok} aus dem Essen ziehe, da er ausschließlich deswegen isst, um seinen Schülern Philosophie zu lehren. Er ist mit wenig Nahrungsmitteln X sehr zufrieden, da er sich eigentlich nicht um das Essen kümmert, sondern nur um die Qualität seiner Lehre und das Wohlergehen seiner Schüler besorgt ist. Nutzentheoretisch bedeutet dies, dass ihm bereits kleine Mengen an Nahrungsmitteln X große Freude bereiten, da er damit seiner Leidenschaft nachgehen

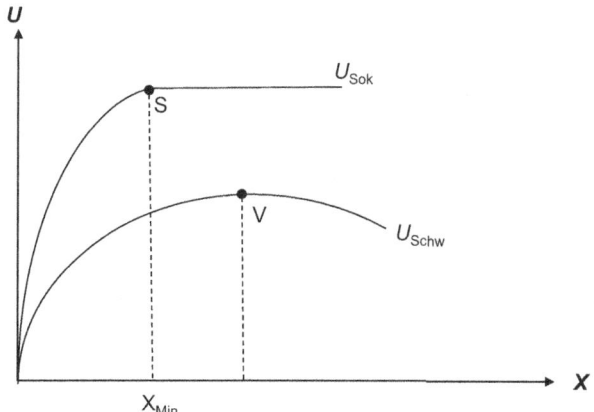

Abb. 5.2 Die superioren Freuden des Sokrates und die inferioren Freuden des Schweins. (Quelle: Guidi 2008, S. 66)

kann und ihn dies nicht weiter ablenkt. MILL nimmt für Sokrates an, dass er bei einem bestimmten Menge X_{Min} eine Nutzenschwelle S erreicht, bei der ein weiterer Verzehr von Nahrungsmitteln ihm keine zusätzliche Freude bereitet.

- Demgegenüber ziehe ein anderes Individuum, ein menschliches Schwein, einen Nutzen U_{Schw} ebenfalls aus dem Verzehr von Nahrungsmitteln X. Dieses Individuum isst alles, was ihm Spaß macht, es habe keine weiteren Interessen als Essen und es sich gut gehen zu lassen. Nach MILL realisiert es damit eine inferiore (d. h. minderwertige) Freude aus dem Essen. Dieses Individuum isst so viel es kann, erreicht bei einem bestimmten Völlegefühl dann eine Sättigungsgrenze V und würde bei weiterer Völlerei dann einen sinkenden Nutzen verspüren, weil ihm schlecht wird.

Jetzt könnte man (wie BENTHAM es vermutlich getan hätte) einwenden, dass es gar nicht möglich sei, dass das eine Individuum die Qualität des Nutzens eines anderen Individuums beurteilt. Allerdings ist MILL der Ansicht, dass dies möglich und sinnvoll ist. Er verweist hier auf ein auf PLATON zurückgehendes Kriterium zur Unterscheidung verschiedener Arten von Glücksempfindungen. Während PLATON zur Klärung dieser Frage jedoch den weisheitsliebenden Philosophenkönig als Schiedsrichter nominiert, sieht MILL eine Art demokratisches Entscheidungsprinzip vor: Die Beurteilung, welche der beiden Lüste von höherer Qualität sei, soll nach seiner Auffassung von Denjenigen mehrheitlich beantwortet werden, die Erfahrungen in beiden Bereichen haben. Das Kriterium wird bei MILL also denjenigen Individuen zugewiesen, die über die vollständigeren empirischen Erfahrungen in diesen Bereichen verfügen (Birnbacher 2018). Die von MILL vorgenommene qualitative Unterscheidung der menschlichen Glücksformen geht sogar so weit, dass ein größeres Glück für ihn bedeutet, eine höhere Fähigkeitsebene zu erschließen, ohne damit unbedingt dieselbe Erfüllung zu finden, die man bei der befriedigenden Verharrung auf einem niedrigeren Fähigkeitenniveau realisieren könnte. An dieser Stelle ist eine wichtige Unterscheidung vorzunehmen, die in der heute üblichen wirtschaftswissenschaftlichen Gleichsetzung von Nutzen, Präferenzen und Glück nicht mehr erkennbar ist (Hübner 2018):

- Die klassischen Utilitaristen wie BENTHAM, MILL oder SIDGWICK betrachten Glück als Nutzenskalierung und verstehen Nutzenmaximierung als Glücksmaximierung. Diese Richtung des Utilitarismus wird auch als Glücks-Utilitarismus bezeichnet.
- Demgegenüber verwenden die moderneren Vertreter des Utilitarismus wie PETER SINGER, RICHARD HARE oder JOHN HARSANYI den Präferenzutilitarismus, nach dem die Gesamtmenge an befriedigter Präferenz zu maximieren ist.

Die Frage, ob es im obigen Beispiel eine Gleichverteilung der Nahrungsmittel X auf die beiden Individuen geben soll, wird von MILL nicht direkt beantwortet. Deutlich wird in diesem Beispiel jedoch, dass ungleiche Freuden nach Auffassung von MILL auch ungleich behandelt werden sollten. Die konkret anzustrebende

Aufteilung muss hingegen vage bleiben. Auch scheint ihn hier nicht irgendeine Art von Knappheit des Gutes X zu interessieren oder die Frage, wie die beiden Akteure jeweils in den Besitz dieses Gutes gekommen sind. Antworten auf diese Frage würden es möglicherweise rechtfertigen, Sokrates Einheiten von X wegzunehmen, sobald er ein Konsumniveau von X_{Min} überschritten hat. Da sein Nutzen aus weiterem Konsum von X nicht zunimmt, wäre ein Überkonsum von ihm aus ökonomischer Sicht sicherlich eine Art Verschwendung. Deutlich wird zudem, dass der Grenznutzen, den das menschliche Schwein bei Überschreiten des Konsumniveaus X_{Min} erreicht, bis zu seiner Sättigungsgrenze V größer ist als bei Sokrates. Sokrates begnügt sich mit geringen materiellen Mitteln, da sein Geist nur an den überlegenen Freuden interessiert ist, während das Schwein begierig darauf drängt, mehr von diesen materiellen Mitteln zu haben. In der Auffassung von MILL bedeutet der Gleichbehandlungsgrundsatz des Utilitarismus offensichtlich nicht, dass jeder Anspruch auf die gleichen Mittel zum Glück hat.

Auch SIDGWICK diskutiert in seinen Schriften die Frage der aus utilitaristischer Sicht anzustrebenden Verteilung von Nutzen und Glück unter den Individuen einer Gesellschaft. Auch er unterscheidet zwischen einer „distribution of happiness" und der Verteilung der „means of happiness". Allerdings interpretiert er BENTHAMS Prinzip der Unparteilichkeit anders. Der Vorteil einer Gleichverteilung der Güter als Mittel zur Realisierung des individuellen Nutzens und einer Maximierung der utilitaristischen Nutzensumme liegt demnach darin, dass dies die einzige Regel sei, die keiner weiteren Begründung bedarf. So lange es keinen guten Grund gibt, Individuen ungleich zu behandeln, spricht nichts gegen den Egalitarismus. Die Verwendung anderer Verteilungsprinzipien hält er jedoch dann für zulässig, wenn dafür eine spezielle Begründung vorgelegt werden kann. Dieser Überlegung hat sich EDGEWORTH angeschlossen, der einen guten utilitaristischen Grund für die Abweichung von einer egalitären Verteilung darin sieht, dass die Menschen sich im Hinblick auf ihre Fähigkeiten und Eigenschaften („capacity for happiness") grundsätzlich unterscheiden. EDGEWORTH hielt einen egalitären Utilitarismus für zu abstrakt: „*This deduction is of a very abstract, perhaps only negative, character; negativating the assumption that* **Equality** *(Hervorhebung i. O.) is necessarily implied in Utilitarianism. For, if sentients differ in* **Capacity for happiness** *(H. i. O.) – under similar circumstances some classes of sentients experiencing on an average more pleasure (e.g. of imagination and sympathy) and less pain (e.g. of fatigue) than others – there is no presumption that equality of circumstances is the most felicific arrangement; especially when account is taken of the interests of posterity"* (Edgeworth 2019, S. vii). Dieser Gedanke wurde später beispielsweise von HARSANYI aufgegriffen, der anstatt eine Gleichheit der Nutzen auf einer Gleichheit der Grenznutzen als Ausdruck des utilitaristischen Prinzips besteht (Guidi 2008, vgl. hierzu Abschn. 5.2.10).

ARTHUR CECIL PIGOU (1877–1959) war einer der Begründer der Wohlfahrtsökonomik, der beispielsweise durch seine Vorschläge zur Internalisierung externer Effekte einen wesentlichen Einfluss auf die Umweltökonomik ausgeübt hat (Sturn 2008). Als Schüler von SIDGWICK und ALFRED MARSHALL hat er sich selbst als

Utilitarist verstanden. Er ging 1920 in seiner maßgeblichen Schrift „The economics of welfare" bei der Einführung des ökonomischen Wohlfahrtsbegriffs noch von einem wirtschaftlichen Outputmaß aus (seine „national dividend" umfasst das, was aus heutiger Sicht dem Bruttoinlandsprodukt entspricht), war aber der Ansicht, dass neben der Größe des Inlandsproduktes (in Pro-Kopf-Einheiten) auch seine Verteilung unter den Individuen zu berücksichtigen sei. Und diese Verteilung sollte tendenziell auf Basis von Grenznutzenüberlegungen zu einer Gleichverteilung führen. PIGOU argumentiert hier als Vertreter der älteren Wohlfahrtsökonomik anders als etwa die deutschen Vertreter der Historischen Schule (vgl. Box 2.5 in Kap. 2) nicht moralisch, sondern streng nutzentheoretisch (Horn 1996, S. 90). Für die Beurteilung der Frage, unter welchen Umständen eine ungleiche Verteilung von Gütern und Ressourcen akzeptabel ist, sieht er zwar individuelle Unterschiede in den individuellen Glückskapazitäten als theoretischen Grund, betont dabei aber zwei weitere Aspekte (Guidi 2008):

- Erstens lässt sich seiner Ansicht nach kaum zeigen, dass empirisch zu beobachtende Ungleichheiten der Güterverteilungen auf unterschiedliche Fähigkeiten der Individuen zurückzuführen sind, Glück zu spüren. Ungleichheiten seien daher utilitaristisch kaum zu rechtfertigen, wenn sie sich aus zufälligen sozialen oder historischen Bedingungen ergeben.
- Und zweitens glaubt er nicht, dass unterschiedliche individuelle Fähigkeiten und Glückskapazitäten natürlich oder durch Vererbung gegeben seien. Vielmehr seien diese individuellen Fähigkeiten das Ergebnis von Bildung, sodass sie auch hierdurch verbessert werden könnten und sollten.

Die bisher zitierten „Zeugenaussagen" zu den egalitären Tendenzen des Utilitarismus waren bemüht, einer vorschnellen Gleichsetzung von Utilitarismus und Egalitarismus entgegenzutreten. Der Utilitarismus mit seinem Kriterium der Maximierung der Nutzensumme aller Gesellschaftsmitglieder führt offenbar nur unter sehr vereinfachenden Annahmen und Bedingungen zu einer Gleichverteilung. Der Utilitarismus selbst steht aber nicht für die Annahme, dass alle Individuen mathematisch durch eine identische Nutzenfunktion beschrieben werden können. AMARTYA SEN beurteilt die egalitären Eigenschaften des Utilitarismus wie folgt: *„Die ganze Geschichte beruht auf einer speziellen Koinzidenz von Utilitarismus und Gleichheit unter ein paar besonders einfachen Annahmen. Bei gegebenem Gesamteinkommen führt die Maximierung der Summe der Einzelnutzen mithilfe der Verteilung zwischen verschiedenen Personen zu der Bedingung, dass der Grenznutzen des Einkommens aller Personen gleich sein muss, und das bedeutet bei der weiteren speziellen Annahme gleicher Nutzenfunktionen auch die Gleichsetzung der Gesamtnutzen. Marshall und andere wiesen auf diesen besonderen Aspekt des Utilitarismus hin, obwohl sie nicht besonders bestrebt waren, daraus irgendwelche radikalen wirtschaftspolitischen Empfehlungen für die Einkommensverteilung abzuleiten. Aber beim Angriff auf den Utilitarismus wurde dieser spezielle Gesichtspunkt als ein besonders schwerer Vorwurf herausgesondert"* (Sen 2009a, S. 35).

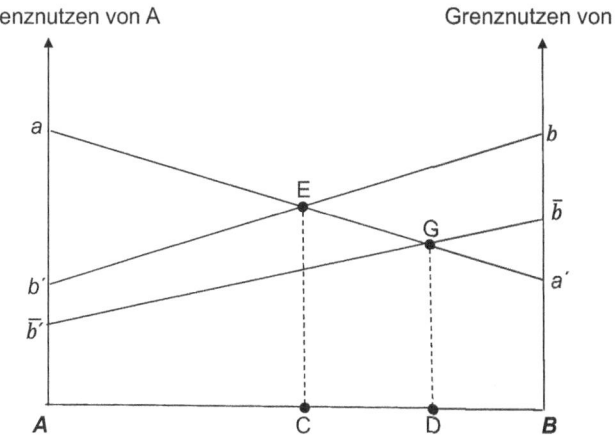

Abb. 5.3 Der Sensche Invalide. (Quelle: Sen 2009a, S. 36)

Allerdings geht SEN noch einen Schritt weiter und entwickelt die Vorstellung, dass der *„wahre Charakter"* des Utilitarismus in provozierender Weise eigentlich genau der Intention des Egalitarismus entgegensteht. Hierfür entwickelt er das folgende Beispiel, das anhand von Abb. 5.3 illustriert werden kann:

- Es gibt zwei Personen: Person A und Person B.
- Zwischen diesen beiden Personen sei ein Einkommensbetrag der Strecke $\overline{AB}$ aufzuteilen. Mit zunehmendem Einkommen sinke der Grenznutzen, d. h. der Nutzen, der aus einer weiteren Einkommenseinheit realisiert wird, sei geringer als der Nutzen der letzten, zuvor erhaltenen Einkommenseinheit.
- B habe aufgrund irgendeiner Beeinträchtigung einen Nachteil, etwa aufgrund einer körperlichen Behinderung. Dies bedeute, dass Person A aus jedem Einkommensbetrag einen doppelt so hohen Nutzen erziele wie B. Dieser Tatbestand entspricht einem interpersonellen Nutzenvergleich der folgenden Art: Eine unabhängige Person, die dieses Urteil fällt, würde die Lage von A für jeden Einkommensbetrag als doppelt so gut einschätzen, wie die Lage von Person B.
- In Abb. 5.3 wird der Grenznutzen, den Individuum A aus dem Einkommen $\overline{AB}$ zieht, von links als Kurve aa' abgetragen, der Grenznutzen des von der Beeinträchtigung betroffenen B als $\overline{b}\,\overline{b}'$ hingegen von rechts.
- Wäre B nicht von einer Beeinträchtigung betroffen, so wären die beiden Individuen in ihren Fähigkeiten zur Realisierung von Nutzen gleich. Der Grenznutzen von B über dem Einkommen $\overline{AB}$ wäre entsprechend der Kurve bb'.

Welche utilitaristische Aufteilung würde sich im Falle ergeben, dass B dieselben konsumtiven Fähigkeiten hätte wie A? Ganz offensichtlich würden beide Individuen denselben Einkommensbetrag erhalten: Individuum A erhielte $\overline{AC}$, B erhielte $\overline{BC}$. Da der Nutzen als Integral unter der Grenznutzenfunktion bestimmt werden kann, würde die gesellschaftliche Nutzensumme in Form der Fläche (AaEC + BbEC) maximal werden. Im Schnittpunkt E der beiden Grenznutzenkurven stellt sich eine solche Aufteilung des Geldbetrages ein, bei der der Grenznutzen der Individuen sich gerade ausgleicht.

Welche Aufteilung wäre bei Anwendung dieses utilitaristischen Kalküls hingegen zu wählen, wenn B von der oben erläuterten Beeinträchtigung geprägt ist? In diesem Fall würde A den Betrag $\overline{AD}$, B hingegen den Betrag $\overline{BD}$ erhalten. Auch hier wäre die aus Sicht der Nutzensumme maximale Ausbeute dadurch erreicht, dass sich im Punkt G die Grenznutzen der Einkommen gerade ausgleichen. Das Maximum dieser Nutzensumme ist im Vergleich zur Situation, in der B ohne Beeinträchtigung lebt, offenbar dadurch geprägt, dass dem Benachteiligten Einkommen genommen wird, da dieses aus Sicht der Nutzensumme beim nichtbeeinträchtigten A besser aufgehoben ist. Diese Ungleichverteilung ist natürlich kontraintuitiv und moralisch nicht akzeptabel. Es ist kaum akzeptabel, dass demjenigen, der eine Beeinträchtigung mit sich herumträgt, der also vergleichsweise mehr benötigt als andere, um deren Nutzenniveau erreichen zu können, genommen wird. Mit Nachteilsausgleich oder gar Egalitarismus hat das wenig zu tun.

Nach Einschätzung von SEN ergibt sich damit eine Angreifbarkeit des Utilitarismus aus einem ganz anderen Grund: Da der Utilitarismus als Wohlfahrtskriterium bei derartigen Verteilungsfragen lediglich die Summe der individuellen Nutzen betrachtet, interessieren ihn auch nur Veränderungen der Summe dieser Nutzen. Wie diese Summe sich über die verschiedenen Individuen zusammensetzt, bzw. welche konkrete Verteilung der Güter sich für die verschiedenen Personen ergibt, interessiert ihn jedoch gar nicht. Ein einzelnes Individuum wird in dieser Nutzensumme lediglich als potenzieller „Produzent" von Wohlfahrt angesehen, dessen Wohlfahrtsbeiträge jederzeit gegen Wohlfahrtsbeiträge anderer Individuen ausgetauscht werden kann, sofern diese damit einen höheren Beitrag zur Nutzensumme generieren können. Nach Ansicht von SEN ist der Utilitarismus damit letztlich verteilungsblind und für Gerechtigkeitsfragen *„von Anfang an ungeeignet, trotz der Anziehungskraft, den er offenbar auf diesen Zweig der normativen Ökonomik ausgeübt hat"* (Sen 2009a, S. 37). Dieser Kritik am Utilitarismus wird insbesondere im sechsten Kapitel dieses Buches weiter nachgegangen.

5.2.7 Anwendungen des klassischen Utilitarismus: Das Opferprinzip und die Besteuerung nach der Leistungsfähigkeit

Auf JOHN STUART MILL geht auch der Vorschlag zurück, die Besteuerung nach der Leistungsfähigkeit der Individuen zu bestimmen. In seinem Werk „Grundsätze der Politischen Ökonomie" beschäftigt sich MILL 1848 im fünften Kapitel mit der Rolle des Staates und den allgemeinen Grundsätzen der Besteuerung und stellt dabei das folgende utilitaristische Prinzip in den Vordergrund: *„Die Angehörigen eines jeden Staates sollen zur Deckung des Staatsbedarfes möglichst im Verhältnis* *zu ihrer Leistungsfähigkeit, d. h. im Verhältnis zu ihrem Einkommen, dessen sie sich unter dem Schutz des Staates erfreuen"* (Mill 2016c, S. 919).

Die Befolgung dieses auch heute noch relevanten Grundprinzips der Besteuerung führt nach seiner Auffassung zur Gleichmäßigkeit der Besteuerung, die sich wiederum mit einem utilitaristischen Kalkül verknüpfen lässt, das in die Ökonomik als Opfertheorie eingegangen ist. *„Aus welchem Grund soll Gleichmäßigkeit bei der Besteuerung die Regel sein? Aus dem Grund, weil dies bei allen staatlichen Angelegenheiten der Fall sein sollte. Wie der Staat zwischen den einzelnen Personen und Bevölkerungsschichten hinsichtlich der Ansprüche an ihn keinen Unterschied machen sollte, sollten auch alle Opfer, welche er von ihnen verlangt, auf allen möglichst mit der gleichen Schwere lasten, wodurch auch – wie ausdrücklich bemerkt werden muss – der Gesamtheit die geringsten Opfer entstehen. Wenn jemand weniger als seinen angemessenen Anteil an den Lasten trägt, muss ein anderer mehr als seinen Anteil beisteuern, und die Erleichterung für den einen ist unter sonst gleichen Verhältnissen für ihn nicht ein so großer Nutzen, wie der vermehrte Druck auf den anderen ein Übel ist. Gleichmäßigkeit der Besteuerung als politischer Grundsatz bedeutet daher Gleichmäßigkeit der Opfer. Sie bedeutet, dass der Beitrag eines jeden zu den staatlichen Ausgaben so aufgeteilt wird, dass er aufgrund seines Anteils weder mehr noch weniger Unannehmlichkeit verspüren wird als jeder der anderen aufgrund der seinigen"* (Mill 2016c, S. 919).

Aus utilitaristischer Sicht führt die Besteuerung bei den Individuen zu Opfern in Form von reduzierten Nutzen- bzw. Bedürfnisbefriedigungsmöglichkeiten und MILL fordert, dass diese Opfer gerecht und gleichmäßig zu verteilen sind. Vereinfacht: Starke Schultern sollen größere Lasten tragen als schwächere. Man sieht hier, dass das Leistungsfähigkeitsprinzip der Besteuerung utilitaristisch begründet wird. Dieses Prinzip hat zwei Gerechtigkeitskomponenten (Blankart 2017):

- *Horizontale Gerechtigkeit* bedeutet, dass Individuen mit gleicher Leistungsfähigkeit gleich zu behandeln bzw. zu besteuern sind.
- Die *vertikale Gerechtigkeit* fordert hingegen, dass unterschiedliche Leistungsfähigkeiten auch unterschiedlich zu behandeln sind. Konkret sind also Individuen mit einer höheren Leistungsfähigkeit stärker zu belasten bzw. zu besteuern als solche mit einer niedrigeren Leistungsfähigkeit.

Übersetzt in die Sprache der Nutzentheorie lässt sich das Leistungsfähigkeits-Prinzip auf die Forderung einer Gleichheit der absoluten Opfer, einer Gleichheit der relativen Opfer oder einer Gleichheit der marginalen Opfer beziehen. Zur Veranschaulichung sei in Abb. 5.4 angenommen, dass die Leistungsfähigkeit bzw. die Opferfähigkeit zweier Individuen H und N anhand der gleichen über das Einkommen definierten Nutzen- und Grenznutzenfunktion beschrieben werden kann. Individuum H verfüge über ein relativ hohes Einkommen, das durch die Strecke $0'B'$ gekennzeichnet ist, Individuum N verfüge hingegen über ein geringeres Einkommen 0B. Zunehmendes Einkommen treffe bei beiden Individuen auf einen positiven, aber sinkenden Grenznutzen, d. h. der Nutzen von einer zusätzlichen Geldeinheit (z. B. Euro) nimmt mit zunehmender Einkommenshöhe ab. Geht

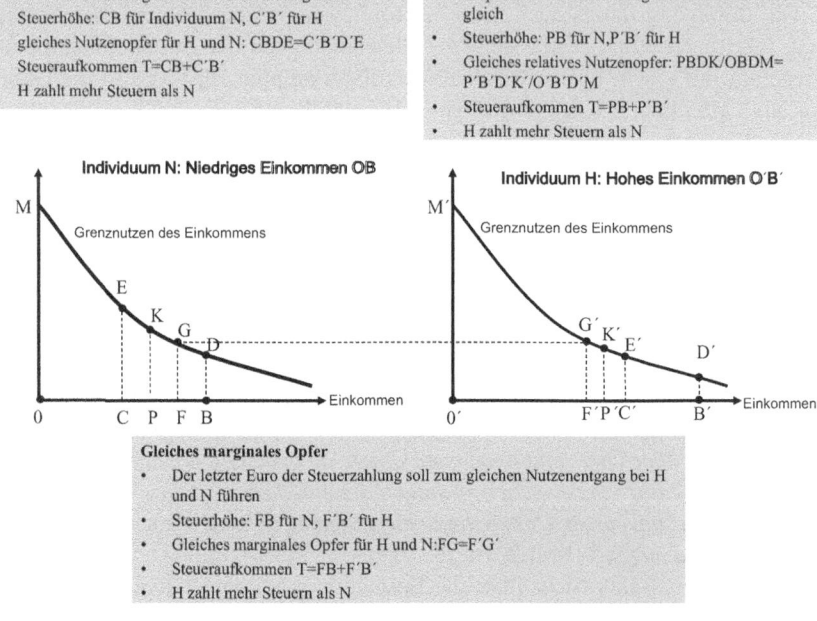

Gleiches absolutes Opfer
- Gesamtnutzenabzug bei beiden Individuen gleich
- Steuerhöhe: CB für Individuum N, C´B´ für H
- gleiches Nutzenopfer für H und N: CBDE=C´B´D´E
- Steueraufkommen T=CB+C´B´
- H zahlt mehr Steuern als N

Gleiches relatives Opfer
- Proportionaler Nutzenabzug bei beiden Individuen gleich
- Steuerhöhe: PB für N,P´B´ für H
- Gleiches relatives Nutzenopfer: PBDK/OBDM= P´B´D´K´/O´B´D´M
- Steueraufkommen T=PB+P´B´
- H zahlt mehr Steuern als N

Gleiches marginales Opfer
- Der letzter Euro der Steuerzahlung soll zum gleichen Nutzenentgang bei H und N führen
- Steuerhöhe: FB für N, F´B´ für H
- Gleiches marginales Opfer für H und N:FG=F´G´
- Steueraufkommen T=FB+F´B´
- H zahlt mehr Steuern als N

Abb. 5.4 Besteuerung nach der Leistungsfähigkeit bei verschiedenen Opfertheorien. (Quelle: in Anlehnung an Musgrave und Musgrave 1989, S. 225; Blankart 2017, S. 142)

man davon aus, dass ein exogen gegebenes Steueraufkommen so erhoben werden soll, dass beide Individuen N und H im Sinne von MILLs Opferprinzip gerecht behandelt werden sollen, lässt sich die Höhe der Steuer auf der horizontalen Einkommensachse präzise bestimmen. Aufgrund des sinkenden Grenznutzens führen alle drei Varianten der Opfertheorien zu dem Ergebnis, dass Individuum H einen höheren Steuerbetrag abführen muss als Individuum N.

Manchmal verweisen Kritiker darauf, dass MILL bei seinem Vorschlag von einem idealistischen Bild eines Staates mit vollkommenen Informationen über die Nutzenfunktionen, die Leistungsfähigkeit und die Opferbereitschaft der Individuen ausgehe und er die Gefahr fiskalischer Ausbeutung der Bürger ausblende. Ein Staat, der kein Interesse an Ausgabendisziplin habe, erhalte mit diesem Gerechtigkeitsprinzip die Möglichkeit, überall dort zuzugreifen, wo Kaufkraft und Leistungsfähigkeit vorhanden ist, um sein ineffizientes Wachstum zu finanzieren. Vor diesem Hintergrund sei das Leistungsfähigkeitsprinzip anfällig für Willkür und Steuerdynamik – insbesondere wenn die Ausgabenseite des Staates nicht gleichzeitig mit der Einnahmenseite T festgelegt werde (Blankart 2017). Der prominente US-amerikanische Ökonom und Lehrbuchautor GREGORY MANKIW geht in seiner ironisierenden Kritik an den vermeintlichen Steuergerechtigkeitsfantasien des Utilitarismus sogar noch weiter. Da eine gerechte Besteuerung des Einkommens vor vielen Informationsproblemen stehe, könne aus utilitaristischer Sicht eigentlich auch eine Besteuerung nach der Körpergröße der Individuen erfolgen. Es gebe einen klaren positiven empirischen Zusammenhang zwischen der Körpergröße eines Menschen und seiner ökonomischen Leistungsfähigkeit. Daher sei aus utilitaristischer Sicht eigentlich eine Besteuerung anzuraten, die zu einem von ihm präzise berechneten Einkommenstransfer von den großen Menschen zu den kleinen Menschen führen würde (Mankiw 2010).

Das ist natürlich nicht ernst gemeint. Was MANKIW mit seinem Vorschlag zur Besteuerung der Körpergröße zeigen will, ist Folgendes: Es wäre ja geradezu lächerlich, unterschiedlichen Körpergrößen der Individuen eine moralische Relevanz bei Gerechtigkeits- oder Umverteilungsfragen zukommen zu lassen. Da Größenunterschiede der Individuen aber offenbar empirisch mit deren Einkommensunterschieden korrelieren, wäre es seiner Ansicht nach genau so lächerlich, den Einkommensunterschieden eine moralische Relevanz zuzurechnen. Aus Sicht dieser Kritiker sind Einkommensunterschiede nicht nur empirisch schlecht zu greifen. Sie stellen schlicht moralisch irrelevante Tatsachen dar, die nicht Gegenstand der Besteuerung sein sollten. Sie korrespondieren eher mit dem Grundsatz, dass jeder einen Anspruch auf das habe, was er als Einkommen realisiere, weil dieses seinen Beitrag zum gesamtwirtschaftlichen Produktionsergebnis darstelle (diese Position verweist auf liberalistische Ansätze, die im Abschn. 5.6 näher diskutiert werden).

MILL selbst entgegnet diesen Vorwürfen gegenüber dem Leistungsfähigkeitsprinzip in demselben Absatz, in dem er seine Idee vom Opferprinzip begründet, wie folgt: *„Diese Regel kann wie jede andere Regel als Ideal nicht vollständig in die Wirklichkeit übersetzt werden; aber das erste Ziel jeder praktischen Erörterung sollte die Kenntnis des Ideals sein"* (Mill 2016c, S. 919). Er machte in seinen Schriften bereits auf die Gefahr einer sich ins sozialpolitische Abseits bewegenden Ökonomik aufmerksam und betrachtete seine Wissenschaft nicht als Sammlung praktischer Regeln, sondern vielmehr als Grundlage, diese zu erarbeiten (Aßländer und Nutzinger 2016).

5.2.8 Zwischenfazit: Standardeinwände gegen den Utilitarismus

Bereits eingangs in diesem Kapitel wurde deutlich, dass der Utilitarismus eine ethische Theorie darstellt, die einerseits auf einem einheitlichen Begründungsapparat beruht, von der sich andere Ansätze aber immer wieder abgrenzen, da die Begründung des Utilitarismus – insbesondere in seiner klassischen, auf die größte, kardinal messbare Nutzensumme bezogenen Version – viel Kritik auf sich zieht. Diese teilweise bereits in den obigen Kapiteln vereinzelt dargestellte Kritik bezieht sich insbesondere auf die folgenden Aspekte (Schroth 2016):

- *Praxisprobleme:* Die Praxistauglichkeit des Utilitarismus wird aufgrund von Informationsproblemen angezweifelt. Da es zum Zeitpunkt einer Handlung nicht möglich sei, alle denkbaren Konsequenzen zu kennen und da deren summarische Bewertung aufgrund der dafür notwendigen interpersonellen Nutzenvergleiche unrealistisch oder vielleicht sogar anmaßend sei, habe er keine praktische Relevanz. Das gilt für individuelle, aber auch für kollektive Entscheidungen auf Basis des utilitaristischen Prinzips.

- *Ausblendung von Verteilungsproblemen:* Bei der Wahl einer Alternative mit dem Ziel einer Maximierung der Nutzensumme, liegt das Entscheidungskriterium lediglich in der Nutzensumme. Die Individuen sind lediglich insofern relevant, als dass sie aus gesellschaftlicher Sicht als „Nutzenproduzenten" berücksichtigt werden. Die Verteilung der Nutzen auf die Individuen ist lediglich eine Eigenschaft der Nutzensumme. Sie interessiert eigentlich nur insofern, wenn durch ihre Veränderung die Nutzensumme erhöht werden kann. Ob es aber Individuen pauschal und aus Gerechtigkeitsgründen zuzumuten ist, Opfer zu bringen und Einbußen zu akzeptieren, nur weil damit die gesellschaftliche Nutzensumme erhöht wird, ist eine offene Frage (eine Antwort darauf wird der Ansatz des Regelutilitarismus im folgenden Kapitel liefern).

- *Moralüberforderung und Informationsprobleme:* Die utilitaristische Forderung, Handlungen genau dann durchzuführen, wenn dadurch ein Überschuss des Glücks über das Leid aller Menschen entsteht, stellt möglicherweise eine moralische Überforderung dar. Es wird nicht unterschieden zwischen lobenswerten und moralisch gebotenen Entscheidungen. In der Sprache des ökonomischen Rationalitätskonzeptes (vgl. Abschn. 2.5) fordert der Utilitarismus (zumindest bei einer schlichten Auslegung), dass sich alle Menschen als „Helden" verhalten und bereit sein müssten, große Opfer für das konsequentialistische Ziel einer guten Sache zu bringen. Diese moralische Überforderung stelle eine unzumutbare Einschränkung der individuellen Entscheidungsfreiheit der Menschen dar, deren „Autorenschaft" und die Verantwortung für das eigene Leben bei einer passiven Unterwerfung unter das utilitaristische Prinzip drastisch eingeschränkt werde (Nida-Rümelin 2020b). Auf diese freiheits-einschränkende Tendenz des Utilitarismus richtet sich in späteren Kapiteln dieses Buches auch die Kritik von so unterschiedlichen Philosophen wie NOZICK, RAWLS oder SEN.

- *Ausblendung nicht-konsequentialistischer Motive:* Die ausschließliche Fokussierung der Urteile auf die Konsequenzen negiert die moralische Relevanz anderer Aspekte, die nicht in den Konsequenzen enthalten sind. Da trotz MILLS Forderung nach einer qualitativen Unterscheidung verschiedener Arten von Glück und Befriedigung nicht klar ist, wie genau und (vor allem:) von wem diese Unterscheidung vorzunehmen ist, sind auch moralisch fragwürdige Freuden (wie etwa Sadismus oder Völlerei) bei der Bestimmung der Nutzensumme zu berücksichtigen. Auch werden Aspekte wie individuelle Rechte, Pflichten oder die Würde einer Person bei der Bestimmung der Nutzensumme nicht für relevant erachtet – zumindest, wenn diese sich nicht utilitaristisch, d. h. als nutzenstiftend begründen lassen.

Box 5.1: Einige fiktive Beispiele für die Kontraintuivität des Utilitarismus
Ein häufig genutztes Beispiel, mit dem auf die Anwendungsprobleme des Utilitarismus aufmerksam gemacht wird, bezieht sich auf Organtransplantationen (Schroth 2016): In einem Krankenhaus

liegen fünf Personen, die auf jeweils unterschiedliche Arten von Organtransplantationen warten. Sofern sich keine Organspender finden sollten, werden alle fünf Personen sterben. Genau zu
diesem Zeitpunkt findet sich im Krankenhaus ein vom Leben gelangweilter Mann zu einer Rou-
tineuntersuchung ein. Da er sich als vollkommen gesund erweist, besteht nun die Möglichkeit,
diesem Mann bei einer Operation die für das Überleben der fünf Patienten notwendigen Organe
zu entnehmen – allerdings müssten die Ärzte dafür natürlich möglichst unauffällig den Tod dieses
Mannes arrangieren. Aus utilitaristischer Sicht wäre der Tod dieses Mannes das kleinere Übel, da
damit das Leben der fünf anderen Menschen gerettet werden könnte. Dieses Beispiel soll belegen, dass die moralischen Forderungen des Utilitarismus kontraintuitiv und unmoralisch sind.
Auch wenn man diese Entscheidung nicht an die Ärzte delegiert, sondern wenn man versucht,
den potenziellen Organspender zur Einwilligung in diese Handlung zu überzeugen, und die für
ihn todbringende Organspende als moralische Pflicht darstellt, stellt dies eine unrealistische und
unakzeptable Moralüberforderung dar.

Insbesondere der amerikanische Philosoph MICHAEL SANDEL (*1943) diskutiert in seinen
Publikationen einige anschauliche Beispiele, die die Überzeugungskraft des Utilitarismus auf eine
schwere Probe stellen. Diese Beispiele sind aber nicht nur auf eine Kritik des Utilitarismus gerichtet, sie richten sich gleichzeitig auch gegen solche ökonomischen Wohlfahrtsvorstellungen, die
von der Auffassung geprägt sind, das gesellschaftliche Probleme vorwiegend durch den Einsatz
monetärer Anreizsysteme und marktliche Allokationssysteme gelöst werden können. Eines der am
meisten diskutierten Beispiele ist das Trolley-Problem (Sandel 2019). Stellen Sie sich hierzu vor,
der Fahrer einer Lokomotive, die mit einer hohen Geschwindigkeit und ausgefallenen Bremsen auf
eine Weiche zurollt, stehe vor dem folgenden Entscheidungsproblem: Vor ihm befindet sich eine
Weiche, die derzeit auf „links“ eingestellt ist. Auf der linken Abzweigung hinter Weiche befinden sich 5 Arbeiter auf den Gleisen. Er könnte jedoch die Weicheneinstellung auf „rechts“ ändern:
Auf der rechten Abzweigung ist nur ein Arbeiter mit Gleisbauarbeiten beschäftigt. Da alle Arbeiter schalldichte Ohrschützer tragen, haben Sie keine Chance, dem Zug auszuweichen. Da der Zug
nicht bremsen kann, muss er also eine dieser beiden Richtungen nehmen. Welche Richtung sollte
der Lokführer nun einschlagen? Vermutlich stimmt das utilitaristische Kalkül, dass es weniger
schlimm sei, einen Arbeiter zu töten als fünf Arbeiter, mit dem moralischen Kalkül der meisten
Menschen überein. Zu welcher Entscheidung käme man jedoch bei einer leichten Variation dieses
Beispiels? Erneut rast ein Zug mit ausgefallenem Bremssystem über die Schienen auf eine Gruppe
von fünf schutz- und ahnungslosen Arbeitern zu. In diesem Fall steht jedoch ein Beobachter dieser
Tragik auf einer Brücke oberhalb der Gleise, der eine Entscheidung treffen könnte. Er selbst kann
durch einen selbstmörderischen Sturz auf die Gleise den Zug nicht stoppen, da er sehr schlank ist.
Neben ihm stehe jedoch ein besonders dicker Mann, den er von der Brücke stoßen könnte, und
dessen massiger Körper den Zug aufhalten würde. Soll dieser Beobachter den dicken Mann auf
die Gleise stoßen? Bei schlichter Anwendung des utilitaristischen Kalküls könnte man auch hier
der Ansicht sein, dass der Verlust eines Menschenlebens besser sei als der Tod von fünf Menschen.
Trotzdem scheint das utilitaristische Kalkül hier nicht zu überzeugen.

Die entscheidende Frage lautet: Warum erscheint es im ersten Fall akzeptabel, ein Menschenleben zu opfern, um fünf Menschenleben zu retten – während dies im zweiten Fall möglicherweise
nicht akzeptabel erscheint? Der moralische Unterschied zwischen beiden Fällen liegt offenbar
nicht in den Konsequenzen, denn im Ergebnis wären beide Menschen tot und jeweils fünf Menschen gerettet. Während der Tod des Arbeiters im ersten Fall jedoch ein tragischer Unfall ist, stellt
der Tod des dicken Mannes letztlich eine absichtsvoll herbeigeführte Mordhandlung dar. Er wird
zu einem Instrument, um den Tod der anderen fünf Arbeiter aufzuhalten. Deontologische Aspekte
einer Handlung wie Absichten, Gesinnungen, Rechte oder Pflichten spielen in einer schlichten
utilitaristischen Kalkulation jedoch keine Rolle.

Derartige Beispiele können auf beliebige Weise variiert werden, etwa indem die Anzahl der
betroffenen Personen auf den Gleisen variiert wird, oder zusätzliche Informationen über diese
Personen gegeben werden. Und gewiss enthält die Komplexität der Welt (etwa mit Blick auf die
Corona-Pandemie) eine Vielzahl derartiger Triage-Situationen für einzelne Individuen oder ganze
Gesellschaften bereit, die nach einer ultimativ zu rechtfertigender Norm behandelt werden müssen
(Gabriel und Scobel 2021). Und es scheint, dass der Utilitarismus hier keine allgemein akzeptierten

Kriterien bereitstellt, die sich ultimativ ethisch rechtfertigen lassen. Allerdings weisen zeitgenössische Verteidiger des Utilitarismus ihrerseits die Überzeugungskraft dieser Beispiele anhand der folgenden Argumente zurück (Schroth 2016):

- Die Beispiele selbst sind aufgrund der vielen Unabwägbarkeiten unrealistisch und stellen kein gutes Argument gegen die Überzeugungskraft des Utilitarismus für alltägliche Entscheidungen dar.
- Die Beispiele sind Fantasiekonstrukte und lassen sich durch Hinzufügung zusätzlicher fiktiver Informationen jeweils auch so gestalten, dass etwa die bewusste Tötung Unschuldiger nicht mehr als kontraintuiv wahrgenommen wird.
- In den Beispielen wird angenommen, dass die Entscheider vollständige Informationen über die Umstände und die präzisen Konsequenzen ihrer Entscheidung haben. Moralische Überforderung und Kontraintuitivität stellen sich jedoch nur dann ein, wenn eine Einzelfallbetrachtung vorgenommen wird. Anstatt die Konsequenzen einzelfallbezogen als Summe der Gesamtnutzen zu bewerten, legt eine andere Interpretation des Utilitarismus nahe, sich an bestimmte moralische, universelle, gleichwohl aber utilitaristisch begründete Regeln zu halten (Vgl. hierzu den folgenden Abschnitt zum Regelutilitarismus).

5.2.9   Weitere Varianten des Utilitarismus: Der Regelutilitarismus

Die obigen Beispiele zeigen, dass der Utilitarismus insbesondere dann in Argumentationsschwierigkeiten gerät, wenn er dazu einlädt, moralisch fragwürdige Handlungen mit Verweis auf allgemeine Nutzensteigerungen zu tätigen, wenn also im Sinne des Konsequentialismus der Zweck die Mittel heiligt. Die Tötung Unschuldiger, das Brechen von Versprechen, die Nicht-Rückzahlung von Schulden oder auch das Lügen werden offenbar dann von ihm gedeckt, wenn es für die Gesellschaft (bzw. für die Nutzensumme einer Mehrheit der Gesellschaft) vorteilhaft ist. Insbesondere die erste Hälfte des 20. Jahrhunderts war aufgrund dieser Fragwürdigkeit der Argumente von einer Absetzbewegung vom Utilitarismus geprägt.

Während man sich in der Ökonomik mit der Paretianischen Wende grundsätzlich von der utilitaristischen Vorstellung verabschiedete, dass eine gesellschaftliche Wohlfahrtsmaximierung überhaupt möglich sei (vgl. Abschn. 5.4), beschäftigte sich die Philosophie mit der Frage, wie mit der utilitaristischen Fixierung auf die Handlungskonsequenzen umgegangen werden soll. Gerade diese führt ja dazu, dass der Utilitarismus (zumindest bei vordergründiger Betrachtung) moralisches Verhalten beispielsweise beim Halten von zuvor gegebenen Versprechen weder erklären noch fordern kann. Als Antwort auf diese Schwierigkeiten entwickelten unter anderem RICHARD HARE und sein Schüler PETER SINGER mit dem Regelutilitarismus eine Neuinterpretation des Utilitarismus, die dem klassischen Handlungsutilitarismus gegenübergestellt wird. Ausgangspunkt der utilitaristischen Bewertung ist nicht mehr die Bestimmung und Bewertung direkter Handlungskonsequenzen, sondern die Frage, ob eine einzelne Handlung mit einem bestimmten allgemeineren Moralkodex vereinbar ist. Eine Handlung ist genau dann als moralisch falsch abzulehnen, wenn sie außerhalb eines bestimmten Bereiches moralischer Regeln liegt – selbst dann, wenn sie bei kurzfristiger

Betrachtung den Nutzen des jeweils Handelnden befördern und die Nutzensumme aller Beteiligten vergrößern mag (Schroth 2016).

Sowohl in der Variante des Handlungsutilitarismus als auch in der Variante des Regelutilitarismus bleibt das kollektive Wohlergehen weiterhin das zentrale Kriterium zur Beurteilung der moralischen Qualität einer Entscheidung. Allerdings unterscheiden sich die Beurteilungsprozesse (Höffe 2013):

- Im Fall des *Handlungsutilitarismus* ist das Bewertungsverfahren einstufig: Es wird jene Entscheidung als die richtige identifiziert, die dazu geeignet ist die Nutzensumme aller betroffenen Individuen zu erhöhen.

- Im Fall des *Regelutilitarismus* wird jedoch eine zweistufige Bewertung gefordert: Es wird nicht mehr nur nach den direkten Handlungskonsequenzen gefragt, sondern auch danach, ob die Handlung nach Regeln erfolgt, bei deren Einhaltung die gesamte Gesellschaft mit einem Maximum an Wohlergehen rechnen kann. Konkret wird also gefragt, welches die Konsequenzen wären, wenn jedes Individuum eine derartige Entscheidung treffen würde.

Nach dem Regelutilitarismus ist eine Handlung dann die richtige, wenn die dieser Handlung zugrunde liegende Regel bei der Befolgung durch alle Individuen zu einem maximalen Gesamtnutzen führt. Er hat damit gegenüber dem Handlungsutilitarismus einige Plausibilitätsvorteile: Wenn z. B. das Stehlen eines geringen Geldbetrages dem Opfer nur einen geringen Schaden, dem Täter jedoch einen hohen Nutzen bringt, wäre dies bei simpler Anwendung des Handlungs- bzw. Akt-Utilitarismus zu billigen. Wenn jedoch alle Menschen der Gesellschaft nach diesem Prinzip handeln würden, dürfte der Schaden die Nutzen deutlich übersteigen (Hübner 2018). Damit entschärft der Regelutilitarismus einige der o.g. Fallbeispiele, weil z. B. die Tötung Unschuldiger nicht mehr einfach als Maßgabe einer utilitaristischen Kalkulation angesehen werden kann.

Man könnte nun fragen, ob diese im Regelutilitarismus vorgenommenen deontologischen Modifikationen überhaupt noch mit der ursprünglichen, klassischen Version des Utilitarismus kompatibel sind. Hierbei ist jedoch wichtig, dass sich auch die Regelutilitaristen auf JOHN STUART MILL beziehen, der gerade nicht die unbegrenzte individuelle Nutzenmaximierung fordert. Er weist beispielsweise darauf hin, dass sich eine Mehrheit ja verabreden könnte, ihre Nutzen willkürlich zu Lasten einer Minderheit zu erhöhen. So könnte man sich beispielsweise vorstellen, dass eine Mehrheit von Nicht-Vegetariern im Parlament einen Gesetzentwurf durchsetzt, mit dem der Konsum vegetarischer Lebensmittel stark besteuert wird. Die hiermit erzielten Steuereinnahmen könnten zur Verbesserung des Tierschutzes und der ökologischen Qualitäten der inländischen Vieh- und Landwirtschaft verwendet werden. Da dadurch der Nutzen der Mehrheit von Nicht-Vegetariern vermutlich zunehmen dürfte, müsste dies doch auch mit dem handlungsutilitaristischen Prinzip des größtmöglichen Nutzens der größtmöglichen Zahl kompatibel sein. Ein derartiges utilitaristisches Mehrheitsdiktat lehnt MILL jedoch ab. Gerade aufgrund der Gefahr von Minderheitendiskriminierungen hat er das Handeln nach solchen Regeln gefordert, die von allen eingehalten werden und nicht nur auf einzelne Handlungen bezogen werden dürfen.

Am folgenden Beispiel wird deutlich, dass der Regelutilitarismus in bestimmten Situationen deutlich besser als der Handlungsutilitarismus in der Lage ist, die Koordination und die Kooperation unterschiedlicher Individuen zu beschreiben (vgl. hierzu Harsanyi 1977). Man nehme an, dass das im dritten Kapitel formulierte kollektive Reformprojekt der Einführung der Solarpflicht im Zuge eines Volksentscheides per einfacher Mehrheit entschieden werden soll. Weiterhin sei angenommen, dass Umfragen zeigen, dass die Einführung der Solarpflicht (SP) von einer Mehrheit von ca. 56 % der Wahlberechtigten befürwortet wird, 44 % dies jedoch ablehnen. Es seien 1800 Personen wahlberechtigt, sodass nach dieser Umfrage bei vollständiger Wahlbeteiligung mit 1000 „Ja"-Stimmen und 800 „Nein"-Stimmen zu rechnen wäre. Aus individueller Sicht ist die Teilnahme an der Wahl allerdings mit bestimmten Unbequemlichkeiten bzw. Kosten verbunden. Einerseits können die Anhänger der Solarpflicht einigermaßen siegesgewiss sein, erfahrungsgemäß ist aber die Wahlbeteiligung der Gegner eines solchen Projektes höher als die der Befürworter. Wie werden sich diese Informationen nun auf das Verhalten der Befürworter von SP auswirken?

- Nimmt man an, dass die 1000 Befürworter des Projektes sich als *Handlungsutilitaristen* verstehen, so lässt sich ihr Kalkül wie folgt beschreiben. Handlungsutilitarismus bedeutet, dass eine solche Handlung zu wählen ist, die den gesamtgesellschaftlichen Nutzen fördert. Sie sollten also zur Wahl gehen, wenn sie mit ihrer Stimme (bzw. Wahlbeteiligung) die Konsequenz SP herbeiführen können. Nimmt man an, dass tatsächlich alle 800 Gegner von SP an der Abstimmung teilnehmen, müssen also mindestens 801 Befürworter ebenfalls zur Wahl gehen, aber es ist lediglich der 801. Wähler, dessen Stimme als pivotales Element entscheidend für die Herbeiführung der gewünschten Konsequenz ist. Der 802. Befürworter wird ja schon gar nicht mehr gebraucht zur Herbeiführung des wohlfahrtssteigernden Projektes. Viele Befürworter werden als Handlungsutilitaristen zur Überzeugung gelangen, dass es eher unwahrscheinlich ist, dass ausgerechnet sie diese 801. Stimme liefern und damit für den Beschluss benötigt werden. Im Ergebnis werden viele Befürworter nicht zur Wahl gehen, sodass sich (zumindest aus Sicht einer Mehrheit der Gesellschaft) ein schlechtes Ergebnis einstellen könnte.
- Nimmt man hingegen an, dass sich die 1000 Befürworter von SP als *Regelutilitaristen* verstehen, kann ihr Kalkül ähnlich wie im Gefangenendilemma aus dem zweiten Kapitel beschrieben werden. Der Regelutilitarismus fordert die Betrachtung einer Regel, die auf die Entscheidung zwischen zwei sich gegenseitig ausschließenden Strategien angewandt wird: Der Erfolg bzw. die Konsequenz der Stimmabgabe hängt aus Sicht eines einzelnen Befürworters offenbar davon ab, wie sich die übrigen 999 Befürworter verhalten. Meine eigene Wahlbeteiligung kann möglicherweise dazu führen, dass ein anderer Befürworter zu Hause bleiben kann – allerdings kann auch ich möglicherweise zu Hause bleiben, wenn ein anderer Befürworter zur Wahl geht. Sofern

gemischte Strategien ausgeblendet werden haben die Regelutilitaristen bei der
Verfolgung des Ziels SP nur über die Auswahl aus zwei Strategien nachzudenken: „Wählen gehen" oder „Nicht-Wählen". Da nur die Wahl der Strategie
„Wählen" dazu führt, dass das Ziel erreicht wird, werden alle Befürworter
von SP diese Strategie wählen. Sofern also das Kalkül der Befürworter von
SP ein regelutilitaristisches ist, stellt sich eine spontane Koordination und
wohlfahrtssteigernde Kooperation ein.

5.2.10 Die ethischen Präferenzen und das utilitaristische Durchschnittsnutzenprinzip von John Harsanyi

Die Einführung des Regelutilitarismus hat innerhalb der Philosophie zu vielen neuen Positionen und Ausdifferenzierungen bis hin zur Entwicklung der
Gerechtigkeitstheorie von JOHN RAWLS beigetragen, auf die in den folgenden
Kapiteln eingegangen werden wird. Innerhalb der Wohlfahrtsökonomik wurden
die Ideen zum Regelutilitarismus von JOHN HARSANYI (1920–2000) aufgegriffen
und weiterentwickelt.

HARSANYI war ein ungarisch-amerikanischer Ökonom, der entscheidungs- und
spieltheoretische Modelle für die Lösung moralischer Probleme verwendet hat.
Für seine Forschungen im Bereich der Spieltheorie wurde er 1994 (gemeinsam
mit JOHN NASH und REINHARD SELTEN) mit dem Nobelpreis ausgezeichnet. Er
verstand sich als Utilitarist und sein Vorschlag einer gesellschaftlichen Wohlfahrtsfunktion wird in der Ökonomik als kontrakttheoretischer Gegenentwurf zur
ebenfalls kontrakttheoretischen Gerechtigkeitstheorie von JOHN RAWLS verstanden, auf die im sechsten Kapitel dieses Buches näher eingegangen wird. Eine
wesentliche Besonderheit, die HARSANYIs Utilitarismus vom klassischen Utilitarismus unterscheidet, liegt jedoch darin, dass er – anders als noch BENTHAM oder
MILL – das Nutzenprinzip als ethisches Prinzip nicht mehr naturalistisch, sondern
normativ und entscheidungstheoretisch begründet.

Was bedeutet dies? Die klassischen Denker des Utilitarismus leiteten die
Maxime des größtmöglichen Glücks der größtmöglichen Zahl von Menschen
und die damit verbundenen sozialpolitischen Ansprüche auch ärmerer Bevölkerungsgruppen an den gesellschaftlichen Wohlstand aus der schlichten, empirisch
überprüfbaren *Erfahrungstatsache* ab, dass der Mensch als physisches Wesen
einfach immer nach Nutzen strebe. Auch weil ein derartiger Naturalismus als normatives Begründungsmodell in der Zeit nach der Aufklärung immer stärker an
Bedeutung und Akzeptanz verlor, erklärt sich der Bedeutungsverlust des Utilitarismus in der ersten Hälfte des 20. Jahrhunderts. Der Versuch, Dinge für normativ
geboten und „gut" zu erklären, allein weil sie empirisch nachweisbar sind, wird
als naturalistischer Fehlschluss bezeichnet (Breyer und Kolmar 2014). HARSANYI
legte hingegen eine Legitimation utilitaristischer Regeln vor, die aus seiner Sicht
von jedem Individuum akzeptiert werden kann. Konkret versucht er, das im
zweiten Kapitel dieses Buches vorgestellte ökonomische Nutzenprinzip durch die
Formulierung einiger zusätzlicher normativer Restriktionen so zuzuspitzen, dass es

mit dem Utilitarismus kompatibel wird (Schmidt 1994). Seine Begründung ist kontrakttheoretisch, sodass sein Utilitarismus dem o.g. Regelutilitarismus zugeordnet und er selbst als Neo-Utilitarist bezeichnet wird. Er nutzt dafür die Entscheidungstheorie. Allerdings wendet er sich für dieses Vorhaben von zwei zentralen Punkten der mikroökonomischen Entscheidungstheorie ab, die im zweiten Kapitel dieses Buches noch einen großen Raum eingenommen haben: Er geht von der Möglichkeit interpersoneller Nutzenvergleiche aus und er betrachtet die Entscheidungstheorie nicht als rein deskriptiv, sondern als normative Theorie:

* HARSANYI hält interpersonelle Nutzenvergleiche für ein Alltagsphänomen und beansprucht diese Möglichkeit (inklusive der kardinalen Nutzenmessung) auch für seine Theorie. So wird beispielsweise ein Individuum, das eine Konzertkarte oder ein Buch zu verschenken hat, bei der Frage, welchem seiner Bekannten es dieses Buch schenken soll, sich in deren Rolle versetzen und darüber nachdenken, wem dieses Buch wohl die größte Freude machen würde. *„I do not think that it is the task of a philosopher or a social scientist to deny the obvious fact that people often feel quite capable of making such comparisons"* (Harsanyi 1977, S. 638). HARSANYI arbeitet mit einem Ähnlichkeitspostulat: Er geht davon aus, dass Individuen trotz aller Unterschiede in ihren Interessen und Eigenarten unter bestimmten Voraussetzungen grundlegende psychologische Reaktionen auf gegebene Alternativen teilen, weshalb die Ethik und die Ökonomik Nutzenvergleiche nicht ablehnen, sondern diese transparent, methodisch und kritisierbar vornehmen sollten (Homann 1988).
* Er betrachtet seine Theorie als allgemeine Theorie des rationalen Verhaltens, die sich aus drei einzelnen Theorien bzw. Elementen zusammensetzt: Neben der Entscheidungstheorie (1), die sich mit individueller Rationalität beschäftigt, verwendet er die Spieltheorie (2) zur Analyse von Interaktionen rationaler Individuen (unter der Annahme, dass die Individuen ihre jeweils eigenen egoistischen oder auch altruistischen Ziele verfolgen) und die Ethik (3) als Theorie des rationalen Verhaltens, das auf das Gemeinwohl („in the service of the common interests of society as a whole") gerichtet ist. Hierbei betrachtet er alle drei Theorien als normative Theorien: *„All three normative disciplines use essentially the same method. Each starts by defining rational behavior in its own field either by some set of axioms or by a constructive decision model"* (Harsanyi 1977, S. 629).

Die Herleitung seines Modells eines utilitaristischen Wohlfahrtskriteriums zur Lösung von Kollektiventscheidungsproblemen ist mathematisch einigermaßen anspruchsvoll und auch auf einige Kritik gestoßen (für detaillierte Darstellungen und Diskussionen vgl. etwa Harsanyi 1977; Homann 1988; Schmidt 1991, 1994; Breyer und Kolmar 2014; Nida-Rümelin 2020b). Für die Einordnung seines Ansatzes in den Kontext dieses Buches sind zwei Fragen von Bedeutung, die im Folgenden erörtert werden sollen:

1. Was sind moralische Präferenzen?
2. Wie wird daraus ein utilitaristisches Entscheidungskriterium abgeleitet?

Bei der Beantwortung der ersten Frage nach den moralischen Präferenzen der Individuen bezieht sich HARSANYI ausdrücklich auf IMMANUEL KANT, der den Unterschied zwischen moralischen Regeln und den Regelmäßigkeiten des individuellen Verhaltens insbesondere in der Universalisierbarkeit und der Reziprozität moralischer Regeln sieht, und auf ADAM SMITH mit seiner Figur eines neutralen Beobachters: „...I am indebted to... Adam Smith, who equated the moral point of view with that of an impartial but sympathetic spectator (or observer). In any social situation, each participant will tend to look at the various issues from his own self-centered, often emotionally biased, and possibly quite one-sided, partisan point of view. In contrast, if anybody wants to assess the situation from a moral point of view in terms of some standards of justice and equity, this will essentially amount to looking at it from the standpoint of an impartial but humane and sympathetic observer" (Harsanyi 1977, S. 623).

HARSANYI vertritt die Ansicht, dass moralische Urteile im ökonomischen Sinne so etwas sind wie Präferenzaussagen, da sie Handlungen oder Zustände bewerten und zwischen diesen auswählen. Aber er unterscheidet strikt zwischen den persönlichen und den moralischen Präferenzen eines Individuums. Er würde daher die im Rahmen der Verhaltensökonomik diskutierten sozialen oder altruistischen Präferenzen (vgl. Kap. 2), die die Versuchspersonen in den jeweiligen Experimenten zeigen, nicht als moralische Präferenzen akzeptieren, die Gegenstand einer ethischen Theorie sein können. Das in den Experimenten beobachtete Verhalten reflektiert persönliche Präferenzen, die von den Individuen gerade nicht aus der Position einer moralischen Betrachtung geäußert werden. Sie sind vielmehr deren Einbindung in möglichst realistische marktliche und kompetitive Situationen geschuldet. Allerdings sei erwähnt, dass auch in der experimentellen Verhaltensökonomik bei der Erforschung von sozialen Präferenzen in jüngerer Zeit mit der Figur eines nicht-involvierten Entscheiders gearbeitet. Dieser kann im Experiment beispielsweise über die Allokation von Gütern unter anderen Versuchspersonen entscheiden, ohne dass er selbst direkte materielle Vorteile aus seinen Aufteilungsentscheidungen ziehen kann (für eine Übersicht zu diesen Ansätzen vgl. Nicklisch und Paetzel 2020, S. 12).

HARSANYI betrachtet also nicht einfach das konkrete Verhalten der Individuen in moralisch relevanten Situationen, sondern setzt den Individuen im Zuge eines Gedankenexperimentes die folgenden Annahmen vor:

- Jedes Individuum ist Mitglied einer Gesellschaft mit anderen Individuen. Die Gesellschaft besteht aus Individuen, die formal in der Menge N versammelt sind: $N = \{..h, i, j, k \ldots n\}$
- Es gibt eine Menge Z unterschiedlicher gesellschaftlicher Zustände: $Z = \{..w, x, y, z\}$. Zur Veranschaulichung könnte man beispielsweise annehmen, dass diese Zustände etwa Sozialismus, Autokratie, Kapitalismus oder Gottesstaat heißen.

- Jeder der in dieser Menge Z enthaltenen gesellschaftlichen Zustände ist von einer bestimmten Güterallokation geprägt, d. h. einer Zuordnung von Gütern unter den N Mitgliedern der Gesellschaft: So würde beispielsweise x_i das Güterbündel symbolisieren, über das Individuum i im Zustand x verfügt.

Ein einzelnes Individuum könnte nun einen Vergleich gesellschaftlicher Zustände vornehmen, und die Präferenz äußern, den Zustand „Kapitalismus" dem Zustand „Sozialismus" vorzuziehen, da es im gesellschaftlichen Zustand „Kapitalismus" als Akademiker besonders wohlhabend ist und annimmt, im gesellschaftlichen Zustand „Sozialismus" auf die Position eines einfachen Angestellten zurückzufallen. Eine solche Präferenz über *einfache Alternativen* ist zwar zulässig, ist jedoch lediglich Ausdruck persönlicher Präferenzen und enthält keine moralische Relevanz. HARSANYI nimmt an, dass Individuen von ihren persönlichen Präferenzen und ihrer eigenen Identität abstrahieren können, wenn es darum geht, moralische Urteile zu fällen. Mit anderen Worten: Menschen sind hiernach also in der Lage, ihre persönlichen Präferenzen als moralisch irrelevant zu behandeln (Homann 1988; Schmidt 1994).

Für die Herleitung seiner moralischen Präferenzen nimmt HARSANYI an, dass sich die individuellen Vergleiche auf *erweiterte Alternativen* beziehen. Diese erweiterten Alternativen entstehen formal bei der Betrachtung des kartesischen Produktes der Mengen $Z \times N$. Die Elemente der hierdurch entstehenden Menge lauten dann beispielsweise *(x, i)* oder *(y, k)* und lassen sich wie folgt interpretieren: Jedes Mitglied der Gesellschaft lässt sich in einem konkreten gesellschaftlichen Zustand vollständig beschreiben und nimmt damit eine konkrete Rolle bzw. Position in dieser Gesellschaft ein:

- Ein Mitglied i erhält beispielsweise im gesellschaftlichen Zustand x das Güterbündel x_i, das seine objektiven Lebensbedingungen bestimmt, verfügt aber auch über seine eigenen, subjektiven Präferenzen.
- Die vollständige Beschreibung dieser Person i lautet *(x, i)*. Sie bezieht sich also nicht nur auf objektive Informationen wie die Güterausstattung in diesem Zustand, sondern auch auf die subjektiven Vorlieben bzw. Präferenzen dieser Person.

Nimmt man an, dass es die vier alternativen Gesellschaftszustände w, x, y und z gibt, und dass es die vier Gesellschaftsmitglieder h, i, j und k gibt, lässt sich die Menge der erweiterten Alternativen in Abb. 5.5 zusammentragen:

HARSANYI nimmt nun an, dass jedes rationale Individuum in der Lage ist, Präferenzurteile über diese erweiterten Alternativen vorzunehmen. Ein Individuum j ist beispielsweise in der Lage, die beiden Alternativen *(x, i)* und *(y, k)* zu vergleichen und in eine Rangordnung zu bringen. Individuum j fragt sich hier also nicht einfach, ob x besser als y ist, sondern es nimmt interpersonelle Nutzenvergleich der folgenden Art vor: Möchte ich (also j) lieber die Rolle von i im Zustand x oder die

		Individuen			
		h	i	j	k
Gesellschaftszustand	w	(w, h)	(w, i)	(w, j)	(w, k)
	x	(x, h)	**(x, i)**	(x, j)	(x, k)
	y	(y, h)	(y, i)	(y, j)	**(y, k)**
	z	(w, h)	(w, i)	(w, j)	(w, k)

Abb. 5.5 Erweiterte Alternativen als Objekte moralischer Präferenzen bei HARSANYI.

Rolle von k im Zustand y einnehmen? Wenn j bei diesem Vergleich *(x, i)* gegenüber *(y, k)* vorziehen würde, würde eine derartige Präferenzäußerung ausgedrückt in Nutzeneinheiten lauten: $u^j(x, i) > u^j(y, k)$.

Um jetzt aber eine moralische Präferenz in Bezug auf den Vergleich unterschiedlicher Gesellschaftszustände wie x und y zu ermöglichen, der nicht von den subjektiven, bzw. persönlich motivierten Gedanken eines einzelnen Individuums beeinflusst wird, geht er noch einige Schritte weiter. Zunächst stellt er eine Vereinheitlichung der Vergleiche her. Er nimmt nicht nur an, dass alle Individuen in ihrer Beurteilung der Situation eines ausgewählten Individuums (z. B. *i*) in verschiedenen Zuständen übereinstimmen. Er nimmt auch an, dass alle Individuen bei ihrer Beurteilung der Lage von *i* in verschiedenen gesellschaftlichen Zuständen genau dessen eigene Bewertungen und Präferenzen übernehmen, bzw. sich zu eigen machen. (Inhaltlich ist dies eine ausgesprochen starke Annahme, da so etwas wie unendliche Empathie angenommen wird. Dies kann auch als Abwesenheit von Paternalismus interpretiert werden, vgl. hierzu Breyer und Kolmar 2014). Wenn also Individuum *j* bei seinem interpersonellen Nutzenvergleich die Lage von *i* im Zustand *x* mit dessen Lage vergleicht, die sich in Zustand *y* ergibt, trifft es dasselbe Urteil wie *i* selbst. Individuum *j* versetzt sich also introspektiv in die Lage von *i* und kennt und akzeptiert bei seinem Urteil über die Lage von *i* die Präferenzen von *i*. Wenn also beispielsweise gilt, dass Individuum *i* den Zustand *x* dem Zustand y vorzieht, d. h. $u_i(x) > u_i(y)$, so wird das auch in der Beurteilung von j wiedergegeben: $u^j(x, i) > u^j(y, i)$.

Geht man davon aus, dass die Nutzenfunktion über sichere Ereignisse rein ordinalen Charakter hat, kann damit keine kardinal messbare und zwischen den Individuen (z. B. zwischen *j* und *i*) vergleichbare moralische Präferenz vorliegen. Um hier eine Vereinheitlichung des Bewertungsmaßstabs herzustellen, trifft HARSANYI weitere Annahmen über die Beschaffenheit der Entscheidungssituation. Er konstruiert eine Entscheidungssituation, in der die Bewertung und die Wahl eines bevorzugten Zustandes aus der Menge X kein sicheres Ereignis mehr ist, sondern einer Entscheidung unter Unsicherheit entspricht. Diese Operation lässt sich anhand von zwei Schritten nachvollziehen:

In einem *ersten* Schritt nimmt er an, dass ein Individuum seine Wahl unter der Voraussetzung trifft, dass es nicht weiß, welche Position es selbst (und natürlich auch alle anderen) im jeweiligen Gesellschaftszustand einnehmen wird. Damit ändert sich das Bewertungskalkül der moralischen Präferenzen von Individuum j dramatisch. Allgemein formuliert: Jedem Individuum der Menge N ist klar, dass es im Gesellschaftszustand x eine der insgesamt n Positionen einnehmen wird. Der Gesellschaftszustand x enthält also eine Art Lotterie von n Positionen ($i = 1, 2, 3, ..., n$), die eben nicht sicher sind, sondern jeweils mit der Wahrscheinlichkeit π_i realisiert werden. Die in Abb. 5.5 aufgeführten Spalten enthalten nun also nicht mehr sichere Informationen zur Position, die ein Individuum in einem bestimmten Gesellschaftszustand (also zeilenweise) einnimmt, sondern unsichere Informationen über alle denkbaren Positionen (z. B. im Zustand x).

Zur Bewertung dieser Zustände, die jetzt bei unpersönlicher Betrachtung für alle Individuen dieselben unsicheren Alternativen darstellen, wird jedes rationale Individuum aus Sicht von Harsanyi „gezwungen" sein, eine VON NEUMANN-MORGENSTERN-Nutzenfunkton zu verwenden (wie sie im Abschn. 2.2.4 vorgestellt wurde). Ein rationales Individuum wird also seinen Erwartungsnutzen über die Alternative x unter Annahme der Eintrittswahrscheinlichkeit der Positionen in diesem Zustand π_i (und entsprechend für alle weiteren Alternativen) bilden und für die Auswahl der präferierten Alternative der Regel der Maximierung des erwarteten Nutzens folgen. Da jedes Individuum bei seiner Bewertung des Zustandes x die Präferenzen aller übrigen Individuen repräsentiert, entsprechen die moralischen Präferenzen von Individuum j einem Urteil über die Gerechtigkeit bzw. die Summe aller probabilistischen Nutzen, die beispielsweise Individuum i in den verschiedenen Positionen von x einnehmen würde:

$$W_j(x) = \sum_{i=1}^{n} \pi_i \cdot u^j(x, i) \tag{5.1}$$

Dieser Grundgedanke der Randomisierung stellt ein kontrakttheoretisches Element mit dem Ziel dar, die Eigeninteressen der Individuen bei moralischen Entscheidungen auszuschalten. Die einzelnen Zustände treten also nicht mehr als sichere Ereignisse (jedes Individuum kennt seine Lage in diesem Zustand) in den Entscheidungsraum, sondern probabilistisch (jedes Individuum kann in jeder Position dieses Zustandes landen). Dieses Element wird auch in anderen Gesellschafts- bzw. Gerechtigkeitstheorien verwendet, insbesondere in der Gerechtigkeitstheorie von JOHN RAWLS. Gleichzeitig – und das ist hier der entscheidende Schritt – wird mit dem Übergang auf die Risikonutzenfunktion von VON NEUMANN und MORGENSTERN die kardinale Messbarkeit und die interpersonelle Vergleichbarkeit der Nutzenaussagen hergestellt. Der utilitaristische Charakter dieser moralischen Präferenzen wird jedoch erst mit dem folgenden, zweiten Schritt richtig deutlich.

Mit diesem *zweiten* Schritt nimmt HARSANYI an, dass in dieser kontrakttheoretischen Situation jedes Individuum die gleiche Chance hat, jede der unterschiedlichen Positionen in der Gesellschaft einzunehmen. Dies bedeutet, dass kein
Individuum einen besonderen Grund hat, besonders optimistisch oder pessimis-
tisch zu sein. Niemand hat einen Grund, darauf zu hoffen, mit einer größeren
Wahrscheinlichkeit als ein anderes Individuum in einer besseren Position im
jeweiligen Gesellschaftszustand zu landen – alle Positionen sind gleich wahrscheinlich (Prinzip des unzureichenden Grundes). Bei insgesamt n denkbaren, aber
gleich wahrscheinlichen Positionen in der Gesellschaft bedeutet dies: $\pi_i = \frac{1}{n}$.
Berücksichtigt man zusätzlich, dass Individuum j über eine introspektive, nicht-
paternalistische Vorstellung von den individuellen Nutzen in allen denkbaren
Positionen dieser Gesellschaft hat, d. h. $u^j(x, i) = u_i(x)$ lassen sich seine
moralischen Präferenzen mit der folgenden utilitaristischen Wohlfahrtsfunktion
abbilden:

$$W_j(x) = \frac{1}{n} \sum_{i=1}^{n} u_i(x) \qquad (5.2)$$

Diese Funktion betrachtet also den Durchschnitt der Nutzensumme aller Individuen in einem gesellschaftlichen Zustand x und wird daher zum Ausdruck des
Durchschnittsnutzenprinzips[7]. Die Nutzen aller Individuen werden gleich gewichtet. Bei Anwendung als Entscheidungskriterium zur Auswahl unter verschiedenen
gesellschaftlichen Zuständen entspricht sie dem eingangs formulierten utilitaristischen Kriterium von BENTHAM, die Gesellschaft solle so gestaltet werden, dass sie
zum größtmöglichen Glück einer größtmöglichen Zahl von Menschen führe.
   Allgemein formuliert: Die eingangs im Abschn. 1.4 gestellten Fragen nach dem
Guten und dem Richtigen erhalten hier eine konkrete utilitaristische Antwort: Das
Gute stellt sich als individuelle Erkenntnis dar, die unter bestimmten Annahmen
über das normative Kalkül dieses Individuums gewonnen wird. Ein Individuum
wird in der von HARSANYI konstruierten kontrakttheoretischen Situation das

---

[7] Erwähnt sei, dass die hier beschriebenen Axiome und nutzentheoretischen Annahmen von
HARSANYI in der Literatur auch einige Kritik auf sich gezogen haben. So wird häufig darauf
hingewiesen, dass auch bei den hier genannten starken Annahmen zur Gleichwahrscheinlichkeit
der gesellschaftlichen Zustände und zur vollkommenen Empathie aller Individuen nicht sichergestellt sei, dass die utilitaristischen Wohlfahrtsurteile der verschiedenen Individuen hinsichtlich
unterschiedlicher Gesellschaftszustände zu einem gemeinsamen Urteil aller Individuen konvergieren. Trotz der in einer gleichen Entscheidungssituation getroffenen unparteiischen Urteile kann
es also Uneinigkeit geben. Dies liegt daran, dass die Nutzenrepräsentation der hier verwendeten
Erwartungsnutzenfunktion über keinen natürlichen Nullpunkt verfügt. Im dritten Kapitel dieses
Buches wurde erläutert, dass die von Neumann-Morgenstern-Nutzenfunktion mit einer Intervallskala gemessen wird. Damit können selbst bei vollkommen empathischen Beobachtern Nutze-
näußerungen wie „Zustand x ist doppelt so gut wie Zustand y" nicht direkt in Nutzeneinheiten
miteinander verglichen werden können. Die Begründung von Harsanyi stösst also dort an ihre
Grenzen, wo die Informationserfordernisse einer auf einer Verhältnisskala gemessenen Nutzenfunktion empirisch nicht erfüllt (Breyer und Kolmar 2014, S. 62; Hahn und Kliemt 2017, S. 181).

gesellschaftliche Wohl als den Durchschnitt der Summe aller individuellen Nutzen betrachten, die sich in einem konkreten gesellschaftlichen Zustand einstellen. Das richtige Handeln besteht hiernach in der Wahl eines Gesellschaftszustandes, der zu einer Maximierung dieser durchschnittlichen Nutzensumme führt.

5.3   Wohlfahrtsfunktionen

5.3.1 Die Bedeutung der Kontroverse um die Nutzenmessung für die Konstruktion einer Wohlfahrtsfunktion

Bereits im zweiten Kapitel zur Theoriegeschichte des Nutzenbegriffs wurde der Disput um die Frage der kardinalen Messbarkeit und der interpersonellen Vergleichbarkeit des Nutzens erläutert (Abschn. 2.4.3). Dieser Streit ist von eminenter Bedeutung für die Wohlfahrtsökonomik und führte zu einem Bruch mit der utilitaristischen Tradition und zur Unterscheidung zwischen der älteren und der jüngeren Wohlfahrtsökonomik.

- Ganz offensichtlich ist eine utilitaristische Wohlfahrtsfunktion, wie sie im letzten Abschntt von HARSANYI vorgeschlagen wurde nur denkbar, sofern die kardinale Mess- und interpersonelle Vergleichbarkeit der individuellen Nutzen gegeben ist. Die in den letzten Abschnitten vorgestellten Überlegungen zum Leistungsfähigkeitsprinzip, zu einer gerechtigkeitsfördernden Umverteilung von den Reichen zu den Armen oder die vielleicht etwas ironisch angelegten Vergleiche zwischen einem unglücklichen Sokrates und einem glücklichen Schwein sind nur haltbar, wenn kardinale Nutzenvergleiche zwischen den Individuen durchgeführt werden können.
- Andererseits bleibt die Frage bestehen, ob die von HARSANYI erwähnten *Ähnlichkeiten* und Gemeinsamkeiten der Individuen in Bezug auf die Beurteilung bestimmter moralischer Sachverhalte zur Verteidigung eines kardinalen Nutzenkonzeptes ausreichen oder ob angesichts der psychologisch unstrittigen Unterschiedlichkeit der Individuen der Übergang zu einem ordinalen Nutzenkonzept und seine logische Konsequenz in Form des Pareto-Optimums nicht doch ein Fortschritt ist, mit dem eine irgendwie geartete Gleichheit der individuellen Nutzens der Individuen als Ziel abgelehnt werden müsste (Lüthy 2016).

Der klassische Utilitarismus von BENTHAM oder MILL kannte das mathematische Konstrukt einer sozialen Wohlfahrtsfunktion noch gar nicht. Zwar entwickelte bereits PIGOU (1920) in seiner „Economics of Welfare" erste Vorstellungen für eine Wohlfahrtsfunktion. Diese bezogen sich aber vorwiegend auf die Größe des Inlandsproduktes eines Landes und dessen Verteilung unter den Individuen (vgl. hierzu Abschn. 1.3.1). Die Einführung einer expliziten sozialen Wohlfahrtsfunktion entstammt erst der ordinalen Nutzentheorie, die sich in der Ökonomik nach der Paretianischen Wende durchgesetzt hat. Die Frage, wie sich soziale Zustände bewerten lassen, wenn auf die Annahmen der kardinalen Messbarkeit und der interpersonellen Vergleichbarkeit dieser Nutzen verzichtet wird, motivierte die amerikanischen Ökonomen ABRAM BERGSON (1914–2003) und PAUL SAMUELSON (1915–2009) zur Entwicklung des mathematischen Konstruktes einer sozialen Wohlfahrtsfunktion. Ihre Grundidee besteht darin, die kollektive Bewertung gesellschaftlicher Zustände allein auf der Informationsbasis ordinaler, individueller Nutzenbewertungen vorzunehmen. Diese Idee klingt zunächst trivial, erscheint aber beim weiteren Nachdenken etwas ambivalent: Es geht darum, eine externe, gesellschaftliche Perspektive bei der Bewertung von gesellschaftlichen Zuständen einzunehmen, wobei die gesellschaftlichen Zustände letztlich ja nichts anderes sind als das Resultat individueller Entscheidungen.

- Die Bewertung soll also nicht von den Individuen selbst vorgenommen werden, sondern in einem überindividuellen Sinne objektiv und unparteiisch sein,
- gleichzeitig aber sollen nur Informationen über die individuellen Nutzen in den jeweiligen gesellschaftlichen Zuständen für dieses Urteil berücksichtigt werden. Diese Informationen über die individuellen Präferenzen sind also in der Wohlfahrtsfunktion in irgendeiner Form zu aggregieren.

Im Sinne von Abb. 3.1 impliziert dies eine Wohlfahrtstheorie, die welfaristisch und konsequentialistisch ausgerichtet ist, da sie lediglich individuelle Nutzenbewertungen von Entscheidungskonsequenzen als Informationsbasis für ein gesellschaftliches Urteil zulässt (Breyer und Kolmar 2014).

Welche Erkenntnisse können damit gewonnen werden? Wie in den folgenden Kapiteln deutlich werden wird, kommt man unter der Annahme der *ordinalen Nutzenmessung* kaum über das Pareto-Prinzip hinaus. Zudem wird später im Abschn. 5.5 mit dem Unmöglichkeitstheorem von Arrow sogar die logische Möglichkeit angezweifelt, auf Basis der Aggregation individueller Präferenzen zu einer rationalen, d. h. logisch konsistenten kollektiven Präferenzordnung zu gelangen, wenn diese gleichzeitig auch noch bestimmten ethischen Minimalanforderungen Stand halten soll. Erst später gelang es dann HARSANYI (wie oben erläutert) und anderen Ökonomen wie etwa PETER HAMMOND (*1945) zu zeigen, dass das Konzept einer Bergson-Samuelson Wohlfahrtsfunktion unter Formulierung zusätzlicher normativer Restriktionen *auch* auf die *kardinale Messbarkeit* von Nutzen und utilitaristische Wohlfahrtsvorstellungen angewendet werden kann und damit unterschiedliche Typen von Wohlfahrtsfunktionen möglich sind (Schmidt 1994).

Bevor die unterschiedlichen Typen von Wohlfahrtsfunktionen im Abschn. 5.3.4 vorgestellt werden, sollen mit dem PARETO-Prinzip, der Kontraktkurve und der Nutzenmöglichkeitskurve drei für das Verständnis dieser Funktionen wichtige Elemente näher betrachtet werden. Methodisch bezieht sich der Begriff der Allokation in der ökonomischen Theorie eigentlich auf einen marktlichen Zusammenhang. Konkret geht es bei der Allokation um die Frage, wem im Produktionsprozess welche knappen Ressourcen zugewiesen werden sollen. Separat betrachtet wird dann der Begriff der Distribution, der sich auf die Verteilung der Produktionsergebnisse richtet. Da der Markt als Allokationsmechanismus jedoch erst im Abschnitt

5.4.2 explizit eingeführt wird, wird vorerst von dieser begrifflichen Differenzierung abstrahiert.

5.3.2 Das Pareto-Prinzip als kleinster gemeinsamer Nenner der Wohlfahrtsmessung

Die Frage, ob der individuelle Nutzen kardinal oder ordinal gemessen werden kann, soll nun zunächst ausgeklammert werden. Stattdessen ist es für das Verständnis einer sozialen Wohlfahrtsfunktion sinnvoll, zunächst das PARETO-Prinzip als kleinsten gemeinsamen Nenner der Wohlfahrtsmessung genauer zu betrachten. Nach PARETO ist eine Güterallokation (d. h. eine Aufteilung von Gütern auf mehrere Personen) genau dann optimal, wenn es *keine* andere Allokation gibt, bei der mindestens eine Person besser gestellt werden kann, ohne dass eine andere Person dafür schlechter gestellt werden muss. Ein derartiger gesellschaftlicher Zustand wird als PARETO-optimal, bzw. PARETO-effizient bezeichnet (Endres und Martiensen 2007; Erlei 2019b). Solange also solche Umverteilungen von Gütern möglich sind, die dazu führen, dass Verbesserungen für eine oder mehrere Personen nicht gleichzeitig dazu führen, dass andere sich verschlechtern, können PARETO-Verbesserungen realisiert werden.[8]

Um dies zu veranschaulichen, muss auf die mikroökonomischen Grundlagen des zweiten Kapitels zurückgegriffen werden. Gegeben seien die folgenden Standardannahmen:

- Die Gesellschaft bestehe nur aus zwei Personen: Individuum 1 und Individuum 2.
- Die Gesellschaft verfüge über die beiden Güter x und y. Die gesellschaftliche Ausstattung mit diesen Gütern ist fix (dies bedeutet, dass die Fragen, wer diese Güter mit welchen Produktionsfaktoren herstellt, für diese Betrachtung ausgeklammert wird). Die Frage besteht nunmehr darin, wie diese Gütermengen auf die beiden Individuen aufgeteilt werden sollen. Wenn die Gütermengen selbst beliebig teilbar sind, ist ein Kontinuum von Aufteilungen denkbar. Es gilt also: $\overline{y} = y_1 + y_2; \overline{x} = x_1 + x_2$.
- Jede denkbare Aufteilung der Güter auf die beiden Individuen stellt eine alternative Allokation bzw. einen alternativen gesellschaftlichen Zustand dar.
- Für die Bewertung dieser alternativen Zustände stehen nur die individuellen Bewertungen zur Verfügung. Beide Individuen schätzen den Konsum von x und y und ziehen daraus einen Nutzen. Ihre Nutzenfunktion bezieht sich also auf

---

[8] Üblicherweise bezieht man den Begriff der Allokation auf einen marktlichen Zusammenhang. Konkret geht es bei der Allokation um die Frage, wem im Produktionsprozess welche knappen Ressourcen zugewiesen werden sollen. Separat betrachtet wird dann der Begriff der Distribution, bei sich auf die Verteilung der Produktionsergebnisse richtet. Da der Markt als Allokationsmechanismus erst im Abschnitt 5.4.2 eingeführt wird, soll vorerst auf diese begriffliche Differenzierung von Allokation und Distribution verzichtet werden.

Güterbündel, d. h. Kombinationen von x und y. Die Bewertung dieser Güterbündel wird anhand ihrer beiden Nutzenfunktionen $u_1(x_1, y_1)$ und $u_2(x_2, y_2)$ vorgenommen. Es wird angenommen, dass die Individuen nur an ihren eigenen Güterbündeln interessiert sind, dass der Grenznutzen dieser Güter positiv, aber abnehmend ist, und dass diese Güter aus Sicht der Individuen zumindest begrenzt gegeneinander substituierbar sind. Dies bedeutet z. B. aus Sicht von Individuum 1, dass es grundsätzlich bereit wäre, auf Mengen von x_1 zu verzichten, wenn es dafür mehr von y_1 erhalten würde.

- Will ein Individuum zwei Güterbündel A und B miteinander vergleichen, wird es Präferenzaussagen der folgenden Art vornehmen: *„Das Güterbündel A ist besser als das Güterbündel B"* oder *„Das Güterbündel in A ist genau so gut wie das in B".* Wenn keines der beiden Güterbündel vorgezogen wird, da beide als gleich gut eingeschätzt werden, spricht man von Indifferenz.
- Nimmt man ein beliebiges Güterbündel, z. B. Z, und identifiziert von dort aus alternativen Güterbündel, die aus Sicht eines Individuums dasselbe Nutzenniveau wie Z entfalten, bewegt man sich auf einer Indifferenzkurve. Formal bedeutet dies, dass auf einer derartigen Indifferenzkurve solche Kombinationen der Güter x und y versammelt sind, die die gemeinsame Konsequenz eines konstanten Nutzens haben, für Individuum 1 also zum Nutzenniveau $\overline{u_1}(x_1, y_1)$ und für Individuum 2 zu $\overline{u_2}(x_2, y_2)$ führen.
- Aufgrund der Annahmen der Nutzentheorie kann – ausgehend von einer beliebigen Allokation wie z. B. Z – das Nutzenniveau nur dadurch konstant gehalten werden, dass sich die Gütermengen von x und y beim Übergang auf ein gleich gutes Güterbündel in unterschiedliche Richtungen bewegen. Wenn also die Menge von x_1 im Güterbündel von Individuum 1 reduziert wird, ist ein gleich hohes Nutzenniveau wie in Z aus seiner Sicht nur denkbar, wenn die Menge von y_1 zunimmt: $\overline{u_1}(x_1 \downarrow, y_1 \uparrow)$. Eine Indifferenzkurve wird immer eine negative Steigung haben. Entlang einer derartigen Indifferenzkurve wird dem Individuum inhaltlich die Frage gestellt: Wie viele Einheiten von y müssen dir dazu gegeben werden, wenn dir eine Einheit von x genommen wird – und wenn das neue Güterbündel genauso gut sein soll, wie das ursprüngliche. Es geht also um die Bereitschaft der Individuen, die Güter x und y gegeneinander zu substituieren. Formal wird die Steigung einer derartigen Indifferenzkurve als *Grenzrate der Substitution* bezeichnet (für die mikroökonomischen Details vgl. Endres und Martiensen 2007; Erlei 2019b).

Diese Überlegungen lassen sich nun in Abb. 5.6 zusammentragen. Diese Abbildung wird als EDGEWORTH-BOX bezeichnet. Sie geht auf den in den obigen Kapiteln bereits vorgestellten FRANCIS EDGEWORTH zurück. Den Rahmen des Bewertungsproblems stellen die für die Gesellschaft gegebenen Gütermengen von x (horizontale Achse) und y (vertikale Achse) dar. Da die insgesamt verfügbaren Mengen dieser Güter gegeben sind, hat die Box eine feste, vorgegebene Größe. Das Besondere dieser grafischen Konstruktion besteht nun darin, dass die Nutzungswünsche und Bewertungen von Individuum 1 von links unten und die Nutzungswünsche von Individuum 2 von rechts oben betrachtet werden. Da es

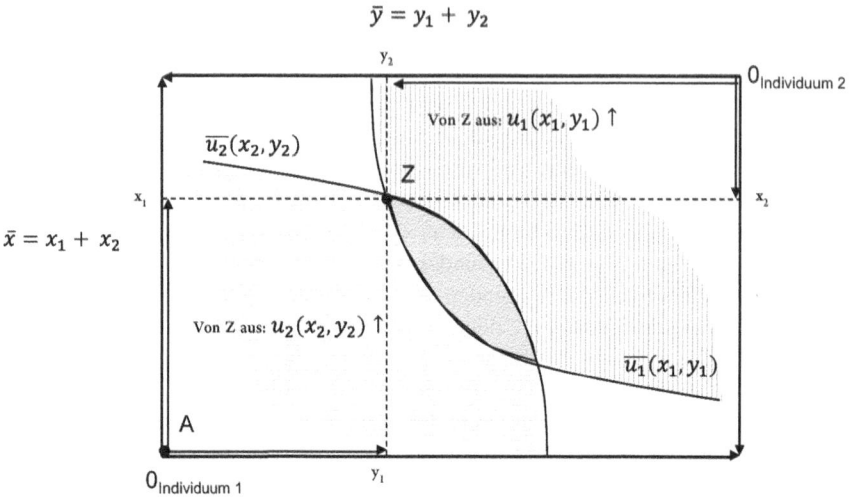

Abb. 5.6   Die Edgeworth-Box mit Anfangsallokation Z.

sich bei den Gütern x und y annahmegemäß nicht um gemeinsam konsumierte öffentliche Güter, sondern um private Güter handelt, wird dem Aspekt der Nutzungsrivalität Rechnung getragen: Die Mengen von x, die als x_1 von Individuum 1 konsumiert werden, können nicht auch von Individuum 2 als x_2 konsumiert werden. Jeder der unendlich vielen Punkte innerhalb dieser Box stellt eine alternative Güteraufteilung auf die beiden Individuen dar. Wird also beispielsweise der Punkt A links unten realisiert, würde dies bedeuten, dass Individuum 2 die gesamte Menge von x und y erhält, Individuum 1 hingegen gar nichts.

Wie nehmen die Individuen nun selbst (d. h. jedes Individuum für sich) die Bewertung einer zufällig bestimmten Güterallokation vor? Man stelle sich vor, dass sich – aus welchen Gründen auch immer – die Allokation im Punkt Z des Diagramms einstellt. Punkt Z enthält also für jedes Individuum ein konkretes Güterbündel.

Das je individuelle Bewertungs- bzw. Nutzenkalkül der beiden Individuen lässt sich grafisch an ihren Indifferenzkurven veranschaulichen. Jeder denkbare Punkt in der Box kann genau einer Indifferenzkurve der Individuen zugeordnet werden.

• Im Punkt Z beträgt das Nutzenniveau von Individuum 1 $\overline{u_1}(x_1, y_1)$. Alle Punkte auf dieser Indifferenzkurve sind für dieses Individuum gleich gut. Aufgrund der Annahmen der Nutzentheorie, die im Wesentlichen besagen, dass beide Individuen der Auffassung sind, mehr von x und mehr von y sei besser als weniger von x und weniger von y, bedeutet dies, dass alle Punkte nordöstlich dieser Indifferenzkurve zu einem höheren Nutzenniveau auf einer benachbarten Indifferenzkurve führen würden. Sie werden von Individuum 1 gegenüber der Allokation Z bevorzugt. Der gesamte Güterraum der Edgeworth-Box ist also gekennzeichnet von einer Schar von Indifferenzkurven. Diese Indifferenzkurven stellen so etwas wie „Nutzen-Höhenlinien" in einer zweidimensionalen Landkarte dar, die bei dreidimensionaler Betrachtung zu einem Nutzengebirge über den auf x und y fußenden Koordinaten wird. Aus Sicht von Individuum 1 nimmt die Höhe des Nutzenwertes u_1 der jeweiligen Indifferenzkurve in nordöstlicher Richtung monoton zu.

- Für Individuum 2 stellt sich die Situation in Z spiegelbildlich dar. Alle Güterbündel entlang seiner Indifferenzkurve $\overline{u_2}(x_2, y_2)$ sind aus seiner Sicht gleich gut, aber alle Punkte südöstlich von dieser Kurve werden von ihm bevorzugt.

Was bedeutet dies nun, wenn man die individuelle Perspektive verlässt und eine überindividuelle Perspektive bei der Bewertung von Punkt Z einnimmt? Die Güterallokation in Punkt Z kann kein Pareto-Optimum darstellen. Es ist offenbar möglich, ausgehend von A Umverteilungen von x und y zwischen den beiden Individuen vorzunehmen, die beide Individuen potenziell besser stellen und sie auf einen höheren Punkt in ihrem jeweiligen Nutzengebirge führen. Alle denkbaren Punkte, die zu einer derartigen Pareto-Verbesserung ausgehend von Z führen sind in der grau markierten Linse zwischen den beiden Indifferenzkurven versammelt. Bildlich gesprochen bedeutet dies, dass diese Linse den Raum kennzeichnet, der es beiden Individuen simultan ermöglichen würde, eine höher gelegene Nutzenlinie zu erreichen.

Das Problem besteht jedoch darin, dass jedes Individuum die Lage nur nach seiner eigenen Landkarte beurteilt, es also weder weiß, wie die Landkarte des jeweils anderen aussieht, noch daran sonderlich interessiert ist. Die Situation ist also völlig anders als im Modell der moralischen Präferenzen von HARSAYNI, in welchem die Individuen eine überparteiliche Perspektive einnehmen. Allerdings ist es wichtig, sich die Separierung von zwei unterschiedlichen Fragestellungen vor Augen zu führen:

- Es geht hier *nicht* um die Frage geht, wie die Individuen sich verhalten sollten, ob sie also beispielsweise im Zustand Z gemeinsam ihre Landkarten studieren und nach Verbesserungen suchen und diese dann realisieren sollten. Es geht zunächst lediglich um die Entwicklung und die Struktur eines welfaristischen Kriteriums im Sinne von BERGSON und SAMUELSON. Dieses soll zwar auf der Informationsbasis der beiden Landkarten bzw. Nutzenfunktionen definiert sein, aber dies bedeutet nicht, dass die Individuen ihr individuelles Handeln danach ausrichten.
- Die Frage, *wer* dieses Kriterium *wie* anwendet, ist von der Bestimmung des Wohlfahrtskriteriums zu trennen. Diese Frage wird später beispielsweise von den Hauptsätzen der Wohlfahrtsökonomik mit der Erkenntnis beantwortet werden, dass es grundsätzlich eher dem Markt als Institution überlassen werden sollte, die individuellen Entscheidungen so zu koordinieren, dass sich ein gesellschaftlicher Zustand einstellt, der dieses Kriterium erfüllt.

5.3.3 Die Möglichkeit einer Pareto-verbessernden Reallokation

In einem nächsten Schritt kann man sich nun vorstellen, dass ausgehend von der Allokation Z ein Gütertausch zwischen den Individuen vorgenommen wird. Unabhängig von der Frage, warum dieser Tausch stattfindet, ob er als externer Eingriff (als Reallokation) vorgenommen wird oder ob er auf einem Markt freiwillig realisiert wird, kann man doch zweifelsfrei feststellen, dass ein derartiger Tausch im Interesse beider Individuen wäre. Die Ergebnisse eines derartigen Tauschprozesses, der ausgehend von Z beispielsweise zur neuen Allokation D führen könnte, sind in Abb. 5.7 dargestellt.

Der Übergang von Z nach D ist wie folgt denkbar: Individuum 1 könnte die im schwarzen vertikalen Pfeil dargestellte Menge von x_1 an Individuum abgeben. Dies entspricht dem grauen vertikalen Pfeil für Individuum 2, der seinen Zuwachs an x_2 darstellt. Es gilt dann $-\Delta x_1 = +\Delta x_2$. Aber warum sollte Individuum 1 auf diese Menge von Gut x verzichten? Dies wäre eine Schlechterstellung. Der einzig akzeptable Grund dafür wäre, dass es im Gegenzug von Individuum 2 eine bestimmte Menge von Gut y erhält, sodass auch hier gilt: $+\Delta y_1 = -\Delta y_2$. Der graue vertikale Pfeil zeigt die von Individuum 2 abgegebene Menge y_2, der dem schwarzen vertikalen Pfeil als Zuwachs von y_1 für Individuum 1 entspricht. Zwar sind die insgesamt in dieser Gesellschaft verfügbaren Gütermengen nach dem Tausch konstant geblieben, allerdings verfügen die beiden Individuen nach dem Gütertausch über ein höheres Nutzenniveau.

Man nehme nun an, dass derartige Gütertausche immer dann durchgeführt werden, wenn beide Individuen sich dadurch verbessern können und sie eine

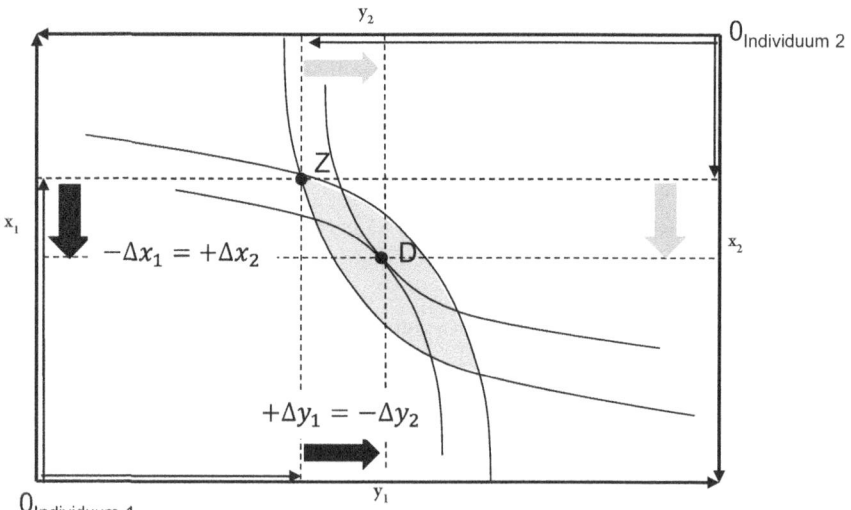

Abb. 5.7 Pareto-Verbesserung ausgehend von Anfangsallokation Z.

höher bewertete Indifferenzkurve erreichen. Ein Ende dieser Reallokationsprozesse würde sich erst dann einstellen, wenn bei einem weiteren Güteraustausch ein Individuum Nachteile realisiert. Ein Zustand, der dadurch gekennzeichnet ist, dass sich die Beteiligten nicht mehr simultan verbessern können, ist offenbar durch eine bestimmte Eigenschaft gekennzeichnet, die in der Abb. 5.7 für die Allokation D gilt: Hier wird ausgehend von Z eine Konstellation erreicht, in der ihre Indifferenzkurven gerade tangential zueinander stehen. Erst wenn sich beide Indifferenzkurven berühren, wird sich keine Linse (wie etwa ausgehend von Z) mehr auftun. Erst dann wären alle gegenseitig vorteilhaften Gütertausche erschöpft. Mit anderen Worten: Erst wenn die Indifferenzkurven der Individuen tangential zueinander stehen, sich also nicht mehr schneiden, ist ein Pareto-optimaler Zustand erreicht. Erst dann ist es nicht mehr möglich, dass ein Individuum durch einen Gütertausch auf eine höhere Indifferenzkurve gehoben wird, ohne dass das zweite auf eine niedrigere Indifferenzkurve gerät und damit einen Nutzenverlust realisieren müsste. Bildlich gesprochen: Würden beide Individuen ihre Landkarten mit ihren Nutzengebirgen übereinander legen, hätten sie durch die Gütertausche von Z bis D einen gemeinsamen Aufstieg erlebt, ab diesem Punkt würden sich ihre Wege für einen weiteren Aufstieg jedoch trennen. Ein gemeinsamer Aufstieg ab hier wäre nicht mehr möglich.

Beide Individuen erreichen durch die Bewegung von Z nach D also ein höheres Nutzenniveau, eine aus ihrer jeweiligen Sicht höhere Indifferenzkurve. Beide Individuen werden die im Zustand D enthaltenen Güterbündeln den Güterbündeln in Z vorziehen. Beide Individuen werden bei einem Vergleich zwischen D und Z die Präferenz äußern, dass $D \succ Z$. Nutzentheoretisch bedeutet dies, dass $u_1(D) > u_1(Z)$ und $u_2(D) > u_2(Z)$. Aus gesellschaftlicher Sicht wäre mit einem Übergang von Z zu D eine Pareto-Verbesserung verbunden. Allerdings ist es hierbei wichtig, sich die Problematik der Nutzenskalierung vor Augen zu führen:

- Bei *ordinaler* Messbarkeit ist es ausreichend zu wissen, dass beide Individuen einen höheren Nutzen erreichen. Der Nutzenwert der Indifferenzkurvenschar nimmt für Individuum 1 in nordöstlicher Richtung und für Individuum 2 in südwestlicher Richtung monoton zu. Welche Höhen- bzw. Nutzeneinheiten entlang einer Indifferenzkurve realisiert werden oder wie hoch der Abstand zwischen zwei Indifferenzkurven ist, kann nicht sinnvoll interpretiert werden. Jedes einzelne Individuum könnte zwar für sich selbst sagen, um wie viel er oder sie den Zustand D (bzw. das auf dieser Indifferenzkurve realisierte Nutzenniveau) besser findet als in A, aber es ist nicht möglich diese Nutzenverbesserungen miteinander zu vergleichen. Für die Anwendung des Pareto-Kriteriums ist dieser Nutzenvergleich aber auch nicht notwendig.
- Wenn hingegen *kardinale* Messbarkeit der Nutzen unterstellt wird, lässt sich auch bei externer Betrachtung feststellen, wie hoch der Nutzenzuwachs durch den Übergang von Z zu A bei den Individuen ist. Die Nutzenhöhe und die Abstände zwischen den Indifferenzkurven lassen sich als kardinal messbare Nutzen bzw. Nutzenveränderungen interpretieren. Die Aussage des Pareto-Kriteriums wird damit jedoch weder verstärkt noch relativiert.

An dieser Gegenüberstellung der kardinalen und ordinalen Nutzenmessung wird ein ganz wesentliches Merkmal ökonomischer Bewertungen aus Sicht der Individuen deutlich, das dann auch Eingang in die wohlfahrtsökonomische Analyse im Sinne der Paretianischen Wohlfahrtsökonomik findet und im Abschn. 5.4 von großer Bedeutung sein wird: Während unter Annahme der kardinalen Nutzenmessung eine absolute Bewertung von Alternativen wie D und Z möglich ist, erlaubt die ordinale Nutzenmessung lediglich eine relative Bewertung: Die Bewertung kann lediglich auf *Verbesserungen* oder *Verschlechterungen* der Individuen gegenüber einer konkreten Ausgangssituation abstellen. Diese Ausgangssituation selbst kann jedoch nicht interpersonell verglichen werden. Und dies bedeutet, dass auch die gesellschaftliche Bewertung (z. B. von D) nicht absolut, sondern immer nur relativ, d. h. ausgehend von einem konkreten Status quo (z. B. von Z) vorgenommen werden kann.

Wenn die Wohlfahrtswirkungen eines konkreten wirtschaftpolitischen Reformprojektes anhand eines welfaristischen Kriteriums bestimmt werden sollen und hierbei ordinale Nutzenmessung unterstellt wird, führt der Verzicht auf die Nutzenvergleiche dazu, dass der Status quo zu akzeptieren ist. Eine vom Pareto-Prinzip angezeigte Wohlfahrtserhöhung wird jedoch unzweifelhaft auch zu einer Wohlfahrtserhöhung bei Anwendung der kardinalen Nutzenmessung führen, da ja beide individuellen Nutzen steigen. Das Pareto-Prinzip wird damit zum kleinsten gemeinsamen Nenner der Wohlfahrtsökonomik, denn es identifiziert *eindeutige* Wohlfahrtsgewinne, bei denen kein Individuum einen Nutzenverlust gegenüber der Ausgangssituation zu befürchten hat. Eine sich bei Anwendung kardinaler Nutzenmessung möglicherweise ergebende Gegenüberstellung und Verrechnung von individuellen Nutzengewinnen und –Verlusten ist jedoch *nicht* mit dem Pareto-Prinzip vereinbar. In der Abb. 5.7 trifft dies – ausgehend von Z – auf alle Punkte zu, die außerhalb der grau markierten Linse liegen. In allen diesen Punkten würde zwar eines der beiden Individuen eine Besserstellung erfahren, allerdings würde sich das jeweils andere verschlechtern.

5.3.4 Die Kontraktkurve und die Nutzenmöglichkeitskurve

Bisher wurde die Möglichkeit, dass sich beide Individuen durch einen Gütertausch verbessern können, ausgehend von der *zufällig gewählten* Anfangsallokation Z aus betrachtet. Nun kann diese Überlegung aber von jedem beliebigen Punkt in der Edgeworth-Box aus vorgenommen werden. Für jeden Punkt der Box gilt: Er enthält ein konkretes Güterbündel für die beiden Individuen und dieses Güterbündel ist Gegenstand der jeweiligen individuellen Nutzenfunktion. *Jeder* der Punkte definiert eine eindeutige Allokation, die für jedes Individuum genau einer Indifferenzkurve zugeordnet werden kann. Es gibt damit zwei Sorten von Punkten in der Güterbox:

- Für die meisten Punkte gilt, dass sich die in der Box aus individueller Sicht von rechts unten (Individuum 1) und von links oben (Individuum 2) anzulegenden Indifferenzkurven schneiden. Wie in Punkt Z öffnet sich von diesen Schnittpunkten aus jeweils eine Linse. Die in dieser Linse enthaltenen Punkte versprechen beiden Individuen ein höheres (oder zumindest ein nicht sinkendes) Nutzenniveau. Diese Allokationen sind durch Gütertausche potenziell erreichbar.

- Es gibt jedoch einige Punkte in der Box, die – wie Punkt D – gerade dadurch gekennzeichnet sind, dass die jeweiligen Indifferenzkurven sich tangieren. Wenn sich die Indifferenzkurven schneiden, tut sich keine der oben erläuterten Linsen auf. Von diesen Punkten aus ist keine Pareto-Verbesserung zu realisieren, sie erfüllen das Pareto-Kriterium.

Alle Allokationen innerhalb der EDGEWORTH-Box, bei denen zwei Indifferenzkurven tangential zueinander stehen erfüllen das Pareto-Kriterium und lassen sich in Abb. 5.8 zur *Kontraktkurve* zusammenfassen (Kleinewefers 2008; Erlei 2019b).

Die Darstellung dieser Box und die Benennung der daraus abgeleiteten Kontraktkurve gehen auf das EDGEWORTH-Theorem zurück, das im Abschn. 5.4 zu den Hauptsätzen der Wohlfahrtsökonomik führen wird. Auch wenn die Frage, *wie* derartige Pareto-optimale Allokationen erreicht werden können hier noch nicht im Vordergrund steht, sondern erst im Abschn. 5.4 betrachtet wird, ist die Herkunft des Begriffs der Kontraktkurve interessant. Die von EDGEWORTH 1881 in der Schrift „Mathematical Psychics" formulierte Grundüberlegung bestand nämlich darin, dass die Punkte der Kontraktkurve sich als Tauschgleichgewichte über ein System der perfekten Konkurrenz und die damit verbundenen relative Güterpreisen einstellen und damit Gegenstand eines Kontraktes der beiden Individuen werden: *„Contract without competition is indeterminate, contract with perfect competition is perfectly determinate, contract with more or less perfect competition is less or more indeterminate"* (Edgeworth 2019, S. 120). EDGEWORTH legte mit seinen auf

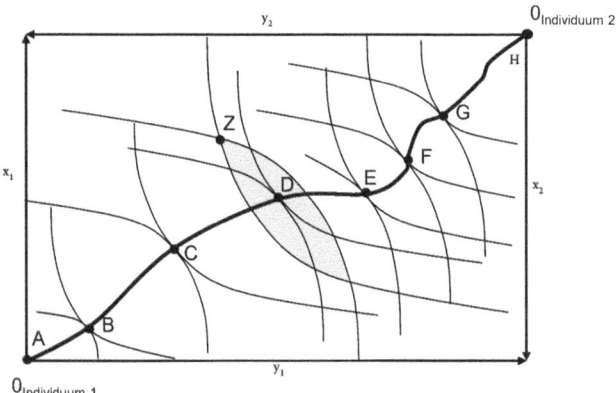

Abb. 5.8 Die Kontraktkurve.

der ordinalen Nutzenmessung basierenden Indifferenz- und Kontraktkurven zwar die Grundlage für eine „wertfreie" Wohlfahrtsökonomik, war aber ironischerweise selbst ein Vertreter eines „exakten Utilitarismus" und sprach sich z. B. aufgrund eines sinkenden Grenznutzens der Einkommen bei Anwendung eines kardinalen Nutzenkonzeptes für eine progressive Einkommensteuer aus (Kurz 2017).

Die Kontraktkurve in Abb. 5.8 verläuft vom Punkt A links unten bis zum Punkt H rechts oben. In A ist die Güteraufteilung ebenso wie in H sehr extrem, da jeweils einem Individuum die gesamte Menge von x und y zugeteilt wird. Aber was hat das aus der EDGEWORTH-Box abgeleitete Konzept der Kontraktkurve nun mit dem Konstrukt einer sozialen Wohlfahrtsfunktion zu tun, die sich als welfaristisches Kriterium ja gerade nicht auf die Gütermengen, sondern auf die individuellen Nutzen bezieht? Zunächst einmal wenig – aber die Kontraktkurve verengt den Raum aller logisch möglichen Güterallokationen auf solche Güterallokationen, die aus Sicht beider Individuen Zustände darstellen, die bei Anwendung des PARETO-Kriteriums nicht verbesserbar sind. Güteraufteilungen (wie etwa Z), die nicht auf der Kontraktkurve liegen, würden von beiden Individuen gegenüber Allokationen, die auf der Kontraktkurve liegen, verworfen werden. Die Kontraktkurve hat jedoch noch eine weitere Eigenschaft: Sowohl bei Anwendung der ordinalen Nutzenmessung als auch bei Anwendung der kardinalen Nutzenmessung ist klar, dass der Nutzen von Individuum 1 entlang der Kontraktkurve von Punkt A bis H monoton zunimmt, während der Nutzen von Individuum 2 von Punkt A bis H monoton abnehmend ist.

Diese Informationen lassen sich nun vom Güterraum der EDGEWORTH-Box mit Abb. 5.9 direkt in den Nutzenraum übertragen. Der Nutzen von Individuum 2 wird hierfür als u_2 entlang der vertikalen Achse abgetragen, der Nutzen von Individuum 1 als u_1 entlang der horizontalen Achse.

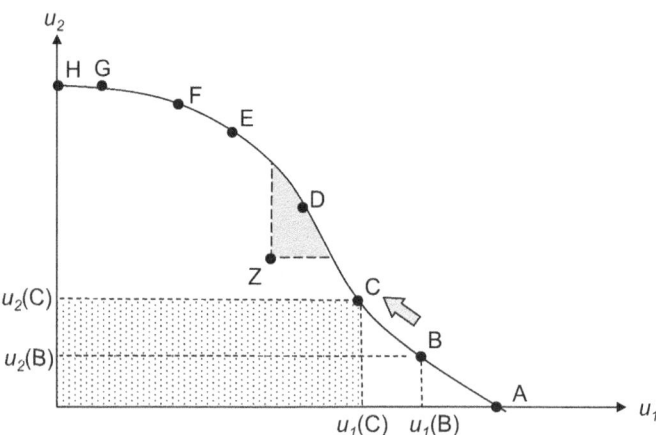

Abb. 5.9 Die Nutzenmöglichkeitskurve.

Die im Güterraum der Edgeworth-Box abgetragenen Güterallokationen entlang der Kontraktkurve werden im Nutzenraum der Abb. 5.9 zur sogenannten Nutzenmöglichkeitskurve bzw. zur Nutzenmöglichkeitsgrenze. Das Konzept dieser Nutzenmöglichkeitenkurve geht auf PAUL SAMUELSON zurück, der diese Darstellung nutzte, die Systematik seiner Wohlfahrtsfunktion herzuleiten[9]. Die Nutzenmöglichkeitskurve spiegelt den der Edgeworth-Box entnommenen Befund, dass beide Individuen eine klare Rangordnung über die gesellschaftlichen Zustände entlang der Kontraktkurve bilden können:

- Individuum 2 findet sich am besten gestellt in H (dem Zustand, in dem es über alle Güter von x und y verfügt) und am schlechtesten in A (dem Zustand, in dem es von beiden Gütern gar nichts hat). Seine Präferenzordnung über diese Zustände lautet: $H \succ G \succ F \succ E \succ D \succ C \succ B \succ A$. Dies führt in Abb. 5.9 dazu, dass der Nutzen der Allokationen von A bis H monoton zunimmt
- Für Individuum 1 stellt sich die Welt seiner Wünsche natürlich genau anders herum dar. Es findet A am besten und H am schlechtesten: $A \succ B \succ C \succ D \succ E \succ F \succ G \succ H$. Die Bewegung von H bis A führt zu einer monotonen Nutzensteigerung.

Da alle Punkte von A bis H die Bedingung des PARETO-Kriteriums erfüllen, muss die Nutzenmöglichkeitskurve im Nutzenraum einen monoton fallenden Verlauf haben. Diese Kurve enthält aus ökonomischer Sicht eine Effizienzperspektive: Sie zeigt, welche Möglichkeiten bestehen, den gegebenen Güterbestand von x und y möglichst nutzstiftend auf die beiden Individuen aufzuteilen. Punkte außerhalb des Nutzenmöglichkeitsraumes (d. h. alle Punkte rechts oberhalb der Kurve) können nicht erreicht werden. Besondere Betrachtung verdient Punkt Z, der nun innerhalb der Nutzenmöglichkeitsgrenze liegt. Im Güterraum der EDGEWORTH-Box wurde die Möglichkeit zu beiderseitigen Nutzensteigerungen ausgehend von Z anhand der Linse verdeutlicht. In Abb. 5.9 lässt sich derselbe Befund nun direkt in Nutzeneinheiten ausdrücken: Ausgehend von Z lassen sich u_1 und u_2 in der grau gefärbten Fläche bis zur Nutzenmmöglichkeitsgrenze steigern, auf der beispielsweise Punkt D liegt. Aus wohlfahrtsökonomischer Sicht würde im Zustand Z so etwas wie Verschwendung vorliegen, da es möglich ist, beide Nutzen zu

---

[9] Bei dieser Darstellung des Zusammenhangs zwischen der EDGEWORTH-Box und der Nutzenmöglichkeitskurve muss ein ganz wesentlicher Aspekt berücksichtigt werden. Die EDGEWORTH-Box mit ihrer Kontraktkurve stellt nur einen begrenzten Ausschnitt des Entscheidungsproblems dar, denn sie betrachten den Güterbestand und als gegeben und konzentriert sich lediglich auf die Aufteilung dieser Güter unter den beiden Individuen (Tauschbox). Die Frage, welche Mengen dieser Güter mit den begrenzten Ressourcen der Ökonomie produziert werden und wie die konkreten Entscheidungen im Produktonsbereich auf die Präferenzen im Konsumbereich ausgerichtet werden, wird im Abschn. 5.4 betrachtet. In diesem Abschn. 5.3 wird lediglich das Verteilungsproblem betrachtet und einer Bewertung zugeführt.

steigern. Der Vermeidung von Verschwendung kommt bei Verwendung eines welfaristischen Kalküls damit eine moralische Qualität zu, denn sie liegt im Interesse beider Individuen.

Die Problematik der Nutzenskalierung stellt sich aber auch in Abb. 5.9, es muss also unterschieden werden zwischen dem Informationsgehalt der ordinalen und dem der kardinalen Nutzenmessung. Dies kann an den unterschiedlichen Bewertungen der Zustände B und C verdeutlicht werden. Zwar erfüllen beide Punkte das Kriterium der PARETO-Optimalität, aber man könnte ja ad-hoc die Ansicht vertreten, dass Punkt B das Individuum 1 im Vergleich zu Individuum 2 in eine vergleichsweise sehr gute Nutzenposition setzt, in Punkt C hingegen eine etwas gleichmäßigere Verteilung der Nutzen beider Individuen realisiert werden könnte. Nimmt man an, dass sich die Gesellschaft in der Ausgangssituation in Punkt B befindet, so könnte man sich vorstellen, dass ein Übergang von B zu C moralisch wünschenswert ist und zu einer Erhöhung der Gerechtigkeit führt. Klar ist, dass aus Sicht des PARETO-Kriteriums eine Präferenz für C gegenüber B *nicht* möglich ist. Die Nutzensteigerung von Individuum 2 würde erkauft werden durch eine Nutzenverschlechterung von Individuum 1. Das PARETO-Kriterium lässt bei der Bewertung gesellschaftlicher Zustände nur dann eine eindeutige Aussage zu, wenn die Nutzensteigerung eines Individuums nicht zu Lasten eines anderen Individuums gehen. Das PARETO-Kriterium erlaubt damit keine vollständige Präferenzordnung über die gesellschaftlichen Zustände, es greift nur bei offensichtlichen Verschwendungstatbeständen wie im Fall des Vergleichs von Z mit D. Alle Punkte entlang der Nutzenmöglichkeitsgrenze sind hiernach noch nicht einmal gleichwertig. Das PARETO-Kriterium ist *nicht* indifferent in Bezug auf einen Vergleich von B und C. Sie können schlicht nicht miteinander verglichen werden. Dasselbe gilt für einen etwaigen Vergleich der Zustände Z und C. Zwar ist Zustand C Gegenstand der Kontraktkurve und der Nutzenmöglichkeitskurve. Seine Eigenschaft der PARETO-Optimalität erfüllt Zustand C aber nur gegenüber der Menge von gesellschaftlichen Zuständen, die innerhalb der gepunkteten Fläche liegen. Ein Vergleich von Z und C auf Basis des PARETO-Kriteriums ist nicht möglich.

Kann diese Unbrauchbarkeit des PARETO-Kriteriums etwa beim Vergleich zwischen B und C nun dadurch überbrückt werden, dass man die Nutzen der Individuen direkt zueinander in Beziehung setzt, um daraus ein Urteil über die gesellschaftliche Wohlfahrt abzuleiten? Genau das ist die Idee der oben erläuterten Konstruktion einer sozialen Wohlfahrtsfunktion im Sinne von BERGSON und SAMUELSON.

- Nimmt man lediglich *ordinale Nutzenmessung* an, bedeutet dies, dass die Nutzenfunktion der Individuen nur qualitative Aussagen zulässt. Deren Informationsgehalt lautet: Der Nutzen von Individuum 1 wird im Zustand B höher sein als im Zustand C: $u_1(B) > u_1(C)$. Bei Individuum 2 ist der Nutzen in B geringer als in C: $u_2(B) < u_2(C)$. Ob der Nutzenverlust, den Individuum 1 bei einem Übergang von B nach C erleiden würde, geringer ist als der Nutzenzuwachs, den Individuum 2 realisieren würde, kann damit nicht gesagt werden. Die Informationsbasis der ordinalen Nutzenfunktion ist für eine derartige Aussage zu schwach. Die Abb. 5.9 ist daher mit Vorsicht zu genießen. Während sich die Annahme der Ordinalität des Nutzens nicht auf die Darstellung der Edgeworth-Box in den Abb. 5.6, 5.7 und 5.8 auswirkt, ist sie bei der Übertragung in den Nutzenmöglichkeitsraum in Abb. 5.9 von entscheidender Bedeutung. Das ordinale Skalenniveau der Nutzenmessung lässt zu, dass eine identische individuelle Präferenzordnung durch eine Vielzahl von mathematischen Repräsentanten in Form der Nutzenfunktion abgebildet wird. Entscheidend ist lediglich, dass die von der Nutzenfunktion generierten Nutzenwerte für die Allokation B größer sind als für die Allokation C. Bildlich gesprochen: Beide Achsen von Abb. 5.9 können beliebig gestaucht oder gestreckt werden, ohne dass die Aussage $u_2(B) < u_2(C)$ bzw. die oben erläuterte Monotonieeigenschaft der Nutzenfunktion verletzt wird. Obwohl die Nutzenfunktion einen numerischen Ausdruck für die Bewertung von B und C generiert, ist dieser nur als ordinales Kriterium im Sinne von „ist größer", „ist kleiner" oder „ist gleich hoch" zu interpretieren. Dies bedeutet, dass zwischen den Individuen die Höhe bzw. die Intensität der Nutzen nicht verglichen werden können. Eine mögliche Wohlfahrtssteigerung eines gesellschaftlichen Reformprojektes, dass für ein Individuum zu einem Nutzenanstieg von 50 % führt, wird bereits dann negiert, wenn der Nutzen eines anderen Individuums um 1 % zurückgeht. Aus ordinaler Sicht hat eine Nutzenveränderung um 50 % dieselbe Qualität wie eine Veränderung um 1 %. Es kann lediglich festgestellt werden, ob der Nutzen steigt, abnimmt oder konstant bleibt. Für Wohlfahrtsaussagen auf Basis der ordinalen Nutzenmessung bedeutet dies, dass diese über eine Verwendung des PARETO-Kriteriums nicht hinausgehen können.

- Nimmt man hingegen die *kardinale Messbarkeit* der Nutzen und deren interpersonelle Vergleichbarkeit an, so kann nicht nur die Höhe der individuellen Nutzen in den Zuständen B und C (und in allen anderen Zuständen) miteinander verglichen werden, es kann auch festgestellt werden, ob der Nutzenverlust $u_1(B) - u_1(C)$, den Individuum 1 bei einem Übergang von B nach C erleidet, größer oder kleiner ist als der Nutzenzuwachs $u_2(C) - u_2(B)$ den Individuum 2. Auch könnten die relative Nutzenverschlechterung für Individuum 1 als $[u_1(B) - u_1(C)]/u_1(B)$ und die relative Nutzenverbesserung für Individuum 2 als $[u_2(B) - u_2(C)]/u_2(B)$ bestimmt und miteinander verglichen werden.

5.3.5 Typen von Wohlfahrtsfunktionen

Eine soziale Wohlfahrtsfunktion vertritt grundsätzlich den welfaristischen Anspruch, Aussagen über die gesellschaftliche Vorteilhaftigkeit von Zuständen, Allokationen oder Alternativen allein auf Basis von in den Nutzenfunktionen enthaltenen Informationen über die individuellen Präferenzen abzuleiten. Aus den individuellen Präferenz- bzw. Rangordnungen über gesellschaftliche Zustände soll eine kollektive Rangordnung abgeleitet werden. Es wird angenommen, dass es eine Menge X unterschiedlicher gesellschaftlicher Zustände gibt und jedes Individuum in der Lage ist, jede Allokation $x \in X$ zu bewerten und die Allokationen in eine Reihenfolge entsprechend ihrer Wünschbarkeit zu setzen.

In der allgemeinsten, von BERGSON und SAMUELSON entwickelten, Form lautet die Wohlfahrtsfunktion zur Bewertung eines gesellschaftlichen Zustandes einer Gesellschaft mit $i = 1, \ldots,$ n Mitgliedern:

$$W = W\big(u_1(x), u_2(x), u_3(x), \ldots, u_n(x)\big) \tag{5.3}$$

Diese Funktion erfüllt zwei Eigenschaften:

- Erstens setzt sich ihr Bewertungskriterium lediglich aus Informationen über die Individuellen Nutzen zusammen.
- Und zweitens erfüllt sie das PARETO-Kriterium, d. h. Nutzensteigerungen bei einem beliebigen Individuum i (ohne gleichzeitige Verschlechterungen bei einem anderen) müssen zu einer Steigerung des Wohlfahrtsindexes W führen. Unter der Annahme, dass die Funktion differenzierbar ist, bedeutet dies: $\partial W / \partial u_i > 0$.

Ungelöst bleibt jedoch in dieser allgemeinen Darstellung das Problem, wie man die Wohlfahrtsfunktion zu einer Entscheidung über die Auswahl unterschiedlicher PARETO-effizienter Allokationen heranziehen soll, wenn die Höhe der Nutzen u_i aufgrund der ordinalen Nutzenmessung unbestimmt bleiben muss. Es ist also zunächst nicht ersichtlich, wie man mit einer derartigen Wohlfahrtsfunktion bestimmen soll, ob die nutzenmäßig relativ ausgeglichene Allokation D in Abb. 5.9 aus gesellschaftlicher Sicht besser ist als die Allokationen A oder H, in denen jeweils ein Individuum über gar keine Güter verfügt. Die Allokationen A, D und H sind aus Sicht des PARETO-Kriteriums nicht zu vergleichen, aber auch die Wohlfahrtsfunktion (5.3) hat bei Annahme ordinaler Nutzenniveaus Schwierigkeiten bei der Feststellung, ob der Wohlfahrtsindex W für den Zustand D höher ausfällt als in H oder D.

SAMUELSON und BERGSON teilten die im zweiten Kapitel dieses Buches erläuterte Skepsis von ROBBINS, dass Nutzenvergleiche zwischen Individuen wissenschaftlich nicht begründbare Werturteile voraussetzen würden und hielten am mikroökonomischen Prinzip der ordinalen Nutzenmessung fest. Gleichzeitig betonten sie jedoch, dass konkrete gesellschaftliche Aussagen über die Auswirkungen wirtschaftspolitischer Maßnahmen auf die soziale Wohlfahrt ohne über das PARETO-Prinzip hinausgehende Werturteile nicht möglich sind. Die Lösung sahen sie darin, den individuellen Nutzen in der Wohlfahrtsfunktion Gewichte zu erteilen, um derartige, für Entscheidungen notwendige Werturteile transparent abbilden zu können. Diese Gewichte können dazu genutzt werden, zwischen den Individuen in der jeweils gewünschten Weise zu diskriminieren: So könnten beispielsweise die Gewichte für einkommensschwache oder behinderte Menschen höher sein als für einkommensstarke oder nicht-behinderte Menschen. In der Literatur hat sich der folgende Ausdruck für die Wohlfahrtsfunktion von BERGSON und SAMUELSON durchgesetzt:

$$W^{BS}(x) = \sum_{i=1}^{n} \alpha_i u_i(x) \tag{5.4}$$

Der Informationsgehalt einer im Prinzip ordinalen Nutzenfunktion u_i wird hier faktisch in eine kardinale Betrachtung überführt[10]. Die individuellen Nutzen werden über die geeignete Bestimmung der Gewichtungsfaktoren α_i zu einem gesellschaftlichen Nutzenindex aggregiert, der dann natürlich ebenfalls ordinal interpretiert werden muss, also nur auf Wohlfahrtsänderungen angewendet werden kann.

Aufgrund des faktischen Übergangs zur kardinalen Nutzenmessung wird die Wohlfahrtsfunktion (5.4) in der Literatur häufig auch als allgemeine utilitaristische Wohlfahrtsfunktion bezeichnet, da sie die gewichtete Summe der individuellen Nutzen zum gesellschaftlichen Wohlfahrtskriterium erhebt (Breyer und Kolmar 2014).

Setzt man hingegen alle individuellen Nutzengewichte in (5.4) gleich Eins, sodass jedem Individuum bei der Bildung der Nutzensumme die gleiche Berücksichtigung erhält, spricht man von einer Benthamschen utilitaristischen Wohlfahrtsfunktion:

$$W^{B}(x) = \sum_{i=1}^{n} u_i(x) \tag{5.5}$$

Diese Wohlfahrtsfunktion kann mit den im Abschn. 5.2 diskutierten Gedanken von JEREMY BENTHAM motiviert werden, der bei der Bildung der Nutzensumme hervorhob, dass es keinen speziellen Grund gebe, die Interessen der Individuen mit unterschiedlichen Gewichten zu berücksichtigen. Es ist unschwer zu erkennen, dass diese Wohlfahrtsfunktion als Entscheidungskriterium zur Beurteilung der

---

[10] Das ordinale Skalenniveau von lässt mathematische Operationen wie Multiplizieren (mit den Gewichtungsfaktoren) und Addieren (zu W) eigentlich nicht zu. Zur Lösung dieses Problems wählte SAMUELSON den folgenden Ansatz, der in der Wohlfahrtsökonomik als Dual bezeichnet wird: Es ist möglich, *jede* individuelle Nutzenfunktion in eine Ausgabenfunktion zu überführen (Dualitätstheorie, vgl. hierzu Hens und Pamini 2008). Eine derartige Ausgabenfunktion kennzeichnet – vereinfacht formuliert – die Ausgaben, die ein Individuum bei gegebenen Güterpreisen zur Aufrechterhaltung eines gegebenen Nutzenniveaus tätigen muss. Die Veränderung eines gesellschaftlichen Zustandes führt also nicht nur zu Nutzenänderungen, sondern auch zu Ausgabenänderungen. Nutzenänderungen können damit in eine in Geldeinheiten formulierte Metrik überführt werden. Dieser Ansatz wird im Abschn. 5.4 von den Kompensationskriterien aufgegriffen. Die für die Wohlfahrtsfunktion bedeutsame Unterschiedlichkeit der Individuen, die ja die Zweifel an einer direkten kardinalen Vergleichbarkeit der Nutzen auslöst, impliziert nun aber, dass unterschiedliche Individuen unterschiedlich hohe Einkommen für die Erreichung eines bestimmten Nutzenniveaus benötigen. Dieser Unterschiedlichkeit der Individuen kann in der Wohlfahrtsfunktion durch die Formulierung von individuellen Gewichtungsfaktoren entsprochen werden, die als „marginal social utilities of income" (Boadway und Bruce 1984, S. 276) ausgedrückt werden.

Zustände aus der Menge X mit dem von HARSANYI vorgeschlagenen Prinzips der Maximierung der Durchschnittsnutzen (Gl. 5.2) übereinstimmt.

Die bislang vorgestellten Wohlfahrtsfunktionen teilen die formale Eigenschaft der additiven Separabilität. Die Individuen werden als autonome Einheiten betrachtet, deren Nutzen untereinander nicht interdependent sind und deren Wohlfahrtsrelevanz autonom ist. Aus Sicht der Wohlfahrt W ist es also egal, bei welchem der Individuen ein Nutzenanstieg stattfindet, der zu einer Erhöhung von W führt. Technisch formuliert: Die Wohlfahrtsbeiträge der einzelnen Individuen $\partial W / \partial u_j$ sind unabhängig voneinander. Eine Abweichung davon liegt beim Maximin-Prinzip vor. Wenn man beispielsweise der Meinung ist, dass sich ein Urteil über die gesellschaftliche Wohlfahrt in einem bestimmten Zustand nicht auf eine Nutzensumme beziehen sollte, sondern lediglich darauf, wie es dem jeweils am schlechtesten gestellten Individuum geht, so erhält die Wohlfahrtsfunktion den folgenden Ausdruck:

$$W^M(x) = min\big[u_1(x), u_2(x), u_3(x), \ldots, u_n(x)\big] \tag{5.6}$$

Isolierte Nutzensteigerungen von relativ gut gestellten Individuen wirken also gar nicht auf das Wohlfahrtskriterium, was eigentlich dem PARETO-Kriterium widerspricht. Oder anders formuliert: Es hängt von der gesellschaftlichen Position eines Individuums ab, ob seine Nutzenveränderung im Wohlfahrtskriterium berücksichtigt wird. Das Maximin-Prinzip wird in den meisten ökonomischen Lehrbuchdarstellungen als Ausdruck der Gerechtigkeitstheorie von JOHN RAWLS bezeichnet. Wie im sechsten Kapitel dieses Buches erläutert werden wird, wird diese Interpretation RAWLS aber nicht wirklich gerecht, obwohl sie sich weitgehend in der ökonomischen Literatur durchgesetzt hat. Die Maximin-Wohlfahrtsfunktion stellt zwar eine welfaristische Interpretation seines Differenzprinzips dar, das er selbst jedoch explizit nicht auf ökonomische Nutzengrößen angewendet sehen wollte (Breyer und Kolmar 2014). SEN weist darauf hin, dass die Gleichsetzung von Maximin mit Rawls zwar weit verbreitet ist, aber von ihm selbst abgelehnt wurde, da er seine Theorie ausdrücklich nicht auf Nutzengrößen, sondern auf Nicht-Nutzengrößen (konkret: Grundgüter) ausgerichtet hat (Sen 1980).

Eine andere Wohlfahrtsfunktion, die ebenfalls die additive Separabilität der individuellen Nutzen negiert, entstammt dem Vorschlag von JOHN NASH. Auch bei ihm können die Wohlfahrtsauswirkungen von individuellen Nutzensteigerungen nicht autonom bzw. unabhängig voneinander betrachtet werden. Er adressiert damit einen Kritikpunkt am Utilitarismus, nach dem es fragwürdig ist, wenn Individuen aus Sicht der gesellschaftlichen Wohlfahrt als perfekte Substitute behandelt werden. Als Alternative schlägt er vor, die gesellschaftliche Wohlfahrt als gewichtete Summe der logarithmierten Einzelnutzen zu betrachten:

$$W^N(x) = \sum_{i=1}^{n} \alpha_i \cdot \ln[u_i(x)] \tag{5.7}$$

Diese Funktion hat die interessante Eigenschaft, dass das Gewicht relativ niedriger individueller Nutzen bei der Bildung des Wohlfahrtsindexes mit der Logarithmierung höher ist als das von höheren Nutzen. Mathematisch kann eine gewichtete Summe logarithmierter Funktionen in äquivalenter Form als *Produkt* der mit den Gewichtungsfaktoren potenzierten Nutzen dargestellt werden: $W^N(x) = \prod_i^n [u_i(x)]^{\alpha_i}$.

Hierbei ist wie bei (5.7) zu berücksichtigen, dass diese Wohlfahrtsfunktion nicht nur kardinale Nutzenmessbarkeit voraussetzt, sondern dass die individuellen Nutzenfunktionen auf einer Verhältnisskala mit gemeinsamem Nullpunkt gemessen werden müssen.

Die bislang betrachteten Wohlfahrtsfunktionen haben zwar unterschiedliche Eigenschaften in Bezug auf die durch sie ausgedrückten moralischen Urteile über die Berücksichtigung der individuellen Nutzen, ihre Eigenschaften lassen sich jedoch gut miteinander vergleichen, wenn man sie als Spezialfälle einer isoelastischen Wohlfahrtsfunktion der folgenden Form betrachtet (Boadway und Bruce 1984; Breyer und Kolmar 2014)

$$W^{iso}(x) = \frac{1}{1-\eta} \sum_{i=1}^{n} \alpha_i \cdot [u_i(x)]^{1-\eta} \qquad (5.8)$$

Unter den folgenden Annahmen über den Wert η und die Gewichtungen α_i lassen sich die verschiedenen Wohlfahrtsfunktionen nun als Spezialfälle von (5.8) darstellen.

- Unter der Annahme, dass $\eta = 0$ stimmt sie mit der Wohlfahrtsfunktion (5.4) von BERGSON und SAMUELSON überein.
- Wird zusätzlich angenommen, dass $\alpha_i = 1$ für alle i ($i = 1,...n$) wird sie identisch mit der Wohlfahrtsfunktion (5.5) BENTHAMschen Typs.
- Nimmt man hingegen an, dass η sehr groß ist und gegen unendlich konvergiert ($\eta \to \infty$) und gleichzeitig die Nutzengewichte für alle Individuen den Wert 1 zugewiesen bekommen ($\alpha_i = 1$) nimmt sie die Form einer Maximin-Funktion (5.6) an.
- Wenn η gegen den Wert 1 konvergiert ($\eta \to 1$) wird die isoelastische Funktion zur Wohlfahrtsfunktion von NASH (5.7).

Rein formal stellt jede Wohlfahrtsfunktion eine Antwort auf das oben erläuterte Aggregationsproblem dar, denn sie liefert eine Rechenvorschrift, die angibt, auf welche Weise sich die individuellen Nutzen u_i zu einem gesellschaftlichen Wohlfahrtsindex W verrechnen lassen. Die wesentlichen Eigenschaften dieser Funktion lassen sich bei einer Betrachtung ihrer partiellen Ableitung (nach u_i) und ihres totalen Differentials, d. h. der simultanen Ableitung von W nach allen n Individualnutzen beschreiben. Die Veränderung lediglich eines einzelnen individuellen Nutzens führt zur folgenden Änderung der Wohlfahrt: $\partial W^{iso}/\partial u_i = \alpha_i [u_i(x)]^{-\eta} > 0$. Ein Anstieg des Nutzens von Individuum i (unter der Annahme, dass alle übrigen Nutzen konstant bleiben) führt zur Erhöhung von W. Dies entspricht der o.g. Monotonieannahme, d. h. die Wohlfahrtsfunktion reagiert auf PARETO-Verbesserungen. Eine zweite wichtige Eigenschaft der Wohlfahrtsfunktion besteht in ihrer *Ungleichheitsaversion*. Hierbei geht es inhaltlich um die Frage, inwiefern sich die individuellen Nutzen in der Wohlfahrtsfunktion wechselseitig substituieren lassen. Kann beispielsweise ein sinkender Nutzen eines Individuums aus Sicht der Gesellschaft durch den steigenden Nutzen eines anderen Individuums ausgeglichen werden, sodass damit das Wohlfahrtsniveau konstant bleibt? Mit einer derartigen Funktion wird ausgedrückt, welches Maß an Ungleichheit die Gesellschaft bereit ist zu ertragen.

Box 5.2: Beziehen sich die Verteilungsurteile auf die Verteilung der individuellen Nutzen oder die Verteilung der Güterausstattungen?

Manchmal erscheinen ökonomische Darstellungen zur Bewertung von Ungleichheit etwas verwirrend. Beziehen sich die Aussagen auf die Verteilung von Gütern oder von Nutzen? Auch wenn die individuellen Nutzen u_i wie in der Edgeworth-Box aus Abb. 5.6 über ökonomische Güter definiert sind, dürfen Aussage zur Beurteilung von Nutzenungleichheiten nicht vorschnell mit Aussagen über Ungleichheiten der Güterausstattungen gleichgesetzt werden.

Die in diesem Kapitel vorgestellten Wohlfahrtsfunktionen beziehen ihre Aussagen zur Behandlung von Ungleichheit auf Nutzengrößen. Über die Gleichheit oder Ungleichheit der Verteilung von Gütern und Ressourcen auf die Individuen ist damit noch nicht viel gesagt. Um Aussagen über die Beurteilungen von Ungleichverteilungen der Güter zu treffen, müssen zusätzliche Annahmen zur konkreten Gestalt der individuellen Nutzenfunktionen getroffen werden. Kann beispielsweise angenommen werden, dass alle Individuen über identische Nutzenfunktionen verfügen oder unterscheiden sich die individuellen Präferenzen? Kann angenommen werden, dass die Nutzeneigenschaften der Güter von positiven, aber abnehmenden Grenznutzen geprägt werden? Erst nachdem derartige Annahmen getroffen worden sind, kann aus gesellschaftlicher Sicht von der Nutzenebene auf die Güterebene geschlossen und beispielsweise festgestellt werden, ob die Maximierung einer Wohlfahrtsfunktion zu einer Gleichverteilung der Güter führt.

Die im vierten Kapitel dieses Buches vorgestellten statistischen Maße zur Erfassung von Gleichheit und Ungleichheit beziehen sich auf die (objektiv beobachtbare) Verteilung von Gütern, Einkommen und Ressourcen. In vielen Lehrbuchdarstellungen werden Wohlfahrtsfunktionen und die darin enthaltenen Verteilungsurteile jedoch direkt auf die Verteilung der individuellen Einkommen angewandt (vgl. etwa Breyer und Buchholz 2009). PIGOU war der Erste, der das Inlandsprodukt als aggregiertes Wohlfahrtsmaß mit seiner Pro-Kopf-Verteilung verknüpfte. Auch die ursprünglichen Darstellungen einer sozialen Wohlfahrtsfunktion von BERGSON und SAMUELSON bezog sich nicht auf die individuellen Nutzen wie in der Funktion (5.3), sondern auf die individuellen Einkommen: $W = W(y_1, y_2, y_3, \ldots, y_n)$. Die Verknüpfung von Verteilungs- und Armutsmaßen (wie etwa dem Maß von GINI) mit Wohlfahrtsmaßen erfordert moralische Urteile, die vom deskriptiven Charakter der im vierten Kapitel vorgestellten Maße getrennt werden müssen. Daher wurde die Anwendung von Wohlfahrtsfunktionen auf die Verteilung von Gütern und Einkommen und die Armutsmessung nicht im vierten Kapitel vorgenommen, sondern wird in den Abschn. 5.3.9 und 5.3.10 vorgestellt.

Das Maß η in (5.8) macht diese Ungleichheitsaversion nun explizit: Je höher dieser Parameter ist, desto geringer ist die Substitutionselastizität der individuellen Nutzen. Alle hier betrachteten Wohlfahrtsfunktionen weisen eine konstante Substitutionselastizität in der Höhe von $(1/\eta)$ auf (Boadway und Bruce 1984). Allerdings gilt auch hier, dass für alle Werte $\eta > 0$ die individuellen Nutzen auf einer Verhältnisskala gemessen werden müssen.

Die Ungleichheitsversion einer Wohlfahrtsfunktion lässt sich grafisch im Nutzenraum veranschaulichen, der in Abb. 5.9 bereits zur Herleitung der Nutzenmöglichkeitsgrenze diente. In einer Gesellschaft mit einem gegebenen Güterbestand von x und y und lediglich 2 Individuen, deren Nutzen als u_1 entlang der horizontalen Achse und als u_2 entlang der vertikalen Achse abgetragen werden, lässt sich die Aggregation der individuellen Nutzen zu W als *soziale Indifferenzkurve* darstellen. Eine soziale Indifferenzkurve stellt die Menge aller Kombinationen von u_1 und u_2 dar, die aus Sicht der Gesellschaft zu einem konstanten Wohlfahrtsniveau $\overline{W}$ führen. Sie erfüllt nach Ansicht von Samuelson (1956) dieselben formalen Eigenschaften wie eine individuelle, im Konsumgüterraum definierte Indifferenzkurve. Man könnte also sagen, dass die Gesellschaft bei einem gegebenen Wohlfahrtsniveau gerade entlang einer Indifferenzkurve indifferent ist in Bezug auf die Frage, welche Verteilung der individuellen Nutzen vorliegt. Die vom Welfarismus geforderte Bindung des Wohlfahrtsmaßes an die individuellen Nutzen führt faktisch dazu, dass die Individuen für die Wohlfahrt lediglich in ihrer Eigenschaft als Nutzen- bzw. Wohlfahrtsproduzenten relevant sind.

Formal lässt sich eine soziale Indifferenzkurve zu einer Wohlfahrtsfunktion $W = W(u_1(x), u_2(x))$ herleiten, indem deren totales Differential gebildet und gleich Null gesetzt wird: $dW = \frac{\partial W}{\partial u_1} du_1 + \frac{\partial W}{\partial u_2} du_2 = 0$. Dieser Ausdruck lässt sich

zu $-\left[\frac{\partial W}{\partial u_1} \Big/ \frac{\partial W}{\partial u_2}\right] = \frac{du_2}{du_1}$ umformen. Er beschreibt im Nutzenraum von Abb. 5.10

den Verlauf einer sozialen Indifferenzkurve mit dem Niveau $\overline{W}$.

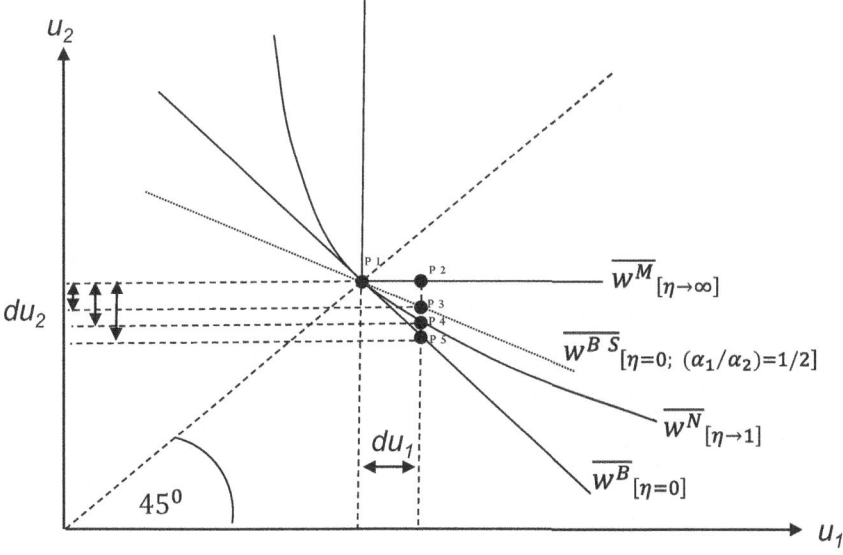

Abb. 5.10 Soziale Indifferenzkurven isoelastischer Wohlfahrtsfunktionen.

Die Ungleichheitsaversion der verschiedenen Varianten isoelastischer Wohlfahrtsfunktionen lässt sich in Abb. 5.10 vom Punkt P1 aus veranschaulichen.
Dieser Punkt liegt auf der 45°-Linie im Nutzenraum und kennzeichnet daher eine
Gleichverteilung der beiden individuellen Nutzen. Ausgehend von P1 wird gefragt,
welche Nutzenreduktion du_2 bei diesem Wohlfahrtsniveau hinnehmbar wäre, wenn
dafür Individuum 1 einen Nutzenzuwachs um du_1 erfahren würde.

- Auf der rechtwinkeligen sozialen Indifferenzkurve der Maximin-Funktion $\overline{W^M}$
  wird mit Punkt P2 deutlich, dass der Nutzenanstieg von Individuum 1 *nicht*
  dazu führt, dass bei Konstanthaltung des Wohlfahrtsniveaus ein auch nur leich-
  ter Nutzenrückgang von Individuum 2 akzeptabel wird. Die Wohlfahrt wird
  hier immer vom niedrigsten der individuellen Nutzenniveaus bestimmt. Sobald
  von P1 aus u_1 zunimmt, gerät das Niveau von u_2 in eine limitierende Position.
  Die soziale Ungleichheitsaversion ist auf allen Punkten der Indifferenzkurve
  unendlich hoch. Mit anderen Worten: Von P1 aus sind Wohlfahrtssteigerungen
  grundsätzlich nur möglich, wenn simultan beide Nutzen steigen[11].
- Für die soziale Indifferenzkurve der Nash-Wohlfahrtsfunktion $\overline{W^N}$ zeigt sich
  mit P4, dass der Anstieg von du_1 durch einen bestimmten Nutzenrückgang
  du_2 kompensiert werden kann. Die Substitutionselastizität dieser Funktion entspricht auf jedem Punkt der sozialen Indifferenzkurve dem Betrag I1I. Dies
  bedeutet, dass beispielsweise ein Anstieg des Nutzens von Individuum 1 um
  10 % aus Sicht der Wohlfahrtsfunktion durch einen Rückgang des Nutzens von
  Individuum 2 um ebenfalls 10 % kompensiert wird.
- Entlang der sozialen Indifferenzkurve der Benthamschen Wohlfahrtsfunktion
  $\overline{W^B}$ sieht man, dass die Nutzen der Individuen perfekt, d. h. 1-1 gegeneinander
  substituiert werden können. In P5, aber auch auf allen anderen Punkte gilt:
  $du_1 = -du_2$. Die Substitutionselastizität ist unendlich hoch.
- Im Fall der Wohlfahrtsfunktion nach Bergson und Samuelson $\overline{W^{BS}}$ sind die
  individuellen Nutzen zwar auch perfekt gegeneinander austauschbar, allerdings beträgt das Austauschverhältnis nicht mehr 1-1, sondern wird von den
  Gewichtungsfaktoren α_i bestimmt. In der Abbildung wird angenommen, dass
  $(\alpha_1/\alpha_2) = 1/2$, d. h. aus irgendwelchen Gründen wiegt der Nutzen von Indivi-
  duum 2 für das Wohlfahrtskriterium doppelt so viel wie der von Individuum 1.
  Dies bedeutet in P3, dass ein Anstieg des Nutzens von Individuum 1 um eine
  Einheit durch den Rückgang des Nutzens von Individuum 2 um zwei Einheiten

---

[11] Legt man das oben definierte Pareto-Prinzip an, so deutet die nicht-steigende Wohlfahrt bei
einem einzelnen individuellen Nutzenanstieg auf eine Verletzung des Pareto-Prinzips hin. Allerdings lässt sich das Pareto-Prinzip in einer schwachen und einer starken Form formulieren. Das
starke Pareto-Kriterium fordert, dass bereits die strikte Präferenz eines Individuums für eine
bestimmte Alternative (bei gleichzeitiger Indifferenz der übrigen Individuen) auch eine kollektive Präferenz für diese Alternative nach sich zieht. Allerdings gibt es auch eine schwache Version
des Pareto-Prinzips, nach der sich die strikte Präferenz *aller Individuen* für eine bestimmte Alternative auch in der kollekiven Präferenz finden muss. Das schwache Pareto-Prinzip wird von der
Maximin-Funktion damit nicht verletzt.

kompensiert wird. Die in dieser utilitaristischen Wohlfahrtsfunktion formulierten Gewichtungen der individuellen Nutzen entsprechen übrigens inhaltlich den
im zweiten Kapitel vorgestellten sozialen Präferenzen der Individuen im Gefangenendilemma und den etwa in Abb. 2.4 dargestellten Indifferenzkurven. Auch
dort werden die Präferenzen als Austauschverhältnisse, d. h. als Gewichtungen
der eigenen Gefängnisjahre gegen die des jeweils anderen dargestellt.

5.3.6 Das Wohlfahrtsmaximum

Das Entscheidungskriterium einer sozialen Wohlfahrtsfunktion kann nun dazu
genutzt werden, dass (bei den gegebenen Güterbeständen $\overline{X}$ und $\overline{Y}$ bestehende)
Auswahlproblem der Nutzenmöglichkeitsgrenze in Abb. 5.9 zu lösen. Dieses
Problem besteht darin, dass alle alternativen Allokationen entlang der Nutzenmöglichkeitskurve (Punkte A bis H) allein auf Basis der Effizienzbetrachtungen des
PARETO-Kriteriums nicht miteinander verglichen werden konnten. Alle auf dieser
Kurve liegenden Punkte erfüllen das Kriterium der PARETO-Optimalität. Akzeptiert man nun – so der ursprüngliche Vorschlag von BERGSON und SAMUELSON
– mit der Wohlfahrtsfunktion ein exogenes, bzw. zusätzliches Entscheidungskriterium, in dem die moralischen Werturteile der Gesellschaft transparent und logisch
konsistent (also rational) formuliert werden, so lässt sich hiermit ein Optimum
optimorum identifizieren. Dieser Gedanke kann anhand der folgenden Abb. 5.11
illustriert werden:

Die eigentliche Frage von BERGSON und SAMUELSON zielte darauf, wie eine
derartige soziale Auswahl-, Nutzen- oder Wohlfahrtsfunktion aussehen müsste, die
zwar nicht mehr unbedingt utilitaristisch motiviert sein müsste, trotzdem jedoch
die Bestimmung eines sozialen Optimums erlauben könnte. Deren Eigenschaften

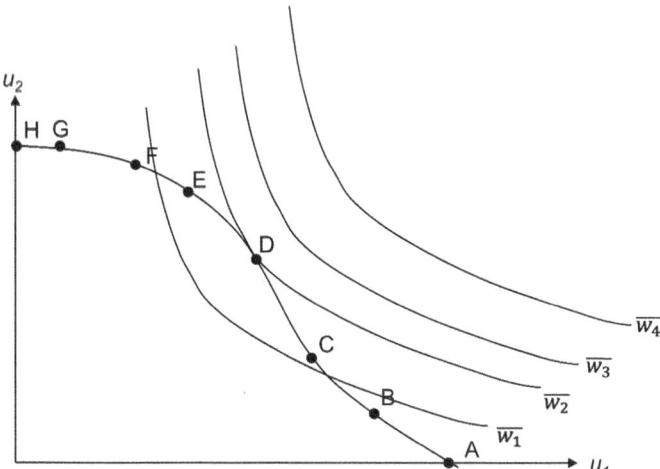

Abb. 5.11 Wohlfahrtsmaximierung und Optimum optimorum.

lassen sich an den in Abb. 5.11 dargestellten sozialen Indifferenzkurven beschreiben: Sie haben formal dieselben Eigenschaften wie Indifferenzkurven, die auf einer individuellen Nutzenfunktion beruhen. Der Nutzenraum in Abb. 5.11 lässt sich auf Basis von sozialen Indifferenzkurven in bevorzugte und nicht-bevorzugte Kombinationen der individuellen Nutzen unterteilen. Alle Kombinationen von u_1 und u_2, die auf der sozialen Indifferenzkurve $\overline{w_1}$ liegen, sind mit einem niedrigeren Wohlfahrtsindex versehen als die Kombinationen auf $\overline{w_2}$. Es gilt also, dass $\overline{w_1} < \overline{w_2} < \overline{w_3} < \overline{w_4}$. Die Maximierung der sozialen Wohlfahrtsfunktion führt dazu, dass unter den gegebenen Punkten der Nutzenmöglichkeitskurve genau derjenige ausgewählt werden kann, der auf der sozialen Indifferenzkurve mit dem höchsten Wohlfahrtsindex liegt. Im Beispiel aus Abb. 5.11 entspricht dies dem Punkt D.

Der von der Wohlfahrtsfunktion als Wohlfahrtsmaximum identifizierte Punkt hängt natürlich vom konkreten Verlauf der sozialen Indifferenzkurven ab. Das Ergebnis der Bestimmung eines Wohlfahrtsmaximums ist also keine Naturkonstante, sondern hängt ab von den Gewichtungsfaktoren α_i und der in der Wohlfahrtsfunktion angelegten Ungleichheitsaversion. Das von der Maximin-Wohlfahrtsfunktion bestimmte Wohlfahrtsmaximum muss also z. B. nicht mit dem von einer utilitaristischen Wohlfahrtsfunktion identifizierten Optimum optimorum übereinstimmen. Je nach Verlauf der Nutzenmöglichkeitsgrenze und der sozialen Indifferenzkurven kann es zu konfligierenden Aussagen über das Wohlfahrtsoptimum kommen. Zudem kann es bei Anwendung der Wohlfahrtsfunktion als Maximierungskriterium auch zu Zielkonflikten zwischen dem Gerechtigkeitsziel und dem Ziel der Pareto-Effizienz („efficiency versus equity") kommen, wenn aus Sicht der Wohlfahrtsfunktion ein gesellschaftlicher Zustand innerhalb des Nutzenmöglichkeitsraumes eine Wohlfahrtserhöhung verspricht, gleichzeitig aber gegen das Pareto-Kriterium verstößt. Dieses Problem kann anhand von Abb. 5.12 verdeutlicht werden.

Man sieht beispielsweise, dass eine utilitaristische Wohlfahrtsfunktion den Zustand A höher bewertet als Zustand C, da die Nutzensumme in A größer ist als in C. Demgegenüber schätzt das Maximin-Kriterium die Wohlfahrt in C eindeutig höher als in A ein, da die Situation des am schlechtesten gestellten Individuum 2 in C deutlich besser ist als im aus seiner Sicht unzumutbaren Zustand A.

Nimmt man aber beispielsweise an, dass die Gesellschaft sich in der Ausgangssituation im Zustand C befindet und über die Möglichkeit nachdenkt, durch eine konkrete Umverteilungsmaßnahme in den Zustand D zu gelangen, so würden zunächst beide Typen von Wohlfahrtsfunktionen in dieser Politik eine Wohlfahrtsverbesserung identifizieren. Wie wäre es jedoch zu bewerten, wenn die Umverteilungsmaßnahme zu solchen Effizienzverlusten führt, die die Gesellschaft in den Punkt Z innerhalb der Nutzenmöglichkeitsgrenze führen würden. Zwar würde hierdurch das Verteilungsziel einer Besserstellung von Individuum 2 erreicht, aber da Z innerhalb der Nutzenmöglichkeitsgrenze liegt, blieben mögliche Pareto-Verbesserungen unausgeschöpft. Auch auf diese Konstellation reagieren die Wohlfahrtskriterien unterschiedlich. Aus Sicht der utilitarischen Wohfahrt ist das Wohlfahrtsniveau in Z niedriger als in C: $\overline{w^B}_0 < \overline{w^B}_1$. Die Umverteilung würde

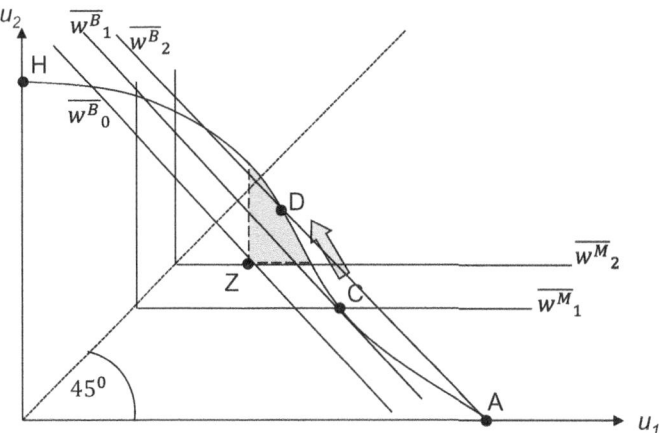

Abb. 5.12 Ein Zielkonflikt zwischen Gerechtigkeit und Effizienz.

also trotz der Besserstellung von Individuum 2 nicht zu einer Wohlfahrtsverbesserung führen, da die Nutzensumme zurückgeht. Aus Sicht des Maximin-Kriteriums liegt jedoch selbst beim Übergang von C nach Z eine Verbesserung vor: $\overline{w^M}_2 >$ $\overline{w^M}_1$. Aus Sicht der Maximin-Wohlfahrtsfunktion wäre der Zielkonflikt zwischen Effizienz und Gerechtigkeit zu Gunsten einer Verbesserung der Gerechtigkeit zu beantworten.

Das in Abb. 5.11 grafisch als Allokation D identifizierte Wohlfahrtsmaximum lässt sich auch formal bestimmen. Hierbei kann auf die einfachen Annahmen zurückgegriffen werden, die bereits in der Edgeworth-Box (Abb. 5.8) zur Herleitung der Kontraktkurve genutzt wurden:

- Der Bestand der Güter x und y sei gegeben und auf die beiden Individuen aufzuteilen: $\overline{X} = x_1 + x_2$ und $\overline{Y} = y_1 + y_2$.
- Beide Individuen bewerten die unterschiedlichen Allokationen mit ihren Nutzenfunktion $u_1(x_1, y_1)$ und $u_2(x_2, y_2)$.
- Die utilitaristische Wohlfahrtsfunktion sei $W = u_1 + u_2$.

Die Maximierung dieser Wohlfahrtsfunktion unter der Nebenbedingung der gegebenen Güterbestände erfolgt nun über die Bildung der Lagrangefunktion: $L = u_1(x_1, y_1,) + u_2(x_2, y_2,) + \lambda(\overline{X} - x_1 - x_2) + \mu(\overline{Y} - y_1 - y_2)$. Da die individuellen Nutzen über die Güter definiert sind, lässt sich das Wohlfahrtsmaximum anhand der Ableitung von L nach den Gütermengen und der Bildung der notwendigen Bedingungen beschreiben. Für die wohlfahrtsmaximierenden Gütermengen von x und y gilt:

$$\frac{\delta L}{\delta x_1} = \frac{\delta u_1}{\delta x_1} - \lambda = 0; \quad \frac{\delta L}{\delta x_2} = \frac{\delta u_2}{\delta x_2} - \lambda = 0.$$

Dies bedeutet, dass der Güterbestand von x so auf die beiden Individuen aufzuteilen ist, dass sich die Grenznutzen gerade ausgleichen: $\frac{\delta u_1}{\delta x_1} = \frac{\delta u_2}{\delta x_2}$.

Derselbe Schritt wird auch für die Gütermengen von y durchgeführt:

$$\frac{\delta L}{\delta y_1} = \frac{\delta u_1}{\delta y_1} - \mu = 0; \quad \frac{\delta L}{\delta y_2} = \frac{\delta u_2}{\delta y_2} - \mu = 0.$$

Auch hieraus folgt, dass das Wohlfahrtsmaximum dadurch gekennzeichnet ist, dass die Grenznutzen von y bei beiden Individuen gerade übereinstimmt: $\frac{\delta u_1}{\delta y_1} = \frac{\delta u_2}{\delta y_2}$.

Was bedeutet dieses Ergebnis? Erstens wird deutlich, dass beide Individuen in ihrer Eigenschaft als „Nutzenproduzenten" auch zu „Wohlfahrtsproduzenten" werden. Von ihren jeweiligen Grenznutzen geht der gleiche marginale Beitrag für das Wohlfahrtsmaximum aus. Unter welchen Bedingungen impliziert diese formale Beschreibung eines wohlfahrtsoptimalen Zustandes nun eine Gleichverteilung der Güter, so wie sie im Abschn. 5.2.5 diskutiert wurde? Eine egalitäre Gleichverteilung der Güter, d. h. $x_1 = x_2$ und $y_1 = y_2$, ergibt sich offenbar nur dann, wenn die beiden folgenden zusätzlichen Annahmen getroffen werden:

- Die additive Wohlfahrtsfunktion verzichtet auf eine Gewichtung α_i der individuellen Nutzen.
- Die individuellen Nutzenfunktionen sind identisch. Die Individuen unterscheiden sich also nicht in ihren Präferenzen und ihren „konsumtiven Fähigkeiten", aus den Gütern Nutzen zu ziehen.

Sofern die Individuen sich in ihren Präferenzen hinsichtlich der Güter unterscheiden, wird also auch eine utilitaristische Wohlfahrtsfunktion vom Benthamschen Typ nicht zu einer Gleichverteilung der Güter im Wohlfahrtsoptimum führen.

SAMUELSON selbst war bei der Einführung seines für unterschiedliche Werturteile offenen Konzeptes einer sozialen Wohlfahrtsfunktion und den darauf basierenden sozialen Indifferenzkurven (wie in Abb. 5.10) optimistisch, hiermit die methodologischen Probleme der Wohlfahrtsökonomik hinsichtlich der Nutzenvergleichbarkeit lösen zu können und die Grundlage für die Ökonomie einer guten Gesellschaft („*Economics of a good society*", vgl. Samuelson 1956, S. 22) gelegt zu haben. Der praktische Nutzen von Wohlfahrtsfunktionen zur Lösung konkreter Probleme wird im Mainstream der ökonomischen Literatur jedoch überwiegend skeptisch eingeschätzt. Zwar wird eingeräumt, dass eine Wohlfahrtsfunktion eine „*konzeptionelle Konkretisierung der Idee eines gesellschaftlichen Zielsystems*"

(Kleinewefers 2008) darstellen könnte – gleichzeitig wird diese Operationalisierung jedoch als Wesensmerkmal von planwirtschaftlichen und interventionistischen Systems identifiziert – zumal ja bekannt sei, dass *„Bergson bekennender Anhänger der Planwirtschaft und Samuelson bekennender Anhänger des Interventionismus waren"* (Kleinewefers 2008, S. 188). Auch wird neben der Anmaßung von Wissen über die Präferenzen der Individuen auch eine gewisse Beliebigkeit von Wohlfahrtsfunktionen kritisiert (Weimann 2009). Denn bei geeigneter Bestimmung der Gewichte α_i in einer BERGSON-SAMUELSON-Wohlfahrtsfunktion lässt sich (wie oben erläutert) jeder PARETO-optimale Zustand entlang der Nutzenmöglichkeitsgrenze in Abb. 5.9 als Wohlfahrtsoptimum deklarieren. Gleichzeitig eröffnet aber gerade diese vermeintliche Beliebigkeit wohlfahrtsökonomischer Kalkulationen aus Sicht der Kritiker die Möglichkeit einer positiven Analyse, die zur Grundlage einer gesamten Forschungsrichtung geworden ist: Aus empirisch beobachtbaren Entscheidungen der Politik (z. B. über Steuergesetze) lassen sich unter Annahme von (5.4) die Gewichtungsfaktoren für einzelne Individuen oder Gruppen rekonstruieren, die von den politischen Entscheidern bei vermeintlich gerechtigkeitsorientierten Maßnahmen in ihrer Entscheidung angelegt wurden. Allerdings sei davon auszugehen, dass nur die wenigsten Politiker eine Vorstellung davon haben dürften, was eine Wohlfunktion überhaupt sei (Weimann 2009). Diese Kritik an einem planerischen Denken in Wohlfahrtsfunktionen wirkt etwas widersprüchlich, wenn einerseits die Verwendung von Wohlfahrtsfunktionen für konzeptionelle Zwecke als interventionistisch und beliebig kritisiert wird, sie andererseits jedoch dazu genutzt werden, um über die Bestimmung von Wohlfahrtsgewichten aufzuzeigen, welche konkreten Interessengruppen von der Politik mit Vorteilen bedacht werden.

5.3.7 Die intertemporale Wohlfahrtsfunktion: Abwägungen zwischen den Bedürfnissen heutiger und zukünftiger Generationen

Bislang wurde der vom Utilitarismus begründete Gedanke, dass das Wohl der Gesellschaft als Aggregat, bzw. konkret als Summe der Nutzen individueller Gesellschaftsmitglieder zu verstehen ist, auf statische Gerechtigkeits- und Verteilungsprobleme angewandt. Die soziale Wohlfahrtsfunktion wird zu einem Instrument eines fiktiven wohlwollenden sozialen Planers, der sich mit der in einer bestimmten Periode erfassten Nutzungskonkurrenz der Individuen auseinandersetzt. Er ist dabei perfekt über die Bedürfnisse bzw. die Präferenzen der Individuen informiert, kann deren Nutzen in alternativen Zuständen miteinander vergleichen und wählt eine solche Handlung, die die Gesellschaft als Summe ihrer Individuen angesichts von Knappheit und Nutzungskonkurrenz in den bestmöglichen Zustand führt. Die in der Wohlfahrtsfunktion angelegten Bewertungen beziehen sich dabei immer auf die Konsequenzen von individuellen und gesellschaftlichen Entscheidungen, die zu einem bestimmten Zeitpunkt eintreten. Knappheit und Nutzungskonkurrenz werden also als *statische Probleme* betrachtet, Sie müssen zum jetzigen Zeitpunkt gelöst werden und haben auch nur solche Konsequenzen, die sich in der Gegenwart einstellen. Gewiss stellen sich dieselben Probleme auch in einer zukünftigen Periode, dort können sie aber erneut und ggf. auch anders gelöst werden.

Diese Grundgedanken einer utilitaristischen Wohlfahrtsfunktion lassen sich jedoch auch auf intertemporale Probleme beziehen. Intertemporal konkurrierende Nutzenansprüche der Mitglieder der Gesellschaft spielen insbesondere bei Nachhaltigkeitsproblemen eine große Rolle: Die von der gegenwärtigen Gesellschaft getroffenen Entscheidungen über ihren Konsum, ihre Investitionen, die Verwendung von Umweltressourcen und nicht-erneuerbarer Ressourcen oder auch die Aktivitäten im Bereich des Klimaschutzes berühren in vielfältiger Weise die Entscheidungsspielräume und die Wohlfahrt zukünftiger Generationen. Möglicherweise ist die gegenwärtige Gesellschaft in ihren Entscheidungen geneigt, die Zukunft auszublenden. Ein objektiver, wohlwollender Planer würde diese Ambitionen jedoch als kurzfristig und egoistisch zurückweisen. Aus seiner Perspektive ist die Gesellschaft nun nicht mehr nur ein Aggregat ihrer Mitglieder zu einem bestimmten Zeitpunkt, sondern sie besteht über die Zeit aus verschiedenen Generationen bzw. Gesellschaften, deren Bedürfnisse und Nutzungsansprüche gegeneinander abzuwägen sind.

Diese Abwägungen werden in der intertemporalen Wohlfahrtsfunktion zum Ausdruck gebracht. Allgemein sei der Nutzen der gegenwärtigen Gesellschaft U_0 und der Nutzen der zukünftigen Gesellschaft U_1. Die intertemporale soziale Wohlfahrt kann dann als

$$W = W(U_0, U_1) \tag{5.9}$$

definiert werden. Die Wohlfahrtsfunktion erhält damit eine Reformulierung. Es werden nicht mehr einzelne Individuen als Träger von Nutzen und Wohlfahrt betrachtet, sondern unterschiedliche Generationen, d. h. Generationen zum Zeitpunkt t = 0 und t = 1. Das oben diskutierte Problem der interpersonellen Vergleichbarkeit der Nutzen und ihrer Aggregation zu einem Wohlfahrtsindex verschiebt sich auf die Behandlung von ganzen Generationen.

Um die Struktur intertemporaler Abwägungen zu verdeutlichen, ist es zunächst sinnvoll, die Perspektive eines einzelnen Individuums einzunehmen. Jede individuelle Spar- und Investitionsentscheidung eines Individuums berührt das Verhältnis seiner gegenwärtigen und zukünftigen Konsummöglichkeiten. Nimmt man beispielsweise an, dass ein Individuum in der gegenwärtigen Periode des Berufslebens ein Arbeitseinkommen erzielt, im späteren Ruhestand jedoch nicht, so wird seine Sparentscheidung (z. B. für die Altersvorsorge) das für gegenwärtige Konsumzwecke verfügbare Einkommen reduzieren und das in der Zukunft verfügbare Einkommen erhöhen. In der ökonomischen Theorie bedeutet dies, dass jede Entscheidung für heutigen Konsum Opportunitätskosten in Form reduzierter zukünftiger Konsummöglichkeiten nach sich zieht, wohingegen die Erhöhung des zukünftigen Konsums nur durch Sparentscheidungen und heutigen Konsumverzicht möglich ist. Die ökonomische Theorie des rationalen Verhaltens beschreibt individuelle Sparentscheidungen, indem sie den Abwägungen gegenwärtigen und zukünftigen Konsums eine Zeitpräferenz zuschreibt. Ein derartiges Motiv wird im Kontext individueller Präferenzen die *Rate der reinen Zeitpräferenz* genannt (vgl. etwa Schumann et al. 2011).

Box 5.3: Intertemporale Konsumentscheidungen aus individueller Sicht
Die Rate der reinen Zeitpräferenz lässt sich mit dem folgenden Gedankenexperiment veranschaulichen:

- Fragt man beispielsweise eine Person, ob sie eine Barauszahlung in Höhe von 100 € lieber heute oder lieber in einem Jahr erhalten möchte, wird diese vermutlich die heutige Auszahlung vorziehen. Wer weiß schon, was in einem Jahr ist?
- Fragt man, ob sie lieber heute 100 € oder in einem Jahr 110 € erhalten möchte, so wird sie möglicherweise die zukünftige Konsummöglichkeit vorziehen und bereit sein, ein Jahr auf diesen Auszahlungsbetrag zu warten.
- Würde man dieser Person stattdessen eine zukünftige Auszahlung von 105 € anbieten, so wäre sie vielleicht gerade indifferent zwischen 100 € heute oder 105 € in einem Jahr. Mit anderen Worten: Diese Person wäre gerade bereit, auf den zusätzlichen Wert von 5 €, d. h. 5 % des Auszahlungsbetrages, zu verzichten, wenn sie nicht ein Jahr auf diese Konsummöglichkeit warten müsste. Man könnte auch sagen, dass zukünftige Konsummöglichkeiten gegenüber heutigen Konsummöglichkeiten geringer gewichtet werden (Gegenwartsliebe). Der Gegenwartswert der zukünftigen Konsummöglichkeit beträgt 105 €/(1 + 0,05) = 100 € und entspricht damit dem Wert des heutigen Konsums.

Diese Überlegung lässt sich verallgemeinern: Ein Individuum realisiert Nutzen $u_i(C_0, C_1)$ aus dem gegenwärtigen Konsum C_0 und dem zukünftigen Konsum C_1. Klar ist, dass es größere Mengen von C in der Gegenwart und der Zukunft besser findet als geringere. Grafisch lassen sich seine von der reinen Zeitpräferenz geprägten Abwägungen als Indifferenzkurve in der folgenden Abbildung darstellen. Die *Rate der reinen Zeitpräferenz* stellt die *Grenzrate der Substitution* zwischen Gegenwarts- und Zukunftskonsum dar. Formal fragt diese Größe, auf wieviel Einheiten Zukunftskonsum das Individuum (bei Konstanthaltung seines Nutzens) zu verzichten bereit ist, wenn es dafür eine Einheit Gegenwartskonsum erhält:

$$\frac{dC_1}{dC_0} = \frac{\delta u_i / \delta C_o}{\delta u_i / \delta C_1}$$

Die Frage, wieviel Gegenwarts- und Zukunftskonsum überhaupt möglich ist, wird natürlich nicht von seinen Präferenzen bestimmt, sondern vom Einkommen. Das Individuum verfüge über ein Einkommen Y, das es in der Gegenwart erhält, nicht aber in der Zukunft. Dieses Einkommen kann entweder gespart (S) oder konsumiert werden: $Y = C_0 + S$. Die Bildung von Ersparnis führt über den mit den Anlagemöglichkeiten gegebenen Zinssatz r dazu, dass auch in Zukunft Konsum möglich ist: $C_1 = (1 + r) \cdot S$. Damit lautet die Budgetrestriktion des Individuums: $Y = C_0 + \frac{1}{1+r}C_1$. In der folgenden Abbildung wird diese (nach C_1 aufgelöste) Gleichung zur Budgetgerade, deren Steigung $-(1 + r)$ die sogenannte *Grenzrate der Transformation* zwischen Gegenwarts- und Zukunftskonsum darstellt. Sie zeigt an, welche Möglichkeiten für den Konsum in beiden Perioden beim gegebenen Einkommen bestehen. Die optimale intertemporale Konsumentscheidung ist dann durch die Wahl von C_0 geprägt, bei der die Grenzrate der Transformation gerade mit der Grenzrate der Substitution übereinstimmt. Der Zinssatz bestimmt im Gleichgewicht so etwas wie die *Kosten des Wartens* auf zukünftigen Konsum.

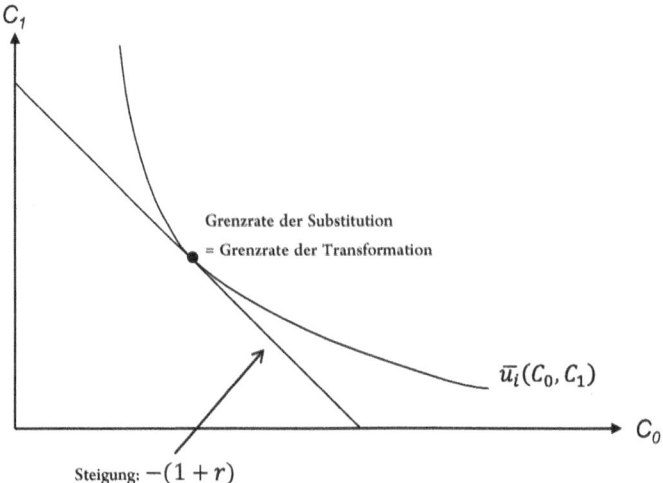

Ein ähnliches Motiv ist auch aus der betriebswirtschaftlichen Investitionsrechnung bekannt: Wie verhält sich ein Unternehmen, das über mehrere alternative Investitionsmöglichkeiten verfügt, mit denen in der Zukunft Gewinne realisiert werden können? Die alternativen Investitionsprojekte sind möglicherweise durch unterschiedlich lange Laufzeiten und unterschiedliche Ströme von erwarteten Einnahmen und Ausgaben in den verschiedenen Perioden der jeweiligen Laufzeit gekennzeichnet. Ein Vergleich der Vorteilhaftigkeit der verschiedenen Projekte kann z. B. über die Kapitalwertmethode oder den internen Zinsfuß vorgenommen werden. Hierfür werden sämtliche vom Projekt induzierten Zahlungen periodenweise saldiert und unter Annahme einer bestimmten Verzinsung zum *Barwert* aufsummiert (für Details vgl. Pindyck und Rubinfeld 2018). Auch hier gilt also, dass der Gewinn, der in einer zukünftigen Periode realisiert wird, erst durch die Anlegung einer bestimmten Verzinsung als Preis des Wartens und des Kapitals auf einen Gegenwartswert abdiskontiert wird.

Mit dem Instrument der Diskontierung lassen sich gegenwärtige und zukünftige Kosten und Nutzen (als Konsequenzen heutiger Entscheidungen) miteinander vergleichbar machen. In diesem Fall bestimmt sich der Diskontfaktor jedoch nicht als Rate der reinen Zeitpräferenz (wie im individuellen Fall) oder als angestrebte Verzinsung (wie im Fall der Investitionsrechnung), sondern als *soziale Diskontrate* ρ. In der einfachsten Form erhält die Wohlfahrtsfunktion dann die Form

$$W = U_0 + \frac{1}{1+\rho} \cdot U_1 \qquad (5.10)$$

Geht man hingegen nicht von einem zweiperiodigen Problem mit Gegenwart und Zukunft, sondern von einem Kontinuum aufeinander folgender Generationen bis zum Planungshorizont T ($t = 0, 1, 2 \ldots\ldots T$) aus, erhält die intertemporale Wohlfahrtsfunktion die Gestalt.

$$W = \int_0^T e^{-\rho t} U_t \, \mathrm{dt} \qquad (5.11)$$

Nimmt man zudem an, dass es keinen Grund gibt, das Aussterben der Menschheit (z. B. aufgrund eines Weltuntergangs nach einem Asteroideneinschlag) zu
befürchten, kann dieser Planungshorizont auch unendlich groß sein ($T = \infty$).

Eine derartige intertemporale Wohlfahrtsfunktion wird in der Ressoucenökono-
mik beispielsweise dazu verwendet, den aus sozialer Sicht optimalen Abbaupfad
einer erschöpfbaren Ressource zu bestimmen. Das dynamische Allokationsproblem besteht hierbei in der Beantwortung der Frage, wie ein begrenzter Res-
sourcenbestand (z. B. bestimmte Bodenschätze) über die Zeit auf verschiedene
Generationen aufgeteilt werden soll. Aus sozialer Sicht erscheint die Option, dass
die gegenwärtige Gesellschaft alle Bodenschätze ohne Blick für die Bedürfnisse
zukünftiger Generationen für sich selbst beansprucht genauso inakzeptabel, wie
die pauschale Forderung, alle Ressourcen für die Ambitionen der vielen, noch in
der Zukunft liegenden Gesellschaften aufzusparen, bzw. im Boden zu belassen.
Eine wesentliche Aussage des Hotelling-Modells besteht darin, dass der Zeit-
pfad der Ressourcenentnahme so gestaltet sein sollte, dass die Erschöpfung der
Ressource erst zu dem Zeitpunkt eintritt, an dem die dann lebende Gesellschaft
darauf vorbereitet und die fragliche Ressource zum dann herrschenden Marktpreis
unattraktiv geworden ist, z. B. weil andere Technologien verfügbar sind. Dieses
Ergebnis hängt jedoch an der Annahme, dass die soziale Diskontrate aus (5.11)
mit dem Marktzins übereinstimmt (Endres und Querner 2000). Ein sozial optimaler Ressourcenabbaupfad der Ressource wird dann unter idealen Bedingungen zum
Ausdruck der Maximierung einer intertemporalen Wohlfahrtsfunktion und führt zu
einem über die Generationen hinweg nicht-sinkenden Nutzen.

5.3.8 Die soziale Diskontrate

Aber wie sollte die soziale Diskontrate bestimmt werden? Eine einfache Gleichset-
zung der sozialen Diskontrate mit dem Marktzins wie im ressourcenökonomischen
Hotelling-Modell führt in anderen Zusammenhängen zu Problemen. Die soziale
Diskontrate bedarf offenbar einer besonderen Begründung, denn aus ethischer
Sicht impliziert die Annahme eines Diskontfaktors, dass etwa bei einer Entschei-
dung über Umwelt- und Klimaschutzprojekte die Nutzenansprüche zukünftiger
Generationen im Wohlfahrtskriterium niedriger gewichtet werden als die Nutzenansprüche heutiger Generationen. Was im rein individuellen Fall mit der Annahme
einer Gegenwartsliebe in der reinen Zeitpräferenz akzeptabel erscheint, ist im
Fall der intertemporalen Wohlfahrtsfunktion nicht unbedingt überzeugend. Vertreter der ökologischen Ökonomik lehnen die Diskontierung daher grundsätzlich ab.
Sie argumentieren beispielsweise, dass die Bedeutung von Umweltschäden, die in
der Zukunft anfallen, aber mit heutigen Maßnahmen vermieden werden könnten,
bei Anwendung von Diskontierung unterschätzt und damit zu kurzsichtig behandelt werden. Gerechtigkeit zwischen den Generationen würde daher fordern, dass
*„die gegenwärtige Generation den Schmerz der künftigen Generationen wie ihren
eigenen empfindet"* (Bartelmus 2014, S. 60). Dies ist nur im Fall von $\rho = 0$. Nur

dadurch könne verhindert werden, dass sich die möglicherweise zu kurzsichtigen Präferenzen der gegenwärtigen Generation zu Lasten der Zukunft durchsetzen.

Box 5.4: Beispiele für die Auswirkungen der sozialen Diskontrate

Die Annahme selbst niedriger Diskontfaktoren haben große Relevanz für heutige Entscheidungen: Je höher der Diskontfaktor, desto niedriger ist das relative Gewicht zukünftiger Kosten und Nutzen in der Kalkulation der heutigen Generation. Nimmt man beispielsweise an, dass durch heutige Emissionen von Klimagasen und die Nicht-Realisierung von Klimaschutzprojekten in 100 Jahren ein Schaden von 1000 Mrd. € entsteht, so führt die Annahme eines Diskontsatzes von 3 % zu einem Bar- bzw. Gegenwartswert dieses Ereignisses in Höhe von $\left[1000 \text{ Mrd. } € \cdot \frac{1}{(1,03)^{100}} = \right]$ 52 Mrd. €. Aber selbst bei einem relativ niedrigen Diskontsatz von 1 % würde der Gegenwartswert dieses Schadens nur 370 Mrd. € und damit lediglich einen Bruchteil der später eintretenden Kosten betragen, die für heutige Kalkulationen in die Waagschale geworfen werden (Buchholz und Schumacher 2009). Lehnt man die Diskontierung hingegen ab, entstehen andere Probleme.

- Nimmt man, dass ein Umweltschutzprojekt bis in alle Zukunft einen jährlichen Nutzen in Höhe von 1 Mio. € spendet und dafür einmalig 35 Mio. € zu investieren sind, so könnte man hierin ad-hoc ein nachhaltiges Projekt vermuten. Legt man jetzt aber eine Diskontrate von 3 % zu Grunde, beträgt der Gegenwartswert dieses Nutzenstromes $\left[1 \text{ Mio. } € \cdot \frac{1}{0,03} \right] = 33,33$ Mio. €. Da dieser Wert niedriger ist als die heute aufzubringenden Investitionskosten, würde die ökonomische Logik von einer Investition abraten. Aufgrund der Abwertung zukünftiger Konsummöglichkeiten wird die Diskontierung in der Literatur zur Ökologischen Ökonomie abgelehnt (Hauff und Jörg 2012).
- Lehnt man nun wegen ihrer vermeintlichen Kurzsichtigkeit die Diskontierung ab und betrachtet ein anderes Projekt, das zu einmaligen Kosten in Höhe von 100 Mio. € durchgeführt werden könnte, welches ebenfalls bei unendlich langer Laufzeit zu einem jährlichen Nutzen in Höhe von lediglich 1 € führt, so wäre sein Gegenwartswert unendlich hoch, sodass dieses Projekt trotz der einmaligen hohen Kosten durchgeführt werden sollte.

Die Wahl der Diskontrate spielt also offenbar aus ökonomischer Sicht für viele Zukunftsfragen wie etwa die Investition in Klimaschutzprojekte eine große Rolle. Typischerweise sind hierbei sehr weit in der Zukunft liegende Schadensereignisse bzw. Kosten mit den heutigen Kosten der potenziellen Vermeidungsmaßnahmen zu vergleichen. Welche akzeptablen Gründe könnten für eine niedrigere Gewichtung zukünftiger Nutzen im heutigen Entscheidungskalkül vorgebracht werden, wenn der utilitaristische Anspruch einer Gleichbehandlung der Generationen aufrechterhalten werden soll?

- Man könnte darauf verweisen, dass intertemporale Probleme rein formal überhaupt nicht sinnvoll lösbar sind, wenn auf die Diskontierung verzichtet wird. Ein derartiges Argument ist aus moralischer Sicht aber kaum überzeugend.
- Man könnte das individuelle Motiv der reinen Zeitpräferenz bzw. der Gegenwartsvorliebe auf die Gesellschaft übertragen. Wenn sich die Individuen in der Realität im Zweifel für eine Bevorzugung der Gegenwart aussprechen, warum sollte dies nicht auf deren gesellschaftliche Entscheidungen übertragen werden? Auch dieses Argument ist normativ wenig überzeugend, da es dem Grundsatz der Gleichbehandlung widerspricht. So haben sich beispielsweise die Utilitaristen SIDGWICK und sein Schüler PIGOU, aber auch der bereits im zweiten Kapitel

vorgestellte FRANK RAMSEY und in jüngerer Zeit der Klimaökonom NICHOLAS STERN gegen eine Anwendung dieses Motivs ausgesprochen (Gollier 2013).

- Weitere Motive könnten sich aus der Unsicherheit über die zukünftige Entwicklung ergeben. Wenn beispielsweise mit einer von Null verschiedenen Wahrscheinlichkeit nicht ausgeschlossen werden kann, dass es zukünftige Generationen (z. B. aufgrund eines Meteoriteneinschlags) gar nicht mehr gibt, könnte dies ein Grund für die Abdiskontierung zukünftiger Werte aus einem Vorsichtsmotiv sein. Aus diesem Grund hat sich beispielsweise NICHOLAS STERN dafür entschieden, die Wohlfahrt zukünftiger Generationen in seinen klimaökonomischen Modellen mit dem sehr kleinen, aber von Null verschiedenen Diskontsatz $\rho = 0, 1\%$ zu belegen (Buchholz und Schumacher 2009).
- Wenn zukünftige Gesellschaften über neue Technologien verfügen, mit denen sie besser als gegenwärtige Generationen ihre Probleme lösen, könnte dies ebenfalls bedeuten, dass heutige und zukünftige Güter in der intertemporalen Wohlfahrtskalkulation nicht gleichbehandelt werden sollten. Will man die Wohlfahrt unterschiedlicher Generationen miteinander vergleichen, so liefert beispielsweise die Kaufkraft einer Lohnminute einen interessanten Ansatz. Während ein durchschnittlicher Arbeitnehmer in (West-)Deutschland im Jahr 1960 noch 3 h und 30 min für ein Paket Bohnenkaffee arbeiten musste, waren dies im Jahr 2019 nur noch 18 min. Für einen Kleiderschrank musste dieselbe Arbeitnehmerin 1960 69 h und 50 min arbeiten, im Jahr 2019 hingegen nur noch 31 h und 20 min (IW 2020, S. 64). Derartige Beispiele legen die Schlussfolgerung nahe, dass die Kaufkraft, das Konsum- und das Wohlstandsniveau nicht 1-1 zwischen verschiedenen Perioden verglichen werden kann.

Diese unterschiedlichen Aspekte bzw. Motive wurden bereits vom österreichischen Ökonomen EUGEN VON BÖHM-BAWERK (1851–1914) in seiner Zinstheorie entwickelt und später von FRANK RAMSEY bei seinem Vorschlag zur Bestimmung der sozialen Diskontrate aufgegriffen. RAMSEYs Interesse galt hierbei der Frage, welche Sparquote in einer wachsenden Gesellschaft sinnvoll sei. Auf die heutige Klimaökonomik übertragen lautet diese Frage, ob jetzt oder später in klimapolitische Maßnahmen investiert werden soll. Der von BÖHM-BAWERK und RAMSEY entwickelte Ansatz der Diskontierung umfasst drei Schritte (Blankart 2008; Buchholz und Schumacher 2009):

1. **Nutzendiskontierung::**
   Auf der „äusseren" Hülle werden die Nutzen der verschiedenen Generationen über die Zeit mit dem die soziale Zeitpräferenz spiegelnden Diskontfaktor $e^{-\rho t}$ gewichtet und als Integral zum intertemporalen Wohlfahrtsindex aggregiert:

$$W = \int_0^\infty e^{-\rho t} U(C_t)\, dt \tag{5.12}$$

Im Vergleich zur Formulierung (5.11) wird deutlich, dass angenommen wird, dass alle Generationen im Zeitablauf mit einer identischen Nutzenfunktion U

berücksichtigt werden, die über periodenspezifische Konsumniveaus C_t definiert sind. Über die Annahme identischer Nutzenfunktionen wird also die Nutzenvergleichbarkeit hergestellt.

2. **Konsumdiskontierung:**
   Die Nutzenvergleichbarkeit bezieht sich auf die konkrete Gestalt einer isoelastischen Nutzenfunktion. Mit dieser wird beschrieben, welches Nutzenniveau U einer Generation aus einem konkreten Konsumniveau C zugerechnet werden kann. Diese zeitinvariante Nutzenfunktion $U(C)$ hat unter der Annahme, dass $\eta > 0$ und $\eta \neq 1$ die folgende isoelastische Form:

$$U(C) = \frac{1}{1 - \eta} C^{1-\eta} \qquad (5.13)$$

Im Falle von $\eta = 1$ wird (5.13) zu $U(C) = \ln C$. Im Vergleich zur oben betrachteten isoelastischen Wohlfahrtsfunktion (5.8) ist diese Funktion etwas anders zu interpretieren: *Erstens* bezieht sie sich direkt auf das Konsumniveau C, aus dem eine Gesellschaft Nutzen ableitet. Und *zweitens* stellt sich hier kein Aggregierungsproblem innerhalb einer Gesellschaft. Diese Nutzenfunktion über den Konsum reflektiert jedoch so etwas wie ein Werturteil hinsichtlich einer angemessenen intertemporalen Verteilung des Konsums über die verschiedenen Generationen hinweg. Der Parameter η stellt die (konstante) Elastizität des Grenznutzens des Konsums dar, sein Kehrwert $1/\eta$ die Substitutionselastizität des Grenznutzens. Da diese Funktion zur Beurteilung der verschiedenen Periodennutzen aufeinander folgender Generationen verwendet wird, bedeutet dies folgendes: Auf Basis der mit der Bestimmung von η formulierten Ungleichheitsaversion werden über die Zeit ungleiche Konsumniveaus der Generationen beurteilt und bei Maximierung der Wohlfahrtsfunktion (5.13) geglättet. Je höher η desto höher die Ungleichheitsaversion. Daher impliziert η eine intertemporale Diskontierung des Konsums.

3. **Soziale Diskontrate:** Aus der intertemporalen Wohlfahrtsfunktion mit ihrer Nutzendiskontierung und der Spezifizierung der Nutzenfunktion mit ihrer Konsumdiskontierung lässt sich die *Ramsey-Regel* zur Bestimmung der sozialen Diskontrate ableiten:

$$r = g \cdot \eta + \rho \qquad (5.14)$$

Hierbei bezeichnet g die Wachstumsrate des Konsums, η die (konstante) Elastizität des Grenznutzens und ρ die soziale Zeitpräferenz.

Ein konkretes Niveau der sozialen Diskontrate kann somit unterschiedlich begründet werden. Bei positiven Wachstumsraten des Konsums kommt der Ungleichheitsaversion eine wesentliche Rolle bei der Diskontierung zu. Eine Gleichbehandlung der Gesellschaften kann also aus Gründen der Ungleichheitsaversion dazu führen, dass der Wert zukünftiger Güter abdiskontiert wird. Nimmt man jedoch niedrige Wachstumsraten an, so wird die Relevanz der Ungleichheitsaversion gemindert, sodass die Diskontierung ausschließlich auf die soziale Zeitpräferenz zurückzuführen wäre.

Da die meisten der hoffentlich noch vermeidbaren Effekte des Klimawandels in der fernen Zukunft liegen, ist die soziale Diskontrate ein wichtiges methodisches Instrument, um die Informationen über zukünftige Schadensereignisse trotz den ihnen innewohnenden Unsicherheiten in heutige Opportunitätskosten übersetzen zu können. Während mit Integrated Assessment Modells und Impact Studies Ereignissen wie dem Anstieg der Meeresspiegel, der Zunahme von Stürmen, Dürren oder Niederschlägen ökonomische Konsequenzen im Sinne einer *Gesamtkostenschätzung* (im Vergleich zu bestimmten Referenzentwicklungen) zugewiesen werden kann, benötigt man beispielsweise für die Gestaltung von heutigen Steuersätzen auf die Emission von Treibhausgasen einen Wertansatz für die marginalen sozialen Kosten, mit dem der Gegenwartswert abgebildet werden kann, der von einer heutigen Veränderung der Emissionen ausgeht. Die Internalisierung externer Effekte ist also zwingend auf Annahmen über die soziale Diskontrate angewiesen.

Box 5.5: Der Streit um die Wahl der Diskontrate in der Klimaökonomik

Der britische Ökonom NICHOLAS STERN (2007) hat mit seiner Untersuchung der wirtschaftlichen Folgen des Klimawandels die akademische Diskussion um den Klimawandel und die Klimaökonomik wesentlich beeinflusst. Dies liegt weniger daran, dass er in seiner Studie argumentiert, dass heutige, schnelle Entscheidungen für Klimaschutzmaßnahmen angesichts der zukünftigen Schadenskosten notwendig sind. Vielmehr liegt es an der Herleitung seiner Begründung: Seine Empfehlung schnellen Handelns beruht weniger auf der Schätzung von (im Vergleich zu anderen Studien) höheren zukünftigen gesellschaftlichen Kosten des Klimawandels, sondern auf der Annahme einer relativ niedrigen sozialen Diskontrate. Er nimmt für die soziale Diskontrate einen Wert von r = 1,4 % an und bestimmt die einzelnen Elemente der Ramsey-Regel wie folgt: $g = 1,3\%$; $\eta = 1$; $\rho = 0,1\%$.

Hiermit geriet er insbesondere in Konflikt mit dem amerikanischen Ökonom WILLIAM NORDHAUS (*1941), der für seine klimaökonomischen Arbeiten 2018 mit dem Nobelpreis ausgezeichnet wurde. NORDHAUS kritisierte Stern sehr heftig und warf ihm beispielsweise vor, seine Analyse aus der überheblichen Perspektive eines nicht mehr zeitgemäßen eines sozialen Planers des britischen Empire zu entwickeln (vgl. Buchholz und Schumacher 2009, S. 20). NORDHAUS spricht sich zwar für das 2°-Ziel und die Umsetzung von internationaler Klimapolitik anhand von Handelsabkommen und Strafzöllen (sog. Klima-Klub) aus, hält jedoch die von STERN gewählten Diskontraten für viel zu niedrig und schlägt einen anderen Weg vor. Aus Vorsichtsgründen plädiert er für die Verwendung einer höheren Diskontrate. Damit könnte verhindert werden, dass die Investitionen zu früh und zu einseitig erfolgen. Ausgewogene Investitionen müssten nicht nur in Klimakapital erfolgen, sondern auch in Wachstumskapital, mit dem das Klimaproblem ggf. später auf der Basis eines höheren Kenntnisstandes gelöst werden könnte (vgl. hierzu Blankart 2008).

An der von STERN initiierten Auseinandersetzung um die „richtige" Bestimmung der sozialen Diskontrate und deren Auswirkungen auf die Vorschläge zur Gestaltung der Klimapolitik haben sich viele bedeutende Ökonomen beteiligt (für einen Überblick vgl. Buchholz und Schumacher 2009; Gollier 2013). Diskussionen ranken sich z. B. um die Annahmen bezüglich der Wachstumsrate g oder um die Frage, ob es überhaupt sinnvoll sei, feste Werte anzunehmen und nicht eher zeitvariable Werte bei der Diskontierung zur Anwendung kommen sollen (z. B. hyperbolische Diskontierung). So sieht beispielsweise Rauscher das wesentliche Problem der von STERN vorgeschlagenen Diskontierung darin, dass diese der heutigen Gesellschaft im Kontext dynamischer Wachstumsmodelle völlig unrealistische Sparquoten abverlangt. Er kommt zu dem Ergebnis, dass eine konstante und einheitliche Diskontrate für klimapolitische Abwägungen aufgrund von Endogenitätsproblemen gar nicht geeignet sei. Einerseits seien Annahmen zur Kapitalproduktivität und Wirtschaftswachstum entscheidend für die Bestimmung der sozialen Diskontrate, mit der Einkommensveränderungen der zukünftigen Generationen abdiskontiert werden. Andererseits hängen die Entwicklung der Kapitalproduktivität und die Wachstumsrate selbst von der Wahl eines klimapolitischen Weges ab (Rauscher 2009).

Andere Diskussionen konzentrieren sich auf die Frage, ob es nicht angemessen sei, den beobachtbaren Marktzins anstatt hypothetischer Kalkulationen bei der sozialen Diskontierung zu verwenden (Paqué 2009). Nicht nur aus individueller Sicht, sondern auch aus gesellschaftlicher Sicht stelle der Marktzins den Preis des zukünftigen Konsums dar. Sofern man mit den Hauptsätzen der Wohlfahrtsökonomik (vgl. hierzu Abschn. 5.4) annimmt, dass es ein System perfekter Gegenwarts- und Zukunftsmärkte gibt, gebe der Marktzins die Höhe dieses Preises wieder. Grundsätzlich müsse sich Klimaschutz wie jede andere Investition an diesen Opportunitätskosten messen lassen, da Ressourcen, die in diesem Bereich investiert werden, nicht zur Verfügung stehen, um andere Leiden zu mindern. Diesem Argument könnte man natürlich entgegenhalten, dass auch die Kapitalmärkte von Verzerrungen geprägt sind, oder dass sich so etwas wie ein intergeneratives Altruismusmotiv nicht im Marktzins niederschlage. Vor diesem Hintergrund hat beispielsweise AMARTYA SEN (1960) schon früh darauf hingewiesen, dass es Aufgabe demokratischer Institutionen sei, die Wahl der Diskontrate zu bestimmen, da deren Bestimmung implizite Verantwortung entfalte, die über empirisch ermittelte oder in Marktzinsen sichtbare Zeitpräferenzen hinausgehe. Ein anderes, eher pragmatisches Argument wird von Paqué vorgebracht. Er sieht in dem Versuch, intertemporalen Kosten-Nutzen-Kalkulationen mit sehr langfristigem Zeithorizont über eine universal anwendbare soziale Diskontierung einen „festen Grund" zu geben als „Übung in Scheinobjektivitäten". Derart langfristige und unsichere Überlegungen seien mit seriösen Kosten-Nutzen-Analysen ethisch und ökonomisch kaum zu rationalisieren, sondern erfordern gesellschaftliche bzw. politische Prioritätensetzung. *„Faktisch ist die Geschichte ohnehin voll von Maßnahmen dieser Art. Offensichtliche Beispiele sind die beeindruckenden öffentlichen Investitionen, die im Laufe der Jahrhunderte... getätigt wurden, vor allem der Bau von Kirchen und Kathedralen. Niemand ist bis heute auf den Gedanken gekommen, diese Art von Investitionen unter Aspekten der intertemporalen Optimierung ökonomisch nach Kosten und Nutzen zu analysieren und im Rahmen einer utilitaristischen Wohlfahrtsfunktion als moralisch gut oder schlecht zu interpretieren. Tatsächlich würde jeder Versuch dieser Art als grotesk anmuten"* (Paqué 2009, S. 46). In diesem Zusammenhang sei daran erinnert, dass bereits vor einem Jahrhundert LUDWIG VON MISES (wenn auch in einem anderen Zusammenhang) auf die Vermessenheit einer Wirtschaftlichkeitsrechnung hingewiesen, wenn diese den Anspruch vertritt, den Wert von Gütern zu bestimmen, die weit von einer Tauschfähigkeit entfernt sind: *„Die Geldrechnung versagt,... wenn man mit ihr den Wert von Gütern berechnen will, die außerhalb des Tauschverkehrs stehen, wie etwa wenn man die Menschenverluste durch Auswanderung oder durch Kriege in Geld zu berechnen strebt. Das sind dilettantische Spielereien, mögen sie auch von sehr einsichtigen Nationalökonomen betrieben werden"* (Mises 1920, S. 97).

5.3.9 Efficiency versus Equity: Wohlfahrtsfunktionen und normative Ansätze der Verteilungsmessung

Die in den obigen Abschnitten vorgestellten Konzepte von sozialen Wohlfahrtsfunktionen können auch direkt mit den im vierten Kapiteln vorgestellten Verteilungsmaßen in Verbindung gebracht werden. Die Verteilungstheorie bezieht sich weitgehend auf eine reine Messung und die Nutzung statistischer ad-hoc-Maße zur Analyse der Verteilung von Gütern, Einkommen oder Vermögen und enthält sich direkter Werturteile. Eine Verknüpfung dieser Maße mit wohlfahrtsökonomischen Maßen führt diese Werturteile nun ein. Sie erlaubt damit auch eine Analyse des klassischen Konfliktes zwischen distributiven und allokativen Zielen. Um ein altbekanntes Bild zu nutzen: Es stellt sich beispielsweise die Frage, ob die Größe des Kuchens unabhängig von seiner Verteilung ist.

- Während die Leistungsgerechtigkeit eher auf Anreize setzt und befürchtet, dass zu starke Umverteilungen die Leistungsanreize reduzieren und damit die Größe des Kuchens schrumpfen lässt,
- setzt die Verteilungsgerechtigkeit eher auf die Gerechtigkeit der auf die Gesellschaftsmitglieder aufzuteilenden Kuchenstücke.

Welche Schrumpfung des Kuchens ist eine Gesellschaft bereit hinzunehmen, wenn damit die Gerechtigkeit seiner Verteilung erhöht werden kann?

Ganz im Sinne der Frage nach der Relevanz der Gleichheit als potenziellem Ziel ökonomischen Handelns betonte DALTON (1920), Ungleichheitsmessung müsse einen Bezug zu ökonomischer Wohlfahrt aufweisen, um überhaupt relevant zu sein. Man könne beispielsweise nach utilitaristischer Manier die sich aus der gegenwärtigen Einkommensverteilung ergebende Nutzensumme entsprechend einer additiv separablen gesellschaftlichen Wohlfahrtsfunktion in Bezug zu dem Gesamtnutzen setzen, der sich im Falle der Gleichverteilung ergeben würde. Bei Unterstellung strikter Konkavität der Nutzenfunktion, also bei identischen Nutzenfunktionen und abnehmendem Grenznutzen des Einkommens, erhöht eine Lorenz-gleichere Verteilung die Wohlfahrt. Das Maximum des Gesamtnutzens ergibt sich dann bei Gleichverteilung. Das DALTON-Maß lässt sich wie folgt darstellen:

$$D = \frac{\sum_{i=1}^{n} u(y_i)}{nu(\mu)} \tag{5.15}$$

ATKINSON (1970) kritisierte, dass dieses Maß nicht invariant gegenüber positiven linearen Transformationen der Nutzenfunktion sei, wobei es vielmehr zu willkürlichen Werten in Abhängigkeit von der jeweiligen Transformation führe.[12] Er schlägt nun ein gegenüber linearen Transformationen invariantes Ungleichheitsmaß vor, wobei er ein zu jedem Einkommensprofil existierendes Gleichheitsäquivalent y^G (*„equally distributed equivalent level of income"*) definiert, also das Niveau eines Pro-Kopf-Einkommens, für welches sich bei Gleichverteilung eine gleich hohe gesellschaftliche Wohlfahrt ergeben würde, wie sie für ein bestimmtes (ungleich verteiltes) Einkommensprofil vorliegt:

$$y^G = y \,|[nu(y) = \sum_{i=1}^{n} u(y_i)] \tag{5.16}$$

Die Parallelität zur Theorie von Entscheidungen unter Unsicherheit wird deutlich: y^G entspricht dem Sicherheitsäquivalent, also dem nicht zufallsbehafteten Betrag, der für eine Person dem Wert einer Lotterie mit ungewissem Ausgang gleichwertig ist.

---

[12] ATKINSON zeigt die fehlende Invarianz des Maßes anhand einer logarithmischen Nutzenfunktion auf (Atkinson 1970, S. 249 f.). SEN (1997) folgt ATKINSONs Kritik nicht vollumfänglich, komme es doch allein auf die Rangordnung der mit den Verteilungen verbundenen Wohlfahrt an.

Wenn Konkavität der Nutzenfunktion $u(y)$ unterstellt wird, also der Grenznutzen nicht mit wachsendem Einkommen steigt, wird y^G das Durchschnittseinkommen μ niemals übersteigen. Der von ATKINSON vorgeschlagene Ungleichheitsindex bedient sich des Verhältnisses von y^G und μ:

$$I_A = 1 - \frac{y^G}{\mu} \tag{5.17}$$

Wenn das Gleichheitsäquivalent y^G genau dem Durchschnittseinkommen μ entspricht, also die Einkommen gleichverteilt sind, nimmt der ATKINSONsche Ungleichheitsindex I_A den Wert 0 an. Für jede mögliche Einkommensverteilung muss der Wert zwischen 0 (völlige Gleichverteilung) und 1 (völlige Ungleichverteilung) liegen. ATKINSON (1970) betont den intuitiven Reiz des Indexes, der die Aussage gestattet: Wenn beispielsweise $I_A = 0,3$ gelte, dann würden unter Annahme einer bestimmten sozialen Wohlfahrtsfunktion nur 70 % des gegenwärtigen Gesamteinkommens benötigt, um das gleiche Wohlfahrtsniveau zu erreichen. Andersherum gibt der Index gibt also wieder, auf welchen Anteil am Gesamteinkommen man verzichten würde, um eine absolute Gleichverteilung zu erreichen. Es lässt sich ebenso bestimmen, welcher Zuwachs an Wohlfahrt mit einem bestimmten Grad an Umverteilung verbunden wäre. Entsprechend lassen sich negative Effekte höherer Besteuerung von Einkommen und damit verbundene Wohlfahrtsgewinne gegeneinander aufwiegen.

Für eine soziale Wohlfahrtsfunktion

$$W = \int u(y)f(y)dy \tag{5.18}$$

ergibt sich bei Annahme einer für alle Individuen identischen isoelastischen Nutzenfunktion $u(y)$ der Form

$$u(y) = \begin{cases} \frac{y^{1-\eta}}{1-\varepsilon}, & \eta \neq 1 \\ \ln y, & \eta = 1 \end{cases} \tag{5.19}$$

das ATKINSON- Maß I:

$$I = 1 - \left(\frac{1}{n} \sum_{i=1}^{n} \left(\frac{y_i}{\mu} \right)^{1-\eta} \right)^{\frac{1}{1-\eta}} \tag{5.20}$$

Die Ungleichheitsaversion wird höher, je größer der Wert von η. Im Übrigen nimmt die Elastizität des Grenznutzens stets diesen Wert an. Mit wachsender Ungleichheitsaversion (und einem stets größeren Wert η) wird gleichzeitig mehr

Wert auf Transfers am niedrigeren Ende der Verteilung und weniger Wert auf Transfers am oberen Ende gelegt.[13]

Der US-amerikanische Ökonom ARTHUR OKUN (1928–1980) hat das in der Ungleichheitsaversion η angelegte Kalkül etwas ironisch mit dem Bild eines löchrigen Eimers (leaky bucket) verglichen (Werding 2019). Das umzuverteilende Geld müsste mit einem löchrigen Eimer von den Reichen zu den Armen getragen werden. Der Eimer sei deswegen löchrig, weil mit der Umverteilung Effizienzverluste in Form von Verwaltungskosten und Anreizverlusten einhergingen. Die Frage, welche Größe des Loches man für eine Umverteilung zu akzeptieren bereit sei, wird dann von der Ungleichheitsaversion η bestimmt. Dies lässt sich am Beispiel von Gleichung (5.18) und (5.19) wie folgt verdeutlichen: Angenommen, die Ungleichheitsaversion sei $\eta = 1$ und in einer Einkommensverteilung mit lediglich zwei Individuen, verfüge Individuum 1 vor der Umverteilung über ein Einkommen von $y_1 = 1000$ Geldeinheiten und Individuum 2 verfüge lediglich über ein Einkommen von $y_2 = 10$ Geldeinheiten. Eine (über den löchrigen Eimer transportierte) Umverteilung von 100 Geldeinheiten von Individuum 1 zu Individuum 2 wirkt in diesem Fall bereits dann wohlfahrtssteigernd, wenn nur 1,1 Geldeinheiten als Erhöhung des Einkommens y_2 ankommen: $\ln(1000) + \ln(10) < \ln(1000 - 100) + \ln(10 + 1, 1)$. Dies bedeutet, dass Umverteilungskosten von 98,9 % damit als akzeptabel eingeschätzt werden.[14]

---

[13] Den vielfältigen und einsichtsreichen Diskussionen zu normativen Ungleichheitsmaßen, die sich in der ökonomischen Literatur im Nachgang zu Daltons und Atkinsons wegweisenden Darstellungen finden, kann in diesen einführenden Anmerkungen nicht die Aufmerksamkeit zukommen, die ihnen in einem Lehrbuch mit einem stärkeren Fokus auf Verteilungsfragen gebühren würde. Umfassende Ausführungen zu Einkommensverteilung und Verteilungsmessung unter angemessener Berücksichtigung normativer Ansätze finden sich beispielsweise bei Cowell (2011).

[14] In einigen ökonomischen Lehrbüchern wird diese Vorstellung von OKUN zur Quantifizierung des trade-off zwischen Gerechtigkeit und Effizienz anhand von kollektiven Gedankenexperimenten wie dem folgenden verdeutlicht (Parkin 2016): Stellen sie sich vor, wir befinden uns als Gruppe in einer Oase in einer großen Wüste. Uns geht es gut. Wir ernähren uns ausschließlich von Eis, das in einem unbeweglichen Kühlschrank in ausreichender Menge zur Verfügung steht. In einer anderen Oase, die einige Kilomenter entfernt ist, leben ebenfalls Menschen, die sich ausschließlich von Eis ernähren. Allerdings sind deren Eisvorräte bereits aufgebraucht. Die Menschen in dieser Oase sind zu alt und zu krank, um in unsere Oase zu kommen, in der ja ausreichend Eis vorhanden ist. Die einzige Möglichkeit, ihnen zu helfen, besteht also darin, ihnen unser Eis zu bringen. Da der Kühlschrank jedoch nicht transporabel ist, würden bei dem Transport natürlich Teile des Eises in der Sonne schmelzen. Die an OKUN angelehnte Frage lautet nun: Wie viel von dem Eis (in Prozent) müsste die Reise überstehen, damit es sich lohnt, dies in die nächste Oase zum Wohle der dort lebenden Menschen zu transportieren? Nach Auffassung von Parkin werden unterschiedliche Menschen bei der Beantwortung dieser Frage zwar unterschiedliche Prozentangaben machen, allerdings ließen sich liberale Denker daran erkennen, dass sie das Eis transportieren würden, wenn nur der kleinste Prozentsatz diese Reise überlebte. Konservative würde man hingegen daran erkennen, dass sie fordern, große Teile des Eises müssten den Transport unbeschadet überstehen.

Box 5.6: Verteilungsmessung und Verteilungspolitik aus ökonomischer Sicht
Dass die Ökonomik grundsätzlich für sich die Freiheit von Werturteilen in Anspruch nimmt, äußert sich in der Verteilungstheorie in einer gewissen Zurückhaltung oder gar Skepsis in Bezug auf konkrete, politische Umverteilungsfragen. Zwar etablierte der klassische Ökonom JOHN STUART MILL die Auffassung, dass der Bereich der Verteilung (von Einkommen und Vermögen) unabhängig vom Produktionsbereich der Wirtschaft betrachtet und auch politisch gestaltet werden kann, in der Neoklassik und ihrer Marginalanalyse wendete man sich jedoch von dieser Vorstellung der politischen Gestaltung und einer Sonderrolle der Verteilung ab. Man erklärte die sich am Markt ergebende Einkommensverteilung allein auf Basis der Grenzproduktivitätstheorie im Rahmen einer positiven Analyse: Unter den Annahmen der vollkommenen Konkurrenz erfolgt die Entlohnung der Produktionsfaktoren hiernach rein endogen und wird davon bestimmt, welchen marginalen Wertbeitrag der jeweilige Produktionsfaktor zum Produkt geleistet hat. Das gesamte Produktionsergebnis wird also unter den Faktoren entsprechend ihrer Produktivität aufgeteilt. Vor diesem Hintergrund ist es nicht erstaunlich, dass es unter Ökonominnen und Ökonomen lange Zeit einen großen Konsens gab, der Eingriffe des Staates in die sich am Markt ergebende Einkommensverteilung ablehnte. Derartige Eingriffe sollten nach Möglichkeit vermieden werden, um die Fähigkeit von Märkten zur Herbeiführung einer effizienten Ressourcenallokation nicht zu gefährden. In jüngerer Zeit scheint jedoch unter Ökonominnen und Ökonomen ein gewisser Perspektivwechsel in der Umverteilungsdebatte stattzufinden (Krämer 2020, S. 119). Diese zunehmende Offenheit betrifft aber nicht nur redistributive Maßnahmen im Allgemeinen, sondern auch arbeitsmarktpolitische Maßnahmen wie den Mindestlohn (als direkten staatlichen Eingriff in die Lohnpolitik der Parteien des Arbeitsmarktes), die Bildungspolitik und weitere Instrumente, die die Lohnbildung beeinflussen.

Ein Grund für die zunehmende Offenheit in der verteilungspolitischen Diskussion liegt gewiss darin, dass sich der beunruhigende Befund einer zunehmenden Ungleichheit der Einkommen (bezogen auf die personelle Einkommensverteilung) auf nationaler und internationaler Ebene und den daraus erwachsenen gesellschaftlichen Spannungen kaum noch bestreiten oder mit einfachem Verweis auf die Grenzproduktivitätstheorie beantworten lässt. Als wesentliche Treiber der zunehmenden Einkommensungleichheit werden vor allem Einflüsse der Globalisierung und des technischen Fortschritts identifiziert.

Die in jüngerer Zeit diskutierten Vorschläge und Systematisierungen von Maßnahmen zur Verbesserung der Verteilungspolitik sind in zweierlei Hinsicht interessant: Auf der normativen Begründungsebene für die Umverteilungsmaßnahmen wird zwar nach wie vor auf Gerechtigkeitstheorien wie den Utilitarismus oder andere Theorien Bezug genommen. Bei der Systematisierung der Ansätze geht der Fokus jedoch zunehmend über reine Umverteilungsmaßnamen hinaus, mit der eine Korrektur der Markteinkommen vorgenommen wird, um nach Umverteilung eine gleichmäßigere bzw. gerechtere Aufteilung der Nettoeinkommen zu erreichen. So legen etwa Blanchard und Rodrik einen multi-instrumentellen Ansatz zur Verbesserung der Einkommensverteilung vor, der nicht nur die Produktionsphase der Einkommenserzielung der Individuen einbezieht (Blanchard und Rodrik 2021, vgl. hierzu Krämer 2020). Insgesamt werden drei Phasen des wirtschaftlichen Prozesses identifiziert, auf die sich verteilungspolitische Maßnahmen beziehen, die jeweils unterschiedliche Segmente der personellen Einkommensverteilung adressieren (Tab. 5.1).

Blanchard und Rodrik kommen zur Einschätzung, dass vor allem Eingriffe während der Produktionsphase die besten Möglichkeiten zur Reduktion der Ungleichheit bieten. Sie präferieren eine Politik, die über Bildung, Ausbildung und Umverteilung hinausgeht: *„We need a policy environment that directly tragets the creation of good jobs"* (Blanchard und Rodrik 2021, S. xv). Damit wenden sie sich von der in der Standardökonomik vertretenen Ansicht ab, dass verteilungspolitische Eingriffe in Marktprozesse vermieden werden sollten (Krämer 2020, S. 148) und präferieren einige Maßnahmen, die in der Ökonomik bislang auf breite Ablehnung treffen. Üblicherweise wird die Ansicht vertreten, dass sich Verteilungspolitik (bestenfalls ohne große Effizienzverluste) auf die Ausstattungen der Individuen richten solle und allenfalls noch im Bereich einer nachträglichen Transfer- und Sozialpolitik geduldet werden sollte.

Tab. 5.1 3×3-Matrix der verteilungspolitischen Interventionsmöglichkeiten. (Nach Blanchard und Rodrik, in Anlehnung an Krämer (2020, S. 146); Blanchard und Rodrik (2021, S. xiv))

		In welcher Phase wird eingegriffen?		
		Pre-production	Production	Post-production
Welche Art von Ungleicheit soll verbessert werden bzw. welche Einkommensgruppen werden adressiert?	Niedrige Einkommen	Verbesserung der Ausstattung (Gesundheit, Bildung); Grundeinkommen	Mindestlohnpolitik; Arbeitsplatzgarantien	Transferleistungen, anreizorientierte Arbeitsmarktpolitik, makroökonomische Vollbeschäftigungspolitik
	Mittlere Einkommen	öffentliche Ausgaben für die Hochschulbildung	Politik für „gute Arbeitsplätze"; Stärkung der Gewerkschaften und des Tarif- und Arbeitsrechtes, Politik zur Steuerung des technologischen Wandels	Sozialversicherungen
	Hohe Einkommen		Regulierung; Kartellrecht	Vermögenssteuern

5.3.10 Nutzen und Wohlfahrt in der Armutsmessung

Auch der Bogen zur Armutsmessung soll noch einmal geschlagen werden. Das vierte Kapitel verweist darauf, dass ein Verständnis von absoluter und relativer Armut in einer Gesellschaft für die Gestaltung gerechtigkeitsorientierter Wirtschaftspolitik unerlässlich ist. Nach der Vorstellung der Armutsverteilungsmaße wurde die Darstellung der Armutsmessung zunächst verlassen, um nun vor dem Hintergrund der Darstellung gesellschaftlicher Wohlfahrt Ansätze der Armutsmessung gewürdigt werden sollen, die sich hier anfügen. SEN verweist im Rahmen der Diskussion seines eigenen Armutsmaßes darauf, dass jedes Messsystem, das nur ordinale Wohlfahrtsinformationen berücksichtigt, von einem Beobachter, der davon überzeugt ist, dass er Zugang zu kardinalen, interpersonell vergleichbaren Wohlfahrtsfunktionen hat, als mangelhaft erscheinen muss (Sen 1976). Gleichzeitig ist es natürlich erheblich schwieriger, sich auf interpersonell vergleichbare kardinale Wohlfahrtsfunktionen zu einigen als über schlichte Wohlfahrtsrankings.

Unterschiedliche utilitaristische Ansätze in der Armutsmessung nehmen den Wohlfahrtsgedanken auf (Seidl 1988a). Charles Blackorby und David Donaldson (1980) haben für diese Maße den Begriff der „ethischen" Armutsmaße geprägt. So taucht beispielsweise auch hier das Konzept des ATKINSONschen gleichverteilten äquivalenten Einkommens auf, jetzt wiederum als das gleichverteilte Armutseinkommen, also dasjenige Einkommen, das, wenn es jedem Armen zugute käme, als sozial indifferent gegenüber der derzeitigen Verteilung eingestuft würde (Blackorby und Donaldson 1980). Es wird deutlich, dass Sens Armutsindex eine fruchtbare Grundlage für die Entwicklung weiterer (ethischer) Armutsmaße bildet.

Um einen vielfältigen Überblick über die Diskussion zu bieten, soll kurz ein Ansatz zur Armutsmessung der sogenannten Leiden-Schule vorgestellt werden.

Der von der Leidener Ökonomin Aldi HAGENAARS (1986) eingeführte Armutsindex fügt sich in das von diesem Kreis von Ökonomen vertretene Konzept des
erfahrenen Nutzens nahtlos ein.

Box 5.7: Die Leiden-Schule

Der Begriff Leiden-Schule bezieht sich auf die wohlfahrtstheoretischen Beiträge einer Gruppe von
Ökonomen an der Universität von Leiden, die im Wesentlichen im letzten Drittel des 20. Jahrhunderts entstanden sind. Basierend auf der wegweisenden Arbeit von Bernard VAN PRAAG (1968)
konzentriert sich der Ansatz der Leiden-Schule in erster Linie auf die Bewertung des Einkommens,
obwohl in späteren Arbeiten der Fokus erweitert wurde. Es wird ausdrücklich vom Nutzen des Einkommens und der wirtschaftlichen Wohlfahrt gesprochen. Wird der Begriff Wohlfahrt verwendet,
ist stets die aus dem Einkommen abgeleitete Wohlfahrt gemeint. Das Konzept ist enger gefasst als
spätere Konzepte des Wohlbefindens, die Gefühle einschließen, welche mit Faktoren verbunden
sind, die nichts mit dem Einkommen oder der Kaufkraft zu tun haben.

Der Leidener Ansatz basiert auf zwei Annahmen. Die erste ist, dass Individuen in der Lage
sind, das Einkommensniveau im Allgemeinen und ihr eigenes Einkommen im Besonderen in
Form von „gut", „schlecht", „ausreichend" usw. zu bewerten. Diese Begriffe werden als verbale
Qualifizierungsmerkmale *(verbal qualifiers)* bezeichnet. Die zweite Annahme ist, dass verbale
Bezeichnungen auf sinnvolle Weise in eine numerische Bewertung auf einer begrenzten Skala, z. B.
[0,1], übersetzt werden können.

Die Wohlfahrtsfunktion der Leiden-Schule nimmt die Form einer Lognormalverteilung an.
Nachdem dies von VAN PRAAG (1968) bereits theoretisch hergeleitet wurde, konnten seine Kollegen Floor VAN HERWAARDEN und Arie KAPTEYN die Leidener Wohlfahrtsfunktion später empirisch stützen (van Herwaarden und Kapteyn 1981).

Wurde die Armutsgrenze in der „traditionellen" Armutsmessung auf ein bestimm-
tes Einkommen festgelegt und monetär ausgedrückt, legt die wohlfahrtsbasierte
Armutsmessung der Leiden-Schule eine Armutsschwelle auf Basis individueller Nutzenschwellen fest, der sich aus Befragungen ergibt. Während die meisten
bekannten Definitionen von Armutsgrenzen auf einer Annahme über die Art der
Armut beruhen, d. h. ob es sich um absolute oder relative Armut oder ein Hybrid-
Konzept handeln mag. Die Leiden-Armutsschwelle δ, betonen HAGENAARS und
VAN PRAAG (1985), hat den Vorteil, dass diese Wahl nicht vom Forscher getroffen
wird, sondern das Ergebnis der Wahrnehmung der Armut durch eine repräsentative Stichprobe der Bevölkerung ist. Die Armutsschwelle kann auch nach
Familiengröße und anderen Merkmalen auf wohlfahrtsneutrale Weise differenziert
werden.

Sie ergibt sich schlicht als

$$U(\pi) = \delta \tag{5.21}$$

Die wesentliche Größe, die in das Armutsmaß eingeht, ist der zensierte Nutzen
der jeweiligen Einkommen, $U^*(y_i)$:

$$U^*(y_i) := min\{U(y_i), \delta\} \quad \forall i = 1, 2, \ldots, n \tag{5.22}$$

Der Armutsindex nimmt damit folgende Form an:

$$P[U(y), \delta] = 1 - \frac{\frac{1}{n}\sum_{i=1}^{n} U^*(y_i)}{\delta} \tag{5.23}$$

Der Leidener Armutsindex gibt also den relativen Abstand der durchschnittlichen zensierten Nutzen von der Armutsschwelle wieder. Dabei ist auch die Verwandtschaft mit Atkinsons Ungleichheitsmaß in Gleichung (5.20) deutlich. Wichtig ist es, sich zu vergegenwärtigen, dass dieser Ansatz zulässt, individuelle Umstände zu berücksichtigen, ohne dass diese in Form von Äquivalenzskalen angegeben oder als unterschiedliche Armutsgrenzen ausgedrückt werden müssen. Dies wird dadurch erreicht, dass die Nutzenfunktion als nicht nur vom individuellen Einkommen, sondern auch von einem Vektor individueller Umstände abhängig betrachtet werden kann.

5.4 Paretianische Wohlfahrtsökonomik und die Hauptsätze der Wohlfahrtsökonomik

5.4.1 Die Ablehnung von interpersonellen Nutzenvergleichen und das Pareto-Prinzip in der jüngeren Wohlfahrtsökonomik

Der Streit um die Möglichkeit und Sinnhaftigkeit interpersoneller Nutzenvergleiche zieht sich wie ein roter Faden durch fast alle Bereiche, die bislang in diesem Buch vorgestellt worden sind (vgl. insbesondere Abschn. 2.4.3). Wie soll es möglich sein, vom individuellen Nutzen auf die gesellschaftliche Wohlfahrt zu schließen, wenn man die individuellen Nutzenniveaus gar nicht miteinander vergleichen kann? Die moderne Mikroökonomik und die jüngere Wohlfahrtsökonomik legen großen Wert darauf, dass ökonomische Modelle ohne kardinale, interpersonell vergleichbare Nutzenmessungen auskommen müssen und verweisen Ansätze der Nutzenvergleichbarkeit (wie etwa die in den letzten beiden Abschnitten formulierten Maße der Verteilungs- und Armutsmessung) in den Bereich wissenschaftlich nicht begründbarer Werturteile. Als Konsequenz daraus ergibt sich, dass gesellschaftliche Ziele wie die Maximierung irgendwelcher aggregierter individueller Nutzen als Bestandteil ökonomischer Modelle kaum akzeptiert und häufig als Ausdruck interventionistischen und planwirtschaftlichen Denkens kritisiert werden. Eine Art Kompromiss liegt vor, wenn das Ziel der Maximierung einer Wohlfahrtsfunktion lediglich den Status eines exogenen, wertebehafteten Kriteriums (z. B. mit dem Ziel der Identifikation eines Optimum optimorum) zugewiesen bekommt, welches die vermeintliche Wertfreiheit der auf dem Prinzip der individuellen Rationalität und der individuellen Nutzenmaximierung beruhenden ökonomischen Modelle nicht belastet.

Der bislang in diesem Kapitel formulierte Ansatz, Wohlfahrt ohne die Berücksichtigung von Märkten allein aus normativen Überlegungen des klassischen Utilitarismus oder auch aus dem neoutilitaristischen Ansatz von HARSANYI herzuleiten, ist aus Sicht ökonomischer Lehrbuchdarstellungen eher unüblich. Üblicherweise werden Wohlfahrtsvorstellungen immer im Kontext der Darstellung wettbewerblicher Märkte entwickelt und auf Märkte angewendet. Die Enthaltsamkeit hinsichtlich normativer Annahmen zeigt sich hier daran, dass die Wohlfahrtsüberlegungen ausschließlich auf dem Wege positiver Analyse hergeleitet werden. Wenn im zweiten Kapitel betont wurde, dass sich die Ökonomik bei ihrer Analyse des Homo oeconomicus als positive Wissenschaft versteht, so gilt dies nun auch für die jüngere Wohlfahrtsökonomik, die ihre Aussagen aus Annahmen zum individuellen Rationalverhalten und der Analyse individueller Interaktionen auf wettbewerblichen Märkten bezieht. Die Relevanz von Märkten liegt dann darin, dass die individuellen Bewertungen nicht abstrakt bzw. im luftleeren Raum vorgenommen werden, sondern dass Individuen auf Märkten freiwillige, auf ihrem subjektiven Vorteilhaftigkeitskalkül beruhende Tauschbeziehungen eingehen und damit Entscheidungen über die Verwendung ihrer Ressourcen treffen. Im jeweiligen Marktgleichgewicht nehmen sie also freiwillig Positionen ein, die anschließend beurteilt werden können.

Effizienz und Wohlfahrt sind damit aus Sicht des reinen Marktgeschehens exogene Kriterien, die zur Evaluierung, d. h. zur normativen Beurteilung von gesellschaftlichen Zuständen genutzt werden. Im Kriterium der PARETO-Optimalität verschmelzen Aussagen zur Effizienz und zur Wohlfahrt jedoch zu einem einheitlichen Begriff, daher werden die Begriffe der PARETO-Effizienz und der PARETO-Optimalität als Synonyme behandelt. Der US-amerikanische Ökonom JAMES M. BUCHANAN (1919–2013), der 1986 mit dem Nobelpreis für seine Arbeiten zur Theorie staatlicher und gesellschaftlicher Entscheidungen ausgezeichnet wurde, hat die Qualität des Pareto-Kriteriums für die Belange der Wohlfahrtsökonomik wie folgt charakterisiert: *„This Pareto-rule is itself an ethical proposition, a value statement, but it is one which requires a minmum of premises and one which should command wide assent. The rule specifically eliminates the requirement that interpersonal comparisons of utility be made. As stated, however, a fundamental ambiguity remains in the rule. Some objective content must be given to the terms „better off" and „worse off". This is accomplished by equating „better off" with „in that position voluntarily chosen". Individual preferences are taken to indicate changes in individual well-being, and a man is said to be better off when he voluntarily changes his position for A to B when he could have remained in A"* (Buchanan 1959, S. 125).

Diese Gedanken lassen sich noch einmal anhand der unten aufgeführten Abb. 5.13 nachvollziehen: Beide Individuen könnten ausgehend von der Anfangsallokation Z durch eine Reallokation der Gütermengen in eine bessere Position in der grau gefärbten Linse gebracht werden, etwa indem Individuum 1 einige Gütereinheiten von x weggenommen und an Individuum 2 übergeben werden ($-\Delta x_1 = +\Delta x_2$) und wenn im Gegenzug Individuum 2 einige Einheiten von Gut y weggenommen und Individuum 1 zur Verfügung gestellt werden ($+\Delta y_1 = -\Delta y_2$). Die Individuen würden damit in den Zustand D gelangen. Da beide Individuen der Auffassung sind, dass $D \succ Z$, liegt damit eine Pareto-Verbesserung vor. Ausgehend von D wäre die weitere Verbesserung eines Individuums nur möglich, wenn dafür in Kauf genommen wird, dass sich der Zustand des jeweils anderen verschlechtert. Dies bedeutet aus gesellschaftlicher Sicht, dass in Zustand D die für die Produktion der Güter x und y benötigten Ressourcen besser und im ökonomischen Sinne effizienter genutzt werden als in Z. Das PARETO-Kriterium erlaubt jedoch keine

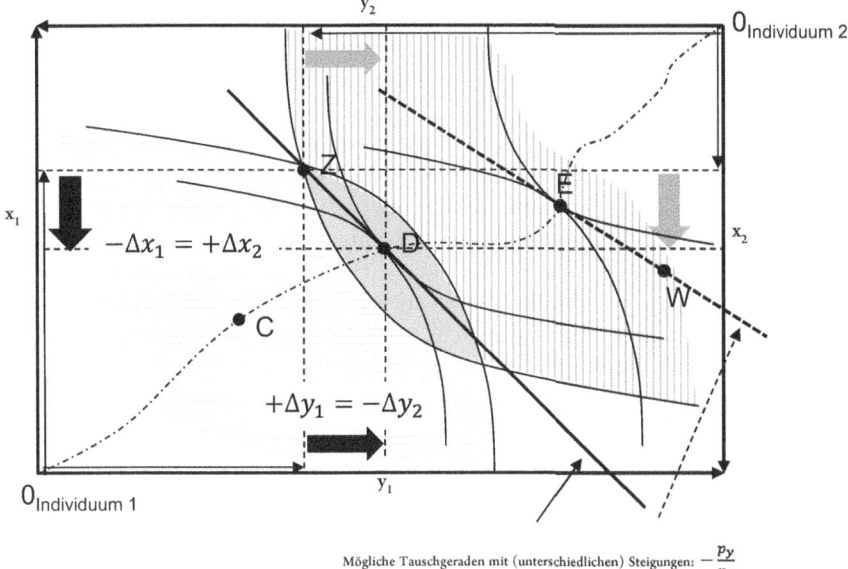

Abb. 5.13 Relative Güterpreise, Tauschgerade und Tauschgleichgewicht.

Reihung über Z und D oder über Z und E, ebenfalls erlaubt es keine Reihung über die Zustände C, D und E. Es liefert damit lediglich eine unvollständige Ordnung.

5.4.2 Die Einführung des Marktes als Allokationsmechanismus

Von großer Bedeutung ist nun der nächste Schritt: Die bisherigen Betrachtungen wurden in einem *sozialen Vakuum* aus der Perspektive eines sozialen Planers vorgenommen. Dieser kennt die Verfügbarkeit der Güter ebenso wie die Bedürfnisse und Fähigkeiten der Individuen, für deren Konsum die Güter bestimmt sind. Die Frage, *wie* die beiden Individuen in den Besitz einer bestimmten Anfangsallokation (z. B. Z) kommen und wie möglicherweise eine Verbesserung dieser Anfangsallokation (z. B. in D) erreicht werden kann, wurde bislang ausgeblendet. Es muss also anhand eines konkreten Allokationsmechanismus entschieden werden, wie die Zuteilung und Verfügung über die Güter gestaltet sein soll.

Bei einer abstrakten Betrachtung kann man sich eine Vielzahl von Verfahren bzw. Allokationsmechanismen für die Auflösung von Knappheitsproblemen vorstellen:

- Ein wohlwollender sozialer Planer mit vollständigen Informationen könnte in die Position eines *Diktators* gesetzt werden, der den Individuen die Güter zuweist. Dieser Diktator könnte natürlich auch weniger wohlwollend sein und die Zuteilung entsprechend seiner eigenen Vorstellungen vornehmen.

• Anstatt eines einzelnen Diktators könnte man auch einen über eine *Planungsbehörde* administrierten Planungsprozess für die Zuteilung von Gütern entwickeln.

• Man könnte sich den Erwerb der Güter als gewalttätigen, anarchischen *Kampf* vorstellen, in dem sich das jeweils stärkere Individuum durchsetzt.

• Man könnte sich aber auch friedliche, nach bestimmten Regeln gestaltete *Wettbewerbe* durchführen, bei denen die jeweiligen Sieger die fraglichen Güter zugeteilt bekommen.

• Man könnte die Zuteilung der Güter auf Basis selektiver objektiver Kriterien, d. h. diskrimierend, durchführen (z. B. nach Kriterien wie Volkszugehörigkeit, Alter, politischer Gesinnung, etc.).

• Man könnte faire *Lotterien* durchführen, deren Ergebnis dann über die Zuteilung der Güter entscheidet. Die Güter gelangen dann jeweils zu denen, die Glück bei der Lotterie haben.

• Man könnte die Güter einfach an einer Ausgabestelle zur Verteilung anbieten, sodass das Allokationsproblem über eine *Warteschlange* gelöst wird (first come first serve).

• Man könnte kollektive, *demokratische Entscheidungen* über die Zuteilung der Güter vornehmen, denen sich dann alle Individuen zu beugen hätten.

• Man könnte wettbewerbliche *Märkte* als Allokationsmechanismus nutzen.

Alle der oben genannten sozialen Mechanismen kommen in verschiedenen Varianten in der gesellschaftlichen Realität bei der Auflösung von Knappheitsproblemen zur Anwendung. Alle Varianten haben spezifische Vorzüge und Nachteile in Bezug auf die Kriterien der Effizienz und Gerechtigkeit. Für die Bereitstellung öffentlicher Güter, die Verabschiedung eines öffentlichen Haushaltes oder die Bearbeitung von Nachhaltigkeitsproblemen erscheinen Marktmodelle wenig geeignet, sodass Allokationsentscheidungen auf Basis kollektiver Entscheidungen getroffen werden müssen (vgl. etwa Kap. 9 dieses Buches). Die Vergabe von Auszeichnungen für künstlerische Werke oder sportliche Leistungen wird in der Regel ebenfalls nicht auf Basis von Märkten vorgenommen, sondern in eigens dafür geschaffenen Wettbewerben oder durch Gremien. Einige der o.g. Varianten prägen auch die Diskussion um alternative Wirtschaftsmodelle (vgl. Kap. 10 dieses Buches). Selbst Diskriminierung stellt unter bestimmten Voraussetzungen ein akzeptables Modell für einige Arten von Allokationsentscheidungen dar: Die individuelle Entscheidung, mit einer anderen Person eine Liebesbeziehung oder eine Ehe einzugehen, wird auf Basis bestimmter diskriminierender Merkmale getroffen. Kaum jemand würde auf die Idee kommen, zu fordern, dass die Entscheidung, mit welcher Person man eine Liebesbeziehung oder eine Ehe eingeht, auf Basis diktatorischer Entscheidungen oder Zahlungsbereitschaften getroffen werden sollte.

Die Ökonomik spricht sich grundsätzlich für die Verwendung von wettbewerblichen Märkten als Allokationsmechanismus aus, da diese – unter bestimmten

Annahmen – in Bezug auf die Effizienz und die Gerechtigkeit der sich im Marktgleichgewicht einstellenden Allokationen allen übrigen Mechanismen überlegen
sind. Dieser Gedanke lässt sich in Abb. 5.13 verdeutlichen. Im Vergleich zur
ansonsten identischen Abb. 5.7 wird lediglich eine zusätzliche Annahme eingeführt: Es wird angenommen, dass die beiden Individuen ihre Bewertungen der
Güterbündel nicht nur entsprechend ihrer Nutzenfunktionen abstrakt vornehmen,
sondern, dass die Güter x und y auf wettbewerblichen Märkten gehandelt werden.
Auf diesen Märkten treten die Individuen in Beziehung zueinander und offenbaren ihre Präferenzen hinsichtlich der Güter in ihren Tauschwünschen. Ausgehend
von der (nach wie vor zufällig gewählten Anfangsallokation) Z wird der Wechsel
von Güterpositionen $(-\Delta x_1 = +\Delta x_2$ und $+\Delta y_1 = -\Delta y_2)$ nicht nur von beiden Individuen in abstrakter Weise begrüßt, sondern durch deren Entscheidungen
auf den Märkten durch Gütertausche tatsächlich realisiert. Unter den Bedingungen der vollständigen Konkurrenz werden sich auf den Märkten für x und y die
Güterpreise p_x und p_y herausbilden, die den Übergang von der Anfangsallokation
Z in den Pareto-optimalen Zustand D herbeiführen. Für die in der Anfangsallokation Z jeweils angebotenen und nachgefragten Mengen von x und y ergibt
sich mit dem relativen Güterpreises $\frac{p_x}{p_y}$ für beide Individuen ein Tauschverhältnis.
Dieses stellt sich im Marktprozess so ein, dass die unterschiedlichen individuellen Tauschwünsche mit den damit einhergehenden überschüssigen Nachfrage- und
Angebotsmengen kompatibel gemacht werden, sodass sich im Marktgleichgewicht
die Tauschwünsche gerade entsprechen. Dieses Preisverhältnis stellt eine objektive, d. h. für beide gültige Information für ihre Dispositionen dar. Nimmt man
beispielsweise an, dass $p_x = 2$ Geldeinheiten und $p_y = 1$ Geldeinheit, dann kennzeichnet das Preisverhältnis $\frac{p_y}{p_x}(= 1/2)$ den relativen Preis des Gutes y in Einheiten
des Gutes x. Die Information besagt also, dass am Markt ½ Einheit von y gegen
eine Einheit von x getauscht werden. In Abb. 5.13 ergibt sich damit eine beiden
Individuen zugänglichen Tauschlinie mit der Steigung $\frac{p_y}{p_x}$, die die Allokation aus
Z nach D verschieben wird. Zusammenfassend kann damit festgehalten werden,
dass die Allokation D *simultan* zwei Bedingungen erfüllt:

- D ist (ausgehend von Z) als *Marktgleichgewicht* zu betrachten. Man bezeichnet
  einen Zustand als Gleichgewichtszustand, wenn keine der beteiligten Tausch-
  partner einen überzeugenden Grund hat, von seinen Dispositionen abzuweichen.
  Zwar wäre es beispielsweise für Individuum 2 vorteilhaft, eine weitere Einheit
  von x zu bekommen – allerdings nur dann, wenn es dafür weniger als 2 Einheiten von y an Individuum 1 abgeben müsste. Bei weiteren Gütertauschen
  zum gegebenen Preisverhältnis würde sich Individuum 2 verschlechtern (und
  eine Indifferenzkurve auf einem niedrigeren Nutzenniveau erreichen). Individuum 2 maximiert also in D beim gegebenen Preisniveau seinen Nutzen.
  Dasselbe gilt für Individuum 1: Auch für Individuum 1 wäre es – ausgehend
  von Z – in D vorteilhaft, weitere Einheiten von y zu erhalten, z. B. wenn diese
  kostenlos zur Verfügung stehen würden. Es ist jedoch in D nicht bereit, für
  eine zusätzliche Einheit von y eine halbe Einheit von x herzugeben, weil es
  sich damit verschlechtern würde. Die Individuen haben in D keinen Grund,

in weitere Tauschgeschäfte einzutreten. Ausgehend vom Ausgangszustand Z wird sich also das Markt- bzw. Tauschgleichgewicht D einstellen. Formal erkennt man dieses Marktgleichgewicht daran, dass beide Individuen auf der Tauschlinie einen Tangentialpunkt wählen, dessen Steigung (Preisverhältnis der Güter) gerade der Steigung der Indifferenzkurve (Grenzrate der Substitution) entspricht.

- Gleichzeitig stellt D aus sozialer Sicht (und völlig unabhängig von der Frage, ob D durch einen marktlichen Tausch oder einen anderen Mechanismus herbeigeführt wurde) einen *PARETO-optimalen Zustand* dar, bei dem es nicht möglich ist, die Position eines der beiden Individuen zu verbessern, ohne gleichzeitig das jeweils andere zu verschlechtern. Formal erkennt man dies daran, dass auch die beiden Indifferenzkurven in der EDGEWORTH-Box tangential zueinander stehen, sodass deren Grenzrate der Substitution sich gerade ausgleicht.

Mit der mikroökonomischen Gleichgewichtsbedingung einer Übereinstimmung der Grenzrate der Substitution mit dem relativen Preisverhältnis ist gleichzeitig die Bedingung des Pareto-Optimums erfüllt, nach der kein Individuum besser gestellt werden kann, ohne gleichzeitig ein anderes Individuum zu verschlechtern.

5.4.3   Die Hauptsätze der Wohlfahrtsökonomik

Die anhand von Abb. 5.13 erläuterte Aussage, dass das Markt- bzw. Tauschgleichgewicht D die Bedingungen eines PARETO-Optimums erfüllt, bezieht sich natürlich auf die lediglich zufällig gewählte Anfangsallokation Z und muss nun wie folgt präzisiert werden. Der Preismechanismus wettbewerblicher Märkte wird ausgehend von den individuellen Bewertungen in Z eine Tauschkurve mit einem Preisverhältnis $\frac{p_y}{p_x}$ herbeiführen, die es den Individuen erlaubt, so lange Güter zum gegenseitigen Vorteil zu tauschen, bis im Gleichgewicht ein PARETO-Optimum realisiert wird.

Diese Aussage lässt sich nun zur Herleitung der Hauptsätze der Wohlfahrtsökonomik in zwei Schritten verallgemeinern.

- *Erstens* gilt dies nicht nur für die zufällig gewählte Anfangsallokation Z, sondern für jede andere denkbare Anfangsallokation in Abb. 5.13. Die Rahmenbedingungen und die Anreizkonstellationen wettbewerblicher Märkte führen dazu, dass von jeder Anfangsallokation, die außerhalb der Kontraktkurve liegt, die Individuen in gegenseitig vorteilhafte Tauschgeschäfte einsteigen. Die relativen Güterpreise werden sich im Marktgleichgewicht gerade so einstellen, dass alle gegenseitig vorteilhaften Transaktionen durchgeführt werden. Würde die Anfangsallokation beispielsweise im Punkt W liegen, dann würden auch in diesem Punkt die individuellen Bewertungen der Güterbündel zu einem bestimmten Preisverhältnis und einer Tauschkurve führen, die beiden Individuen das Erreichen eines PARETO-optimalen Tauschgleichgewichtes auf der Kontraktkurve erlaubt (in diesem Fall: Allokation E). Es ist das System der

Marktpreise, zu denen die Güter gegeneinander getauscht werden, das dazu führt, dass die Tauschprozesse erst dann ein Ende finden, wenn ein Punkt auf der Kontraktkurve erreicht ist.

- *Zweitens* betrifft die an Abb. 5.13 verdeutlichte Aussage nur einen kleinen Ausschnitt des gesamten Allokationsproblems der Volkswirtschaft. Es wird angenommen, dass die gegebenen Bestände der Güter $\overline{X}$ und $\overline{Y}$ die Größe der EDGEWORTH-Box determinieren. Damit reduziert sich die Betrachtung auf ein reines Verteilungsproblem bei den Gütern: Wie soll ein gegebener Güterbestand auf die Individuen aufgeteilt werden? Die eigentliche Beschränkung der Ökonomik liegt aber in den gesamtwirtschaftlich gegebenen Mengen von Produktionsfaktoren und den verfügbaren Produktionstechnologien zur Herstellung von x und y, über deren Verwendung ebenfalls entschieden werden muss. Wenn die Produktionsfaktoren und die vorhandenen Technologien anders als in Abb. 5.13 angenommen eingesetzt werden, resultiert daraus natürlich eine Veränderung der verfügbaren Mengen von x und y. Die Größe der EDGEWORTH-Box, d. h. ihre Kantenlängen, ist dann nicht mehr exogen vorgegeben – vielmehr wird sie endogen, weil gleichzeitig auf der Produktionsseite der Volkswirtschaft über die Verwendung der knappen Ressourcen entschieden werden muss.

Die Fragen, wie die gesellschaftlichen Produktionsentscheidungen getroffen werden und wie diese auf die Konsum- bzw. Nutzenwünsche der Individuen abgestimmt werden sollen, stellen damit zusätzliche Dimensionen des Allokationsmechanismus dar. Die eigentliche Frage lautet also: Wer soll was in welchen Mengen für wen mit welchen Kombinationen von Produktionsfaktoren herstellen? Wenn also die Gütermengen x und y nicht exogen gegeben sind, liegen die „harten" Restriktion des Allokationsproblems lediglich in der Ausstattung der Gesellschaft mit Produktionsfaktoren und Technologien zur Herstellung dieser Güter. Zur Beantwortung dieser Fragen wird nun die Annahme getroffen, dass auch die Märkte für die Produktionsfaktoren, also beispielsweise der Arbeitsmarkt, der Kapitalmarkt oder die Märkte für Rohstoffe durch vollständige Konkurrenz geprägt sind. So konkurrieren die unterschiedlichen Unternehmen, die Güter wie x und y herstellen, als Nachfrager auch auf den Faktormärkten. Dies bedeutet vor allem, dass sie die Preise als gegeben betrachten und lediglich über die von ihnen angebotenen und nachgefragten Mengen entscheiden können. Gleichzeitig treten die Individuen, die in Abb. 5.13. nur als Güternachfragende betrachtet worden sind, auf diesen Faktormärkten als Anbieter von Arbeit, Kapital und anderen Ressourcen auf.

Wenn die Größe der EDGEWORTH-Tauschbox nicht mehr vorgegeben ist, sondern von den produktiven Entscheidungen über die Verwendung der Produktionsfaktoren determiniert wird, bedeutet dies auch, dass die in Abb. 5.11 verwendete Nutzenmöglichkeitskurve zur Bestimmung des Optimum optimorum nur ein kleines Spektrum der tatsächlichen Verteilungsmöglichkeiten darstellt. Aus den unterschiedlichen Verwendungsmöglichkeiten für die produktiven Ressourcen resultieren jeweils unterschiedliche Tauschboxen im Güterraum mit

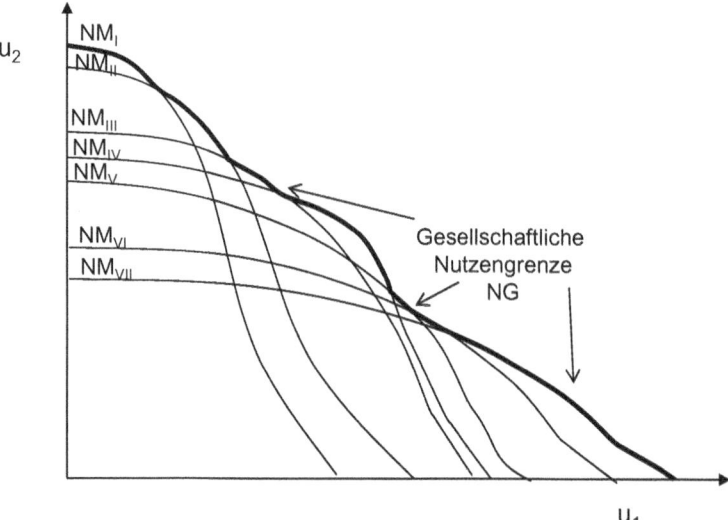

Abb. 5.14 Die Verbindung von alternativen Nutzenmöglichkeitskurven zur gesellschaftlichen Nutzengrenze.

unterschiedlichen Kontraktkurven, die dann auch zu unterschiedlichen Nutzenmöglichkeitsgrenzen im Nutzenraum der Individuen führen. Berücksichtigt man dieses Kontinuum an Möglichkeiten, muss die in Abb. 5.11 dargestellte Kurve durch die „Umhüllende" aller denkbaren Nutzenmöglichkeitskurven in Abb. 5.14 ersetzt werden. Erst diese von Samuelson als gesellschaftliche Nutzengrenze bezeichnete Kurve stellt die Menge an gesellschaftlichen Zuständen bereit, auf die sich sein Konzept zur Bestimmung des optimum optimorum bezieht.

Wie werden nun die vielen dezentralen Entscheidungen von Ressourceneigentümern, Produzenten und Konsumenten aufeinander abgestimmt? Die Antworten darauf liefert das allgemeine Gleichgewichtsmodell, welches von KENNETH ARROW (1921–2017) und GERARD DEBREU (1921–2004) entwickelt wurde (für Details vgl. Erlei 2019b). Ein allgemeines Gleichgewicht stellt sich nur dann ein, wenn simultan alle Partialmärkte im Gleichgewicht sind und das Gesamtsystem durch ein System gleichgewichtiger Güter- und Faktorpreise geprägt ist. Ein derartiges Totalmodell verschiedener Partialmärkte kann man sich vorstellen wie ein System kommunizierender Röhren: Sobald ein einzelnes Marktgleichgewicht eine Störung erfährt, setzen die auf diesem Partialmarkt notwendigen Anpassungsprozesse in Richtung eines neuen Gleichgewichtes auch Veränderungen und Anpassungen auf den übrigen Märkten in Gang. Aus wohlfahrtsökonomischer Sicht bedeutsam ist, dass in diesem allgemeinen Gleichgewicht

- die in obiger Abb. 5.13 dargestellte Tauscheffizienz auf den Gütermärkten erfüllt ist,

- die Produktionseffizienz (in Bezug auf die Verwendung der Produktionsfaktoren bei der Herstellung der Güter x und y) erfüllt ist,
- und dass die Bedingung der Gesamteffizienz ebenfalls erfüllt ist, nach der die Grenzrate der Substitution des Tauschgleichgewichtes mit der Grenzrate der Transformation bei der Produktion übereinstimmt (für eine detaillierte Darstellung vgl. Kleinewefers 2008).

Vor diesem Hintergrund lassen sich nun die beiden Hauptsätze der Wohlfahrtsökonomik formulieren, die die wesentlichen Aussagen der Paretianischen Wohlfahrtsökonomik bündeln (Endres und Martiensen 2007; Erlei 2019b; Kleinewefers 2008; Breyer und Kolmar 2014). Der *erste Hauptsatz* besagt, dass *jedes* sich auf einem Markt unter den Bedingungen der vollständigen Konkurrenz einstellende Marktgleichgewicht die Bedingungen der PARETO-Optimalität erfüllt. Die Bedeutung dieses ersten Hauptsatzes liegt in zwei Aspekten:

- Unter idealtypischen Bedingungen kommt es zu einer Harmonie zwischen der Verfolgung der individuellen Ziele (z. B. Nutzen- und Gewinnmaximierung auf den Märkten) und dem sozialen Ziel einer Vergrößerung der gesellschaftlichen Wohlfahrt.
- Sofern diese idealtypischen Bedingungen wettbewerblicher Märkte jedoch nicht gegeben sind, ist nicht damit zu rechnen, dass die jeweiligen Marktgleichgewichte mit dem durch das PARETO-Kriterium definierten Wohlfahrtsziel übereinstimmen. Sofern die Märkte durch Abweichungen von diesen Bedingungen geprägt sind (z. B. Monopolstellungen, steigende Skaleneffekte, externe Effekte oder öffentliche Güter) wird der Markt nicht die gesellschaftlich gewünschten Resultate liefern können. Vielmehr kommt es dann zum sogenannten Marktversagen. In diesem Fall liegt die Aufgabe der Politik darin, die Märkte zu regulieren oder andere Allokationsmechanismen zur Anwendung zu bringen (vgl. hierzu Kap. 9).

Der *zweite Hauptsatz* der Wohlfahrtsökonomik greift nun einen wesentlichen Kritikpunkt an der reinen Effizienzbetrachtung des ersten Hauptsatzes auf: Das sich auf einem wettbewerblichen Markt einstellende effiziente Marktgleichgewicht setzt eine bestimmte (durch Eigentumsrechte abgesicherte) Anfangsverteilung voraus. Diese Anfangsverteilung wird als gegeben angenommen. Das Marktgleichgewicht ergibt sich also erst aus dieser exogenen Vorgabe in Form der Anfangsausstattungen der Individuen (Horn 1996). Die Effizienzbedingungen selbst liefern kein Kriterium, anhand dessen die Anfangsausstattungen bewertet werden können. Unter Annahme von zusätzlichen Bedingungen in Bezug auf die Beschaffenheit der individuellen Präferenzen und der Produktionstechnologien stellt der zweite Hauptsatz der Wohlfahrtsökonomik darauf ab, dass zwischen der Anfangsallokation eines Marktes und dem sich im Zuge des Preismechanismus realisierenden Marktgleichgewicht ein eindeutiger Zusammenhang besteht. Dies bedeutet, dass jeder möglichen PARETO- effizienten Allokation auf der Kontraktkurve eine

Anfangsallokation zugeordnet werden kann. Auf dem Wege vollständiger Konkurrenz lässt sich also jedes denkbare Marktgleichgewicht erreichen, wenn die
Anfangsausstattungen der Individuen entsprechend umverteilt werden. Die ökonomische Bedeutung dieses zweiten Hauptsatzes ist zwiespältig und liegt in seiner
gleichzeitig optimistischen und pessimistischen Interpretation:

* Einerseits kann hieraus eine perfekte Arbeitsteilung zwischen einer dem Ziel
  einer effizienten Ressourcenallokation verpflichten Allokationspolitik und einer
  dem Gerechtigkeitsziel verpflichteten Distributionspolitik abgeleitet werden.
  Das Problem, dass das PARETO-Kriterium keine Ordnung über die verschiedenen Punkte der Kontraktkurve zulässt und in Abb. 5.13 die Allokation in
  Punkt D nicht verglichen werden kann mit extremen Allokationen, in denen
  z. B. eines der Individuen alle Güter erhält und das jeweils andere gar keine
  Güter, kann damit offensichtlich umgangen werden. Wenn ein bestimmtes
  PARETO-optimales Marktgleichgewicht als ungerecht angesehen wird, ein anderes hingegen möglicherweise als gerechter wahrgenommen wird, ist es möglich
  eine Umverteilung der Anfangsallokationen vorzunehmen, um das bevorzugte
  Marktgleichgewicht realisieren zu können. Gerechtigkeitsziele und Effizienzziele können damit grundsätzlich unabhängig voneinander verfolgt werden.
  Sofern sich die Umverteilung auf die Anfangsallokation bezieht, besteht zwischen dem Effizienzziel und dem Gerechtigkeitsziel kein Trade-Off. Damit
  könnte man sagen, dass die Ökonomik Vorstellungen über Gerechtigkeit und
  Gemeinwohl akzeptiert, die außerhalb des Marktes, also „jenseits von Angebot
  und Nachfrage" (Röpke 2009) formuliert werden.
* Andererseits bestehen in der Realität kaum Möglichkeiten, solche Umverteilungen vorzunehmen, die sich lediglich auf die Anfangsausstattungen beziehen
  und damit keine Anreiz- bzw. Effizienzverluste nach sich ziehen. Letztlich
  müssten sich diese Umverteilungsmaßnahmen als Pauschalsteuern oder Pau-
  schaltransfers stützen, deren Bemessungsgrundlage nicht im Zusammenhang
  mit den ökonomischen Aktivitäten der Individuen stehen. So könnte man die
  Begabungen der Individuen besteuern und umverteilen, um eine gerechtere
  Anfangsallokation und ein gerechteres Marktgleichgewicht zu erreichen, ohne
  dass die Individuen deswegen ihre ökonomischen Aktivitäten (etwa bei der Produktion von Gütern) verändern. Begabungen kann man jedoch nicht beobachten
  oder an objektiven Kriterien festmachen. Eine pragmatische Anwendung dieses zweiten Hauptsatzes könnte in der Bildungspolitik gesehen werden, wenn
  diese darauf zielt, die Anfangsposition der Individuen im marktlichen Prozess
  gerechter zu gestalten. Grundsätzlich verbleibt jedoch der Befund, dass es in
  der Realität keine Umverteilungsmaßnahmen gibt, die nicht zu Effizienzverlusten führen, sodass der o.g. Trade-Off zwischen dem Effizienzziel und dem
  Distributionsziel letztlich doch besteht. Dies bedeutet, dass sich Vorstellungen
  von Gemeinwohl und Gerechtigkeit in der gesellschaftlichen Realität immer
  gegenüber der marktlichen Anreizlogik behaupten müssen.

Die wirtschaftspolitische Bedeutung der Hauptsätze der Wohlfahrtsökonomik ist eher begrenzt. Die Verwendbarkeit der Hauptsätze der Wohlfahrtsökonomik für normative Fragen, die über die Korrektur von Marktversagen wie die Internalisierung externer Effekte und das Ziel der Schaffung eines möglichst vollständigen Systems perfekter wettbewerblicher Märkte hinausgehen, wird selbst in der Lehrbuchökonomik angezweifelt[15]. So erscheint es beispielsweise Kleinewefers in seinem Lehrbuch zur Wohlfahrtsökonomie vor dem Hintergrund seiner Ablehnung interventionistischer Staatseingriffe in den Markt angemessen, *„die beiden Hauptsätze der Wohlfahrtsökonomik trotz ihres pompösen Namens nur kurz in einem Exkurs zu erwähnen"* (Kleinewefers 2008, S. 104).

Andere Kritiker sehen die Schwäche der Paretianischen Wohlfahrtsökonomik an ganz anderer Stelle: *„Es handelt sich beim Pareto-Kriterum sozusagen um einen **individualistisch gewendeten Gemeinwohlbegriff** (Hervorhebungen im Original) Woran alle Beteiligten interessiert sind, weil es dem privaten Vorteil **jedes Einzelnen** dient, das verkörpert, so wird nun definiert, das **allgemeine** Wohl. Mit anderen Worten: Was pareto-effizient ist, ist als **effizient für alle** definiert. Die Idee einer anonymen, unparteilichen, unabhängig von allen sozialen Verteilungsfragen bestimmbaren ökonomischen Rationalität, mithin die alte ökonomistische Gemeinwohlfiktion, erscheint damit auf individualistisch-methodologischer Basis in neuer Form"* (Ulrich 2016, S. 204). Nach Auffassung des Theologen HANS KÜNG (1928–2021) zieht die ökonomische Theorie ihre Gemeinwohlvorstellungen damit aus einer Moral, die immer rein instrumentell im marktlichen Kontext betrachtet wird: Sie dient hiernach gleichzeitig der klugen Interessenwahrung der Individuen und dem kollektiven Wohlergehen in einer arbeitsteiligen Gesellschaft. Sie präsentiere

---

[15] Versuche, die Erkenntnisse der jüngeren Wohlfahrtsökonomik auf konkrete wirtschaftspolitische Fragen anzuwenden, führen dann manchmal zu eigenartig lebensfremden Fragen, anhand derer eine Überprüfung und Sicherung des Wissens der Studierenden erfolgt. Beispielhaft könnte etwa der folgende Lehrsatz sein: *„Die Messung der gesellschaftlichen Wohlfahrt beschränkt sich darauf, Situationen mit Hilfe des Pareto-Kriteriums zu vergleichen. Dadurch soll festgestellt werden, ob die gesellschaftliche Situation nach dem Pareto-Kriterium noch verbessert werden kann oder ob sie nicht mehr verbesserbar ist und somit ein Pareto-Optimum bereits erreicht wurde."* Die Anwendung dieses Lehrsatzes wird dann auf die beiden folgenden, praktischen Beispiele bezogen:

- Beispiel 1: Im vergangenen Jahr verzeichnete die Regierung höhere Steuereinnahmen, als zuvor angenommen. Nun plant die Politik, in diesem Jahr die Mehreinnahmen einer gewissen Personengruppe, den Arbeitslosen, zukommen zu lassen und hebt folglich die Höhe des Arbeitslosengeldes an.
- Beispiel 2: Die Regierung plant im Folgejahr, die Lohnsteuer anzuheben, um damit das Arbeitslosengeld nochmals anzuheben.

Die Frage zur Wissensüberprüfung könnte dann lauten: Welche der Maßnahmen führt zu einem Pareto-effizienten Zustand? Die korrekte Antwort lautet natürlich, dass die Besserstellung der Arbeitslosen nur im ersten Beispiel nicht durch eine Schlechterstellung anderer begleitet werde, während diese im zweiten Beispiel jedoch durch die Schlechterstellung der Arbeitnehmer, bzw. deren sinkendes Nettoeinkommen erkauft sei. Ein Pareto-Optimum wäre dort erreicht, wo zur Anhebung das Arbeitslosengeld lediglich auf unerwartete, nicht bereits eingeplante Mittel, nicht aber auf reguläre Steuereinnahmen zurückgegriffen werden müsse.

damit jedoch eine verblüffend einfache Lösung ethischer Probleme: „*Präsentiert sie* (die Ökonomik, d. V.) *sich doch als eine allgemeine Theorie des menschlichen Verhaltens unter ökonomischen Blickwinkel, die selbstverständlich auch Fragen der Moral in ihre Untersuchungen einbezieht. Mit anderen Worten: Ethik wird zur ökonomischen Theorie der Moral, zur Magd des Marktes. Das Fazit ist eindeutig: Diese liberale Ökonomik zielt auf nicht mehr und nicht weniger als die ökonomische Domestizierung des Ethos!*" (Küng 2019, S. 289).

5.4.4 Wohlfahrtsveränderungskriterien und Kosten-Nutzen-Analyse

Die bisherigen Überlegungen einer Wohlfahrtsökonomik, die interpersonelle Nutzenvergleiche vermeiden will und sich damit vorwiegend auf die Herstellung von Allokationseffizienz konzentriert, haben gezeigt, dass gesellschaftliche und wirtschaftspolitische Reformprojekte nur dann als wohlfahrtserhöhend angesehen werden, wenn diese faktisch von einer einstimmigen Zustimmung aller betroffenen Individuen begleitet sind. Da dies aber für fast alle Fragen der praktischen Wirtschaftspolitik eine völlig unrealistische Forderung darstellt, hat sich seit den 1930er Jahren ein breiter Strang der Wohlfahrtsökonomik mit der Frage beschäftigt, wie Abwägungen zwischen Verlusten und Gewinnen einer wirtschaftspolitischen Maßnahme vorgenommen werden können, ohne hinter die Positionen der paretianischen Analyse zurückzufallen. Konkret wurde gefragt, inwiefern es möglich sein könne, durch eine Kompensation potenzieller Verlierer einer Maßnahme deren Vereinbarkeit mit dem Pareto-Kriterium herzustellen. Sofern auf dem Wege der Kompensation sichergestellt wäre, dass sich niemand verschlechtert, könnte dies als Ausdruck einer Wohlfahrtserhöhung betrachtet werden. Konkret müssten die insgesamt aufgrund einer Maßnahme anfallenden Nutzengewinne ausreichend hoch sein, um damit die potenziellen Verlierer für ihre Nutzenverluste zu kompensieren. Insbesondere die keynesianisch geprägten Ökonomen Nicholas Kaldor (1908–1986) und John Hicks (1904–1989) prägten mit ihren Vorschlägen zur Entwicklung von Kompensationskriterien diese Diskussion.

Zur graphischen Veranschaulichung eines derartigen Wohlfahrtsänderungskriteriums, mit dem Wohlfahrtseffekte politischer Maßnahmen festgestellt werden können, wird in Abb. 5.15 die folgende Situation angenommen: An den Achsen des Diagramms wird erneut der (nach wie vor ordinale) Nutzen von Individuum 1 und 2 abgetragen. Die gesellschaftliche Ausgangssituation sei durch die Nutzenmöglichkeitskurve NM$_I$ geprägt. Die Individuen befinden sich im Status quo in der konkreten Verteilungssituation A. Durch ein wirtschaftliches Reformprogramm könnte nun eine neue Nutzenmöglichkeitskurve NM$_{II}$ erreicht werden. Nach der Realisation dieser Maßnahme würden sich die Individuen in der Verteilungssituation B befinden. Offensichtlich wäre eine derartige Maßnahme keine Pareto-Verbesserung, denn Individuum 2 hätte sich verbessert, Individuum 1 hingegen müsste eine Verschlechterung hinnehmen.

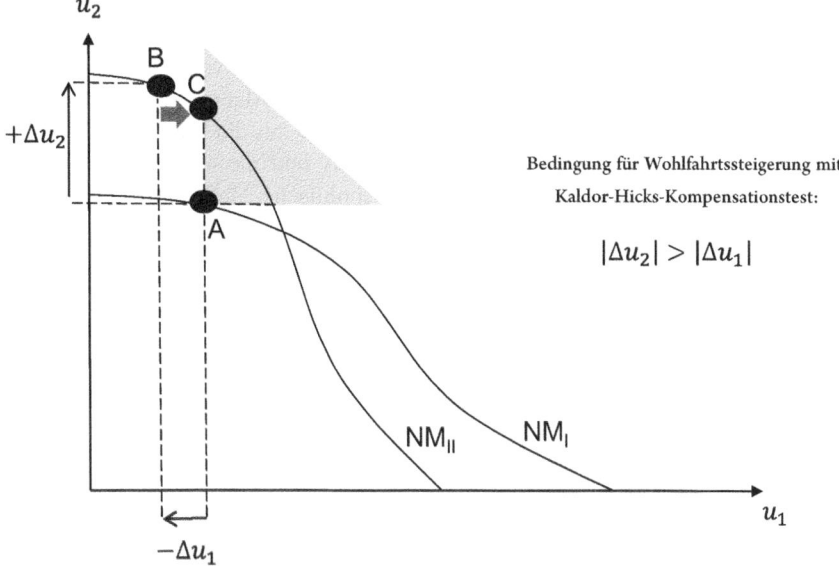

Abb. 5.15 Das Kaldor-Hicks-Kriterium.

Nach Auffassung von KALDOR und HICKS wäre die Durchführung dieser Maßnahme jedoch dann als wohlfahrtssteigernd anzusehen, wenn die Nutzengewinne
von Individuum 2 so groß sind, dass es *möglich* wäre, Teile dieser Gewinne an
Individuum 1 umzuverteilen, sodass sich seine Situation z. B. in C gegenüber dem
Status quo in A nicht verschlechtert. Wenn die Kompensation der Verlierer aus den
Nutzenzuwächsen der Gewinner s möglich ist, lautet die aus diesen Überlegungen
abgeleitete gesellschaftliche Präferenzordnung A ≺ (C ∼ B). Interessanterweise
stellt dieses Kriterium lediglich auf einen rein hypothetischen Test ab, mit dem
geprüft werden soll, *ob* die entstehenden Nutzengewinne von Individuum 2 beim
Übergang von A nach B ausreichend hoch sind, um damit Individuum 1 potenziell
kompensieren zu können. Damit wäre es möglich Individuum 1 in C genau so gut
zu stellen wie in A. Die Forderung einer echten Kompensationszahlung für Individuum 1 ist mit diesem Verfahren nicht verbunden, sodass dessen Nutzeneinbußen
in B nach der Realisation der Maßnahme faktisch akzeptiert werden. Es handelt
sich also lediglich um einen Test, ob es möglich wäre eine derartige Kompensation
vorzunehmen.

Darauf, dass es bei einem derartigen Kompensationstest zu Inkonsistenzen kommen kann, wenn sich – wie in Abb. 5.15 angenommen – die alte und die neue
Nutzenmöglichkeitsgrenze schneiden, hat TIBOR SCITOVSKY (1910–2002) verwiesen. Hierzu stelle man sich die in Abb. 5.16 dargestellte Situation vor. Auch
hier sei der Status quo vor Durchführung der wirtschaftspolitischen Maßnahme
in der Verteilungssituation A. Nach Durchführung der Maßnahme würden sich die

Individuen nun jedoch in der Verteilungssituation D befinden. Entsprechend des KALDOR-HICKS-Kriteriums könnte nun eine Umverteilung der Gewinne von Individuum 1 zu Individuum 2 beide Individuen in Situation E versetzen, sodass das Kompensationskriterium erfüllt wäre. Damit sollte diese Maßnahme realisiert werden. Was würde nun aber passieren, wenn man von D aus die Frage stellt, ob man nicht doch lieber in die alte Ausgangssituation A und die alte Nutzenmöglichkeitsgrenze NM$_I$ zurückgehen, die wirtschaftspolitische Maßnahme also wieder zurücknehmen sollte. Hier könnte man erneut das Kompensationskriterium anlegen und dem Übergang von D nach A einen Wohlfahrtsgewinn beimessen, wenn man von A aus durch eine Umverteilung der Gewinne die Allokation F erreichen könnte.

Die mit dem Kompensationskriterium begründete Wohlfahrtsverbesserung kommt also zu zwei, sich gegenseitig ausschließenden Urteilen:

- Die Bewegung vom Status quo in A in eine neue Allokation in D wirkt wohlfahrterhöhend.
- Die Bewegung von D in die Ausgangssituation zurück ist ebenfalls wohlfahrtsteigernd.

Die aus diesen Überlegungen abgeleitete gesellschaftliche Präferenzordnung lautet. A $\prec$ (D $\sim$ E) $\sim$ D $\prec$ (A $\sim$ F) und ist offensichtlich intransitiv. SCITOVSKY hat daher vorgeschlagen, den Kompensationstest um eine weitere Kompenente zu erweitern (Doppeltest). Eine Wohlfahrtserhöhung liegt hiernach nur dann vor, wenn den Gewinnern nach der Entschädigung der Verlierer noch ein Nettogewinn verbleiben würde, die Verlierer den Gewinnern aber keine ausreichende Kompensation für den Fall anbieten könnten, dass die Maßnahme wieder rückgängig gemacht werden würde. In der Literatur werden noch einige weitere Kompensations- und Wohlfahrtsänderungsmaße diskutiert, die aber teilweise zu

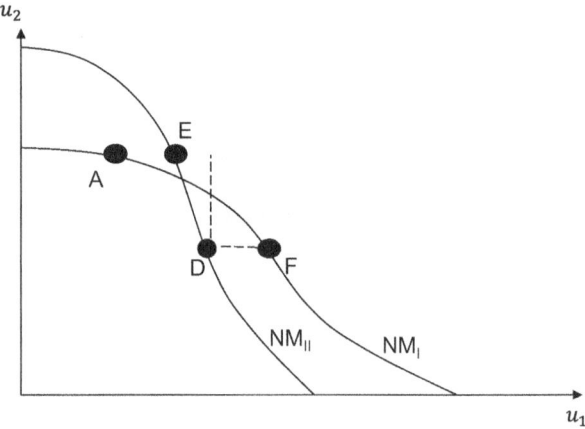

Abb. 5.16 Intransitivität bei Kompensationstest.

ebenfalls nicht eindeutigen Resultaten führen (für Details vgl. Sohmen 1976; Breyer und Kolmar 2014).

Da der Nutzen der Individuen in Abb. 5.15 und 5.16 nach wie vor rein ordinal gemessen wird, stellt sich natürlich die Frage, *wie* man die für eine Kompensation zur Verfügung stehenden Nutzengewinne von Individuum 1 und die für die Kompensation empfänglichen Nutzenverluste von Individuum 2 quantifizieren kann. Wie kann getestet werden, dass $|\Delta u_2| > |\Delta u_1|$. An dieser Stelle wird nun derselbe Gedanke angewandt, der bereits im obigen Abschn. 5.3.5 bei der Bestimmung der Gewichte in der Wohlfahrtsfunktion von Bergson und Samuelson (5.4) genutzt wurde. Vereinfacht gesprochen ist es in der Nutzentheorie möglich, die empirisch auf den Märkten beobachtbaren individuellen Nachfragefunktionen als Ansatz für diese Wohlfahrtsmessung zu nehmen. Nutzen wird dann in Form von Kaufkraft und Zahlungsbereitschaft in Geldeinheiten erfasst. Bei wirtschaftspolitischen Anwendungen werden diese Kompensationstests daher als Kaufkrafttests bezeichnet. Sie stellen eine wesentliche methodische Grundlage der Kosten-Nutzen-Analyse dar, die in der Realität durchgeführt wird, wenn die Frage zu klären ist, ob ein bestimmtes Projekt durchgeführt werden soll. Wenn beispielsweise überlegt wird, in einer bestimmten Region ein Kraftwerk abzuschalten, wirkt sich dies auf sehr viele unterschiedliche wohlfahrtsrelevante Aspekte wie Arbeitsplätze, Steuereinnahmen oder die von den Haushalten und Unternehmen zu zahlenden Energiepreise aus. Gleichzeitig entstehen hieraus aber möglicherweise auch Nutzen in Form von positiven Umwelteffekten und freiwerdenden Flächen. Im Rahmen von Kosten-Nutzen-Analysen versucht man diese unterschiedlichen Effekte miteinander zu verrechnen, um dem Projekt damit einen Netto-Wert beimessen und die Vorteilhaftigkeit dieses Projektes gegenüber anderen Alternativen beurteilen zu können.

Zur Veranschaulichung dieser Überlegungen wird in Abb. 5.17 angenommen, dass eine Kommune ein Programm zur Attraktivitätssteigerung ihrer Innenstadt auflegen möchte. Mit öffentlichen Investitionen in das Stadtbild oder auch in die Verbesserung des öffentlichen Nahverkehrs (zusätzliche Haltestellen, Park and Ride-Gelegenheiten etc.) entstehen auf der einen Seite Kosten, denen auf der anderen Seite natürlich Nutzen gegenüberstehen. Ein Teil dieser Nutzen entsteht bei den Besuchern der Innenstadt, für die es nun vielleicht attraktiver wird, die Märkte und die Läden der Innenstadt aufzusuchen. Die im bisherigen Status quo der Innenstadt beobachtbaren Konsumaktivitäten werden durch die Nachfragefunktion D_1 abgebildet. Mit der steigenden Attraktivität der Innenstadt werden jedoch mehr Besucher erwartet, sodass sich die Nachfrage in die neue Position D_2 verschiebt. Nimmt man an, dass diese vorwiegend öffentlich finanzierte Maßnahme nicht von einem Anstieg der Preise im Einzelhandel begleitet wird, lässt sich die aus dem Projekt resultierende Nutzensteigerung als Zuwachs von Konsumentenrente in Höhe der Fläche KLNM erfassen.

Die Fläche, die sich in einem Integral unterhalb der Nachfragefunktion und oberhalb des Preises eines Gutes befindet, wird als Konsumentenrente bezeichnet und lässt sich – unter bestimmten Annahmen – als Wohlfahrtsmaß betrachten. An der mathematischen Konstruktion dieses Integrals wird deutlich, dass die

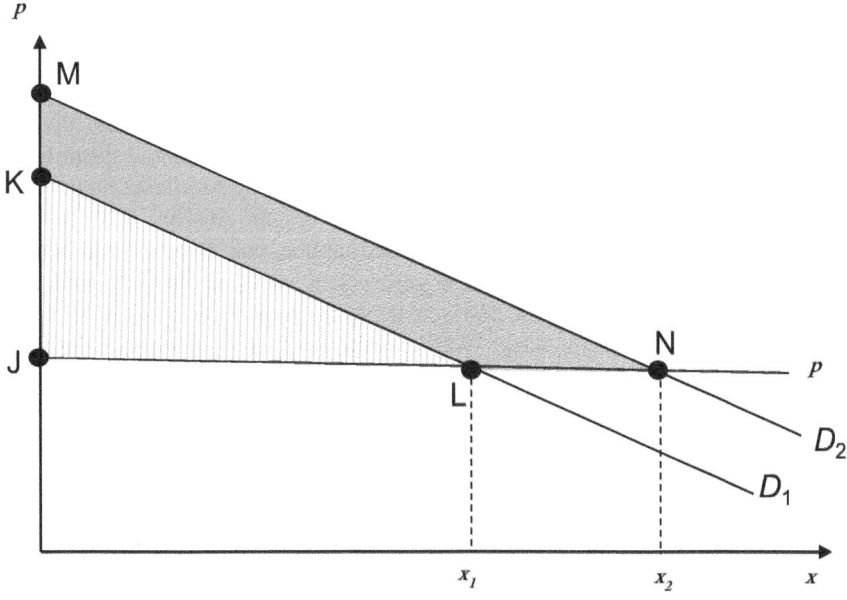

Abb. 5.17 Anstieg der Konsumentenrente nach Durchführung des Projektes.

Konsumentenrente letztlich utilitaristisch motiviert ist, denn die Konsumentenrente ist nichts anderes als die Summation *aller* am Marktgeschehen beteiligten individuellen Nettonutzen, die aus der Konsumaktivität x erwachsen. Die Wohlfahrtswirkungen von politischen Maßnahmen lassen sich also als Änderung der Konsumentenrente quantifizieren und stellen damit eine in Geldeinheiten formulierte Metrik der Nutzenmessung dar[16].

Dieser Ansatz wird damit zur Grundlage der Kosten-Nutzen-Analyse von öffentlichen Projekten und politischen Maßnahmen, die ohne eine Verrechnung von in Geldeinheiten ausgedrückten Nutzengewinnen und –verlusten nicht denkbar

---

[16] Hierbei ist allerdings zu berücksichtigen, dass die Konsumentenrente als Wohlfahrtsmaß eine bedeutende theoretische Schwachstelle hat: Eine herkömmliche Nachfragefunktion, unter der die Konsumentenrente gemessen wird, ist für ein gegebenes Einkommensniveau, nicht aber für ein konstantes Nutzenniveau formuliert. Die wohlfahrtsökonomisch präzise Version einer Nachfragefunktion stellt hingegen auf eine sogenannte kompensierte Nachfragefunktion ab. Sie geht auf die Überlegungen des o.g. JOHN HICKS und die von ihm formulierten Kompensationsmaße zurück (Dualitätstheorie, vgl. hierzu Hens und Pamini 2008; Weimann 2009). Diese Form der Wohlfahrtsmessung kommt bei der Bewertung von nicht-marktfähigen Umweltgütern beispielsweise auch in der Umweltökonomik zum Einsatz (Menges 2019). Wenn die Zahlungsbereitschaft der Individuen als Wertmaßstab verwendet wird, muss allerdings darauf hingewiesen werden, dass hierbei implizit ein zusätzliches Werturteil zur Anwendung kommt: Da Zahlungsbereitschaft immer auch Zahlungsfähigkeit voraussetzt, muss angenommen werden, dass bereits eine gerechte Einkommensverteilung vorliegt.

wären (Breyer und Kolmar 2014). Die auf den Kompensationsmaßen beruhende Kosten-Nutzen-Analyse leistet damit in pragmatischer Weise genau das, was vom PARETO-Prinzip noch abgelehnt wird: Eine Verrechnung von Gewinnen und Verlusten zwischen den beteiligten Individuen, um zu einem Urteil über die gesellschaftliche Vorteilhaftigkeit einer bestimmten Maßnahme zu kommen.[17] Daher ist es nicht verwunderlich, dass LIONEL ROBBINS, einer der wesentlichen Kritiker von interpersonalen Nutzenvergleichen, die Versuche, das Konzept der Konsumentenrente und der Kompensationstests mit der ordinalen Nutzentheorie zu versöhnen, als naiven archimedischen Enthusiasmus kritisierte (Robbins 1953).

5.5 Sozialwahltheorie: Von der individuellen zur kollektiven Entscheidung

5.5.1 Mehrheitsentscheidungen

Die Überlegungen der letzten Abschnitte haben verdeutlicht, dass dem PARETO-Kriterium bei der Anwendung auf reale Probleme kaum zu überbrückende Grenzen gesetzt sind, da es für gesellschaftliche Reformprojekte letztlich Einstimmigkeit unter allen Individuen voraussetzt. Wenn unterschiedliche Individuen darüber nachdenken, welche Maßnahme oder welches Projekt aus einer bestimmten Menge von Alternativen ausgewählt und realisiert werden soll, werden ihre Bewertungen kaum übereinstimmen und sie werden zu unterschiedlichen Präferenzordnungen hinsichtlich der zur Diskussion stehenden Alternativen kommen. Die Frage, wie man zu gesellschaftlichen Entscheidungen kommt, wenn keine Einstimmigkeit vorliegt, sondern die Situation durch widerstreitende Interessen und Präferenzordnungen geprägt ist, wird in der Sozialwahl- bzw. Kollektiventscheidungstheorie betrachtet (social choice theory). Im Grunde stellen auch der oben diskutierte Utilitarismus, der Ansatz gesellschaftlicher Wohlfahrtsfunktionen oder das PARETO-Kriterium Modelle kollektiver Entscheidungen dar – allerdings bezieht sich deren Lösungsansatz auf die Aggregation individueller Nutzen zu einem kollektiven Entscheidungskriterium. In der insbesondere durch die Beiträge von KENNETH ARROW geprägten Sozialwahltheorie stellt sich dasselbe Aggregationsproblem: Wie lassen sich konfligierende individuelle Präferenzordnungen zu einer kollektiven Präferenzordnung aggregieren? Der wesentliche Unterschied zu den bislang in diesem Kapitel betrachteten Ansätze liegt darin, dass das Problem

---

[17] Einige Autoren ordnen die Entwicklung der Kompensationsmaßen theoriehistorisch eher als Sündenfall ein, mit dem an sich nicht zu rechtfertigende Eingriffe in die laufenden Wirtschaftsprozesse legitimiert werden sollten: Da nun aber *„seit den Dreißigerjahren des zwanzigsten Jahrhunderts der Interventionismus das vorherrschende Paradigma der Wirtschaftspolitik wurde, entstand dafür ein erheblicher Orientierungs- und Rechtfertigungsbedarf"* (Kleinewefers 2008, S. 45), der mit diesen Maßen bedient werden sollte.

hier direkt auf die individuellen Präferenzordnungen bezogen wird und gar nicht erst der Versuch unternommen wird, diese Präferenzen über ein gemeinsames Skalenniveau der Nutzenmessungen zu einem einfachen Entscheidungskriterium zu verdichten. In vielen Fällen wird diese Frage der Präferenzaggregation durch das demokratische Mehrheitsprinzip beantwortet. Obwohl es viele verschiedene Regeln und Verfahren für kollektive Entscheidungen gibt, würden viele Menschen Demokratie wohl vorschnell als Ausdruck des Mehrheitsprinzips betrachten. Es erscheint als notwendig und akzeptabel, wenn diejenigen, die sich nach einer fairen Abstimmung in der Minderheit befinden, dem Votum der Mehrheit beugen.

Aus gesellschaftlicher Sicht fallen bei der kollektiven Entscheidungsfindung zwei Arten von Entscheidungskosten an (Wigger 2006; Weimann 2009):

- Man spricht man bei Abstimmungen von *externen Kosten* C, die für die Individuen der Minderheit anfallen, die sich bei der Abstimmung gegen die von der Mehrheit präferierte Alternative ausgesprochen haben.
- Neben diesen externen Kosten der Entscheidung gibt es aber auch *Kosten der Entscheidungsfindung* D, die bei der Suche nach einer konsensualen, mehrheitsfähigen Alternative anfallen. Je mehr unterschiedliche Parteien und Individuen bei der Abstimmung „ins Boot" geholt werden sollen, um so mühsamer ist die Verhandlung und die Suche nach Kompromissen, möglicherweise auch begleitet von Kompensationsgeschäften.

Wenn man bei Abstimmungen vom Einstimmigkeitsprinzip abrückt, ist zu klären, wie hoch die notwendige Mehrheit der Stimmen (Quorum) angesetzt wird, bei der eine Alternative als angenommen gilt. Nimmt man an, dass N Individuen an einer Abstimmung teilnehmen und dass eine zur Wahl stehende Alternative mindestens K Stimmen auf sich vereinigen muss, so stellt K/N die geforderte Mehrheit dar. Hier sind die folgenden Extremfälle denkbar:

- Bei K = N wird Einstimmigkeit gefordert. In diesem Fall gilt C = 0. Die Kosten der Entscheidungsfindung D wären jedoch vermutlich maximal.
- Bei K = 1 wäre es ausreichend, wenn nur ein Individuum einer vorgeschlagenen Alternative zustimmt. Da hier keine aufwendige Suche nach Kompromissen notwendig ist, wäre D = 0, C hingegen maximal, da ein Individuum allen anderen seine Präferenzen vorgeben kann.

Ein Quorum von K/N < 50 % würde es erlauben, dass eine Alternative bereits dann mehrheitlich angenommen ist, wenn auf sie mehr Stimmen anfallen als auf alle anderen Alternativen, ohne dass sich die Mehrheit aller Individuen dafür ausgesprochen hat (relative Mehrheit). Damit kann jedoch das Problem verbunden sein, dass die getroffene Kollektiventscheidung je nach Abstimmungsmodus und Alternativenpräsentation nicht eindeutig sein muss (vgl. hierzu den nächsten Abschnitt). Der große Vorteil eines Quorums von K/N = 50 % liegt darin, dass damit derartige Widersprüchlichkeiten ausgeschlossen werden können. In manchen Fällen wird das geforderte Quorum in der Realität jedoch deutlich höher angesetzt. Wenn etwa der

Bundestag und der Bundesrat in Deutschland über einen Antrag zur Änderung des Grundgesetzes beraten, wird in der Abstimmung jeweils eine 2/3-Mehrheit gefordert. Der Grund dafür liegt in den externen Kosten C. Wenn die von einer Entscheidung ausgehenden Konsequenzen (z. B. Grundrechtseingriffe) auch für die Menschen sehr bedeutsam sind, die diesem nicht zugestimmt haben, erscheint es sinnvoll, die Befugnis zu dieser Entscheidung nicht einfach einer einfachen oder absoluten Mehrheit in die Hand zu legen. Die Herstellung derartiger Mehrheiten wird damit natürlich sehr verhandlungsintensiv und führt zu hohen Entscheidungskosten D. Die in der Realität zu beobachtenden unterschiedlichen Ausprägungen von Mehrheitsregeln und Entscheidungsverfahren lassen sich insbesondere vor dem Hintergrund der Entscheidungskosten C und D erklären, die von den zur Abstimmung stehenden Alternativen, bzw. der Natur des Entscheidungsproblems determiniert werden.

In der Literatur werden insbesondere zwei Sorten von Einwänden gegen Kollektiventscheidungsregeln diskutiert (Seidl 1988b): Eine Gruppe von Einwänden richtet sich auf logische Probleme der Präferenzaggregation. Hierzu zählen etwa das CONDORCET-Paradoxon und das Unmöglichkeitstheorem von ARROW, die in den nächsten beiden Abschnitten vorgestellt werden. Eine weitere Gruppe von Einwänden richtet sich auf das im Abschn. 5.5.4 erläuterte Problem der Manipulationsanfälligkeit von Entscheidungsregeln.

5.5.2 Logische Probleme von Entscheidungsregeln: Das Condorcet-Paradoxon

Dass die absolute Mehrheitsregel in der Realität die dominante Entscheidungsregel ist, lässt sich ökonomischer Sicht mit den oben genannten Kostengründen rechtfertigen. Die Festlegung eines Quorums K/N stellt aber nur einen Teilaspekt von Kollektiventscheidungen dar. Entscheidend ist auch, auf welchem Weg eine Mehrheit festgestellt werden soll. Es gibt nun eine ganze Reihe von Entscheidungsregeln und Wahlverfahren, die in der Realität zur Anwendung kommen können, deren Ergebnis die Feststellung einer kollektiv bevorzugten Alternative ist. (Für eine Übersicht über die verschiedenen Varianten von Wahlverfahren und Kollektiventscheidungsregeln vgl. Weimann 2009, der hier eine Führung durch einen ganzen „Zoo von Wahlverfahren" vornimmt.) Ein logisches Problem von Entscheidungsregeln besteht in der Möglichkeit, dass Mehrheitsentscheidungen zu widersprüchlichen Ergebnissen, d. h. zu zyklischen Mehrheiten und der Intransitivität der aus der Abstimmung gewonnenen kollektiven Präferenzordnung führen können. So kann beispielsweise die Reihenfolge, mit der verschiedene Alternativen zur Abstimmung gestellt werden, über das Abstimmungsergebnis entscheiden.

Zur Veranschaulichung dieses Problems sei angenommen, dass die folgenden drei sich gegenseitig ausschließenden Alternativen aus dem Bereich der Klima- und Energiepolitik zur Abstimmung gestellt werden:

- Ein erster Vorschlag bezieht sich auf die Einführung der Solarpflicht (SP), mit dem Immobilienbesitzer verpflichtet werden, auf den Dächern ihrer Gebäude Anlagen zur regenerativen Stromerzeugung zu installieren.
- Ein anderer Vorschlag bezieht sich auf die Einführung des Emissionshandels (EH). Dieser sieht keine spezifischen Verpflichtungen zur Durchführung bestimmter Klimaschutzmaßnahmen vor, würde aber das gesamtwirtschaftliche Emissionsniveau deckeln und durch die Verteuerung klimaschädlicher Aktivitäten Anreize zu deren Vermeidung setzen (vgl. hierzu Kap. 9).
- Ein dritter Vorschlag fordert den Ausbau der Atomenergie (AE), in der die günstigste Möglichkeit des Klimaschutzes gesehen wird.

Eine Möglichkeit, bei mehr als zwei Alternativen über eine kollektive Abstimmung diejenige Alternative zu identifizieren, die von der Mehrheit bevorzugt wird, besteht darin, die Alternativen so lange in einer Wahl paarweise gegeneinander antreten zu lassen, bis am Ende nur noch zwei Alternativen verbleiben. Diejenige Alternative, die sich dann durchsetzt, müsste eigentlich die am meisten bevorzugte sein. Bei Mannschafts-Pokalwettbewerben im Sport, in denen während der ersten Runden bestimmte, vielleicht höherklassige Mannschaften „gesetzt" sind und erst in späteren Runden im Wettbewerb zum Einsatz kommen, wird ein ähnliches Entscheidungsverfahren praktiziert. Man setzt nach diversen Vorrunden darauf, dass sich im Endspiel auf jeden Fall die beste Mannschaft durchsetzt. Nur darum geht es – wer dabei Zweiter wird, ist eigentlich egal. Im Beispiel mit den genannten drei Alternativen soll nun ein System paarweiser Abstimmungen praktiziert werden: Die nach einer ersten paarweisen Abstimmung verbliebene Alternative wird anschließend in einer zweiten Abstimmung gegen die noch nicht abgestimmte Alternative ins Rennen geschickt.

Im Beispiel wird nun angenommen, dass die Gesellschaft lediglich aus den drei Individuen Jakob, Nils und Helene bestehe (man könnte stattdessen auch annehmen, dass es sich um drei gleich große Gruppen von Individuen mit identischen Präferenzen handelt). Von einer Einstimmigkeit ist diese Gesellschaft offenbar weit entfernt. Während Jakob sich im Zweifel für den Vorschlag zur Solarpflicht ausspricht, bevorzugt Nils die ökonomische Effizienz des Emissionshandels, während Helene angesichts dieser aus ihrer Sicht wenig überzeugenden Alternativen doch lieber auf die Atomenergie setzen würde. Die individuellen Präferenzordnungen dieser drei Individuen sind auf der linken Seite von Abb. 5.18 dargestellt.

Bei den paarweisen Abstimmungen sei angenommen, dass zunächst SP gegen EH abgestimmt wird. Ebenfalls sei angenommen, dass die Individuen entsprechend ihrer Präferenzen votieren. In diesem Fall wird sich am Ende der zweiten Abstimmung die Alternative AE durchsetzen, da diese gegenüber von SP jeweils von Nils und Helene bevorzugt wird. AE gilt damit also als die mehrheitlich bevorzugte Alternative. Nun wird aber eine Kontrollabstimmung durchgeführt, bei der beim ersten paarweisen Vergleich über SP und AE abgestimmt wird. Hier setzt sich im Ergebnis nun überraschenderweise die Alternative EH durch und gilt damit als mehrheitlich bevorzugte Alternative. Und bei einer weiteren Kontrollabstimmung, die mit dem paarweisen Vergleich EH-AE beginnt, setzt sich am Ende SP

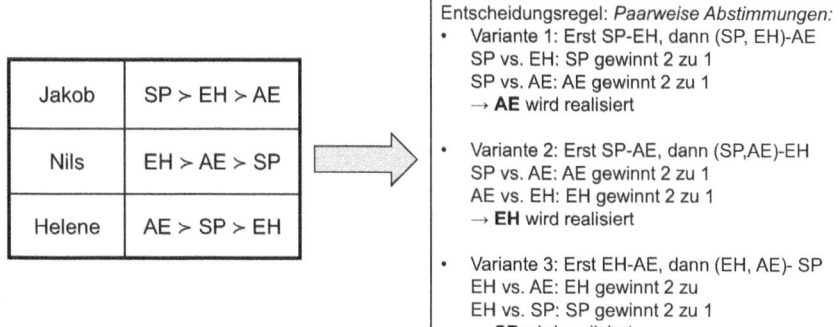

Abb. 5.18 Das Condorcet-Paradoxon.

durch. Drei Abstimmungen über denselben Sachverhalt (drei Alternativen) führen also zu drei unterschiedlichen Ergebnissen. Offensichtlich wird das Ergebnis des Entscheidungsverfahrens davon bestimmt, in welcher Reihenfolge die Alternativen zur Abstimmung gestellt werden[18].

Logische Defekte von Mehrheitsentscheidungen, aber auch deren Manipulierbarkeit wurden bereits im Mittelalter vom Philosophen und Theologen NIKOLAUS CUSANUS (1401–1464) diskutiert, der als Ratgeber des Papstes mit kirchenrechtlichen Fragen beschäftigt war und beispielsweise ein bestimmtes Verfahren der relativen Mehrheitswahl bei der Wahl des römisch-deutschen Königs vorschlug. Das Problem zyklischer Mehrheiten und intransitiver Präferenzordnungen bei Kollektiventscheidungen wurde vom französischen Mathematiker MARQUIS DE CONDORCET (1743–1794) entdeckt und wird seitdem als CONDORCET-Paradoxon bezeichnet. CONDORCET schloss sich als überzeugter Liberaler der französischen Revolution an, wurde Mitglied und Präsident der Nationalversammlung, wurde später in den Revolutionswirren jedoch zum Tode verurteilt. Sein Landsmann JEAN-CHARLES DE BORDA (1733–1799) beschäftigte sich als Seefahrer und Mathematiker ebenfalls mit Problemen von Kollektiventscheidungsverfahren. Auf ihn geht beispielsweise die sogenannte BORDA-Regel zurück. Im Gegensatz zum im

---

[18] Man könnte jetzt vermuten, dass dieses Ergebnis vor allem auf die geschickte Konstruktion des o.g. Beispiels zurückzuführen ist. Tatsächlich gibt es auch in der Realität einige Beispiele für die Auswirkungen von Wahlverfahren in Bezug auf die Frage, in welcher Weise die Alternativen zur Wahl gestellt werden: So ist das Ergebnis der 1991 nach der deutschen Wiedervereinigung im Bundestag durchgeführten Wahl des Sitzes der Bundesregierung und des Parlamentes auf die Verwendung der Methode der paarweisen Abstimmung zurückzuführen (vgl. hierzu die Fallstudie in Weimann 2009, S. 193). Die Wahl fiel im letzten Wahlgang auf Berlin, das sich hier gegen die Alternative Bonn und durchsetzte. Das Abstimmungsergebnis war relativ knapp und wurde dadurch begünstigt, dass zuvor andere Alternativen (wie etwa die Trennung von Regierungssitz in Bonn und Parlamentssitz in Berlin) ebenfalls zur Abstimmung standen. Sowohl bei Anwendung einer reinen Pluralitätswahl (welche Alternative erhält die meisten Stimmen?) als auch bei Anwendung einer Borda-Regel wäre die Entscheidung zu Gunsten Bonns ausgefallen.

obigen Beispiel angewandten Verfahren des paarweisen Vergleichs ist hier von den Wählern nicht nur die jeweils bevorzugte Alternative aus einer vorgegebenen Menge auszuwählen, sondern es werden Punkte entsprechend der Ränge der Alternativen entlang der Präferenzordnung vergeben. So könnte man sich vorstellen, dass jedes Individuum an die jeweils bevorzugte Alternative zwei Punkte vergibt, an die zweitplatzierte Alternative einen Punkt und an die schlechteste Alternative gar keinen Punkt. Den Vertretern der ordinalen Nutzentheorie würden angesichts der damit faktisch angenommenen kardinalen Vergleichbarkeit der Präferenzäußerungen die Haare zu Berge stehen, denn mit welcher Berechtigung darf man aus kollektiver Sicht annehmen, dass die beiden Punkte, die Jakob im obigen Beispiel für SP vergeben würde, gleichwertig sind im Vergleich zu den beiden Punkten, die Nils für den von ihm bevorzugten EH vergibt, und dass der Abstand zur jeweils nächstbesten Alternative genau 1 Punkt beträgt. Der Vorteil der BORDA-Regel liegt jedoch darin, dass die Probleme zyklischer Mehrheiten vermieden werden. Allerdings würde sich im obigen Beispiel auch bei Anwendung der BORDA-Regel ein Problem ergeben, da alle drei Alternativen jeweils drei Punkte auf sich vereinen würden, sodass eine Pattsituation entsteht.

5.5.3 Das Unmöglichkeitstheorem von Arrow

Der von CONDORCET identifizierte logische „Defekt" der Methode der Mehrheitsentscheidungen hat in der Wissenschaft 170 Jahre lang die Frage aufgeworfen, ob es sich hierbei lediglich um einzelfallbezogene Spezialprobleme von Kollektiventscheidungen handelt, oder ob derartige Probleme allgemein sind (Nida-Rümelin 2020a). Diese Verallgemeinerung von CONDORCET gelang KENNETH ARROW 1951 mit seiner bahnbrechenden Schrift „Social Choice and Individual Values". Seine wesentliche Aussage lautet: Es existiert im Allgemeinen keine kollektive Präferenzordnung, die aus individuellen Präferenzordnungen über der Menge sozialer Zustände abgeleitet werden kann, wenn diese gleichzeitig bestimmten ethischen und logischen Minimalbedingungen genügen soll. Die Wucht dieser Aussage rührt daher, dass sie die engen Grenzen der Formulierung von Aussagen über die gesellschaftliche Wohlfahrt beschreibt, wenn man dabei ohne kardinale Nutzenmessung und interpersonelle Nutzenvergleiche auskommen möchte (Breyer und Kolmar 2014). Die von ARROW formulierten Bedingungen lassen sich wie folgt zusammenfassen (vgl. etwa Wigger 2006; Weimann 2009):

- **PP:** Das PARETO-Prinzip (PP) fordert, dass eine Alternative A, die von allen Individuen mindestens schwach (d. h. unter Einschluss von Indifferenz) gegenüber einer anderen Alternative B präferiert wird und von mindestens einem Individuum gegenüber B stark präferiert, nach Anwendung der Abstimmungsregel dazu führt, dass A gegenüber B aus kollektiver Sicht vorgezogen werden sollte.

- **ND:** Das Demokratie-Prinzip (nondictatorship, ND) fordert, dass es kein Individuum geben darf, das mit seinen Präferenzen immer in der Minderheit ist und dessen Präferenzen trotzdem durch die Abstimmungsregel bestätigt werden.

- **UD:** Die Forderung eines unbeschränkten Definitionsbereiches (unrestricted domain, UD) bezieht sich darauf, dass alle Arten von individuellen Präferenzen unangetastet in die Kollektiventscheidung eingebracht werden dürfen. Die Abstimmungsregel sollte keine mögliche individuelle Rangordnung zwischen den Alternativen ausschließen.

- **IA:** Die Forderung einer Unabhängigkeit von irrelevanten Alternativen (Independence of irrelevant alternatives, IA) sieht vor, dass das Ergebnis einer Abstimmung über die Alternativen A und B nur von den individuellen Präferenzen über A und B abhängen sollte und nicht von den Präferenzen über andere Alternativen beeinflusst sein darf. Konkret bedeutet dies, dass die kollektive Rangordnung zwischen zwei Alternativen sich nicht verändern darf, solange die individuellen Rangordnungen zwischen diesen Alternativen unverändert sind.

- **RA:** Die mit der Abstimmungsregel gewonnene Präferenzordnung muss vollständig und transitiv sein. Dies bedeutet, dass zwischen jedem Paar von Alternativen eine Reihung möglich sein soll. Wenn etwa A besser ist als B und B besser als C, dann impliziert dies, dass auch A besser ist als C, ohne dass eine Abstimmung direkt über A und C erfolgt.

Wenn man sich diesen Forderungskatalog von ARROW anschaut, stellt man fest, dass es sich hierbei um Kriterien handelt, die zu einem großen Teil bereits Anforderungen an die im zweiten Kapitel dieses Buches behandelte individuelle Rationalität darstellen. Offenbar stößt die Übertragung dieser Anforderungen auf kollektive Präferenzordnungen jedoch auf unüberwindbare Grenzen, wenn bei der Aggregation der individuellen Präferenzen mithilfe der kollektiven Entscheidungsregel bestimmte ethische Mindeststandards eingehalten werden, und die individuellen Präferenzen lediglich als ordinal angesehen werden. Über die rein theoretische Betrachtung hinaus sind die Konsequenzen dieses Unmöglichkeitstheorems kaum übersehbar, denn sie stellen letztlich auch die logische und theoretische Möglichkeit rationaler demokratischer Entscheidungen infrage. In der Literatur zu social choice hat diese Problematik seit den 1950er Jahren zu enormen Anstrengungen geführt. Einige Autoren (wie etwa AMARTYA SEN) haben einen formalen Ausweg in der „Anreicherung" der lediglich ordinalen Informationen über die individuellen Nutzen gesucht und daraus konkrete Möglichkeitstheoreme entwickelt (Seidl 1988b).

Ebenfalls untersucht wurde, ob die Lockerung einiger der o.g. Bedingungen zu einer Auflösung der Unmöglichkeit führen könnte. So könnte man beispielsweise versuchen, den gordischen Knoten dieses Unmöglichkeitstheorems dadurch aufzulösen, dass man die Bedingung ND relativiert. Die Versuchung, bei nicht auflösbaren individuellen Interessenkonflikten das letzte kollektive Wort einem (dann hoffentlich gut informierten) Diktator zu überlassen, ist gewiss in der politischen und gesellschaftlichen Realität häufiger anzutreffen, ethisch aber fragwürdig.

Einige der bedeutsamsten Versuche zur Lockerung der Arrow-Bedingungen beziehen sich auf das Kriterium UD. Gibt man dieses Kriterium auf, könnte man beispielsweise fordern, dass nur bestimmte individuelle Präferenzstrukturen in Kollektiventscheidungsprozesse eingebracht werden dürfen. Dies lässt sich noch einmal anhand des obigen Beispiels verdeutlichen. Man könnte annehmen, dass sich die zur Abstimmung stehenden Alternativen nach Umweltschutzkriterien sinnvoll auf einer Skala sortieren lassen, auf der SP als polarisierende Maßnahme links eingeordnet wird, AE ebenso polarisierend rechts angesiedelt wird und EH wegen seiner Technologieoffenheit eine mittlere Position zugewiesen wird.

Überträgt man die auf der linken Seite in Abb. 5.19 aufgeführten individuellen Präferenzen in ein Nutzendiagramm, werden insbesondere die Präferenzen von Helene auffällig: Während Jakob und Nils entlang dieser Skala eine angemessen sortierte Präferenzordnung entfalten, erscheinen Helenes Präferenzen auf einmal irgendwie fragwürdig. Ihre Präferenzordnung springt auf dieser Skala von rechts nach links, ihre Nutzenfunktion verläuft mehrgipfelig. Bei dieser Betrachtung entsteht der Eindruck, dass es vor allem Helenes Präferenzen sind, die zum Problem der zyklischen Mehrheiten führen.

Würde man beispielsweise fordern, dass Helene nur wohlgeordnete, eingipfelige Präferenzen in die Abstimmung einbringen darf, dann könnte man ihre Präferenzstruktur im unteren Teil der Abbildung (Helene_2) dadurch korrigieren, dass EH und SP die Position in ihrer Präferenzordnung tauschen. Ihre Nutzenfunktion wäre nun ebenso eingipfelig wie die von Jakob und Nils. Würde man nun das Verfahren der paarweisen Vergleiche anwenden, würde sich bei jeder Variante die Option EH durchsetzen. (Übrigens würde auch die Pattsitutaion bei Anwendung

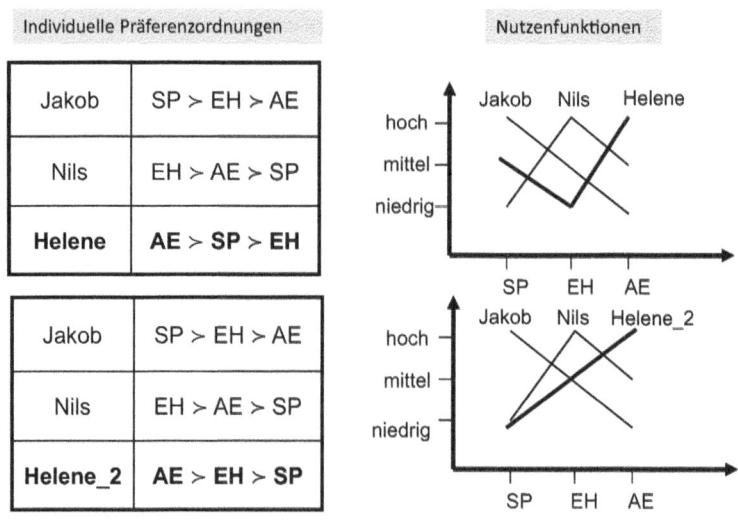

Abb. 5.19 Auflösung des Condorcet-Paradoxons mit eingipfeligen Präferenzen.

der BORDA-Regel verschwinden: EH erhielte hiernach 4 Punkte, AE drei Punkte und SP 2 Punkte).

Die Aufgabe der ARROW-Bedingung UD und die Annahme, dass lediglich eingipfelige Präferenzen bei der Kollektiventscheidung zugelassen werden, hat in der Literatur zum sogenannten Medianwählertheorem geführt. Hiernach wird das Aggregationsproblem von Kollektiventscheidungen bei heterogenen Präferenzen dadurch aufgelöst, dass sich die Präferenzen des jeweils in der Mitte befindlichen Wählers durchsetzen (möglicherweise ohne, dass ihm das bewusst ist). Im obigen Beispiel nimmt offenbar Nils die Position dieses Medianwählers ein. Er repräsentiert mit seiner Präferenz für EH die Mehrheit, da Jakob mit ihm zusammen gegen Helenes präferierte Alternative AE stimmen würde, Helene hingegen mit ihm zusammen gegen Jakobs bevorzugte Alternative SP stimmen würde. Dieses Beispiel verdeutlicht, warum in politischen Diskussionen die Wahlentscheidungen häufig in der Mitte und nicht an den Rändern entschieden werden. Wer im politischen Wettbewerb die Präferenzen des Medianwählers kennt und bedient, hat große Chancen, die Wahl zu gewinnen. Unter Annahme von eingipfeligen Präferenzen lassen sich also die logischen Probleme des CONDORCET-Paradoxons auflösen.

Dieser Ausweg führt in der Realität aber nicht allzu weit. Nicht viele Probleme lassen sich auf einer derartigen Skala auf diese Weise sortieren. Die Vorstellung, dass sich gesellschaftliche Alternativen bei der Abstimmung auf einer eindimensionalen Skala von links nach rechts einsortieren lassen, ist für die meisten gesellschaftlichen Probleme unrealistisch. Wenn sich die Unterschiede zwischen den zur Diskussion stehenden Alternativen sinnvoll in Geldeinheiten ausdrücken lassen (z. B.: Wieviel Geld sollte in Klimaschutzprojekte investiert werden?), ist die Annahme eingipfeliger Präferenzen noch plausibel. Kaum jemand würde auf eine derartige Frage antworten, dass sie am liebsten gar kein Geld hierfür ausgeben würde, am zweitliebsten 100 € und am drittliebsten 50 €. Vermutlich wird bereits die Einsortierung der im Beispiel genannten Klimaschutzoptionen SP, EH und AE in Positionen von links nach rechts der Komplexität des Problems nicht gerecht. Sobald die Probleme und die zur Verfügung stehenden Alternativen mehrdimensional betrachtet werden müssen, hilft die Annahme eingipfeliger Präferenzen nicht mehr weiter.

5.5.4 Die Manipulierbarkeit von Entscheidungsverfahren

Neben den oben betrachteten logischen Problemen von Kollektiventscheidungsmechanismen richtet sich eine zweite Gruppen von Einwänden, die in der Literatur gegen welfaristische Kollektiventscheidungsregeln vorgebracht werden, auf deren Manipulationsanfälligkeit (Seidl 1988b). Im obigen Beispiel wurde angenommen, dass sich Jakob, Nils und Helene bei Abstimmungen entsprechend ihrer „wahren" Präferenzen verhalten. Man kann sich jedoch ohne weiteres vorstellen, dass den eigenen Präferenzen eines Individuums besser gedient ist, wenn in den Abstimmungsprozess falsche Informationen eingespeist werden. Eine Wahlentscheidung kann also auch strategisch getroffen werden, indem bewusst und zum eigenen Vorteil ein Votum abgegeben wird, das – bei isolierter Betrachtung – den eigenen Interessen widerspricht.[19]

Im unteren Teil von Abb. 5.19 wurde gezeigt, dass sich bei den eingipfeligen Präferenzen von Helene_2 eindeutig die Alternative EH durchsetzt. Hätte Helene_2 mit ihrer Präferenzstruktur die Möglichkeit, das Ergebnis zu ihren Gunsten zu beeinflussen, sodass sich die von ihr bevorzugte Alternative AE durchsetzt? Dies wäre offenbar dann möglich, wenn sie die Präferenzen von Nils und Jakob genau kennt und gleichzeitig mit den Regeln des Entscheidungsverfahrens vertraut ist. Helene könnte sich auf die folgende Weise bei der Abstimmung strategisch verhalten: Wenn sie dafür sorgen könnte, dass auf der ersten Stufe des paarweisen Vergleiches zunächst SP gegen EH abgestimmt wird, könnte sie hier entgegen ihrer „wahren" Präferenzen mit Jakob für SP stimmen. Bei diesem ersten Vergleich würde sich SP durchsetzen, sodass beim finalen Wahlgang über SP und AE abgestimmt wird. Hier würde sie dann entsprechend ihren „wahren" Präferenz mit Nils für AE stimmen. Mit einer kleinen Manipulation beim ersten Vergleich könnte sie also die von ihr bevorzugte Alternative durchsetzen.

Derartige Manipulationen sind jedoch auch bei der Verwendung anderer Wahlverfahren und bei Abstimmungen über mehr als drei Alternativen denkbar. So könnte eine kollektive Entscheidung auch per *integrierter Stichwahl* (instant runoff votings) herbeigeführt werden. Dieses Wahlsystem funktioniert zunächst wie ein reines Mehrheitswahlsystem: Wenn sich bei einer Entscheidung unter mehreren Alternativen im ersten Wahlgang eine Alternative mit mehr als 50 % durchsetzt, gilt die Wahl als abgeschlossen. Allerdings wird jedes Individuum bei der Stimmabgabe aufgefordert, eine Rangfolge der zur Auswahl stehenden Alternativen abzugeben. Auf dem Stimmzettel bestimmt also jedes Individuum seine erste, zweite, dritte usw. bis zur letzten Wahl. Wenn beim Auszählen der Stimmzettel keine Option über eine absolute Mehrheit an ersten Plätzen verfügt, wird nicht neu gewählt werden müssen, da Stichwahlen bereits implementiert sind: Eine Stichwahl wird dadurch simuliert, dass jeweils die Alternative, die die geringste Anzahl an ersten Plätzen erhalten hat, aus allen Präferenzordnungen herausgestrichen wird. Die verbleibenden Optionen rücken dann in den Präferenzordnungen in die jeweils frei gewordenen Plätze auf. Wenn auf dem Stimmzettel eines Individuums die erste Option gestrichen wird, weil dieser Option von allen Individuen die geringste Anzahl an ersten Plätzen zugewiesen wurde, gilt nach der Streichung der bislang zweite Platz nunmehr als erste Option. Dieses Verfahren wird so lange durchgeführt, bis eine der Alternativen über eine absolute Mehrheit verfügt.

Zur Veranschaulichung dieses Verfahrens wird das Beispiel aus Abb. 5.18 und 5.19 wie folgt modifiziert:

---

[19] Ein Beispiel dafür ist das Verhalten einer Partei des Thüringer Landtages, die bei der Wahl zum Ministerpräsidenten im Februar 2020 zwar einen eigenen Kandidaten aufstellte, im dritten Wahlgang zur Überraschung der anderen Parteien jedoch nicht – wie in den ersten beiden Wahlgängen – den eigenen Kandidaten wählte, sondern den Kandidaten einer anderen Partei.

- Neben den bisherigen Alternativen SP, EH und AE wird eine weitere Alternative zur Wahl gestellt: Deregulierung (DR) bedeutet die Ablehnung von klimapolitischen Vorgaben und zielt auf den Abbau aller Regulierungen. Befürworter dieser Alternative betonen vielleicht, dass Deutschland bereits weltweit die höchsten Energiepreise habe. Solange es kein weltweit verpflichtendes Abkommen zur Begrenzung des Klimawandels gebe, sollte Deutschland nach diesem Vorschlag keine Regulierungen vornehmen.
- An der Kollektiventscheidung nehmen nicht (wie bisher) nur drei einzelne Individuen teil, sondern vier Gruppen von Individuen. Die Mitglieder einer Gruppe vereint jeweils eine gemeinsame Präferenzordnung über die angebotenen Alternativen. Die Gruppen sind unterschiedlich groß und werfen damit unterschiedliche Gewichte in die Abstimmung.[20]
- Die bisher für Jakob, Nils und Helene_2 angenommenen Präferenzen werden nun als Präferenzen ihrer jeweiligen Gruppe betrachtet. Die neue Alternative DR ist bei ihnen nicht sonderlich beliebt. Alle drei Gruppen setzen DR auf den letzten Platz ihrer Präferenzordnung. Die Gruppe von Jakob besteht aus 24 Personen, die Gruppe von Nils hat 29 Mitglieder und Helene steht für eine Gruppe von 24 Personen.
- Zusätzlich wird eine vierte Entscheidergruppe angenommen. Diese Gruppe hat lediglich 15 Mitglieder und nennt sich nach ihrem Vorsitzenden Thies. Sie würde am liebsten die Alternative DR realisiert sehen, die Alternative AE sehen die Mitglieder dieser Gruppe auf dem letzten Platz ihrer Präferenzordnung.

Der obere Teil von Abb. 5.20 betrachtet das Ergebnis, dass sich bei einer Kollektiventscheidung mit dem System der integrierten Stichwahlen ergibt. Nach der Streichung von DR und EH in den ersten beiden Schritten werden die Stimmzettel im letzten Schritt auf den Vergleich von SP und AE reduziert. Hier setzt sich nun die Alternative AE mit einem Stimmenanteil von 61 % durch. Der Grund dafür liegt darin, dass die beiden relativ stärksten Gruppen (Helene_2 und Nils) sich für AE aussprechen, während die beiden relativ schwächsten Gruppen (Jakob und Thies) lediglich 39 % der Stimmen für SP in die Waagschale werfen.

Die Möglichkeit zur Manipulation dieses Entscheidungsverfahrens kann nun am Beispiel der Gruppe von Thies verdeutlicht werden. Da die Gruppe von Thies mit

---

[20] Das genannte Beispiel ließe sich nun beliebig variieren. Wenn man komplexere Entscheidungsprobleme oder auch wiederholte Entscheidungen betrachtet, oder wenn man die Gruppen von Individuen als Parteien in Modellen der indirekten Demokratie betrachtet, die bestimmte Programme vertreten, könnten sich beispielsweise Möglichkeiten zur Koalitionsbildung ergeben. Obwohl die bevorzugten Projekte einzelner Parteien bei isolierter Betrachtung nicht mehrheitsfähig sind, könnten sich mehrere Parteien zu einer Koalition zusammentun. Diese könnte bei der entsprechenden Abstimmung dem von einer Partei bevorzugten Projekt zur Mehrheit verhelfen und bei einer anderen Abstimmung die Interessen der anderen Partei vertreten. Die auf diese Weise gewonnenen Mehrheiten fördern unter bestimmten Voraussetzungen auch die Interessen der Mehrheit der Gesellschaft und wirken damit wohlfahrtserhöhend (sog. log-rolling, vgl. Wigger 2006).

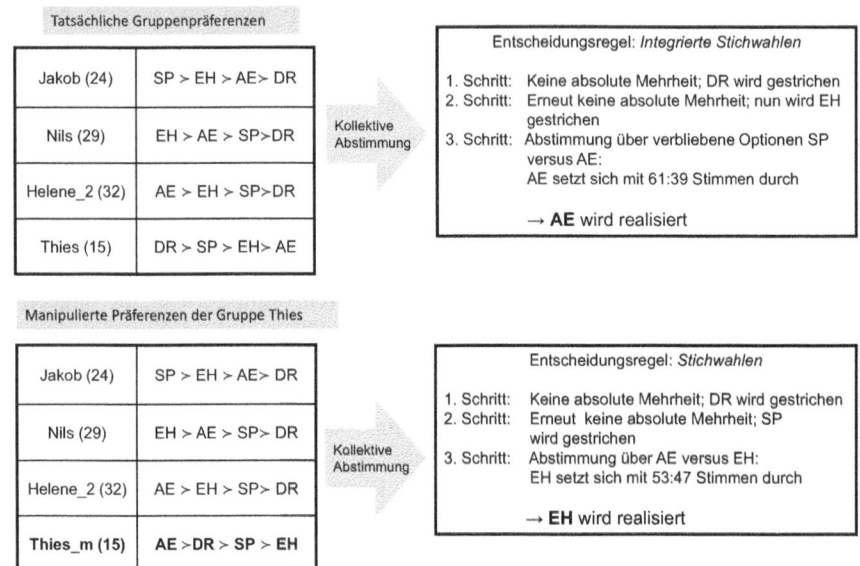

Abb. 5.20 Präferenzmanipulation im System integrierter Stichwahlen.

15 % aller Stimmen relativ klein ist, wird sie kaum versuchen können, ihre Präferenzordnung durchzusetzen. Da die von ihr bevorzugte Alternative DR von allen anderen Gruppen auf den letzten Platz gesetzt wird, gibt es keine Möglichkeit, die Streichung von DR beim ersten Wahlgang zu verhindern. Aber möglicherweise kann Thies verhindern, dass sich die von seinen Mitgliedern am schlechtesten bewertete Alternative AE in der Abstimmung durchsetzt. Wenn er die Präferenzen der übrigen Gruppen kennt und mit dem Wahlverfahren vertraut ist, könnte seine Gruppe bei der Stimmabgabe manipulierte Präferenzen angeben, wie sie im unteren Teil von Abb. 5.20 dargestellt sind. Die eigentlich von dieser Gruppe abgelehnte Alternative AE, die sich bei Abgabe der „wahren" Präferenzen noch durchgesetzt hätte, wird nun überraschenderweise an die erste Stelle des Stimmzettels gesetzt. Hierdurch erreicht die Gruppe von Thies, dass im dritten Schritt des Wahlverfahrens die Alternativen AE und EH abgestimmt werden, sodass sich hier EH mit einer knappen Mehrheit (nur scheinbar gegen ihren Willen) durchsetzt. Mit dieser Strategie kann die Gruppe von Thies immerhin verhindern, dass sich die von einer Mehrheit bevorzugte Alternative in der Abstimmung durchsetzt.

In der Literatur zur Sozialwahltheorie wird die Verallgemeinerung dieses Befundes den Ökonomen und Philosophen Alan Gibbard und Mark Satterthwaite zugeschrieben und seitdem als Gibbard-Satterthwaite-Theorem bezeichnet. Gibbard und Satterthwaite haben bewiesen, dass jedes Kollektiventscheidungsverfahren anfällig ist für derartige strategische Überlegungen, so lange gefordert wird, dass der Entscheidungsmechanismus gleichzeitig die Demokratie-Bedingung (ND)

und die Rationalitäts- bzw. Transitivitätsbedingung (RA) von ARROW erfüllen soll
(Weimann 2009; Nida-Rümelin 2020a).

Die allgemeine, aus diesen Unmöglichkeitstheoremen abzuleitende Schlussfolgerung lautet also: Welfaristische Entscheidungsregeln, die auf Nutzeninformationen in Form individueller ordinaler Präferenzordnungen basieren, können zu
willkürlichen oder manipulierten kollektiven Entscheidungen führen. Die im folgenden Abschnitt vorgestellten prozessorientierten Ansätze gehen nun noch einen
Schritt weiter und hinterfragen vollständig, ob es überhaupt möglich ist, Aussagen zum Gemeinwohl aus konsequentialistischen Kriterien wie dem individuellen
Nutzen abzuleiten.

5.6   Prozessorientierte Theorien

5.6.1 Der Liberalismus

Der Streit um die angemessene Verwendung von individuellen Nutzeninformationen für die Bestimmung des Gemeinwohls, die damit einhergehenden
Differenzen zwischen der älteren und der jüngeren Wohlfahrtsökonomik bis
hin zu den Problemen der Sozialwahltheorie ist für die Vertreter eines nicht-
konsequentialistischen Ansatzes mehr oder weniger unerheblich. Die Vertreter
dieser nicht-konsequentialistischen Richtung lehnen es grundsätzlich ab, gesellschaftliche Zustände als Konsequenzen individueller und kollektiver Entscheidungen einer Bewertung zu unterziehen. Gerechtigkeitsurteile können sich hiernach
nicht auf Ergebnisse, sondern immer nur auf Prozesse beziehen. Ergebnisse sollten
nicht deswegen korrigiert werden, weil sie etwa bei Anlegung eines utilitaristischen Kriteriums suboptimal erscheinen, sondern allenfalls dann, wenn der Prozess
des Zustandekommens dieser Ergebnisse als ungerecht anzusehen ist. Gerechtigkeitsurteile können sich daher nur auf Regeln, nicht aber auf Ergebnisse beziehen
(Schäfer und Ott 2020).

Der Fokus der Betrachtungen dieses Kapitels verschiebt sich damit in den
Bereich des Liberalismus, für den nicht der individuelle Nutzen, sondern die
individuellen Rechte im Vordergrund stehen. Der Liberalismus ist von einer nicht-
welfaristischen Ergebnismoral gekennzeichnet, da zur Bewertung jetzt keine individuellen Nutzeninformationen mehr zugelassen werden. Dies bedeutet aber nicht,
dass die individuellen Nutzen keine Rolle mehr spielen, denn sie erklären nach wie
vor das Zustandekommen gesellschaftlicher Zustände. Aus entscheidungstheoreti-
scher Sicht verschiebt sich jedoch die Begründung von liberalen Entscheidungen:
Die individuellen Präferenzen hinsichtlich sozialer Zustände sollen, soweit sie sich
auf die Sphäre eines einzelnen Individuums beziehen, auch in den kollektiven Präferenzen berücksichtigt werden. *„Konflikte zwischen individuellen Rechten sollen in
liberalistischer Sicht auch nur die davon unmittelbar betroffenen Individuen, nicht
aber andere Mitglieder des Kollektivs, involvieren. Die sozialen Zustände können
auch hier als Handlungsergebnisse interpretiert werden, während die Artikulation
der individuellen Nutzen bzw. Präferenzen als Aktionen bzw. Handlungen aufzufassen*

sind" (Seidl 1988b, S. 171). Dies bedeutet, dass die Individuen nach wie vor die gesellschaftlichen Zustände bewerten. Eine gesellschaftliche Wahl dieser Zustände ist zwar möglich, sie muss jedoch in bestimmten Bereichen die individuelle Autonomie akzeptieren und hat im Falle von Interessenkonflikten keine Möglichkeiten, diese durch Anwendung irgendwelcher Aggregationsmethoden aufzulösen.

5.6.2 Robert Nozicks Anspruchstheorie

Einer der wichtigsten Vertreter prozeduraler Gerechtigkeitstheorien ist der Philosoph ROBERT NOZICK (1938–2002). Seine wesentlichen Ideen hat er 1974 in seinem Buch „Anarchy, State, and Utopia" (Nozick 2013) formuliert. Mit seinen libertären Ideen wurde er zum wesentlichen Kontrahenten der damals gerade von JOHN RAWLS publizierten Gerechtigkeitstheorie (vgl. Kap. 6 dieses Buches), aber seine Einwände gegen freiheitseinschränkende Ansätze richteten sich vor allem gegen das welfaristische Denken. Um zu zeigen, dass die Verwendung des utilitaristischen Nutzenbegriffs als Grundlage zur Bestimmung von Verteilungs- und Gerechtigkeitsfragen von einer absurden Logik geprägt ist, stellte sich ROBERT NOZICK die Existenz eines Nutzenmonsters (utility monster) vor. Dieses Monster sei so gefräßig und begierig auf das Verspüren von Nutzen, dass ihm jede zur Verteilung verfügbare Ressource immer mehr zusätzlichen Nutzen bringen würde, als anderen Individuen. Bei Anwendung einer utilitaristischen Regel würde dieses Monster dann alle zur Verfügung stehenden Vorteile erhalten, während alle anderen keine erhalten. Das erscheint natürlich unfair (Kamm 2015).

Das bislang in diesem Kapitel aus verschiedenen Blickwinkeln erörterte ökonomische Problem lässt sich auf die grundsätzliche Frage zurückführen, wann ein Individuum in einer konkreten Situation dazu berechtigt ist, bestimmte Güter und Ressourcen zu besitzen und darüber zu verfügen. Das Pareto-Kriterium kennzeichnet beispielsweise solche gesellschaftlichen Zustände, in denen eine simultane Verbesserung aller Individuen durch den Tausch von Eigentumsrechten nicht mehr möglich ist - nimmt dabei aber den Status quo der individuellen Ausstattungen in der Ausgangssituation als gegeben hin, selbst wenn dieser durch große Ungleichheit geprägt ist. Der zweite Hauptsatz der Wohlfahrtsökonomik sieht zwar Möglichkeiten vor, diese Anfangsausstattungen z.B. unter Anwendung eines utilitaristischen Kriteriums zu ändern, kommt aber in der Realität nicht an dem sich dann einstellenden Zielkonflikt zwischen Effizienz und Gerechtigkeit vorbei. Nozick geht vor dem Hintergrund dieser Diskussion auf die grundsätzliche Ausgangsfrage nach der Rechtfertigung des individuellen Besitzanspruchs zurück. Nach NOZICKs Anspruchstheorie fällt einem Individuum ein Besitzanspruch an Gütern und Ressourcen genau dann zu, wenn eine der drei folgenden Bedingungen erfüllt ist (Nozick 2013, S. 151):

- Ein Anspruch liegt erstens vor, wenn es sich um eine gerechtfertigte Aneignung herrenloser Güter handelt.

- Zweitens entsteht ein Anspruch auf den Besitz von Gütern, wenn diese im Zuge einer freiwilligen Markttransaktion oder einer freiwilligen Übertragung (z. B. Schenkung, Vererbung) in die Hände des Individuums gelangt sind.

- Und drittens kann sich ein Anspruch auch daraus ergeben, dass es in der Vergangenheit Verstöße (wie etwa Diebstahl oder auch Sklaverei) gegen die beiden ersten Prinzipien gegeben hat. In diesem Fall bezieht sich der individuelle Anspruch auf Wiedergutmachung.

Für seine sogenannte Anspruchstheorie bezog er sich vor allem auf die Naturrechtsideen von JOHN LOCKE, der argumentiert hat, dass die Aneignung herrenloser Ressourcen dadurch gerechtfertigt sei und die Ressource zum Privateigentum mache, dass das Individuum diese Ressource (z. B. ein Stück Land oder einen Bodenschatz) mit seiner Hände Arbeit gehoben, bearbeitet bzw. gemischt hat. Von einer derartigen Mischung mit menschlicher Arbeit beim Aneignungs- bzw. Privatisierungsprozess will NOZICK jedoch nichts wissen: *„Why isn't mixing what I own with what I don't own a way if losing what I own rather than a way of gaining what I don't? If I own a can of tomato juice and spill it in the see so its molecules … mingle evenly throughout the see, do I thereby come to own the sea, or have I foolished dissipated my tomato juice?"* (Nozick 2013, S. 174f.).

Sieht man davon ab, dass diese Theorie allenfalls korrigierende Eingriffe zur Internalisierung externer Effekte (z. B. über Verhandlungen im Sinne des COASE-Theorems, vgl. hierzu Kap. 9 dieses Buches) rechtfertigt, lässt sie dem Staat eigentlich nur Raum in Bezug auf die Sicherung der Eigentumsordnung und kann damit als Minimalstaatskonzept bezeichnet werden. Allerdings benötigt selbst dieses Minimalstaatskonzept einen Staat, der den Schutz der Rechts- und Eigentumsordnung als öffentliches Gut anbietet und die Individuen vielleicht noch gegen äußere Gewalt verteidigt und muss dafür in irgendeiner Form über Einkünfte verfügen. Am liebsten würde Nozick die Bereitstellung öffentlicher Güter jedoch den Individuen und ihrer Fürsorge selbst überlassen, die damit einhergehenden Ineffizienzen durch Unterbereitstellung ist ihm lieber als die vom Staat durch Besteuerung erzwungene Finanzierung seiner Aktivitäten. Umverteilungsansprüche der Individuen werden von ihm nur dann akzeptiert, wenn diese entsprechend des zweiten Prinzips als freiwillige Transaktionen realisiert werden. Jedes Individuum hat Anspruch auf das, was es produziert. Die Umverteilung von Gütern, Einkommen oder Vermögen auf Basis staatlicher Maßnahmen stellt hiernach letztlich Diebstahl dar. Nozick argumentiert, dass die Fähigkeiten der Individuen nur ihnen selbst gehören und ihnen deshalb die Erträge aus diesen Fähigkeiten zustehen. Wenn die Erträge ihrer Arbeit einer Umverteilung zugeführt werden, sei dies letztlich damit gleichzusetzen, dass angenommen werde, dass ihnen diese Fähigkeiten nicht selbst gehörten, der Staat sich die Fähigkeiten der Individuen aneigne und diese in die Sklaverei schicke. NOZICK unterscheidet bei der Beurteilung einer Einkommensverteilung zwischen den für die Beurteilung benötigten historischen Informationen ihrer Genese und konsequentialistischen Prinzipien der Verteilungsgerechtigkeit, die von ihm als willkürlich abgelehnt werden: *„Whether* *a distribution is just depends upon how it came about. In contrast, current time-slice principles of justice hold that the justice of a distribution is determined by how things are distributed (who has what) as judged by some structural principles of just distribution"* (Nozick 2013, S. 153).

Gegen diese Theorie lassen sich viele Einwände formulieren. So könnte man etwa in Umkehrung von Nozicks Nutzenmonster fragen, ob es gerecht sei, dass Menschen mit einer angeborenen Behinderung und geringeren Fähigkeiten einen geringeren Anspruch auf Güter haben als nicht-behinderte Menschen. Zudem wird kritisiert, dass die oben genannten Prinzipien für einen gerechten Anspruch auf Güter in irgendeiner Form eine gerechte Eigentumsordnung voraussetzen. Das Kriterium der herrenlosen Güter, die man sich in gerechter Weise aneignen könne, setzt ja voraus, dass an irgendeiner Stelle in der Vergangenheit eine Unterscheidung zwischen gerechtem und ungerechtem Besitz vorgenommen werden konnte, von der aus entschieden werden konnte, ob ein Gut nun herrenlos ist, oder nicht. Diese Unterscheidung ist aber nur möglich, wenn bereits in diesem Zustand eine gerechte Eigentumsordnung bestand. Nozick setzt damit voraus, was er mit seinen Prinzipien erst erklären will (Breyer und Kolmar 2014).

5.6.3 Friedrich August von Hayek, die Überlegenheit einer freiheitlichen Ordnung und die Ablehnung des Gemeinwohlbegriffs

Der österreichische Ökonom und Philosoph FRIEDRICH AUGUST VON HAYEK (1899–1992) ist neben Nozick der bedeutendste Vertreter der Denkschule, die die Bewertung von sozialen Ergebnissen ablehnt und Gerechtigkeitsurteile lediglich aus prozeduralen Überlegungen ableiten will. HAYEK wird wie etwa auch Ludwig von Mises und andere bedeutende Ökonomen der Gruppe der Österreichischen Schule der Nationalökonomie zugeordnet, die sich insbesondere mit Marktprozessen beschäftigten. Er entwickelte bedeutende Beiträge zur prozessorientierten Preistheorie und untersuchte, auf welche Weise der wettbewerbliche Preismechanismus Informationen überträgt und damit auf dezentraler Ebene die wirtschaftlichen Aktivitäten koordiniert. Seine informationsökonomischen Ideen vom Preismechanismus sind eingebunden in eine Ökonomie, die er als komplexes, adaptives, keinesfalls jedoch zentral steuerbares System betrachtet (Böhm 2008). Hier sieht Hayek den Irrtum der Arbeitswerttheorien, die KARL MARX und JOHN STUART MILL zu falschen Schlussfolgerungen geführt habe: *„Es sind die Preise, die die Menschen in die Lage versetzen, sich an Ereignisse anzupassen, von denen sie nichts wissen können und die daher oft mit Verdiensten und Bedürfnissen nichts zu tun haben. Dies ist das Verständnis der Preise als Signale, das leider Gottes lange Zeit durch die Arbeitswerttheorie verdunkelt wurde. Männer wie John Stuart Mill und Karl Marx konnten darum den Markt nie verstehen, da sie glaubten, dass die Preise das Ergebnis vorher erfolgter Ereignisse seien; erst seit wir verstehen, dass die Funktion der Preise die ist, den Menschen zu sagen, was sie tun sollen, beginnen wir, das Funktionieren der Marktwirtschaft zu verstehen"* (Hayek

2011, S. 235). Da HAYEKS Betrachtung den Wirtschaftsprozessen und weniger den Ergebnissen galt, hielt er bereits die allokative ökonomische Fragestellung für verfehlt, wie angesichts gegebener Ressourcen und Technologien ein allokatives Optimum identifiziert werden könne. Vielmehr ging es ihm darum, dass sich der Marktprozess gerade auf die Gegebenheit und die Knappheit der Ressourcenbasis beziehe und neues Wissen generiere. Nur wegen dieser dynamischen, wettbewerbsgetriebenen Innovationsprozesse sei der Markt anderen Allokationsmechanismen überlegen. Wenn das Problem lediglich in der Allokation gegebener Ressourcen bestünde, könnten möglicherweise auch sozialistische Planungssysteme eine allokative Effizienz erreichen (vgl. hierzu Abschn. 10.2.4). Für seine Arbeiten wurde er 1974 mit dem Nobelpreis ausgezeichnet.

HAYEK gilt als wichtiger Theoretiker eines Liberalismus, der nach den Erfahrungen mit totalitären Gesellschaftsordnungen nach dem zweiten Weltkrieg auf ein neues Fundament gestellt werden musste. Mit anderen liberalen Denkern nahm er 1938 in Paris am sogenannten Lippmann-Kolloquium teil. Gegenstand und Anlass dieser Veranstaltung war ein gerade erschienenes Buch des amerikanischen Publizisten Walter Lippmann mit dem Titel „The Good Society" (Lippmann 2005). Lippmann beschreibt in seinem Buch den Faschismus und den Sozialismus als ähnliche Gesellschaftsmodelle. Er sah angesichts dieser totalitären und kollektivistischen Erfahrungen eine Krise der westlichen Zivilisationen, um daraus einige Schlussfolgerungen für die zukünftige Gestaltung der Gesellschaft zu ziehen. Seine Überlegungen fielen insbesondere unter liberalen Ökonomen auf breite Zustimmung (Knight 1938). Die Teilnehmer dieser Konferenz suchten nach Antworten auf gesellschaftliche Probleme wie steigende Arbeitslosigkeit oder zunehmende Totalitarismusgefahren und fragten nach der angemessenen Arbeitsteilung von Politik und Märkten bei der Gestaltung der Gesellschaft. Dass diese Bewegung aus heutiger Sicht häufig mit dem Begriff eines auf völlige Deregulierung und Privatisierung angelegten Neoliberalismus gleichgesetzt wird, ist etwas unglücklich und unscharf. 1938 und in der Nachkriegszeit umschloss der damals unter Beteiligung von HAYEK formulierte Ansatz des Liberalismus etwa die Positionen der deutschen Schule des Ordoliberalismus (vgl. Kap. 10) und war damit noch eine ganz andere Konzeption als etwa der Libertarianismus von NOZICK, der im letzten Abschnitt vorgestellt wurde.

Es sind also gerade die individuellen Freiheitsrechte und das Privateigentum, wie sie von liberalen Denkern wie HAYEK, MISES oder FRIEDMAN betont werden, die zur modernen Begründung marktwirtschaftlicher Systeme herangezogen werden. Allerdings weist HIRSCHMAN (1980, S. 136), leicht ironisierend, darauf hin, dass diese Forderung eines Schutzes des Privateigentums ursprünglich vom Frühsozialisten PROUDHON erhoben wurde (vgl. Abschn. 5.2.4). PROUDHON ist zwar für sein Diktum „Eigentum ist Diebstahl" berühmt geworden, allerdings fürchtete er die Macht des Staates ebenso wie beispielsweise HAYEK. In seinen späteren Schriften formulierte PROUDHON daher den Gedanken, dass eigentlich nur mit dem Privateigentum die Möglichkeit bestehe, die absolutistische Macht des Staates durch eine ebenso absolutistische Macht in Form des Privateigentums zu begrenzen.

HAYEKs Beiträge zur Frage, was das Gemeinwohl und was eine gerechte Gesellschaft kennzeichnet, sind nicht leicht zu greifen. Anders als bei NOZICK steht für ihn nicht eine Begründung individueller Rechte, sondern seine Vorstellung von individueller Freiheit im Vordergrund. Aus Sicht der politischen Philosophie verzweigen sich mit Hayek die Wege der Betrachtung der individuellen Freiheit (Becker et al. 2021, S. 145 f.): Während liberale Denker wie JOHN STUART MILL, oder auch JOHN RAWLS und AMARTYA SEN unter individueller Freiheit auch eine positive, entfaltungsbezogene Dimension verstehen, beschränkt sich HAYEK auf eine eher rechtliche und negative Dimension der individuellen Freiheit. Für ihn sind Vorstellungen einer positiven, auf individuelle Entfaltung zielenden Freiheit problematisch, da hier Freiheit mit Macht verwechselt werde. In der Konsequenz bedeutet dies, dass der Staat lediglich Rechtssicherheit zu geben habe und vielleicht noch als Schiedsrichter eingesetzt werden könne.

Freiheit entsteht für HAYEK in einem Zustand, in dem andere Menschen oder der Staat über das Individuum keinen Zwang ausüben können, bzw. in dem die Ausübung von Zwang auf ein Mindestmaß reduziert ist. Die Begründung für eine derartige Gesellschaftskonzeption sieht Hayek letztlich informationsökonomisch im unzureichenden Wissen des Einzelnen und des Staates. Dies hat aus seiner Sicht drei wesentliche Konsequenzen (Breyer und Kolmar 2014, S. 40):

- Jedes Individuum beurteilt seine Lage, seine Ziele, seine Vorstellungen vom gelungenen Leben für sich selbst. Hierauf haben andere Individuen und die Gesellschaft keinen Zugriff.
- Die gesellschaftlichen Institutionen, die Normen, die Bräuche und auch die Moral, die das Zusammenleben der Menschen regeln, sind evolutorisch in einem komplexen Prozess entstanden. Ihre Gestaltung und ihre Gestaltbarkeit entziehen sich dem Wissen einzelner Menschen.
- Daher ist auch die Gesellschaft nicht auf eine planvolle Weise entstanden. Niemand kennt die genauen Regeln, nach denen sie funktioniert und daher ist es auch nicht möglich, die Gesellschaft und ihre Institutionen durch einfache Regelsetzungen irgendwie auf ein gemeinsames Ziel auszurichten. Die Konsequenzen von individuellen und kollektiven Entscheidungen sind nicht anhand von einfachen Regelsetzungen plan- oder steuerbar. Fortschritt ist damit nicht planbar. Es ist zwar möglich, Entscheidungen über die Gestaltung von Institutionen zu treffen, aber diese sollten echten Fortschritt nicht behindern. Dieser gehe evolutionär und experimentell eigentlich (wie etwa bei Nietzsche) nur von einzelnen Individuen aus.

HAYEK knüpft mit seiner Vorstellung davon, dass das Handeln der Menschen aufgrund beschränkter Voraussicht zu unbeabsichtigten Folgen führen kann, an die Grundideen der Bienenfabel von MANDEVILLE und der unsichtbaren Hand von

Smith an (vgl. Abschn. 1.4), die in den Sozialwissenschaften seit der Aufklärung weiterentwickelt wurden.[21] Wollte die Gesellschaft beispielsweise positive
Freiheitsideen, die eine bestimmte Vorstellung eines gelungenen Lebens enthalten, befördern, müsste sie das Verhalten der Individuen lenken und bräuchte
eine entsprechende Herrschaft und Macht, um diese Vorstellungen durchzusetzen.
Die gesellschaftliche Ordnung soll derart willkürlichen Zwang verhindern. Wenn
Hayek hier der Vorstellung einer gesellschaftlichen Gestaltbarkeit der individuellen Lebensverhältnisse eine Absage erteilt und auf negativen Freiheitsrechten
beharrt, bedeutet dies jedoch nicht, dass ihm das Wohlergehen der Menschen
in seiner Ordnung egal ist. Seine Überlegungen zielen vielmehr darauf, dass er
genau diese Ordnung als besseres Mittel zur Erreichung von Wohlstand und Freiheit betrachtet als eine Ordnung, die bestimmte Ziele oder Versorgungsansprüche
vorgibt.[22]

Wie sieht nun aber diese gesellschaftliche Ordnung zur Gewährleistung der
individuellen Freiheit aus? Ausgehend von der individuellen Freiheit können die
Individuen selbst bestimmen, ob sie sich einer bestimmten Gruppe anschließen,
oder wieder aus ihr austreten (vgl. hierzu Becker et al. 2021). Eine solche Gruppe
ist weitgehend durch gemeinsame Ziele gekennzeichnet. Wenn die Gesellschaft
durch gemeinsame Ziele zusammengehalten werden würde, kann man sich eine
gesellschaftliche Ordnung wie eine Schlachtordnung (Taxis) vorstellen, deren Prinzip in präzisen Handlungsanweisungen, Befehl und Gehorsam liege. Ein Befehl
(Thesis) dient dazu, die individuellen Handlungen in möglichst kohärenter und
umfassender Weise aufeinander abzustimmen und auf ein gemeinsames Ziel hin
zu integrieren. Hayek ist jedoch der Auffassung, dass die Gesellschaft kein derartiges Zweckbündnis sein kann und dass diese Gesellschaft nur dann als freiheitlich
gelten kann, wenn ihre Mitglieder nicht allein schon durch ihre Mitgliedschaft
gleichgeschaltet sind. Zwar ist es möglich, dass die Individuen innerhalb der

---

[21] Hirschman verwendet hierfür den Begriff der Sinnverkehrung, die sich aus mangelnder Voraussicht ergibt – allerdings konstatiert er gleichzeitig auch eine gewisse Hybris der Wissenschaftler,
die Ansprüche der kollektiven Planung wegen nicht-intendierter Konsequenzen zurückweisen:
*„Ein Handeln, das genau das Gegenteil des Beabsichtigten bewirkt, offenbart das völlige Versa-
gen der Voraussicht normaler Akteure; Sozialwissenschaftler, die diese Sinnverkehrung aufdecken,
empfinden demgegenüber ein erhabenes Gefühl der Überlegenheit – und sie schwelgen darin"*
(Hirschman 1993, S. 266).
[22] In der Literatur wird an dieser Stelle eine nicht unwesentliche Differenzierung zwischen Hayek
und Nozick vorgenommen und darauf verwiesen, dass dass nur die aus der Idee der natürlichen
Rechte gewonnene Position von Nozick in einem strengen Sinne antikonsequentialistisch und
deontologisch ist. Demgegenüber argrumentiere Hayek letzten Endes doch irgendwie konsequentialistisch: Er lehnt die auf die Bewertung und die Korrektur von Konsequenzen zielenden Staatseingriffe ab, *weil* er in der weitgehend unregulierten marktwirtschaftlichen Rechtsordnung die
wesentliche Garantie für Freiheit und Wohlstand sieht. Nozicks Position ist hiernach als katego-
rial einzustufen. Hayek argumentiert konditional und wird damit auf der Begründungsebene seiner
Theorie letztlich zum Konsequentialisten (Barr 2012; Breyer und Kolmar 2014; Schäfer und Ott
2020).

Gesellschaft die Mitgliedschaft in derartigen Zweckbündnissen eingehen, nicht aber auf der Ebene der Gesellschaft als solche.

In einer freiheitlich verfassten Gesellschaft gibt es nach Ansicht von HAYEK zwei Ebenen der Ordnung:

- Auf der Ebene der *abstrakten Ordnung* werden die Spielregeln des Zusammenlebens bestimmt. Chaos kann bei aller Freiheitlichkeit nur dann vermieden werden, wenn bestimmte abstrakte Spielregeln eingehalten werden. Im Prinzip wird hier lediglich festgelegt, mit welchen Mitteln ein Individuum seine Ziele verfolgen darf. Dies erfordert natürlich eine Eigentumsordnung, aber auch bestimmte Verbote und Regelungen, was zu geschehen hat, wenn ein Individuum die Rechte eines anderen Individuums verletzt.
- Die individuelle Entfaltung geschieht unter Einhaltung der Regeln der abstrakten Ordnung jedoch auf Basis der *spontanen Ordnung*. Hier können alle Individuen ihre eigenen Ziele verfolgen. Ob das etwas nützt oder ins spontane Chaos führt, kann von einer gesellschaftlichen Ebene aus nicht bewertet werden. Allerdings ist Hayek davon überzeugt, dass der Markt als derartige spontane Ordnung jeder anderen geplanten Ordnung überlegen ist, da diese spontane Ordnung produktiver und fortschrittlicher sei und zu mehr Bedürfnisbefriedigung führe als jede ander Art von Ordnung.

Für eine direkte Steuerung oder gar eine utilitaristische Formulierung des Gemeinwohls ist in diesem Ansatz kein Raum. Dafür sieht HAYEK aber auch gar keine Notwendigkeit: Begriffe wie das Gemeinwohl oder das öffentliche Interesse können *„in einer freien Gesellschaft nie als Summe bestimmter anzustrebender Ziele definiert werden, sondern nur als abstrakte Ordnung, die als Ganzes nicht an irgendwelchen konkreten Zielen orientiert ist, sondern lediglich jedem zufällig herausgegriffenem Individuum die Chance bietet, seine Kenntnisse erfolgreich für seine persönlichen Zwecke zu nutzen"* (Hayek 2011, S. 258). Eine freie Gesellschaft ist für HAYEK nomokratisch, d. h. durch das Gesetz beherrscht, während er eine unfreie Gesellschaft als teleokratische, d. h. durch den Zweck beherrschte Gesellschaftsordnung betrachtet. Die Freiheit der Individuen erlaubt also keine explizite Vorstellung von Gemeinwohl. Er fordert eine Herrschaft des Rechts anstatt einer Herrschaft der Mehrheit. Dies wirkt sich auch auf HAYEKs Vorstellung von Demokratie im Sinne eines aus seiner Sicht echten Liberalismus aus: *„Der alte Liberale ist tatsächlich ein wahrerer Freund der Demokratie als der dogmatische Demokrat, denn er bemüht sich um die Erhaltung der Voraussetzungen, unter denen Demokratie praktikabel ist. Es ist nicht ‚antidemokratisch‘, zu versuchen die Minderheit davon zu überzeugen, dass es Grenzen gibt, jenseits derer ihre Gewalt aufhört, wohltätig zu wirken, und dass sie Grundsätze befolgen muss, die sie nicht selbst geschaffen hat. Wenn die Demokratie erhalten bleiben soll, muss sie einsehen, dass sie nicht der Urquell der Gerechtigkeit ist und dass sie einen Gerechtigkeitsbegriff anerkennen muss, der sich nicht unbedingt in der vorherrschenden Ansicht über jedes konkrete Problem ausdrückt. Die Gefahr ist, dass wir ein Mittel zur Sicherung* *der Gerechtigkeit für die Gerechtigkeit selbst halten. Jene, die versuchen, die Mehr-heiten zu überreden, Grenzen ihrer rechtmäßigen Gewalt anzuerkennen, sind daher sicher für den demokratischen Prozess ebenso wichtig wie jene, die ständig neue Betätigungsfelder für die Demokratie aufzeigen"* (Hayek 2011, S. 292 f.).

Box 5.10: Hayek in Chile

Zumindest im Herbst seiner Jahre ließ Hayek jedoch an seiner demokratischen Gesinnung Zwei-fel aufkommen. Im Jahre 1977 besuchte der damals 78-jährige HAYEK anlässlich der Verleihung eines Ehrendoktortitels und einiger Vorträge eine Woche lang das seit 1973 von einer Militärdik-tatur beherrschte Chile. Am letzten Tag seiner Reise wurde er vom General und Diktator Augusto Pinochet empfangen. Anschließend äußerte sich Hayek in Interviews wohlwollend und positiv über die Erfolge der liberalen Wirtschaftspolitik der Miltärjunta. Dabei vermied er jede Kritik an den vom Regime verhängten freiheitseinschränkenden Maßnahmen und den offensichtlichen Men-schenrechtsverletzungen. Er schlug damit in dieselbe Kerbe wie MILTON FRIEDMAN, der sich mit anderen liberalen Ökonomen (aus dem Kreis der sogenannten Chicago Boys) zwei Jahre zuvor als Berater für den wirtschaftspolitischen Kurs der dortigen Militärregierung betätigt hatte.

HAYEK fühlte sich angesichts der anschließend einsetzenden öffentlichen Kontroverse über seine Stellungnahmen für die Militärregierung unter Druck und versuchte kurzfristig, in der Frank-furter Allgemeinen Zeitung eine Stellungnahme zu platzieren. In dieser Stellungnahme wollte er zwar nicht die Politik Pinochets direkt verteidigen, allerdings wollte er die – aus seiner Sicht – unfaire Behandlung von Chile (und Südafrika) in den westlichen Medien anprangern. (In ähnli-cher Weise hatte zuvor bereits Friedman sein Engagement für die Militärjunta gerechtfertigt.) Die Zeitung, die in den Jahren zuvor eine Reihe von Hayeks einflussreichen wirtschaftspolitischen Kommentierungen als Gastbeiträge veröffentlicht hatte, weigerte sich jedoch, diesen Beitrag zu veröffentlichen (Sarasin 2021). Es ist sicherlich nicht übertrieben, wenn man darauf hinweist, dass die unverhohlene Sympathie, die die damals prominentesten Vertreter des ökonomischen Liberalis-mus dem diktatorischen und menschenverachtenden Regime in Chile entgegenbrachten, zu einer schweren Belastung für das Ansehen des Liberalismus führte, der dem Schutz von Märkten vor demokratischen bzw. politischen Übergriffen offenbar mehr Beachtung schenkte als dem Schutz individueller Bürgerrechte vor totalitären Regimen.

An den Stellen seiner Schriften, in denen Hayek sich explizit zum Gemeinwohl äussert, spricht er davon, dass das Allgemeinwohl hauptsächlich in der *Erleich-terung der Verfolgung unbekannter individueller Zwecke* bestehe (Hayek 2013, S. 151 ff.). Er betont, dass es eine besondere Beziehung zwischen den Regeln des individuellen Verhaltens und Wohlfahrt gebe. Diese liege darin, dass es Leistun-gen gibt, die sich die Menschen zwar wünschen, *„die aber nur angeboten werden können, wenn die Mittel hierfür mit Zwang beschafft werden, weil sie sich, wenn sie angeboten werden, nicht auf diejenigen beschränken lassen, die dafür zu zah-len bereit sind"* (Hayek 2013, S. 156). Aber er betont gleichzeitig die Gefahren, die darin liegen, dass ein mit dem Angebot dieser Leistungen betrauter staatli-cher Zwangsapparat im demokratischen Prozess mit Sonderwünschen überzogen und mit dem Angebot von solchen Leistungen beauftragt werde, die jeweils nur Partialinteressen dienen. Hayek unterscheidet also

- Kollektivinteressen, die nur Ausdruck von Partialinteressen bestimmter Grup-pen seien,
- von „echten", durch Reziprozität der individuellen Vorteile gekennzeichneten Allgemeininteressen, die den Kollektivinteressen gegenüberstehen können.

„Obwohl der Wunsch nach einem bestimmten Kollektivgut ein allgemeiner Wunsch derjenigen sein wird, die davon einen Vorteil haben, wird er selten allgemein für die Gesamtheit der Gesellschaft sein, die über das Recht entscheidet, und zum Allgemeininteresse wird er nur insoweit, als die wechselseitigen und gegenseitigen Vorteile der einzelnen sich ausgleichen" (Hayek 2013, S. 156). Seiner Ansicht nach ist die politische Geschichte jeder Gesellschaft von einem dauerhaften Kampf gekennzeichnet, den Staatsapparat mit Verweis auf das Allgemeinwohl zugunsten von Partialinteressen zu missbrauchen.

So etwas wie einen expliziten Begriff von Gemeinwohl und sozialer Gerechtigkeit lehnt Hayek also ab. Er hält diese Begriffe für „Wieselworte" (Hayek 2004, S. 61 f.), deren Inhalt unklar sei, unter denen sich jeder das vorstellt, was ihm selbst vorschwebt und möglicherweise seinen eigenen Interessen am besten dient. Selbstverständlich gehört es zu seiner Ordnung dazu, dass es Gewinner und Verlierer gibt, weil niemandem ein bestimmtes Einkommen garantiert sei. Gerechtigkeit sei jedoch dadurch gegeben, dass sich alle an die gleichen Spielregeln halten. Wenn alle die gleichen Chancen hätten, sei niemand einem anderen etwas schuldig, außer sich an die Regeln zu halten (Becker et al. 2021). Dass in den Wissenschaften und insbesondere in den Wirtschaftswissenschaften überhaupt so etwas wie eine Verteilungsfrage diskutiert werde, sei ein Übel, für das er vor allem den klassischen liberalen Vordenker JOHN STUART MILL verantwortlich macht, der in Wahrheit gar kein echter Liberaler sei.

„Was wir heute erleben, ist das Ergebnis einer grundsätzlichen Konfusion, die von dem angeblich liberalen britischen Denker John Stuart Mill ausging. In seinen ‚Prinzipien der politischen Ökonomie' schrieb Mill einen Satz, der die Grundlage für alle sozialistischen Ideen bildet: ‚Ist das Sozialprodukt erst einmal da, kann man damit machen, was man will.' Dabei wurde völlig übersehen, dass der Produktionsprozess nicht unabhängig ist vom Verteilungsprozess, das heißt, man kann mit dem Sozialprodukt eben nicht machen, was man will…. Ungleichheit ist nicht bedauerlich, sondern höchst erfreulich. Sie ist einfach nötig. Leider Gottes ist das Sozialprodukt nur da, weil die Menschen nach ihrer Produktivität entlohnt und dorthin gelockt werden, wo sie am meisten leisten. Gerade die Unterschiede in der Entlohnung sind es, die den einzelnen dazu bringen, das zu tun, was das Sozialprodukt erst entstehen lässt. Durch Umverteilung lähmen wir diesen Signalapparat" (Hayek 1981, S. 16; zitiert nach: Krämer 2020, S. 135).

Diese radikale Ablehnung nachträglicher Korrekturen am Verteilungsergebnis im Namen der sozialen Gerechtigkeit schließt bei Hayek jedoch nicht grundsätzlich aus, dass sich die Gesellschaft in einer freiheitlichen Ordnung um die Verteilungsfrage kümmert (Becker et al. 2021, S. 152 f., vgl. hierzu auch Abschn. 10.2.4):

- *Erstens* verstößt es nicht gegen seine Vorstellung einer Ordnung, Nothilfe zumindest dort zu organisieren, wo private karitative Initiativen versagen. Derartige Eingriffe seien auch als Gegenstand kollektiver Entscheidungen legitim. Dies bedeutet, dass der Umfang der Hilfen – zumindest in wohlhabenden Gesellschaften – oberhalb dessen liegt, was als physisches Existenzminimum angesehen wird.

- Und *zweitens* verbietet die Freiheitsvorstellung von Hayek nicht, dass bei der Festlegung der Spielregeln in der abstrakten Ordnung bestimmte Vertragsinhalte oder Praktiken ausgeschlossen werden. Allerdings müsse dies möglichst allgemein und nicht einzelfallbezogen definiert werden. Ein mit Hayeks Vorstellung kompatibles Beispiel dürften die im Grundgesetz enthaltenen Bestimmungen zum Inhalt und den Schranken des Eigentumsgebrauch sein, der jedenfalls nicht sittenwidrig sein dürfte. Solange die Abstraktheit der Regeln gegeben und die Fortschrittsdynamik der spontanen Ordnung nicht gestört sei, hat Hayek gegen derartige Bestimmungen nichts einzuwenden. Allerdings sollten derartige Regelgestaltungen sparsam vorgenommen werden.

5.6.4 James Buchanan: Ist Politik ein Instrument zur Entdeckung des Gemeinwohls?

Der US-amerikanische Ökonom JAMES M. BUCHANAN (1919–2013) beschäftigte sich mit der Entwicklung einer ökonomischen Theorie des Staates und der ihm zugrunde liegenden kollektiven Entscheidungen. Für seine Arbeiten wurde er 1986 mit dem Nobelpreis für Wirtschaftswissenschaften ausgezeichnet. BUCHANAN verband mit HAYEK eine tiefe Wertschätzung des Marktes als kreativen Entdeckungsprozess, dessen Ergebnisse sich ständig ändern, hochkomplex sind keinesfalls bewusst geplant werden können. Doch während BUCHANAN auch HAYEKs Position des klassischen Liberalismus teilte, lehnte er Hayeks durchgängige evolutionäre Perspektive ab (Boudreaux 2018). Im Gegensatz zu HAYEK nahm BUCHANAN an, dass Menschen die grundlegenden Regeln, die den täglichen Betrieb der Gesellschaft umrahmen, nicht nur bewusst entwerfen, sondern auch wählen können und sollen. Seine Forschungen richteten sich vor allem auf die angemessene Strukturierung der Situation, in denen die Individuen hierüber befinden sollen.

BUCHANANs Grundidee besteht darin, den Rechtsstaat und die Demokratie stabil miteinander zu verbinden. Hierfür entwickelt er einen vertragstheoretischen Ansatz, der mit der Analyse des Naturzustandes von THOMAS HOBBES beginnt, in dem Anarchie und ein Kampf aller gegen alle vorliegt und keinerlei Grundrechte definiert sind (vgl. hierzu Münkler und Straßenberger 2016). Konkret sieht er einen zweistufigen Vertrag vor.

- Auf der ersten Stufe eines *Verfassungsvertrages* einigen sich die Individuen auf die Zuordnung von Individualrechten, insbesondere in Bezug auf Freiheits- und Eigentumsrechte. Dieser Vertrag auf der konstitutionellen Ebene begrenzt die Handlungsspielräume des Kollektivs auf einen rein protektiven Staat ebenso wie den der Individuen, die damit bestimmte Rechte (z. B. zur Gewaltausübung) an den Staat abtreten.
- Auf der zweiten, nachkonstitutionellen Stufe sieht er einen *Gesellschaftsvertrag* vor. Dieser ist notwendig, da allein schon die Durchsetzung einer Eigentumsordnung durch das Recht und Gerichte von öffentlichen Institutionen zu

erbringen ist, die als öffentliche Güter irgendwie finanziert werden müssen. Dem Rechtsschutzstaat wird daher ein Leistungsstaat an die Seite gestellt, der den Austausch öffentlicher Güter regelt. Die für die Einrichtung dieses Leistungsstaates notwendige Übereinkunft soll nach Ansicht von BUCHANAN an ein qualifiziertes Majoritätsprinzip gebunden sein, welches jedoch der Einstimmigkeitsregel sehr nahe kommt (Münkler und Straßenberger 2016, S. 214). Diese Übereinkunft auf einen Leistungsstaat enthält jedoch keinerlei Elemente, der individuelle Ansprüche auf Umverteilungen begründen könnte.

BUCHANAN hat damit eine ökonomische Theorie der Verfassung entwickelt, sich aber gleichzeitig auch mit der Frage beschäftigt, was man sich aus ökonomischer Sicht grundsätzlich unter Politik vorstellen kann. Er gilt als einer der Pioniere der Neuen Politischen Ökonomie. Dieser Ansatz wendet sich von der Annahme ab, dass der Staat bei seinen Maßnahmen als nicht nur allwissender, sondern auch als wohlwollender Diktator agiert. Die Verhaltensannahme, der Staat strebe die Maximierung der gesellschaftlichen Wohlfahrt an, wird hier durch die Annahme ersetzt, dass die jeweils konkret handelnden staatlichen Akteure (Politiker, Beamte, Verwaltungen, Interessengruppen) eigene Vorstellungen verfolgen und sich damit als Nutzenmaximierer verhalten.

Er stellt die Frage, worin sich politische und nichtpolitische Entscheidungen der Individuen unterscheiden und was das Wesen der Politik sei. Seine Gedanken hierzu lassen sich anhand der folgenden fünf Teilüberlegungen zusammenfassen (vgl. hierzu Brennan et al. 1993).

Teilüberlegung I: Privates und öffentliches Wohl
Wenn private, individuelle Entscheidungen auf Märkten in der ökonomischen Theorie als individuelle Nutzenmaximierung interpretiert werden, muss gefragt werden, ob dieser Ansatz auch auf die politische, gesellschaftliche Interaktion der Individuen zu übertragen ist. Buchanan sieht verschiedene Wege, politisches Handeln zu beschreiben. Die positive Theorie nimmt den Homo oeconomicus an. Dieser verfolgt auch bei gesellschaftlichen „Tauschvorgängen" seine eigenen Ziele. Er könnte aber auch die Interessen anderer berücksichtigen und sich bei seinen politischen Entscheidungen (z. B. bei Wahlen) altruistisch oder im Sinne des Gemeinwohls verhalten. Hier trennen sich nach Auffassung von Brennan und Buchanan nun jedoch die Wege. Zwar ist es durchaus möglich, dass *öffentliches Wohl* und *privates Wohl* unterschiedlich sind. Es mag durchaus sein, dass ein öffentliches Wohl existiert, allerdings wird dieses immer nur personenintern wahrgenommen und bewertet. Zumindest wäre dies die *vertragstheoretische* Antwort auf die Frage, was für Ziele die Individuen verfolgen, wenn sie politisch handeln. Eine *nicht-vertragstheoretische* Konzeption würde hingegen davon ausgehen müssen, dass das von den Individuen formulierte und geforderte Gemeinwohl in einem von der individuellen Wahrnehmung unabhängigen, objektivierbaren Sinne existiert.

Teilüberlegung II: Wie arbeiten die Individuen in der Politik zusammen?
Um zu verstehen, auf welche Weise die Individuen in der Politik zusammenarbei-ten vergleichen Brennan und Buchanan die individuellen Interaktionsprozesse in der Politik mit denen in der Wissenschaft oder einem Geschworenengericht:

- Wenn Individuen in der Wissenschaft zusammenarbeiten, erkennen sie die Existenz einer nicht-individuellen, allgemeingültigen Wahrheit an. Wenn die Gültigkeit einer Hypothese überprüft wird, soll dies auf eine Weise gesche-hen, die unabhängig von den Werturteilen der beteiligten Wissenschaftler ist. Es wird in der Wissenschaft also nicht gefragt, ob eine bestimmte Hypothese von bestimmten Nutzen für irgendjemanden ist (z. B. die Wissenschaftlerin), sondern ob diese Hypothese der Wahrheit entspricht.
- Auch die Zusammenarbeit von Individuen in einem Geschworenengericht ist von der Annahme geprägt, dass es eine Wahrheit gibt. Die Frage, ob ein Ange-klagter in Wahrheit schuldig ist, kann mit ja oder nein beantwortet werden. Eine Jury, die diese Frage untersuchen soll, kann sich jedoch auch irren. Die Auf-gabe der Jury besteht darin, die Richtigkeit oder Unrichtigkeit der Hypothese „Kandidat ist schuldig" herauszufinden. Bei dieser Wahrheitsfindung bedient sie sich bestimmter Kriterien, zu denen etwa die Suche nach einem Konsens oder nach Einstimmigkeit gehört. Das Anstreben eines Konsenses ist dabei von *instrumenteller Bedeutung* im Hinblick auf das *effiziente* Funktionieren dieser Institution.

Kann Politik in diesem Sinne wie die Wissenschaft oder das Funktionieren einer Jury verstanden werden? Ist die Politik darauf ausgerichtet, ein existierendes Gemeinwohl zu entdecken?

Teilüberlegung III: Politik als Wahrheitsfindung
Nach Brennan und Buchanan geht das nicht-vertragstheoretische Paradigma davon aus, dass es in der Politik um die Entdeckung der Wahrheit geht. Hierbei wird die Existenz von Werten wird postuliert, die außerhalb der beteiligten Perso-nen liegen und deren Auffindung das Entscheidungsverfahren und die Herstellung des Konsenses dient. Dies hat nach ihrer Auffassung dramatische Konsequenzen: Erstens wird Politik damit autoritär: Wenn das Gemeinwohl aus einer extra-individuellen Quelle stammt, gefährdet die individuelle Freiheit das Gemeinwohl. Vielmehr sollte dem Gemeinwohl hiernach Vorrang eingeräumt werden. Zweitens wird die Politik damit wie die Wissenschaft eine Gemeinschaft von Entdeckern. Es ist dann nicht einsehbar, warum diesen Entdeckern bei ihren Entscheidungen Schranken auferlegt werden sollten. Drittens stellt sich die Frage, wie mit den-jenigen umgegangen werden soll, die dem „Guten" nicht zustimmen. Diese sind offensichtlich im Irrtum, möglicherweise nur, weil sie falsch informiert sind, sie müssten aber hoffentlich vom Guten zu überzeugen sein können.

Teilüberlegung IV: Die Beurteilung der Mehrheitsdemokratie im nicht-vertragstheoretischen Paradigma

Die Demokratie kann im nicht-vertragstheoretischen Paradigma unter bestimmten Voraussetzungen als leistungsfähige Form zur Entdeckung des Gemeinwohls betrachtet werden. Eine Verteidigung der Demokratie erfolgt schon dann, wenn die Fehler, die sie bei ihren Mehrheitsentscheidungen macht, geringer sind als bei anderen Verfahren (z. B. der Monarchie). Die Verteidigung der Demokratie würde hier also rein aus Effizienzgesichtspunkten erfolgen. Wenn man hingegen zur Ansicht kommen würde, dass man mit anderen Verfahren (z. B. einer Expertendiktatur) zu besseren Ergebnissen käme, die dichter am Gemeinwohl liegen, müsste man über einen Austausch des politischen Systems nachdenken. Im nicht-vertragstheoretischen Paradigma besteht nach Ansicht von Brennan und Buchanan kein begrifflicher Unterschied zwischen Demokratie und anderen Verfahren wie etwa der Monarchie, es handelt sich lediglich um verschiedene Methoden zur Entdeckung und Umsetzung des Gemeinwohls.

Teilüberlegung V: Das Ziel von Politik

Aus vertragstheoretischer Sicht – so der Kerngedanke von Brennan und Buchanan – liegen die Vorteile demokratischer Entscheidungen in ihrer Fähigkeit, dass die Individuen ihre individuelle Werte bei kollektiven Entscheidungen besser zum Ausdruck zu bringen können als in jedem anderen Verfahren. Diese Fähigkeit, dass die Individuen das tun können, ist als Bewertungskriterium an die institutionellen Verfahren selbst anzuwenden. Politik ist hiernach ein komplexer allgemeiner Prozess, in dem Individuen ihre Bewertungen im Hinblick auf bestimmte Ziele einbringen. Demgegenüber werde in nicht-vertragstheoretischen Konzeptionen Politik analog zur Wissenschaft als Entdeckungsverfahren betrachtet.

Wenn nun aber die Verfahren so gestaltet sein müssen, dass alle Individuen ihre Werte angemessen ausdrücken können, lässt sich nach Auffassung von Brennan und Buchanan das Ergebnis der Entscheidungen, die daraus resultierenden gesellschaftlichen Zustände nicht objektiv bewerten, sondern nur der Prozess, der zu diesen Entscheidungen geführt hat.

5.6.5 Das Liberalismus-Paradoxon

Die im Liberalismus, insbesondere von NOZICK und HAYEK (mit unterschiedlichen Nuancierungen), entwickelten prozessorientierten Vorstellungen einer liberalen und eher skeptischen Sicht auf das Gemeinwohl, greifen eine Vorstellung auf, die bereits von JOHN STUART MILL formuliert wurde: Es gibt Bereiche menschlichen Lebens, über die nicht die Gesellschaft, sondern nur das Individuum entscheiden sollte. Es gibt individuelle Rechte, die sich einem Zugriff der Gesellschaft entziehen, die also vor dem Zugriff einer kollektiven Regel geschützt sein sollten. Gleichzeitig wurde – zumindest bei Hayek – deutlich, dass kollektive Entscheidungen in bestimmten Bereichen der Gesellschaft notwendig sind. Im Abschn. 5.5

wurde jedoch erläutert, dass alle welfaristischen Kollektiventscheidungsmechanismen bei widerstreitenden Interessen der Individuen für logische Probleme und Manipulationen anfällig sind.

Der Liberalismus lehnt die in den welfaristischen Entscheidungsregeln angelegte Aggregation und Verrechnung individueller Präferenzen zwar ab, kann aber die Anwendung von Kollektiventscheidungsregeln dann akzeptieren, wenn zwei Minimalbedingungen erfüllt werden:

- *Erstens* müsste eine kollektive Präferenzordnung dann akzeptiert werden, wenn die kollektiven Präferenzen das PARETO-Kriterium erfüllen, die Abstimmung über die Alternativen also zu einem einstimmigen Ergebnis führen würde.
- Und *zweitens* müsste gesichert sein, dass die kollektive Präferenzordnung dem Liberalismusvorbehalt genügt, es bestimmte Bereiche gibt, in denen die Individuen für sich selbst entscheiden, in denen sie also ihre eigenen Präferenzen ohne Korrektur in die kollektive Präferenzordnung einbringen können.

Ähnlich wie die Kollektiventscheidungsregeln einem Unmöglichkeitstheorem begegnen, wenn an sie bestimmte ethische Minimalforderungen angelegt werden, stellt sich nun ein ähnliches logisches Problem im Liberalismus. Dies wird in der Literatur als Liberalismus-Paradoxon bezeichnet und geht auf AMARTYA SEN zurück. In seinem Aufsatz „The Impossibility of a Paretian Liberal" (Sen 1970) untersucht er die Möglichkeit einer Sozialwahlfunktion für ein einfaches Auswahlproblem. Hierbei unterwirft er seine Sozialwahlfunktion den folgenden Bedingungen:

- **RA und UD:** Die mit dieser Funktion erzeugte kollektive Präferenzordnung hat denselben Rationalitätsbedingungen wie im Fall des Unmöglichkeitstheorems von ARROW zu genügen, d. h. die kollektive Präferenzordnung sollte transitiv und vollständig sein. Auch sollen die individuellen Präferenzen nicht beschränkt werden.
- **PP:** Wie bei ARROW sollte auch hier das PARETO-Prinzip erfüllt sein, allerdings reicht hier die Annahme des schwachen PARETO-Prinzips (Ausschluss von Indifferenz). Eine in den individuellen Präferenzen vorgezogene Alternative sollte auch in der kollektiven Präferenzordnung vorgezogen werden.
- **ML** (Minimaler Liberalismus): Diese Bedingung wird von SEN zusätzlich eingeführt. Sie besagt, dass die Individuen in bestimmten Konstellationen lokal entscheidend sind. In diesem Fall muss die kollektive Präferenzordnung berücksichtigen, dass mindestens zwei Individuen lokal über mindestens zwei Alternativen entscheiden dürfen. Wenn z. B. Individuum 1 lokal entscheidend sein soll für die Ordnung über die Alternativen a und b bedeutet dies Folgendes: Wenn dieses Individuum a gegenüber b vorzieht, sollte in der kollektiven Präferenzordnung auch a gegenüber b vorgezogen werden.

SEN weist nun in seinem Aufsatz nach, dass es keine kollektive Entscheidungsregel geben kann, die diese Bedingungen simultan erfüllt. Diese Aussage lässt sich am folgenden Beispiel illustrieren[23]: Zwei Personen, Jakob und Matthias, befinden über den Bau und den Betrieb einer Solarenergieanlage auf einem Hausdach. Ihnen stellen sich die folgenden Alternativen:

- X: Die Solaranlage kommt auf das Hausdach von Matthias
- Y: Die Solaranlage kommt auf das Hausdach von Jakob
- Z: Keiner sollte eine Solaranlage auf dem Dach haben

Matthias ist der Meinung, dass es am besten wäre, Solaranlagen grundsätzlich zu verbieten. Wenn das nicht ginge, wäre er bereit, eine Solaranlage auf dem eigenen Dach zu akzeptieren, solange diese nicht auf dem Dach von Jakobs Haus wäre, der damit nur nervige Klimaschutz-Propaganda machen würde. Seine Präferenzordnung ist damit $Z \succ X \succ Y$.

Jakob ist hingegen der Meinung, dass möglichst viele Solaranlagen gebaut und installiert, jedenfalls nicht verboten werden sollten. Im Zweifel sollte aber wenigstens bei Matthias eine Solaranlage auf das Dach gebaut werden, da dieser dann vielleicht positive Erfahrungen machen und seine klimawandelskeptische Meinung überdenken würde. Das wäre Jakob noch wichtiger als eine eigene Solaranlage. Seine individuelle Präferenzordnung über die Alternativen lautet also: $X \succ Y \succ Z$.

Welche Informationen aus diesen beiden individuellen Präferenzordnungen können nun zur Begründung einer kollektiven Präferenzordnung herangezogen werden?

- Erstens sollte aufgrund des liberalen Vorbehaltes (ML) jeder der beiden selbst entscheiden dürfen, ob er eine Solaranlage auf dem Dach installieren möchte. Der legitime kollektive Entscheidungsraum engt sich damit also ein. Jakob wird lokal entscheidend über Y und Z, Matthias wird lokal entscheidend über X und Z. Die zu berücksichtigende lokale Information von Matthias lautet $Z \succ X$, die lokale Präferenzinformation von Jakob lautet $Y \succ Z$.
- Und zweitens wird beim sozialen Vergleich von zwei Alternativen mit PP gefordert, dass Einstimmigkeit in den individuellen Präferenzen sich auch in der kollektiven Präferenzordnung niederschlagen muss. Da sowohl Matthias als auch Jakob der Meinung sind, dass $X \succ Y$, sollte diese Information auch in der kollektiven Präferenz enthalten sein.

Verbindet man nun diese drei zulässigen Elemente zu einer kollektiven Präferenzordnung, so wird diese intransitiv und lautet $Z \succ X \succ Y \succ Z$. Sie verstößt damit gegen das Rationalitätsaxiom RA.

---

[23] Sen veranschaulicht seine Aussage an einem Beispiel, in dem zwei Personen, ein Prüder und ein Libertin, über die Verwendung des mit expliziten erotischen Szenen ausgestatteten Buches „Lady Chatterley's Lover" befinden dürfen (Sen 1970, S. 155).

Aus diesen Überlegungen leitet SEN die Schlussfolgerung ab, dass das PARETO-Prinzip als universale Regel überraschende Grenzen aufweist. Die strikte Anwendung des PARETO-Prinzips ließe im obigen Beispiel nur einem von beiden Individuen die Wahlfreiheit zur Entscheidung über die Solaranlage auf seinem Dach. Man könnte also Matthias Entscheidungsautonomie berücksichtigen und müsste dafür die von Jakob einschränken oder umgekehrt. Die lokale Entscheidungsfreiheit des jeweils anderen steht dem PARETO-Kriterium entgegen. Das Liberalismus-Paradoxon besteht darin, dass die Anwendung des PARETO-Prinzips, das noch im Abschn. 5.4 als Ausdruck konsensualer liberaler Werte betrachtet wurde, bei konsequenter Anwendung zur Einschränkung der individuellen Freiheit führen kann. *„What is the moral? It is that in a very basic sense liberal values conflict with the Pareto principle. If someone takes the Pareto principle seriously, as economists seem to do, then he has to face problems of consistency in cherishing liberal values, even very mild ones. Or, to look at it in another way, if someone does have certain liberal values, then he may have to eschew his adherence to Pareto optimality. While the Pareto criterion has been thought to be an expression of individual liberty, it appears that in choices involving more than two alternatives it can have consequences that are, in fact, deeply illiberal"* (Sen 1970, S. 157).

5.6.6 Ausblick: Ist Demokratie irrational?

Die in diesem Kapitel vorgestellten Stränge der Wohlfahrtsökonomik stellen gewiss nicht auf eine in sich geschlossene ökonomische Theorie der Demokratie ab. Gleichwohl gibt es bedeutende Überschneidungen in Bezug auf die Fragestellungen und die methodischen Ansätze, die in der politischen Theorie und der politischen Philosophie bei der Analyse der Demokratie verwendet werden (vgl. hierzu Münkler und Straßenberger 2016; Nida-Rümelin 2020a, b; Becker et al. 2021). Das Drama der in diesem Kapitel zusammengetragenen Befunde zur Frage, wie sich das Gemeinwohl in Form von kollektiven Entscheidungen bestimmen und verwirklichen lässt, lässt sich kaum bestreiten (Seidl 1988b):

- Welfaristische Entscheidungsregeln, die sich in Form von Wohlfahrtsfunktionen auf die Verrechnung individueller Nutzen beziehen, werden in der jüngeren Wohlfahrtsökonomik abgelehnt.
- Welfaristische Entscheidungsregeln, die den individuellen Nutzen nur in Form ordinaler Präferenzordnungen akzeptieren, können zu willkürlichen oder manipulierten Entscheidungen führen. Die Aggregation individueller Präferenzen ist mit vielfältigen Rationalitäts- und Unmöglichkeitsproblemen verbunden.
- Hinzu kommt ein weiteres Problem: Liberale Denker wie BUCHANAN und HAYEK sind zwar Anhänger der Demokratie, identifizieren aber gleichwohl Probleme der Demokratie als Methode zur Verbesserung des Gemeinwohls, wenn diese auf reine Mehrheitsentscheidungen reduziert werden. Mit der Logik von Mehrheitsentscheidungen lasse sich auch eine Tyrannei der Mehrheit mit nicht-akzeptablen Freiheitseinschränkungen begründen. Folgt man jedoch diesen

Einwänden und definiert individuelle Autonomiebereiche, die auch von gesellschaftlichen Entscheidungen nicht angetastet werden dürfen, stellt sich mit
dem Liberalismus-Paradoxon selbst für den Liberalismus ein ähnlich gelagertes
Rationalitätsproblem.

Unter dem Strich gibt es also erhebliche funktionale Zweifel an dem Ideal, dass
rationale Individuen zur demokratischen Selbstgesetzgebung fähig sind (Nida-
Rümelin 2020a). Wie lässt sich diesen Zweifeln begegnen? Zunächst ist hervorzuheben, dass Demokratie nicht auf das Prinzip der Mehrheitsentscheidung reduziert
werden kann. Nicht nur aus Sicht von HAYEK und BUCHANAN ist die Gleichsetzung von Mehrheitsentscheidungen und Gemeinwohl naiv und gefährlich. SEN
formuliert dazu das folgende Beispiel: *„Take the problem of a division of a cake
among n individuals (n > 2). Pick the worst-off person and take away half of his
share, throw away half of that, and then divide the remainder among the rest. We
have just made a majority improvement. To raise social welfare still further, repeat
the exercise"* (Sen 1977b, S. 57).

Der Ausweg, die vielfältigen Probleme dieses gordischen Knotens durch einen
Flirt mit autoritären Herrschaftsmethoden zu überwinden, ist nicht nur aus ökonomischer Sicht indiskutabel. Pragmatisch interpretiert lautet die Lehre aus dem
Unmöglichkeitstheorem von ARROW: Es gibt kein ideales Verfahren zur Lösung
von Kollektiventscheidungsproblemen (Weimann 2009, S. 204). Dies gilt insbesondere für die Modelle der direkten Demokratie. Auch wenn die Vorstellung,
dass die Individuen ihre Belange im Gemeinwesen in direkter Abstimmung selbst
regeln sollen, manchmal als adäquate Antwort auf Politikmüdigkeit gesehen wird,
so lässt sich der Idealtypus direkter und partizipatorischer Demokratie kaum
realisieren. Die jüngeren Erfahrungen mit Direktentscheidungen (z. B. zum Bre-
xit) zeigen, dass die zunehmenden digitalen, bzw. technischen Möglichkeiten
der Bürgerbeteiligung (z. B. liquid democracy) zwar einen irgendwie gearteten
Volkswillen bündeln können, aber letztlich kein guter Ersatz für den mühsamen Prozess eines parlamentarischen Beratungs- und Entscheidungssystems sind
(Nida-Rümelin 2020a). Die Schlüsselaspekte des demokratischen Systems liegen
in Elementen wie dem Repräsentationsprinzip, dem Konsensprinzip, der Gewal-
tenteilung und der institutionellen Absicherung. Vor diesem Hintergrund kommt
Nida-Rümelin zur Einschätzung, dass die politische Praxis in rechtsstaatlich verfassten Demokratien den Herausforderungen des Arrow-Theorems ebenso wie dem
Liberalismus-Paradoxon gerecht werden könne. Die in den Institutionen etablier-
ten Rechte und Freiheiten räumen letztlich jedem Individuum ein Veto-Recht ein.
Eine Wohlfahrtsorientierung der Politik sei nur in den Bereichen möglich, in denen
diese nicht mit den individuellen Rechten und Freiheiten kollidieren.

Diese optimistischen, pragmatischen Einschätzungen lassen sich auch auf die
vom Gibbard-Satterthwaite-Theorem adressierten Probleme der Manipulierbarkeit
ausdehnen. Dies setzt jedoch den Gedanken voraus, dass die Individuen bei der
Entscheidung über kollektive Belange und Fragen des Gemeinwohls eine Rolle
einnehmen, die über das Motiv der reinen Nutzenmaximierung hinausgeht. Nach
Ansicht von Nida-Rümelin garantiert das Gibbard-Satterthwaite-Theorem dann

Chaos, wenn wir uns die Bürgerschaft lediglich als Ansammlung individueller Nutzenoptimierer vorstellen, aber *„je stärker das deliberative Moment in der Demokratie, desto irrelevanter wird der Befund des Gibbard-Theorems"* (Nida-Rümelin 2020a, S. 156). Für die Diskursfähigkeit der Individuen und ihre Bereitschaft zur Deliberation gibt es in der Neuen Politischen Ökonomie und ihren Annahmen zur Verfolgung lediglich subjektiver Interessen auf einem politischen Marktplatz jedoch keine gute Entsprechung. Allerdings kann hier mit dem Begriff der Verpflichtung (commitment) auf einen Aspekt individueller Rationalität hingewiesen werden, der bereits im zweiten Kapitel dieses Buches (vgl. Abschn. 2.7.8 und 2.7.9) diskutiert wurde. In den verschiedenen oben vorgestellten Beispielen zu Kollektiventscheidungsproblemen hat sich der Entscheider Jakob für die Klimaschutzoption SP ausgesprochen, die er den Optionen EH und AE vorgezogen hat. Wie lässt sich dieses Verhalten interpretieren? Hierfür gibt es verschiedene Möglichkeiten.

- Jakob könnte diese Präferenz im Sinne einer individuellen Nutzenmaximierung gebildet und in die Abstimmung eingebracht haben. Möglicherweise gehen in seine Überlegung altruistische Motive hinsichtlich des Wohlergehens zukünftiger Generationen ein. Wenn er die kollektive Abstimmung als Methode zur möglichst effizienten Durchsetzung seiner eigenen Vorstellungen vom Gemeinwohl in der kollektiven Präferenzordnung betrachtet, gibt es jedoch keinen Grund, auszuschließen, dass er sich bei der Abstimmung strategisch verhält, sofern er mit der Angabe einer „falschen" Präferenz die kollektive Entscheidung zu seinen Gunsten beeinflussen kann.
- Er könnte diese Präferenzordnung aber auch aus anderen Gründen als der individuellen Nutzenmaximierung in die Abstimmung eingebracht haben. Möglicherweise ist er *nicht* der Meinung, dass ihm die Alternative SP zum Vorteil im Sinne seiner eigenen Nutzenfunktion gereicht. Vielleicht würde er sich mit der Alternative AE sogar sehr viel besserstellen. Da mit der Alternative AE vielleicht Ausgaben für übermäßigen Klimaschutz vermieden und für andere Dinge verwendet werden können, wäre dies nicht nur für ihn selbst ein Vorteil, sondern auch für viele ärmere Haushalte, sodass er eine Präferenz für AE (gegenüber SP) auch mit altruistischen Motiven begründen könnte. Da er ein optimistischer Mensch ist, könnte er vielleicht sogar der Auffassung sein, dass die zukünftige Generation mit besseren Technologien schon für sich selbst sorgen wird, sodass diese auch die mit AE einhergehende Endlagerproblematik lösen könnte und damit vielleicht überzeugendere Lösungen als SP für den Klimaschutz hat. Vielleicht kommt er auch zu dem Ergebnis, dass allein seine Altruismus-Gefühle nicht stark genug sind, um ihn für die mit SP einhergehenden Kostensteigerungen zu kompensieren. Er könnte jedoch unabhängig von seinen Kosten-Nutzen-Kalkulationen der Meinung sein, dass es einfach seine Pflicht ist, sich in der Abstimmung für eine aktive Klimaschutzpolitik auszusprechen – selbst wenn er damit in Kauf nimmt, sich und andere damit schlechter zu stellen. Wenn er eine derartige Verpflichtung verspürt, wird er sie als Teil seiner Motivation und nicht als Teil seiner Restriktionen behandeln,

denn er wäre ja jederzeit frei, sich über diese selbst gewählte Restriktion hinwegzusetzen. Es könnte also sein, dass seine in der kollektiven Abstimmung geäußerte Präferenz für SP das Ergebnis von Deliberationen ist, von denen das Motiv der Nutzenmaximierung nur eines darstellt.[24]

* Er nimmt diese Abwägungen zwar für sich selbst vor. Und er vermutet, dass Nils und Helene ebenfalls Abwägungen vornehmen. Er wird möglicherweise versuchen, Nils und Helene von seinen Gründen zu überzeugen – genauso werden Nils und Helene aber auch versuchen, Jakob von ihren Abwägungen zu überzeugen. Es könnte sogar sein, dass sie sich auf irgendeine andere Variante im Sinne eines Kompromisses einigen. Dieser Abwägungsprozess wäre aber nicht notwendigerweise ein Ausdruck davon, dass die Beteiligten glauben, dass das Gemeinwohl in einem objektiven, überindividuellen Sinn existiert. Das isolierte Motiv der Nutzenmaximierung kann keinen überzeugenden Grund nennen, warum sich ein Individuum bei der Verfolgung seiner Interessen zu einer wahrheitsgemäßen Angabe seiner Präferenz verpflichtet sehen sollte. Die Vorstellung eines deliberativen Prozesses lässt diese Möglichkeit jedoch zu. Wenn Jakob der Ansicht ist, dass auch Nils und Helene zur Deliberation fähig sind, würde er den gesamten Deliberationsprozess gefährden, wenn er sich so verhielte, als ob er als Einziger Kenntnis vom objektiven Gemeinwohl hat, und er versuchen würde, diese Vorstellung um jeden Preis durchzusetzen.

Im zweiten Kapitel dieses Buches wurden diese Aspekte unter Verweis auf SEN und seine Gegenüberstellung von Altruismus und Verpflichtung diskutiert: *„Doch ist es angebracht anzunehmen, dass Menschen stets versuchen, durch ihr Wahlverhalten persönliche Gewinnmaximierung zu erzielen? ... An anderer Stelle habe ich dafür zu argumentieren versucht, dass bei solchen Wahlen Menschen öfters nicht zu sehr von der Maximierung des zu erwartenden Nutzens geleitet werden, sondern von etwas viel Simplerem, nämlich dem bloßen Verlangen, seine wahren Präferenz zu verzeichnen. Sollte dieses Verlangen eine Art der Verpflichtung widerspiegeln, dann muss das infrage stehende Verhalten von der Sicht auf den Menschen in der traditionellen ökonomischen Theorie abweichen"* (Sen 2020b, S. 29 f.).

---

[24] In seiner Biographie äußert der frühere US-amerikanische Präsident Barack Obama vor dem Hintergrund seiner Wahlkampferfahrungen die Einschätzung, dass die Annahmen der Neuen Politischen Ökonomie, jedes politische Handeln sei interessengetrieben, einer self-fulfilling prophecy gleichkomme, deren Erfüllung auch zur Spaltung der Gesellschaft beitrage: *„So würde es für die Politiker immer sehr leicht sein, die Klischees am Leben zu erhalten, die Schwarz und Weiß, Einwanderer gegen Einheimische, Land- gegen Stadtbevölkerung in Stellung brachten. Wäre es andererseits möglich, in einem Wahlkampf die verbreiteten politischen Annahmen über die Spaltung Amerikas in Frage zu stellen, dann würde es vielleicht gelingen, einen neuen Bund zwischen den Bürgern des Landes zu schaffen. Die Eingeweihten würden die Fähigkeit einbüßen, eine Gruppe gegen die andere auszuspielen. Die Parlamentarier könnten von dem Zwang befreit werden, die Interessen ihrer Wähler – und ihre eigenen Interessen – so eng zu definieren wie jetzt üblich. Die Medien würden womöglich politische Fragen nicht allein in Hinblick darauf betrachten, welche Seite siegte und welche verlor, sondern untersuchen, ob wir unsere gemeinsamen Ziele erreicht hatten"* (Obama 2020, S. 69 f.).

Teil II

Über den Nutzen hinaus

Über den individuellen Nutzen hinaus: Grundgüter, Fähigkeiten und Freiheit

Fragen und Themen in diesem Kapitel

- Welche Determinanten können jenseits des Nutzens für das Gemeinwohl wesentlich sein?
- Was sind die wesentlichen Einwände des egalitären Liberalismus gegen den Utilitarismus?
- Warum gilt JOHN RAWLS' Theorie der Gerechtigkeit als wegweisend?
- Welche kritischen Argumente werden gegen die RAWLSsche Theorie vorgebracht?
- Was besagt AMARTYA SENS Ansatz der Verwirklichungschancen?
- Inwiefern ist dieser Ansatz ein Ausdruck seiner Kritik an RAWLS begreifen?
- Wie entwickelt SEN sein Ideengebäude in Richtung eines konzeptionellen Rahmens für globale Entwicklung?

6.1 Abkehr vom Welfarismus: Soziale Institutionen und gesellschaftliche Chancen

Im ersten Teil dieses Buches wurde eine umfassende Darstellung einer Wohlfahrtsökonomik präsentiert, die auf dem Konzept des Homo oeconomicus basiert, welcher durch Rationalität und Nutzenmaximierung charakterisiert ist. Für die Suche nach ökonomischen Erkenntnissen über die Strukturen und Prozesse des Gemeinwohls war das allerdings nur teilweise überzeugend. Es wurde verdeutlicht, dass nach der welfaristischen Weltsicht allein Informationen über die individuellen Nutzen der Mitglieder einer Gesellschaft Berücksichtigung finden. In diesem Sinne ist der Welfarismus konsequentialistisch. In den letzten Abschnitten des ersten Buchteils wird in Form eines Aufrisses bereits auf nicht-konsequentialistische

© Der/die Autor(en), exklusiv lizenziert an Springer Fachmedien Wiesbaden GmbH, ein Teil von Springer Nature 2023
R. Menges und M. Thiede, *Die Ökonomie des Gemeinwohls*,
https://doi.org/10.1007/978-3-658-40105-4_6

Positionen eingegangen, die allesamt liberalistisch geprägt sind und deren Interesse
auf den (negativen) Freiheiten des Individuums ruht.

Im Sinne einer umfassenden Darstellung der Möglichkeiten der Ökonomie
einer Bestimmung und Operationalisierung des Gemeinwohlbegriffs geht dieser
zweite Teil des Buches darüber hinaus. Im Weiteren werden zunächst die Beiträge zweier bedeutender Denker dargestellt, deren Gemeinsamkeit in der Kritik
des Utilitarismus liegt, die sich jedoch von der Kritik der in Abschn. 5.6 vorgestellten liberalen Denker unterscheidet: JOHN RAWLS (1921–2002) und AMARTYA
SEN (*1933) betonen positive Freiheitsrechte (vgl. auch die vereinfachte Darstellung in Abb. 3.1). Beide Ansätze arbeiten mit einem Gesellschaftsbegriff,
der von positiven Freiheitsrechten der Individuen geprägt ist. Man könnte zwar
sagen, dass auch der zweite Hauptsatz der Wohlfahrtsökonomik Ansprüche der
Individuen auf gerechtigkeitsfördernde Umverteilungen zulässt. Allerdings geht
der Begriff der positiven Freiheitsrechte von RAWLS und SEN weit über die
materielle ökonomische Anfangsausstattung der Individuen hinaus, wie sie etwa
in der Edgeworth-Box (vgl. Abb. 5.13) dargestellt oder von NOZICK in seiner
Anspruchstheorie formuliert werden.

Für den US-amerikanischen Philosophen RAWLS, den wohl bedeutendsten
Gerechtigkeitstheoretiker der Moderne, gilt Gerechtigkeit als die oberste politische
Tugend (Nida-Rümelin 2020b, S. 296). Er betrachtet Gerechtigkeit als Charak-
teristikum des Institutionensystems einer Gesellschaft, zu dessen Ausgestaltung
er im Interesse der gesellschaftlichen Entwicklung einen wissenschaftlichen Beitrag leistet. RAWLS sieht die Gesellschaft als „ein Unternehmen zur Förderung
des gegenseitigen Vorteils" (*a cooperative venture for mutual advantage*) (Rawls
1999, S. 4, 2021, S. 20). Damit löst er sich von einem Nullsummenparadigma und
zieht – im Sinne eines Positivsummenparadigmas – in Betracht, dass mit der Verteilung Produktionsanreize gesetzt werden und somit Allokation und Distribution
interdependent sind (Pies 2016, S. 5). Er betont gleiche Grundfreiheiten und faire
Chancengleichheit. Er führt das Unterschieds- oder Differenzprinzip ein. In der
ökonomischen Lehrbuchliteratur wurde dieses Prinzip auf ein letztlich welfaristisches Maximin-Prinzip der Wohlfahrtsfunktion reduziert, welches ignoriert, dass
die Grundgüter von RAWLS keine im ökonomischen Sinne handelbaren Konsumgüter oder „commodities" sind. In diesem Kapitel sollen dieses Missverständnis
aufgeklärt und die Bedeutung des RAWLSschen Ansatzes für die Ökonomie des
Gemeinwohls diskutiert werden.

Der indische Ökonom und Philosoph SEN hingegen trennt sich von RAWLS
insofern, als er nicht auf die Grundgüter fokussiert. Seine Gerechtigkeitstheorie
interessiert sich nicht primär um die materielle Ausstattung mit diesen Grundgütern, sondern vielmehr für die Verwirklichungschancen (capabilities), welche
Voraussetzung eines erfüllten Lebens darstellen. SENs Konzept betont die Bedeutung von individuellen Fähigkeiten und Freiheiten, anstatt sich ausschließlich auf
Einkommens- oder Wohlstandsindikatoren zu konzentrieren. Durch die Berücksichtigung von Fähigkeiten und Chancen kann die Ökonomie stärker auf ethische

Werte ausgerichtet werden und so zu einer gerechteren und nachhaltigeren Gesellschaft beitragen. Dabei geht SEN über RAWLS' Grundgüter hinaus und betrachtet verschiedene Dimensionen menschlicher Entfaltung.

RAWLS, SEN und weitere in den folgenden Kapiteln vorgestellte Denkerinnen und Denker eint die Beschäftigung mit den bereits am Ende des vierten Kapitels formulierten Facetten des Gleichheitsbegriffs. Um eine nachhaltige und gerechte Gesellschaft zu fördern, ist es entscheidend, den Dualismus von Ökonomie und Ethik zu überwinden und eine ausgewogene Herangehensweise an wirtschaftliche Entscheidungen zu finden, die sowohl Effizienz als auch Gleichheitsprinzipien berücksichtigt. Wenn Ökonominnen und Ökonomen die Bedeutung der Ethik hervorheben, geschieht dies, weil ihrer Ansicht nach eine Ökonomie ohne Ethik einen unerträglichen Reduktionismus, zumindest einen unangemessenen Dualismus, verkörpert (Sen, 1988).

In den nachfolgenden Kapiteln, die sich auch mit mehrdimensionalen Ansätzen zur Wohlfahrt befassen, wird verdeutlicht, dass diese um materielle, also beispielsweise in Gütereinheiten messbare, Operationalisierungen nicht umhinkommen. Im siebten Kapitel, in dem der Human Development Index und der Multidimensional Poverty Index erörtert werden, zeigt sich, dass die Diskussion erneut einen konsequentialistischen Charakter annimmt. Dennoch ermöglicht die erweiterte Perspektive, die Auswirkungen verschiedener Gerechtigkeitstheorien auf das Gemeinwohl besser zu begreifen und die Grundlagen eines sinnvollen Diskurses zu gestalten.

6.2 John Rawls und die Theorie der Gerechtigkeit

6.2.1 Gerechtigkeit als Fairness

JOHN RAWLS hat 1970 mit seiner ,Theorie der Gerechtigkeit' (Rawls 1999, 2021) einen Meilenstein geschaffen, der der politischen Philosophie und der Wirtschaftsphilosophie eine neue Dynamik verliehen hat. In der Mitte des 20. Jahrhunderts hatte die politische Philosophie eine Durststrecke durchlebt. Nun stellte ein amerikanischer Philosoph eine umfassende normative Theorie für eine gerechte gesellschaftliche Ordnung und die sie begründenden sozialen Institutionen vor.

RAWLS' Werk hat maßgeblich dazu beigetragen, dass der Verteilungsgerechtigkeit in der ökonomischen Diskussion wieder ein höherer Stellenwert zukommen sollte. Es ist allerdings falsch, den RAWLSschen Gerechtigkeitsbegriff auf distributive Gerechtigkeit zu reduzieren. Vielmehr wird darzustellen sein, dass ein Gerechtigkeitsansatz abgeleitet wird, der die Verteilung von Grundrechten und -pflichten durch gesellschaftliche Institutionen sowie die Aufteilung von Vorteilen bestimmt, die sich aus Kooperation in der Gesellschaft ergeben. RAWLSrichtet sein Augenmerk auf die „wichtigsten gesellschaftlichen Institutionen" (Rawls 2021, S. 23), worunter er die politische Verfassung und die wesentlichen Elemente des wirtschaftlichen und sozialen Systems versteht. Er stellt die Gerechtigkeit ins Zentrum gesellschaftlichen Handelns und Gestaltens: *„Die Gerechtigkeit ist die erste*

Tugend sozialer Institutionen, so wie die Wahrheit von Gedankensystemen. Eine noch so elegante und mit sparsamen Mitteln arbeitende Theorie muss fallengelassen oder abgeändert werden, wenn sie nicht wahr ist; ebenso müssen noch so gut funktionierende und wohlabgestimmte Gesetze und Institutionen abgeändert oder abgeschafft werden, wenn sie ungerecht sind" (Rawls 2021, S. 19). Das Gerechtigkeitsprinzip bleibt ausdrücklich auf die soziale Gerechtigkeit beschränkt. Es geht hier also weitestgehend weder um kommutative, also ordnungs- bzw. tauschbezogene, noch um korrektive, also strafbezogene, Gerechtigkeit im Sinne ARISTOTELES', sondern um die „Grundstruktur der Gesellschaft". Die dieser Struktur zugrunde liegende Konzeption der Verteilungsgerechtigkeit wird von Rawls theoretisch begründet und präzise herausgearbeitet.

Box 6.1: John Rawls (1921–2002)

John RAWLS, der 1921 in Baltimore, Maryland, geboren wurde, hat das Leben eines Gelehrten geführt. Wahrscheinlich ist er bereits früh von seinen Eltern für Fragen des Rechts und der Gerechtigkeit sensibilisiert worden. Sein Vater war erfolgreicher Anwalt und seine Mutter engagierte sich bei der *League of Women Voters,* einer zivilgesellschaftlichen Organisation, die sich damals dafür einsetzte, Frauen bei der Ausübung ihres Wahlrechts zu unterstützen.

Nachdem RAWLS sein Bachelorstudium der Philosophie mit einer stark religiös geprägten Arbeit abschloss, wurde er als Soldat von 1943 an Zeuge des Kriegs im Pazifik. Unter dem Eindruck seiner Kriegserlebnisse wandte er sich vom christlichen Glauben ab. Er kehrte nach Princeton zurück, wo er 1950 seine Promotion mit einer Doktorarbeit zum Thema *„A Study in the Grounds of Ethical Knowledge: Considered with Reference to Judgments on the Moral Worth of Character"* abschloss. Prägend war die anschließende Zeit an der Universität Oxford, wo er sich dank eines Fulbright-Stipendiums mit den dort lehrenden philosophischen Größen H.L.A. HART, ISAIAH BERLIN und STUART HAMPSHIRE auseinandersetzen konnte. Seiner Rückkehr in die USA folgte eine nur kurze Lehrtätigkeit an der Cornell Universität. Ab 1962 hatte RAWLS eine Festanstellung an der Harvard Universität inne. Hier blieb er bis zu seiner Pensionierung im Jahr 1991 (Pogge 1994).

RAWLS' bekanntestes Werk ist das im Haupttext ausführlicher dargestellte, 1971 erschienene Buch „Eine Theorie der Gerechtigkeit" (A Theory of Justice). Auf der Grundlage dieser „Theorie" entwickelte RAWLS seine Ideen im Laufe seiner Karriere weiter. In späteren Werken wie „Politischer Liberalismus" (1993) schlug RAWLS eine nuanciertere Sichtweise der Gerechtigkeit vor, die den komplexen Gegebenheiten der realen Gesellschaften noch besser Rechnung tragen sollte. Insbesondere beschreibt er den Pluralismus von weltanschaulichen, moralischen und philosophischen Lehren in modernen konstitutionellen Demokratien als natürliches Ergebnis des Vernunftgebrauchs. In seinem letzten abgeschlossenen Buch „Das Recht der Völker" (1999) bemüht sich RAWLS, ein Gerechtigkeitskonzept für den internationalen Kontext weiterzuentwickeln. Prinzipien eines Völkerrechts wurden im Übrigen bereits in der ‚Theorie' skizziert. Die Akteure in RAWLS' internationaler Theorie sind nicht Individuen (Bürger), sondern Gesellschaften (Völker). Ein Volk ist eine Gruppe von Individuen, die von einer gemeinsamen Regierung regiert wird, durch gemeinsame Sympathien verbunden ist und einer gemeinsamen Auffassung von Recht und Gerechtigkeit anhängt. Vieles in RAWLS' Darstellung des Rechts der Völker weist Parallelen zu den Darstellungen des politischen Liberalismus und der Gerechtigkeit als Fairness auf. Wie eine liberale Gesellschaft eine Grundstruktur von Institutionen hat, so gibt es nach RAWLSauch eine internationale Grundstruktur.

RAWLS war nicht nur ein akademischer Denker, er war auch ein erfolgreicher Lehrer, Mentor und Kollege. Für seine Lehrtätigkeit an der Harvard University wurde er mit zahlreichen Preisen ausgezeichnet, und viele seiner Studierenden wurden später zu führenden Persönlichkeiten in ihren jeweiligen Fachgebieten. RAWLS war auch bekannt für seine Kollegialität und seine Bereitschaft, sich auf Diskussionen mit anderen Wissenschaftlern einzulassen. Diese Offenheit für Diskussionen trug dazu bei, seine Ideen weiterzuentwickeln und sie einem breiteren Publikum zugänglich zu machen.

JOHN RAWLS verstarb 2002. Seine Schriften werden weiterhin von Philosophen und anderen Denkern auf der ganzen Welt studiert und diskutiert, und sein Einfluss zeigt sich in der Art und Weise, wie wir heute über soziale Gerechtigkeit denken. RAWLS' Theorie war beispielsweise auch für Entwicklungen in der Spieltheorie von Bedeutung. Sie hilft zu erklären, warum Menschen kooperieren können, auch wenn es nicht in ihrem besten Interesse ist, dies zu tun.

Das Vermächtnis von JOHN RAWLS ist bedeutsam, weil er dazu beigetragen hat, unser Verständnis von sozialer Gerechtigkeit zu entwickeln. Seine Ideen, beispielsweise der Urzustand und der Schleier des Nichtwissens haben das moderne Denken zu diesem Thema stark beeinflusst. RAWLS' Werk bietet eine wertvolle Perspektive auf das komplexe Thema der sozialen Gerechtigkeit, und es wird interessant sein zu sehen, wie seine Ideen in Zukunft weiterentwickelt werden.

RAWLS zielt auf das idealisierte Bild einer Gesellschaft, die sich allgemein rechtfertigen lässt und einem aus plausiblen Bedingungen abgeleiteten Gerechtigkeitskonzept genügt. Die Gesellschaft sollte also nicht nur das Ziel verfolgen, das Wohl der individuellen Mitglieder zu fördern, sondern sie sollte von einer konsensualen Vorstellung von Gerechtigkeit getragen sein. RAWLS betont, er befasse sich bei dieser Zielvorstellung vorrangig mit „vollständiger Konformität" (Rawls 2021, S. 25) *(strict compliance),* also mit einer wohlgeordneten Gesellschaft, in welcher durchweg gerecht gehandelt wird und jedes Individuum zur Erhaltung der gerechten Institutionen beiträgt. Die Gesellschaft soll also ein kooperatives Gefüge gleicher, voneinander unabhängiger und freier Mitglieder sein. Sie verschafft den Beteiligten wechselseitig Vorteile. Jedes Individuum ist (als Homo oeconomicus) an der Funktion der Gesellschaft interessiert, da so Kooperationsgewinne realisiert werden können. Eine gesellschaftliche Ordnung wiederum gründet sich auf fundamentalen Regeln, die sämtliche individuellen Interessen in unparteiischer Weise integrieren. Diese Regeln bauen auf Prinzipien der Gerechtigkeit. Damit die Herleitung des Gerechtigkeitskonzepts fair ist, muss der Prozess der Herleitung unvoreingenommen und unparteiisch sein. Er muss die Interessen und Anliegen aller respektieren. Der Einfluss von Eigeninteressen, individuellen Prioritäten und Vorurteilen muss vermieden werden. Gleichzeitig sollen die Interessen aller in unparteiischer Weise in die Abwägung eingehen. Diese Grundsätze werden von Rawls durch das Konstrukt des „Urzustands" sichergestellt (dazu Abschn. 6.2.3). Gerechtigkeit als Fairness bedeutet nun für einzelne Menschen einerseits, natürlichen, positiven und negativen, Pflichten nachzukommen, und andererseits, gerechte Institutionen zu unterstützen und Regeln zu respektieren (Rawls 2021, S. 130 ff.).

6.2.2 Grundsätze der Gerechtigkeit und gesellschaftliche Grundgüter

Das Verständnis von sozialer Gerechtigkeit als Verteilungsgerechtigkeit im weiteren Sinne basiert auf der Identifikation eines Katalogs gesellschaftlicher Grundgüter *(primary goods).* Es ist für das Verständnis der Idee der gesellschaftlichen Grundgüter hilfreich, zu berücksichtigen, dass es RAWLS darum geht, ein ideales

Gemeinwesen und seine gerechten Institutionen in schlüssiger Form abzuleiten. Es ist wichtig, zur Kenntnis zu nehmen, dass bei RAWLS die Verteilungsproblematik nicht an vorderster Stelle steht. Grundgüter sind für die Erlangung und Verwirklichung eines Systems gesellschaftlicher Ziele instrumentell. Bei den gesellschaftlichen Grundgütern handelt es sich um solche Güter, von denen angenommen wird, dass ein vernünftiger Mensch sie unter allen anderen vorstellbaren Gütern vorrangig haben möchte. Rationale Individuen werden eine größere Menge dieser Güter stets einer geringeren Menge vorziehen, unabhängig von ihren individuellen vernünftigen Lebensplänen. Mit mehr von diesen Gütern kann ein Mensch seine Absichten erfolgreicher verwirklichen und seine Ziele vorantreiben, was auch immer diese Ziele sein mögen. Das bedeutet natürlich, dass bei der Verteilung Konflikte angelegt sind. Genau deshalb ist Gerechtigkeit für die Gesellschaft zentral und es geht tatsächlich um Gerechtigkeit als Verteilungsidee – allerdings unter der Prämisse größter gleicher Freiheit und gleicher demokratischer Mitwirkungsrechte, wie noch darzustellen sein wird.

Gesellschaftliche Grundgüter werden gegenüber natürlichen Grundgütern abgegrenzt. Gesellschaftliche Grundgüter sind solche, deren Verfügbarkeit, im Gegensatz zu der von natürlichen Grundgütern, wie Intelligenz und gesundheitliche Veranlagung, von sozialen Regeln und Institutionen abhängt. RAWLS hebt hier die Grundgüter Rechte, Freiheiten und Chancen, Einkommen und Vermögen hervor. Aus der Verfügbarkeit der Grundgüter ergeben sich auf der individuellen Ebene Vorteile. Die Idee der Vorteile ist nicht mit dem Begriff des Nutzens gleichzusetzen. Vielmehr implizieren die Grundgüter, dass das Wohlergehen eines Individuums „nicht am subjektiven Ausmaß, sondern an den objektiven Grundlagen seiner Bedürfnisbefriedigung" bemessen wird (Becker et al. 2021, S. 70). RAWLS zählt zu den gesellschaftlichen Grundgütern auch das Selbstwertgefühl, hinsichtlich dessen er – recht spät in seiner „Theorie" – betont, es handle sich gegebenenfalls sogar um das wichtigste Grundgut (Rawls 2021, S. 479).

Die RAWLSsche Gerechtigkeitstheorie verfolgt ein demokratisches Ideal eines Gemeinwesens mitsamt den wichtigsten gesellschaftlichen Institutionen. Dabei spielt die Öffentlichkeit eine wichtige Rolle, wenn beispielsweise das Leitbild der wohlgeordneten Gesellschaft *(well-ordered society)* skizziert wird, die wiederum Voraussetzung von Fairness ist. In der wohlgeordneten Gesellschaft existiert eine öffentliche Gerechtigkeitsvorstellung: die gleichen Gerechtigkeitsgrundsätze werden von allen anerkannt und jeder weiß das von allen anderen. Ferner genügen die grundlegenden sozialen Institutionen diesen Grundsätzen, was auch allgemein bekannt ist (Rawls 2021, S. 493 f.). So gehört in einer wohlgeordneten Gesellschaft über das allgemeine gesellschaftliche Verständnis des als moralisch gerechtfertigt anerkannten Gerechtigkeitsbegriffs hinaus auch dessen politische Umsetzung dazu. Rawls geht es nun darum, dieses zunächst noch völlig offene Konzept mit Inhalten zu füllen. Dies ist das Hauptanliegen der „Theorie der Gerechtigkeit".

6.2.3   Der Urzustand und der Schleier des Nichtwissens

Es ist wesentlich zu verstehen, dass RAWLS von Güterknappheit ausgeht und annimmt, dass Personen im Wesentlichen ihre eigenen Interessen vor Augen haben und Ziele ihrer Mitbürgerinnen und Mitbürger ignorieren. Dabei soll ein Gesellschaftszustand erreicht werden, der für sämtliche Individuen eine gerechte Aufteilung von Vorteilen und Pflichten sicherstellt. In der „Theorie der Gerechtigkeit" stellt RAWLS ein Gedankenexperiment an, das erstens Bezüge zum Gesellschaftsvertrag aufweist, wie er als Argumentationsfigur in den klassischen Theorien der politischen Philosophie des 17. und 18. Jahrhunderts verwendet wurde, und zweitens zur ökonomischen Theorie der individuellen Entscheidung bei Unsicherheit. RAWLS bemüht eine hypothetische Entscheidungssituation, die er als Urzustand *(original position)* bezeichnet und aus welchem die Fairness erzeugt wird. Mithilfe dieses Kniffs gelingt es Rawls, die Idee der Freiheit und das ökonomische Effizienzprinzip in ein Gerechtigkeitskonzept zu integrieren (Nida-Rümelin 2020b, S. 297). Eine zentrale Forderung ist, dass das Rationalitätspostulat – im Sinne des nutzenmaximierenden Homo oeconomicus – dabei der Voraussetzung der Vernunft nachgeordnet ist, welche in den Bedingungen verankert ist, die Fairness gewährleisten sollen. Die Bedingungen der Fairness fungieren dabei wie Restriktionen in einem ökonomischen Modell (Pies 2016, S. 9). Auf dieser Grundlage werden die Prinzipien abgeleitet, die die institutionelle Grundstruktur der Gesellschaft regeln.

Bei der Rechtfertigung des Urzustands rekurriert RAWLS auf abstrakte philosophische Argumente. Er leitet seine Darstellung des Urzustands ausgehend von dem Vorliegen individueller abstrakter Urteile her. Da diese nicht zwingendermaßen kohärent sein mögen, sieht RAWLS einen umfangreichen Abwägungsprozess vor, der erreicht, dass sämtliche wohlüberlegten Argumente gegeneinander abgewogen und sodann angepasst, abgelehnt oder bestätigt werden. Hieraus ergibt sich auf individueller Ebene ein Überlegungsgleichgewicht *(reflective equilibrium)* (Rawls 2021, S. 68 f.), in welchem wohlüberlegte Urteile diesem Abwägungsprozess unterzogen worden sind. Da in der Moralphilosophie der Gerechtigkeitssinn einer betroffenen Person im Sinne der Abwägung gegebenenfalls grundlegend verändert werden müsse, sei es nicht in der Praxis nicht sicher, dass das Überlegungsgleichgewicht stets erreicht werden könne. RAWLS betont hier den Theoriecharakter seiner Ausführungen zur Gerechtigkeit, der eben zulasse, dass sich vermutete Grundsätze an den wohlerwogenen Urteilen im Überlegungsgleichgewicht prüfen lassen (Rawls 2021, S. 70). Aus dem Gedanken heraus, Kohärenz der Überlegungsgleichgewichte möglichst vieler Mitglieder der Gesellschaft zu erreichen, ergibt sich das Konstrukt des Urzustands. Zum elementaren Verständnis des Urzustandes zählt die Einsicht, dass es sich nicht um ein Ideal, sondern allein um ein Darstellungsmittel für die Herleitung und Rechtfertigung von Gerechtigkeitsgrundsätzen handelt (Pies 2016, S. 9).

Die Prinzipien einer vollkommen gerechten Gesellschaftsordnung wären diejenigen, auf welche sich rationale Individuen unter den hypothetischen Bedingungen des Urzustands einigen würden. Dabei ist festzuhalten, dass der hier reflektierte

Individualismus rein methodisch und nicht gesellschaftstheoretisch zu interpretieren ist. Um das gerechte Verfahren im Urzustand zu erreichen und die Auswirkungen spezifischer Zufälligkeiten aufzuheben, die die Menschen in Konflikt miteinander bringen und sie dazu verleiten, soziale und natürliche Umstände zu ihrem eigenen Vorteil auszunutzen, geht RAWLS davon aus, dass sich die Parteien hinter einem Schleier des Nichtwissens *(veil of ignorance)* befinden. In diesem Fall wissen sie nicht, wie sich die verschiedenen Alternativen auf ihren eigenen Fall auswirken werden, und sie sind gezwungen, die Grundsätze ausschließlich auf der Grundlage allgemeiner Überlegungen zu bewerten. Wenn der Ansatz auch, wie dargestellt, den vertragstheoretischen oder kontraktualistischen Theorien zugeordnet wird, impliziert der Urzustand keine vertraglichen Beziehungen im engeren Sinne zwischen den Individuen.

Dieser Schleier des Nichtwissens bedeutet, dass wir uns vorstellen müssen, wir wüssten nichts über unsere persönlichen Eigenschaften oder unsere soziale Stellung und wüssten nicht, wo wir in der Gesellschaft geboren werden. Im Urzustand weiß das Individuum nichts über seine natürlichen Merkmale, wie Geschlecht, körperliche Konstitution oder Intelligenz, und es kennt seine gesellschaftliche Position nicht und nicht einmal seine eigenen Präferenzen. Das heißt, die Person kennt weder ihre wirtschaftliche oder politische Situation noch das zivilisatorische und kulturelle Niveau, das sie erreicht hat. Die Person hinter dem Schleier des Nichtwissens weiß nichts über sich selbst oder ihren Lebensplan, nicht einmal die Besonderheiten ihrer Persönlichkeit, wie etwa ihre Risikoaversion oder ihre Neigung zu Optimismus oder Pessimismus. Mehr noch: Die Parteien kennen die besonderen Umstände ihrer eigenen Gesellschaft nicht. Das heißt, sie kennen weder ihre wirtschaftliche oder politische Situation noch das zivilisatorische und kulturelle Niveau, das sie erreicht hat. Die Personen in der Ausgangsposition haben keine Informationen darüber, welcher Generation sie angehören.

Von diesen spezifischen Informationen abgesehen, können die Parteien im Urzustand jedoch umfassend auf allgemeine Information zurückgreifen. Den Individuen sind allgemeine Tatsachen über die menschliche Gesellschaft bekannt. Sie verstehen die politischen Angelegenheiten, wie im Übrigen auch die Grundsätze der Wirtschaftstheorie; sie kennen die Grundlagen der sozialen Organisation und die Gesetze der menschlichen Psychologie. Es wird davon ausgegangen, dass die Parteien die allgemeinen Tatsachen kennen, die die Wahl der Gerechtigkeitsprinzipien beeinflussen (Rawls 2021, S. 160 f.). Die Vertragsparteien sind also in Bezug auf das besondere Wissen „vollkommene Ignoranten", während sie hinsichtlich des allgemeinen Wissens „vollkommene Experten" sind (Becker et al. 2021, S. 237). Auf diese Weise suggeriert RAWLS, dass es fair ist, wenn wir uns auf eine Reihe von Regeln einigen, die für alle gleichermaßen gelten, denn wenn wir nicht wüssten, in welche Position wir hineingeboren werden, würden wir sicherstellen wollen, dass alle die gleichen Chancen haben. Da es für uns unmöglich ist, unsere soziale Stellung vor unserer Geburt zu kennen, behauptet RAWLS, dass der einzige Weg, um sicherzustellen, dass jeder die gleiche Chance auf Erfolg hat, darin besteht, alle Menschen gleich zu behandeln.

Im Sinne der ökonomischen Theorie handeln die Individuen hinter dem Schleier des Nichtwissens rational. RAWLS beschreibt die Vernunft der Menschen im Urzustand als eine, die dem in der sozialwissenschaftlichen Theorie üblichen „Standardbegriff" entspricht (Rawls 2021, S. 166). Sie besitzen ein widerspruchsfreies System von Präferenzen und verfolgen einen Plan, der der Erfüllung möglichst vieler Wünsche dient und realistisch ist. Ferner wird ein Zustand der Unparteilichkeit gewährleistet, in welchem die Individuen keinen Neid kennen. Letzteres wird damit begründet, dass bei Existenz von Neid alle Menschen schlechter dastehen würden. Unabhängig von der tatsächlichen Risikoneigung der Individuen ist es in der Logik des Urzustands rational, sich so zu verhalten, als ob äußerste Risikoscheu vorläge (Rawls 2021, S. 179 f.). Zudem führt das Ausklammern von Neid dazu, dass die Menschen bei der Aufstellung der Grundprinzipien nur ihren eigenen Lebensplan vor Augen haben. Sie wollen also nur den größtmöglichen Umfang an Grundgütern für sich selbst sicherstellen. Das ist in dieser Form jedoch nicht mit egoistischen Präferenzen gleichzusetzen. Aufgrund der Konstruktion haben die Entscheidungen trotz des unterstellten gegenseitigen Desinteresses eher altruistischen Charakter (Becker et al. 2021, S. 238). Hinter dem Schleier des Nichtwissens werden sich Individuen insofern nicht für utilitaristische Prinzipien entscheiden. Gleichzeitig stellt die Ignoranz der Individuen im Urzustand sicher, dass die Interessen jetzt lebender Individuen und zukünftiger Generationen in unparteiischer Art und Weise berücksichtigt werden. Damit, so RAWLS, sei sichergestellt, dass es sich bei den gewählten Prinzipien um solche der Gerechtigkeit handelt, eben Gerechtigkeit als Fairness. Bereits im Urzustand selbst ist die Fairness durch symmetrische Stellung der Parteien und ihre Rolle als Repräsentantinnen freier und gleicher Mitglieder der Gesellschaft gewährleistet, die eine Vereinbarung unter fairen Bedingungen schließen sollen (Rawls 1996, S. 24).

6.2.4 Die beiden Grundsätze der Gerechtigkeit und das Unterschiedsprinzip

RAWLS argumentiert, dass sich aus der Konstellation im Urzustand die folgenden beiden Gerechtigkeitsgrundsätze sowie zwei Vorrangregeln ableiten lassen, die in der „Theorie der Gerechtigkeit" zunächst in allgemeiner Form präsentiert und dann in dieser geschärften Form formuliert werden (Rawls 2021, S. 336):

Erster Gerechtigkeitsgrundsatz

„Jedermann hat gleiches Recht auf das umfangreichste Gesamtsystem gleicher Grundfreiheiten [the most extensive total system of equal basic liberties], das für alle möglich ist."

Zweiter Gerechtigkeitsgrundsatz

„Soziale und wirtschaftliche Ungleichheiten müssen folgendermaßen beschaffen sein:

(a) sie müssen unter der Einschränkung des gerechten Spargrundsatzes den am wenigsten Begünstigten den größtmöglichen Vorteil bringen, und

(b) sie müssen mit Ämtern und Positionen verbunden sein, die allen gemäß fairer Chancengleichheit offenstehen."

Diese Grundsätze unterstellt RAWLS einer lexikographischen Ordnung. Danach ist das im ersten Gerechtigkeitsgrundsatz beschriebene Prinzip gleicher Grundfreiheiten, in welchem ein Spannungsverhältnis von Gerechtigkeit und Effizienz skizziert wird, absolut vorrangig gegenüber dem zweiten Grundsatz zu behandeln. Das bedeutet, dass die größtmögliche Freiheit für jede Person (bei gleicher Freiheit für alle) Vorrang vor allen anderen Erwägungen hat, inklusive der wirtschaftlichen und sozialen Gerechtigkeit, wie sie sich aus dem zweiten Grundsatz ergibt. Der Freiheitsgenuss für alle kann also nicht aus Gründen der Wohlstandsförderung oder einer angemesseneren Ressourcenverteilung unter den Gesellschaftsmitgliedern geopfert werden.

Innerhalb des zweiten Gerechtigkeitsgrundsatzes gilt nun, dass dem zweiten hier angesprochenen Prinzip, dem der fairen Chancengleichheit, ein absoluter Vorrang gegenüber der Priorisierung der am meisten benachteiligten Gesellschaftsmitglieder eingeräumt wird.

Das letztgenannte Prinzip wird auch als Differenz- oder Unterschiedsprinzip *(difference principle)* bezeichnet. Ökonomische und gesellschaftliche Ungleichheit lässt sich allein mithilfe der Position der am schlechtesten gestellten Gesellschaftsmitglieder begründen. Das Unterschiedsprinzip lässt Ungleichheiten in der Gesellschaft nur in dem engen Zusammenhang zu, in welchem es um die Verbesserung der Position der am schlechtesten gestellten Individuen in der Gesellschaft geht. Eine Reduktion der Vorteile besser gestellter Gesellschaftsmitglieder ist also dann zulässig, wenn sie mit dem Ziel einer Verringerung der Ungleichheit den am wenigsten Begünstigten zu einer verbesserten Ausstattung mit gesellschaftlichen Grundgütern verhelfen würde. In dem Punkt, in welchem die aus der Ausstattung mit gesellschaftlichen Grundgütern abgeleitete Wohlfahrt der am schlechtesten Gestellten nicht durch Veränderung der Wohlfahrt der Gutsituierten verbessert werden kann, erscheint die Ungleichheit unkritisch.

Die universelle Geltung des Unterschiedsprinzips wird durch den gerechten Spargrundsatz eingeschränkt. Diesen leitet RAWLS aus der Notwendigkeit intergenerationaler Gerechtigkeit ab: Jede Generation soll in angemessener Weise Kapital akkumulieren, z. B. in Form von Nettoinvestitionen in Produktionsmittel oder auch von Bildungsinvestitionen. Da die Individuen im Urzustand nicht wissen, in welchem Zeitalter sie (bzw. die Personen, die sie vertreten) leben, muss der Spargrundsatz so gestaltet sein, dass er allen Generationen gleichermaßen dient. Dabei ist anzumerken, dass damit ein Streben nach dauerhaftem Wirtschaftswachstum keinesfalls vorgegeben ist.

Das Unterschiedsprinzip, das durch die Maximierung der Wohlfahrt der am wenigsten Begünstigten erfüllt wird, bedeutet offensichtlich eine Distanzierung vom in der Ökonomie weitestgehend maßgeblichen Pareto-Kriterium (vgl. Abschn. 5.3.2). RAWLS nimmt in unterschiedlichen Zusammenhängen – wiederholt – Bezug auf den Utilitarismus. In der Diskussion des Unterschiedsprinzips weist er darauf hin, dass der Utilitarismus eine recht genaue Vorstellung des Nutzenbegriffs entwickelt hat. Er stellt dar, dass es nicht nur notwendig sei, ein kardinales Maß für jedes repräsentative Individuum zu haben, sondern man setze auch die Möglichkeit interpersoneller Nutzenvergleiche voraus, wenn Gewinne der einen gegen Verluste der anderen aufgewogen werden sollen. Weiter betont er, dass sich ein allgemeines Verständnis für Nutzenvergleiche nicht allein aus der Tatsache ableiten ließe, dass tatsächlich sogenannte interpersonelle Vergleiche des Wohlbefindens regelmäßig im Alltag angestellt würden. Fragen der sozialen Gerechtigkeit verlangen allerdings eine objektive Grundlage für diese Vergleiche, die allgemeine Anerkennung und Zustimmung erfahren kann. Darüber hinaus hinterfragt RAWLS die utilitaristische Grundposition: Kann es denn bei der Ableitung von Gerechtigkeitsprinzipien überhaupt darum gehen, den gesamten (oder durchschnittlichen) Nutzen zu maximieren? Das Unterschiedsprinzip ermöglicht interpersonelle Vergleiche, indem es den Beurteilungskontext erheblich vereinfacht. Wenn es gelingt, das am schlechtesten gestellte Gesellschaftsmitglied zu identifizieren, sind fortan nur noch ordinale Wohlfahrtsurteile nötig, zumal es keine Rolle spielt, wieviel schlechter es dieser Person geht als allen anderen. Weiter beziehen sich jegliche interpersonellen Vergleiche nur auf die Erwartungen hinsichtlich eines Indexes gesellschaftlicher Grundgüter.

RAWLS illustriert das Unterschiedsprinzip auch grafisch. Dazu bildet er Indifferenzkurven in einer Zwei-Personen-Welt ab. Die Niveaus der (Gerechtigkeits-) Indifferenzkurven beschreiben Verteilungszustände *(distributions),* die sich durch ein gleiches Maß an Gerechtigkeit auszeichnen. Individuelle Zustände sind dabei interpersonell kardinal vergleichbar. Diese Annahme ist für die Plausibilisierung des Unterschiedsprinzips insofern nicht zwingend, als es ausreicht, dass die am schlechtesten gestellte Person identifiziert und ihre rationalen Bedürfnisse bestimmt werden können. In der egalitären Perspektive beschreiben die waagerechten und senkrechten Geraden, die an der Winkelhalbierenden aufeinandertreffen, das Wesen des Unterschiedsprinzips (Abb. 6.1, Diagramm A): Eine gesellschaftliche Verbesserung findet nicht statt, wenn eine Person bessergestellt wird, der Zustand der anderen sich aber nicht verbessert. Sie findet nur statt, wenn beide eine Verbesserung erfahren. Anhand einer Beitragskurve *(contribution curve)* OP lässt sich der Fall illustrieren, in welchem Person 1 die am besten gestellte Person einer Grundstruktur repräsentiert. Im Ursprung O sind alle gesellschaftlichen Grundgüter gleichverteilt. Da Person 1 stets bessergestellt ist, verläuft die Kurve OP unterhalb der Winkelhalbierenden. Entsprechend sind die in Diagramm A oberhalb der 45°-Linie abgetragenen Indifferenzkurven für diese Betrachtung irrelevant und fehlen daher in Diagramm B. Die Beitragskurve steigt zunächst, da angenommen wird, dass die durch die Grundstruktur vorgegebene gesellschaftliche Kooperation für beide Seiten vorteilhaft ist. Man muss sich ins Bewusstsein rufen, dass es nicht darum geht, eine vorgegebene Gütermenge umzuverteilen. Es ist offensichtlich, dass das Differenzprinzip dann vollkommen erfüllt ist, wenn die OP-Kurve die höchste Indifferenzkurve, die sie berührt, gerade tangiert. In der Abbildung ist dies Punkt a.

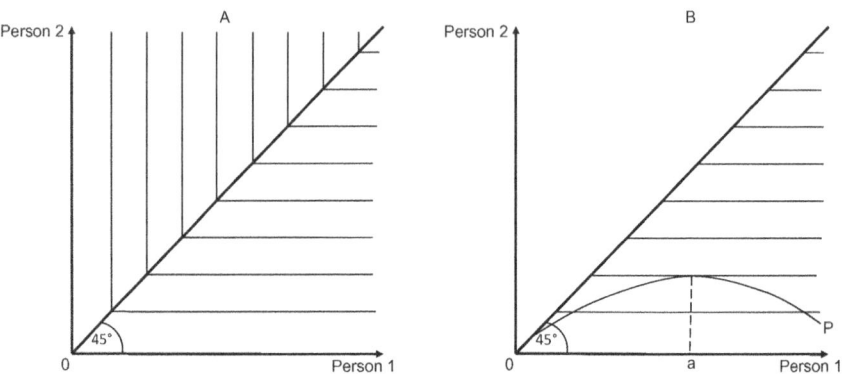

Abb. 6.1 Gerechtigkeits-Indifferenzkurven und das Differenzprinzip. (Quelle: Rawls 2021, S. 97)

Traditionell werden Indifferenzkurven in sozialen Wohlfahrtsfunktionen konvex zum Ursprung dargestellt (Abb. 6.2, Diagramm A). Das würde implizieren, dass weitere einseitige Zuwächse in der Ausstattung mit gesellschaftlichen Grundgütern bei gleichzeitig wachsenden Unterschieden in der Verteilung zwischen den Personen gesellschaftlich weniger wertvoll erscheinen. Im klassischen Utilitarismus, wenn die Verteilung jenseits des Ziels einer größtmöglichen Nutzensumme, keine Rolle spielt, ergeben sich die Indifferenzkurven als Geraden, die senkrecht auf der Winkelhalbierenden stehen. RAWLS modifiziert diese Darstellung dahingehend, dass er die utilitaristischen Indifferenzkurven mit der Begründung etwas flacher als im rechten Winkel verlaufen, da Person 1 und Person 2 repräsentative Individuen unterschiedlich großer Bevölkerungsgruppen darstellen und angenommen werden kann, dass Bevölkerungsgruppe 2, die schlechter gestellte Gruppe, verhältnismäßig größer sei. Das Verhältnis der Gruppengrößen bestimmt die Steigung der Indifferenzkurven. Abb. 6.2 B zeigt, dass die „utilitaristisch optimale" Verteilung sich rechts vom Gleichgewicht nach dem Unterschiedsprinzip, a, ergibt, nämlich in b. In diesem Punkt würde die besser gestellte Person(engruppe) 1 noch besser gestellt werden, Person(engruppe) 2 schlechter.

RAWLS sind die Implikationen des Unterschiedsprinzips wichtig. Insbesondere verlangt das Unterschiedsprinzip nach gesellschaftlichen Institutionen, denn die individuelle Nutzenmaximierung im utilitaristischen Sinn bringt keinen Zustand der Gerechtigkeit hervor. Gesellschaftliche Institutionen ermöglichen eine wohlgeordnete Gesellschaft, die wiederum ihren Bürgerinnen und Bürgern ein maximales Maß an Freiheit ermöglicht. Im Vorrang des Prinzips gleicher Freiheit bei der Gestaltung der Gesellschaft und ihrer wesentlichen Institutionen liegt die Begründung für die Einordnung der RAWLSschen Theorie als „liberal". Jenseits gängiger liberaler Theorien stellt das RAWLSsche Konzept auf die Tatsache ab, dass die Lebenschancen der Mitglieder einer Gesellschaft beträchtlich von zufälligen Faktoren abhängen, die ihnen beispielsweise bereits mit der Geburt anhaften. Dieses moralische Problem wird nicht nur aufgenommen, vielmehr werden hieraus Prinzipien von politischer Dimension abgeleitet. RAWLS spricht von „demokratischer

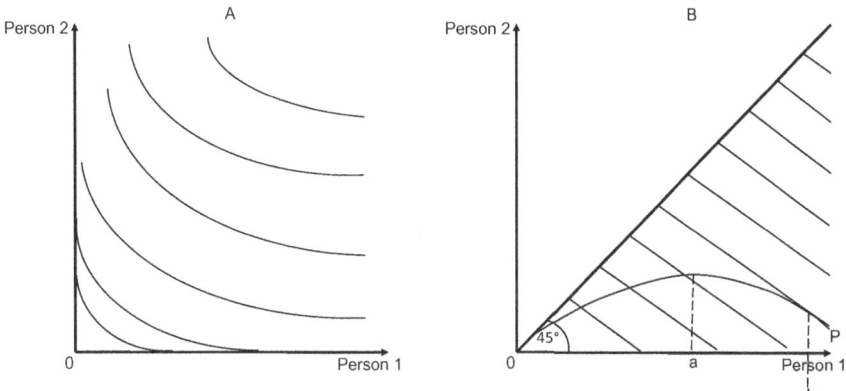

Abb. 6.2 Utilitaristische Gerechtigkeits-Indifferenzkurven. (Quelle: Rawls 2021, S. 97)

Gleichheit" (Rawls 2021, S. 86 f.). Aus den Gerechtigkeitsgrundsätzen lässt sich das Modell einer rechtsstaatlichen Demokratie unter Einbindung einer freien Marktwirtschaft ableiten. Diese verfolgt wiederum eine sozialstaatliche Ausrichtung, ohne dabei die Idee eines Fürsorgestaates zu stützen, den RAWLS ablehnt. Einschränkungen des marktwirtschaftlichen Ansatzes sind dabei nur zu vertreten, wenn das System insgesamt auf die Förderung der Freiheit ausgerichtet ist.

Grundsätzlich wird in der ökonomischen Entscheidungstheorie immer dann vom Maximin-Kriterium Gebrauch gemacht, wenn die Wahrscheinlichkeiten, mit denen die Handlungsfolgen eintreten, nur schwer einschätzbar sind. Daher wendet auch John Rawls dieses Kriterium an: Ansonsten würde hinter der komplizierten Abwägungssituation hinter dem Schleier des Nicht-Wissens das Durchschnittsnutzenprinzip (HARSANYI) gewählt werden, während bei RAWLS die am schlechtesten gestellte Gruppe möglichst gut gestellt wird (Nida-Rümelin 2020b). Das RAWLSsche Maximin-Prinzip, nach welchem die Interessen der in einer Gesellschaft am schlechtesten gestellten Personen priorisiert werden, wird immer wieder hinterfragt: zum einen auf Grundlage der verhältnismäßig schlichten Herleitung, zum anderen vor dem Hintergrund möglicher Implikationen.

6.2.5 Einordnung der Rawlsschen Gerechtigkeitstheorie

Um das RAWLSsche Theoriegebäude in der politischen Philosophie zu verorten, ist es wichtig, anzuerkennen, dass es RAWLS um die politische Dimension geht, um soziale Gerechtigkeit als System für die demokratische Verfassungsgebung. Die Theorie der Gerechtigkeit als Fairness lässt sich als „Systematisierung eines im weitesten Sinne sozialen und liberalen Verständnisses politischer Legitimität" (Nida-Rümelin 2020b, S. 296) begreifen. In seinen jüngeren Schriften stellt RAWLSdar, dass sein Referenzrahmen im historischen Kontext der Moderne liegt, welche er durch einen umfassenden Pluralismus gekennzeichnet sieht, der religiöse und nicht-religiöse Lehren und Werte einschließt. Dieser Zustand ergebe sich als natürliches Ergebnis der Aktivitäten menschlicher Vernunft unter dauerhaften freien Institutionen. Der liberale Konstitutionalismus erscheint damit als Entdeckung einer neuen sozialen Möglichkeit: der Ermöglichung einer einigermaßen harmonischen und stabilen pluralistischen Gesellschaft. In diesem Sinne merkt RAWLS an: *„To see reasonable pluralism as disaster is to see the exercise of reason under the conditions of freedom itself as a disaster"* (Rawls 1996, S. xxvi). Die Pluralisierung impliziert, dass zunehmend zur Privatsache wurde, was einst als Frage der Staatsräson galt, sodass sich folgern lässt, moderne Gesellschaften seien nicht „wertintegriert", sondern „regelintegriert" (Pies 2016, S. 15).

Die RAWLSsche Philosophie reflektiert diese Einsicht durch die Konzeption eines schlüssigen Pfades zur Erreichung eines gesellschaftlichen Grundkonsenses: Vom Urzustand ausgehend ergibt sich die politische Gesamtkonzeption in mehreren Schritten in Form eines „Vier-Stufen-Gangs" *(four-stage sequence)* (Rawls 2021, S. 223 ff.). Durch diese vier Stufen wird der Schleier der Unwissenheit, der die Informationen über die allgemeinen Merkmale der Gesellschaft ausblendet, allmählich transparenter. Die zweite Stufe, also der nächste Schritt in der Ausgestaltung der institutionellen Details, dient der Ausarbeitung einer Verfassung im Einklang mit den beiden Gerechtigkeitsgrundsätzen. Dass zunächst auf die Verfassung abgestellt wird, ergibt sich aus dem Vorrang des ersten Gerechtigkeitsgrundsatzes. Die Individuen haben sich im Urzustand bereits auf eine Gerechtigkeitsvorstellung geeinigt. In den folgenden Stufen wird der Schleier des Nichtwissens jeweils ein kleines bisschen mehr gelüftet. Die dritte Stufe sieht die Erarbeitung spezifischer Rechtsvorschriften vor, die wiederum innerhalb des verfassungsgemäßen Rahmens verwirklicht werden. Auf der zweiten (verfassungsrechtlichen) und der dritten (gesetzgeberischen) Stufe konkretisieren die Parteien grundlegende Freiheitsrechte, wie die „Gedankenfreiheit", in detailliertere Rechte, wie etwa das Recht auf freie politische Meinungsäußerung. Auf der vierten Stufe verfügen die Individuen über vollständige Informationen über die Gesellschaft und sind – in den Rollen von Verwaltungsbeamten oder Richtern – in der Lage, die zuvor vereinbarten Rechtsvorschriften auf Einzelfälle zu beziehen. Es ist wichtig, sich zu verdeutlichen, dass der Prozess der Verfassungsgebung hier allein den Anspruch hat, ein moraltheoretisches Modell zu illustrieren. RAWLS selbst weist darauf hin, man möge ihn nicht mit der Institutionalisierung einer verfassungsgebenden Versammlung innerhalb eines sozialtheoretischen Ansatzes verwechseln, wie er beispielsweise von JAMES M. BUCHANAN und GORDON TULLOCK (1963) beschrieben wurde. In Abgrenzung zu den historischen „Liberalismen" ist dem RAWLSschen politischen Liberalismus zueigen, dass er nicht auf bestimmte Ideale, wie Autonomie oder Individualität, festgelegt ist. Vielmehr beschreibt RAWLS eine *„Referenzposition, die quasi ‚über' den konfligierenden Idealen steht, deren Streit schlichtet und so in besonderer Weise zur Befriedung und konstruktiven Wendung demokratischer Politikprozesse beiträgt"* (Pies 2016, S. 18).

In seinem Spätwerk ‚Politischer Liberalismus' *(Political Liberalism)* (1996, 2003) vertieft, rechtfertigt und modifiziert RAWLS einige Aspekte seiner ‚Theorie'.

Hier wird auch noch einmal verdeutlicht, dass es im Verlauf des Vier-Stufen-Gangs insbesondere auch gilt, die Grundfreiheiten untereinander und hinsichtlich anderer Werte anzupassen. Dabei streben die Individuen stets ein Gesamtschema der Freiheiten an, das es den Bürgern am besten ermöglicht, ihre beiden moralischen Kräfte – nämlich Befähigung zu einem Gerechtigkeitssinn und zu einer Konzeption des Guten – zu entwickeln und auszuüben und ihre bestimmten Vorstellungen vom Guten zu verfolgen. Es geht in den späteren Stufen insbesondere auch um die für die Verwirklichung gleicher politischer Freiheiten nötigen Institutionen, die beispielsweise gleichen Zugang zu Medien ermöglichen oder das aktive und passive Wahlrecht in der Praxis gewährleisten.

Häufig wird die RAWLSsche Gerechtigkeitstheorie dem Egalitarismus zugeordnet. RAWLS habe die Gleichheit von Ergebnissen mit der von Möglichkeiten ersetzt, die in Form von Grundgütern geschaffen werden (beispielsweise Roemer und Trannoy 2016).

6.2.6 Theorie der Gerechtigkeit als Ausgangspunkt

Die Kritik von RONALD DWORKIN (1931–2013), einem weiteren US-amerikanischen Philosophen, baut auf der Einschätzung auf, die von RAWLS vorgeschlagenen Gerechtigkeitsgrundsätze beruhten auf einer falschen Auffassung von der Natur der Rechte und würden dem Grundsatz der Freiheit nicht genügend Gewicht beimessen (Dworkin 2013). 1981 veröffentlichte DWORKIN zwei Artikel mit engem Bezug zur RAWLSschen Argumentation (Dworkin 1981a, b). Er löst sich hier von der RAWLSschen Terminologie (z. B. Urzustand, Grundgüter) und macht sich daran, ein alternatives ethisch fundiertes Gleichheitskonzept zu entwickeln.

Zunächst einmal argumentiert er, das Prinzip, eine Gleichheit der individuellen Wohlfahrt anzustreben, stelle keine vernünftige Auffassung dar, vor allem weil Individuen so nicht für ihre Präferenzen verantwortlich gehalten würden (Dworkin 1981a). Er argumentiert, dass die Gesellschaft einer Person, die einen teuren Geschmack hat und sich mit diesem identifiziert, keine zusätzlichen Ressourcen zur Befriedigung dieses Geschmacks schuldet. DWORKIN nimmt hiervon den Fall aus, dass es sich bei diesem Geschmack um eine Sucht oder einen Zwang handeln könnte, sodass sich die Person nicht damit „identifiziert" und vorziehen würde, sie hätte diese Vorliebe nicht. Dann könnten zusätzliche Ressourcen gerechtfertigt sein.

DWORKIN plädiert auch für eine Gleichheit der Ressourcen und schließt wie RAWLS in den Ressourcenbegriff sauch Aspekte der physischen und biologischen Umwelt ein, die zu einer Person gehören und für welche sie nicht verantwortlich gemacht werden sollte, also beispielsweise durch Geburt erworbene Aspekte (Dworkin 1981b). Ein derart umfassender Begriff einer Ausstattung einzelner Personen mit Ressourcen, der neben übertragbaren Gütern auch unveräußerliche Ressourcen, wie Talente oder die genetische Ausstattung, beinhaltet, macht es schwierig, eine gleiche Ausstattung zu definieren. DWORKIN schlägt hier einen originellen Mechanismus in Form eines Versicherungsmarkts vor, der hinter einem (dünnen) Schleier des Nichtwissens existiert. Der Schleier garantiert die nötige Unparteilichkeit. Die „Seelen" *(souls)* hinter dem Schleier repräsentieren tatsächliche Individuen und kennen die Präferenzen, aber nicht die Ressourcen, einschließlich der genannten Talente usw., mit welchen sie ausgestattet sind. Die Seelen haben nun hinter dem Schleier den gleichen Betrag einer Währung zur Verfügung und können davon auf dem Versicherungsmarkt bedingte Ansprüche auf Ressourcen erwerben, die nach der Geburtslotterie und der Offenlegung der Identitäten ausgezahlt werden. Sie können sich so gegen mögliches Pech in der Geburtslotterie versichern, d. h. der Lotterie, in der die Natur den Seelen Personen – und damit Ressourcenausstattungen – in der Welt zuweist. Die Zuteilung von Gütern, die nach der Geburtenlotterie, der Offenlegung des Zustands der Welt und dem Abschluss von Versicherungspolicen erfolgt, bedeutet nach DWORKIN einen Ausgleich von Ressourcen. Dieser Ansatz macht die Menschen für ihre Präferenzen, insbesondere auch ihre Risikopräferenzen, verantwortlich und ist insofern egalitär, als alle Seelen hinter dem Schleier das gleiche Budget zur Verfügung haben, mit welchem sie Versicherungen erwerben können. Der Ansatz adressiert die am RAWLSschen Urzustand kritisierte Annahme, die Bedingungen des Urzustandes würden einem Individuum keine andere Wahl lassen, als sich äußerst risikoscheu zu verhalten. Umverteilung mit Blick auf bestimmte Verteilungsziele hinsichtlich der veräußerbaren Ressourcen (Vermögen) könnte nach Vorstellung Dworkins über Besteuerung erreicht werden.

Mit der Idee des Versicherungsmarkts behielt DWORKIN RAWLS' radikale egalitäre Ansicht über die moralische Willkür der Verteilung von Talenten, Behinderungen und ererbtem Reichtum bei, führte aber einen Mechanismus ein, der die Menschen für ihre Vorlieben verantwortlich machte, der manchen angemessener erscheint als die Abschaffung von Präferenzen und die Fixierung auf Primärgüter, wie es die RAWLSsche Theorie vorsieht. Da DWORKIN den hypothetischen Versicherungsmarkt nur informell diskutierte, erkannte er nicht, dass das Konstrukt zu Ergebnissen führen kann, die aus der egalitaristischen Perspektive als untragbar gelten dürften. So ermöglicht DWORKINs Ansatz eine Situation, in welcher Vermögen von einer behinderten Person auf eine fähige Person übertragen wird, wenn beide identische Risikopräferenzen haben und ihre Ausstattungen in der Geburtenlotterie gleich sind. Aus der Sicht eines Egalitaristen sollte jedoch die behinderte Person am Ende mehr von der übertragbaren Ressource haben sollte als die fähige Person, da sie weniger von der nicht übertragbaren Ressource hat (Roemer 1985; Roemer und Trannoy 2016).

Ein Vertragstheoretiker, der insofern in der Tradition von THOMAS HOBBES (s. Abschn. 3.6.3) steht, als er davon ausgeht, dass Menschen in erster Linie Eigeninteressen haben und dass eine rationale Einschätzung der besten Strategie zur Maximierung ihrer Eigeninteressen sie dazu bringt, moralisch zu handeln, ist DAVID GAUTHIER, dessen Werk „Morals by Agreement" Box 6.2 gewidmet ist.

Box 6.2: David Gauthier (*1932) – Lässt sich Moral vereinbaren?

Mit seinem Werk „Morals by Agreement" (1986) hat der kanadische Philosoph DAVID GAUTHIER ein bahnbrechendes Werk der Vertragsethik vorgelegt, dass die Diskussion zur Vertragstheorie in der politischen Philosophie im Nachgang zur Rawlsschen ‚Theorie' noch einmal kräftig angefacht hat. Gauthier argumentiert, dass Moral als Ergebnis von Vereinbarungen zwischen eigennützigen, rationalen Individuen verstanden werden kann.

Ausgangsprämisse ist, dass liberale Individuen ihre jeweils eigenen, unabhängigen Vorstellungen vom Guten haben. Das Gute eines jeden Menschen ist Ausdruck seiner „überlegten Präferenzen" *(considered preferences)*. Das liberale Individuum ist vollkommen rational, wobei Rationalität sowohl Autonomie als auch die Fähigkeit umfasst, zwischen möglichen Handlungen auf der Grundlage der eigenen Vorstellung vom Guten zu wählen. Es gibt keinen Schleier der Unwissenheit: Jede Partei ist vollständig über ihre persönlichen Eigenschaften, ihre Position in der Gesellschaft und ihre Ausstattung informiert.

Definiert man den individuellen Nutzen als Maß für die überlegten Präferenzen, so ist das liberale Individuum rational, indem es den Erwartungsnutzen maximiert. Moral kann als das Ergebnis von Vereinbarungen zwischen rationalen, eigennützigen Individuen verstanden werden. Gauthier argumentiert auch, dass Moral auf Zustimmung beruhen muss. In einer demokratischen Gesellschaft zum Beispiel leitet die Regierung ihre Autorität von der Zustimmung des Volkes ab. Gauthier ist der Ansicht, dass dieser Grundsatz auf alle Bereiche der Moral verallgemeinert werden kann. Moral ergibt sich also als Verhandlungslösung. Insbesondere verweist Gauthier auf das Gefangenendilemma als eine Situation, in der die Zusammenarbeit für beide Parteien von Vorteil ist. Gauthier zeigt, dass Kooperation nicht nur den gegenseitigen Nutzen und die Fairness sicherstellt und damit die Normen der Moral erfüllt, sondern auch, dass jede Person tatsächlich einen größeren Nutzen erwarten kann, wenn sie sich an die Moral hält, auch wenn dies nicht in erster Linie ein individuelles Ziel dargestellt hat. Indem der Autor dieses scheinbare Paradoxon auflöst, stellt er die Moral auf das feste Fundament der Vernunft. Gauthiers Argumentation umfasst eine Darstellung eines Wertbegriffs, die ihn mit rationalen Präferenzen und individuellem Nutzen in Verbindung bringt, eine Erörterung der Umstände, unter denen Moral unnötig ist, und eine Anwendung der Moral durch Übereinkunft auf die Beziehungen zwischen Völkern auf verschiedenen Entwicklungsstufen und verschiedenen Generationen. Abschließend reflektiert er die Annahmen über Individualität und Gemeinschaft, die er in seiner Darstellung von Rationalität und Moral macht.

Der Gerechtigkeitsbegriff Gauthiers ist durch die Annahme geprägt, dass Gerechtigkeit nur für ein Individuum von Nutzen ist, das die Fähigkeit und das Bedürfnis hat, zwischen möglichen Interaktionen zu wählen, bei denen der Wert des Ergebnisses für jede Person von den Handlungen aller abhängt. Individuen schätzen Gerechtigkeit letztlich deshalb, weil sie die Grundlage für Interaktionen bietet, die frei von allen äußeren Zwängen sind und es ihnen ermöglichen, seine Präferenzen in Anbetracht seiner Fähigkeiten am besten zu erfüllen (Gauthier 1986, S. 345).

Gauthiers Theorie war sowohl in der Moralphilosophie als auch in der Politikwissenschaft einflussreich. Seine Arbeit wurde herangezogen, um die Ursprünge der Moral sowie die Grundlage für die Zusammenarbeit in demokratischen Gesellschaften zu erklären. Gauthiers Ausführungen bieten eine weitere Erklärungsgrundlage für kontraktualistische Gerechtigkeitstheorien.

Kritiker von Gauthiers Arbeit argumentieren, dass seine Theorie die Rolle von Emotionen bei moralischen Entscheidungen nicht angemessen berücksichtigt. Andere argumentieren, dass Gauthiers Theorie zu einer Form des ethischen Egoismus führt, bei dem die einzige moralische Verpflichtung darin besteht, im eigenen Interesse zu handeln. Sie reflektiere eine Ethik des Subjektivismus. Trotz dieser Kritik bleibt Gauthiers Arbeit ein wichtiger Beitrag zur kontraktualistischen Ethik.

Ein prominenter, ebenfalls in der HOBBESschen Tradition stehender Vertragstheoretiker, der Ökonom JAMES M. BUCHANAN (vgl. Abschn. 5.6.4), befürchtet den Verlust individueller Freiheit infolge der von RAWLS implizierten sozialstaatlichen Umverteilung (Münkler und Straßenberger 2016, S. 213). In seinem Werk „The

Limits of Liberty" unternimmt Buchanan den Versuch, eine neue kontraktualistische Theorie des Staates zu konstruieren (Buchanan 1975). Dabei zeigt er die konzeptionelle Grundlage der sozialen Rechte des Einzelnen auf, indem er die Entstehung und Entwicklung dieser Rechte aus den präsozialen Bedingungen heraus untersucht. Gleichzeitig lehnt er einen hypothetischen Urzustand im Rawlsschen Sinne ab, sein Ausgangspunkt ist der Status quo: „We start from here, not from some place else" (Buchanan 1975, S. 78). Sein vertragstheoretischer Ansatz sieht zwei Stufen vor: einen an individuellen Rechten orientierten Verfassungsvertrag (constitutional contract) und einen postkonstitutionellen Gesellschaftsvertrag (social contract). Im letzteren geht es um den Handel mit öffentlichen Gütern (Einigung über deren Produktion, Finanzierung und Verbrauch), beispielsweise Dämme, Straßen, Parks und Schulen.

Neben der Kritik an RAWLS' Theorie aus den Reihen kontraktualistisch orientierter Philosophinnen und Philosophen ist der Ansatz auch der Kritik seitens des Kommunitarismus ausgesetzt, die Rawlssche Konzeption von Gerechtigkeit untergrabe die entscheidende Rolle, welche die Mitgliedschaft in einer Gemeinschaft im menschlichen Leben spielt (Gutmann 1985). MICHAEL SANDEL (*1953), einer der Wegbereiter der kommunitaristischen Liberalismuskritik, stellte fest, dass gemeinschaftliche Loyalitäten mehr verlangten als abstrakte gerechtigkeitsorientierte Vereinbarungen – und zwar aufgrund der mehr oder weniger dauerhaften Bindungen und Verpflichtungen, die eine Person wesentlich prägten (Sandel 1985). Der deutsche Soziologe und Philosoph JÜRGEN HABERMAS (*1929) betrachtet es als problematisch, dass die RAWLSsche „Gerechtigkeit als Fairness" wesentliche Bestandteile einer Moraltheorie ausklammert und ihren Anspruch auf das beschränkt, was er die „Grundstruktur" nennt, also die Regulierung von Institutionen und Aspekte der sozialen und politischen Gerechtigkeit (Habermas 1995). Die Diskursethik von HABERMAS stellt dagegen eine Moraltheorie im weiteren Sinne einer allgemeinen Theorie des richtigen Verhaltens dar – trotz der Tatsache, dass sie vorgibt, nichts über die Ergebnisse moralischer Diskurse zu sagen, und nicht einmal versucht, substanzielle normative Fragen zu beantworten, was man tun sollte und warum. Gerechtigkeit ist in HABERMAS' Welt ein moralischer Begriff und damit stets mit einer allgemeinen Moraltheorie verbunden. Das gilt nicht für RAWLS (Rawls 1996, S. 372 ff.).[1]

Es ist wichtig, darauf hinzuweisen, dass die RAWLSschen Grundsätze nicht in abgeschlossener Form gestaltet sind und in bestimmten Fällen offen für Interpretationen sein können. So ist nicht klar, inwieweit sie tatsächlich einen Umverteilungsstaat begründen. Sie bieten jedoch eine solide Grundlage für die Schaffung einer gerechteren Gesellschaft, in welcher jeder einzelne Mensch unveräußerliche Grund- und Menschenrechte besitzt. Institutionen obliegt die Pflicht sicherzustellen, dass jeder Bürgerin und jedem Bürger so viel an Einkommen und

---

[1] Die aufschlussreiche Diskussion zwischen den beiden Schwergewichten der politischen Philosophie ist Gegenstand einer informativen Sammlung von Beiträgen (Finlayson und Freyenhagen 2010).

Wohlstand zukommt, dass auch die Ärmsten nicht unter dem Existenzminimum leben. Insoweit hat RAWLS' Arbeit hat viel zum Verständnis des Ideals der sozialen Gerechtigkeit beigetragen.

Doch so konkret hier auch mancher Hinweis auf den Bauplan für gesellschaftliche Institutionen ausfällt, hinsichtlich der gesellschaftlichen Entwicklungsoptionen bietet die ‚Theorie' wenig zukunftsweisende Handlungsempfehlungen. Es gibt kaum konkrete Hinweise darauf, wonach und in welcher Art und Weise eine Gesellschaft in ihrem Handeln, in der Kommunikation und im Wirtschaften streben sollte. Sollen also dynamische Entscheidungen im Interesse des Gemeinwohls zukünftiger Generationen gefällt werden, bedarf die RAWLSsche Theorie gegebenenfalls einer konzeptionellen Ergänzung.

Begeben wir uns noch einmal auf die Suche nach dem Pfad in Richtung Gemeinwohl: RAWLS zeigt auf, dass es jenseits der welfaristischen Weltsicht Möglichkeiten gibt, ein geschlossenes Theoriegebäude zu entwerfen, das sich an ökonomischen Prinzipien orientiert und aus welchem sich Handlungsanweisungen ableiten lassen, die teilweise mit denen aus der bis dahin verfolgten Wohlfahrtsökonomie stark kontrastieren. Fairness wird zu einem Baustein von Gemeinwohl.

Es lässt sich spekulieren, dass die Kritik an dem RAWLSschen Theoriegebäude seitens der Ökonomie zumindest teilweise darauf zurückzuführen ist, dass die Theorie sich auf Modelle bezieht, die zwar begrifflich präzise gefasst sind, jedoch formal nicht strikt ausgeformt sind, sodass verschiedene „Modellrahmen", beispielsweise das Konstrukt der wohlgeordneten Gesellschaft (s. o.) und das des Urzustands, in ihrer Ausgestaltung auf unterschiedlichen konzeptionellen und logischen Ebenen stehen (Pies 2016, S. 7 ff.).

Box 6.3: Die Habermas-Rawls-Debatte

Tatsächlich ist die Diskussion zwischen HABERMAS und RAWLS, die 1995 im *Journal of Philosophy* geführt wurde (Habermas 1995; Rawls 1995, 1996), von Bedeutung in der politischen Philosophie und für die Deutung des Rawlsschen Werks. Hier sollen ein paar Punkte hervorgehoben werden, da es auch der Diskussion um das Gemeinwohl dienlich ist, wenn das Werk von JOHN RAWLSnicht auf die „Theorie" aus den 1970er Jahren reduziert wird, sondern auch die Perspektive des RAWLSschen Spätwerks, insbesondere seines „Politischen Liberalismus" (Rawls 1996, 2003) einbezogen wird. In diesem Werk rückt RAWLS von einigen der Annahmen seines früheren Werks ab.

Um die sehr verkürzte Darstellung der Diskussion einordnen zu können, ist es wichtig festzuhalten, dass die von HABERMAS vertretene Diskurstheorie die Bedeutung einer freien öffentlichen Sphäre, getrennt von Staat und Wirtschaft, betont, in welcher die Bürgerinnen und Bürger frei debattieren, beraten und sich an der kollektiven demokratischen Willensbildung beteiligen können. HABERMAS betont die Bedeutung einer „Öffentlichkeit" und auch der „Zivilgesellschaft". Die Zivilgesellschaft kann dabei all die vielfältigen Formen des Vereinslebens annehmen, die die Zivilgesellschaft im modernen demokratischen Staat ausmachen. Diese Vorstellungen unterscheiden sich von dem „liberalen Modell" von RAWLS, für den die öffentliche Sphäre nicht im Assoziationsleben der Zivilgesellschaft, sondern in einer engeren Sphäre angesiedelt ist, die in erster Linie die Rechtssphäre und ihre Institutionen umfasst.

Bei gleichzeitiger Bewunderung des umfassenden Werks seines Philosophenkollegen, reicht HABERMAS' Kritik am RAWLSschen Gesamtwerk über die bislang genannten Punkte hinaus. RAWLS, dessen Theorie der Gerechtigkeit ursprünglich von einer weitestgehend säkularisierten Welt ausgegangen ist und sich auf einen weltanschaulich neutralen Vernunftbegriff berief, machte später die Grundsätze politischer Gerechtigkeit von einem umfassenderen Konsens abhängig. Er bewegte sich also von der sehr klaren Konstruktion der unparteilichen Urteilsbildung im Urzustand, wie er sie in der „Theorie" dargestellt hatte, fort, um einem weltanschaulichen Pluralismus Rechnung zu tragen. Es treffen also im revidierten Ansatz nicht mehr Individuen aufeinander, sondern Weltanschauungsgruppen, die sich durch „vernünftige umfassende Lehren" *(reasonable comprehensive doctrines)* auszeichnen. Dieses Konzept ist bewusst offen formuliert und lässt den Ausschluss von Lehren nicht zu, ohne dass handfeste Argumente zum mangelnden Vernunftgehalt vorliegen. Viele bekannte und traditionelle Lehren religiöser, philosophischer und moralischer Natur dürfen also nach RAWLS dazugezählt werden. Im Sinne eines politischen Liberalismus bedürfe es keiner strengeren Kriterien. RAWLS führt das Konzept eines „übergreifenden Konsenses" ein, der zwischen Mitgliedern der umfassenden Lehren vorliegen muss, um zu einem vernünftigen Ergebnis zu führen. HABERMAS hat Bedenken, dass dieser Umgang mit dem Vernunftbegriff die praktische Vernunft selbst gefährden würde (Habermas 2019, S. 96).

In der „Theorie" geht er noch von einer „wohlgeordneten Gesellschaft" aus, die stabil und in ihren moralischen Grundüberzeugungen relativ homogen ist und in der ein breiter Konsens darüber besteht, was das gute Leben ausmacht. Zwanzig Jahre später erkennt RAWLS die moderne demokratische Gesellschaft als eine Gesellschaft an, in der eine Vielzahl von unvereinbaren Lehren religiöser, philosophischer und moralischer Art im Rahmen der demokratischen Institutionen nebeneinander bestehen. Freie Institutionen selbst fördern diese Plurality von Lehren als normale Auswüchse der Freiheit im Laufe der Zeit. RAWLS konzentriert sich auf die Frage, wie eine stabile und gerechte Gesellschaft freier und gleicher Bürger in Übereinstimmung leben kann, wenn sie durch diese unterschiedlichen Doktrinen gespalten ist, die für sich vernünftig, aber doch unvereinbar sind.

RAWLS muss also die „wohlgeordnete Gesellschaft" neu definieren, und zwar als eine Gesellschaft, die nicht unbedingt in ihren grundlegenden moralischen Überzeugungen, sondern in ihrer politischen Auffassung von Gerechtigkeit geeint ist. Diese Gerechtigkeit steht im Mittelpunkt eines „sich überschneidenden Konsenses vernünftiger, umfassender Lehrmeinungen". Er definiert diese Lehrmeinungen als Übungen der theoretischen Vernunft (die auch Prinzipien der praktischen Vernunft genügt). Sie deckt die wichtigsten religiösen, philosophischen und moralischen Aspekte des menschlichen Lebens in schlüssiger Weise ab. Sie ordnet und charakterisiert die erkannten Werte so, dass sie miteinander vereinbar sind und eine verständliche Sicht der Welt zum Ausdruck bringen. Diese Sichtweise ist nicht notwendigerweise starr und unveränderlich, gehört aber normalerweise zu einer Tradition des Denkens und der Lehre oder stützt sich auf diese (Rawls 1996, S. 58 f.). „Gerechtigkeit als Fairness" ist nun ein Beispiel für ein solches politisches Konzept, wobei übergreifender Konsens bedeutet, dass es von den wichtigsten religiösen, philosophischen und moralischen Lehren unterstützt werden kann, die im Laufe der Zeit in einer gut geordneten Gesellschaft Bestand haben (Rawls 1996, S. 207 ff.).

HABERMAS (1995) leitet seine Kritik mit ein paar Anmerkungen zum „Urzustand" ein, doch schließlich fragt er, wie ein demokratischer, liberaler Staat legitime Gesetze und Politiken hervorbringen kann, die genügend „quasi-voluntary compliance to law" hervorrufen können, um die soziale Integration aufrechtzuerhalten. Die Diskussion zwischen HABERMAS und RAWLS beruht zum Teil auf einem unterschiedlichen Verständnis der jeweiligen Ansprüche der Theoriegerüste. So kann HABERMAS kritisieren, dass RAWLS im „Politischen Liberalismus" die eine unscharfe Unterscheidung zwischen gerechtfertigter Akzeptanz und tatsächlicher Akzeptanz, dass er damit der „epistemischen Bedeutung" seiner eigenen Theorie nicht gerecht wird und dass er die praktische Vernunft auf instrumentelle Vernunft reduziert, indem er die politische Konzeption dem Ziel der Stabilitätssicherung unterordnet (Habermas 1995).

HABERMAS' Kritik gibt RAWLS die Möglichkeit, seine (revidierten) Betrachtungen umfassend zu rechtfertigen (Rawls 1995, 1996). Wichtig ist seine Reaktion auf HABERMAS' mehrfache Vergleiche des Politischen Liberalismus mit seiner (Habermas') Diskursethik, zu welchen er anmerkt, HABERMAS' Theorie sei umfassend, während seine Perspektive sich auf das Politische beschränke (Rawls 1996, S. 373). Ferner seien die Darstellungsmittel unterschiedlich: HABERMAS' Darstellung rekurriert auf die ideale Diskurssituation im Rahmen seiner Theorie des kommunikativen

Handelns, und RAWLS' Ausgangspunkt sei der Urzustand. Diese hätten unterschiedliche Ziele und Rollen sowie Unterscheidungsmerkmale, die unterschiedlichen Zwecken dienen.

Die Diskussion der beiden wichtigen Denker ist umfangreich und spricht wesentliche Aspekte an, die bedeutsam sind, wenn es um die außergesetzliche Begründung von Ergebnissen (Gesetzen und Politiken) geht, die sich aus „demokratischen" Prozessen ableiten. Die Frage, die beide zu lösen suchen, ist, wie ein demokratischer, liberaler Staat legitime Gesetze und Politiken hervorbringen kann, die, um es mit HABERMAS' Worten zu sagen, genügend *quasi-voluntary compliance to law* hervorrufen können, um die soziale Integration aufrechtzuerhalten. Die Fragen, die in der HABERMAS-RAWLS-Debatte aufgeworfen werden, berühren wesentliche Aspekte der politischen Kultur demokratischer Gesellschaften so auch beispielsweise, wenn HABERMAS dem RAWLSschen Ansatz unterstellt: *„The form of political autonomy … does not fully unfold in the heart of the justly constituted society"* (Habermas 1995, S. 128).

In den Jahrzehnten nach der Veröffentlichung von RAWLS' Theorie kommt AMARTYA SEN die Rolle des Hauptkritikers aus der ökonomischen Perspektive zu. Er ist nicht der einzige. Doch kommt dieser Kritik besondere Bedeutung zu, da in ihr die Wurzeln des umfangreichen SENschen Werks zum Gerechtigkeitsbegriff angelegt sind, das wiederum die Gemeinwohldiskussion in vielerlei Hinsicht befruchtet. Ein vorrangiger Kritikpunkt SENs bezieht sich auf die Rolle der Grundgüter in der „Theorie der Gerechtigkeit" (Sen 1980). Menschen seien unterschiedlich und könnten entsprechend unterschiedlich viel mit diesen Gütern anfangen. Ein behinderter Mensch kann mit demselben Einkommen und denselben Primärgütern weit weniger erreichen als ein nichtbehinderter Mensch. Daher seien auch die individuellen Bedürfnisse hinsichtlich dieser Güter unterschiedlich ausgeprägt. SEN unterstellt der RAWLSschen Theorie ein Element des „Fetischismus", da in ihr Grundgüter selbst die Verkörperung eines Vorteils darstellten, anstatt dass ein Vorteil aus der Beziehung zwischen Personen und Gütern abgeleitet würde (Sen 1980, S. 216). Er stellt im Weiteren dar, dass der Utilitarismus, der Leximin-Ansatz oder allgemein der Welfarismus einen solchen Fetischismus nicht kenne. Beispielsweise würden Einkommen und Vermögen im Utilitarismus nicht als physische Einheiten bewertet, sondern im Hinblick auf ihre Fähigkeit, menschliche Wünsche zu befriedigen. SEN fokussiert nun darauf, was Güter für die Menschen bereitstellen: Diese Eigenschaften bezeichnet er als „Funktionsweisen" (functionings), darunter beispielsweise gut ernährt zu sein, frei von vermeidbaren Krankheiten zu sein und so weiter, also alle realisierten Zustände und Tätigkeiten (gemäß SENs Terminologie: doings and beings). Zudem definiert SEN die Fähigkeiten oder Verwirklichungschancen (capabilities) einer Person als die Menge der ihr zur Verfügung stehenden Funktionsvektoren. Er fordert nun die Gleichheit der Verwirklichungschancen. Ein reicher Mann, der in einen Hungerstreik tritt, mag zwar die gleichen (geringen) Funktionsweisen haben wie ein armer Mann, der hungert, aber ihre Verwirklichungschancen sind sehr unterschiedlich (s. Abschn. 6.3.4).

Eine Reihe von Hauptkritikpunkten an der RAWLSschen Gerechtigkeitstheorie fasst SEN in seiner eigenen „Idee der Gerechtigkeit" zusammen, nicht ohne zuvor noch einmal zu betonen, dass sein Freund und Kollege RAWLS dem Thema Gerechtigkeit maßgeblich zu dem Status verholfen habe, der ihm heute zukommt (Sen 2009b, S. 52).

Es sei schwer, so SEN, zu akzeptieren, dass sich die zwei Gerechtigkeitsgrundsätze eindeutig aus dem Urzustand und seinen Grundannahmen herleiten ließen. Es
gibt nach SENS Sicht zahlreiche, gegebenenfalls auch widersprüchliche Ansichten,
die unser Verständnis von Gerechtigkeit beeinflussen. Es muss dabei auch nicht nur
eine Lösung geben, die mit Unparteilichkeit und Fairness einhergeht.[2] Für SEN
stellt der lexikographische Vorrang des Freiheitsprinzips einen Kritikpunkt dar, da
(wie in Abschn. 6.2.4 dargestellt) das Freiheitsprinzip Priorität gegenüber jeglichen
Verteilungsfragen besitzt. Während er hinterfragt, Hunger und Krankheit aufgrund
mangelnden Zugangs zu Nahrung bzw. Gesundheitsversorgung nachrangig gegenüber jeglicher Verletzung persönlicher Freiheit gesehen werden (Sen 2009b, S. 65),
sieht er allerdings auch Hinweise, insbesondere in RAWLS' späterem Werk, die
wiederum das Vorrangsprinzip unter bestimmten Umständen etwas relativieren.
In der in diesem Buch folgenden Betrachtung des Gerechtigkeitsbegriffs bei SEN
wird deutlich, welche Relevanz genau diese Diskussion besitzt. Er schlägt übrigens auch die Möglichkeit der Einführung von Gewichten vor, um den Vorrang
von Freiheiten gegenüber der Verteilung von Grundgütern auszutarieren.

Wenn es um den zweiten RAWLSschen Gerechtigkeitsgrundsatz geht, ist SEN
offensichtlich unwohl in Anbetracht der Art von Gütern und Ansprüchen, die
RAWLSaus der direkten Bewertungsrechnung ausklammert, wie z. B. Ansprüche,
die auf Verdiensten oder auf dem Eigentum an Grund und Boden beruhen. Auch
das mangelnde Vermögen des theoretischen Rahmens, mit unterschiedlichen individuellen Anreizen, umzugehen, die sich aus Gütereigenschaften ergeben, wird
von Sen hervorgehoben. Zahlreiche Kritikpunkte richten sich letzten Endes auf
die Rawlssche Prämisse einer wohlgeordneten Gesellschaft (s. o.).

Neben SEN haben auch andere Ökonomen der RAWLSschen Gerechtigkeitstheorie kritische Argumente entgegenzusetzen. Häufig schwingt in den Diskussionen
die Frage mit, auf welche Größe sich ein Gleichheitsanspruch beziehen soll.

6.3   Amartya Sen und die Ökonomie für den Menschen

6.3.1   Gemeinwohlbezüge im Senschen Werk

SEN ist der RAWLSschen Theorie trotz der angeführten Kritik grundsätzlich zuge-
tan. Wie in der Darstellung des Liberalismus-Paradoxons (Abschn. 5.6.5) deutlich
geworden ist, sind es die nicht-welfaristischen Aspekte jener Theorie, die systematische Einbindung von Freiheit und institutionalisierten Rechten, hinsichtlich

---

[2] Das gesteht RAWLS übrigens in seinen späteren Werken durchaus auch ein, z. B.: „*[T]here are
indefinitely many considerations that may be appealed to in the original position and each alternative conception of justice is favored by some considerations and disfavored by others. Unless we can
close the list of possible considerations (which we cannot), it remains uncertain h o w the balance
would turn out, all things tallied up. The best we can do is to say that these are the most important
considerations and to trust that those we have not examined would not upset the balance of these
reasons*" (Rawls 2001, S. 133 f.).

derer ein besonderer Bezug zwischen den Theoriegebäuden der beiden Denker besteht. Eine Kategorisierung der wohlfahrtsökonomischen Perspektive des SENschen Werks als konsequentialistisch oder deontologisch ist müßig (Scanlon 2001). Dieses Kapitel wird allerdings darstellen, dass das SENsche Werk insgesamt einer weiten Form des Konsequentialismus zugeordnet werden kann.[3]

1970, also ungefähr gleichzeitig mit dem Erscheinen des RAWLSschen Magnum Opus, veröffentlichte SEN sein Werk „Collective Choice and Social Welfare", in welchem bisherige Darstellungen kollektiver und sozialer Entscheidungen infrage gestellt wurden (Sen 2017). SEN hinterfragt die Idee egoistischer Präferenzen, die kaum besondere Freiheitsrechte zulässt. Seine Sozialwahltheorie gestattet werte- und regelgeleitete Präferenzen und den Vorrang von Freiheitsrechten vor der Nutzenorientierung im Sinne eines Pareto-Optimums. SEN wendet auch gegen die Vorstellung, dass in einer Wirtschaft alle Güter vergleichbar sind. In bestimmten Zusammenhängen sei es nicht möglich, den Wert verschiedener Güter zu vergleichen, ohne zunächst zu beurteilen, was sie eigentlich erreichen sollen. „Collective Choice and Social Welfare" löste in der Wirtschaftswissenschaft eine Debatte über Gesellschaftstheorien und die Art und Weise aus, wie Wirtschaftswissenschaftler mit ihnen arbeiten sollten. Hieraus entsteht eine neue Perspektive auf das Gemeinwohl, die eine Bewertung alternativer möglicher Gerechtigkeitsvorstellungen einbindet.

Geht es um die Bewertung einer Situation als gerecht, so werden dabei nicht beliebige individuelle Präferenzen berücksichtigt, sondern solche, die sich als vernünftig klassifizieren lassen, da sie relevante extra-welfaristische Prinzipien berücksichtigen. SEN unterscheidet grundsätzlich drei Typen von Gerechtigkeitstheorien – Suffizienztheorien, Prioritätstheorien und Gleichheitstheorien – und stellt jeweils ihre Schwächen heraus.

Nach Suffizienzprinzipien *(sufficientarianism)* wird ein Zustand als besser bewertet als ein zweiter, wenn sich im ersten mehr Menschen oberhalb der Armutsgrenze befinden.[4] SEN selbst hat zu dieser Diskussion wichtige Beiträge geleistet.[5] Die Axiomatik wurde in Kap. 4 vorgestellt. Die grundsätzliche Idee, es müsste der größtmögliche Teil einer Gesellschaft oberhalb einer zu definierenden Wohlfahrtsschwelle angesiedelt sein, lässt zunächst offen, wie diese denn festgelegt werden solle, ob sie beispielsweise am Einkommen oder an einer anderen Größe orientiert sein sollte. Der Suffizienzgedanke räumt einem noch so geringen Nutzenzuwachs, der nötig sein mag, eine Person über die Schwelle zu heben, absoluten Vorrang ein

---

[3] SEN selbst gestattet die Zuordnung seines Ansatzes der Verwirklichungschancen zu einem „broad consequentialism" (Sen 2001).

[4] Ein bekannter Vertreter des Suffizienzgedankens ist der bereits oben genannte Philosoph HARRY FRANKFURT (vgl. Kap. 4): „With respect to the distribution of economic assets, what is important from the point of view of morality is not that everyone should have the same but that each should have enough. If everyone had enough, it would be of no moral consequence whether some had more than others." (Frankfurt 1987, S. 21)

[5] Exzellente Zusammenfassungen seiner Sichtweise und Theorie zur Armutsmessung finden sich beispielsweise in Sen (1992), Kap. 7, und Sen (1997), Annex 6.

gegenüber einem möglicherweise recht hohen Nutzengewinn einer Person oberhalb der Schwelle ein. Zustände oberhalb der Schwelle werden vernachlässigt.
Beispielsweise wird auch nicht geprüft, ob die Menschen oberhalb der Suffizi-
enzschwelle gerecht für ihre Arbeit entlohnt werden oder ob in der Gesellschaft
Freiheitsrechte respektiert werden.

Während Suffizienztheorien der Gerechtigkeit darauf abstellen, den Nutzen
der Menschen bis zu einem angemessenen Betrag zu erhöhen, verallgemeinern
Prioritätstheorien diesen Gedanken. Prioritätstheorien *(prioritarianism)* basieren
grundsätzlich auf der Idee, dass eine Erhöhung der Zielgröße (beispielsweise Nutzen oder Einkommen) immer relevant ist (und zwar nicht nur unterhalb einer
Schwelle), aber eine bestimmte Erhöhung ist moralischer, wenn sie einer Person
mit niedrigem Ausgangsniveau gewährt wird, als wenn sie jemanden mit höherem
Ausgangsniveau bevorzugt. Es existiert eine Art abnehmende marginale moralische Relevanz für marginale Erhöhungen der Zielgröße. Diese Idee entspricht dem
Rawlsschen Differenzprinzip. SEN kritisiert dies als einseitig, da es sich nur an
einem Kriterium orientiert und die Wohlfahrt der gesamten Gesellschaft dabei vernachlässigt. Überhaupt glaubt er, dass sich Wohlfahrt nicht nur aus Priorisierung
und Akkumulation speist.

Gleichheitstheorien *(egalitarianism)* implizieren stets, dass ein Zustand gerechter als ein anderer ist, wenn er mit mehr Gleichheit einhergeht. Möglicherweise
ist die Herstellung eines entsprechenden Zustands allerdings mit hohem Wohlfahrtsverlust verbunden. Sen diskutiert in seinen theoretischen Ausführungen zur
Ungleichheitsmessung beispielsweise das Prinzip der Lorenz-Dominanz, mithilfe
dessen sich die Gleichheit einer Einkommensverteilung unter bestimmten Bedingungen rangmäßig erfassen lässt (Sen 1997, Annex 4). Sen betont an vielen
Stellen in seinem Werk, dass Gleichheitstheorien keinen abschließend kohärenten, technisch widerspruchsfreien Rahmen eines Gerechtigkeitskonzepts bilden
können.

Zudem kann es nicht einfach um die Gleichheit in der Verteilung von Gütern,
Geld oder Ressourcen gehen, da die Individuen Unterschiedliches damit anfangen.
Es kann auch bei der Suche nach einem unparteiischen Lösungsansatz für eine
vollkommen gerechte Gesellschaft nicht um die Gleichheit von Nutzen oder Glück
gehen. Derartige Ansätze sind mit dem SENschen erweiterten Rationalitätsbegriff
nicht vereinbar.

Mit seiner bekannten Flötenparabel (Box 6.3) adressiert SEN die Frage, nach
welchen Prinzipien eine gerechte Gesellschaft gestaltet werden kann, solange
Gerechtigkeitsgründe miteinander in Konkurrenz stehen, die allesamt Anspruch
auf Unparteilichkeit erheben. Die Antwort mag darin liegen, das richtige Gleichgewicht zwischen ihnen zu finden.

Box 6.4: Die Sensche Flötenparabel
AMARTYA SEN hat die folgende Geschichte häufig zum Besten gegeben. In seinem 2009 veröffentlichten Werk „Die Idee der Gerechtigkeit" (im Original: *The Idea of Justice*) findet sie sich an
zentraler Stelle in der Einleitung (Sen 2009b).

Anne, Bob und Carla, drei Kinder, streiten sich um eine Flöte. Anne beansprucht die Flöte mit der Begründung, dass sie die einzige der drei ist, die sie spielen kann. Ihre Freunde bestreiten ihr Können nicht.

Bob weist glaubhaft darauf hin, dass er aus dem ärmsten Haushalt stammt und kein eigenes Spielzeug besitzt. Mit der Flöte hätte er wenigstens einen interessanten Gegenstand zum Spielen – ein überzeugendes Argument, ihm die Flöte zu geben.

Jetzt meldet sich Carla zu Wort und weist darauf hin, dass sie seit vielen Monaten unermüdlich an der Herstellung der Flöte gearbeitet hat. In dem Moment, als die Flöte nun fertiggestellt ist, melden ihre Freunde ihr Interesse an. Vor dem Hintergrund der harten Arbeit, die Carla in die Flöte gesteckt hat, hat Carla sicherlich einen berechtigten Anspruch auf das Instrument.

Man kann nun versuchen, die drei unterschiedlichen Argumente mit Gerechtigkeitstheorien zu stützen. Bob, der Ärmste, würde die Unterstützung der Befürworter eines ökonomischen Egalitarismus erhalten, denn der Unterschied in der wirtschaftlichen Ausstattung der drei Beteiligten würde sich verringern, wenn Bob die Flöte erhielte. Für Betrachter mit libertärer Weltanschauung steht es außer Frage, dass Carla, der Flötenbauerin, zunächst das Recht an der Flöte zusteht. Wenn das Problem aus utilitaristischer Sicht auch nicht völlig eindeutig ist, so würden Utilitaristen doch am ehesten berücksichtigen, dass Annes Vergnügen wohl am größten ist, da sie die Einzige ist, die das Instrument spielen kann.

Es gibt also mindestens drei verschiedene Blickwinkel, mit denen man dieselbe Situation betrachten kann, und jede Perspektive kann auf ein eigenes überzeugendes Argument zurückgreifen, warum eine bestimmte Situation gerecht ist. Keine der Perspektiven lassen sich als unbegründet beiseiteschieben: ob es nun um das Streben nach menschlicher Erfüllung, die Beseitigung von Armut oder um das Recht geht, die Früchte der eigenen Arbeit zu ernten. In diesem einfachen Beispiel geht es SEN nicht um die Frage, wie individuelle Vorteile zu bewerten sind, sondern um allgemeine Grundsätze der gerechten Verteilung und die Frage, wie eine gerechte Gesellschaft ausgestaltet sein sollte. Zweifelsohne rüttelt die Ambiguität des Ergebnisses der Flötenparabel an unserem Verständnis des Gemeinwohls.

SEN hat aus der intensiven Beschäftigung mit Gerechtigkeitstheorien schon früh geschlossen, dass es nicht einfach um die Betrachtung von Gleichheit mit Blick auf Güter, Ressourcen oder Nutzen gehen kann. In einer der wohl berühmtesten universitätsübergreifenden Vorlesungsreihen zu Fragen menschlichen Verhaltens und menschlicher Werte, den *Tanner Lectures on Human Values,* stellte SEN 1979 an der Stanford University die Frage „Gleichheit von was?" *(Equality of What?)* (Sen 1980). Aus dieser Frage entspringt die Auseinandersetzung mit dem Ansatz der Verwirklichungschancen *(capability approach),* der eine Gerechtigkeitsvorstellung verfolgt, dass Menschen die gleichen Möglichkeiten besitzen sollten, von ihnen angestrebte Zustände zu erreichen. Mit diesem Ansatz und seinen Implikationen für die Idee des Gemeinwohls befassen sich die weiteren Abschnitte dieses Kapitels.

In seinem Buch „Ökonomie für den Menschen" *(Development as Freedom),* das zuerst 1999 erschien, vertritt SEN die Idee, dass Entwicklung ein Prozess ist, durch den die Bürger gleichzeitig in den Genuss von politischen Freiheiten und Freiheit von Mangel gelangen können (Sen 2020a). Wirtschaftliche Entwicklung soll stets integrativ und nicht exklusiv sein. Er vertritt die Auffassung, dass die Menschen, um politische Freiheiten genießen zu können, über grundlegende Möglichkeiten in Bereichen wie Bildung, Gesundheitsversorgung und sanitäre Einrichtungen verfügen müssen, die es ihnen ermöglichen, aus eigenem Antrieb zu handeln, und dass dies Teil dessen ist, was es für den Einzelnen bedeutet, ein Leben in Würde zu führen. Jeder Mensch sollte ein Recht auf Gesundheitsfürsorge, Bildung und sozialen Schutz haben, da diese Rechte dazu beitragen, dass die Menschen frei sein können. Regierungen sollen die Verantwortung für die Verwirklichungschancen ihrer Bürger übernehmen, indem sie Freiheiten sicherstellen. Dieser Gerechtigkeitsbegriff ist universell. In seinen späteren Werken betont SEN stets, dass Gerechtigkeit im täglichen Leben gelten muss.

Seine Ausführungen konzentrieren sich auch darauf, wie sich Probleme nicht nur auf das Individuum, sondern auch auf die Gesellschaft auswirken. Damit tun sich Ähnlichkeiten zur „Theorie der Gerechtigkeit" von RAWLS auf. SEN führt aus, dass Regierungen für grundlegende Chancen und Freiheiten in der Gesellschaft verantwortlich gemacht werden sollten, und argumentiert, dass diese Freiheiten der Einzelnen von besonderer Bedeutung sind, weil sie der Aufrechterhaltung politischer Freiheiten anderer, einschließlich künftiger Generationen, dienen. Die Ausführungen in der „Ökonomie für den Menschen" gehen insofern über sein vorangegangenes Werk hinaus, als er nun auch dahingehend argumentiert, das Bewusstsein zahlreicher Gemeinsamkeiten könne dazu dienen, die Kluft zwischen den Entwicklungsländern und den Industrieländern mit dem Ziel zu überbrücken, im Interesse aller zu einer besseren Gesellschaft und einem besseren Leben beizutragen.

6.3.2 Rationale Narren: Mitgefühl und Verpflichtung

In der obigen Diskussion uneigennützigen Verhaltens (Abschn. 2.7.7) wurde die von SEN erstmals in seinem berühmten Artikel „Rational Fools" aus dem Jahr 1977 getroffene Unterscheidung von Verhalten im Interesse anderer in die Kategorien Mitgefühl *(sympathy)* und Verpflichtung *(commitment)* eingeführt (Sen 2020b). Während Mitgefühl, das in der SENschen Terminologie positiv oder negativ, also als Antipathie, existieren kann, mit eigennützigem Verhalten kompatibel ist, bedeutet Verpflichtung eine Abweichung vom Bild des eigennützigen Individuums (Sen 2009b, S. 188 f.). Es ist nicht unbedingt irrational, die Ziele anderer zu verfolgen, auch wenn sie nicht mit den eigenen übereinstimmen. Solange die Ziele anderer Menschen nicht in irgendeiner Weise böse sind, kann es nur eine Geste sein, um hilfreich zu sein oder eine bestimmte soziale Norm zu akzeptieren. Zu diesem Zweck muss eine Person das Ziel nicht als ihr eigenes verinnerlicht haben. Dennoch hat dieses Verhalten nichts Irrationales an sich. Verpflichtung kann die Form annehmen, dass man sich an die Regeln des guten Benehmens hält und auf die Wünsche und Bestrebungen der anderen Rücksicht nimmt. Ziele menschlichen Handelns können weit über die Durchsetzung von Eigeninteressen hinausgehen. Sie können beispielsweise von einem wie auch immer gearteten Anstandsbegriff geprägt sein, der anderen ebenfalls die Verfolgung ihrer Ziele zugesteht. Wenn eine Person eigennützige Interessen für das Gemeinwohl opfert, ist sie nicht notwendigerweise irrational. Wenn hingegen jemand nur am Eigennutz interessiert ist, können ihm gegebenenfalls Nachteile in der Gesellschaft entstehen.

SEN erkennt den wichtigen Schritt gegenüber der engen Konzeption der Rationalität an, den HARSANYI gegangen ist, indem er die Diskussion über zwei verschiedene Präferenzordnungen einführte, die für reale Entscheidungsträger motivierend sind: ethische Präferenzen und subjektive Präferenzen (Harsanyi 1955, vgl. hierzu auch Abschn. 5.2.10). Er weist aber zu Recht darauf hin, dass diese Konstruktion keine Entscheidungsgrundlage bietet, wenn die beiden Ordnungen unvereinbare Entscheidungen diktieren. Daher bemüht er sich um die Idee der Verpflichtung als Präferenzordnung zweiter Ordnung im Sinne einer Rangfolge von Rangordnungen: „We need to consider rankings of preference rankings to express our moral judgments" (Sen 1977a, S. 337).

Diesen Konzepten kommt in der Diskussion nicht-welfaristischer Ansätze zur Idee des Gemeinwohls eine zentrale Bedeutung zu. Weisen sie doch auch darauf hin, dass der Rahmen einer rationalen Konzeption der Ziele einer am Gemeinwohl ausgerichteten Gesellschaft recht weit gespannt werden kann. Wann immer „Verpflichtung" ins Spiel kommt, werden auch die Grenzen des Paternalismus diskutiert werden müssen. Wie weit lässt sich das selbstlose Interesse am (vermeintlichen) Wohl anderer mit Freiheitsrechten vereinbaren. Es gibt zentrale Politikbereiche, in denen das Spannungsfeld von individuellen Präferenzen, Mitgefühl und Verpflichtung besonders deutlich wird. Dazu zählen beispielsweise die Bildungs- und die Gesundheitspolitik. Hier geht es häufig um die Vorstellungen weniger Expertinnen und Experten zu den wahren („rationalen") Präferenzen anderer. In Anbetracht möglicher falscher Überzeugungen und Rationalitätsdefizite vieler Menschen in den angesprochenen Bereichen kann die Befriedigung der individuellen Präferenzen dazu führen, dass es den Menschen eher schlechter als besser geht. In Anbetracht falscher Tatsachenüberzeugungen in diesen Bereichen würden Philosophen, die ihre „Gesellschaft freier Individuen", wie beispielsweise DAVID GAUTHIER (Box 6.2), auf solche individuellen Präferenzen gründen, antworten, dass es um die Befriedigung „rationaler" oder „informierter" Präferenzen geht. Doch werden Defizite im Verständnis der Grundprinzipien und Grenzen der Wissenschaft stets nach Entscheidungen im Sinne von Verpflichtung zu treffen sein. Wie vor diesem Hintergrund Prinzipien des Gemeinwohls entwickelt werden können, ohne dabei Freiheiten unzulässig zu beschneiden, wird im Weiteren untersucht.

6.3.3 Jenseits Rawlsscher Gleichheit

Die Ausführungen zu Mitgefühl und Verpflichtung haben schon angedeutet, dass es nicht abwegig ist, Entscheidungen darzustellen, die die engen Grenzen der ausschließlichen Verfolgung persönlicher Eigeninteressen überschreiten. Es kann eben festgestellt werden, dass die Definition von Rationalität als konsequente und intelligente Verfolgung individuellen Eigeninteresses zu kurz greift. Wenn auch nicht gilt, dass Rationalität nicht-eigennütziges Verhalten ausschließt, so ergibt sich eine solche Motivation aber auch nicht ohne Weiteres aus dem Rationalitätsparadigma.

Auch der RAWLSsche „Urzustand", der gerade auch wegen seiner konzeptionellen Klarheit im Sinne der Rationalität breite Wirkung entfaltet hat, sperrt sich gegen eine Gegenüberstellung mit der Idee vernünftiger Entscheidungen auf Grundlage der Motivatoren Mitgefühl und Verpflichtung. Dieses konzeptionelle Duo, das der Vernunft verpflichtet ist, zu akzeptieren, bedeutet gleichzeitig, dass man sich einen weiteren Schritt von der traditionellen Wohlfahrtsökonomie entfernt. Wurzelte die Theorie der Gerechtigkeit, die wir dem liberalen Egalitarismus zuordnen, noch im Bild des selbstbezogenen Individuums, dessen Freiheit der Staat mit seinen Institutionen zu schützen und zu fördern habe, sodass Chancen- und Ressourcengleichheit gewärt sind, bedeuten Mitgefühl und Verpflichtung eine Umorientierung.

Wird bei RAWLS ein Idealbild der gerechten Gesellschaft und ihrer Institutionen aus einem hypothetischen Szenario abgeleitet und ins Zentrum der Betrachtung gestellt, so beschäftigt SEN weniger die Frage, wie völlig gerechte Institutionen aussehen würden, sondern vielmehr, wie Gerechtigkeit vorangebracht werden kann (Sen 2009b, S. 9). Entsprechend sollte das Nachdenken über Gerechtigkeit Ungerechtigkeit zum Ausgangspunkt nehmen.[6] Mitgefühl und Verpflichtung in einer ungerechten Ausgangssituation, wie wir sie in der realen Welt vorfinden, suggerieren in letzter Konsequenz eine grundsätzliche Neuordnung der Orientierungsgrößen ökonomischen und politischen Handelns.

6.3.4 Befähigungen und Verwirklichungschancen

Eine Basis für eine solche Neuordnung liefert die Fokussierung auf Verwirklichungschancen, die oben dargestellte Idee also, dass Menschen zu einem lebenswerten Dasein befähigt sein sollen. Der Ansatz der Verwirklichungschancen *(capabilities)* sieht in seinen Grundzügen alle Individuen mit unterschiedlichen Benachteiligungen als gleichwertig an und lenkt die Methodik der Gerechtigkeitstheorie so, dass die Ungerechtigkeit in den Mittelpunkt der Theorie gestellt wird. Die Verwirklichungschancen eines Individuums lassen sich, wie in Abschn. 6.2.6 dargestellt, in eine Menge von Funktionsweisen *(functionings)* überführen, die durch die Umwandlung von (sozial übertragbaren) Gütern und Dienstleistungen mit ihrer (sozial nicht übertragbaren) Nutzungsfähigkeit realisiert werden können. Jedes Individuum ist mit „Nutzungsfunktionen" *(utilization functions)* ausgestattet, welche die Eigenschaften von Gütern in Funktionsweisen umwandeln, die als das „Tun und Sein" *(doings and beings)* eines Individuums definiert werden. Das effektive Funktionieren eines bestimmten Individuums hängt daher von der Wahl einer Reihe von Gütern (die in Eigenschaften umgewandelt werden) sowie von der

---

[6] Ähnliche Gedanken formuliert der deutsche Philosoph und Soziologe JÜRGEN HABERMAS (*1929) als ausdrückliche Kritik an der RAWLSschen Gerechtigkeitstheorie. Er stellt fest, RAWLS beziehe sich weder auf die tatsächlich institutionalisierten Entscheidungsprozesse noch auf gesellschaftliche und politische Entwicklungen, die womöglich rechtsstaatlichen Prinzipien entgegenlaufen.

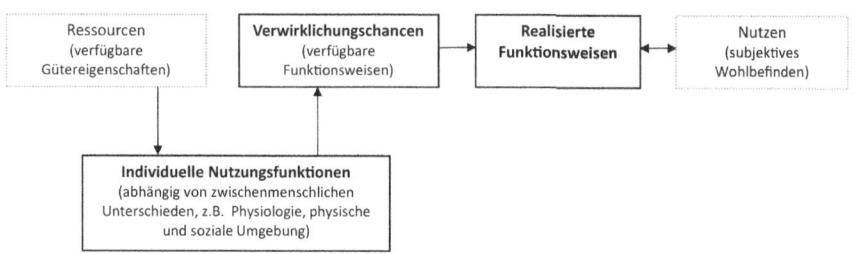

Abb. 6.3 Wesentliche Beziehungen im Ansatz der Verwirklichungschancen. (Quelle: nach Wells n.d.)

Wahl der Nutzungsfunktionen des Individuums ab. So soll die menschliche Vielfalt in die Analyse des Wohlbefindens einbezogen werden. Die Nutzungsfunktionen übersetzen interindividuelle Unterschiede in *Doings* und *Beings*, die aufgrund der Gütereigenschaften erreicht werden können (Abb. 6.3).

Die Umstellung der Ungleichheitsbetrachtung (und -messung) von gesellschaftlichen Grundgütern auf Verwirklichungschancen impliziert eine Erweiterung der Informationsbasis, aber in der Informationsgesellschaft des 21. Jahrhunderts sollten die Voraussetzungen dafür gegeben sein.[7] Es ist wichtig, noch einmal festzuhalten, dass sich Verwirklichungschancen auf die Möglichkeiten der Gestaltung des eigenen Lebens auf allen Ebenen beziehen und nicht mehr nur auf ein engeres Konsummotiv. Es geht um die Möglichkeit, dass die Menschen ein Leben führen können, „für das sie sich mit guten Gründen entscheiden konnten, und das die Grundlagen der Selbstachtung nicht in Frage stellt" (Sen 2020a, S. 29). Wenn man versucht, diese Idee in ein Gemeinwohlparadigma zu integrieren, gilt es herzuleiten, welche tatsächlichen Freiheiten und Handlungsressourcen die Grundlagen autonomer Lebensentwürfe bilden und wie diese in der Gemeinschaft im gemeinsamen Interesse zusammengeführt werden können.

Dazu wird ein informationeller Rahmen benötigt, soll heißen: Es müssen Informationen im gemeinschaftlichen Sinne bereitstehen und verarbeitet werden können. Es ist augenfällig, gleichzeitig aber auch im Kontext der Evolution des Ansatzes der Verwirklichungschancen stimmig, dass kein konkretes Modell zur Interessengewichtung im Umfeld der Funktionsweisen und Verwirklichungschancen eingeführt wird. Es können sich auch je nach Art der zu behandelnden Fragen unterschiedliche Priorisierungsstrategien ergeben, wenn es beispielsweise um die Vermeidung oder Bekämpfung von Armut geht oder wenn kulturelle Freiheiten angesprochen werden. Während die Ungleichheit von Verwirklichungschancen innerhalb einer Gesellschaft und auch im Gesellschaftsvergleich auf

---

[7] Gotoh (2014) hebt hervor, dass die Ersetzung der gesellschaftlichen Grundgüter durch das Konzept der Verwirklichungschancen die Festlegung von Verteilungsregeln als Formulierung von Entscheidungsregeln im Sinne von *Social Choice* verändert und dass diese beiden Themen den beiden Polen der Neuen Wohlfahrtsökonomik entsprächen.

der globalen Ebene den Kern der Ungleichheitsdiskussion berührt, so impliziert der Betrachtungsansatz doch keine eigene Gerechtigkeitspolitik. Wo es darum geht, Chancen einzelner Gesellschaftsmitglieder gegeneinander abzuwägen und insbesondere mögliche inverse Bezüge von verbesserten Verwirklichungschancen einiger und sinkenden Chancen anderer zu erkennen und zu bewerten, existiert keine Blaupause. Die Errungenschaften des Ansatzes der Verwirklichungschancen sind dennoch hier zu sehen: Die Diskussion über die den jeweiligen Hintergründen, dem Kontext und den gemeinsamen Zielen angemessenen Entscheidungs- oder Priorisierungskriterien für Verwirklichungschancen ist auf der richtigen Spur.

6.3.5 Entwicklung als Freiheit

In seinem Werk ‚Ökonomie für den Menschen' *(Development as Freedom)* (1999b, 2020a) spricht SEN mögliche Strategien an, um Gesellschafts- und Wirtschaftspolitik im Sinne des Ansatzes der Verwirklichungschancen in der Praxis zu evaluieren. Er setzt sich in diesem Zusammenhang nicht weiter mit der widrigen Frage der interpersonellen Vergleichbarkeit auseinander, weist allein auf die offensichtlichen Vorzüge der Perspektive der Verwirklichungschancen gegenüber instrumentellen Variablen wie dem Einkommen hin (Sen 1999b, S. 81). Zudem gibt er sich pragmatisch, indem er darauf verweist, dass Versuche, Verwirklichungschancen in eine „Metrik" zu überführen, dazu führen könnten, dass mehr verborgen als aufgedeckt würde. Er schlägt drei mögliche Strategien vor, um dem grundlegenden Anliegen der strategischen Einordnung von Verwirklichungschancen eine praktische Richtung zu geben:

1. Die erste Möglichkeit stellt ein Ansatz der „direkten Messung" dar, der Vektoren von Funktionsweisen und Verwirklichungschancen direkt gegenüberstellt. Das könnte in Form eines Totalvergleichs aller Vektoren hinsichtlich ihrer Ungleichheitseigenschaften geschehen. Alternativ könnte eine partielle Rangfolge erstellt werden. Zudem gäbe es auch die Möglichkeit, ausgewählte Verwirklichungschancen zu vergleichen. Bei der direkten Messung gilt es natürlich, Fragen der Gewichtung explizit zu diskutieren.
2. Als „ergänzender Ansatz" lässt sich die Idee beschreiben, herkömmliche Verfahren interpersoneller Vergleiche im Einkommenskontext mit Betrachtungen zu Verwirklichungschancen interpretierend zu ergänzen. Beispielsweise könnte in die Verteilungsmessung der Zugang zu Gesundheitsdiensten oder Bildungseinrichtungen einfließen oder die Genderperspektive könnte berücksichtigt werden.
3. Als eine dritte Variante ließe sich ein „indirekter Ansatz" darstellen, der sich auf die bekannte Einkommensmetrik bezieht, jedoch mit Gewichten im Sinne „bereinigter Einkommen" operiert. Gewichte könnten beispielsweise Abschläge

für niedrige Bildungsniveaus oder weitere Einschränkungen von Verwirklichungschancen abbilden. Sie könnten ähnlich wie die in Box 4.2 diskutierten Äquivalenzskalen funktionieren.[8]

Zentrales Anliegen der „Ökonomie für den Menschen" ist die Vermittlung der Idee, dass es zwar keinen Königsweg zur Bewertung wirtschafts- und sozialpolitischer Maßnahmen gebe, doch evaluative Urteile auf Grundlage akzeptierter Prinzipien der Ethik, der Wohlfahrtsökonomie und der politischen Philosophie möglich seien. Der Fokus möge dabei auf den Verwirklichungschancen der Menschen liegen, damit diese frei sind, Dinge zu tun, die sie zu Recht schätzen.

Im Licht gesellschaftlicher Entwicklung, wie sie im globalen Kontext ein vornehmliches Interesse SENs darstellt, ist Armut wesentlich für die Begrenzung von Verwirklichungschancen verantwortlich. Armut hat für SEN stets ein Phänomen dargestellt, das die Kernfragen seiner Betrachtungen des gesellschaftlichen Wohls berührt (vgl. Kap. 4). In seiner Komplexität und Multidimensionalität entzieht sich Armut jedoch einer einfachen und eindeutigen Operationalisierung. SENbetont unmittelbare Facetten der Armut, die jenseits der Einkommensfrage liegen, welche bloß instrumentellen Charakter hat. Andererseits existieren auch jenseits des Einkommens Faktoren, die Verwirklichungschancen hervorbringen oder stärken. Dann wiederum haben Armutsniveaus und -formen in unterschiedlichen Kontexten, z. B. geographischen oder kulturellen, unterschiedliche Auswirkungen auf Freiheiten und Verwirklichungschancen. Armut dient SEN nicht zuletzt als Metapher für die vielfältigen und kontextabhängigen Faktoren, die Verwirklichungschancen beschränken. Zunächst scheinen Vielfalt, Komplexität und Kontextgebundenheit der begrenzenden und begünstigenden Faktoren der Beschreibung eines operationalen Ansatzes im Wege zu stehen. Auch wenn sich daraus kein exakter Weg ableiten lässt, ist im Sinne dieser Argumentation festzuhalten, dass ein zukunftsgerichteter Lösungsansatz die Bedeutung sowohl der aggregativen als auch der distributiven Belange anzuerkennen hat.

SEN diskutiert im Zusammenhang mit gerechten Entwicklungschancen im globalen Zusammenhang und den ihnen zugrunde liegenden Verwirklichungschancen von Individuen in unterschiedlichen Gesellschaften eine breite Palette von Faktoren – von Armut und ihren Facetten, über Geschlechtergerechtigkeit, Zugang zu Gesundheitsleistungen und Nahrungssicherheit bis zur politischen Teilhabe. Wenn es darum geht, welche Voraussetzungen denn vor dem Hintergrund der Verwirklichungschancen in einer gerechten Gesellschaft angestrebt werden sollen, wird abermals die Relevanz der Frage „Gleichheit wovon?" deutlich. Wie sich mit dem Paradigma der Verwirklichungschancen vor Augen ein mehrdimensionaler Zielkatalog formulieren lässt, ist Gegenstand des siebten Kapitels. Das Kapitel baut

---

[8] In einem für SEN typischen Verweis bezieht er sich bei dem erneuten Rückbezug auf die Einkommensmetrik auf ATKINSON's analoge Entscheidung in der Ungleichheitsmessung. Eine Analogie bestehe zur Kalkulation des „äquivalenten gleichverteilten Einkommens" (siehe Abschn. 5.3.9) – im Gegensatz zur Bezugnahme auf den Nutzenraum im DALTONschen Sinne (Sen 1999b, S. 83).

auf der Annahme auf, dass das Grundanliegen auf dem Weg zu einer Operationalisierung des Gemeinwohls in der Befähigung der Mitglieder einer Gesellschaft
liegt, die Art von Leben zu führen, die sie zu Recht schätzen. Auf der Suche nach
der Idee einer akzeptablen Gesellschaft wirbt Sen dafür, sich dem Konzept der
sozialen Gerechtigkeit in der Praxis und den damit verbundenen Informationsan-
forderungen mit evaluativen Ansätzen zu nähern. Ein grundlegendes Postulat ist
der Vorrang materieller Freiheiten bei der Beurteilung individueller Vorteile und
bei der Bewertung gesellschaftlicher Fortschritte und Misserfolge. Innerhalb dieses
allgemeinen Ansatzes kann die freiheitsorientierte Perspektive beträchtliche Variationen zulassen, da die Freiheiten unweigerlich unterschiedlicher Natur sind.[9] Was
offenkundige Ungerechtigkeit anbelangt, kann die Entstehung einer gemeinsamen
Anerkennung dieser „Ungerechtigkeit" in der Praxis von einer offenen Diskussion über Fragen und Freiheiten abhängen, ganz gleich, wie unausweichlich sie
im Hinblick auf grundlegende ethische Argumente erscheinen mag.

6.4   Lebenschancen und Gemeinwohl

6.4.1 Möglichkeiten und gesellschaftliche Wirklichkeit

Neue Ansätze in der politischen Philosophie, beginnend mit RAWLS, haben, wie
dargestellt, die persönliche Position in der Gesellschaft und individuelle Möglichkeiten im Sinne von Lebenschancen als Kriterien für die Definition ethisch
wünschenswerter Gleichheit eingeführt. Der „neue" Egalitarismus ersetzt die
Gleichheit der Ergebnisse durch die Gleichheit der Möglichkeiten, die wiederum
unterschiedlich interpretiert werden. Es wird argumentiert, dass es Formen der
Ungleichheit gibt, die ethisch verwerflich sind und dass die ökonomische Messung von Ungleichheit politisch irrelevant ist, solange die ethischen Kriterien nicht
berücksichtigt werden. Es sind also mehr Informationen als nur die Endergeb-
nisse von Verteilungen bedeutsam, um gesellschaftliche Urteile über politische
Handlungsalternativen zu fällen.

Es existieren interessante ökonomische Ansätze zur Messung von Möglichkeiten. Roemer und Trannoy (2016) entwerfen beispielsweise ein Modell, dass
Ungleichheiten in Möglichkeiten der Einkommenserzielung auf nationaler Ebene
misst. Neben den ökonometrischen Herausforderungen, die mit der Messung
von Einkommenserzielungsmöglichkeiten existiert, lassen sich derartige Ansätze
dahingehend hinterfragen, inwieweit sie den vielfältigen Dimensionen von Lebens-
oder Verwirklichungschancen gerecht werden. Es wird in derartigen Zusammenhängen auch immer um die Frage gehen müssen, inwieweit das Gemessene
egalisierende Aspekte des gesellschaftlichen Kontexts oder aber die individuelle
Wahl – im Sinne guter oder schlechter individueller Entscheidungen – reflektiert.

---

[9] Man beachte zum besseren Verständnis abermals, dass SEN zwischen dem Möglichkeitsaspekt
und dem Prozessaspekt der Freiheit unterscheidet (Sen 1999b).

Das SENsche Oeuvre verdeutlicht, dass es in der gesellschaftlichen Wirklichkeit, auf nationaler Ebene und auch in Betrachtung der globalen Entwicklung, um die Beseitigung solcher Ungleichheiten bei Einkommen, Bildung und Gesundheit gehen muss, die auf ungerechten gesellschaftlichen Voraussetzungen beruhen und vermeidbar sind.

Wie bereits in der kurzen Darstellung der Kontroverse zwischen RAWLS und HABERMAS angedeutet (Abschn. 6.2.5, Textbox 6.3), stoßen in der Auseinandersetzung mit der „gerechten Gesellschaft" eine politische Philosophie mit gewisser ökonomischer Affinität und eine soziologisch gefärbte Denkrichtung aufeinander. Dies bietet bereits einen Ansatzpunkt, um die provokante Frage zu stellen, wie weit sich die Ökonomie des Gemeinwohls vom ökonomischen Kerngeschäft entfernen darf.

Inwieweit bedingen die „Handlungsanweisungen", die sich aus den diskutierten nicht-welfaristischen Ansätzen zum Gemeinwohl ableiten, die Beschäftigung mit gesellschaftlichen Perspektiven jenseits des grundsätzlich Ökonomischen? Bis zu welchem Grad lassen sich Maximen zum Gemeinwohl begründen, die sich innerhalb eines Rahmens bewegen, der noch guten Gewissens „ökonomisch" genannt werden kann? Gewiss ist die Frage nach Handlungsmöglichkeiten eine, die Ökonomen von jeher gestellt haben. Hier geht es um den Freiheitsbegriff selbst. Möglichkeiten als Freiheiten ergeben sich aus der Fähigkeit, das zu erreichen, was der Gesellschaft wichtig ist, zunächst unabhängig vom zugrunde liegenden Prozess. Es ist allerdings bereits deutlich geworden, dass es kaum möglich ist, die Prozessdimension völlig außen vor zu lassen.

6.4.2 Sens Verhältnis zur Soziologie

Das Verhältnis der Wirtschaftswissenschaften zur Soziologie ist vertrackt und soll hier nicht in seiner Grundsätzlichkeit thematisiert werden. Interessant sollte allerdings im Zusammenhang dieses Kapitels und mit Aussicht auf die folgenden ein Blick auf das SENsche Werk sein, das explizite Bezüge zur Soziologie vermeidet. Ökonomie und Soziologie werden weitgehend als getrennt betrachtet, zumal – wie ausführlich diskutiert – die Wirtschaftswissenschaften im methodologischen Individualismus verwurzelt sind, während die Soziologie von Akteuren ausgeht, die „sozial eingebettet" sind.

Holmwood (2013) hinterfragt SEN's Position aus beiden Richtungen: Die Ausführungen SENs zu Gerechtigkeitsvorstellungen, die beispielsweise in nicht-modernen Kontexten gelten und von denen moderne Menschen lernen können (beispielsweise in Bezug auf Toleranz), sowie zu Grenzen der Marktrationalität müssten auf ausgeprägtes Interesse der soziologischen Wissenschaft stoßen;

anders herum existiert seitens des Urhebers des Konzepts der Verwirklichungschancen kaum ein Versuch, an die moderne Soziologie anzuknüpfen.[10] SEN löst
sich von der Vorstellung des rationalen Akteurs im Sinne eines asozialen Individuums. Das Konzept der Verwirklichungschancen geht zunächst von der Idee
aus, dass es eine Reihe universeller menschlicher Bedürfnisse gibt, die mit dem
individuellen Wohlergehen verbunden sind. Diese sind nicht unteilbar und werden nicht von einem einzigen Prinzip bestimmt, wie der PARETO-Optimalität oder
der RAWLSschen „Gerechtigkeit als Fairness". Während SEN die Verwirklichungschancen als universal betrachtet, befürwortet er einen notwendigen Relativismus
hinsichtlich der Mittel, mit welchen sie realisiert werden können. Die Rolle der
die Gesellschaft konstituierenden Institutionen, ihre Wechselbeziehungen, Akteure
und ihre Interaktionen stellen die soziologischen Betrachtungsgegenstände dar.
Es bleibt abzuwarten, ob die interdisziplinäre Diskussion des SENschen Werks
im Sinne einer Erweiterung in Richtung eines Gemeinwohlbegriffs dazu beitragen kann, den Dualismus von instrumentellem und wertrationalem Handeln zu
überwinden, der ökonomisches und soziologisches Denken häufig voneinander
trennt.

6.4.3 Resilienz

Bevor im siebten Kapitel Ansätze beschrieben werden, die jeweils unterschiedliche Dimensionen bemühen, um Wohlfahrtskonzepte zu begründen, soll noch auf
einen Aspekt eingegangen werden, der eng mit einem weiteren Begriff verknüpft
ist, der an unterschiedlichen Stellen bereits als politische Zielgröße Erwähnung
gefunden hat, nämlich die Nachhaltigkeit. Der Aspekt, der in Ergänzung der Diskussion um nicht-welfaristische Wohlfahrtskonzepte erwähnt werden soll, ist die
Resilienz. Während der Nachhaltigkeitsbegriff auf die Idee beschränkt ist, dass
die heutige Bedürfnisbefriedigung nicht zulasten zukünftiger Generationen gehen
soll, beschreibt Resilienz die Fähigkeit eines Systems (eines Individuums, einer
Gesellschaft, eines Ökosystems), unvorhergesehene Krisen zu überstehen und sich
nicht nur von Widrigkeiten zu erholen, sondern sich selbst zu erhalten und sogar
zu gedeihen. Der Begriff Resilienz taucht in so unterschiedlichen Disziplinen wie
in der Psychologie, in den Umweltwissenschaften, in Public Health und in den
Wirtschaftswissenschaften auf. Die Aufmerksamkeit gilt Faktoren und Prozessen,
die Individuen und Systeme vor dem Scheitern bewahren. Nicht zuletzt hat die
Covid-Pandemie der Resilienz-Literatur abermals Auftrieb verliehen.

    Auf die Verantwortung für das eigene Leben und das damit zusammenhängende
Streben nach Autorschaft, die theoretische und praktische Deliberation voraussetzt

---

[10] Diesbezüglich weiß Holmwood (2013, S. 1182) anzumerken, dass SEN seine sozialpsychologi-
schen Ausführungen auf ADAM SMITHs *Theory of Moral Sentiments* zu stützen weiß, doch: „No
doubt, from a sociological perspective, Adam Smith hardly represents the last word on social psychology and there are sophisticated developments of similar arguments about the individual within
the sociological tradition."

(Nida-Rümelin 2020b, S. 394 ff.), wurde bereits im fünften Kapitel verwiesen. Es ist in diesem Kapitel deutlich geworden, dass Autorschaft mit Befähigungen und (aktiven) Verwirklichungschancen in engem Zusammenhang stehen. Autorschaft kann allein auf Grundlage von Verwirklichungschancen erfolgen.

Autorschaft und Resilienz sind eng miteinander verbunden (Nida-Rümelin und Gutwald 2016). Autorschaft impliziert, verantwortlich für eigenes Handeln zu sein, also auch, zwischen verschiedenen Handlungsoptionen abwägen zu können. Damit ist das Gleiche gemeint, was SEN mit Freiheit (*freedom*) umschreibt – und zwar sowohl im Sinne des Möglichkeitsaspekts als auch des Prozessaspekts von Freiheit (Sen 1999b). Die Berücksichtigung von Resilienz wird nun bedeutsam, wenn es nicht nur darum geht, gleiche Verwirklichungschancen zu realisieren, sondern auch darum, diese im Zeitverlauf zu erhalten, „krisensicher" zu gestalten, Kontinuität zu gewährleisten.

Wenn ein Konzept der sozialen Gerechtigkeit gesellschaftspolitische Relevanz beansprucht, müssen die Handlungsanweisungen so gestaltet sein, dass das Risiko einer Zielbeeinträchtigung durch sich verändernde äußere Umstände minimiert wird, dass also auf Herausforderungen reagiert werden kann. Dabei können sich die Anforderungen an Verwirklichungschancen kontextspezifisch durchaus verändern. Während der Corona-Pandemie haben sich beispielsweise die Voraussetzungen für ein erfolgreiches Hochschulstudium (weltweit) in dem Sinne geändert, dass Studierende mit besserem Internetanschluss und besserer Computerausstattung insofern plötzlich bessergestellt waren, als sie Hochschulveranstaltungen, die plötzlich auf ein Online-Format umgestellt wurden, verhältnismäßig problemloser wahrnehmen konnten als ihre zuvor ebenbürtigen Kommilitoninnen und Kommilitonen, denen nunmehr aufgrund ihrer schlechteren technischen Ausstattung unvorhergesehene Nachteile entstanden.

Die Frage nach unterschiedlichen Dimensionen, mittels derer sich Ziele gesellschaftlichen Handelns und gemeinsamen Wirtschaftens konkret fassen lassen, soll Gegenstand des siebten Kapitels sein. Dabei wird es insbesondere auch darum gehen, die hier vorgestellten Ideen weiterzuentwickeln und mit dem Ziel der möglichen Operationalisierung gesellschaftspolitisch greifbar zu machen.

Mehrdimensionale Ansätze von Wohlfahrt

7

Fragen und Themen in diesem Kapitel

- Kann Gemeinwohl unter Berücksichtigung einer Reihe von Dimensionen sinnvoll operationalisiert werden?
- Wie lassen sich außerökonomische Ziele berücksichtigen?
- Kann sich eine mehrdimensionale Konzeption des Gemeinwohls auf traditionelle Wohlfahrtskonzepte beziehen?
- Wie gelangt man von nicht-welfaristischen Ansätzen zu mehrdimensionalen Konzepten?
- Was ist der *Human Development Index* und welche Bedeutung hat er?
- Was hat die Agenda für nachhaltige Entwicklung der Vereinten Nationen mit dem Gemeinwohlziel zu tun?
- Welche weiteren internationalen mehrdimensionalen Konzepte zur gesellschaftlichen Entwicklung leisten einen Beitrag zur Gemeinwohldiskussion?

7.1 Planetarisierung und Transparenz

7.1.1 Gemeinwohl und die Definition von ökonomischen Gütern

Nicht, dass vielfältige Dimensionen individueller und gesellschaftlicher Wohlfahrt nicht schon von jeher diskutiert wurden: Bereits Aristoteles stellt in der Nikomachischen Ethik die Bestimmungsfaktoren des höchsten Gutes und Endziels, also der Eudaimonie, dar. Dieses Ziel gilt für das Individuum und das Gemeinwesen zugleich. Dabei ist die Verfolgung des Ziels mittels moralisch-praktischen Urteilsvermögens (phrónēsis) nicht egoistischer Natur, sondern liegt im allgemeingültigen Interesse des Menschen. Die Staatskunst habe das Wissen dafür bereitzustellen

© Der/die Autor(en), exklusiv lizenziert an Springer Fachmedien Wiesbaden GmbH, ein Teil von Springer Nature 2023
R. Menges und M. Thiede, *Die Ökonomie des Gemeinwohls*,
https://doi.org/10.1007/978-3-658-40105-4_7

(Aristoteles 2017, 1094b). Bei Aristoteles gibt es Hinweise auf Dimensionen wie Reichtum, Freundschaften, Bildung und Gesundheit als Aspekte der Eudaimonie. Die moderne Ökonomie hat Ziele jenseits der Güterversorgung als außerökonomisch qualifiziert. Dabei sind unter Gütern keineswegs nur materielle Güter zu verstehen. Sofern für die Herstellung und Bereitstellung von Gütern knappe Produktionsmittel, also Arbeit oder Kapital, erforderlich sind, zählen auch immaterielle Güter dazu. Wohlfahrt hat sich an der möglichst reichlichen Güterbereitstellung bemessen. Es ist vielfach diskutiert worden, dass das Bruttoinlandsprodukt (BIP) kein geeigneter Indikator für materiellen Wohlstand und erst recht nicht für die gesamtgesellschaftliche Wohlfahrt sein kann (Enquête-Kommission 2013). Nicht nur kann es als eindimensionales Maß nicht annähernd möglicherweise wichtige Aspekte, wie zum Beispiel die Einkommens- und Vermögensverteilung oder gar nicht-materielle Größen, wie Gesundheit, abbilden. Zudem berücksichtigt es wiederum bestimmte ökonomische Aspekte nur unzureichend, wie z. B. nicht-marktliche Produktion (Haushaltsproduktion, Ehrenamt usw.), wohlfahrtsmindernde Schäden durch wirtschaftliche Aktivität oder bereitgestellte öffentliche Güter (Jochimsen und Raffer 2018).

Im Zuge der weiteren Annäherung an den Begriff des Gemeinwohls, ist fraglich, ob in das Verständnis von Wohlfahrt Elemente integriert werden dürfen, die bislang ausdrücklich außerhalb des Begriffs standen, also ausdrücklich als extra-welfaristisch bezeichnet wurden. Im Sinne des von Amartya SEN in seiner Nobelpreisrede vom Dezember 1998 unter Bezugnahme auf Social Choice Theorie und Wohlfahrtsökonomie angeregten „informational broadening" und der ebenfalls dort hervorgehobenen Komplementarität zwischen formaler und informeller Argumentation soll der Wohlfahrtsbegriff vorsichtig erweitert werden, ohne ihn aufzuweichen (Sen 1999c).

7.1.2 Erweiterung der Betrachtungsfelder in Zeiten von Globalisierung und Klimawandel

Die Veränderung des Verständnisses von Wohlfahrt ist eng mit den Prozessen der Globalisierung und ihrer Wahrnehmung verknüpft. In Zeiten, in welchen die Bedeutung nationaler Wirtschaften als Betrachtungseinheiten schwindet – und damit nicht zuletzt die Möglichkeit, sich auf das Bruttoinlandsprodukt als alleiniges Maß gesellschaftlicher Wohlfahrt zu berufen – und in welchen die Vielfalt der Determinanten menschlicher Bedürfnisbefriedigung infolge wachsender Transparenz sichtbarer geworden sind, bieten eindimensionale Wohlfahrtskonzepte in der Ökonomie nicht nur kaum Orientierung, sie erweisen sich vor dem Hintergrund des Ansinnens der Disziplin, ordnungs- und prozesspolitisch relevante Entscheidungsgrundlagen bereitzustellen, als unzureichend.

Bereits in der späten Weimarer Republik beschwerte sich der Philosoph Karl JASPERS: „Als technische und wirtschaftliche scheinen alle Probleme *planetarisch* zu werden" (Jaspers 1932, S. 67). Da war von der Macht, mit der die Lebenswelten

der Menschen rund um den Globus gegen Ende des Jahrhunderts „planetari-
siert" werden sollten, noch wenig zu spüren. Der Begriff der Globalisierung, der
mit herangezogen werden soll, um den Bedarf nach einem multidimensionalen
Wohlfahrtsbegriff abzuleiten, ist selbst nicht trennscharf zu beschreiben. Um das
Phänomen etwas einzugrenzen: Es geht nicht um die diversen Globalisierungswel-
len, die seit der Antike die unterschiedlichsten Handelswege und Verflechtungen
hervorgebracht und zu regelmäßigen regionalen Machtverschiebungen und einem
fortwährenden Wechselspiel von kulturellen Hochzeiten und Kriegen geführt hat.
Speziell geht es um die rasante Entwicklung internationaler Waren- und Kapi-
talströme, die in der zweiten Hälfte des 20. Jahrhunderts ihren Anfang nahm
und durch verschiedene technische und regulatorische Entwicklungen, wie beispielsweise das Ende des Bretton-Woods-Systems, das Ende des Kalten Krieges
oder die sogenannte digitale Revolution, begünstigt wurde (dazu beispielsweise
Lechner und Boli 2019). Eine treibende Idee der Globalisierung im Nachgang
zu den Erfahrungen des zweiten Weltkriegs in der anfänglichen Überzeugung zu
sehen, dass internationaler Handel zu einem friedlicheren Miteinander der beteiligten Länder führen würde. In diesem Bewusstsein fand der Abschluss des *General
Agreement on Tariffs and Trade* (GATT) statt, Vorläufer der seit 1995 bestehenden
Welthandelsorganisation (WTO).

Entlang ihrer Dimensionen Wirtschaft, Politik, Kultur und Ökologie (Steger
2020) hat die Globalisierung des späten 20. und frühen 21. Jahrhunderts massive
Veränderungen bewirkt. In der Wirtschaft vollzieht sich jenseits des Materiellen ein
Paradigmenwechsel, dessen Wirkungen noch nicht absehbar sind. Der Stellenwert
sozial gerechten und nachhaltigen ökonomischen Handelns ist deutlich aufgewertet
worden. Ferner wird im größeren Umfang die Anbindung nationalen Handelns an
transnationale Interessenlagen verfolgt.

Die wegweisenden ökonomischen und sozialphilosophischen Denkmodelle zum
Gemeinwohl um die Jahrtausendwende sind durch die Erfahrungen der Globalisierung geprägt. Als herausragendes Beispiel mag Amartya Sens 1999 erschienenes
Werk *Development as Freedom* gelten (Sen 1999b), das wiederum – und das ist für
das Verständnis nicht nebensächlich – auf Vorträgen bei der Weltbank beruht. Der
Autor entfaltet hier einen schlüssigen Rahmen, in welchen er die Voraussetzungen
wirtschaftlicher Entwicklung in ihren unterschiedlichen Facetten stellt. Er verdeutlicht, dass Freiheit Ziel und Mittel zugleich ist, dass wirtschaftliche Entwicklung
also mit einem Zuwachs an Freiheit gleichzusetzen ist. Unter Freiheiten subsu-
miert Sen unter anderem politische Freiheiten, Transparenz in den Beziehungen
zwischen Menschen, Chancenfreiheit und den staatlichen Schutz vor Armut. Sen
illustriert seine Argumentation mit Fallbeispielen von unterschiedlichen Kontinen-
ten und Regionen. Auf Hungersnöte in Bangladesch und Afrika (ein Thema, das
sich durch das gesamte Werk Sens zieht) oder Geburtenkontrolle in China wird
ebenso Bezug genommen wie auf makroökonomische OECD-Daten.

Wie im vorangegangenen Kapitel dargestellt, ist der Ansatz der Verwirklichungschancen mit dem Freiheitsbegriff eng verbunden, insofern als Verwirklichungschancen die Möglichkeiten von Personen bestimmen, ihre unterschiedlichen
Vorstellungen vom Guten zu verfolgen. Grundvoraussetzungen wie Gesundheit,

körperliche Unversehrtheit, praktische Vernunft und religiöse Freiheit ermöglichen die Verfolgung vieler verschiedener Lebenspläne.

7.2 Grundbefähigungen und ihre Operationalisierung

7.2.1 Martha Nussbaum und Amartya Sen: Fähigkeiten als Basis von Gerechtigkeit

Anknüpfend an den SENschen Ansatz der Verwirklichungschancen (vgl. Kap. 6) und ihr eigenes Denkgebäude aus den 1990er Jahren hat Martha NUSSBAUM einen Katalog zentraler Fähigkeiten vorgestellt (Nussbaum 2011b). Sie unterscheidet ihre Variante eines Fähigkeiten-Ansatz von dem SENscher Prägung. Das Konzept soll in diesem Kapitel kurz eingeführt werden, da es dazu beiträgt, den Blick auf multidimensionale Vorstellungen des Gemeinwohls zu öffnen. Bedeutenderweise ist es gerade keine finale Größe, auf welche NUSSBAUMs Konzept abzielt, man mag es aber auch nicht, ähnlich dem Gedankengerüst von SEN, als deontologisch kategorisieren. Nussbaum sieht dem Wohl vorgeschaltet eine Liste von zehn zentralen Fähigkeiten. Damit mag es uns genügen, um die Multidimensionalität einzuführen.

NUSSBAUM versteht ihren Ansatz als Konstruktion einer Theorie „grundlegender sozialer Gerechtigkeit *(basic social justice)"* (Nussbaum 2011b, S. 19), die verschiedene Konzepte in eklektischer Manier integriert, z. B. politischen Liberalismus und das Prinzip der Menschenwürde. Wesentlich ist aber die spezifische Liste zentraler Fähigkeiten. Indem NUSSBAUM sich auf grundlegende politische Ansprüche stützt, möchte sie die Notwendigkeit einer Darstellung des Werts vermeiden. Sie grenzt sich hierdurch von SEN ab, der wiederum einer Bewertung der Lebensqualität einen wichtigen Stellenwert zuweist; bei ihm steht die Idee der Fähigkeiten als Schritt in Richtung der Bestimmung der Lebensqualität.

Ein wichtiger Aspekt des Ansatzes von NUSSBAUM ist zudem die Unterscheidung von „kombinierten Fähigkeiten (combined capabilities)", die in etwa SENs „substanziellen Freiheiten" entsprechen[1], einerseits und „internen Fähigkeiten" andererseits. Kombinierte Fähigkeiten haften nicht nur direkt der Person an, sondern leiten sich aus Freiheiten ab, die sich wiederum erst aus persönlichen Fähigkeiten und dem politischen, gesellschaftlichen und ökonomischen Umfeld ergeben. Interne Fähigkeiten sind von der angeborenen Ausstattung zu unterscheiden, vielmehr handelt es sich um antrainierte oder entwickelte Eigenschaften, die auch des gesellschaftlichen Kontexts bedürfen. Die feine Unterscheidung entspricht zwei sich überschneidenden, aber unterschiedlichen Aufgaben einer intakten Gesellschaft. Eine Gesellschaft kann sehr gut darin sein, interne Fähigkeiten zu produzieren, aber sie kann die Wege abschneiden, durch die die Menschen tatsächlich die Möglichkeit haben, in Übereinstimmung mit diesen Fähigkeiten

---

[1] „A person's capability refers to the combinations of functionings that are feasible for her to achieve. Capability is thus a kind of freedom: the substantive freedom to achieve alternative function combinations" (Sen 1999b, S. 75).

zu funktionieren. Als Illustration zieht Nussbaum das Beispiel heran, dass viele Gesellschaften Menschen so ausbilden, dass sie zu einer freien Meinungsäußerung in politischen Fragen fähig sind (interne Fähigkeit), ihnen dann aber in der Praxis die freie Meinungsäußerung durch Einschränkung der Redefreiheit nicht ermöglichen (kombinierte Fähigkeit).

7.2.2 Zentrale Fähigkeiten für eine gerechte Gesellschaft

In Verbindung mit der Idee der Menschenwürde gelangt Nussbaum zu den zentralen Fähigkeiten, dem Herzstück ihres Fähigkeiten-Ansatzes. Der Capabilities-Ansatz konzentriert sich auf den Schutz von Freiheitsbereichen, die so zentral sind, dass ihre Beseitigung dazu führt, dass ein Leben nicht mehr als menschenwürdig erachtet werden kann. Nussbaum fordert, dass eine angemessene politische Ordnung für die folgenden zehn zentralen Fähigkeiten zumindest einen „Schwellenwert *(threshold level)*" bieten muss (Nussbaum 2011b, S. 33 f.)[2]:

1. Leben. In der Lage sein, bis zum Ende eines menschlichen Lebens von normaler Länge zu leben.
2. Körperliche Gesundheit. In der Lage sein, eine gute Gesundheit, einschließlich der reproduktiven Gesundheit, zu haben; ausreichend ernährt zu sein; eine angemessene Unterkunft zu haben.
3. Körperliche Unversehrtheit. Sich frei von Ort zu Ort bewegen zu können; vor gewaltsamen Übergriffen sicher zu sein; die Möglichkeit sexueller Befriedigung zu haben und in Fragen der Fortpflanzung selbst zu entscheiden.
4. Sinne, Phantasie und Denken. In der Lage sein, die Sinne zu gebrauchen, sich etwas vorzustellen, zu denken und zu schlussfolgern.
5. Emotionen. Die Fähigkeit, Bindungen zu Dingen und Menschen außerhalb von uns selbst zu haben; die eigene emotionale Entwicklung nicht durch Furcht und Angst beeinträchtigen zu lassen.
6. Praktische Vernunft. Die Fähigkeit, sich eine Vorstellung vom Guten zu machen und kritisch über die Planung des eigenen Lebens nachzudenken.
7. Zugehörigkeit. i) In der Lage sein, mit anderen zu leben und auf andere zuzugehen, andere Menschen anzuerkennen und sich um sie zu kümmern, sich in verschiedene Formen der sozialen Interaktion einzubringen. ii) Über die sozialen Grundlagen der Selbstachtung und der Nicht-Demütigung verfügen; in der Lage sein, als ein würdiges Wesen behandelt zu werden.
8. Andere Spezies. In der Lage sein, mit Rücksicht auf und in Beziehung zu Tieren, Pflanzen und der Welt der Natur zu leben.
9. Spielen. In der Lage sein zu lachen, zu spielen, Freizeitaktivitäten zu genießen.

---

[2] Die Beschreibungen der zentralen Fähigkeiten werden hier verkürzt wiedergegeben. Nussbaum leitet die Kategorien sorgfältig her und illustriert sie umfassend. Hierzu auch zahlreiche Aufsätze der Philosophin, z. B. Nussbaum (2003, 2011a).

10. Kontrolle über die eigene Umwelt. i) Politisch. In der Lage sein, an den politischen Entscheidungen, die das eigene Leben bestimmen, wirksam teilzunehmen; das Recht auf politische Teilhabe, Schutz der Rede- und Vereinigungsfreiheit haben. ii) Materiell. In der Lage sein, Eigentum zu besitzen und gleichberechtigt mit anderen über Eigentumsrechte zu verfügen; das Recht haben, sich gleichberechtigt mit anderen um einen Arbeitsplatz zu bemühen.

7.3 Der Index der menschlichen Entwicklung und verwandte Initiativen

7.3.1 Wirtschaftswachstum als landläufiges Synonym für Entwicklung

Die dominante Fixierung auf wirtschaftliches Wachstum als Maß für das gesellschaftliche Wohlergehen ist nur teilweise auf vorherrschende Dogmen zurückzuführen, wonach Wohlfahrtsgewinne am Wirtschaftswachstum festgemacht werden. Es spielen zudem Konvention einerseits und begrenzte Möglichkeiten der Erhebung „weicherer" Größen andererseits eine Rolle. Die Entwicklung des Bruttoinlandsprodukts ist von jeher das Maß im Zentrum des Interesses. Mit Spannung werden stets die angepassten Wachstumsprognosen von Expertinnen und Experten erwartet. Die jeweils aktuellen Wachstumsprognosen stoßen auf große mediale Beachtung und werden von der Wirtschaftspresse dahingehend interpretiert, dass es um die Zukunft unseres Lebensstandards geht.

Aus verschiedenen Gründen ist die Messung der sozialen Wohlfahrt mithilfe solcher Maße aus der volkswirtschaftlichen Gesamtrechnung ungenau und kann zu schlechten politischen Entscheidungen führen. Das Bruttoinlandsprodukt misst nämlich nur bestimmte Aspekte der Wirtschaft und lässt andere, die ebenso wichtig sind, außer Acht (Fleurbaey 2009). So berücksichtigt es beispielsweise nicht die Verteilung des Wohlstands, den Zustand der Umwelt, Gesundheit oder die Qualität der sozialen Beziehungen. Das Bruttoinlandsprodukt kann sogar in Anbetracht völlig ungewünschter Entwicklungen ansteigen, die dem Gemeinwohlgedanken entgegenstehen, wenn z. B. die Kriminalität steigt oder die Umweltverschmutzung zunimmt. Das liegt daran, dass das Bruttoinlandsprodukt Ausgaben für Posten wie Reparaturen und Verteidigung enthält. Zusammenfassend erscheinen traditionelle Maße des Wirtschaftswachstums also ungeeignet für die Erfassung des sozialen Wohlstands und sollten zumindest nicht als alleinige Indikatoren für das gesellschaftliche Wohl verwendet werden.

Es gibt andere, genauere Maßstäbe für die soziale Wohlfahrt, die stattdessen verwendet werden sollten. Seit den 1990er Jahren sind – teils parallel, teils sequentiell – verschiedene Indikatoren entwickelt worden, um die Entwicklung in Richtung einer „guten" Gesellschaft zu messen. Hier haben teilweise internationale

Organisationen wie die Organisation für wirtschaftliche Zusammenarbeit und Entwicklung (OECD), das Entwicklungsprogramm der Vereinten Nationen (UNDP) oder die Europäische Union (EU) den Anstoß gegeben.

7.3.2   Der Human Development Index der UN: Ursprung und Berechnung

Der Index der menschlichen Entwicklung (Human Development Index, HDI) wird auf den Fähigkeiten-Ansatz von SEN zurückgeführt. Zunächst einmal gilt es festzuhalten, dass er maßgeblich vom pakistanischen Ökonomen Mahbub ul HAQ (1934–1998) entwickelt wurde (siehe Box 7.1), als dieser – Ende der 1980er Jahre – als Sonderberater für das Entwicklungsprogramm der Vereinten Nationen (*United Nations Development Programme,* UNDP) tätig war und in diesem Zusammenhang für die Erstellung des ersten Human Development Report verantwortlich zeichnete.

Format und Inhalt des ersten *Human Development Report (HDR)* 1990 werden Mahbub ul HAQ und Amartya SEN gemeinsam zugeschrieben (United Nations Development Programme 1990). Seit jener Ausgabe ist der Human Development Report mit wechselnden Schwerpunktthemen nahezu jährlich erschienen und darf als die wichtigste regelmäßige Publikation in der Entwicklungspolitik gelten. Kern des Human Development Report ist der Datenbericht zum HDI. Der statische HDI setzt sich aus Indikatoren für die Lebenserwartung, das Bildungsniveau (durchschnittlich abgeschlossene Schuljahre und erwartete Schuljahre bei Eintritt in das Bildungssystem) und das Pro-Kopf-Einkommen zusammen. Der Bericht stuft Länder nach vier Stufen der menschlichen Entwicklung ein. Ein Land erreicht grundsätzlich einen höheren HDI-Wert, wenn die Lebenserwartung höher ist, das Bildungsniveau höher ist und das Bruttonationaleinkommen (BNE) pro Kopf höher ist (Abb. 7.1).

Seit dem *Human Development Report 2010* (United Nations Development Programme 2010) wird der HDI wie folgt berechnet:

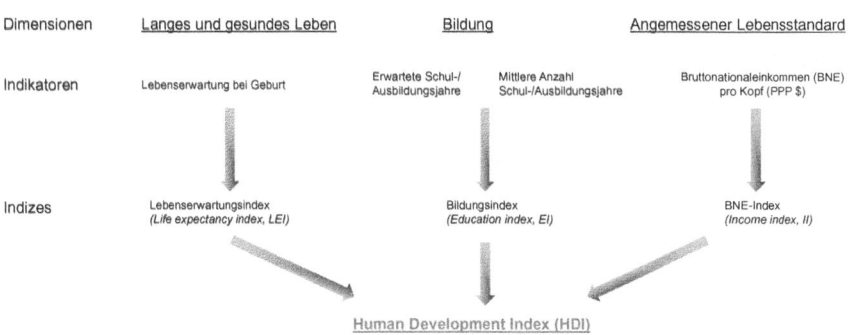

Abb. 7.1   Struktur des *Human Development Index* (HDI)

1. Lebenserwartungsindex (LEI):

$LEI = \frac{LE-20}{85-20}$, wobei LE die Lebenserwartung bei Geburt widerspiegelt. Wenn diese 85 Jahre beträgt, ergibt sich ein LEI von genau 1; beträgt die Lebenserwartung bei Geburt 20 Jahre, ergibt sich ein LEI von 0.

2. Bildungsindex (EI):

$EI = \frac{MYSI+EYSI}{2}$. MYSI steht für die durchschnittliche Schulbesuchsdauer *(Mean Years of Schooling Index),* der wiederum die Annahme eines Maximums von 15 Jahren im Jahr 2025 zugrunde liegt: $MYSI = MYS/15$. EYSI steht für die voraussichtliche Schulbesuchsdauer *(Expected Years of Schooling Index):* $EYSI = EYS/18$; hier wird davon ausgegangen, dass in den meisten Ländern innerhalb von 18 Ausbildungsjahren ein Masterabschluss erworben werden kann.

3. Einkommensindex (II)

$II = \frac{\ln(BNEpc)-\ln(100)}{\ln(75.000)-\ln(100)}$. Der Einkommensindex ist so ausgestaltet, dass sich ein Wert von 1 ergibt, wenn das Bruttonationaleinkommen (BNE) pro Kopf 75.000 US\$ (Kaufkraftparitäten) beträgt. Es ergibt sich ein Wert von 0 bei einem BNE pro Kopf von 100 US\$.

Schließlich ergibt sich der HDI als geometrisches Mittel der drei Einzelindizes:

$$HDI = \sqrt[3]{LEI \cdot EI \cdot II}.$$

Tab. 7.1 gibt für einige Länder exemplarisch den HDI-Rang sowie die Bausteine des HDI wieder.

Damit sind die Dimensionen der Entwicklung abgebildet, die menschliche Fähigkeiten und damit Handlungsspielräume bestimmen. Die HDRs betonen aber stets auch die Notwendigkeit, Rahmenbedingungen für menschenwürdiges Leben zu gestalten. Dabei geht es beispielsweise darum, Partizipation am politischen und sozialen Leben zu gewährleisten, Menschenrechte und die Gleichberechtigung der Geschlechter in allen Lebensbereichen umzusetzen. In den Berichten werden ökonomische, politische, ethnische und andere gesellschaftliche Hürden der nachhaltigen menschlichen Entwicklung identifiziert und Ansatzpunkte zu deren Beseitigung entwickelt.

Bei der menschlichen Entwicklung geht es im Grunde um Wahlmöglichkeiten. Es geht entsprechend auch darum, den Menschen Möglichkeiten zu bieten und nicht darauf zu bestehen, dass sie sie nutzen. Entsprechend der den HDR zugrunde liegenden SENschen Weltsicht kann niemand das menschliche Wohlergehen garantieren, und die Entscheidungen, die die Menschen treffen, sind ihre eigene Angelegenheit. Der Entwicklungsprozess – die menschliche Entwicklung – sollte zumindest ein Umfeld schaffen, in dem die Menschen individuell und kollektiv ihr volles Potenzial entfalten können und eine vernünftige Chance haben, ein produktives und kreatives Leben zu führen, das sie schätzen. Die entsprechenden Freiheiten ergeben sich aus den menschlichen Fähigkeiten, die sich darauf beziehen, ob die Menschen in der Lage sind, im Leben wünschenswerte Dinge zu „sein" und zu „tun".

Tab. 7.1 Der HDI im Jahr 2019 und seine Komponenten. (Quelle: United Nations Development Programme (2020))

		Index der menschlichen Entwicklung (HDI)	Lebens-erwartung bei Geburt	Erwartete Schulbesuchs-dauer (EYS)	Durchschnitt-liche Schul-besuchsdauer (MYS)	Brutto-national-einkommen pro Kopf
		(Wert)	(in Jahren)	(in Jahren)	(in Jahren)	(2017 USD KKP)
Sehr hohe menschliche Entwicklung						
1	Norwegen	0.957	82.4	18.1	12.9	66,494
2	Schweiz	0.955	82.3	18.7	12.7	68,371
2	Irland	0.955	83.8	16.3	13.4	69,394
4	Hongkong	0.949	84.9	16.9	12.3	62,985
4	Island	0.949	83.0	19.1	12.8	54,682
6	Deutschland	0.947	81.3	17.0	14.2	55,314
7	Schweden	0.945	82.8	19.5	12.5	54,508
8	Australien	0.944	83.4	22.0	12.7	48,085
8	Niederlande	0.944	82.3	18.5	12.4	57,707
10	Dänemark	0.940	80.9	18.9	12.6	58,662
...						
Hohe menschliche Entwicklung						
67	Trinidad und Tobago	0.796	73.5	13.0	11.0	26,231
67	Seychellen	0.796	73.4	14.1	10.0	26,903
69	Albanien	0.795	78.6	14.7	10.1	13,998
70	Iran	0.783	78.8	14.3	11.8	8,621
70	Kuba	0.783	76.7	14.8	10.3	12,447
72	Sri Lanka	0.782	77.0	14.1	10.6	12,707
73	Bosnien und Herzegowina	0.780	77.4	13.8	9.8	14,872
74	Mexiko	0.779	72.4	16.9	9.0	15,641
74	Ukraine	0.779	75.1	14.8	8.8	19,160
74	St. Kitts und Nevis	0.779	74.8	13.8	8.7	25,038
...						

(Fortsetzung)

Tab. 7.1 (Fortsetzung)

	Index der menschlichen Entwicklung (HDI)	Lebens-erwartung bei Geburt	Erwartete Schulbesuchs-dauer (EYS)	Durchschnitt-liche Schul-besuchsdauer (MYS)	Brutto-national-einkommen pro Kopf
Mittlere menschliche Entwicklung					
120 Kirgisistan	0.697	71.5	13	11.1	4.864
121 Marokko	0.686	76.7	13.7	5.6	7.368
122 Guyana	0.682	69.9	11.4	8.5	9.455
123 Irak	0.674	70.6	11.3	7.3	10.801
124 El Salvador	0.673	73.3	11.7	6.9	8.359
125 Tadschikistan	0.668	71.1	11.7	10.7	3.954
126 Kap Verde	0.665	73	12.7	6.3	7.019
127 Guatemala	0.663	74.3	10.8	6.6	8.494
128 Nicaragua	0.660	74.5	12.3	6.9	5.284
129 Bhutan	0.654	71.8	13	4.1	10.746
...					
Geringe menschliche Entwicklung					
157 Mauretanien	0.546	64.9	8.6	4.7	5.135
158 Benin	0.545	61.8	12.6	3.8	3.254
159 Uganda	0.544	63.4	11.4	6.2	2.123
160 Ruanda	0.543	69	11.2	4.4	2.155
161 Nigeria	0.539	54.7	10	6.7	4.910
...					
185 Burundi	0.433	61.6	11.1	3.3	754
185 Südsudan	0.433	57.9	5.3	4.8	2.003
187 Tschad	0.398	54.2	7.3	2.5	1.555
188 Zentralafrikanische Republik	0.397	53.3	7.6	4.3	993
189 Niger	0.394	62.4	6.5	2.1	1.201

7.3.3 Grenzen und Schwachstellen des HDI

Der Human Development Report hat sich über die Jahre weiterentwickelt. Der Human Development Report 2010 hat bereits den Ungleichheit einbeziehenden HDI (*Inequality-adjusted Human Development Index,* IHDI) eingeführt, der den durchschnittlichen Stand der menschlichen Entwicklung der Mitglieder einer Gesellschaft unter Berücksichtigung von Ungleichheit misst. Der Index fällt niedriger aus als der HDI, wenn Gesundheit, Bildung und Einkommen ungleich verteilt sind. Bei vollkommener Gleichheit sind HDI und IHDI identisch (United Nations Development Programme 2010).

Sen selbst hat in der Einleitung zum *Human Development Report 2010* den HDI als grob bezeichnet, da er nur Lebenserwartung, Grundbildung und Mindesteinkommen widerspiegele und andere Indikatoren für das Wohlbefinden, die man für wünschenswert halten könnte, nicht berücksichtige. Gleichzeitig lasse sich diese Grobheit („crudeness"), mit der Handlichkeit rechtfertigen, die notwendig war, um mit dem noch gröberen, aber auch handlicheren herkömmlichen Entwicklungsmaß, dem Bruttosozialprodukt, zu konkurrieren (United Nations Development Programme 2010, S. vi). Sen, der unter der Leitung von Mahbub ul HAQ am HDI gearbeitet hat, weist darauf hin, dass der HDI nicht alles widerspiegele, was der Capability-Ansatz leisten kann. Es verweist zudem auf die verschärften Umweltprobleme und die Nachhaltigkeitsfrage, die sich deutlicher stelle. Dennoch erreiche der HDI, was er erreichen solle, nämlich ähnlich einfach zu funktionieren wie das Bruttosozialprodukt, jedoch ohne dabei alles außerhalb von Einkommen und Gütern zu ignorieren. Wenn auch dem HDI über die Zeit weitere Indikatoren beiseitegestellt wurden, wie beispielsweise der Index für mehrdimensionale Armut (*Multidimensional Poverty Index,* MPI) oder der Index für geschlechtsspezifische Ungleichheit (*Gender Inequality Index,* GII), bleibt unklar, wie genau sich diese Indikatoren mit der Idee nachhaltiger Entwicklung in Beziehung setzen lassen.

Aktuell nimmt der HDR die planetaren Rahmenbedingungen menschlicher Entwicklung zum Anlass, die Rolle des Menschen mit Blick auf eben diese Rahmenbedingungen herauszuarbeiten: Im HDR 2020 mit dem Titel *The Next Frontier: Human Development and the Anthropocene* wird argumentiert, dass – da Menschheit und Planet in eine völlig neue geologische Epoche, das Anthropozän oder das Zeitalter des Menschen, eintreten – es für alle Länder an der Zeit ist, ihre Wege zum Fortschritt neu zu gestalten, indem sie den gefährlichen Druck, den der Mensch auf den Planeten ausübt, vollständig berücksichtigen und die groben Ungleichgewichte in Bezug auf Macht und Möglichkeiten beseitigen, die einen Wandel verhindern. Im HDR 2020 wird zum Zweck der Darstellung dieser Implikationen eine weitere Version des HDI dargestellt. Zwei weitere Elemente werden einbezogen: die Kohlendioxidemissionen eines Landes und sein materieller Fußabdruck[3]. Der Index zeigt auf, wie sich die globale Entwicklungslandschaft

---

[3] Der materielle Fußabdruck eines Landes misst die Menge an Material, die entnommen wird (Biomasse, fossile Brennstoffe, Metallerze und Nichtmetallerze), um die inländische Endnachfrage nach Waren und Dienstleistungen zu decken, unabhängig davon, wo die Entnahme erfolgt.

verändern würde, wenn sowohl das Wohlergehen der Menschen als auch das des
Planeten im Mittelpunkt der Definition des Fortschritts der Menschheit stünden.
Mit dem daraus resultierenden Planetary-Pressures Adjusted HDI (PHDI) ergibt
sich ein neues globales Bild, das eine weniger optimistische, aber klarere Bewertung des menschlichen Fortschritts zeigt. Zum Beispiel fallen mehr als 50 Länder
aus der Gruppe der Länder mit sehr hoher menschlicher Entwicklung heraus, was
auf ihre Abhängigkeit von fossilen Brennstoffen und ihren materiellen Fußabdruck zurückzuführen ist. Beispielsweise würde die Schweiz, die sich gegenwärtig
Rang 2 auf der HDI-Skala mit Irland teilt auf ihrem Platz verharren, während
Deutschland um einen Platz absinken würde. Ein deutlicher Verlierer unter den
bisherigen Spitzenreitern in der HDI-Tabelle wäre Australien, das um ganze 72
Plätze abrutschen würde.

Box 7.1: Mahbub ul Haq
Der pakistanische Ökonom MAHBUB UL HAQ (1934–1998) hat sich früh in seinem Leben mit
Fragen der wirtschaftlichen Entwicklung und des Wachstums auseinandergesetzt. Er selbst ent-
stammte einer muslimischen Familie aus dem östlichen Punjab im damaligen Britisch-Indien und
migrierte zwangsweise mit seiner Familie als 13-Jähriger im Zuge der Teilung Indiens 1947 nach
Lahore in den dann pakistanischen Teil des Punjabs. Nachdem er in Lahore und Cambridge Volkswirtschaftslehre studiert hatte, schloss er ein Doktoratsstudium an der Yale University an. In den
1960er Jahren diente er als Chefökonom der *Planning Commission,* der herausragenden Institution der pakistanischen Regierung für die Entwicklung von Finanzen und öffentlicher Verwaltung.
In den 1970er Jahren war er für die Weltbank in Washington DC tätig, bevor er nach Pakistan
zurückkehrte, wo er zwischen 1985 und 1988 zweimal die Position des Finanzministers einnahm.
    Ab 1989 war HAQ als Sonderberater beim Entwicklungsprogramm der Vereinten Nationen
(*United Nations Development Programme,* UNDP) tätig. Seine wesentliche Aufgabe lag in der
Entwicklung des Human Development Report, der unter Mitwirkung unter anderem von Amartya
SEN erstmals 1990 erschien. Diese Arbeit verfolgte das Ziel, den Schwerpunkt der Entwicklungs-
ökonomie von der Berechnung des Nationaleinkommens auf eine auf den Menschen ausgerichtete
Politik zu verlagern. HAQ war der Ansicht, dass ein einfaches, zusammengesetztes Maß für die
menschliche Entwicklung erforderlich sei, um die Öffentlichkeit, Wissenschaftler und Politiker
davon zu überzeugen, dass sie Entwicklung nicht nur anhand wirtschaftlicher Fortschritte, sondern
auch anhand von Verbesserungen des menschlichen Wohlergehens bewerten können und sollten.
Dazu sollte fortan der *Human Development Index* (HDI) dienen.
    Zu Ehren von HAQ hat das UNDP den *Mahbub ul Haq Award for Outstanding Contribu-
tion to Human Development* ins Leben gerufen, der an eine führende nationale, regionale oder
weltweite Persönlichkeit verliehen wird, die sich in herausragender Weise für die Förderung des
Verständnisses und des Fortschritts im Bereich der menschlichen Entwicklung eingesetzt hat.

Der HDI kann als Beispiel eines pragmatischen Messansatzes gelten. Der
Aufbau des HDI wurde durch den beabsichtigten Zweck und die gewünschten
Merkmale bestimmt. Die Absicht ist, Ziele und Maßnahmen auf eine Sichtweise
der Entwicklung zu verlagern, die den Menschen in den Mittelpunkt stellt. Zwei
der wichtigsten gewünschten Eigenschaften waren Klarheit und Einfachheit. Ein

---

Es handelt sich um ein verbrauchsbasiertes Maß, das den internationalen Handel berücksichtigt.
Er zeigt auch die Belastung der Biosphäre durch sozioökonomische Aktivitäten an, da er die
Nutzung von Biomasse einschließt und damit indirekt die Auswirkungen von Maßnahmen wie
Landnutzungsänderungen auf den Verlust der Integrität der Biosphäre widerspiegelt.

Kriterium für die Gültigkeit solcher Indizes ist, ob sie im Laufe der Zeit tatsächlich verwendet und übernommen werden.

7.3.4 Alternative Konzepte zur Messung des Gemeinwohls

Parallel zur Weiterentwicklung des HDI in regelmäßigen Ausgaben des HDR haben weitere Diskussionen auf unterschiedlichen Ebenen stattgefunden, die ein qualifiziertes Konzept des Gemeinwohls zum Gegenstand haben, das zielführend operationalisierbar ist. Initiativen der Politik stehen hier neben wissenschaftlichem und anderweitigem zivilgesellschaftlichem Diskurs. In exemplarischer Weise hat die von Nicholas Sarkozy 2008 initiierte Stiglitz-Sen-Fitoussi-Kommission die Grenzen des BIP als Indikator für die Wirtschaftsleistung und gesellschaftliche Wohlfahrt aufgezeigt und sich mit multidimensionalen Konzepten und relevanteren Indikatoren für den sozialen Fortschritt auseinandergesetzt (Box 7.2).

Box 7.2: Die Stiglitz-Sen-Fitoussi-Kommission
Im Februar 2008 beauftragte der damalige französische Staatspräsident NICHOLAS SARKOZY den Ökonomen JOSEPH STIGLITZ als Vorsitzenden, AMARTYA SEN als wissenschaftlichen Berater und den französischen Ökonomen JEAN-PAUL FITOUSSI als Koordinatoren damit, eine Kommission zu gründen, die später den Namen *Commission on the Measurement of Economic Performance and Social Progress* (CMEPSP) erhalten sollte. Ziel der Kommission, zu welcher zahlreiche bekannte Ökonominnen und Ökonomen, darunter weitere Nobelpreisträger, zählten, war es, die Grenzen des BIP (oder des Bruttonationaleinkommens) als Indikator für die Wirtschaftsleistung und den sozialen Fortschritt, einschließlich der Probleme bei seiner Messung, zu ermitteln. Es sollte geprüft werden, welche zusätzlichen Informationen für die Erstellung relevanterer Indikatoren für den sozialen Fortschritt erforderlich sein könnten. Zudem sollte die Möglichkeit alternativer Messinstrumente bewertet und erörtert werden, wie die statistischen Informationen in geeigneter Weise präsentiert werden können.

Der Expertenreport empfiehlt, Dashboards ergänzend zu einzelnen Indikatoren, einschließlich zusammengesetzter Indizes, einzusetzen (Stiglitz et al. 2010). Das sei insbesondere sinnvoll, wenn es um die umfassende Messung des gegenwärtigen und zukünftigen Wohlbefindens geht (wobei letzteres in gewissem Sinne die Nachhaltigkeit widerspiegeln soll). Die Kommission verwendet die Analogie eines Autofahrers, der sich auf das Armaturenbrett eines Autos verlässt, um Informationen über die Geschwindigkeit und den Tankinhalt zu erhalten. Beide Informationen sind für sich genommen wertvoll, aber es ist schwer vorstellbar, wie sie so kombiniert werden können, dass der Fahrer gewarnt wird, ob er zu schnell fährt oder der Tank leer ist.

Während die Kommission noch an dem Report gearbeitet hat, wurden die Ausmaße der globalen Finanzkrise nach 2007 deutlich. Diese Erfahrung prägt ebenfalls die Inhalte des Berichts. Die Kommission vermerkt, dass einer der Gründe, warum die Krise viele überrascht hat, darin liegen könne, dass die Messsysteme versagt hätten und sowohl Marktteilnehmer als auch Politik sich nicht auf die richtigen statistischen Daten konzentriert hätten. Weder die privaten noch den öffentlichen Rechnungslegungssysteme seien in der Lage gewesen, eine Frühwarnung abzugeben. Die Indikatoren seien nicht darauf ausgerichtet gewesen, anzuzeigen, dass die Wachstumsleistung der Weltwirtschaft zwischen 2004 und 2007 möglicherweise auf Kosten des künftigen Wachstums erzielt worden war. Wäre man sich der Grenzen von Standardmessgrößen wie dem BIP bewusster gewesen, hätte es in den Jahren vor der Krise weniger Euphorie über die Wirtschaftsleistung gegeben, so der Bericht der Kommission (S. 9). Messgrößen, die eine Bewertung der Nachhaltigkeit (z. B. der zunehmenden Verschuldung) beinhalten, hätten eine vorsichtigere Sicht auf die Wirtschaftsleistung ermöglicht.

Unter anderem gibt der Bericht der CMEPSP folgende Empfehlungen ab, die für eine Diskussion der Ökonomie des Gemeinwohls besonders relevant sind:

- Der Verteilung von Einkommen, Konsum und Vermögen soll ein höherer Stellenwert in der Analyse wirtschaftlicher Entwicklung zukommen.
- Die Einkommensmessung soll auf nicht marktbestimmte Tätigkeiten erweitert werden.
- Die Lebensqualität hängt von den objektiven Bedingungen und Fähigkeiten der Menschen ab. Es sollten Schritte unternommen werden, um die Messungen der Gesundheit, der Bildung, der persönlichen Aktivitäten und der Umweltbedingungen der Menschen zu verbessern. Insbesondere sollten erhebliche Anstrengungen unternommen werden, um robuste, zuverlässige Messgrößen für soziale Beziehungen, politische Mitsprache und Unsicherheit zu entwickeln und umzusetzen, die nachweislich die Lebenszufriedenheit vorhersagen können.
- Indikatoren für die Lebensqualität in allen erfassten Dimensionen sollten Ungleichheiten in umfassender Weise bewerten.
- Die Umweltaspekte der Nachhaltigkeit verdienen eine gesonderte Beobachtung auf der Grundlage ausgewählter physischer Indikatoren.

7.3.5 Die Wohlfahrtsindikatoren der Enquête-Kommission des Deutschen Bundestags

Einleitend wurde angedeutet, dass weltweit eine Vielzahl von Ansätzen zur Wohlstandsmessung diskutiert wird. Manche messen lediglich den materiellen Wohlstand, andere schließen auch nichtmaterielle Wohlstandsaspekte ein. In diesem Kapitel soll keine Systematisierung erfolgen und auch kein Anspruch auf Repräsentativität der vorgestellten Ansätze erhoben werden. Vielmehr geht es darum, in Form einer schlüssigen Darstellung vor dem Hintergrund der zentralen Diskussionen, auf welche im Laufe dieses Buchs immer wieder Bezug genommen wird, wesentliche gemeinwohlrelevante Überlegungen und Konzepte darzustellen und dabei übergeordnete Zusammenhänge zu verdeutlichen. An dieser Stelle soll hervorgehoben werden, dass auch im deutschsprachigen Raum eine intensive Auseinandersetzung mit den Möglichkeiten der multidimensionalen Erfassung von Wohlfahrt erfolgt.

Im Jahr 2010 beschloss der Deutsche Bundestag, eine Enquête-Kommission einzusetzen, um unter anderem zu prüfen, wie ein Wohlstandsmaß aussehen könnte, das Einflussfaktoren von Lebensqualität und gesellschaftlichem Fortschritt angemessen berücksichtigt.[4] Es sollte eine geeignete Grundlage geschaffen werden, um politische Entscheidungen anhand ökonomischer, ökologischer und sozialer Kriterien zu bewerten (Enquête-Kommission 2013). Die Kommission konstituierte sich Anfang 2011 und legte Mitte 2013 ihren Bericht vor. Am Ende der Diskussionen um ganzheitliche Wohlfahrtsmessung stand kein aggregierter Index,

---

[4] Eine aus fünf Projektgruppen der Kommission sollte sich mit dem „ganzheitlichen Wohlstands- bzw. Fortschrittsindikator" befassen. Die anderen Themenschwerpunkte lauteten: • Stellenwert von Wachstum in Wirtschaft und Gesellschaft, • Wachstum, Ressourcenverbrauch und technischer Fortschritt – Möglichkeiten und Grenzen der Entkopplung • Nachhaltig gestaltende Ordnungspolitik, und • Arbeitswelt, Konsumverhalten und Lebensstile.

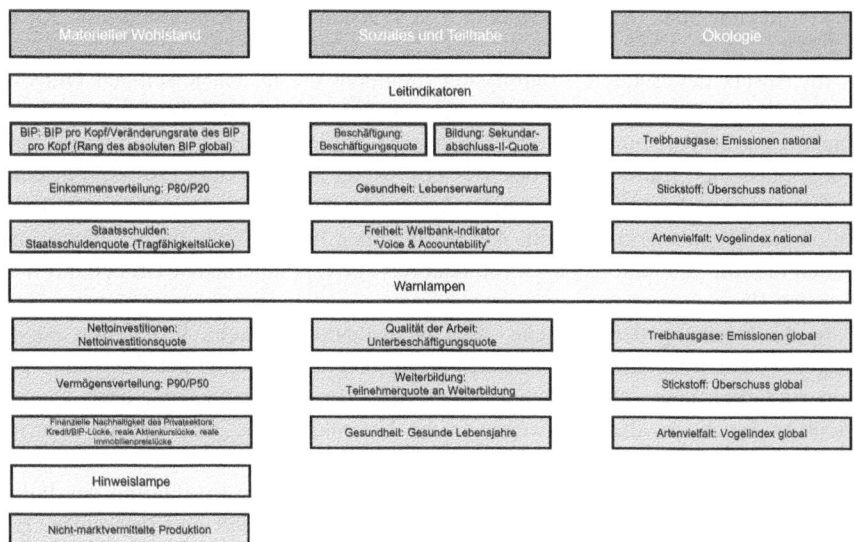

Abb. 7.2 Der Indikatorensatz mit Warnlampen im Detail. (Quelle: Enquête-Kommission 2013, S. 276)

innerhalb dessen gewichtete Einzelindikatoren verrechnet werden sollten, sondern ein Indikatorensatz, der so wenige Indikatoren wie möglich und so viele wie nötig berücksichtigen sollte (Jochimsen und Raffer 2018). Das Konzept baut auf drei Dimensionen auf: „Materieller Wohlstand", „Soziales und Teilhabe" und „Ökologie". Jede Dimension ist mit drei bis vier Leitindikatoren ausgestattet (Abb. 7.2). In der erstgenannten Dimension finden sich neben dem realen BIP pro Kopf die Einkommensverteilung des Nettoäquivalenzeinkommens anhand des Verhältnisses des oberen Fünftels zum unteren Fünftel sowie die Staatsschuldenquote.

Die Mischkategorie „Soziales und Teilhabe" stellt auf Bausteine ab, die in die Diskussion um Verwirklichungschancen fallen. Im Prinzip geht es um Bildungsvoraussetzungen, Gesundheit und positive Freiheit. Die ökologische Dimension wird an drei nationalen Indikatoren zur ökologischen Nachhaltigkeit festgemacht: Treibhausgasemissionen, Stickstoffbilanz und Biodiversitätsverlust (als Verlust an Artenvielfalt anhand des „Vogelindexes").

Die vielfältige Kritik an der Wahl der Indikatoren findet sich in Form von „Sondervoten" im Bericht der Kommission. Beispielsweise wird Kritik an den Leitindikatoren zur Ökologie deutlich: Nationale Werte würden gegebenenfalls Handlungsspielräume der Politik darstellen, doch sie würden keinesfalls dem Ziel gerecht, die tatsächliche Veränderung der Lebens- und Entfaltungsmöglichkeiten von Menschen in Deutschland zu messen. Hier hätten Indikatoren gewählt werden müssen, welche die konkrete Lebenssituation von Bürgerinnen und Bürgern wiedergeben, beispielsweise bezüglich der Schadstoffbelastung der Luft, der

Wasserqualität oder der Versiegelung von Flächen (Enquête-Kommission 2013, S. 274).

Im Ansatz der Enquête-Kommission fungieren die in den jeweiligen Dimensionen als „Warnlampen" angeführten Indikatoren als Frühwarnsystem, so beispielsweise die Fort- und Weiterbildungsquote, die in dem Bewusstsein eingeführt wurde, dass die „Halbwertzeit des Wissens" stetig abnimmt und insofern ein einmal erworbener Ausbildungsabschluss keine lebenslange Garantie für die Partizipation am Arbeitsmarkt darstellt. Als Warnlampen für die ökologische Dimension dienen die mit den nationalen Leitindikatoren korrespondierenden Größen auf der globalen Ebene.

In Anerkennung der Tatsache, dass nicht-marktvermittelte Produktion einen großen volkswirtschaftlichen Wertschöpfungsbereich darstellt, hat die Kommission zusätzlich eine entsprechende sogenannte Hinweislampe eingeführt. Dieser wichtige Aspekt ist allein deswegen in die Nebenkategorie gerutscht, da man in der Kommission von keinem Bewertungsansatz überzeugt war.

In ihrem Abschlussbericht empfahl die Kommission die Einführung des Indikatorenansatzes zur Abbildung und Messung von Wohlstand und Fortschritt. Es solle der möglichst niedrigschwellige Zugang für Bevölkerung und politische Entscheidungsträgerinnen und Entscheidungsträger ermöglicht werden. Man schlug die „Sichtbarmachung" des Indikatorensatzes in Form einer Installation „in einem zentralen Gebäude des Deutschen Bundestages" vor (Enquête-Kommission 2013, S. 286). Dazu ist es nie gekommen.

7.4 Die Agenda für nachhaltige Entwicklung

7.4.1 Eingang des Konzeptes von Nachhaltigkeit in den Entwicklungsbegriff

Der Nachhaltigkeitsbegriff hat durch den sogenannten BRUNDTLAND-Bericht (World Commission on Environment and Development 1987) Eingang in die Diskussion um globale Entwicklung gefunden. Die ehemalige norwegische Ministerpräsidentin GRO HARLEM BRUNDTLAND übernahm den Vorsitz in der Weltkommission für Umwelt und Entwicklung (*World Commission on Environment and Development*, WCED), die sich im Auftrag der Vereinten Nationen ab 1983 mit den langfristigen Perspektiven umweltverträglicher globaler Entwicklung auseinandersetzte. Während der Schwerpunkt des Brundtland-Berichts auf der Erhaltung einer intakten Umwelt liegt, wird doch ein denkbar breites Spektrum an Nachhaltigkeitsdimensionen angesprochen, vom Zugang zu angemessener Ernährung, über Wohnverhältnisse, Zugang zu sauberem Trinkwasser bis hin zu individueller Gesundheit. Allerdings nimmt der Bericht nicht explizit Bezug auf ein schlüssiges Konzept des Gemeinwohls.

Nachhaltige Entwicklung bildet in den bisher diskutierten wohlfahrtstheoretischen Betrachtungen eine nachgeordnete Rolle. Soweit SEN sich mit Nachhaltigkeit auseinandersetzt – im Wesentlichen in einem gemeinsam mit SUDHIR ANAND im Jahr 2000 verfassten Artikel (Anand und Sen 2000) – beschränkt er sich auf die Aussage, dass es um die Erhaltung und, sofern möglich, Ausweitung der wesentlichen Freiheiten der heutigen Menschen gehe, ohne die Fähigkeit künftiger Generationen zu gefährden, ähnliche oder größere Freiheiten zu genießen. Darüber hinaus gelte es diese über die gegenwärtigen Generationen hinausgehende zeitliche Betrachtung auch auf weitere Spezies auszuweiten (Sen 2009b).

7.4.2 SDGs: Nachhaltigkeit als Verpflichtung für alle UN-Mitglieder

Mit den Zielen für nachhaltige Entwicklung (englisch: *Sustainable Development Goals*, SDGs) der Vereinten Nationen hat die internationale Staatengemeinschaft im Jahr 2015 innerhalb der UN-Agenda 2030 einen Zielkatalog in Form eines international verbindlichen Rahmens vorgelegt, der die ökonomische, gesellschaftliche und ökologische Dimension berücksichtigt, um das globale Gemeinwohl zu maximieren. Als Zeithorizont für die Umsetzung der Ziele ist das Jahr 2030 anvisiert worden. Im Kontrast zu den im Jahr 2000 implementierten Millenniums-Entwicklungszielen (englisch: *Millennium Development Goals,* MDGs), die im Wesentlichen auf Entwicklungsländer ausgerichtet waren, haben sich sämtliche Mitgliedsstaaten der Vereinten Nationen auf die Verfolgung der SDGs verpflichtet.

Der Prozess der Ausformulierung der SDGs ist in jeder Beziehung inklusiv gewesen. Nicht nur waren UN-Mitgliedsstaaten aus sämtlichen Regionen der Welt und auf verschiedenen Stufen wirtschaftlicher Entwicklung gleichermaßen an der Erstellung des Konzepts beteiligt, auch wurden unterschiedlichste Akteursgruppen in die Prozesse einbezogen – von Nichtregierungsorganisationen bis zu Repräsentanten der Wirtschaft. Die Erstellung folgte der Beschlussfassung auf der Rio+20 UN-Konferenz im Jahr 2012, in Folge derer eine Offene Arbeitsgruppe mit vielfältiger Beteiligung gegründet wurde. Dieser Ansatz scheint, beispielsweise im Vergleich mit den MDGs, deutlich zu einer breiten Wahrnehmung und Unterstützung beigetragen zu haben.

Die deutsche Bundesregierung hat in Umsetzung der Ziele 2016 die sogenannte Nachhaltigkeitsstrategie auf den Weg gebracht. Im Zusammenhang dieses Buches sollen die Ziele herausgestellt werden, um zu verdeutlichen: Gemeinwohl kann kein statisches Konstrukt sein. Vielmehr erstrecken sich die Anforderungen auch in die Zukunft. Die Diskussion über den oft unterstellten Antagonismus von Gemeinwohl und Nachhaltigkeit soll unten noch einmal aufgegriffen werden.

17 übergeordnete Ziele decken die Bereiche ab, die für das Wohl der Menschheit als wesentlich gesehen werden, darunter einige mit expliziter Ausrichtung auf Verwirklichungschancen. Diese Ziele reichen von der Beseitigung von Armut und Hunger über Gesundheit, Bildung und Geschlechtergerechtigkeit hin zu nachhaltiger Energie, Klima, Umweltschutz und Frieden (Abb. 7.3). Nachhaltiges Wirtschaftswachstum wird als achtes Ziel formuliert. Dem Gesamtkonzept der Nachhaltigkeitsziele liegt die Idee wirtschaftlichen Fortschritts, der Innovation und des Ausbaus der Industrie zugrunde – unter Berücksichtigung sozialer

Abb. 7.3 Die 17 Ziele für nachhaltige Entwicklung der Vereinten Nationen. (Quelle: Vereinte Nationen, Bundesregierung)

Gerechtigkeit und ökologischer Verträglichkeit. Dass das Streben nach nachhaltiger Entwicklung in den SDGs als Gemeinschaftsaufgabe angesehen wird, drückt das siebzehnte Ziel aus, das die partnerschaftlichen Bemühungen betont. Hiermit ist im Wesentlichen die Unterstützung der Entwicklungsländer durch die führenden Industrienationen gemeint, doch werden in den Unterzielen auch die sogenannten Süd-Süd-Beziehungen angesprochen.

Die SDGs sind wiederum in Unterziele *(targets)* gegliedert. So wird das Ziel der Armutsreduktion („Armut in jeder Form und überall beenden") mithilfe der folgenden Unterziele operationalisiert, die bis zum Jahr 2030 umgesetzt werden sollen:

- Beseitigung der extremen Armut für alle Menschen überall auf der Welt, die derzeit als Menschen mit weniger als 1,25 US$ pro Tag gemessen wird
- Mindestens Halbierung des Anteils der Männer, Frauen und Kinder aller Altersgruppen, die in Armut leben, in all ihren Dimensionen gemäß den nationalen Definitionen
- Umsetzung national angemessener Sozialer Sicherungssysteme für alle und Erreichung einer wesentlichen Abdeckung der Armen und Schwachen
- Sicherstellung gleicher Rechte aller Männer und Frauen, insbesondere der Armen und Schutzbedürftigen, auf wirtschaftliche Ressourcen sowie Zugang zu grundlegenden Dienstleistungen, Eigentum und Kontrolle über Land und andere Formen von Eigentum, Erbschaft, natürliche Ressourcen, geeignete neue Technologien und Finanzdienstleistungen
- Stärkung der Widerstandsfähigkeit der Armen und der gefährdeten Bevölkerungsgruppen und Reduktion ihrer Gefährdung und Anfälligkeit gegenüber klimabedingten Extremereignissen und anderen wirtschaftlichen, sozialen und ökologischen Schocks und Katastrophen

- Gewährleistung einer erheblichen Mobilisierung von Ressourcen aus einer Vielzahl von Quellen, um den Entwicklungsländern, insbesondere den am wenigsten entwickelten Ländern, angemessene und vorhersehbare Mittel zur Umsetzung von Programmen und Strategien zur Beendigung der Armut in all ihren Dimensionen zur Verfügung zu stellen
- Schaffung solider politischer Rahmenbedingungen auf nationaler, regionaler und internationaler Ebene auf der Grundlage armutsorientierter und geschlechtersensibler Entwicklungsstrategien, um beschleunigte Investitionen in Maßnahmen zur Beseitigung der Armut zu unterstützen

Der globale Indikatorrahmen für die Ziele und Unterziele wurde von der *Inter-Agency and Expert Group on SDG Indicators* (IAEG-SDGs) entwickelt, im März 2017 vereinbart und in der darauffolgenden UN-Generalversammlung im Juli 2017 angenommen. Der Indikatorrahmen wird jährlich verfeinert in regelmäßigen Abständen umfassend überprüft. Der globale Indikatorrahmen wird durch Indikatoren auf regionaler und nationaler Ebene ergänzt, die von den Mitgliedstaaten entwickelt werden. In Deutschland ist das Statistische Bundesamt für die Koordination und Veröffentlichung der relevanten Daten zuständig.[5]

7.4.3 Können die SDGs das Gemeinwohl weltweit fördern?

Die Indikatoren sind recht schlicht gestaltet und dürften für Expertinnen und Experten aus den jeweils verwandten Fachgebieten etwas enttäuschend ausfallen. So werden hinsichtlich der oben angeführten ersten und zweiten Unterziele des Armutsziels schlicht Armutsquoten dokumentiert, in der deutschen SDG-Statistik beispielsweise die Armutsgefährdungsquoten nach der Definition des Statistischen Amts der Europäischen Union (Eurostat).

Das Verhältnis von Gemeinwohl und Nachhaltigkeit ist nicht eindeutig. Die Gemeinwohlidee wird sogar gelegentlich gegen legitime Nachhaltigkeitsziele mobilisiert. Wenn Gemeinwohl allerdings nicht zur ökologischen Zerstörung im globalen Ausmaß beitragen soll, muss es darum gehen, die beiden Konzepte stets gemeinsam zu verstehen (Weidner 2002). Der Idee, dass Gemeinwohl zukünftigen Interessen entgegenstehen könnte, liegt eine statische Interpretation zugrunde. Die SDGs gehen elegant damit um. Wenn sie auch die Nachhaltigkeit wie eine Monstranz vor sich hertragen, muss die Evidenz, dass es sich bei den Maßnahmen, die Indikatoren in die richtige Richtung bewegen, tatsächlich um nachhaltige handelt, nicht erbracht werden. Damit wäre ein auf insgesamt 15 Jahre angelegtes multilaterales Politikprojekt auch überfordert. Die Wichtigkeit der Frage, inwieweit Gemeinwohl und Nachhaltigkeit einander im Weg stehen oder inwieweit sie sich

---

[5] Seit 2019 berichtet das Statistische Bundesamt auf einer separaten Website über die Entwicklung der globalen Nachhaltigkeitsziele: sdg-indikatoren.de.

gegenseitig bedingen, ist durch den Blick auf die SDGs deutlich geworden und soll an späterer Stelle noch ausführlicher diskutiert werden.

7.4.4 Integration des Ansatzes der Verwirklichungschancen in die SDGs

Als Paket mit vielen Facetten ist fraglich, inwieweit die Ziele für nachhaltige Entwicklung den Ansatz der Verwirklichungschancen integrieren, wie er sich bei SEN und NUSSBAUM entfaltet. Nach diesem Ansatz wäre das Ziel der globalen Entwicklung, den Menschen ein erfülltes und kreatives Leben zu ermöglichen, in welchem sie ihr Potenzial entfalten und eine sinnvolle Existenz aufbauen können, die ihrer Menschenwürde entspricht (Nussbaum 2011b). Die SDGs umspannen ein weites Feld an Themenfeldern mit transformativem Potenzial und sind breiter angelegt als die praktischen Konzepte, die unmittelbar aus dem Konzept der Verwirklichungschancen hervorgegangen sind. Die Betonung der Nachhaltigkeit wiederum bringt einen Aspekt in die Diskussion des Gemeinwohls, der im Ansatz der Verwirklichungschancen nicht explizit ausgearbeitet wurde, nämlich das Konzept der Generationengerechtigkeit. Der Verwirklichungschancen-Ansatz liefert insofern gegebenenfalls nur eine partielle Theorie der Gerechtigkeit mit dem Schwerpunkt auf *intra*generationeller Gerechtigkeit (Rauschmayer et al. 2020). Die SDGs beinhalten vieles von dem, was aus der Perspektive des Verwirklichungschancen-Ansatzes wünschenswert ist. Dennoch ist das Konstrukt bei gleichzeitiger Betonung der Nachhaltigkeit durchgängig von der Idee dauerhaften wirtschaftlichen Wachstums geprägt. Wenn sich die Ziele jenseits des Auftrags an Regierungen weltweit auch ausdrücklich an Zivilgesellschaft, Privatwirtschaft und Wissenschaft richtet, impliziert der „Auftrag" der SDGs bestimmte Verantwortungsträger und Machtstrukturen. Der Verwirklichungschancen-Ansatz kann einen analytischen Rahmen für die kritische Evaluation der Ziele und Prozesse der Agenda 2030 bieten. Insbesondere lässt sich vor diesem Hintergrund noch einmal analysieren, welches Gemeinwohlkonzept dem globalpolitischen Ansatz zugrunde liegt, welche Unterziele tatsächlich einen Weg zur Maximierung des Gemeinwohls aufzeigen und wie eine Messung der Zielerreichung erfolgen könnte.

Box 7.3: Unterziel 3.8 – Allgemeine Absicherung im Krankheitsfall zur Verbesserung des Wohlergehens und der sozialen Gerechtigkeit
Das dritte Ziel der SDGs ist folgendermaßen formuliert: „Gesundes Leben für alle – ein gesundes Leben für alle Menschen jeden Alters gewährleisten und ihr Wohlergehen fördern". Damit wird an den Slogan der WHO Health For All angeknüpft, während gleichzeitig Demographie, Verhältnisprävention und Gesundheitsförderung mit anklingen. Fraglich ist, ob das Ziel die Einordnung des SDG-Zielkatalogs als multidimensionale Reflexion des Gemeinwohls stützt.
    Es soll hier illustrativ ein Unterziel dargestellt werden: Unterziel 3.8 lautet „Allgemeine Gesundheitsversorgung, einschließlich der Absicherung gegen finanzielle Risiken, den Zugang zu hochwertigen grundlegenden Gesundheitsdiensten und den Zugang zu sicheren, wirksamen, hochwertigen und bezahlbaren unentbehrlichen Arzneimitteln und Impfstoffen für alle erreichen".

Allgemeine Gesundheitsversorgung (englisch: *Universal Health Coverage,* UHC) beschreibt die Idee, allen Menschen Zugang zu den benötigten Gesundheitsdiensten (einschließlich Prävention, Förderung, Behandlung und Rehabilitation) zu gewähren und sicherzustellen, dass die Inanspruchnahme dieser Leistungen Nutzerinnen und Nutzer nicht in finanzielle Bedrängnis bringt. Dieses Unterziel impliziert also nicht mehr und nicht weniger, als dass die Mitgliedstaaten der Vereinten Nationen funktionierende und faire Gesundheitssysteme implementieren oder ausbauen. Die Indikatoren, die diesem Unterziel zugeordnet sind, sollen die umfassende Abdeckung von Gesundheitsleistungen und das Ausmaß der finanziellen Absicherung erfassen.

Der UHC-Index des Leistungsumfangs (englisch: *Service Coverage Index,* SCI) bildet die offizielle Messgröße für den SDG-Indikator 3.8.1. Er wurde im Rahmen eines mehrjährigen Prozesses entwickelt, der Länderfallstudien, Konsultationen mit Gesundheitsbeamten und eine offizielle WHO-Konsultation mit den Mitgliedstaaten umfasste. Der SCI ist der durchschnittliche Erfassungsgrad von Tracer-Indikatoren in vier wesentlichen Gesundheitsbereichen: 1) Reproduktive Gesundheit sowie Gesundheit von Müttern, Neugeborenen und Kindern, 2) Infektionskrankheiten, 3) nichtübertragbare Krankheiten und 4) Leistungskapazität und Zugang. Er ist aus den geometrischen Mittelwerten der 14 Tracer-Indikatoren konstruiert – zunächst innerhalb jedes der vier Bereiche und dann über die vier kategoriespezifischen Mittelwerte hinweg, um den endgültigen Gesamtindex zu erhalten. Die 14 Indikatoren geben keinen vollständigen Leistungskatalog wieder und sie erfassen auch nicht die gesundheitlichen Ergebnisse der erbrachten Leistungen. Sie liefern jedoch einen klaren Hinweis auf den Zugang der Bevölkerung zu den von den meisten Bevölkerungsgruppen benötigten Gesundheitsleistungen über alle soziodemografischen Gruppen hinweg. Der für 183 Mitgliedstaaten berechnete UHC-SCI wird auf einer Skala von 0 bis 100 dargestellt, wobei höhere Werte eine bessere Leistung anzeigen. Es werden keine arithmetischen Mittelwerte, sondern geometrische Mittelwerte gebildet, da diese eine gleichmäßige Abdeckung über alle Dienste hinweg begünstigen und nicht eine höhere Abdeckung für einige Dienste auf Kosten anderer. Da der Index auf geometrischen Mittelwerten basiert und eine Skalierung der Indikatoren für den Erfassungsgrad von Nicht-Interventionen beinhaltet, lassen sich die gemeldeten Werte nicht direkt in den Prozentsatz der Bevölkerung umrechnen, dem die Leistungen zugutekommen. Sie können jedoch als aussagekräftige Kennzahlen angesehen werden.

Der SDG-Indikator 3.8.2 definiert „katastrophale Gesundheitsausgaben" als Gesundheitsausgaben, die aus eigener Tasche gezahlt werden *(Out-of-Pocket)* und 10 % bzw. 25 % des Haushaltsbudgets (Gesamtverbrauch oder Einkommen) übersteigen. Die SDG-bezogenen Indikatoren zur finanziellen Absicherung stellen dabei eine direkte Verbindung zwischen UHC und SDG 1 her – „Armut in all ihren Formen überall beenden". Sie konzentrieren sich auf die Inzidenz der Verarmung aufgrund von *Out-of-Pocket*-Gesundheitsausgaben und die darauf zurückzuführende Armutslücke. Die Inzidenz wird gemessen als die Veränderung der Armutsquote aufgrund der Einbeziehung oder Nichtberücksichtigung von *Out-of-Pocket*-Gesundheitsausgaben bei der Messung des Wohlstands der Haushalte, auf Basis entweder des Konsums oder des Einkommens (der Konsum ist das bevorzugte Maß). Die Lücke ist die Veränderung des Ausmaßes der Armut aufgrund der Einbeziehung oder Nichtberücksichtigung von *Out-of-Pocket*-Gesundheitsausgaben bei der Messung des Wohlstands der Haushalte. Sie erfasst die Auswirkungen der *Out-of-Pocket*-Gesundheitsausgaben auf arme Menschen (d. h. Menschen, die unterhalb der Armutsgrenze leben, unabhängig davon, ob die Gesundheitsausgaben in die Messung des Wohlstands der Haushalte einbezogen werden oder nicht)(vgl. auch die Ausführungen zur Armutslücke in Kap. 4). Für das globale Monitoring werden drei Armutsgrenzen verwendet, um die gegenseitige Abhängigkeit zwischen der Beseitigung der Armut und der allgemeinen Gesundheitsversorgung zu verdeutlichen: eine absolute Armutsgrenze für extreme Armut, die mit 1,90 US$ pro Tag (in Kaufkraftparitäten 2011) definiert ist und der mittleren nationalen Armutsgrenze von Ländern mit niedrigem Einkommen entspricht; eine höhere Armutsgrenze von 3,20 US$ pro Tag (in KKP 2011), die dem Standard entspricht, der in der Regel von Ländern mit niedrigem und mittlerem Einkommen zur Bewertung des nationalen Armutsniveaus verwendet wird, und die relative Armutsgrenze von 60 % des mittleren täglichen Pro-Kopf-Verbrauchs oder -Einkommens, die der relativen Armutsgrenze am nächsten kommt, die von Eurostat zur Überwachung der Armut in der Europäischen Union verwendet wird (ausführlich mit ersten umfassenden Ergebnissen zu den Indikatoren des Unterziels 3.8: World Health Organization 2019).

Äußerst detaillierte und umfangreiche Informationen (Metadaten) zu den Definitionen der Indikatoren zu den Unterzielen der SDGs, ihrer Begründung, Beschränkungen, Berechnungshinweise, Datenquellen, möglichen regionalen Unterschieden, zeitlichen Besonderheiten und mehr sind auf der Website der Statistikabteilung der Vereinten Nationen (*United Nations Statistics Division, UNSD*).[6]

7.5 Der 2021 Multidimensional Poverty Index (2021 MPI)

7.5.1 Facetten der Armut

Es war wiederum AMARTYA SEN, der Armut in Verbindung gebracht hat mit eingeschränkten Verwirklichungschancen, nicht ohne anzuerkennen, dass eine der wesentlichen *Ursachen* von Armut im niedrigen Einkommen zu sehen ist, dem Standardkriterium der Messung von Armut (Abschn. 4.6 und 4.7). Armut lasse sich sinnvollerweise als Mangel an Fähigkeiten als Verwirklichungschancen identifizieren, so SEN (Sen 1999b). Diese seien *intrinsisch* wichtig, im Gegensatz zu niedrigem Einkommen, das nur *instrumentell* von Bedeutung sei. Es gibt also andere Einflüsse auf die Deprivation von Verwirklichungschancen als ein niedriges Einkommen. Nachdem SEN die Entbehrung von Verwirklichungschancen als tatsächliche Armut („real poverty") bezeichnet, geht er so weit zu erklären, dass der instrumentelle Zusammenhang zwischen niedrigem Einkommen und geringer Leistungsfähigkeit vom Lebenskontext (z. B. Gemeinde oder Familie) abhängig ist und sogar individuell variiert, dass also die Auswirkungen des Einkommens auf die Verwirklichungschancen von Bedingungen abhängen (Sen 1999b, S. 87 f.). Damit ist eine Brücke zwischen der strengen ökonomischen Armutsdefinition geschlagen, wie sie Gegenstand des Kap. 4 ist, und einem „soziologischen" Verständnis, wie beispielsweise bereits bei WALTER RUNCIMAN (1966). Um den begründeten Versuch, die Beschränkung der relevanten Verwirklichungschancen zu erfassen, um beispielsweise gesellschaftliche und wirtschaftliche Entwicklung erklären und Handlungsanweisungen ableiten zu können, geht es in der multidimensionalen Armutsmessung.

Als Produkt der Weiterentwicklung des *Human Development Report* (HDR), eigentlich ein „Begleiter" des HDI (s. Abschn. 7.3), soll der multidimensionalen Armutsbetrachtung noch einmal davon losgelöst Aufmerksamkeit zuteilwerden. Die Ausführungen zur Armutsmessung in den Kap. 4 und 5 haben bereits anklingen lassen, dass es sich bei Armut um ein Phänomen mit vielen Facetten handelt. Die Beschränkungen sowohl absoluter als auch relativer Konzepte, die sich an Einkommen oder Vermögen orientieren, sind deutlich geworden. Oben wurde

---

[6] URL: https://unstats.un.org/sdgs/.

darauf hingewiesen, dass sich die internationale Armutsstatistik häufig auf die publizierten Armutsgrenzen, beispielsweise die von der Weltbank 2015 berechnete Internationale Armutsgrenze von 1,90 US$ (in der Kaufkraft von 2012) beziehen (Abschn. 4.6). Die Autorinnen und Autoren des seit 2010 gepflegten multidimensionalen Armutsindex (*Multidimensional Poverty Index,* MPI), die *Oxford Poverty and Human Development Initiative* an der Universität Oxford und das *Human Development Report Office* des UNDP, betrachten den MPI als Ergänzung zur globalen Messung der absoluten Armut, indem sowohl ermittelt wird, welche Personen arm sind, als auch, in welcher Weise diese Personen arm sind.

7.5.2 Gesundheit, Bildung und Lebensstandard als Indikatoren für Armut

Der MPI misst die akute multidimensionale Armut in mehr als 100 Entwicklungsländern. Dazu misst er die Entbehrungen jeder Person anhand von 10 Indikatoren in drei gleich gewichteten Dimensionen: Gesundheit, Bildung und Lebensstandard. Es geht darum, die relevanten Lebensumstände der Menschen in die Analyse einzubeziehen und angemessen zu berücksichtigen. Der Index wird jährlich aktualisiert, um neu veröffentlichte Erhebungen einzubeziehen und neue Analysen zu veröffentlichen (United Nations Development Programme 2021) (Tab. 7.2).

7.5.3 Verknüpfung des MPI mit anderen mehrdimensionalen Ansätzen

Die Auseinandersetzung mit Armutsdimensionen darf in der Diskussion um Indikatoren zur Erfassung des Gemeinwohls als wichtig gelten, da Hürden zur Entwicklung von Fähigkeiten in Armut und ihren einzelnen Dimensionen begründet liegen. Armut impliziert beispielsweise Einschränkungen hinsichtlich jeder einzelnen der zehn zentralen, von MARTHA NUSSBAUM herausgestellten, Fähigkeiten (Abschn. 7.2), darunter insbesondere ein Leben von normaler Länge führen zu können, körperliche Gesundheit und Unversehrtheit, gesellschaftliche Teilhabe und materielle Sicherheit. Die Fähigkeiten etablieren Freiheiten im Sinne der substanziellen Möglichkeiten, die der Einzelne erhält, um das Leben zu führen, das er wertschätzt.

Wie auch beim Versuch, sämtliche Dimensionen eines möglichen multidimensionalen Gemeinwohlkonzepts zu definieren (und die Herleitung NUSSBAUMs eines Capability-Konzepts mag anschaulich dafür herhalten), gibt es auch bei der Ableitung relevanter Dimensionen für einen Armutsindex alternative Routen. Es ist kein Zufall, dass die drei Dimensionen des MPI, Gesundheit, Bildung und Lebensstandard, grundsätzlich die gleichen wie beim HDI sind. Innerhalb dieser drei Bereiche finden sich die Voraussetzungen für menschliche Entwicklung.

Tab. 7.2 Dimensionen, Indikatoren und Gewichte des globalen MPI. (Quelle: In Anlehnung an United Nations Development Programme (2021))

Dimensionen der Armut	Indikator	Depriviert, wenn Mitglied eines Haushalts, in welchem …	Gewicht
Gesundheit	Ernährung	… ein Erwachsener unter 70 Jahren oder ein Kind unterernährt ist, sofern Informationen über die Ernährung vorliegen.*	1/6
	Kindersterblichkeit	… in den fünf Jahren vor der Erhebung ein Kind unter 18 Jahren in der Familie gestorben ist.	1/6
Bildung	Schulausbildung in Jahren	… kein Haushaltsmitglied im "Einschulungsalter + sechs Jahre" oder älter eine mindestens sechsjährige Schulausbildung abgeschlossen hat.	1/6
	Schulbesuch	… ein Kind im schulpflichtigen Alter nicht bis zum Abschluss der achten Klasse zur Schule geht.	1/6
Lebensstandard	Brennstoff zum Kochen	… mit Dung, Holz, Holzkohle oder Kohle gekocht wird.	1/18
	Sanitäre Anlagen	… die sanitären Einrichtungen nicht (gemäß den SDG-Richtlinien) verbessert sind oder aber verbessert sind, aber mit anderen Haushalten geteilt werden.	1/18
	Trinkwasser	… kein Zugang zu verbessertem Trinkwasser (gemäß den SDG-Richtlinien) besteht oder verbessertes Trinkwasser mindestens 30 Minuten Fußweg von der Wohnung entfernt ist (Hin- und Rückweg).***	1/18
	Elektrizität	… es keinen Zugang zu Elektrizität gibt.	1/18

(Fortsetzung)

7.6 Mehrdimensionale Glücksmessung im *World Happiness Report*

7.6.1 Glück und Entwicklung

DANIEL KAHNEMAN und ANGUS DEATON, beide mit dem Wirtschaftsnobelpreis ausgezeichnet, haben festgestellt, dass Besserverdienende im Allgemeinen über eine höhere Lebenszufriedenheit berichten, dass aber das tägliche emotionale

Tab. 7.2 (Fortsetzung)

Dimensionen der Armut	Indikator	Depriviert, wenn Mitglied eines Haushalts, in welchem …	Gewicht
	Unterkunft	… mindestens eines der drei Baumaterialien für Dach, Wände und Boden unzureichend ist: der Boden besteht aus natürlichen Materialien und/oder das Dach und/oder die Wände sind aus natürlichen oder rudimentären Materialien.	1/18
	Vermögenswerte	… nicht mehr als eines der folgenden Güter vorhanden sind: Radio, Fernseher, Telefon, Computer, Viehwagen, Fahrrad, Motorrad oder Kühlschrank, und zum Besitz kein Auto oder Lastwagen zählt.	1/18

[*] Erwachsene im Alter von 19 bis 70 Jahren (229 bis 840 Monate) gelten als unterernährt, wenn ihr Body Mass Index (BMI) unter 18,5 liegt. Für Kinder kommen die entsprechenden WHO-Kriterien zur Anwendung.

[**] Ein Haushalt hat dann Zugang zu verbesserten sanitären Einrichtungen, wenn er über eine Toilette mit Wasserspülung oder eine Latrine, eine belüftete verbesserte Grube oder eine Komposttoilette verfügt, vorausgesetzt, sie werden nicht gemeinsam genutzt.

[***] Ein Haushalt hat dann Zugang zu verbessertem Trinkwasser, wenn es sich bei der Wasserquelle um eine der folgenden Arten handelt: Leitungswasser, öffentlicher Wasserhahn, Bohrloch oder Pumpe, geschützter Brunnen, geschützte Quelle oder Regenwasser.

Wohlbefinden der Menschen nur bis zu einer fixen Einkommensgrenze steigt (Kahneman und Deaton 2010). Offensichtlich existieren weitere Faktoren jenseits des Einkommens. Die ökonomische Glücksforschung (happiness economics) setzt sich vor dem Hintergrund mit den Dimensionen von Glück auseinander, dass diese Größe, auf deren Definition noch einzugehen sein wird, auch eine wesentliche Determinante wirtschaftlicher Entwicklung darstellt.

Im Juli 2011 nahm die Generalversammlung der Vereinten Nationen Resolution 65/309 an, mit welcher die Mitgliedstaaten eingeladen wurden, die Ausarbeitung neuer Konzepte zur Erfassung der Bedeutung des Strebens nach Glück und Wohlbefinden für die Entwicklung mit voranzubringen. Bereits im Folgejahr erschien der erste *World Happiness Report* der Vereinten Nationen, herausgegeben von den Ökonomen JOHN F. HELLIWELL, RICHARD LAYARD und JEFFREY SACHS. HELLIWELL hatte sich gemeinsam mit KAHNEMAN und ED DIENER bereits intensiv mit den internationalen Unterschieden des Wohlergehens auseinandergesetzt und das Glücklichsein einbezogen (Diener et al. 2010). Die Schritte zur Glücksmessung auf der Ebene der Vereinten Nationen sind nicht als ein von den anderen international verfolgten Aktivitäten der mehrdimensionalen Annäherung an menschliche Entwicklung losgelöstes Programm zu betrachten. Vielmehr beziehen sich die Initiatoren explizit auf die in diesem Kapitel dargestellten Konzepte, so die dem Brundtland-Bericht entstammenden Ansätze zur Nachhaltigkeitsmessung, die Darstellungen im CMEPSP-Bericht und den HDI.

7.6.2 Berechnung und Vergleich von Glück weltweit

In der Einleitung zum *World Happiness Report* 2012 unterscheidet SACHS zwischen subjektivem Glück, das auch als „affektives Glück" bezeichnet wird und mit den alltäglichen Freuden und Sorgen zu tun hat, und „evaluativem Glück", das sich auf jene Dimensionen des Lebens bezieht, die zu einer allgemeinen Zufriedenheit oder Unzufriedenheit mit dem eigenen Platz in der Gesellschaft führen (Helliwell et al. 2012). Hierzu zählen Einkommen, mentale und körperliche Gesundheit, Vertrauen in Institutionen („soziales Kapital") oder auch die gesellschaftliche Teilhabe. Es besteht allgemein Einigkeit darüber, dass kombinierte Ergebnisse – basierend auf subjektiven und evaluativen Daten – für eine mögliche Politikgestaltung genutzt werden sollten. Glück unterscheidet sich nicht nur systematisch von Gesellschaft zu Gesellschaft, sondern hängt auch von der zeitlichen Dimension ab. Die internationale Dimension und die Zeitabhängigkeit sind in den *World Happiness Reports* der letzten Jahre dargestellt worden.

Box 7.4: Bhutans Bedeutung für die Glücksmessung
1972 erklärte der König des südasiatischen Landes Bhutan, JIGME SINGYE WANGCHUK, man würde fortan die Entwicklung des Landes anhand eines Maßes des Bruttonationalglücks und nicht mittels des Bruttonationaleinkommens messen. Ein Index misst seitdem das kollektive Glück und Wohlbefinden der Bevölkerung. Das Konzept besagt, dass eine nachhaltige Entwicklung einen ganzheitlichen Ansatz in Bezug auf den Begriff des Fortschritts verfolgen und nicht-wirtschaftlichen Aspekten des Wohlbefindens die gleiche Bedeutung beimessen sollte. Der Bruttonationalglücksindex ist auch in der am 18. Juli 2008 in Kraft getretenen Verfassung von Bhutan als Ziel der Regierung von Bhutan verankert. Gemäß dem Ansatz Bhutans basiert das Bruttonationalglück auf den folgenden vier Säulen:

- Nachhaltige und gerechte sozioökonomische Entwicklung;
- Erhaltung der Umwelt;
- Bewahrung und Förderung der Kultur; und
- gute Regierungsführung.

Die im Text erwähnte UN-Resolution von 2011 bezieht sich explizit auf das Konzept Bhutans und fordert die Mitgliedstaaten auf, dem Beispiel Bhutans zu folgen und Glück und Wohlbefinden zu messen, und Glück als „fundamentales menschliches Ziel" zu betrachten. 2012 beriefen Bhutans damaliger Premierminister JIGME THINLEY und der damalige Generalsekretär der Vereinten Nationen, BAN KI-MOON, ein hochrangiges Treffen zum Thema *Well-being and Happiness: Defining a New Economic Paradigm* ein, um die Verbreitung der Bruttonationalglücks-Philosophie von Bhutan zu propagieren. Auf diesem hochrangigen Treffen wurde der erste Weltglücksbericht veröffentlicht. Kurz darauf wurde der 20. März von den Vereinten Nationen zum Internationalen Tag des Glücks erklärt.
　　Die Vielfalt glücksbestimmender Faktoren illustriert das Beispiel des Fernsehens: Als dieses im Jahr 1999 mit der Aufhebung des zuvor bestehenden Banns in Bhutan eingeführt wurde wurde, bezeichnete König JIGME SINGYE WANGCHUK den Schritt als wesentlichen Beitrag zum Bruttonationalglück. Der Beitrag des Fernsehens zum Glück der Bürgerinnen und Bürger Bhutans ist allerdings umstritten. In einem Beitrag der britischen Zeitung *The Guardian* aus dem Jahr 2003

wird eine nationale Quelle wie folgt zitiert: *„We are seeing for the first time broken families, school dropouts and other negativ youth crimes. We are beginning to see crime associated with drug users all over the world – shoplifting, burglary and violence.“*[7]

Die Bewertungsdimensionen des jährlich erscheinenden *World Happiness Report* wurden über die Zeit modifiziert. Der *World Happiness Report 2020,* der achte Bericht seit dem ersten Erscheinen, misst die Dimensionen (Helliwell et al. 2020)

- Bruttoinlandsprodukt (BIP) pro Kopf: in Kaufkraftparitäten (in Internationalen US-Dollar des Jahres 2011) auf Grundlage von Daten der Weltbank und der OECD
- Sozialer Zusammenhalt:
  nationaler Durchschnitt der binären Antworten [0 = nein, 1 = ja] auf die *Gallup World Poll* (GWP)-Frage „Wenn Sie in Schwierigkeiten wären, haben Sie Verwandte oder Freunde, auf die Sie zählen können, dass sie Ihnen helfen, wenn Sie sie brauchen, oder nicht?"
- Gesunde Lebenserwartung bei Geburt:
  basierend auf Daten des WHO Global Health Observatory
- Freie Entfaltung der Persönlichkeit („freedom to make life choices"): nationaler Durchschnitt der binären Antworten auf die GWP-Frage „Sind Sie zufrieden oder unzufrieden mit Ihrer Freiheit, zu wählen, was Sie in Ihrem Leben tun?"
- Großzügigkeit:
  Residuum der Regression des nationalen Durchschnitts der GWP-Antworten auf die Frage „Haben Sie im letzten Monat im letzten Monat Geld an eine Wohltätigkeitsorganisation gespendet?" auf das Pro-Kopf-BIP
- Wahrgenommene Korruption: Durchschnitt der binären Antworten auf die zwei GWP-Fragen „Ist Korruption in der Regierung weit verbreitet oder nicht?" und „Ist die Korruption in Unternehmen verbreitet oder nicht?" (Wo Daten zur Korruption in der Regierung fehlen, wird die Wahrnehmung der Korruption in Unternehmen als Messung der Korruptionswahrnehmung verwendet.)

Die Scores entsprechen nicht einem irgendwie gewichteten Index aus den sechs Faktoren, sondern basieren auf den eigenen Einschätzungen der Befragten zu ihrem Leben, dargestellt auf Grundlage ihrer Antworten auf die CANTRIL-Leiter-Frage (benannt nach dem US-amerikanischen Psychologen HADLEY CANTRIL). Hier stufen die Befragten selbst ihre Lebenszufriedenheit auf einer 11-Punkte Skala ein (10 steht für das bestmögliche Leben, 10 für das schlechtest mögliche). Die sechs Variablen werden nun genutzt, um Variationen des Glücks zwischen den Ländern zu erklären, und um zu zeigen, wie die Faktoren die Messung des erlebten Wohlbefindens beeinflussen und wie sie zur Erklärung höherer Lebensbewertungen beitragen. Die Scores ergeben sich aus dem Regressionsmodell.

---

[7] https://www.theguardian.com/theguardian/2003/jun/14/weekend7.weekend2 (zuletzt abgerufen am 23.08.2022).

Als methodischer Kniff wird in der Evaluation der nationalen Gesamtscores jeweils ein hypothetisches Land namens „Dystopia" verwendet, das Werte aufweist, die den weltweit niedrigsten nationalen Durchschnittswerten entsprechen. Die Wahl dieser Benchmark ermöglicht jedem realen Land einen Beitrag jedes der sechs Faktoren, der positiv oder zumindest Null ist.

7.6.3 Das größte Glück auf Erden

Gemäß dem *World Happiness Report 2020* ist Finnland das dritte Jahr in Folge das glücklichste Land der Welt. Es folgen Dänemark, die Schweiz, Island und Norwegen. Afghanistan erhielt die niedrigste Punktzahl, der Südsudan und Simbabwe lagen knapp darüber. Neben den Länderrankings wurden 2020 zum ersten Mal auch Städte in den *World Happiness Report* aufgenommen. Die glücklichste Stadt der Welt ist Helsinki, die Hauptstadt Finnlands. Der Bericht zeigt, dass das Glücksranking der Städte fast identisch mit dem der Länder ist, in denen sie liegen.

In den bislang erschienenen Berichten werden jeweils unterschiedliche Schwerpunkte gesetzt und der Beitrag menschlichen Glücks zur Entwicklung wird auf unterschiedlichen Ebenen analysiert. Über die Berichte hinweg wird deutlich, dass es im Interesse der menschlichen Entwicklung genauso sinnvoll sein kann, gezielte politische Maßnahmen zu ergreifen, um das Glück der Bevölkerung unmittelbar zu steigern, wie das Nationaleinkommen der Bevölkerung zu erhöhen.

Zunehmend wird in der Debatte um die Glücksmessung problematisiert, dass in unterschiedlichen Kulturen stark abweichende Wahrnehmungen von Glück existieren. Beispielsweise würden die Aspekte Gleichgewicht und Harmonie in „östlichen" Kulturen traditionell stärker betont und gewürdigt als im „Westen" und seien daher auch nicht so prominent in der „westlich" dominierten Literatur zur Glücksmessung vertreten (Lomas et al. 2022). Die Glücksempfindung im gesellschaftlichen Kontext hängt wiederum stark von der relativen Bedeutung der Gesellschaft im Bezug zum Individuum ab. Diesbezüglich existieren im globalen Kontext deutliche Unterschiede.

Es besteht ein innerlicher Zusammenhang mit dem Vorrang des Individuums vor der Gruppe oder der Gesellschaft und der westlichen Kultur. Diese diesbezügliche Dichotomie zwischen den Kulturen wurde bereits 1980 von dem niederländischen Sozialpsychologen Geert Hofstede in einem vieldiskutierten Werk beschrieben (Hofstede 2001). Viele Studien beziehen sich auf diese Ost-West-Schere. Es lassen sich zwar deutliche Unterschiede in unterschiedlichen für die Auffassung der gesellschaftlichen Wohlfahrt relevanten Dimensionen herausarbeiten (mit Blick auf die Frage grundlegender psychologischer Grundbedürfnisse nach Autonomie aufschlussreich: Yu et al. 2018). Gleichzeitig zeigen sich aber auch dramatische Verschiebungen hin zu mehr Individualismus auf der ganzen Welt, wobei die kulturellen Unterschiede nach wie vor beträchtlich sind (Santos et al. 2017). Die wesentliche Determinante dieser Verlagerung ist die wirtschaftliche Entwicklung.

Dabei prägen offensichtlich die typischen Phänomene die Verlagerungsdynamik: die Entwicklung in Richtung der Dienstleistungswirtschaft, die Relevanz beruflichen Prestiges, sich verändernde Bildungsniveaus und Verstädterung.

7.7 Implikationen für die Gemeinwohl-Betrachtung

Verstärkt seit den 1990er Jahren ist die Diskussion entbrannt, wie menschliche Entwicklung deutlicher an der gemeinen Wohlfahrt ausgerichtet werden kann. Über die sozialwissenschaftlichen Disziplinen hinweg wurde diskutiert, welche Bereiche menschlichen Zusammenlebens und -wirkens denn unmittelbar gemeinwohlrelevant seien und zum gemeinschaftlichen Nutzen und Glück beitrügen. Gleichzeitig befasste sich die philosophische Diskussion verstärkt mit den Voraussetzungen und öffnete sich Fragen der menschlichen, insbesondere wirtschaftlichen, Entwicklung im globalen Kontext. Im Interesse der Möglichkeiten, Entwicklungen zu vergleichen, doch auch, um die Wirkungen öffentlichen Handelns sowie nationaler und internationaler Politikmaßnahmen zu erfassen, bemühte man sich um messbare Indikatoren entlang der relevanten Dimensionen.

Mittlerweile existieren zahlreiche Konzepte, die sich um die Erfassung der gemeinen Wohlfahrt bemühen, wenn auch nicht notwendigerweise ausdrücklich mit dieser Zielformulierung. In jedem Fall wird deutlich, welche Größen in den entsprechenden Debatten durchweg als gemeinwohlrelevant gehandelt werden: Perspektiven der Menschenwürde, beispielsweise reflektiert in „Würde der Arbeit", gesellschaftliche Teilhabe, Verteilungsgerechtigkeit, Lebensstandard und Bildung. Hinzu kommen weitere Aspekte, wie soziale Kohäsion und Vertrauen sowie kulturelle Sicherheit. Zweifelsfrei lassen sich derartige Dimensionen weder trennscharf formulieren, noch wird es möglich sein, sämtliche direkten und indirekten Zusammenhänge umfassend herauszuarbeiten.

Objektivität und Willkürfreiheit sind wesentliche Anforderungen an Indikatoren, doch kann ein komplexer Begriff wie Wohlfahrt oder Gemeinwohl, der multidimensional ausgelegt wird und auf normativen Annahmen beruht, diesen Anforderungen kaum vollständig gerecht werden (van Suntum und Lerbs 2011). Weiteren Anforderungen an derartige Indikatoren, wie Datenverfügbarkeit und -qualität, sowie Kommunizierbarkeit und (wirtschafts-) politische Anwendungsbreite kommt im Entstehungsprozess häufig mehr Aufmerksamkeit zu. Die Vielfalt verwandter, aber bei weitem nicht deckungsgleicher Ansätze zur Messung der Wohlfahrt deutet bereits an, dass die Dimensionen des Gemeinwohls Gegenstand des gesellschaftlichen Diskurses sind und bleiben werden. Wenn man die Entwicklungsprozesse unterschiedlicher Indizes betrachtet, die auf der internationalen Ebene zum Einsatz kommen, oder wenn man reflektiert, wie die internationale Gemeinschaft zu den Zielen für nachhaltige Entwicklung gefunden hat, werden Potenzial und Notwendigkeit des Diskurses deutlich, der so einen eigenen genuinen Beitrag zum Gemeinwohl leistet. Wenn es nun der Diskurs um die Dimensionen der Zielgröße ist, dessen Fortsetzung zu gewährleisten ist, muss es gelten, die Voraussetzungen dafür sicherzustellen. An dieser Stelle lässt sich der Bogen zu den Ausführungen in Kap. 6 schlagen, in welchem die Relevanz eines auf demokratischen gesellschaftlichen Institutionen basierendes Interaktionsmodell als wesentliche Voraussetzung einer gerechten Gesellschaft vorgestellt wurde. Während also das kontinuierliche Ringen um die angemessene Auswahl, Abgrenzung und relative Gewichtung der Dimensionen gesellschaftlicher Wohlfahrt konstitutives Merkmal der Zielgröße selbst ist, wird die Bedeutung der Verwirklichungschancen nunmehr aus ihrer Notwendigkeit für die Sicherstellung des Diskurses deutlich.

Im Sinne eines Zwischenfazits kann festgehalten werden, dass es schwerlich eine Größe gibt, die das Gemeinwohl sinnvoll reflektieren könnte. Vielmehr kann eine Annäherung an den Begriff nur über eine Vielzahl von Dimensionen erfolgen, die allerdings gesellschaftlich immer wieder ausgehandelt werden müssen. Ein Augenmerk gesellschafts- und wirtschaftspolitischen Handelns muss auf der Gewährleistung dieser Verhandlungsprozesse liegen. Es mutet anmaßend an, den Gemeinwohldimensionen mit Gemeingültigkeitsanspruch Gewichte zuordnen zu wollen, denn auch die relative Bedeutung einzelner Dimensionen ergibt sich allein situativ. Das schließt nicht aus, dass vor dem Hintergrund bestimmter Zielsetzungen mit Bedacht gewichtete Indikatoren eingesetzt werden, deren Ableitung und Einfluss allerdings transparent gemacht werden müssten, wie bei den hier dargestellten Konzepten der Fall.

Gesundheit und Lebensqualität: Gemeinwohl aus der gesundheitsökonomischen Perspektive

8

Fragen und Themen in diesem Kapitel

- Welche Lehren für die Konzeptionalisierung von Gemeinwohl stecken in den theoretischen Ansätzen und Erfahrungen aus der gesundheitsökonomischen Diskussion?
- Wie hat sich das ökonomische Verständnis des Gutes Gesundheit entwickelt und welche (praktisch) relevanten Erkenntnisse lassen sich identifizieren?
- Welche Rolle spielen die einzelnen Dimensionen der Zielgröße Gesundheit?
- Welche gesellschaftlichen Faktoren beeinflussen Gesundheit und was sind mögliche gesundheits- und sozialpolitische Implikationen?
- In welcher Beziehung steht die *Health Equity*-Diskussion zu der breiteren Diskussion um soziale Gerechtigkeit und Verteilung?
- Welche Implikationen ergeben sich für die Ökonomie des Gemeinwohls?

8.1 Gemeinwohl und Wohlbefinden

8.1.1 Gesundheit – gesellschaftlich und individuell

Sowohl in der Umgangssprache als auch in der entsprechenden akademischen Literatur ist häufig vom gesundheitlichen Wohl die Rede, wenn es um die Zielgröße gesundheitsorientierter individueller oder gesellschaftlicher Maßnahmen geht. Es geht um das Ergehen, um das Gutgehen. Der Begriff des Wohls wird häufig auf gesundheitliche Dimensionen bezogen. Vom leiblichen und vom seelischen Wohl ist die Rede. Auf der individuellen Ebene wird auch vom Wohlbefinden gesprochen. Im Englischen geht es um das „health-related well-being".

© Der/die Autor(en), exklusiv lizenziert an Springer Fachmedien Wiesbaden GmbH, ein Teil von Springer Nature 2023
R. Menges und M. Thiede, *Die Ökonomie des Gemeinwohls*,
https://doi.org/10.1007/978-3-658-40105-4_8

Das gesundheitliche Wohl ist offensichtlich mit dem ökonomischen Gemeinwohl verbunden, bildet das erstere doch eine wesentliche Dimension der in den Kap. 6 und 7 diskutierten Verwirklichungschancen. Da ein gewisses Maß an physischer und psychischer Gesundheit eine unerlässliche Voraussetzung für wirtschaftliches Handeln darstellt, liegt die Gesundheitsförderung im Interesse staatlicher Institutionen. Unterschiedliche staatliche und halbstaatliche Akteure formulieren regelmäßig Gesundheitsziele und treffen Allokationsentscheidungen im Gesundheitssystem. Die Basierung der mit Gesundheitszielen einhergehenden Priorisierung und Umverteilung auf Betrachtungen der Effizienz und der Verteilungsgerechtigkeit würde der Legitimierung derartiger Zielsetzungen dienen. Innerhalb dieses Rahmens hat die Gesundheitsökonomie vielfältige instruktive Modellansätze entwickelt und stellt ein breites analytisches Instrumentarium bereit.

8.1.2 Gesundheit und Unsicherheit – oder: *Mors certa, hora incerta*

In den 1970er Jahren begannen die Wirtschaftswissenschaften, sich mit dem gesundheitlichen Wohlbefinden der Bevölkerung auseinanderzusetzen.[1] Auslöser war die sich im Zuge des demographischen Wandels und der Innovationsfreude des Gesundheitssektors für viele Gesundheitssysteme in Industrieländern ergebende Notwendigkeit, Ressourcen im Gesundheitssektor noch wirtschaftlicher einzusetzen. Bevor sich jedoch darüber diskutieren ließ, wie sich mit gegebenen Ressourcen ein besseres Ergebnis erzielen ließe, galt es, besser zu verstehen, in welcher Form denn das gesundheitliche Ergebnis erfasst und gemessen werden könnte. Entscheidungsträger im Gesundheitssektor, sowohl diejenigen, die im Rahmen der Behandlung kranker Menschen unmittelbar entscheiden, ob eine bestimmte Technologie eingesetzt wird, als auch diejenigen, die auf der Systemebene für die wirtschaftliche Verwendung solidarisch aufgebrachter Mittel verantwortlich sind, machen sich von jeher Gedanken, wie sich das von einer medizinischen Intervention resultierende gesundheitliche Wohl erfassen lässt. Dabei mögen die Perspektiven auf das gesundheitliche Wohl der unterschiedlichen Akteure voneinander abweichen. Ärztinnen und Ärzte sehen sich im Umgang mit einzelnen Patientinnen und Patienten in der Regel im Einklang mit der medizinischen Ethik der individuellen Gesundheit des Gegenübers verpflichtet. Unabhängig davon, ob es sich um eine Krankenkasse innerhalb der gesetzlichen Krankenversicherung

---

[1] Parallel zu diesem Thema diskutierten Ökonominnen und Ökonomen den monetären Wert des Lebens im Zusammenhang mit Kosten-Nutzen-Analysen, die sich auf Situationen bezogen, in denen menschliche Leben betroffen waren. Die Beispiele konnten im Gesundheitswesen angesiedelt sein (Mooney 1980), aber auch in anderen Bereichen öffentlicher Investitionen, etwa bei Infrastruktur- und Verkehrsprojekten (siehe beispielsweise Jones-Lee 1976). Es geht hier um den Wert eines statistischen Lebens, zu dessen Bestimmung vielfach offenbarte Präferenzen herangezogen werden (vgl. Textbox 2.2).

oder um die Abteilung einer Behörde in einem rein staatlichen Gesundheitssystem handelt: die Zielgröße für die Kostenträgerseite wird das gesundheitliche Wohl einer größeren Gemeinschaft Begünstigter oder der Gesellschaft als Ganzes sein.

In der Ökonomie hat man bald untersucht, welchen Wert einzelne Personen ihrer eigenen Gesundheit zumessen und in welcher Form Gesundheit das Verhalten von Wirtschaftssubjekten mitbestimmt. In einem vielzitierten Paper entwickelt der US-amerikanische Gesundheitsökonom MICHAEL GROSSMAN (*1942) ein Modell, in welchem Gesundheit zwei Rollen übernimmt (Grossman 1972). Zum einen wird Gesundheit um ihrer selbst willen nachgefragt, denn offensichtlich ist gute Gesundheit unmittelbar mit Wohlbefinden verbunden. Zum anderen stellt Gesundheit eine Voraussetzung für alle weiteren Aktivitäten dar und bildet insofern ein Element einer umfassenderen „Produktionsfunktion". In diesem Modell ist die individuelle Gesundheit nicht exogen, sondern hängt unter anderem davon ab, in welchem Umfang das Individuum wiederum in Gesundheit investiert. Investition in Gesundheitskapital, beispielsweise in Form medizinischer Leistungen im weitesten Sinne und zur Gesundheitsförderung aufgewendete Zeit, kompensiert dann wiederum den Kapitalverzehr durch Alterung – GROSSMANs Modell sieht eine exogene Abschreibungsrate vor – und gesundheitsabträgliche Aktivitäten. Gesundheit ist Konsumgut und Investitionsgut zugleich. In diesem Szenario „konkurriert" nun Gesundheit mit anderen Konsumgütern, und Zeit, die man mit Gesundheitsförderung verbringt, steht nicht für weitere Aktivitäten zur Verfügung. In der Modelltheorie folgen ein paar beachtenswerte Zusammenhänge: Es überrascht nicht, dass die Nachfrage eines Verbrauchers nach Gesundheit und medizinischer Versorgung positiv mit seinem Lohnsatz korreliert. Wenn die Abschreibungsrate für Gesundheit mit dem Alter zunimmt, so nimmt die nachgefragte Menge an Gesundheitskapital im Laufe des Lebenszyklus ab. Das liegt auf der Hand, denn mit dem Anstieg der Abschreibungsrate steigen die Grenzkosten für die Produktion gesunder Tage. Mit anderen Worten: Der Schattenpreis der Gesundheit steigt. Da die Individuen in GROSSMANs Modell mit völliger Gewissheit handeln, findet der Prozess sofort statt. GROSSMAN es so aus: „*Biological factors associated with aging raise the price of health capital and cause individuals to substitute away from future health until death is ‚chosen'*" (Grossman 1972, S. 240). Das Modell GROSSMANs ist von verschiedenen Seiten kritisiert worden. Ein Hauptkritikpunkt ist, dass das Modell die Existenz von Gewissheit voraussetzt. Eines der charakteristischsten Merkmale von Gesundheit außerhalb der GROSSMANschen Modellwelt ist die ihr innewohnende Unsicherheit. Im GROSSMAN-Modell hingegen wird die Abschreibungsrate für Gesundheit als bekannt vorausgesetzt, was logischerweise zu der Schlussfolgerung führt, dass jedes Individuum seinen Todeszeitpunkt selbst wählen kann.

Das Modell ist zur Grundlage für verschiedene empirische Studien zur Gesundheitsnachfrage geworden und es wurde vielfach modifiziert und variiert.[2] Es darf

---

[2] Dass die Kritik auch nach vierzig Jahren nicht abreißt (beispielsweise Zweifel 2012), deutet an, welchen Einfluss auf die gesundheitsökonomische Diskussion der Artikel MICHAEL GROSSMANS

gefolgert werden, dass der Erfolg des offensichtlich unterentwickelten Modellansatzes darin begründet liegt, dass er einen neuartigen Blick auf die ökonomischen Eigenschaften von Gesundheit wirft und dass auch verfeinerte Varianten dieses Ansatzes unterschiedliche Blicke auf die „marginale Rolle" der medizinischen Versorgung gestatten.

Viele Ökonominnen und Ökonomen verbreiten ein recht undifferenziertes Bild von Gesundheit. Es herrscht weitgehend Konsens über die grundsätzlichen Eigenschaften des Gutes Gesundheit:

- Gesundheit wird produziert. Gesundheitsproduktion lässt sich als Investition auffassen.
- Jeder Mensch ist mit einem gewissen Maß an Gesundheit ausgestattet.
- Auf der individuellen Ebene nimmt Gesundheit im Laufe eines Lebens tendenziell ab. Ursächlich sind Lebensstil und Alterung.
- Das Gut Gesundheit wird nicht gehandelt.

Im Wesentlichen geht es in der Gesundheitsökonomie um die Märkte für Gesundheitsgüter und -dienstleistungen, also die Inputs, die in die Produktion von Gesundheit fließen. Dabei werden beispielsweise Angebot und Nachfrage auf Gesundheitsmärkten vor dem Hintergrund der zahlreichen Gründe für Marktversagen im Gesundheitssektor, z. B. aufgrund externer Effekte, Informationsasymmetrien oder fehlender Konsumentensouveränität, analysiert oder es wird die Ausgestaltung von Krankenversicherungsverträgen thematisiert. Die Frage, wieviel Ressourcen eine Gesellschaft für Gesundheit aufwenden sollte, ist wahrlich zentral. Natürlich ist das letztlich nur möglich, wenn Gesundheit mit einem Wert belegt werden kann.

Wesentlich an der Entwicklung der ökonomischen Diskussion zur Gesundheit ist, dass sie ein neues Schlaglicht auf Gesundheit als Maximand innerhalb des individuellen Nutzenkalküls geworfen hat. Auch der Zeit ist mit der Diskussion um den Gesundheitsnutzen verstärkte Aufmerksamkeit zuteilgeworden: Welche Rolle kommt dem Zeitpunkt des Auftretens eines bestimmten Gesundheitszustands, einer Gesundheitsverbesserung oder -verschlechterung zu, welche Rolle seiner Dauer?

In einem nächsten Schritt sollte es dann auch darum gehen, zu verstehen, inwiefern Gesundheit im gesellschaftlichen Zusammenhang gemessen und als Entscheidungsgröße operationalisiert werden kann. Bis heute ist der Gesundheitsbegriff, auch in der gesundheitsökonomischen Subdisziplin von Ambiguität gekennzeichnet, zumal wenn in der konzeptionellen Diskussion Gesundheit zur etwas weiteren Idee der gesundheitsbezogenen Lebensqualität gerät. Lebensqualität *(quality of life)* und Wohlbefinden *(well-being)* sind mittlerweile in der interdisziplinären Betrachtung fest verankert. Zu den beitragenden sozialwissenschaftlichen Disziplinen zählen neben der Ökonomie besonders die Philosophie,

---

hatte. Es handelt sich übrigens um ein Konzentrat des theoretischen Teils seiner Doktorarbeit zur Gesundheitsnachfrage.

Psychologie, Anthropologie und Soziologie. Ökonomisches Denken ist in der positiven und in der empirischen Lebensqualitätsforschung häufig mitprägend.[3] Es ist interessant zu beobachten, dass sich mit der theoretischen und der praktischen, also: angewandten, Gesundheitsökonomie zwei parallele Strömungen herausgebildet haben. Die angewandte Gesundheitsökonomie spielt mittlerweile eine wichtige Rolle in betriebswirtschaftlichen Entscheidungsprozessen im Gesundheitssektor aber auch in der Entscheidungsfindung im regulatorischen und gesundheitspolitischen Kontext. Sie zeichnet sich durch „methodische Abkürzungen" und didaktische Pragmatik aus.

8.1.3 Dimensionen von Gesundheit

Zweifelsohne handelt es sich bei Gesundheit um ein Phänomen mit vielen Facetten und nicht um eine eindimensionale Größe, die sich auf einer simplen Skala irgendwie messen ließe. Es handelt sich – wie die im westlichen Denken der Gesundheit entgegenstehende Krankheit – um einen sehr komplexen Begriff. Regelmäßig wird beim Versuch, eine operationale Definition von Gesundheit zu formulieren, auf die Gesundheitsdefinition aus der Satzung der Weltgesundheitsorganisation verwiesen, die sich auf die physische, psychische und soziale Dimension der Zielgröße bezieht und nicht recht zur Annäherung an den Begriff beiträgt.[4] Nicht nur liegen jeder möglichen Definition von Gesundheit unterschiedliche Dimensionen zugrunde, auch differiert das Verständnis jeder einzelnen zwischen unterschiedlichen soziokulturellen Gruppen stark. Nicht nur die Klagsamkeit variiert, sondern auch die Bewertung der Relevanz von Gesundheits- und Krankheitszuständen für das individuelle und gesellschaftliche Lebensglück. Mit diesen Fragestellungen befassen sich Medizinsoziologie und Medizinethnologie bzw. Medizinanthropologie.[5]

---

[3] Ein 1993 von NUSSBAUM und SEN unter dem Titel „The Quality of Life" herausgegebener Sammelband enthält vieldiskutierte Beiträge aus der Philosophie, wie von NUSSBAUM selbst, PARFITT, TAYLOR und WALZER sowie aus der Ökonomie, beispielsweise von ROEMER, VAN PRAG und SEN (Nussbaum und Sen 1993). Zehn Jahre später findet sich Ökonomie-Nobelpreisträger KAHNEMAN unter den Herausgebern eines Sammelbands mit dem Titel „Well-Being", in welchem führende Autoritäten in Psychologie, Sozialpsychologie und Neurowissenschaften wissenschaftliche Bemühungen darstellen, menschliche Freude und Schmerz, Zufriedenheit und Verzweiflung zu verstehen (Kahneman et al. 2003).

[4] Als erstes Grundprinzip wird in der Präambel der Satzung der Weltgesundheitsorganisation aus dem Jahr 1946 die folgende Definition formuliert: „Health is a state of complete physical, mental and social well-being and not merely the absence of disease or infirmity" (World Health Organization 2020a).

[5] Während im Deutschen der Begriff Medizinethnologie vorherrscht, spricht man im Englischen von Medical Anthropology. Eine reichhaltige Sammlung medizinethnologischer Fallstudien, aus welchen die Vielfalt kultureller Wahrnehmungen von Gesundheit und Krankheit ersichtlich wird, bietet das von Manderson und Kolleginnen herausgegebene Handbuch (Manderson et al. 2018).

Ein Lehrbuch zur Gemeinwohlökonomie kann nicht den Rahmen für einen umfassenderen medizinethnologischen Exkurs bieten, doch soll in diesem Zusammenhang signalisiert werden, dass es eine große Vielfalt von Wahrnehmungen dessen gibt, was Wohlsein ausmacht. Denn dass Gesundheit zumindest ein hohes Gut darstellt, ist in den vorangegangenen Kapiteln wiederholt angeklungen. Zweifellos beeinflusst der Gesundheitszustand einer Person ihre Verwirklichungschancen. Der Ansatz der Verwirklichungschancen reflektiert grundsätzlich die Idee menschlicher Heterogenität. Entsprechend wird davon ausgegangen, dass Menschen einen unterschiedlichen Bedarf an Ressourcen haben, um das gleiche Niveau an Fähigkeiten zu erreichen. Dies hängt aber nicht nur von ihrem Gesundheitszustand ab, sondern auch von ihrer Wahrnehmung von Gesundheit. Beides zu verstehen ist wichtig, um eine Aussage zur Gleichstellung treffen zu können. Es ist somit auch wichtig für die Gewährleistung der positiven Freiheiten, die alle genießen sollten. Der Fokus auf die menschliche Heterogenität liefert Gründe für die unterschiedliche Behandlung von Individuen, insbesondere im Rahmen eines Paradigmas der Gesundheitsfähigkeit. Die Frage, bei der wir an neue Grenzen stoßen werden, ist: Was, wenn Menschen (bei gleichem objektiv ermittelten Gesundheitszustand) Einschränkungen ihrer Verwirklichungschancen, beispielsweise aufgrund abweichender kultureller Konditionierung, völlig unterschiedlich empfinden?

Gesundheit stellt vielleicht das komplexeste Konzept innerhalb der von SEN unter den instrumentellen Freiheiten genannten sozialen Chancen (Sen 1999b) bzw. NUSSBAUMs Grundbefähigungen der körperlichen Integrität und der Gefühlserfahrungen (Nussbaum 2011b) dar. An der interdisziplinären Diskussion des Wesens von Gesundheit lässt sich beispielhaft darstellen, dass jede Form der Operationalisierung und Messung von Wohl, das keine Größe darstellt, die auf natürlichen Einheiten basiert, eines pragmatischen Herangehens bedarf. Anhand von Ansätzen der theoretischen und angewandten Gesundheitsökonomie sollen in den folgenden Abschnitten noch weitere Aspekte des Gutes Gesundheit vorgestellt werden. Insbesondere soll herausgestellt werden, wie sich letztendlich doch ein konzeptioneller Rahmen entwickeln lässt, dessen Grundannahmen immer noch innerhalb der ökonomischen Doktrin liegen.

8.1.4 Gesundheitsökonomische Ansätze zur Messung des Gesundheitsnutzens

Im Zuge der Bemühungen, Allokationsentscheidungen im Gesundheitswesen gesundheitsökonomisch zu fundieren, bildeten sich Ansätze heraus, um den Gesundheitsnutzen konzeptionell zu erfassen. Dabei geht es um die Erfassung individueller Präferenzen über unterschiedliche Gesundheitszustände auf einer Skala. Drei Verfahren, die nicht zuletzt auch in der Lehrbuchliteratur regelmäßig erwähnt werden (beispielsweise Breyer et al. 2013), umfassen die *Direct Rating*-Methode, die *Time Trade-off*-Methode und die Standardlotterie *(standard gamble)*.

Beim *Direct Rating* geht es einfach darum, Gesundheitszustände auf einer Linie mit definierten Endpunkten entsprechend den Präferenzen anzuordnen. Dabei kommt in der Regel eine einfache visuelle Analogskala (VAS) zum Einsatz. Die Endpunkte bilden dabei der schlechtmöglichste Zustand „Tod" (meist mit 100 quantifiziert) und der bestmögliche Gesundheitszustand (meist als Nullpunkt gekennzeichnet). Die Intervalle zwischen den für einzelne Gesundheitszustände identifizierten Punkte sollen gleichzeitig die Ordnung über Präferenzdifferenzen wiedergeben.

Bei der *Time Trade-off*-Methode handelt es sich um ein implizites Verfahren, da keine direkte Bewertung des jeweiligen Gesundheitszustands stattfindet. Der dem Zustand zugeordnete Wert resultiert aus einer Entscheidungssituation, in welcher zwischen zwei Alternativen zu entscheiden ist: Die erste Alternative beinhaltet den zu bewertenden eindeutig beschriebenen Gesundheitszustand, der eine bestimmte Zeit t' anhalten soll und mit dem Tod endet; die zweite Alternative wird durch den Zustand vollständiger Gesundheit beschrieben, die über einen Zeitraum t'' (mit $t'' < t'$) andauert. Es gilt nun, t'' so festzulegen, dass Indifferenz zwischen den beiden Alternativen herrscht. Der Wert des zu bestimmenden Gesundheitszustandes ergibt sich nun als Quotient $t'' < t'$.

Bei der Standardlotterie handelt es sich um das aus den Ausführungen zum Erwartungsnutzen (Abschn. 2.2.4) vertraute Vorgehen zur Bestimmung des (VON NEUMANN- MORGENSTERN-) Nutzens, auch als Wahrscheinlichkeitsmethode bezeichnet. Abermals gilt es, zwischen zwei Alternativen zu entscheiden. Die erste Alternative besteht in einer Lotterie mit zwei Konsequenzen: perfekte Gesundheit g^* und Tod g^0, die mit den Wahrscheinlichkeiten p und $1 - p$ eintreten. Dabei werden die Nutzenwerte für den bestmöglichen Gesundheitszustand auf $u(g^*) = 1$ und für den Tod auf $u(g^0) = 0$ normiert. Die zweite Alternative bildet der zu bewertende Gesundheitszustand g^i. Die Wahrscheinlichkeit p soll nun so festgelegt werden, dass Indifferenz zwischen beiden Alternativen herrscht. Für den Erwartungsnutzen des zu evaluierenden Gesundheitszustands g^i gilt nun:

$$u\left(g^i\right) = p \cdot u\left(g^*\right) + (1 - p) \cdot u\left(g^0\right) = p \cdot 1 + (1 - p) \cdot 0 = p \qquad (8.1)$$

Der Nutzen des zu bewertenden Gesundheitszustands entspricht also der dem Zustand bestmöglicher Gesundheit zugeordneten Wahrscheinlichkeit. Über die Implikationen derartiger normativer gesundheitsökonomischer Ansätze für tatsächliche Entscheidungen beispielsweise in der Gesundheitspolitik ist viel diskutiert worden. Beispielsweise ist der bestmögliche, perfekte Gesundheitszustand schwer, wenn nicht gar unmöglich, zu definieren. Es lässt sich auch argumentieren, dass es Gesundheitszustände gibt, die schlimmer sind als der Tod, und dass daher auch negative Werte auf dem Gesundheitsspektrum möglich sein sollten (tatsächlich haben einige Gesundheitsökonomen negative Werte in ihre Berechnungen einbezogen).

In der Analyse des durch medizinische Technologien „produzierten" gesundheitlichen Wohls kommt häufig ein Konzept zum Einsatz, das neben der Bewertung des Gesundheitszustands auf einer (Nutzen-)Skala auch die Dauer von Gesundheitszuständen berücksichtigt: qualitätsbereinigte Lebensjahre (*quality-adjusted life years,* QALYs).

8.1.5 Qualitätsbereinigte Lebensjahre und verwandte Konzepte

Neben den vielen Facetten, welche die Wahrnehmung eines Gesundheitszustands ausmachen und die folglich in die Beurteilung der gesundheitsbezogenen Lebensqualität bzw. den Gesundheitsnutzen einfließen, spielt bei der Gesamtbewertung die Dauer eines Zustands eine wesentliche Rolle. Zweifelsohne ist es ein Unterschied, ob ein Schmerzzustand oder eine Bewegungseinschränkung für ein paar Tage existiert oder ob die gesundheitliche Beeinträchtigung dauerhaft ist.

In der Gesundheitsökonomie hat sich das Konzept qualitätsbereinigter Lebensjahre (QALYs) herausgebildet.[6] Ein QALY ist eine Maßeinheit für die Bewertung von Gesundheitsergebnissen. Es wurde entwickelt, um den Nutzengewinn einer Person durch die Verbesserung der Lebensqualität und der Lebenslänge in einem einzigen Maß zu erfassen. Zunächst wird davon ausgegangen, dass individuelle Präferenzen bezüglich holistischer Gesundheitszustände durch Nutzenwerte *(health state utilities)* erfasst werden können, also beispielsweise auf Grundlage einer der im vorigen Abschnitt vorgestellten methodischen Ansätze. Man kann sich sodann wiederum eine Skala für den Gesundheitsnutzen von 0 (Tod) bis 1 (perfekte Gesundheit) vorstellen. Jeder Gesundheitszustand hält eine Zeitlang an, sodass sich die gesundheitsbezogene Lebensqualität in Form von Lebenszeit ergibt, deren einzelne Abschnitte mit den jeweiligen Nutzenwerten gewichtet werden. Das bedeutet ganz einfach, dass zwei mit einem durchschnittlichen Gesundheitsnutzen von 0,75 verbrachte Jahre 1,5 QALYs entsprechen, oder sechs Jahre mit Gesundheitsnutzen 0,5 genau 3 QALYs. So lassen sich nun unterschiedliche Gesundheitsprofile miteinander vergleichen. Dabei wird implizit vorausgesetzt, das Gesundheitsnutzen kardinal messbar und interpersonell vergleichbar ist.

Dieser Ansatz findet mittlerweile seit etlichen Jahren in vielerlei Zusammenhängen im Gesundheitswesen Anwendung. In klinischen Studien kommen QALYs als Maßeinheit zum Einsatz, um die Wirksamkeit einer medizinischen Intervention oder Therapieform anhand der Veränderung des Gesundheitszustands im Zeitverlauf darzustellen *(outcome measurement)*. Kosten-Wirksamkeits-Verhältnisse, die QALYs verwenden, ermöglichen einen Vergleich des Kosten-Nutzen-Verhältnisses verschiedener Interventionen in unterschiedlichen medizinischen Bereichen. Entsprechend wird das Konzept auch im Rahmen von Kosten-Wirksamkeitsanalysen *(cost-effectiveness analyses,* CEA), genauer: Kosten-Nutzwertanalysen *(cost-utility analyses,* CUA), verwendet, die einen Kernbereich der angewandten Gesundheitsökonomie darstellen. Wenn beispielsweise die Wirkungen eines neuen Krebstherapeutikums auf den Gesundheitszustand gegenüber der Standardtherapie dargestellt werden sollen, könnte ein solcher Vergleich sich wie folgt darstellen:

---

[6] Während die Idee, Gesundheitsnutzen zu messen und im Zeitablauf zu bewerten, bereits in den 1970er Jahren diskutiert wurde, ist die Verbreitung der Idee des QALY eng mit den Namen von Alan Williams, einem Gesundheitsökonomen an der Universität York in England, und George Torrance, einem an der McMaster Universität in Hamilton, Kanada, tätigen Gesundheitsökonomen, verbunden. Beide haben zur Diskussion um QALYs seit den 1980er Jahren zahlreiche wegweisende Veröffentlichungen beigetragen (vgl. beispielsweise Williams 1985, 1996; Torrance 1986).

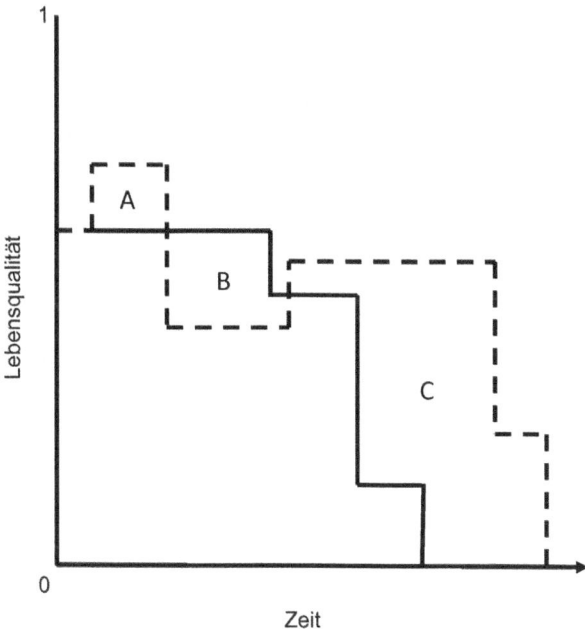

Abb. 8.1 Gewonnene QALYs im Vergleich von Innovation und Standardtherapie

Erst steigt die Lebensqualität (im Sinne von Gesundheitsnutzen) für kurze Zeit gegenüber dem Ausgangszustand und im Vergleich zur Standardtherapie deutlich an, vielleicht durch die Ermöglichung unabhängiger Mobilität, dann jedoch folgt ein deutliches Abfallen, vielleicht in Folge möglicher Nebenwirkungen (Übelkeit, Haarverlust usw.). Insgesamt führt die neue Intervention jedoch statistisch zu einer deutlichen Verlängerung des Lebens. Dieses Beispiel ist in Abb. 8.1 abgebildet.

Ist der Saldo der im Vergleich zur Standardtherapie gewonnenen und verlorenen QALYs positiv (Fläche A – Fläche B + Fläche C), so ist mit der neuen Therapie ein zusätzlicher Nutzen verbunden. Eine ökonomische Evaluation würde dann feststellen, welche Kosten mit dem zusätzlichen Nutzen verbunden sind. Eine solche Analyse stellt dann häufig die inkrementellen Kosten dar, in Form der mit der Produktion eines zusätzlichen QALYs verbundenen Kosten (*incremental cost-effectiveness ratio*, ICER; seltener: *incremental cost-utility ratio*, ICUR).[7]

---

[7] Ein Standardwerk in der ökonomischen Evaluation von Gesundheitstechnologien und -interventionen ist das Werk von Michael Drummond und Kollegen (Drummond et al. 2015), dessen Einfluss auf Methodenpapiere von Institutionen, die in unterschiedlichen Gesundheitssystemen mit der Bewertung von Gesundheitstechnologien betraut sind, deutlich sichtbar wird. Das gilt für das deutsche Institut für Qualität und Wirtschaftlichkeit im Gesundheitswesen (IQWiG) ebenso wie für das National Institute for Health and Care Excellence (NICE) im britischen National Health Service (NHS).

In der Regel wird innerhalb des QALY-Ansatzes nicht hinterfragt, inwieweit die Dauer eines Gesundheitszustandes einen Einfluss auf den (empfundenen) Gesundheitsnutzen hat. Allenfalls kommt in der Betrachtung von Kosten und Nutzen im Zeitablauf eine einfache Diskontierungsfunktion zum Einsatz.

Zu den alternativen Maßen, die ebenfalls Gesundheitsnutzen und (Über-) Lebenszeit in Betracht ziehen, zählt das Äquivalent gesunder Jahre (*Healthy Years Equivalent,* HYE). Die diesem Maß zugrunde liegenden Annahmen sind weniger restriktiv als bei QALYs, denn es geht darum, gesamte Gesundheits-Zeitprofile zu bewerten und ihnen – im Sinne eines Time Trade-off – ein als gleichwertig erachtetes Äquivalent gesunder Jahre gegenüberzustellen, eben das HYE. Damit soll die obige Kritik an QALYs adressiert werden, der Einfluss der zeitlichen Dauer eines Gesundheitszustandes auf den Nutzen fände keine Berücksichtigung. Die Autoren des HYE schlagen ein zweistufiges Verfahren der Ermittlung von HYEs vor, welches Standardlotterie und Time Trade-off kombiniert (Mehrez und Gafni 1991): Zunächst wird mittels eines Lotterieverfahrens die Wahrscheinlichkeit so bestimmt, dass Indifferenz zwischen dem zu evaluierenden Gesundheitsprofil über die Restlebenszeit und einer Lotterie mit den beiden Gesundheitsprofilen „maximal mögliche Restlebenszeit bei perfekter Gesundheit" und „sofortiger Tod" besteht. Sodann gilt es, das Sicherheitsäquivalent zu dem Szenario mit der zuvor bestimmten Wahrscheinlichkeit zu bestimmen. Daraus ergibt sich nun die Anzahl gesunder Lebensjahre, die Indifferenz gegenüber dem zu evaluierenden Gesundheits-Zeitprofil bedeutet. Unabhängig davon, dass eine Situation kaum vorstellbar ist, in welcher einer Person ein realistisches, für eine konkrete Entscheidungssituation relevantes Zeitprofil vorgelegt werden kann, stellt sich die Frage, ob die entscheidende Person die Informationsmenge, die sich notwendigerweise im Rahmen der Beschreibung eines mittelmäßig komplexen Gesundheits-Zeitprofils ergeben würde, hinreichend verarbeiten könnte, um konsistente Entscheidungen zu treffen.

Kahneman stellte fest, dass die Erfahrungen von Patienten oft ganz anders sind als Beobachter von außen erwarten (Kahneman 2006). Studien zeigen beispielsweise, dass Querschnittsgelähmte beim ersten Auftreten der Erkrankung unter enormen negativen Auswirkungen leiden, die sich jedoch im Laufe der Zeit abschwächen, was von außenstehenden Beobachtern, die die Auswirkungen einer solchen Erkrankung einschätzen sollen, nicht erwartet wird (Smith et al. 2009). Vielen Querschnittsgelähmten gelingt es, ihre Erkrankung im Gesamtkontext der Lebenserfahrungen zu relativieren, sodass der Fokus im Laufe der Zeit weniger auf ihrer Erkrankung ruht. Solche Diskrepanzen verdeutlichen die außerordentliche Rolle individueller Patientenerfahrungen. Es lässt sich gar von einem Paradigmenwechsel zwischen dem Entscheidungsnutzen, der dem QALY zugrunde liegt und auf der Schlussfolgerung der Wahl beruht, und der psychologischen Entscheidungsforschung sprechen, bei der es sich, wie in Kap. 2 dargestellt, um ein relativ junges Gebiet handelt, das sich unter anderem auch mit der Entwicklung optimaler Methoden zur Messung von (Patienten-)Erfahrungen befasst (Dolan und Kahneman 2008).

Box 8.1: Grundlegende Annahmen in der Anwendung des QALY-Ansatzes

Beim Einsatz des QALY in Entscheidungen über die Allokation von Ressourcen im Gesundheitswesen, beispielsweise im Rahmen der Nutzenbewertung neuer Arzneimittel, ist Pragmatik gefragt. Im Kern greift der QALY-Ansatz zwar auf Entscheidungswissenschaft und Erwartungsnutzentheorie zurück, doch werden zahlreiche, teils heroische, Annahmen getroffen.

Um das QALY in legitimer Art und Weise in den relevanten Entscheidungsbereichen einzusetzen, muss hinsichtlich der kontextualen Voraussetzungen Klarheit herrschen. Milton Weinstein und Kollegen haben eine Reihe von Grundprinzipien für die angemessene Anwendung von QALYs formuliert (Weinstein et al. 2009):

1. Der Ansatz lässt sich anwenden, wenn Entscheidungen über die Ressourcenallokation getroffen werden sollen.
2. Alternativen können in Form von Gesundheitszuständen, Zustandsveränderungen und Zeitdauern spezifiziert werden.
3. Die Ressourcen sind begrenzt und jede Alternative hat unterschiedliche Auswirkungen auf die Ressourcen, geht also mit unterschiedlichen Kosten einher.
4. Ein Hauptziel des Entscheidungsträgers ist die Maximierung der Gesundheit der Bevölkerung, vorbehaltlich der Ressourcenbeschränkungen.
5. Gesundheit ist wertgewichtete Zeit (QALYs) über den relevanten Zeithorizont definiert.
6. Der Wert wird anhand der Präferenz (Gesundheitsnutzen) gemessen.
7. Jedes Individuum ist risikoneutral in Bezug auf die Länge des Lebens und hat einen Nutzen, der über die Zeit additiv ist.
8. Die über die Individuen hinweg gemessenen Werte (Präferenzen) können aggregiert werden und gelten zumindest für die betrachtete Population.
9. QALYs können über unterschiedliche Individuen hinweg aggregiert werden, d. h. ein QALY ist ein QALY unabhängig davon, wer es gewinnt oder verliert.

In diesem Zusammenhang geht es um sogenannte „konventionelle" QALYs. Wie bereits exemplarisch anhand des Konzepts der HYEs im Haupttext (Abschn. 8.1.5) dargestellt wurde, gibt es eine andauernde Auseinandersetzung um Zeitpräferenz und Diskontierung im QALY-Kontext.

Fragen nach Gerechtigkeit und Fairness werden im „konventionellen" QALY-Ansatz nicht quantitativ berücksichtigt. Wie oben in dieser Textbox dargestellt, wird jedes QALY für alle Individuen gleich gewichtet. Dabei ist es durchaus nicht so, dass in den Entscheidungszusammenhängen, in welchen QALYs zum Einsatz kommen, Gerechtigkeitserwägungen keine Rolle spielen oder zumindest nicht berücksichtigt werden. Vielmehr ist es so, dass derartige Erwägungen separat erfolgen. So spielt die Frage nach der Verteilung neben weiteren Fragestellungen, von denen eben eine die nach dem gesundheitlichen Nutzen ist, beispielsweise in der Bewertung von Gesundheitstechnologien, dem Health Technology Assessment (HTA), durchaus eine Rolle. Hier können beispielsweise Medikamente gegen seltene Krankheiten priorisiert werden oder der Versorgung der jüngsten und ältesten Bevölkerungsgruppen kann Vorrang eingeräumt werden, da diese als besonders gefährdet gelten, und so weiter.

(Neuere) Ansätze, die mittels Gewichtung Gesundheitsnutzen und Verteilung in einem Zug zu realisieren suchen, werden kurz in Abschn. 8.2.3 diskutiert.

8.1.6 Outcomes Measurement

Das Konzept der QALYs hat Eingang in die Methodenpapiere von Einrichtungen zur Bewertung von Gesundheitstechnologien in unterschiedlichen nationalen Gesundheitssystemen gefunden. Zu diesen HTA-Agenturen zählt beispielsweise das Institut für Qualität und Wirtschaftlichkeit im Gesundheitswesen (IQWiG), das im Rahmen der gesetzlichen Krankenversicherung in Deutschland für die Bewertung von Gesundheitstechnologien zuständig ist. In der internationalen Diskussion gilt das britische *National Institute for Health and Care Excellence* (NICE), das für den *National Health Service* (NHS) Technologiebewertungen vornimmt und die Kosten-Effektivität als zentrales Kriterium für die Gestaltung des Leistungskataloges heranzieht, als Referenz. Für jegliche Bewertung ist die Erfassung der „Outcomes" essenziell. Diese können natürlich auch in Form medizinischer Werte vorliegen, doch wenn Vergleiche von Technologien vorgenommen werden sollen, die unterschiedliche Indikationen betreffen oder für welche sowohl Gesundheitszustände als auch deren Dauer relevant sind, muss auf holistische Maße wie QALYs Bezug genommen werden.

Bei der routinemäßigen Messung der gesundheitlichen Ergebnisse medizinischer Interventionen wird untersucht, ob diese mit einer Veränderung (zum Besseren oder Schlechteren) des Gesundheitszustands des Patienten einhergehen oder nicht. Diese Veränderung kann direkt gemessen werden, z. B. mithilfe der vorgenannten gesundheitsökonomischen Ansätze. In der Praxis klinischer Studien kommen allerdings häufig generische Instrumente in Form von Gesundheitsfragebögen zum Einsatz. Generische Instrumente zeichnen sich dadurch aus, dass sie auf eine Vielzahl von Gesundheitszuständen und Behandlungen anwendbar sind und auf einfachen Beschreibungen von Zuständen beruhen. Es wird damit ein einziger Indexwert für einen bestimmten Gesundheitszustand generiert, der bei der klinischen und wirtschaftlichen Bewertung der Gesundheitsversorgung sowie bei Erhebungen zur Gesundheit der Bevölkerung verwendet werden kann. Zu den generischen Instrumenten zählen beispielsweise der EQ-5D (siehe Box 8.2) und der Short Form (36) Gesundheitsfragebogen SF-36 (Lins und Carvalho 2016). Darüber hinaus gibt es zahlreiche krankheitsspezifische Gesundheitsfragebögen zur Erfassung eben spezifischer Indizes, so den EORTC QLQ-C30, ein Instrument zur Bestimmung der Lebensqualität von Krebspatientinnen und -patienten der European Organisation for Research and Treatment of Cancer (EORTC) (Nolte et al. 2019) oder den WHO-5 Well-Being Index zur Bestimmung des subjektiven psychischen Wohls (Topp et al. 2015).

Bezeichnend ist, dass diese Instrumente neben symptomorientierten Dimensionen, wie z. B. Schmerz, stets funktionale Dimensionen abbilden, beispielsweise die physische Funktion, die Rollenfunktion, die kognitive Funktion und die emotionale Funktion. Damit handelt es sich auch hier um Maße, die sich an den Fähigkeiten von Personen oder Personengruppen ausrichten, welche entsprechend im Zentrum der Ziele medizinischer Intervention stehen.

Box 8.2: Messung des gesundheitlichen Wohls in fünf Dimensionen – der EQ-5D

Gegen Ende der 1980er Jahre fand sich die EuroQol-Gruppe (das Akronym leitet sich von ‚*Europe*' und ‚*quality of life*' ab) mit dem Ziel zusammen, ein einfaches generisches Instrument zur Messung des gesundheitlichen Wohls zu entwickeln, das zuverlässig zugleich in der klinischen und in der gesundheitsökonomischen Forschung zum Einsatz kommen kann. Mithilfe eines solchen Instruments sollten Endpunkte erfasst werden, über welche letztlich nur Patienten selbst Auskunft geben können, sogenannte patientenberichtete Endpunkte oder *Patient-reported Outcomes* (PROs).

Das Messinstrument EQ-5D, das Ergebnis der Arbeit dieser Gruppe, kann für eine Vielzahl von Zwecken verwendet werden. Mittlerweile kommt der EQ-5D weltweit unter anderem im klinischen Umfeld, in Bevölkerungsstudien und in gesundheitsökonomischen Evaluationen zum

Einsatz. Der EQ-5D ist in diesen Verwendungsbereichen der am häufigsten eingesetzte Gesundheitsfragebogen.

„5D" steht für die fünf Dimensionen, die das Instrument umfasst:

- Beweglichkeit/Mobilität
- Für sich selbst sorgen
- Alltägliche Tätigkeiten
- Schmerzen/körperliche Beschwerden
- Angst/Niedergeschlagenheit

In der gängigen Variante EQ-5D-5L mit fünf Ausprägungen *(levels)* werden jeder der Dimensionen fünf Schweregrade zugeordnet (daneben existieren auch noch der EQ-5D-3L und ein Instrument für Kinder und Jugendliche, der EQ-5D-Y):

- Keine Probleme
- Leichte Probleme
- Mäßige Probleme
- Große Probleme
- Extreme Probleme

Es lassen sich entsprechend (5^5=) 3125 Gesundheitszustände unterscheiden. Diese werden jeweils in Form eines fünfstelligen Zahlenausdrucks dargestellt, der die Ausprägungen in den jeweiligen Dimensionen wiedergibt, z. B. 11.211. Die Befragten geben zusätzlich zur Einordnung ihres Gesundheitszustands anhand der Dimensionen noch mithilfe einer visuellen Analogskala (VAS) (siehe Abschn. 8.1.4) an, wie Sie ihren Gesamtzustand zwischen den Extremwerten 0, dem „schlechtesten Gesundheitszustand, den Sie sich vorstellen können" und 100, dem „besten Gesundheitszustand, den Sie sich vorstellen können", einordnen würden. Die Befragten werden gebeten, die zutreffende Stelle auf der VAS zu markieren, um anzugeben, wie es ihnen zum Zeitpunkt der Beantwortung geht, und die korrespondierende Zahl in ein benachbartes Feld zu schreiben. Die VAS kann so auch verwendet werden, um Veränderungen in der Wahrnehmung des eigenen Gesundheitszustandes im Laufe der Zeit zu bewerten.

Um „standardisierte" Werte für Krankheitszustände innerhalb bestimmter Patientengruppen und für unterschiedliche Länder bzw. Kulturkreise zu bestimmen hat die EuroQol-Gruppe umfangreiche Forschungsarbeiten zu verschiedenen Methoden der Bewertung von EQ-5D-Gesundheitszuständen durchgeführt. Die meisten EQ-5D-Wertemengen *(value sets)* basieren auf dem Time-Trade-off-Ansatz (TTO; siehe Abschn. 8.1.4), der entweder allein oder in Kombination mit diskreten Auswahlexperimenten *(discrete choice experiments,* DCE) verwendet wird. Value Sets, die auf dem TTO-Ansatz, ggf. in Verbindung mit DCE, beruhen, sind für viele Länder verfügbar. So kommt auch in Deutschland ein EQ-5D-5L Value Set zum Einsatz, das mittels TTO und DCE konstruiert wurde und die „gesellschaftlichen Präferenzen der deutschen Bevölkerung" abbilden soll (Ludwig et al. 2018). In Anbetracht der unter anderem in diesem Lehrbuch diskutierten nutzentheoretischen und wohlfahrtsökonomischen Grundlagen, kann die theoretische Basis des Anspruchs, in dieser Form „gesellschaftliche Präferenzen" abzuleiten, allerdings hinterfragt werden (Gandjour 2010).

In der klinischen Routine wird der EQ-5D verwendet, um ein Profil des Gesundheitszustands von Patientinnen und Patienten am Tag der Beantwortung des Fragebogens zu erstellen. Ebenso kann der Gesundheitszustand bestimmter Patientengruppen zu bestimmten Zeitpunkten erfasst werden, z. B. im Krankenhaus bei Aufnahme, Entlassung und Nachuntersuchung. Veränderungen des Gesundheitszustands im Zeitverlauf können, beispielsweise im Rahmen klinischer Studien, bei einzelnen Patienten oder in Patientenkohorten gemessen werden, um den Einfluss bestimmter medizinischer Interventionen zu dokumentieren. In Bevölkerungsstudien kann der EQ-5D verwendet werden, um den Gesundheitszustand der Bevölkerung auf lokaler und nationaler Ebene zu bewerten und gegebenenfalls auch im Zeitverlauf zu verfolgen.

Darüber hinaus kommt der EQ-5D auch im Health Technology Assessment (HTA) zum Einsatz, also bei der Technologiebewertung im Gesundheitssektor, wenn es um die Quantifizierung des Ergebnisses im Sinne des gewonnenen gesundheitlichen Wohlbefindens geht – beispielsweise im Rahmen von Kosten-Nutzwert-Analysen.

8.1.7 Messung der Krankheitslast: Krankheitsbereinigte Lebensjahre

In der Gesundheitspolitik geht es häufig darum, die geographische oder sozioökonomische Verteilung der Krankheitslast zu verstehen. Es geht also nicht um das gemeine (gesundheitliche) Wohl, sondern vielmehr um das gemeine „Unwohl". Dazu wird auf ein Konzept zurückgegriffen, das dem Ansatz der QALYs nicht nur begrifflich verwandt erscheint, nämlich krankheitsbereinigte Lebensjahre (disability-adjusted life years, DALYs). DALYs werden in der Regel als gesellschaftliches Maß für die Belastung durch Krankheit oder Behinderung in der Bevölkerung eingesetzt, also um den Verlust darzustellen, den ein Land oder eine Region durch Krankheit erleidet. Referenzgröße ist eine (hypothetische) gesunde Lebenserwartung. DALYs werden durch die Kombination von Messungen der Lebenserwartung und der angepassten Lebensqualität während einer belastenden Krankheit oder Behinderung für eine Bevölkerung berechnet.

Das DALY beruht auf der Annahme, dass das geeignetste Maß für die Auswirkungen von Krankheiten einen expliziten Zeitbezug haben muss. Sowohl die Zeit, die durch vorzeitigen Tod verloren geht, als auch die Zeit, die mit einer gesundheitlichen (körperlichen oder psychischen) Einschränkung verbracht wird. Ein DALY entspricht daher einem verlorenen gesunden Lebensjahr. Wie stark eine Krankheit eine Person beeinträchtigt, wird in Form von Behinderungsgewichten (disability weights) berücksichtigt.[8] Diese Gewichte werden allein durch die Krankheit oder Behinderung bestimmt und variieren nicht mit dem Alter. Es sind Tabellen mit Tausenden von Krankheiten und Behinderungen erstellt worden, die von der Amputation einzelner Gliedmaßen bis zu chronischem Bluthochdruck reichen, wobei das Behinderungsgewicht die tatsächliche Einschränkung (bzw. das Leid) angeben soll, die sich aus der jeweiligen Krankheit ergibt.

8.2 Lebensqualität und Verteilung

8.2.1 Messung von Disparitäten

Räumliche und sozioökonomische Disparitäten von Gesundheit und gesundheitsbezogener Lebensqualität haben in den letzten Jahrzehnten in Deutschland

---

[8] Die Weltgesundheitsorganisation veröffentlicht Behinderungsgewichte, die auf Grundlage umfangreicher internationaler empirischer Untersuchungen in mehr oder weniger regelmäßigen Abständen angepasst werden. Zudem werden in aktuelleren Krankheitslaststudien Komorbiditäten und Unsicherheiten berücksichtigt.

zugenommen. Die medizinische Geografie befasst sich mit der räumlichen Dimension von Epidemiologie, also mit der örtlichen Entstehung und Verbreitung von Krankheiten, aber auch mit der raumbezogenen Gesundheitsversorgung. Bekannt sind die umfassenden jährlichen statistischen Berichte der Weltgesundheitsorganisation, in denen die Krankheitslast unterschiedlicher Länder und Regionen mit Blick auf eine lange Liste spezifischer Indikatoren abgebildet wird – seit 2015 mit einem speziellen Blick auf die für die Nachhaltigkeitsziele relevanten Bereiche (etwa World Health Organization 2022). Gleichzeitig veröffentlicht die Weltgesundheitsorganisation auch regelmäßig Daten zur Krankheitslast nach Ländern und nach Regionen in unterschiedlicher Abgrenzung, z. B. auch nach den Einkommenskategorien der Weltbank (World Health Organization 2020b). Dabei wird die Krankheitslast in krankheitsbereinigten Lebensjahren (DALYs) ermittelt (s. Abschn. 8.1.7). Für die globale Gesundheitspolitik ist es beispielsweise wichtig, die Verteilung der Krankheitslast über alle Regionen und Länder hinweg zu verstehen und dabei auch Veränderungsmuster zu berücksichtigen (Vos et al. 2020).

Sozialepidemiologische Studien richten ihr Augenmerk auf Gesundheit und Krankheit bei Menschen mit unterschiedlichen sozioökonomischen oder soziokulturellen Hintergründen. Man befasst sich hier auf Grundlage empirischer Methoden also mit Fragen der Verteilung von Krankheit. Zudem werden auch Verfügbarkeit und Zugang zu Gesundheitseinrichtungen untersucht, darüber hinaus Aspekte wie Gesundheitsverhalten und -kompetenz. Studien zeigen, dass die in vielen Industrieländern zunehmende Einkommensungleichheit mit wachsender gesundheitlicher Ungleichheit einhergeht. Eine Studie der Brookings Institution zu ökonomischer Ungleichheit und Lebenserwartung (Bosworth et al. 2016) zeigt, dass in der Kohorte der im Jahr 1920 geborenen Frauen und Männer die restliche Lebenserwartung der 50-Jährigen in der Gruppe der oberen 10 % der Einkommensskala deutlich höher ausfiel als im niedrigsten Einkommensdezil: Bei Frauen betrug der Unterschied 3,7 Jahre, bei Männern gar 5 Jahre. Für die im Jahr 1940 geborene Kohorte ergibt sich ein deutlich extremeres Bild, denn die durchschnittliche restliche Lebenserwartung im Alter von 50 Jahren liegt nun für Frauen der oberste Einkommenskategorie um 6,3 Jahre, für Männer aus dieser Gruppe gar 12 Jahre oberhalb ihrer Pendants in der untersten Einkommensgruppe. Entsprechend betrug der Anstieg der Lebenserwartung zwischen den Geburtsjahrgängen 1920 und 1940 etwa 8,7 Jahre für das oberste Einkommensdezil im Vergleich zu nur 1,7 Jahren für das unterste Dezil.

Gesundheitliche Ungleichheit, Unterschiede also in der gesundheitsbezogenen Lebensqualität, werden überall in unserem Lebensumfeld offensichtlich. Mit den deutlich sichtbaren Disparitäten zwischen Ländern und Regionen der Welt befassen sich internationale und bilaterale Organisationen der Gesundheits-und Entwicklungspolitik. In diesem Umfeld wird die Bedeutung des gesundheitlichen Wohls als Dimension eines wie auch immer gearteten Gemeinwohls deutlich. Die Interdependenzen von Gesundheit als Determinante ökonomischen Wohlergehens und wirtschaftlichen Wachstums einerseits sowie von wirtschaftlichen Voraussetzungen und gesundheitlichem Wohlergehen andererseits sind auf dieser globalen

Ebene leicht erkennbar. Gesundheit findet so auch Eingang in multidimensionale Indikatoren und Zielformulierungen im internationalen Kontext. Innerhalb von Gesellschaften erweisen sich Analyse und Darstellung gesundheitlicher Ungleichheit in ihrer Wechselwirkung mit Parametern wie der wirtschaftlichen Leistungsfähigkeit oder der Bildung und vor dem Hintergrund der jeweiligen institutionellen Rahmenbedingungen, beispielsweise der Ausgestaltung des Gesundheitssystems und weiterer Bereiche der sozialen Sicherung, als besonders komplex.

8.2.2 Health Equity

Gesundheitsgerechtigkeit *(Health Equity)* hat sich zu einem Oberbegriff gemausert, der mittlerweile viele Themengebiete umfasst. Es geht um das Thema der sozialen Gerechtigkeit im Zusammenhang mit Gesundheit als wesentlicher Voraussetzung für ein erfülltes Leben. Damit ist die Gesamtheit gesellschaftlicher Institutionen angesprochen, die ein gesundes Leben ermöglichen. Neben dem Gesundheitssystem im weitesten Sinne beeinflussen Faktoren das gesundheitliche Wohlbefinden, die wiederum strukturell durch die politische, ökonomische und soziokulturelle Gestaltung der Gesellschaft geprägt sind.

Dass Gesundheit in jeder Diskussion über soziale Gleichheit und Gerechtigkeit von großem Belang ist, stellt AMARTYA   SEN seinen Ausführungen in einer Keynote zu Gesundheitsgerechtigkeit voran (Sen 2002). Ferner müsse gesundheitliche Chancengleichheit zentrales Merkmal der Gerechtigkeit sozialer Regelungen im Allgemeinen sein. Gesundheitsgerechtigkeit kann sich nicht nur auf Gesundheit selbst beziehen, sondern muss sich mit der umfassenderen Frage der Fairness und Gerechtigkeit in der sozialen Ordnung, einschließlich ökonomischer Verteilungsfragen, auseinandersetzen.

Die gerechte Verteilung von Gesundheitszuständen stellt aufgrund der Vielfalt der Einflussfaktoren ein komplexes Politikziel dar. Institutionelle Rahmenbedingungen und Ressourcenverteilung bieten Stellschrauben, deren Effektivität allerdings häufig durch externe Faktoren eingeschränkt ist. Analysen im Bereich Gesundheitsgerechtigkeit befassen sich mit diesen Rahmenbedingungen und mit den Wirkungen einzelner Maßnahmen und Programme. Sie dienen der Vorbereitung zielgerechter, effizienter und nachhaltiger Politikmaßnahmen. Ressourcen müssen am Bedarf orientiert sein und exakt dort, wo dieser Bedarf existiert, verfügbar sein. Dabei existieren im Kontext der jeweils relevanten Lebenswelten vielschichtige Wechselwirkungen zwischen ökonomischen Faktoren und Gesundheitszuständen (McIntyre und Thiede 2008). Mit entsprechenden Themen setzt sich ein Bereich der *Health Equity*-Forschung auseinander. Hier geht es um die Zusammenhänge von Lebenslagen und Gesundheit, aber auch Fragen nach dem Bedarf an Gesundheitsleistungen, der Nachfrage und dem Angebot bis hin zur politökonomischen Analyse der Triebkräfte in der Ausgestaltung der gesellschaftlichen Subsysteme mit Auswirkungen auf die gesundheitliche Lage.

Ein weiterer Bereich befasst sich mit der Gerechtigkeit in der Finanzierung von Gesundheitsleistungen. Hier geht es sehr spezifisch um die gerechte Ausgestaltung des finanziellen Zugangs zu Gesundheitsgütern und -dienstleistungen. Dabei handelt es sich bei der Frage nach Gerechtigkeit in der Versorgung mit Gesundheitsleistungen und der nach Finanzierungsgerechtigkeit um die zwei Seiten einer Medaille. Die Bewertung der Finanzierung nach Gerechtigkeitskriterien kann erst erfolgen, wenn der Umfang des Zugangs zu Gesundheitsleistungen bekannt ist. Analysen zur gerechten Ausgestaltung der Finanzierungsseite in der Gesundheitsversorgung analysieren in der Regel zunächst den Finanzierungsmix, also die relative Bedeutung der einzelnen Quellen der Finanzierung von Gesundheitsleistungen, z. B. direkte und indirekte Steuern, Sozialversicherungsbeiträge, freiwillige (private) Versicherungsbeiträge und direkte Zahlungen, und messen die quellenspezifische Progression. So lassen sich dann Aussagen zur Fairness der Finanzierung im Versorgungssystem als Ganzes treffen (mit interessanten Einsichten für China beispielsweise Chen et al. 2020).

Box 8.3: Verteilung des Versorgungsnutzens – die Benefit Incidence Analysis (BIA) und ihre Fallgruben

Seit den 1990er Jahren findet sich die Idee, die Verteilung mit öffentlichen Mitteln finanzierter meritorischer Güter zu erfassen, um Handlungsanweisungen für die jeweiligen Politikbereiche ableiten zu können, in zahlreichen Analysen der Nutzeninzidenz *(benefit incidence)* wieder. Welchen sozio-ökonomischen Gruppen „nützen" die staatlichen Ausgaben für bestimmte Programme im Bildungs- oder Gesundheitssektor und in welchem Umfang?

Ein besonderes Interesse an derartigen Ergebnissen haben internationale Finanzorganisationen, wie die Weltbank und der Internationale Währungsfonds (IWF), denen es unter anderem obliegt, die Verwendung staatlicher Mittel der Empfängerländer finanzieller Hilfen im Blick zu behalten. Die Verbreitung der *Benefit Incidence Analysis* (BIA) im Gesundheitsbereich hat besonders durch eine Reihe von Projekten mit Förderung durch die Weltbank an Dynamik gewonnen. Im methodischen Interesse lag zunächst die Frage der Erfassung des sozioökonomischen Status von Haushalten in Volkswirtschaften, in denen das Einkommen überwiegend im informellen Sektor erzielt wird und sich weder Einkommen noch Konsum verlässlich erfassen lassen. Bei der Nutzenerfassung wird überwiegend recht pragmatisch der Wert der in Anspruch genommenen Leistungen auf Grundlage der jeweiligen Stückkosten ermittelt.

Zur Durchführung einer BIA ist ein Datensatz aus einem Haushaltssurvey erforderlich, der sowohl Informationen über die Inanspruchnahme von Gesundheitsleistungen als auch Variablen enthält, die Rückschlüsse auf den sozioökonomischen Status zulassen. Wenn, wie erwähnt, Einkommens- oder Konsumdaten nicht über alle Bevölkerungsgruppen zuverlässig erfasst werden können, greifen BIAs häufig auf die Konstruktion von Indizes zum Vermögensstatus *(asset indices)* von Haushalten zurück. Ein solcher Index kann mithilfe statistischer Verfahren, z. B. Hauptkomponentenanalyse, aus Variablen zu einzelnen Vermögenswerten, Haushaltsgegenständen, der Ausstattung der Wohnstätte und dem Zugang zu relevanter Infrastruktur, generiert werden. Jedem Haushalt kann dann ein Indexwert zugewiesen werden, sodass sich die Gesamtheit der Haushalte in Quantile unterteilen lässt.

Das andere zentrale Datenerfordernis stellen die Einheitskosten der verschiedenen Arten von Gesundheitsleistungen dar. Kombiniert man die Daten zur Inanspruchnahme von Leistungen innerhalb der jeweiligen sozioökonomischen Gruppen Nutzung mit den spezifischen Stückkosten, kann die Verteilung des „Nutzens" aus der Inanspruchnahme von Leistungen, ausgedrückt in Geldwerten, geschätzt werden (McIntyre und Ataguba 2011). Gegebenenfalls gilt es noch, die staatliche Subvention aus den erfassten Kosten herauszulösen. Beispielsweise fallen häufig Zuzahlungen oder andere Zahlungen aus eigener Tasche an, die dann vom Gesamtwert der Leistung abzuziehen sind, wenn es denn um den aus Staatsmitteln bewirkten „Nutzen" geht.

Wenn die Präsentation von Ergebnissen dieser Art Studie sich auch als politisch sehr wirksam erwiesen hat (womit sich sicherlich auch die recht hohe Zahl und die andauernde Beliebtheit erklären lassen), ist doch Vorsicht geboten, denn die Ergebnisse können nicht ohne Weiteres für bare Münze genommen werden. Eine kurze Fallstudie soll dieses Problem illustrieren (Thiede et al. 2005):

Zu Beginn der 2000er Jahre wurden in öffentlichen Gesundheitszentren im von der HIV/AIDS-Pandemie stark betroffenen Südafrika HIV-Tests mit begleitender Beratung eingeführt *(voluntary counselling and testing)*. Diese Leistung sollte besonders auch die sozial schwächsten Gruppen innerhalb der sogenannten Townships zukommen, periurbaner Gemeinden, in denen die sozioökonomischen Verhältnisse den Zugang zur Gesundheitsversorgung immer noch häufig begrenzen. Die Studie erfasste im Rahmen von Exit-Surveys in ausgewählten Gesundheitszentren den sozioökonomischen Status der freiwilligen Nutzer von HIV-Tests (mittels eines Vermögensindex) und konnte die einzelnen Haushalte den sozioökonomischen Quintilen innerhalb der Townshipbevölkerung wie auch innerhalb Südafrikas als Ganzem zuordnen. Die Stückkosten für die Leistung waren zuvor für die unterschiedlichen Zentren ermittelt worden. Es zeigte sich das in der untenstehenden Abbildung wiedergegebene Muster: Der größte „Nutzen" entfiel auf das sozio-ökonomisch schwächste Fünftel, der niedrigste auf die am besten gestellten 20 %.

Hätte man an dieser Stelle begonnen, die quantitativen Ergebnisse zu interpretieren, hätte sich für die Gesundheitsinitiative ein positives Urteil ergeben, denn offensichtlich ist es ihr gelungen, die Ärmsten der Armen vorrangig zu adressieren. Es gab jedoch in dieser Studie noch einen qualitativen Teil, der darauf abzielte, den Versorgungskontext noch besser zu erfassen und die Motivation derer zu verstehen, die Test und Beratung in Anspruch nehmen. Das Ergebnis war verheerend. Während hier nicht im Einzelnen auf die Qualitätsmängel des Angebots eingegangen werden kann, soll nur kurz erwähnt werden, dass die berichtete Wahrnehmung der Versorgungsrealität untragbare Zustände zutage gebracht hat. Während die Nutzer der Gesundheitszentren unter großem Druck zum Test kamen, waren die Erlebnisse vor Ort durch einen erheblichen Mangel an Vertraulichkeit und Datensicherheit gekennzeichnet. Bereits das Erscheinen im Wartebereich war mit Stigma verbunden. Letzten Endes spiegelt das in der Abbildung dargestellte Bild wider, dass jeder der es sich nur halbwegs leisten konnte, präventive Leistungen im Kontext von HIV/AIDS außerhalb der Townships und in der Regel gegen Zahlung aus eigener Tasche in einer privaten Praxis wahrgenommen hat.

Die Lehre aus diesen Ergebnissen ist, von den Implikationen für die BIA-Methodik abgesehen, dass die Art und Weise, in welcher bestimmte Leistungen auf der Nachfrageseite ankommen, in sensiblen Bereichen, wie in der Gesundheitsversorgung, darüber entscheidet, inwieweit hieraus tatsächlich ein „Nutzen" auf Konsumentenseite entsteht.

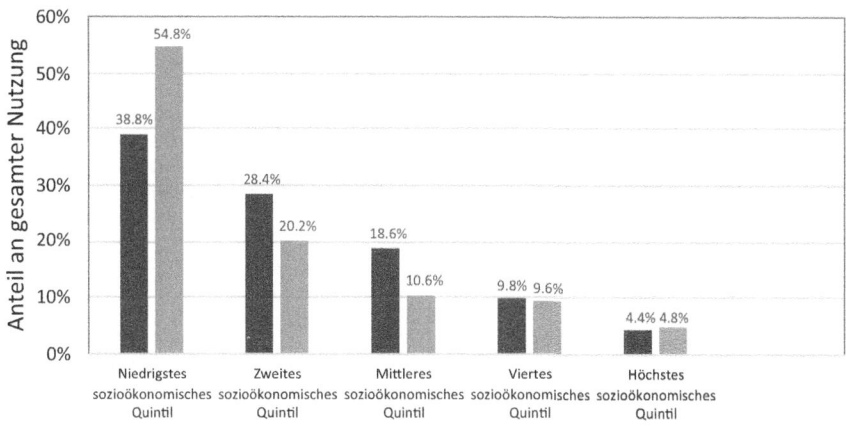

Abb. 8.2 Versorgungsnutzen HIV-Test & Beratung (VCT) nach sozioökonomischen Quintilen in Townships. (Quelle: Thiede et al. 2005)

8.2.3 Wirtschaftlichkeit vs. Verteilungsgerechtigkeit: Die Verteilungsorientierte Kosten-Wirksamkeits-Analyse

Im Sinne der Wohlfahrtsökonomie bezieht sich die ökonomische Evaluation von Programmen oder Technologien auf deren Effizienz. Die Betrachtung der Verteilungsgerechtigkeit erfolgt an anderer Stelle, beispielsweise wenn es um Wirkungen staatlicher Interventionen auf Einkommen und Vermögen geht. In diesem und den vorangegangenen Kapiteln wurde deutlich, dass sich, auch mit Blick auf die Entwicklung eines Konzepts des Gemeinwohls, die Bewertung von Ungleichheit nicht ausschließlich auf Einkommen und Vermögen beschränken kann. Vielmehr sollte sie auch Informationen über die Verteilung weiterer Komponenten des menschlichen Wohlergehens umfassen, einschließlich der Gesundheit (so auch Sen 1999a).

Überlegungen zur Verteilungsgerechtigkeit im Gesundheitswesen, z. B. in Bezug auf den sozioökonomischen Status oder die ethnische Zugehörigkeit, haben auch zu Versuchen geführt, die Verteilungsanalyse mit der Kostenwirksamkeitsanalyse zu verbinden, nämlich indem die Verteilung der unmittelbar gesundheitsbezogenen Ergebnisse von Interventionen analysiert wird. Diese Ansätze werden unter der Überschrift *Distributional Cost-Effectiveness Analysis* (DCEA) diskutiert (Cookson et al. 2021a, b). Es existieren in diesem Feld unterschiedliche methodische Ansätze, um die Kosten-Effektivität einer Gesundheitstechnologie oder auch einer präventiven Intervention im Bereich der öffentlichen Gesundheit für unterschiedliche Gruppen innerhalb einer Bevölkerung zu bestimmen. Dabei lassen sich

Abb. 8.3 Treppe der Ungleichheit. (Quelle: Eigene Darstellung nach Angus 2021, S. 154)

beliebige Maße zur Erfassung der Kosten-Effektivität oder Wirtschaftlichkeit mit verteilungstheoretischen Konzepten kombinieren.

Diese Herangehensweisen sind also geeignet, „in einem Zug" Trade-offs von Wirtschaftlichkeit und Verteilungsgerechtigkeit zu erfassen. In der Darstellung der Logik der DCEA wird auf die Idee einer Treppe der Ungleichheit rekurriert *(staircase of inequality)* (Abb. 8.3).

Auf Grundlage gerechtigkeitsrelevanter Krankheitsvariablen (z. B. Krankheitsklassifikation, Schweregrad der Krankheit, Seltenheit der Erkrankung) oder gesellschaftlicher Variablen (z. B. sozioökonomischer Status, Geografie, ethnische Zugehörigkeit) können dann, aufgeschlüsselt nach einer oder nach mehreren Variablen, Aussagen über die Verteilung von Kosten, erbrachten Leistungen oder Gesundheitswirkungen getroffen werden. Das Design der Studie hängt davon ab, welche Verteilungsfolgen simuliert werden sollen, welche gerechtigkeitsrelevanten Variablen untersucht werden sollen und wie die Verteilungsfolgen bewertet werden sollen. Daraus ergeben sich dann die Gestaltung des ökonomischen Bewertungsmodells und die Suche nach Evidenz. Entsprechend der Treppe der Ungleichheit kann zunächst eine Basisverteilung vor der Entscheidung simuliert werden, die die Verteilungen von Nutzen und Opportunitätskosten umfasst. Dann können die Wirkungen simuliert werden. Die sich ergebenden Verteilungen vor und nach der Entscheidung können dann im Hinblick auf Effizienz, Gerechtigkeit und eine Gesamtbewertung der sozialen Wohlfahrt bewertet und eingestuft werden.

Gelegentlich werden quantitative Ergebnisse einer DCEA mithilfe eines Vier-Quadranten-Diagramms visualisiert. Diese Darstellung (in der englischsprachigen Literatur: *equity-efficiency impact plane*) nimmt Bezug auf eine gängige Darstellung des Nettogesundheitsnutzens, bei welcher Kosteneffektivität mittels vier Quadranten dargestellt wurden, die sich auf Kombinationen der Effekte auf Gesundheit und Kosten mit unterschiedlichen Vorzeichen bezieht, also 1. Gesundheitsverbesserung und höhere Kosten, 2. Gesundheitsverbesserung und niedrigere Kosten, 3. Gesundheitsverschlechterung und niedrigere Kosten und 4. Gesundheitsverschlechterung und höhere Kosten. Innerhalb des ersten Quadranten ist dann die Diskussion um eine Kosten-pro-QALY-Schwelle angesiedelt, die in manchen Gesundheitssystemen, zum Beispiel im britischen National Health Service, für die Begrenzung des Leistungskatalogs eingesetzt wird. Erweitert man die Kosten-Effektivitätsanalyse um die Verteilungsperspektive lässt sich ein Vier-Quadranten-Diagramm eben über die Dimensionen Kosteneffektivität und Verteilungsgerechtigkeit aufspannen (Abb. 8.4). Die vertikale Achse gibt an, ob eine Entscheidung im Hinblick auf Kosteneffektivität besser ist als eine Vergleichsoption. Hier wird Information über Kosten und Wirkung zu einer einzigen Dimension zusammengefasst. Die horizontale Achse verdichtet Informationen über gesundheitsbezogene Verteilungseffekte zur Dimension Verteilungsgerechtigkeit. Natürlich sind beide Achsen wertbehaftet und werden entsprechend dem (gesundheits-)politischen Entscheidungskontext definiert. Wie in vorangegangenen Kapiteln deutlich geworden ist, handelt es sich bei der Interpretation der Verteilungsgerechtigkeit um einen besonders komplexen Zusammenhang, der nicht nur die Verteilung gesundheitlicher Ergebnisse, sondern auch gesundheitliche Opportunitätskosten zu berücksichtigen hat (Cookson et al., 2021a).

Es lässt sich unschwer vorstellen, dass Überlegungen, die in Kap. 5 (insbesondere Abschn. 5.3.9) zu sozialen Wohlfahrtsfunktionen angestellt wurden, Eingang in die gesundheitsökonomische Betrachtung gefunden haben. In der Gesundheitsökonomie werden Konzepte diskutiert, die analog zu den wohlfahrtsökonomischen Betrachtungen zu Ungleichheitsmessung und ökonomischer Wohlfahrt nunmehr beispielsweise rangabhängige Wohlfahrtsfunktionen beschreiben, die auf Gesundheit anstatt auf Konsum abstellen. Das heißt, das Verteilungsgewicht, das einem individuellen Gesundheitszustand zugeordnet wird, hängt nur vom Rang dieses Individuums in der Verteilung der Gesundheit ab. Es lassen sich mithilfe des Konzepts der gleichverteilten äquivalenten Gesundheit – in Anlehnung an das gleichverteilte äquivalente Einkommen in Abschn. 5.3.9 – Überlegungen zur Wohlfahrt anstellen. Es gilt allerdings zu beachten, dass neben der Größe Gesundheit auch das Einkommen eine Rolle spielt, da von Bedeutung ist, wem auf einer sozioökonomischen Skala beispielsweise ein im Rahmen eines öffentlichen Programms produzierter Netto-Gesundheitsnutzen zukommt. Dazu lässt sich dann beispielsweise ein Konzept wie die nach Einkommen gleichverteilte äquivalente Gesundheit *(equally distributed by income equivalent health)* heranziehen (O'Donnell und Van Ourti 2021). Exemplarisch lässt sich überlegen: Unter der Annahme, dass ein Gesundheitstransfer von einer reicheren zu einer ärmeren Person zu einer höheren Wohlfahrt führt, wäre eine bestimmte Intervention dann gegenüber einer

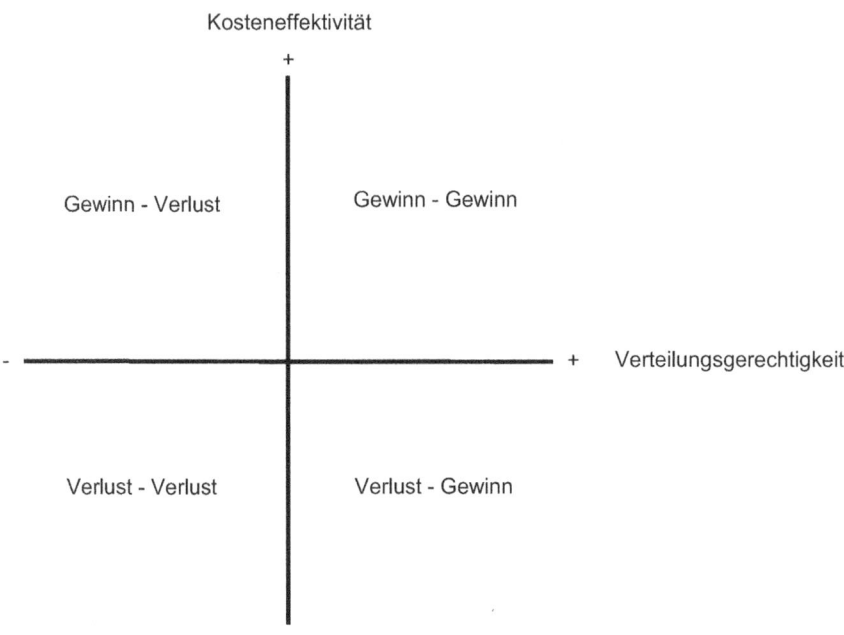

Abb. 8.4 Vier-Quadranten-Diagramm zu Wirkungen auf Kosteneffektivität und Verteilung. (Quelle: Eigene Darstellung nach Cookson et al. 2021a, S. 51)

alternativen Maßnahme mit einer höheren Wohlfahrt verbunden, wenn die Konzentrationskurve dieser Intervention die der Alternative dominiert, wobei Gesundheit in beiden Fällen mit dem Einkommen zunimmt. Die relative Ungleichheit wäre dann bei gleichem durchschnittlichem Gesundheitszustand bei der betrachteten Intervention geringer.

Verschiedene Überlegungen lassen, wie in der traditionellen Wohlfahrts- und Verteilungsmessung unterschiedliche Ansätze zu. Es lassen sich Verteilungsgewichte unmittelbar bestimmten Personengruppen zuordnen, beispielsweise vulnerablen Gruppen, jungen Menschen, alten Menschen oder Patientinnen mit seltenen Erkrankungen. Wo immer Verteilungsgerechtigkeit in die Evaluation von Technologien, Programmen oder Politikmaßnahmen einfließt, gilt es Wertentscheidungen zu treffen. Diese berühren in vielen Entscheidungszusammenhängen Fragen der Medizinethik, natürlich aber auch die in vorangegangenen Kapiteln diskutierten Gerechtigkeitstheorien.

Die Covid-Pandemie bietet den Hintergrund zahlreicher Szenarien, innerhalb derer sich auf den ersten Blick ohne Probleme relevante Ansatzpunkte für die DCEA zur Unterstützung von Entscheidungen mit Relevanz für Wirtschaftlichkeit und Gerechtigkeit in der öffentlichen Gesundheit identifizieren ließen. Interessant ist ein solcher Ansatz, wann immer Trade-offs zwischen Gerechtigkeit und Effizienz eine Rolle spielen. Allerdings ist Vorsicht geboten. Die Pandemie hat auch abermals die Komplexität der Entscheidungsfindung unter Untersicherheit in einem Umfeld verdeutlicht, in welchem Gesundheit und Überleben die wesentlichen Ergebnisvariablen der Betrachtung von Wirtschaftlichkeit und Gerechtigkeit darstellen und nicht-konsequentialistisch fundierte Überlegungen im Interesse des Gemeinwohls einzubringen sind (Deutscher Ethikrat 2022).[9]

8.3 Soziale Determinanten von Gesundheit

8.3.1 Zur Relevanz der sozialen Determinanten

Wie die Entwicklungsmöglichkeiten einzelner Menschen stets von kontextualen Faktoren abhängen, so wird das gesundheitliche Wohl eines Menschen auch nicht allein von intrinsischen Faktoren, wie der genetischen Disposition, und dem Konsum medizinischer Leistungen bestimmt. Diese Beobachtung ist trivial. Wie stark allerdings der Einfluss äußerer Faktoren ist, wird häufig unterschätzt. Ursachen gesundheitlicher Unterschiede sind zu einem beträchtlichen Grad sozioökonomischer Natur. Tatsächlich sind die Fragen der Verwirklichungschancen, die in den Kap. 6 und 7 dieses Buches angesprochen wurden, eng verwandt mit denen der Chancen auf ein gesundes Leben.

Mit den sozialen Determinanten von Gesundheit hat sich eine Kommission aus Expertinnen und Experten aus Sozialwissenschaften, Medizin und Epidemiologie in der ersten Dekade dieses Jahrhunderts ausgiebig auseinandergesetzt: Die *Commission on Social Determinants of Health* wurde im Jahr 2005 von der Weltgesundheitsorganisation ins Leben gerufen und legte unter dem Vorsitz des britischen Epidemiologen MICHAEL MARMOT (*1943) 2008 einen vielbeachteten Abschlussbericht vor (CSDH 2008).[10] Der Bericht wartet mit eindeutiger wissenschaftlicher Evidenz zu den Auswirkungen sozialer Faktoren auf und stellt dar, dass soziale Gerechtigkeit „eine Angelegenheit von Leben und Tod" ist – so in den einführenden Worten. Im Einzelnen entsteht gesundheitliche Ungleichheit aus den Umständen, unter denen Menschen aufwachsen, leben, arbeiten und altern. Die Rahmenbedingungen werden durch politische, soziale und wirtschaftliche Kräfte geprägt. Die Themen des Berichts reichen von Themen wie Zugang zu Trinkwasser

---

[9] Der Deutsche Ethikrat diskutiert in seiner Stellungnahme zu ethischen Entscheidungskriterien in einer Pandemie ausdrücklich neben Aspekten der Verteilungsgerechtigkeit auch die „Befähigungsgerechtigkeit", also den Ansatz der Verwirklichungschancen. Er hält in diesem Zusammenhang fest, dass alternative Handlungsstrategien der Pandemiebewältigung auch prozedurale Aspekte berücksichtigen sollten. Und weiter: „Durch das Anknüpfen an diesem Ansatz lassen sich wichtige Einsichten der zeitgenössischen politischen Ethik – etwa bezüglich transparenter kommunikativer Verfahren und niederschwelliger Partizipationsmöglichkeiten Betroffener als notwendiger Voraussetzungen einer breiten Akzeptanz on Entscheidungen – für den Gerechtigkeitsdiskurs fruchtbar machen" (Deutscher Ethikrat 2022, S. 202 f.).

[10] Auch AMARTYA SEN zählte zu den 19 Mitgliedern der Kommission.

und gesunder Ernährung bis zu sozialem Kapital und den Möglichkeiten politischer Beteiligung. Was im Vergleich gesundheitlicher Lagen zwischen Ländern mit unterschiedlichem Stand wirtschaftlicher Entwicklung deutlich wird, gilt über die Betrachtungsebenen hinweg. Ob es um den Vergleich gesundheitlicher Lagen zwischen Länderkategorien geht oder innerhalb eines Landes zwischen ländlichen und städtischen Regionen oder innerhalb von Städten zwischen Arbeitersiedlungen und Villenvierteln: Stets wird deutlich, dass die Chancen von denselben Faktoren abhängen. Dabei dominieren sozioökonomische Indikatoren, die eng mit gesundheitsrelevanten Lebensbedingungen und Verhaltensweisen verbunden sind. Klar zeigt sich die herausragende Rolle der relativen Deprivation. Gesundheitliche Benachteiligung lässt sich weniger an absoluten Indikatoren festmachen als vielmehr an dem Grad der Ungleichheit innerhalb der relevanten sozioökonomischen Variablen.

RICHARD WILKINSON (*1943), ein britischer Sozialepidemiologe, hat in zahlreichen Büchern und Aufsätzen dargestellt, dass sich gesundheitliche Ungleichheit überwiegend auf die mit Einkommensungleichheit verbundene relative Deprivation zurückzuführen lässt (z. B. Wilkinson und Pickett 2008). In seinen Werken beschreibt er die Transmissionsmechanismen anhand der Wirkungen ökonomischer Ungleichheit auf die psychische und körperliche Gesundheit. Er beschreibt beispielsweise die sozioökonomischen Ursachen von Drogenmissbrauch, Problemen in Bildung und Ausbildung, mangelnder sozialer Mobilität, Kriminalität, Fehlernährung und Gewalt – Phänomene, die wiederum zu geringeren Gesundheitszuständen führen.

Box 8.4: Soziale Determinanten – das Beispiel der Lebenserwartung von Männern in Glasgow
Das Vereinigte Königreich weist eine lange Tradition in der sozialepidemiologischen Forschung auf. Der erste von der Regierung beauftragte Bericht zur Untersuchung gesundheitlicher Ungleichheit, der *Black Report* (benannt nach dem Vorsitzenden der Untersuchungskommission, Sir DOUGLAS BLACK), wurde 1980 veröffentlicht und hat ein enormes Echo in der britischen Gesellschaft erzeugt (DHSS 1980). Dieser Bericht zeigte nicht nur, dass sich der durchschnittliche Gesundheitszustand der Bevölkerung seit Einführung der wohlfahrtsstaatlichen Institutionen, wie beispielsweise der staatlichen Absicherung der Gesundheitsversorgung durch den National Health Service NHS (seit den späten 1940er Jahren), deutlich verbessert hatte. Er zeigte ebenso, dass es in hohem Maße und weit verbreitet gesundheitliche Ungleichheiten gab und dass diese zunahmen. Und nicht nur das: Der Bericht legte auch in aller Deutlichkeit dar, dass diese Ungleichheiten auf sozioökonomische Unterschiede in der Bevölkerung zurückzuführen waren.

Weitere derartige Berichte auf nationaler Ebene wurden fortan im Vereinigten Königreich etwa in Zehn-Jahres-Schritten veröffentlicht, die allesamt Beachtung fanden. Gesundheitliche Ungleichheit wurde jedoch auch auf niedrigerer Ebene, also in den Grafschaften und Städten, im Nachgang zum Black Report intensiv erforscht. Exemplarisch dafür mag die Arbeit des Glasgow Centre for Population Health gelten, dessen Bericht „*Health in a Changing City: Glasgow 2021*" mit bemerkenswerten Daten aufwartet (Whyte et al. 2021). Ein Abschnitt befasst sich beispielsweise mit der männlichen Lebenserwartung in Glasgow berechnet auf Grundlage von Daten aus den Jahren 2015 bis 2019. Insgesamt liegt diese mit durchschnittlich 73,4 Jahren ein paar Jahre unterhalb der durchschnittlichen männlichen Lebenserwartung in Schottland insgesamt – 77,1 Jahre. Erstaunlich ist nun jedoch, dass es äußerst starke Unterschiede zwischen den 55 untersuchten Stadtvierteln gibt. Hier schwankt die durchschnittliche Lebenserwartung von Männern zwischen 65,4 Jahren im ehemaligen Werftenviertel Govan und 83,0 Jahren im grünen, von Villen geprägten Stadtteil Pollokshields West. Von einem Viertel zum anderen sind es etwa 5 km. Männer leben also in einem Stadtviertel durchschnittlich 17,6 Jahre länger als in einem anderen, dazwischen ein weitgehend gleichmäßiger Gradient über die anderen Stadtviertel hinweg (s. Abb. 8.5).

Interessant ist hier, dass es beispielsweise keine Unterschiede hinsichtlich der geographischen Verfügbarkeit von Gesundheitsdienstleistungen gibt. Auch haben alle Bürgerinnen und Bürger über den NHS freien Zugang. Es lässt sich zeigen, dass wesentliche Determinanten geringer Lebenserwartung in den betroffenen Stadtvierteln Glasgows in den kontextualen Faktoren, wie ungesunde Ernährung, Alkohol-, Tabak- und Drogenkonsum, ungesunde Arbeitsbedingungen, niedriges Bildungsniveau, und weiteren komplexen armutsbedingten Faktoren zu sehen ist.

In Deutschland hat gesundheitliche Ungleichheit über die letzten Jahre auch verstärkt Beachtung gefunden. Die Daten weisen in Deutschland auf eine Ausweitung sozial bedingter Unterschiede in Gesundheit und Lebenserwartung hin, doch sind extreme Umstände wie in dem hier gewählten Beispiel nicht evident (beispielsweise Destatis et al. 2021).

8.3.2 Zugang zu Gesundheitsleistungen

Das Spannungsfeld zwischen Gerechtigkeit und Gleichheit ist in den vorangegangenen Kapiteln angeklungen. Gerechtigkeit und Gleichheit sind insofern eng miteinander verbunden, als Gerechtigkeit stets mit der Gleichheit eines bestimmten Ziels verbunden ist. Hier erlangen die Grundsätze der horizontalen und der vertikalen Gerechtigkeit Bedeutung: Individuen, die in relevanter Hinsicht gleich sind, sollen gleichbehandelt werden. Sind Individuen in relevanter Hinsicht ungleich, sollen sie entsprechend ungleich behandelt werden. An die Diskussion aus einem der vorangegangenen Kapitel anknüpfend kann auch im Gesundheitskontext auf die Frage abgestellt werden: „Gleichheit wovon?"

In der *Health Equity*-Debatte sind theoretische Diskussionen darum geführt worden, ob man etwa die Idee verfolgen sollte, gleiche Ressourcen für den gleichen Bedarf bereitzustellen, ob man für die gleiche Inanspruchnahme von Leistungen bei gleichem Bedarf plädieren oder die gleiche marginale Gesundheitsverbesserung anstreben sollte (beispielsweise Culyer und Wagstaff 1993). Bereits hinsichtlich der Bedarfsdefinition besteht Unklarheit, ob man den Bedarf an Gesundheitsleistungen beispielsweise anhand der marginalen Zahlungsbereitschaft messen könne, ob Bedarf gleich Krankheit sei oder die Fähigkeit, aus dem Konsum von Gesundheitsleistungen Nutzen zu ziehen. Es scheint allerdings Konsens dahingehend zu bestehen, dass keiner der vorgenannten Versuche, Bedarf an Gesundheitsleistungen zu definieren, zielführend ist, zumal Gesundheitsbedarf eher prospektiv als retrospektiv orientiert ist (Culyer 1998).

Das Prinzip des gleichen Zugangs zu Gesundheitsressourcen knüpft insofern an die Ausführungen zu dem Ansatz der Verwirklichungschancen in den Kap. 6 und 7 an, als es die vielfältigen Voraussetzungen anerkennt, die erfüllt sein sollten, damit die Individuen das Leben führen zu können, das sie für sich selbst anstreben. Voraussetzung ist also auch die Gesundheitskompetenz. Zugang zu Gesundheitsressourcen lässt sich als mehrdimensionales Konzept beschreiben. Man kann sich

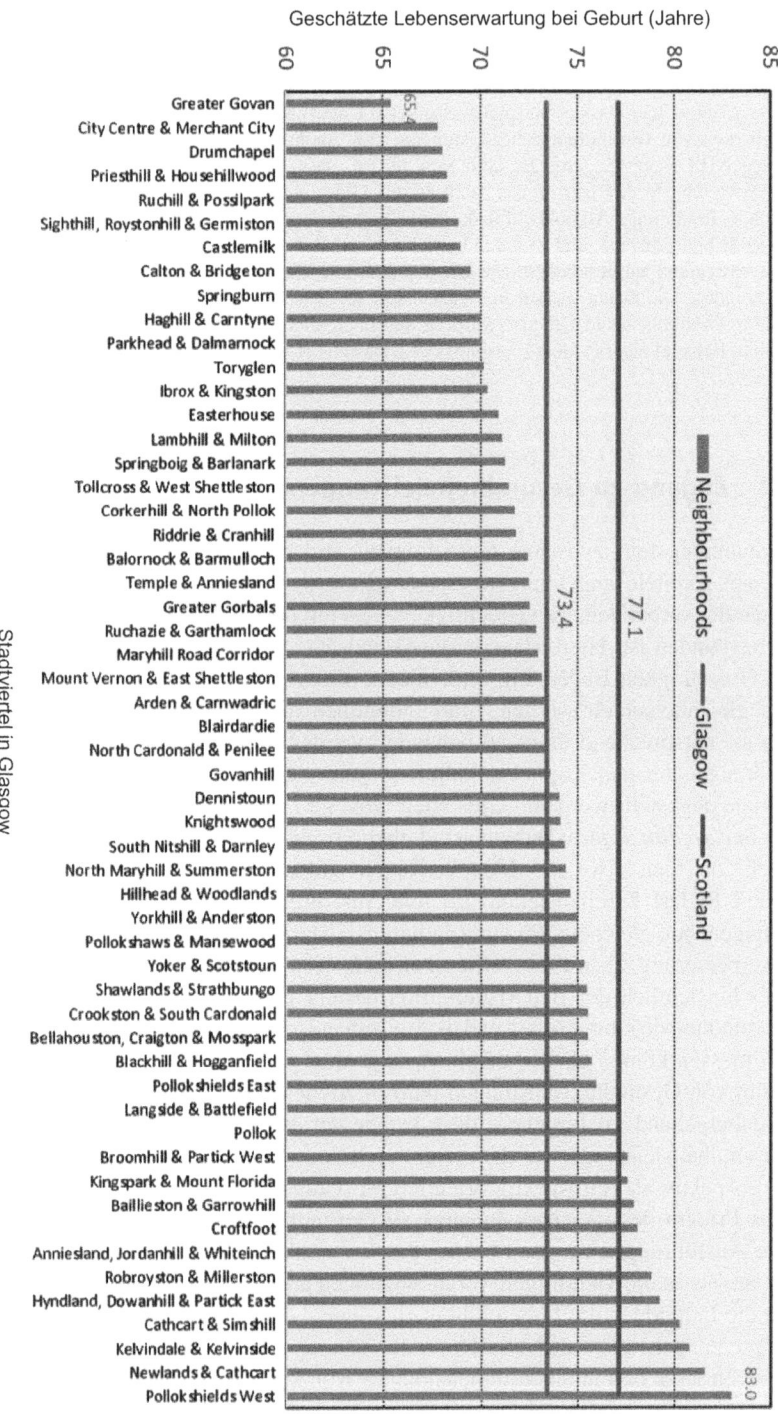

Abb. 8.5 Lebenserwartung von Männern in Glasgow (2015–2019). (Quelle: Whyte et al. 2021, S. 88)

dem Konzept annähern, indem man drei Dimensionen in Betracht zieht: Verfügbarkeit der Leistung (oder physischer Zugang), Leistbarkeit (oder finanzieller Zugang) und Akzeptanz (oder kultureller Zugang) (McIntyre et al. 2009). Bei der Verfügbarkeit geht es darum, ob die geeigneten Gesundheitsdienstleister oder -dienste am richtigen Ort und zur richtigen Zeit zur Verfügung stehen, um die aktuellen Bedürfnisse der Bevölkerung zu erfüllen. Bei der Leistbarkeit geht es um den „Grad der Übereinstimmung" zwischen den Gesamtkosten, die dem Individuum durch die Inanspruchnahme der Gesundheitsleistungen entstehen, und seiner Zahlungsfähigkeit. Akzeptanz beschreibt die Übereinstimmung zwischen den Einstellungen und Erwartungen in der Beziehung zwischen den Akteuren. Kulturelle Faktoren, Information (auch im Sinne der Gesundheitskompetenz), aber auch Geschlecht, Alter und Sprache beeinflussen die Möglichkeiten der Inanspruchnahme von Gesundheitsleistungen. Obwohl jede Dimension für sich steht und sich auf eine Reihe klar unterscheidbarer Aspekte konzentriert, ist es die Interaktion zwischen den Dimensionen, die den Zugang bestimmt. So hängt beispielsweise die Auswirkung einer Verbesserung der geografischen Verteilung der Anbieter (Verfügbarkeit) auf die Befähigung des Einzelnen davon ab, ob die Gesundheitsleistungen erschwinglich und akzeptabel sind. Auch geht es bei der Frage des Zugangs um die Beschaffenheit der Gesellschaft und die Frage, inwieweit Vertrauen in die Institutionen des Gesundheitssystems gegeben ist (Thiede 2005).

8.4 Healthy, wealthy and wise

Man könnte etwas provokativ formulieren: Ein paralleler Ansatz zur Messung des Wohlstands in Form des Bruttoinlandsprodukts wäre der Versuch, das gesundheitliche Wohl eines Landes in Form der gesamten innerhalb eines Zeitraums für Gesundheit aufgebrachten Ressourcen zu bemessen. Hier wäre die Vermessenheit offensichtlich: Der Anteil des Gesundheitssektors am Bruttoinlandsprodukt des gemäß World Happiness Report glücklichsten Landes Finnland betrug 2019 etwa 9 %, der Anteil in Deutschland etwa 12 %, und in den USA wurden in demselben Jahr 17 % des Bruttoinlandsproduktes für Gesundheit ausgegeben (World Health Organization n. d. (a)). Geschlechterübergreifend betrug die durchschnittliche Lebenserwartung bei Geburt 2019 in Finnland 81,6 Jahre, in Deutschland 81,7 Jahre und in den USA 78,5 Jahre (World Health Organization n.d. (b)). Wenn auch die Lebenserwartung bei Geburt kein idealer Indikator für Gesundheit in ihren oben dargestellten Dimensionen ist, beschreibt sie doch eine Größe, die in engem Bezug zu den Determinanten eines „guten Lebens" steht. Abermals wird deutlich, dass das schiere Volumen an Ressourcen, die in den Gesundheitssektor fließen, nicht die tragende Rolle in der Erreichung gesundheitlicher Ziele spielt.

In diesem Kapitel ist deutlich geworden, dass das Zusammenspiel der unterschiedlichsten Faktoren die gesundheitsbezogene Lebensqualität bestimmt. Neben natürlichen Faktoren, wie der genetischen Disposition, sind es besonders die sozialen Determinanten, die Gesundheitszustand und -dauer beeinflussen. Gute Gesundheit, so wurde argumentiert, wird von Individuen um ihrer selbst willen angestrebt, doch auch als Input in Haushaltsproduktionsfunktionen nachgefragt. Der letztgenannte Blickwinkel deutet auf die Rolle von Gesundheit in der erweiterten Diskussion um Gerechtigkeit und Freiheit hin. Gesundheit bestimmt die (Produktions-) Möglichkeiten. Gute Gesundheit ist eine der fundamentalen Voraussetzungen der Realisierung von Verwirklichungschancen. Der Begriff der Würde oder Menschenwürde, der in jeder Diskussion zum Gemeinwohl eine zentrale Rolle einnehmen muss, ist eng mit der Idee des aktiven Strebens verbunden. Gesundheit steht am Anfang einer jeden Darstellung der Voraussetzungen aktiven Strebens. Das wiederum bestimmt die individuellen Möglichkeiten wirtschaftlichen Handelns und damit die Möglichkeiten der Erzielung materiellen Wohlstands.

Während sämtliche Dimensionen von Gesundheit die Verwirklichungschancen prägen, also die körperliche, die seelische und die soziale Dimension, gilt es, eine pragmatische Abgrenzung zu weiteren Formulierungen von Konzepten festzulegen, die ebenfalls als Grundvoraussetzungen eines gehaltvollen Lebens – „a dignified and minimally flourishing life", so NUSSBAUM (2011) – diskutiert werden. Beispielsweise weisen die soziale Gesundheit und die Verfügbarkeit gesellschaftlicher Voraussetzungen für Selbstachtung und Nicht-Demütigung (Nussbaum) zweifelsohne Überlappungen auf. Hier ist zu beachten, dass die Betrachtung sozialer Determinanten im erweiterten Sinne unterschiedlichste Faktoren umfasst, die einerseits individuelle Eigenschaften reflektieren, z. B. Bildung oder Beruf, und andererseits auf den gesellschaftlichen Kontext abstellen. Die gesellschaftlichen Determinanten von Gesundheit entziehen sich häufig der wohlfahrtsökonomischen Betrachtung, in welcher die Gesellschaft eben nicht als separate Betrachtungseinheit neben dem Individuum gesehen wird. Inwieweit bereits die Bereitstellung von gesundheitsbezogener Information, also die Vermittlung relevanten medizinischen Wissens, aber auch die Verfügbarmachung versorgungsrelevanter Informationen, von der gesellschaftlichen Beschaffenheit und der sozialen Kohäsion abhängt, ist während der Covid-Pandemie deutlich geworden. Parallelen zur übergreifenden Gemeinwohl-Thematik liegen auf der Hand.

Zahlreiche Überlegungen aus der gesundheitsökonomischen Betrachtung lassen sich in die Diskussion einer Ökonomie des Gemeinwohls überführen. Hervorzuheben ist beispielsweise die Frage nach der zeitlichen Dimension von Gesundheit. Jenseits der Betrachtung von Begründungen einer Diskontierung von Gesundheitsnutzen mögen einzelnen Gesundheitszuständen je nach Kontext innerhalb eines individuellen Gesundheits-Zeit-Profils unterschiedliche Nutzenwerte beigemessen werden. Eine ähnliche Betrachtung ließe sich zu unterschiedlichen Zielvorstellungen anstellen, die im Umfeld der Gemeinwohldebatte diskutiert werden. Ist Glück, wie es im World Happiness Report gemessen wird, nicht auch Input in Haushaltsproduktion und Output zugleich? Ist bei der Glücksmessung nicht auch die zeitliche Dimension von höchster Relevanz?

Wenn es um die Ausgestaltung von Politik geht, um das gesundheitliche Wohl zu erhöhen, ist offensichtlich, dass Gesundheitspolitik im engeren Sinne nur einen Teilbeitrag leisten kann. Bildungspolitik, Umweltpolitik, Verkehrs-, aber auch Rechtspolitik beeinflussen das individuelle und kollektive gesundheitliche Wohl maßgeblich. Zusammenfassend stellt Gesundheit eine wesentliche Zielgröße politischen und ökonomischen Handelns dar, die allerdings auf der gesellschaftlichen Ebene, wie beispielsweise auch Bildung, mittels des politischen Instrumentariums kaum direkt angesteuert werden kann. Neben das Problem der zielgenauen Ausrichtung der Politiken tritt das der Nachhaltigkeit möglicher Effekte auf die gesundheitsbezogene Lebensqualität. Nachhaltigkeit stellt gegebenenfalls selbst ein Phänomen dar, das nur erreicht werden kann, wenn unterschiedliche Zielbereiche, die gemeinsam das Gemeinwohl ausmachen, in koordinierter Art und Weise in die politische und ökonomische Betrachtung einbezogen und „gemeinsam gedacht" werden.

Nachhaltigkeit und Internalisierung externer Effekte im Zielsystem der Umweltökonomik

Fragen und Themen in diesem Kapitel

- Welche unterschiedlichen Ansätze gibt es zur Begründung von Umweltwerten?
- Was bedeutet es, wenn Umweltprobleme als Allokationsprobleme definiert werden?
- Was bedeutet die Internalisierung externer Effekte?
- Welche umweltpolitischen Instrumente werden bei der Internalisierung von externen Effekten angewandt?
- Was bedeutet Nachhaltigkeit?
- Welche unterschiedlichen Konzeptionen von Nachhaltigkeit werden diskutiert?
- Wie lauten die umweltpolitischen Ziele und welche Mittel werden zur Erreichung dieser Ziele eingesetzt? In welchem Verhältnis stehen diese Mittel und Ziele der Umweltpolitik?
- Sind Technologien zur Lösung von Umweltproblemen wertfrei?

9.1 Die Umweltökonomik als volkswirtschaftliche Teildisziplin

Bei einer Eingrenzung des Gemeinwohlbegriffs kommt man an der Nachhaltigkeit nicht vorbei. Die in den obigen Kapiteln vorgestellten mehrdimensionalen Konzeptionen zur Messung von ökonomischer Entwicklung beziehen sich an vielen Stellen auf den Nachhaltigkeitsbegriff, wie er etwa in den Sustainable Development Goals (SDGs) der vereinten Nationen operationalisiert wird (vgl. etwa Abschn. 7.4). Die Herkunft des Nachhaltigkeitsbegriffs wird zu Beginn des 18. Jahrhunderts dem Freiberger Oberberghauptmann CARL VON CARLOWITZ

© Der/die Autor(en), exklusiv lizenziert an Springer Fachmedien Wiesbaden GmbH, ein Teil von Springer Nature 2023
R. Menges und M. Thiede, *Die Ökonomie des Gemeinwohls*,
https://doi.org/10.1007/978-3-658-40105-4_9

(1645–1714) zugeschrieben (Hauff und Jörg 2012; Endres 2013). Der historische Hintergrund seiner Überlegungen war die damalige Übernutzung von Holz im Erzgebirge. Holz wurde als Energiequelle sowohl für den Bergbau als auch für die Bedürfnisse einer wachsenden Bevölkerung eingesetzt. Nach dem Ende des 30-jährigen Krieges setzte ein starkes Wachstum der Bevölkerung in den Städten ein, so dass aufgrund der Bautätigkeiten Holz stark nachgefragt wurde. Holz wurde knapp und musste über längere Entfernungen auf dem Wasserweg mit Flössen angeliefert werden. Steigende Holzknappheit und steigende Holzpreise führten zu ernsten Problemen bei der wirtschaftlichen Entwicklung dieser Region. In seiner Schrift „Sylvocultura Oeconomica" aus dem Jahr 1713 empfahl er der Forstwirtschaft einen respektvollen und pfleglichen Umgang mit Rohstoffen. Konkret forderte er, im Wald nicht mehr Holz zu schlagen als nachwächst, um auf diese Weise zu erreichen, dass eine „nachhaltende Nutzung" möglich sei und ein Raubbau der Wälder verhindert werden könne. Seine Prominenz und die über forstwirtschaftliche Aspekte hinausgehende Verallgemeinerung verdankt dieser Begriff jedoch erst seiner Verwendung im 1987 veröffentlichten Bericht der Brundtland-Kommission (für Details vgl. die Ausführungen in den Abschnitten 7.4 und 9.5 dieses Buches).

Die Frage, wie mit Umweltgütern umgegangen werden soll, welche Probleme und Lösungsmöglichkeiten bei der Nutzung von Umweltgütern entstehen, wird in der volkswirtschaftlichen Teildisziplin der Umweltökonomik behandelt. Ähnlich wie bereits CARLOWITZ oder auch THOMAS MALTHUS betrachtet die Umweltökonomik Nachhaltigkeitsprobleme aus dem Blickwinkel der Ressourcenknappheit. Bedeutsam ist hierbei, dass die fraglichen Umweltgüter und die damit verbundenen Umweltprobleme (z. B. die Nitratbelastung des Grundwassers oder Probleme der Artenvielfalt) häufig außerhalb von Märkten anfallen, es hierfür gar keine Märkte gibt. Und selbst wenn es – wie im Fall des Holzschlagproblems von CARLOWITZ – Märkte gibt, so ist nicht zwingend sichergestellt, dass diese Märkte auch zu solchen Ergebnissen bzw. zu solch einem Ressourcenverzehr führen, der aus gesellschaftlicher Sicht wünschenswert sind. Individuelle, auf Märkten getroffene Produktions- oder Konsumentscheidungen haben häufig nicht-intendierte negative Konsequenzen für die Umwelt. Aus ökonomischer Sicht bedeutet dies, dass an irgendeiner Stelle im System Schäden bzw. Kosten entstehen, die nicht im Marktpreis abgebildet sind. Diese Kosten werden als externe Kosten bezeichnet. Sie werden auf Dritte überwälzt und implizieren einen Effizienzverlust.

Die Bedingungen, unter denen Märkte in der Lage sind, effiziente und sozial erwünschte Ergebnisse zu produzieren, werden in den Hauptsätzen der Wohlfahrtsökonomik beschrieben (vgl. Abschn. 5.4.2). Werden diese Bedingungen verletzt, ist davon auszugehen, dass Märkte nicht dazu in der Lage sind, die erwünschten Ergebnisse zu produzieren und dass alternative Allokationsmechanismen und staatliche Eingriffe auf Märkten vermutlich zu besseren Ergebnissen führen. In diesen Fällen spricht die Volkswirtschaftslehre von Marktversagen. Vor diesem Hintergrund wird oftmals das Aufgabengebiet der Umweltökonomik als Teildisziplin der Ökonomik in der Bearbeitung von Marktversagen gesehen. Die Bewältigung von

Marktversagen, das sich aus negativen externen Effekten im Bereich der privaten Produktions- und Konsumentscheidungen ergibt, die Internalisierung externer Effekte, wird daher zum „Leitbild der Umweltpolitik" (Endres 2013) erklärt.

Dies stellt aber eine starke Vereinfachung dar: Überspitzt formuliert, stellt das Umweltproblem aus dieser Sicht nur insofern etwas Besonderes dar, weil hier die Spezialfälle dominieren, die mit dem Auseinanderfallen privater und sozialer Kosten, dem Trittbrettfahrerverhalten oder der Nicht-Ausschließbarkeit bei der Nutzung knapper Ressourcen zusammenhängen. Die Welt wird hier vereinfachend aus der Sicht eines wohlwollenden, ausschließlich am Gemeinwohl orientierten sozialen Planers betrachtet. Es wird die objektive Existenz und die Kenntnis eines auf den individuellen Präferenzen basierenden Optimalzustandes angenommen. Zudem wird vorausgesetzt, dass die Politik über die Mittel verfüge, die gesellschaftlichen Prozesse so zu steuern, dass sich das gewünschte Wohlfahrtsmaximum einstelle. Umweltpolitik wird damit zum Teil der Ordnungspolitik – im Grunde gibt es bei dieser Betrachtung gar keine eigenständigen umweltpolitischen Ziele. „*Soweit der Ressourcenverbrauch negative externe Wirkungen erzeugt, ist die Umweltpolitik gefordert. Die Umweltpolitik steht nicht neben der Wirtschafts- und Sozialpolitik, sondern sie ist Teil der Wirtschafts- und Sozialpolitik. Sie ist entweder Umweltallokationspolitik (Internalisierung der Externalitäten) oder Umweltverteilungspolitik (z. B. intergenerative Verteilungsgerechtigkeit). Das Optimum, das sich ergibt, wenn alle Externalitäten internalisiert und das Verteilungsziel erreicht ist, ist automatisch zugleich das ökologische Optimum. Es gibt kein ökologisches Optimum neben dem allokativen und dem distributiven Optimum*" (Vaubel 1996, S. 168). Etwas ironisch formuliert: Wie in einem guten Hollywood-Western aus den 1950er Jahren die US-Kavallerie immer dann beim Kampf gegen das Böse gerufen wird, um Recht und Ordnung wieder herzustellen, wenn alles verloren scheint, so schreitet die Umweltpolitik ein, wenn der Markt bei der Realisierung des Wohlfahrtsoptimums versagt (Sugden 1986).

Die moderne Umweltökonomik lässt sich jedoch nicht auf einen Reparaturbetrieb im Marktversagensfall reduzieren. Ein derart dualistisches Weltbild mit einer klassischen Arbeitsteilung zwischen dem „Markt" und dem „Staat" ist den modernen Wirtschaftswissenschaften nicht mehr angemessen. Dies liegt insbesondere daran, dass die aus Sicht der Ökonomik zentralen Begriffe von Bedürfnissen und Ressourcen, deren Differenz als Knappheit den Kern des ökonomischen Problems charakterisiert, zunehmend weiter gefasst werden. Während etwa in der Verhaltensökonomik auch vermeintlich nicht-ökonomische Motive wie soziale Präferenzen oder bestimmte Altruismus-Motive als Gegenstand von individuellen Nutzenfunktionen behandelt werden (vgl. Kap. 2), äußern sich derartige Weiterentwicklungen auch in der Umweltökonomik. So werden beispielsweise nicht-nutzungsabhängige Werte wie individuelle Options- oder Vermächtniswerte bei der Bewertung von natürlichen Ressourcen berücksichtigt. Bei Lösungsvorschlägen zur Überwindung der Übernutzung von Common-Property-Ressourcen werden auch die Möglichkeiten freiwilliger kooperativer Regelungen ohne zentralstaatliche Eingriffe ausgelotet (Ostrom 2013). Gleichzeitig stellen sich damit ähnliche Fragen wie im fünften Kapitel dieses Buches: Kann die Sorge um und die Verantwortung für die Umwelt und die Erhaltung der Lebensbedingungen von Mensch und Natur vollständig in den Konzepten der individuellen Rationalität bzw. Nutzenmaximierung und dem gesellschaftlichen Ordnungsrahmen aufgelöst werden?

Die Untersuchung der Interdependenzen und Interaktionen zwischen dem menschlichen Handeln und der Umwelt stellt den Gegenstand der Umweltökonomik dar. Diese Interdependenzen sind in Form von Umweltproblemen wie Gewässerverschmutzungen, Artensterben, saurem Regen oder dem Klimawandel in den letzten Jahren zu einem zentralen gesellschaftlichen Thema geworden. Neben der Umweltökonomik widmen sich auch viele andere Wissenschaften, wie etwa die Biologie, die Physik oder die Ökologie der Analyse derartiger Umweltprobleme. Die Umweltökonomik unterscheidet sich von den naturwissenschaftlich geprägten Ansätzen letztlich dadurch, dass sie das ökonomische Verhaltensmodell zur Erklärung des Zustandekommens von Umweltproblemen und zur Entwicklung von Lösungsmöglichkeiten nutzt. Die Notwendigkeit, diese Analyse nicht etwa im Rahmen der Mikroökonomik, sondern einer eigenen Teildisziplin der Ökonomik zu betreiben, ergibt sich dabei aus den Besonderheiten des Begriffs Umwelt, die nicht einfach auf die Bedeutung eines klassischen Produktionsfaktors wie Boden, Arbeit und Kapital reduziert werden kann.

9.2 Werte in der Umweltökonomik

In den verschiedenen wissenschaftlichen Disziplinen, die sich mit Umweltproblemen beschäftigen, werden teilweise sehr unterschiedliche Antworten auf die normative Frage gegeben werden, wie sich die Menschen im Umgang mit der Umwelt verhalten sollten. In Bezug auf die Wertfrage beim Umgang mit der Umwelt stehen sich unterschiedliche Denkschulen und Richtungen gegenüber, die in der folgenden Abb. 9.1 zusammengefasst werden.

Die wesentliche Unterscheidung in der Begründung von Rechten und Werten in der Umweltökonomik ist zunächst zwischen naturalistischen und humanistischen Wertlehren vorzunehmen (Perman et al. 2011). Naturalistische Moralphilosophien verneinen besondere oder gar exklusive Werte und Rechte des Menschen und betonen die Gleichberechtigung aller Lebewesen (Schmidt und Tarkian 2011). Einen funktionalen Nutzen der Umwelt lehnen sie strikt zu Gunsten von Eigenwerten der Umwelt ab, die unabhängig von menschlichen Verfügungswünschen zu definieren sind. So betont beispielsweise der australische Philosoph PETER SINGER, dass die Zugehörigkeit eines Lebewesens zu einer bestimmten Spezies keine moralische Relevanz habe. Allein die (beispielsweise auch Tieren zuzusprechende) Fähigkeit, bestimmte Präferenzen zu besitzen und zu verfolgen, entfalte eine moralische Relevanz. Die auf den norwegischen Philosophen ARNE NAESS (1912–2009) zurückgehende Tiefenökologie betont in ähnlicher Weise eine holistische Umwelt- und Naturphilosophie, die ein Leben aller Lebewesen im Einklang mit der Natur anstrebt. Andere prominente Naturwissenschaftler und Philosophen, die in Bezug auf den menschlichen Umgang mit der Natur eher naturalistische Positionen entwickelt haben, sind beispielsweise CHARLES DARWIN (1809–1882)

Abb. 9.1 Werte in der Umweltökonomik

und BARUCH DE SPINOZA (1633–1677). In jüngerer Zeit wenden sich insbesondere einige Denker aus dem Bereich der ökologischen Ökonomik der Vorstellung zu, dass Umweltwerte unabhängig von menschlichen Betrachtungen und Verfügungen als eigenständige Werte zu betrachten sind. Wenn Natur und Umwelt nicht mehr (oder zumindest nicht überwiegend) als nützliche Ressource betrachtet werden, sondern mit Eigenwerten ausgestattet sind, bedeutet dies auch, dass sich diese Werte nicht monetarisieren, d. h. in Geldeinheiten ausdrücken lassen (Hauff und Jörg 2012).

Demgegenüber steht in den humanistischen Moralphilosophien der Mensch als Träger von Werten, Rechten und Pflichten im Mittelpunkt. Der in den Wirtschaftswissenschaften praktizierte methodologische Individualismus erklärt das Individuum erkenntnistheoretisch zum Ausgangs- und aus Sicht des Wertbekenntnisses zum Bezugspunkt (Kirsch 2004). Innerhalb dieser Tradition sind insbesondere die Positionen des Liberalismus und des Utilitarismus zu unterscheiden, die bereits im fünften Kapitel ausführlich diskutiert worden sind (vgl. auch Perman et al. 2011).

- Der Liberalismus betont das zentrale Axiom der Unverletzlichkeit individueller Rechte. In Bezug auf umweltökonomische Probleme ist dieses Axiom insofern relevant, weil Eingriffe in individuelle Rechte allein mit Verweis auf ein höhe-res, wie auch immer geartetes Gemeinwohl abgelehnt werden. Allerdings ist Liberalismus keineswegs mit einem laissez-faire-Ansatz gleichzusetzen. Libe-rale Philosophen wie JOHN LOCKE und ROBERT NOZICK betonen, dass die Grundlage freiwilliger Transaktionen zwischen Individuen ein gerechtes Sys-tem von Eigentums- bzw. Nutzungsrechten sei. Aus umweltökonomischer Sicht ergibt sich die Notwendigkeit, in individuelle Rechte einzugreifen, wenn Indi-viduen über einen ungerechtfertigten Besitz verfügen, eine Ressourcennutzung ohne Ausschlussmöglichkeit möglich ist, oder Probleme wie öffentliche Güter und externe Effekte vorliegen.

• Während der Liberalismus die Voraussetzungen und die Qualität von indi-viduellen Interaktionsprozessen untersucht, beschäftigt sich der Utilitarismus überwiegend mit den Konsequenzen individueller Handlungen. Die moralphi-losophischen Schriften betrachten den individuellen Nutzen als subjektiven Ausdruck der Befriedigung in einem gesellschaftlichen Zustand, der sich in der Folge individueller Entscheidungen einstellt. Die Konzeption der die Umwelt-ökonomik prägenden externen Effekte geht auf den Utilitaristen ARTHUR CECIL PIGOU zurück. Er vertrat die Ansicht, dass ein derartiger Effekt zum Nachteil aller Individuen sei und nur durch den wohlfahrtssteigernden Ein-griff des Staates überwunden werden kann. Die utilitaristische Vorstellung, dass das Gemeinwohl als größtmögliches Glück einer größtmöglichen Zahl von Menschen angestrebt werden soll, kann auch auf eine intertemporale Wohlfahrtsfunktion ausgedehnt werden (vgl. Abschn. 5.3.7), die beispiels-weise in der Klimaökonomik eine große Rolle spielt, um die Konsequenzen in Form von zukünftigen Kosten von Klimaereignissen und den Nutzen heutiger klimapolitischer Maßnahmen bestimmen zu können.

9.3   Umweltprobleme als Allokationsprobleme

9.3.1   Ökonomie und Umwelt als Durchflusssysteme

Aus ökologischer Perspektive lässt sich die Interaktion zwischen dem menschli-chen Handeln und der Natur abbilden, wenn man die Ökonomie als Durchflusssys-tem im Rahmen von Input–Output-Analysen darstellt (Cansier 1996; Siebert 2010; Perman et al. 2011). Im Vordergrund der Betrachtung stehen hierbei die Umwelt-medien Luft, Gewässer und Boden als Trägersubstanzen der natürlichen Umwelt. Grundsätzliche ökologische Erkenntnisse, wonach jedes Lebewesen neben dem von ihm beanspruchten Lebensraum seiner Umwelt Energie und Stoffe entzieht, diese Substanzen aber in veränderter Form auch wieder an seine Umwelt abgibt, legen zwei Schlussfolgerungen nahe: Erstens sind alle Lebewesen selbst als Durch-flusssysteme zu betrachten und zweitens muss die Umwelt jederzeit in der Lage sein, die Lieferung und die Aufnahme von Stoffen und Energien zu gewährleisten.

Für den Menschen bedeutet dies, dass die Umwelt ihn mit natürlichen Gütern versorgt, die als Produktionsfaktoren oder Konsumgüter von ihm verwendet werden. Hierzu zählen natürliche Ressourcen wie Licht, Wärme, Sauerstoff oder der Schutz vor schädlicher Strahlung, aber auch Rohstoffe wie Kohle, Erdgas, Erdöl oder Pflanzen und Tiere als Nahrungsmittel. Gleichzeitig ist zu berücksichtigen, dass im Wirtschaftssystem bei der Umwandlung dieser Ressourcen in Konsum vielfältige Abfallstoffe und Emissionen anfallen, die an die Umweltmedien wieder abgegeben werden. Nimmt man ein sich selbst organisierendes Ökosystem an, so existieren hier autonome Regelungssysteme, innerhalb dessen Stoffe und Energien, die von Lebewesen abgegeben werden, von anderen Lebewesen wieder aufgenommen und verwertet werden.

9.3.2 Die Interaktion zwischen Ökonomie und Umwelt aus ökonomischer Perspektive

Probleme der Übernutzung und Ausbeutung natürlicher Ressourcen, die Verschlechterung der für ein menschliches Leben benötigten Umweltqualität werden in der ökonomischen Theorie als Allokationsprobleme betrachtet. Dies bedeutet zunächst, dass Umweltgüter in derselben Weise in den Fokus der Ökonomik treten, wie alle anderen ökonomischen Güter: Ein Gut ist nach ökonomischem Verständnis nicht primär durch seine objektiven Eigenschaften gekennzeichnet, sondern vor allem durch seine Fähigkeit, Nutzen zu stiften. Rein formal bedeutet dies – wie im zweiten Kapitel erläutert -, dass ein Gut zum Argument individueller Nutzenfunktionen wird, seine ökonomischen Werte also dadurch erhält, dass Individuen diesem Gut bestimmte Werte einräumen. Ökonomisch stehen damit bestimmte funktionale Nutzen der Umwelt im Vordergrund, ohne die die Gesellschaft und ihre Wirtschaft nicht denkbar sind. Man benötigt Umweltgüter beispielsweise

- als Boden, der für verschiedene Zwecke verwendet werden kann (z. B. als landwirtschaftliche Nutzfläche, als Standort für Gewerbe oder Wohngebäude oder auch als Brachfläche zur Renaturierung und Erholung der Landschaft),
- als Entnahmemedien für Ressourcen,
- als Senke für die Eintragung von Rest- oder Schadstoffen
- oder auch als Lebenserhaltungssystem (z. B. als natürlicher Treibhauseffekt, der erst dafür sorgt, dass es auf der Erde lebensfreundliche natürliche Bedingungen gibt).

Jedes Lebewesen benötigt die Aufnahme von Stoffen und Energie und gibt bestimme Stoffe wieder ab. Die Gesellschaft ist in das Umweltsystem eingebettet und darauf angewiesen, dass die Umwelt die notwendigen Regelungsfunktionen leisten kann. Fasst man die menschlichen Aktivitäten im System der Ökonomie zusammen, so lassen sich die Austauschbeziehungen innerhalb der Ökonomie und zwischen der Ökonomie und der Umwelt in Form von Masse- und Energieflüssen darstellen (Perman et al. 2011). Im Rahmen der in Deutschland vom Statistischen

Bundesamt jährlich vorgelegten Umweltökonomischen Gesamtrechnungen (Statistisches Bundesamt (Destatis) 2014) werden beispielsweise die Wechselwirkungen zwischen der Ökonomie und der Umwelt in Form von Durchflussrechnungen erfasst. Hier wird das sogenannte Naturvermögen erfasst und

- auf der einen Seite als notwendiger Input für die Wirtschaftsprozesse betrachtet,
- dessen Bestand auf der anderen Seite durch die Abgabe von Rest- und Schadstoffen in die Umwelt verändert wird.

In der folgenden Abb. 9.2 werden diese Wechselwirkungen zusammengefasst. Die Nutzung des Naturvermögens wird hierbei ähnlich wie die Nutzung des produzierten Kapitalstocks innerhalb des Wirtschaftskreislaufes erfasst.

In dieser Grafik zeigt sich aus ökonomischer Sicht ein grundsätzliches Messproblem von bilanziellen Input–Output-Rechnungen, da neben den mengenmäßigen Veränderungen von Strom- und Bestandsgrößen zur Bestimmung der „Abnutzung" des Naturvermögens letztlich auch ein Wertansatz notwendig ist:

- Einerseits können die Einwirkungen des Menschen auf die natürliche Umwelt rein quantitativ erfasst werden, indem beispielsweise die Entnahme nicht erneuerbarer Rohstoffe, der Flächenverbrauch oder die Abgabe bestimmter

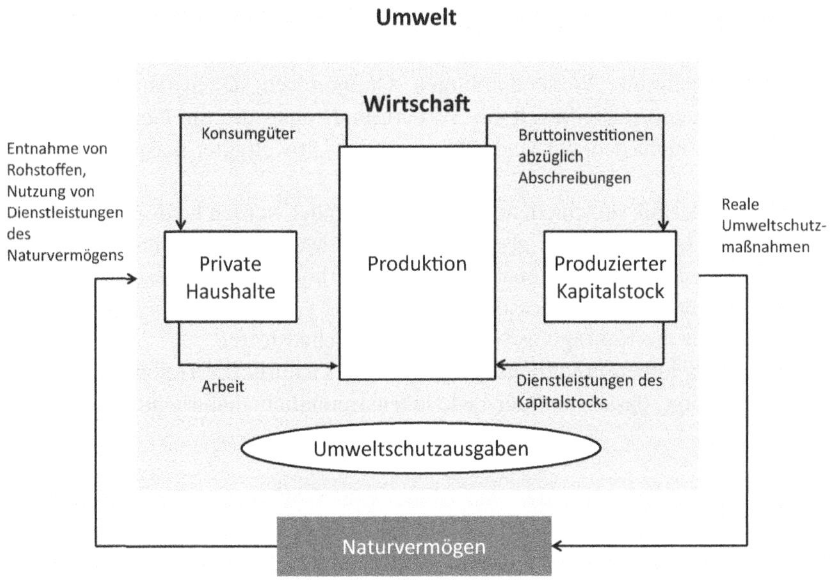

Abb. 9.2 Wechselwirkungen zwischen Wirtschaft und Umwelt. (Quelle: Statistisches Bundesamt 2014, S. 10)

Schadstoffe in physischen Einheiten wie Tonnen (z. B. bei Luftemissionen) Terajoule (TJ) oder km^2 beim Flächenverbrauch gemessen werden.

- Andererseits zielt diese Messung jedoch auch auf qualitative Aspekte wie etwa die Luftqualität oder die Artenvielfalt, die sich durch Schadstoffeinträge verschlechtern können. Wie und in welcher Form Aussagen zur Veränderung der Qualität der Umweltmedien in ein einheitliches Wertesystem innerhalb der Umweltökonomischen Gesamtrechnung integriert werden können, ist eine strittige Frage, die weite Teile der umweltökonomischen Diskussion um den Nachhaltigkeitsbegriff prägt.

Den negativen Qualitätsveränderungen wirken bestimmte Umweltschutzmaßnahmen entgegen, die Umweltbelastungen beispielsweise durch Altlastensanierungen, Investitionen in Filtersysteme oder die Intensivierung von Recyclingaktivitäten verringern sollen. Operationalisiert wird diese Systematik der Umweltberichterstattung in Form von miteinander vernetzten Berichtsmodulen, die in Abb. 9.3 dargestellt werden.

Belastung	Zustand	Maßnahmen
Material- und Energieflussrechnungen	Umweltzustand	Umweltschutzmaßnahmen
Physische Materialströme	Quantitative und qualitative Bestandsveränderungen des Naturvermögens in physischen Einheiten	Umweltbezogene monetäre Ströme und Bestände
- Gesamtwirtschaftliches Materialrisiko - Rohstoffrechnung nach Branchen - Energieflussrechnungen nach Branchen - Primärmaterial nach Branchen - Emissionsrechnungen nach Branchen - Wassergesamtrechnungen nach Branchen - Physische Input-Output-Tabellen	- Siedlungsfläche nach Branchen - Nutzungsintensität der Agrarökosysteme	- Umweltschutzausgaben - Umweltsteuern

Sektorale Berichtsmodule	- Verkehr und Umwelt - Landwirtschaft und Umwelt - Waldgesamtrechnungen - Private Haushalte und Umwelt

Abb. 9.3 Berichtsmodule der Umweltökonomischen Gesamtrechnung. (Quelle: (Statistisches Bundesamt 2014, S. 12)

- Innerhalb des Moduls *Umweltbelastungen* werden die mit dem gesamtwirt-schaftlichen Produktionsprozess verbundenen Material- und Energieflussrech-nungen in Form von Materialbilanzen aufbereitet.
- Im Modul *Umweltzustand* werden insbesondere die mit den wirtschaftlichen Aktivitäten verbundenen Flächennutzungen erfasst. Zustandsmessungen bezie-hen sich auf Landschaften und Ökosysteme. Die Bestände an Bodenschätzen sind zwar systematisch Teil dieses Moduls, werden derzeit aber nur partiell betrachtet.
- In einem dritten Modul werden *Umweltschutzmaßnahmen* aufgeführt. Hier-bei handelt es sich um umweltbezogene Aktivitäten der Volkswirtschaft, die bereits in den monetär erfassten Transaktion der Volkswirtschaftlichen Gesamt-rechnung Berücksichtigung finden. Hierzu zählen beispielsweise die gesonderte Erfassung umweltbezogener Steuern (wie etwa Energiesteuern) oder Investitio-nen und laufende Ausgaben der verschiedenen Wirtschaftssektoren. Anders als die auf der Erfassung von physischen Strom- und Bestandsgrößen basierenden Konten der übrigen Module erlaubt dieses Modul also eine Betrachtung von Umweltschutzmaßnahmen in Form monetären Größen.
- Darüber hinaus liefern *sektorale Berichtsmodule* Informationen und Indikatoren zu spezifischen Themen wie Verkehr, Landwirtschaft oder Privathaushalten, um die Berichterstattung zu politisch bedeutsamen Themen feiner zu detaillieren.

Das Ziel der Umweltökonomischen Gesamtrechnung besteht darin, alle For-men der Wechselwirkungen zwischen Ökonomie und Umwelt mit einer mög-lichst objektiven Kontensystematik zu erfassen. Während die Volkswirtschaftliche Gesamtrechnung auf eine umfassende monetäre Erfassung der wirtschaftlichen Aktivitäten innerhalb des ökonomischen Systems abstellt, soll die Umweltökono-mische Gesamtrechnung als Satellitensystem komplementäre Informationen hierzu liefern, anhand derer der mit den wirtschaftlichen Aktivitäten verbundene Verzehr an Umweltressourcen beurteilt werden kann. Konkret bedeutet dies, dass in beiden Systemen ähnliche statistische Klassifikationen, Abgrenzungen und Gliederun-gen genutzt werden. Die Messgrößen der Umweltökonomischen Gesamtrechnung (wie bestimmte Rohstoff- oder Energieverbräuche) können damit rechnerisch in Beziehung zu zentralen Größen der Volkswirtschaftlichen Gesamtrechnung (wie etwa der Bruttowertschöpfung oder dem Bruttoinlandsprodukt) gesetzt und als Kennziffern zur Effizienz der Umweltnutzung interpretiert werden können.

9.3.3 Umweltprobleme und die asymmetrische Durchsetzung von Nutzungsansprüchen

Knappheit an Umweltgütern entsteht im ökonomischen Sinne dadurch, dass nicht alle potenziellen Nutzungsansprüche der Menschen an die Umwelt simultan erfüllt werden können.

- Nutzungsrivalität entsteht beispielsweise in Bezug auf den Boden, wenn geklärt werden muss, ob dieser für die intensive landwirtschaftliche Nutzung oder für die Erschließung von Wohnraum genutzt werden soll. Auch die im dritten Kapitel beispielhaft diskutierte Frage der Einführung einer Pflicht von Immobilienbesitzern, auf den Dächern ihrer Häuser eine Solaranlage zur dezentralen Stromerzeugung zu installieren, kann vor dem Hintergrund der gesellschaftlichen Nutzungsrivalität um Boden betrachtet werden: Wenn große Flächen für die regenerative Stromerzeugung aufgrund anderer Verwendungen (Brachflächen, landwirtschaftliche Nutzung etc.) nicht mehr zur Verfügung stehen, stellt die Verwendung von ansonsten nicht genutzten Dachflächen eine Alternative dar.
- Nutzungsrivalität besteht vor den Augen von CARLOWITZ, wenn es um die Frage geht, ob eine bestimmte Holzernte bereits in diesem Jahr, oder erst in der Zukunft realisiert werden sollte.
- Nutzungsrivalität entsteht aber auch, wenn Umweltgüter wie die Atmosphäre von Unternehmen und Haushalten als Senke für die Eintragung von Schadstoffen (z. B. Klimagase) genutzt werden. Diese Emissionen fallen als Nebenprodukte von konsumtiven oder produktiven Prozessen an. Umwelt wird hier in der Produktion von Gütern faktisch als Produktionsfaktor genutzt. Gleichzeitig führt dies jedoch zum menschenverursachten Klimawandel, der die Fähigkeiten der Umwelt als Lebenserhaltungssystem gefährdet.

Nun ist Nutzungsrivalität aus dem ökonomischen Blickwinkel zunächst nichts Unmoralisches. Im Gegenteil: Nutzungsrivalität ist als technische Konsumeigenschaft konstituierend für die Klasse der privaten Güter: Auch die bei einem Bäcker in der Auslage oder im Schaufenster angebotenen Brötchen und Kuchen wecken aus Sicht der Passanten, die an dieser Bäckerei vorbeigehen, vermutlich viele Konsumwünsche, die nicht alle simultan befriedigt werden können. Bei privaten Gütern sorgt unter idealen Bedingungen jedoch der Markt- bzw. Preismechanismus zur gewünschten Auflösung dieser Nutzungsrivalität. Die Brötchen und der Kuchen gelangen zu denen, die bereit sind, hierfür den Preis zu zahlen.

Die ökonomische Grundstruktur von Umweltproblemen liegt also nicht darin begründet, dass es unterschiedliche Nutzungsansprüche an Umweltgüter gibt – sie liegt vielmehr darin, dass es bei Umweltgütern häufig keinen, dem Preismechanismus im Fall der Bäckerei vergleichbaren Mechanismus gibt, anhand dessen auf gesellschaftlicher Ebene die individuellen Entscheidungen koordiniert werden können, anhand dessen abgewogen und geklärt werden kann, welcher Nutzungsanspruch bedient wird und welcher Nutzungswunsch unerfüllt bleiben muss. Umweltprobleme sind in ihrer Ausgangssituation durch eine *asymmetrische Auflösung der Nutzungsrivalität* gekennzeichnet: Diejenigen Individuen, die beispielsweise mit ihren Emissionen von Treibhausgasen die Umwelt als Senke nutzen, setzen ihre Nutzungsansprüche faktisch gegenüber denjenigen durch, die heute oder in der Zukunft unter dem Klimawandel zu leiden haben. Möglicherweise leiden die Emittenten aufgrund der anstehenden Klimaerwärmung sogar selbst unter den Konsequenzen ihrer Entscheidungen – bedeutsam ist jedoch, dass es in einer unregulierten Ausgangssituation keinen Mechanismus gibt, der auf irgendeiner Ebene eine Abwägung

- zwischen den Bedürfnissen der Emittenten hinsichtlich der Senkenfunktion der Umwelt
- und den Bedürfnissen aller Menschen hinsichtlich des Schutzes der Lebenserhaltungssysteme gibt.

Die Emissionen stellen bei fehlender Regulierung einen negativen externen Effekt dar, der ganz offensichtlich einer nachhaltigen Entwicklung im Sinne von CARLOWITZ entgegensteht. Aus umweltökonomischer Sicht geht es also um die Verbesserung der Allokation. Die Knappheit von Umweltgütern bedarf nicht nur einer gesellschaftlichen Gestaltung, die die asymmetrische Aneignung von Umweltfunktionen ablöst, sondern sie sollte so gestaltet sein, dass die Umweltgüter ihre aus Sicht aller Menschen bestmöglichen Zwecke erfüllen können.

9.4 Internalisierung externer Effekte als Leitbild der Umweltökonomik

9.4.1 Marktversagen

Welche Vorstellungen die Umweltökonomik über das Zustandekommen eines externen Effektes, die damit verbundenen Wohlfahrtsverluste und die Lösungsmöglichkeiten hat, sei kurz anhand des folgenden Beispiels in Abb. 9.4 illustriert. Ein Unternehmen produziere unter den Bedingungen der vollständigen Konkurrenz Chemieprodukte. Die Annahmen der vollständigen Konkurrenz implizieren u. a., dass dieses Unternehmen, den Preis p seiner Güter auf dem Absatzmarkt als gegeben betrachtet und sich als Mengenanpasser verhält. Seine gewinnmaximierende Produktionsentscheidung bezieht sich also lediglich auf die Wahl der Produktionsmenge x. Die Herstellung von Chemieprodukten sei mit steigenden Grenzkosten *(MC)* verbunden. Im linken Teil der Abbildung wird das Entscheidungskalkül dieses Unternehmens betrachtet. Das Unternehmen bestimmt seine gewinnmaximierende Outputmenge genau bei dem Produktionsniveau x^*, bei dem gilt, dass die Grenzkosten der Produktion gerade dem Preis p_1 entsprechen. Bei der Herstellung von Chemieprodukten fallen Schadstoffe an, die vom Unternehmen in das Grundwasser abgeleitet werden. Diese Schadstoffe seien annahmegemäß unvermeidbare Nebenprodukte der Herstellung von Chemiegütern, die beim derzeitigen Stand der Technik nicht zu verhindern sind. Zudem nehme die aus jeder zusätzlichen Einheit resultierende Grundwasserbelastung zu. Da das Unternehmen diese Kosten nicht in seiner privaten Wirtschaftlichkeitsrechnung berücksichtigt, die Kosten aber von der Gesellschaft insgesamt zu tragen sind, liegen externe Kosten (marginal external cost, *MEC*) vor. Aus gesellschaftlicher Sicht fallen bei diesem Unternehmen somit zwei Arten von Kosten an:

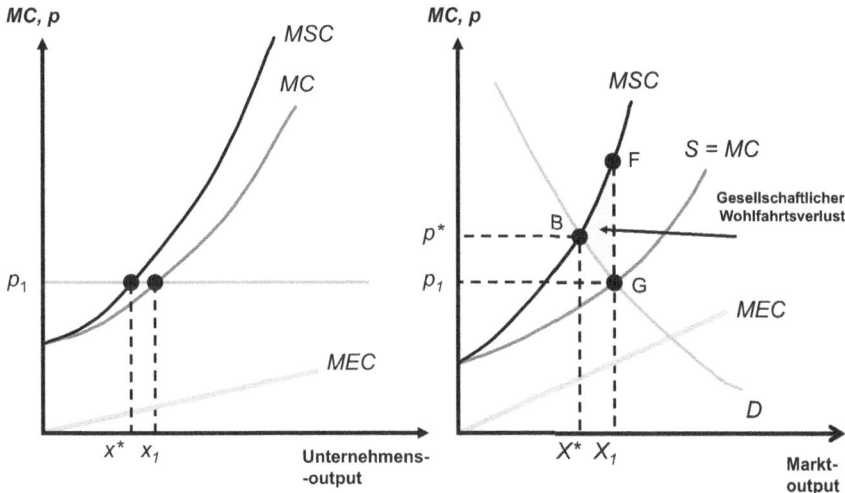

Abb. 9.4 Partialanalytische Betrachtung einer negativen Externalität in der Produktion. (Quelle: Pindyck und Rubinfeld 2018, S. 885)

- Die Kosten der zur Herstellung der Chemiegüter benötigten Ressourcen hat das Unternehmen auf den Faktormärkten zu tragen. Diese Kosten gehen als private Kosten in das Kalkül der Grenzkosten ein. Diese Kosten für die Nutzung der produktiven Ressourcen stellen *Opportunitätskosten* dar, denn die Verwendung von Arbeit oder Kapital zur Herstellung bedeutet, dass diese Ressourcen nicht an anderer Stelle genutzt werden können.
- Die durch die Schädigung des Grundwassers entstehenden Kosten fallen an anderer Stelle in der Gesellschaft an. Sie liegen außerhalb des Entscheidungskalküls dieses Unternehmens. Allerdings sind auch diese Kosten als Opportunitätskosten anzusehen: Die Verwendung der Umwelt als (kostenlose) Senke für die Schadstoffe der Produktion bedeutet, dass an anderer Stelle der Gesellschaft die benötigte Umweltqualität Schaden nimmt. Die MEC-Kurve beruht auf der Vorstellung, dass es möglich ist, die mit der Umweltverschmutzung einhergehenden Schäden (beispielsweise ausgehend von naturwissenschaftlichen und ökologischen Erkenntnissen) in Kosteneinheiten auszudrücken und als von allen Individuen der Gesellschaft zu tragenden Nutzenverlust zu aggregieren.
- Der aus gesellschaftlicher Sicht mit der Chemieproduktion in diesem Unternehmen einhergehende Ressourcenverzehr wird damit nicht vollständig im privaten Kostenkalkül abgebildet, sondern in den sozialen Grenzkosten (marginal social cost, *MSC*): $MSC = MC + MEC$. Erst die *MSC*-Kurve bildet das gesellschaftliche relevante Opportunitätskostenkalkül der Chemiegüterproduktion ab. Dies bedeutet, dass die gesamtgesellschaftlichen Grenzkosten des Outputs dieses Unternehmens höher sind als der von ihm für seine Güter realisierte Marktpreis p_1.

Der mit einer derartigen Externalität auf dem Markt für Chemieprodukte verbundene gesamtgesellschaftliche Wohlfahrtsverlust wird am rechten Teil von Abb. 9.4 illustriert. Hier wird angenommen, dass viele Chemieunternehmen mit ähnlichen Produktionsverfahren die Nachfrage D nach Chemieprodukten bedienen. Das Kalkül aller Unternehmen wird in der Angebotsfunktion S abgebildet. Diese ergibt sich als Aggregation der Grenzkostenfunktionen aller Unternehmen *(MC)* und kennzeichnet die Fähigkeit der gesamten Angebotsseite, auf einen bestimmten Marktpreis p mit einer gewinnmaximierenden Outputmenge X zu reagieren. Die Nachfrage D nach Chemieprodukten stellt auf die marginale Zahlungsbereitschaft der Konsumenten ab und wird zum Ausdruck der gesellschaftlichen Nutzen, die aus diesen Produkten abgeleitet werden.

In der unregulierten Ausgangssituation stellt sich im Punkt G ein Marktgleichgewicht ein, welches durch simultane Gewinnmaximierung der Unternehmen und Nutzenmaximierung der Konsumenten geprägt ist. Insgesamt wird hier die Menge X_1 produziert und zum Marktpreis p_1 verkauft. Entsprechend der Annahmen des Modells der vollständigen Konkurrenz müsste sich auf diesem Partialmarkt aufgrund von $MC = p$ nun ein PARETO-optimales Ergebnis einstellen. Allerdings sind in diesem Marktpreis nur die privaten Grenzkosten der Produktion von Chemieprodukten berücksichtigt und im Marktpreis entgolten. Die entlang der MEC-Kurve aufgeführten externen Grenzkosten stellen zusätzliche Opportunitätskosten der Produktion dar, die ebenfalls von der Gesellschaft zu tragen sind. Berücksichtigt man diese und fasst die gesamten Opportunitätskosten der Produktion von Chemiegütern in der *MSC*-Kurve zusammen, so wird deutlich, dass diese Kosten im Marktgleichgewicht G unterschätzt werden: Die sozialen Grenzkosten der Produktion sind dem Punkt F zu entnehmen, sie übersteigen den Marktpreis p_1 deutlich. Müssten die Konsumenten die gesamten sozialen Grenzkosten der Produktion tragen, würde ihre Nachfrage nach diesen Gütern auf das Niveau X^* zurückgehen. Das Marktgleichgewicht in Punkt G erfüllt damit das PARETO- Kriterium nicht. Der externe Effekt führt zu einem Marktversagen. Die gesamte Gesellschaft würde sich in Punkt B besser stellen als in G. Die Differenz zwischen X^* und X_1 stellt damit eine Überproduktion und eine ineffiziente Verschwendung von Ressourcen dar. Die Fläche zwischen den Punkten BFG symbolisiert den gesamtgesellschaftlichen Wohlfahrtsverlust, der sich infolge des zu hohen Produktions- und Konsumniveaus einstellt.

9.4.2   Internalisierung externer Effekte mit einer Pigou-Steuer

Der wesentliche Vorschlag zur Überwindung dieses Marktversagens mit dem Ziel einer Wohlfahrtserhöhung wurde 1929 von PIGOU formuliert. In seinem Aufsatz „Divergenzen zwischen dem sozialen Nettogrenzprodukt und dem privaten Nettogrenzprodukt" definiert er externe Effekte, die sowohl positiv als auch negativ sein können, darüber *„dass eine Person A, indem sie einer Person B gegen Bezahlung einen Dienst leistet, zugleich anderen Personen Vor- oder Nachteile verschafft, die so*

Abb. 9.5 Internalisierung externer Effekt anhand einer PIGOU-Steuer

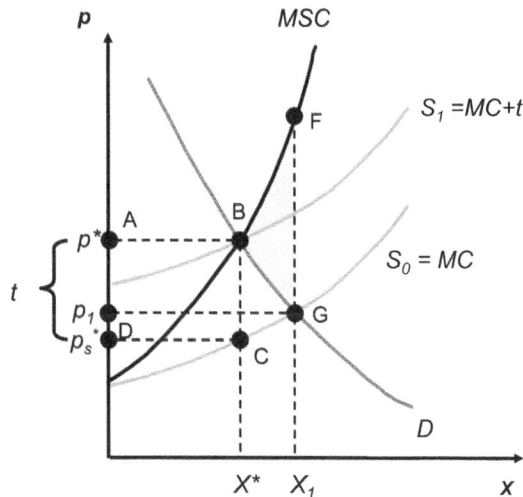

geartet sind, dass den begünstigten Parteien keine Zahlung auferlegt oder von Seiten der geschädigten Parteien keine Kompensation erzwungen werden kann" (Pigou 1979, S. 25). Hieraus leitet er die Schlussfolgerung ab, dass es einer Intervention des Staates in Form einer Besteuerung der Aktivität (im Falle des negativen externen Effektes) bedarf um die Divergenzen zwischen dem privaten und dem sozialen Grenzprodukt zu schließen.

Die Frage, wie eine derartige Besteuerung zu einer Internalisierung externer Effekte und zur Erhöhung der Effizienz führen kann, soll kurz anhand von Abb. 9.5 erläutert werden. Da der negative externe Effekt durch die Erzeugung von Chemieprodukten entsteht, schlägt PIGOU vor, dass die Produzenten für jede Gütereinheit eine Steuer t an den Staat abführen müssen. Dies wird als Ausdruck des umweltpolitischen *Verursacherprinzips* angesehen, denn die Kosten werden derjenigen Partei zugeschlagen, die für diesen Effekt verantwortlich ist.[1] Hierdurch verschiebt sich das Kalkül der Produzenten bzw. ihre Angebotsfunktion nach S_1. Das sich nach Einführung dieser Steuer ergebende Marktgleichgewicht befindet sich nun im Punkt B. Im Vergleich zum unregulierten Marktgleichgewicht in G gehen die Konsum- und Produktionsaktivitäten auf diesem Markt zurück, sodass der bisherige Wohlfahrtsverlust der Fläche BFG neutralisiert bzw. eingespart wird.

Die hier vorgestellte Internalisierung bedarf nun einiger Interpretationen, die mit Blick auf die folgenden Fragen zusammengefasst werden sollen:

- *Wie wird die Steuer t bestimmt?* Bei der Festlegung der Steuer muss das effiziente Niveau der Produktion X* bekannt sein. Die Pigou-Steuer umfasst die

---

[1] Allerdings sei darauf hingewiesen, dass es neben dem Verursacherprinzip in der Umweltpolitik mit dem Gemeinlastprinzip oder dem Nutznießerprinzip noch weitere Ansätze zur Internalisierung externer Kosten gibt (Vgl. hierzu Menges 2019).

MEC, die sich bei der Produktion der effizienten Menge X* ergeben und legt diese als Steuersatz in Höhe der Strecke BC fest. Dies bedeutet, dass die Schätzung der ökologischen Schäden zur Fixierung des Steuersatzes nicht im Ausgangs-Marktgleichgewicht G vorgenommen wird. Die externen Kosten im Marktgleichgewicht G betragen die Strecke GF. Der Regulierer muss sich also eine genaue Vorstellung von den Verläufen der verschiedenen Kurven machen, um die Höhe der Steuer entsprechend bestimmen zu können.

- *Welche Anreizwirkungen entfaltet diese Steuer?* Die Steuer ist eine Lenkungssteuer. Sie macht die Produktion und den Konsum dieses Gutes unattraktiver. Ressourcen, die bislang auf diesem Markt in ineffizienter Weise eingesetzt wurden, stehen nun für andere Verwendungen zur Verfügung. Dadurch wird der bisherige Wohlfahrtsverlust BFG eingespart.
- *Wer trägt diese Steuer?* Mit einem intuitiven Gerechtigkeitssinn würde man vermuten, dass die Steuer vollständig von den Chemieunternehmen getragen wird, die diese Steuer ja als Verursacher der ökologischen Schädigung an den Staat abführen. In Abb. 9.5 sieht man jedoch, dass dies nicht, bzw. nur zum Teil der Fall ist. Der Netto-Angebotspreis der Produzenten sinkt zwar gegenüber der Ausgangssituation in G auf $p_S{}^*$, die von den Konsumenten zu zahlenden Preise steigen jedoch auf p^*. Offenbar gelingt es den Produzenten, große Teile der Steuer auf die Konsumenten umzulegen, diese Steuer also zumindest teilweise zu überwälzen. Allgemein formuliert: Die Frage, wer die Steuer tatsächlich trägt (Steuerinzidenz), wird vom jeweiligen Verlauf von Angebots- und Nachfragefunktion, bzw. von den Preiselastizitäten bestimmt (für Details vgl. Blankart 2017).
- *Wieso sollte ein Anstieg der Konsumentenpreise und ein Rückgang der Produzentenpreise Ausdruck einer Wohlfahrtssteigerung sein?* Das entscheidende Argument für den effizienz- und wohlfahrtssteigernden Eingriff des Staates war ja die Feststellung, dass das unregulierte Marktgleichgewicht in G trotz simultaner Gewinn- und Nutzenmaximierung aus gesellschaftlicher Sicht keinen PARETO- optimalen Zustand darstellen kann. Nach der Internalisierung über die PIGOU- Steuer haben die Konsumenten höhere Preise zu zahlen und die Unternehmen realisieren geringere Preise für ihre Güter. Bezogen auf das Ausgangsgleichgewicht in G haben sie einen Rückgang ihrer Konsumenten- und Produzentenrente im Umfang des Rechtecks ABCD hinzunehmen. Wieso sollten sie dies nicht als Schlechterstellung interpretieren? Entscheidend ist hierbei, dass das beim Staat landende Steueraufkommen in Höhe der Fläche des Rechteckst ABCD in irgendeiner Form an die Individuen zurückerstattet werden kann. Ironischerweise liegt das Ziel dieser Steuererhebung nicht in der Realisierung eines Steueraufkommens, sondern ausschließlich in der Lenkungswirkung. Das Steueraufkommen ist ein nicht-intendierter Nebeneffekt dieser Maßnahme. Daher kann dieses Steueraufkommen politisch als doppelte Dividende betrachtet werden. Während die erste Dividende in der Vermeidung des bisherigen Wohlfahrtsverlustes BFG liegt, impliziert die zweite, d. h. die doppelte Dividende, dass das Steueraufkommen in irgendeiner Form an die Individuen

zurückerstattet werden kann. So wird beispielsweise fast das gesamte Aufkommen der Ökosteuerreform aus Ende der 1990er Jahre in Form einer Senkung der Sozialversicherungsabgaben an die Haushalte zurückerstattet. Mit der Verwendung des Steueraufkommens ABCD ergibt sich also für den Staat ein politischer Freiheitsgrad zur Gestaltung der Verteilungswirkungen und zur Herstellung von gesellschaftlicher Akzeptanz für seine umweltpolitischen Maßnahmen (Menges, 2019, vgl. hierzu auch Abschn. 9.4.6).

- *Bedeutet Internalisierung nun, dass die Umweltverschmutzung eingestellt oder minimiert wird?* Die Antwort auf diese Frage ist ein provozierend klares Nein. Internalisierung bedeutet, dass Kosten, die bislang außerhalb der privaten Rechnungen der Marktakteure lagen, ihnen nun angelastet werden. Überspitzt formuliert: Die bislang kostenlose und asymmetrische Nutzung von Umweltressourcen erhält einen Preis – und wer bereit ist, diesen Preis zu tragen, wird die entsprechenden Umweltressourcen auch nutzen. Das Ergebnis zurückgehender Produktions- und Konsumaktivitäten auf diesem Markt führt zu der aus gesellschaftlicher Sicht wünschenswerten Umweltentlastung, aber nicht zu einer Minimierung oder einem Verbot der Schadstoffeinträge. Im obigen Beispiel wurde zudem angenommen, dass der einzige Weg, eine Umweltentlastung herbeizuführen, in einem Verzicht auf zumindest Teile der Produktion und des Konsums von Chemieprodukten besteht. Dieses Bild ändert sich jedoch, wenn im Modell andere Produktionstechnologien und sogenannte Vermeidungstechnologien angenommen werden, mit denen es möglich wird, die Güter auch ohne, oder zumindest mit geringerer Umweltbelastung zu produzieren (vgl. hierzu Abschn. 9.4.5).

9.4.3 Internalisierung externer Effekte über Coase-Verhandlungen

Aus der Perspektive von PIGOU liegt das Ausgangsproblem externer Effekte in der Natur ökonomischer Aktivitäten von Individuen, wenn diese Teile der Kosten auf Dritte abwälzen. Dies führt für ihn zur Notwendigkeit staatlicher wohlfahrtssteigernder Marktintervention. RONALD COASE (1910–2013) hat sich in seinem berühmten Aufsatz „The Problem of Social Cost" dieser Idee von Pigou entgegengestellt. Nach Ansicht von Coase liegt das primäre Problem externer Effekte nicht in der Natur der ökonomischen Aktivität, sondern in nicht spezifizierten Eigentumsrechten. Erst das Fehlen von Eigentums- und Nutzungsrechten führt nach seiner Ansicht dazu, dass die Chemieunternehmen die Umwelt als Senke für ihre Schadstoffeinträge nutzen und ihre eigenen Nutzungsansprüche ohne Rücksicht auf andere Nutzungsansprüche durchsetzen können. Er betrachtet das Umweltproblem letztlich als reziprokes Problem, dessen Auflösung grundsätzlich durch die Zuteilung von Rechten gelöst werden könnte: *„The traditional approach has tended to obscure the nature of the choice that has to be made. The question is commonly thought of as one in which A inflicts harm on B and what has to be decided is: how* *should we restrain A? But this is wrong. We are dealing with a problem of a recipro-cal nature. To avoid the harm to B would inflict harm on A. The real question that has to be decided is: should A be allowed to harm B or should B be allowed to harm A? The problem is to avoid the more serious harm"* (Coase 1960, S. 2).

COASE betont hier die Bedeutung der Zuteilung von Eigentums- und Nut-zungsrechten bei der Internalisierung externer Effekte. Dieser Grundgedanke ist jedoch verallgemeinerbar. Das Prinzip der vollständigen Internalisierung, nach dem jedes Individuum auf einem Markt die vollständigen erwarteten Konse-quenzen seiner Handlungen zu tragen hat, ist wesentlich für die ökonomische Legitimation von Privateigentum in einer Wirtschaftsordnung (Breyer und Kol-mar 2014, vgl. hierzu auch Kap. 10 dieses Buches). Das Funktionieren des Marktmechanismus setzt voraus, dass die Rechte an den Gütern und Ressourcen definiert und übertragbar sind. Diese Eigenschaften mögen auf den ersten Blick trivial erscheinen, aber ohne sie ließen sich konkurrierende Verwendungsinteres-sen nicht koordinieren. Erst hierdurch kann das Prinzip des freiwilligen Tausches auf Märkten in einer Weise genutzt werden, dass alle Möglichkeiten der PARETO-Besserstellung im Sinne der Hauptsätze der Wohlfahrtsökonomik ausgeschöpft werden. Eigentums- und Verfügungsrechte schaffen und begrenzen gleichzeitig die Handlungsspielräume der Individuen, denn dort, wo die Rechte anderer tan-giert werden, endet das Verfügungsrecht, das sich aus dem Eigentum ableitet. Es kommt beispielsweise immer dann zu Ineffizienzen und Grenzverletzungen, wenn Eigentumsrechte zwar im Prinzip existieren, in der Realität aber nicht durchsetzbar sind, oder wenn sie aus Gründen der unvollständigen Information, wie etwa bei Prinzipal-Agenten-Problemen, nur unvollkommen wahrgenommen werden können.

Eine Anwendung des Begriffs der Eigentumsrechte an Umweltressourcen erscheint auf den ersten Blick aus normativen Gründen problematisch. Die Vor-stellung, dass das gemeinschaftliche Eigentum an Wäldern, Seen, Flüssen oder dem Grundwasser zur Lösung von Allokationsproblemen privatisiert werden soll, erscheint befremdlich. Allerdings geht es hierbei nicht um die Privatisierung von Umweltgütern. Entscheidend ist, dass auch bei nicht näher präzisiertem öffentli-chem Eigentum an Umweltressourcen Nutzungsrechte definiert und übertragbar gestaltet werden können. Diese Differenzierung zwischen nicht-übertragbaren Eigentumsrechten und übertragbaren Nutzungsrechten ist auch für andere ökono-mische Bereichen prägend. Auf dem Arbeitsmarkt werden von Arbeitssuchenden beispielsweise keine Eigentumsrechte angeboten und übertragen, sondern Arbeits-verträge. Ähnlich wie im Fall von Umweltgütern nicht unbedingt der physische Besitz der Umweltressource übertragen wird, ist die physische Verfügbarkeit über die eigene Person ein Recht, das nur in ganz begrenztem Umfang über-tragen werden kann. Auch freiwillig eingegangene Sklaverei ist in den meisten marktwirtschaftlichen Ländern verboten (Weimann 2009).

Die Idee von Coase besteht darin, dass (nach der Schaffung und Zuteilung von Nutzungsrechten) das Zusammenwirken der an einem externen Effekt beteilig-ten Parteien als Verhandlung über das effiziente Niveau dieses externen Effektes verstanden werden kann. Die aus diesem Gedanken abgeleitete Strategie zur Internalisierung besteht also darin, die Umweltressource, über welche die externen Effekte vermittelt werden, zu einem marktfähigen Gut zu machen (Endres 2013). Vor diesem Hintergrund ist es nicht erstaunlich, dass das Coase-Theorem bei oberflächlicher Betrachtung manchmal so verstanden wird, dass der Staat sich bei der Lösung von umweltpolitischen Problemen darauf beschränken könne, Nutzungsrechte zu definieren, und er sich ansonsten aus der Selbststeuerung von privaten Verhandlungs- bzw. Marktprozessen heraushalten sollte. Dieser Ansatz entspricht aber nicht der eigentlichen Intention von COASE. Vielmehr ist sein Aufsatz „Problem of Social Cost" als Kritik am wohlfahrtstheoretischen Denken von PIGOU zu verstehen, nach dem die externen Effekte nur durch eine Steuerbelastung der ökonomischen Aktivität zu internalisieren sind. COASE argumentiert, dass die Umweltverschmutzung in der wohlfahrtsökonomischen Ausgangssituation von PIGOU aus einem nicht-intendierten Nebeneffekt der Chemieproduktion resultiert. Die Unternehmen wären jedoch zu einer Einschränkung ihrer Emissionen bereit, wenn sie hierfür eine entsprechende Kompensation erhielten. Da es im Interesse der Konsumenten der Umweltqualität liegt, die Schäden zu reduzieren, hätten diese auch einen Anreiz, derartige Kompensationszahlungen anzubieten. *Wenn* nun die beteiligten Parteien jederzeit ohne Transaktionskosten hierüber verhandeln könnten, wäre eine „endogene" Internalisierung die logische Konsequenz. Überspitzt formuliert: Wenn alle ökonomisch relevanten Güter jederzeit ohne Transaktionskosten auf Märkten gehandelt werden könnten, würde es externe Effekte gar nicht geben. Nach Ansicht von COASE, dem Begründer der Neuen Institutionenökonomik, ist die fehlende Anwendbarkeit des Marktmechanismus aber gerade dadurch zu erklären, dass es gravierende Transaktionskosten gibt. Die Nutzung von Märkten ist nicht kostenlos. Wenn es beispielsweise bei überregionalen Umweltproblemen sehr viele inhomogene Betroffene gibt, die einer ebenso inhomogenen Gruppe von Emittenten gegenüberstehen, sind marktendogene, d. h. wechselseitig vorteilhafte Verhandlungen zur Lösung des Umweltproblems unrealistisch. Sie sind nur mit großem Aufwand für alle Beteiligten vorstellbar, sodass die Transaktionskosten den möglichen, mit Verhandlungen zu realisierenden Vorteil der jeweiligen Partei schmälern oder sogar übersteigen können (Menges 2019).

9.4.4 Anforderungen an eine „echte" Internalisierung

Die in den letzten beiden Abschnitten von PIGOU und COASE vorgeschlagenen Lösungen für das Externalitätenproblem zielen auf eine Internalisierung externer Effekte unter idealen Bedingungen im Sinne einer wohlfahrtsoptimalen Allokation der Umweltnutzung.

- Die PIGOU-Besteuerung setzt die vollständige Information über alle relevanten Details hinsichtlich der zu erwartenden Schäden und über die Kosten der zur Vermeidung dieser Schäden notwendigen Maßnahmen voraus. Um das effiziente Niveau der Marktaktivitäten bestimmen zu können, welches sich nach der Erhebung der Steuer am Markt einstellen wird, muss zudem bereits vor der Einführung der Steuer bekannt sein, auf welche Weise die auf dem Markt tätigen Akteure mit ihren Produktions- und Konsumentscheidungen auf diese Besteuerung reagieren werden. Dies bedeutet beispielsweise auch, dass bei der Festsetzung des Steuersatzes der Stand der Technik in der Zukunft antizipiert werden muss. Wird beispielsweise am Markt eine neue umweltschonende Technologie zur Herstellung von Chemiegütern verfügbar und von den Unternehmen eingesetzt, müsste parallel dazu die Pigou-Steuer auf Chemiegüter sinken Würde der Regulierer seine für die Steuerhöhe benötigte Kostenschätzung in Abb. 9.5 nicht am effizienten Niveau X^* orientieren, sondern auf die Höhe der externen Kosten im Status quo des Marktgleichgewichtes auf dem Niveau X_1 ausrichten, würde er die optimale Höhe des Steuersatzes deutlich überschätzen und verfehlen. Nur mit einer vollständig informierten Besteuerung kann die Hoffnung verknüpft werden, dass die Marktpreise nach entsprechender politischer Korrektur die jeweilige ökologische „Wahrheit" ausdrücken.

- Bei den COASE-Verhandlungen muss angenommen werden, dass sich die Beteiligten nicht etwa strategisch verhalten, sondern in ihrem Verhandlungskalkül den tatsächlichen Umweltknappheiten Ausdruck verleihen, diese zu ihrem eigenen Vorteilhaftigkeitskalkül machen und mit einer entsprechenden Zahlungsbereitschaft unterlegen. Zudem müssen alle vom jeweiligen Umweltproblem betroffenen Parteien an den Verhandlungen beteiligt sein. Nur unter diesen idealistischen Annahmen wäre damit zu rechnen, dass es zu einer endogenen, wohlfahrtssteigernden Internalisierung kommt, die keiner weiteren Korrektur bedarf.

Die Umweltökonomik spricht nur dann von einer „echten" Internalisierung im Sinne eines Wohlfahrtsoptimums, wenn drei Bedingungen gegeben sind.

- *Erstens* müssen alle benötigen Informationen aus den Umweltbewertungen der beteiligten Parteien selbst abgeleitet werden. Überspitzt formuliert: Informationen über und Werte von Umweltgütern, über deren Nutzen und Kosten finden in individuellen Nutzenfunktionen Berücksichtigung – oder gar nicht.
- *Zweitens* müssen alle diese Informationen im Ergebnis der Internalisierung Berücksichtigung finden. Sie müssen also in irgendeiner Form aggregiert werden.
- Und *drittens* müssen alle diese Informationen nicht nur existieren, sondern auch bekannt sein, wenn eine Regulierung vorgenommen wird.

Mit diesen Annahmen nimmt die Umweltökonomik die oben angesprochene, fragwürdige Position eines allwissenden und gleichzeitig wohlwollenden sozialen Planers ein. Das Problem der umweltökonomischen Begründung der Internalisierungsmaßnahmen liegt hierbei nur auf den ersten Blick darin, dass die nutzentheoretischen Informationen, die die Wohlfahrtsökonomik für ein Wohlfahrtsoptimum fordert, nicht verfügbar sind. Entscheidend ist eher ein Aspekt, der bereits die Diskussion um die Anwendbarkeit der Paretianischen Wohlfahrtsökonomik auf konkrete politische Fragestellungen im fünften Kapitel prägte: Es ist vor allem die fehlende Eindeutigkeit der Informationen, die Uneinigkeit der Individuen hinsichtlich der Bewertung von Umweltproblemen, die die Aggregation der Informationen erschweren und die Anwendung des PARETO- Kriteriums für politische Eingriffe unmöglich machen: *„The very presence of externalities is likely to produce a large number of local maxima among which, in practice, it seems impossible to choose with any degree of confidence; we may not even know in which direction to modify the level of an externality-generating activity if we want to move toward an optimum"* (Baumol und Oates 1988, S. 159).

Um es auf den Punkt zu bringen: Wie wollte man in Abb. 9.5 sicherstellen, dass die Bestimmung der PIGOU- Steuer auf dem Niveau *t* und der daraus resulitierende Rückgang der Chemieproduktion auf das Niveau X^* tatsächlich von allen Individuen als die genau richtige Intensität des umweltpolitischen Eingriffs betrachtet wird? Es stellen sich dieselben wohlfahrtsökonomischen Fragen, die bereits im fünften Kapitel aufgeworfen wurden:

- Die Schätzung von externen Schadenskosten auf Basis naturwissenschaftlicher und ökologischer Informationen, die in die steigend verlaufende MEC-Kurve in Abb. 9.4 eingehen, beruht letztlich auf der *utilitaristischen* Vorstellung, dass diese Werte zwischen den Individuen verglichen und auf der Ebene der Gesellschaft aggregiert werden können. Unterschiedliche, divergierende Umweltbewertungen würden durch die Aggregation zu einem einheitlichen Wertansatz gebündelt werden. Nur unter dieser Annahme ist es vorstellbar, dass Preise die ökologische Wahrheit sprechen.

- Ganz andere Probleme ergeben sich jedoch, wenn der utilitaristische Grundgedanke zu Gunsten einer rein Paretianischen Betrachtung aufgegeben wird. Was passiert, wenn es Individuen gibt, die sich aus ökologischen Gründen für einen deutlich höheren Steuersatz für Chemieprodukte aussprechen, oder wenn es Individuen gibt, die die Besteuerung von Chemieprodukten aus ökologischen Gründen rundweg ablehnen, da sie um das Wohl der Industrie und der heimischen Arbeitsplätze im internationalen Wettbewerb fürchten? Sobald nur ein einziges Individuum die Einschränkung der Produktion und die Höhe des Steuersatzes als zu hoch oder zu niedrig empfindet, verliert das Gleichgewicht in Punkt B die Eigenschaft der PARETO-Optimalität. Es wäre noch nicht einmal sichergestellt, dass der Übergang vom unregulierten Marktgleichgewicht in G nach B überhaupt eine Wohlfahrtserhöhung im Sinne von PARETO darstellt, da die Besteuerung von Chemieprodukten vielleicht von einigen Individuen als persönliche Schlechterstellung interpretiert wird, die nicht durch einen irgendwie anders formulierten Wohlfahrtsfortschritt überkompensiert werden kann.[2]

---

[2] Allerdings zeigt ein Modell von Cansier (2004), dass es möglich ist, dass umweltpolitische Maßnahmen zur Reduktion von Emissionen in einer unregulierten Ausgangssituation zu einer PARETO-Verbesserung führen können, die auch bei denjenigen, die zuvor von den Emissionen profitieren

9.4.5 Die Setzung exogener Standards: Efficiency without optimality

Die sogenannten standardorientierten Instrumente der Umweltpolitik geben diese unrealistischen Annahmen und den Anspruch der Wohlfahrtsmaximierung auf. Sie akzeptieren vor allem Informationsunvollkommenheiten bei der Regulierung des Problems. Das Ziel des standardorientierten Ansatzes besteht darin, die Summe der absoluten Emissionsgrenzen aller Verursacher des betreffenden Schadstoffs in einer bestimmten Region auf ein *akzeptables* Höchstmaß abzusenken (Endres 2013). Die Aufgabe der regulatorischen Instrumente besteht darin, diese kollektiven Umweltqualitätsziele in das individuelle Verhalten zu transformieren (Siebert 2010). Der Anspruch der PARETO-Optimalität einer „echten" Internalisierung externer Effekte wird aufgegeben, da der angestrebte Umweltstandard nicht mehr durch die Erfassung aller gesellschaftlicher Opportunitätskosten der Umweltnutzung legitimiert wird, sondern auf einer – aus Sicht des ökonomischen Systems – exogenen Setzung beruht.

Die pragmatische Idee der standardorientierten Instrumente geht auf Baumol und Oates (1971) zurück. Sie verwarfen den Anspruch der Umweltökonomie, Aussagen zu einer wohlfahrtssteigernden Internalisierung aus der Kenntnis der sozialen Wohlfahrtsfunktion oder den sie definierenden individuellen Nutzenfunktion herzuleiten. Stattdessen schlugen sie Standardsetzungen vor,

- die sich entweder direkt auf eine Vorgabe der Preise für die jeweiligen Schadstoffe
- oder auf eine Vorgabe von Emissionsobergrenzen für das gesamte System beziehen.

Da die Festlegung von Steuern oder Emissionsobergrenzen nicht mehr an die Kenntnis der Optimalwerte gebunden ist, kann nun der Staat die Dosierung der Instrumente im Zuge eines „trial and error" variieren. Wenn beispielsweise nach der Setzung eines Steuersatzes für einen bestimmten Schadstoff festgestellt wird, dass die damit verbundenen Umweltschäden immer noch zu sind, kann diese Steuer nach oben angepasst werden. Bei der Setzung dieser Standards muss allerdings berücksichtigt werden, dass ein derartiger Prozess des „Ausprobierens" beim Staat und den regulierten Unternehmen zu Transaktionskosten führt (Brümmerhoff 2018).

Im Grunde ist diese Hinwendung der Umweltökonomie zur exogenen Standardsetzung bei der Begründung staatlicher Eingriffe und die damit verbundene Abkehr vom PARETO- Prinzip ähnlich einzuschätzen wie die Entwicklung nichtwelfaristischer Wohlfahrtsmaße, die – wie im sechsten und siebten Kapitel

---

und damit an einer Umweltregulierung kein direktes Interesse haben, unter bestimmten Annahmen zu positiven Nettonutzen führen können und damit eine PARETO- Verbesserung darstellen können (Menges 2019).

beschrieben – ihre Legitimation und Herleitung nicht mehr, bzw. nicht mehr ausschließlich im Konzept der individuellen Nutzenmaximierung suchen. Während jedoch die auf gesellschaftlichen Grundgütern oder Fähigkeiten im Sinne von RAWLS oder SEN basierenden Gemeinwohlkonzeptionen in der Standardökonomik häufig dem Kollektivismus-, Paternalismus- oder auch Sozialismusverdacht ausgesetzt und als außer-ökonomisch abgelehnt werden (Kleinewefers 2008), findet man derartige Kritik an der exogenen Standardsetzung in der Umweltpolitik kaum. Der Grund dafür liegt darin, dass die Standardsetzung im Sinne von Baumol und Oates trotz der Aufgabe des Optimalitätsanspruches zur Erhöhung der Effizienz führen kann: *„The standards, while admittedly somewhat arbitrary, are, in principle, not unlike the growth or employment goals that have guided macroeconomic policies. In both cases, employment and environmental policy, the approach is, in practice, basically of the 'satisficing' variety, with acceptability standards based on individual judgments and, often, compromise. Yet, in both cases, the choice of the effective means to achieve the established goals has been facilitated by a substantial body of economic theory. This theory suggests that fiscal measures can contribute to the efficiency of a program to control externalities"* (Baumol und Oates 1988, S. 159).

Was bedeutet nun die mit der Standardsetzung zur Begrenzung der Externalitäten verbundene Vorstellung der Effizienz? Dieser Grundgedanke lässt sich anhand des folgenden Beispiels erläutern. Hierzu werden die folgenden Annahmen getroffen:

- Der staatliche Regulierer hat vielleicht keine präzisen Vorstellungen von der exakten Höhe des externen Effektes eines bestimmten Schadstoffes, allerdings ist er der Auffassung, dass die Gesamtemissionen dieses Schadstoffes eine bestimmte Höhe nicht überschreiten sollen. Er setzt daher zunächst einen gesamtwirtschaftlichen Grenzwert (GW) für diese Emissionen fest, der nicht überschritten werden darf.
- Es gibt unterschiedliche Emittenten dieses Schadstoffes. Diese Aktivitäten finden nicht nur auf einem einzelnen Partialmarkt (wie etwa dem Chemiemarkt in Abb. 9.4) statt, sondern in vielen verschiedenen wirtschaftlichen Bereichen. Um den Schadstoffausstoß kontrollieren zu können, wird nun mit den Mitteln des Ordnungsrechtes allen Emittenten ein bestimmter Grenzwert zugewiesen, sodass die Summe aller im System verbleibenden Emissionen den akzeptablen Höchstwert nicht überschreitet.
- Während das obige Chemiemarktbeispiel von der vereinfachenden technologischen Annahme ausging, dass eine Reduktion der Emissionen nur durch eine Verringerung der Produktion erreicht werden kann, verfügen die unterschiedlichen Emittenten in diesem Beispiel über unterschiedliche Optionen der Emissionsreduktion. Den Emittenten stehen also bestimmte Emissions-Vermeidungstechnologien zur Verfügung. Dies kann bedeuten, dass Unternehmen bereits mit relativ einfachen, niedrigschwelligen Maßnahmen Emissionseinsparungen realisieren können (low hanging fruits), es kann aber auch sein, dass hierfür aufwendige Technologien und Produktionsumstellungen notwendig sind. Hieraus lässt sich eine Art gesamtwirtschaftliches Angebotskalkül für die

Bereitstellung von Emissionsreduktionen ableiten: Jeder Emittent wird zunächst diejenigen Optionen zur Emissionsreduktion aktivieren, die zu den geringsten marginalen Vermeidungskosten (marginal cost of abatement, MCA) führen. Je mehr Emissionsreduktionen erbracht werden müssen, desto höher sind die MCA.

- In Abb. 9.6 wird angenommen, dass es lediglich zwei Unternehmen gibt, die in der unregulierten Ausgangssituation jeweils identische Emissionen e abgeben. Der Regulierer setzt für beide Unternehmen nun einen identischen Grenzwert e_{GW} fest, den sie nicht überschreiten dürfen. Diese Vorgabe zwingt die Unternehmen dazu, Emissionsvermeidungsoptionen entlang ihrer MCA-Kurven zu aktivieren. Unternehmen 2 stehen günstigere Einsparoptionen zur Verfügung als Unternehmen 1, so dass bei jedem denkbaren Emissionsniveau gilt: $MCA_1 > MCA_2$.

Es zeigt sich, dass die Grenzwertregulierung zum gewünschten Ergebnis führt: Unternehmen 1 bewegt sich nach Einführung der Grenzwertregulierung von M in Punkt E, Unternehmen 2 nimmt Punkt C der Abbildung ein. Die dafür von Ihnen aufzuwendenden gesamten Vermeidungskosten lassen sich als Fläche unter den jeweiligen Kurven der Grenzvermeidungskosten ablesen. Wenig überraschend ist, dass die Kosten, die Unternehmen 1 für die Erfüllung des Grenzwertes aufwenden muss, höher sind als die Kosten, die Unternehmen 2 zu tragen hat.

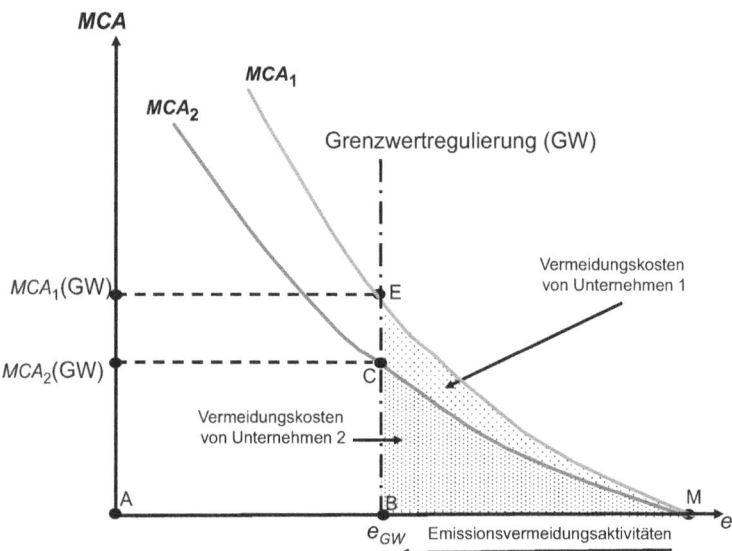

Abb. 9.6 Ordnungsrechtliche Grenzwertregulierung bei der Internalisierung externer Effekte

9.4.6 Effizienzwirkungen marktorientierter Instrumente der Umweltpolitik

Als Alternative für die ordnungsrechtliche Regulierung der Emissionen werden in der Umweltökonomik die sogenannten marktorientierten Instrumente vorgeschlagen. Während das Ordnungsrecht in Abb. 9.6 den Unternehmen präzise vorgibt, welches Emissionsniveau sie zu realisieren haben, besteht der Grundgedanke der marktwirtschaftlichen Instrumente darin, dass die Umweltnutzung bzw. die Emissionstätigkeit der Unternehmen mit einem Preis und damit mit Opportunitätskosten versehen ist, die es den Emittenten erlauben, das Niveau ihrer Emissionen und das Niveau ihrer Einsparaktivitäten selbst zu wählen. Hierfür stehen grundsätzlich zwei Alternativen zur Verfügung:

- Der Regulierer kann einen *Steuersatz* für jede abgegebene Emissionseinheit festlegen. Diese Steuer funktioniert genau so wie die PIGOU-Steuer im Chemiemarktbeispiel. Allerdings gibt es zwei Unterschiede: Erstens wurde die Steuerhöhe im Chemiemarktbeispiel mit Blick auf die Externalität im Optimum festgelegt – diese Optimalitätseigenschaft wird hier aufgegeben. Und zweitens wurde die Steuer dort auf den Unternehmensoutput bezogen, während sie in diesem Beispiel direkt auf die Emission angelegt wird.
- Der Regulierer kann eine gesamtwirtschaftliche Höchstmenge an Emissionen festlegen und im Umfang dieser Höchstmenge *handelbare Emissionszertifikate* ausgeben. Ein derartiges Zertifikat stellt die individuelle Berechtigung zur Ausübung einer Emissionseinheit dar. Die Ausgabe bzw. Erstallokation dieser Emissionszertifikate kann auf verschiedene Weise vorgenommen werden. Sie können (z. B. auf Basis von bisherigen Emissionswerten) den Unternehmen direkt zugeteilt werden (grandfathering). Der Regulierer kann diese Zertifikate im Zuge einer Auktion aber auch direkt von den Unternehmen ersteigern lassen. Entscheidend ist nun, dass diese Zertifikate auf einem Markt handelbar sind und sich ein Marktpreis für die Zertifikate einstellt. Unternehmen, die ihre Zertifikate nicht benötigen, können diese verkaufen; andere Unternehmen können Zertifikate erwerben, wenn sie diese benötigen. Manchmal werden Umwelt- bzw. Emissionszertifikate vereinfachend als Anwendung des COASE-Theorems interpretiert. Allerdings sei darauf hingewiesen, dass sich derartige Umweltzertifikate vom COASE-Theorem in einem zentralen Punkt unterscheiden: Im Rahmen handelbarer Umweltzertifikate wird das Niveau der gesellschaftlich akzeptierten Umweltverschmutzung exogen gesetzt. Der Zertifikatemarkt ist damit ein künstlich geschaffener Markt, der zu einer bestimmten Allokation der Umweltnutzung führt. Im Rahmen des Coase-Theorems ergibt sich die Allokation hingegen endogen als Ergebnis eines effizienzsteigernden Verhandlungsprozesses.[3]

---

[3] Auch wenn dieses Beispiel sehr abstrakt ist, wird deutlich, dass diese Frage von sehr grundsätzlicher Bedeutung für die aktuelle Umweltpolitik ist. Sollen Emissionsminderungen im Wärmesektor

In Abb. 9.7 wird nun die folgende Situation angenommen: Der Ausgangspunkt der Überlegungen liegt in der Allokation aus Abb. 9.6. Der ordnungsrechtliche Regulierer ist zunächst zufrieden damit, dass das gesamtwirtschaftliche Emissionsniveau auf den Grenzwert GW zurückgefahren wurde. Es kommt aber die Frage auf, ob die damit realisierte Emissionsreduktion aus gesamtwirtschaftlicher Sicht nicht zu geringeren Kosten erreicht werden könnte. Wenn andere Instrumente dasselbe ökologische Ziel (Emissionsreduktion) zu geringeren Kosten erreichen könnten, dürfte der Umweltregulierer eigentlich keine Einwände gegen diese Instrumente haben. Sofern die Einführung von marktorientierten Instrumenten wie Emissionssteuern oder handelbaren Emissionszertifikaten keine Gefährdung der bisher erreichten Emissionsreduktionen bedeuten, ist der Regulierer nun also bereit, auf die direkte Vorgabe von Grenzwerten für die beiden Unternehmen zu verzichten.

Ein Übergang vom ordnungsrechtlichen Eingriff zum Emissionshandel kann in Abb. 9.7 nun dadurch simuliert werden, dass die im Zuge der Grenzwertregulierung vorgegebenen Emissionsobergrenzen als Anfangsausstattungen mit Emissionsrechten betrachtet werden, die zwischen den Unternehmen handelbar

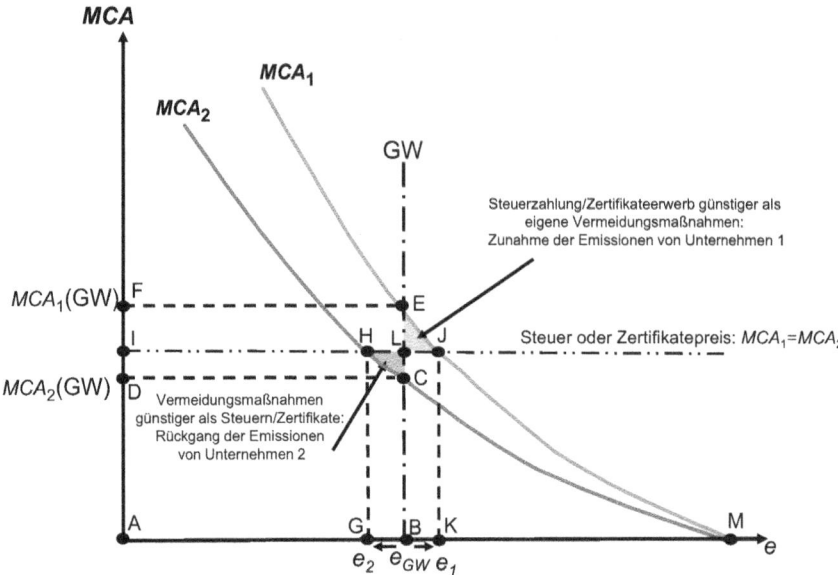

Abb. 9.7 Ordnungsrecht versus marktwirtschaftliche Instrumente bei der Internalisierung

oder im Mobilitätssektor unserer Volkswirtschaft durch direkte ordnungsrechtliche Vorgaben (z. B. Verbot bestimmter Technologien) oder durch technologieoffene bzw. – neutrale, rein preisorientierte Instrumente erreicht werden? (Vgl. hierzu auch die Diskussion in Abschn. 9.6).

sind. Vor Beginn des Handels befindet sich Unternehmen 1 in Punkt E, Unternehmen 2 in Punkt C. Unternehmen 2 wäre bereit, zusätzliche Anstrengungen bei der Emissionsreduktion zu leisten, wenn der Preis, den es für die dann frei werdenden und nicht mehr benötigten Zertifikate am Markt erzielen könnte, höher ist als seine dafür notwendigen Vermeidungskosten MCA_1. Bei Unternehmen 1 ist es genau umgekehrt: Es würde gerne auf eigene Emissionsreduktionen verzichten, solange der Preis, den es für die dann benötigten Emissionszertifikate aufbringen müsste, niedriger ist als seine Vermeidungskosten MCA_2. Da die Ausgangssituation durch $MCA_2 < MCA_1$ gekennzeichnet ist, werden die Unternehmen bestrebt sein, in einen für beide Seiten vorteilhaften Handel von Emissionszertifikaten einzutreten. Es kommt damit zu einer Reallokation von Emissionsreduktionen. Unternehmen 2 wird seine Emissionen von C aus in den Punkt H weiter reduzieren, Unternehmen 1 wird seine Emissionen hingegen von E aus in den Punkt J erhöhen. Der Preis, zu dem die Unternehmen die Emissionszertifikate untereinander handeln, wird sich auf dem Niveau $MCA_2 = MCA_1$ einstellen. Es kommt also durch den Handel mit Emissionszertifikaten zu einem Ausgleich der Grenzvermeidungskosten. Für die Unternehmen ist damit eine Besserstellung bzw. eine Kostenersparnis im Umfang des Dreiecks HLC verbunden, die Kostenersparnis für Unternehmen 2 entspricht dem Dreieck ELJ. Außerdem sind die Bedingungen des Regulierers für dieses marktwirtschaftliche Experiment erfüllt: Die Reallokation von Vermeidungsaktivitäten führt nicht zu einer Erhöhung der gesamtwirtschaftlich zulässigen Emissionsobergrenze GW.

Dieselbe Wirkung einer ökologisch neutralen Reallokation von Emissionsvermeidungsaktivitäten könnte auch bei einem Übergang zur Besteuerung der Emissionen erzielt werden. Hierfür müsste der Regulierer einen Steuersatz bestimmen, der denselben Überlegungen wie im Fall des Emissionshandels Rechnung trägt: Der Steuersatz müsste so gewählt werden, dass sich in der gesamtwirtschaftlichen Betrachtung das Emissionsniveau GW einstellt. Unter den vereinfachenden Annahmen dieses Beispiels würde der Steuersatz auf dem Niveau bestimmt werden, auf dem sich auch der Zertifikatepreis einstellt. Wie würde die Vorgabe dieses Steuerpreises nun – ausgehend von der ordnungsrechtlich fixierten Ausgangssituation – das Kalkül der beiden Unternehmen beeinflussen? Beide Unternehmen haben für ihr ordnungsrechtlich vorgegebenes Emissionsniveau e_{GW} Steuern in Höhe der Fläche des Rechtecks AILB an den Staat abzuführen.

- Für Unternehmen 2 ergibt sich nun die Option, durch zusätzliche Emissionsvermeidungen die gesamte Steuerlast um die Fläche HLGB zu reduzieren. Solange seine Vermeidungskosten MCA_2 niedriger sind als der Steuersatz wird es aus eigenen Vorteilhaftigkeitserwägungen die Emissionen reduzieren. Sein Vorteil aus der Steuerlösung beträgt HLC.
- Für Unternehmen 1 induziert der Steuersatz einen Anreiz, seine Emissionen auszudehnen. Solange der Steuersatz je Emission niedriger ist, als seine Vermeidungskosten MCA_1 wird es das Tragen einer zusätzlichen Steuerlast voziehen. Im Ergebnis wird es bereit sein, die zusätzliche Steuerlast in Höhe von LJKB an den Staat abzuführen.

Ähnlich wie der Emissionshandel führt also auch die Einführung von Emissionssteuern zu einer Allokation, die durch den Ausgleich der Grenzvermeidungskosten $MCA_2 = MCA_1$ geprägt ist, ohne dass sich hierdurch das Gesamtniveau der Emissionen gegenüber der ordnungsrechtlich fixierten Ausgangssituation verändert hat.

Der Übergang von einer ordnungsrechtlich fixierten Vorgabe von Emissionsgrenzwerten auf marktwirtschaftliche Instrumente der Emissionsbegrenzung ändert für beide Unternehmen das Vorteilhaftigkeitskalkül. Ob sie nun aber im Zweifel tatsächlich für eine Steuerlösung anstatt für die ordnungsrechtliche Vorgabe votieren würden ist gar nicht klar, denn beide Unternehmen müssen hier neben den Kosten für die Vermeidungsmaßnahmen die Kosten der Steuer tragen. Auch der Übergang auf den Emissionshandel muss nicht unbedingt auf Gegenliebe stoßen, denn die im Zuge des Ordnungsrechtes faktisch kostenfrei zugewiesenen Emissionsrechte müssen nun am Markt erstanden werden. Unternehmen, die sich hier (wie Unternehmen 2) potenziell in einer Verkäuferposition befinden, werden den Emissionshandel vielleicht begrüßen. Wenn die Zertifikate bei der Erstallokation durch den Staat jedoch nicht kostenfrei zugewiesen, sondern ersteigert werden müssen, dürfte sich die Begeisterung für die marktwirtschaftlichen Instrumente der Umweltpolitik in Grenzen halten. Die Frage der gesellschaftlichen Akzeptanz derartiger Instrumente hat offenbar viel damit zu tun, was der Staat mit dem Aufkommen an Steuern oder den Einnahmen aus dem Zertifikatehandel macht und wie er die Verteilungswirkungen gestaltet. Gerade die Frage der Verteilungswirkungen wird für die Umsetzbarkeit einer derartigen Politik von großer Bedeutung sein (vgl. hierzu den folgenden Abschn. 9.4.7).

Unabhängig von diesen Verteilungsfragen verbleiben aus gesamtwirtschaftlicher Sicht jedoch die allokativen Vorteile. Aus gesamtwirtschaftlicher Sicht ist der Ausgleich der Grenzvermeidungskosten der beiden Unternehmen mit einer Kosteneinsparung verbunden. Dies lässt sich anhand von Abb. 9.8 verdeutlichen.

Ein vorgegebenes Emissionsreduktionsziel auf dem Niveau GW lässt sich durch den Einsatz marktwirtschaftlicher Instrumente zu niedrigeren Kosten erreichen als bei einer direkten ordnungsrechtlichen Vorgabe: Mit der Einführung von Steuern oder handelbaren Emissionszertifikaten kommt es auf der einen Seite aufgrund von zusätzlichen Emissionsminderungen zu Kosten in Höhe der Fläche HLBG, auf der anderen Seite stellen sich jedoch Einsparungen bei den Vermeidungskosten in Höhe der Fläche EJKB ein. Da EJKB < HCBG werden insgesamt durch die Reallokation Kosten eingespart. Diese Kostensenkung bei Erreichung eines gegebenen ökologischen Ziels stellen den Effizienzgewinn der marktwirtschaftlichen Instrumente dar, deren Schlüssel im Ausgleich der Grenzvermeidungskosten liegt. Dies bedeutet, dass die Investition in Emissionsreduktionsmaßnahmen jeweils dort durchgeführt werden, wo diese am günstigsten zu erreichen sind. Dies kennzeichnet den Grund, warum umweltpolitische Instrumente wie Steuern oder

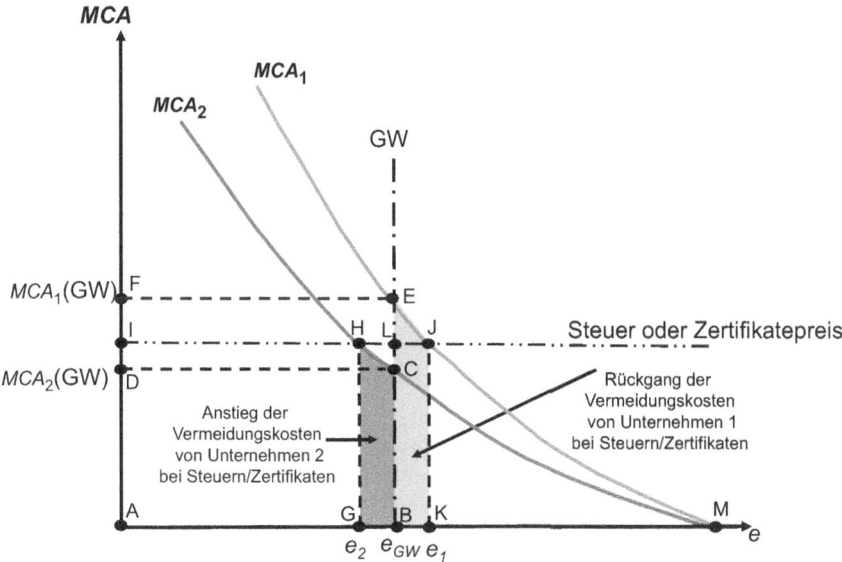

Abb. 9.8 Gesellschaftliche Kostenersparnis bei der Verwendung marktwirtschaftlicher Instrumente bei der Internalisierung. (Quelle: Eigene Erstellung)

der Emissionshandel von Umweltökonominnen und Umweltökonomen gegenüber anderen Instrumenten präferiert werden. Sie erfüllen das Kriterium der *Kosteneffizienz.*[4]

„Efficiency without optimality" im Sinne von Baumol und Oates (1988) hat also zwei wesentliche Implikationen. *Erstens* ist bei standardorientierten, auf den Preis der Umweltnutzung zielenden Instrumenten nicht gewährleistet ist, dass sie das System in das PARETO-optimale Niveau der Umweltnutzung führen. Dieses Ziel wird aufgegeben. *Zweitens* – und das ist entscheidend – garantiert die Generierung

---

[4] Neben dem Kriterium der Kosteneffizienz wurden in der umweltökonomischen Literatur noch weitere Kriterien entwickelt, anhand derer der Einsatz umweltpolitischer Instrumente beurteilt werden. Die hier vorgestellten Überlegungen beziehen sich auf das Kriterium der statischen Kosteneffizienz. Darüber hinaus wird beispielsweise auch die dynamische Kosteneffizienz betrachtet. Diese fragt, ob und inwiefern vom Einsatz eines Instrumentes Anreize zur Entwicklung von technischem Fortschritt bei Vermeidungstechnologien ausgehen. Auch hier zeigen sich Vorteile marktwirtschaftlicher Instrumente: Wenn z. B. ein Unternehmen die Möglichkeit hat, in eine umweltschonende Technologie zu investieren und daraus ein geringere Schadstoffausstoss resultiert, so geht beispielsweise von Emissionssteuern (im Vergleich zur ordnungsrechtlichen Grenzwertvorgabe) ein stärkerer Anreiz zur Investition aus, da mit dem Rückgang der Emissionen auch Steuereinsparungen realisiert werden können. Weitere Kriterien beziehen sich etwa auf den Umgang mit unsicheren Informationen über Schadenskosten und Vermeidungskosten auf der Seite des Regulierers bei der Fixierung der Instrumente, die sich auf die ökologische Effektivität auswirken können (Weitzman-Theorem, für eine Übersicht vgl. Menges 2019).

eines einheitlichen Preises für die Nutzer der Umweltressource, dass das exogen gesetzte Niveau der Umweltnutzung zu den geringsten gesellschaftlichen Kosten erreicht werden kann. Für strategische Fragen der Umweltpolitik wie etwa „Soll der Klimaschutz im Mobilitätssektor und im Wärmesektor durch direkte regulatorische Vorgaben für die Technologien (z. B. Verbot von Verbrennermotoren oder Ölheizungen) oder durch marktwirtschaftliche (und in Bezug auf die Technologien neutrale) Instrumente erreicht werden?" ist diese Erkenntnis von großer Bedeutung, gleichzeitig jedoch auch Gegenstand heftiger gesellschaftlicher Diskussionen über das Verhältnis von Ziele und Mitteln der Umweltpolitik (vgl. hierzu Abschn. 9.6).

9.4.7 Verteilungsfragen bei der Internalisierung

Die bisherige Betrachtung von Umweltproblemen hat gezeit, dass die Umweltökonomik bei der Lösung von Umweltproblemen ihre Vorschläge zur Internalisierung aus einer Effizienzperspektive entwickelt. Marktversagen gilt vor allem als Effizienzverlust, wie er in Abb. 9.4 dargestellt wurde: Bei Anlegung des PARETO-Kriteriums bedeutet das Vorliegen von Marktversagen in einem Zustand G, dass es einen alternativen Zustand B geben muss, der von G aus eine Verbesserung darstellt, sodass der Übergang von B zu G für alle Individuen vorteilhaft ist. Im Abschn. 9.4.5 wurde die Frage diskutiert, ob es überhaupt realistisch ist, dass eine staatliche Regulierung über alle notwendigen Informationen zur Ansteuerung eines derartigen Wohlfahrtsoptimums verfügt. Eine ganz andere Frage ist jedoch, ob es vorstellbar ist, dass eine solche Politik von den Individuen abgelehnt werden könnte, obwohl sie potenziell wohlfahrtssteigernd wirkt.

Diese Frage soll anhand eines Beispiels aus der Klasse der Common-Property-Güter erläutert werden. Derartige Güter stellen auf eine besondere Sorte von Umweltproblemen ab (Menges 2019): Common-Property-Ressourcen

- sind einerseits (wie private Güter) durch Rivalität im Konsum gekennzeichnet und
- andererseits von fehlender Ausschließbarkeit im Konsum geprägt.

Ein frei zugänglicher Fischteich in einer Kommune lässt sich durch diese Konstellation beschreiben. Umweltprobleme wie die Überfischung des Teiches können in einem unregulierten Ausgangszustand dadurch erklärt werden, dass der Fang jedes potenziellen Anglers nicht mehr für andere Angler, aber auch nicht für den weiteren Bestand der Population und deren langfristiges Überleben zur Verfügung steht. Die Auswirkungen einer Überfischung sind allen potenziellen Nutzern bewusst, aber jede Anglerin hat bei freiem Zugang zum Fischteich kaum einen Anreiz, auf den Fischfang zu verzichten, da ihr Verzicht möglicherweise vom nächsten, weniger skrupulösen Angler zunichtegemacht werden würde. Die Lösungsmöglichkeiten für derartige Probleme wurden insbesondere von ELINOR OSTROM erforscht. Nimmt man an, dass das eingangs in diesem Kapitel geschilderte

Abholzungsproblem von CARLOWITZ ebenfalls durch die Kombination von Rivalität im Konsum und fehlender Ausschließbarkeit geprägt ist, wird deutlich, dass viele Nachhaltigkeitsprobleme als Common-Property-Probleme betrachtet werden können.

Probleme einer ineffizienten Übernutzung von gemeinschaftlich genutzten Ressourcen lassen sich auch im Verkehr beobachten. Man stelle sich vor, dass die Nutzung einer bestimmten Straße bei Autofahrern beliebt ist, es bei der Straßennutzung aber immer wieder zu langen Staus und Wartezeiten kommt. Die Nutzung der Straße steht allen Verkehrsteilnehmern frei. Jeder Verkehrsteilnehmer entscheidet über die Straßennutzung entsprechend seines privaten Kosten-Nutzen-Kalküls, das in Abb. 9.9 wie folgt zusammengefasst wird:

- Der individuelle Nutzen der Verkehrsteilnehmer auf dieser Straße wird durch die Nachfragekurve D abgebildet.
- Jeder potenzielle Verkehrsteilnehmer vergleicht diesen Nutzen mit den Kosten der Straßennutzung. Da der Zugang zur Straße frei ist, wird die Entscheidung der einzelnen Autofahrerin zur Nutzung der Straße davon bestimmt, wie hoch die erwarteten, durchschnittlichen Zeit- bzw. Staukosten bei der Nutzung dieser Straße sind (marginal private cost, MPC). Diese Zeitkosten sind aus Sicht eines einzelnen Autofahrers gering, solange die Straße nicht intensiv auch von anderen Autofahrern genutzt wird. Ab einem bestimmten Niveau X_0 der Straßennutzung durch andere Autofahrer entstehen jedoch Staus, die für

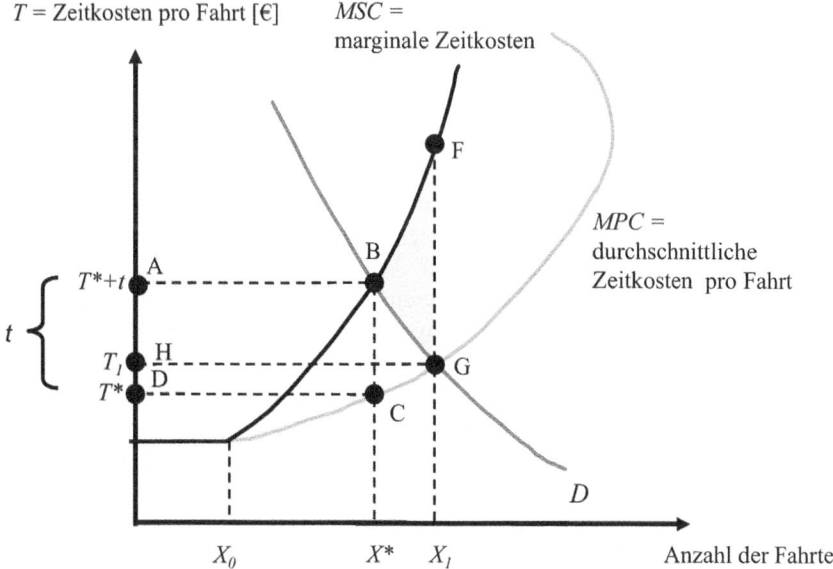

Abb. 9.9 Verteilungsfragen bei der Akzeptanz einer Internalisierung. (Quelle: In Anlehnung an Baumol und Oates 1988, S. 238)

jeden einzelnen Autofahrer zu Zeitverlusten führen. Je mehr Autos die Straße benutzen wollen, um so länger sind die Staus. Jeder Autofahrer kennt diese Art von Staupsychologie. Staus sind ein dynamisches Phänomen, ab einem gewissen Zeitpunkt sinkt die Wartezeit auch nicht mehr, wenn einzelne Autofahrer beginnen, die Straße zu verlassen.

• Bei Abwesenheit von weiteren Eingriffen oder Verkehrsregulierungen wird sich jede Autofahrerin fragen, wie hoch – bei gegebener Straßennutzung durch die übrigen Autofahrer – ihre durchschnittliche Stauzeit ausfallen wird. Sofern die durchschnittliche Zeit, die man im Stau verbringt, schwerer wiegt als der Nutzen der Autofahrt, wird man die Autofahrt vermeiden. Wenn die durchschnittliche Stauzeit hingegen akzeptabel ist, wird man die Straße nutzen und die Fahrt nicht auf einen anderen Zeitpunkt oder auf eine andere möglicherweise längere Straßenverbindung verlegen. In Abb. 9.9 ergibt sich auf Basis dieser individuellen Kosten-Nutzen-Vergleiche ein Gleichgewicht im Punkt G.

Aus sozialer Sicht stellt dieses Gleichgewicht in G jedoch eine wenig überzeugende Konstellation dar. Es kommt beim Niveau X_1 zu einer Übernutzung der Ressource. Für einen gesellschaftlichen Verkehrsplaner stellt sich bei der für alle Individuen vorteilhaften Straßennutzung nicht die Frage nach den *durchschnittlichen Staukosten,* sondern nach den *marginalen Staukosten,* d. h. den zusätzlichen Staukosten, die durch den Zutritt eines weiteren Straßennutzers entstehen (marginal social cost, MSC). Da jede einzelne Verkehrsteilnehmerin bei der Straßennutzungsentscheidung aber lediglich an ihrer eigenen durchschnittlichen Stauzeit interessiert ist, unterschätzt sie, den von ihr ausgehenden Effekt auf den Gesamtverkehr. Im Gleichgewicht G kommt es zu einem Wohlfahrtsverlust in Form der Fläche BFG. Die effiziente Lösung dieses Common-Property-Problems würde hingegen im Punkt B liegen.

Die hier beschriebene Grundstruktur des Problems ist eigentlich genauso wie die Konstellation des Marktes für Chemieprodukte aus Abb. 9.4 mit der negativen Externalität. Auch hier liegt eine Externalität der Straßennutzungsentscheidung vor, da jeder Autofahrer bei der Entscheidung zur Straßennutzung nur seine privaten Kosten (MPC) berücksichtigt, nicht aber die von ihm ausgehenden Effekte auf die gesamte Staukonstellation. Jeder Autofahrer unterschätzt also die Kosten bzw. den Schaden, den er dem Gesamtsystem zufügt. Daher ist auch die umweltökonomische Antwort zur Lösung dieses Problems dieselbe: Durch eine PIGOU-Steuer kann diese negative Externalität internalisiert werden. Eine PARETO-optimale Lösung des Problems kann in diesem Fall über die Einführung einer Mautgebühr t für die Straßennutzung in Höhe der Strecke DA(=CB) erreicht werden. Hierdurch wird das private Kalkül der Straßennutzer mit den sozialen Grenzkosten ihrer Entscheidung (MSC) im neuen Gleichgewicht B in Übereinstimmung gebracht. Der bisherige Wohlfahrtsverlust (als verschwendete Wartezeit) in Höhe der Fläche BFG kann dadurch eingespart werden. Der Verkehrsplaner dürfte zufrieden sein, die ineffiziente Nutzung der Straße wird hierdurch auf ein effizientes Niveau zurückgeführt.

Alle Autofahrer und Autofahrerinnen müssten dieser wohlfahrtssteigernden Lösung eigentlich zustimmen können. Aber wie sieht das individuelle Kalkül der Verkehrsteilnehmer im neuen Gleichgewicht B aus? Mit der Einführung der Maut *t*

- sinken (im Vergleich zur unregulierten Ausgangssituation) die Zeiten, die man je Autofahrt im Stau verbringt um den Betrag DH von T_1 auf T^*,
- andererseits muss jeder Autofahrer dafür aber den Betrag DA je Autofahrt an der Mautstation bezahlen.

DH < DA bedeutet, dass der von jedem Straßennutzer realisierte und in Geldeinheiten ausgedrückte Effizienzgewinn geringer ist als das, was er oder sie dafür an Mautgebühr zu zahlen hat. Dies stellt zumindest auf den ersten Blick eine offensichtliche Verschlechterung der Straßennutzer dar. Bei einer reinen Effizienzbetrachtung des Problems sind die Abflüsse der Mittel in Höhe der Fläche ABCD für die Maut an den Staat unerheblich, da sie eine reine Verteilungswirkung darstellen. Ähnlich wie die Steuereinnahmen im Falle der PIGOU-Steuer auf dem Chemiemarkt sind diese Mittel ja nicht verschwendet, sondern lediglich umverteilt und liegen nun beim Staat bzw. dem Mautstellenbetreiber. Für die Verkehrsteilnehmer dürfte dies jedoch – trotz der sinkenden Stauzeiten – unbefriedigend sein und keinesfalls eine PARETO- optimale Verbesserung darstellen. Für die gesellschaftliche Realisierbarkeit derartiger Reformprojekte ist diese bei reiner Effizienzbetrachtung eher nachrangig anmutende Verteilungsfrage offenbar von eminenter Bedeutung. Viele aktuelle politische Beispiele zeigen, dass immer dann mit gesellschaftlichem Widerstand gegen eine „optimale" Besteuerung zu rechnen ist, so lange nicht geklärt ist, wie die Maut- bzw. Steuereinnahmen in Höhe der Fläche ABCD verwendet werden. Da das ökonomische Ziel dieser Abgabe ausschließlich in ihrer Lenkungswirkung liegt, wäre ihre Rückerstattung an die Straßennutzer (z. B. im Zuge der Kfz-Steuern) oder ihre Verwendung zur Nutzensteigerung potenzieller Verlierer der Maßnahme aus politischen Gründen vermutlich ratsam.

9.5   Nachhaltigkeit

9.5.1 Umweltökonomie und ökologische Ökonomie

Angesichts der normativen Bedeutung des Nachhaltigkeitsbegriffs mag bei den oben dargestellten Ansätzen der Umweltökonomik zur Lösung von Umweltproblemen und ihrem Fokus auf Effizienzaspekte der Eindruck entstehen, dass die Benennung von Kriterien für eine nachhaltige Entwicklung und die Suche nach Ansätzen zur Internalisierung externer Effekte zwei völlig verschiedene Dinge sind. In welchem Verhältnis stehen die Begriffe „Effizienz" und „Nachhaltigkeit"? In der Tat spiegeln sich hier Unterschiede zwischen der neoklassisch orientierten Umweltökonomik und interdisziplinären Ansätzen wie der ökologischen Ökonomik, die bereits in den normativen Ansätzen (z. B. Abb. 9.1) verdeutlicht wurden: *„Unter ‚Umweltökonomik' wird hier die wesentlich am Ziel der sozialen Wohlfahrtsmaximierung orientierte Richtung, unter ‚ökologischer Ökonomie' die dem Leitbild der nachhaltigen Entwicklung verpflichtete Richtung der mit Beziehungsproblemen zwischen Mensch und Natur befassten Volkswirtschaftslehre verstanden"* (Endres 2013, S. 326). Wohlfahrtsökonomische Bewertungskriterien werden in der naturwissenschaftlich geprägten ökologischen Ökonomik überwiegend abgelehnt und durch das Kriterium der Nachhaltigkeit bzw. der nachhaltigen Entwicklung ersetzt. Andererseits ist abseits von ideologischen Abgrenzungen nicht richtig verständlich, wo der Gegensatz zwischen

- dem abstrakten Nachhaltigkeitsziel (den zukünftigen Generationen soll eine intakte Natur mit intakten Lebenserhaltungssystemen übergeben werden),
- und dem ebenso abstrakten Ziel einer Maximierung der sozialen Wohlfahrt (um zu verhindern, dass die heutige Generation auf Kosten von Dritten und der Zukunft lebt, müssen vor allem externe Effekte ihrer Entscheidungen internalisiert werden)

liegen soll. Am Beispiel der durch externe Effekte von Treibhausgasemissionen verursachten Klimaerwärmung und der umwelt- und klimapolitischen Maßnahmen wird deutlich, dass sich diese Fragen gar nicht trennen lassen (vgl. hierzu auch Abschn. 9.6). Einerseits ist deutlich geworden, dass das Ziel der Wohlfahrtsmaximierung in der Umweltökonomik mit der Hinwendung zur Setzung exogener Standards mittlerweile sehr pragmatisch ausgelegt wird. Andererseits waren bislang aber auch die meisten Versuche, den Begriff der Nachhaltigkeit mit eindeutiger wissenschaftlicher und operativer Präzision zu unterlegen, nicht unbedingt von Erfolg gekrönt. Trotz seiner Prominenz hat der Begriff der Nachhaltigkeit in den letzten Jahren fast bis zur Unkenntlichkeit an Schärfe verloren. Dies liegt auch daran, dass die bis auf CARLOWITZ zurückgehende, vermeintlich naturwissenschaftliche Präzision des Begriffs durch Widersprüche bei seiner normativen Begründung und durch Probleme bei der Operationalisierung geprägt ist.

9.5.2 Nachhaltigkeit als intertemporale Wohlfahrtsmaximierung

In den Wirtschaftswissenschaften wird ein Wachstums-, Entwicklungs- oder Ressourcenallokationspfad als nachhaltig bezeichnet, wenn der Wohlstand nachfolgender Generationen zu keinem Zeitpunkt zurückgeht (Perman et al. 2011). Der Nachhaltigkeitsbegriff ist nach ökonomischem Verständnis ähnlich wie das PARETO-Prinzip universal auf intertemporale Allokationsentscheidungen anwendbar (vgl. hierzu insbesondere die Ausführungen im Abschn. 5.3.7).

- Im einfachsten Fall geht es hierbei aus individueller Sicht um den Teil eines gegebenen Einkommens, den ein Individuum während der gegenwärtigen Periode für Konsumzwecke ausgeben kann, ohne hierdurch seine zukünftigen Konsummöglichkeiten zu beeinträchtigen.[5]
- In komplexeren Fällen geht es um kollektive Entscheidungen wie die Rückführung der Staatsverschuldung oder das Problem der Klimaerwärmung, die die Wohlfahrt der gegenwärtigen und zukünftigen Generationen auf vielfältige Weise berühren. Die Wohlfahrt der gegenwärtigen und zukünftigen Generationen wird hier in Form von intertemporalen Wohlfahrtsfunktionen betrachtet, in denen nicht die individuellen Nutzen innerhalb einer Gesellschaft, sondern die Wohlfahrt der Gesellschaft in verschiedenen Perioden gegeneinander abgewogen werden.

9.5.3 Schwache versus starke Nachhaltigkeit

Das umweltpolitische Leitbild der Nachhaltigkeit wird im Brundtlandbericht der WCED (World Council on Environment and Development) als eine Entwicklung definiert, *„die die Bedürfnisse der Gegenwart befriedigt, ohne zu riskieren, dass künftige Generationen ihre eigenen Bedürfnisse nicht befriedigen können"* (WCED 1987, S. 46). Versteht man Nachhaltigkeit als die Forderung, nachfolgenden Generationen ein bestimmtes Leistungspotenzial als Ausstattung zu übergeben, dann bestehen nun die wesentlichen Unterschiede zwischen den verschiedenen Konzeptionen von Nachhaltigkeit in der Frage, wie diese Ausstattung zusammengesetzt sein soll. Die konkurrierenden Auffassungen von Nachhaltigkeit variieren zwischen der Weitergabe

---

[5] Dieser in vielen Arbeiten zur Nachhaltigkeit zitierte Begriff des Einkommens geht auf den einflussreichen britischen Ökonomen JOHN HICKS (1904–1989) im Jahr 1946 zurück: *„The purpose of income calculations in practical affairs is to give people an indication of the amount which they can consume without impoverishing themselves. Following out this idea, it would seem that we ought to define a man's income as the maximum value which he can consume during a week, and still expect to be as well off at the end of the week as he was at the beginning. Thus, when a person saves, he plans to be better off in the future, when he lives beyond his income he plans to be worse off. Remembering the practical purpose of income is to serve as a guide for prudent conduct, I think it is fairly clear that this is what the central meaning must be"* (Hicks 2001, S. 172).

- eines konstanten Sozialproduktes,
- eines konstanten, aber beliebig kombinierbaren Kapitalstocks, der sich aus Umweltkapital und menschengemachtem Sachkapital zusammensetzt,
- verschiedener Mindestmaße kritischen Umweltkapitals,
- bis hin zur Forderung der Aufrechterhaltung eines konstanten Umweltkapitals[6].

Das Konzept der schwachen Nachhaltigkeit nimmt weitgehende Substitutions-möglichkeiten zwischen Umwelt- und Sachkapital innerhalb eines nicht-sinkenden Kapitalstocks an, während die Vertreter der starken Nachhaltigkeit betonen, dass natürliches und künstliches Kapital nicht bzw. nicht vollständig substituierbar sind (Hauff und Kleine 2014). Bei der Interpretation der starken Nachhaltigkeit als kri-tisches, nicht-substituierbares Naturkapital können zwei Positionen unterschieden werden.

- Während die eine Position versucht, auf Basis ökologischer Standards Restrik-tionen für das wirtschaftliche Handeln abzuleiten, innerhalb derer jedoch das neoklassische Paradigma hinsichtlich einer optimalen Ressourcennutzung angewendet wird,
- lehnt die zweite Position die Verwendung des anthropozentrischen ökono-mischen Wertekonzeptes bei der Ressourcenallokation vollständig ab (Hackl 2000).

Bei der Verwendung von ökologischen Standards im Sinne der oben erläuterten Gedanken von Baumol und Oates (1971, 1988) werden zwar ökonomische Sub-stitutionsmöglichkeiten anerkannt, allerdings werden ihnen bestimmte Grenzen gesetzt. Die Grenzen der Substituierbarkeit liegen dort, wo bestimmte Elemente des natürlichen Kapitals nicht nur als Produktionsfaktor für den ökonomischen Prozess betrachtet werden können, sondern grundsätzliche, nicht-substituierbare Voraussetzungen des menschlichen Lebens darstellen, deren Funktionen für die zukünftigen Generationen aufrecht zu erhalten sind. Diese Sichtweise erfordert die Bestimmung von sogenannten „Safe Minimum Standards", kritischen Trage-kapazitäten von Umweltressourcen oder eines kritischen Naturkapitals, gemessen in physischen Größen (I. Seidl 2018). Hierdurch wird die vermutlich illusori-sche Annahme vermieden, die Welt so steuern zu können, dass der Gesamt- oder Umweltkapitalstock über die Zeit konstant gehalten werden kann (Cansier 1997). Die exogene Einführung derart „harter", nicht direkt aus den individuellen Prä-ferenzen abgeleiteten umweltpolitischen Restriktionen ist in der neoklassischen

---

[6] Nach Ansicht von Peter Hammond lassen sich diese unterschiedlichen Restriktionen allerdings in einem erweiterten Kapitalbegriff integrieren: *„Let me merely point out that some scientists, especi-ally biologists, emphasize biological preservation. Economists, however, tend to emphasize capital preservation, though some broader minded members of the profession do interpret the word ‚ca-pital"generously in order to allow for exhaustable and renewable resources, for freedom from pollution, and for other suitable forms of what one might call ‚environmental capital'* (Hammond 1993, S. 5).

Umweltökonomik weitgehend akzeptiert. Standards werden als „ökonomisch" akzeptiert, wenn sie in das ökonomische Wertkonzept eingebettet sind: Sie werden nicht einfach aus der naturwissenschaftlichen Forschung übernommen, sondern können unter der Annahme unvollständiger Informationen auf einen bestimmten Zweck hin gesetzt werden. So erkennt ein u. a. von KENNETH ARROW und anderen prominenten Wirtschaftswissenschaftlern, aber auch ökologischen Ökonomen wie ROBERT COSTANZA formuliertes Manifest über die ökologische Belastbarkeit der Erde die Unsicherheit über die langfristigen Effekte von Umweltschäden ausdrücklich an und leitet hieraus die Forderung nach einem umfassenden Schutz der natürlichen Ressourcen ab: *„Above all, given the fundamental uncertainties about the nature of ecosystem dynamics and the dramatic consequences we would face if we were to guess wrong, it is necessary that we act in a precautionary way so as to maintain the diversity and resilience of ecosystems"* (Arrow et al. 1995, S. 93). Der gesellschaftlich wünschenswerte Erhalt einer natürlichen Ressource kann hier als umweltpolitisches Qualitätsziel betrachtet werden, an dem sich die Setzung der quantitativen Standards orientiert (Steger et al. 2002).

9.5.4 Die Position der Ökologischen Ökonomik: Starke Nachhaltigkeit als physisches Konservierungskonzept

In der ökologischen Ökonomik geht man davon aus, dass aus naturwissenschaftlichen Erwägungen, insbesondere angesichts der thermodynamischen Zusammenhänge, direkt eine Minimierung des gesamten Ausmaßes (Scale) der menschlichen bzw. ökonomischen Eingriffe in das Ökosystem abzuleiten ist. In diesem Fall wird die tiefstmögliche Rate an Material- und Energiedurchfluss angestrebt, da *jede* Inanspruchnahme natürlicher Ressourcen zu einem Ressourcenverlust führt (Hackl 2000). Da hier nicht von einer relativen, sondern einer absoluten Knappheit natürlicher Ressourcen ausgegangen wird, darf die Ressourcenallokation nicht auf Basis ökonomischer Kriterien erfolgen, sondern muss zusätzlichen ökologischen und ethischen Kriterien genügen. Umwelt wird also nicht mehr als Handlungsspielraum verstanden, dem beispielsweise Ressourcen entnommen und in den Abfälle eingelagert werden können, sondern wird vielmehr als thermodynamisch geschlossenes, materiell nicht wachsendes System verstanden, in das Gesellschaft und Wirtschaft als Subsysteme eingeschlossen sind.

In der Literatur werden aus diesen normativen Überlegungen häufig drei Forderungen abgeleitet und in Nachhaltigkeitsmanagement-Regeln überführt (Pearce und Turner 1990; Hackl 2000; Costanza 2015; Hussen 2018):

- Beim Abbau erneuerbarer Ressourcen darf deren Regenerationsrate nicht überschritten werden.
- Die Emission von Schadstoffen darf die assimilative Kapazität der Umwelt nicht überschreiten. Hieraus folgt, dass Schadstoffeinträge, die nicht von der Natur absorbiert bzw. abgebaut werden können, unterbleiben sollten.

• Bei Nutzung nicht-erneuerbarer Ressourcen dürfen zukünftige Generationen nicht schlechter gestellt werden. Daher sollte gleichermaßen in die Entwicklung gleichwertiger erneuerbarer Substitute investiert werden.

Nach Ansicht der ökologischen Ökonomie laufen die Effizienzüberlegungen ökonomischer Modelle leer, weil diese auf Eigenschaften abstellen, die im Rahmen ökologisierter Wirtschaftsprozesse für die langfristige Existenz des Ökosystems unerheblich sind. Georgescu-Roegen weist beispielsweise anhand des Entropie-Gesetzes[7] auf die unterschiedlichen Perspektiven ökonomischer und ökologischer Analysen hin: *„Economists are fond of saying that we cannot get something for nothing. The entropy law teaches us that the rule of biological life and, in men's case, of its economic continuation is far harsher. In entropy terms, the cost of any biological or economic enterprise is greater than the product. In entropy terms, any such activity necessarily results in a deficit"* (Gerogescu-Roegen 1993, S. 80).[8]

Die von der ökologischen Ökonomie vorgeschlagenen Indikatoren zur Interpretation der nachhaltigen Entwicklung beruhen oftmals auf der simultanen Verwendung energetischer und ökonomischer Werttheorien. Im Extremfall kann diese Betrachtung zur Forderung einer Konservierung sämtlicher Komponenten des natürlichen Kapitals führen (Hediger 1997). Einen Verbund von energetischen und aus der Kapitaltheorie abgeleiteten monetären Indikatoren stellt beispielsweise das multikriterielle Verfahren des „dynamischen Nachhaltigkeitsbaums" dar (Faucheux und Noël 2001). Hierbei muss allerdings angemerkt werden, dass nicht klar ist, wie monetäre und energetische Bewertungen konvertibel, d. h. zu einem gemeinsamen Wertansatz integriert werden können. Ein anderes Beispiel für den Versuch einer Integration sozialer, ökonomischer und ökologischer Nachhaltigkeitsdimensionen ist das sogenannte integrierte Nachhaltigkeitsdreieck

---

[7] Die Erklärung des zweiten Hauptsatzes der Thermodynamik (Entropiesatz) ist gar nicht so leicht. Der italienische Dichter und Philosoph Luciano de Crescenzo lässt seine Romanfigur, den neapolitanischen Professor Bellavista, im Roman „Die Kunst der Unordnung" diesen Sachverhalt seinen Saufkumpanen wie folgt erklären: *„Aber was ist Entropie überhaupt? Im Grund ist sie ein Unglück, eine Last, die uns aufgebürdet wurde und der wir uns nicht entziehen können. Als Adam und Eva aus dem Paradies vertrieben wurden, hörten sie von oben eine Stimme: ‚Du, Mann, wirst im Schweiße deines Angesichtes arbeiten, und du, Frau, wirst unter Schmerzen gebären.' Dann, nach einer kurzen Pause, fügte die Stimme hinzu: ‚Und alle beide werdet ihr bis in alle Ewigkeit von der Entropie verfolgt werden.' … Dieses Phänomen, in der Physik als zweiter Hauptsatz der Thermodynamik bekannt, enthält eine bedauerliche eschatologische Botschaft: Die Welt steuert unausweichlich auf die finale Katastrophe zu, das heißt, sie altert. Langsam vielleicht, doch sie altert. Und auch jene Dinge, die uns auf den ersten Blick ewig erscheinen, wie ein Berg oder ein Wolkenkratzer aus Stahl und Beton, sind dazu verdammt, mit der Zeit zu zerbröckeln und zu verschwinden. Und ebenso werden sich in Milliarden von Jahren Sonne, Mond, Milchstraße und Sterne aufgelöst haben. ‚Ein entropischer Prozess lässt sich nur verlangsamen, nicht aufhalten!' dozierte mein Physiklehrer auf dem Gymnasium. Jedenfalls ist er nicht unumkehrbar: Aus einem Aquarium kann eine Fischsuppe werden, aber aus einer Fischsuppe kein Aquarium"* (Crescenzo 1997, S. 102 f.).

[8] Allerdings erkennen auch neoklassische Umweltökonomen die Bedeutung des Entropiebegriffs an: *„Der Bedeutungswandel, den die Umweltfrage erfahren hat, ist letztendlich nichts anderes als eine veränderte Einschätzung des Entropie-Phänomens"* (Weimann 2010b, S. 5).

(Hauff und Kleine 2014, S. 13), das darauf zielt, gesellschaftliche Handlungsfelder zu operationalisieren. Dieses Konzept betrachtet die Dimensionen „Soziales", „Ökonomie" und „Ökologie" als ein gleichschenkliges Dreieck, bei dem sich das Innere als räumliches Kontinuum darstellt, in dem jeder Punkt als Kombination der drei Dimensionen definiert werden kann. Die zu verschiedenen Politikfeldern zusammengefassten Kombinationen erhalten dann Kennzeichnungen wie „stark ökologisch", „vorwiegend ökologisch", oder „sozial ökologisch" und sollen eine Orientierung bei der Gestaltung der Nachhaltigkeitspolitik bieten.

Die Literatur zur quantitativen Erfassung von Nachhaltigkeitsindikatoren und der damit verbundenen Operationalisierung von Nachhaltigkeitsstrategien ist mittlerweile sehr umfangreich (Bartelmus 2014). Sie entfaltet bei den Konkretisierungen in Bereichen wie etwa dem Tourismus, der Bildungspolitik, der Stadtentwicklung oder der Entwicklung ländlicher Räume (für eine Übersicht vgl. Zimmermann 2016) viel deskriptives Potenzial, aber auch eine gewisse Beliebigkeit.

9.6 Das Verhältnis von Mitteln und Zielen in der Umweltpolitik: Ein Beispiel aus der Klimapolitik

9.6.1 Der Schadstoff CO_2

Die Klimapolitik und insbesondere die Förderung der erneuerbaren Energien sind in den letzten Jahren zu einem beherrschenden gesellschaftlichen Thema mit hohem Mobilisierungspotenzial geworden, dessen Bedeutung mittlerweile weit über die Umwelt- und Energiepolitik hinausreicht. Der menschenverursachte Klimawandel steht einer nachhaltigen Entwicklung entgegen. Er kann als eines der prominentesten Beispiele für die im Abschn. 9.4 betrachteten negativen Externalitäten betrachtet werden. Insbesondere die langfristigen Folgekosten der Emissionen des Schadstoffs CO_2 stehen im Vordergrund des Interesses. Neben CO_2 spielen zwar auch andere Treibhausgase (z. B. Lachgas oder Methan) mit ihren unterschiedlichen Treibhauswirkungen und Verweildauern eine Rolle in der Klimapolitik. Ihre Wirkungen lassen sich jedoch mit bestimmten Rechenverfahren in CO_2-Äquivalente umrechnen. CO_2 hat unter den Treibhausgasen mit rd. 80 % in der EU den derzeit größten Anteil.

Das Treibhausgas CO_2 weist einige wichtige Eigenschaften auf, die sich von anderen Schadstoffen unterscheiden (vgl. etwa Löschel et al. 2020):

- So sind derzeit keine umfassenden technischen Rückhaltetechniken verfügbar. Abscheide- und Speichertechnologien werden zwar immer wieder großtechnisch geprüft, sind aber relativ kostenintensiv und gesellschaftlich aufgrund der Lagerproblematik sehr umstritten.
- CO_2 ist ein global wirkender Stoff, der seine Wirkung erst über eine langfristige Akkumulation als *Bestandsgröße* entfaltet. Daher ist es für langfristige Klimaschäden nur bedingt relevant, wo und wann die Emissionen in früheren

Jahrzehnten stattgefunden haben, bzw. wo und wann Emissionen gesenkt wurden. Bei allen Unterschiedlichkeiten der Emissionsquellen (Heizen, Kochen, Mobilität, industrielle Prozesse etc.) sind die Wirkungen der Emissionen (Immissionen) als homogen anzusehen.

- Während es bei vielen anderen Schadstoffemissionen (wie etwa im Beispiel der Chemieproduktion und der dort angenommenen Grundwasserbelastung in Abb. 9.4) zu regional abgrenzbaren Umweltproblemen kommt und es teilweise auch Möglichkeiten gibt, die lokale Wirkung von Schadstoffen einzudämmen (z. B. durch Lärmschutzwände bei Lärmemissionen oder durch lokale Gewässerpolitik), sind von der Klimaerwärmung alle Regionen der Welt betroffen. Über alle Regionen der Welt hinweg kommt es zu einem Anstieg der Meeresspiegel, zur Erhöhung von Durchschnittstemperaturen, häufigeren Extremwetterereignissen und der Versauerung und Eutrophierung von Ökosystemen. Zwar gibt es bei der Vulnerabilität der Regionen große Unterschiede, aber es ist kaum damit zu rechnen, dass es Länder gibt, deren Situation sich durch den Klimawandel verbessern wird.

- Auch wenn naturwissenschaftliche Aussagen zu den Details und Kausalitäten der zu erwartenden Klimaerwärmung nicht mit vollständiger Sicherheit getroffen werden können, wird auch aus ökonomischer Sicht nicht die Notwendigkeit bestritten, den Klimawandel und die damit verbundenen Probleme beim Umkippen von Naturhaushalten einzugrenzen (Arrow et al. 1995; Sinn 2009).[9]

- Während der externe Effekt in Abschn. 9.4 als Marktversagen (auf einem nach ökonomischen Kriterien abgrenzbaren Markt) dargestellt und einer Internalisierung durch den Staat (sei es durch Standardsetzung, durch ordnungsrechtliche Eingriffe oder mit der Annahme eines allwissenden, wohlwollenden sozialen Planers) zugeführt wurde, steht eine derartige, mit Durchgriffsrechten ausgestattete Autorität für die Regulierung des Klimawandels nicht zur Verfügung.

- Da der Klimawandel eine global wirkende Externalität ist, daher stellten die Internalisierungsmaßnahmen der Klimapolitik ein globales öffentliches Gut dar, deren Kosten immer von einzelnen Akteuren bzw. Ländern zu tragen sind. Regionen und Länder, die sich – aus welchen Gründen auch immer – nicht an den weltweiten Bemühungen zur Eindämmung der Erderwärmung beteiligen wollen, werden von den positiven Effekten, die von den Maßnahmen der

---

[9] Unter einem Kipppunkt versteht man in komplexen Ökosystemen Konstellationen, in denen kleine Veränderungen den Zustand und die Entwicklung des Gesamtsystems radikal verändern können. Dies bedeutet nicht notwendigerweise, dass die Effekte sofort eintreten, allerdings könnten sie irreversibel sein. So könnte beispielsweise ein Abtauen des Grönlandischen Eisschildes nach Überschreiten eines Kipppunktes der Klimaerwärmung zwar sehr lange dauern, wäre jedoch selbst bei Einstellung aller Treibhausgasemissionen unumkehrbar und würde zu einem globalen Anstieg der Meeresspiegel um 7 m führen. Ähnliche Effekte könnten sich beispielsweise bei einem durch die Erderwärmung bedingten Auftauen von Permafrostböden oder dem Sterben des Amazonas-Regenwaldes einstellen, die zu weiteren Kettenreaktionen der Ökosysteme führen (Latif 2022, S. 65 ff.).

Vorreiterländer ausgehen, nicht ausgeschlossen sein. Klimapolitik als globales öffentliches Gut ist daher von der Anreizstruktur des Trittbrettfahrerproblems betroffen.

- Eine weitere Besonderheit der Treibhausgasemissionen liegt darin, dass sie kaum direkt gemessen oder kontrolliert werden. Treibhausgasemissionen fallen in vielen verschiedenen wirtschaftlichen Sektoren in sehr unterschiedlichen Produktions- und Konsumprozessen an, die aber im Wesentlichen als CO_2-Emissionen dem Energiesektor zugeordnet werden. Die Erfassung der (energiebedingten) CO_2-Emissionen erfolgt daher nicht direkt bei den individuellen Aktivitäten, sondern bilanziell auf aggregierter Ebene.

Der Grundgedanke, die Ökonomie in Abb. 9.2 als Durchflusssystem für Inputs aus der Natur abzubilden und diese entsprechend zu bilanzieren, kann auch hier angewandt werden. Der erste Hauptsatz der Thermodynamik (Energieerhaltungssatz) besagt, dass in einem abgeschlossenen System Energie nicht erzeugt, sondern nur umgewandelt werden kann. Dieser Umwandlungsprozess lässt sich im Energiesystem einer Volkswirtschaft entlang der Energiewandlungskette beschreiben. Ausgehend von den statistisch erfassbaren Brennstoffeinsätzen im Energiesystem, lassen sich diese Zusammenhänge in Form von Energiebilanzen und Energieflussmodellen ermitteln[10]. Bei der Erfassung der Treibhausgasemissionen mit derartigen Bilanzierungsmodellen müssen jedoch die folgenden Abgrenzungsüberlegungen berücksichtigt werden[11].

- In Deutschland fallen ca. 85 % aller Treibhausgasemissionen durch Verbrennungsprozesse im Energiesektor an. Die übrigen Anteile gehen auf nicht-energetische Prozesse in der Industrie und der Landwirtschaft zurück.
- Nicht-energetische Prozesse der Industrie, die aber gleichzeitig zur Nutzung von Energierohstoffen zählen, liegen beispielsweise bei der Verwendung von Erdöl für die Herstellung von Chemikalien, Kunststoffen oder Arzneimitteln. Diese teilweise dauerhaften Verwendungen werden bei der Energiebilanzierung berücksichtigt, obwohl sie nicht zur Energieerzeugung gehören oder als Umwandlungsverluste zu betrachten sind.
- Die von der Landwirtschaft verursachten Emissionen tragen ca. 7 % zu den Gesamtemissionen bei. Klimaschädliche Gase (v. a. Methan, aber auch Lachgas) entstehen insbesondere bei der Tierhaltung oder der Stickstoffdüngung von Böden. Diese Emissionen werden nicht von der Energiebilanzierung erfasst.

Ein vereinfachtes Energieflussmodell einer Volkswirtschaft ist in Abb. 9.10 dargestellt.

---

[10] Die Energiebilanzierung wird in Deutschland von der von Energiewirtschaftsverbänden und wirtschaftswissenschaftlichen Forschungseinrichtungen getragene AG Energiebilanzen vorgenommen (www.ag-energiebilanzen.de; zuletzt angesehen am 22.07.2022). ·

[11] Vgl.: https://www.umweltbundesamt.de/daten/klima/treibhausgas-emissionen-in-deutschland#treibhausgas-emissionen-nach-kategorien; zuletzt aufgerufen am 10.06.2022.

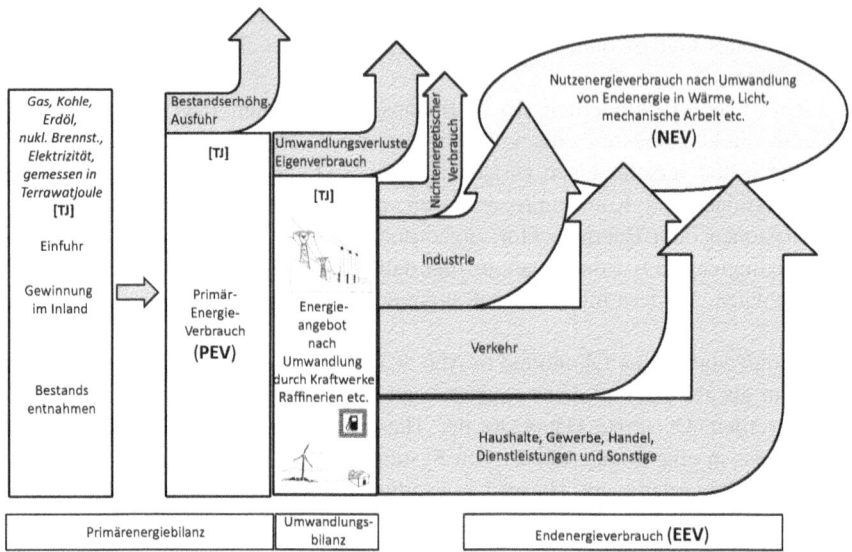

Abb. 9.10 Energieflussmodell für das Energiesystem einer Volkswirtschaft. (In Anlehnung an Darstellungen der AG Energiebilanzen)

9.6.2 Maßnahmen zur Reduktion von Treibhausgasen

Vor dem Hintergrund dieser Betrachtung des Energiesystems richten sich die von der Klima- und Umweltpolitik in Deutschland und der EU formulierten und quantifizierten Ziele vorwiegend auf die folgenden Größen:

- Die Verringerung des Primärenergiebedarfs
- Die Erhöhung des Anteils erneuerbarer Energieträger
- Die Senkung der Treibhausgasemissionen, insbesondere von CO_2 bis hin zur Treibhausgasneutralität wird als wesentliches Ziel der Politik benannt.[12]

Im Energiesektor entsteht der Schadstoff CO_2 im Zuge der auf den verschiedenen Ebenen des Systems in Abb. 9.10 dargestellten Energieumwandlungsprozesse bei der Verbrennung fossiler Ressourcen. Die verschiedenen, gesamtwirtschaftlich verfügbaren Eingriffsmöglichkeiten lassen sich damit entlang der energiewirtschaftlichen Umwandlungskette anhand der folgenden Identitätsgleichung darstellen

---

[12] Diese drei Ziele werden im Lichte neuer Erkenntnisse der globalen Klimaforschung und gesellschaftlicher Diskussionen häufig nachgeschärft und in sektorale Teilziele heruntergebrochen. Vgl. hierzu etwa www.umweltbundesamt.de/themen/klima-energie/klimaschutz-energiepo litik-in-deutschland; oder: www.bmuv.de/themen/klimaschutz-anpassung/klimaschutz/nationale-klimapolitik#c8288 (zuletzt abgerufen am 12.06.2022).

(Menges 2019):

$$CO_2 \equiv \frac{CO_2}{C} \cdot \frac{C}{PEV} \cdot \frac{PEV}{EEV} \cdot \frac{EEV}{NEV} \cdot \frac{NEV}{BIP} \cdot BIP \qquad (9.1)$$

Hierbei gilt entsprechend der üblichen energiewirtschaftlichen Abgrenzungen:

- C = Kohlenstoffmenge
- PEV = Primärenergieverbrauch (bezieht sich auf alle ursprünglichen Energiequellen wie fossile Brennstoffe, Kernenergie oder regenerative Energie)
- EEV = Endenergieverbrauch (als der nach Energieumwandlung und –übertragung verbliebene Teil der Primärenergie, der den Anwendern zur Verfügung gestellt wird)
- NEV = Nutzenergieverbrauch (als der nach der Umwandlung beim Anwender verbleibende Teil der Endenergie, z. B. in Form von Wärme, Kälte. Licht oder mechanischer Arbeit)
- BIP = Bruttoinlandsprodukt.

Die Identitätsgleichung (Eq. 9.1) stellt zwar keinen eigenständigen Ansatz zur Erklärung der Emissionen dar – nach entsprechender Herauskürzung der übrigen Größen steht dort lediglich $CO_2 = CO_2$. Sie bildet jedoch den bilanziellen Grundgedanken ab undzeigt an, wie das bei der Verbrennung kohlenstoffhaltiger Energieträger entstehende Klimagas CO_2 entlang der energiewirtschaftlichen Umwandlungskette lückenlos erfasst werden kann. Betrachtet man diese Gleichung näher, wirken sich die folgenden Stellschrauben auf die CO_2-Emissionen des Systems aus: Neben dem Niveau der gesamtwirtschaftlichen Aktivität (BIP) wirken sich beispielsweise der Kohlenstoffgehalt des Primärenergieverbrauchs, das Verhältnis von Primärenergieverbrauch zu Endenergieverbrauch, bzw. von Endenergieverbrauch zu Nutzenergieverbrauch und schließlich das Verhältnis von Nutzenergie zum Niveau des Bruttoinlandsproduktes auf das gesamtwirtschaftliche Emissionsniveau aus. Auf den verschiedenen Umwandlungsstufen ergeben sich damit grundsätzlich die folgenden Ansatzpunkte für eine umweltpolitisch gewünschte Verringerung von CO_2-Emissionen:

- Emissionen könnten beispielsweise durch Rückhaltung und anschließende Speicherung (sog. Carbon-Capture-And-Storage) begrenzt werden (Anknüpfungspunkt in der Umwandlungskette: CO_2/C).
- Durch die zunehmende Verwendung erneuerbarer Energieträger kann der Brennstoffmix geändert und der Kohlenstoffgehalt des Primärenergieverbrauchs verringert werden (C/PEV).
- Über diese beiden Elemente hinaus richten sich verschiedene Ausprägungen der *Energieeffizienz* auf die weiteren Stufen der Energieumwandlungskette:
  - PEV/EEV: Erhöhung des Umwandlungswirkungsgrades (z. B. durch den Ersatz oder die Verbesserung von Kraftwerken),

- EEV/NEV: Verbesserung der Energieeffizienz, d. h. des Verhältnisses von Energieoutput zu Energieinput (z. B. durch den Einsatz von Brennwerttechnik bei der Gebäudebeheizung),
- NEV/BIP: Verringerung der Nutzenergie bei konstantem wirtschaftlichem Aktivitätsniveau (z. B. Wärmedämmung).

Maßnahmen zur Erhöhung der Energieeffizienz zielen letztlich auf eine Faktorsubstitution, d. h. die Erhöhung des Einsatzes von Kapital (und/oder Arbeit) bei gleichzeitiger Reduktion des Energieeinsatzes. Sofern eine derartige Substitution nicht oder nur unvollkommen gelingt, resultiert hieraus eine Senkung des gesamtwirtschaftlichen Aktivitätsniveaus, was damit grundsätzlich ebenfalls als eine Option zur Reduktion des Emissionsniveaus angesehen werden kann.

Aus dieser Betrachtung lässt sich nun die Schlussfolgerung ableiten, dass die drei oben genannten quantifizierten Ziele der Klimapolitik (Reduktion der Treibhausgase, Erhöhung des Anteils der erneuerbaren Energieträger und Senkung des Primärenergieverbrauchs) rein rechnerisch in einem gegebenen Energiesystem gar nicht unabhängig voneinander verfolgt werden können. Das Zielsystem der Klimapolitik ist damit im Prinzip überbestimmt, sofern man davon ausgeht, dass die Senkung der Treibhausgasemissionen und die Klimaneutralität das wesentliche Ziel der Klimapolitik darstellt. Ob die Förderung der erneuerbaren Energien, die Erhöhung der Energieeffizienz oder die Senkung bestimmter sektoraler Energieverbräuche ein eigenständiges umweltpolitisches Ziel darstellen oder darstellen sollten, ob sie lediglich als Zwischen- bzw. Sekundärziele oder nur als Mittel anzusehen sind, ist jedoch seit einiger Zeit Gegenstand einer intensiven, beinahe unversöhnlichen Diskussion über das Verhältnis von Zielen und Mitteln der Klimapolitik.

- Auf der einen Seite verfolgt die Politik eine Vielzahl von sektoralen Teilzielen, die mit unterschiedlichen regulatorischen Instrumenten (z. B. im Bereich von Wohnen und Gebäuden oder dem Mobilitätssektor) verfolgt werden. Der Prozess der Schärfung und Nachschärfung von sektorspezifischen Klimazielen und Instrumenten wird implizit von der partizipativen Vorstellung getragen, jeder Sektor müsse seinen Beitrag zum Gelingen der Klimapolitik bringen.
- Auf der anderen Seite steht die ökonomische Vorstellung einer auf Effizienz ausgerichteten Umwelt- und Klimapolitik im Sinne der standardorientierten Instrumente, wie sie im Abschn. 9.4.6 diskutiert wurden. Hiernach kann ein gegebenes klimapolitisches Ziel kann nur dann wirtschaftlich effizient verfolgt werden, wenn die zum Einsatz kommenden Mittel nicht in einem starren, politisch fixierten Mischungsverhältnis stehen. Kosteneffizienz ist an die Bedingung gebunden, dass der wirtschaftliche Aufwand zur Vermeidung der jeweils letzten Einheit Emissionen durch den Einsatz zusätzlicher Einheiten von erneuerbaren Energien, verbesserter Energieeffizienz oder einer Verringerung des Primärenergieverbrauchs durch Energieeinsparung gerade gleich ist. Eine Verfehlung dieses Effizienzkriteriums bedeutet, dass dasselbe Niveau an Klimaschutz zu

geringeren Kosten realisiert werden könnte. Die in der Realität zu beobachtende Vielzahl sektoraler Vorgaben und technologiespezifischer Auflagen wird aus ökonomischer Sicht häufig deshalb kritisiert, weil die Maßnahmen bei der Umsetzung mit großen Unterschieden bei den Vermeidungskosten verbunden sind und damit zu ebenso gravierenden wie vermeidbaren gesamtgesellschaftlichen Kostenbelastungen führen (Sinn 2009; Weimann 2010a).

9.6.3 Ökostromförderung als Mittel oder als Ziel der Klimapolitik?

In besonderer Weise spiegelt sich diese Diskussion an der Förderung der erneuerbaren Energien auf dem Strommarkt. Die ökonomische Legitimation von Markteingriffen zur Förderung erneuerbarer Energien wird darin gesehen, dass die Kosten der herkömmlichen Energieerzeugung aufgrund der dabei anfallenden Emissionen von Treibhausgasen nicht vollständig die sozialen Kosten der Stromerzeugung reflektieren. Im Rahmen des in Deutschland praktizierten Erneuerbare-Energien-Gesetzes (EEG) erhalten die Ökostromerzeuger eine Subvention für die Einspeisung ihres vorrangig in das Netz eingespeisten Stroms. Die damit entstehenden Mehrkosten wurden im Zuge der EEG-Umlage auf die Stromverbraucher umgelegt, seit dem Jahr 2022 jedoch direkt aus dem Staatshaushalt beglichen. Anders als die oben erläuterten Modelle einer PIGOU-Besteuerung, die ein Ausdruck des umweltpolitischen Verursacherprinzips sind, stellt die Förderung der erneuerbaren Energien eine Anwendung des Gemeinlastprinzips dar, nach der die Kosten der Umweltverbesserung der Allgemeinheit angelastet werden (Menges 2006).

An diesem, in der Vergangenheit recht effektiven, sektoralen Instrument der Energie- und Klimapolitik scheiden sich jedoch die Geister. Aus Sicht vieler Ökonomen stellt die gezielte Förderung erneuerbarer Energien einen dramatischen Fehler der Umweltpolitik dar, da dieses Instrument bei der gleichzeitigen Anwendung des CO_2-Emissionshandels lediglich zu Kostensteigerungen führe (vgl. v. a. Sinn 2009; Weimann 2010a, 2021). Da mit dem Emissionshandel bereits eine auf Internalisierung der externen Effekte zielende Maßnahme auf gesamtwirtschaftlicher Ebene in Kraft sei und diese das Volumen der „zulässigen" Emissionsobergrenzen für alle Marktteilnehmer begrenzt, kann es keine eigenständigen Klimaschutzbeiträge der Ökostromförderung mehr geben. Dies bedeutet gleichzeitig, dass unter dem Dach des gesamtwirtschaftlichen Emissionshandels alle Arten von zusätzlichen sektoralen Klimaschutzmaßnahmen lediglich Kostensteigerungen (ansonsten an anderer Stelle im System realisierte Emissionsvermeidungsmaßnahmen wären günstiger) und Verteilungseffekte nach sich ziehen (die Kosten müssen vom Elektrizitätssystem getragen werden). Selbst wenn die Politik bei der Bestimmung der ausgegebenen Zertifikatemenge den elektrizitätswirtschaftlichen Bereich der Ökostromerzeugung herausrechnet und dem Ökostrom damit ein eigenes Reduktionsziel zuweist, bedeutet dies, dass die von der Ökostromerzeugung erzielte Emissionsreduktionen unter dem Dach des Emissionshandels besser aufgehoben wären, weil sie dort zu günstigeren Kosten zu haben wären. Eine Begründung der Ökostromförderung mit einem klimapolitischen Ziel sei daher irrational. Allenfalls lassen sich technologie- und innovationsspezifische Argumente vortragen, die für eine Förderung der Ökostromerzeugung sprechen: Wenn man davon ausgeht, dass der Emissionshandel zwar das Kriterium der statischen Kosteneffizienz erfüllt, seine Fähigkeit, jedoch begrenzt ist, längerfristige Anreize zur Investition in die Erforschung, Entwicklung und Anwendung neuer Emissionsvermeidungstechnologien und entsprechender Infrastrukturen zu induzieren, lässt sich die Ökostromförderung zumindest teilweise als Technologieförderung rechtfertigen (Requate 2005; Buchholz und Heindl 2015).

Von dieser theoretischen Konzeption abweichende Meinungen (auch aus der Wissenschaft) werden teilweise als irrational kritisiert. *„Das EEG ist ein Gesetz, das sich weder unter klimapolitischen, noch unter wohlfahrtsökonomischen oder unter Verteilungsaspekten als rationale Politik rechtfertigen lässt. ... Das EEG ist Symbolpolitik, die den Anschein erweckt, dass die politisch Verantwortlichen das Klimaproblem ernst nehmen und tatkräftig dagegen vorgehen. Dass sie dabei ein Instrument einsetzen, das zwar sichtbare Symbole wie Windkraftanlagen und Solarfelder erzeugt, aber in Wahrheit dem Klimaschutz einen Bärendienst erweist, wird in der öffentlichen Diskussion nicht deutlich. Dazu müssten die, die diese Diskussion bestimmen, d. h. vor allem die Medien und die Politiker, bereit und in der Lage sein, die relativ komplizierten Zusammenhänge zwischen Emissionshandel und EEG zu erkennen, aufzudecken und zu kommunizieren. Das aber scheitert offensichtlich. Die Konsequenz ist, dass eine auf Irrtümern beruhende Politik immer weiter betrieben und als alternativlos kommuniziert wird"* (Weimann 2016, S. 90).

Was erklärt diese Vehemenz der wissenschaftlichen Kritik an einem politischen Ansatz, der in der Gesellschaft, die den Erfolg ihrer Klimapolitik vor allem am Ausbau der erneuerbaren Energien bemisst, auf einen breiten Konsens trifft? Die Forderung eines Ausgleichs der Grenzvermeidungskosten aller Optionen der Klimapolitik stellt – wie oben erläutert – eine ganz wesentliche Position der Umweltökonomik dar. Das Instrument des Emissionsrechtehandels wird von vielen Ökonomen als das Instrument der Wahl betrachtet, weil ein gegebenes Ziel mit dem geringsten Mitteleinsatz, d. h. zu geringsten gesamtwirtschaftlichen Kosten erreicht werden kann. Der Emissionshandel setzt die Anreize aller Beteiligten über die gesamte, in der Identitätsgleichung (9.1) formulierten Umwandlungskette hinweg, so dass die Investitionen in Emissionsreduktion gerade dort erfolgen, wo sie zu den geringsten Kosten durchgeführt werden können. Weitere politische Eingriffe, wie etwa die Vorgabe von sektoralen Teilzielen oder die ordnungsrechtliche Vorgabe von Technologien (wie etwa der Solarpflicht), sind nicht nötig, sie sind sogar kontraproduktiv. Der Emissionshandel (ebenso wie ein geeignetes System der CO_2-Besteuerung) stellt einen umweltpolitischen Weg zur Erreichung eines Zieles dar, der den individuellen Präferenzen eine hohe Relevanz zuweist, sie aber gleichzeitig entpolitisiert und entmoralisiert (Frick und Huwe 2020). Die Erreichung des Umweltzieles wird nicht an das Umweltbewusstsein oder andere moralische Qualitäten der individuellen Präferenzen gebunden, sondern ergibt sich aus dem individuellen Vorteilhaftigkeitskalkül. Die Aufgabe der Politik besteht dann lediglich in der von COASE angemahnten Schaffung von Nutzungsrechten und der zum Handel dieser Rechte notwendigen marktlichen Institutionen.

Dass beim Übergang zu einem derartig umfassenden, marktbasierten, bestenfalls globalen Emissionshandel politische Freiheitsgrade bei der Detailgestaltung der Klimapolitik, alle damit verbundenen Formen der gesellschaftlichen Partizipation oder die politische, wirtschaftliche und moralische Zurechenbarkeit von Verantwortung verloren gehen würde, mag erklären, warum das Instrument des Emissionshandels in der Öffentlichkeit weniger populär ist als unter Ökonominnen und Ökonomen.

9.6.4 Instrumentelle Rationalität versus Deliberation: Sind Mittel wertfrei?

In dieser Diskussion ist jedoch ein Problem ökonomischer Auffassungen vom Gemeinwohl enthalten, das weit über diese umweltökonomische Spezialfragen hinausreicht und damit auch die in den anderen Kapiteln dieses Buches behandelten Bereiche betrifft. Dieses Problem betrifft das Verhältnis von Zielen und Mitteln der Politik.

Nach herkömmlichem Verständnis ist allein die Setzung von Zielen wertbehaftet. Gesellschaftliche Diskussionsprozesse werden als normative Diskussionen akzeptiert, sofern sie sich auf die Zielebene beziehen. Sie sind nach diesem Verständnis jedoch nicht der Ort der Wissenschaft. Die Ökonomik nimmt als wertfreie Wissenschaft die (aus ihrer Sicht exogene) Zielsetzung hin und wendet ihre wissenschaftlichen Methoden lediglich auf die Frage an, welches die besten Mittel zur Erreichung dieses Ziels sind. Die gegebene Normativität der Zielsetzung und die wertfreie Bestimmung der dafür einzusetzenden Mittel ist Ausdruck einer rein instrumentellen Rationalität. Diskussionen über die einzusetzenden Mittel werden über wissenschaftliche und vor allem empirische Argumente geführt, keinesfalls aber über normative Argumente. Die im obigen Zitat formulierte Kritik an einer irrtumsbehafteten Wissenschaft und Politik geht implizit von der Überlegenheit eines theoretischen bzw. empirischen Argumentes aus: Das Zielsystem (Klimaschutz) wird als normativ gegeben akzeptiert und die Umweltökonomik sieht sich in der Lage, das für die Erreichung dieses Ziels kostengünstigste Instrument mit wissenschaftlichen Methoden zu bestimmen. Das hier angelegte Modell von Politik und gesellschaftlichen Steuerungsprozessen lässt sich als *aggregativ-liberales Paradigma* bezeichnen (Frick und Huwe 2020, S. 22). Die Aufgabe der Politik besteht in diesem Modell darin, die bei der Aggregation der individuellen Präferenzen entstehenden Interessenkonflikte möglichst gering zu halten. Den individuellen Interessen ist dann am besten gedient, wenn die Verfolgung der Ziele möglichst effizient, d. h. so marktnah wie möglich organisiert ist. Die aus Sicht der Ökonomik exogene Politik findet hier also vor allem bei der Zielformulierung statt, die Mittel für die Zielerreichung sollte die Politik jedoch nicht selbst in die Hand nehmen oder vorschreiben, sondern allenfalls nach den entsprechenden Rahmensetzungen den Märkten überlassen.

Diese Vorstellung von Gemeinwohlpolitik ist von der oben erläuterten rein instrumentellen Rationalität geprägt. Allerdings stellt sich die Frage, ob die dichotomische Trennung einer normativen Zielebene (z. B. Klimaschutz) von einer wertfreien Mittelebene (z. B. Emissionshandel) tatsächlich die einzig angemessene ist. Im Grunde setzt dieses Modell die rationale Entscheidungskompetenz einer dem Gemeinwohl verpflichteten Politik voraus, die über das, was sie tut, warum sie es tut und mit welchen Mitteln sie es tut, perfekt informiert sein muss. Letztlich versteht man unter Politik hier das Wirken eines zwar demokratisierten, gleichzeitig aber immer noch wohlwollenden und allwissenden Diktators. Aber ist es überhaupt sinnvoll, sich einen auf diese Weise handlungsbefugten Akteur der Umweltpolitik vorzustellen? Vielleicht wäre es angesichts der großen Herausforderungen und Verwerfungen der mit dem Klimawandel verbundenen gesellschaftlichen Probleme angemessener, sich den Staat und die Gesellschaft als eher widersprüchlichen korporativen Akteur vorzustellen. Dieser agiert möglicherweise mit einem nicht vollständig definiertem Zielsystem, da seine Entscheidungen auf einem komplexen, alle Teile der Gesellschaft berührenden Gebiet zu treffen hat.

Bereits 1933 hat der schwedische Ökonom GUNNAR MYRDAL (1898–1978) auf die Fragwürdigkeit einer wissenschaftlichen Konzeption von Wirtschaftspolitik hingewiesen, nach der die Mittel grundsätzlich wertfrei seien, bzw. ihre Werte immer nur aus dem übergeordneten Zielsystem abzuleiten seien. MYRDAL wurde 1974 für seine wirtschaftswissenschaftlichen Forschungen zum Zusammenhang zwischen der Wirtschaftspolitik und sozialen und institutionellen Phänomenen der Nobelpreis verliehen[13]. Er betonte, dass in der sozialen und politischen Realität keine Mittel existieren, die vollständig wertfrei sind, und der gesellschaftliche und politische Prozess nicht nur durch die Ziele, sondern immer auch durch die Mittel beeinflusst werde. *„Durch eine Aufspaltung des Wirtschaftsablaufes in 1. die gegebene Ausgangssituation, die identifizierbar ist, 2. die alternativen, möglichen Mittel und 3. die hypothetische Zielsituation, soll es möglich sein, alle Wertsetzung auf das dritte Glied, den Zweck zu lokalisieren. ... Dieser Gedankengang führt auf die wesentliche und zentrale Position des Utilitarismus: Ein Verhalten soll moralisch beurteilt werden einzig und allein nach seinem wahrscheinlichen Resultat... Nun ist es jedoch offenbar, dass nicht nur 'Zwecke´ Gegenstand von Wertsetzungen sind, sondern auch 'Mittel´. Die Mittel sind nicht wertmäßig indifferent. Die Wertsetzung bezieht sich jeweils auf einen ganzen Verlauf und nicht nur auf sein antizipiertes Schlussresultat"* (Myrdal 1933, S. 309 ff.).

Es ist hiernach in der wirtschaftspolitischen Realität nicht immer möglich, eine systematische Unterscheidung zwischen den Zielen und Mitteln der Wirtschaftspolitik vorzunehmen und eine konsistente, geschlossene Zielhierarchie zu entwickeln. Ziele können mitunter Mittelcharakter haben, Mittel hingegen können auch Zielcharakter haben. Möglicherweise können sie die Erreichung dritter

---

[13] Da MYRDAL bekennender Anhänger sozialistischer Ideale war, entbehrt die Tatsache, dass er den Nobelpreis 1974 gemeinsam mit HAYEK erhielt, nicht einer gewissen Ironie.

Ziele beeinflussen. Auf den Handlungsfeldern der wirtschaftspolitischen Realität gibt es also Überschneidungen und Interdependenzen zwischen Zielen und Mitteln (Goldschmidt und Störring 2021). Auch der ökonomischen Theorie der Wirtschaftspolitik ist die Vorstellung nicht fremd, dass die Politik nicht mit einem festen System von Zielen und Mitteln ausgestattet ist, sondern in der Realität eher durch einen inkrementalen Ansatz des muddling-through geprägt ist (Lindblom 1959). Auf die Wirtschaftspolitik angewendete Modelle der begrenzten Rationalität zeigen, dass der bewusste Verzicht auf die politische Einigung über ein angenommenes Ziel geradezu eine Bedingung für das Zustandekommen politischer Entscheidungen sein kann. Mit anderen Worten: Das, was für die einen aussieht wie Verschwendung und irrtumbehaftete Symbolpolitik, sieht für andere aus wie ein gesellschaftlicher Lernprozess.

Gerade die globale Klimapolitik kann als ein derartiger Lernprozess betrachtet werden. Bei der Entwicklung der benötigten Kooperation aller beteiligten Regionen und Länder der Erde lassen sich aus klimaökonomischer Sicht zwei Entwicklungsansätze voneinander unterscheiden, die von unterschiedlichen regionalen Bedürfnissen und Wahrnehmungen des Klimaproblems geprägt sind (Barrett et al. 2015):

- Einige Länder und Regionen bevorzugen einen top-down-Ansatz. Vereinfacht bedeutet dies, dass ein gemeinsames Emissionsreduktionsziel akzeptiert wird, und dieses dann effizient und effektiv im Sinne der ökonomischen Theorie über Instrumente wie den Emissionshandel in dezentrale Aktivitäten übersetzt wird.
- Andere Länder bevorzugen einen botton-up-Ansatz. Hierbei geht es zunächst vor allem darum, Gelegenheiten zur Realisierung von Klimaschutzprojekten zu schaffen („creating opportunities"), mit denen sichtbare Beiträge zur Erreichung des Klimazieles realisiert werden können. Die ökonomische Frage, ob hierbei immer die aus top-down-Perspektive jeweils kostengünstigsten Projekte realisiert werden, tritt zugunsten anderer regionaler, sektoraler oder technologischer Überlegungen in den Hintergrund.[14]

Aufgrund der ökonomischen Rationalität des top-down-Ansatzes könnte man jetzt damit rechnen, dass ein Schwerpunkt der Aktivitäten der globalen Klimapolitik darin liegen müsste, kleinteilige regionale bottom-up-Aktivitäten in den top-down-Ansatz eines globalen Emissionshandels zu integrieren. Aber es ist aus Sicht der Klimaökonomik gar nicht klar, ob es mittel- bis langfristig überhaupt sinnvoll

---

[14] Eduard Braun hat den Autoren dieses Buches bei einer Diskussion über diese Fragen das folgende Gedankenexperiment vorgetragen. Man nehme an, dass die Amish-People, eine christliche Religionsgemeinschaft mit ca. 250.000 Mitgliedern, die in abgeschiedenen Siedlungen in den USA und Kanada leben, über die Klimapolitik diskutieren: Für welche Art von Klimapolitik würden sie sich entscheiden? Vermutlich würden sie bei der Mittelwahl nicht nach Effizienz fragen, sondern danach, welches Mittel die Zusammengehörigkeit der Gemeinschaft der Amischen am wenigsten belastet. Ihre wirtschaftspolitischen Mittel sähen also bei demselben Ziel (Klimapolitik) vermutlich völlig anders aus als bei uns, weil auch die Wahl der Mittel nicht wertfrei ist.

ist, diese bottom-up-Aktivitäten in den globalen Emissionshandel einzubinden: *„It could also help indirectly by not standing in the way of, or by even promoting, complementary efforts, such as for taking action in particular sectors or for reforming the world trade rules. Tthe climate change problem is simply too big and complex for a single approach to suffice"* (Barrett et al. 2015, S. 11).

Die oben zitierte ökonomische Kritik an einer irrationalen, Ziele und Mittel verwechselnden Klimapolitik, bezog ihre Legitimation vor allem aus der Wertfreiheit und der instrumentellen Rationalität des wissenschaftlichen Ansatzes zur Bestimmung der Mittel. Erkennt man jedoch für die Politik eine Interdependenz von Mitteln und Zielen an, so lässt sich dieser Kritik die folgende Gegenkritik von Homann (1980) entgegenstellen: *„Die Theorie ist offenbar (noch) nicht in der Lage, nicht nur im persönlichen Bekenntnis des Wissenschaftlers, sondern auch und vor allem in ihrem Kategoriensystem und ihren Vorstellungsmustern dem Rechnung zu tragen, dass die Pluralität von Entscheidungsträgern und Interessen weder als Verhinderung von Rationalität noch als defizitärer Modus von Freiheit und Demokratie, sondern als ihre Voraussetzung und ihre Realität zu begreifen ist"* (Homann 1980, S. 99).

Dem auf rein instrumenteller Rationalität basierendem aggretativ-liberalen Modell gesellschaftlicher Steuerungsprozesse lässt sich vor diesem Hintergrund ein *deliberatives Paradigma* entgegenstellen (Frick und Huwe 2020, S. 22). Dieses erkennt an, dass Ziele und Mittel im Zuge eines gesellschaftlichen Lernprozesses immer wieder neu tariert werden. Wenn man auf der individuellen Ebene der Gesellschaft den Individuen die Fähigkeit zur Bildung von Konsens und kollektiven Präferenzordnungen zutraut, erscheint es auf der gesellschaftlichen Ebene möglich, die vorhandenen Interessenkonflikte nicht durch reine Aggregation, sondern durch Deliberation aufzulösen. Die Aufgabe der Politik liegt dann nicht in der Vorgabe von Zielen, sondern eher in der Bereitstellung kollektiv-kommunikativen Verfahren der Konsensbildung und der Institutionalisierung der benötigten Kommunikationsräume zur Konsensfindung.

Box 9.1: Betriebswirtschaftliche Forschung zur Beschaffenheit von Zielsystemen im Entscheidungsprozess

Der betriebswirtschaftlichen Innovations- und Entscheidungsforschung ist die Vorstellung eines inkrementalistischen Planungsprozesses ebenfalls nicht fremd. Die Vorstellung eines korporativen Akteurs, der seine Ziele selbst nicht vollständig kennt, diese erst mit der Zeit und im Prozess durchsetzt oder erkennt, ist beispielsweise eine der wesentlichen Aussagen des Columbus-Projektes (Hauschildt 1977; Witte et al. 1988). Dieses Projekt beschäftigte sich mit der empirischen Erforschung eines gut abgrenzbaren Entscheidungsproblems von Unternehmen, die zu Beginn der 1970er Jahre die Erstbeschaffung von EDV-Anlagen planten. Die Fragen der Entscheidungsforscher richteten sich vor allem auf die optimale Organisation von Entscheidungsprozessen im Bereich des Innovationsmanagements. An diesen Entscheidungsprozessen waren neben den Mitarbeitern in den verschiedenen Abteilungen der Unternehmen auch die Mitarbeiter der Hersteller der EDV-Anlagen beteiligt. Mittels der Content-Analyse gewonnene Beobachtungen zeigten, dass eine mehr oder weniger vage formulierte Mittel-Ziel-Konstellation („Beschaffung von PC-Systemen mit dem Ziel die Prozesseffizienz in den Unternehmen zu erhöhen") in der Realität nicht linear im Sinne eines rationalen Entscheidungsprozesses abgearbeitet werden kann.

- Die dafür notwendigen Mittel müssen erst implementiert werden.

- Während des Prozesses werden neue Möglichkeiten und Mittel entdeckt.
- Es kann zu einer Konversion von Zielen und zu inkrementalen Lösungen kommen.
- Es kommt sogar zu Lösungen, für die noch gar keine Probleme existieren.

Die wesentlichen Akteure dieses Beschaffungsprozesses funktionierten offenbar nicht nach dem Modell des Homo oeconomicus, der strikt zwischen Präferenzen bzw. Zielen und Restriktionen unterscheidet und auf instrumentell-rationale Weise die jeweils besten Alternativen auswählt.

Die Bedeutung von Zielformulierungen liegt hiernach nicht unbedingt darin, dass sie den Handlungsverlauf festlegen. Tatsächlich zeigte sich im Projekt, dass keine einzige Zielformulierung den Handlungsverlauf eindeutig festlegte. Aus der entscheidungstheoretischen Interpretation dieses Befundes zog der Kieler Innovations- und Entscheidungsforscher Jürgen Hauschild (1987) die folgende Schlussfolgerung:

„In einem innovativen Entscheidungsprozess richten sich die zielsetzenden Aktivitäten sowohl auf innovationsspezifisch-technische als auch auf ökonomische Zieleigenschaften, ohne dass eine Rangordnung zwischen konfliktären Zieleigenschaften geschaffen wird. …. Die Konsequenz dieser Hypothese besteht u. a. darin, dass die Lösungsansätze mehr als eine Lösung präsentieren und damit ein abschließendes Ergebnis, das geeignet wäre, den Entscheidungsprozess zu beenden, nicht zwingend liefern. …Einige Theorien begegnen dieser Tatsache mit einem handfesten Werturteil, alle Zieleigenschaften, die zu den oben erwähnten ökonomischen Input–Output-Relationen oder –Differenzen konfliktär sind, in die Irrationalität zu verbannen, oder mit einer unverkennbaren Ironie einer „subjektiven" Rationalität zuzuordnen. Teilweise ziehen sich die Theoretiker damit selbst in den Elfenbeinturm einer dem „rationalen" Entscheidungskriterium geweihten Stabsarbeit zurück. Teilweise polemisieren sie offen gegen die Unvernunft der Handelnden. Dass dieser Weg erkenntnistheoretisch in die Sackgasse führt, ist offenkundig" (Hauschildt 1977, S. 28 f.).

Auch andere betriebswirtschaftliche Entscheidungsforscher formulieren ähnliche Erkenntnisse. Verbindliche Zielformulierungen bieten keine Konfliktlösungen, sondern nur vage „Quasi-Lösungen", die erst im Zuge eines Verhandlungsprozesses darüber, wie die Ziele erreicht werden sollen, konkretisiert werden (Cyert und March 2013). Viele Organisationen, die am Zielprozess beteiligt sind, vermeiden sogar verbindliche Zielfestlegungen, wenn diese die internen Machtstrukturen berühren (Kirsch 1970).

Die Systemfrage: Marktwirtschaft und alternative Wirtschaftssysteme

10

Fragen und Themen in diesem Kapitel

- Welche ökonomischen Fragen muss ein Allokationsmechanismus beantworten?
- Durch welche Elemente ist ein Wirtschaftssystem gekennzeichnet?
- Welches sind die Wesensmerkmale der Marktwirtschaft und wodurch unterscheiden sich diese vom Modell der Zentralverwaltungswirtschaft?
- Was besagt die Idee des Konkurrenzsozialismus?
- Was ist die soziale Marktwirtschaft und wodurch grenzt diese sich von der reinen Marktwirtschaft ab?
- Ist der Markt ein sittliches System mit moralischen Qualitäten?
- Worin liegt der Grundgedanke der Post-Wachstums-Ökonomie?
- Welche grundsätzliche Kritik formuliert die Gemeinwohlökonomie-Bewegung an der ökonomischen Theorie?
- Wie sieht eine Gemeinwohlbilanz aus und wie wird sie erstellt?
- Warum wird der Ansatz der Gemeinwohlbilanzierung als ordnungstheoretisch defizitär kritisiert?

10.1 Einordnung und Fragestellungen

Die bislang in diesem Buch diskutierten Ansätze zur Konzeptionalisierung von Gemeinwohlvorstellungen lassen sich bei grober Betrachtung in zwei Richtungen einteilen.

- *Einerseits* wurden insbesondere im fünften Kapitel die verschiedenen Ansätze der Wohlfahrtsökonomik vorgestellt. Gemeinsamer Ausgangspunkt dafür sind die in der Mikroökonomik entwickelten Konzepte individueller Rationalität und

R. Menges und M. Thiede, *Die Ökonomie des Gemeinwohls*, https://doi.org/10.1007/978-3-658-40105-4_10

individueller Entscheidungen. Mit dem normativen Individualismus lassen sich beispielsweise unter bestimmten Bedingungen soziale Wohlfahrtsfunktionen entwickeln, die dann jeweils konkrete Vorstellungen über eine gerechte Gesellschaft enthalten und zur Bewertung gesellschaftlicher Zustände herangezogen werden können. Andere Ansätze der Wohlfahrtsökonomik bezweifeln, dass dies überhaupt möglich ist und schlagen eher eine prozessorientierte Bewertung des Wirtschaftens und des gesellschaftlichen Handelns vor.

• *Andererseits* wurden ab dem sechsten Kapitel nicht-welfaristische ökonomische Ansätze vorgestellt, die Vorstellungen einer gemeinwohlorientierten Politik nicht (oder nicht ausschließlich) aus der Perspektive und auf der Basis der individuellen Nutzenfunktionen begründen. Die auf Grundgütern basierenden Ansätze von RAWLS und SEN konzeptualisieren letztlich bestimmte individuelle Bedürfnisse und Ansprüche der Individuen, ohne dies in das Kalkül und die Sprache individueller Nutzenfunktionen zu übersetzen. Sie entwickeln Kataloge von Grundgütern, individuellen Fähigkeiten und Verwirklichungen, die sich für eine gemeinwohlorientierte Politik in einen Zielkatalog mit entsprechenden Priorisierungen bei der Bildung der mehrdimensionalen sozialen, ökologischen und wirtschaftlichen Indikatoren übersetzen lassen.

Bei allen Unterschiedlichkeiten und Kontroversen halten die bislang vorgestellten Ansätze jedoch grundsätzlich am marktwirtschaftlichen Konzept der Wirtschaftsordnung fest. Paradigmatisch lässt sich dies beispielsweise an den Hauptsätzen der Wohlfahrtsökonomik (vgl. Abschn. 5.4) verdeutlichen: Die Vorstellung eines effizienten und wohlfahrtsoptimalen Zustands wird nicht endogen aus dem Marktzusammenhang abgeleitet, sondern exogen als ein an Marktgleichgewichte anzulegendes Kriterium entwickelt. Seine Aussagen stellen letztlich vor allem die sozialen Vorzüge von Märkten in den Vordergrund der Aussage. Sofern ein vollständiges und vollkommenes System von Märkten vorliegt, ist rein logisch kein alternativer Allokationsmechanismus (d. h. kein alternatives Wirtschaftssystem) denkbar, das zu Ergebnissen führt, die aus sozialer Sicht besser für alle Individuen wären. Auch Tatbestände des Marktversagens (z. B. im Falle externer Effekte) erhalten damit eine normative Qualität. Diese lasten das Versagen jedoch nicht dem individuellen Verhalten bestimmter Akteure an, sondern dem institutionellen Rahmen, in dem diese interagieren. Für eine gemeinwohlorientierte Politik bleiben in diesem Kontext der Hauptsätze zwei Gestaltungsoptionen: *Erstens* fordern sie von der Politik bei Vorliegen von Marktversagen ein aktives, korrigierendes Handeln zur Erhöhung der Wohlfahrt (z. B. bei der Internalisierung externer Effekte und der Bereitstellung öffentlicher Güter). Und *zweitens* fordern sie, Maßnahmen zur Erhöhung der Wohlfahrt oder der Verteilungsgerechtigkeit (z. B. Umverteilung) so zu gestalten, dass die marktliche Preisbildung hiervon möglichst nicht gestört wird und keine Effizienzverluste auftreten.

Inspiriert durch die in den 1970er Jahren vorgelegten wachstums- und systemkritischen Analysen des Club of Rome (Meadows 2000) haben in den letzten Jahrzehnten viele Kritiker nicht mehr nur eine gerechtere Verteilung von Einkommen und Vermögen oder eine Anpassung unseres Wirtschaftens an ökologische

Restriktionen thematisiert, sondern auch ein völlig neues, dem Menschen und seiner Umwelt angemesseneres Wirtschaftssystem gefordert. Zwar gab es auch zuvor Bewegungen und Ansätze (z. B. im Bereich des Raiffeisen- und Genossenschaftswesens im Agrarsektor oder der Wohnungswirtschaft), die innerhalb einer auf dem Wettbewerbs- bzw. Konkurrenzsystems beruhenden Marktwirtschaft etwa über die kooperative Vermarktung und gemeinsames Eigentum Segmente eines kooperativen und solidarischen Wirtschaftens installieren wollten. Modelle der Postwachstums-Ökonomie oder der Gemeinwohl-Ökonomie-Bewegung gehen jedoch einen Schritt weiter. Sie gehen davon aus, dass es nicht ausreiche, innerhalb des derzeitigen Gesellschafts- und Wirtschaftssystems an einigen Krisensymptomen zu laborieren. Vielmehr erfordern nach ihrer Ansicht insbesondere ökologische Restriktionen völlig neue individuelle Lebensstile, die nicht ohne einen Systemwechsel zu erreichen seien. Direkt oder auch indirekt knüpfen diese Entwürfe damit auch an die Diskussion um den Systemwettstreit zwischen dem Kapitalismus und der sozialistischen Zentralverwaltungswirtschaft an, der die Geschichte des 20. Jahrhunderts geprägt hat.

In diesem Kapitel sollen einige dieser Entwürfe alternativer Wirtschaftssysteme kurz vorgestellt und diskutiert werden. Ausgehend von einer ökonomischen Charakterisierung, was überhaupt Gegenstand eines Wirtschaftssystems bzw. einer Wirtschaftsordnung ist, werden insbesondere die Ansätze der Postwachstums-Ökonomie und der Gemeinwohl-Ökonomie-Bewegung vorgestellt. Den hier betrachteten alternativen Wirtschaftsformen ist Folgendes gemein:

- Die Grenzen zwischen den verschiedenen Konzeptionen der alternativen Wirtschaftsformen verlaufen mitunter fließend.
- Die Modelle verstehen sich weniger als vollständige Ordnungskonzeptionen, die auf einem in sich geschlossenen theoretischen Fundament beruhen, sondern sind eher prozesshaft und partizipativ ausgerichtet.
- Alle Modelle zielen auf eine echte Systemtransformation. Sie sind getragen von der Überzeugung, dass das derzeitige marktwirtschaftliche System nicht nur bestimmte Schwächen habe, sondern insgesamt dem menschlichen Leben mehr schade als nütze (Köhne 2021).
- Sie kritisieren das der marktwirtschaftlichen Theorie zugrunde liegende Menschenbild eines Homo oeconomicus und lehnen die dem Markt innewohnenden „Systemimperative" Wettbewerb und Gewinnstreben (Homann und Gruber 2014) ab.
- Und sie kritisieren, dass der demokratisch verfasste Staat und die Politik aufgrund „neoliberaler" Denkmuster nur ungenügend gestalterisch auf den Marktprozess einwirken. Vielmehr sehen sie den Staat als eine *„Instanz, die das Wohlergehen der Gruppe über die Möglichkeiten des Einzelnen stellt, seinen persönlichen Nutzen zu maximieren"* (Göpel 2021, S. 144), weisen also der Politik die originäre Verantwortung für eine „Gemeinwohlsicherung" zu.

10.2   Wirtschaftssysteme

10.2.1 Die Relevanz von Wirtschaftssystemen und der Transformationsforschung

Einige Konzepte alternativer Wirtschaftsmodelle nehmen für sich in Anspruch, eine ökonomische Systemtransformation herbeiführen zu wollen, gleichzeitig stellen diese Diskussionsvorschläge aber kaum Bezüge zur über lange Zeit gewachsenen ökonomischen Literatur zu Wirtschaftssystemen her. Christian Felber, einer der mittlerweile prominentesten Vertreter eines alternativen gemeinwohlorientierten Wirtschaftssystems legt, beispielsweise explizit Wert darauf, kein Ökonom zu sein. Aber auch andere wissenschaftliche Disziplinen (etwa aus dem Bereich der Technikwissenschaften, der Informatik oder der Ökologie) entwickeln unter dem Sammelbegriff einer „gesellschaftlichen Transformation" mitunter eigene Konzeptionen von Wirtschaftssystemen bzw. Modelle eines alternativen Wirtschaftens. Möglicherweise ist die Aufmerksamkeit und der gesellschaftliche Zuspruch, den diese außerhalb der Wirtschaftswissenschaften entwickelten Entwürfe erfahren, auch Ausdruck einer gewissen Legitimationskrise der Wirtschaftswissenschaften und ihren Beiträgen zu gesellschaftlichen Systemfragen.

Box 10.1: Die Verheißungen der Sharing Economy als neues Wirtschaftsmodell
So werden beispielsweise Konzepte einer *Sharing Economy* weniger von Ökonominnen, sondern eher von Informatikern und Datenanalysten als neues Wirtschaftsmodell oder gar als innovatives Wirtschaftssystem konzeptualisiert (vgl. etwa Hamari et al. 2016; Puschmann und Alt 2016). Eine Ökonomie des Teilens und der gemeinsamen Nutzung von Ressourcen wird als sehr verheißungsvoll eingeschätzt. Die gemeinschaftliche Nutzung („collaborative consumption") von Konsumkapital helfe, die folgenden Ziele zu erreichen:

- Es lässt sich ein Beitrag zur Überwindung von ökologischen Problemen realisieren (z. B. durch die Vermeidung von Abfall).
- Ein übermäßiger, vor allem auf Besitz fokussierter Konsum werde eingeschränkt.
- Gemeinschaftliche Nutzung von Gütern diene der Armutsbekämpfung.
- Und gleichzeitig würden die Kosten der ökonomischen Koordination innerhalb regionaler Gemeinschaften sinken.

Dieser Optimismus speist sich aus der Verbindung verschiedener, insbesondere technologisch getriebener Trends. Diese sind geprägt von der Annahme, dass mit gemeinschaftlichem Konsum, dem Teilen und Verleihen ökonomischer Güter völlig neue Arten von Wertschöpfung und Geschäftsmodellen entstehen. Diese übersteigen den Rahmen traditioneller ökonomischer Wirtschaftssysteme, da sie völlig unabhängig von der Frage des Eigentums an diesen Gütern sind. Der Rahmen dieser vermeintlich neuen Art des Wirtschaftens wird in der eher system- und prozessorientierten digitalen Kompetenz einer neuartigen „service science" verortet.
Auf den ersten Blick mag es zwar verheißungsvoll aussehen, wenn Verbindungen zwischen ökologischerem Konsumentenverhalten, sozialen Netzwerken, elektronischen Plattformmärkten und künstlicher Intelligenz hergestellt werden. Wenn aber beispielsweise neben Car-Sharing oder Online-Portalen zur Vermietung von Unterkünften auch Streamingdienste im Bereich der Musik- oder Filmindustrie als prägendes Beispiel eines innovativen, nicht auf Besitz fokussierten, und mit großem Nachhaltigkeitspotenzial ausgestatteten neuen Wirtschaftsmodells identifiziert werden (Puschmann und Alt 2016, S. 94), wachsen aus ökonomischer Sicht doch Zweifel, ob hier wirklich eine ökonomische, vielleicht sogar gesellschaftliche Systemtransformation stattfindet. Aus

ökonomischer Sicht ist diese Entwicklung eher mit der aus der Industrie- und Regulierungsöko-nomik bekannten Dynamik von *zweiseitigen Märkten* zu beschreiben (vgl. etwa Dewenter und Heimeshoff 2019). Diese bringt zwar aufgrund von direkten und indirekten Netzwerkeffekten und Kosten- bzw. Preisstrukturen, die ausserhalb des Analyserahmens der herkömmlichen Mikroöko-nomik liegen, dramatische Veränderungen für alle Marktteilnehmer und für die Regulierung der Märkte, stellt jedoch nicht unbedingt ein neues, oder gar nachhaltigeres Wirtschaftssystem dar. Ökonominnen und Ökonomen sehen hier eher eine technologiegetriebene Weiterentwicklung des marktwirtschaftlichen Systems zu einem digitalen Kapitalismus, diskutieren aber gleichzeitig auch die damit verbundenen gesellschaftlichen Herausforderungen aufgrund der Machtzuwächse großer digitaler Konzerne und ihrer Möglichkeiten der Verhaltensüberwachung und Verhaltenssteuerung (Zuboff 2018).

Nun muss man nicht von allen Denkerinnen und Denkern, die Vorschläge zur Gestaltung des Wirtschaftsmodells machen, verlangen, dass sie zuvor eine Ökonomie-Studium absolvieren. Um aber die in diesem Kapitel diskutierten Vor-schläge zur Entwicklung alternativer Wirtschaftsmodelle einordnen zu können, erscheint es sinnvoll, zumindest einen groben Überblick über die konstituierenden Elemente und die Beschaffenheit von Wirtschaftssystemen zu entwickeln. Ähnlich wie die Politikwissenschaften waren auch die Wirtschaftswissenschaften spätes-tens seit der Oktoberrevolution in Russland 1917 im vergangenen Jahrhundert durch den Systemwettstreit zwischen Markt- und Planwirtschaft geprägt. Dies bei-den polaren Systementwürfe prägten die Theorie von Wirtschaftssystemen. Diese Theorie stellt die Fragen,

- welche Elemente zum konstituierenden Wesen eines Wirtschaftssystems gehö-ren,
- welches seine ordnungstheoretischen Grundlagen sind
- und wie das Wirtschaftssystem in das gesellschaftliche System eingebettet ist.

Bis in die 1990er Jahre war das Studium der Volkswirtschaftslehre auch durch diese Systemdebatte geprägt. So setzte beispielsweise die inhaltliche Struktur des zweibändigen Kompendiums der Wirtschaftstheorie und Wirtschaftspolitik den damaligen Beitrag „Wirtschaftssysteme" (Thieme 1984) bis in die neunte Auf-lage (Thieme 2007) an die erste Stelle des ersten Bandes – und rückte ihn damit beispielsweise noch vor die mikroökonomischen Grundlagen des Studiums. Studierende hatten sich in Lehrveranstaltungen mit der polaren Beschaffenheit von kapitalistischen bzw. marktwirtschaftlichen und planwirtschaftlichen Wirt-schaftsordnungen oder auch Entwürfen für sogenannte dritte Wege beschäftigen müssen.

Nach dem Fall der Berliner Mauer und dem weitgehenden Verschwinden planwirtschaftlicher Systeme zu Beginn der 90er Jahre des letzten Jahrhunderts standen eher praktische Fragen der Systemtransformation im Vordergrund der ökonomischen Literatur: Welche Reformschritte sollten die ehemaligen, von Plan-wirtschaften geprägten Länder Osteuropas in welcher Reihenfolge beim Übergang zur Marktwirtschaft gehen? (vgl. etwa Hartwig und Thieme 1991; Siebert 1992). Man kann im Rückblick sicherlich festhalten, dass die ökonomische Theorie (ebenso wie die Politik) auf diese Fragen nach mehreren Jahrzehnten der Systemkonkurrenz im kalten Krieg nicht sonderlich gut vorbereitet war. Sie betonte vor allem die Notwendigkeit sehr kurzfristiger, flächendeckender Privatisierungskampagnen im Sinne einer Schocktherapie (sog. big bang, vgl. Sachs 1991). Erst später setzte sich die Erkenntnis durch, dass es offenbar eine Differenz zwischen ökonomischen Modellen zur Erklärung wirtschaftlicher Entwicklung und der Gestaltung von Transformationsprozessen und deren politischer Umsetzung unter realen gesellschaftlichen Bedingungen gebe (North 2000). Die Unklarheit in Bezug auf die Gestaltung von Systemtransformationsprozessen begründete die ökonomische Theorie damit, dass *„historische Erfahrungen fehlen und deshalb keine empirisch überprüfte Theorie der Wirtschaftstransformation vorliegen kann"* (Thieme 2007, S. 43). Interessanterweise gab es zwar bereits weit vor dem Kollaps der Planwirtschaften Ansätze der ökonomischen Transformationsforschung, die auch auf historischen Erfahrungen beruhten. Diese gingen allerdings in die gegensätzliche Richtung und fragten, wie eine Sozialisierung der Produktionsmittel und anderer kapitalistischer Institutionen gestaltet werden könne, um den Übergang vom Kapitalismus in ein vergesellschaftetes, sozialistisches System auf möglichst effiziente Weise zu gestalten (Fiamengo 1963; Gutmann und Klein 1984).

Mit dem faktischen Verschwinden des klaren Systemgegensatzes nach dem Zusammenbruch der osteuropäischen Planwirtschaften verlor die Frage nach der Gestaltung eines Wirtschaftssystems und seiner Einbettung in die Gesellschaft in der Lehrbuchökonomik jedoch an Bedeutung[1]. Hinzu kam, dass die gleichzeitig einsetzenden wirtschaftlichen Reformen in China in Richtung marktwirtschaftlicher Öffnung sich der bisherigen ökonomischen Systemtheorie weitgehend entzog und interessanterweise bis heute ohne gleichzeitige gesellschaftspolitische Liberalisierung auskommt. Die Versuche, Chinas Wirtschaftssystem als sozialistische Marktwirtschaft zu kategorisieren, die sich von einer Marktwirtschaft zunächst durch einen weitgehend staatlichen Preisdirigismus auszeichne und beim Übergang zur Verwendung von preisgesteuerten Wirtschaftsrechnungen und spontaner Marktbildung als sozialistische Marktwirtschaft partizipatorischen Typs verstanden werden könne (Schüller und Krüsselberg 2005, S. 5), sind bislang nicht sonderlich überzeugend. In der aktuellen Auflage des o. g. Kompendiums der Wirtschaftstheorie und Wirtschaftspolitik wurde der Beitrag zu Wirtschaftssystemen gar nicht mehr weitergeführt. An die erste Stelle der inhaltlichen Struktur des inzwischen

---

[1] Eines von wenigen Lehrbüchern, das sich explizit mit einem systematischen Vergleich alternativer Wirtschaftssysteme beschäftigt, ist von Schüller und Krüsselberg (2005) in der letzten Auflage erschienen. Im Vorwort betonen die Autoren, dass das Denken in Ordnungen, die anhand ihrer volkswirtschaftlichen Leistungsfähigkeit und ihrer gesellschaftspolitischen Wünschbarkeit beurteilt werden, in den Wirtschaftswissenschaften mittlerweile vernachlässigt werde. Gleichzeitig konstatieren sie in ihrem eigenen Lehrbuch eine Verlagerung inhaltlicher Schwerpunkte bei den Anwendungsbezügen der systemvergleichenden Forschung. *„Die geschichtliche Entwicklung hat gezeigt, dass auch nach dem Untergang des „realen Sozialismus" die Suche nach einer Ordnung, die – wie Walter Eucken formulierte – ‚der Sache, der historischen Situation und dem Menschen entspricht', nicht endet."* (Schüller und Krüsselberg 2005, Vorwort zur 5. Auflage, S.II).

dreibändigen Kompendiums rückte stattdessen der Beitrag zur Mikroökonomik (Erlei 2019b). Heute werden Wirtschaftssysteme im Studium eher als Teilaspekt einer breiter aufgestellten Institutionenökonomik behandelt, sodass diese Themen im Kompendium lediglich als kurzes Teilkapitel im Beitrag über „Institutionen" fortgeführt wurden (Erlei 2019a). Hier stellt sich die Relevanz von Institutionen vor dem idealisierten und abstrakten Hintergrund des allgemeinen Gleichgewichtsmodells (vgl. Abschn. 5.4.2). „*Das Walrasianische Gleichgewicht beschreibt eine Welt des friktionslosen Tausches: Niemand stiehlt, niemand übt Gewalt aus, niemand betrügt. Alle halten sich strikt an die Regeln des freiwilligen und ehrlichen Tausches zu wettbewerblichen Marktpreisen. Wäre die Welt der Wirtschaft damit hinreichend beschrieben, so bliebe zu erklären, warum man noch immer Zentralverwaltungs- oder gar anarchistische oder Bürgerkriegswirtschaften auf der Welt findet. Auch bliebe ungeklärt, warum es überhaupt so komplexer Verträge bedarf und warum es Unternehmen (gibt), in denen die Handlungen der Akteure zentral koordiniert und über Befehle durchgesetzt werden*" (Erlei 2019a, S. 459).

10.2.2 Was ist ein Wirtschaftssystem?

Nach ökonomischem Verständnis umfasst eine Wirtschaftsordnung zunächst die Gesamtheit der bewusst gesetzten, aber auch der spontan durch die Marktteilnehmer vereinbarten Regeln ihres Handelns innerhalb einer Gesellschaft. Die Wirtschaftsordnung kennzeichnet damit das Ordnungsgefüge und den institutionellen Rahmen der individuellen Handlungen. Der Begriff des Wirtschaftssystems ist umfassender, denn er umfasst nicht nur die Struktur des Systems, sondern beschreibt auch die konkreten Prozesse innerhalb dieses Systems (Müller 2019, S. 9; Leipold 1988).

Eine allgemeinverbindliche, umfassende Definition davon, was genau zum Gegenstand einer Wirtschaftsordnung bzw. eines Wirtschaftssystems gehört, gibt es zwar nicht, allerdings gibt es einen Konsens bei der Eingrenzung und Beschreibung wesentlicher institutioneller Merkmale eines Wirtschaftssystems. Ausgangspunkt eines Wirtschaftssystems sind nach ökonomischem Verständnis die sogenannten W-Fragen, die in den meisten Lehrbüchern und Lehrveranstaltungen zu Beginn angesichts des gesellschaftlichen Entscheidungsproblems eingeführt werden, wie die knappen Ressourcen genutzt werden sollen (vgl. etwa Schumann et al. 2011; Woll 2011): *Wer* soll

- *was*
- für *wen*
- in *welchen* Mengen
- *wie* (d. h. und mit welchen Technologien)
- und mit *welchen* Ressourcen

herstellen? Diese Fragen müssen von jeder Gesellschaft und in jedem Wirtschaftssystem beantwortet werden und es geht dabei nicht nur darum, *auf welche*

Weise diese Fragen beantwortet werden, sondern *wer* diese diese Fragen in der Gesellschaft beantwortet. Die Lösung dieses Allokationsproblems erfordert aus gesellschaftlicher Sicht die Wahl eines Allokationsmechanismus und der mit ihm verbundenen Institutionen. Demokratische und marktwirtschaftlich orientierte Gesellschaften müssen diese Fragen ebenso beantworten, wie Diktaturen, Monarchien oder Naturaltauschwirtschaften. Und vermutlich wird jede denkbare Form von Gesellschaft eine solche Antwort auf diese Fragen wählen, die zu einer aus Sicht der jeweiligen Entscheider bestmöglichen Verwendung der knappen Ressourcen führt und dem jeweils angenommenen Gemeinwohl Vorschub leistet. Selbst die diktatorische Führung eines kleinen, nach außen weitgehend abgeschotteten Landes wie Nordkorea wird versuchen, aus den verfügbaren Ressourcen ihrer Gesellschaft das Beste für die aus ihrer Sicht (oder der ihres Machthabers) vorrangigen Ziele herauszuholen. Konkret lauten die Fragen beispielsweise: Soll die Abstimmung und Koordination der vielfältigen individuellen Produktions- und Konsumaktivitäten zentral, also z. B. durch Befehl einer zentralen Autorität, oder dezentral durch Entscheidungen auf Ebene der einzelnen Haushalte und Unternehmen erfolgen? Sollen die Produktionsmittel (d. h. das Kapital, die Technologien und Ressourcen) im Privatbesitz der Individuen liegen oder sollen diese in gesellschaftlicher Hand und Verfügungsgewalt liegen?

Natürlich werden diese kollektiven Entscheidungen über die Gestaltung des Wirtschaftssystems nicht voraussetzungslos auf der „grünen Wiese" getroffen. An der Art und Weise, wie diese Fragen beantwortet werden, lassen sich auch historische Entwicklungen wie etwa der Übergang von mittelalterlich feudalen Gesellschaftsformen auf die späteren Industriegesellschaften ablesen. Man muss kein Anhänger der deterministischen Geschichtstheorie von KARL MARX sein, um zu erkennen, dass die Herausbildung und Änderung von Arbeitsteilung, Spezialisierung und Handel im Wirtschaftssystem ein Prozess ist, der mit wesentlichen gesellschaftlichen Veränderungsprozessen und Herausforderungen verbunden ist (vgl. hierzu Thieme 2007, S. 4):

- So führt die zunehmende Arbeitsteilung in modernen Gesellschaften zu einer Situation, in der das einzelne Individuum in hohem Maße von den übrigen Individuen abhängig ist.
- Die Zusammenarbeit innerhalb der Gesellschaft wird zunehmend komplexer und für das einzelne Individuum weniger transparent.
- Die Spezialisierung zerlegt bislang vielleicht eher „ganzheitliche" Produktionszusammenhänge wie in der Landwirtschaft in solche Elemente, in denen der Beitrag einzelner Individuen nur noch marginal erscheint. Dies erschwert die Zurechenbarkeit einzelner Beiträge und Verantwortlichkeiten und führt zu den insbesondere von KARL MARX identifizierten Entfremdungsprozessen.[2]

---

[2] MARX identifiziert vier aufeinander aufbauende Formen der Entfremdung des Lohnarbeiters im kapitalistischen Wirtschaftssystem (vgl. etwa Neffe 2017). Erstens entstehe Entfremdung, da der Arbeiter sein Arbeitsprodukt an den Kapitalisten abgebe. Zweitens befriedige die Arbeitstätigkeit nicht seine Bedürfnisse, sondern sei nur ein Mittel, um die Bedürfnisse anderer zu befriedigen.

• Spezialisierung und Spezialisierungsvorteile führen zur Kapitalbildung, sowohl im Bereich des Humankapitals, als auch beim Sachkapital. Mit der Kapitalbildung und der Verfügung über Finanz- und Sachvermögen entwickeln sich jedoch auch Machtpositionen, die einer gesellschaftlichen Kontrolle bedürfen, um die Dominanz von Einzelinteressen in Wirtschaft und Gesellschaft einzuhegen.

Das Wirtschaftssystem und seine Einbettung in die Gesellschaft stellt sich aus Sicht eines einzelnen Individuums als komplexes, soziales Geflecht von individuellen Beziehungen dar, welches sich einer einfachen Steuerungslogik entzieht. Wirtschaftssysteme sind nicht einfach ein schöpferischer, planerischer Akt einer Gesellschaft zu einem bestimmten Zeitpunkt, sondern in vielen Details auch historisch gewachsen. Gleichzeitig sind Wirtschaftssysteme aber auch Ausdruck bestimmter normativer Überzeugungen der Gesellschaft über die Ordnung ihres Zusammenlebens. Daher werden Wirtschaftssysteme ordnungstheoretisch bestimmt bzw. legitimiert. Eine Wirtschaftsordnung bezieht sich auf die Gesamtheit an Regeln, Normen und Institutionen, die die Rahmenbedingungen der wirtschaftlichen Entscheidungen der Wirtschaftssubjekte bestimmen und abgrenzen. Als Klassifikationskriterien von Wirtschaftsordnungen werden vor diesem Hintergrund unterschiedliche Formen der Wirtschaftslenkung (zentral versus dezentral), der Geld- und Finanzwirtschaft, Eigentumsformen (Privateigentum, Staatseigentum, Gesellschaftseigentum), Preisbildungsmechanismen und Unternehmensformen angesehen. Das dominante, in der marxistischen Wirtschaftstheorie formulierte Abgrenzungskriterium bezieht sich hingegen vorwiegend auf die Eigentumsverhältnisse bei den Produktionsmitteln. Die Wirtschaftssysteme der Sklavenhaltergesellschaft, der Feudalherrschaft und des Kapitalismus wurden hier insbesondere auf die Merkmale

• der privaten Eigentums- und Produktionsverhältnisse
• und des Entwicklungsstandes der Produktivkräfte (etwa hinsichtlich der Bestände und Qualitäten an Rohstoffen, Technologien und Arbeitskräften)

reduziert (Thieme 2007, S. 10 f.).

Drittens verliere der Arbeiter durch die fremdbestimmte Arbeit seine Beziehung zu seiner sozialen Umwelt. Und viertens entfremde er sich damit auch von allen anderen Menschen. „*Eine unmittelbare Konsequenz davon, daß der Mensch dem Produkt seiner Arbeit, seiner Lebenstätigkeit, seinem Gattungswesen entfremdet ist, ist die Entfremdung des Menschen von dem Menschen. Wenn der Mensch sich selbst gegenübersteht, so steht ihm der andre Mensch gegenüber. Was von dem Verhältnis des Menschen zu seiner Arbeit, zum Produkt seiner Arbeit und zu sich selbst gilt, das gilt von dem Verhältnis des Menschen zum andren Menschen, wie zu der Arbeit und dem Gegenstand der Arbeit des andren Menschen*" (Marx 2017, S. 56).

10.2.3 Marktwirtschaft versus Zentralverwaltungswirtschaft

Die Diskussion um Wirtschaftssysteme konzentrierte sich lange Zeit um den Gegensatz zwischen der Marktwirtschaft und der Zentralverwaltungs- bzw. Planwirtschaft. Während die marxistische Theorie die Eigentumsverhältnisse in den Vordergrund stellt, setzt die moderne ökonomische Theorie die Frage in den Vordergrund, wie das Planungs- und Koordinationssystem gestaltet ist. Dieses umfasst die Interaktion und die Beziehungen, die die Wirtschaftssubjekte zueinander eingehen, um ihre wirtschaftlichen Entscheidungen planvoll aufeinander abzustimmen, um dem o. g. Knappheitsproblem und den W-Fragen begegnen zu können. Damit zusammenhängend wird auch die Frage nach einem *gesamtwirtschaftlichen Rechnungszusammenhang* gestellt. Erst über diese Möglichkeit einer Wirtschaftsrechnung wird sichergestellt, dass die individuellen und kollektiven Entscheidungsträger über die notwendigen und adäquaten Informationen verfügen, die zur Bewertung der Güter und Produktionsfaktoren benötigt werden, um damit die entsprechenden Entscheidungen zur Bearbeitung des Knappheitsproblems treffen zu können (Thieme 2007, S. 13 f.). Das Koordinationssystem erfordert also

- ein gesamtwirtschaftlich integriertes Rechenwerk, anhand dessen Informationen über absolute und relative Güterknappheiten gewonnen werden können,
- die entsprechenden Informationskanäle, mit denen die jeweils benötigten Informationen zu den jeweils relevanten Entscheidern gelangen
- und einen Koordinationsmechanismus, mit dem die millionenfachen Einzelentscheidungen der Wirtschaftssubjekte simultan aufeinander abgestimmt werden.

Hierfür sind innerhalb des Wirtschaftssystems grundsätzlich zwei Arten von Planungen und Informationsgewinnungen denkbar. In marktwirtschaftlichen Systemen wird diese Koordinationsfunktion vom Preismechanismus wettbewerblicher Märkte übernommen. Der Preismechanismus stellt den Unternehmen und den privaten Haushalten die notwendigen Informationen für ihre dezentralen Dispositionen bereit. Gleichzeitig reagiert dieses Preissystem auf sich verändernde Bedingungen (z. B. aufgrund von neuen Technologien oder Änderungen der Präferenzen) und leistet damit eine koordinative Funktion. Im Zuge des Zusammenspieles von Angebot und Nachfrage stellt sich ein laufender Prozess der Informationsverarbeitung ein. Die Veränderung absoluter und relativer Güterknappheiten äußert sich in der Veränderung der relativen Preise, was wiederum Verhaltensänderungen bzw. Änderungen in den Wirtschaftsplanungen auf der Ebene der Haushalte und Unternehmen auslöst. Da auch die Entlohnung der Produktionsfaktoren auf Basis von Marktpreisen vorgenommen wird, findet die Einkommensbestimmung grundsätzlich marktgesteuert statt. Auch hinsichtlich der Anreize für wirtschaftliche Tätigkeiten (z. B. Gewinne und Verluste der Unternehmen) entfaltet der Marktmechanismus seine Wirkung auf das individuelle Handeln. Wichtig ist in diesem Zusammenhang jedoch die Feststellung, dass eine marktliche Bestimmung der Einkommen aus liberaler Sicht *kein* moralisches Votum im Sinne einer Entlohnung entsprechend der moralischen Verdienste für die Gesellschaft ist. Im Vordergrund steht zwar die Entlohnung der Individuen entsprechend ihres mit den Preisen bewerteten Outputs. Dies betont aber lediglich, dass die Bewertung sich darauf bezieht, welchen Wert der Markt (bzw. die Konsumenten) dieser Leistung einräumt. Ein gut verdienender Star aus dem Sport oder dem Showbusiness verfügt über Fähigkeiten und Talente, für die Andere (Sportvereine, Sponsoren, Konsumenten) bereit sind, sehr viel Geld auszugeben. Es ist eine gemeinsame Einschätzung so unterschiedlicher liberaler Denker wie HAYEK, NOZICK oder RAWLS, dass die Fähigkeiten dieses Stars kein moralischer Verdienst sind, dass sie möglicherweise lediglich das Produkt einer für ihn oder sie günstigen gesellschaftlichen Umgebung oder gar reiner Zufall sind. Für das Zustandekommen seines oder ihres Einkommens ist das jedoch unerheblich. Entscheidend ist, dass es sein oder ihr Talent ist, welches durch die freie Berufswahl zur Entfaltung kommt, und dass die Entlohnung dafür auf Basis freiwilliger Transaktionen zustande kommt.[3]

Da ein derartiges Preissystem in der Planwirtschaft nicht zur Verfügung steht, werden hier die Planungen direkt über die Gütermengen formuliert. Hierfür ist eine zentrale Koordination notwendig. Über ein komplexes Netz miteinander verbundener Planungsbilanzen auf den verschiedenen Stufen bzw. Sektoren des Wirtschaftssystems (Rohstoffe, Produktionsfaktoren, Investitionsgüter, Konsumgüter, Außenhandel etc.) werden Mengensalden gebildet, die zur Planung der Produktion und des Konsums verwendet werden. Es findet eine Mengenplanung statt, die letztlich durch Zuteilung und Anweisungen in die Realität umgesetzt wird. Der Informationsbedarf dieses Planungssystems ist außerordentlich hoch. Er erfordert eine weitgehende Zentralisierung des Informationsflusses, die zentrale Steuerung von Verfügungsrechten und die Vorgabe von in Gütermengen formulierten Planungszielen für die Unternehmen in allen Sektoren der Volkswirtschaft, die beispielsweise im Zuge von Fünf-Jahres-Plänen erstellt werden. Während die Planziele von den Planungsbehörden von oben nach unten durchgegeben werden (top-down) erfordert die Erstellung dieser Pläne einen Informationsfluss in die gegensätzliche Richtung. Die für die Planung benötigten Informationen müssen von den dezentralen Einheiten an zentrale Einheiten geliefert werden (bottom-up). Bei Planabweichungen und Verfehlungen von Produktionszielen in bestimmten Sektoren sind wiederum Maßnahmen zu planen, zu denen beispielsweise Bedarfseinschränkungen oder auch verstärkte Importe gehören können. Das System der Einkommensbestimmung und weiterer Anreize für wirtschaftliches Handeln

---

[3] Eine ganz andere Frage ist, ob mit der Feststellung, dass das Einkommen des Sportstars *nicht* die Konsequenz seiner eigenen moralischen Verdienste ist, sondern ggf. auch zufällig entstanden sein könnte, auch eine Verpflichtung gegenüber der Gesellschaft erwächst und ob derartige Einkommen zur Umverteilung genutzt werden sollten. HAYEK und NOZICK würden dies ablehnen. RAWLS würde dies hingegen auf Basis seiner im sechsten Kapitel vorgestellten Gerechtigkeitstheorie befürworten und hier eine Legitimation für Umverteilung sehen, bei der der vom Glück begünstigte Sportstar Teile seines Einkommens an die weniger vom Glück begünstigten Individuen abgibt (Sandel 2020).

Tab. 10.1 Merkmalsausprägung reiner Markt. und Zentralverwaltungswirtschaften. (Quelle: Erlei 2019a, S. 527)

Merkmal	Marktwirtschaft	Zentralverwaltungswirtschaft
Entscheidungskompetenz	Individuen	Zentrales Planungsbüro
Eigentum an Produktionsmitteln	Privateigentum	Kollektiveigentum
Koordination der wirtschaftlichen Aktivität	Über Märkte und Preise	Über Mengenplanung und Anweisungen
Einkommensbestimmung	Einkommen abhängig vom (markt-)bewerteten Output	Durch politische Entscheidung
Anreize	Pekuniäre Anreize: Gewinne, Verluste, Marktpreise	Nicht-pekuniäre Anreize: Auszeichnungen, Belohnungen und Strafen
Informationsgewinnung und – verarbeitung	Wechselseitig und dezentral	Bottom-up-Befragung

wird ebenfalls nicht durch Marktpreise, sondern durch politische Entscheidungen bestimmt.

Eine Gegenüberstellung der wesentlichen Merkmalsausprägungen der beiden polaren Wirtschaftssysteme der Marktwirtschaft und der Zentralverwaltungswirtschaft kann der folgenden Tab. 10.1 entnommen werden.

Der in Tab. 10.1 dargestellte Systemgegensatz bezieht sich auf die Gegenüberstellung der beiden polaren Wirtschaftssysteme. Allerdings wird auch eine reine Marktwirtschaft nicht ohne einen öffentlichen, nicht vom wettbewerblichen Preissystem koordinierten Sektor auskommen, der beispielsweise für die Bereitstellung der notwendigen öffentlichen Güter verantwortlich ist. Und auch in der sozialistischen Zentralverwaltungswirtschaft gab (und gibt) es Ansätze einer Öffnung für marktliche Prozesse.

Box 10.2: Die Arbeitswertlehre von Karl Marx
Die Philosophie von KARL MARX ist den meisten Menschen heute deswegen ein Begriff, weil die Geschichte des 20. Jahrhundert in weiten Teilen durch die Systemgegnerschaft sozialistischer und marktwirtschaftlicher Gesellschaftsmodelle geprägt war und sich die offizielle Staatsdoktrin der sozialistischen Staaten immer auf den Marxismus berufen hat. Trotz vielfältiger marktwirtschaftlicher Reformelemente beruft sich die kommunistische Partei Chinas beispielsweise immer noch auf KARL MARX. So hat die Volksrepublik China im Jahr 2018 der Stadt Trier, in der MARX 1818 geboren wurde, zu seinem 200. Geburtstag eine von einem chinesischen Bildhauer produzierte, fast 6 Meter hohe Marx-Statue geschenkt, die von der Stadt angenommen und auch installiert wurde.

Die historische Bilanz des Marxismus ist gewiss von vielen schrecklichen Erfahrungen geprägt. Andererseits muss betont werden, dass zwischen den Ideen von MARX und ihren historischen „Anwendungen" in den sozialistischen Staaten unterschieden werden muss (Gehrke 2008). Auch vielen Studierenden der Wirtschaftswissenschaften ist gar nicht mehr bekannt, dass KARL MARX in der klassischen Ökonomie eine aus heutiger Sicht nach wie vor bedeutende Rolle einnimmt und sich er selbst häufig auf andere klassische Ökonomen (insbesondere auf die Arbeitswertlehre von DAVID RICARDO) bezog. So hält beispielsweise der prominente deutsche Ökonom Hans-Werner

Sinn KARL MARX aufgrund seiner Krisentheorien für einen der bedeutendsten Makroökonomen der Geschichte.[4] Ein wichtiges Element der marxistischen Wirtschaftstheorie liegt in der von MARX formulierten Kritik am Privateigentum an den Produktionsmitteln. Während das Privateigentum an den Produktionsmitteln konstituierend für marktwirtschaftliche, bzw. kapitalistische Wirtschaftssyteme ist, lehnt er das Privateigentum an Produktionsmitteln ab, weil dies zur Ausbeutung der Arbeiter führe. Gleichzeitig sieht er hierin den Grund für ein aus seiner Sicht notwendigen Systemzusammenbruch des Kapitalismus, der bei wachsender Kapitalakkumulation durch eine dauerhaft sinkende Profitrate des eingesetzten Kapitals geprägt sei. MARX wandte sich jedoch primär gegen die Ausbeutung der Arbeiter, nicht gegen das Privateigentum. Seiner Ansicht nach wäre ein weit gestreutes Privateigentum an Produktionsmitteln dann kein Problem, wenn dies dazu führe, dass jeder Arbeiter mit dem Wert seiner Arbeit entlohnt werde. Erst die Konzentration des Eigentums in den Händen der Kapitalisten führt für ihn zur Ausbeutung (Braun 2020).

Um dieses Argument ansatzweise zu verstehen, soll die Arbeitswertlehre von KARL MARX anhand der folgenden Schritte kurz erläutert werden (vgl. hierzu vgl. Gehrke 2008; Baßeler et al. 2010, die auch eine detailliertere Darstellung der marxistischen Wirtschaftstheorie entwickeln):

1. Zunächst betont Marx, dass in jedem Wirtschaftssystem ein *Überschuss* produziert werde. Unabhängig von der Frage, ob es sich um ein sozialistisches oder kapitalistisches System handele, entstehe die Überschuss als Wert der gesamtwirtschaftlichen Produktion, der über die Summe aus dem Rohstoff- und Kapitalverschleiß der Produktion und der Herstellung der Konsumgüter für die Arbeiter hinausgehe. Im Kapitalismus eignen sich jedoch die Kapitaleigentümer diesen Mehrwert an.
2. Diese private Aneignung des Mehrwertes lässt sich an dem durchschnittlichen Arbeitstag eines Arbeiters verdeutlichen: Man nehme an, dass ein Arbeiter 10 Stunden arbeitet. Der Lohn, den er hierfür erhält, dient gerade dazu, seine „Reproduktion" zu sichern, d. h. ihm das notwendige Maß an Nahrung, Wohnung, Kleidung und Versorgung seiner Familienangehörigen zu finanzieren. Die Produktion dieser für die Reproduktion des Arbeiters notwendigen Konsumgüter beanspruche jedoch nur 7 Stunden notwendiger Arbeit. Die Differenz zwischen den 10 Stunden geleisteter Arbeitszeit und den 7 Stunden der für die Reproduktion notwendigen Arbeit bezeichnet Marx als *Mehrarbeit,* mit der der Arbeiter den o. g. Überschuss produziere. Das Verhältnis von Mehrarbeit zur notwendigen Arbeit (3/7 in diesem Beispiel) bezeichnet Marx als Mehrwertrate.
3. Der Kern der Arbeitswertlehre basiert nun darauf, dass MARX annimmt, dass der Wert eines Gutes in der zu seiner Herstellung benötigten Arbeitszeit liege und dass die Güter am Markt in der Relation dieser notwendigen Arbeitszeiten getauscht werden. Wenn also zur Herstellung eines Fahrrades 15 Arbeitsstunden benötigt werden, zur Herstellung von 1 kg Brot jedoch nur eine Arbeitsstunde notwendig ist, dann werden am Markt 15 kg Brot gegen ein Fahrrad wertäquivalent getauscht. Dasselbe Kalkül gilt auch für den Arbeitsmarkt, der aber eigentlich kein richtiger Markt, sondern ein Zwangssystem ist: Der Arbeiter besitzt außer der Übertragung seiner Arbeitskraft an den Kapitalisten keine andere Möglichkeit, seine Arbeit zu tauschen: Er erhält für 10 Stunden Arbeit lediglich den Gegenwert der zu seiner Reproduktion notwendigen 7 Stunden Arbeit.
4. Marx geht also davon aus, dass der Wert eines Gutes sich immer nur aus menschlicher Arbeit speisen kann: Die Arbeitskraft ist ja bereits in den Abschreibungen und Vorprodukten als „geronnene" Arbeitskraft enthalten, geht aber als Arbeitskraft auch in die laufende Produktion der Güter als „lebendige" Arbeit ein. Dabei überträgt die geronnene Arbeitskraft ihren Wert vollständig auf das neue Produkt und ist nicht Bestandteil der weiteren Entlohnung der Arbeit, denn die lebendige Arbeit erhält lediglich eine wertmäßige Kompensation, die zu ihrer eigenen Reproduktion notwendig ist.

---

[4] https://www.hanswernersinn.de/dcs/Was%20uns%20Marx%20heute%20noch%20zu%20sagen%20hat.pdf (zuletzt abgerufen am 14.03.2022).

5. Der Gewinn in Form des Mehrwertes fällt also dem Kapitalisten zu und führt auf weiteren Wertschöpfungsstufen des Produktionsprozesses zur weiteren Gerinnung der Arbeit und damit zur Akkumulation des Kapitals. Mit steigender Kapitalakkumulation und modernen Produktionsverfahren steigt die Kapitalintensität (das Verhältnis des eingesetzten Kapitals als geronnene Arbeit zur eingesetzten Menge lebendiger Arbeit), sodass bei einem bestimmten Reife- oder Konzentrationsgrad letztlich die Profitrate (als Verhältnis vom erzielten Gewinn zum eingesetzten Kapital) abnimmt und damit notwendigerweise für einen Zusammenbruch des Kapitalismus und den revolutionären Übergang zum Sozialismus sorgt (für eine detaillierte Darstellung vgl. Gehrke 2008).

Aus marxistischer Sicht liegt der entscheidende Systemfehler des Kapitalismus genau hier: In der privaten Aneignung des von der Arbeit produzierten Mehrwertes durch die Kapitalisten, der zur Kapitalakkumulation genutzt wird. Dies ist aber aus marxistischer Sicht nicht nur ein moralisches Problem. Die eigentliche Aufgabe des Wirtschaftssystems wird verfehlt. Das hier beschriebene System führt letztlich zu einem Problem der Güterversorgung, denn die Entscheidungen über die Produktion von Gütern und die Nachfrageentscheidungen der Konsumenten fallen auseinander und werden auf Grundlage völlig unterschiedlicher Motivationen bestimmt (Baßeler et al. 2010): Auf der einen Seite haben die Konsumenten ein Interesse an den Gütern, der sich aus deren *Gebrauchswert* bestimme. Und auf der anderen Seite haben die Kapitalisten ein Interesse an der Produktion derjenigen Güter, die den höchsten *Tauschwert* und damit den höchsten Profit versprechen. Elemente dieser marxistischen Kritik an der Marktwirtschaft werden teilweise von den in diesem Kapitel vorgestellten alternativen Wirtschaftsmodellen aufgegriffen.

Der wohl entscheidende Irrtum von Marx lag darin, seinen Versuch, das System der relativen Preise (=Tauschwerte) der Güter objektiv und allein auf Basis der in den Gütern enthaltenen Arbeitsmengen zu entwickeln. Dieser Ansatz wurde zwar von den meisten klassischen Ökonomen wie DAVID RICARDO oder JOHN STUART MILL geteilt, hat sich aber bei der Erklärung des Preismechanismus als Irrweg erwiesen. Eine wesentliche Aussage der Neoklassik besteht darin, dass Güterpreise nicht nur von den Arbeitskosten, sondern auch von den Kosten des eingesetzten Kapitals und anderer Ressourcen bestimmt werden. Es ist aber v. a. die Knappheit der Güter und Ressourcen, die sich eben nicht nur in den den Kosten bzw. Grenzkosten ihrer Produktion, sondern im Grenznutzen der Konsumenten ausdrückt (vgl. Kapitel 2.4.3). Preise sind als Knappheitsindikatoren zu interpretieren. Der Marktpreis, den Konsumenten für ein bedeutendes Kunstwerk oder ein Konzertticket zahlen, oder der Preis für knappe Bodenschätze hat vermutlich wenig mit den Arbeitsäquivalenten zur Herstellung des Kunstwerkes, zur Darbietung der Konzertmusik oder zur Hebung der Bodenschätze zu tun.

Konfrontiert mit der Idee von THOMAS MALTHUS, der die Arbeitswertlehre von RICARDO im Gegensatz zu MARX und anderen klassischen Ökonomen ablehnte, und eine Veränderung des Tauschwertes einer Ware aus dem Zusammenspiel von Angebot und Nachfrage und damit letztlich aus dem (erst später formulierten) Grenznutzenkonzeptes erklären wollte (Wächter 2020), ließ MARX sich zur folgenden Einschätzung hinreißen: Man beachte *„welch drollige Bocksprünge Malthus macht, wenn er auf diesem Weg hinter das Geheimnis des Mehrwertes und des spezifischen Verhältnisses desselben zum variablen Teil des Kapitals durchzudringen sucht"* (zitiert nach Neffe 2017, S. 450). MARX selbst war der Ansicht, dass man die Bestimmung der Preise anhand der Arbeitswerte ohne Informationsverlust in eine Bestimmung der Preise anhand der Produktionskosten überführen könnte, den von ihm dafür vorgelegten Nachweis stufte er selbst aber als fehlerhaft ein (Gehrke 2008).

10.2.4 Die Vision des Konkurrenzsozialismus

Ein Beispiel für einen Versuch der Systemintegration ist die vorerst gescheiterte Diskussion um den Konkurrenzsozialismus. Der polnische Ökonom OSKAR

LANGE (1904–1965), der als Politiker Vorsitzender des Wirtschaftsrates und stellvertretender Vorsitzender des Staatsrates der sozialistischen Volksrepublik Polen war, und der US-amerikanische und von KEYNES inspirierte ABBA LERNER (1903–1982) fragten in der Zeit des kalten Krieges und der Systemkonkurrenz, ob es nicht möglich sei, mit dem Konkurrenzsozialismus eine Art *dritten Weg* einzuschlagen. Mit einem derartigen Wirtschaftssystem sollten die Effizienzvorteile marktwirtschaftlicher Systeme über eine Art Simulation des Wettbewerbs unter dem Dach einer sozialistischen Planwirtschaft mit vergesellschafteten Produktionsmitteln erreicht werden können.

Um dies nachvollziehen zu können, muss auf der Ebene des Wirtschaftssystems, zwischen zwei Funktionen eines marktlichen Preissystems unterschieden werden (Hahn und Kliemt 2017). Diese beiden Funktionen sind im marktwirtschaftlichen System als integrierte Funktionen (als zwei Seiten derselben Medaille) zu betrachten, sollten aber im System des Konkurrenzsozialismus separiert werden:

- Auf der einen Seite wird im Modell des Konkurrenzsozialismus die *Koordinationsfunktion* des marktlichen Preissystems bejaht. Dieses Preissystem stellt in Form der absoluten und relativen Preise jedem einzelnen Individuum in den Haushalten und Unternehmen bei seinen Produktions- und Konsumentscheidungen die notwendigen lokalen Informationen zur Abwägung zwischen Güterknappheiten und Güterverwendungen zur Verfügung.
- Auf der anderen Seite wird die Funktion des Preismechanismus für die Bestimmung der *Einkommen* und der *Anreize* abgelehnt. Die Einkommen müssten dann irgendwie politisch und marktunabhängig, also z. B. auf Basis der Bedürfnisse der Individuen bestimmt werden.

Unterstellt man nun, dass die Individuen im Bereich der Produktion vollkommen intrinsisch motiviert sind, ihre Produktionsanstrengungen also rein intrinsisch motiviert und vom Wunsch nach Einkommenserzielung unabhängig sind, so könnte in einem derartigen Wirtschaftssystem der Marktpreismechanismus dazu genutzt werden, das Verhalten der Individuen zu koordinieren, ohne gleichzeitig auf Marktanreize zu setzen. In diesem Fall würden sich alle Individuen so verhalten, *als ob* sie ihre Gewinne bzw. Nutzen maximieren, könnten aber bei ihrer Entlohnung *tatsächlich* davon ausgehen, dass sie – bei entsprechender politischer Planung – entsprechend ihrer Bedürfnisse und gerade nicht entsprechend des Wertes ihrer Produktionsbeiträge entlohnt werden. Individuen würden ihre Beiträge zum gesamtwirtschaftlichen Produktionsprozess dann nicht aus Eigennutz erbringen, sondern allein deswegen, weil sie am Gemeinwohl, bzw. am Wohlergehen der gesamten Gesellschaft interessiert sind. OSKAR LANGE und ABBA LERNER sind bei ihren Vorstellungen vom Konkurrenzsozialismus von der Hypothese ausgegangen, dass es möglich sein müsse, auch in einem auf zentraler Planung und gesellschaftlichem Eigentum an den Produktionsmitteln beruhenden System eine rationale Wirtschaftsrechnung zu entwickeln. Wenn es also gelänge, den Wettbewerb unter den im öffentlichen Besitz befindlichen Unternehmen zu simulieren, müssten sich auch die effizienten Ergebnisse des Marktmechanismus in Bezug auf die Verwendung der knappen Ressourcen einstellen, wie sie etwa im Abschn. 5.4 dieses Buches bei der Erläuterung der Hauptsätze der Wohlfahrtsökonomik erläutert wurden. Auf den Punkt gebracht: Mit der Kombination eines „richtigen" Systems von Güter- und Faktorpreisen und den „richtigen" Mengenplanungen und -zuweisungen würde man die Ressourcen der Gesellschaft effizient, d. h. verschwendungsfrei nutzen und genau die Güter in den Mengen produzieren, wie sie den Präferenzen der Konsumenten entsprechen, ohne sich den Verwerfungen des kompetitiven Marktprozesses auszusetzen. Die Vision des Konkurrenzsozialismus beruht also auf der Hoffnung, dass es möglich sei, die Informationsleistungen und Lenkungsfunktionen des Preismechanismus auf eine zentralisierte, verwissenschaftlichte und informationsverarbeitende Instanz zu übertragen, die ihre Informationen dann an die dezentrale Ebene weitergibt, um die Konsumenten und Unternehmen die „richtigen" Entscheidungen ausführen zu lassen.

Jetzt könnte man dieser Vision entgegenhalten, dass sie aufgrund der Annahme der rein intrinsischen Motivation der Wirtschaftssubjekte im Produktionsprozess völlig unrealistisch sei – aber *„die ökonomische Theorie des Allgemeinen Gleichgewichtes, die dem Argument zugrunde liegt, ist auch nicht realistisch"* (Hahn und Kliemt 2017, S. 24). Die Frage, die hier zunächst zu betrachten ist, richtet sich also zunächst nicht auf die Motivation der Wirtschaftssubjekte. Sie lautet vielmehr: Wie bildet sich im Allgemeinen Gleichgewichtsmodell das System der relativen Güter- und Faktorpreise heraus, das offenbar auch aus Sicht der Vertreter des Konkurrenzsozialismus als drittem Weg zur effizienten Ressourcenallokation führt? Das Allgemeine Gleichgewichtsmodell stellt eine Abstraktion dar, mit der abgebildet wird,

- wie eine gegebene Anzahl von Ressourceneigentümern, Produzenten und Konsumenten
- unter Annahme von Rationalverhalten
- aus der Situation gegebener Anfangsausstattungen und gegebener Technologien heraus
- simultan Angebots- und Nachfrageentscheidungen, bzw. Konsum- und Produktionsentscheidungen treffen,
- und wie sich diese individuellen Entscheidungen zu Marktgleichgewichten mit einheitlichen Preisen „verdichten", denen sich dann alle Marktteilnehmer allein durch die Wahl ihrer angebotenen oder nachgefragten Mengen anpassen.

Die Entscheidungen auf den verschiedenen Partialmärkten können anhand der im fünften Kapitel dargestellten Edgeworth-Boxen nachvollzogen werden. Die relativen Preise werden sich als Austauschverhältnisse auf diesen Güter- und Faktormärkten im Gleichgewicht so einstellen, dass die nachgefragten und angebotenen Mengen gerade übereinstimmen. Dies bedeutet, dass es keine überschüssigen Angebots- oder Nachfragemengen gibt. Da alle Güter und Faktoren auf derartigen wettbewerblichen Märkten gehandelt werden und die verschiedenen Partialmärkte wie ein System kommunizierender Röhren im Totalmodell miteinander verbunden sind, impliziert ein Ungleichgewicht auf einem bestimmten Markt immer auch Ungleichgewichte auf anderen Märkten. Der wettbewerbliche Preismechanismus reagiert auf derartige Ungleichgewichte, indem bei einem Überschussangebot von sinkenden Preisen und bei einer Überschussnachfrage von steigenden Preisen für alle Marktteilnehmer eine Tendenz zur Anpassung ihrer Pläne und damit zur Markträumung ausgeht. Oder anders formuliert: Ein Allgemeines Gleichgewicht ist nur dann möglich, wenn alle Partialmärkte im Gleichgewicht sind und das Gesamtsystem durch ein System gleichgewichtiger Preise geprägt ist. Die Eigenschaften des Totalmodells im Gleichgewicht lassen sich mit derartigen Überlegungen und den Methoden der komparativen Statik beschreiben. Die Ökonomen KENNETH ARROW und GERAD DEBREU haben 1954 den mathematischen Nachweis zur *Existenz* eines derartigen allgemeinen Konkurrenzgleichgewichtes formuliert.

Wie aber kann nun von einer beliebigen Ausgangssituation aus der *Prozess* zu einem derartigen allgemeinen Gleichgewicht über alle Märkte hinweg ökonomisch beschrieben werden? Das Grundproblem besteht ja darin, dass die Preise einerseits das Resultat aller individuellen Marktaktivitäten sind, sie aber gleichzeitig auch das Verhalten der Individuen beeinflussen und damit die Voraussetzungen für deren Verhalten schaffen. Diese schwierige Frage nach der Dynamik und der Informationsverarbeitungskapazität des Preissystems wird in der Literatur anschaulich mit der Denkfigur des rein hypothetischen *Walrasianischen Auktionators* beantwortet (vgl. etwa Endres und Martiensen 2007, S. 668). Ein derartiger Auktionator begegnet der notwendigerweise durch ein Ungleichgewicht gekennzeichneten Ausgangssituation auf den Güter- und Faktormärkten dadurch, dass er fortlaufend iterativ Preise für die Güter und Faktoren aufruft.

- Grundsätzlich wird er seine Preisaufrufe von Runde zu Runde auf den Märkten nach oben korrigieren, auf denen die Nachfrage das Angebot übersteigt.
- Auf den Märkten, auf denen beim ausgerufenen Preis das Angebot größer ist als die Nachfrage, wird er den Preis beim nächsten Aufruf hingegen senken.
- Dieser Auktionsprozess wird erst dann abgeschlossen, wenn alle Märkte im Gleichgewicht sind.

Der Walrasianische Auktionator ist also eine Denkfigur, die alle Märkte übersehen kann und so lange mit seinen Preisvariationen auf die individuellen Verkaufsund Nachfragegebote auf allen Märkten reagiert, bis das allgemeine Gleichgewicht erreicht ist.[5] Der Auktionator interagiert im Modell von WALRAS mit den Wirtschaftssubjekten wie ein Algorithmus: Er hebt den Preis eines Gutes an, wenn die Nachfrage das Angebot übertrifft und er senkt den Preis, wenn das Angebot die Nachfrage übersteigt (Weber 2010, S. 69). Der grundsätzliche Vorschlag von LANGE und LERNER bestand nun darin, die Leistungen des hypothetischen Walrasianischen Auktionators auf eine zentrale Planungsbehörde einer sozialistischen Wirtschaft zu übertragen. Diese Planungsbehörde könnte Preise aufrufen und die sich dann jeweils ergebenen Allokationen in den verschiedenen Sektoren beobachten und evaluieren. Im Zuge von Versuch und Irrtum könnten diese Preise dann von Periode zu Periode angepasst werden. Im Ergebnis könnte sich dann ein Preissystem einstellen, welches eine wissenschaftlich fundierte Simulation eines wettbewerblichen Preissystems ist und damit zu einer vergleichbar effizienten Ressourcenallokation führen müsste.

Der Vorschlag des Konkurrenzsozialismus hat sich in der Praxis marktwirtschaftlicher Öffnungen der Zentralverwaltungswirtschaften im letzten Jahrhundert jedoch genauso wenig wie in der Theorie durchgesetzt. Aus theoretischer Sicht entscheidend ist ein informationsökonomisches Argument: Ein marktliches Preissystem kann bei Abwesenheit von Privateigentum an den Produktionsmitteln und letztlich fehlender, dezentraler Wirtschaftlichkeitsrechnung nur unzureichend simuliert werden. Dem Modell des Sozialismus, aber auch dem Modell des Konkurrenzsozialismus standen damit insbesondere die Erkenntnisse von Theoretikern der österreichischen Schule wie FRIEDRICH AUGUST VON HAYEK und LUDWIG VON MISES entgegen (vgl. hierzu Erlei 2019a und Box 10.3). Vielleicht könne in einem Wirtschaftssystem für eine gegebene, statische Situation das Preissystem als Werkstatt eines Walrasianischen Auktionators auch in einem planwirtschaftlichen System berechnet bzw. simuliert werden – auf dynamische und dezentrale Veränderungen der Knappheiten könne ein derartiges System simulierter Preise jedoch kaum reagieren. Innovationen ließen sich auf diese planerische Weise ebenfalls nicht erzeugen. Neben Anreizproblemen hat ein sozialistisches Planungssystem also dauerhaft mit Informations- und Innovationsproblemen zu kämpfen. Als völlig abgeschlossen kann diese theoretische Diskussion allerdings nicht gelten, denn gerade in jüngerer Zeit wecken bei einigen Theoretikern die steigenden Kapazitäten der Informationsverarbeitungssysteme, Big Data und Systeme künstlicher Intelligenz erneut die Vision derartiger gesellschaftlicher Steuerungsmöglichkeiten, die die Effizienz des Marktes ohne seine wettbewerbliche Mühsal und Risiken versprechen.

---

[5] Zudem wird im Allgemeinen Gleichgewichtsmodell nicht nur angenommen, dass dieser Walrasianische Auktionator quasi auf Hörweite zu allen Marktteilnehmern steht und damit friktionslos, emotionslos und fehlerfrei auf deren Gebote reagieren kann, es wird auch angenommen, dass er völlig kostenlos arbeitet. Dass diese abstrakte Vorstellung nicht einfach auf Marktprozesse in der Realität übertragen werden kann, weil es Transaktionskosten für die Nutzung des Marktmechanismus gibt und Märkte bestimmte institutionelle Voraussetzungen enthalten, wird nicht in der traditionellen Mikroökonomik behandelt, sondern in der Industrie- und Institutionenökonomik (Erlei 2019a; Schwalbe 2019).

Box 10.3: Cybernetics of Government

Die kybernetische Steuerung der Gesellschaft war ein Ziel, das auch die Regierung des sozialistischen Präsidenten Salvador Allende in Chile Anfang der 1970er Jahre verfolgte. Die Vision ist die einer umfassenden demokratisch ausgestalteten Planwirtschaft, die auf der Verfügbarkeit der größtmöglichen Menge relevanter Information beruht. Vor diesem Hintergrund rief die chilenische Behörde zur Wirtschaftsförderung, CORFO (Corporación de Fomento de la Producción), 1971 das Projekt Cybersyn ins Leben, das mithilfe des britischen Managementkybernetikers Stafford Beer (1926–2002) realisiert werden sollte. Während seines ersten, nur zweiwöchigen Besuchs in Chile brachte Beer das Projekt an den Start.

In einem Handlungsplan (Abb. 10.1) schlug er konkrete Aufgaben vor, um die organisatorischen, informativen und kommunikativen Aktivitäten zu einem Managementprogramm für die industrielle Wirtschaft des Landes zu verflechten. Er gliederte die Industrie in vier Gruppen verwandter Industriezweige, die jeweils in Unternehmen untergliedert waren, denen jeweils wiederum einzelne Anlagen zugeordnet waren. Die (hypothetische) rekursive Struktur wurde als Plattform für die Entwicklung von Leistungsindizes verwendet, die auf den tatsächlichen Gegebenheiten, Fähigkeiten und Möglichkeiten der Betriebseinheiten von der lokalen bis zur höchsten Organisationsebene basieren sollten. Ziel war es, signifikante Veränderungen im Verhalten der wesentlichen Variablen für Arbeitnehmer und Manager in Echtzeit zu messen. Cybersyn sollte die wesentlichen Input- und Outputdaten der bedeutendsten chilenischen Unternehmen auf einem Großrechner zusammentragen, um die Marktdynamik – mithilfe der für diesen Zweck entwickelten Software Cyberstride – zu erfassen und letzten Endes besser mitgestalten zu können.

Die Planung sollte aus der Schaltzentrale, dem Operations Room (Abb. 10.2), heraus erfolgen, wo die Berichte über die Indizes, die zugehörigen Informationen und die dynamischen Modelle angezeigt werden konnten und als Planungsgrundlage bereitstanden. Beer stellte sich diesen Raum als eine Freiheitsmaschine (liberty machine) vor, als einen physischen Raum, der die Planungsprozesse der politischen Entscheidungsträger unterstützt (Espejo 2014, S. 76).

Eines von Beers Anliegen bei der Entwicklung des Projekts war die Einbeziehung der Bevölkerung in die politischen Entscheidungsprozesse im Sinne einer integrativen Demokratie, die es den politischen Entscheidungsträgern gestattet, ihre Ziele mit denen der Gesellschaft in Einklang zu

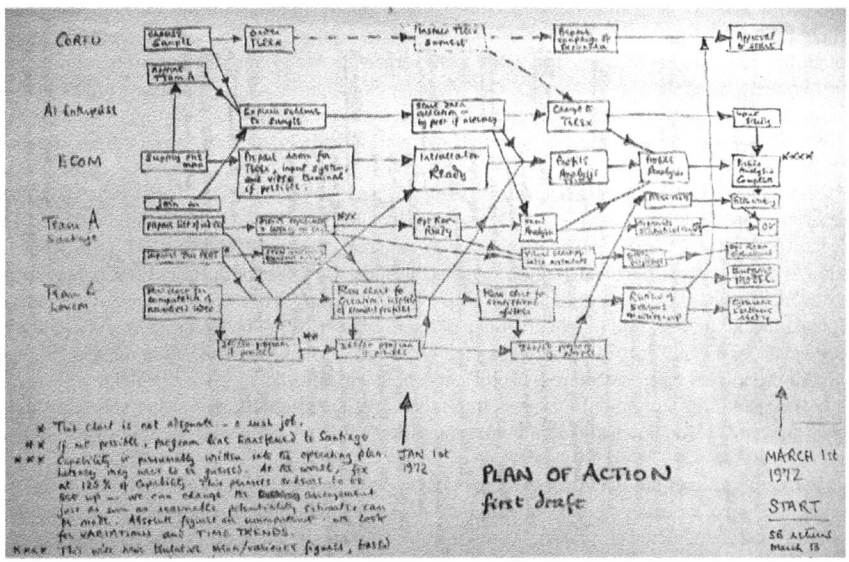

Abb. 10.1 Beers Handlungsplan aus dem Jahr 1971. (Quelle: Espejo 2014, S. 73)

Abb. 10.2   Der Operations Room. (Quelle: Espejo 2014, S. 76)

bringen. Mittels eines Geräts, das die Zufriedenheit oder Unzufriedenheit der Menschen mit den Fortschritten in öffentlichen Gesprächen messen sollte, einem „algedonischen Messgerät", sollte die Messung in Echtzeit erfolgen. Mit dem Sturz der demokratisch gewählten Regierung Chiles durch den Militärputsch vom 11. September 1973 wurde dem „konkurrenzsozialistischen" Projekt Cybersyn ein jähes Ende gesetzt (vgl. hierzu auch Box 5.8 zu „Hayek in Chile" im fünften Kapitel dieses Buches).

Ein halbes Jahrhundert nach dem nie vollständig umgesetzten Projekt verführt die Idee zur Reflexion über weitere Anwendungsmöglichkeiten (z. B. Staun 2021): Mittlerweile stehen Datenvolumen in damals noch undenkbaren Dimensionen zur Verfügung, um die ökonomische Entscheidungsfindung zu unterstützen. Der informationstechnologische Fortschritt weckt die Hoffnung, dass die digitale Welt in einer vollständig vernetzten Welt ohne die notorischen Probleme der Marktwirtschaft auskommen möge. Der Märkten inhärente Preismechanismus wurde von den Verfechtern marktwirtschaftlich ausgerichteter Systeme im Wesentlichen einst aus Gründen der Wissensökonomie als effektiver betrachtet als der menschliche Planungsprozess, wie Hayek ausführlich 1945 in seinem Aufsatz „The Use of Knowledge in Society" darstellt (Hayek 1945, S. 526 f.). Der damals noch geltende wissensbedingte Nachteil planwirtschaftlicher Prozesse sollte diesen in Anbetracht der heutigen Verfügbarkeit äußerst großer Datenmengen in Echtzeit in der Gegenwart allerdings nicht mehr zum Nachteil gereichen. Und tatsächlich ist es so, dass innerhalb des marktwirtschaftlichen Umfelds Subsysteme äußerst erfolgreich aufgrund erhobener Daten gesteuert werden, ohne dass auf die „unsichtbare Hand" vertraut wird: das ist in weiten Teilen der digitalen Ökonomie der Fall und bedingt den ökonomischen Erfolg von Unternehmen wie Google oder Amazon, die auf Prinzipien der geplanten Ökonomie zurückgreifen. Dass in diesem Umfeld nicht notwendigerweise gerechtere Systeme entstehen, wie einst Anliegen des Projekts Cybersyn, ist ein weiterer Gegenstand der Diskussion um die digitale Wirtschaft, in welcher sorgfältig zwischen geplanten Ökonomien und digitalem Kapitalismus unterschieden wird (beispielsweise Daum und Nuss 2021).

Vor dem Hintergrund der ursprünglichen Intentionen von Cybersyn ließe sich entsprechend weiter überlegen, welche Potenziale die digitale Regierungsführung heute hinsichtlich der Ausgestaltung einer gerechteren Gesellschaft birgt und welche mit Blick auf die Nachhaltigkeit unseres Wirtschaftens.

10.2.5 Soziale Marktwirtschaft

Manchmal wird das Konzept der sozialen Marktwirtschaft ähnlich wie der Konkurrenzsozialismus als Ausdruck eines dritten Wegs zwischen Marktwirtschaft und Zentralverwaltungswirtschaft interpretiert (Schüller 2000; Müller 2019) oder gar explizit als alternatives Wirtschaftssystem kategorisiert (Köhne 2021). Allerdings muss bemerkt werden, dass die Soziale Marktwirtschaft keinen Sonderweg darstellt, sondern als eine *spezielle Form* der Marktwirtschaft verstanden werden muss. Auch die soziale Marktwirtschaft basiert auf der grundsätzlichen Vorstellung, dass der Wettbewerb besser als andere Marktformen in der Lage ist, eine befriedigende Güterversorgung der Gesellschaft bereitzustellen (Erlei 2019a). Allerdings grenzt sich die soziale Marktwirtschaft vom angelsächsischem Verständnis der Marktwirtschaft durch eine starke Betonung von Ordnungsfragen ab, die die klassische liberale Wirtschaftsordnung ergänzen.[6]

In Deutschland war es vor allem die Schule des Ordoliberalismus, die die Entwicklung der sozialen Marktwirtschaft prägte. Zu den wichtigsten ordoliberalen Denkern, die die Konstitution der Wirtschaftspolitik in Deutschland nach dem zweiten Weltkrieg prägten, gehörten neben dem häufig als „Vater" der sozialen Marktwirtschaft und des Wirtschaftswunders bezeichneten LUDWIG ERHARD (1897–1977) vor allem WALTER EUCKEN (1891–1950), ALFRED MÜLLER ARMACK (1901–1978), FRANZ BÖHM (1895–1977) und WILHELM RÖPKE (1899–1966). Ihrem eigenen Anspruch nach zielt die soziale Marktwirtschaft auf eine Synthese zwischen der rechtsstaatlich abgesicherten wirtschaftlichen Freiheit der Individuen und den sozialstaatlichen Idealen der sozialen Gerechtigkeit (Baßeler et al. 2010):

- Auf der einen Seite werden wirtschaftliche Freiheiten des Individuums wie die Konsumfreiheit, die Investitionsfreiheit, die Freiheit der Berufswahl, die Gewerbefreiheit oder die Handelsfreiheit verfassungsrechtlich geschützt. Gleichzeitig ist es auch die Aufgabe des Staates, die Bedingungen dafür zu schaffen, dass der Wettbewerb nicht missbräuchlich von Partialinteressen genutzt wird.
- Auf der anderen Seite wird betont, dass die Ausübung dieser Freiheitsrechte dort seine Grenzen hat, wo die Rechte Dritter, die verfassungsmäßige Ordnung oder allgemeine Sitten davon bedroht werden.

Der *Begriff des Sozialen* soll dabei einerseits zum Ausdruck bringen, dass die Vorteile der Marktwirtschaft nicht in der privaten Gewinn- oder Nutzenmaximierung liegen, sondern in ihrer Fähigkeit zur Schaffung von Wohlstand und Vorteilen für

---

[6] Neben der sozialen Marktwirtschaft in Deutschland, die von Müller (2019) als dritter Weg betrachtet wird, kennzeichnet dieser auch andere Typen von Marktwirtschaften, die aufgrund unterschiedlicher sozialer, ökonomischer oder kultureller Einflüsse unterschiedliche Leitbilder in der Ordnungspolitik entwickelt haben. Als Beispiele nennt er eine libertäre marktwirtschaftliche Ordnung in den USA, eine hybride marktwirtschaftliche Ordnung in Großbritannien oder auch eine kollektivistisch geprägte Soziale Marktwirtschaft in Japan (Müller 2019, S. 14).

alle. Das Gewinnstreben der Unternehmen ist hier also kein Selbstzweck, sondern dient der allgemeinen Vorteilserzielung. Die Beschränkung dieses Gewinnstrebens erfolgt jedoch nicht willkürlich und einzelfallbezogen durch den Staat, sondern durch den Wettbewerb selbst und durch ordnungspolitische Beschränkungen. Andererseits impliziert dies, dass die Marktfreiheit aus sozialen Gründen dort beschränkt werden kann, wo sich Ergebnisse zeigen, die aus gesellschaftlicher Sicht unerwünscht sind.

Darüber, wie sich diese Idee des Sozialen konkret realisieren lässt und wie weit der Eingriffs- und Korrekturbedarf in den Marktprozess und seine Ergebnisse geht (oder gehen sollte), lassen sich keine sehr präzisen Aussagen treffen oder Abgrenzungen vornehmen. Aus Sicht der Vordenker der sozialen Marktwirtschaft wäre dies auch gar nicht sinnvoll, denn der Begriff ist eher als ordnungspolitisches Orientierungsideal zu verstehen, mit der das Ziel einer Verbindung von wirtschaftlichem und sozialem Fortschritt zur Orientierung formuliert wird. Hiernach ist der Wettbewerb selbst nicht als Naturgesetz oder fixierte Ordnung zu verstehen, sondern als gesellschaftliche Gestaltungsaufgabe zu begreifen.

Diese Differenzierung im institutionellen Gefüge der sozialen Marktwirtschaft lässt sich anhand der von WALTER EUCKEN vorgeschlagenen Unterscheidung zwischen konstituierenden und regulierenden Prinzipien der Marktwirtschaft ablesen (Erlei 2019a).

- Die sieben *konstituierenden Prinzipien* betreffen v. a. die in Tab. 10.1 formulierten marktwirtschaftlichen Ausprägungen eines Wirtschaftssystems. Sie heben die Bedeutung von Privateigentum, Vertragsfreiheit und den offenen Zugang zu Märkten hervor. Gleichzeitig betonen sie die Aufgabe des Staates in Bezug auf die Gewährleistung einer stabilen Geld- und Währungsordnung und einer stetigen, vorhersehbaren Wirtschaftspolitik.
- Die vier *regulierenden Prinzipien* beziehen sich auf einige „Verhaltensregeln" des Staates, sofern dieser aktiv in den Wirtschaftsprozess eingreift. Nach ordoliberalem Verständnis bedarf der Erhalt einer funktionsfähigen Wettbewerbsordnung einiger zusätzlicher Elemente in der Wirtschaftsordnung. Eingriffe des Staates sollten hiernach erfolgen, wenn die Marktmacht einzelner Marktteilnehmer einzudämmen ist oder wenn es um die Internalisierung externer Effekte und die Bereitstellung öffentlicher Güter geht. Darüber hinaus wird dem Staat aber auch grundsätzlich eine aktive, regulierende Rolle bei der Stabilisierung der Konjunktur und der Gewährleistung einer einigermaßen gerechten Verteilung der Einkommen zugewiesen. Damit zusammenhängend wird dem Staat auch die Aufgabe einer Sozialpolitik zuerkannt, die grundsätzlich subsidiär organisiert sein und jedem Individuum die Teilnahme am gesellschaftlichen Leben ermöglichen soll.

Das Zusammenspiel von EUCKENs Konzeption der regulierenden und konstituierenden Prinzipien der Wettbewerbsordnung der sozialen Marktwirtschaft lässt sich

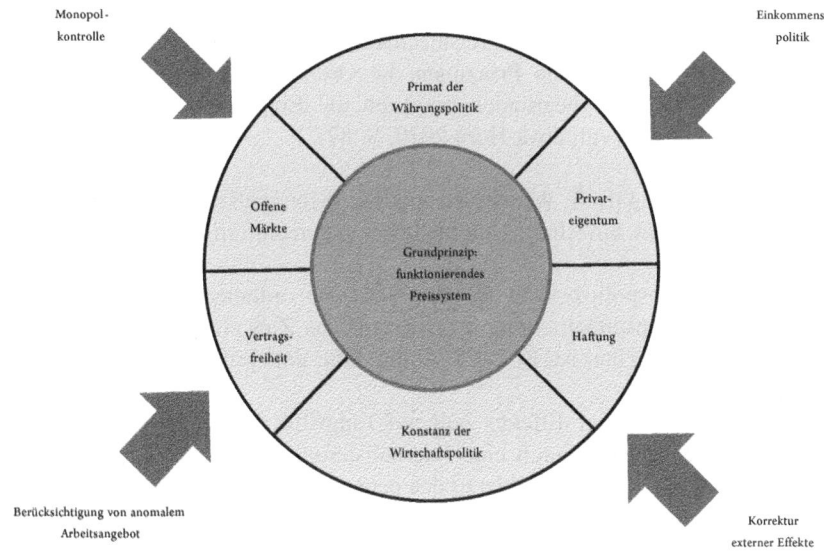

Abb. 10.3 Konstituierende und regulierende Prinzipien einer Wettbewerbsordnung (Quelle: Schüller und Krüsselberg 2005, S. 55)

anhand von Abb. 10.3 verdeutlichen. Während die im Kreis dargestellten Prinzipien konstituierend für die soziale Marktwirtschaft sind, stellen die regulierenden Prinzipien auf die Gestaltung der Eingriffe des Staates ab.

Bedeutsam an dieser Darstellung ist die zentrale Position des Preissystems als Grundprinzip der konstituierenden Prinzipien (Horn 2010, S. 63 ff.). Hiernach ist jede Wirtschaftspolitik zum Scheitern verurteilt, der es nicht gleichzeitig gelingt, einen funktionsfähigen Preismechanismus zu etablieren. Die Signalfunktion der Preise informiert Produzenten und Konsumenten über sich verändernde Knappheiten und Präferenzen und führt zur optimalen Nutzung des dezentral verfügbaren Wissens. Die weiteren konstituierenden Prinzipien

- der Währungspolitik (zur Sicherung des stabilen Geldwertes),
- der Offenheit von Märkten (mit der Möglichkeit des freien Marktzugangs),
- der Sicherung, gleichzeitig aber auch sozialen Einhegung des Privateigentums,
- der Vertragsfreiheit, die letztlich auf die Freiwilligkeit wirtschaftlicher Entscheidungen abzielt,
- der Haftung, die die Voraussetzungen für die Rechenhaftigkeit von Entscheidungen und Verantwortlichkeit der Entscheider schafft und damit so etwas wie Leistungswettbewerb und Verursacherprinzip ermöglicht,
- und der Konstanz der Wirtschaftspolitik, die auf die Berechenbarkeit der politischen Rahmenbedingungen für die Entscheidungsträger abzielt,

sind damit letztlich nichts Anderes als ordnungspolitische Konkretisierungen, die die Funktionsfähigkeit des Preismechanismus absichern sollen. In Gänze stellen diese konstituierenden Prinzipien die Ordnung der Wirtschaft her. Die regulierenden Prinzipien begründen hingegen die Eingriffe des Staates in das Wirtschaftsgeschehen (vgl. etwa Horn 2010, S. 87).

- Im Zuge einer aktiven Wettbewerbspolitik (Monopolkontrolle) soll verhindert werden, dass einzelnen Unternehmen ungerechtfertigte Machtpositionen zuwachsen.
- Die Einkommenspolitik sieht für den Staat die ordnungspolitische Aufgabe einer Einkommensumverteilung vor, die auf das Ziel einer Verbesserung der Gerechtigkeit gerichtet ist. EUCKEN schlug dafür eine progressive Einkommensteuer vor.
- Die Korrektur externer Effekte zielt auf Eingriffe des Staates im Falle von Marktversagen ab, die durch eine Internalisierung der externen Effekte überwunden werden sollten (vgl. hierzu das neunte Kapitel dieses Buches).
- Das vierte der regulierenden Prinzipien zielt insbesondere auf Besonderheiten des Arbeitsmarktes. Unter anomalem Angebotsverhalten versteht man grundsätzlich ein Verhalten von Anbietern auf einem Markt, bei dem ein Rückgang der Preise das Angebot erhöht. Dies kann zwar als Sonderfall betrachtet werden, wäre aber auf dem Arbeitsmarkt ein soziales Problem: Wenn aufgrund sinkender Löhne Arbeitskräfte, nach einer Ausdehnung ihrer Beschäftigungsverhältnisse oder nach Zweitjobs suchen, da der gesunkene Lohnsatz nicht zum Leben reicht, stellt dies ein sozialpolitisches Problem dar, welches nach Ansicht von Eucken durchaus ein zusätzliches Eingreifen des Staates (wie etwa mit der Mindestlohnpolitik) in den Preismechanismus rechtfertigen kann.

Ein auf derartigen Prinzipien beruhendes Handeln des Sozialstaates mit dem Ziel einer Erhöhung der individuellen Freiheit wird zumindest grundsätzlich von so unterschiedlichen Liberalen wie EUCKEN und HAYEK befürwortet (vgl. etwa Abschn. 5.6.3 dieses Buches). Allerdings wird eine diskretionäre und einzelfallbezogene Einmischung des Staates in den Wirtschaftsprozess kritisch gesehen. Auch aus ordoliberaler Sicht wird ein Vorrang der allgemeinen Ordnungspolitik vor einer einzelfallbezogenen Prozesspolitik betont (Erlei 2019a).

Ein wichtiger Aspekt bei der Analyse der sozialen Qualität der Sozialen Marktwirtschaft liegt in der Einschätzung der Natur des Marktprozesses. Wird die Marktwirtschaft erst durch ihre ordoliberale Einbettung zu einer sozialen Institution? Verteidiger der Marktwirtschaft (auch der Sozialen Marktwirtschaft) weisen in diesem Zusammenhang häufig darauf hin, dass der Marktprozess selbst soziale Qualitäten entfalte. Wettbewerb und Gewinnstreben als „Systemimperative" der Marktwirtschaft seien kein Selbstzweck, sondern ein Instrument, *„und zwar das beste bisher bekannte Instrument zur Verwirklichung der Solidarität aller Menschen"* (Homann und Gruber 2014, S. 28). Allerdings wird bei dieser Einschätzung der Marktwirtschaft als sittliches System eingeräumt, dass es sich hierbei um eine *„eine unpersönliche Solidarität, ohne solidarische Motive oder Emotionen"*

(S. 28) handelt. Dies sei gewiss nicht gleichzusetzen mit einem naiven Glauben an die Metapher der unsichtbaren Hand von ADAM SMITH, denn nur unter dem Dach eines geeigneten Regelsystems kann damit gerechnet werden, dass die Marktwirtschaft das Wohl aller Individuen fördert. Hiernach ist es also die gesellschaftliche Bestimmung der geeigneten Rahmenordnung und nicht der Zusatz des Begriffs „sozial" in ihrem Namen, die der sozialen Marktwirtschaft eine moralische Qualität einräume.

Box 10.3: Moral und Märkte I – Führen Märkte zu einer Verdrängung von Moral? Ein Experiment mit Mäusen

Welche Rolle die Rahmenordnung von Märkten für die moralische Qualität individueller Entscheidungen spielt, lässt sich anhand eines vieldiskutierten Experimentes von Armin Falk und Nora Szech zeigen (Falk und Szech 2013). Sie boten mehreren Hundert Studierenden der Universität Bonn in drei unterschiedlichen Treatments (Versuchsaufbauten) das folgende Geschäft an: Durch den Verzicht auf eine Geldzahlung konnten die Versuchspersonen die Tötung einer Labormaus verhindern, m. a. W.: Falk und Szech fragten im Experiment nach der (Zahlungs-) Bereitschaft ihrer Versuchspersonen für das Leben einer Maus. Da natürlich jede Ethikkommission einer Universität völlig zu Recht das Töten von Tieren für die Belange ökonomischer Experimente verbieten würde, nutzten Falk und Szech für ihre Untersuchung Mäuse aus der Pharmaforschung. Sie kauften mit dem von den Versuchspersonen eingesetzten Geld überschüssige Labormäuse aus der Pharmaforschung und sicherten damit deren Überleben. Üblicherweise werden Mäuse, die für die Belange der Pharmaforschung gezüchtet werden, immer dann durch Vergasung getötet, wenn diese z. B. aufgrund von Gendefekten in der Forschung keine weitere Verwendung finden können.

Falk und Szech stellten ihre Versuchspersonen also vor die Entscheidung, zwischen dem Erhalt einer Zahlung und dem Überleben einer Maus zu wählen. Bedeutsam ist nun, dass die Zahlungsbereitschaft für das Leben einer Maus bei Konstanthaltung der grundsätzlichen Struktur des Abwägungsprozesses in drei unterschiedlichen institutionellen Arrangements untersucht wurde, denen die Versuchspersonen per Zufall zugeordnet wurden.

- Im ersten Treatment wurde den einzelnen Versuchspersonen jeweils das individuelle Angebot gemacht, für den Betrag von 10 € einer Maus das Überleben zu sichern (individuelle Entscheidung).
- In einem zweiten Treatment (bilateraler Markt) wurden je zwei Versuchspersonen im Zuge einer doppelten Auktion auf einem Markt zusammengeführt. Einer Person wurde die Rolle eines im „Besitz" der Maus befindlichen Verkäufers zugewiesen, die andere Person erhielt die Rolle eines Käufers. Käufer und Verkäufer konnten Angebote auf diesem Markt einstellen. Konnten sie sich im Zuge des Auktionsprozesses auf einen Preis für die Maus einigen,
  - so erhielt der Käufer eine Auszahlung in Höhe von 20 € abzüglich des Preises der Maus,
  - der Käufer erhielt den Preis als Auszahlung
  - und die Maus wurde getötet (bzw. nicht durch die Experimentatoren aufgekauft).
- In einem dritten Treatment (multilateraler Markt) wurde der Versuchsaufbau des bilateralen Marktes wiederholt, der Unterschied bestand jedoch darin, dass jeweils 7 Käufer und 9 Verkäufer gemeinsam auf einem Markt in den Austausch traten. Jeder der 9 Verkäufer war im Besitz einer Maus, die er hier in die Auktion stellen konnte. Die sich bei einer Einigung ergebenden Auszahlungen bzw. Konsequenzen waren identisch (im Vergleich zum bilateralen Markt).

Falk und Szech formulieren die Hypothese, dass marktliche Arrangements (wie im bilateralen und multilateralen Markt) im Vergleich zur rein individuellen Entscheidungssituation dazu neigen, moralische Standards des individuellen Verhaltens zu verdrängen. Diese Hypothese stützen sie auf drei Argumente (S. 708): Erstens setzt der Abschluss einer Transaktion auf einem Markt eine Übereinkunft von mehreren Individuen voraus, die auch als Teilung oder gar Ausdünnung der individuellen Verantwortung wahrgenommen werden kann. Zweitens kann auf Märkten das

Verhalten anderer Marktteilnehmer beobachtet werden. Öffentlich zugängliche, aber nicht unbedingt personell direkt zurechenbare Informationen über die moralischen Standards anderer können zu einer Dynamik führen, bei der eigene moralische Standards zunehmend als obsolet wahrgenommen werden und das Gefühl entsteht „Wenn ich es nicht tue, werden es andere tun". Und drittens fokussiert die Preisbildung auf Märkten die Aufmerksamkeit der Individuen grundsätzlich auf materielle und kompetitive Aspekte des Marktprozesses, die möglicherweise nicht-materielle oder moralische Überlegungen der Individuen in den Hintergrund drängen.

Tatsächlich sehen Falk und Szech im Mäuseexperiment ihre grundsätzliche Hypothese einer Erosion moralischer Werte im Marktprozess im Experiment bestätigt. Im ersten Treatment lehnten es 54 % der Versuchspersonen im Zuge ihrer individuellen Entscheidungen ab, die Maus zu töten und waren bereit, dafür auf ihre Auszahlung von 10 € zu verzichten. 46 % von ihnen waren also bereit, die Tötung einer Maus für 10 € (oder auch für geringere Geldbeträge) zu akzeptieren. Im Gegensatz dazu willigten 72 % der Personen im bilateralen und 76 % der Personen im multilateralen Markttreatment ein, eine Maus für 10 € oder geringere Beträge zu töten. Der Anteil derjenigen Versuchspersonen, die bereit sind, auf eigene Vorteile zu verzichten, um das Leben einer Maus zu schonen, ist in den beiden Markt-Treatments deutlich geringer als im individuellen Treatment. Offenbar sind Märkte ohne weitere Regulierung nur begrenzt geeignet, moralische Standards des Verhaltens zu etablieren und können sogar zu deren Erosion beitragen. Falk und Szech interpretieren die im Experiment beobachtete Veränderung bzw. Verdrängung moralischer Werte als kausalen Effekt von Institutionen und verweisen darauf, dass jede Gesellschaft für sich selbst entscheiden sollte, wo die Verwendung von marktlichen Allokationsmechanismen angemessen ist und wo nicht.

Noch eine weitere Schlussfolgerung von Falk und Szech ist interessant: Das Experiment wurde jeweils über mehrere Runden gespielt. Hierbei beobachteten sie, dass der Anteil der Personen, die der Tötung einer Maus zustimmten und der Anteil derjenigen, die dies ablehnten relativ konstant blieb. Während jedoch in der Gruppe derjenigen, die der Tötung einer Maus zustimmten, der Preis, zu dem sie sich auf die Tötung der Maus einigten, von Runde zu Runde zurückging, blieben diejenigen, die nicht in die Tötung der Mäuse einwilligten, offenbar einigermaßen unversucht und unbeeindruckt von ihrem materiellen Verzicht für das Leben der Maus. Falk und Szech vermuten, dass dieses Verhalten nicht im Sinne einer konsequentialistischen Nutzenfunktion erklärt werden kann: *„We speculate that subjects who refused to exchange money for mouse life all may have followed a rule-based, e.g. Kantian ethic: ,…everything has either price or dignity. Whatever has price can be replaced by something else which is equivalent; whatever, on the other hand, is above all price, and therefore admits of no equivalent, has a dignity'"* (Falk und Szech 2013, S. 709; Kant 2019, S. 71).

Zwar gab es bereits ordoliberale Denker wie WILHELM RÖPKE, die die moralischen Fähigkeiten von Märkten eher kritisch einschätzten und an moralische und soziokulturelle Voraussetzungen gebunden sahen, die Märkte aus sich selbst nicht herstellen, gleichwohl aber aufzehren können (Küng 2019). Mit Kritikern aus den eigenen Reihen, die eine moralische Reflexion von Marktprozessen fordern, geht die Standardökonomik allerdings wenig nachsichtig um (Ulrich 2019). Falk und Szech legen bei ihren Interpretationen der Ergebnisse des Mäuse-Experimentes zwar Wert darauf, dass auch sie davon überzeugt sind, dass wettbewerbliche Märkte unbestreitbar über sehr überzeugende Eigenschaften und Informationsverarbeitungskapazitäten verfügen, um über Güterknappheiten zu informieren und effiziente Ressourcenallokationen herbeizuführen. *„The point of this study is not to question market economies in general."* (S. 710). Gleichwohl sehen etwa Breyer und Weimann (2015) angesichts der Publikation von Falk und Szech die Notwendigkeit, die von Ökonomen seit Jahrhunderten untersuchten Effizienzwirkungen von Märkten vor dem hier angelegten Versuch einer fundamentalen Erschütterung seiner Wertebasis zu beschützen. Sie betonen vor allem methodische Schwächen der Studie: *„…we demonstrate that the claim made by Falk and Szech is unfounded …and that their experimental results can be (and should be) interpreted, if anything, in exactly the opposite way"* (Breyer und Weimann 2015, S. 387).

Der Kernvorwurf von Breyer und Weimann bezieht sich darauf, dass aus ihrer Sicht eigentlich nur das erste Treatment (individuelle Entscheidung) einem reinen Markt gleicht. Da den Versuchspersonen hier ein vorgegebener Preis für die Schonung des Mäuselebens gegeben wurde, sei dies mit ihrem alltäglichen Verhalten auf Märkten vergleichbar, auf denen sie ja ebenfalls den Preis der Güter nicht beeinflussen könnten (Preisnehmerverhalten). Die Erosion moralischer Werte in den anderen beiden Treatments führen sie hingegen nicht auf den Faktor „Markt" zurück, sondern darauf, dass es sich unter den Bedingungen einer doppelten Auktion letztlich um Entscheidungen unter Beteiligung mehrerer Individuen handelt. In einem kollektiven Verhandlungsprozess, der in diesen beiden Markt-Treatments induziert wurde, sei mit strategischem Verhalten zu rechnen, bei dem die Versuchspersonen nicht ihre „wahren" Präferenzen zeigen, sondern von anderen, im Experiment jedoch nicht untersuchten Faktoren beeinflusst sind. Daher sei die Interpretation der Ergebnisse umzudrehen, denn im ersten Treatment eines „reinen" Marktes war moralisches Verhalten deutlich häufiger anzutreffen. Die Ergebnisse zeigten lediglich, dass Konsumenten auf Märkten ihren Präferenzen folgen und dabei auch moralische Werte eine Rolle spielen. Diese könnten allerdings im Gruppenkontext von strategischen Überlegungen überlagert sein, weil Menschen sich in Gruppen anders verhalten als bei reinen Individualentscheidungen.

Insgesamt stehen sich hier also zwei Auffassungen gegenüber:

- Falk und Szech definieren Märkte – wie in Lehrbüchern üblich (vgl. etwa Mankiw et al. 2008, S. 73) – als Institutionen, auf denen Käufer und Verkäufer interagieren, auf denen es immer dann zu einem Handel kommt, wenn sie sich auf einen gemeinsamen Preis einigen. Sie interpretieren ihre Daten so, dass Individuen sich auf Märkten im Vergleich zu rein individuellen Entscheidungen weniger häufig von moralischen Überlegungen leiten lassen.
- Breyer und Weimann interpretieren diesen Effekt hingegen als Resultat von individuellen Verhaltensweisen, die nur unter spezifischen Ausprägungen der marktlichen Institutionen entstehen. Ein solches institutionelles Design von Märkten, wie es im Experiment praktiziert wurde, sei zudem in der Realität (z. B. auf elektronischen Plattformmärkten) nicht häufig anzutreffen.

Bei allen Differenzen verbindet beide Positionen offenbar die Überzeugung, dass Märkte nicht per se, sondern nur unter geeigneten Rahmenbedingungen dazu führen, dass Individuen die moralischen Implikationen ihres Verhaltens berücksichtigen. In ihrer Erwiderung auf Breyer und Weimann (2015) beharren Falk und Szech jedoch auf ihrem Befund, dass insbesondere von der Institution des multilateralen Marktes ein kausaler Effekt für die Erosion moralischer Werte ausgehe. Sie verweisen darauf, dass „the development of a complex market structure may require and therefore correlate with the prevalence of moral and social values, such as trust and cooperativeness" (Falk und Szech 2015, S. 392; vgl. hierzu auch Box 10–7 zu den Thesen von Hirschman 1982). Aus ihrer Sicht verbleibt die Notwendigkeit, die Auswirkungen marktlicher Institutionen auf moralisches Verhalten stärker zu untersuchen: „This will hopefully provide a basis for policy interventions designed to limit moral transgression" (S. 393).

10.3 Die gesellschaftliche Kontroverse um alternative Wirtschaftsmodelle

10.3.1 Postwachstumsökonomie als Systemalternative?

Auf den ersten Blick nur indirekt an den oben diskutierten ordnungstheoretischen ökonomischen Grundlagen der Marktwirtschaft setzen die Vorstellungen der Postwachstumsökonomie an. Den Status als Systemalternative beziehen die Vertreter dieses Ansatzes wie etwa Nicholas Georgescu-Roegen oder Nico Paech im Wesentlichen aus zwei Forderungen:

- *Erstens* kritisieren sie einen aus ihrer Sicht blinden ökonomischen Fortschritts-glaubens und fordern von den Individuen und der Gesellschaft die Entwicklung neuer Lebensstile, für die im derzeitigen, auf rein materielles Wachstum ausgerichteten Wirtschaftssystem kein Platz sei.
- Und *zweitens* kritisieren sie die aus ihrer Sicht einseitigen ökonomischen Prämissen des Wirtschaftsmodells und fordern daher eine interdisziplinäre Neu-ausrichtung der Ökonomik. Die Dominanz von ökonomischen Prinzipien wie etwa der Betonung allokativer Effizienz oder dem Denken in Opportunitätskos-ten und relativen Knappheiten wollen Sie durch eine stärkere Fokussierung auf absolute Knappheiten im Sinne des zweiten Hauptsatzes der Thermodynamik überwinden.

Die derzeitige Politik und das derzeitige Wirtschaftssystem verhindern nach Ansicht der Postwachstumstheoretiker aufgrund vieler Abhängigkeiten eine Poli-tik innerhalb der Grenzen des Wachstums (Seidl und Zahrnt 2012). Bisherige ökonomische Analysen würden die Bedeutung absoluter Grenzen der Natur für die Entnahme von Ressourcen oder die Eintragung von Schadstoffen ausblen-den. Anstatt auf technologische Effizienzsteigerungen oder die verstärkte Nutzung grüner Technologien zur Verbesserung der Nachhaltigkeit zu setzen, gehe es viel-mehr um den Rückbau der globalen Arbeitsteilung und die absolute Reduktion von Produktion und Konsum in der Genügsamkeit und Selbstversorgung loka-ler Zusammenhänge. Die Vorstellung über „grünes" Wachstum eine Entkoppelung von Konsum und ökologischen Schäden zu erreichen, wird abgelehnt und auf den Irrglauben zurückgeführt, man könne einzelne Elemente wirtschaftlicher Aktivi-täten oder bestimmte Produkte mit dem Attribut der Nachhaltigkeit ausstatten. Vielmehr führe jede einzelne Konsum- und Produktionsaktivität zu einer Steige-rung des Bruttoinlandsproduktes und zu mehr Wachstum (Paech 2017). Was von diesen Modellen für die materielle Güterproduktion angestrebt wird, ist offenbar nur für reine Überlebensgemeinschaft ausreichend (Binswanger et al. 1979). Quan-titatives Wachstum oder auch nur qualitatives Wachstum (mit einer Orientierung an technischem, umweltschonendem Fortschritt und nachhaltiger Produktion) wird als Wachstumszwang kritisiert, der die objektiven Grenzen des Wachstums missachte.

Auch wenn die Konzepte der Postwachstumstheoretiker nicht einheitlich sind, liegt das gemeinsame Merkmal ihrer Ideen darin, dass das derzeitige Wirtschafts-system Wirtschaftswachstum um jeden Preis und um seiner selbst erfordere. Die Vorstellung eines fortdauernden Wachstums stelle letztlich die Hauptursache für die meisten Übel der Welt dar (Köhne 2021). Vertreter der Postwachstumsöko-nomie hoffen vielmehr auf *„wissenschaftliche Analysen und zivilgesellschaftliche Akteure*[7]*, die dieses Narrativ herausfordern und für eine Wirtschaft ohne Wachstum*

---

[7] Auch wenn der Begriff der „Zivilgesellschaft" in der gesellschaftlichen und politischen Diskus-sion mittlerweile recht etabliert ist, sei an dieser Stelle etwas ironisch nach der Trennschärfe dieses Begriffs gefragt. Wenn es in der Gesellschaft eine Zivilgesellschaft gibt, bedeutet dies ja auch, dass es einen Teil der Gesellschaft gibt, der *nicht* der Zivilgesellschaft zuzuordnen ist, der für die

plädieren" (Lange et al. 2019, S. 108). Naiver Fortschrittsglaube und Wachstums-logik führen dazu, dass viele Menschen über ihre Verhältnisse in einer Ökonomie der Maßlosigkeit leben. Neben einer planvoll gestalteten, wirtschaftlichen und gesellschaftlichen Transformation und dem Rückbau globaler Wertschöpfungsketten gehe es daher darum, dass die Individuen ihren Lebensstil ändern. *„Somit bleibt nur eine Konsequenz: Das Ausmaß industriell-arbeitsteiliger Versorgungs-systeme, deren Output zum Wachstum des Bruttoinlandsproduktes beiträgt, muss reduziert werden. Nicht technologische Anpassung, sondern Rückbau, insbeson-dere die Reduktion nicht verantwortbarer Mobilitäts-, Konsum- und sonstiger Komfortansprüche ist das einzige noch verbleibende Mittel"* (Paech 2013, S. 146).

Paech vermutet aufgrund des in unserer Gesellschaft und ihren Versorgungssys-temen kumulierten Wohlstands massive Ängste vor einem sozialen Abstieg: *„Je höher die erklommene Sprosse der Wohlstandsleiter ist, umso tiefer wäre der (soziale) Fall, wenn die monetäre Einkommensquelle versiegt... Denn wer hoch fliegt, fällt umso tiefer, wenn das System abstürzt"* (S. 151). Allerdings sieht er diese Abstiegs-ängste als eher psychologischer Natur, die objektiv überwunden werden könnten, wenn die Menschen sich mit weniger zufriedengeben und in Harmonie leben würden. Er betrachtet dies als Suffizienzstrategie. Hierfür müssten die Menschen lediglich ihre Konsumaktivitäten auf ein begrenztes Spektrum reduzieren und ein bewusstes Desinteresse für zu viel Konsum entwickeln: *„Sich klug jener Last zu entledigen, die viel Zeit kostet, aber nur minimalen Nutzen stiftet, führt im Übrigen zu mehr Unabhängigkeit vom volatilen Marktgeschehen, von Ressourcen, Geld und Erwerbsarbeit"* (S. 153). Der beste Konsum und der beste Energieverbrauch sei der, der gar nicht stattfindet.

Um den Systemwechsel zu erreichen, ist nach Ansicht der Postwachstumstheo-retiker zunächst eine makroökonomische Politik der wirtschaftlichen Schrumpfung nötig, die später in eine Stagnation übergehen müsse (Kerschner 2010). Eine Wirt-schaft mit Null-Wachstum erfordere neben politischen Maßnahmen im Bereich der Steuergesetzgebung und der Subventionen vor allem die von Paech anvisierten individuellen Präferenzänderungen in Richtung einer geringeren Sparquote, höhe-ren Freizeitwünschen und geringeren Konsumwünschen. Allerdings scheinen diese Weichenstellungen innerhalb des derzeitigen Wirtschaftssystems nicht möglich zu sein. Diesen notwendigen Weichenstellungen stünden die Zwänge kapitalistischer Gesellschaften etwa in Form des Innovationszwanges, des Konkurrenzzwanges und auch die Lohnabhängigkeit der Arbeiter gegenüber. Da Lohnarbeiter nicht ohne weiteres auf Arbeitszeit verzichten können und Unternehmen im Wettbewerb

---

Belange der Diskussion unter den zivilgesellschaftlichen Akteuren also auszugrenzen wäre. Frü-her hätte man vermutlich den Bereich des Militärs, bzw. des militärisch-industriellen Komplexes der Nicht-Zivilgesellschaft zugeordnet. *„Heute umschreibt der Begriff einen Bereich innerhalb der Gesellschaft, der zwischen dem staatlichen, dem wirtschaftlichen und dem privaten Sektor ange-siedelt ist."* (https://www.bmz.de/de/service/lexikon/zivilgesellschaft; abgerufen am 13.04.2022). Offensichtlich sucht dieser moderne Begriff an der Schnittstelle zwischen dem Nicht-Staatlichen, dem Nicht-Privaten und dem Nicht-Wirtschaftlichen im Zuge einer Art Selbstreinigung nach den „wahren" Quellen des Pluralismus für den gesellschaftlichen Diskurs.

auch nicht auf Gewinn verzichten können, müsste letztlich die Produktion dem Markt entzogen und das Eigentum der Unternehmen vergesellschaftet werden, um langfristig die Ziele einer Postwachstumsgesellschaft zu erreichen (Lange et al. 2019).

Wie sind diese Überlegungen nun aus Sicht der Ökonomik einzuschätzen? Die von der Postwachstumsgesellschaft mit der Regionalisierung und Verkürzung von Wertschöpfungsketten angestrebte Veränderung zielt zunächst auf die Verringerung der gesamtwirtschaftlichen Kapitalintensität, d. h. das Verhältnis vom eingesetzten Kapitalstock zur eingesetzten Menge an Arbeit. Kapital soll durch Arbeit substituiert werden, die Arbeitszeit selbst soll jedoch später ebenfalls verkürzt werden. Damit geht notwendigerweise die Produktivität der Arbeit zurück. In der Sprache der Realwirtschaft bedeutet dies, dass auch die Löhne zurückgehen müssen. Dies mag aus Suffizienzerwägungen individuell und je nach Lebensstil akzeptabel erscheinen. Theoriehistorisch sind Wachstumsfragen (etwa bei DAVID   RICARDO oder THOMAS   MALTHUS) jedoch immer auch im Kontext des Bevölkerungswachstums analysiert worden. Man könnte vermuten, dass eine Postwachstumsgesellschaft sich auch für zurückgehendes, vielleicht sogar negatives Bevölkerungswachstum ausspricht. Dies impliziert jedoch gravierende Übergangsprobleme. In einer alternden Gesellschaft muss ein stetig steigender Bevölkerungsanteil von Rentnern von einem sinkenden Anteil Erwerbstätiger versorgt werden. Sofern die Beiträge zur Sozialversicherung nicht deutlich erhöht oder die Rentenniveaus nicht deutlich gekürzt werden sollen, steht derzeit nur das Wachstum der Arbeitsproduktivität als Ausgleich für den demographischen Wandel zur Verfügung. Der von den Postwachstumstheoretikern bewusst angestrebten Rückgang der Arbeitsproduktivität würde dieses Problem erheblich verschärfen. Ob sich die sozialen Verwerfungen des angestrebten Transformationsprozesses auf rein psychologische Fragen eines „weniger ist mehr" reduzieren lassen, bliebe dann abzuwarten. Die Postwachstumstheoretiker konzentrieren ihre Überlegungen rein normativ auf eine sozial eingebettete Ökonomie und ein gelingendes Leben in regionalen Zusammenhängen. Sie lassen jedoch die Frage offen, wie die zur Einhaltung ökologischer Grenzen angestrebte Verringerung des Güteroutputs, die Verringerung der Arbeitsproduktivität und die Substitution von Kapital durch bestenfalls nicht-entfremdete Subsistenzarbeit konkret geleistet werden könnte (Köhne 2021).

Eine auf Wachstumsverhinderung und eine reine Überlebensgesellschaft ausgerichtete Politik dürfte unter dem Strich gesellschaftlich kaum durchsetzbar sein. Gleichzeitig ist unbestritten ist, dass wirtschaftliche Entwicklung nur im Rahmen der natürlichen Tragfähigkeit der Umwelt erfolgen sollte. Aus ökonomischer Sicht ist nicht einsehbar, dass Wachstum und wirtschaftliche Entwicklung nicht mit Umweltentlastung und der Schonung natürlicher Ressourcen verbunden werden kann. Auf sehr pointierte und optimistische Weise drückt dies beispielsweise Holger Bonus aus: *„Der Club of Rome bemerkte nicht, dass er einem biologistischen Denken aufgesessen war, das dem Gegenstand nicht entsprach. Die Bäume wachsen nicht in den Himmel, eine einleuchtende Analogie, so viel ist klar! Aber die Wirtschaft ist kein Baum. Man muss die Natur ökonomischen Wachstums verstehen. Was* *da wächst sind Werte, die unbegrenzt wachsen können. Das Bruttosozialprodukt wird aus Umsätzen berechnet, also aus Mengen multipliziert mit den Preisen. Relevant für die Umwelt sind allein die Mengenkomponenten, nicht aber die Wertkomponenten. Nehmen wir als Beispiel den Computer. Der erste von ihnen war wie ein Hochhaus, er verschlang Unmengen von Energie und konnte nicht mehr errechnen als jene Winzlinge, die man heute im Kaufhaus für ein paar Euro ersteht. Sofern man sorgfältig auf die Mengenkomponente achtet und diese im Rahmen hält, ist Wachstum ad infinitum möglich"* (Bonus 2009, S. 12 f.). Die Vertreter der Postwachstumsökonomie können und wollen jedoch kaum einen eigenständigen und überzeugenden Lösungsweg aufzeigen, der wirtschaftliche Entwicklung mit der Einhaltung von ökologischen Grenzen ermöglicht (Hauff und Jörg 2012).

10.3.2 Solidarische Ökonomie

Noch in den späten 1980er Jahren lernten Studierende der Volkswirtschaftslehre im Zuge der ordnungstheoretischen Diskussion der polaren Wirtschaftssysteme der Marktwirtschaft und der Zentralverwaltungswirtschaft mit dem Modell der Arbeiterselbstverwaltung im damaligen Jugoslawien einen weiteren dritten Weg kennen (vgl. etwa Sohmen 1976). Auch aufgrund einer politischen Isolierung in der Gruppe der damaligen Ostblockstaaten ging Jugoslawien als sozialistisches Land nach der Verstaatlichung der Unternehmen eigene Wege und öffnete sich früh für Ideen marktwirtschaftlicher Korrekturen am System der Zentralverwaltungswirtschaft. Grundsätzlich ging es darum, den einzelnen Unternehmen im Zuge einer Arbeiterselbstverwaltung jenseits zentraler Planungen mehr Spielräume für eigenes Handeln einzuräumen. Diese Politik brachte zunächst einige Erfolge bei der Industrialisierung des Landes, die jedoch spätestens in den 1980er Jahren zu gravierenden Überkapazitäten und letztlich auch zum ökonomischen Zusammenbruch dieses Systems und der Wiedereinführung privatwirtschaftlicher Unternehmen führte (Sundhaussen 2014). Im Zuge des Prager Frühlings versuchte zeitweilig auch die damalige Tschechoslowakei, derartige Elemente in ihr Wirtschaftssystem aufzunehmen. Mit der Niederschlagung dieser Reformbewegung durch die damalige Sowjetunion und ihre Verbündeten wurde dieses Experiment jedoch zügig wieder eingestellt.

Aus ökonomischer Sicht stellt das Modell der Arbeiterselbstverwaltung eine spezifische Ausprägung des Genossenschaftswesens dar. Der Grundgedanke von Genossenschaften bezieht sich auf die Art des Eigentums an Kapitalgütern und ihrer Bewirtschaftung (Sohmen 1976):

- In einer Marktwirtschaft mit privatem Eigentum an den Kapitalgütern fallen die Gewinne zum größten Teil den Kapitalbesitzern zu. Der aus Sicht der Mikroökonomik fixe Produktionsfaktor Kapital fungiert faktisch als Arbeitgeber, der über die Verwendung der variablen Produktionsfaktoren, also vor allem über den Einsatz des Faktors Arbeit entscheidet. Die marktliche Vergütung des Faktors Arbeit (Lohnzahlungen) erfolgt in Form des Wertgrenzproduktes der Arbeit und stellt Kosten dar. Ebenfalls Kosten stellt die marktliche Vergütung des Faktors Kapital entsprechend seines Wertgrenzproduktes (Marktzins) dar. Der nach Abzug dieser (und anderer) Kosten verbleibende Teil des Erlöses entspricht dem Gewinn des Unternehmens.

- Im Modell der Arbeiterselbstverwaltung erfolgt die Vergütung jedoch mit der entgegengesetzten Logik: Hier disponiert der Faktor Arbeit kollektiv die Verwendung von Kapitalgütern. Kapitalgüter werden „eingestellt" bzw. zu Marktpreisen gemietet. Der nach Abzug der Kosten für Arbeit und Kapital verbleibende Unternehmensgewinn wird dann als zusätzliches Einkommen der Arbeiterschaft zugeschrieben.

Der wesentliche Unterschied zwischen einem genossenschaftlich verfassten Unternehmen in der Marktwirtschaft und dem Modell der Arbeiterselbstverwaltung unter dem Dach der Planwirtschaft besteht darin, dass die Planwirtschaft Arbeiterselbstverwaltung nur unter der Maßgabe staatlichen Eigentums an den Kapitalgütern zulässt und der Staat für die Nutzung seines Eigentums an Kapitalgütern eine Vergütung erhält. Die Grundidee des Genossenschaftswesens liegt jedoch im gemeinschaftlichen Eigentum und der gemeinschaftlichen Nutzung der Kapitalgüter, also einer Identität von Nutzern und Eigentümern.

Der Begründer der Genossenschaftsbewegung war der britische Unternehmer ROBERT OWEN, der im fünften Kapitel dieses Buches (Abschn. 5.2.4) als einer der wichtigsten Frühsozialisten vorgestellt wurde. Owen war an der Schaffung menschenwürdiger Arbeitsbedingungen in seinem eigenen Industrieunternehmen (einer Baumwollspinnerei) interessiert und entwickelte die Idee eines auf gemeinschaftlichem Eigentum der Arbeiter basierenden Genossenschaftswesens. In Deutschland kam die Genossenschaftsbewegung mit den unternehmerischen Ideen und Vorschlägen der Sozialreformer Friedrich Wilhelm Raiffeisen (1818– 1888) und HERMANN SCHULZE-DELITZSCH (1808–1883) zu großer Bedeutung. Insbesondere im landwirtschaftlichen Bereich, dem Einzelhandel, im Bereich der Sparkassen und Kreditgenossenschaften aber auch im Wohnungsbau schlossen sich Betriebe und Haushalte zu einem gemeinschaftlichen Betrieb zusammen, dessen Ziel jeweils darin bestand, diese Leistungen zugunsten ihrer Mitglieder, Genossen und Anteilshalter zu erbringen. Merkmale von Genossenschaften sind u. a. ihre Konstitution als Gemeinschaftsunternehmen und die Selbstverwaltung.

Auch wenn in der Marktwirtschaft die Unterscheidung zwischen rein privatwirtschaftlichen und genossenschaftlich orientierten Unternehmen faktisch an Bedeutung verloren hat, erhielt das Genossenschaftswesen in jüngerer Zeit dadurch einen Bedeutungszuwachs, da sein Grundgedanke einer kooperativen und solidarischen Bewirtschaftung zunehmend auf Gemeingüter bezogen wird (Moldenhauer und Maier-Rigaud 2020). Unter Gemein- bzw. Allmendegütern versteht man solche Güter, die einerseits (wie private Güter) durch eine hohe Nutzungsrivalität gekennzeichnet sind, andererseits jedoch zumindest in der Ausgangssituation keine Möglichkeiten zum Konsumausschluss geben. Ein Beispiel dafür wäre etwa der in einer Kommune für alle Individuen zugängliche Fischteich. Üblicherweise würde die ökonomische Theorie hier aufgrund des freien Zutritts aller potenziellen Angler eine Überfischung und damit Marktversagen erwarten. Die Standardantwort auf dieses Problem der ineffizienten Übernutzung liegt in einer zentralistischen Lösung, also z. B. der Privatisierung des Besitzes oder der Schaffung und Zuteilung exklusiver Nutzungsrechte, etwa in Form von Zertifikaten (vgl. etwa Menges 2019). Für die kooperative Bewirtschaftung derartiger Ressourcen hat jedoch ELINOR OSTROM einige Managementkonzepte entwickelt, die bereits im zweiten Kapitel dieses Buches vorgestellt wurden (Abschn. 2.7.2). Auch hier werden einige Kernelemente des wirtschaftlichen Handelns und seiner Institutionen als eine Art dritter Weg interpretiert, der allerdings nicht zwischen den Systemalternativen Markt- und Planwirtschaft, sondern zwischen marktlichen und staatlichen Allokationsmechanismen angesiedelt ist. In jüngerer Zeit fanden genossenschaftliche Gründungen vermehrt auch in Wachstumsbranchen wie etwa bei unternehmensnahen oder persönlichen Dienstleistungen, in der Informationstechnologie oder auch im Bereich der Entsorgung und des Recyclings statt. In der Literatur wird die Frage diskutiert, ob und inwiefern sich genossenschaftliche Kooperationen durch solche Merkmale auszeichnen, die sie auch in Wachstumsbranchen mit einer besonderen Wettbewerbsfähigkeit ausstatten (Theurl und Schweinsberg 2004).

Neben der in Deutschland seit dem 19. Jahrhundert gewachsenen Genossenschaftsbewegung formieren sich seit einiger Zeit einige weitere gesellschaftliche Gruppen etwa aus dem Bereich des Anarchismus, der marxistischen Wirtschaftstheorie, Regionalgeldinitiativen, Vertreter des fairen Handels oder auch Anhänger einer ökologisch-sozialen Marktwirtschaft zur Alternativbewegung der solidarischen Ökonomie (Embshoff und Giegold 2008; Voß 2015; Köhne 2021). Auch wenn es sich hierbei eher um eine Bewegung bzw. ein nur lose institutionell verfasstes Netzwerk[8] und weniger um einen theoretisch in sich geschlossenen, alternativen Systementwurf handelt, verbindet die Anhänger dieser Bewegung die Beschreibung einer solidarischen Ökonomie als eine Form des Wirtschaftens, mit der menschliche Bedürfnisse vorwiegend auf Basis freiwilliger Kooperation, Selbstorganisation und gegenseitiger Hilfe befriedigt werden sollten. Sie wenden sich nach eigenem Bekunden daher von einem auf dem Konkurrenzprinzip, individualisierter Eigenverantwortung und Gewinnmaximierung beruhenden Wirtschaftssystem ab (Embshoff und Giegold 2008, S. 12). Hierbei wird bewusst offengelassen, ob sich eine solidarische Ökonomie

- eher als System zur Überwindung der Marktwirtschaft oder lediglich als Ergänzung versteht,
- auf regionale und eher kleinteilige Kooperationen bezieht oder auch auf überregionale und globale Beziehungen unter Einschluss ganzer Wirtschaftssysteme angewandt werden soll

---

[8] Solidarische Ökonomie – NOW – Netzwerk Oekonomischer Wandel (netzwerk-oekonomischer-wandel.org), zuletzt abgerufen am 14.04.2022.

- und lediglich auf freiwilligen Übereinkünften beruhen oder auf ein allgemein verbindliches Regelwerk zielen soll.

Ein verbindendes Element aller Aktivitäten der solidarischen Ökonomie ist ihre Skepsis und der Widerstand gegen eine als neoliberal verstandene Globalisierung. Projekte der solidarischen Ökonomie befassen sich beispielsweise mit der Bekämpfung von Steueroasen, der Forderung nach einer internationalen Devisentransaktionssteuer oder einem Schuldenerlass für Entwicklungsländer. Neben allen Chancen des Aufbruchs räumen die Anhänger der solidarischen Ökonomie jedoch auch Grenzen ihrer Projekte ein. Diese sehen sie insbesondere in der geringeren Wettbewerbsfähigkeit von Kooperativen und Genossenschaften im Vergleich zu marktwirtschaftlich verfassten Unternehmen aufgrund unterschiedlicher Arten von Anreizen und Eigentum: Kooperativ verfasste Unternehmen haben einen geringeren Anreiz zu Kosteneffizienz und Innovation und damit ein geringeres Wachstumspotenzial. Vor diesem Hintergrund sehen sie ihre Chancen eher in Sektoren mit einer geringeren Innovationsdynamik, etwa im Bereich der *„Verwaltung leistungsloser Einkommen"* (Embshoff und Giegold 2008, S. 19)[9]. Daher könnten sich solidarische Kooperativen vor allem im Bereich des Bankwesens und der Wohnungswirtschaft behaupten.

Angesichts der Heterogenität der Anhängerschaft wenig überraschend sind einige Ab- und Ausgrenzungsprobleme, von denen das Netzwerk der solidarischen Ökonomie geprägt ist. Von eher marxistisch geprägten Theoretikern werden beispielsweise kapitalistische und vom Gewinninteresse getriebene marktliche Austauschverhältnisse kritisiert, die durch solidarisches Wirtschaften zu überwinden seien (Voß 2015). Im Vordergrund steht hier die von MARX thematisierte Differenz zwischen dem Gebrauchswert und dem Tauschwert der Güter (vgl. Abschn. 10.2.3). Wenn aber zunächst sehr kleine, idealistisch motivierte und selbstverwaltend agierende Genossenschaften oder Kooperative in der marktwirtschaftlichen Realität ihre Nische finden, erfolgreich wirtschaften und vielleicht sogar wachsen, d. h. Geld verdienen, stellt sich unweigerlich die Frage nach dem Gewinnmotiv und der richtigen Größe des Projektes.

Es gibt eine Reihe von interessanten Beispielen für Konflikte und Abgrenzungsprobleme im Netzwerk der solidarischen Ökonomie in Bezug auf die Frage, ob derartige Erfolgsprojekte noch zum Netzwerk gehören können (Köhne 2021). Dieses Netzwerk ist – wie andere gesellschaftliche Bewegungen auch – seit seiner Gründung auf der Suche nach dem richtigen Weg zwischen den Problemen der Ausgrenzung auf der einen Seite und den Problemen der Beliebigkeit auf der anderen Seite (Embshoff und Giegold 2008). Beispiele für Unternehmen und Initiativen, die mit dem Anspruch antreten, eine neue, solidarische Form des

---

[9] Hierunter verstehen Kapitalismuskritiker Kapitaleinkommen, die allein durch die Bereitstellung des Kapitals erzielt werden. Zwar entstehen den Kapitaleigentümern Opportunitätskosten, offenbar wird ihnen aber keine eigene Leistung im moralischen Sinn zuerkannt.

Wirtschaftens zu etablieren, sich nach ihrem Erfolg aber eher zu konventionellen Wettbewerbern auf den Märkten entwickelten gibt es einige, insbesondere im Bereich der Internet-Industrie, der Sharing Economy (vgl. Abschn. 10.2.1) oder auch der Lebensmittelindustrie: Ein Hersteller von Limonade, aus regionalem, biologisch zertifizierten Anbau wurde nach großem kommerziellen Erfolg von einem großen Getränkekonzern aufgekauft (und füllt seine Produkte seitdem in Plastikflaschen ab). Die Nutzung des 1992 gegründeten TransFair-Labels, mit dem zunächst faire Produktions- und Handelsbedingungen von Kaffeeanbietern gesichert werden sollten, wandelte sich mit zunehmender Akzeptanz bei den Konsumenten von einem Alleinstellungsmerkmal bestimmter Nischenanbieter (Menges 1996) zu einem Merkmal, das heute die Lebensmittelangebote nahezu aller Supermarktketten diversifiziert. Es ist eine offene Frage, ob das Programm der solidarischen Ökonomie zu einer vielleicht wünschenswerten Ausdifferenzierung marktwirtschaftlicher Angebote führt, oder tatsächlich zur Überwindung der Marktwirtschaft, wie sie zumindest von einigen ihrer Vertreter gefordert wird (Köhne 2021).

10.4 Das Gemeinwohl direkt ansteuern?

10.4.1 Gemeinwohlökonomie-Bewegung

Während die Vertreterinnen und Vertreter der solidarischen Ökonomie und der Postwachstumsökonomie einen Umbau des Wirtschaftssystems durch eine mehr oder weniger radikale Ablösung von marktwirtschaftlichen Institutionen und Produktions- und Konsumverhältnissen anstreben, ist der Ansatz der Gemeinwohlökonomie-Bewegung zunächst weniger radikal. In einem ersten Schritt wird lediglich die Einführung einer freiwilligen Gemeinwohlbilanzierung vorgeschlagen, mit der die Leistungen von Unternehmen bewertet werden sollen. In einem zweiten Schritt soll die Gemeinwohlbilanzierung jedoch zum verpflichtenden Kern eines neuen Wirtschaftsmodells werden, von dem aus weitere institutionelle Änderungen des Systems angestrebt werden. Dieses Projekt basiert auf der Vorstellung, dass die Individuen selbst über eine klare Vorstellung vom Gemeinwohl verfügen bzw. diese entwickeln und dass es daher möglich sein müsste, den gesamten wirtschaftlichen Prozess vom Begriff des Gemeinwohls her zu steuern.

Die Gemeinwohlökonomie-Bewegung wurde 2010 vom österreichischen Autoren, politischem Aktivisten und Tänzer CHRISTIAN FELBER (*1972) gegründet. Er ist Philologe und war im Jahr 2000 Mitbegründer der globalisierungskritischen Organisation attac in Österreich. Auf Basis seines Entwurfes entwickelte sich die Gemeinwohlökonomie weniger als theoretisches Konzept, sondern eher als praktisches Modell im Sinne einer Graswurzelbewegung, das zunächst v. a. in Österreich, Bayern und Südtirol Zuspruch fand. Insbesondere der partizipative Ansatz demokratisch verfasster und erstellter Gemeinwohlbilanzen wird nach Angaben der Bewegung derzeit weltweit von sehr vielen Unterstützerinnen und

Unterstützern getragen. Hierzu gehören beispielsweise auch 2000 Unternehmen, von denen bereits 500 eine Gemeinwohlbilanz erstellt haben[10]. Die Organisation verfügt mittlerweile über mehrere hundert Regionalgruppen. Auch viele Gemeinde und Städte, aber auch studentische Initiativen und ganze Hochschulen sind dieser Bewegung in den letzten Jahren beigetreten.

Die Resonanz, die die Gemeinwohlökonomie-Bewegung in der Öffentlichkeit bislang auslöste, ist einerseits geprägt durch ein hohes Maß an medialer Aufmerksamkeit, Zuspruch und Ermutigung. So schreibt beispielsweise der Soziologe Harald Welzer: *„Das scheint mir gerade darum zukunftsfähig zu sein, weil man, um das umzusetzen, gar nicht moralisch unterwegs sein muss. Die Gemeinwohlbilanz bildet einfach nur mehr vom realen Stoffwechsel des Lebens ab als die rein monetäre Dimension des Wirtschaftens und ist damit realistischer"* (Welzer 2019, S. 223). In den Wirtschaftswissenschaften trifft diese Konzeption jedoch überwiegend auf Skepsis oder Ablehnung. Von vielen Kritikern werden die Handlungsempfehlungen der Gemeinwohlökonomie-Bewegung als normative Fehlschlüsse bezeichnet, die wenig praktikabel oder auch völlig unrealistisch seien (vgl. etwa Schmidtpeter 2012). Vor diesem Hintergrund arbeitet die Gemeinwohlökonomie-Bewegung derzeit an mehreren Strängen.

- Einerseits ist man bestrebt, innerhalb der Wirtschaftswissenschaften – trotz aller Kritik an ihnen – einen eigenständigen Status und Anerkennung zu erlangen, indem man versucht, das neoklassische Modell nicht nur zu kritisieren, sondern durch einen eigenen theoretischen Ansatz zu überwinden (Dolderer et al. 2021).
- Andererseits versucht man, den Schwung, den die Bewegung insbesondere im deutschsprachigen Raum erlangt hat, für globale Aktivitäten zu nutzen und arbeitet derzeit an einer Konzeptualisierung einer Gemeinwohlproduktmessung, das zukünftig auf der Ebene der volkswirtschaftlichen Gesamtrechnung (VGR) genutzt werden soll, um das bisher gebräuchliche Maß des Bruttoinlandsproduktes (BIP) für die Analyse der Entwicklung einer Volkswirtschaft abzulösen.

10.4.2 Die sichtbare Hand ersetzt die unsichtbare: Die theoretische Konzeption der Gemeinwohlökonomie-Bewegung

Felber kritisiert implizite Annahmen, versteckte Werturteile und blinde Flecken in den Wirtschaftswissenschaften. Als größtes Hindernis einer echten Gemeinwohlorientierung macht er den Homo oeconomicus aus. *„Dasjenige Theorie-Element, das vermutlich den größten gesellschaftlichen Schaden anrichtet, ist das Menschenbild der neoklassischen Ökonomie. Die Kombination aus Dauerrechnen (>>Rationalität<<), Eigennutzmaximierung, Materialismus und Konkurrenz-Haltung kann als soziales Gift bezeichnet werden"* (Felber 2019, S. 115). Dieser

---

[10] Vgl. https://web.ecogood.org//de/die-bewegung/abgerufen am 11.03.2022.

Homo oeconomicus beeinflusse aber nicht nur die Aussagen der Wissenschaft, sondern beeinflusse die Ökonominnen und Ökonomen selbst. Es gebe klare Anzeichen, dass Studierende der Wirtschaftswissenschaften im Laufe ihres Studiums egoistischer werden und dabei ihre Fähigkeit zu kooperativem Verhalten verlieren. Felber wirft den Wirtschaftswissenschaften vor, dass sie Mittel und Ziele verwechselt. Im Vordergrund stehe lediglich die Effizienz. Diese diene der Kapitalverwertung und –vermehrung und habe das eigentliche aristotelische Ziel des guten Lebens der Menschen aus den Augen verloren – sei es im einzelnen Haushalt oder in der gesamten Volkswirtschaft. Nur über das gute Leben kommt man nach Ansicht Felbers zum Gemeinwohl. Der Versuch, den Begriff der Marktwirtschaft mit Attributen wie „ökologisch", „sozial" oder „nachhaltig" zu versehen, intendiere zwar, die Ökonomik mit dem Gemeinwohl zu versöhnen, sei jedoch angesichts ihrer Effizienzausrichtung inhärent „widernatürlich". (Felber 2021, S. 9).

Ironischerweise schließt sich Felber damit der fundamentalen Kritik von HAYEK an, der den Zusatz des Sozialen zum Begriff der Marktwirtschaft ebenfalls ablehnte – allerdings aus anderen Gründen: *„Ich glaube, das Wiesel-Wort par excellence ist das Wort sozial. Was es eigentlich heißt, weiß niemand. Wahr ist nur, dass eine soziale Marktwirtschaft keine Marktwirtschaft, ein sozialer Rechtsstaat kein Rechtsstaat, ein soziales Gewissen kein Gewissen, soziale Gerechtigkeit keine Gerechtigkeit – und ich fürchte auch, soziale Demokratie keine Demokratie ist"* (Hayek 2011, S. 240). Während Hayek jedoch die individuelle Freiheit, die auf Märkten zur Entfaltung komme und es den Individuen erlaube, ihre Ressourcen für die Verfolgung der je eigenen Ziele bestmöglich einzusetzen, als höchstes Kriterium betrachtet, dessen Verwirklichung sich auf individueller *und* kollektiver Ebene einer objektivistischen bzw. konsequentialistischen Bewertung entziehe (vgl. Abschn. 5.6.3 dieses Buches), sieht Felber im Gemeinwohl ein klares Telos aller Arten von wirtschaftlichen Tätigkeiten. Sein Legitimationskriterium dafür ist nicht die individuelle Freiheit wie bei Hayek, sondern der demokratische Konsens, der in der Verfassung definiert sei. Als Beleg zitiert er etwa die Bayrische Landesverfassung *(„Die gesamte wirtschaftliche Tätigkeit dient dem Gemeinwohl"*[11]*)* oder den Verweis des deutschen Grundgesetzes darauf, dass der Gebrauch des Privateigentums zugleich dem Wohle der Allgemeinheit dienen solle. Da das Wirtschaften

---

[11] Dieses von Felber verwendete Zitat entstammt Artikel 151 der Bayrischen Landesverfassung, der über zwei Absätze verfügt, neben dem Gemeinwohl im ersten Absatz, aber auch die individuelle Freiheit im zweiten Absatz betont: *1) Die gesamte wirtschaftliche Tätigkeit dient dem Gemeinwohl, insbesondere der Gewährleistung eines menschenwürdigen Daseins für alle und der allmählichen Erhöhung der Lebenshaltung aller Volksschichten. 2) Innerhalb dieser Zwecke gilt Vertragsfreiheit nach Maßgabe der Gesetze. Die Freiheit der Entwicklung persönlicher Entschlußkraft und die Freiheit der selbständigen Betätigung des einzelnen in der Wirtschaft wird grundsätzlich anerkannt. Die wirtschaftliche Freiheit des einzelnen findet ihre Grenze in der Rücksicht auf den Nächsten und auf die sittlichen Forderungen des Gemeinwohls. Gemeinschädliche und unsittliche Rechtsgeschäfte, insbesondere alle wirtschaftlichen Ausbeutungsverträge sind rechtswidrig und nichtig.* (https://www.gesetze-bayern.de/Content/Document/BayVerf-151?hl=true, zuletzt abgerufen am 03.05.2022).

im derzeitigen Wirtschaftsmodell lediglich den unethischen und egoistischen Interessen der Kapitalvermehrung diene, schlägt er mit seiner Gemeinwohl-Bewegung vor, das verfassungsgemäße Ziel in der realen Wirtschaftsordnung umzusetzen. Hierfür sind seiner Ansicht nach drei Schritte notwendig:

1. **Anreize:** Zunächst betont er, dass in einem ersten Schritt eine „Umstellung der Systemweichen" notwendig sei: *„Der rechtliche Anreizrahmen müsste dem falschen Leitstern ,Eigennutzmaximierung' abgeschnallt und dem Leitstern ,Gemeinwohlorientierung' umgeschnallt werden"* (S. 28).
2. **Gemeinwohlmessung:** Um die im ersten Schritt erwähnte Anreizwirkung zu entfalten, ist für wirtschaftliche Aktivitäten auf allen Ebenen der Volkswirtschaft eine Erfolgsmessung in Bezug auf das Gemeinwohl zu entwickeln. In der Abwesenheit einer derartigen Erfolgsmessung sieht Felber den zentralen Systemfehler der derzeitigen Wirtschaftsordnung. Er formuliert daher die folgende *„Gretchenfrage: Ist es sinnvoller und methodisch korrekt, den Erfolg des Projektes, ganz gleich um welches es sich handelt, primär an den Mitteln und ihrer Akkumulation zu messen oder primär an den Zielen und ihrer Erreichung?"* (S. 29). Von einer direkten Gemeinwohl-Zielsteuerung der Akteure erhofft er sich das Wirken einer „sichtbaren Hand" anstelle der „unsichtbaren Hand" von Adam Smith, der es nicht oder nur ungenügend gelinge, egoistische Motive der Akteure mit dem Gemeinwohl zu versöhnen.
3. **Gemeinwohldefinition.** Um Gemeinwohl messen und zur Zielsteuerung und Koordination der individuellen Aktivitäten einsetzen zu können, ist es natürlich notwendig, das Gemeinwohl hinreichend definieren und operationalisieren zu können. Die Definition und Operationalisierung der Gemeinwohl-Bewertungsindikatoren möchte er im Zuge eines partizipativen demokratischen Diskussions- und Entscheidungsprozesses leisten. Immerhin konstatiert er ausdrücklich, dass der Gemeinwohlbegriff nicht a-priori festgelegt sei und er sich auch über die Zeit wandeln könne. Er nimmt zur Kenntnis, dass es bereits etwa in der Nachhaltigkeitsberichterstattung der Unternehmen oder im Bereich der Corporate Social Responsibility verschiedene Ansätze gibt. Mit seiner Gemeinwohlbilanzierung will er diese vorhandenen Ansätze nicht substituieren, allerdings sieht er hier einen Trend zur Konvergenz, dem er sich anschließen möchte: *„Alle konvergieren auf dieselben Ziele und Werte hin: Wie sozial verantwortlich handelt ein Unternehmen? Wie ökologisch nachhaltig produziert und vertreibt es? Wie gerecht wird verteilt? Wie ist die Qualität der Arbeitsplätze? Wie wird Mitbestimmung gelebt? Wird politische Verantwortung wahrgenommen (corporate citizenship)?"* (Felber 2021, S. 34). Er strebt einen Indikator an, der sich auf 20 Teilindikatoren stützt, die zunächst im Zuge partizipativer Modelle (und später von demokratischen Wirtschaftskonventen) entwickelt und integriert werden sollen. Eine demokratische Gesellschaft müsste seiner Ansicht nach in der Lage sein, diese 20 Erwartungen an Unternehmen zu formulieren, darüber Rechenschaft zu fordern und diese Indikatoren in Anreizsysteme einfließen zu lassen (S. 40).

10.4.3 Die Institutionalisierung der Gemeinwohlökonomie: Wirtschaftskonvente und das Entscheidungsmodell des systematischen Kondensierens

Im Mittelpunkt von Felbers transformatorischen Überlegungen stehen die Unternehmen und deren Entscheidungen zu produzieren und zu investieren. Anhand der Erstellung von Gemeinwohlbilanzen sollen die Unternehmensentscheidungen gesteuert werden. Die Gemeinwohlbilanzen werden in einer Übergangsphase zunächst freiwillig von den Unternehmen im Rahmen eines von der Gemeinwohlbewegung fixierten Formats erstellt und von unabhängigen nicht-staatlichen Auditoren testiert. In einem späteren Schritt sollen Wirtschaftskonvente die rechtliche Verbindlichkeit der Gemeinwohlbilanzierung beschließen. Neben der Gemeinwohlbilanz als wesentliches Element des transformatorischen Prozesses, sollen langfristig auch weitere politische Projekte zum Umbau des Wirtschaftssystems von den Wirtschaftskonventen beschlossen werden. In diesen Vorschlägen (z. B. Abschaffung von Kapitalrendite bzw. -einkommen, Einführung eines pauschalen Solidaritätseinkommens, Abschaffung von Eigentumsrechten an natürlichen Ressourcen und Reform des Geld- und Finanzwesens) ähnelt Felbers Konzeption anderen Modellen alternativer Wirtschaftssysteme, wie sie in diesem Kapitel diskutiert wurden. Die Gemeinwohlbilanz stellt jedoch das entscheidende Modul seines Vorschlags dar. Mit ihr erfolgt die Erfolgsmessung und Lenkung auf betrieblicher und auf volkswirtschaftlicher Ebene. Alle anderen von Felber anvisierten wirtschaftspolitischen Maßnahmen zum Umbau und zur Demokratisierung des Wirtschaftssystems bedürfen nach seiner Auffassung keiner eigenständigen Gemeinwohl-Definition, sondern folgen der Logik der Gemeinwohlbilanzierung. Von seiner Gemeinwohlbilanzierung erhofft er sich offenbar auch eine Integrationswirkung in Richtung anderer Ansätze alternativer Wirtschaftsmodelle. So sieht er beispielsweise den Gedanken der Postwachstumstheoretiker in seinem Modell aufgehoben, denn: *„Generell gibt es kein monetäres Wachstumsziel mehr für die Wirtschaft, da Wachstum nur noch Mittel zum neuen Zweck ist: dem größtmöglichen Beitrag zum allgemeinen Wohl, der mit den neuen betrieblichen Erfolgsindikatoren gemessen wird"* (Felber 2021, S. 55).

Die angestrebte Wirtschaftskonvente sollten eine Art Bürgerversammlung darstellen, welche dem Modell der direkten Demokratie folgt (Felber 2021, S. 144 ff.). Ein derartiger Bürgerkonvent sollte aus fünfzig bis einhundert Personen bestehen, die

- entweder direkt gewählt,
- von den größten fünfzig bis hundert Vereinen der Kommune vorgeschlagen
- oder per Zufall aus dem Melderegister der Kommune bestimmt werden könnten.

Die Konventsmitglieder sollten sich alle zwei Monate treffen, z. B. um die wesentlichen (zehn bis zwanzig) Fragestellungen zu definieren und Grobabstimmungen vorzunehmen. Die Arbeitsweise des Wirtschaftskonventes ist anschließend durch die Bildung von Arbeitsgruppen geprägt, die zu den ausgewählten Fragestellungen eigene Recherche vornehmen, Informationen sammeln und auswerten. Im Konvent, der hier als Souverän angesehen wird, werden diese Vorarbeiten der Arbeitsgruppen in einem nächsten Schritt eingebracht und diskutiert. Insbesondere im Zuge digitaler Technologien („liquid democracy") soll es allen Interessierten und Mitgliedern möglich sein, ihre jeweiligen Ansichten in den Prozess einzubringen. Hierbei soll nach Ansicht von Felber das Entscheidungsmodell des systematischen Kondensierens angewandt werden, mit dem der Souverän auch angesichts von Meinungsunterschieden „geschmeidig" zu einer gemeinsamen Entscheidung kommen kann: *„Jede Regelung eines politischen Sachverhaltes schränkt die Freiheit der BürgerInnen ein – mehr oder weniger, das ist unvermeidlich. Das SK-Prinzip ermöglicht es, diejenige Regel zu finden, welche die Freiheit aller BürgerInnen zusammen betrachtet so gering wie möglich einschränkt und den >>Summenschmerz<< im Souverän minimal hält"* (Felber 2021, S. 144 f.).

Wenn bei einer Kollektiventscheidung unter mehreren Alternative diejenige Alternative als gewählt gilt, die die wenigsten Gegenstimmen erhält, impliziert dies zwar möglicherweise eine Minimierung des Summenschmerzes. Allerdings kann diese Schmerzenssumme doch ziemlich groß sein, da sich auch solche Alternativen im Verfahren durchsetzen können, die auf weniger als 50 % Zustimmung treffen. Die Probleme von Kollektiventscheidungsmechanismen, die bei Anwendung eines Quorums von weniger als 50 % resultieren können, wurden im Abschn. 5.5 dieses Buches ausführlich erörtert. Zwar können die für eine Einigung nötigen „Verhandlungskosten" deutlich reduziert werden, wenn es reicht, relative Mehrheiten für eine Alternative zu generieren. Gleichzeitig besteht jedoch die Gefahr, dass es bei wiederholten Abstimmungen zu widersprüchlichen Entscheidungen kommen kann. Vermutlich eher unbewusst beschreibt Felber hier aber nicht nur eine Entscheidungsregel, sondern adressiert mit der Minimierung des Summenschmerzes gleichzeitig auch ein klassisches utilitaristisches Entscheidungskriterium. Anders als bei den mühsamen, auf der Suche nach Mehrheiten und Kompromissen beruhenden parlamentarischen Verfahren der indirekten Demokratie sollen offenbar die zur Diskussion gestellten Alternativen in ihrer reinen, d. h. nicht durch Kompromisse verwässerten oder in Paketen gebündelten Form abgestimmt werden. Im Ergebnis sollte sich dann jeweils diejenige Alternative durchsetzen, die auf den geringsten Widerstand und damit den geringsten „Summenschmerz" trifft. Dieses Vertrauen auf die Modelle der direkten Demokratie und die Möglichkeiten von direkten Partizipations- und Entscheidungsmöglichkeiten bei Abstimmungen über „freiheitseinschränkende" Alternativen muss zumindest bei Entscheidungstheoretikern auf Skepsis stoßen.

In welchem Verhältnis derartige Entscheidungen eines Konventes zu den verfassungsmäßig definierten Prozessen der parlamentarischen Demokratie stehen, lässt Felber bewusst offen. Eine Räterepublik strebt er zumindest nicht direkt an: Er geht davon aus, dass Beschlüsse des Souveräns zunächst lediglich sein Meinungsbild darstellen. Wenn dieses bekannt werde, würde jedoch der politische Druck auf Parteien und Parlamente steigen, dem Konvent auch einen formalen Status zuzuerkennen. Derartige Konvente könnten auf kommunaler Ebene starten und auf der

Ebene des Bundes fortgesetzt werden. Auf diese Weise könnte auch der Politik-verdrossenheit entgegengetreten werden, denn „*erstmals in der Geschichte würden in einem demokratischen Verfahren die Spielregeln für die Wirtschaft festgelegt*" (S. 145 f.).

10.4.4 Die Methodik der Gemeinwohlbilanzierung und ihre Anreizwirkung

Die Grundstruktur und die Systematik der Gemeinwohlbilanzierung hat Felbers Bewegung in den letzten Jahren entwickelt und mehrfach überarbeitet. Die Bilanz hat eine Matrixstruktur und soll nach Felbers Ansicht die Grundwerte gegenüber verschiedenen Stakeholdergruppen des Unternehmens widerspiegeln.

- Entlang der horizontalen Achse werden die vier, das Gemeinwohl konstituie-renden *Grundwerte* abgetragen. Diese bestehen nach Ansicht von Felber in der Menschenwürde, Solidarität und Gerechtigkeit, der ökologischen Nachhaltig-keit sowie Transparenz und Mitbestimmung.
- Die Empfänger dieser von den Unternehmen ausgehenden Werte nennt Felber „Berührungsgruppen". Hierzu zählt er ZulieferInnen, GeldgeberInnen, Mitar-beiterInnen, KundInnen, die jeweilige Heimatgemeinde, aber auch zukünftige Generationen und Umweltgrößen. Diese Gruppen werden in der Gemeinwohl-bilanz entlang der vertikalen Achse der Matrix abgetragen.

In den Feldern der Matrix stellen sich nun die nach Felbers Ansicht relevanten Gemeinwohlthemen, auf denen die Unternehmen bewertet werden sollen. Es wird also beispielsweise gefragt (Felber 2021, S. 33):

- Wie sinnvoll sind die Produkte/Dienstleistungen?
- Wie ethisch wird verkauft?
- Wie werden die Erträge verteilt?
- Wie demokratisch werden die Entscheidungen getroffen?

Eine schematisierte Form der Gemeinwohlbilanz kann Tab. 10.2 entnommen werden.

Die Bilanz ist derzeit zwar noch als „work in progress" deklariert, allerdings scheint die Messung bzw. Bewertung innerhalb der Felder anhand der folgenden Prinzipien relativ klar absehbar:

- In jedem Feld der Matrix können maximal 50 Punkte erreicht werden.
- Der Gemeinwohlbilanzindex wird durch die Summation aller Punkte in den einzelnen Feldern gebildet.
- Bei der 5×4-Matrixstruktur sind in 20 Feldern also insgesamt 1000 Punkte zu erreichen.

Tab. 10.2 Die Gemeinwohl.Matrix. (Quelle: Felber 2021, S. 36 f.)

	Menschenwürde	Solidarität und Gerechtigkeit	Ökologische Nachhaltigkeit	Transparenz und Mitbestimmung
A: LieferantInnen	A1 Menschenwürde in der Zulieferkette	A2 Solidarität und Gerechtigkeit in der Zulieferkette	A3 Ökologische Nachhaltigkeit in der Zulieferkette	A4 Transparenz und Mitentscheidung in der Zulieferkette
B: EigentümerInnen	B1 Ethische Haltung im Umgang mit Geldmitteln	B2 Soziale Haltung im Umgang mit Geldmitteln	B3 Sozial-ökologische Investitionen und Mittelverwendung	B4 Eigentum und Mitentscheidung
C: Mitarbeitende	C1 Menschenwürde am Arbeitsplatz	C2 Ausgestaltung der Arbeitsverträge	C3 Förderung des ökologischen Verhaltens der Mitarbeitenden	C4 Innerbetriebliche Mitbestimmung und Transparenz
D: KundInnen& Mitunternehmen	D1 Ethische KundInnenbeziehung	D2 Kooperation und Solidarität mit Mitunternehmen	D3 Ökologische Auswirkungen durch Nutzung und Entsorgung von Produkten	D4 KundInnen-Mitwirkung und Produkttransparenz
E: Gesellschaftliches Umfeld	E1 Sinn und gesellschaftliche Wirkung der Produkte und Dienstleistungen	E2 Beitrag zum Gemeinwesen	E3 Reduktion ökologischer Auswirkungen	E4 Transparenz und gesellschaftliche Mitentscheidung

Felber schlägt nun vor, dass nach der Erstellung, Testierung und Veröffentlichung der Gemeinwohlbilanz eines Unternehmens, alle von diesem Unternehmen angebotenen Produkte und Dienstleistungen mit der jeweiligen Unternehmensbewertung ausgezeichnet werden, an denen sich die Kunden orientieren können. Die Unternehmensbewertung ist in den folgenden kardinalen Kategorisierungen vorgesehen:

- Da auch negative Punkte (z. B. bei feindlichen Übernahmen von anderen Unternehmen oder der Erzeugung von Atomstrom) vergeben werden, werden Unternehmen mit negativen Ergebnissen auf Stufe 1 (Rot) geführt.
- Stufe 2 (orange): 0–250 Punkte
- Stufe 3 (gelb): 251–500 Punkte
- Stufe 4 (hellgrün): 501–750 Punkte
- Stufe 5 (grün): 751–1000 Punkte

Da es sich faktisch um ein mehrdimensionales Entscheidungsmodell handelt, impliziert diese Matrix ein additives Bewertungsmodell. Trade-Offs zwischen den einzelnen Feldern werden in Bezug auf die Punkte in einem Verhältnis von 1–1 abgebildet. Konkret bedeutet dies beispielsweise, dass ein negativer Gemeinwohlbeitrag im Feld E3 (Reduktion ökologischer Auswirkungen) durch einen betragsgleichen positiven Beitrag im Feld C1 (Menschenwürde am Arbeitsplatz) kompensiert werden kann. Felber nimmt mit seiner Gemeinwohlbilanzierung bei der Messung des Gemeinwohls die vollständige Substituierbarkeit der unterschiedlichen, aber in Bezug auf die zu erreichenden Punkte als gleich wichtig angesehenen Gemeinwohldimensionen an.

Box 10.4: Ein Vergleich von Wohlfahrtsfunktion und Gemeinwohlbilanzierung
Im Handbuch zur Erstellung von Gemeinwohlbilanzen werden die o. g. Zusammenhänge wie folgt definiert: *„Ziel der Bewertung ist es, die Auswirkung von unternehmerischen Aktivitäten und Tätigkeiten auf das Gemeinwohl sichtbar zu machen. Im Bewertungsprozess ordnet sich das berichtende Unternehmen auf einer Werteskala ein. Die Bewertung ist daher keine Messung, sondern die Anwendung der Gemeinwohl-Werteskala auf die Aktivitäten von Unternehmen bzw. deren Wirkungen auf die unterschiedlichen Berührungsgruppen"* (Drosg-Plöckinger et al. 2017, S. 9).
    Auch wenn man den Begriff offenbar vermeiden möchte, entspricht die Anwendung einer Werteskala doch einer Messung. Da die Gemeinwohlbilanz bei der Messung der Gemeinwohlbeiträge der Unternehmen einen ähnlichen Anspruch vertritt wie die im fünften Kapitel dieses Buches vorgestellten Wohlfahrtsfunktionen, ist es interessant, diese Konzepte miteinander zu vergleichen. So definiert etwa die Benthamsche utilitarische Wohlfahrtsfunktion (5.5) $W^B(x) = \sum_{i=1}^{n} u_i(x)$ das Gemeinwohl als Summer der gleich gewichteten Nutzen, den die Individuen i als Träger der Wohlfahrt in einem gesellschaftlichen Zustand x realisieren. Die Individuen werden faktisch als „Wohlfahrtsproduzenten" behandelt, die in der Wohlfahrtsfunktion mittels ihrer Bewertung von x eine bestimmte „Wohlfahrtsproduktivität" entfalten.
    Die Gemeinwohlbilanzierung wendet sich von der Vorstellung ab, dass das Gemeinwohl mittels der Aggregation eines von individuellen Nutzen- bzw. Vorteilhaftigkeitskalküls ermittelt werden kann, sondern nimmt an, dass das Gemeinwohl von den Individuen (bzw. den Berührungsgruppen) direkt wahrgenommen und von den Unternehmen bereitgestellt wird. Vor diesem Hintergrund erscheint es Felber möglich, die Gemeinwohlbeiträge, die von den Aktivitäten und Entscheidungen der Unternehmen ausgehen, einer Bewertung zuzuführen. Auch wenn dieser Ansatz auf den ersten Blick etwas ganz Anderes zu sein scheint als eine utilitaristische Wohlfahrtsmessung, so stellen

sich doch ähnliche Probleme wie die im fünften Kapitel dieses Buches erläuterten Schwierigkeiten der Nutzenmessung und der Nutzenaggregation: Die Gemeinwohlbeiträge der Unternehmen sind zwar nicht in Nutzeneinheiten, sondern *mehrdimensional* definiert, sie werden aber von den verschiedenen Berührungsgruppen nicht universal sondern jeweils *partial* und nach strikten Kriterien voneinander abgegrenzt wahrgenommen (Drosg-Plöckinger et al. 2017, S. 13 ff.). Anstelle der einzelnen Individuen einer Gesellschaft werden die Berührungsgruppen A-E als Empfänger bzw. Träger des Gemeinwohls definiert. Die Gemeinwohlbilanzierung stellt damit auf eine Produktionsfunktion der Wohlfahrt ab, bzw. auf eine Transformation von Unternehmensaktivitäten in jeweils partial wahrgenommenen Gemeinwohleinheiten.

Ganz im Sinne von Benthams utilitaristischem Diktum („Jeder zählt für einen, keiner für mehr als einen", vgl. Abschn. 5.2.6) werden die Interessen der voneinander separierten Berührungsgruppen als gleich wichtig betrachtet, gehen also mit dem gleichen Gewicht in die Bilanzierung ein. Das Gemeinwohl der Gesellschaft (GW^G) wird im Messkonzept als (ungewichtete) Summe der Wohlfahrt dieser Berührungsgruppen ($i = A, B, C, D, E$) und damit als Aggregat von Partial-Gemeinwohlfahrten definiert:

$$GW^G = GW_A + GW_B + GW_C + GW_D + GW_E.$$

Innerhalb der jeweiligen Partialbetrachtung der einzelnen Berührungsgruppen stellt sich das Gemeinwohl als mehrdimensionales Konzept dar, das über die Einzeldimensionen Menschenwürde (1), Solidarität und Gerechtigkeit (2), ökologische Nachhaltigkeit (3) und Transparenz und Mitbestimmung (4) definiert ist. Für jede Berührungsgruppe ist das Gemeinwohl in der Matrix zeilenweise als Summe der Werte aus diesen Dimensionen (j) definiert, also z. B. für die Berührungsgruppe A (LieferantInnen):

$$GW_A = GW_A^1 + GW_A^2 + GW_A^3 + GW_A^4 = \sum_{j=1}^{4} GW_A^j$$

Das von den LieferantInnen wahrgenommene Gemeinwohl wird ähnlich gemessen, wie der individuelle Nutzen im Falle einer mehrdimensionalen, additiv separablen Nutzenfunktion. Während die inhaltlichen Werteigenschaften der Argumente einer Nutzenfunktion in ihren Annahmen formal beschrieben werden (z. B. positiver, aber abnehmender Grenznutzen), liegen die Bewertungsmaßstäbe (z. B. wieviele Gemeinwohlpunkte erhält eine Maßnahme zur Erhöhung der Solidarität mit den LieferantInnen) jedoch in der Expertise der Gemeinwohlauditoren.

Die Gemeinwohlbilanz summiert anschließend die von allen Trägern realisierten Gemeinwohlwerte:

$$GW^G = \sum_{j=1}^{4} GW_A^j + \sum_{j=1}^{4} GW_B^j + \sum_{j=1}^{4} GW_C^j + \sum_{j=1}^{4} GW_D^j + \sum_{j=1}^{4} GW_E^j.$$

Methodisch wird das Gemeinwohl ähnlich wie die utilitaristische Wohlfahrtsfunktion als Summe der von den Trägern A-E realisierten Gemeinwohlwerte definiert und gemessen. In der Logik der Matrixstruktur impliziert dies die simultane Summenbildung über alle Zeilen und Spalten: $GW^G = \sum_{i=A}^{E} \sum_{j=1}^{4} GW_i^j$.

Die Bewertungslogik der Gemeinwohlbilanz ist genauso konsequentialistisch angelegt wie die utilitaristische Wohlfahrtsfunktion. Dies hat zwei interessante Implikationen.

1. Diese Bewertungsmechanik führt zu ähnlichen Verrechnungsproblemen wie sie für den Fall der utilitaristischen Wohlfahrtsfunktion im fünften Kapitel dieses Buches diskutiert wurden. So wird beispielsweise der Gemeinwohlwert der Menschenwürde als Summe der auf die Träger A-E anfallenden Menschenwürde betrachtet. Dies bedeutet, dass die Menschenwürde, die die LieferantInnen im Feld A1 vom Unternehmen empfangen, *unabhängig* von der Menschenwürde beurteilt werden muss, die für die KundInnen im Feld D1 bewertet wird. Selbst wenn man für die Belange der Messung akzeptieren würde, dass ein Wert wie Menschenwürde auf diese Art teilbar ist, setzt dies hohe Anforderungen an die Objektivität der Auditoren. Wenn

sich hingegen in der Gemeinwohlbilanzierung der Menschenwürde so etwas wie Empathie oder Solidarität zwischen den Berührungsgruppen niederschlagen sollte, könnten z. B. die LieferantInnen im Feld A1 zusätzliche Gemeinwohlpunkt dafür vergeben, dass das Unternehmen Fortschritte bei der Wahrung der Menschenwürde der KonsumentInnen erzielt hat. Man hätte dann bei der Gemeinwohlmessung dieselbe Inkonsistenz wie bei positiven externen Effekten in der Wohlfahrtsmessung. In der Gemeinwohlbilanz würde es zu Verzerrungen aufgrund von ungerechtfertigten Doppelzählungen in Feld A1 und D1 kommen.

2. In der Wohlfahrtsökonomik wird die Wohlfahrtsfunktion (5.5) *nicht* für eine Schätzung des allgemeinen gesamtgesellschaftlichen Glückszustandes verwendet, sondern als normatives Konzept, anhand dessen die Konsequenzen einer *Veränderung* des gesellschaftlichen Zustandes x aufgrund einer bestimmten Maßnahme (z. B. einer Steuererhöhung) beurteilt werden können. Ein ähnlicher Operationalisierungsgedanke liegt auch der Gemeinwohlbilanzierung zu Grunde: Es soll nicht der absolute Gemeinwohl-Verdienst eines Unternehmens beurteilt werden, sondern eine Veränderungsgröße. Es wird gefragt, welche konkreten *Beiträge* zum Gemeinwohl in der vergangenen Berichtsperiode von einem konkreten Unternehmen geleistet wurden.

Auch wenn die Inhalte von Nutzen- bzw. Wohlfahrtsfunktionen und Gemeinwohlbilanzierung unterschiedlich sein mögen: Als ökonomische Steuerungskonzepte verwenden beide Messkonzepte dieselben Aggregationsregeln und stimmen darin überein, dass sie als gesellschaftliche Entscheidungsregel auf die *Maximierung* eines quantifizierten Wohlfahrtkriteriums zielen.

Da Felber keine unverbindliche, deskriptive Beschreibung der Gemeinwohlbeiträge von Unternehmen anstrebt, sondern diese Messung zum operativen Prinzip eines neuartigen Gemeinwohl-Leistungswettbewerbs der Unternehmen machen möchte, muss die Frage gestellt werden, wie die Unternehmen sich auf diesen neuartigen Leistungswettbewerb anhand der Gemeinwohlbilanz einstellen werden. Die Anreizwirkung bzw. die Spielregeln des additiven Gemeinwohlmodells sind vergleichbar etwa mit dem Zehnkampf der Männer oder dem Siebenkampf der Frauen in der Leichtathletik. Der beste Athlet ist derjenige, der über alle zehn Disziplinen hinweg die meisten Punkte sammelt. Ein Athlet, der etwa im Stabhochsprung gegenüber seinen Konkurrenten Nachteile hat, kann diese vielleicht mit seiner Sprintstärke in der Disziplin des 100 m-Laufes ausgleichen. Sofern er bei der Wertung in einer Einzeldisziplin (wie etwa bei den Paralympics) nicht einen bestimmten Nachteilsausgleich erhält, stellen sich interessante Fragen für die Trainings- und Wettkampfstrategie dieses Athleten. Ihm wird es angesichts seiner begrenzten Ressourcen und Fähigkeiten nicht möglich sein, in allen Disziplinen ein Maximum zu erreichen. Soll der Athlet versuchen, in den Disziplinen besser zu werden, in denen er bisher Schwächen gegenüber der Konkurrenz hat? Oder soll er sich eher auf die Disziplinen konzentrieren, in denen er vermutlich Vorteile hat, um diese weiter auszubauen? Sein Kalkül wird von der Punktetabelle bestimmt[12]. Er wird beispielsweise den Punktezuwachs, den er für eine Verbesserung seiner 800 m-Laufleistung um eine Sekunde erhält, mit den zusätzlichen

---

[12] Derartige Punktetabellen für alle Arten von Mehrkämpfen werden beispielsweise vom Deuschen Leichtathletikverband veröffentlicht: https://www.leichtathletik.de/service/mehrkampf-rec hner (zuletzt abgerufen am 05.05.2022).

Punkten vergleichen, die er für eine Steigerung seiner Höchstleistung im Stabhochsprung um 1 cm erhalten würde. Wenn sich die Berechnung der Punkte verändert (z. B. aufgrund von allgemeinen Leistungsfortschritten und Standards oder der Nutzung neuer Materialien im Wettkampf) wird sich auch das Trainingskalkül der Athleten anpassen.

Die bei der Gemeinwohlbilanzierung erzielbaren Punkte haben für das Unternehmen eine ähnliche kompetitive Wirkung wie für den Zehnkämpfer oder die Siebenkämpferin die jeweiligen Punktetabellen: Das Kalkül der Unternehmen bei ihren Anstrengungen in den einzelnen „Teildisziplinen" der Gemeinwohlbilanzierung richtet sich auf die jeweils erzielbaren Punkte, bzw. auf das, was getan werden muss, um in den jeweiligen Teildisziplinen besser zu werden. Nur wenn man annimmt, dass die Ressourcen, die die Unternehmen in die Verbesserung der einzelnen Gemeinwohlbeiträge investieren, unbegrenzt und kostenlos zur Verfügung stehen, kann man das angestrebte Gemeinwohlverhalten einfach als eine Frage der moralischen Motivation betrachten. Die Gemeinwohlbilanz wird den Unternehmen zwei Fragen stellen und die folgenden Antworten nach sich ziehen:

- Worauf sollen sich *zusätzliche* Gemeinwohlanstrengungen richten? Jedes Unternehmen wird sich bei einem Vergleich von zwei Gemeinwohl-Teildisziplinen fragen, welche konkreten Punkteverbesserungen mit einem bestimmten Aufwand an personellen, zeitlichen oder finanziellen Ressourcen in den Feldern zu erreichen sind. Es wird seinen Aufwand dann jeweils auf diejenige Teildisziplin richten, in der der erwartete Punktezuwachs relativ größer ist.
- Sind Umschichtungen der Gemeinwohlanstrengungen bei *Konstanthaltung des Aufwands* sinnvoll? Ein Unternehmen wird sich – sobald es seine erste Gemeinwohlbilanz erhalten hat – fragen, ob die Performance in der Bilanz bei Beibehaltung seines Aufwandes nicht durch Umschichtung der Aktivitäten verbessert werden kann. Wenn sich beispielsweise mit demselben Aufwand, der bislang zur Reduktion der ökologischen Auswirkungen seiner Aktivitäten (Feld E3) betrieben wird, mit zusätzlichen Beiträgen zum Gemeinwesen (Feld E4) eine höhere Punktzahl erzielen lässt, wird das Unternehmen seine ökologischen Aktivitäten z. B. zu Gunsten der Förderung von Kultur und Lebensqualität in seiner Region umschichten.

Genau hier liegt die Logik jeder Form der Anreizsteuerung: Sie setzt auf Rationalverhalten. Auch bei einem angenommenen Übergang von Gewinnmaximierung auf Gemeinwohlmaximierung würden sich die Unternehmen rational verhalten. Auch demokratisch verfasste Unternehmen würden dieser Mess- und Steuerungslogik folgen. Man könnte auch sagen: Sie müssten sich ihr unterordnen, da mit der Umstellung auf die Gemeinwohlbilanzierung annahmegemäß der größtmögliche Beitrag zum allgemeinen Wohl realisiert wird. In einem formalen Modell ließe sich das Verhalten der Unternehmen wie folgt beschreiben: Die Unternehmen werden unter den Bedingungen der Gemeinwohlbilanzierung ihre Ressourcen

so einsetzen, dass es über alle 20 Felder der Matrix hinweg zu einem Ausgleich der Gemeinwohl-Grenzproduktivität kommt (d. h. der durch eine zusätzliche
Anstrengung realisierbaren Gemeinwohl-Punktzahl).

Die formale Gleichgewichtung aller Felder (mit jeweils maximal 50 zu vergebenden Punkten) im Modell der Gemeinwohlbilanzierung führt also im Status
quo eines Unternehmens und seines jeweiligen gesellschaftlichen und marktlichen
Umfeldes dazu, dass es seine Bemühungen zur Verbesserung sehr selektiv auf einzelne Bereiche richten wird. Ähnlich wie die Siebenkämpferin sich nicht damit
zufrieden geben wird, zwischen allen Disziplinen einen gerechten Ausgleich auf
einem vielleicht durchweg vorzeigbaren Niveau zu suchen, um den Zuschauern
in allen Teildisziplinen die Freude an einem ausgeglichenen Leistungsstand der
Athletin zu ermöglichen, werden sich auch die Unternehmen unter den Bedingungen der Gemeinwohlbilanzierung nicht als Satisfizierer verhalten, sondern nach
ihrem eigenen Vorteil suchen. Warum sollten diese sich mit weniger Gemeinwohl
zufrieden geben, wenn sie mehr erreichen könnten?

10.4.5 Anreizsysteme der Gemeinwohlbewegung

Über die Gemeinwohlbilanzen möchte Felber nicht nur eine allgemeine Wirtschaftsordnung installieren, die dem Gemeinwohl verpflichtet ist, sondern dafür
sorgen, dass die Unternehmen nicht mehr gewinnorientiert, sondern gemeinwohlorientiert arbeiten. Dafür sollen sie vom Staat über verschiedene Anreize belohnt
werden. Unternehmen, die eine Gemeinwohlbilanz vorlegen, sollen auf Basis der
darin enthaltenen Wertinformationen staatliche Subventionen bzw. Steuernach-
lässen gewährt werden. In einem späteren Schritt sollen alle Unternehmen der
Gemeinwohlbilanzierung unterzogen werden. Auf diese Weise hofft Felber, eine
Wirtschaftsordnung realisieren zu können, die durchgängig gemeinwohlorientiert
und nicht gewinnorientiert arbeitet.

In der Überführung der Gemeinwohlbilanzierung in Anreizsysteme sieht Felber
also den entscheidenden Schritt zur Transformation des derzeitigen Wirtschaftssystems. Er fordert *„die Kopplung der Gemeinwohlbilanz-Ergebnisse an eine
differenzierte rechtliche Behandlung. Je mehr Gemeinwohl-Punkte ein Unternehmen erzielt, desto mehr rechtliche Vorteile solle es genießen. Ganz im konservativen
Sinne von Leistungs: Wer mehr für die Gemeinschaft tut, soll von der Gemeinschaft belohnt werden"* (Felber 2021, S. 42). Als praktikable Beispiele für derartige
Anreizinstrumente sieht er etwa

- Vorrangregeln bei öffentlichen Beschaffungsentscheidungen,
- günstigere Ratings und Kreditbedingungen auf den Kapitalmärkten,
- günstigere Tarife bei der Steuer (bei der Gewinnbesteuerung) und beim Zoll,
- privilegierte Zugänge zu Forschungskooperationen mit öffentlichen Universitäten
- und direkte Subventionierungen durch den Staat.

Die bisherige Gleichbehandlung von Unternehmen bei der Besteuerung oder dem öffentlichen Beschaffungswesen ist Felber hingegen ein Dorn im Auge, da damit nicht geprüft werde, wie sehr die Unternehmen die Werte der Verfassung erfüllen. Da die „ethische Performance" der Unternehmen nicht geprüft werde, setzten sich am Markt gerade die verantwortungslosen Unternehmen durch. Fälle, in denen bei Anwendung seiner Gemeinwohl-Anreizsteuerung die Unternehmensgewinne sehr hoch ausfallen, bei denen also der Gemeinwohl-Bewertungsprozess zu hohen Belohnungen führe, will er dadurch regulieren, dass die „Belohnungen" nur noch in bestimmte Verwendungen fließen dürfen. Damit sei sichergestellt, dass Gewinne nicht aus Eigeninteresse erzielt werden – gleichwohl sei es vorteilhaft für die Unternehmen, ihre Gemeinwohl-Punkte zu maximieren.

Insbesondere durch die Verknüpfung der Kreditbedingungen der Unternehmen mit ihren Erfolgen bei der Gemeinwohlbilanzierung und anderen Maßnahmen der öffentlichen Finanzierung erhofft Felber sich ein Steuerungselement, mit dem auch gesellschaftlicher Einfluss auf die Verwendung von Unternehmensgewinnen gewonnen werden könnte. Dies führe u. a. zu den folgenden Steuerungsmöglichkeiten demokratisierter Wirtschaftsprozesse:

- „Feindliche" Unternehmensübernahmen und -aufkäufe werden nicht mehr stattfinden.
- Die Unternehmen erleben ein Ende des Wachstumszwanges und erreichen gleichzeitig eine „optimale Größe". Felber glaubt, mit seiner Gemeinwohlbilanz ein präzises Maß für die angemessene Größe von Unternehmen in die Hand zu bekommen. Unter optimaler Größe versteht er das Maximum der Bewertung in der Gemeinwohlbilanz: *„Wachstum ist in der Natur ein Mittel zur Erreichung der optimalen Größe. Genau darum sollte es in der Wirtschaft auch gehen: Um das Anstreben einer optimalen Größe eines Unternehmens. Heute ist Wachstum das Ziel an sich …, morgen nur noch ein Mittel: Wenn etwas zu klein ist, darf es gerne größer werden"* (Felber 2021, S. 57).

Box 10.5: Die optimale Unternehmensgröße aus Sicht der Gemeinwohlbilanz und aus Sicht der Ökonomik

Um für Studierende der Ökonomie keine unnötige Verwirrung zu stiften: Dieses Konzept einer Bestimmung der optimalen Betriebsgröße nach dem Maximum der Gemeinwohlbilanz lässt sich offenbar nicht direkt vergleichen mit dem ökonomischen Konzept einer Bilanz. Zwar spricht Felber immer wieder von den Finanzbilanzergebnissen der Unternehmen, die er als Nebenbilanz ansieht und durch seine Gemeinwohlbilanz ersetzen (oder ergänzen) möchte. Welcher Art seine Bilanz ist, lässt er jedoch offen.

Jede ökonomische Bilanz umfasst Mengenansätze und Wertansätze. Man differenziert jedoch grundsätzlich zwischen

- der Bilanz eines Unternehmens, welche die *Bestandsgrößen* des Unternehmens in Bezug auf Aktiva als Vermögen (wofür werden die Mittel verwendet?) und Passiva als Kapital (woher stammen die Mittel?) zu einem bestimmten Zeitpunkt erfasst und bewertet,
- und seinen *Stromgrößen* als periodenbezogene Gewinn- und Verlustrechnung, die z. B. zur Ermittlung eines Jahresergebnisses genutzt wird. Überschüsse oder Defizite in der Stromgrößenrechnung (Gewinne oder Verluste) führen dann bei entsprechender Verwendung zu einer Erhöhung oder Minderung des in der Bilanz aufgeführten Kapitals.

Im Modell der Gemeinwohlbilanz ist hingegen nicht klar, ob die Wertansätze bzw. die zu vergebenden Punkte sich auf Mengen im Sinne von Bestands- oder Stromgrößen beziehen. Sollen die Fragen zum ethischen Verkauf, zur kooperativen Verhaltensweise eines Unternehmens oder zu dem Ausmaß der ökologischen Auswirkungen seiner Tätigkeit auf die Geschäftszahlen des Unternehmens in der vergangenen Periode (als Stromgrößen der in der vergangenen Periode abgegebenen Gemeinwohlbeiträge) bezogen werden? Oder geht es eher um die längerfristige Institutionalisierung seiner Gemeinwohlkapazitäten (vielleicht im Sinne einer Gemeinwohl-Kapitalbildung)?

Und wenn ein Maximum der in einer Gemeinwohlbilanz realisierten Punktebewertung als Ausdruck einer optimalen Betriebsgröße angesehen wird: Geht es dann eher um die Maximierung einer langfristigen Gemeinwohl-Kapitalgröße? Oder steht die Maximierung der gesellschaftlichen Gemeinwohlbeiträge des Unternehmens in einer bestimmten Periode im Vordergrund der Betrachtung? Um im von Felber genutzten Bild des Naturgärtners zu bleiben: Sollen die Früchte der Pflanzen in einem Jahr möglichst groß und zahlreich sein? Oder sollen die Pflanzen selbst eine bestimmte Größe haben, weil man dann erwartet, dass auch die Ernte dauerhaft entsprechend groß sein wird? Gerade der Begriff der Nachhaltigkeit warnt, dass beide Strategien nicht gleichzeitig verfolgt werden können. Oder gibt es bei der Gemeinwohlbilanz so etwas wie eine Suffizienzgrenze (etwa bei der Höchstgrenze von 1000 Punkten), die ein Unternehmen maximal erreichen kann und bei deren Überschreiten ein weiteres Wachstum des Gemeinwohls nicht mehr stattfindet?

Unbedingt ist Felbers Konzept der optimalen Betriebsgröße zu unterscheiden vom mikroökonomischen Konzept der optimalen Betriebsgröße. Auch hier ist die Größe eines Unternehmens kein Selbstzweck, sondern ergibt sich (etwa bei Betrachtung von Ein-Produkt-Unternehmen) aus dem Zusammenhang zwischen der Outputmenge eines Unternehmens und seinen langfristigen Durchschnittskosten:

- Solange mit einer steigenden Ausbringungsmenge sinkende Durchschnittskosten einhergehen, spricht man von Größenvorteilen (economies of scale).
- Wenn hingegen mit einer Steigerung des Outputs steigende Durchschnittskosten verbunden sind, deutet dies auf Größennachteile (diseconomies of scale).

Die optimale Betriebsgröße liegt im Minimum der langfristigen Durchschnittskosten. Sie ist gekennzeichnet durch die Menge des im Unternehmen investierten und eingesetzten Kapitals (als Bestandsgröße), welches zur Produktion genau derjenigen Gütermenge (als Stromgröße) benötigt wird, die das Minimum der Durchschnittskostenfunktion bildet (Pindyck und Rubinfeld 2018). Das Verhältnis der Betriebsgröße eines Unternehmens zum gesamten Marktvolumen ist übrigens wichtig für die Marktform der vollständigen Konkurrenz. Wettbewerb kann sich nur einstellen, wenn das Marktvolumen Raum für viele Unternehmen in ihrer optimalen Betriebsgröße lässt.

Zur vollen Entfaltung kommt dieses Konzept dann offenbar im Marktprozess. Felber sieht seine Konzeption nach eigenem Bekunden als Markt- und nicht als Planwirtschaft. Während im bisherigen marktwirtschaftlichen System der Wirtschaftsprozess in Krisensituationen jedoch dafür sorge, dass die Unternehmen entsprechend ihrer Ergebnisse in der Finanzbilanzierung von Konkursen bedroht sind, sollen in seiner Konzeption nur diejenigen Unternehmen mit den schlechtesten Gemeinwohlbilanzen in Konkurs gehen. *„Auch unter Ausschöpfung aller Optionen lässt sich nicht immer vermeiden, dass ein Unternehmen ausscheidet. Auch in der Gemeinwohl-Ökonomie dürfen Projekte scheitern, so viel >>Risiko<< – und Freiheit – verbleibt. Während jedoch heute das Unternehmen mit der schlechtesten Finanzbilanz ausscheidet …scheidet in der Gemeinwohl-Ökonomie am ehesten das Unternehmen mit der schlechtesten Gemeinwohlbilanz aus: das nicht gewillt ist, für die Gemeinschaft da zu sein, nicht mit anderen kooperiert und sich auch nicht* *helfen lässt"* (Felber 2021, S. 63 f.). Im günstigeren Fall ließen sich Unternehmensinsolvenzen jedoch *„dank struktureller Kooperation"* (S. 58) vermeiden. Er betrachtet dies als eine *„kooperative Marktsteuerung"* (S. 62), nach der Unternehmen einer von der Krise betroffenen Branche einen Ausschuss einberufen, in dem über kooperative Maßnahmen zur Begegnung der Krise (wie etwa den proportionalen Abbau von Arbeitsplätzen, Betriebsschließungen oder freiwillige Fusionen) nachgedacht und entschieden wird. Überspitzt formuliert: Die kapitalistische Selektionsfunktion des Wettbewerbs soll in der Phase des Übergangs durch eine Art Gemeinwohl-Bestandsschutzbedingung ersetzt werden, um es den richtigen Unternehmen zu erlauben, angstfrei zu produzieren, die nicht-richtigen Unternehmen sollen hingegen weiterhin ungefiltert den Verwerfungen des Marktes ausgeliefert sein (Homann und Gruber 2014).

Nach Felbers Ansicht lässt sich dieser anreizpolitische Ansatz zur Gemeinwohlausrichtung der Unternehmen auch auf globalisierte Märkte übertragen. Derzeit sieht er Freihandel eher als Verfassungsbruch, da er in der derzeitigen Form nicht dem Gemeinwohl diene. Nach einer Umstellung der Wirtschaftlichkeitsrechnung des Wirtschaftssystems auf Gemeinwohlmessung sieht er jedoch die folgenden Handlungsoptionen:

- Beim Handel mit Ländern, die sich (noch) nicht für die Anwendung seiner Gemeinwohlbilanzierung entschieden haben, sollten gestaffelte Schutzzoll-Aufschläge zu Anwendung kommen. Die Nicht-Unterzeichnung einer bestimmten internationalen Konvention (z. B. Automatischer Steuerinfo-Austausch, Konvention zur kulturellen Vielfalt, UN-Klimaschutzabkommen) zieht dann jeweils einen bestimmten Zoll nach sich.
- Beim Handel mit Ländern, die die Gemeinwohlbilanzierung anwenden, könnte die Gewährung des Marktzugangs an die Bewertung der Gemeinwohlbilanz gebunden werden, sodass die besten Gemeinwohl-Unternehmen Freihandel genießen, andere jedoch je nach Gemeinwohlbilanzergebnis einen ethischen Schutzzoll tragen müssen.

10.5 Kritische Würdigung des Ansatzes der Gemeinwohlbilanzierung

10.5.1 Wirtschaftlichkeitsrechnung und marktlicher Preismechanismus unter den Bedingungen der Gemeinwohlbilanzierung

Da Felber nicht beabsichtigt, den marktwirtschaftlichen Prozess lediglich um ein weiteres komplementäres Informationsmedium zur sozialen Unternehmensberichterstattung zu bereichern, sondern die Gemeinwohlbilanzierung selbst zum Gegenstand realer wirtschaftlicher Entscheidungen von Produzenten und Konsumenten machen will, kann er den marktwirtschaftlichen Preismechanismus nicht so lassen, wie er ist. Zwar will Felber Märkte nicht grundsätzlich abschaffen, auch soll Geld als Tauschmedium nach wie vor verwendet werden, aber die Marktpreise der Güter und Ressourcen sollen durch den Einfluss der Gemeinwohlbilanzierung so geändert werden, dass sich auf allen Ebenen des Marktes und auf allen Wertschöpfungsstufen einzelner Produktionsprozesse diejenigen Anbieter durchsetzen, von denen die höchsten Gemeinwohlbeiträge ausgehen. Die in der Gemeinwohlbilanz vorgenommene Bewertung der Leistung eines einzelnen Unternehmens muss also mit den Preisen seiner Produkte und Dienstleistungen und seiner Wirtschaftlichkeitsrechnung verknüpft werden.

Verwendet man die Gemeinwohlbilanzierung lediglich als zusätzliches Informationsmedium, so wird sie eine Preiswirkung indirekt über eine Beeinflussung der Präferenzen auf der Nachfrageseite entfalten, etwa wenn die Produkte eines Unternehmens mit einem höheren Gemeinwohlindex stärker nachgefragt werden oder die Produkte eines Unternehmens mit einer schlechteren Gemeinwohlbewertung weniger stark nachgefragt werden. Die reale Wirkung der Gemeinwohlbilanzierung ist also nur dann gegeben, wenn die Gemeinwohlbewertung mit den Präferenzen und dem Verhalten der Konsumenten korrespondiert. Wenn hingegen die von den Gemeinwohl-Auditoren vergebenen Punkte nicht durch eine entsprechende Zahlungsbereitschaft der Nachfrage nach den Produkten dieses Unternehmens unterlegt sind, bleiben sie wirkungslos.

Ein direkter Einfluss auf die Marktpreise und die Wirtschaftlichkeitsrechnung der Unternehmen soll jedoch durch die Verwendung der Anreizinstrumente gewonnen werden. Durch veränderte Kreditbedingungen, differenzierte Steuer- und Zollsätze oder Bevorzugungen beim öffentlichen Beschaffungswesen sollen insbesondere wirtschaftspolitische Instrumente des Staates an die Ergebnisse der Gemeinwohlmessung gebunden werden. Unabhängig von der Frage, zu welchen Koordinationsproblemen es in einem Wirtschaftssystem kommt, dessen Preismechanismus auf der Ebene der Unternehmen diversen diskretionären Modifikationen ausgesetzt ist, stellt sich hier im Detail der Vorschläge zunächst das Problem fundamentaler rechtlicher Konflikte (Ulrich 2019; Köhne 2021). Der etwa dem Steuerrecht zugrunde liegende Gleichbehandlungsgrundsatz ist ein hohes Gut. Das Recht, Steuern zu erheben, besitzt nur das öffentlich-rechtliche Gemeinwesen. Die Höhe von Steuersätzen oder die Festsetzung von Bemessungsgrundlagen sind aus guten Gründen rechtlich geregelt, z. B. um Willkür und Ungleichbehandlungen von Steuerpflichtigen zu unterbinden und für die Steuerpflichtigen die in einer Marktwirtschaft notwendige Planungssicherheit für ihre eigenen Dispositionen zu gewährleisten. Die Endogenisierung der Steuerverpflichtung eines Unternehmens in Bezug auf eine wie auch immer geartete demokratische Evaluierung seiner Gemeinwohlbeiträge ist aus guten Gründen nicht möglich. Die Frage der Steuerverpflichtung von Unternehmen oder Privathaushalten ist nicht an deren Wohlverhalten gebunden. Die Vorschläge der Gemeinwohlökonomie-Bewegung sind weder mit deutschem Haushaltsrecht, noch mit EU-Recht oder den Regeln des Welthandels vereinbar und daher unrealistisch.

Eine andere Frage ist, ob dieses in den oben erläuterten konstituierenden Prinzipien der Sozialen Marktwirtschaft als „Konstanz der Wirtschaftspolitik" bezeichnete Merkmal auch sinnvoll ist. Die Vorstellung eines zusätzlichen, erzieherischen Mechanismus, der in einer Marktwirtschaft über die Vergabe von objektiven Bewertungen in den Preismechanismus eingreift, Nachteilsausgleiche gewährt, das Gute fördert und das Schlechte bestraft, hat für viele Menschen sicherlich eine gewisse Attraktivität. Vermutlich liegt aber genau hier eine fundamentale Fehleinschätzung dessen, was ein marktlicher Allokationsmechanismus leisten kann.

Im Abschn. 10.2 wurde die zentrale Bedeutung des Preissystems für ein marktwirtschaftliches Wirtschaftssystem erläutert. Jedes Wirtschaftssystem muss das allokative Ausgangsproblem der Knappheit beantworten und einen Mechanismus bereitstellen, mit dem die Frage gelöst wird, wer die knappen Güter und Ressourcen wofür verwenden soll. Auf der Systemebene kann eine Knappheitsanzeige für die handelnden Wirtschaftssubjekte nur auf zwei alternative Arten etabliert werden (Schüller und Krüsselberg 2005, S. 4):

- Entweder erfolgt die Knappheitsanzeige bei dezentralen Planungsrechten auf Basis von Geldpreisen, die sich im Zuge von Preismechanismen auf Märkten herausbilden.
- Oder die Informationen über die Knappheiten werden auf Basis gesamtwirtschaftlicher, zentraler Überlegungen in Form bestimmter Planungs- und Bewertungsprozesse gesammelt und kommuniziert.

Ganz offensichtlich sucht der Ansatz der Gemeinwohlbilanzierung einen Mittelweg aus beiden Varianten, denn der Preismechanismus soll ja nicht aufgegeben werden. Die Gemeinwohlbilanzierung soll die derzeitige, auf reinen Marktpreisen basierende Wirtschaftlichkeitsrechnung der Unternehmen zunächst ergänzen, später möglicherweise jedoch ganz substituieren, d. h. in den Marktpreisen aufgehen. Das zentrale Anliegen der Gemeinwohlbilanzierung besteht darin, das System der Marktpreise im Hinblick auf die Gemeinwohlqualität der jeweiligen Güter und Ressourcen zu objektivieren. Dies soll jedoch nicht wie im wohlfahrtsökonomischen Ideal der Internalisierung externer Kosten über einen, die allgemeinen Regeln und Rahmenbedingungen des Marktes betreffenden Eingriff des Staates realisiert werden, an dem sich alle Marktteilnehmer für ihre weiteren Dispositionen orientieren können, sondern durch eine kontinuierliche, den gesamten Marktprozess begleitende Evaluierung des Verhaltens der Unternehmen auf allen Wertschöpfungsstufen.

Die gesellschaftliche Diskussion über ein derartiges Projekt ist nicht neu. Im ersten Kapitel dieses Buches wurde betont, dass Märkte aus ökonomischer Sicht kein Selbstzweck sind, sondern eine mit Blick auf das Gemeinwohl dienende Funktion haben. Es ist jedoch nicht möglich, die koordinative Funktion von Märkten in einer arbeitsteiligen Gesellschaft in Anspruch zu nehmen, wenn der gesamte Marktprozess von kontinuierlichen Evaluierungen und Korrekturen begleitet wird. Die im Abschn. 10.2 aus dem Systemvergleich gewonnene Erkenntnis von LUDWIG VON MISES einer Unmöglichkeit der marktwirtschaftlichen Wirtschaftlichkeitsrechnung unter den Bedingungen einer sozialistischen

Gemeinwirtschaft (von Mises 1920, 2007) bezog sich zwar auf die Frage des Privateigentums an den Produktionsmitteln, sie ist jedoch auch auf den Ansatz der Gemeinwohlbilanzierung anzuwenden.

Box 10.6: Ludwig von Mises, das sozialistische Rechnungswesen und das Eisenbahnproblem

Von Mises illustriert seine Aussage zur Unmöglichkeit einer rationalen Wirtschaftlichkeitsrechnung in einem planwirtschaftlichen System ohne Privateigentum an den Produktionsmitteln anhand des Beispiels einer geplanten Eisenbahnstrecke. Den Planern stelle sich das folgende Problem (von Mises 1920, vgl. auch Pies 2009): Die Strecke soll zwischen den Punkten A und B gebaut werden. Da sich ein Berg dazwischen befindet, stellt sich die Frage, ob die Strecke über den Berg, durch einen Tunnel oder am Berg vorbeigeführt wird. Bei der Investitionsentscheidung sind die Baukosten, aber auch die Betriebs- und Wartungskosten der Strecke zu berücksichtigen. Während in einem marktwirtschaftlichen System alle für die Entscheidung notwendigen Informationen auf Basis von Marktpreisen zur Verfügung stehen, um nach der geeigneten Lösung zu suchen, stehen in der Planwirtschaft keine derartigen Marktpreise zur Verfügung. Ein auf den individuellen Vorteil und Privateigentum ausgerichtetes Preissystem wird abgelehnt. In einer derartigen Situation entziehen sich die zur Verfügung stehenden Alternativen der Berechenbarkeit und der sinnvollen Vergleichbarkeit. Es gibt kein den Planern zugängliches Kriterium, anhand dessen beispielsweise entschieden werden kann, ob der für die längere Streckenführung notwendige Ressourcenverzehr in Form von Arbeit und Material gegenüber der kürzesten Streckenführung sinnvoll ist.

„*Man denke an den Bau einer neuen Eisenbahnstrecke. Soll man sie überhaupt bauen und wenn ja, welche von mehreren denkbaren Strecken soll gebaut werden? In der freien Verkehrs- und Geldwirtschaft vermag man die Rechnung in Geld aufzustellen. Die neue Strecke wird bestimmte Gütersendungen verbilligen, und man vermag nun zu berechnen, ob diese Verbilligung so groß ist, daß sie die Ausgaben, die der Bau und der Betrieb der neuen Linie erfordern, übersteigt. Das kann nur in Geld berechnet werden. Durch die Gegenüberstellung von verschie- denartigen Naturalausgaben und Naturalersparungen vermag man hier nicht zum Ziele zu kommen. Wenn man keine Möglichkeit hat, Arbeitsstunden verschieden qualifizierter Arbeit, Eisen Kohle, Baumaterial jeder Art, Maschinen und andere Dinge, die Bau und Betrieb von Eisenbahnen erfordern, auf eine gemeinsamen Ausdruck zu bringen, dann kann man die Rechnung nicht durchführen. Die wirtschaftliche Trassierung ist nur möglich, wenn man alle in Betracht kommenden Güter auf Geld zurückzuführen vermag. Gewiß, die Geldrechnung hat ihre Unvollkommenheiten und ihre schweren Mängel, aber wir haben eben nichts besseres an ihre Stelle zu setzen; für die praktischen Zwecke des Lebens reicht die Geldrechnung eines gesunden Geldwesens immerhin aus. Verzichten wir auf sie, dann wird jeder Wirtschaftskalkul schlechthin unmöglich*" (von Mises 1920, S. 102 f.).

Den Kern des Problems macht von Mises im Versuch aus, den Preisen als Basis für wirtschaftliche Entscheidungen so etwas wie eine objektive Natur oder einen von subjektiven Einschätzungen unverzerrten Wahrheitsgehalt zuzurechnen.

„*Es ist die unklare Vorstellung von einem Primat des objektiven Gebrauchswertes, von dem diese Theorien beherrscht sind. In Wahrheit kann der objektive Gebrauchswert für die Wirtschaftsführung nur durch den Einfluß, den er über den subjektiven Gebrauchswert auf die Bildung der Austauschverhältnisse der wirtschaftlichen Güter nimmt, für die Wirtschaft von Bedeutung werden. Eine zweite unklare Vorstellung mischt sich ein: das persönliche Urteil des Beobachters über die Nützlichkeit der Güter, das dem Urteil der am Wirtschaftsverkehr teilnehmenden Menge entgegensteht. Wenn jemand findet, daß es »unrationell« sei, so viel auf Rauchen, Trinken und ähnliche Genüsse aufzuwenden, als in der Volkswirtschaft darauf aufgewendet wird, so hat er von dem Gesichtspunkt seiner persönlichen Wertung zweifellos recht. Doch er übersieht dabei, daß Wirtschaft nur Mittelsuche ist, und daß die Rangordnung der letzten Ziele unbeschadet aller rationellen Erwägungen, die ihre Setzung beeinflussen, Sache des Wollens und nicht des Erkennens ist*" (S. 120).

Der Gedankengang von Mises wurde zwar historisch auf die sozialistische Planwirtschaft angewandt, lässt sich aber wie folgt verallgemeinern (vgl. hierzu Pies

2009) und damit auch auf den Steuerungsgedanken der Gemeinwohlbilanzierung übertragen:

- VON MISES argumentiert auf Basis der subjektiven Wertlehre der Neoklassik und grenzt diese gegen die Versuche der klassischen Ökonomen wie DAVID RICARDO und KARL MARX ab, die Wertfrage von Gütern und deren Marktpreise objektiv in Form von Gebrauchs- oder Arbeitswerten bestimmen zu wollen.
- Die Einschätzung, dass der Preis eines Gutes auf einem Markt durch das Zusammenspiel von Angebot und Nachfrage bestimmt wird, bedeutet: Es ist letztlich die marginale Zahlungsbereitschaft der Konsumenten, die im Marktpreis mit der marginalen Zahlungsforderung des Anbieters übereinstimmt. Im Tauschprozess kommt es zur Transformation dieser jeweils subjektiven Werte in objektive Informationen, an denen sich alle Marktteilnehmer bei ihren Entscheidungen orientieren können.
- Dass sich alle Marktteilnehmer gleichermaßen an dieser Information orientieren können, ist bedeutsam: Erst dadurch, dass diese Information in Form des Preises vorliegt, erst dadurch, dass auch auf allen anderen vor- oder nachgelagerten Märkten derartige objektive Information vorliegen, wird rationales Wirtschaften der einzelnen Wirtschaftssubjekte in einer vernetzten arbeitsteiligen Wirtschaft möglich. Der wettbewerbliche Preismechanismus kann im gesamten System nur dann seine Wirkung entfalten, wenn er für alle Marktteilnehmer verlässliche Informationen zur Verfügung stellt, die diese dann mit ihren eigenen Möglichkeiten und Planungen abgleichen können. Nur auf diese Weise können die Marktteilnehmer ihre verantwortungsvollen Entscheidungen über die Verwendung ihrer Ressourcen treffen. Der Preismechanismus hat damit gleichermaßen Informations- und Anreizfunktion. Die von der Gemeinwohlbilanzierung angestrebte selektive Differenzierung von Kreditmarktzugängen und Steuersätzen für jedes einzelne Unternehmen würde nun den gesamten Preisbildungsprozess über alle Märkte überwölben und eine rationale wirtschaftliche Kalkulation der Wirtschaftssubjekte in ähnlicher Weise behindern wie die Abschaffung des Privateigentums an Kapitalgütern im Sozialismus. Dadurch, dass jedes Unternehmen eine andere Punktzahl hat, werden die Preise nicht wie bei einer allgemeinen Steuer systematisch verändert, sondern auf eine kaum prognostizierbare Weise.
- Die Marktpreise aller in der Volkswirtschaft produzierten Güter würden also im Sinne des gemeinwohlbilanzinduzierten Vor- und –Nachteilsausgleiches der einzelnen Unternehmen differenziert werden. Diese Konsequenz mag auf der Ebene der für den Endverbrauch produzierten Güter, oder für Güter mit einer sehr kurzen Wertschöpfungskette (wie etwa den Direktverkauf landwirtschaftlicher Produkte) auf den ersten Blick nicht sonderlich dramatisch erscheinen. Zusätzliche Konsumenteninformationen im Sinne eines Nudging oder transparente Verbesserungen der Marktbedingungen für ökologisch vorteilhafte Produzenten sind bereits im derzeitigen Wirtschaftssystem ebenso praktikabel wie die Gewährung zinsvergünstigter Kredite für Energieeffizienzinvestitionen

privater Haushalte oder die Privilegierung von Elektromobilen in Innenstädten mit knappem Parkraum. Dramatisch werden die Konsequenzen aber im Falle arbeitsteiliger, industrieller Produktion über viele Wertschöpfungsstufen. Die auf allen Stufen des Produktionsprozesses zum Einsatz kommenden Gemeinwohlbilanzen werden den sozialen Prozess des Austausches der jeweiligen Güter, der Vorprodukte oder der Investitionsgüter empfindlich stören und die Informations- und Koordinationsfunktion der Marktpreise letztlich außer Kraft setzen. Wie will ein Unternehmen erfahren, ob sein Produkt überhaupt gebraucht wird? Wie soll es bei seiner Nachfrage nach Vorprodukten oder Ressourcen erfahren werden, ob nicht andere Unternehmen einen höheren Gemeinwohl-Anspruch auf die benötigten Güter haben? Eine wirtschaftliche Kalkulation der Vor- und Nachteile einer Investition ließe sich für die Unternehmen bei ihren Produktionsentscheidungen kaum noch durchführen.

Dieser Gedanke soll kurz am Beispiel eines Windparks illustriert werden. Hierzu sei angenommen, dass eine Kommune einen Windpark errichten und dessen wirtschaftlichen Betrieb einer Betreibergesellschaft übertragen möchte. Welche Rolle nimmt hierbei das marktwirtschaftliche Preissystem ein und welche Rolle würde ggf. die Gemeinwohlbilanzierung spielen? Zur Beantwortung dieser Frage stelle man sich die folgenden vier unterschiedlichen Szenarien vor:

1. *Unregulierte Märkte:* In einem ersten Szenario stelle man sich weitgehend unregulierte Märkte vor. Hier würde sich die Vorteilhaftigkeit dieser Investition insbesondere durch einen Vergleich der Stromgestehungskosten des Windparks mit den erwarteten Marktpreisen des Stroms ermitteln lassen. Eine potenzielle Investoren- und Betreibergesellschaft würde die ihr zugänglichen marktlichen Informationen in eine Wirtschaftlichkeitsrechnung einfließen lassen. Hierbei werden v. a. die erwarteten Stromgestehungskosten eine Rolle spielen, die mit den erwarteten Marktpreisen aus der Vergütung des Stroms verglichen werden. In den Stromgestehungskosten enthalten sind dann alle Arten von Kosten der Investition, d. h. die Kosten der verschiedenen Komponenten der Windenergieanlagen, der Materialien, der Netzanbindung, der Planung und Genehmigung, der Finanzierung, der Wartung etc. Da die Anlagen, alle dafür benötigten Vorprodukte sowie die zur Errichtung der Anlage benötigten Baumaterialen nicht selbst von der Betreibergesellschaft produziert werden, müssen hierfür Angebote am Markt eingeholt werden. Die entsprechenden Angebote müssen miteinander verglichen und nach Auswahl der geeigneten Lieferanten zu einem Projekt gebündelt werden. Je nach Projektkalkulation und Wirtschaftlichkeitsrechnung wird sich nun ggf. eine Betreibergesellschaft finden lassen, die ein entsprechendes Angebot an die Kommune macht. Möglicherweise werden von der Kommune auch Angebote konkurrierender potenzieller Betreiberfirmen eingeholt und miteinander verglichen. Bei Abwesenheit jeder anderen Form von Markteingriffen auf dem Elektrizitätsmarkt, die zu einer Internalisierung externer Kosten der fossilen Stromerzeugung und damit zu einem Nachteilsausgleich

für Windenergieanlagen (und andere erneuerbaren Energien) führen, würde sich ein derartiges Projekt vermutlich nicht wirtschaftlich darstellen lassen.

2. *Emissionshandel:* In einem zweiten Szenario könnte man sich vorstellen, dass ein gesamtwirtschaftliches Instrument zur Internalisierung der externen Kosten der Nutzung fossiler Ressourcen eingeführt wird. Eine pauschale CO_2-Bepreisung oder die Nutzung des Emissionshandels würde aus ökonomischer Sicht dazu führen, dass die ökonomischen Bedingungen aller wirtschaftlichen Aktivitäten (also nicht nur auf dem Strommarkt), die zu einer Vermeidung von CO_2-Emissionen führen, eine relative Verbesserung am Markt erhalten. Die Wirkungsweise dieses Nachteilsausgleiches würde jedoch die Wirtschaftlichkeit des Windparks vermutlich nicht entscheidend verbessern. Ein derartiges Instrumentarium ist darauf ausgelegt, dass die CO_2-Einsparungen im gesamten Wirtschaftssystem jeweils dort realisiert werden, wo sie am kostengünstigsten sind. Zusätzliche, technologie- oder sektorbezogene Nachteilsausgleiche bzw. Fördermaßnahmen für bestimmte Anbieter wären aus dieser Perspektive lediglich teure Ressourcenverschwendung und würden die Effizienzwirkungen des Emissionshandels lediglich konterkarieren. Ein kommunaler Windpark wäre in diesem Szenario vermutlich redundant und ineffizient (Weimann 2021, vgl. Abschn. 9.6.3).

3. *Förderung erneuerbarer Energien:* In einem dritten Szenario finde (möglicherweise zusätzlich zur CO_2-Bepreisung) eine gezielte Förderung des Ausbaus der erneuerbaren Energien auf dem Strommarkt statt. Dies kommt der derzeitigen Realität in Deutschland nahe. So werden beispielsweise Einspeisepreise für bestimmte Technologien garantiert, oder es werden Ausschreibungswettbewerbe für Stromerzeugungskapazitäten auf Basis erneuerbarer Energien durchgeführt. Die Wirtschaftlichkeitsrechnung der Betreiber des Windparks wäre ähnlich wie im ersten oder zweiten Szenario – der entscheidende Unterschied bestünde jedoch darin, dass die erwartete Vergütung der Stromerzeugung nicht mehr direkt vom Elektrizitätsmarkt abhängt, sondern von der Regulierung bestimmt bzw. gesteuert wird. Der von der Kommune angestrebte Windpark könnte hier realisiert werden, sofern die Wirtschaftlichkeit des Angebotes positiv ausfällt.

4. *Förderung erneuerbarer Energien und Gemeinwohlbilanzierung:* In einem vierten Szenario stelle man sich die Konzeptionierung und Kalkulation des Windparks unter den Bedingungen der direkten Förderung der erneuerbaren Energien bei gleichzeitiger Anwendung der Anreizsysteme der Gemeinwohlbilanzierung vor. Die Kalkulation der Ertragsseite des Windparks wäre nun gesichert, in Bezug auf die Wirtschaftlichkeitsrechnung des Projektes wird jedoch trotzdem große Unsicherheit bestehen, weil die Kosten nicht mehr einfach anhand von Marktpreisen oder –angeboten kalkuliert werden können. Bei der Projektierung und Kalkulation des Windparks sind ja Angebote auf diversen vor- und nachgelagerten Märkten einzuholen und zu vergleichen, auch müssten gleichzeitig Kapitalgeber gewonnen werden. Die Leistungen unterschiedlicher Anbieter von Komponenten der Anlagen, unterschiedlicher Baufirmen, alternativer Kreditgeber können jetzt nicht mehr allein auf Basis der

Marktpreise miteinander verglichen und kalkuliert werden. Vielmehr müssen die von der Gemeinwohlbilanzierung ausgehenden Differenzierungen entlang der gesamten Liefer- und Wertschöpfungskette aber auch in Bezug auf die Kapitalgeber berücksichtigt und in der Wirtschaftlichkeitsrechnung aggregiert werden. So gibt es vielleicht zwei konkurrierende Anbieter von Rotorblättern und Generatoren, die zwar technisch gleichwertige Komponenten vorhalten, deren Qualitäten aber in Bezug auf die Ausgestaltung der Arbeitsverträge oder die innerbetriebliche Transparenz in der Gemeinwohlbilanz noch verglichen und verrechnet werden müssen. Die potenzielle Investoren- und Betreiberfirma müsste beim Vergleich von Marktpreisen alternativer Anbieter auf der Vorlieferantenebene zudem Inzidenzüberlegungen anstellen: Hierzu müssen alle sich erst aus der Gemeinwohlbilanzierung ergebenden Steuer- und Kreditbedingungen dieser potenziellen Vorlieferanten und Projektpartner bekannt sein. Es müssten Erwartungen darüber gebildet werden, ob diese Differenzierungen bereits eingepreist sind, oder in welchem Umfang die jeweiligen Vorlieferanten überhaupt in der Lage sind, die veränderten Kredit- und Steuerbedingungen in die Marktpreise ihrer Dienstleistungen und Vorprodukte zu überwälzen. Eine Wirtschaftlichkeitsrechnung zur Beantwortung der Frage, ob sich die Investition in einen Windpark lohnt, kann unter diesen Bedingungen kaum noch durchgeführt werden. Der gesamte Such- und Kalkulationsprozess über alle Wertschöpfungsstufen wird von zusätzlichen Informationen überlagert, deren Auswirkungen auf die Preise und Kosten und den Vergleich unterschiedlicher Projekte weitgehend unkalkulierbar bleiben.

10.5.2 Legitimationsdefizite eines lexikographischen Gemeinwohlprinzips

Unabhängig von diesen Schwierigkeiten der Wirtschaftlichkeitsrechnung, die sich bei einer Umstellung des gesamten Wirtschaftssystems auf die Methodik der Gemeinwohlbilanzierung ergeben würden, erfreut sich das von Felber und seiner Bewegung vorgelegte Konzept bei freiwilligen Einzelfallanwendungen derzeit großer Beliebtheit (Meynhardt und Fröhlich 2017; Köhne 2021). Sie liefert für Unternehmen ein praktisches Fallbeispiel für die methodische Umsetzung eines Kommunikations- bzw. Marketing-Instruments. Die Gemeinwohlbilanzierung kann bisher vorhandene Instrumente des Non-Financial Reportings ergänzen oder gar ersetzen. Insbesondere kleinere und mittelständische Unternehmen nutzen das Instrument der Gemeinwohlbilanzierung für ihre Berichterstattung an die Öffentlichkeit und als Instrument der Unternehmensentwicklung. Im Vergleich zu anderen Instrumenten der Sozial- und Umweltberichterstattung von Unternehmen liegt ihr Vorteil darin, dass die vorgegebene Matrixstruktur und die damit verbundene Dokumentation auch von solchen Unternehmen angewandt werden kann, die hierfür keine eigenen Entwicklungskapazitäten haben.

Seitens der anwendenden Unternehmen stellt sich jedoch ein gravierender Ziel-konflikt in Bezug auf die Legitimierung des in der Gemeinwohlbilanz formulierten Wertesystems (Meynhardt und Fröhlich 2017, S. 173):

- Einerseits stellt die die Vorgabe der Einzeldimensionen in der Matrixstruk-tur eine *A-priori*-Festlegung des Gemeinwohlbegriffs dar. Gerade die Klarheit seiner Struktur hilft bei der Operationalisierung der notwendigen Bewertungs-schritte in der Anwendung.
- Andererseits wird bei der Legitimation dieser Wertestruktur darauf verwiesen, dass diese sich erst *a posteriori* im Zuge demokratischer Diskussionspro-zesse legitimieren lasse. Ein ergebnisoffener demokratischer Prozess ist jedoch ebenso kaum absehbar wie eine in sich geschlossene theoretische Begründung des in der Bilanz angelegten Wertesystems. Wieso sollten die Dimensionen eines mehrdimensionalen Gemeinwohlbegriffs im Zuge eines gesellschaftlichen Diskussionsprozesses nicht als Frieden (1), Freiheit (2), Sicherheit und Wohl-stand (3) und Gerechtigkeit (4) bestimmt werden und sich damit fundamental von den Wertdimensionen der Gemeinwohlmatrix unterscheiden?[13]

Für die Belange einer sozialen Bewegung mag dieser Zielwiderspruch zwischen Vor-Festlegung und Offenheit akzeptabel, vielleicht sogar notwendig sein, als Entwurf zur Kalibrierung eines alternativen Wirtschaftssystems kann die Kon-zeption von Felber jedoch nicht überzeugen. Insbesondere die im Modell der Gemeinwohlbilanzierung angelegte Vorstellung,

- das Gemeinwohl exakt zu definieren,
- quasi buchhalterisch in verschiedene, miteinander verrechenbare Teildimensio-nen zu zerlegen,
- um die Gemeinwohlbeiträge von Unternehmen quantitativ messen und verglei-chen zu können,
- und um diese zum Gegenstand einer ökonomischen Anreizsteuerung machen zu können,

---

[13] So schlagen etwa Engelkamp und Sell (2011) genau diese mehrdimensionale Konzeption von Gemeinwohl vor. Bei ihrem Ansatz der Erstellung eines mehrdimensionalen Zielsystems verwei-sen sie darauf, dass diese Ziele (Frieden, Freiheit, Sicherheit und Wohlstand sowie Gerechtig-keit) diejenigen seien, die am häufigsten genannt werden, wenn es darum geht, den allgemeinen und vieldeutigen Wohlfahrtsbegriff schrittweise zu operationalisieren (Engelkamp und Sell 2011, S. 399). Sie entwickeln daraus eine Darstellung, die strukturell ähnlich ist wie die Matrix der Gemeinwohlbilanz von Felber. Allerdings werden die vier Dimensionen hier nicht partiell aus Sicht einzelner Personengruppen bestimmt, sondern lediglich im Sinne eines top-dwon-Prozesses als Oberziele in Zwischenziele zerlegt. So wird beispielsweise das dritte Oberziel „Sicherheit und Wohlstand" in die Zwischenziele „Höhe des Pro-Kopf-Einkommens, Wachstum", „Versorgung mit Kollektivgütern, Altersversorgung", „Freizeitbudget, durchschnittliche Lebenserwartung" und „Umweltqualität" zerlegt.

hält einer kritischen, theoretischen Betrachtung nicht Stand. Diese Kritik ähnelt in einigen Aspekten der Kritik, die die frühen Entwürfe des Utilitarismus auf sich gezogen haben (vgl. Abschn. 5.2.3). Die Matrixstruktur des Gemeinwohls stellt eher eine Scheinpräzisierung dar und entbehrt über den Tatbestand der Wünschbarkeit all der hier aufgezählten Dinge hinaus einer theoretischen Begründung und letztlich einer angemesseneren Struktur. Es bedarf keiner allzu großen Anstrengung, die ironische Denkfigur des „utility monster" von Nozick (vgl. Abschn. 5.6.2) zu einem „common good monster" umzubauen. Ähnlich wie in den frühen Versionen des Utilitarismus der individuellen Freiheit der Menschen kein eigenständiger Wert zuerkannt wurde, wenn dieser nicht irgendwie in Nutzeneinheiten zu berechnen und für irgendwas Nützliches zu gebrauchen war, spielt die individuelle Freiheit in den verschiedenen Positionen der Gemeinwohlbilanz keine Rolle, sondern wird allenfalls instrumentell in Bezug auf die Erreichung von Gemeinwohl-Teilzielen verstanden. Es ist kein Zufall, dass das von den angestrebten Gemeinwohl-Wirtschaftskonventen angewandte Entscheidungskriterium des systematischen Kondensierens mit dem utilitaristisch anmutenden Ziel einer Minimierung des Summenschmerzes der Menschen begründet wird. Wenn Felber bei der Begründung dieses Kriteriums betont, dass *jede* Einigung auf politische Sachverhalte wie Gemeinwohlstandards mit einer Einschränkung der individuellen Freiheit verbunden sei, äußert er implizit seine Einschätzung, dass Gemeinwohl und individuelle Freiheit in einem konfliktären Verhältnis stehen, dass also die Erhöhung des Gemeinwohls nur durch Einschnitte bei der individuellen Freiheit zu erreichen sei.

Der Versuch, auf diese Weise einen von Widersprüchen befreiten Vorrang des Gemeinwohlprinzips gegenüber anderen Prinzipien zu etablieren, kann vor dem Hintergrund der im fünften Kapitel dieses Buches analysierten Problemen von Kollektiventscheidungsprozessen nur als untauglich und unterkomplex angesehen werden. Eine derartige lexikographische Vorstellung des Gemeinwohls, mit dem der gordische Knoten komplexer Abwägungen durchschlagen werden soll, geht von zwei Annahmen aus. Erstens muss es möglich sein, die Gemeinwohldienlichkeit einer Handlung mit einem linearen Bewertungsmodell demokratisch zu bestimmen. Und zweitens muss diese Gemeinwohldienlichkeit bei Abwägungen mit anderen Aspekten (wie z. B. privaten Nutzen oder individuellen Rechten) im Zweifel immer Vorrang genießen. Vollständig verkannt wird nicht nur, dass es einen großen Bereich privater, wirtschaftlicher Aktivitäten gibt, deren Gemeinwohlrelevanz nicht gegeben ist, wenn die individuellen wirtschaftlichen Entscheidungen (etwa über den Einsatz von Kapital) ihr eigenes Marktrisiko tragen. Auch ist die Vorstellung abwegig, dass bereits die Feststellung der Gemeinwohlrelevanz einer Aktivität, dazu führt, dass die gesellschaftliche Wünschbarkeit dieser Aktivität ausschließlich aus dieser Information abgeleitet werden kann.

Wenn Felber sich – wie oben erläutert – bei der Legitimation seiner Bewertungs- und Anreizregeln auf den im Grundgesetz formulierten Gemeinwohlgedanken bezieht, dem alles Wirtschaften dienen müsse, verkennt er, dass diese Formulierung im Grundgesetz vor allem zur Grundlage von Abwägungen unterschiedlicher Rechtsgüter herangezogen wird – keinesfalls aber als lexikographische Vorrang- bzw. Entscheidungsregel interpretiert werden kann. Die Rechtsprechung des Bundesverfassungsgerichtes enthält eine Reihe von Fällen, in denen zwar die Gemeinwohlrelevanz einer Aktivität grundsätzlich festgestellt wird, die aber bei der Abwägung mit anderen Rechtsgütern wie etwa dem Schutz individueller Rechte nicht pauschal als vorrangig eingeschätzt wird (für eine Übersicht vgl. Blum 2015).

• Ein Beispiel liefert das im Jahr 2005 vom Bundestag beschlossene Luftsicherheitsgesetz, nach dem der Abschuss eines von Terroristen entführten Passagierflugzeugs durch den Staat zulässig sei, wenn dieses als Waffe gegen andere Menschen eingesetzt wird und z. B. in ein Fußballstadion gelenkt werden soll. Ausdrücklich betont das Bundesverfassungsgericht in einem Urteil aus dem Jahre 2006, dass es durchaus im Interesse des Gemeinwohls sei, solche von Terroristen mutwillig herbeigeführte Katastrophen zu verhindern. Eine rein konsequentialistische Abwägung der zu erwartenden Todesfälle, die zu dem Schluss führt, dass es aus Gemeinwohlsicht besser sei, den Tod von vielleicht 100 Flugzeuginsassen herbeizuführen, um den Tod von mehreren Tausend Stadionbesuchern zu verhindern, lehnt das Gericht jedoch ab. Das Recht auf körperliche Unversehrtheit der unschuldigen Passagiere des Flugzeugs wiegt auch im Sinne des Gemeinwohls so schwer, dass das Gemeinwohlinteresse bzw. die Schutzaufgabe des Staates dahinter zurückzustehen habe, so dass dieses Gesetz als nicht verfassungskonform eingeschätzt und verworfen wurde (Blum 2015, S. 21).

• Ein weiteres Beispiel (mit einem gegensätzlichen Ergebnis) liegt im vom Verfassungsgericht beurteilten Gesetz zur nachträglichen Sicherheitsverwahrung aus dem Jahr 2009. Dieses Gesetz besagt, dass Straftäter auch nach der Verbüßung ihrer Strafe in Sicherheitsverwahrung in Gefängnissen bleiben können, wenn damit gerechnet werden müsse, dass von ihnen nach der Freilassung eine fortgesetzte Gefährdung der Allgemeinheit ausgehe. Die Kläger gegen dieses Gesetz argumentierten vor dem Verfassungsgericht, dass es nicht ausreichend sei, lediglich die Gefährlichkeit eines Angeklagten festzustellen, sondern dass für seine Inhaftierung auch dessen Schuld nachzuweisen sei. In diesem Fall verwarf das Verfassungsgericht die Bedenken der Beschwerdeführer und ordnete dem Schutz der Allgemeinheit vor hochgefährlichen Straftätern ein derart überragendes Gemeinwohlinteresse zu, dass dieses Gesetz trotz des Eingriffs in wichtige individuelle Rechte als verfassungskonform eingestuft wurde (Blum 2015, S. 22). Aus diesen Beispielen kann die Schlussfolgerung gezogen werden, dass auch das in der Verfassung formulierte Gemeinwohlprinzip nicht losgelöst von den individuellen Rechten betrachtet werden kann, sondern diese einschließt.

10.5.3 Jenseits von Angebot und Nachfrage

Zum Abschluss dieser Diskussion des Entwurfs der Gemeinwohlökonomie-Bewegung für ein alternatives Wirtschaftssystem verbleibt eine Frage, die in ähnlicher Weise auch für die übrigen alternativen Systementwürfe gestellt werden kann: Handelt es sich hierbei um eine letztlich substanzlose Provokation des wirtschaftswissenschaftlichen Denkens? Eine Reihe von wirtschaftswissenschaftlichen Kommentierungen würde dem zustimmen und verwirft den Ansatz von Felber als rein ideologisch getrieben (Schmidtpeter 2012) oder aufgrund der letztlich als übergriffige Anmaßung empfundenen ethischen Bewertung unternehmerischen Handels. Aus gutem Grund sei dafür ein geeigneter ordnungspolitischer Rahmen da, der letztlich darauf ziele, dass die Wirtschaft unter diesem Ordnungsrahmen selbst von der Moral zu befreien sei (Löhr 2014).

Kann man sich aus ökonomischer Sicht jedoch mit einer Position zufrieden geben, die von der Vorstellung geprägt ist, dass Fragen der Moral ausschließlich an den Ordnungsrahmen der Wirtschaft zu stellen und dort zu beantworten sind? Hiernach wären moralische oder gar deontologische Forderungen an wirtschaftlich Handelnde gar nicht mehr sinnvoll zu stellen, vielmehr wären die Individuen davon zu befreien. *„In der Moderne, in der die direkte Zurechenbarkeit von Handlungen und ihren Ergebnissen aufgrund der steigenden gesellschaftlichen Komplexität immer mehr verloren geht, verliert der kategorische Imperativ an Relevanz. … Die klassischen tugend- und pflichtethischen Forderungen der Nächstenliebe und der Solidarität sind angesichts der Funktionsweise der modernen Wirtschaft nicht mehr angemessen, wenn sie ausschließliche Gültigkeit ohne Berücksichtigung des jeweiligen Situationszusammenhangs beanspruchen und wenn ihr Zweck oder ihre Wirkung letztlich darin besteht, das eigennützige Wirtschaften zu verdrängen"* (Horn 1996, S. 47). Die Zuweisung moralischer Verantwortung für das Gemeinwohl an individuelle Unternehmen oder Konsumenten stellt hiernach eine Art Ebenenfehler dar, der letztlich nur zu moralischer Überforderung führe. Aber ist es noch zeitgemäß, sich die Wirtschaft auf diese Weise als ethikfreien Raum vorzustellen?

Die Frage, wer letztlich für das Gemeinwohl verantwortlich ist bzw. für das Gemeinwohl verantwortlich sein soll, zieht sich wie ein roter Faden durch alle bisherigen Kapitel dieses Buches und wird im abschließenden Kapitel noch einmal umfassend diskutiert werden. Bei aller Kritik an den theoretischen Konzeptionen der Gemeinwohlbilanzierung bleibt jedoch vorab festzustellen, dass Felbers Ideen den Nerv einer wichtigen gesellschaftlichen Diskussion adressieren (Meynhardt und Fröhlich 2017), die allerdings nicht erst seit kurzem geführt wird. Bereits JOHN STUART MILL war in seiner Einschätzung der moralischen Qualitäten des Marktes eher ambivalent (vgl. hierzu auch Box 10–7 am Ende dieses Kapitels): *„Ich gestehe, dass mich das Lebensideal der Leute nicht bezaubert, die glauben, dass der Normalzustand menschlicher Wesen im Kampf um das Vorwärtskommen besteht, dass das Trampeln, Drängen, Einsetzen der Ellenbogen und Einander-auf die Fersen-Treten, das den bestehenden Typus des gesellschaftlichen Lebens prägt, das wünschenswerteste Los der Menschheit sei und nicht bloß zu den unerfreulichen Symptomen eines der Stadien des industriellen Fortschritts gehörte"* (Mill 2016c, S. 861).

Ein ordoliberaler Vordenker der Sozialen Marktwirtschaft wie WILHELM RÖPKE würde zwar ebenfalls die Bedeutung des Ordnungsrahmens für die von der Gemeinwohlbewegung gestellten Forderungen betonen und vor Ebenenfehlern und Moralüberforderung warnen – gleichzeitig wäre er jedoch skeptisch, ob allein ein gut vom Ordnungsrahmen eingehegter Markt die Voraussetzungen für das Gemeinwohl schafft: *„Um es noch deutlicher zu sagen: Leben wir nicht in einer Wirtschaftswelt, … die die nackte Erwerbsgier entfesselt, die einen kommerziellen Machiavellismus begünstigt, wenn nicht zur Regel macht, die, um mit dem Kommunistischen Manifest zu sprechen, alle höheren Regungen im >>eiskalten Wasser egoistischer Berechnungen<< ertränkt.?"* (Röpke 2009, S. 155 f.). RÖPKES Denken und seine Betonung auch individueller Verantwortung für das Gemeinwohl, seine Vorstellung, dass der Markt als Moralverzehrer wirken kann und dass es daher „jenseits von Angebot und Nachfrage" bedeutsame Voraussetzungen für ein gemeinwohldienliches Handeln in der Gesellschaft gibt, galten lange Zeit als romantisch und etwas befremdlich. So teilen zwar manche Kommentatoren seine grundsätzliche Auffassung, dass der Markt selbst nicht moralfrei zu haben ist, sondern auf moralische Ressourcen der Gesellschaft angewiesen ist, sehen diese Ressourcen aber nicht in einem „Jenseits" von Angebot und Nachfrage, sondern wollen diese lieber in einem „Diesseits von Angebot und Nachfrage" verorten (Horn 2011). Seine 1958 angesichts der Erfahrungen des gerade in Deutschland stattfindenden „Wirtschaftswunders" formulierten Vorstellungen,

- dass Unternehmen mehr auszeichne als reine Akte des Produzierens, Kaufens und Verkaufens,
- es insbesondere die Aufgabe des Kaufmanns sei, ein *„Empfinden für Sinn und Würde des Berufs und für den gesellschaftlichen Wert der Arbeit"* (Röpke 2009, S. 157) zu wahren,

klingen heute seltsam konservativ. Allerdings passen sie qualitativ zu den einzelnen Feldern der Zeile C in der Gemeinwohlmatrix (Abb. 10.2), die beispielsweise nach der Ausgestaltung der Arbeitsverträge und der Menschenwürde der Mitarbeiter fragen. Wenn RÖPKE fordert *„wir müssen uns darüber Rechenschaft geben, welches die sozialen Funktionen sind, für die uns die Gesellschaft in Gestalt unseres Einkommens bezahlt"* (S. 157), könnte diese Forderung auch von Felber stammen. Man kommt nicht umhin, festzustellen, dass die von der Gemeinwohlökonomie-Bewegung mit ihrem bottom-up-Ansatz und seiner partizipativen Ausrichtung ausgehenden Forderungen genau darauf zielen, was heute eigentlich auch jede Unternehmenskommunikation für sich beansprucht: ein gemeinwohlorientiertes Unternehmens- und Wirtschaftsverständnis, das über reine Nutzen- und Gewinnmaximierung hinausgeht. Angesichts der massiven Herausforderungen unserer Gesellschaft ist die Forderung einer freiwilligen Selbstbegrenzung des individuellen Vorteils- und Gewinnstrebens vermutlich auch aus ökonomischer Sicht unverzichtbar. Dies ersetzt zwar keinesfalls die ordnungspolitischen Rahmenbedingungen, aber *„so verstandene Integrität ist keine weltfremde Tugendbolzerei, sondern vielmehr Ausdruck der Lebensklugheit rational aufgeklärter und emotional ausgeglichener Personen, die gelernt haben, ihr wirtschaftliches Vorteils- und Erfolgsstreben in die Voraussetzungen ihrer Selbstachtung und ihres Wohlbefindens zu integrieren, statt es zu Lasten ihres im Ganzen gelingenden und erfüllten Lebens zu verabsolutieren"* (Ulrich 2019, S. 309).

In seinem 1956 publizierten Artikel stellte Dennis Robertson die Frage „What does the economist economize?" (Robertson 1956). Er vertrat hier die Ansicht, dass es insbesondere die Liebe als knappe Ressource ist, mit der die Ökonomik sparsam umzugehen habe (vgl. hierzu auch Fontaine 2008). Die Aufgabe der Ökonomik und eines Wirtschaftssystems besteht hiernach darin, einen institutionellen Kontext und eine Motivationsstruktur zu schaffen, welche bewirkt, dass die Funktionsfähigkeit von Gesellschaft und Wirtschaftssystem möglichst ohne Moral und Gemeinsinn („Liebe") funktionieren kann. Diese Vorstellung ist geprägt vom Bild der unsichtbaren Hand von ADAM SMITH, nach der das Brot, das wir beim Bäcker kaufen, nicht von seinem Wohlwollen, sondern von seinem Geschäftssinn und seinen eigennützigen Interessen abhängen soll. Hiernach ist eine gesellschaftliche Ordnung um so stabiler, je mehr sie auf den individuellen Interessen und je weniger sie auf Liebe, Mitgefühl und Gemeinsinn aufgebaut ist. Wenn Liebe und Gemeinsinn auf diese Weise zur knappen Ressource erklärt werden, scheint es also angebracht, sparsam damit zu wirtschaften. ALBERT HIRSCHMAN (1993) hält diese Gleichsetzung von Gemeinsinn mit einer knappen Ressource jedoch für fragwürdig. Er vergleicht dies mit einem Verkehrsteilnehmer, der morgens anderen Autofahrern in einer fraglichen Situation Vorfahrt gewährt und dann für sich selbst witzelt: *„So, das war meine gute Tat für heute, den Rest des Tages kann ich mich nun wie ein Wilder aufführen"* (Hirschman 1993, S. 239). Hat der Fahrer wirklich nur ein begrenztes Kontingent an guten Taten? Nach Hirschmans Auffassung widerspricht dies unserem Erfahrungswissen, das darauf verweist, dass der Vorrat an Liebe und Gemeinsinn ist nicht in dieser Weise begrenzt sind. Hirschman hält diese Vorstellung von Ressourcenknappheit im Fall von Gemeinsinn aus zwei Gründen für fehlerhaft.

- Erstens konstatiert er einen *Anreicherungseffekt,* da es sich bei Gemeinsinn um eine Ressource handelt, bei deren Nutzung der Vorrat eher wächst als abnimmt.
- Und zweitens liege ein *Verkümmerungseffekt* vor, da die Ressource nicht intakt bleibe, wenn sie längere Zeit ungenutzt bleiben. Ähnlich wie die Fähigkeit, eine Fremdsprache zu sprechen, nimmt die Fertigkeit des Gemeinsinns ab, wenn er von den Individuen nicht genutzt werde.

Allerdings konstatiert er eine Grenze: Die Ausübung dieser Fertigkeit produziere zwar positive Gefühle und möglicherweise so etwa wie nicht-instrumentelle Nutzen bei den Handelnden. Aber dieser Prozess unterscheide sich grundsätzlich von der Ausübung anderer Fertigkeiten, wie etwa manueller oder intellektueller Fähigkeiten, bei denen größere Geschicklichkeit im Sinne eines „learning by doing" zu einem Netto-Zuwachs an Fähigkeiten führe, der *nicht* zulasten anderer Fertigkeiten und Fähigkeiten geht. Im Falle von Wohlwollen und Gemeinsinn gibt es nach Auffassung von HIRSCHMAN Grenzen, bei deren Überschreitung weitere Ausübungen dieses Vermögens *in Konflikt* mit Eigeninteresse oder sogar der Selbsterhaltung der Individuen geraten. Wollte man etwa im obigen Beispiel die gute Tat des rücksichtsvollen Vorfahrt-Gewährens der Autofahrerin verallgemeinern und das wohlwollende und zurückhaltende Fahren über das in den Verkehrsregeln gebotene

Maß hinaus zur Norm erheben, würde eine Autofahrerin, die sich danach verhält, schnell an die Grenzen ihrer Gutmütigkeit und Belastbarkeit geführt werden. Es gibt irgendwo eine Grenze, die von den eigenen, ebenfalls moralisch gerechtfertigten Fortbewegungsbedürfnissen der Autofahrerin bestimmt wird. *„Mit seiner Behauptung, dass bestimmte institutionelle Regelungen womöglich zu hohe Anforderungen an den Gemeinsinn der Bürger stellen, hat Robertson deshalb etwas Richtiges getroffen"* (Hirschman 1993, S. 241).

Für die Betrachtung von Wirtschaftssystemen bedeutet dies, dass diejenigen, die ein zu stark auf Egoismus setzendes Wirtschaftssystem kritisieren und die Stärkung solidarischer Werte fordern, ebenso Recht haben wie diejenigen, die Wirtschaftssysteme kritisieren, in denen der Gemeinsinn der Individuen überfordert werde und zu Lasten der Eigeninteressen gehe. *„Auch wenn beide Argumentationslinien in unterschiedliche Richtungen verlaufen, haben beide ihr Richtiges"* (Hirschman 1993, S. 241). Gemeinsinn sei weder eine Ressource mit fixem, sorgsam zu konservierendem Bestand, noch sei sie durch dauerhaftes Praktizieren unbegrenzt zu verbessern und zu erweitern. Vielmehr zeichnen sich Motivstrukturen wie der Gemeinsinn durch ein komplexes und vielfältiges Wesen aus, das verkümmere, wenn es ungenutzt bleibe, jedoch rar werde, wenn es in übertriebener Weise von einem Wirtschaftssystem in Anspruch genommen werde. Beide Gefahren stellen so etwas wie Kipppunkte der wirtschaftlichen Entwicklung dar und verweisen auf die komplementären Schwachpunkte von Kapitalismus und Planwirtschaft. Diese Gefahren oder Kipppunkte sind allerdings weder mathematisch präzise lokalisierbar noch in sich stabil. In Ausnahmesituationen wie angespannten Zeiten oder Kriegen mag es nach Auffassung von HIRSCHMAN gelingen, den Gemeinsinn der Individuen auf den Plan zu rufen. Demgegenüber sei in eher ruhigeren Zeiten stärker an das private Interesse der Individuen zu appellieren.

Das im zweiten Kapitel dieses Buches (Abschn. 2.7.7) formulierte *Adam-Smith-Problem* (Ist die menschliche Motivation vorwiegend durch Empathie und Sympathie oder durch Eigeninteresse geprägt?) löst HIRSCHMAN mit einem Verweis auf die Komplexität der menschlichen Natur auf. Er beschreibt eine grundsätzliche Spannung der Menschheit, *„die aus der Tatsache erwächst, dass wir in einer Gesellschaft leben: mit der Spannung zwischen dem Selbst und den anderen, zwischen dem Eigeninteresse auf der einen und allgemeinen moralischen Geboten, dem Dienst an der Gemeinschaft oder gar der Selbstaufopferung auf der anderen Seite"* (Hirschman 1993, S. 243).

Box 10-7: Moral und Märkte II – Albert Hirschman und die rivalisierenden Thesen zum Verhältnis von Moral und Marktwirtschaft

Der deutsch-amerikanische Ökonom ALBERT O. HIRSCHMAN (1912–2012) wurde in Berlin geboren, studierte dort Wirtschaftswissenschaften und musste 1933 wegen seiner jüdischen Herkunft Deutschland verlassen. Er setzte sein Studium in Frankreich und England fort und schloss sich im spanischen Bürgerkrieg den Kämpfern gegen den Putsch von General Franco an, promovierte in Italien zur Außenwirtschaftstheorie und kämpfte dort im antifaschistischen Untergrund gegen Mussolini (Pies 2006; Alacevich 2021). Nach seiner Emigration in die USA und der dortigen Fortsetzung seines Studiums schloss er sich 1943 der US Army an und nahm in Nordafrika und Italien am zweiten Weltkrieg teil. Nach dem Ende des Krieges arbeitete er als Übersetzer für die Alliierten in einem Kriegsverbrecherprozess. Nach seiner Rückkehr in die USA arbeitete er für das Marshallplanbüro, ging zur Entwicklungsabteilung der Weltbank und lehrte seit den 1950er Jahren an verschiedenen Universitäten. So geht beispielsweise der in der Wirtschaftspolitik und der Industrieökonomik als Konzentrationsmaß verwendete Herfindahl–Hirschman-Index auf seine Anregungen zurück (Schwalbe 2019). Als Ökonom widmete er sich v. a. der Entwicklungsökonomik und übte damit Einfluss auf die Arbeiten von AMARTYA SEN aus. Sein enges Verhältnis zu SEN lag auch daran, dass seine Nichte, die Wirtschaftsprofessorin Eva Colorni von 1973 bis zu ihrem Tod 1985 die Ehefrau von SEN war.

Nach eigenem Bekunden beeinflussten ihn v. a. der Moralismus der Schriften des existentialistischen Philosophen ALBERT CAMUS (1913–1960) und der Pragmatismus von ADAM SMITH. In vielen Bereichen seiner Arbeiten nahm HIRSCHMAN sich das Recht heraus, abweichende Meinungen zu vertreten (vgl. etwa Hirschman 1993). Dies gilt auch für die Frage, in welchem Verhältnis Moral und marktwirtschaftliche Systeme zueinander stehen. Seine hierzu in mehreren Schriften formulierten Thesen zur historischen Entwicklung dieser Diskussion und ihrer zeitgenössischen Interpretation sind bis heute einflussreich (Falk und Szech 2015; Eisenberg 2020) – auch wenn diese Diskussion nicht unbedingt im Kernbereich der Standardökonomik angesiedelt ist. Theoriehistorisch ordnet HIRSCHMAN die rivalisierenden Interpretationen zum Verhältnis von Markt und Moral verschiedenen Strängen zu, die hier kurz nachgezeichnet werden sollen (vgl. hierzu Hirschman 1982).

Er startet mit seinen Überlegungen bei der Betrachtung einer idyllischen, vorindustriellen und feudalen Ausgangssituation, in der die Menschen vielleicht glücklich oder auch unglücklich waren, aber niemand auf die Idee kam, dass Glück ein irgendwie relevantes Ziel sei oder die soziale Ordnung überhaupt veränderbar sei. Die Vorstellung, dass eine perfekte soziale Ordnung durch menschliche Entscheidungen entdeckt und herbeigeführt werden könnte, entwickelte sich erst später im Zuge der Aufklärung und wurde etwa im Zuge der französischen Revolution von den Jakobinern propagiert.

Mit der Entwicklung der Industrialisierierung und marktorientierter Gesellschaftsformen, die die alten feudalen Strukturen der Gesellschaft überwanden, entwickelten sich auch komplexe Ideen zum Verhältnis zwischen Markt und Moral. Ökonomen denken dabei natürlich zunächst an ADAM SMITH, aber es waren vor allem auch Denker wie SIR JAMES STEUART (1712- - 1780) oder MONTESQUIEU, die der Vorstellung anhingen, eine marktwirtschaftliche Ordnung könne die Macht absolutistischer Herrschaft brechen und zur Zivilisierung der Menschen und der Politik, auch der internationalen Politik beitragen. Diese Vorstellungen bündeln sich in der von MONTESQUIEU formulierten Doux-commerce These: *„It is almost a general rule that wherever manners are gentle (moeurs douces)) there is commerce; and wherever there is commerce, menners are gentle"* (Montesquieu, im Original 1749, in deutscher Übersetzung 2011; zitiert nach Hirschman 1982, S. 1464). Märkte und Handel wurden als machtvolle, moralbringende Agenten betrachtet, die der Gesellschaft neben Wohlstand auch nicht-materiale, zivilisatorische Vorteile bringen. Später schrieben auch die schottischen Moralphilosophen wie DAVID HUME oder ADAM SMITH dem Einfluss von Handel und Industrie weltverbessernde Tugenden wie Fleiß, Genügsamkeit oder Redlichkeit zu. Der Markt rückte in das Zentrum eines Systems, das nicht nur der Befriedigung individueller menschlicher Bedürfnisse dienen sollte, sondern – als Nebenprodukt – auch ein friedfertiges Miteinander in der Gesellschaft ermöglichen sollte. In jedem Fall aber sollten damit die rüden und barbarischen Regeln des feudalen Systems überwunden werden.

Dieser optimistischen Perspektive für ein gelingendes gesellschaftliches Zusammenleben trat schon früh ROUSSEAU entgegen. Die Vorstellung, dass der Markt die moralischen Fundamente einer Gesellschaft aushöhlen werde, wurde aber angesichts der sozialen Fragen vor allem von KARL MARX und anderen Denkern formuliert. Diese Vorstellung wird heute noch als These der Selbst-Destruktion des Kapitalismus von Vielen geteilt. Diese Argumentation fließt auch in die Begründung der in diesem Kapitel vorgestellten alternativen Wirtschaftssystem ein: Hiernach adressiert der Kapitalismus allein das egoistische Eigeninteresse der Individuen und erschwert damit die in der Gesellschaft notwendige Kooperation. Die oben von SMITH und HUME beschworenen sozialen Tugenden sind zwar für eine funktionierende Marktgesellschaft notwendig, setzen aber ethische und religiöse Traditionen der Menschen voraus, die in einer rein individualistischen und rationalistischen Marktgesellschaft verdrängt werden. Das Steuerungsprinzip einer Marktgesellschaft adressiert die individuelle Motivation der Marktteilnehmer in Form von persönlichen Interessen oder Nutzen, der andere Prinzipien wie etwa Nächstenliebe ersetzen sollte. Die Idee, den Menschen als egoistisches Wesen zu beschreiben – so wie er nun mal sei – und ihn der Anreizlogik marktwirtschaftlicher Systeme auszusetzen, macht den Menschen nach dieser Auffassung nicht nur undurchlässig für andere moralische Qualitäten, sondern zerstört diese auch.

HIRSCHMAN identifiziert nun eine Reihe komplementärer intellektueller Strömungen, die in ihrem Befund eines selbstzerstörerischen Prozesses des Marktes übereinstimmen und gleichzeitig die Möglichkeit sozialer und moralischer Fortschritte durch den Markt in Zweifel ziehen. In der Kunst drückt sich dies nach seiner Meinung beispielsweise in der mythischen, auf Selbstzerstörung angelegten Nibelungen-Saga des Komponisten RICHARD WAGNER (1813–1883) aus. Auch das etwa in der protestantischen Ethik (z. B. MAX WEBER) adressierte sogenannte Dolce-Vita-Szenario ist auf die Gefahren eines selbstzerstörerischen Prozesses ausgerichtet: Hiernach würde eine immer wohlhabender werdende Marktgesellschaft aufgrund ihrer Sattheit an irgendeinem Punkt dazu übergehen, ihre Ressourcen unnütz zu verschwenden und unproduktiv zu werden, sodass sie den dynamischen Anforderungen des Marktprozesses nicht mehr gewachsen ist. In diesen Kontext lässt sich ebenfalls der österreichische Ökonom JOSEPH SCHUMPETER (1883–1950) einordnen, der den Begriff der schöpferischen Zerstörung als ein Wesensmerkmal des dynamischen Marktprozesses identifiziert hat. HIRSCHMAN zitiert SCHUMPETER ebenfalls als Vertreter der Selbstzerstörungsthese: *„Capitalism creates a critical frame of mind which, after having destroyed the moral authority of so many other institutions, in the end turns against its own; the bourgeois finds to his amazement that the rationalist attitude does not stop at the credentials of kings and popes but goes on to attack private property and the whole scheme of bourgeois values"* (Schumpeter 1942, S. 143; zitiert nach Hirschman 1982, S. 1469).

Unter die vielen, eher pessimistischen und der Selbstzerstörungsthese zuneigenden Positionen lässt sich auch die Position des Philosophen MAX HORKHEIMER (1895–1970) einordnen. Nach dessen Auffassung degradiert die beherrschende Stellung des Eigennutzes in der kapitalistischen Gesellschaft die Vernunft zu einem bloßen Instrument, das über die einzusetzenden Mittel zur Erreichung willkürlicher Ziele entscheidet, während die Ziele gar nicht mehr hinterfragt werden. Abseits der Dominanz des Marktes würde die Vernunft dazu genutzt, um sowohl die Ziele als auch die Mittel menschlichen Handelns zu definieren und um Leitbilder wie Freiheit, Gleichheit oder zu prägen. Die Marktgesellschaft und der in ihr angelegte Fortschritt einer rein subjektiven Vernunft zerstört die Grundlage für derartige Ideen, obwohl die zivilisierte Gesellschaft bis heute noch von den Überresten dieser Ideen lebe.

Für das Ende des 19. Jahrhunderts fasst HIRSCHMAN den Diskussionsstand wie folgt zusammen: Die von der Marktgesellschaft ausgehende Kraft wird nur noch vereinzelt als weich (doux) wahrgenommen, und überwiegend als blind, unbarmherzig und ungezügelt charakterisiert. Innerhalb der Grenzen der Nation wurde die Expansion von Industrie und Handel häufig als ein Beitrag zum Zusammenbruch traditioneller Gemeinschaften und zur Auflösung sozialer Bindungen interpretiert. Lediglich mit Blick auf den internationalen Handel hoffte man immer noch darauf, dass expandierende Transaktionen nicht nur gegenseitigen materiellen Gewinn, sondern auch schöne Nebenprodukte im kulturellen und moralischen Bereich bringen würden – etwa in Form einer gegenseitigen Befruchtung und eines gegenseitigen Verständnisses für Frieden. JOHN STUART MILL hat diese Hoffnung wie folgt formuliert: *„Aber die wirtschaftlichen Vorteile des Handels werden an Wichtigkeit von seinen geistigen und moralischen Wirkungen übertroffen. Man kann... kaum den Wert überschätzen, den es hat, Menschen mit ihnen selbst unähnlichen Personen in Kontakt zu bringen und mit Denk- und Handlungsweisen, die anders sind als die, die ihnen vertraut sind. Handel ist jetzt das, was einst Krieg war, nämlich die hauptsächliche Quelle dieses Kontakts. Handelsabenteurer aus fortgeschrittenen Ländern sind im Allgemeinen die ersten Zivilisatoren von Barbaren gewesen"* (Mill 2016b, S. 649).

An diesem zumindest noch teilweise optimistischen Strang der Diskussion rüttelte nun jedoch nach Ansicht von HIRSCHMAN zunehmend die Hypothese der „feudal shackles" (feudale Fesseln). Hiernach neigt eine kapitalistische Gesellschaft dazu, ihre moralischen Grundlagen zu zerstören.

Der Markt möge vielleicht eine gute Kraft sein – allerdings ist diese zu schwach: Es sind demzufolge beharrliche feudalen Fesseln, die alten Besitzverhältnisse und institutionelle Hinterlassenschaften aus der Vergangenheit, die möglichen positiven Wirkungen des Marktes entgegenstehen. Diese Imperialismustheorie, nach der territorialer Ehrgeiz und kolonialer Expansionsdrang (entgegen der Auffassung des Marxismus) *nicht* eine unvermeidliche Konsequenz des Kapitalismus sind, sondern Ausdruck einer vorkapitalistischen Mentalität, wurde beispielsweise von SCHUMPETER formuliert. Diese Residuen einer vorkapitalistischen Mentalität würden sich – so lautet auch eine noch heute in der Entwicklungspolitik gebräuchliche These – nun auch auf den internationalen Handel auswirken. Im Kontext von Kolonialismus und Imperialismus werden die möglichen positiven Entwicklungswirkungen des Handels überkompensiert. Handel führt hiernach vor allem für die Handelspartner im Ausland zu moralisch verwerflichen Entwicklungen. Aber auch völlig unabhängig von den historischen Erscheinungen des Kolonialismus oder des Imperialismus werfen die aktuellen, teilweise kriegerischen Konflikte mit autokratischen Staaten die Frage auf, ob und inwiefern Handel in einer globalisierten Weltwirtschaft noch als automatischer Treiber von moralischem Fortschritt im Sinne von „Wandel durch Handel" betrachtet werden kann.

Eine weitere Differenzierung des Verhältnisses von Moral und Markt gewinnt HIRSCHMAN den Überlegungen des Soziologen EMILE DURKHEIM (1858–1915) ab. DURKHEIM gilt als einer der ersten Moralsoziologen, die die Moralität von Kollektiven untersuchen. Dieser wendete sich vom individualistischen Gesellschaftsverständnis der liberalen Markttheoretiker ab, betonte jedoch vor allem die Bindungskraft der Moral für die Gesellschaft (Hübner 2018). Zwar ging auch DURKHEIM davon aus, dass Märkte und die fortgeschrittene Arbeitsteilung in der modernen Gesellschaft als Ersatz für ein gemeinsames Bewusstsein wirkten. Während vorkapitalistische Gesellschaften noch durch ein derartiges gemeinsames Bewusstsein verbunden waren, konnten die arbeitsteiligen Transaktionen der Marktgesellschaft jedoch keinen echten Ersatz dafür schaffen. Eher sind es nach DURKHEIMS Ansicht die vielen, aus der Arbeitsteilung erwachsenen, oft unbeabsichtigten Bindungen der Menschen, die gesellschaftlich bedeutsam werden: Aus ihnen erwachsen gegenseitige Verpflichtungen, die über die reinen Markttransaktionen hinausgehen.

The members [of societies with a fine division of labor] are united by ties that go well beyond the ever so brief moments during which exchange actually takes place.. Because we exercise this or that domestic or social function, we are caught in a network of obligations which we do not have the right to forsake. … If the division of labor produces solidarity, this is not only because it makes of each person an exchanger (echangiste) to speak the language of the economists; it is because the division of labor creates among men a comprehensive system of rights and duties which tie them to one another in a durable fashion. (Durkheim, im Original 1893, neu aufgelegt 2013, zitiert nach Hirschman 1982, S. 1471).

DURKHEIMS Auffassung von der Gesellschaft und ihrer moralischen Bindungen ist hier offenbar viel komplexer als im ursprünglichen Bild von MONTESQUIEU: Die Gesellschaft wird weder direkt zusammengehalten, noch wird sie durch das Netzwerk eigennütziger Markttransaktionen allein friedlich gemacht. Märkte können nur eine äußere, oberflächliche Bindung zwischen den Individuen herstellen, für so etwas wie die damit verbundenen Verpflichtungen sind sie blind. Jede vermeintliche marktliche Interessenharmonie enthalte daher latente oder verzögerten Konflikte, die nicht lösbar sind, wenn man die Gesellschaft nur als atomistisches Gebilde ohne gegenseitige Verpflichtungen verstehe. „*We cooperate because we wanted to do so, but our voluntary cooperation creates duties which we did not intend to assume*" (Durkheim 1893, zitiert nach Hirschman 1982, S. 1471). HIRSCHMAN verortet DURKHEIM hier in einer Zwischenposition. Diese liegt zwischen der älteren Ansicht, dass interessenorientiertes Handeln eine Grundlage für soziale Integration bietet, und der zeitgenössischen Kritik an der Marktgesellschaft, die Märkte als atomistisch und zersetzend für den sozialen Zusammenhalt charakterisiert. Wie DURKHEIM sich eine „solidarische" Gesellschaft vorstellt, die über die marktliche Arbeitsteilung hinausgeht, formulierte er zwar nie konkret. Er vertritt jedoch eine eher aktivistische politische Sichtweise und betonte die Bedeutung von Bildung und politischem Handeln. HIRSCHMAN interpretiert dies als möglicherweise erfolgversprechenden Versuch, soziale Bindungen und ein gemeinschaftliches Bewusstsein auf wirtschaftliche Transaktionen aufzupfropfen, sofern die Bedingungen dafür günstig sind. Mit dieser Betrachtung setzt sich HIRSCHMAN über Positionen in der Standardökonomik hinweg, die

Durkheims Ansatz des Kollektivismus bezichtigt, Einfallstor für den Marxismus und unvereinbar mit dem ökonomischen Ansatz zu sein (Kirchgässner 2013, S. 25).

Das theoriehistorische Bild, das Hirschman hier zur Diskussion um die ursprünglich optimistische doux-commerce These nachzeichnet, ist aus Sicht der heutigen Ökonomik eher ungewöhnlich und pragmatisch. Dies kennzeichnete jedoch seinen Stil. *„Seine Aufsätze und Bücher sind grenzgängerische, essayistische Streifzüge, auf denen er bislang unentdeckten Möglichkeiten nachspürt und Gesetzeshypothesen als vermeintliche Notwendigkeiten dekonstruiert"* (Pies 2006, S. 22). Üblicherweise wird die Diskussion um das Verhältnis von Markt und Moral innerhalb (aber auch außerhalb) der Wirtschaftswissenschaften eher einseitig und mit gegenseitigen Ideologievorwürfen geführt.

- Einerseits werden die modernen Befürworter der doux-commerce-These von Vertretern alternativer Wirtschaftssysteme als ideologisch, marktgläubig oder gar marktradikal kritisiert. So entwirft beispielsweise Felber das Psychogramm einer männerdominierten Wissenschaft, die als Bollwerk gegen andere Denkschulen angelegt sei und verweist auf eine Reihe von Todsünden, um zu zeigen, dass es sich *„beim neoklassischen Mainstream um ein ideologisches Glaubenssystem handelt"* (Felber 2019, S. 195). Zu diesen Todsünden zählt er neben der Verbreitung eines gesellschaftsschädigenden Menschenbildes v. a. die Legitimation der bestehenden unethischen kapitalistischen Ordnung, die das moralische Fundament der Gesellschaft untergrabe.
- Andererseits gehen die Verteidiger des Marktes mit ihren Kritikern auch nicht gerade zimperlich um. So wird den heutigen intellektuellen Kritikern des Marktes und der von ihm ausgehenden moralisch destruktiven Tendenzen beispielsweise Eitelkeit und ideologisches Ressentiment attestiert: *„Die antimarktwirtschaftliche Einstellung besonders der Intellektuellen im oben angegebenen Verständnis des Wortes ist auf eine Art Ressentiment zurückzuführen. Sie fühlen sich vom System der Marktwirtschaft um die ihnen ihrer Überzeugung nach zustehende gesellschaftliche Belohnung, besonders um Anerkennung und Gestaltungsmacht, gebracht"* (Homann und Gruber 2014, S. 44).

Hirschman würde sich vermutlich keiner dieser beiden Polemiken anschließen. Vielmehr hält er es für wahrscheinlich, dass beide Thesen, also die optimistische doux-commerce These und die pessimistische These einer moralischen Selbstzerstörung des Marktes (self-destruction) gleichzeitig richtig sind. Sie schließen sich nach seiner Überzeugung deswegen nicht aus, da er im Markt einen dynamischen Prozess sieht, der gleichzeitig von Erschließung und Zerstörung moralischer Werte geprägt sein kann. Bei näherer Betrachtung entspricht dies eigentlich auch den Befunden der experimentellen Verhaltensökonomik an, die ebenfalls in beide Richtungen weisen:

- Als Belege für die doux commerce These lassen sich etwa Experimente zitieren, die zeigen, dass die Sozialisierung von Versuchspersonen im marktwirtschaftlichen System Westdeutschlands zu einer deutlich höheren Kooperationsbereitschaft bei der Bereitstellung von öffentlichen Gütern führt als die Sozialisierung in der sozialistischen Planwirtschaft der DDR (Ockenfels und Weimann 1999). Andere Experimente, die sich mit dem Zusammenhang von Marktverhalten und sozialer Verantwortung beschäftigen, verweisen beispielsweise darauf, dass die Individuen selbst ein Interesse haben, eine Internalisierung der von ihren Entscheidungen ausgehenden negativen externen Effekte zu leisten (Bartling et al. 2021) oder dass Märkte dazu beitragen können, Diskriminierung als unmoralisches Verhalten zu reduzieren (Müller und Paetzel 2021).
- Als Belege für die self-destruction These können demgegenüber solche experimentellen Ergebnisse betrachtet werden, die auf die Verdrängung intrinsischer Motivation (moralische Verdrängungseffekte) bei der Verwendung marktlicher Anreizmechanismen (Frey 1997) hindeuten oder zeigen, dass sich auf Märkten in bestimmten Konstellationen die jeweils niedrigsten moralischen Verhaltensnormen durchsetzen, moralische Standards also einem „race to the bottom" unterliegen können (Falk und Szech 2013, vgl. auch Box 10–3 in diesem Kapitel).

Gewiss wäre es falsch, diese kontextabhängigen empirischen Befunde über einen Kamm zu scheren. Sie vermitteln jedoch einen Eindruck davon, dass die Methoden und Aussagen der Ökonomik nicht monolitisch oder dogmatisch betrachtet werden sollten. HIRSCHMAN benennt einen weiteren Grund dafür, warum es gerade bei der Analyse des Verhältnisses zwischen Markt und Moral in der Wissenschaft nicht sonderlich populär ist, eine fragende oder gar offene Position einzunehmen: *„To accept that the doux-commerce and the self-destruction theses…might both be right would make it much more difficult for the social observer, critic, or „scientist" to impress the general public by proclaiming some inevitable outcome of current processes"* (Hirschman 1982, S. 1483).

Die Ökonomik und das Gemeinwohl

11

Am Anfang dieses Buches wurde der Anspruch formuliert, die jeweiligen Vorstellungen vom Gemeinwohl herauszuarbeiten, die in den unterschiedlichen Strängen und Teildisziplinen der Ökonomik entwickelt wurden. Angesichts aktueller Krisen wie etwa dem Klimawandel, Nahrungsmittelknappheiten, Energiekrisen, Finanzkrisen, globalen Virusepidemien oder sozialen Divergenzen in der Gesellschaft kommt die Ökonomik nicht um die Frage herum, was sie über rein materielles Wachstum hinaus unter Gemeinwohl versteht. Auch eine am Individuum ansetzende Sozialwissenschaft muss sich fragen lassen, ob das *System* (als sozialwissenschaftliches Untersuchungsobjekt) mehr ist als die Summe seiner Individuen und ihrer Nutzen, was dieses System eigentlich zusammenhält und ob man dem Gemeinwohlbegriff irgendeine integrierende Wirkung bei praktischen Fragen zurechnen kann.

Die im ersten Teil dieses Buches vorgestellten Antworten der Standardökonomik auf die Frage nach dem Gemeinwohl sind zunächst einigermaßen ernüchternd. In der Ökonomik hat sich die Vorstellung etabliert, dass der ökonomische Wohlfahrtsbegriff bei seiner Operationalisierung simultan zwei Seiten abdeckt: Auf der allokativen Seite beinhaltet er Vorstellungen davon, wie die knappen Ressourcen einer Gesellschaft so verwendet werden können, dass die Produktion und der Konsum der Güter zum Nutzen aller Individuen stattfinden sollen. Das zentrale Kriterium dieser allokativen Sicht ist die Effizienz. Auf der distributiven Seite steht hingegen die Frage im Vordergrund, wie das im Zuge der Produktion erzielte gesamtwirtschaftliche Einkommen auf die unterschiedlichen Individuen aufgeteilt wird. Das hier zur Anwendung kommende Kriterium ist die Gerechtigkeit. Das PARETO-Kriterium, mit dem ein gesellschaftlicher Zustand danach beurteilt wird, ob es möglich ist, die Position eines Individuums zu verbessern, ohne gleichzeitig andere zu verschlechtern, vertritt den Anspruch, die Wertmaßstäbe der Effizienz und der Gerechtigkeit simultan abzubilden, daher wird der Begriff der PARETO-Effizienz mit dem Begriff der PARETO- Optimalität gleichgesetzt. Ein PARETO-optimaler Zustand wird in der Standardökonomik als Ausdruck der Maximierung des Gemeinwohls verstanden. Bei seiner Anwendung im Zuge des Vergleichs unterschiedlicher gesellschaftlicher Zustände reagiert dieses Optimalitätskriterium auf die Besserstellung eines Individuums: Sofern diese nicht zu Lasten anderer gehen, wird dies auch als Verbesserung der Gerechtigkeit interpretiert. Werden nicht alle Möglichkeiten zu einer derartigen Besserstellung ausgeschöpft, so ist dies ineffizient, impliziert Ressourcenverschwendung und was ineffizient ist, kann nicht gerecht sein. Sofern jedoch Verbesserungen einzelner Individuen nur durch die Inkaufnahme von Verschlechterungen anderer zu erreichen sind, wird das PARETO-Kriterium untauglich, da Nutzenvergleiche oder −verrechnungen als unwissenschaftlich abgelehnt werden. Alternative Pareto-optimale Zustände lassen sich zwar aus Sicht der Standardökonomik anhand zusätzlicher Kriterien wie etwa sozialen Wohlfahrtsfunktionen bewerten. Allerdings stellt sich dann das Problem, dass die simultane Verfolgung allokativer Effizienzziele und distributiver Gerechtigkeitsziele von Zielkonflikten geprägt ist, dass also Verbesserungen der Gerechtigkeit zu Lasten der Effizienz gehen. Hierin liegt der Grund, warum sich die Ökonomik vorwiegend auf Effizienz konzentriert und die Frage der Gerechtigkeit als Wertfrage in den nicht-ökonomischen Bereich verschiebt.

Der wesentliche Grund für die hier zu konstatierende Skepsis, bei der Bestimmung des Gemeinwohls über den Effizienzbegriff hinauszugehen, liegt in der theoriehistorischen Entwicklung der Ökonomik. Zwar liegt der Ursprung der Ökonomik in der Moralphilosophie, wie sie etwa noch von ADAM SMITH vertreten wurde, im Zuge eines wissenschaftlichen Emanzipations- und Ausdifferenzierungsprozesses hat die Ökonomik aber die Rolle einer wertfreien Wissenschaft für sich in Anspruch genommen. Damit ist der Eindruck entstanden, die notwendigerweise wertbehaftete Diskussion über das Gemeinwohl sei außerökonomisch, möglicherweise sogar unwissenschaftlich.

Die Art und Weise, wie in der Standardökonomik um Aussagen zum Gemeinwohl im Spannungsfeld zwischen rein individuellen Nutzenvorstellungen und gesellschaftlicher Wohlfahrt gerungen wird, lässt sich folgendermaßen nachzeichnen:

- Die am Individuum ansetzende *Verhaltensökonomik* gesteht dem Homo oeconomicus zwar über seine eigenen, egoistischen und materialistischen Wünsche hinaus auch soziale oder altruistische Präferenzen zu, die sich auf das Wohlergehen anderer beziehen. Sie nimmt dabei aber an, dass derartige Motive immer rein subjektiv sind und nur in Form der Zahlungsbereitschaft der Individuen erfasst werden können. Gemeinwohlmotive äußern sich als Argumente in der Nutzenfunktion, die als Trade-offs sichtbar werden: Die Intensität der Motivation äußert sich in der Bereitschaft, hierfür auf konkrete eigene Vorteile zu verzichten. Die Reichweite dieser Integration des Gemeinwohls in die individuellen Präferenzen bezieht sich damit eigentlich nur auf sogenannte Kleinkostenentscheidungen. Die Verhaltensökonomik beschäftigt sich jedoch nur am Rande mit gesellschaftlichen Aspekten, die über das individuelle Verhalten hinausgehen. Sie hat mehr damit zu tun, das in der Realität zu beobachtende kooperative Verhalten von Menschen, das eigentlich außerhalb der Rationalität des Homo oeconomicus liegt, in die Nutzentheorie zu integrieren. Gleichzeitig kann die Verhaltensökonomik als Erweiterung der *Mikroökonomik* betrachtet werden, die ihre Aussagen zu sozialen Zusammenhängen aus Entscheidungen des rational handelnden Individuums herleitet. Wenn es in der Mikroökonomik überhaupt so etwas wie das Gemeinwohl gibt, so ist dies nicht über das individuelle Verhalten, bzw. die individuellen Präferenzen, sondern über die Restriktionen des Verhaltens herzustellen. Die Ordnungen bzw. die gesellschaftlichen Institutionen werden zum Ort, an dem diese Fragen zu klären sind. Diese sind so zu gestalten, dass die Verfolgung der individuellen Ziele nicht im Widerspruch zu anderen, kollektiven Zielen liegt. Die Mikroökonomik arbeitet zwar bei der Bewertung von Marktgleichgewichten anhand von Konsumenten- und Produzentenrenten mit einem quantifizierbaren Wohlfahrtsbegriff, versteht sich aber als wertfreie Wissenschaft und übergibt die normative Frage, wie Wohlfahrt und Gemeinwohl definiert werden können, an die Wohlfahrtsökonomik.

- Die *ältere Wohlfahrtsökonomik* entwickelte den Gemeinwohlbegriff zunächst aus den normativen Vorstellungen des Utilitarismus, die beispielsweise in Form von sozialen Wohlfahrtsfunktionen gebündelt und formalisiert werden können. Die *jüngere Wohlfahrtsökonomik* verweist diese Vorstellungen jedoch in den Bereich einer unwissenschaftlichen Sozialphysik und betont, dass die Annahme kardinaler Nutzenmessung und interpersoneller Nutzenvergleiche bei der Bestimmung des Gemeinwohls eine Anmaßung von Wissen darstellen. Ein derartiger archimedischer Punkt zur Bewertung gesellschaftlicher Zustände, von welchem aus kollektive Entscheidungen begründet werden könnten, sei aus wissenschaftlicher Sicht nicht verfügbar. Sie konzentriert sich daher auf eine rein ordinale Nutzenmessung und die Verwendung des PARETO-Kriteriums als kleinsten gemeinsamen Nenner ethischer Grundannahmen. Dieser Weg führt jedoch in das Unmöglichkeitsparadoxon, welches zeigt, dass sich auf dieser Informationsbasis bei widerstreitenden individuellen Interessen überhaupt keine rationalen kollektiven Entscheidungen mehr treffen lassen.

- Die Ansätze des *klassischen Liberalismus* gehen noch einen Schritt weiter und betrachten die gesamte Vorstellung als übergriffig, man könnte gesellschaftliche Zustände irgendeiner konsequentialistischen Bewertung zuführen. Eine freie Gesellschaft ist hiernach mit übergriffigen Gemeinwohlvorstellungen und kollektiven Projekten kaum vereinbar, da jedes Individuum das Recht habe, seine eigenen Ziele zu bestimmen und zu verfolgen. Betont werden negative individuelle Freiheitsrechte und bestimmte liberale Selbstbestimmungsrechte, die der Bevormundung durch kollektive Entscheidungen entzogen sind. Die Gesellschaft definiert sich hiernach also vorwiegend über die negativen Freiheitsrechte der Individuen. Entscheidend ist, dass alle Individuen die Möglichkeit haben, ihre jeweils subjektiven Vorstellungen in den allgemeinen Prozess der Politik einzubringen. Allerdings führen auch diese Ansätze zu logischen Unmöglichkeitsproblemen. Hierauf weist das Liberalismus-Paradoxon hin: Sofern man die individuellen Präferenzen nicht beschneiden will, kann es zur Unvereinbarkeit vom PARETO-Kriterium und liberalen Selbstbestimmungsrechten kommen.

Angesichts dieser vielfältigen Sackgassen und Zweifel drängt sich die Frage auf, ob die Individuen aus Sicht der ökonomischen Theorie überhaupt in der Lage sind, selbstbestimmt und rational über ihre kollektiven Anliegen zu entscheiden.

Und angesichts dieses gordischen Knotens ist es auch nicht verwunderlich, dass eine Reihe alternativer Ansätze wie etwa die Postwachstumsökonomie oder die Gemeinwohlökonomie auf unterschiedliche Weisen versuchen, diesen gordischen Knoten einfach zu durchschlagen, um die vermeintliche Gemeinwohl-Leerstelle der Ökonomik mit Inhalt zu erfüllen. Es scheint naheliegend zu sein, offensichtliche Defizite in der ökologischen, ökonomischen oder sozialen Realität zum Anlass zu nehmen, das – wie auch immer geartete – Gemeinwohl zum Ausgangspunkt einer expliziten gesellschaftlichen Steuerungsphilosophie zu erheben. Aus ökonomischer Sicht ist die Motivation dieser Ansätze durchaus nachvollziehbar, wenn man beispielsweise bedenkt, dass auch der Utilitarismus als theoretische Grundlage radikaler Sozialreformen dienen sollte. In der praktischen Umsetzung entfalten sie ihr Potenzial in kleineren, geschützten Rahmen, in welchen Modelle gemeinwohlorientierten Wirtschaftens entwickelt und erprobt werden. Insbesondere der partizipatorische Gedanke dieser Modelle stellt einen wertvollen Impuls für die gesellschaftliche Diskussion über die Zukunft unseres Wirtschafts- und Gesellschaftsmodells dar. Allerdings scheitern sie systematisch bei ihrer Umsetzung auf der Ebene der gesamtgesellschaftlichen Ordnung – etwa, weil sie die Gesellschaft und ihre Individuen an vielen Stellen in eine moralische Überforderung schicken oder weil sie der Versuchung nachgeben, ihre eigenen Anreiz- und Umsetzungsprobleme technokratisch, kollektivistisch oder gar autoritär aufzulösen. Bei aller Kritik an diesen alternativen Entwürfen lässt sich jedoch die von ihnen aufgeworfene Frage, wie intensiv ein Wirtschaftssystem die eigennützigen Interessen der Individuen adressieren soll, und in welchem Ausmaß an ihren Gemeinsinn appelliert werden soll, kaum als irrelevant oder methodisch falsch zurückweisen.

Die moderne Ökonomik stellt keine monolithische, dogmatische Wissenschaft dar, die mit dem PARETO-Kriterium und der Ablehnung interpersoneller Nutzenvergleiche den Abschluss der Diskussion verkündet. Die Theoriegeschichte ist von vielen Ökonominnen und Ökonomen geprägt, die – beispielsweise in der Tradition des Utilitarismus und in der Auseinandersetzung mit ihm – nie auf den normativen bzw. moralphilosophischen Anspruch ihrer Theorien verzichtet haben. Im zweiten Teil dieses Buch wurde eine Reihe von Ansätzen präsentiert, die zeigen, dass es sehr wohl möglich ist, theoretisch fundierte und gleichzeitig anwendungsorientierte Konzeptionen von Gerechtigkeit und Gemeinwohl zu entwickeln, um die Welt zu einem besseren Ort zu machen. Ein Kennzeichen dieser Ansätze zur Formulierung des Gemeinwohls liegt jedoch darin, dass sie der Unterschiedlichkeit der Individuen gerecht werden. Individualismus bedeutet

- dass das Gemeinwohl nicht außerhalb der Individuen existiert, dass die Individuen also unterschiedliche Vorstellungen von Wohlfahrt und Gerechtigkeit haben können,
- dass es immer nur die Individuen sind, die Entscheidungen treffen können und diese auch zu verantworten haben und
- dass kollektive Entscheidungen auf einem allgemeinen politischen Prozess beruhen, in den die Individuen ihre vom Gemeinsinn oder von ihren Eigeninteressen geprägten Vorstellungen einbringen und der nicht einfach mit einem Mehrheitsbeschluss abgeschlossen werden kann.

Man verlässt nicht den Individualismus der Ökonomik und wird zum Kollektivisten oder zum Paternalisten, wenn man Vorstellungen zum Gemeinwohl nicht mehr ausschließlich an die Vorstellung der individuellen Nutzenmaximierung bindet. Um eine Vorstellung über den Status des Gemeinwohls zu entwickeln, ist es sinnvoll, auch solche Informationen zu berücksichtigen, die nicht vom Begriff des individuellen Nutzens erfasst werden können, die über den individuellen Nutzen hinausgehen. Um beurteilen zu können, wie es den Menschen in einer konkreten gesellschaftlichen Situation geht und wie diese Situation verbessert werden kann, kann der Begriff der Grundgüter, Verwirklichungschancen und Ressourcen ein besserer und klarerer Indikator sein als der Begriff des individuellen Nutzens. Wenn sich die Individuen im politischen Prozess über ihre Vorstellungen vom Gemeinwohl austauschen und nach kollektiven Entscheidungen suchen, muss man nicht zwingend annehmen, dass ihr Verhalten ein Ausdruck der individuellen Nutzenmaximierung ist. Individuen sind fähig, über ihre eigenen Bedürfnisse, Werthaltungen und Präferenzen hinauszublicken. Eine Theorie, die jedes Verhalten als Ausdruck einer instrumentell rationalen Nutzenmaximierung betrachtet, verkennt, dass Individuen sich auch aus anderen Motiven für bestimmte Handlungen entscheiden können. Die Vorstellung, dass Individuen auch Verpflichtungen anerkennen können, lässt sich zwar nicht sinnvoll in eine Nutzentheorie überführen. Es ist jedoch kein Ausdruck von Irrationalität, wenn Individuen auf Nutzenmaximierung verzichten, wenn es dafür gute Gründe gibt. Die Fähigkeit zur Deliberation ist etwas Anderes als die Fähigkeit zur Nutzenmaximierung.

Was hat eine derartige Erweiterung des ökonomischen Weltbildes für Konsequenzen? Einen Ort, an dem die Individuen in der ökonomischen Theorie ihre gemeinsamen Belange regeln, stellt beispielsweise die Theorie der öffentlichen Güter dar. Das öffentliche Gut, das zum Nutzen aller Individuen bereitgestellt und von ihnen gemeinsam konsumiert wird, lässt sich als Ergebnis einer bestimmten Aggregationsregel bzw. als Output einer konkreten Technologie darstellen. Die ökonomische Theorie liefert konkrete Kriterien, anhand derer das wohlfahrtsmaximierende Niveau des öffentlichen Gutes und die dafür zu verwendenden Ressourcen bestimmt werden können, und weist gleichzeitig darauf hin, dass diese Bereitstellung nicht dem Markt überlassen werden kann, sondern nur durch kollektive Entscheidungen und verbindliche Regeln zu realisieren ist. Die Terminologie der öffentlichen Güter ist aufgrund ihrer konsequentialistischen Konzeption allerdings nur bedingt auf den Begriff des Gemeinwohls zu übertragen. Denn auch wenn für das ökonomische Streben nach dem Gemeinwohl knappe Ressourcen benötigt werden, lässt sich das Gemeinwohl nicht wie ein öffentliches Gut mit einer konkreten, genau spezifizierten Technologie und genau spezifizierten Produktionsfaktoren verstehen. Die fehlende Analogie zeigt sich in vier Punkten: Zunächst lässt sich mit Bezug auf den Output kein Optimum der Gemeinwohlproduktion bestimmen (1), ebenso lässt sich keine kostenminimale Kombination von Inputs bestimmen, die für die Erzeugung von Gemeinwohl aufgewendet werden müssen (2). Beim Streben nach Gemeinwohl kann jedoch darauf vertraut werden, dass rationale Individuen nicht nur über Eigeninteresse verfügen, sondern auch über einen Gemeinsinn. Individuen sind in der Lage, ihre Werte und ihr Verhalten kritisch zu hinterfragen, sie sind auch in der Lage, in ihrem Verhalten Motive wie Verpflichtungen und andere moralische Werte zu berücksichtigen (3). Beim Streben nach Gemeinwohl wäre daher die Annahme einer rein instrumentellen Rationalität nicht angebracht. Im Prozess und beim Ziel der Verwirklichung des Gemeinwohls lassen sich die Mittel und die Zwecke nicht klar, sondern allenfalls vorläufig voneinander getrennt betrachten (4). Während die ökonomische Theorie die Entscheidung zur Bereitstellung eines effizienten Niveaus des öffentlichen Gutes auch der Denkfigur des wohlwollenden, allwissenden Diktators oder einem perfektioniertem, vielleicht von künstlicher Intelligenz gesteuertem Hedonometer übergeben könnte, fällt diese Abkürzung des Prozesses bei der Bestimmung des Gemeinwohls aus.

Geht man davon aus, dass die Individuen bei ihren Handlungen von Motiven geleitet werden, die nicht als reine Nutzenmaximierung interpretiert werden können, sondern Ausdruck weitergehender Abwägungen sind, muss dieses auch für den kollektiven Prozess der Deliberation über das Gemeinwohl gelten. Dies bedeutet, dass auch eine Politik des Gemeinwohls nicht auf eine rein instrumentelle Rationalität reduziert werden darf, bei der eine nicht direkt aus den individuellen Präferenzen abgeleitete Wertsetzung vielleicht noch als exogen akzeptiert wird, die Frage der Umsetzung dieses Ziels dann aber als wertfrei betrachtet werden kann. Die ökonomische Analyse der Politik hat die Interdependenz von Mitteln und Zielen anzuerkennen. Ziele und Mittel müssen im Zuge eines gesellschaftlichen Lernprozesses immer wieder neu tariert werden. Die Aufgabe der Politik lässt sich nicht auf die Vorgabe von normativen Zielen reduzieren, für deren Realisation die Ökonomik dann die jeweils besten, wertfreien Mittel vorschlagen kann.

Das Ziel der im zweiten Teil dieses Buchens vorgestellten Ansätze liegt nicht in der Optimierung oder Vervollkommnung gesellschaftlicher Zustände. Dafür steht kein eindeutiger Maßstab zur Verfügung. Stets wird es, wie Sens Flötenparabel (vgl. Textbox 6.3) eindrücklich hervorhebt, auch um Entscheidungen gehen, in denen vernünftig begründbare Handlungsoptionen miteinander in Konflikt stehen. Auch die auf Basis von Grundgütern oder Verwirklichungschancen abgeleiteten Konzepte erscheinen angreifbar, mitunter widersprüchlich oder gar willkürlich. Ihre Vorzüge erweisen sie, weil sie helfen, gesellschaftliche Zustände zu vergleichen und Ansätze zur Verbesserung dieser Zustände zu formulieren. Die für diesen Vergleich benötigten Kriterien und die zur Verbesserung benötigten Instrumente können nicht widerspruchsfrei aus einer einheitlichen Theorie abgeleitet werden, sondern müssen durch den gesellschaftlichen Abwägungsprozess bestimmt werden.

Wenn auch kein Wiesel-Wort im Hayekschen Sinne, so bleibt beim Gemeinwohl der Begriffsinhalt weitgehend unbestimmt – aus guten Gründen. Nur so kann er seine Orientierungskraft entfalten. Die Individuen müssen sich nicht in allen Fragen einig sein, vielmehr werden Dimensionen und Inhalte des Gemeinwohls durch den deliberativen Prozess zu Größen, die sich im Zeitverlauf verändernden Bedürfnissen und Werten der Gesellschaft anpassen. Das Gemeinwohl kann also inhaltlich nicht abschließend fixiert werden. Es können jedoch formal und prozedural rationale Ansätze aufgezeigt werden, um Vorstellungen über das Gemeinwohl zu operationalisieren. Alternative, teilweise konkurrierende, Wege sind in diesem Buch erörtert worden. So führt einigen Theorien zufolge der Weg über die gerechte Verteilung von Ressourcen, andere stellen wiederum individuelle Verwirklichungschancen in den Mittelpunkt.

Box 11.1: Energiekrise und Gemeinwohl
Ein aktuelles Beispiel für die Relevanz dieser Diskussionen stellt die Energiekrise dar, die die Gesellschaft in Deutschland vor vielfältige Herausforderungen stellt, weil neben den gravierenden Herausforderungen der Klimapolitik unerwartete Versorgungsengpässe die Situation bestimmen. (Ähnliche Beispiele, die weniger mit den derzeitigen spezifischen Konstellationen des deutschen Energiemarktes zu tun haben, könnten für Themenfelder wie die zukünftige Gestaltung des Welthandels und der Lieferketten auf den Weltmärkten oder auch den Umgang mit globalen Pandemien formuliert werden.) Zwar hat man sich angesichts der zunehmenden Relevanz des Klimaproblems und seinen Folgen für die natürlichen und ökonomischen Lebensgrundlagen derzeitiger und zukünftiger Generationen bereits seit einiger Zeit daran gewöhnt, dass der Energieverbrauch keine rein private Entscheidung der privaten Haushalte und der Unternehmen mehr ist. Mit Blick auf die Nachhaltigkeit wurden bereits in der Vergangenheit – wenn auch vielleicht nicht ausreichend – eine Reihe von Instrumenten und Maßnahmen realisiert, die in unterschiedlicher Weise die Entscheidungsspielräume der Individuen bei ihren Entscheidungen über den Umgang mit Energie beim Wohnen, der Mobilität und anderen Anwendungen einengen bzw. verändern. Die sich derzeit abzeichnende Energiekrise verschärft diese Situation nun jedoch in mehreren Dimensionen.

Neben der Frage, wie mit den Herausforderungen der Klimakrise umgegangen wird, stellt sich die Frage, ob und inwiefern die bisher von privaten Haushalten, dem öffentlichen Sektor oder auch der energieintensiven Industrie gewohnte Energienachfrage überhaupt bedient werden kann. Der marktliche Preismechanismus tut dabei, was er soll: Er sendet Anreize zur Schaffung neuer technologischer Optionen auf der Angebotsseite und signalisiert über teilweise dramatische Preissteigerungen allen Energieverbrauchern die gestiegene Knappheit. Der Markt motiviert damit zu einer höheren Effizienz und einem sparsamen Umgang mit Energie. Wie aber sind die Bedürfnisse im öffentlichen Sektor (z. B. Beheizung öffentlicher Gebäude, von Turnhallen und Schwimmbädern) gegenüber den Bedürfnissen der privaten Haushalte bei der Beheizung ihrer Wohnungen oder den produktiven Ansprüchen der Unternehmen (in Bezug auf die von ihnen produzierten Güter, die erzielten Einkommen und die Arbeitsplätze) tatsächlich gegeneinander abzuwägen? Reicht es, die ökonomischen Anreize aus gestiegenen Energiepreisen einfach an die Akteure weiterzuleiten, vielleicht über zusätzliche Maßnahmen, Anreize zu weiteren Energieeinsparungen zu induzieren, und gleichzeitig die gravierendsten sozialen Verwerfungen sozialpolitisch abzusichern? Oder ist über diese ökonomischen anreizorientierten Instrumente hinaus an das Verhalten aller Individuen zu appellieren, sodass jede und jeder einen eigenen solidarischen Beitrag zur Überwindung dieser Krise leisten sollte, dass hierzu vielleicht sogar mit Blick auf das Gemeinwohl eine Pflicht bestehe?

Und wer ist jetzt verantwortlich für die Verbesserung des Gemeinwohls? Die Geschichte ist nicht damit zu Ende, dass man versucht, das Gemeinwohl in den individuellen Präferenzen aufzulösen und einfach annimmt, dass sich dann alle Individuen gemeinwohlorientiert verhalten oder nach entsprechender Einsicht zu verhalten haben. Sie ist aber auch nicht damit zu Ende, dass man die gemeinsam errungenen Vorstellungen über das Gemeinwohl einfach in die Ordnungen und die Regelsetzungen einfließen lässt und dann annimmt, die Individuen könnten aus der Verantwortung für das Gemeinwohl entlassen werden, solange sie sich nur an die Regeln der Ordnung halten. Das Streben nach Gemeinwohl muss sich in den Prozessen des Zusammenwirkens von Institutionen und Individuen in der Gesellschaft abbilden. Diese Verantwortung lässt sich nicht teilen.

Literatur

Acquisti, A., L. Brandimarte, und G. Loewenstein. 2015. Privacy and human behavior in the age of information. *Science* 347:509–514.

Alacevich, Michele. 2021. *Albert O. Hirschman – An intellectual biography*. New York, NY: Columbia University Press.

Anand, Sudhir. 1977. Aspects of poverty in Malaysia. *Review of Income & Wealth* 23:1–16.

Anand, Sudhir, und Amartya Sen. 2000. Human development and economic sustainability. *World Development* 28:2029–2049.

Andreoni, James. 1990. Impure altruism and donations to public goods: A theory of warm-glow giving. *Economic Journal* 100:464.

Angus, Colin. 2021. Costs and health effects. In *Distributional cost-effectiveness analysis. Quantifying health equity impacts and trade-offs*, Hrsg. Richard Cookson, Susan Griffin, Ole F. Norheim, und Anthony J. Culyer, 152–173. Oxford: Oxford University Press.

Aristoteles. 2017. *Nikomachische Ethik*. Übersetzung von Gernot Krapinger. Ditzingen: Reclam.

Arrow, Kenneth. 1972. Gifts and exchanges. *Philosophy & Public Affairs* 1:343–362.

Arrow, Kenneth, et al. 1995. Economic growth, carrying capacity, and the environment. *Ecological Economics* 15:91–95.

Aßländer, Michael S., und Hans G. Nutzinger. 2008. John Stuart Mill. In *Von Adam Smith bis Alfred Marshall, Klassiker des ökonomischen Denkens*, Hrsg. Heinz D. Kurz, 176–195. München: Beck.

Aßländer, Michael Stefan, und Hans G. Nutzinger. 2016. Einleitung. In *Grundsätze der politischen Ökonomie. Teilband 1, Schriften zur politischen Ökonomie in fünf Bänden*, Hrsg. Michael Stefan Aßländer und Hans G. Nutzinger, VII–XXXVIII. Marburg: Metropolis-Verlag.

Atkinson, Anthony B. 1970. On the measurement of inequality. *Journal of Economic Theory* 2:244–263.

Atkinson, Anthony B. 2015. *Inequality: What can be done?* Cambridge, MA: Harvard University Press.

Bamberg, Günter., Adolf Gerhard Coenenberg, und Michael Krapp. 2019. *Betriebswirtschaftliche Entscheidungslehre*, 16. Aufl. München: Vahlen.

Bardmann, Manfred. 2019. *Grundlagen der allgemeinen Betriebswirtschaftslehre: Geschichte – Konzepte – Digitalisierung*, 3. Aufl. Wiesbaden: Springer Gabler.

Barr, Nicholas. 2012. *Economics of the welfare state*, 5. Aufl. Oxford: Oxford University Press.

Barrett, Scott, Carlo Carraro, und Jaime D. Melo. 2015. Introduction. In *Towards a workable and effective climate regime*, Hrsg. Scott Barrett, Carlo Carraro, und Jaime D. Melo, 1–27. digital verfügbar: https://voxeu.org/content/towards-workable-and-effective-climate-regime:VOX eu.org. e-Book.

Bartelmus, Peter. 2014. *Nachhaltigkeitsökonomik: Eine Einführung*. Wiesbaden: Springer Gabler.

Bartling, Björn, Ernst Fehr, und Yagiz Özdemir. 2021. Does market interaction erode moral values? *Working Paper No. 360, University of Zurich, Department of Economics, Zurich* https://doi.org/10.5167/UZH-189516.

Baßeler, Ulrich, Jürgen Heinrich, und Burkhard Utecht. 2010. *Grundlagen und Probleme der Volkswirtschaft*, 19. Aufl. Stuttgart: Schäffer Poeschel.

Baumol, William J., und Wallace E. Oates. 1971. The use of standards and prices for the protection of the environment. *Swedish Journal of Economics* 73:52–54.

Baumol, William J., und Wallace E. Oates. 1988. *The theory of environmental policy*, 2. Aufl. Cambridge: Cambridge University Press.

Beck, Hanno. 2014. *Behavioral economics: Eine Einführung.* Wiesbaden: Springer Gabler.

Becker, Gary S. 1974. A theory of social interactions. *Journal of Political Economy* 82:1095–1117.

Becker, Gary S. 1993. *Der ökonomische Ansatz zur Erklärung menschlichen Verhaltens*, 2. Aufl. Tübingen: Mohr.

Becker, Michael, Johannes Schmidt, und Reinhard Zintl. 2021. *Politische Philosophie*, 5. Aufl. Leiden: Schöningh.

Benndorf, Volker, und Hans-Theo. Normann. 2018. The willingness to sell personal data. *The Scandinavian Journal of Economics* 120:1260–1278.

Bentham, Jeremy. 2013. Die Prinzipien der Moral und der Gesetzgebung. In *Einführung in die utilitaristische Ethik: Klassische und zeitgenössische Texte, UTB Philosophie*, Hrsg. Otfried Höffe, 55–82. Tübingen: A. Francke.

Bentham, Jeremy. 2016. Eine Einführung in die Prinzipien der Moral und der Gesetzgebung. In *Texte zum Utilitarismus, Reclams Universal-Bibliothek*, Hrsg. Jörg. Schroth, 32–50. Stuttgart: Reclam.

Bergstrom, Theodore, Lawrence Blume, und Hal Varian. 1986. On the private provision of public goods. *Journal of Public Economics* 29:25–49.

Binswanger, Hans Christoph, Werner Geissberger und Theo Ginsburg. 1979. *Wege aus der Wohlstandsfalle: Der NAWU-Report: Strategien gegen Arbeitslosigkeit und Umweltzerstoerung.* Frankfurt/Main: Fischer.

Birnbacher, Dieter. 2018. John Stuart Mill – Der Philosoph als Moralist. In *John Stuart Mill heute, Die Wirtschaft der Gesellschaft*, Hrsg. G. Hans und Nutzinger und Hans Diefenbacher, 117–132. Marburg: Metropolis.

Blackburn, Simon. 2011. *Die Gesellschaft – Gibt es so etwas überhaupt? In Die großen Fragen Philosophie*, 66–75. Heidelberg: Spektrum.

Blackorby, Charles, und David Donaldson. 1980. Ethical indices for the measurement of poverty. *Econometrica* 48:1053–1060.

Blanchard, Olivier, und Dani Rodrik. 2021. Introduction: We have the tools to reverse the rise in inequality. In *Combating inequality: Rethinking government's role*, Hrsg. Olivier Blanchard und Dani Rodrik, 1–23. Boston: MIT Press.

Blankart, Charles B. 2008. *Öffentliche Finanzen in der Demokratie: Eine Einführung in die Finanzwissenschaft*, 7. Aufl. München: Vahlen.

Blankart, Charles B. 2017. *Öffentliche Finanzen in der Demokratie: Eine Einführung in die Finanzwissenschaft*, 9. Aufl. München: Vahlen.

Blum, Christian. 2015. *Die Bestimmung des Gemeinwohls.* Boston: De Gruyter.

Blümle, Gerold. 1975. *Theorie der Einkommensverteilung: Eine Einführung.* Berlin: Springer.

Boadway, Robin W., und Neil Bruce. 1984. *Welfare economics.* Oxford: B. Blackwell.

Bofinger, Peter, und Robert Schmidt. 2003. Nobelpreis für Wirtschaftswissenschaften 2002 an Daniel Kahneman und Vernon L. Smith. *WiSt – Wirtschaftswissenschaftliches Studium* 32:107–111.

Böhm, Stephan. 2008. Friedrich August von Hayek. In *Klassiker des ökonomischen Denkens*, Bd. 2, Hrsg. Heinz D. Kurz, 228–249. München: Beck.

Bohner, Gerd. 2002. Einstellungen. In *Sozialpsychologie, Springer-Lehrbuch*, Hrsg. Wolfgang Stroebe, Klaus Jonas, und Miles Hewstone, 265–315. Heidelberg: Springer.

Bonus, Holger. 2009. Marktwirtschaftliche Umweltpolitikinstrumente. In *Der Markt im Klimaschutz: Welchen Beitrag leisten Emissionshandel und Ökosteuern zur Erreichung der Klimaziele in Deutschland und Europa?, Ökologische Wirtschaftsforschung*, Hrsg. Sven Rudolph und Sebastian Schmidt, 11–18. Marburg: Metropolis.

Bonus, Holger, und Hermann Ribhegge. 1986. Wohlfahrtsökonomik – Werkzeug für Diktatoren oder ökonomische Grammatik? *Journal of Institutional and Theoretical Economics/Zeitschrift für die Gesamte Staatswissensch* 142:753–759.

Borgstede, M., und F. Eggert. 2021. The formal foundation of an evolutionary theory of reinforcement. *Behavioural Processes* 186:104370.

Bosworth, Barry, Gary Burtless, und Kan Zhang. 2016. *Later retirement, inequality in old age, and the growing gap in longevity between rich and poor*. Washington, DC: Brookings Institution.

Boudreaux, Donald J. 2018. Buchanan, Hayek, and the limits of constitutional ambitions. In *James M. Buchanan*, Hrsg. Richard E. Wagner, 671–692. Cham: Springer International Publishing.

Braun, Eduard. 2020. Das Paradox der Freiheit – Der Sozialismus als individualistische Weltanschauung. *ORDO* 71:90–118.

Braun, Eduard. 2021. The institutional preconditions of homo economicus. *Journal of Economic Methodology* 28:231–246.

Brennan, Geoffrey, und James M. Buchanan. 1993. *Die Begründung von Regeln: Konstitutionelle politische Ökonomie*. Hrsg. Christian Watrin. Tübingen: Mohr.

Breyer, Friedrich, und Wolfgang Buchholz. 2009. *Ökonomie des Sozialstaats*. 2. Aufl. Berlin: Springer.

Breyer, Friedrich, und Martin Kolmar. 2014. *Grundlagen der Wirtschaftspolitik*, 4. Aufl. Tübingen: Mohr Siebeck.

Breyer, Friedrich, und Joachim Weimann. 2015. Of morals, markets and mice: Be careful drawing policy conclusions from experimental findings! *European Journal of Political Economy* 40:387–390.

Breyer, Friedrich, Peter Zweifel, und Mathias Kifmann. 2013. *Gesundheitsökonomik*, 6. Aufl. Berlin: Springer Gabler.

Brink, David. 2018. Mill's moral and political philosophy. The Stanford Encyclopedia of Philosophy (Fall 2022 Edition), Hrsg. Edward N. Zalta. and Uri Nodelman. https://plato.stanford.edu/archives/fall202/entries/mill-moral-political/.

Brümmerhoff, Dieter. 2018. *Finanzwissenschaft*, 12. Aufl. Boston, MA: De Gruyter Oldenbourg.

Buchanan, James M. 1959. Positive economics, welfare economics, and political economy. *Journal of Law & Economics* 2:124–138.

Buchanan, James M. 1975. *The limits of liberty: Between anarchy and leviathan*. Chicago: University of Chicago Press.

Buchanan, James M., und Gordon Tullock. 1963. *The calculus of consent*. Ann Arbor, MI: University of Michigan Press.

Buchholz, Wolfgang, und Peter Heindl. 2015. Ökonomische Herausforderungen des Klimawandels. *Perspektiven der Wirtschaftspolitik* 16:324–350.

Buchholz, Wolfgang, und Jan Schumacher. 2009. Die Wahl der Diskontrate bei der Bewertung von Kosten und Nutzen der Klimapolitik. In *Diskurs Klimapolitik, Jahrbuch ökologische Ökonomik*, Hrsg. Joachim Weimann, 1–33. Marburg: Metropolis-Verl.

Buhmann, Brigitte, Lee Rainwater, Guenther Schmaus, und Timothy M. Smeeding. 1988. Equivalence scales, well-being, inequality, and poverty: Sensitivity estimates across ten countries using the Luxembourg Income Study (LIS) database. *Review of Income and Wealth* 34:115–142.

BVerfG. 2021a. Beschluss des Ersten Senats vom 24. März 2021 – 1 BvR 2656/18-, Rn. 1–270. Bundesverfassungsgericht. http://www.bverfg.de/e/rs20210324_1bvr265618.html. Zugegriffen: 30. Juni 2021.

BVerfG. 2021b. Verfassungsbeschwerden gegen das Klimaschutzgesetz teilweise erfolgreich. Pressemitteilung Nr. 31/2021 vom 29. April 2021. https://www.bundesverfassungsgericht.de/SharedDocs/Pressemitteilungen/DE/2021/bvg21-031.html. Zugegriffen: 30. Juni 2021.

Cansier, Dieter. 1996. *Umweltökonomie*, 2. Aufl. Stuttgart: Lucius & Lucius.

Cansier, Dieter. 1997. *Volkswirtschaftliche Grundlagen der Nachhaltigkeit*. Tübinger Diskussionsbeitrag Vol. 98. Tübingen: Wirtschaftswissenschaftliche Fakultät der Eberhard-Karls-Universität.

Cansier, Dieter. 2004. Umweltschutz und Verursacherprinzip als Ergebnis eines übergreifenden Konsenses. *Zeitschrift Umweltpolitik und Umweltrecht* 27:141–165.

Caspari, Volker. 2008. Alfred Marshall. In *Klassiker des ökonomischen Denkens*, Bd. 1, Hrsg. Heinz D. Kurz, 326–347. München: Beck.

Chakravarty, Satya R. 1990. *Ethical social index numbers*. Berlin: Springer.

Charles, Kerwin Kofi, Sheldon Danziger, Geng Li, und Robert Schoeni. 2014. The intergenerational correlation of consumption expenditures. *The American Economic Review* 104:136–140.

Chen, Mingsheng, Guoliang Zhou, und Lei Si. 2020. Ten years of progress towards universal health coverage: has China achieved equitable healthcare financing? *BMJ Global Health* 5:e003570.

Clark, Stephen, Richard Hemming, und David Ulph. 1981. On indices for the measurement of poverty. *Economic Journal* 91:515–526.

Cloos, Janis, Björn Frank, Lukas Kampenhuber, Stephany Karam, Nhat Luong, Daniel Möller, Maria Monge-Larrain, Nguyen Tan Dat, Marco Nilgen and Christoph Rössler. 2019. Is your privacy for sale? An experiment on the willingness to reveal sensitive information. *Games* 10:28.

Coase, Ronald. 1960. The problem of social cost. *Journal of Law and Economics* 3:1–44.

Colander, David. 2007. Edgeworth's hedonimeter and the quest to measure utility. *Journal of Economic Perspectives* 21:215–225.

Cookson, Richard, Susan Griffin, Ole F. Norheim, und Anthony J. Culyer. 2021. Designing a distributional cost-effectiveness analysis. In *Distributional cost-effectiveness analysis: Quantifying health equity impacts and trade-offs*, Hrsg. Richard Cookson, Susan Griffin, F. Ole, und Norheim und Anthony J. Culyer, 44–68. Oxford: Oxford University Press.

Cookson, Richard, Susan Griffin, Ole F. Norheim, Anthony J. Culyer, und Kalipso Chalkidou. 2021. Distributional cost-effectiveness analysis comes of age. *Value in Health* 24:118–120.

Cookson, Richard, Susan Griffin, Ole F. Norheim, und Anthony J. Culyer, Hrsg. 2021. *Distributional cost-effectiveness analysis. Quantifying health equity impacts and trade-offs*. Oxford: Oxford University Press.

Costanza, Robert. 2015. *An introduction to ecological economics*, 2. Aufl. Boca Raton, FL: CRC Press, Taylor & Francis Group.

Cowell, Frank. 2011. *Measuring inequality*, 3. Aufl. Oxford: Oxford University Press.

CSDH. 2008. *Closing the gap in a generation: Health equity through action on the social determinants of health. Final report of the commission on social determinants of health*. Genf: World Health Organization.

Culyer, Anthony J. 1998. Need – Is a consensus possible? *Journal of Medical Ethics* 24:77–80.

Culyer, Anthony J., und Adam Wagstaff. 1993. Equity and equality in health and health care. *Journal of Health Economics* 12:431–457.

Cyert, Richard Michael, und James G. March. 2013. *A behavioral theory of the firm*. Nachdr. Mansfield Centre, Conn: Martino Publ.

Dalton, Hugh. 1920. The measurement of the inequality of incomes. *Economic Journal* 30:348–361.

Daum, Timo, und Sabine Nuss, Hrsg. 2021. *Die unsichtbare Hand des Plans – Koordination und Kalkül im digitalen Kapitalismus*. Berlin: Karl Dietz.

Davies, Nicholas B., John R. Krebs, und Stuart A. West. 2012. *An introduction to behavioural ecology*, 4. Aufl. Chichester: Wiley-Blackwell.

Crescenzo, Luciano de. 1997. *Die Kunst der Unordnung*. München: Albrecht Knaus Verlag

Destatis, WZB, und BiB, Hrsg. 2021. *Datenreport 2021. Ein Sozialbericht für die Bundesrepublik Deutschland*. Bonn: Bundeszentrale für politische Bildung/Statistisches Bundesamt/Wissenschaftszentrum Berlin für Sozialforschung/Sozioökonomisches Panel des Deutschen Instituts für Wirtschaftsforschung/Bundesinstitut für Bevölkerungsforschung.

Deutscher Ethikrat. 2022. *Vulnerabilität und Resilienz in der Krise – Ethische Kriterien für Entscheidungen in einer Pandemie*. Berlin: Deutscher Ethikrat.

Dewenter, Ralf, und Ulrich Heimeshoff. 2019. Regulierung. In *Kompendium der Wirtschaftstheorie und Wirtschaftspolitik III: Wirtschaftspolitik*, Hrsg. Thomas Apolte, Mathias Erlei, Matthias Göcke, Roland Menges, Notburga Ott und André Schmidt, 189–264. Wiesbaden: Springer.

DHSS. 1980. *Inequalities in health: Report of a research working group.* London: Department of Health and Social Security.

Ed., Diener, John Helliwell, und Daniel Kahneman, Hrsg. 2010. *International differences in well-being.* Oxford: Oxford University Press.

Dolan, Paul, und Daniel Kahneman. 2008. Interpretations of utility and their implications for the valuation of health. *The Economic Journal* 118:215–234.

Dolderer, Johannes, Christian Felber, und Petra Teitscheid. 2021. From neoclassical economics to common good economics. *Sustainability* 13:2093.

Donaldson, David, und John A. Weymark. 1986. Properties of fixed-population poverty indices. *International Economic Review* 27:667–688.

Döring, Thomas. 2015. *Öffentliche Finanzen und Verhaltensökonomik: Zur Psychologie der budgetwirksamen Staatstätigkeit.* Wiesbaden: Springer Gabler.

Drosg-Plöckinger, Angela, Manfred Kofranek, Siegfried Koloo, et al. 2017. *Arbeitsbuch zur Gemeinwohlbilanz 5.0.* Hrsg. Matrix-Entwicklungsteam. im Netz verfügbar: https://web.eco good.org/media/filer_public/04/8e/048e113f-5802-494e-866b-c3f8c8a6a674/gwoe_arbeits buch_5_0_kompaktbilanz.pdf. Zugegriffen: 19. Mai 2022.

Drummond, Michael F., Mark J. Sculpher, Karl Claxton, Greg L. Stoddart, und George W. Torrance. 2015. *Methods for the economic evaluation of health care programmes,* 4. Aufl. Oxford: Oxford University Press.

Dujmovits, Rudolf, und Richard Sturn. 2021. Gemeinwohl, Gemeingüter und Wohlfahrt. In *Praktische Wirtschaftsphilosophie,* Handbuch Wirtschaftsphilosophie III, Hrsg. Ludger Heidbrink, Alexander Lorch und Verena Rauen, 233–249. Heidelberg: Springer.

Durkheim, Émile. 2013. *De la division du travail social.* Paris: Presses universitaires de France (puf).

Dworkin, Ronald. 1981. What is equality? Part 1: Equality of welfare. *Philosophy & Public Affairs* 10:185–246.

Dworkin, Ronald. 1981. What is equality? Part 2: Equality of resources. *Philosophy & Public Affairs* 10:283–345.

Dworkin, Ronald. 2013. *Taking rights seriously.* London: Bloomsbury.

Edgeworth, Francis Ysidro. 2019. *Mathematical psychics an essay on the application of mathematics to the moral sciences.* Norderstedt: hansebooks.

Eisenberg, Christiane. 2020. The rise and decline of doux commerce: Change of experience and change of perception. In *Imagined economies – Real fictions: New perspectives on economic thinking in Great Britain,* Bd. 210, *Edition Kulturwissenschaft,* Hrsg. Jessica Fischer und Gesa Stedman, 35–54. Bielefeld: transcript.

Eisenführ, Franz, Martin Weber, und Thomas Langer. 2010. *Rationales Entscheiden,* 5. Aufl. Berlin: Springer.

Embshoff, Dagmar, und Sven Giegold. 2008. Solidarische Ökonomie im globalisierten Kapitalismus. In *Solidarische Ökonomie im globalisierten Kapitalismus: in Kooperation mit der „Bewegungsakademie" und der „tageszeitung",* Hrsg. Sven Giegold, 11–24. Hamburg: VSA.

Endres, Alfred. 2013. *Umweltökonomie,* 4. Aufl. Stuttgart: Kohlhammer.

Endres, Alfred, und Jörn. Martiensen. 2007. *Mikroökonomik: Eine integrierte Darstellung traditioneller und moderner Konzepte in Theorie und Praxis.* Stuttgart: Kohlhammer.

Endres, Alfred, und Immo Querner. 2000. *Die Ökonomie natürlicher Ressourcen,* 2. Aufl. Stuttgart: Kohlhammer.

Engelkamp, Paul, und Friedrich L. Sell. 2011. *Einführung in die Volkswirtschaftslehre,* 5. Aufl. Heidelberg: Springer.

Enquête-Kommission. 2013. *Schlussbericht der Enquête-Kommission „Wachstum, Wohlstand, Lebensqualität – Wege zu nachhalteigem Wirtschaften und gesellschaftlichem Fortschritt in der Sozialen Marktwirtschaft".* Berlin: Deutscher Bundestag.

Enste, Dominik, und Michael Hüther. 2011. *Verhaltensökonomik und Ordnungspolitik: Zur Psychologie der Freiheit.* Köln: Inst. der Dt. Wirtschaft.

Erlei, Mathias. 2019. Institutionen. In *Kompendium der Wirtschaftstheorie und Wirtschaftspolitik I*, Hrsg. Thomas Apolte, Mathias Erlei, Matthias Göcke, Roland Menges, Notburga Ott und André Schmidt, 457–559. Wiesbaden: Springer Fachmedien Wiesbaden.

Erlei, Mathias. 2019. Mikroökonomik. In *Kompendium der Wirtschaftstheorie und Wirtschaftspolitik I*, Hrsg. Thomas Apolte, Mathias Erlei, Matthias Göcke, Roland Menges, Notburga Ott und André Schmidt, 1–148. Wiesbaden: Springer Fachmedien Wiesbaden.

Espejo, Raul. 2014. Cybernetics of governance: The Cybersyn Project 1971–1973. In *Social systems and design*, Bd. 1, *Translational systems sciences*, Hrsg. Gary S. Metcalf, 71–90. Tokyo: Springer Japan.

Eurofound. 2017. *Income inequalities and employment patterns in Europe before and after the Great Recession*. Luxembourg: Publications Office of the European Union.

Ezrow, Natasha M., und Erica Frantz. 2013. *Failed States and institutional decay: Understanding instability and poverty in the developing world*. New York, NY: Bloomsbury.

Faber, Malte, Thomas Petersen, und Johannes Schiller. 2002. Homo oeconomicus and homo politicus in ecological economics. *Ecological Economics* 40:323–333.

Falk, Armin, und Nora Szech. 2013. Morals and markets. *Science* 340:707–711.

Falk, Armin, und Nora Szech. 2015. Institutions and morals: A reply. *European Journal of Political Economy* 40:391–394.

Faucheux, Sylvie, und Jean-François. Noël. 2001. *Ökonomie natürlicher Ressourcen und der Umwelt*. Marburg: Metropolis.

Fehr, Ernst, und Klaus M. Schmidt. 2006. The economics of fairness, reciprocity and altruism – Experimental evidence and new theories. In *Handbook of the economics of giving, altruism and reciprocity, Handbooks in economics*, Hrsg. Serge-Christophe. Kolm und Jean M. Ythier, 615–691. Amsterdam: Elsevier.

Felber, Christian. 2019. *This is not Economy: Aufruf zur Revolution der Wirtschaftswissenschaft*, Wien: Deuticke.

Felber, Christian. 2021. *Gemeinwohl-Ökonomie*, 6. Aufl. München: Piper.

Fiamengo, Ante. 1963. Die gesellschaftlich-ökonomische Funktion und die Bedeutung der Forschung der Transformation des Kapitalismus in den Sozialismus für die zeitgenössische Soziologie. In *Karl Gustav Specht, Hans Georg Rasch und Hans Hofbauer*, Hrsg. Studium Sociale, 333–344. Wiesbaden: VS Verlag.

Finlayson, James Gordon, und Fabian Freyenhagen, Hrsg. 2010. *Habermas and Rawls: Disputing the political*. New York, NY: Routledge.

Fleurbaey, Marc. 2009. Beyond GDP: The quest for a measure of social welfare. *Journal of Economic Literature* 47:1029–1075.

Fontaine, Philippe. 2008. Altruism, history of the concept. In *The new palgrave dictionary of economics*, Hrsg. Palgrave Macmillan, 1–15. London: Palgrave Macmillan UK.

Foster, James, Joel Greer, und Erik Thorbecke. 2010. The Foster-Greer-Thorbecke (FGT) poverty measures: 25 years later. *Journal of Economic Inequality* 8:491–491–524.

Foster, James E., Joel W. Greer, und Erik Thorbecke. 1984. A class of decomposable poverty measures. *Econometrica* 52:761–776.

Frankfurt, Harry. 1987. Equality as a moral ideal. *Ethics* 98:21–43.

Frey, Bruno S. 1997. *Markt und Motivation: Wie ökonomische Anreize die (Arbeits-)Moral verdrängen*. München: Vahlen.

Frick, Marc, und Vera Huwe. 2020. *Klimapolitik zwischen Markt, Deliberation und Hegemonie: Der Emissionshandel und das Politische*. Mannheim: ZEW – Leibniz-Zentrum für Europäische Wirtschaftsforschung. http://hdl.handle.net/10419/226192.

Friedman, Milton. 1970. A Friedman doctrine: The social responsibility of business is to increase its profits. *The New York Times Magazine, September 13, 1970.*

Gabriel, Markus, und Gert Scobel. 2021. *Zwischen Gut und Böse: Philosophie der radikalen Mitte*. Hamburg: Edition Körber.

Gandjour, Afschin. 2010. Theoretical foundation of patient v. population preferences in calculating QALYs. *Medical Decision Making* 30:E57–E63.

Gauthier, David. 1986. *Morals by agreement*. Oxford: Oxford University Press.

Gehrke, Christian. 2008. Karl Marx. In *Von Adam Smith bis Alfred Marshall, Klassiker des ökonomischen Denkens*, Hrsg. Heinz D. Kurz, 217–241. München: Beck.

Gerogescu-Roegen, Nicholas. 1993. The entropy law and the economic problem. In *Valuing the earth: Economics, ecology, ethics*, Hrsg. E. Herman und Daly und Kenneth N. Townsend, 75–88. Cambridge, MA: MIT Press.

GG. 2017. *Grundgesetz für die Bundesrepublik Deutschland*. Hrsg. Bundeszentrale für politische Bildung. Bonn.

Gini, Corrado. 1912. *Variabilità e Mutuabilità. Contributo allo Studio delle Distribuzioni e delle Relazioni Statistiche*. Bologna: C. Cuppini.

Gini, Corrado. 1921. Measurement of inequality of incomes. *Economic Journal* 31:124–126.

Goldschmidt, Nils, und Matthias Störring. 2021. Wirtschaftspolitik. In *In Praktische Wirtschaftsphilosophie*, Handbuch Wirtschaftsphilosophie III, Hrsg. Ludger Heidbrink, Alexander Lorch, und Verena Rauen, 1–21. Wiesbaden: Springer Fachmedien Wiesbaden.

Gollier, Christian. 2013. *Pricing the planet's future: The economics of discounting in an uncertain world*. Princeton: Princeton University Press.

Göpel, Maja. 2021. *Unsere Welt neu denken: Eine Einladung*, 16. Aufl. Berlin: Ullstein.

Gotoh, Reiko. 2014. The equality of the differences: Sen's critique of Rawls's Theory of Justice and its implications for welfare economics. *History of Economic Ideas* 22:133–155.

Grossman, Michael. 1972. On the concept of health capital and the demand for health. *Journal of Political Economy* 80:223–255.

Guidi, Marco E.L. 2008. "Everybody to count for one, nobody for more than one": The principle of equal consideration of interests from Bentham to Pigou. *Revue d'études benthamiennes No 4 - Numero special John Stuart Mill*. Fevrier 2008: 40-69.

Gutmann, Amy. 1985. Communitarian critics of liberalism. *Philosophy & Public Affairs* 14:308–322.

Gutmann, Gernot, und Werner Klein. 1984. Wirtschaftspolitische Konzeptionen sozialistischer Planwirtschaften. In *Wirtschaftspolitik im Systemvergleich – Konzeption und Praxis der Wirtschaftspolitik in kapitalistischen und sozialistischen Wirtschaftssystemen*, Hrsg. Dieter Cassel, 93–116. München: Vahlen.

Habermann, Friederike. 2008. *Der homo oeconomicus und das Andere: Hegemonie, Identität und Emanzipation*. 1. Aufl. Baden-Baden: Nomos.

Habermas, Jürgen. 1995. Reconciliation through the public use of reason: Remarks on John Rawls's political liberalism. *Journal of Philosophy* 92:109–131.

Habermas, Jürgen. 2019. *Auch eine Geschichte der Philosophie – Band 1: Die okzidentale Konstellation von Glauben und Wissen*. Berlin: Suhrkamp.

Hackl, Franz. 2000. Der Wahnsinn der Ökonomie oder der Unsinn der Ökologie – Eine epistemische Analyse. *Zeitschrift Umweltpolitik und Umweltrecht* 23:165–185.

Hagenaars, Aldi. 1986. *The perception of poverty*. Amsterdam: North-Holland Publishing Co.

Hagenaars, Aldi, und Bernard van Praag. 1985. A synthesis of poverty line definitions. *Review of Income and Wealth* 31:139–154.

Hagenaars, Aldi, Klaas de Vos, und M. Asghar Zaidi. 1995. *Armutsstatistik Ende der 80er Jahre: Untersuchung auf der Basis von Mikrodaten; für Eurostat erstellte Studie*. Luxemburg: Amt für Amtliche Veröff. der Europ. Gemeinschaften.

Hahn, Susanne, und Hartmut Kliemt. 2017. *Wirtschaft ohne Ethik? eine ökonomisch-philosophische Analyse*. Stuttgart: Reclam.

Hamari, Juho, Mimmi Sjöklint, und Antti Ukkonen. 2016. The sharing economy: Why people participate in collaborative consumption. *Journal of the Association for Information Science and Technology* 67:2047–2059.

Hammond, Peter. 1993. Is there anything new in the concept of sustainable development? In *Presented at the conference "The Environment after Rio"*, Courmayeur, Italy. Vol 10.

Harbach, Heinz. 1992. *Altruismus und Moral*. Wiesbaden: VS Verlag für Sozialwissenschaften.

Harsanyi, John. 1977. Morality and the theory of rational behavior. *Social Research* 44:623–656.

Harsanyi, John C. 1955. Cardinal welfare, individualistic ethics, and interpersonal comparisons of utility. *Journal of Political Economy* 63:309–321.

Hartwig, Karl-Hans., und H. Jörg Thieme, Hrsg. 1991. *Transformationsprozesse in sozialistischen Wirtschaftssystemen.* Heidelberg: Springer.

Hauff, Michael von, und Andrea Jörg. 2012. *Nachhaltiges Wachstum.* München: Oldenbourg.

Hauff, Michael von, und Alexandro Kleine. 2014. *Nachhaltige Entwicklung: Grundlagen und Umsetzung.*

Hauschildt, Jürgen. 1977. *Entscheidungsziele: Zielbildung in innovativen Entscheidungsprozessen: theoret. Ansätze u. empir. Prüfung,* 1. Aufl. Tübingen: Mohr.

Hayek, Friedrich A. von. 1945. The use of knowledge in society. *American Economic Review* 35:519–530.

Hayek, Friedrich A. von. 1981. Ungleichheit ist nötig. *Handelsblatt* 35:36–40.

Hayek, Friedrich A. von. 1991. *Die Verfassung der Freiheit,* 3. Aufl. Tübingen: Mohr Siebeck.

Hayek, Friedrich A. von. 2004. *Wissenschaft und Sozialismus.* Tübingen: Mohr Siebeck.

Hayek, Friedrich A. von. 2011. *Hayek-Lesebuch.* Hrsg. Viktor Vanberg. Tübingen: Mohr Siebeck.

Hayek, Friedrich A. von. 2013. *Recht, Gesetz und Freiheit: Eine Neufassung der liberalen Grundsätze der Gerechtigkeit und der politischen Ökonomie.* Hrsg. Viktor Vanberg. Tübingen: Mohr Siebeck.

Hediger, W. 1997. Elemente einer ökologischen Ökonomik nachhaltiger Entwicklung. In *Nachhaltigkeit, ZEW-Wirtschaftsanalysen,* Hrsg. Klaus Rennings und Olav Hohmeyer. Baden-Baden: Nomos.

Helliwell, John, Richard Layard, und Jeffrey Sachs, Hrsg. 2012. *World happiness report 2012.* New York, NY: Sustainable Development Solutions Network.

Helliwell, John, Richard Layard, Jeffrey Sachs, und Jan-Emmanuel De Neve, Hrsg. 2020. *World happiness report 2020.* New York, NY: Sustainable Development Solutions Network.

Hens, Thorsten, und Paolo Pamini. 2008. *Grundzüge der analytischen Mikroökonomie.* Berlin: Springer.

Hensing, Ingo, Wolfgang Pfaffenberger, und Wolfgang Ströbele. 1998. *Energiewirtschaft: Einführung in Theorie und Politik,* 1. Aufl. München: Oldenbourg.

Herwaarden, Floor G. van, und Arie Kapteyn. 1981. Empirical comparison of the shape of welfare functions. *European Economic Review* 15:261–286.

Hicks, John. 2001. *Value and capital: An Inquiry into some fundamental principles of economic theory,* 2. Aufl. Oxford: Clarendon.

Hirschhausen, Christian von. 2015. John Nash und die Spieltheorie des Kalten Krieges. *DIW Wochenberichte* 23:552.

Hirschman, Albert O. 1980. *Leidenschaften und Interessen: Politische Begründungen des Kapitalismus vor seinem Sieg.* Frankfurt am Main: Suhrkamp.

Hirschman, Albert O. 1982. Rival interpretations of market society: Civilizing, destructive, or feeble? *Journal of Economic Literature* 20:1463–1484.

Hirschman, Albert O. 1988. *Engagement und Enttäuschung: Über das Schwanken der Bürger zwischen Privatwohl und Gemeinwohl,* Frankfurt am Main: Suhrkamp.

Hirschman, Albert O. 1993. *Entwicklung, Markt und Moral: Abweichende Betrachtungen.* Frankfurt am Main: Fischer Taschenbuch.

Hobbes, Thomas. 2018. *Leviathan: Erster und zweiter Teil.* Bibliographisch ergänzte Ausgabe. Hrsg. Malte Dießelhorst. Ditzingen: Reclam.

Höffe, Otfried. 1977. Kants kategorischer Imperativ als Kriterium des Sittlichen. *Zeitschrift für philosophische Forschung* 31:354–384.

Höffe, Otfried. 2011. *Kants Kritik der reinen Vernunft: Die Grundlegung der modernen Philosophie,* 1. Aufl. München: Beck.

Höffe, Otfried, Hrsg. 2013. *Einführung in die utilitaristische Ethik: Klassische und zeitgenössische Texte,* 5. Aufl. Tübingen: Francke Verlag.

Höffe, Otfried. 2015. *Gerechtigkeit: Eine philosophische Einführung,* 5. Aufl. München: Beck.

Höffe, Otfried. 2015. *Kritik der Freiheit: Das Grundproblem der Moderne.* München: Beck.

Höffe, Otfried. 2018. *Ethik: Eine Einführung,* 2. Auflage. München: Beck.

Hofstede, Geert. 2001. *Culture's consequences: International differences in work-related values,* 2. Aufl. Thousand Oaks, CA: Sage.

Holler, Manfred J. 2008. John von Neumann und Oskar Morgenstern. In *Klassiker des ökonomischen Denkens*, Bd. 2, Hrsg. Heinz D. Kurz, 250–267. München: Beck.

Holmwood, John. 2013. Public reasoning without sociology: Amartya Sen's Theory of Justice. *Sociology* 47:1171–1186.

Homann, Karl. 1980. *Die Interdependenz von Zielen und Mitteln.* Tübingen: Mohr.

Homann, Karl. 1988. *Rationalität und Demokratie.* Tübingen: Mohr.

Homann, Karl. 1992. Die ökonomische Dimension von Rationalität. In *Moralische Entscheidung und rationale Wahl*, Hrsg. Martin Hollis und Wilhelm Vossenkuhl, 11–24. Berlin, Boston: De Gruyter.

Homann, Karl. 1997. Sinn und Grenze der ökonomischen Methode in der Wirtschaftsethik. In *Wirtschaftsethik und Moralökonomik: Normen, soziale Ordnung und der Beitrag der Ökonomik, Volkswirtschaftliche Schriften*, Hrsg. Detlef Aufderheide und Martin Dabrowski, 11–42. Berlin: Duncker & Humblot.

Homann, Karl, und Corinna Gruber. 2014. *Die Marktwirtschaft und ihre intellektuellen Kritiker: Kritik einer Kritik.* München: Roman-Herzog-Institut.

Horn, Karen. 1996. *Moral und Wirtschaft: Zur Synthese von Ethik und Ökonomik in der modernen Wirtschaftsethik und zur Moral in der Wirtschaftstheorie und im Ordnungskonzept der Sozialen Marktwirtschaft.* Tübingen: Mohr.

Horn, Karen. 2010. *Die Soziale Marktwirtschaft: Alles, was Sie über den Neoliberalismus wissen sollten.* Frankfurt am Main: FAZ-Inst. für Management-, Markt- und Medieninformationen.

Horn, Karen. 2011. *Diesseits von Angebot und Nachfrage -Einige Anmerkungen zur Überdehnung des Gegensatzes zwischen Markt und Moral.* HWWI Policy Paper 57. Hamburg: Hamburgisches WeltWirtschaftsInstitut.

Howarth, Richard B. 2018. Future generations. In *Routledge Handbook of Ecological Economics: Nature and Society, Routledge International Handbooks*, Hrsg. Clive L. Spash, 256–277. London: Routledge.

Hübner, Dietmar. 2018. *Einführung in die philosophische Ethik.* Korrigierte. Göttingen: Vandenhoeck & Ruprecht.

Hume, David. 2019. *Traktat über die menschliche Natur. Buch 1 – 3.* Hrsg. Wolfgang Sohst. Berlin: Xenomoi.

Hussen, Ahmed M. 2018. *Principles of environmental economics and sustainability: An integrated economic & ecological approach*, 4. Aufl. New York, NY: Routledge.

IW. 2020. *Deutschland in Zahlen 2020.* Köln: Institut der deutschen Wirtschaft Medien GmbH.

Jaspers, Karl. 1932. *Die geistige Situation der Zeit.* Berlin: De Gruyter.

Jochimsen, Beate, und Christian Raffer. 2018. Herausforderungen bei der Messung von Wohlfahrt. *Zeitschrift für Wirtschaftspolitik* 67:63–100.

Jones, H. S. 2004. Philosophical Radicals. In *The Oxford Dictionary of National Biography*, Hrsg. H. C. G. Matthew, B. Harrison, und L. Goldman. Oxford: Oxford University Press.

Jones-Lee, Michael. 1976. *The value of life: An economic analysis.* London: Martin Robertson.

Kahneman, Daniel. 2006. Determinants of health economic decisions in actual practice: The role of behavioral economics. *Value in Health* 9:65–67.

Kahneman, Daniel, und Angus Deaton. 2010. High income improves evaluation of life but not emotional well-being. *Proceedings of the National Academy of Sciences* 107:16489.

Kahneman, Daniel, und Jack L. Knetsch. 1992. Valuing public goods: The purchase of moral satisfaction. *Journal of Environmental Economics and Management* 22:57–70.

Kahneman, Daniel, Ed., Diener, und Norbert Schwarz, Hrsg. 2003. *Well-Being: Foundations of hedonic psychology.* New York, NY: Russell Sage Foundation.

Kahneman, Daniel, Olivier Sibony and Cass R. Sunstein. 2021. *Noise: Was unsere Entscheidungen verzerrt – Und wie wir sie verbessern können.* München: Siedler.

Kakwani, Nanak. 1980. On a class of poverty measures. *Econometrica* 48:437–446.

Kamm, Francis. 2015. Cost effectiveness analysis and fairness. *Journal of Practical Ethics* 3:1–14.

Kant, Immanuel. 2019. *Grundlegung zur Metaphysik der Sitten.* 2020. Aufl. Hrsg. Theodor Valentiner. Ditzingen: Reclam.

Kern, Lucian. 2001. Theorien der Verteilungsgerechtigkeit. In *Jahrbuch für Handlungs- und Entscheidungstheorie*, Hrsg. Ulrich Druwe, Volker Kunz, und Thomas Plümper, 181–212. Wiesbaden: VS Verlag.

Kerschner, Christian. 2010. Economic de-growth vs. steady-state economy. *Journal of Cleaner Production* 18:544–551.

Kersting, Wolfgang. 2006. *Der liberale Liberalismus: Notwendige Abgrenzungen*. Tübingen: Mohr Siebeck.

Kirchgässner, Gebhard. 2013. *Homo oeconomicus: Das ökonomische Modell individuellen Verhaltens und seine Anwendung in den Wirtschafts- und Sozialwissenschaften*, 4. Aufl. Tübingen: Mohr Siebeck.

Kirsch, Guy. 2004. *Neue politische Ökonomie*, 5. Aufl. Stuttgart: Lucius & Lucius.

Kirsch, Werner. 1970. *Entscheidungsprozesse: Verhaltenswissenschaftliche Ansätze der Entscheidungstheorie*. Wiesbaden: Gabler.

Kleinewefers, Henner. 2008. *Einführung in die Wohlfahrtsökonomie: Theorie – Anwendung – Kritik*. Stuttgart: Kohlhammer.

Kley, Andreas. 2004. Teleologische und deontologische Ethik: Utilitarismus und Menschenrechte. In *Das Recht im Spannungsfeld utilitaristischer und deontologischer Ethik, Vorträge der Tagung der Schweizer Sektion der internationalen Vereinigung für Rechts- und Sozialphilosophie (SVRSP) vom 15. und 16. November 2002 in Luzern*, Hrsg. Philippe Mastronardi, 55–70. Stuttgart: Franz Steiner Verlag.

Knight, Frank H. 1923. The ethics of competition. *Quarterly Journal of Economics* 37:579–624.

Knight, Frank H. 1938. Lippmann's The Good Society. *Journal of Political Economy* 48:864–872.

Köhne, Ralf. 2021. Alternative Wirtschaftsformen. In *Praktische Wirtschaftsphilosophie*, Handbuch Wirtschaftsphilosophie III, Hrsg. Ludger Heidbrink, Alexander Lorch und Verena Rauen, 459–473. Heidelberg: Springer.

Kolm, Serge-Christophe, und J. Mercier Ythier, Hrsg. 2006. *Handbook of the economics of giving, altruism and reciprocity (2 Bände, Band 1: Foundations, Band 2: Applications)*, 1. Aufl. Amsterdam, London: Elsevier.

Krämer, Hagen. 2020. Verteilungspolitische Interventionen: Eingriff in die Primärverteilung vs. Korrektur der Marktergebnisse. *List Forum für Wirtschafts- und Finanzpolitik* 46:117–155.

Kranzinger, Stefan. 2020. The decomposition of income inequality in the EU-28. *Empirica* 47:643–668.

Küng, Hans. 2019. *Weltpolitik und Weltwirtschaft*. Freiburg: Herder.

Kurz, Heinz Dieter. 2017. *Geschichte des ökonomischen Denkens*, 2. Auflage. München: Beck.

Lampert, Heinz, und Jörg. Althammer. 2007. *Lehrbuch der Sozialpolitik*, 8. Aufl. Berlin Heidelberg: Springer.

Lange, Florian, und Frank Eggert. 2015. Selective cooperation in the supermarket: Field experimental evidence for indirect reciprocity. *Human Nature* 26:392–400.

Lange, Steffen, Jonathan Barth, und Johannes Euler. 2019. Zur Konzeptualisierbarkeit einer Postwachstumsökonomie: Die Grenzen des wirtschaftswissenschaftlichen Mainstreams und die Potenziale theoretischer Multiperspektivität. In *Perspektiven einer pluralen Ökonomik, Wirtschaft und Gesellschaft*, Hrsg. David J. Petersen, Daniel Willers, Esther M. Schmitt, Robert Birnbaum, Jan Meyerhoff, Sebastian Gießler und Benjamin Rath. Wiesbaden: Springer.

Latif, Mojib. 2022. *Countdown: Unsere Zeit läuft ab – Was wir der Klimakatastrophe noch entgegensetzen können*. Freiburg: Herder.

Laux, Helmut, Robert M. Gillenkirch, und Heike Yasmin Schenk-Mathes. 2018. *Entscheidungstheorie*, 10. Aufl. Berlin: Springer Gabler.

Lechner, Frank J., und John Boli, Hrsg. 2019. *The Globalization Reader*, 6. Aufl. Hoboken, NJ: Wiley-Blackwell.

Leipold, Helmut. 1988. *Wirtschafts- und Gesellschaftssysteme im Vergleich: Grundzüge einer Theorie der Wirtschaftssysteme*, 5. Aufl. Stuttgart: G. Fischer.

Lenzen, Manuela. 2003. *Evolutionstheorien in den Natur- und Sozialwissenschaften*. Frankfurt a. M.: Campus Verlag.

Lindbeck, Assar. 1997. Incentives and social norms in household behavior. *American Economic Review* 87:370–377.

Lindblom, Charles E. 1959. The science of „muddling through". *Public Administration Review* 19:79.

Lins, Liliane, und Fernando Martins Carvalho. 2016. SF-36 total score as a single measure of health-related quality of life: Scoping review. *SAGE Open Medicine* 4:205031211667172.

Lippmann, Walter. 2005. *The good society*. New Brunswick: Transaction Publishers.

Lipton, Michael. 1986. Seasonality and ultrapoverty. *IDS Bulletin* 17:4–8.

Löhr, Dirk. 2014. *Ordnungspolitik statt Gemeinwohlökonomie: Befreit die Wirtschaft von der Ethik.* https://bodenwertsteuer.org/2014/10/24/ordnungspolitik-statt-gemeinwohlokonomie-befreit-die-wirtschaft-von-der-ethik/ (zuletzt abgerufen am 27.03.2023).

Lomas, Tim et al. 2022. Insights from the first global survey of balance and harmony. In *World Happiness Report 2022*, Hrsg. John Helliwell et al., 127–154. New York, NY: Sustainable Development Solutions Network.

Löschel, Andreas, Dirk Rübbelke, Wolfgang Ströbele, Pfaffenberger, und Michael Heuterkes. 2020. *Energiewirtschaft: Einführung in Theorie und Politik,* 4. Aufl. Berlin ; Boston: De Gruyter Oldenbourg.

Ludwig, Kristina, und J.-Matthias Graf von der Schulenburg, und Wolfgang Greiner. 2018. German value set for the EQ-5D-5L. *PharmacoEconomics* 36:663–674.

Lumer, Christoph. 2008. Utilitarismus. In *Handbuch der politischen Philosophie und Sozialphilosophie*, Bd. 2, Hrsg. Stefan Gosepath, Wilfried Hinsch, und Beate Rössler, 1380–1387. Berlin: De Gruyter.

Lütge, Christoph, und Matthias Uhl. 2018. *Wirtschaftsethik.* München: Vahlen.

Lüthy, Herbert. 2016. *Die Fairness-Formel: Freiheit und Gerechtigkeit in der Wirtschaft der Zukunft.* Wiesbaden: Springer.

MacBride, Fraser et al. 2020. Frank Ramsey. *The Stanford encyclopedia of philosophy.* https://plato.stanford.edu/archives/sum2020/entries/ramsey/.

Manderson, Lenore, Elizabeth Cartwright, und Anita Hardon, Hrsg. 2018. *The Routledge Handbook of Medical Anthropology*. New York, NY: Routledge.

Mandeville, Bernard. 1970. *The Fable of the Bees*. London: Penguin.

Mankiw, N Gregory. 2010. Spreading the wealth around: Reflections inspired by Joe the plumber. *Eastern Economic Journal* 36:285–298.

Mankiw, Nicholas Gregory, Mark P. Taylor, Adolf Wagner, Marco Herrmann, und Nicholas Gregory Mankiw. 2008. *Grundzüge der Volkswirtschaftslehre,* 4. Aufl. Stuttgart: Schäffer-Poeschel.

Margolis, Howard. 1982. *Selfishness, altruism, and rationality: A theory of social choice.* Cambridge (New York): Cambridge University Press.

Marx, Karl. 2017. *Ökonomisch-philosophische Manuskripte aus dem Jahre 1844. Berliner Ausgabe,* 4. Aufl. Berlin: Holzinger.

McIntyre, Di, und John E. Ataguba. 2011. How to do (or not to do) ... a benefit incidence analysis. *Health Policy and Planning* 26:174–182.

McIntyre, Di, und Michael Thiede. 2008. Illness, health service costs and their consequences for households. In *Health, economic development and household poverty. From understanding to action*, Hrsg. Sara Bennett, Lucy Gilson, und Anne Mills, 75–89. New York, NY: Routledge.

McIntyre, Di, Michael Thiede, und Stephen Birch. 2009. Access as a policy-relevant concept in low- and middle-income countries. *Health Economics, Policy and Law* 4:179–193.

Meadows, Dennis L. 2000. *Die Grenzen des Wachstums: Bericht des Club of Rome zur Lage der Menschheit,* 17. Aufl. Hrsg. Club of Rome. Stuttgart: DVA.

Mehrez, A., und A. Gafni. 1991. The healthy-years equivalents: How to measure them using the standard gamble approach. *Medical Decision Making* 11:140–146.

Menger, Carl. 1871. *Grundsätze der Volkswirtschaftslehre.* Wien: Wilhelm Braumüller.

Menges, Roland. 1996. *Unsichere Präferenzen und der adaptive Gebrauch von Informationsstrategien: Eine experimentelle Untersuchung am Beispiel „Kaffee".* Neuried: Ars Una.

Menges, Roland. 2006. Freiwillige, verursacher-oder gemeinlastfinanzierte Beitrage zum Klimaschutz? Eine Kategorisierung umweltpolitischer Instrumente auf Basis der Kostenträgerschaft. *Zeitschrift für Umweltpolitik und Umweltrecht* 29:61–85.

Menges, Roland. 2019. Umweltökonomik. In *Kompendium der Wirtschaftstheorie und Wirtschaftspolitik I*, Hrsg. Thomas Apolte, Mathias Erlei, Matthias Göcke, Roland Menges, Notburga Ott und André Schmidt, 561–706. Wiesbaden: Springer.

Menges, Roland, und Gerhard Untiedt. 2016. *Ökostromförderung in Schleswig-Holstein: Empirische Analyse der regionalen Verteilungswirkungen der EEG-Zahlungsströme*. Münster: GEFRA.

Menges, Roland, Carsten Schroeder, und Stefan Traub. 2004. Umweltbewusstes Konsumentenverhalten aus ökonomischer Sicht: Eine experimentelle Untersuchung der Zahlungsbereitschaft für Ökostrom. *Umweltpsychologie* 8:84–106.

Menges, Roland, Carsten Schroeder, und Stefan Traub. 2005. Altruism, warm glow and the willingness-to-donate for green electricity: An artefactual field experiment. *Environmental & Resource Economics* 31:431–458.

Menges, Roland, et al. 2021. Recycling behavior of private households: an empirical investigation of individual preferences in a club good experiment. *Clean Technologies and Environmental Policy* 23:843–856.

Meynhardt, Timo, und Andreas Fröhlich. 2017. Die Gemeinwohl-Bilanz – Wichtige Anstöße, aber im Legitimationsdefizit. *Zeitschrift für öffentliche und gemeinwirtschaftliche Unternehmen* 40:152–176.

Mill, John Stuart. 2014. *Utilitarianism*. Stuttgart: Reclam.

Mill, John Stuart. 2016a. *Grundsätze der politischen Ökonomie. Teilband 1*. Hrsg. Michael Stefan Aßländer und Hans G. Nutzinger. Marburg: Metropolis.

Mill, John Stuart. 2016b. *Grundsätze der politischen Ökonomie. Teilband 2*. Hrsg. Michael Stefan Aßländer und Hans G. Nutzinger. Marburg: Metropolis.

Mill, John Stuart. 2016c. *Grundsätze der politischen Ökonomie. Teilband 3*. Hrsg. Michael Stefan Aßländer und Hans G. Nutzinger. Marburg: Metropolis.

Mill, John Stuart. 2020. *Über die Freiheit*. 2. Ausgabe. Hrsg. Bernd Gräfrath. Ditzingen: Reclam.

Mises, Ludwig von. 1920. Die Wirtschaftsrechnung im sozialisitschen Gemeinwese. *Archiv für Sozialwissenschaft imd Sozialpolitik* 47:86–121.

Mises, Ludwig von. 2007. *Die Gemeinwirtschaft: Untersuchungen über den Sozialismus*, 2. Aufl. Stuttgart: Lucius & Lucius.

Moldenhauer, Joschka, und Remi Maier-Rigaud. 2020. Politische Ökonomie: Kollektives Handeln und die Entstehung von Gemeingütern zwischen privatem und öffentlichem Nutzen. In *Handbuch Genossenschaftswesen*, Hrsg. Johannes Blome-Drees, Nicole Göler von Ravensburg, Alexander Jungmeister, Ingrid Schmale und Frank Schulz-Nieswandt, 1–23. Wiesbaden: Springer.

Montesquieu, Charles Louis de Secondat de. 2011. *Vom Geist der Gesetze*. Ausgabe 2011. Ditzingen: Reclam.

Mooney, Gavin. 1980. Cost-benefit analysis and medical ethics. *Journal of Medical Ethics* 6:177–179.

Müller, Daniel, und Fabian Paetzel. 2021. Markets Reduce Discrimination. *SSRN Electronic Journal*. https://doi.org/10.2139/ssrn.3785255.

Müller, Markus Hans-Peter. 2019. *Neo-Ordoliberalismus: Ein Zukunftsmodell für die Soziale Marktwirtschaft*. Wiesbaden: Springer.

Münkler, Herfried. 2021. *Marx, Wagner, Nietzsche: Welt im Umbruch*. Berlin: Rowohlt.

Münkler, Herfried, und Grit Straßenberger. 2016. *Politische Theorie und Ideengeschichte: Eine Einführung*. München: Beck.

Musgrave, Richard A., und Peggy B. Musgrave. 1989. *Public finance in theory and practice*, 5. Aufl. New York: McGraw-Hill Book Co.

Myrdal, Gunnar. 1933. Das Zweck-Mittel-Denken in der Nationalökonomie. *Zeitschrift Für Nationalökonomie/Journal of Economics* 4:305–329.

Neffe, Jürgen. 2017. *Marx, der Unvollendete*, 1. Aufl. München: Bertelsmann.

Neuhäuser, Christian. 2014. Amartya Sens Beitrag zu einer praktischen Wirtschaftsethik. *Zeitschrift für Unternehmens- und Wirtschaftsethik* 15:198–214.

Neumann, Johann von, und Oskar Morgenstern. 1953. *Theory of games and economic behavior*, 3. Aufl. Princeton, New Jersey: Princeton University Press.

Nicklisch, Andreas, und Fabian Paetzel. 2020. Need-based justice and distribution procedures: The perspective of economics. In *Need-based distributive justice*, Hrsg. Stefan Traub und Bernhard Kittel, 161–189. Cham: Springer International Publishing.

Nida-Rümelin, Julian. 2020a. *Die gefährdete Rationalität der Demokratie: Ein politischer Traktat*. Hamburg: Edition Körber.

Nida-Rümelin, Julian. 2020b. *Eine Theorie praktischer Vernunft*, 1. Aufl. Boston: De Gruyter.

Nida-Rümelin, Julian, und Rebecca Gutwald. 2016. Der philosophische Gehalt des Resilienzbegriffs. *Normative Aspekte. Münchner Theologische Zeitschrift* 67:250–262.

Nietzsche, Friedrich. 2020a. *Werke: in vier Bänden. Bd. 4: Götzendämmerung – Der Antichrist – Ecce Homo*. Köln: Anaconda.

Nietzsche, Friedrich. 2020b. *Werke in vier Bänden. Bd. 3: Jenseits von Gut und Böse*. Köln: Anaconda.

Nitzsch, Rüdiger von. 2021. *Entscheidungslehre Wie Menschen entscheiden und wie sie entscheiden sollten*. Wiesbaden: Springer Gabler.

Nolte, Sandra, et al. 2019. General population normative data for the EORTC QLQ-C30 health-related quality of life questionnaire based on 15,386 persons across 13 European countries, Canada and the Unites States. *European Journal of Cancer* 107:153–163.

North, Douglas C. 2000. Big-bang transformations of economic systems: An introductory note. *Journal of Institutional and Theoretical Economics (JITE)/Zeitschrift für die gesamte Staatswissenschaft* 156:3–8.

Nozick, Robert. 2013. *Anarchy, state, and Utopia*. New York, NY: Basic Books.

Nussbaum, Martha. 2003. Capabilities as fundamental entitlements: Sen and social justice. *Feminist Economics* 9:33–59.

Nussbaum, Martha, und Amartya Sen, Hrsg. 1993. *The quality of life*. Oxford: Oxford University Press.

Nussbaum, Martha. 2011. Capabilities, entitlements, rights: Supplementation and critique. *Journal of Human Development and Capabilities* 12:23–37.

Nussbaum, Martha. 2011. *Creating capabilities: The human development approach*. Cambridge, Mass: Belknap Press of Harvard University Press.

Obama, Barack. 2020. *Ein verheißenes Land*. München: Penguin.

Ockenfels, Axel, und Joachim Weimann. 1999. Types and patterns: An experimental east-west-German comparison of cooperation and solidarity. *Journal of Public Economics* 71:275–287.

O'Donnell, Owen, und Tom Van Ourti. 2021. Rank-dependent equity weights. In *Distributional cost-effectiveness analysis. Quantifying health equity impacts and trade-offs*, Hrsg. Richard Cookson, Susan Griffin, Ole F. Norheim und Anthony J. Culyer, 237–252. Oxford: Oxford University Press.

Ostrom, Elinor. 2013. *Die Verfassung der Allmende: Jenseits von Staat und Markt*. Tübingen: Mohr Siebeck.

Paech, Nico. 2013. Eine zeitökonomische Theorie der Suffizienz. *Umweltpsychologie* 17:145–155.

Paech, Niko. 2017. Post-Growth Economics. In *Routledge Handbook of Ecological Economics: Nature and Society, Routledge International Handbooks*, Hrsg. Clive L. Spash, 477–486. London: Routledge.

Paqué, Karl-Heinz. 2009. Kommentar zu Wolfgang Buchholz und Jan Schumacher: Die Wahl der Diskontrate bei der Bewertung von Kosten und Nutzen der Klimapolitik. In *Diskurs Klimapolitik, Jahrbuch ökologische Ökonomik*, Hrsg. Joachim Weimann, 34–48. Marburg: Metropolis.

Parkin, Michael. 2016. *Economics*. Boston: Pearson.

Pearce, David W., und R. Kerry Turner. 1990. *Economics of natural resources and the environment*. Baltimore: Johns Hopkins University Press.

Perman, Roger, Yue Ma, Michael Common, James McGilvray, und David Maddison. 2011. *Natural resource and environmental economics*, 4. Aufl. Harlow: Pearson.

Pies, Ingo. 2006. *Theoretische Grundlagen demokratischer Wirtschafts- und Gesellschaftspolitik – Der Beitrag von Albert Hirschmann.* Diskussionspapier, No. 2006-1, Martin-Luther-Universität Halle-Wittenberg, Lehrstuhl für Wirtschaftsethik, Halle (Saale). https://nbn-resolv ing.de/urn:nbn:de:gbv:3:2–254.

Pies, Ingo. 2009. *Theoretische Grundlagen demokratischer Wirtschafts- und Gesellschaftspolitik: Der Ansatz von Ludwig von Mises.* Diskussionspapier, No. 2009-, Martin-Luther-Universität Halle-Wittenberg, Lehrstuhl für Wirtschaftsethik, Halle (Saale). https://nbn-resolv ing.de/urn:nbn:de:gbv:3:2–8982.

Pies, Ingo. 2016. *Moderne Klassiker der Gesellschaftstheorie.* Tübingen: Mohr Siebeck.

Pigou, Arthur C. 1912. *Wealth and welfare.* London: Macmillan and Company.

Pigou, Arthur C. 1979. Divergenzen zwischen dem sozialen Nettogrenzprodukt und dem privaten Nettogrenzprodukt. In *Umwelt und wirtschaftliche Entwicklung, Wege der Forschung; Bd. 331,* Hrsg. Horst Siebert, 23–38. Darmstadt: Wissenschaftliche Buchgesellschaft.

Piketty, Thomas. 2020. *Das Kapital im 21. Jahrhundert,* 3. Aufl. München: Beck.

Pindyck, Robert S., und Daniel L. Rubinfeld. 2018. *Mikroökonomie,* 9. Aufl. Hallbergmoos: Pearson.

Pogge, Thomas. 1994. *John Rawls.* München: Beck.

Praag, Bernard van. 1968. *Individual welfare functions and consumer behavior.* Amsterdam: North-Holland Publishing Co.

Puschmann, Thomas, und Rainer Alt. 2016. Sharing economy. *Business & Information Systems Engineering* 58:93–99.

Putnoki, Hans, und Bodo Hilgers. 2013. *Große Ökonomen und ihre Theorien: Ein chronologischer Überblick,* 2. Aufl. Weinheim: Wiley-VCH.

Ramser, Hans Jürgen. 1987. *Verteilungstheorie.* Berlin: Springer.

Ramsey, Frank P. 1926. Truth and probability. In *The foundations of mathematics and other logical essays,* 156–198. London: Kegan, Paul Trench, Trubner & Co.

Rauscher, Michael. 2009. Kommentar zu Wolfgang Buchholz und Jan Schumacher: Die Wahl der Diskontrate bei der Bewertung von Kosten und Nutzen der Klimapolitik. In *Diskurs Klimapolitik, Jahrbuch ökologische Ökonomik,* Hrsg. Joachim Weimann, 49–54. Marburg: Metropolis.

Rauschmayer, Felix, Torsten Masson, Ortrud Leßmann, und Rebecca Gutwald. 2020. Sustaining Human Well-Being Across Time and Space—Sustainable Development, Justice and the Capability Approach. In *Sustainability, capabilities and human security,* Hrsg. Andrew Crabtree, 75–102. Cham: Palgrave Macmillan.

Ravallion, Martin. 2016. Toward better global poverty measures. *Journal of Economic Inequality* 14:227–248.

Rawls, John. 1995. Political liberalism: Reply to Habermas. *Journal of Philosophy* 92:132–180.

Rawls, John. 1996. *Political liberalism.* New York, NY: Columbia University Press.

Rawls, John. 1999. *A theory of justice.* Rev. Cambridge, Mass: Belknap Press of Harvard University Press.

Rawls, John. 2001. *Justice as fairness: A restatement.* Cambridge, MA: Harvard University Press.

Rawls, John. 2003. *Politischer Liberalismus.* Frankfurt am Main: Suhrkamp.

Rawls, John. 2021. *Eine Theorie der Gerechtigkeit,* 23. Aufl. Frankfurt am Main: Suhrkamp.

Reiss, Julian. 2013. *Philosophy of economics: A contemporary introduction.* New York, NY: Routledge.

Requate, Till. 2005. Dynamic incentives by environmental policy instruments—A survey. *Ecological Economics* 54:175–195.

Ripperger, Simon P., und Gerald G. Carter. 2021. Social foraging in vampire bats is predicted by long-term cooperative relationships Hrsg. Catherine Hobaiter. *PLOS Biology* 19:e3001366.

Robbins, Lionel. 1953. Robertson on utility and scope. *Economica* 20:99–111.

Robbins, Lionel. 2008. The nature and significance of economic science. In *The philosophy of economics: An anthology,* Hrsg. Daniel M. Hausman, 73–99. New York: Cambridge University Press.

Robertson, Dennis H. 1956. *What does the economist economize?* London: Staple Press.

Roemer, John E. 1985. Equality of talent. *Economics and Philosophy* 1:151–188.

Roemer, John E., und Alain Trannoy. 2016. Equality of opportunity: Theory and measurement. *Journal of Economic Literature* 54:1288–1332.

Röpke, Wilhelm. 2009. *Jenseits von Angebot und Nachfrage: Ein Klassiker der Sozialen Marktwirtschaft.* Nachdr. Düsseldorf: Verlagsanstalt Handwerk.

Rothgang, Heinz, und Jeanine Staber. 2009. Ethik versus Ökonomie in Public Health?: Zur Integration ökonomischer Rationalität in einen Public-Health-Ethik-Diskurs. *Bundesgesundheitsblatt – Gesundheitsforschung – Gesundheitsschutz* 52:494–501.

Runciman, Walter G. 1966. *Relative deprivation and social justice.* London: Routledge & Kegan Paul.

Sachs, Jeffrey. 1991. Poland's big bang. *Skandinaviska Enskilda Banken Quarterly Review* 1–2:3–7.

Samuelson, Paul A. 1956. Social indifference curves. *Quarterly Journal of Economics* 70:1–22.

Sandel, Michael J. 1985. *Liberalism and the limits of justice.* Cambridge: Cambridge University Press.

Sandel, Michael J. 2019. *Gerechtigkeit: Wie wir das Richtige tun,* 6. Aufl. Berlin: Ullstein.

Sandel, Michael J. 2020. *Vom Ende des Gemeinwohls: Wie die Leistungsgesellschaft unsere Demokratien zerreißt.* Frankfurt am Main: Fischer.

Santos, Henri C., E.W. Michael, und Varnum, und Igor Grossmann. 2017. Global increases in individualism. *Psychological Science* 28:1228–1239.

Sarasin, Philipp. 2021. *1977: Eine kurze Geschichte der Gegenwart.* Berlin: Suhrkamp.

Sautter, Hermann. 2015. John Stuart Mill: Vom Nutzen der Freiheit. *Zeitschrift für Wirtschafts- und Unternehmensethik* 16:119–122.

Scanlon, T. M. 2001. Symposium on Amartya Sen's philosophy: 3 Sen and consequentialism. *Economics and Philosophy* 17:39–50.

Schäfer, Hans-Bernd, und Claus Ott. 2020. Normative Grundlagen: Was ist soziale Wohlfahrt? Probleme der Folgenbewertung bei Sozialwahlentscheidungen. In *Lehrbuch der ökonomischen Analyse des Zivilrechts,* 11–47. Heidelberg: Springer.

Schmidt, Johannes. 1991. *Gerechtigkeit, Wohlfahrt und Rationalität: Axiomatische und entscheidungstheoretische Fundierungen von Verteilungsprinzipien.* Freiburg (Breisgau): Alber.

Schmidt, Johannes. 1994. Zur rationalen Fundierung einer neo-utilitaristischen Wohlfahrtsökonomie. In *Praktische Rationalität: Grundlagenprobleme und ethische Anwendungen des rational choice-Paradigmas, Perspektiven der analytischen Philosophie; Perspectives in analytical philosophy,* Hrsg. Julian Nida-Rümelin, 261–280. Berlin: de Gruyter.

Schmidt, Thomas, und Tatjana Tarkian, Hrsg. 2011. *Naturalismus in der Ethik: Perspektiven und Grenzen.* Paderborn: Mentis.

Schmidtpeter, René. 2012. *Gemeinwohl-Ökonomie à la Felber–eine kritische Betrachtung.* http://www.juliusraabstiftung.at/wp-content/uploads/2017/07/Gemeinwohl-Oekonomie-a-la-Felber.pdf (zuletzt abgerufen am 27.03.2023).

Schmoller, Gustav von. 1939. Eröffnungsrede der Gründungsversammlung des Vereins für Socialpolitik 1872 in Eisenach. In *Die Geschichte des Vereins für Socialpolitik 1872–1932,* Hrsg. Franz Boese. Berlin: Duncker & Humblot.

Schofield, Philip. 2003. Jeremy Bentham's 'Nonsense upon Stilts'. *Utilitas* 15:1–26.

Schroth, Jörg. 2016. Einleitung. In *Texte zum Utilitarismus,* Hrsg. Jörg. Schroth, 7–31. Stuttgart: Reclam.

Schüller, Alfred. 2000. Soziale Marktwirtschaft und Dritte Wege. *ORDO* 51:169–202.

Schüller, Alfred, und Hans-Günter Krüsselberg. 2005. *Grundbegriffe zur Ordnungstheorie und politischen Ökonomik,* 6. Aufl. Hrsg. Marburger Gesellschaft für Ordnungsfragen der Wirtschaft. Marburg: MGOW.

Schumann, Jochen, Ulrich Meyer, und Wolfgang Ströbele. 2011. *Grundzüge der mikroökonomischen Theorie,* 9. Aufl. Berlin: Springer.

Schumpeter, Joseph Alois. 1942. *Capitalism, socialism and democracy.* New York, NY: Harper.

Schwalbe, Ulrich. 2008. Leon Walras. In *Klassiker des ökonomischen Denkens,* Bd. 1 (Von Adam Smith bis Alfred Marshall), Hrsg. Heinz D. Kurz, 242–266. München: Beck.

Schwalbe, Ulrich. 2019. Industrieökonomik. In *Kompendium der Wirtschaftstheorie und Wirtschaftspolitik I*, Hrsg. Thomas Apolte, Mathias Erlei, Matthias Göcke, Roland Menges, Notburga Ott und André Schmidt, 149–369. Wiesbaden: Springer.

Sedláček, Tomáš. 2012. *Die Ökonomie von Gut und Böse*. München: Hanser.

Seidl, Christian. 1988a. Poverty measurement: A survey. In *Welfare and efficiency in public economics*, Hrsg. Dieter Bös, Manfred Rose, und Christian Seidl, 71–147. Berlin: Springer.

Seidl, Christian. 1988b. Welfarismus versus Liberalismus. Sind Demokratie und individuelle Rechte unvereinbar? In *Ethische Grundfragen der Wirtschafts- und Rechtsordnung*, Bd. 4, *Hamburger Beiträge zur öffentlichen Wissenschaft*, Hrsg. Detlef Rahmsdorf und Hans-Bernd Schäfer, 143–204. Berlin-Hamburg: Dietrich Reimer Verlag.

Seidl, Irmi. 2018. Safe Minimum Standards – Adressing strong uncertainty. In *Routledge handbook of ecological economics: Nature and society, Routledge international handbooks*, Hrsg. Clive L. Spash, 278–287. London: Routledge.

Seidl, Irmi, und Angelika Zahrnt. 2012. Abhängigkeit vom Wirtschaftswachstum als Hindernis für eine Politik innerhalb der limits to growth – Perspektiven für eine Postwachstumsgesellschaft. *GAIA – Ecological Perspectives for Science and Society* 21:108–115.

Selle, Julia. 2020. Einfluss des Effektiven Altruismus auf den deutschen Spendenmarkt. In *Handbuch Fundraising*, Hrsg. Michael Urselmann, 121–139. Wiesbaden: Springer.

Sen, Amartya. 1970. The impossibility of a Paretian liberal. *Journal of Political Economy* 78:152–157.

Sen, Amartya. 1973. Behaviour and the concept of preference. *Economica* 40:241–259.

Sen, Amartya. 1976. Poverty: An ordinal approach to measurement. *Econometrica* 44:219–231.

Sen, Amartya. 1977a. Rational fools: A critique of the behavioral foundations of economic theory. *Philosophy & Public Affairs* 6:317–344.

Sen, Amartya. 1977b. Social choice theory: A re-examination. *Econometrica* 45:53–88.

Sen, Amartya. 1980. Equality of what? In *Tanner lectures on human values*, Hrsg. Sterling McMurrin, 195–220. Cambridge: Cambridge University Press.

Sen, Amartya. 1988. *On ethics and economics*. Oxford: Blackwell.

Sen, Amartya. 1992. *Inequality reexamined*. Cambridge, MA: Harvard University Press.

Sen, Amartya. 1999. *Commodities and capabilities*. New Delhi: Oxford University Press.

Sen, Amartya. 1999. *Development as freedom*. New York, NY: Anchor Books.

Sen, Amartya. 1999. The possibility of social choice. *American Economic Review* 89:349–378.

Sen, Amartya. 2001. Symposium on Amartya Sen's philosophy: 4 reply. *Economics and Philosophy* 17:51.

Sen, Amartya. 2002. Why health equity? *Health Economics* 11:659–666.

Sen, Amartya. 2009a. *Ökonomische Ungleichheit*. Marburg: Metropolis.

Sen, Amartya. 2009b. *The idea of justice*. Cambridge, MA: Harvard University Press.

Sen, Amartya. 2011. *Ökonomie für den Menschen: Wege zu Gerechtigkeit und Solidarität in der Marktwirtschaft*, 5. Aufl. München: Dt. Taschenbuch-Verl.

Sen, Amartya. 2017. *Collective choice and social welfare*, 2. Aufl. London: Penguin.

Sen, Amartya. 2020a. *Ökonomie für den Menschen: Wege zu Gerechtigkeit und Solidarität in der Marktwirtschaft*, 3. Aufl. München: Hanser.

Sen, Amartya. 2020b. *Rationale Dummköpfe. Eine Kritik der Verhaltensgrundlagen der Ökonomischen Theorie*. Dt. Übersetzung von Valerie Gföhler. 1977 veröffentlicht unter dem Titel „Rational Fools" in: Philosophy and Public Affairs 6:317–344. Ditzingen: Reclam.

Sen, Amartya, und James E. Foster. 1997. *On economic inequality*. Expanded. Oxford: Oxford University Press.

Shorrocks, Anthony F. 1980. The class of additively decomposable inequality measures. *Econometrica* 48:613–625.

Shorrocks, Anthony F. 1983. Ranking income distributions. *Economica* 50:3–17.

Siebert, Horst. 1992. Die reale Anpassung bei der Transformation einer Planwirtschaft. In *Die Zukunft der wirtschaftlichen Entwicklung: Perspektiven und Probleme*. Ernst Dürr zum 65. Geburtstag., Hrsg. Egon Görgens und Egon Tuchfeldt, 131–149. Bern: Haupt Verlag.

Siebert, Horst. 2003. *Der Kobra-Effekt: Wie man Irrwege der Wirtschaftspolitik vermeidet.* München: Piper.

Siebert, Horst. 2010. *Economics of the Environment: Theory and Policy.* 7. Aufl. Berlin: Springer.

Sinn, Hans-Werner. 2009. *Das grüne Paradoxon: Plädoyer für eine illusionsfreie Klimapolitik,* 2. Aufl. Berlin: Econ-Verl.

Smith, Adam. 2010. *Theorie der ethischen Gefühle.* Hrsg. Horst D. Brandt. Hamburg: F. Meiner.

Smith, Adam. 2020. *Wohlstand der Nationen.* Köln: Anaconda.

Smith, Marilyn Dix, Michael Drummond, und Diana Brixner. 2009. Moving the QALY forward: Rationale for change. *Value in Health* 12:S1–S4.

Smith, Vernon L. 2009. *Rationality in economics: Constructivist and ecological forms,* 1. Aufl. Cambridge, New York: Cambridge University Press.

Sohmen, Egon. 1976. *Allokationstheorie und Wirtschaftspolitik,* 1. Aufl. Tübingen: Mohr.

Söllner, Fritz. 2021. *Die Geschichte des ökonomischen Denkens: Eine kritische Darstellung,* 5. Aufl. Berlin: Springer.

Spremann, Klaus. 2013. *Wirtschaft und Finanzen: Einführung in die BWL und VWL,* 6. Aufl. München: Oldenbourg.

Stahlberg, Dagmar, und Dieter Frey. 1990. Einstellungen I: Struktur, Messung und Funktionen. In *Sozialpsychologie, Springer-Lehrbuch,* Hrsg. Wolfgang Stroebe, Miles Hewstone, Jean-Paul Codol und Geoffrey M. Stephenson, 144–170. Berlin: Springer.

Statistisches Bundesamt (Destatis). 2014. *Umweltnutzung und Wirtschaft – Bericht zu den Umweltökonomischen Gesamtrechnungen.* https://www.destatis.de/DE/Themen/Gesellschaft-Umwelt/Umwelt/Publikationen/Umweltnutzung-Wirtschaft/umweltnutzung-und-wirtschaft-bericht-5850001147004.html (zuletzt abgerufen am 27.03.2023).

Statistisches Bundesamt (Destatis). 2021. *OECD-Skala. Statistisches Bundesamt.* https://www.destatis.de/DE/Themen/Gesellschaft-Umwelt/Soziales/Sozialberichterstattung/Glossar/oecd-skala.html. Zugegriffen: 30. Sept. 2021.

Steger, Manfred B. 2020. *Globalization: A very short introduction,* 5. Aufl. Oxford: Oxford University Press.

Steger, Ulrich et al. 2002. *Nachhaltige Entwicklung und Innovation im Energiebereich.* Berlin: Springer.

Stern, Nicholas. 2007. *The economics of climate change: The stern review.* Cambridge, UK: Cambridge University Press.

Stigler, George J., und Gary S. Becker. 1977. De gustibus non est disputandum. *American Economic Review* 67:76–90.

Stiglitz, Joseph E., Amartya Sen, und Jean-Paul. Fitoussi. 2010. *Mismeasuring our lives: Why GDP doesn't add up (CMEPSP Report).* New York, NY: New Press.

Sturn, Richard. 2008. Arthur Cecil Pigou. In *Klassiker des ökonomischen Denkens,* Bd. 2, Hrsg. Heinz D. Kurz, 121–136. München: Beck.

Suchanek, Andreas. 2000. *Normative Umweltökonomik: Zur Herleitung von Prinzipien rationaler Umweltpolitik.* Tübingen: Mohr Siebeck.

Sugden, Robert. 1982. On the economics of philanthropy. *Economic Journal* 92:341–350.

Sugden, Robert. 1986. *The economics of rights, co-operation and welfare.* Oxford: Blackwell.

Sundhaussen, Holm. 2014. *Jugoslawien und seine Nachfolgestaaten 1943–2011: Eine ungewöhnliche Geschichte des Gewöhnlichen,* 2. Aufl. Wien: Böhlau.

Suntum, Ulrich van. 2008. William stanley Jevons. In *Klassiker des ökonomischen Denkens,* Bd. 1, Hrsg. Heinz D. Kurz, 267–286. München: Beck.

Suntum, Ulrich van, und Oliver Lerbs. 2011. *Theoretische Fundierung und Bewertung alternativer Methoden der Wohlfahrtsmessung.* Wiesbaden: RatSWD Working Paper Nr. 181.

Techert, Holger, Judith Niehues, und Hubertus Bardt. 2012. Ungleiche Belastung durch die Energiewende: Vor allem einkommensstarke Haushalte profitieren. *Wirtschaftsdienst* 92:507–512.

Thaler, Richard H., und Cass R. Sunstein. 2009. *Nudge: Wie man kluge Entscheidungen anstößt,* 3. Aufl. Berlin: Econ.

Theurl, Theresia, und Andrea Schweinsberg. 2004. *Neue kooperative Ökonomie: moderne genossenschaftliche Governancestrukturen.* Tübingen: Mohr Siebeck.

Thiede, Michael. 2005. Information and access to health care: Is there a role for trust? *Social Science & Medicine* 61:1452–1462.

Thiede, Michael, Natasha Palmer, und Sandi Mbatsha. 2005. South Africa: Who goes to the public sector for voluntary HIV/AIDS counseling and testing? In *Reaching the poor with health, nutrition, and population services*, Hrsg. Davidson R. Gwatkin, Adam Wagstaff, und Abdo Yazbeck, 97–113. Washington, DC: The World Bank.

Thieme, H. Jörg. 1984. Wirtschaftssysteme. In *Vahlens Kompendium der Wirtschaftstheorie und Wirtschaftspolitik*, Bd. 1, Hrsg. Dieter Bender, Hartmut Berg, Dieter Cassel, Günter Gabisch, Karl-Hans Hartwig, Lothar Hübl, Dietmar Kath, Rolf Peffekoven, Jürgen Siebke, H. Jörg Thieme und Manfred Willms, 1–47. München: Vahlen.

Thieme, H. Jörg. 2007. Wirtschaftssysteme. In *Vahlens Kompendium der Wirtschaftstheorie und Wirtschaftspolitik*, Bd. 1, Hrsg. Thomas Apolte, Dieter Bender, Hartmut Berg, Dieter Cassel, Mathias Erlei, Heinz Grossekettler, Karl-Hans Hartwig, Lothar Hübl, Wolfgang Kerber, Volker Nienhaus, Notburga Ott, Jürgen Siebke, Heinz-Dieter Smeets, H. Jörg Thieme und Uwe Vollmer, 1–48. München: Vahlen.

Tirole, Jean. 2017. *Economics for the common good*. Princeton, New Jersey: Princeton University Press.

Tomasello, Michael. 2017. *Warum wir kooperieren*, 4. Aufl. Berlin: Suhrkamp.

Topp, Christian Winther, Søren Dinesen. Østergaard, Susan Søndergaard, und Per Bech. 2015. The WHO-5 well-being index: A systematic review of the literature. *Psychotherapy and Psychosomatics* 84:167–176.

Torrance, George W. 1986. Measurement of health state utilities for economic appraisal. *Journal of Health Economics* 5:1–30.

Townsend, Peter, Peter Phillimore, und Alastair Beattie, Hrsg. 1988. *Health and deprivation. Inequality and the north*. Bristol: Croom Helm.

Ulrich, Peter. 2016. *Integrative Wirtschaftsethik: Grundlagen einer lebensdienlichen Ökonomie*, 5. Aufl. Bern: Haupt.

Ulrich, Peter. 2019. Ethik, Politik und Ökonomie des Gemeinwohls Praktisch-philosophische Aspekte tragfähiger ›Gemeinwohl-Ökonomie‹. *Zeitschrift für Wirtschafts- und Unternehmensethik* 20:296–319.

United Nations Development Programme. 1990. *Human development report 1990*. Oxford: Oxford University Press.

United Nations Development Programme. 2010. *Human development report 2010 – The real wealth of nations: Pathways to human development*. Basingstoke, Hampshire: Palgrave Macmillan.

United Nations Development Programme. 2020. *Human development report 2020 – The next frontier: Human development and the anthropocene*. New York, NY: United Nations Development Programme (UNDP).

United Nations Development Programme. 2021. *Global multidimensional poverty index 2021 – Unmasking disparities by ethnicity, caste and gender*. New York, NY & Oxford: United Nations Development Programme and Oxford Poverty and Human Development Initiative. http://hdr.undp.org/en/2021-MPI. Zugegriffen: 15. Nov. 2021.

Varian, Hal R. 2016. *Grundzüge der Mikroökonomik*. 9., aktualisierte und erweiterte Auflage. Berlin/Boston: De Gruyter Oldenbourg.

Vaubel, Roland. 2007. Ökonomische Ethik/Economic Ethics. ORDO. *Jahrbuch für die Ordnung von Wirtschaft und Gesellschaft* 58:109–120.

Vos, Theo, et al. 2020. Global burden of 369 diseases and injuries in 204 countries and territories, 1990–2019: A systematic analysis for the Global Burden of Disease Study 2019. *Lancet* 396:1204–1222.

Voß, Elisabeth. 2015. *Wegweiser solidarische Ökonomie: Anders Wirtschaften ist möglich!* 2. Aufl. Neu-Ulm: AG SPAK Bücher.

Waas, Lothar R. 2007. John Stuart Mill. In *Klassiker des politischen Denkens*. Band 2: Von John Locke bis Max Weber, Hrsg. Hans Maier, 157–167. München: Beck.

Wächter, Lars. 2020. Malthus, Thomas Robert. In *Ökonomen auf einen Blick*, 145–149. Wiesbaden: Springer Fachmedien Wiesbaden.

Wagener, Hans-Jürgen. 2008. Vilfredo Pareto. In *Klassiker des ökonomischen Denkens*, Bd. 2, Hrsg. Heinz D. Kurz, 26–47. München: Beck.

WCED. 1987. *Unsere gemeinsame Zukunft: D. Brundtland-Bericht d. Weltkommision für Umwelt u. Entwicklung*. Hrsg. Volker Hauff. World Commission on Environment and Development, Greven: Eggenkamp.

Weber, Andreas. 2010. *Biokapital: Die Versöhnung von Ökonomie, Natur und Menschlichkeit*. Berlin: BvT.

Weber, Max. 1904. Die „Objektivität" sozialwissenschaftlicher und sozialpolitischer Erkenntnis. *Archiv für Sozialwissenschaft imd Sozialpolitik* 19:22–87.

Weber, Max. 2008. Objectivity and understanding in economics. In *The philosophy of economics: An anthology*, Hrsg. Daniel M. Hausman, 59–72. New York: Cambridge University Press.

Weber, Wilhelm, und Reimut Jochimsen. 1965. Wohlstandsökonomik. In *Handwörterbuch der Sozialwissenschaften (HdSW)* 12:356–358. Stuttgart: G. Fischer.

Weidner, Helmut. 2002. *Gemeinwohl und Nachhaltigkeit: Ein prekäres Verhältnis*. (Discussion Papers/Wissenschaftszentrum Berlin für Sozialforschung, Forschungsschwerpunkt Technik – Arbeit – Umwelt, Abteilung Normbildung und Umwelt, 02–303). Berlin: Wissenschaftszentrum Berlin für Sozialforschung gGmbH.

Weimann, Joachim. 2009. *Wirtschaftspolitik: Allokation und kollektive Entscheidung*, 5. Aufl. Berlin Heidelberg: Springer.

Weimann, Joachim. 2010a. *Die Klimapolitik-Katastrophe: Deutschland im Dunkel der Energiesparlampe*, 3. Aufl. Marburg: Metropolis.

Weimann, Joachim. 2010b. *Umweltökonomik: Eine theorieorientierte Einführung*, 3. Aufl. Berlin: Springer.

Weimann, Joachim. 2016. Ein Kommentar zu Carsten Schröder und Peter Grösche: Plädoyer gegen einen Energiesoli! *Perspektiven der Wirtschaftspolitik* 17:88–91.

Weimann, Joachim. 2021. Stoppt die Windkraft! *WiSt – Wirtschaftswissenschaftliches Studium* 50:1–1.

Weimann, Joachim, und Jeannette Brosig-Koch. 2019. *Einführung in die experimentelle Wirtschaftsforschung*. Berlin: Springer.

Weinstein, Milton C., George Torrance, und Alistair McGuire. 2009. QALYs: The basics. *Value in Health* 12:S5–S9.

Weizsäcker, Carl Christian von. 1971. Notes on endogeonous changes of tastes. *Journal of Economic Theory* 3:345–372.

Wells, Thomas. n.d. *Sen's capability approach*. Internet Encyclopedia of Philosophy. https://iep.utm.edu/sen-cap/.

Welzer, Harald. 2019. *Alles könnte anders sein: Eine Gesellschaftsutopie für freie Menschen*. Frankfurt am Main: S. Fischer.

Werding, Martin. 2019. Ökonomische Zielkonflikte der Sozialpolitik. In *Handbuch Sozialpolitik*, Hrsg. Herbert Obinger und Manfred G. Schmidt, 493–513. Wiesbaden: Springer.

Whyte, Bruce, Mairi Young, und Katharine Timpson. 2021. *Health in a changing city: Glasgow 2021. A study of changes in health, demographic, socioeconomic and environmental factors in Glasgow over the last 20 years*. Glasgow: Glasgow Centre for Population Health.

Wigger, Berthold U. 2006. *Grundzüge der Finanzwissenschaft*, 2. Aufl. Berlin: Springer.

Williams, Alan. 1985.Economics of coronary artery bypass grafting. *British Medical Journal* 291:326–329.

Williams, Alan. 1996. QALYs and ethics: A health economist's perspective. *Social Science & Medicine* 43:1795–1804.

Witte, Eberhard, Jürgen Hauschildt, und Oskar Grün, Hrsg. 1988. *Innovative Entscheidungsprozesse: Die Ergebnisse des Projektes „Columbus"*. Tübingen: Mohr.

Woll, Artur. 2011. *Volkswirtschaftslehre*, 16. Aufl. München: Vahlen.

World Commission on Environment and Development. 1987. *Our common future*. Oxford: Oxford University Press.

World Health Organization. 2019. Primary health care on the road to universal health coverage – 2019 monitoring report. https://www.who.int/healthinfo/universal_health_coverage/report/201 9/en/. Zugegriffen: 26. Okt. 2021.

World Health Organization. 2020a. *Basic documents. Forty-ninth edition.* Genf: World Health Organization.

World Health Organization. 2020b. *Global health estimates 2020: Disease burden by cause, age, sex, by country and by region, 2000–2019.* Genf: World Health Organization.

World Health Organization. 2022. *World health statistics 2022: Monitoring health for the SDGs.* Genf: World Health Organization.

World Health Organization. n. d. (a). *Global health expenditure database.* Genf: World Health Organization. https://apps.who.int/nha/database/ViewData/Indicators/en. Zugegriffen: 31. März 2022.

World Health Organization. n. d. (b). *Global health observatory. Life expectancy at birth.* Genf: World Health Organization. https://www.who.int/data/gho/data/indicators/indicator-det ails/GHO/life-expectancy-at-birth-(years). Zugegriffen: 16. Apr. 2022.

Yang, Chun-Lei, Joachim Weimann, und Atanasios Mitropoulos. 2007. An alternative approach to explaining bargaining behavior in simple sequential games. *Pacific Economic Review* 11:201–222.

Yu, Shi, Chantal Levesque-Bristol, und Yukiko Maeda. 2018. General need for autonomy and subjective well-being: A meta-analysis of studies in the US and East Asia. *Journal of Happiness Studies* 19:1863–1882.

Zimmermann, Friedrich M., Hrsg. 2016. *Nachhaltigkeit wofür? Von Chancen und Herausforderungen für eine nachhaltige Zukunft.* Berlin: Springer.

Zuboff, Shoshana. 2018. *Das Zeitalter des Überwachungskapitalismus.* Frankfurt am Main New York: Campus.

Zweifel, Peter. 2012. The Grossman model after 40 years. *The European Journal of Health Economics* 13:677–682.

Personenverzeichnis

© Der/die Herausgeber bzw. der/die Autor(en), exklusiv lizenziert an Springer Fachmedien Wiesbaden GmbH, ein Teil von Springer Nature 2023
R. Menges und M. Thiede, *Die Ökonomie des Gemeinwohls*,
https://doi.org/10.1007/978-3-658-40105-4

Sachverzeichnis

© Der/die Herausgeber bzw. der/die Autor(en), exklusiv lizenziert an Springer Fachme-   553
dien Wiesbaden GmbH, ein Teil von Springer Nature 2023
R. Menges und M. Thiede, *Die Ökonomie des Gemeinwohls*,
https://doi.org/10.1007/978-3-658-40105-4

The manufacturer's authorised representative in the EU is Springer
Nature Customer Service Centre GmbH, Europaplatz 3, 69115 Heidelberg,
Germany. If you have any concerns regarding our products, please
contact ProductSafety@springernature.com

Printed and bound by CPI Group (UK) Ltd, Croydon, CR0 4YY

24/04/2026

02096358-0017